AF533605

CHRISTOPHER DE HAMEL

PRACHT UND ANMUT

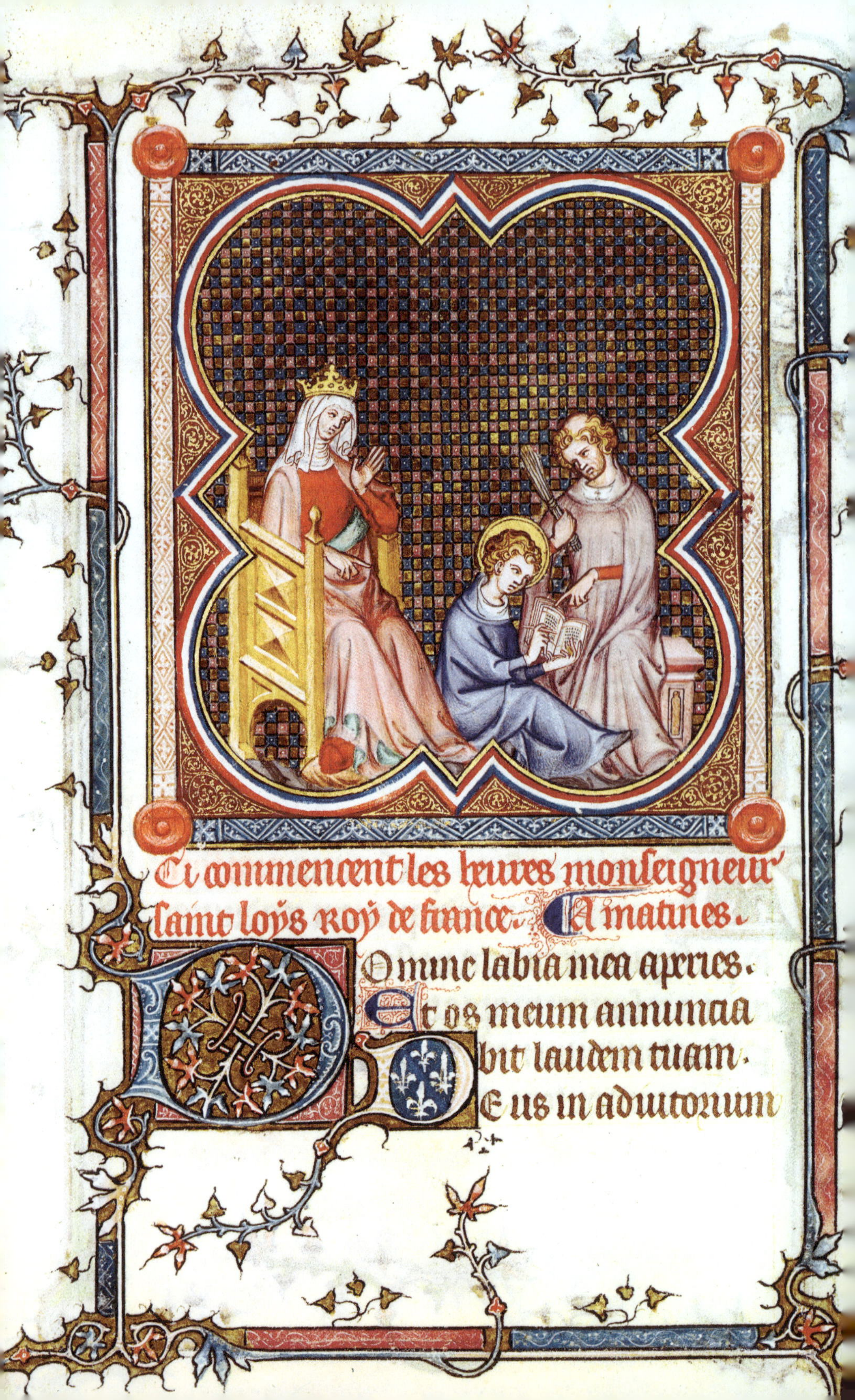
Ci commencent les heures monseigneur
saint loys roy de france. A matines.
Domine labia mea aperies.
Et os meum annuncia
bit laudem tuam.
Deus in adiutorium

CHRISTOPHER DE HAMEL

PRACHT UND ANMUT

Begegnungen mit zwölf herausragenden
Handschriften des Mittelalters

Aus dem Englischen
von Michael Müller

C. BERTELSMANN

Die Originalausgabe ist 2016 unter dem Titel »Meetings with Remarkable Manuscripts« bei Allen Lane, London, erschienen.

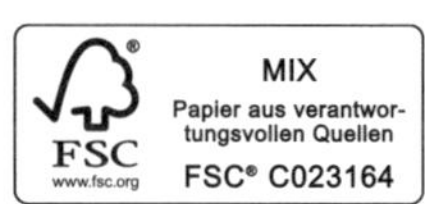

Verlagsgruppe Random House FSC® N001967

1. Auflage

Umschlaggestaltung: Büro Jorge Schmidt, München,
nach dem Original von Jim Stoddart
Grafische Gestaltung und Satz: Nadine Clemens, München
Bildredaktion: Annette Mayer
Druck und Bindung: www.longo.media
Printed in Italy
ISBN 978-3-570-10199-5
www.cbertelsmann.de

INHALT

EINLEITUNG

In diesem Buch geht es um Besuche bei wichtigen mittelalterlichen Handschriften und darum, was diese uns erzählen und worin ihre Bedeutung liegt. Ursprünglich war als Titel »Gespräche mit Handschriften« vorgesehen, und tatsächlich ähneln die einzelnen Kapitel Unterhaltungen mit Berühmtheiten. Bei veröffentlichten Interviews mit bekannten Persönlichkeiten in Printmedien wird in der Regel zuerst berichtet, wie es überhaupt zu der Begegnung kam und unter welchen äußeren Bedingungen sie stattfand. Im Allgemeinen versucht derjenige, der das Interview führte, etwas davon zu vermitteln, wie er persönlich das Treffen erlebte und wie die Interaktion mit seinem Gesprächspartner war. Oft ist man schon im Voraus über die prominenten Personen informiert, man weiß, *wer* sie sind, aber will auch wissen, *wie* sie sind, welchen Eindruck sie machen, wenn sie einem die Tür öffnen, die Hand schütteln und bitten, Platz zu nehmen. Es wird daher oft etwas über ihre physische Präsenz mitgeteilt, vielleicht auch über die Kleidung, ihre Art sich zu geben, zu reden. Wir betonen gerne, dass eine berühmte Person letztlich ein Mensch wie jeder andere ist, steht man aber einer Zelebrität gegenüber und spricht mit ihr, erfasst einen unweigerlich ein Schauer der Erregung. Hat er oder sie tatsächlich eine besondere Ausstrahlung, oder enttäuschen sie (wie durchaus möglich) auf ganzer Linie? Man könnte versuchen herauszufinden, wie manche zu ihrem Ruhm gelangten und mit welchem Verdienst. Am besten lässt man sie einfach reden und hört ihnen zu. Ein guter Interviewer schafft es möglicherweise, ihnen Dinge zu entlocken, die völlig unbekannt waren und die geheim hätten bleiben sollen. Es mag sogar den Voyeurismus des Lesers befriedigen, wenn er dabei sein kann, wie solch intime Geständnisse herausgekitzelt werden.

Zu den berühmtesten illuminierten Handschriften der Welt gibt es für die meisten von uns im wahren Leben so wenig einen Zugang wie zu unseren Promis. Jeder, der genügend Energie und eine gut gefüllte Reisekasse besitzt, kann sich aufmachen und die herausragenden Gemälde und Architekturdenkmäler ansehen; er kann genauso voller Bewunderung die Chinesische Mauer in Augenschein nehmen wie Botticellis *Geburt der Venus*. Aber starten Sie in Dublin einmal einen Versuch, ob man das Book of Kells aus seiner Vitrine nimmt, damit Sie die Seiten umblättern können. Es wird nicht passieren. Die Mehrzahl der großen mittelalterlichen Manuskripte wird heute kaum noch öffentlich ausgestellt, und wenn, dann liegen sie in abgedunkelten Schaukästen, und man kann nur die aufgeschlagenen Seiten betrachten. Sie sind zu empfindlich und zu wertvoll, als dass sie einem Benutzer ausgehändigt werden könnten. Die Chance, mit dem Papst oder dem Präsidenten der USA zusammenzutreffen, ist größer als die, die *Très Riches Heures* des Herzogs von Berry in die Hand nehmen zu dürfen. Und Zugang zu solchen Werken zu erlangen wird Jahr für Jahr schwerer. In diesem Buch möge sich der Leser daher eingeladen fühlen, den Verfasser auf privaten Reisen zu begleiten, um mit ihm einige der schönsten Bilderhandschriften des Mittelalters anzuschauen, durchzublättern und zu befragen.

Paläografen, wie der Fachausdruck für uns lautet, die wir uns auf wissenschaftlicher Basis mit alten Handschriften befassen, gewöhnen sich im Lauf der Zeit daran, in den Lesesälen von Bibliotheken, die Sammlungen seltener Bücher besitzen, zu arbeiten. Doch sind das Sanktuare, heilige Stätten, zu denen dem allgemeinen Publikum der Zugang genauso verwehrt bleibt wie mir der zum Grab des Propheten in Medina. Moderne Nationalbibliotheken gehören zu den kostspieligsten öffentlichen Einrichtungen überhaupt, doch nur sehr wenigen gelingt es, bis zu jenen Tischen vorzudringen, die für die Arbeit mit den wertvollsten aller Bücher reserviert sind. In manchen Bibliotheken sitzt man dabei in einer imposanten und einschüchternden Szenerie, in anderen in einem in anheimelnder Weise bescheidenen Ambiente, in dem es sehr informell zugeht. Wie man Zugang zu diesen Institutionen erlangt, ist ein nur Eingeweihten bekanntes Geheimnis, und die Zauberformeln, derer man sich bedienen muss, um mit den Originalhandschriften arbeiten zu dürfen, variieren stark von einer Bibliothek zur anderen. Das ist ein Aspekt der wissenschaftlichen Beschäftigung mit Handschriften, der häufig vollkommen vernachlässigt wird. Die illuminierten Codices des Mittelalters sind Grundsteine unserer Kultur, aber kaum jemand macht sich die Mühe, ihren Aufbewahrungsort angemessen zu dokumentieren.

Einige dieser Handschriften mögen bekannt sein durch Faksimiles oder digitale Reproduktionen, die online abrufbar sind, zugänglich und vertraut wie autorisierte Biografien bekannter Persönlichkeiten. Doch keine Kopie reicht an das Original heran. Eine persönliche Begegnung vermittelt eine ganz andere Erfahrung. Faksimiles sind an keinen bestimmten Ort gebunden, sie besitzen keine Wurzeln. Niemand kann eine Handschrift genau kennen oder über sie schreiben, ohne sie gesehen und in der Hand gehalten zu haben. Keine fotografische Reproduktion mithilfe der bislang erfundenen Techniken kann das Gewicht wiedergeben, die Textur, die unebene Oberfläche der Blätter, die vertieften Hilfslinien auf ihnen, die Dicke des Papiers, den Geruch und die Patina, die die Zeit hinterlassen hat. Und sie kann auch nicht jenen Schauer der Erregung auslösen, der einen durchläuft, wenn eine weltberühmte Handschrift endlich vor einem auf den Tisch gelegt wird. Man sieht sie nicht nur in einer Vitrine, man kann sie richtig anfassen und ihre Falten und Furchen begutachten. Immer wieder wird es Details geben, die vorher noch niemand aufgefallen sind. Jedes Mal lassen sich Entdeckungen machen. Man wird aus Indizien, die vorher allen entgangen sind, aus Hinweisen auf die Herstellung, aus gelöschten oder weggeschabten Wörtern und Buchstaben, übermalten Stellen, Abdrücken, Flicken, Löchern, die Nadeln hinterlassen haben, aus den Einbänden, feinen Unterschieden von Farbe oder Textur – alles Dinge, die keine Reproduktion wiedergeben kann – Erkenntnisse gewinnen. Manchmal geben Handschriften, sitzt man ihnen direkt gegenüber, unerwartete Aufschlüsse über sich selbst und die Zeit, in der sie entstanden. In jedem der folgenden Kapitel werden Sie mit neuen Beobachtungen und Hypothesen bekannt gemacht werden, die die Beschäftigung mit den Originalen abgeworfen hat. Schauen Sie genau hin. Nehmen Sie eine Lupe in die Hand, wenn Sie mögen. Lehnen Sie sich zurück: Blättern Sie die Seiten um und lauschen Sie auf das, was die Handschrift Ihnen erzählt. Lassen Sie sie reden. Von allem anderen abgesehen ist das ungeheuer interessant und genussvoll. Mittelalterliche Manuskripte haben eine Lebensgeschichte. Sie haben viele Jahrhunderte überlebt im Kontakt mit wechselnden Besitzern und Zeitaltern, wurden vernachlässigt oder bewundert, bis in unsere Zeit hinein. Wir werden Provenienzen aufdecken, die vollkommen unbekannt waren. Manchmal sind die persönlichen Geschichten dieser Codices sehr dramatisch, da auf höchster politischer oder kultureller Ebene stattfindende Ereignisse in sie hineinspielen. Sie lagen im Lauf ihrer Existenz in den Schlafgemächern mittelalterlicher Heiliger ebenso wie in Geheimverstecken von Nazis. *Habent sua fata libelli.* Einige von ihnen haben sich von den Regalen, in die sie am Tag ihrer Vollendung gestellt wurden, kaum fortbewegt. Andere sind in hölzernen Truhen oder Satteltaschen, auf den Rücken von Pferden oder in kleinen Booten auf den Meeren schaukelnd, in neuester Zeit auch in den Frachträumen von Flugzeugen, kreuz und quer über den Globus befördert worden – Bücher lassen sich nun einmal leicht transportieren. Viele von ihnen sind irgendwann einmal im Handel gelandet und bei einer Auktion angeboten worden, und die Preise, die sie erzielten, sagen etwas über den sich wandelnden Geschmack oder sich ändernde Moden aus. Jede Handschrift hat, wie jeder Mensch, ihre persönliche ureigene Geschichte. Und alle haben sie etwas zu erzählen.

Ein Dutzend Handschriften sind hier dazu ausgewählt worden, interviewt zu werden. Niemand weiß genau, wie viele mittelalterliche Manuskripte erhalten geblieben sind und weltweit existieren – vielleicht eine Million, möglicherweise auch mehr. Ich hatte also eine reiche Auswahl. Alle sind sie potenziell faszinierend, und sogar die schlichtesten und ramponiertesten unter ihnen hätten noch genügend Material geboten, um ein Kapitel damit zu füllen – auch wenn für den Leser die Erfahrung weniger beeindruckend gewesen wäre. Wir werden uns in erlesenem Kreis bewegen. Wenn man im Lesesaal einer Bibliothek sitzt und die Seiten einer atemberaubend schönen illuminierten Handschrift umblättert, ist der Respekt derer spürbar, die sich an Nachbartischen mit prosaischeren Büchern oder Archivalien beschäftigen. Ich hoffe, dass ich eine Ahnung von der stillen Befriedigung vermitteln kann, mit der es einen erfüllt, wenn man mit so berühmten Werken zu tun hat. Ich habe mich um eine repräsentative Auswahl bemüht. Zu den Büchern, die für eine kurze Zeit zu unseren engen Gefährten werden sollen, gehören nicht nur Evangeliare und Stundenbücher, sondern auch solche astronomischen Inhalts, Bibelkommentare, Abhandlungen zur Musik, Literatur und Politik der Renaissancezeit. Wir hätten auch Werke liturgischer Art, Romanzen oder Reiseberichte, Texte zu Medizin, Recht, Geschichte,

Heraldik, Philosophie und zu einer Vielzahl anderer Themen in unsere Untersuchung einschließen können. Ich habe solche ausgewählt, die mir charakteristisch zu sein scheinen für jedes einzelne Jahrhundert, vom sechsten angefangen bis zum sechzehnten. Alle verraten sie uns etwas über die Epoche und die Gesellschaft, die sie hervorgebracht haben.

Ich bin losgezogen und habe mir jede dieser Handschriften angesehen, um dieses Buch schreiben zu können. Mit einigen von ihnen hatte ich mich schon früher befasst, dieses Mal suchte ich sie aber auf, ohne Antwort auf eine bestimmte Frage zu erwarten, ohne ein gezieltes Forschungsinteresse. Aus meiner Erzählung wird hervorgehen, dass sie dennoch neue Enthüllungen bereithielten.

Handschriften sind nicht alle von derselben Größe. Dass Illuminatoren Miniaturen, Abbildungen kleinsten Formats, zu schaffen verstanden, macht einen Teil der Faszination aus, die von mittelalterlichen Handschriften ausgeht. Einige der Codices sind jedoch von gewaltigem Format. Diejenigen, die kunstgeschichtliche Studien ausschließlich mithilfe von Reproduktionen betreiben, wie sie verkleinert in Büchern enthalten sind oder vergrößert auf Leinwände projiziert werden, verlieren das Gefühl für die Größenverhältnisse, in denen Handschriften zueinander stehen. Während des gesamten Mittelalters hatte man ein starkes Empfinden für die hierarchische Rangordnung aller Dinge, sowohl in der Welt der Natur als auch der des Menschen, und ein hoher oder minder hoher Rang wurde häufig durch entsprechende Größe zum Ausdruck gebracht. Das im Folgenden behandelte Buch mit den größten Dimensionen ist der Codex Amiatinus, ein Pandekt, wie man sagt, also eine vollständige Abschrift aller Bücher der Bibel, die zur öffentlichen Zurschaustellung bestimmt war. Das kleinste ist das zierliche Stundenbuch der Johanna von Navarra, das für die grazilen Hände einer Königin geschaffen wurde. Wenn in einer Bibliothek eine Handschrift auf den Arbeitstisch gelegt wird, wird man oft, noch bevor man sie öffnet, als Erstes von dem Format, der Größe oder Kleinheit ihrer Abmessungen berührt. Daher beginnt jedes Kapitel mit einer Abbildung, die den betreffenden Band im geschlossenen Zustand zeigt. Der Codex Amiatinus ist so groß abgebildet, wie das Format des vorliegenden Buches es gestattet, in entsprechender Skalierung dazu sind die Einbände der Handschriften reproduziert, die im Mittelpunkt der anderen Kapitel stehen.

Kapitel Eins über das Augustinus-Evangeliar führt uns in eine Zeit, als sich nach dem Zusammenbruch des alten Rom und seiner Kultur eine neue christliche Bildung entwickelte. Der erwähnte Codex Amiatinus, dem Kapitel Zwei gewidmet ist, ist die älteste erhaltene lateinische Bibel, die, wie es in der Widmung heißt, von den »Enden der Welt« von denen, die stolz auf ihre in Rom erworbene Bildung waren, nach Italien geschickt wurde. Das unvergleichliche Book of Kells, das im Mittelpunkt von Kapitel Drei steht, ist ein handschriftliches Evangeliar ganz anderer Art, und wir tauchen in diesem Kapitel in die ferne keltische Welt ein, in der Magie und Glaube untrennbar waren. Beides spielt für das moderne irische Nationalgefühl eine Rolle. Kapitel Vier handelt vom Abschreiben von Handschriften und dem sich wandelnden kulturellen Stellenwert des Kopierens. Das unaufhaltsame und schnelle Näherrücken der Jahrtausendwende und damit des von vielen vorausgesagten Weltuntergangs vereinnahmte im 10. Jahrhundert das Denken der Menschen; davon ist in Kapitel Fünf die Rede. Die weitreichenden Folgen der normannischen Eroberung Englands im Jahr 1066 lassen sich anschaulich und aus erster Hand an den in Kapitel Sechs untersuchten Textzeugnissen ablesen. Im 12. Jahrhundert verlagerte sich die Herstellung von Büchern aus den Klöstern in den säkularen Bereich. Es war ein Wendepunkt in der Geschichte der Kunst und Literarizität, ja der gesamten Kultur, der bislang zu wenig Beachtung gefunden hat. In Kapitel Sieben werden wir den Namen des Königs ermitteln, der einen der prächtigsten Psalter der Zeit besaß. In Kapitel Acht nehmen wir in München ein kleines Buch in die Hand, das von Lust und Liebe kündende Lieder umherziehender Scholaren des frühen 13. Jahrhunderts enthält. Kapitel Neun macht uns mit einem anmutigen Stundenbuch bekannt, das für eine Königstochter angefertigt wurde, die, wie ihr Buch, zu einem Bauern im politischen Mächtespiel der Großen wurde; die Geschichte dieser Handschrift und ihrer Besitzer und Besitzerinnen erstreckt sich ohne Unterbrechung von den Turbulenzen der von Ludwig dem Heiligen begründeten Dynastie bis zu der nicht weniger turbulenten Zeit Hermann Görings. In Kapitel Zehn, das den *Canterbury Tales* gewidmet ist, werden wir mit den Anfängen einer sich abzeichnenden englischen Literatur und dem sich ausbildenden Publikationsgewerbe bekannt gemacht; dabei wird auch auf die Verantwortung der Literaturwissenschaftler eingegangen und die Risiken, die ihr Tun mit sich bringt. Der *Semideus,* der im Mittelpunkt von Kapitel Elf steht, ist ein Werk über Kriegführung und Waffen; es geht in diesem Kapitel aber auch um das moderne Russland. Themen des Schlusskapitels Zwölf sind Geld und der Luxus, den man sich dafür erkaufen kann. Zusammen erzählen diese Kapitel die Geschichte der Geisteskultur und der Kunst vom Ende des Römischen Reichs bis zur Hochrenaissance und über sie hinaus, indem sie das Schicksal dieser Handschriften bis in unsere eigene Zeit hinein verfolgen.

Alle diese Handschriften haben – abgesehen von ihrer Berühmtheit – gewisse Merkmale gemeinsam. Sie sind, wie der Name schon sagt, »von Hand geschrieben«. Das sind sie nicht aufgrund einer freiwillig getroffenen Entscheidung, sondern bis zur Erfindung des Buchdrucks um die Mitte des 15. Jahrhunderts mussten alle Texte notwendigerweise von Schreibern kopiert werden. Nahezu alle mittelalterlichen Handschriften sind auf irgendeine Weise ausgeschmückt, zumindest mit farbigen Initialen und sehr oft mit goldenen Ornamenten und mit Bildern. Die Mehrzahl ist undatiert und besitzt keine Titelseite. Die Seiten eines Codex waren auch nur sehr selten paginiert. Ich folge dem modernen Brauch, nicht die Seiten eines mittelalterlichen Manuskripts zu zählen, sondern die Blätter (folia), und zwischen deren Vorder- und Rückseiten zu unterscheiden, die mit einem kleinen r (für *recto*, Vorderseite) oder v (für *verso*, Rückseite) bezeichnet werden. Die meisten Werke – darunter alle hier besprochenen – wurden im Mittelalter auf Tierhäute geschrieben, auf Pergament oder Vellum, eine besonders feine Art von Pergament. Längliche Rechtecke dieses Materials wurden in der Mitte gefaltet und ineinandergelegt, so dass Bündel von in der Regel acht Blättern oder sechzehn Seiten entstanden, die schließlich entlang der Knickfalten zusammengenäht werden konnten. Jede dieser Einheiten nennt man »Lage«. Eine bestimmte Abfolge solcher meist durch Fäden oder Schnüre miteinander verbundener Lagen ergab dann die gesamte Handschrift. Ich erkläre das so ausführlich, weil es wichtig für das ist, was man die »Kollationierung« einer Handschrift nennt, die Ermittlung der Lagenstruktur, auf die in jedem Kapitel eingegangen wird. Paläografen geben sie mit einer Formel wieder, die auf den ersten Blick so verwirrend kompliziert aussieht wie ein Strickmuster oder eine DNA-Sequenz, in Wirklichkeit aber den Sachverhalt ganz präzise und einfach abbildet. Man stellt sich jede Lage als der Reihe nach mit kleinen römischen Zahlen bezeichnet vor, die Anzahl der Seiten, die sie jeweils umfasst, wird mit einer hochgestellten arabischen Ziffer angegeben. Um das mithilfe eines einfachen Beispiels zu verdeutlichen: Ein sechsundachtzig Blätter umfassendes Manuskript, das sich aus zehn Lagen zu acht Blättern und einer sich daran anschließenden sechs Blätter starken Lage zusammensetzt, würde folgendermaßen wiedergegeben: i–x^8, xi^6. Viele mittelalterliche Handschriften – wahrscheinlich die meisten von ihnen – sind nicht mehr vollständig. Ziehen wir noch einmal die Handschrift von eben heran und nehmen wir an, dass von den ehemals sechsundachtzig Blättern jetzt nur noch dreiundachtzig erhalten sind, weil am Anfang und am Ende sowie an einer Stelle in der Mitte jeweils ein Einzelblatt verloren gegangen ist. Dieser Sachverhalt würde folgendermaßen wiedergegeben: i^7 [von 8, fehlt i, ein Einzelblatt vor folio 1], ii–v^8, vi^7 [von 8, fehlt iii, ein Einzelblatt nach folio 41], vii–x^8, xi^5 [von 6, fehlt vi, ein Einzelblatt nach folio 83].

Wenn wir unsere zwölf Handschriften eine nach der anderen anschauen, wird deutlich werden, dass die Ermittlung oder Rekonstruktion der Zusammensetzung eines handschriftlichen Codex von größter Bedeutung ist. Durch sie können Lücken im Text aufgedeckt werden oder das ehemalige Vorhandensein von Bilderzyklen, von denen heute nur noch Rudimente erhalten sind, nachgewiesen werden. Um eine Handschrift genau kennenzulernen, müssen wir wissen, was sie enthielt, als sie neu war. Noch wichtiger: Eine Kollationierung führt uns an den Anfang der Entstehung einer Handschrift zurück, in die Phase nämlich, als sie noch aus separaten Einheiten bestand. Schreibern und Illuminatoren, die gemeinsam an einem Werk arbeiteten, wurden offenbar einzelne, noch nicht gebundene Lagen zur Beschriftung oder Ausschmückung zugeteilt. Ein Wechsel der Handschrift oder des Malstils lässt sich oft an der Grenze zwischen zwei Lagen feststellen. Das ist im Codex Amiatinus aus dem späten 7. Jahrhundert schon so und unverändert in dem achthundert Jahre später entstandenen Spinola-Stundenbuch. Ich gestehe, dass es mir Spaß macht, die Zusammensetzung einer Handschrift, ihren Aufbau zu eruieren. Es ist merkwürdig befriedigend zu bestimmen, von wo bis wo sich jede einzelne Lage erstreckt, und wenn man am Ende die Zahl der Blätter, die man für jede von ihnen ermittelt hat, zusammenzählt und genau auf die Zahl der Seiten der Handschrift kommt, erfüllt das mit Genugtuung. Man späht in die Mittelfalten der Blätter hinein, sucht nach den Fäden, mit denen sie zusammengenäht sind, und legt nach und nach ein aus lauter v-förmigen, die einzelnen Doppelblätter repräsentierenden Strichen bestehendes Diagramm an, das am Ende die Gesamtstruktur wiedergibt. So etwas könnte man mithilfe eines Faksimiles oder eines Mikrofilms nicht machen, und oft erhält man so den Schlüssel, mit dem man die »Hand« eines Schreibers von der eines anderen unterscheiden und die einzelnen Texteinheiten voneinander trennen kann.

Ein anderes Merkmal von Handschriften, das in jedem der folgenden Kapitel deutlich wird, ist, dass sie anders als ein modernes Buch, dessen Druck zumeist in einem relativ kurzen Prozess erfolgt, über einen längeren Zeitraum hinweg entstanden. Eine Handschrift kann zu einem bestimmten Zeitpunkt begonnen und dann in späteren Arbeitsphasen adaptiert oder fertiggestellt worden sein. Es ähnelt in dieser Hinsicht einem Bauwerk oder einem großen von Hand gefertigten Möbelstück, das für eine Weile unvollendet bleiben oder auch partiell wieder auseinandergenommen und auf andere Weise unter Hinzufügung neuer oder Entfernung alter Teile zusammengebaut werden kann und sich so immer wieder an die Wünsche und Bedürfnisse der wechselnden Besitzer anpasst. Einige der Rätsel, die eine Reihe der hier behandelten Handschriften umgeben, lösen sich plötzlich wie von selbst, wenn man realisiert, dass sie in mehreren Phasen entstanden sind.

Leider können wir den von mir ausgewählten Handschriften nicht tatsächlich gemeinsam einen Besuch abstatten. Wenn es etwas gibt, was ich Ihnen in den folgenden Kapiteln gerne vermitteln würde, dann ist es das Vergnügen, das es bereiten kann, eine Handschrift intensiv zu betrachten. Ich hoffe, dass Sie ein wenig davon verspüren werden. Natürlich bin ich so voreingenommen wie niemand anders auf der Welt, doch ich finde wirklich, dass mittelalterliche Handschriften in mehr als einer Hinsicht absolut faszinierend sind. Ich will alles über sie wissen. Ich will in Erfahrung bringen, wer sie angefertigt hat und wann und wo und aus welchem Anlass sie entstanden. Außerdem interessiert es mich, was sie enthalten und woher die Texte stammten, warum man meinte, eine Abschrift von ihnen zu benötigen, wie und unter welchen äußeren Umständen sie kopiert wurden und wie sich das auf Format und Größe auswirkte, was für Materialien verwendet wurden und wie viel Zeit zur Vollendung einer Handschrift nötig war, aus welchem Grund und wie sie ausgeschmückt wurde und von welchem Künstler beziehungsweise welchen Künstlern (oder wenn sie nicht ausgeschmückt wurde, warum das nicht geschah), was ihre Anfertigung kostete, wie sie gebunden wurde, wer sie verwendete und zu welchen Zwecken, wie oder ob sie in weiteren Abschriften, die von ihr angefertigt wurden, überliefert ist, welche Änderungen zu späteren Zeitpunkten an ihr vorgenommen wurden, wo sie aufbewahrt wurde, wie sie gelagert oder aufgestellt und katalogisiert wurde, wie sie allen Widrigkeiten zum Trotz erhalten blieb, wer sie besaß, wie sie erworben oder verkauft wurde und für welche Summen (Handschriften waren immer wertvoll), unter was für Umständen sie in die Obhut ihrer gegenwärtigen Besitzer gelangte und, hinsichtlich jeder dieser Fragen, woher wir die Antworten kennen, falls wir es denn tun. Wir können uns daran delektieren, in Angelegenheiten von Männern und Frauen herumzustöbern, die vor langer Zeit lebten, und mit ihnen dieselben Artefakte zu teilen, die sie einst entzückten.

Die Idee zu diesem Buch wurde in einem Gespräch mit Caroline Dawnay geboren. Ich hatte sie gedrängt – wie ich oft Leute dränge, ohne zu erwarten, dass sie meinem Insistieren Folge leisten –, falls sie nach Cambridge kommen sollte, die Parker Library zu besichtigen. Eines Tages tauchte sie tatsächlich ohne Vorwarnung bei mir auf und erklärte, eine halbe Stunde Zeit zu haben. Sie hatte sich nie zuvor mit besonderer Aufmerksamkeit mittelalterliche Handschriften angeschaut. Wir holten unsere Bury Bible für sie hervor, eines der ersten in England entstandenen Werke – es ist auf ungefähr 1130 datierbar –, das Abbildungen von der Hand eines professionellen Illuminators enthält. Das Staunen, das sich auf ihrem Gesicht abzeichnete, ihre offenkundige Verzauberung ließ mich auf den Gedanken kommen, den Versuch zu unternehmen, gut informierte und interessierte Leser, die aber keine Fachleute sind, mit bedeutenden mittelalterlichen Handschriften bekannt zu machen.

Ich habe versucht, auf Termini zu verzichten, die nur Fachleuten vertraut sind. Hielten wir uns tatsächlich zusammen in einer Bibliothek auf, würde ich Sie dazu ermuntern, mich zu unterbrechen, wenn ich mich zu unklar oder zu kompliziert ausdrücke. Ich möchte eine Gesprächssituation entstehen lassen, soweit das in einem Druckwerk überhaupt möglich ist. Aus diesem Grund habe ich auch der Versuchung widerstanden, den Text immer wieder durch Verweisziffern auf Anmerkungen zu unterbrechen. Ich persönlich bin nicht in der Lage, ein solches Buch zu lesen, ohne immer wieder die Finger als Lesezeichen zu verwenden und zwischen dem Text- und dem Anmerkungsteil hin und her zu blättern. Das hemmt den Lesefluss, und der Nichtfachmann wird auf Dauer irritiert und auch gelangweilt. Für diejenigen, die sich dafür interessieren, gibt es im Anhang bibliografische Angaben und Anmerkungen zu den einzelnen Kapiteln in diskursiver Form. Diese zu verfassen hat Schwierigkeiten eigener Art mit sich gebracht. Ich bin mit einigen der Handschriften seit mehr als vierzig Jahren vertraut oder über sie informiert. Ich kann mich einfach nicht mehr an alle Quellen erinnern, aus denen ich etwas über sie erfahren habe. Noch schlimmer: Ich bin mir sicher, dass Kollegen mir etwas über sie erzählt haben oder mir ihre Gedanken zu ihnen mitgeteilt haben, allerdings mag ich das vergessen haben. Ich habe mich aber bemüht, im Text- oder Anmerkungsteil deutlich zu machen, wenn ich mich auf die Beiträge anderer beziehe. Ich bin auch allen Kuratoren zu Dank verpflichtet, die so entgegenkommend waren, mich zu empfangen, und mich oft mit Informationen versorgten. Wir, die wir auf dem Gebiet der Paläografie tätig sind, sind uns bewusst, dass es ein internationales Netzwerk von gleichgesinnten Historikern und Bücherliebhabern gibt, die sich gerne gegenseitig helfen, wenn es möglich ist. Wir unterhalten uns in den Foyers von Bibliotheken oder plaudern auf Kongressen miteinander. Wir fragen uns gegenseitig per E-Mail um Rat. Manchmal besuchen wir uns auch. Ich hoffe, es wird deutlich, dass ein Buch wie dieses nur geschrieben werden kann, wenn man langjährige gute Freunde und Kollegen hat.

Zwei von meinen vielen Helfern möchte ich besonders hervorheben. Zum einen ist da natürlich meine Frau, Mette, die es mehrere Jahre lang ertragen hat, dass ich ganz mit Schreiben beschäftigt war, und die Zielscheibe einiger im Text vorkommender Scherze ist (ein Trick von mir: Sie wird das ganze Buch durchlesen müssen, um sie ausfindig zu machen). Dann ist da noch mein alter Freund Scott Schwartz aus New York, der das Projekt mit mir diskutierte, bevor ich es in Angriff nahm, und mir die Thematik abzustecken half. Er hat in einer längeren Periode der Krankheit, die jetzt zum Glück vorbei ist, die erste Fassung eines jeden Kapitels gelesen, sobald sie beendet war. Ich verdanke seiner Klugheit und seinem Scharfsinn viel. Ihm möchte ich dieses Buch widmen.

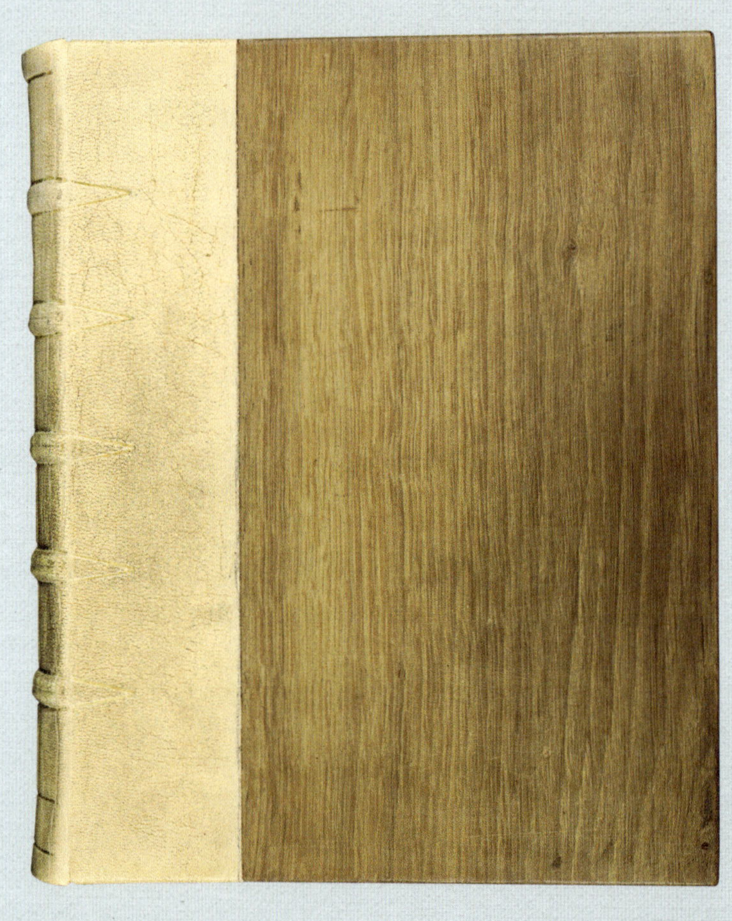

KAPITEL EINS

DAS AUGUSTINUS-EVANGELIAR

spätes 6. Jahrhundert
Cambridge, Corpus Christi College,
MS 286

Am Ende dieses Kapitels werde ich erzählen, wie Papst Benedikt XVI. und der Erzbischof von Canterbury sich beide vor mir verneigten. Bevor wir zu diesem unglaublichen Ereignis kommen, das sich vor dem Hochaltar der Westminster Abbey abspielte und live übertragen wurde, müssen wir die verschlungene Reise einer Handschrift durch anderthalb Jahrtausende englischer Geschichte verfolgen, auf der sie einer Reihe früherer Päpste und Erzbischöfe von Canterbury begegnete. Einer dieser Erzbischöfe war Matthew Parker (1504–1575), in dessen persönlichem Besitz sich der Codex zeitweilig befand. Parker hatte an der Universität Cambridge studiert und war, kurz bevor die Reformation in England ausbrach, zum Priester geweiht worden. Einem Glücksfall, vielleicht aber auch Beziehungen, die seine Familie im heimatlichen Norfolk unterhielt, war es zu verdanken, dass er zum Hauskaplan von Anne Boleyn ernannt wurde, der zweiten Gemahlin Heinrichs VIII. und Königin von England von 1533 bis zu ihrer Hinrichtung wegen Hochverrats in Jahr 1536. Die ersten Gerüchte von der Kirchenreform, zu der Luther auf dem Kontinent den Anstoß gegeben hatte, waren über den Kreis um Anne an den englischen Hof gedrungen, und Parker war offenbar von der intellektuellen Erregung angesteckt worden, die die religiöse Erneuerung damals in vielen Menschen auslöste. 1544 wurde er auf Empfehlung Heinrichs VIII. zum Master von Corpus Christi College in Cambridge berufen. Er heiratete – was für einen Geistlichen damals ein radikaler Schritt war – und büßte daher unter der reaktionären Maria I., Königin von 1553 bis 1558, seine Stellung ein. 1559 befahl Marias Nachfolgerin Elisabeth, die Tochter Anne Boleyns, ihn zu sich nach London. Parker war der erste von ihr nach ihrer Thronbesteigung ernannte Erzbischof von Canterbury, und er erhielt von ihr die Order, der Reformation in England unwiderruflich zum Durchbruch zu verhelfen.

Das sogenannte »Elizabethan Settlement«, die Religionsregelung, an deren Maßgaben Parker sich hielt, hatte eine reformierte Church of England zum Ergebnis, die zumindest anfangs wenig mit dem Protestantismus Kontinentaleuropas gemein hatte. Martin Luther hatte sich an den apostolischen Zeiten des frühen Christentums orientiert; er hatte die Institution des Papsttums abgelehnt und die Glaubwürdigkeit der Römischen Kirche erschüttert, indem er eine Bibelübersetzung vorlegte, die auf Texten basierte, welche älter und offenkundig authentischer waren als die allgemein gebräuchliche lateinische Vulgata-Ausgabe, die der heilige Hieronymus im 4. Jahrhundert vorgelegt hatte. Matthew Parker hingegen hielt sich an die Päpste der allerersten Zeit und verfocht die Doktrin ihrer apostolischen Nachfolge des Petrus. Gregor der Große, der von 590 bis 604 auf dem Thron Petri saß, war einer seiner Helden, nicht zuletzt weil er als Erster die Initiative zur planvollen Missionierung Englands ergriffen hatte, indem er eine Schar italienischer Mönche auf die Insel entsandte, an deren Spitze ein gewisser Augustinus stand, Prior des römischen Klosters Sant'Andrea. Der heute als Augustinus von Canterbury Bekannte war 597 im Südosten von England, an der Küste von Kent, an Land gegangen und hatte Ethelbert, den König von Kent (ca. 560–616), zur Annahme des christlichen Glaubens bewogen. Im nahen Canterbury hatten die italienischen Missionare den Grundstein zu einer Kathedrale gelegt und außerdem außerhalb der Stadtmauern eine ursprünglich Peter und Paul, den Schutzheiligen der Stadt Rom, geweihte Begräbniskirche errichtet, aus der dann ein Kloster hervorgegangen war. Ihr Führer Augustinus war zum ersten Erzbischof von Canterbury ernannt worden. Das Kloster, zu dessen Errichtung er den Anstoß gegeben hatte, wurde später ihm zu Ehren in St. Augustine's Abbey umbenannt.

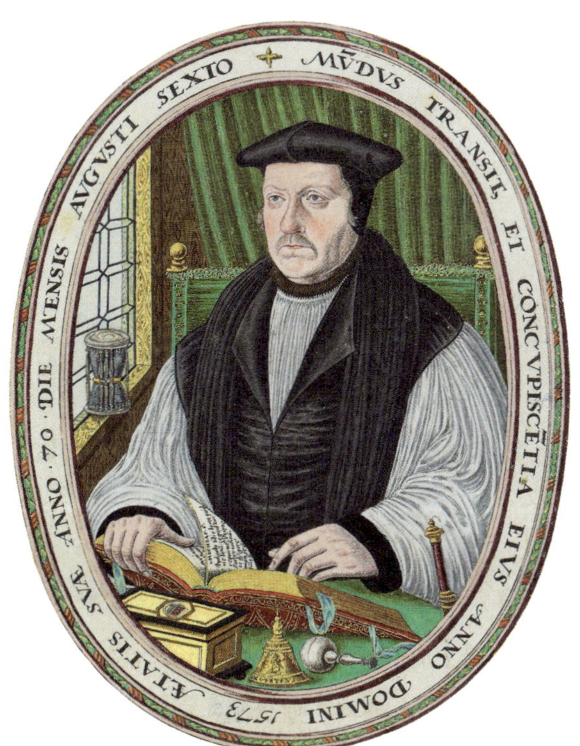

Matthew Parker (1504–1574). Der 1573 entstandene Stich von Remigius Hogenberg zeigt den Erzbischof in seinem 70. Lebensjahr bei der Lektüre der Bibel.

Es überdauerte als Institution am Rand der Stadt Canterbury nahezu ein Jahrtausend, bis es 1538, also zu Lebzeiten Matthew Parkers, unter Heinrich VIII. aufgelöst wurde. Das Gebäude existiert bis heute.

Matthew Parker sah sich als siebzigsten Erzbischof von Canterbury in der ununterbrochenen, mit Augustinus beginnenden Reihe von Trägern dieses Amtes. Er gelangte zu der Auffassung, dass die Missionare des 6. Jahrhunderts in England eine eigenständige, von Rom unabhängige und ihm in keiner Weise unterworfene Kirche begründen wollten. Seiner Überzeugung nach war die religiöse Entwicklung, die nach 597 in Kontinentaleuropa vor sich gegangen war, völlig bedeutungslos, nur in England war es gelungen, die christliche Kirche in ihrer uranfänglichen Reinheit zu bewahren, wie vom heiligen Gregor und heiligen Augustinus vorgegeben. Diese Reinheit war aber, meinte er, aufgrund der normannischen Eroberung Englands im Jahr 1066 und der Zentralisierung der Römischen Kirche unter Gregor VII., Papst von 1073 bis 1085, verloren gegangen. Die Historiker der elisabethanischen Epoche blickten voller Wehmut auf die angelsächsische Periode als eine Zeit nationaler Identität und Unabhängigkeit zurück. Parker kam zu dem Schluss, dass die angeblich radikalen Reformen des 16. Jahrhunderts in Wirklichkeit keine waren. So war die Volkssprache bereits in angelsächsischer Zeit für die Liturgie benutzt worden, und bereits damals war dem Königtum eine zentrale Rolle in der Kirche zugekommen. 1568 erwirkte er beim *Privy Council*, dem Geheimen Kronrat, die Erlaubnis, alle in England existierenden alten Handschriften in seine persönliche Verwahrung zu nehmen, mit denen sich die anglikanische Reformation rechtfertigen ließ oder die Präzedenzfälle für Maßnahmen der eigenen Zeit enthielten. Parker nahm im Lauf der Jahre an die sechshundert frühe Handschriften an sich, von denen die meisten aus kürzlich reorganisierten mittelalterlichen Kathedralen stammten oder aus ehemaligen Klöstern. Darunter waren viele der ältesten Bücher, die in England existierten. Der Erzbischof war der erste wahrhaft *groß* zu nennende Sammler der elisabethanischen Zeit, darin bei Weitem Sir Robert Cotton (1571–1631), dessen Handschriftensammlung heute den Kern der British Library in London bildet, voraus und auch früher auf diesem Gebiet aktiv als Sir Thomas Bodley (1545–1613), der mit seinen Akquisitionen den Grundstein für die nach ihm benannte Bodleian Library in Oxford legte, welcher wir in Kapitel Sechs einen Besuch abstatten werden. Parker brachte ungefähr dreißig Werke aus dem Besitz des aufgelösten Klosters St. Augustine in seinen Gewahrsam, von denen das sogenannte Augustinus-Evangeliar das älteste war; soweit man weiß, war es sogar das älteste aus dem Mittelalter stammende Buch, das sich damals in England befand. Von ihm handelt dieses Kapitel.

1574, gegen Ende seines Lebens, verfügte Erzbischof Parker, dass seine Sammlung aus dem Lambeth Palace, seiner Londoner Residenz, in sein altes College in Cambridge, Corpus Christi, geschafft und diesem übereignet werden sollte. Mit dieser Stiftung verbanden sich zwei Hauptbedingungen, die vertraglich festgehalten wurden: Die eine, die weitgehend unerfüllt blieb, war die, dass das College die Handschriften der Öffentlichkeit zugänglich machen sollte. Die andere bestand darin, den Bestand der Bibliothek jedes Jahr im August zu überprüfen. Falls sich dabei herausstellen sollte, dass auch nur einige wenige Werke nicht auffindbar oder durch Vernachlässigung oder Unachtsamkeit abhandengekommen waren, würde Corpus Christi des Erbes verlustig gehen und die Sammlung dem nur ein paar hundert Meter weiter die Straße hinauf

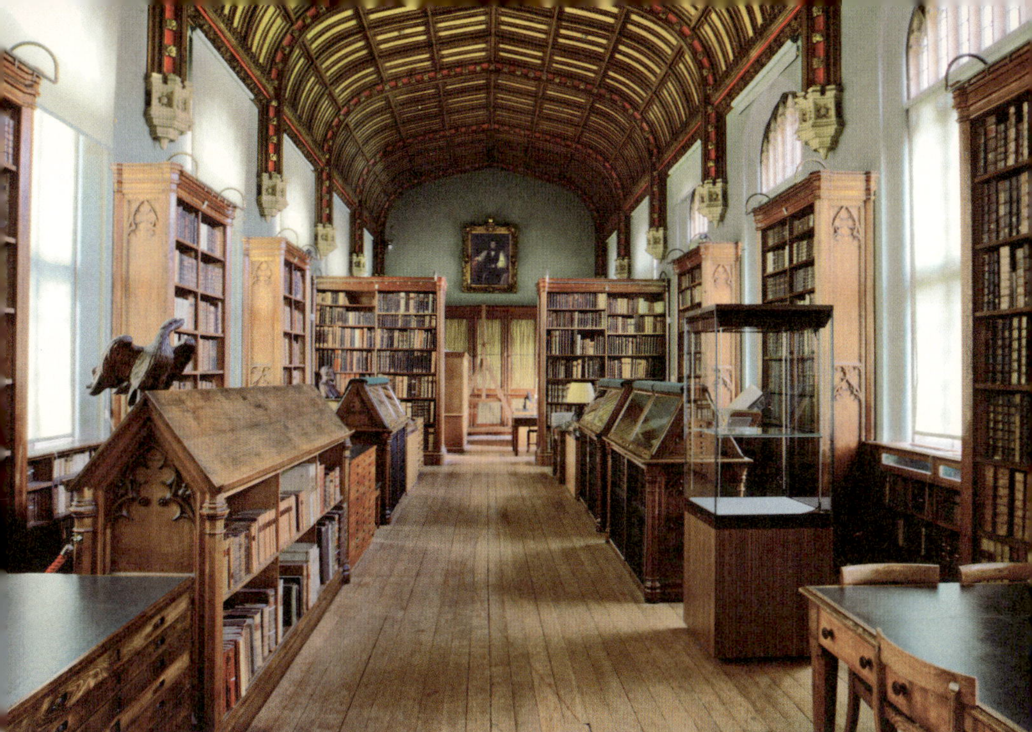

Die Büchersammlung Matthew Parkers in dem von William Wilkins (1778–1839) entworfenen Raum im Obergeschoss des Corpus Christi College, Cambridge.

gelegenen Gonville and Caius College übertragen. Das Gleiche sollte auch für einige wirklich begehrenswerte Stücke Tafelsilber der Tudorzeit gelten, die ebenfalls aus Parkers Besitz stammten. Die Angst vor dieser furchtbaren Strafe war wohl der Hauptgrund dafür, dass man es im Lauf der Jahrhunderte relativ wenigen Außenstehenden gestattete, die Handschriften in Augenschein zu nehmen. Mehr als vierhundert Jahre lang war die Parker Library notorisch dafür, Interessierten in schon skandalöser Weise den Zugang zu den Werken zu verwehren. Sie wurden nur ab und an zur Verfügung gestellt, wobei nie vorhersehbar war, ob und wann. Nicht ohne eine spezielle Art von Stolz darf ich berichten, dass man mich, als ich Mitte der 1970er-Jahre bat, in ein Manuskript Einblick zu nehmen, dort abschlägig beschied – als einzige Bibliothek der Welt, die mir bis heute den Zutritt verweigerte. Leser auszuschließen bedeutet aber auch, dass jeder der Bände der Sammlung sicher in den Regalen stehen bleibt, und viele von ihnen befinden sich in einem erstaunlich »frischen« Zustand, das heißt mehr oder weniger in demselben, in dem sie sich zur Zeit der Reformation befanden. Sie sind länger im Besitz ein und derselben

Institution gewesen als jedes andere der großen Manuskripte, denen wir in diesem Buch begegnen.

In den späten 1990er-Jahren entschloss sich der Vorstand des Corpus Christi College, diesem Isolationismus ein Ende zu setzen und seinen größten Schatz öffentlich zugänglich zu machen, so dass er auch wissenschaftlich ausgewertet werden konnte. Man erhielt Geld aus verschiedenen Quellen; vor allem von der Donnelley Foundation in Chicago, um eine Vollzeitstelle für einen Kurator einrichten zu können. Derselbe Mann, dem man fünfundzwanzig Jahre zuvor die Tür gewiesen hatte, bewarb sich um diese Stelle, die er dann im Jahr 2000 auch erhielt. Die Tatsache, dass die Parker Library zu einer der Sammlungen seltener Bücher auf der Welt geworden ist, die am intensivsten genutzt wird, sowohl *in situ* als auch online mithilfe der digitalisierten Fassungen, ist nicht meiner Person zu verdanken, sondern einfach dem Umstand, dass die Zeiten sich geändert haben. Allerdings war es eine Erwartung, die man mit der neu ausgeschriebenen Stelle verband.

Corpus Christi ist eines der heute einunddreißig eigenständigen Colleges, die zusammen die Universität Cambridge bilden. An ihm sind immer an die 260 *undergraduates* eingeschrieben. Die ältesten erhaltenen Gebäude von Corpus Christi datieren in die Zeit seiner Gründung um die Mitte des 14. Jahrhunderts. Die meisten Wissenschaftler und Studenten, die einen Termin zu einem Arbeitsbesuch in der Parker Library vereinbart haben, betreten das College über einige Stufen durch das überdimensionierte mittelalterlich wirkende Torhaus an der Trumpington Street, nachdem sie sich für gewöhnlich in der Pförtnerloge zu ihrer Linken angemeldet haben, so dass die Mitarbeiter der Library von ihrem Eintreffen in Kenntnis gesetzt werden können. Vor ihnen öffnet sich dann zuerst der sogenannte New Court, eine große rechteckige gepflegte Rasenfläche, auf der der in kurzen Abständen zum Einsatz kommende Mäher Streifen zurückgelassen hat. Sie ist auf allen vier Seiten von Gebäuden aus hellem Stein umschlossen, die in den 1820er-Jahren im neugotischen Stil des Regency von dem Architekten William Wilkins (1778–1839) entworfen wurden. (In England ist die Bezeichnung »new« immer relativ zu nehmen: der »New Forest« wurde im 11. Jahrhundert angelegt.) Touristen stellen sich oft unter dem Torbogen auf, um sich gegenseitig zu fotografieren oder vorsichtig hineinzulugen und vielleicht einen Blick auf Studenten oder Collegeangestellte zu erhaschen, die in den Gebäuden an den Seitenrändern wohnen und arbeiten. Dem Tor gegenüber befindet sich der Eingang zur Kapelle, der ein wenig zurückversetzt ist und links und rechts Nischen aufweist, in denen Statuen stehen von Nicholas Bacon, einem großen Wohltäter des College und deswegen mit einem Geldbeutel in der Hand dargestellt, und von Matthew Parker, die Hände auf ein großes Buch gelegt. Das Büro des *bursar*, des Schatzmeisters des College, befindet sich links von der Kapelle – auf der Bacon-Seite – und die Master's Lodge rechts von ihr. Der Speisesaal zieht sich an der Nordseite des Hofs hinter einer Reihe hoher, lanzettförmiger Fenster lang. Die Parker Library nimmt den größten Teil des Obergeschosses des Gebäudes auf der linken – südlichen – Seite ein. Betätigt man den Summer an dem großen gotischen Tor in der entferntesten Ecke des New Court, wird man in einen dunklen Vorraum eingelassen. Man hat dann die Wahl, entweder die steinerne Treppe hinaufzuklimmen, die vor einem in die Höhe steigt, oder durch einen Durchlass zu gehen, der sich unmittelbar rechts von einem öffnet. Die Öffentlichkeit begibt sich für gewöhnlich in Gruppen in den großartigen lang gestreckten eigentlichen Bibliotheksraum, zu dem die Treppe hinaufführt: Seine Decke ist hoch, und entlang der Wände ziehen sich Regale, die mit gedruckten Büchern aus elisabethanischer Zeit und anderen frühen Druckwerken vollgestellt sind. In ebenfalls in Längsrichtung stehenden beleuchteten Vitrinen sind einige der schönsten Manuskripte aus dem Bestand der Library ausgestellt. Wer gekommen ist, um sich zu wissenschaftlichen Zwecken mit einem der seltenen Bücher zu beschäftigen, wird nicht in diesen Raum geführt, sondern erhält stattdessen einen Arbeitsplatz in dem ebenerdigen Lesesaal zugewiesen, wo man von einem der Angestellten beaufsichtigt wird.

Dieser Raum ist nicht so groß wie der im Stockwerk darüber. Ursprünglich stellte er einen Ausläufer der Studentenbibliothek dar. Die Wände sind blassgrün gestrichen, den Boden bedeckt ein grauer Teppich. Vor die längs unterteilten Fenster in der Südwand sind gewöhnlich Vorhänge gezogen, damit weniger direktes Sonnenlicht einfällt. Von ihnen aus blickt man über den Kirchhof von St. Botolph hinweg; die nach Norden weisenden Fenster öffnen sich auf den New Court. Der Lesesaal ist mit Regalen aus Eiche eingerichtet, die man aus den 1930er-Jahren herübergerettet hat, sowie mit eigens angefertigten Tischen aus hellerem Eichenholz und vierzehn dazu passenden Stühlen mit rotem Lederbezug – ein Geschenk von Gifford Combs, einem Handschriftensammler. Eine von Lida Kindersley entworfene gläserne Plakette an der Wand erinnert an die offizielle Einweihung des Lesesaals am 21. Juni 2010 durch Prinz Philip, Duke of Edinburgh.

Wir sind gekommen, um uns MS 286 anzusehen, die älteste und bei Weitem kostbarste Handschrift der Library. Das Privileg, dies tun zu können, ist der Tatsache zu verdanken, dass der Bibliotheksleiter sich als Begleitung zur Verfügung stellt: Das Augustinus-Evangeliar wird nicht so ohne Weiteres für Leser hervorgeholt, die einfach mal einen Blick darauf werfen wollen: Es ist ungeheuer fragil und empfindlich, für viele besitzt der Codex auch eine spirituelle Bedeutung und ist von einer Aura des Heiligen umgeben. Für Erzbischof Parker muss die Handschrift vor allem im Zusammenhang mit seiner Suche nach den Grundlagen des Christentums in England, das heißt dem unverfälschten Christentum, wie es im Jahr 597 auf der Insel eingeführt wurde, von Bedeutung gewesen sein. Die Handschrift wird in einem mit einer Alarmanlage gesicherten und klimatisierten Gewölbe aufbewahrt, und zwar in einem soliden, entsprechend dimensionierten Eichenkasten, der 1995 auf Kosten des Architekten Roger Mears, eines ehemaligen Studenten des College, angefertigt wurde. Sein Name ist auf einem ledernen Schildchen festgehalten. Warten Sie hier einen Moment, während ich den Kasten hole, indem ich ihn in beiden Händen halte, und dann auf den Tisch stelle. Wir öffnen die Messingverschlüsse und klappen den schweren Deckel hoch, womit wir gleichzeitig den leichten Druck aufheben, der den Band fest geschlossen hält, wenn er nicht benötigt wird. Er ruht in einem Bett aus festem grauem thermoplastischem Schaum, wie er häufig in Archiven benutzt wird. Heben wir ihn vorsichtig heraus und legen ihn auf eine der gepolsterten, mit orangefarbenem Material überzogenen Buchstützen auf den Arbeitstischen.

Menschen, die mit berühmten Personen zusammentreffen, lassen sich später oft darüber aus, dass die Zelebrität, steht sie einem in Fleisch und Blut gegenüber, überraschend klein ist. Das Format des Evangeliars im konkreten Sinn steht überhaupt nicht im Einklang mit der »Statur«, die ihm aufgrund der Rolle zukommt, die es in der englischen Geschichte gespielt hat; einige Besucher, die es zum ersten Mal sehen, empfinden sogar eine gelinde Enttäuschung. Seine Abmessungen betragen zirka 27 mal 22 Zentimeter; es ist nicht ganz acht Zentimeter dick, recht leicht und lässt sich bequem mit einer Hand halten – wirkt also wenig »gewichtig«. Die eigentliche Handschrift wird von zwei Deckeln aus schlichten Eichenbrettern umschlossen, deren Ränder innen leicht angeschrägt sind; der Rücken besteht aus mit Alaun gegerbtem Ziegenleder und ist in dem vom Arts and Crafts Movement bevorzugten Stil gehalten, wie er besonders von dem Buchbinder Douglas Cockerell (1870–1945) populär gemacht wurde. Diesen Rücken, der jetzt durch die Benutzung etwas eingedunkelt ist, unterteilen horizontale Wülste von oben nach unten in sechs Rechtecke. In eines davon ist in Goldlettern die Signatur »MS 286« geprägt, ein weiteres ist mit einem Malteserkreuz verziert. Unten finden sich die Buchstaben C.C.C.C., die für Corpus Christi College Cambridge stehen. Ein Titel ist nirgendwo angegeben. Das Manuskript wurde in den Jahren 1948/49 in der Buchbinderwerkstatt des British Museum neu gebunden und im Juli 1949 an das College zurückgegeben. Dass es vorübergehend dem Londoner Museum anvertraut wurde, hinterließ seine Spuren: Auf ein leeres Blatt am Ende ist ein kleiner Zettel des British Museum mit vorgedruckten Rubriken aufgeklebt. Er stammt einer handschriftlichen Eintragung zufolge von Juli 1948 und gibt die Anzahl der

Das Augustinus-Evangeliar, aufgeschlagen die Seite mit dem Porträt des Evangelisten Lukas, ausgestellt in der Parker Library.

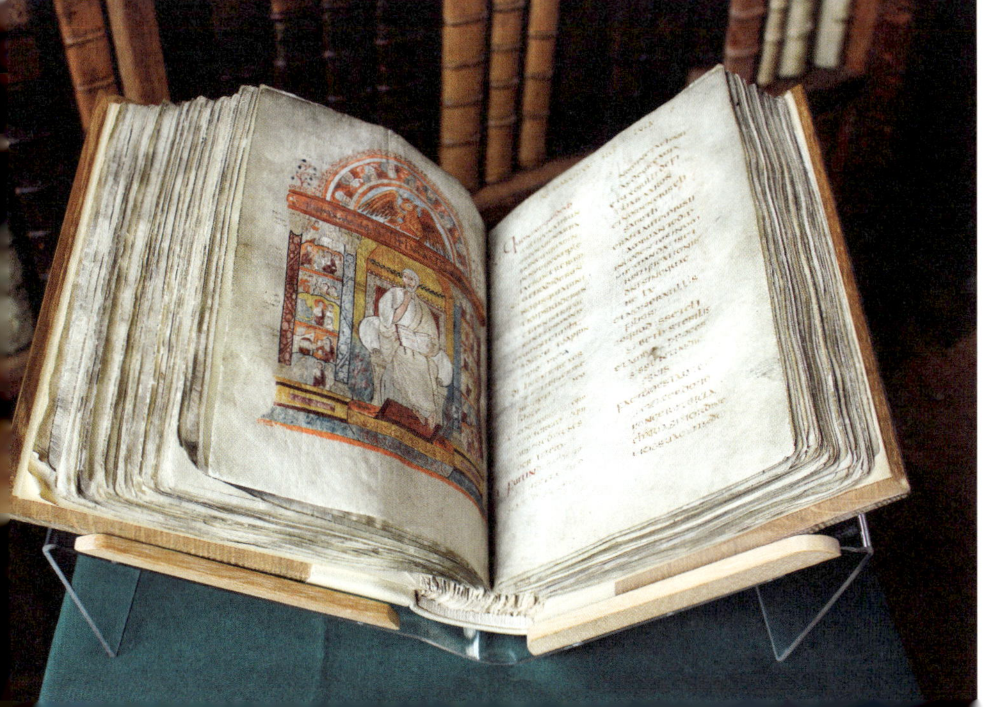

»folios« mit 286 an. Diese Eintragungen sind in der charakteristischen Handschrift von Eric Millar (1887–1966) vorgenommen, der in der fraglichen Zeit »Keeper of Manuscripts« war, also Kustos der Handschriften. Als sein Stellvertreter fungierte damals Francis Wormald (1904–1972), der, als sich das Evangeliar in der Obhut seiner Abteilung befand, die Gelegenheit nutzte, es einer eingehenden Untersuchung zu unterziehen. Wormald hielt anschließend, beginnend am 29. November 1948 in Cambridge, eine Vortragsreihe, die sogenannten Sandars Lectures, zu bücherkundlichen Themen über diese Handschrift, was einen wichtigen Schritt auf dem Weg des Werks zu seinem Ruhm im 20. Jahrhundert darstellte.

Die Buchbinder des British Museum nähten die ursprünglichen einzelnen Lagen an separate und etwas über die Innenränder der Blätter des Kodex herausragende Papierstreifen, die sie dann zu einer Art sich nach außen öffnendem Fächer zusammenfügten, so dass die Handschrift gefahrlos bis zu einem Winkel von 90 Grad geöffnet werden kann, ohne dass man die alten Pergamentblätter krümmen oder biegen muss. Diese konservatorische Praxis war früher en vogue, wird aber heute nicht mehr empfohlen, da durch sie die »Einheit« eines Codex, sein innerer Zusammenhang, zerstört wird. Wenn die Seiten umgeschlagen werden, kann es außerdem passieren, dass die einzelnen Lagen aneinanderreiben. Der neue Einband weist sowohl vorne als auch hinten papierene Vorsatzblätter auf. Sie erfüllen die Aufgabe, ein ähnliches Blatt am Ende der Handschrift, das von einer Mitte des 18. Jahrhunderts vorgenommenen Neubindung stammt, wie auch eine Reihe von teilweise Text unterschiedlicher Art tragenden pergamentenen Vorsatzblättern aus dem Mittelalter zu schützen. Die ersten beiden davon sind unbeschriftet und datieren möglicherweise aus dem Spätmittelalter; eines ist eindeutig vom Ende an den Anfang versetzt worden. In seiner ursprünglichen Position war es das letzte Blatt des Werks, das dieses vor dem ursprünglichen rückwärtigen Deckel schützte. Sowohl dieses Blatt als auch jenes, welches jetzt den Abschluss bildet, weisen leichte rechteckige Vertiefungen und kleine, von Rostspuren umgebene Löcher am oberen Rand auf. Diese Abdrücke und Löcher legen die Vermutung nahe, dass an der oberen Kante des hinteren oder vielmehr unteren der beiden Holzdeckel, die den mittelalterlichen Einband bildeten, mithilfe von Nieten eine Kettenöse befestigt gewesen war. Irgendwann einmal scheint der Codex also mit dem Vorderdeckel nach oben liegend aufbewahrt und mit einer Kette gesichert worden zu sein.

Wir werden später noch zu einer detaillierteren Beschreibung von MS 286 zurückkehren, doch könnte wohl keiner der Versuchung widerstehen, schon mal einen ersten raschen Blick in den Codex selbst zu werfen. Die Gelegenheit dazu wird sich schließlich nicht oft ergeben. Die Handschrift enthält den Text der vier Evangelien in der lateinischen Übersetzung des heiligen Hieronymus, die auf den griechischen Originalfassungen der vier »Autoren« beruht und von dem Heiligen in die Sprache übertragen wurde, die damals in ganz Westeuropa gesprochen wurde. Der Ausdruck »Vulgata«, der von der Reformationszeit an einen kritischen Beiklang hatte, mit Unverständlichkeit und Unzugänglichkeit für die einfachen Leute konnotiert war, besagte ursprünglich nur, dass der Text in der damals »im Volk gebräuchlichen« Sprache gehalten war. Als das Augustinus-Evangeliar entstand, war Latein noch eine vielen geläufige Umgangssprache und Hieronymus, der im Jahr 420 starb, für die Zeitgenossen zeitlich nicht weiter entrückt, als es für uns beispielweise Walter Scott oder Emily Brontë sind. Das Römische Reich war jüngst implodiert. Seine Hauptstadt war zunächst 410 von Westgoten geplündert worden und dann 546 – also zu einer Zeit, die vielen noch gegenwärtig war – noch einmal von den Ostgoten. Das Römische Reich bewahrte seine Identität als Imperium, indem es sich als christliches Reich neu erfand. Die Entsendung von Augustinus nach England war die erste bewusste imperiale Initiative des römischen Papsttums.

Die Handschrift beginnt mitten in einem Wort, das in der *capitula*-Liste enthalten ist, die dem Matthäus-Evangelium vorangeht. Eine solche Liste, die ein Standardteil vieler Evangeliare ist, besteht aus den Überschriften oder aus kurzen Zusammenfassungen der einzelnen Kapitel. Die frühmittelalterliche Einteilung der Kapitel weicht allerdings von der modernen ab, die ebenso wie deren Nummerierung erst im 13. Jahrhundert eingeführt wurde. Die ersten erhaltenen Wörter der *capitula*-Liste im Augustinus-Evangeliar sind »[nine]vitarum signum pharisaeis tradit«. Das bezieht sich auf die Stelle bei Matthäus, wo berichtet wird, dass Jesus den Schriftgelehrten ein Zeichen »der Männer von Niniveh« zukommen ließ (nach heutiger Zählung Matthäus 12, 41). Wie wir noch sehen werden, muss noch einiges mehr verloren gegangen sein als der Anfang der *capitula*-Liste. Der Text des Matthäus-Evangeliums beginnt auf folio 3r, also auf der Vorderseite des dritten Blatts, mit den Worten »*Liber generationis* ih[es]u xp[ist]i filii david ...« (»Buch von der Geburt Jesu Christi, des Sohnes Davids ...«). Die ersten beiden, hier kursiv wiedergegebenen, Wörter wurden mit roter Tinte geschrieben, die ursprüngliche Farbe ist aber zu einem Orange-Braun verblasst. Außerdem ist der Anfangsbuchstabe des ersten Worts, also das »L« von »Liber«, ein wenig größer als die darauf folgenden. Doch ist diese Initiale ansonsten zurückhaltend ausgeführt, schlicht und schnörkellos; sie ist nicht ornamental gestaltet oder anderweitig hervorgehoben, um darauf hinzuweisen, dass hier der Text des ersten Evangeliums beginnt. Solche bescheidenen Initialen sind typisch für die Handschrift, und sie unterscheidet sich in dieser Beziehung von späteren prunkvolleren und üppiger verzierten Evangeliaren wie zum Beispiel dem Book of Kells.

Auf jeder Seite gruppiert sich der Text in zwei Kolumnen und ist in sauberer lateinischer Unzialschrift zu Pergament gebracht. Der Ursprung des Ausdrucks »unzial« ist ungewiss; er wurde zum ersten Mal, und zwar mit abschätzigem Beiklang, von Hieronymus benutzt, auf den diese Schrift frivol und affektiert wirkte. Vor diesem Hintergrund muss es einem wie Ironie vorkommen, dass genau diese Schrift, da man sie im Allgemeinen zur Vervielfältigung – also zum Abschreiben – seiner eigenen Übersetzung der Bibel ins Lateinische benutzte, zur verbreitetsten von allen wurde. Manchmal wird der Name mit dem Wort »uncia« in Zusammenhang gebracht, der Bezeichnung eines alten römischen Längenmaßes (zirka 25 Millimeter, das dazugehörige Adjektiv wäre »uncialis«). Als Erklärung böte sich dann an, dass die Großbuchstaben, die diese Schrift ausschließlich verwendet, wirkten, als wären sie eine »uncia« hoch – was sie aber tatsächlich nie waren. Die Unzialschrift etablierte sich als formelle Schrift des frühen Christentums, so wie die sogenannte *capitalis rustica* die für nicht-religiöse Texte gebräuchliche Schriftart wurde (siehe unten, Kapitel Vier). Die Unziale verwendet gerundete Majuskeln, einige ähneln von ihrer Gestalt her den ihnen entsprechenden modernen Kleinbuchstaben. So besitzt zum Beispiel das

RECHTS: Das erste erhaltene Blatt des Augustinus-Evangeliars mit der Fortsetzung der Liste von Kapitelüberschriften des Matthäus-Evangeliums. Am oberen Rand die ältere Signatur der Parker Library »L. 15«.

L. 15

ULLARUM SIGNUM
PHARISAEIS TRADIT
MATREMQUE FRA
TROS SPERNIT
II· DE NAUICULIS TUR
BIS PARABOLAS EX
PONIT· PROPHETA
IN PATRIAM SUAM
SINE HONORE ES
SE DICIT
DE IOHANNIS CAPITE
IN DISCO· DE QUINQ
PANIB· ET DUOB·
PISCIB· IN QUINQ·
MILIA UIROS· IHS
SUPRA MARE AM
BULANS· PETRUM
MERGENTEM AL
LEUAT·
…ODE AMACIS QUAE
DE ORE EXEUNT
COINQUINANT
HOMINEM· FILIA
MULIERIS SYRO
PHENISSAE DAE

MONIO LIBERAT·
ET MULTOS ALIOS
SANAT·
XVI DE SEPTEM PANIB·
IN QUATTUOR MILIB·
UIRORUM· A FER
MENTO PHARISAEO
RUM CAUENDUM
XPM DI UIUI FILIUM
ESSE PETRUS CON
FITETUR· QUEMQUE
POST PAULULUM
PETRUM DURE IN
CREPAT·
XVII· IN MONTE TRANSFI
GURATUR PUERUM
LUNATICUM SAL
UAT· DE STATERE
IN ORE PISCIS
XVIII· HUMILITATEM DOCET
SICUT PUERI ET
NE QUEMINIMUM
FIDELIUM SCAN
DALIZANDUM
QUORUM ANGELI

»h« eine ausgeprägte Oberlänge, während das »f« unter die Zeile hinunterragt und das »d« eine graziöse Wölbung aufweist. Zum Schreiben verwendete man eine Gänsefeder mit einem relativ stumpf zugeschnittenen unteren Ende, möglichweise auch ein zugespitztes Rohr aus Schilf oder Ähnlichem, womit sich deutlich voneinander abgesetzte breite und dünne Striche erzielen ließen. Die Zwischenräume zwischen den einzelnen Buchstaben und Wörtern sind recht groß, was die in Unzialschrift niedergeschriebenen Texte für uns gut lesbar macht – vor allem wenn man bedenkt, dass die Bücher und Dokumente, für die sie verwendet wurde, uralt sind. Im Mittelalter verband sich mit der Unziale die Vorstellung von Autorität und Altehrwürdigkeit. Das »Corpus Glossary«, eine Art von alphabetisch geordnetem, um 800 entstandenem Wörterbuch, das ebenfalls aus der Augustinus-Abtei stammt und sich heute in der Parker Library befindet, definiert das Wort »antiquarius« als »qui grandes litteras scribit«: »jemand, der große Buchstaben schreibt«. Ein Antiquar, womit damals ein Kopist alter Bücher gemeint war, verwendete die Unzialschrift.

In MS 286 ist der Text in der Manier strukturiert, die man *per cola et commata* nennt, was ungefähr »nach inhaltlichen Einheiten und Pausen« bedeutet: Jeder Sinnabschnitt beginnt mit einer neuen Zeile. Die erste füllt die Kolumne in deren gesamter Breite; die darauf folgende Zeile ist meist kürzer. Das war mit größter Sicherheit die Gliederungstechnik, die Hieronymus selbst für seine Vulgata-Übersetzung verwendet hatte, und dieses Schriftbild ist auch charakteristisch für deren früheste Abschriften. Jede Einheit ist vermutlich so lang, dass man sie »in einem Atemzug« (vor)lesen konnte. Matthäus zum Beispiel beginnt – in Luthers Übersetzung – folgendermaßen: »Dies ist das Buch von der Geburt Jesu Christi, der da ist ein Sohn Davids, des Sohnes Abrahams.« Dann folgt eine Pause, in der man Atem holen und einen Blick auf den nächsten Absatz werfen kann, der da lautet: »Abraham zeugte Isaak«, danach wieder ein Innehalten und ein Blick in den Text, und dann geht es weiter: »Isaak zeugte Jakob, Jakob zeugte Juda und seine Brüder.« Erneutes Atemholen, und weiter im Text. Winston Churchill tippte seine großen

RECHTS: Eine der Bildseiten des Augustinus-Evangeliars. Dargestellt sind Szenen aus der Leidensgeschichte Christi, vom Einzug in Jerusalem bis zum Tragen des Kreuzes.

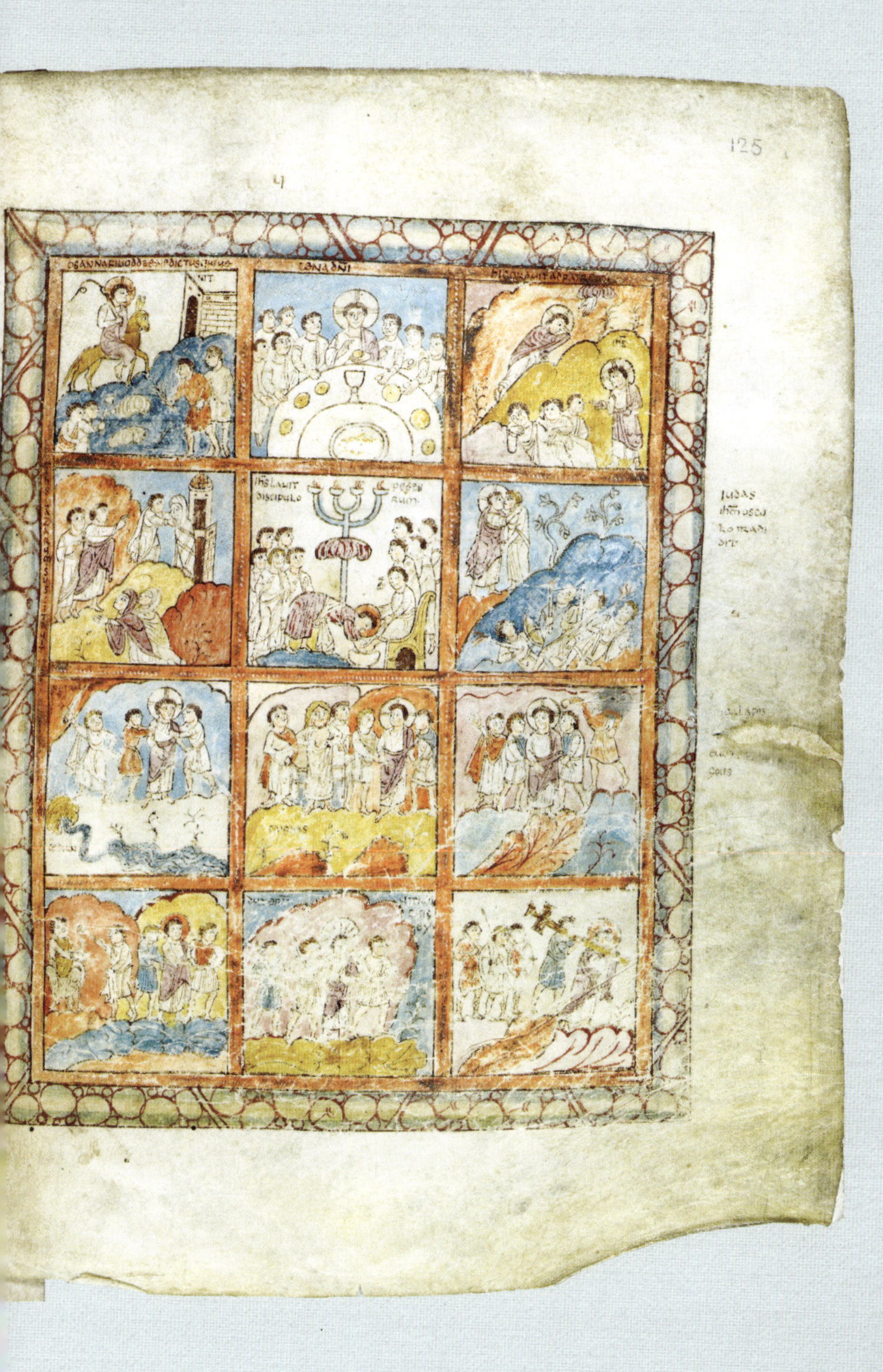
125
CENA DNI
IHS LAVIT
DISCIPULO
IUDAS

Reden so, dass er sie problemlos vom Blatt ablesen konnte, da sich jede Sinneinheit mit einem Blick erfassen ließ und die optische Strukturierung des Manuskripts, dessen »Layout«, ihm anzeigte, wo eine der rhetorischen Pausen fällig war, für die er berühmt wurde. Eine solche Anordnung des Textes dient vor allem dessen Vorgelesenwerden, was uns für sich genommen bereits etwas über das Augustinus-Evangeliar sagt: Es entstammt einer Zeit oraler Kultur, in der die Mehrzahl der Menschen, an die sich die »frohe Botschaft« des Evangeliums richtete, nicht lesen konnte.

Das zweite synoptische Evangelium, das nach Markus, beginnt auf folio 75r mit einem Prolog und der *capitula*-Liste, und der Text selbst fängt sechs Seiten später an. Der Prolog und die *capitula*-Liste zum dritten Evangelium, dem nach Lukas, geht eine ganzseitige Illustration voraus, die zwölf Szenen aus der Passion Christi ins Bild setzt. Die Einzelbilder sind in kleinere quadratische Rahmen gefasst, die sich zu einer Art Gitter zusammensetzen (folio 125r). Dem tatsächlichen Beginn des Lukas-Evangeliums steht ein die ganze Rückseite des vorangehenden Blatts (folio 129v) einnehmendes Porträt des Evangelisten gegenüber: Lukas sitzt in einer Nische unter einem Mauerbogen; über seinem Haupt ist sein Symboltier, der Stier, abgebildet, eingerahmt wird er von je einem Säulenpaar; der Zwischenraum zwischen diesen Säulen ist mit bildlichen Darstellungen einzelner Episoden aus dem nachfolgenden Text gefüllt. An dieser Stelle wird die Handschrift für gewöhnlich aufgeschlagen, wenn man sie der Öffentlichkeit präsentiert, da es die einzige ist, an der sich auf gegenüberliegenden Seiten Text und Buchmalerei finden. Es fällt nicht schwer, diese Stelle zu lokalisieren, denn die Handschrift öffnet sich mittlerweile von selbst an ihr. Das letzte der vier Evangelien, das des Johannes, beginnt auf folio 208r, ihm gehen ebenfalls ein Prolog und eine Liste der *capitula* voraus. Das gesamte Buch schließt mit den Worten D[E]O GRATIAS (genau genommen könnten die ersten beiden Buchstaben aber auch zu D[OMIN]O ergänzt werden), und weiter unten auf der Seite steht »SEMPER AMEN«. Das lehnt sich vermutlich an die Liturgie an, daran, dass jede Lesung aus einem der Evangelien in der Messe mit der Formel »Dank sei Gott« beschlossen wird. Es kann darin aber auch ein persönliches Gefühl des Schreibers zum Ausdruck kommen, seine Erleichterung, dass seine Arbeit bewältigt ist, er es geschafft hat, ohne fremde Hilfe, im wahrsten Sinne des Wortes »mit eigener Hand«,

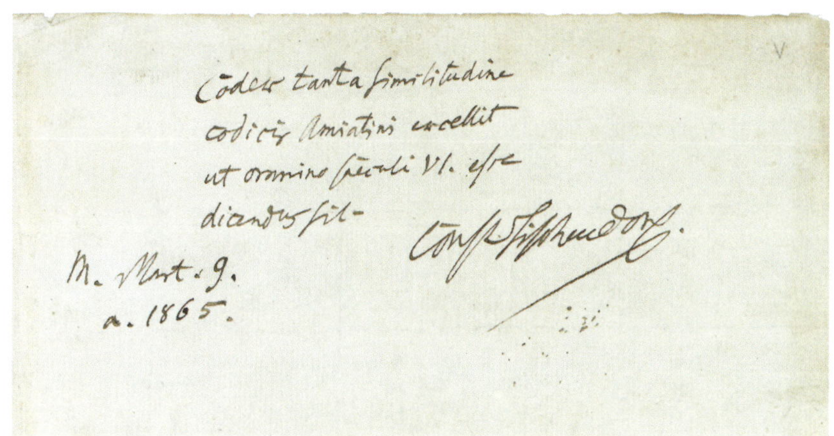

Codex tanta similitudine
codicis Amiatini excellit
ut omnino saeculi VI. esse
dicendus sit.
Const. Tischendorf.
M. Mart. 9.
a. 1865.

Der von Constantin von Tischendorf (1815–1874) in die Handschrift vorgenommene Eintrag, in dem er das Augustinus-Evangeliar mit dem Codex Amiatinus vergleicht.

auf 530 Seiten den Text der vier Evangelien niederzuschreiben. Diese Schluss-Wörter sind in der Schriftart *capitalis rustica* ausgeführt statt in der Unzialschrift, da sie nicht zur Heiligen Schrift gehören. Das ist eine Differenzierung, wie wir sie heute ähnlich mithilfe von Kursivschrift vornehmen. Leerseiten am Ende des Codex sind teilweise mit Abschriften aus späterer Zeit stammender Urkunden und Aufzeichnungen aus Klöstern – wie unter anderem einem interessanten Verzeichnis von Reliquien aus dem 12. Jahrhundert – gefüllt.

Ein Besucher der Parker Library hat eine einigermaßen schockierende Erinnerung an seine Begegnung mit der Handschrift auf einem der papiernen Schutzblätter ganz am Schluss zurückgelassen. Es handelt sich um eine herablassend klingende Bemerkung auf Latein, die die Welt davon in Kenntnis setzt, dass die Handschrift dem Codex Amiatinus so sehr ähnele, dass ihre Entstehung zuverlässig auf das 6. Jahrhundert datiert werden könne. Diese Notiz ist unterschrieben mit »Const. Tischendorf«. Der Codex Amiatinus, der in unserem folgenden Kapitel behandelt werden wird, ist in Wirklichkeit hundert Jahre jünger und gleicht dem Augustinus-Evangeliar nicht gar so sehr, abgesehen davon, dass auch für ihn lateinische Unzialschrift verwendet wurde. Der Leipziger Theologe Constantin von Tischendorf (1815–1874), der 1844 den Codex Sinaiticus entdeckte, die erste vollständige Fassung des Neuen Testaments auf Griechisch, machte sich keck und anmaßend in den Kreisen der etablierten Bibelforscher des 19. Jahrhunderts breit. An dem Tag, als

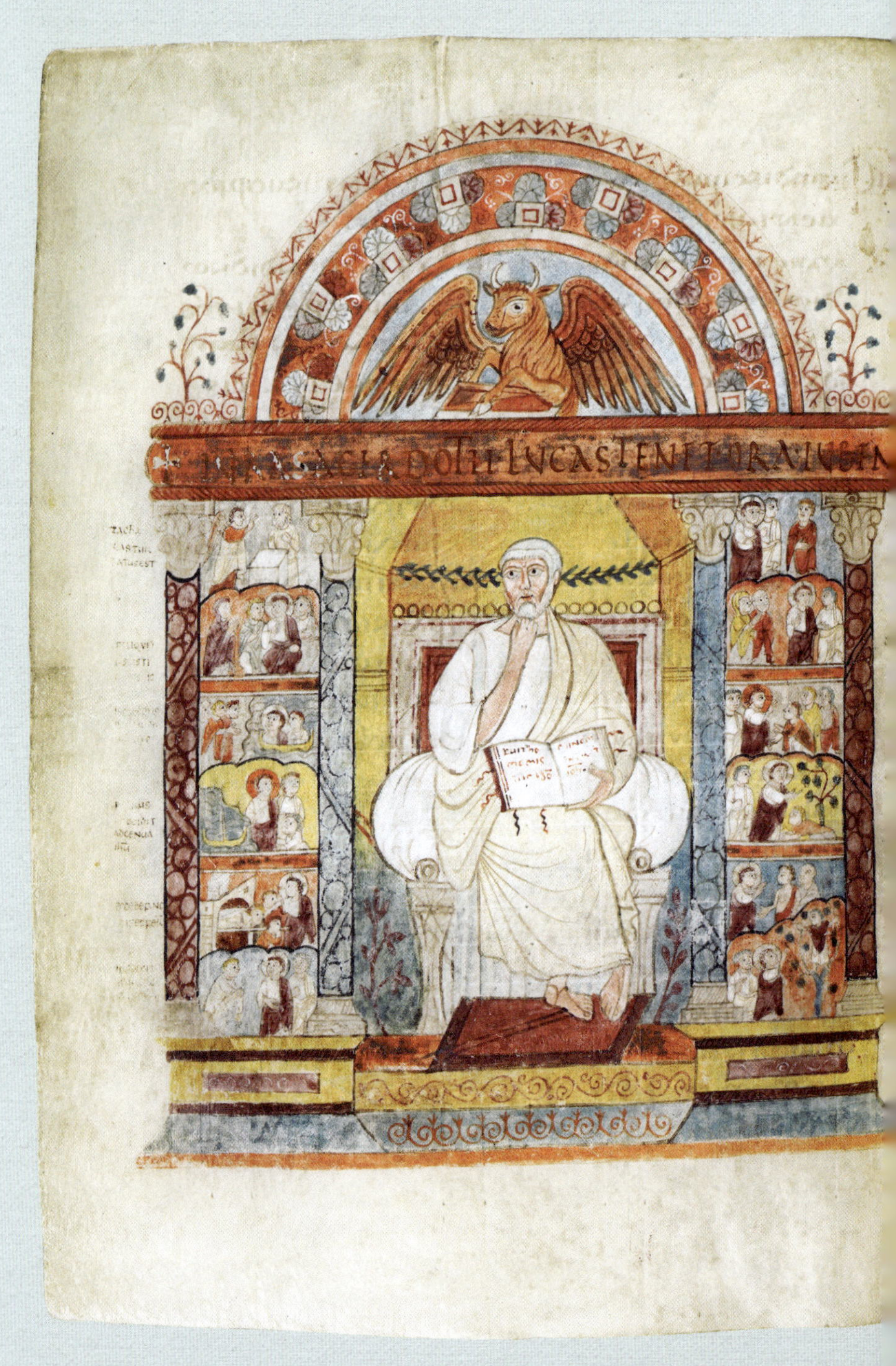

er seine zeitliche Zuschreibung des Evangeliars zu Papier brachte – dem von ihm selbst wichtigtuerisch hinzugesetzten Datum zufolge am Donnerstag, dem 9. März 1865 –, hielt er sich in Cambridge auf, weil ihm von der Universität der Ehrendoktortitel verliehen wurde. Die ersten Male, als ich die Handschrift in Augenschein nahm, hatte ich gar nicht innegehalten, um seinen undeutlich hingekritzelten Eintrag zu entziffern; ich wurde erst auf ihn hingewiesen vom Archimandriten Justin Sinaites, dem Bibliothekar des Katharinenklosters am Fuß des Berges Sinai, wo man Tischendorfs nicht als Helden gedenkt, sondern in ihm den hinterlistigen Dieb des größten Schatzes des Klosters sieht.

Viele, die die Handschrift heute ausgestellt sehen, empfinden entweder religiöse Verehrung, oder sie machen sich über ihre besonderen Referenzen lustig, darüber, dass sie aus dem Besitz des Augustinus von Canterbury stammen soll – und zwar mit dem puritanischen Spott, mit dem man gerne die angeblichen materiellen Hinterlassenschaften eines Heiligen bedenkt. Merkwürdigerweise sind die Leute gerne bereit zu glauben, dass ein bestimmtes mittelalterliches Manuskript einer weltlichen Zelebrität gehörte – zum Bespiel dass eine bestimmte Bibel das persönliche Exemplar von Karl dem Kahlen war –, doch sobald es um einen Heiligen geht, machen sie sich pflichtschuldigst über die Leichtgläubigkeit anderer lustig. Es gibt aber immer noch Menschen, für die das Evangeliar des heiligen Augustinus eine religiöse Reliquie von höchstem spirituellem Wert darstellt. Der episkopalische Bischof von Arizona hat ein neues Buch darüber verfasst, in dem er es unter dem Aspekt seiner Bedeutung für die Christen unserer Zeit untersucht. Als die Handschrift 2005 im Fitzwilliam Museum gezeigt wurde, beobachtete Stella Panayotova, die dortige Leiterin der Handschriftenabteilung, wie jemand in Tränen ausbrach und den Boden vor der Vitrine, in dem das Evangeliar lag, küsste. Solche Objekte bedeuten vielen Menschen etwas, und wir müssen die Belege, die dafür sprechen, dass dieser Codex sich im persönlichen Besitz des heiligen Augustinus befand, so sorgfältig wie möglich prüfen.

LINKS: Das Porträt des Evangelisten Lukas im Augustinus-Evangeliar, eingerahmt von Darstellungen einzelner Episoden aus dem Geschehen, über das Lukas berichtet, und seinem Symboltier, dem geflügelten Stier.

Humfrey Wanley (1672–1726), Antiquar und ein früher Fachmann für angelsächsische Sprache und Kultur (und gewiss kein leichtgläubiger Katholik), war der Erste, der in der Nachreformationszeit den in der Parker Library aufbewahrten Band mit dem heiligen Augustinus von Canterbury in Zusammenhang brachte. Er gehörte zum streng eingeschränkten Kreis der frühen Gelehrten, denen man freien Zugang zu dem Erbe gewährte, das Parker dem Corpus Christi College hinterlassen hatte. Er besuchte Corpus Christi im Jahr 1699 und konnte die Handschrift in Augenschein nehmen, was seinen Niederschlag in einem 1705 in Oxford veröffentlichten Überblick über die alte Literatur Nordeuropas fand, in dem er das Augustinus-Evangeliar kurz, aber genau beschreibt. Wanley wies auf Bedas Bericht darüber hin, dass Gregor der Große, nachdem er Benediktinermönche von Rom auf die Britischen Inseln entsandt hatte, Anweisung erließ, der von diesen neubegründeten Kirche alles Notwendige zukommen zu lassen, darunter auch »codices plurimos«, also sehr viele Bücher. Er zitierte die Beschreibung von zwei Evangeliaren in einem Werk des frühen 15. Jahrhunderts aus der St. Augustine's Abbey, die mit dieser Anweisung Gregors in Verbindung gebracht wurden, und tat seine Überzeugung kund, dass es sich bei diesen beiden Handschriften um den in Cambridge verwahrten Codex sowie ein weiteres ähnliches, aber nicht mit Buchschmuck versehenes Evangeliar, das im Besitz der Oxforder Bodleiana war, handele. Die Identifizierung der beiden Bücher als zu den »codices plurimos« gehörig, die mit dem heiligen Augustinus nach England gekommen waren, wurde von anderen frühen Antiquaren widerspruchslos akzeptiert, unter anderem auch von Thomas Astle (1735–1803), der 1784 eine Radierung veröffentliche, die unsere Handschrift zeigte: Sie war dabei, ihren Weg in die Öffentlichkeit anzutreten.

Die in der Bodleiana liegende Handschrift hatte sich eindeutig schon in angelsächsischer Zeit in England befunden, doch sie besaß keine erkennbare Verbindung mit dem mittelalterlichen Canterbury. Ihre Geschichte bis zum Jahr 1603, in dem sie von Sir Robert Cotton der Oxforder Bibliothek übereignet wurde, ist unbekannt. Eine frühe Notiz am unteren Rand einer Seite besagt, dass eine Lesung aus dem auf dieser Seite beginnenden Johannes-Evangelium für den Gedenktag des heiligen Chad angemessen oder geeignet sei. Das könnte darauf hindeuten, dass diese Handschrift in Mercia in Gebrauch war, vielleicht in Lichfield, wo Chad bestattet liegt. Neue wissenschaftliche Erkenntnisse seit der

Zeit Wanleys lassen es aber weniger wahrscheinlich erscheinen, dass es sich bei dieser Handschrift um einen der in Augustinus' persönlichem Besitz befindlichen Codices handelt. Die Indizien dafür, dass MS 286 ein solches Werk ist, sind hingegen immer stärker geworden: Es stammt zweifelsohne aus der St. Augustine's Abbey und befand sich nachweislich im späten 7. Jahrhundert in England, da sich sowohl im Text als auch in den Erklärungen zu den Abbildungen nachträglich eingefügte Korrekturen finden, die in einer während jener Zeit für Südengland typischen Schrift ausgeführt sind. Leere Seiten wurden später für Urkunden und zur Inventarisierung von Besitztümern der St. Augustine's Abbey selbst verwendet. Das früheste dieser Dokumente ist in einer Schrift des 10. Jahrhunderts auf der Seite niedergeschrieben, die jener, auf welcher der Prolog zum Markus-Evangelium beginnt, gegenüberliegt. Es handelt sich um die Abschrift eines in altenglischer Sprache verfassten Legats einer Ealhburgh, die der Abtei um die Mitte des 9. Jahrhunderts verschiedene Nutztiere sowie Produkte, die ihr Gut bei Brabourne in Kent abwarf, bewilligte; darunter waren ein Ochse, vier Schafe, Hennen, Brot, Käse und Holz. Als Gegenleistung sollten die Mönche täglich für sie und ihren Mann Ealdred den Psalm 20 anstimmen. Ein ähnliches Dokument findet sich am oberen Rand der Seite gegenüber derjenigen, auf der der Anfang des Markus-Evangeliums selbst enthalten ist. Es handelt sich um einen Pachtvertrag für Land, der im Namen eines gewissen Wulfric, der von 989 bis 1005 Abt von St. Augustine war, aufgesetzt wurde. Weitere Dokumente, in denen die Abtei erwähnt wird, finden sich auf den leeren Blättern am Ende, darunter ist eine schon nahezu kalligrafisch ausgeführte Schenkungsurkunde, die ein Grundstück bei Plumstead, heute im Südosten Londons gelegen, betrifft. Sie lässt sich auf 1100 datieren, denn es heißt, dass sie während der Fastenzeit des Jahres aufgesetzt wurde, in dem König Heinrich seine Tochter (Matilda) dem Kaiser (Heinrich V.) versprach; die Verlobung der beiden fand später in jenem Jahr statt. Auf den Schreiber, der diesen »land grant« aufsetzte, geht auch ein wieder aus der Abtei stammendes Messbuch zurück, das heute zum Bestand der

NACHFOLGENDE DOPPELSEITE: Der Beginn des Prologs zum Markus-Evangelium. Die ursprünglich freie linke Seite wurde später zur Niederschrift der testamentarischen Verfügung einer gewissen Ealhburgh zu Gunsten der St. Augustine's Abbey verwendet.

In nomine dn̄i ealhburh hafaþ geset mid hyre
freonda geþeahtunga ꝥ man ælce gere agyfe þan hyre
to scāe agustine of þām lande æt bradanburnan xl.
ambura mealtes ⁊ ealdhryðer ⁊ iiii weðeras ⁊ xl ⁊ cc hl(afa)
⁊ ane wæge spices ⁊ cyses ⁊ iiii foþro wudes ⁊ xx henfugla;
Swylc man se ꝥ land hebbe þa ðingc agyfe for ealdredes
saule ⁊ for ealhburge; ⁊ ða hiwan asingan ælce dæge æfter
hyra fernre þæne sealm for hia exaudiat te dn̄s. Swæ hwy(lc)
man swa þis abrece sihe asceaden from gode ⁊ from allum
hallgū ⁊ from þan halgan were on þy sūlife ⁊ on ecnesse.
þon̄ synt her æft̄ þara manna naman to gewitnesse þis(se)
gesetednesse ꝥ is þon̄ ðrihtnoþ abb̄ pr̄ ⁊ osmund prb̄
æþelred pr̄ wynhere diacon · beahmund · cenheard · hyse ·
adda · cada · beornferþ · beornhelm · ealdred · ealhburh · ealhw(a)
hor here · leofe · wealdhelm · dudde · ofa · ofe · wighelm · wullaf · eadw(a)
gif hit þon̄ swa gegæþ swa we nane wyscað ꝥ hwylc broc on becum
þurh hæþen folc oþþe hwylce oðre earfoþnesse ꝥ hit man ne
wæs geres gelæstan agife on oþrū geare be tweofealdum · gi(f)
þon̄ git ne mæge sylle on ðriddū geare be ðryfealdū · gif he þo(n)
ne mæge ne nelle; agife land ⁊ bec þā hiwū to scāe agustine

MARCUS EVANGELIS
[T]A DEI ET PETRI IN BAP
[T]ISMATE FILIUS ATQ
[I]N DIVINO SERMONE
[D]ISCIPULUS SACERDO
[T]IUM IN ISRL AGENS
[S]ECUNDUM CARNE
[L]EVITA CONVERSUS
[A]D FIDEM XPI EVAN
[G]ELIUM IN ITALIA CON
[SC]RIBSIT OSTENDENS
[I]N EO QUOD ET GENE
[R]IS SUO DEBERET ET XPO
[N]AM INITIUM PRIN
[C]IPII IN VOCE PROPHE
[T]ICAE EXCLAMATIONIS
[I]NSTITUENS ORDINE
[L]EVITICAE LECTIONIS
[O]STENDIT UT PRAEDI
[C]ANS PRAEDESTINA
[T]UM IOHANNEM FILIUM
[Z]ACHARIAE IN VOCE
[A]NGELI ENUNTIAN
[T]IS EMISSUM NON
[S]OLUM VERBUM CAR

NEM FACTUM SED COR
PUS DNI PER VERBU[M]
DIVINAE VOCIS ANIMATU[M]
INITIO EVANGELII EX
PRAEDICATIONIS OSTEN
DERET UT QUI HAEC LE
GENS SCIRET CUI INITIU[M]
CARNIS IN DNO ET IHU
ADVENIENTIS HABITA
CULUM CARO DEBERET
AGNOSCERE ATQ IN
SE VERBUM VOCIS
QUOD IN CONSONANTIB[US]
PERDIDERAT INVENIRET
DENIQ ET PERFECTI
EVANGELII OPUS INTRAN
ET A BAPTISMA DNI
PRAEDICANS DM IN
COANS NON LABORA
VIT NATIVITATEM CAR
NIS QUAM IN PRIORIB[US]
VIDERAT DICERE SED
TOTUS EXPRIMENS
EXPOSITIONEM DE
SERTI IEIUNIUM NUM

Ein nachtäglich in das Augustinus-Evangeliar eingetragenes Verzeichnis der Reliquien im Besitz der St. Augustine's Abbey, unter denen Splitter vom Heiligen Kreuz und ein Fingerknochen des heiligen Gregor waren.

Parker Library gehört und die Signatur MS 270 trägt. Im oberen Bereich der folgenden Seite findet sich eine im 12. Jahrhundert angefertigte Liste von heiligen Reliquien, die in der Abtei in einem kleinen schwarzen Kasten verwahrt wurden, darunter viele Bröckchen vom Heiligen Kreuz, Fetzen vom Mantel der Jungfrau Maria, Haare vom Haupt der heiligen Cäcilia sowie ein Finger von Gregor dem Großen. Es besteht daher überhaupt kein Zweifel daran, dass die Handschrift sich von angelsächsischer Zeit an im Besitz der Abtei befand. Dass sie der Obhut des Mönchs anvertraut war, der die Reliquien hütete, ist zu vermuten. In einem Regularienbuch der Abtei aus dem 14. Jahrhundert wird die Pflege der Reliquien als eine der Pflichten des Sakristans aufgeführt.

Es gibt zwei mittelalterliche Hauptquellen, aus denen genauer hervorgeht, welches die Schätze waren, die die Mönche jener Abtei in dem Glauben, dass sie zur Zeit der Evangelisierung Englands Augustinus von Papst Gregor anvertraut worden seien, in den Mauern ihres Klosters hüteten. Die erste davon ist die Chronik der St. Augustine's Abbey, die Thomas Sprott im späten 13. oder frühen 14. Jahrhundert verfasste. Von ihr sind zwei Exemplare erhalten. Sprott erwähnt die Bibel des heiligen Gregor zusammen mit dessen Evangeliar (»et evangelia eiusdem«) und anderen Reliquien wie liturgischen Gewändern, die von diesem aus Rom geschickt worden seien. Bei dem zweiten Text handelt es sich um einen wesentlich weniger konzisen und weiter gespannten Überblick über die Geschichte der Abtei mit dem Titel *Speculum Augustinianum*, der auf das Jahr 1414 datiert und von einem der Mönche, einem gewissen Thomas Elmham, verfasst wurde. Die Originalhandschrift ist heute im Besitz von Trinity Hall in Cambridge. Elmham schreibt ausführlich über die verehrungswürdigen Bücher, die er die »ersten Früchte« der gesamten englischen Kirche nennt. Er liefert eine Zeichnung des Hochaltars mit sechs geschlossenen Büchern, ausgeführt in Rot, die auf jeder Seite des Reliquiars von König Ethelbert hochkant aufgestellt sind. Eine dazugehörige Überschrift lautet: »libri missi a gregorio ad augustinum« (»von Gregor dem Augustinus zugesandte Bücher«). Elmham beschreibt die einzelnen Bände im Besitz der Abtei, die nicht alle auf dem Altar abgebildet seien. Ihre Zahl sei jetzt gestiegen, und sie schlössen zwei Evangeliare ein. Deren Beschreibung ist es, auf die Wanley 1705 Bezug nahm. Von einem dieser Evangeliare heißt es, dass es in der Bibliothek zusammen mit der (nicht erhaltenen) zweibändigen Bibel des heiligen Gregor aufbewahrt werde. Elmham gibt an, dass es mit zehn kanonischen Tabellen und einem Prolog beginne, dessen Anfang laute: »Prologus canonum …«. Bei diesen beiden in der Bibliothek verwahrten Werken, der Bibel und dem Evangeliar, handelt es sich mit Sicherheit um dieselben, die Sprott ein Jahrhundert früher erwähnt hatte. Das zweite Evangeliar, das zu den von Elmham 1414 aufgelisteten »ersten Früchten« gehörte, wurde in der Sakristei aufbewahrt; es war als Evangeliar der heiligen Mildred bekannt, und Elmham zufolge soll ein Bauer in Thanet einen Meineid auf dieses heilige Buch geschworen haben, woraufhin er sein Augenlicht verlor.

Mildred Budny, die eine sehr ausführliche Abhandlung über die mit Buchschmuck versehenen angelsächsischen Handschriften der Parker Library verfasste, die 1977 veröffentlicht wurde, meint, dass MS 286 vermutlich mit dem Evangeliar ihrer heiliggesprochenen Namensvetterin identifiziert werden könne. Die ältere Mildred, die um 700 starb, war die Tochter einer kentischen Prinzessin; sie wurde Äbtissin des Nonnenklosters, das ihre Mutter im ungefähr 18 Kilometer nordöstlich von Canterbury gelegenen Minster-in-Thanet gegründet hatte. Es heißt, die heilige Mildred sei eine Ururenkelin von Ethelbert, jenem König von Kent, der von Augustinus zum Christentum bekehrt worden war – dadurch würde natürlich erklärlicher, wie eine italienische Handschrift, die im Zuge der

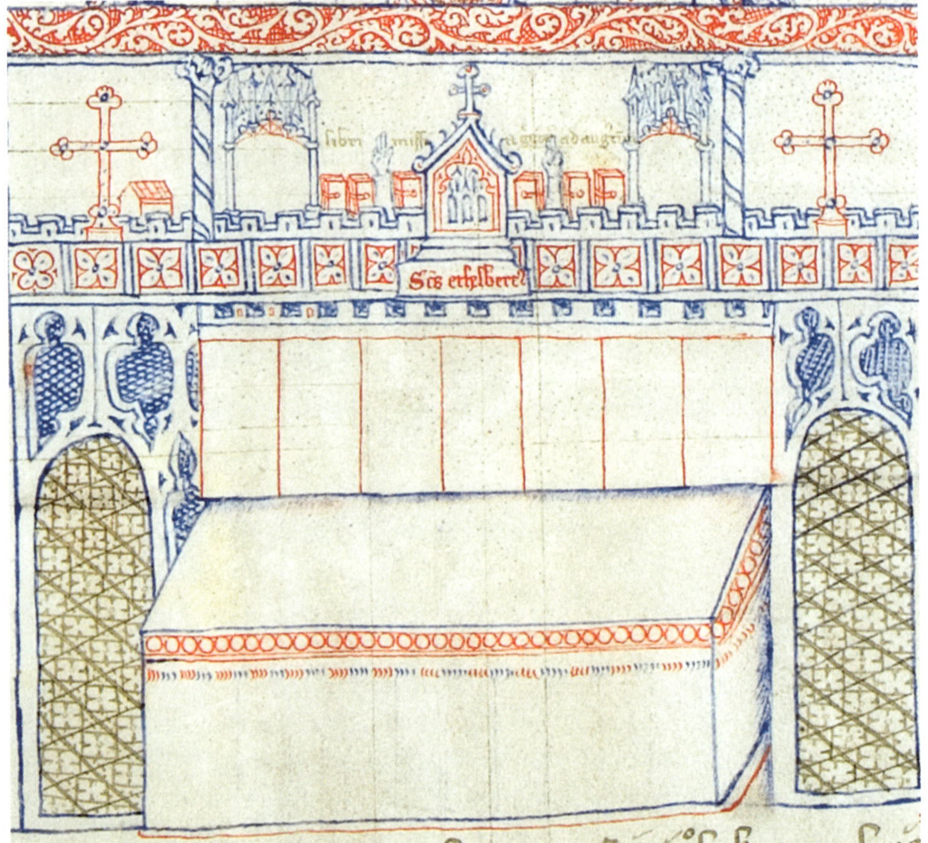

1414 von Thomas Elmham angefertigte Zeichnung des Hochaltars in der St. Augustine's Abbey, auf dem die vom heiligen Gregor nach England geschickten Bücher links und rechts des Reliquiars des Königs Ethelbert stehen.

Missionierungskampagne des heiligen Augustinus nach England gelangt war, irgendwann in ihren Besitz übergegangen sein konnte. Es ergibt sich aber ein Problem dadurch, dass Mildreds Evangeliar, wenn es sich in Thanet befand (was ja wohl außer Zweifel steht, da es in diesem Ort grausame Vergeltung an einem meineidigen Bauern nahm), erst um 1030 in die St. Augustine's Abbey gekommen sein kann, als nämlich die Gesamtheit der Reliquien und Hinterlassenschaften der Heiligen nach Canterbury geschafft wurde. Das Augustinus-Evangeliar befand sich aber nachweislich schon spätestens im 10. Jahrhundert in der St. Augustine's Abbey. Kurz gesagt: Falls es sich bei MS 286 um einen der beiden von Elmham beschriebenen Codices handelt, dann kommt nur der erste in Frage, derjenige, der in der Bibliothek aufbewahrt wurde. Das würde auch im Einklang damit stehen, dass in MS 286 – wie erwähnt – auf zwei Blättern der Abdruck des Schlussstücks einer Kette sichtbar ist. Bibliotheksbücher wurden mit Ketten gesichert, liturgische Bücher, aufbewahrt in der Sakristei einer Kirche, hingegen nicht. Bei dem Evangeliar der heiligen Mildred könnte es sich um eine mittlerweile verstümmelte, das heißt aufgelöste oder auseinandergenommene Handschrift handeln, von der heute ein Teil in London in der British Library und ein anderer in Cambridge in der Parker Library liegt, weswegen sie manchmal als »London Cambridge Evangeliar« bezeichnet wird. Von jedem der beiden Teile heißt es, er habe zu den Büchern gehört, die Papst Gregor Augustinus aus Italien habe zukommen lassen, in Wirklichkeit ist das Werk aber um 700 in England entstanden, was es zeitlich gerade noch in den Bereich des Möglichen rückt, dass es sich im Besitz der heiligen Mildred befand.

Um es zusammenzufassen: Die These, dass es sich bei MS 286 um das Evangeliar des heiligen Augustinus handelt, stützt sich auf vier Fakten. Erstens: Beda berichtet, dass Papst Gregor dem Augustinus Bücher mit auf die Fahrt nach England gab oder ihm welche zukommen ließ, und es ist höchst wahrscheinlich, dass dies den historischen Tatsachen entspricht. Unter diesen Büchern muss notwendigerweise auch ein Evangeliar gewesen sein. Zweitens: Ein Evangeliar, von dem behauptet wurde, dass es eines der von Gregor zur Verfügung gestellten Bücher sei, wurde im Mittelalter im Zusammenhang mit der St. Augustine's Abbey zweimal schriftlich erwähnt. In beiden Dokumenten heißt es, dass es zusammen mit einer Bibel aufbewahrt werde, von der man ebenfalls glaubte, dass der Gründer der Abtei sie hinterlassen habe. Drittens: MS 286 befand sich mit Sicherheit im späten 7. Jahrhundert in England und nachweislich spätestens vom 10. Jahrhundert an in der St. Augustine's Abbey. Viertens: Von der Zeit seiner Entstehung und seiner ganzen Machart her kann es sich durchaus um eine italienische Handschrift handeln, die im späten 6. Jahrhundert aus ihrem Ursprungsland nach England gebracht wurde. Das alles macht es – summa summarum – sehr wahrscheinlich, dass es sich bei MS 286 um das Evangeliar des heiligen Augustinus handelt, aber zu beweisen ist dies letztlich nicht. Wollte man den *advocatus diaboli* spielen, würde man dagegenhalten, dass es, nachdem es irgendwo in Südeuropa schon in Gebrauch gewesen war, von dort quasi aus zweiter

Hand nach England gelangt sein könnte, und zwar in einem Zeitraum von bis zu hundert Jahren nach seiner Anfertigung.

Es gibt da jedoch noch ein anderes Indiz, dass für die Identität von MS 286 mit dem Evangeliar des ersten Erzbischofs von Canterbury spricht. 1933 wurde eine äußerst interessante Analyse des Texts der Handschrift von dem Frankfurter Gelehrten Hans Hermann Glunz (1907–1944) veröffentlicht. Glunz kommt in seiner Untersuchung zu einer Schlussfolgerung, die von solcher Relevanz für die hier zur Debatte stehende Frage ist, dass ich kaum zu begreifen vermag, wieso sie so lange unbeachtet geblieben ist. Als die Vulgata-Übersetzung des heiligen Hieronymus sich im Mittelalter allmählich durchsetzte, trat sie an die Stelle einer früheren, weniger flüssigen lateinischen Übersetzung, die als *Vetus Latina* bekannt war. Diese »alte lateinische« Übersetzung war in der Zeit des Römischen Reichs unter den Christen verbreitet gewesen. Die lesbarere und akkuratere Vulgata-Übersetzung wurde zuerst nur zögerlich akzeptiert, und mehrere Jahrhunderte lang gaben konservativ Eingestellte in Europa weiterhin der vertrauten und schlichteren *Vetus Latina* den Vorzug, die geraume Zeit lang neben der neueren Übersetzung her existierte. MS 286 in der Parker Library gilt als das älteste im Wesentlichen vollständige Exemplar der vier Evangelien in der Neuübertragung des heiligen Hieronymus – fürwahr kein geringer Anspruch. Im Stemma der Evangelien-Übersetzung trägt es als ältestes überliefertes Zeugnis die Sigle »X«. Doch waren schon Wanley zahlreiche unerwartete Abweichungen der Handschrift aus der St. Augustine's Abbey vom Standardtext der Vulgata nicht entgangen. Glunz erfasste diese systematisch und stellte eine Liste von ungefähr siebenhundert Varianten zusammen. Die meisten davon sind ohne Bedeutung; sie erschöpfen sich in einem geringfügigen Unterschied in der Wortstellung oder der Schreibweise von Wörtern. In anderen Fällen hat sich der Schreiber aber dafür entschieden, den Wortlaut der *Vetus Latina* zu übernehmen, und sich nicht an die Hieronymus-Übersetzung gehalten. Passen Sie gut auf, denn jetzt kommt das Entscheidende: Gregor der Große, der das Evangeliar Augustinus angeblich zum Geschenk gemacht hat (und dem einmal der Finger gehörte, der im Reliquienkasten der Abtei verwahrt wurde), war auch ein angesehener Verfasser von Bibelkommentaren. In den *Moralia*, seinen Erläuterungen zum Buch Hiob, erklärt Gregor, dass während seines Pontifikats die Vulgata und die *Vetus Latina* gleichzeitig im Apostolischen Palast verwendet wurden und dass er selbst in seinem Kommentar auf die Vulgata zurückgreifen werde – außer an solchen Stellen, wo der Wortlaut der älteren Übersetzung zu seiner Argumentation besser passe. Bildliche Darstellungen des Papstes aus dem Mittelalter zeigen ihn oft beim Schreiben mit der den Heiligen Geist verkörpernden Taube auf der Schulter, die ihm etwas ins Ohr flüstert – als hätte Gregor bei seinen mitunter willkürlich erscheinenden editorischen Entscheidungen auf Geheiß von oben gehandelt.

Gregor stellte auch Predigten zu den vier Evangelien zusammen; diese Sammlung wurde 593 veröffentlicht, vier Jahre vor Beginn der Evangelisierung Englands. Eine der ältesten Abschriften dieses Texts – sie stammt aus dem späten 8. Jahrhundert – befindet sich ebenfalls in der Parker Library und trägt die Sigle MS 69. Ein Vergleich zeigt, dass jedes Mal, wenn in MS 286 eine Passage im Wortlaut der *Vetus Latina* begegnet, man auch in der Predigtsammlung Gregors auf eine solche Ersetzung von neu durch alt stößt. Wenn auch Glunz die Schlussfolgerung nicht explizit zieht, legt dieser Befund nahe, dass es sich bei dem Augustinus-Evangeliar um einen Text handelt, der aus dem unmittelbaren Umfeld des Papstes hervorgegangen sein muss.

Schauen wir uns einmal einige repräsentative konkrete Beispiele an: Auf folio 134r ist der berühmte Bericht über den Engel überliefert, der auf einem Feld in der Nähe von Bethlehem den Hirten erscheint (Lukas 2, 11). In der ersten Kolumne in Zeile sechzehn stand ursprünglich: »natus est nobis hodie salvator« (»heute ist uns der Heiland geboren«). Dies wurde später von anderer Hand und mit dunklerer Tinte korrigiert zu: »natus est *vobis* …« / »*Euch* ist heute der Heiland geboren«, was dem Wortlaut der Vulgata entspricht. In der Handschrift wurde zunächst die Variante Gregors verwendet, die auf die *Vetus Latina* zurückging und für die er sich, wie er ausführt, entschied, weil die Aussage sich auf theologischer Ebene auf *uns* in unserer eigenen Zeit bezieht, das heißt auf uns heute und nicht bloß auf die Hirten in der geschichtlichen Vergangenheit.

Ein weiteres Beispiel: In der zweiten Kolumne auf folio 235v findet sich

NACHFOLGENDE DOPPELSEITE: Die Erzählung von der Verkündigung an die Hirten im Augustinus-Evangeliar, in der unter anderem die aus der *Vetus Latina*-Übersetzung übernommene Formulierung: der Retter »ist uns [»nobis«] geboren«, in die Fassung der Vulgata: »ist euch [»vobis«] geboren«, korrigiert ist [3. Kolumne, 9./10. Zeile von unten].

usq· in diem osten
sionis suae ad isrl.
Factum est autem
in dieb· illis
exiit edictum a cae
sare augusto·
ut describeretur
universus orbis
haec descriptio
prima facta est
praeside syriae
cyrino
et ibant omnes ut
profiterentur
singuli· in sua
civitatem
ascendit autem
et ioseph· a gali
laea de civitate
nazareth
in iudaeam civi
tatem david quae
vocatur bethleem
eo quod esset de
domo et fami

liâ david
ut profiteretur
cum maria des
ponsata sibi
uxore praegnā
Factum est autē
cum essent ibi
impleti sunt dies
ut pareret
et peperit filium
suum primo
genitum
et pannis eum in
volvit et recli
navit eum in
praesepio
quia non erat eis
locus in diver
sorio
et pastores erant
in regione ead
vigilantes
et custodientes
vigilias noctis
supra gregem s

et ecce angelus
dni stetit iux
ta illos·
et claritas di cir
cumfulsit illos
et timuerunt ti
more magno
et dixit illis ange
lus nolite ti
mere
ecce enim euan
gelizo uobis gau
dium magnu
quod erit om
ni populo
quia natus est uo
bis hodie salua
tor qui est xps
dns in ciuita
te dauid
et hoc est uobis
signum
inuenietis infan
tem pannis in
uolutum et po

situm in prae
sepio·
et subito facta est
cum angelo mul
titudo militiae
caelestis
laudantium dm
et dicentium
gloria in altissimis do
et in terra pax
in hominib bo
nae uoluntatis
et factum est ut
discesserunt
ab eis angeli
in caelum
pastores loque
bantur ad in
uicem
transeamus usq
in bethleem
et uideamus hoc
uerbum quod
factum est quod fe
cit et dns ostendit no
bis

die Passage aus Johannes 10, 11, in welcher Christus sich zu dem guten Hirten erklärt, der sein Leben für seine Herde lässt. Der Schreiber hat hier ein Verb aus der *Vetus Latina* übernommen: »animam suam *ponit* pro ovibus suis«; dies wurde durch spätere Korrekturen auf den Stand der Vulgata gebracht: »animam suam *dat* pro ovibus suis«. In seiner Predigt über dieses Evangelium behält Gregor das ältere »ponit« zugunsten von »dat«, wie es in der Vulgata-Übersetzung heißt, bei: Jesus »setzt« sein Leben für seine Schafe »ein«, anstatt es einfach zu »geben«, weil, so Gregor, dieses Verb (»ponere«) ein bewussteres »opfern« impliziert.

Ein drittes Beispiel finden wir in der letzten Zeile auf folio 262r, die auf folio 262v überläuft. Geschildert ist der Augenblick, in dem Maria Magdalena den wiederauferstandenen Christus sieht und ihn für den Gärtner hält (Johannes 20, 15). In der Übersetzung durch Hieronymus lautet die Stelle: »illa estimans quia hortulanus *esset*«; das Verb steht also im Konjunktiv: »Sie meint, es könne der Gärtner sein«. Sowohl in Gregors Predigt als auch in MS 286 steht das Verb hingegen in der Indikativform: »quia hortulanus est« – eine weitere Übernahme aus der *Vetus Latina* –, weil Gregor es nicht als abstrakte Möglichkeit auffasst, dass es sich bei der Erscheinung um den Gärtner handelt, sondern in einem spirituellen Sinn als konkrete Realität.

Glunz suggeriert, dass Gregor eine Fassung der Vulgata vorbereitet haben muss, die mit Varianten aus der *Vetus Latina* gespickt war und parallel zu seinen Kommentaren gelesen werden konnte. Vielleicht ging er auch gar nicht so durchdacht und planvoll vor, sondern benutzte von Anfang an eine Mischfassung aus beiden Übersetzungen, wie sie in Rom innerhalb des Klerus zirkulierte. Wie auch immer: Die Koinzidenz ist zu

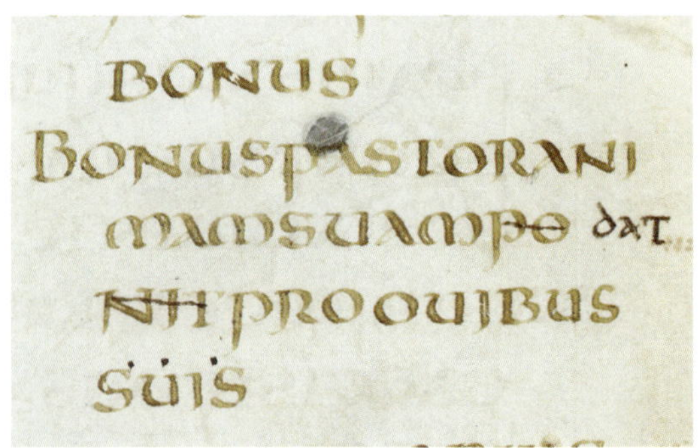
BONUS
BONUSPASTORANI
MAMSUAMPO dat
NIT PROOUIBUS
SUIS

Johannes 10, 11 im Augustinus-Evangeliar; die aus der *Vetus Latina*-Fassung übernommene Formulierung, dass der Gute Hirte sein Leben für seine Schafe »einsetzt« [»ponit«], ist später unter Berücksichtigung des Vulgata-Textes korrigiert zu »gibt« [»dat«].

groß; die Abweichungen in den *Moralia* Gregors und in dem Evangeliar von der Vulgata decken sich in einem solchen Maß, dass MS 286 nur aus dem Skriptorium Gregors in Rom hervorgegangen sein kann. Allein aus diesem Grund können wir meiner Meinung nach auf das eine andere Möglichkeit einräumende »sogenannte« verzichten, also aufhören, vom »sogenannten Augustinus-Evangeliar« zu sprechen. Wir können mit einiger Gewissheit davon ausgehen, dass MS 286 unter den Büchern war, die vom heiligen Gregor dem Augustinus nach England mitgegeben oder geschickt wurden.

Die Handschrift ruht immer noch auf der Buchstütze auf dem langen Tisch in der Parker Library. Wie bei vielen Manuskripten aus der Spätantike oder dem Frühmittelalter ist das Pergament sehr dünn, und einige Blätter scheinen nahezu gewichtlos. Sie sind nicht alle von derselben Größe, was darauf hindeutet, dass wir die Handschrift mehr oder weniger in ihren ursprünglichen Abmessungen vor uns liegen haben. Weil der Codex für gewöhnlich fest geschlossen in einem Gewölbe mit optimaler Temperatur und Luftfeuchtigkeit aufbewahrt wird, beginnt das Pergament, sobald der Band in einen Raum gebracht wird, in dem es warm genug für das Wohlbefinden von Menschen ist, schnell Feuchtigkeit aus der Luft zu ziehen, und wenn man nichts dagegen unternimmt, fangen die Blätter an, sich vor den Augen des beunruhigten Benutzers aufzurollen. Sie wirken beinahe wie lebendig, ein wenig so wie die Papierfische, die man früher in Läden für Scherzartikel kaufen konnte; wenn man sie auf seine Handfläche legte, krümmten sie sich, wie es hieß, so man verliebt war (sie taten es natürlich immer, weil sie mit der Feuchtigkeit der Haut in Berührung kamen, und lösten damit Frotzeleien unter uns Teenagern aus). Merkwürdigerweise rollen sich die Blätter der Handschriften so auf, dass die dunklere ehemalige Haarseite der Tierhaut innen zu liegen kommt, was deren früherer Krümmung genau entgegengesetzt ist. Wie ich von Konservatoren erfahren habe, liegt das daran, dass die Faserstruktur auf der Außenseite eines jeden Fells dichter ist und die einzelnen Fasern weniger flexibel sind, während sie sich auf der weicheren, geschmeidigeren ursprünglichen »Fleischseite« schnell ausdehnen, sobald sie Feuchtigkeit aufnehmen. Diese Krümmung ist aber nicht irreversibel: Ein Blatt glättet sich wie von selbst wieder, wenn wir es umschlagen und uns dem nächsten zuwenden.

Jiří Vnouček von der Königlichen Bibliothek in Kopenhagen, ein Fachmann für Pergament, konnte mir sagen, dass für unsere Handschrift zum größten Teil oder sogar ausschließlich Pergament aus Schafshäuten verwendet wurde, was zu Papst Gregor zu passen scheint, denn der von ihm angenommene Name spielt auf das Wort *grex* an, lateinisch für »Herde«; außerdem verfasste er eine Schrift mit dem Titel *Liber regulae pastoris* und bezog sich auf sich selbst immer wieder als Hirte. Auf den Blättern sind Hilfslinien gezogen, die zwei Kolumnen zu je fünfundzwanzig Zeilen bilden. Wie bei fast allen alten Handschriften hat derjenige, der diese Linierung vornahm, immer mehrere Blätter auf einmal mit einer Nadel oder einem ähnlichen Werkzeug durchstochen, um die Markierungspunkte zu setzen, die zum Ziehen der Linien in regelmäßigen Abständen notwendig waren. Ungewöhnlich ist aber, dass es in diesem Fall nur eine Reihe von solchen Punkten gibt, die in der Mitte zwischen den beiden Textkolumnen von oben nach unten verläuft, und nicht wie üblich je eine Reihe am linken und am rechten Rand. Das zeigt, dass die Linierung vorgenommen worden sein muss, bevor die Blätter gefaltet wurden, da in diesem Stadium die kleinen Löcher auf der linken Seite des Doppelblatts noch mit denen auf der gegenüberliegenden rechten Seite verbunden werden konnten.

Die Lagenstruktur des Codex ist unten in der Fußnote mithilfe des in der Einleitung erläuterten Notationssystems wiedergegeben.* Die Doppelblätter wurden zu Lagen zusammengefasst, die zumeist aus acht Blättern bestanden. Einzelblätter fehlen an verschiedenen Stellen, wie unten angegeben. In den rechten oberen Ecken der letzten Blätter der Lagen iv bis x finden sich Markierungen des Schreibers, die dafür sorgen sollten, dass die Lagen in der richtigen Reihenfolge zusammengestellt wurden. Diese Markierungen bestehen aus dem Buchstaben »Q« (für »*quaternio*«, was in der Regel vier Doppelblätter bedeutet), gefolgt von einer römischen Ziffer zwischen »IIII« und »XII«. Daher muss der größte Teil von drei Lagen – die die Ziffern »I« bis »III« trugen – verloren gegangen

* 4 Vorsatzblätter + i^{2} [wahrscheinlich von 8, fehlen i–v und viii, 5 Blätter vor folio 1 und eines nach folio 2], ii–x^{8}, xi^{9} [von 10, fehlt iv, ein Blatt nach folio 77], xii –xvi^{8}, xvii^{7} [von 8, fehlt viii, ein Blatt nach folio 130], xviii–xxvi^{8}, xxvii^{3} [von 4, fehlt iv, ein Blatt nach folio 205], xxviii–xxxiv^{8}, xxxv^{4} + 4 Vorsatzblätter [mit mittelalterlichen Dokumenten beschriftet, sonst leer].

sein. Insgesamt handelt es sich wohl um zweiundzwanzig Blätter, wenn man davon ausgeht, dass jede dieser Lagen aus acht Blättern bestand. Das wäre eine ausreichende Menge für die allgemeinen Vorreden, die zehn kanonischen Tabellen, die Elmham beschrieb und zu denen vermutlich noch die übliche erklärende *epistula* von Eusebius an Carpianus kam, ferner das Vorwort zu Matthäus und die ersten Seiten der *capitula*-Liste zu diesem Evangelium. Mit Sicherheit gab es auch ein eine ganze Seite einnehmendes Porträt des Evangelisten, der ähnlich wie Lukas auf der erhaltenen Abbildung unter einem Torbogen sitzend dargestellt war. Das belegen ganz eindeutig rote Abdrücke auf dem Blatt, welches dem, das diese Abbildung trug, einst gegenüberlag. Ob es auch einmal eine Seite mit einer Reihe von narrativen Bildern zu einzelnen Episoden des Evangeliums gab, wie sie für Lukas vorliegt, wissen wir nicht, doch es ist sehr wahrscheinlich. Mit Sicherheit existierte ein Porträt von Markus gegenüber folio 78r, denn an dieser Stelle fehlt ein Blatt, und auf 78r sind schwache Abdrücke sichtbar. Eine Seite mit Text fehlt nach folio 130r; die Textlücke entspricht Lukas 1, 17–33. Das nicht erhaltene Porträt des Johannes befand sich – unerwarteterweise – nicht gegenüber dem Beginn seines Evangeliums. Es gibt dort keinerlei Abdrücke und keine Lücke in der Folge der Blätter. Stattdessen hatte es seinen Platz gegenüber dem Prolog; es ließ schwache Abdrücke auf der folgenden Seite zurück. Ganz am Ende muss sich aber eine weitere Seite mit mehreren kleineren Abbildungen befunden haben; geisterhaft wirkende Abdrücke auf folio 215v bezeugen seine Existenz. Von diesen Lücken abgesehen ist der Codex, wie aus der Kollation hervorgeht, vollständig.

Wenn auch nur zwei von ihnen erhalten sind, ist die Tatsache, dass Abbildungen ein wesentlicher und integraler Bestandteil der Handschrift waren, von Bedeutung, da sie die Vermutung stützt, dass das Manuskript unter der Schirmherrschaft von Gregor dem Großen entstand. Gregor selbst unternahm nämlich in einem Brief an Serenus, den Bischof von Marseille, eine berühmt gewordene Verteidigung bildlicher Darstellungen religiösen Inhalts. Er schrieb, sie seien von großem Wert, da sie in denjenigen, die noch nicht zum Christentum konvertiert seien, den wahren Glauben wach werden lassen und die nicht des Lesens Kundigen mit heiligen Personen und Geschichten bekannt machen könnten. Solche Bilder waren mit anderen Worten genau das, was Augustinus bei seiner Missionierungskampagne benötigte. Beda zufolge hatte er bei einem ersten Treffen mit Ethelbert von Kent diesem König erst ein auf eine Holztafel gemaltes Bild von Christus gezeigt und dann zu predigen begonnen.

Wir wollen uns einmal die beiden erhaltenen ganzseitigen Abbildungen genauer anschauen. Bei der ersten, die sich auf folio 125r befindet, handelt es sich, wie schon gesagt, um zwölf kleine quadratische Bilder, die in einen Rahmen eingefügt sind, der in *trompe l'œil*-Manier so ausgeführt ist, dass er aus rotgeädertem Marmor zu bestehen scheint. Je drei dieser Bilder sind horizontal aneinandergereiht, insgesamt bilden sie also vier »Bildstreifen«. Sie haben Episoden aus der Passion Christi zum Inhalt. Der Vergleich mit einem *comic strip* wäre wohl zu banal, doch wir haben hier tatsächlich eine Folge von Bildern vor uns, die eine Geschichte erzählen. Die einzelnen Sujets sind: der Einzug in Jerusalem; das letzte Abendmahl; Jesus in Gethsemane; die Erweckung des Lazarus vom Tod (merkwürdig außerhalb der Reihe, und wenn es einen Grund dafür gibt, ist er mir jedenfalls unerfindlich); Christus, der den Jüngern die Füße wäscht; der Kuss des Judas; die Gefangennahme; Jesus vor Kaiphas; die Verhöhnung Christi; Pilatus, der seine Hände wäscht; Christus, der zur Kreuzigungsstätte geführt wird, sowie die Kreuztragung. Ihnen wird aufgefallen sein, dass die Kreuzigung und die Auferstehung, die zentralen Ereignisse der Passionsgeschichte, nicht ins Bild gesetzt sind. Meine Vermutung ist, dass die nicht erhaltene Bilderfolge, die an späterer Stelle in der Handschrift enthalten war, die Geschichte zu ihrem Abschluss brachte. Und die Seite mit solchen Szenen, die dem Matthäus-Evangelium beigegeben war, wird vermutlich das Leben Christi von seiner Geburt bis zum Erreichen des Erwachsenenalters vor Augen geführt haben.

Die zweite erhaltene Abbildung in MS 286 ist das große Porträt des heiligen Lukas, das nach neun Seiten auf die eben beschriebene Bildseite folgt. Der Evangelist ähnelt einem weißbärtigen römischen Senator, der mit übereinandergeschlagenen Beinen auf einem Thron sitzt. Er stützt sein Kinn auf eine Hand, und auf seinem Schoß liegt ein aufgeschlagenes Buch. Er wird nicht als im Akt des Schreibens begriffen dargestellt, wie es in einem griechischen Evangeliar der Fall gewesen sein könnte, sondern als jemand, der aufmerksam lauscht, um göttliche Inspiration zu empfangen. Vielleicht spiegelt diese Komposition einen spätantiken Prototyp wider: Es soll kein Schriftsteller ins Bild gesetzt werden, sondern ein Philosoph. Zur Linken und zur Rechten des Heiligen ziehen sich jeweils eine rote und eine grüne Säule in die Höhe. Sie sind von weißen Kapitellen gekrönt, die einen Querbalken und einen großen Bogen tragen: Das sieht alles so aus, als käme es direkt aus einem prächtigen Thronsaal im kaiserlichen Rom. Das Tympanon oberhalb des Balkens ist mit dem Haupt und dem Vorderrumpf eines geflügelten Stiers geschmückt, des Symboltiers des Heiligen in der bildenden Kunst. Auf dem Balken steht ein Vers über dem Stier, der aus dem *Carmen Paschale* des Sedulius, eines Dichters des 5. Jahrhunderts, stammt. Auf den Blättern 2v, 78r und 207v finden sich Anklänge entsprechender, den Symbolen der anderen Evangelisten (ein Mensch für Matthäus, ein Löwe für Markus, ein Adler für Johannes) geltender Verse oder auch Skizzen der Symbolgestalten selbst: weitere Indizien dafür, dass sich einst auch Porträts dieser anderen Evangelisten in dem Buch befanden. Es ist ein sehr früher Beleg für die Verwendung dieser Bildsymbole, die auf Hesekiels Vision vom Thron Gottes zurückgehen (Hesekiel 1, 10 und Offenbarung 4, 7). Der Mensch, der Löwe, der Stier und der Adler werden uns als Symbolgestalten regelmäßig wieder begegnen, im Book of Kells aus dem späten 8. Jahrhundert (Kapitel Drei) genauso wie auf den Abbildungen der Evangelisten im Spinola-Stundenbuch aus dem 16. Jahrhundert (Kapitel Zwölf). Zwischen den Säulenpaaren zu beiden Seiten des Evangelisten sind jeweils sechs kleine Bilder vertikal aneinandergereiht, die Ereignisse aus dem Lukas-Evangelium zeigen: von der Ankündigung der Geburt Jesu durch den Engel, der Zacharias erscheint (Lukas 1, 11), bis zum Besteigen des Maulbeerfeigenbaums durch Zachäus (Lukas 19, 4). In einer für das 8. Jahrhundert typischen englischen Schrift sind die einzelnen Szenen außen neben den Bildrändern genau bezeichnet. Da die Miniaturen an sich nicht viele Anhaltspunkte zur Identifikation des Dargestellten beinhalten, hatte derjenige, der diese Erläuterungen niederschrieb, entweder Zugang zu einer größeren und weniger generischen Version – wie einer Holztafel oder einem Fresko –, oder er riet einfach, was auf einem Bild dargestellt war, wenn sich das Sujet nicht eindeutig bestimmen ließ.

Die Forschungsliteratur zu den Abbildungen im Augustinus-Evangeliar ist umfangreich, was uns aber nicht davon abhalten soll, uns weiter mit ihnen zu beschäftigen. Sie sind in einem durch und durch klassischen Stil ausgeführt, nahezu dreidimensional und in jenen zarten mediterra-

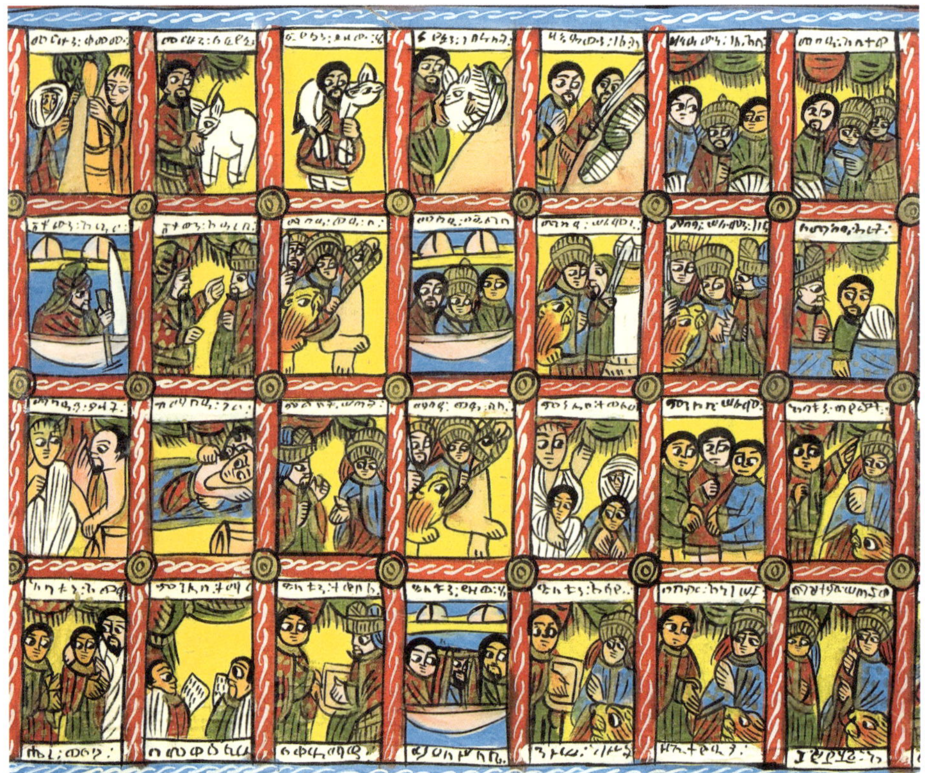

Moderne äthiopische Tafelbilder mit religiösen Motiven ähneln in ihrem Aufbau oft auffallend den sich aus vielen Einzelbildern zusammensetzenden Miniaturen im Augustinus-Evangeliar. Möglicherweise lebt in ihnen eine alte Tradition weiter.

nen Farben gehalten, die uns von römischen Fresken vertraut sind: einem sehr hellen Kornblumenblau und cremigen Weiß, in blassem Terrakotta und zartem Orange. Wenn auch so gut wie keine illuminierte Handschrift europäischer Provenienz aus dem 6. Jahrhundert erhalten ist, so gibt es doch Mosaiken und Wandgemälde in Kirchen, zu denen man Parallelen ziehen kann. Die Darstellung des heiligen Lukas ist ja auch in eine Architekturszenerie eingefügt. Die sich aus mehreren Miniaturen zusammensetzende Illustration mag auch auf einem Vorbild basieren, das einst in Kirchen anzutreffen war. Durch einen großen Rahmen, der aussieht, als bestünde er aus Marmor, werden die Einzelbilder zu einem einzigen vereint. Als ich mit einer Gesellschaft aus Mitgliedern von Corpus Christi College Äthiopien besuchte, fiel mir die Ähnlichkeit dieses Kompositbildes mit den heute in den dortigen Kirchen hängenden großen hölzernen Tafeln auf, die mit sich zu einem Erzählzyklus zusammensetzenden religiösen Szenen bemalt sind. Die primitiv wirkenden rechteckigen Einzelbilder bilden ebenfalls Reihen, die zu mehreren übereinandergestaffelt sind. Seit der Zeit, in der das Augustinus-Evangeliar entstand, hat sich in Äthiopien in Bezug auf die religiöse Praxis wenig geändert. Als ich jene Paneele betrachtete, die man dort verwendet, um denen, die nicht lesen können, Geschichten christlichen Inhalts oder Heiligenlegenden zu vermitteln, fragte ich mich, ob zur Zeit von Gregor dem Großen in den römischen Kirchen nicht ähnliche gerahmte Bilder vorhanden gewesen sein könnten und ob das Kompositbild in der Handschrift nicht vielleicht solche hölzernen Schautafeln widerspiegelt, wie sie aus römischen Basiliken bekannt waren oder wie sie sich vielleicht sogar unter den Dingen befanden, die Augustinus mit nach England nahm.

Während ich an diesem Kapitel arbeitete, kamen die Professoren Andrew Beeby und Richard Gameson, die beide an der Universität Durham lehren, mit einem tragbaren Raman-Spektroskop, das die chemische Bestimmung von Pigmenten durch Analyse der Wellenlänge von Laserstrahlen ermöglicht, die von Farbflecken zurückgeworfen werden, in die Parker Library. Ich nahm die Gelegenheit wahr und legte ihnen das Augustinus-Evangeliar vor. Sie konnten mir zum Beispiel sagen, dass es sich bei den drei Arten von Rot, die in der Handschrift verwendet wurden, um rotbraunes Hämatit (oder möglicherweise roten Ocker), um leuchtendes orangerotes Blei und um Zinnober handelt, das für rote Schriftzeichen benutzt wurde. Das sind alles in der Natur vorkommende Mineralien. Bei dem Blau handelt es sich nach Auskunft der beiden Experten um Indigo, einen Farbstoff, der aus den Blüten der Indigopflanze *(indigofera tinctoria)* gewonnen wird, die man in Italien und anderswo anbaute, aber, wie der Name anzeigt, ursprünglich in Indien heimisch gewesen sein soll. Das Gelb lässt sich mithilfe der Raman-Technik nicht näher bestimmen, man kann aber ausschließen, dass es sich um Auripigment handelt. Richard Gameson meinte auch, dass diese Farben bemerkenswert dünn aufgetragen sind, ganz anders als in frühen griechischen Handschriften, in denen die Farbschicht oft so dick ist, dass sie vom Untergrund abblättert. In dem Evangeliar sind die Pigmente so hauchzart aufgetragen wie bei Aquarellen, und sie bleiben fest auf dem Untergrund haften, obwohl die Blätter im Lauf der Jahrhunderte unzählige Male umgeschlagen worden und auch wechselnden klimatischen Bedingungen ausgesetzt gewesen sein müssen.

In der Handschrift wurde kein Blattgold verwendet. Vielleicht wurde es als zu empfindlich für ein Buch angesehen, das quer durch Europa befördert werden sollte. Wenn man eine Handschrift als »illuminiert« bezeichnet, dann impliziert das streng genommen die Verwendung von Gold, das glitzert und das Licht einfängt. So gesehen handelt es sich bei ungefähr der Hälfte der Werke, auf die in diesem Buch eingegangen wird, eigentlich nicht um illuminierte Handschriften. Das gilt auch für das Book of Kells. Der Grund dafür, dass MS 286 ohne Gold auskommt, ist nicht darin zu sehen, dass Gold im 6. Jahrhundert ein besonders rares Material war, denn es sind genügend Schmuckstücke und Mosaiken aus dem mediterranen Kulturbereich dieser Zeit erhalten, die vor Gold geradezu strotzen. Doch ist die gesamte Handschrift von ihrer Wirkung, ihrer Ausstrahlung her eher gedämpft. Die beiden Abbildungen sind großartige Ausnahmen, die Textseiten weisen aber keinerlei ornamentale Verzierungen auf, sogar auf Initialen wurde verzichtet. Gold wäre vermutlich auf dem Originaleinband zu finden gewesen. Auf dem alten Vorsatzblatt sind zwei blasse rautenförmige grüne Flecken zu sehen, die vermutlich von Stiften aus Messing oder Kupfer herrühren, die durch den Deckel getrieben worden waren, um irgendwelche Verzierungen zu befestigen. Ein aus dem 6. Jahrhundert stammendes Mosaik in der Kirche San Vitale in Ravenna enthält die Abbildung eines Buchs mit edelsteinbesetztem Einband. Das Mosaik zeigt den Kaiser Justinian in der Begleitung von Priestern, von denen einer etwas in der Hand hält, das ein Evangeliar sein muss. Es besitzt Holzdeckel, die mit Gold überzogen sind, und in das Metall sind grüne und weiße Ornamente eingelassen. In der Domschatzkammer von San Giovanni Battista in Monza liegt ein mit Edelsteinen inkrustierter loser Einband aus dem späten 6. oder frühen 7. Jahrhundert, der dem Dom gestiftet wurde von Theodelinde, Königin der Langobarden (ca. 570–627). Wir wissen aus Papst Gregors Briefen, dass er Theodelinde ein Evangeliar geschickt hat. Das Buch selbst ist nicht erhalten, doch wenn der erwähnte Einband, wie allgemein angenommen, zu ihm gehörte, dann könnte er uns einen Anhaltspunkt dafür liefern, wie der Einband von MS 286 möglicherweise ausgesehen hat, das ja auch von Gregor auf Reisen geschickt wurde. Der im Dom von Monza aufbewahrte Einband ist aus mit Gold überzogenem Holz, beide Deckel sind mit aus Golddraht geformten kleinen Kreuzen umrahmt und geschmückt, die die Fassung für farbige Steine, Perlen und einige antike Kameen bilden. Es ist möglich, dass Teile eines ähnlichen Einbands für das Augustinus-Evangeliar bis zur Zeit der Reformation überlebt haben, als Klöster geplündert wurden und die Deckel wegen des materiellen Werts des verwendeten Edelmetalls und der Steine von den in den Bibliotheken oder Kirchen verwahrten Codices abgerissen wurden. Dabei können auch die fehlenden zweiundzwanzig Blätter des Anfangs verloren gegangen sein.

Die Handschrift in der Parker Library stellt vermutlich das älteste in England erhaltene Artefakt dar, bei dem es sich nicht um ein archäologisches Fundstück handelt (es will einem kein anderes Objekt einfallen, das seit dem späten 6. Jahrhundert ohne Unterbrechung im Besitz einer Person oder Institution und in Verwendung war). Es ist mit einigem Abstand das älteste bebilderte lateinische Evangeliar der Welt. Nur eine Handvoll vergleichbarer Werke des Ostchristentums weisen ein ähnliches Alter auf. Die geheimnisvollsten von ihnen sind die beiden in Ge'ez

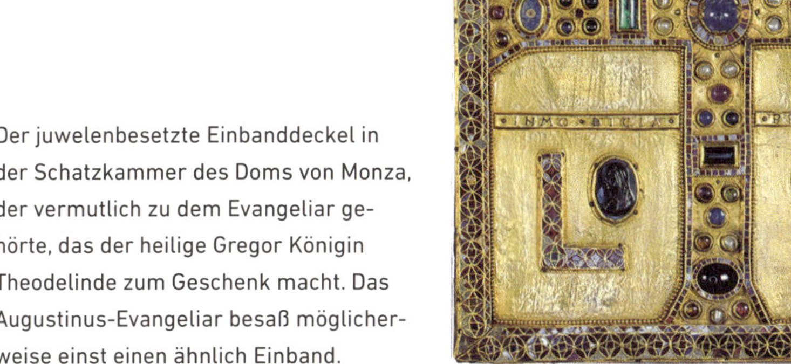

Der juwelenbesetzte Einbanddeckel in der Schatzkammer des Doms von Monza, der vermutlich zu dem Evangeliar gehörte, das der heilige Gregor Königin Theodelinde zum Geschenk macht. Das Augustinus-Evangeliar besaß möglicherweise einst einen ähnlich Einband.

oder Altäthiopisch verfassten Codices, die nach ihrer kürzlichen Wiederentdeckung im Kloster Abba Garima in Nordäthiopien in den Brennpunkt des Interesses gerückt sind. In dieser mysteriösen Kultur, die seit der Spätantike wie petrifiziert ist, scheint alles denkbar. Teile der Handschriften von Abba Garima sind vielleicht tatsächlich uralt, und die Datierung einiger Probeseiten mit der Radiokarbonmethode soll ergeben haben, dass sie zwischen dem 5. und dem 7. Jahrhundert entstanden, was man ohne diese Analyse kaum für möglich gehalten hätte. Die beiden Handschriften enthalten ebenfalls ganzseitige Porträts der Evangelisten, die dem Betrachter aus gemalten Einrahmungen entgegenblicken. Noch genauer datierbar und besser dokumentiert ist das berühmte Rabbula-Evangeliar, eine Übertragung der Texte ins Syrische, das nach dem Schreiber benannt ist, der es angefertigt und 586 mit seinem Namen gezeichnet hat. Diese Handschrift befindet sich heute in der Biblioteca Medicea Laurenziana in Florenz. Sie ist üppig und lebhaft illustriert, anscheinend wurden die Abbildungen aber zu einem viel späteren Zeitpunkt übermalt (jedenfalls sehen die Farben im Original beunruhigend »aufgefrischt« aus). Außerdem existieren zwei wunderbare, wenn auch unvollständige Evangeliare in griechischer Sprache mit narrativen Illustrationen, die sehr lebensecht wirken. Sie sind um 600 oder kurz davor entstanden. Bei beiden handelt es sich um das, was von zwei besonders luxuriös ausgestatteten Codices erhalten geblieben ist: Sie sind mit goldener oder silberner Schrift auf purpurn eingefärbtem Pergament und mit fein ausgeführten, lebendigen figürlichen Darstellungen geschmückt. Das eine liegt im Diözesanmuseum von Rossano in Kalabrien (Codex Purpureus Rossanensis), das andere in der Bibilothèque nationale de France in Paris. Letzteres ist als Codex Sinopensis bekannt, da es 1899 in Sinope an der Küste des Schwarzen Meeres in der Nordtürkei erworben wurde. Zusammen mit dem lateinischen Augustinus-Evangeliar in der Parker Library sind das die ältesten bekannten Evangeliare: eine erlesene Gemeinschaft.

Es gibt noch etwas zu einer der Handschriften aus dem 6. Jahrhundert nachzutragen. Um ein Haar hätte auch der Codex Purpureus Rossanensis seinen Weg in die Parker Library gefunden. Einer meiner Vorgänger als Chefbibliothekar der Parker Library war im 19. Jahrhundert der energiegeladene schwarzbärtige Buchankäufer und Altphilologe Samuel Savage Lewis (1836–1891), seine Frau war Agnes Smith Lewis, eine der »sisters of Sinai«, Zwillingsschwestern, die die Levante bereisten und das dortige Christentum in einer Zeit erforschten, als solche Unternehmungen fast ausschließlich Domäne von Männern waren. In der Biografie ihres Mannes, die sie nach dessen Tod verfasste, berichtet Agnes Lewis über den Besuch, den das Ehepaar im Dezember 1889 Rossano abstattete, um das berühmte Evangeliar anzusehen. Es war nicht auffindbar. Schließlich spürte man es im Haus eines Erzdiakons auf, der es in einer Schublade seiner Schlafzimmerkommode in einer Pappschachtel aufbewahrte. Dieser Geistliche begann sofort mit Lewis in Flüstertönen eine Diskussion über den Wert der Handschrift zu führen. Man benötige in der Gemeinde Geld, um neues Mobiliar für die Kirche zu kaufen, und zwar »immediatemente« – unverzüglich. In Neapel wurden diese Verhandlungen weitergeführt – jetzt ganz konkret. Die Summe von 1000 Pfund wurde vorgeschlagen. Mrs. Lewis schreibt weiter: »Nachdem [mein Mann] telegrafisch in England Geld angefordert hatte, schmiedete er einen verrückten Plan. Er wollte mit dem Zug zurück nach Rossano fahren, dort um Mitternacht eintreffen, die Priester nach vorheriger Verabredung am Bahnhof treffen und, die angekaufte Handschrift in der Tasche, mit dem nächsten Zug zurückkommen.« Offenkundig kam es zu einem gewaltigen Ehekrach, wie im Urlaub mitunter der Fall, und Agnes Lewis legte in einem bedauerlichen Anfall presbyterianischer Rechtschaffenheit ihr Veto ein gegen den Abschluss des Handels. Der Rest der Privatsammlung ihres Mannes ist heute im Besitz von Corpus Christi College.

Als das Augustinus-Evangeliar in England eintraf, wurde es vermutlich zunächst zu ganz praktischen Zwecken verwendet. Es war noch nicht genügend von der Aura des Verehrungswürdigen umgeben, um als kostbare Reliquie zu gelten, und wurde daher zweifellos bei Prozessionen mit herumgetragen sowie für die Messfeiern verwendet. Es kann auch als Vorlage für Abschriften benutzt worden sein. Ob Letzteres tatsächlich der Fall war, könnten wir nur mit Sicherheit sagen, wenn man in anderen Evangeliaren englischer Provenienz auf auffallende Formulierungen in identischem Wortlaut stieße, doch ist einfach zu wenig Material aus jener Zeit überliefert, um solche Nachweise zu führen. Beda zufolge erlebte das Interesse für Bibelforschungen in St. Augustine's Abbey (die damals noch nicht so hieß) unter Hadrian, dem Abt von 670 bis 709, einen Aufschwung. Hadrian war Nordafrikaner von Geburt, sprach fließend Latein und Griechisch und hatte zuvor einem Kloster in Süditalien

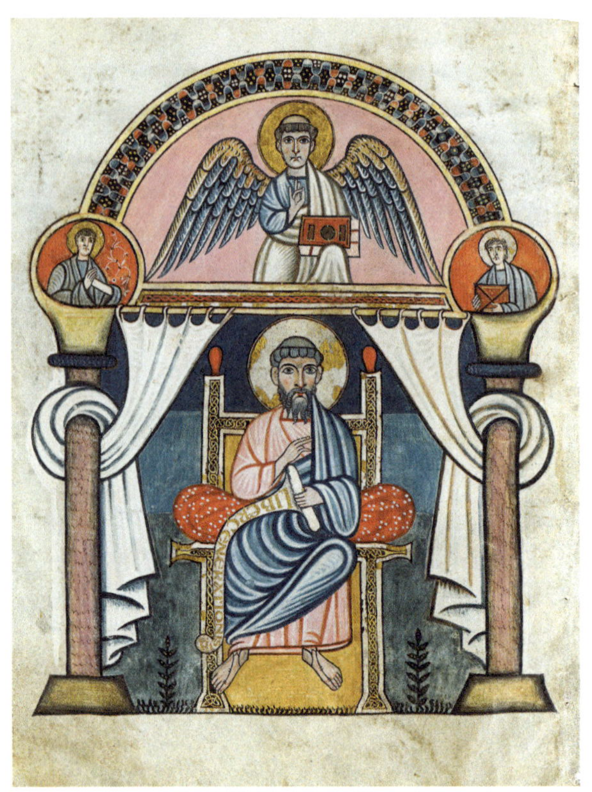

Der heilige Matthäus, eine Miniatur in dem aus dem 8. Jahrhundert stammenden Codex Aureus von Canterbury, der sich heute in der Kungliga biblioteket in Stockhom befindet. Eine ähnliche Abbildung im Augustinus-Evangeliar diente als Vorlage.

vorgestanden. MS 286 ist in mehreren typisch englischen Handschriften des späten 7. Jahrhunderts, also der Amtszeit Hadrians, umfassend korrigiert. Diese Korrekturen dienten dazu, den Text in Übereinstimmung mit dem konventionellen und am meisten verbreiteten Vulgata-Text zu bringen. Die oben angeführten Varianten, die auf die *Vetus Latina* zurückgehen, wurden beseitigt. Einige Wörter wurden ausgelöscht und neu geschrieben, mit Kreuzen oder durch Unterpunktierung getilgt; es gibt Änderungen und Einfügungen treffenderer Ausdrücke in dunklerer Tinte. Von der Zeit dieser Überarbeitung an war die Textgestalt von MS 286 also nicht mehr charakteristisch oder unverwechselbar genug, als dass sie uns hätte sagen können, ob dieses Evangeliar verwendet wurde als Muster für Abschriften, doch ist das in Anbetracht der Autorität, die ihm seine Provenienz verlieh, wahrscheinlich.

Die in ihm enthaltenen Illustrationen wirkten ganz zweifellos in Canterbury noch lange fort: Die Porträts der Evangelisten wurden für den dortigen Codex Aureus kopiert. Es handelt sich um ein prachtvolles

Evangeliar aus der Mitte des 8. Jahrhunderts, das heute in der Kungliga biblioteket von Stockholm aufbewahrt wird. Frustierend, dass in dieser Handschrift heute ausgerechnet die Darstellung des Lukas fehlt, die ja als einzige in MS 286 erhalten ist. Ein direkter Vergleich der beiden Illustrationen ist also nicht möglich. Der Codex Aureus liefert uns aber ohne Zweifel zuverlässige Reproduktionen der im Augustinus-Evangeliar fehlenden Miniaturen der Evangelisten Matthäus und Johannes, die vom Bildaufbau her nahezu identisch mit der in MS 286 vorhandenen Lukas-Miniatur sind. Sie zeigen die Verfasser der beiden Evangelien unter einem Bogen auf einem Thron sitzend, und das Tympanon über ihnen ist mit ihrer jeweiligen Symbolgestalt geschmückt. Neben dem Thronsessel des Matthäus sprießen sogar die gleichen kleinen zarten Pflanzen, die im Augustinus-Evangeliar auf der Miniatur des Lukas zu sehen sind. Es ist nicht bekannt, wo der Codex Aureus angefertigt wurde. Man weiß nur, dass er im 9. Jahrhundert von einer plündernden Wikingerhorde gestohlen wurde und dass ein Ehepaar aus Canterbury, Earldorman Aelfrid und seine Frau Werberg, ihn gegen Gold wieder auslösten. Es ist daher wahrscheinlich, dass Canterbury der Entstehungsort ist. Das Symboltier des Lukas, der Stier, wurde ganz eindeutig für ein Evangeliar, das sich heute in der British Library befindet, aus MS 286 kopiert. Dieses Evangeliar wurde aus einem Pandekt »herauskopiert«, der nachweislich im späten 8. Jahrhundert in der St Augustine's Abbey angefertigt wurde. Der Stier ist genauso dargestellt wie im Augustinus-Evangeliar: Einer seiner im Kniegelenk abgeknickten Vorderläufe ruht anmutig auf einem Buch. Das lässt es beinahe gewiss erscheinen, dass MS 286 sich schon lange bevor die ersten Urkunden im 10. Jahrhundert auf freien Seiten in die Handschrift eingetragen wurden, in der St. Augustine's Abbey befand.

Die Seite mit den Reihen kleiner quadratischer Bilder, die den Schautafeln in den äthiopischen Kirchen ähneln, hatte einen noch nachhaltigeren Einfluss auf die englische Kunst. Die Darstellung des Letzten Abendmahls in der Mitte der oberen Reihe wurde im späten 11. Jahrhundert ohne nennenswerte Änderungen im Teppich von Bayeux wieder aufgenommen. Auf diesem Wandteppich werden aber aus Jesus und seinen Jüngern die Gestalten von Bischof Odo und seinen Adligen, die nach der Landung der Normannen bei Pevensey im September 1066 an einer runden Festtafel sitzen. Eine Reminiszenz an den ursprünglichen religiösen Kontext ist dadurch gegeben, dass Odo die rechte Hand erhoben hat, um

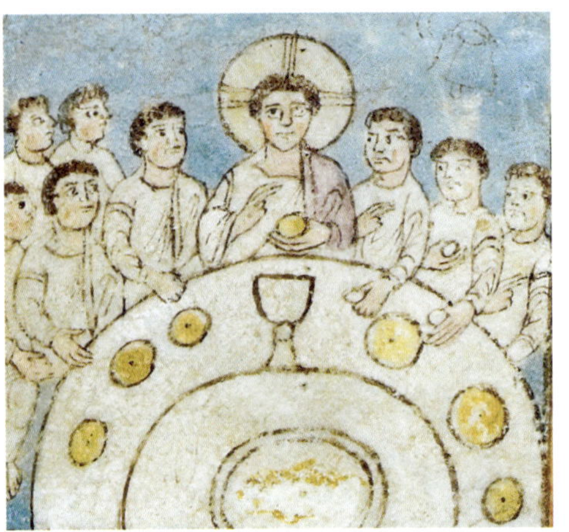

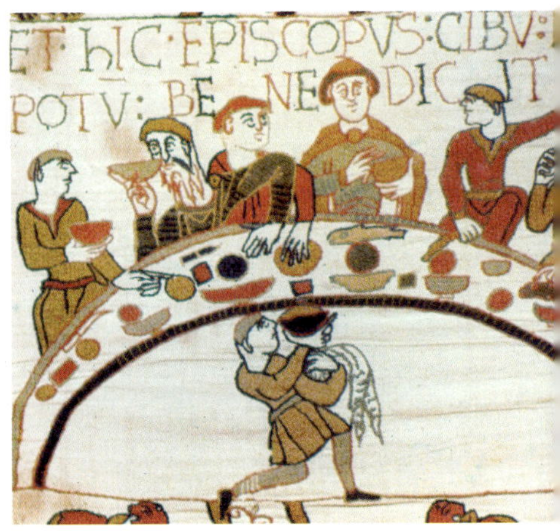

Die Darstellung des Abendmahls im Augustinus-Evangeliar gab die Vorlage für die Darstellung von Odo von Bayeux beim Festmahl mit seinen Adligen auf dem fünfhundert Jahre später entstandenen Teppich von Bayeux ab.

das Mahl zu segnen. Das Augustinus-Evangeliar würde also die Theorie stützen, dass der Bildteppich tatsächlich in Canterbury hergestellt wurde. Der Aufbau dieser Seite – eine Vielzahl von aneinandergereihten kleinen rechteckigen Abbildungen bilden eine narrative Sequenz – wird anscheinend noch zu einem so späten Zeitpunkt wie dem 12. Jahrhundert in dem einleitenden Zyklus zum Eadwine Psalter, den ein Mönch aus der Priorei der Christ Church Cathedral von Canterbury um 1160 niederschrieb, nachgeahmt. Zwar sind der Stil und die Themen der neuen Zeit angepasst, doch das Format ist identisch und die ganze Gestaltung ist ausschließlich mit Canterbury assoziiert. Zum letzten Mal begegnet eine solche Einteilung der Seite in dem einleitenden Zyklus des sogenannten Anglo-Katalanischen Psalters wieder, der sich heute in Paris befindet. Er wurde kurz vor 1200 in Canterbury illuminiert, also sechshundert Jahre nachdem das Augustinus-Evangeliar nach England gelangt war. Einige Kunsthistoriker entdecken auch Parallelen in der Gestaltung der bemalten Fenster aus dem späten 12. Jahrhundert, die in der Kathedrale von Canterbury die Zeiten überdauert haben. Möglicherweise gibt es sogar eine Verbindung zur Trinity Chapel in der Kathedrale, die 1179 bis 1184 hinter dem Hochaltar errichtet und später zum Schrein des heiligen Thomas Becket wurde, einer der meistbesuchten Pilgerstätten in Europa. Der Bau ist von Säulenpaaren umgeben, die von weißen Kapitellen gekrönt sind, die Stützbogen tragen. Eine Säule aus grünem und eine aus rotem Marmor bilden jeweils ein Paar – genau wie auf der Abbildung des Evangelisten Lukas im Augustinus-Evangeliar.

Wenn die Handschrift sich auch in der St. Augustine's Abbey befand und nicht in der Kathedrale von Canterbury, wird sie heute stark mit Letzterer assoziiert. Die Einwohner der Stadt sprechen manchmal von den »Canterbury Gospels«, dem Canterbury-Evangeliar, und es ist das Buch, auf das heute jeder neue Erzbischof von Canterbury bei seiner feierlichen Amtseinsetzung den Eid ablegt. Vom heiligen Augustinus im 6. Jahrhundert an ist die Folge der Erzbischöfe nie abgerissen, das heißt, dieses Amt existiert weit länger als jedes andere öffentliche Amt in England und sogar länger als das englische Königtum. Matthew Parker hätte in dieser Kontinuität so etwas wie eine Billigung durch Gott erkannt. Der gegenwärtige Amtsinhaber ist der 105. Träger des Titels Erzbischof von Canterbury. Achtzehn seiner Vorgänger sind heiliggesprochen worden. Die Zweifler unter den Besuchern der Parker Library, die nicht glauben können oder wollen, dass die Handschrift, die man ihnen zeigt, in irgendeiner Verbindung zum heiligen Augustinus steht, mokieren sich oft darüber, dass sie vom Erzbischof verwendet wird: »Wieder eine dieser unechten ›Traditionen‹, die erst im 19. Jahrhundert erfunden wurden«, meinen sie. Ist es nicht: Sie geht noch nicht einmal aufs 19. Jahrhundert zurück, sondern auf das Jahr 1945, als Geoffrey Fisher in sein Amt eingesetzt wurde. Es gibt im Archiv der Canterbury Cathedral einen bezaubernden maschinenschriftlichen Bericht des damaligen Archivars, William Urry, über das zweite Mal, als die Handschrift bei der Amtseinsetzung eines Erzbischofs in Gebrauch war. Urry schildert, wie sie am 27. Juni 1961 in einem Polizeiauto von Cambridge zur Inthronisierung von Michael Ramsey nach Canterbury geholt wurde, wo sie Punkt 12 Uhr 30 eintraf. Es schloss sich eine Szene wie aus einer altmodischen Filmkomödie an: Das Augustinus-Evangeliar wurde in aller Eile von Sir George Thompson, dem Master von Corpus Christi College, und Michael McCrum, Senior Tutor, eskortiert von einem Schwarm flinkfüßiger Polizisten, über das Vorgelände zur Kathedrale getragen. Nach der Zeremonie, als Tee serviert wurde, landete es auf Urrys Klavier.

Ich selbst habe die Handschrift zweimal nach Canterbury begleitet: zur Inthronisierung von Rowan Williams am 27. Februar 2003 und zu der von Justin Welby am 21. März 2013. Ich will nicht zu weit abschweifen, indem ich über diese denkwürdigen Tage berichte (obwohl ich es täte, wenn Sie mich dazu aufforderten), habe ich doch gleich noch eines ähnlichen Ereignisses zu gedenken. Eine Erfahrung, die ich bei Gelegenheit der Inthronisierung von Erzbischof Williams machte, ist aber möglicherweise von Relevanz für die wissenschaftliche Erforschung früher Handschriften. Ich musste die Kathedrale an jenem Tag durch das große Westportal betreten und schloss mich dem feierlichen Zug der anderen Teilnehmer in dem Moment an, als sie »Immortal, invisible, God only wise« anstimmten. Man hatte dieses walisische Lied zu Ehren der Herkunft des neuen Primas gewählt. Ich trug das Evangeliar geöffnet auf einem Kissen liegend vor mir her, es war mit zwei Streifen transparenten Archivbands gesichert. Bis zu 2500 Menschen, die in einem geschlossenen Gebäude aus Stein sehr laut ein vertrautes Kirchenlied singen, bringen die Luft zum Vibrieren. Das liegt in der Natur von Schallwellen. Wie ich schon erwähnt habe, sind die Pergamentblätter der Handschrift hauchdünn; sie nahmen die Schwingungen auf und surrten und bebten leise im Takt mit der Musik. Es war, als wäre das aus dem 6. Jahrhundert stammende Manuskript auf seinem Kissen zu Leben erwacht und nehme am Gottesdienst teil. Mir kam der Gedanke, dass sich vielleicht alle alten christlichen Handschriften so verhielten, denn für sie wurde generell dünneres Pergament verwendet als für spätere Codices. Vielleicht geht der Brauch, frühe Evangelien geöffnet bei Prozessionen mitzuführen, auf diesen erstaunlich beeindruckenden und ergreifenden Effekt zurück. Wissenschaftlicher Objektivität genügend, sei angefügt, dass er 2013 ausblieb.

Endlich komme ich auf jenes Ereignis zurück, das ich zu Beginn schon erwähnte. Alles begann im Juni 2010 mit einer vorsichtigen telefonischen Anfrage von Kanonikus Jonathan Goodall, dem Sekretär des Erzbischofs von Canterbury im Londoner Lambeth Palace. Gemeinsam mit Kollegen sei er mit der Planung des Englandbesuchs von Benedikt XVI. im September beschäftigt. Das würde erst das zweite Mal in der Geschichte sein, dass ein Papst sich auf englischem Boden aufhielte. Er unterbreitete mir eine »interessante Idee«: Der römische Pontifex und das anglikanische Oberhaupt sollten gemeinsam in der Westminster Abbey einen ökumenischen Gottesdienst zelebrieren. Der Grund dafür, dass die Abbey Ort des Geschehens sein sollte und nicht etwa die anglikanische Kathedrale von Canterbury oder die katholische von Westminster, war darin zu sehen, dass die Abbey den Status einer Eigenkirche der britischen Monarchie (»royal peculiar«) besaß, was bedeutet, dass sie direkt der Queen unterstellt und nicht der Jurisdiktion von Canterbury unterworfen ist. Der Papst und der Erzbischof würden daher beide gleichgestellte Gäste des Dekans sein, keiner würde in irgendeiner Weise vorrangig behandelt werden müssen, so dass es auch keine heiklen Probleme mit dem Protokoll geben würde. Überdies war die Westminster Abbey im Mittelalter ein Benediktinerkloster gewesen und zwar (was in diesem Kontext besonders passend erschien) ein dem heiligen Petrus gewidmetes. Kanonikus Goodall fragte an, ob wir unsere Zustimmung geben könnten, dass das Augustinus-Evangeliar in feierlicher Prozession zur Abtei getragen und ihm dort nach der Schriftlesung gemeinsam vom Papst und vom Erzbischof gehuldigt würde.

Die später erfolgende formelle Anfrage wurde von einer zuständigen Stelle des Verwaltungsapparats von Corpus Christi College an die nächste weitergeleitet. Man musste eine Versicherung für das kostbare Manuskript abschließen und für seine sichere Beförderung nach London sorgen. Am Morgen des 17. September 2010, es war Freitag, fand ich mich schon geraume Zeit vor sechs Uhr im College ein. Die Handschrift war am Abend zuvor in einem dunkelblauen Behälter verstaut worden, stabil genug, um einer Bombenexplosion standzuhalten. Wir zurrten ihn in einem Sicherheitstransporter fest (vorbei die Zeiten, in denen ein schlichtes Polizeiauto genügte), ich fuhr mit dem Evangeliar nach London und auf dem an der Themse entlangführenden Embankment bis zur Westminster Abbey. Um acht wurde es Tony Trowles übergeben, dem Bibliothekar der Abtei, der es in der unter dem östlichen Säulengang gelegenen Bibliothek in einen Safe einschloss. Von 11 Uhr 30 an wurde der Ablauf des Gottesdiensts in allen Einzelheiten geprobt. Wir gingen alles Schritt für Schritt durch und übten unsere Rollen ein, auch der Erzbischof (der Papst nicht). Letzte Modifikationen wurden vorgenommen, um eine angemessen dezente Übertragung der Zeremonie durch das Fernsehen zu ermöglichen. Für diese Generalprobe benutzte ich ein modernes Buch anstelle der Handschrift.

Nachmittags hatte die Polizei rings um Westminster Sperren errichtet. Die Zugangskontrollen waren in der Tat streng. Kurz vor vier Uhr wieder auf das Abteigelände gelassen zu werden war schwierig. Zum Glück erkannte mich ein Geistlicher, der in der Einlassschlange stand. Ich wurde in die Abtei geleitet, wo wir den Codex auf einer Art von eigens dafür umgestaltetem rotem Kissen, das an ein behindertengerechtes gepolstertes Esstablett erinnerte, herrichteten. Man hatte uns gefragt, ob die Handschrift nicht auf einer bebilderten Seite aufgeschlagen werden könne, doch das war aus kuratorischen Gründen nicht zu vertreten. Stattdessen war die Seite mit den für die Lesung ausgewählten Versen (in Latein) geöffnet: Markus 10, 35–45. Der Papst würde also den gerade verlesenen Text vor sich sehen und ihm Ehre erweisen können.

Ich hatte, wie der Anlass es gebot, volles akademisches Ornat angelegt – es war das erste Mal, dass ich den Talar eines Doktors der Philosophie von Corpus Christi College trug. Man eskortierte die Handschrift und mich zum Jerusalem Chamber beim Westportal (das ist der Raum, in dem Heinrich IV. gestorben war). Der freundliche Kardinalerzbischof von Armagh war bereits dort. Ich setzte mich mit der Handschrift auf dem Schoß in eine Ecke. Einer nach dem anderen trafen die Oberhirten der verschiedenen christlichen Glaubensgemeinschaften Großbritanniens ein. Einige waren bereits in mittelalterlichen Feststaat gehüllt, andere trugen schmucke Köfferchen in der Hand, aus denen sie mysteriöse Gewänder und allerlei ornamentales Beiwerk hervorzogen. Aus den Augenwinkeln sah ich, wie sie sich ausstaffierten, bis sie wie wandelnde Christbäume aussahen – für mich ein unvergesslicher Höhepunkt des Tages. Synodalvorsteher der Presbyterianischen Kirche, der Freikirchen von England und Wales und der unierten reformierten Kirche plauderten mit Bischöfen und Erzbischöfen. Die Präsidenten der Methodist Conference standen mit ihren äußerlich stark abgehobenen Pendants des Council of Oriental Churches im Vereinigten Königreich zusammen. Der griechisch-orthodoxe Erzbischof von Thyateira und Großbritannien war ebenso gekommen wie die Oberhäupter der methodistischen und lutheranischen Kirche, der General der Heilsarmee und viele andere mehr.

Das erwartungsvolle Gemurmel der mehreren tausend geladenen Gäste in der Abbey wurde mittlerweile von dem Gesang und den Rufen der bunt zusammengewürfelten großen Menschenmenge übertönt, die draußen auf den Straßen zusammengekommen war. Der Kardinal und ich gingen zum Fenster und blickten hinaus. Aus der Menge ragten genauso viele Banner, Flaggen und Plakate hervor, die den Papst willkommen hießen, wie solche, die gegen seinen Besuch protestierten. Vermutlich war dem heiligen Augustinus von Canterbury ein ähnlich gemischter

Empfang zuteil geworden worden, als er 597 in Kent an Land gegangen war. Ein Kanonikus schaltete im Jerusalem Chamber ein Fernsehgerät ein, so dass wir die Ansprache des Papstes in der Westminster Hall mitverfolgen konnten. So bekamen wir auch den Moment mit, in dem das Gefolge des Pontifex sich in Bewegung setzte, um zur auf der anderen Straßenseite gelegenen Abbey zu ziehen. Das war für unsere so bizarr zusammengesetzte Gruppe das Signal, das Jerusalem Chamber zu verlassen. Wir nahmen die uns zugewiesenen Plätze am westlichen Ende des Kirchenschiffs ein. Das Evangeliar mit festem Griff haltend, bezog ich neben einer Säule vor dem Gedenkstein für David Lloyd George Position. »Denken Sie nicht manchmal: Was mache ich hier eigentlich?«, fragte ich flüsternd den Mesner, der in seinem vielfarbigen Gewand neben mir stand und das glitzernde Prozessionskreuz von Westminster

Papst Benedikt XVI. küsst in Gegenwart von Rowan Williams, dem Erzbischof von Canterbury, bei seinem Besuch der Westminster Abbey das von Christopher de Hamel gehaltene Augustinus-Evangeliar.

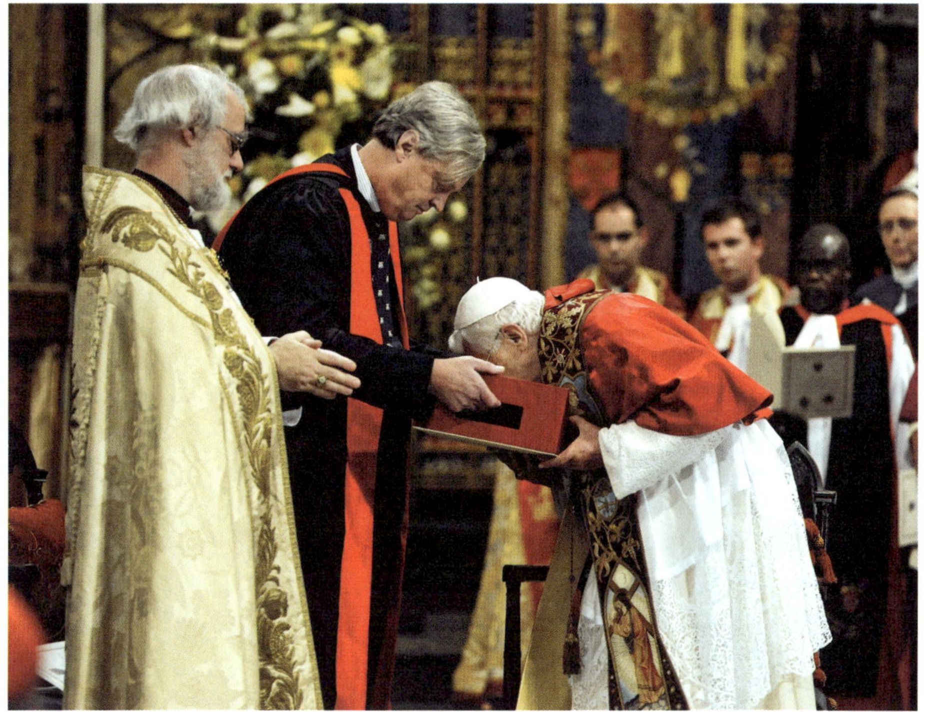

hielt. Er wirkte verblüfft. »Nein«, antwortete er, »könnte ich nicht sagen. Das ist ganz normale Arbeit für mich.«

Der Einzug des Papstes durch das Westportal kündigte sich an durch aufbrandenden Lärm der wartenden Menge und das Surren unzähliger Kameras, was sich anhörte, als würden sich Tausende von Vögeln in die Luft erheben. Nachdem der Papst begrüßt und für die Zeremonie eingekleidet worden war, schritten wir alle in feierlichem Zug durch das lange gotische Kirchenschiff und den Altarraum hinauf über das Mosaikpflaster, das 1268 für Heinrich III. gelegt worden war. Ich platzierte den kostbaren Codex auf dem Hochaltar, wie man es im frühen Mittelalter zweifellos ähnlich in St. Augustine's Abbey getan hatte. Dann verneigte ich mich (mit einem Anflug von Verlegenheit) und begab mich auf meinen Platz in den nahen Sedilien. Der lange Zug der Würdenträger brach nicht ab, bis er mit dem Einzug des Deans der Abbey, des Erzbischofs von Canterbury und des Papstes mit ihren Kaplänen im Gefolge seinen krönenden Abschluss fand. Später, nach der Lesung aus dem Markus-Evangelium (auf Englisch, durch den Synodalpräsidenten der Church of Scotland), bestand meine rasch erledigte Aufgabe darin, die Handschrift auf ihrem Kissen zum Papst zu tragen, der sich verneigte und die aufgeschlagenen Seiten küsste, dann zum Erzbischof, der dasselbe tat. Meine größte Sorge bestand darin, ich könnte auf den tückisch glatten mittelalterlichen Steinstufen ausgleiten, die ich vom Hochaltar hinab- und dann wieder hinaufzusteigen hatte. Wäre ich ins Stolpern geraten – wozu ich ohnedies bei den besten Gelegenheiten neige –, hätte das für spektakuläre Fernsehbilder gesorgt, der Handschrift jedoch nicht gutgetan. Nachher, während das Magnificat ertönte, hüllte der Dean den Altar in eine Weihrauchwolke; er schwenkte das Turibulum endlos lange über dem aufgeschlagen daliegenden Evangelium. Was, fragte ich mich, würde ich wohl tun, wenn ein glühendes Holzkohlenbröckchen auf dem Pergament landete?

Doch alles ging gut. Später haftete den Seiten nicht einmal ein Hauch von Weihrauchduft an. In seiner Ansprache erzählte der Erzbischof, dass die christliche Kirche in England ja von einem Papst begründet worden sei, wovon das Evangeliar, das von Gregor dem Großen aus Rom in unser Land gesandt worden war, Zeugnis ablege. Im vorgesehenen Moment trug ich den Codex wieder hinaus und nahm erneut meinen Platz auf der an Lloyd George erinnernden Steinplatte ein. Von dort sah ich den Papst vorüberziehen und nach draußen schreiten, dem ihm aus der Dämmerung entgegenschlagenden Applaus entgegen. Als die Menge sich aufgelöst hatte und die Straßen von Westminster für den Verkehr freigegeben waren, rollte der Sicherheitstransporter auf den Dean's Yard, und wir verstauten die Handschrift für die Rückfahrt. Am späten Abend traf sie wohlbehalten in Cambridge ein. Einen Augenblick war sie in ihrer mittelalterlichen Pracht und Herrlichkeit erstrahlt, nun wurde sie wieder zu MS 286 im dunklen Tresorraum von Matthew Parkers Bibliothek.

KAPITEL ZWEI

DER CODEX AMIATINUS

ca. 700
Florenz, Biblioteca Laurenziana,
Cod. Amiat. 1

Aus dem England des 7. Jahrhunderts hat sich über der Erde nur sehr wenig erhalten. Spuren von Mauerwerk aus jener Zeit sind noch zu erkennen am westlichen Ende der Pfarrkirche von St. Peter in Monk Wearmouth in der heutigen Grafschaft Tyne und Wear im äußersten Nordosten Englands, einem Gebiet, das ehedem zum Königreich Northumbria gehörte. Obwohl die Kirche zur Aufnahme in die Liste der Weltkulturerbestätten nominiert wurde, bietet das Gebäude einen enttäuschenden Anblick: Von Vororten der modernen Industrie- und Hafenstadt Sunderland umgeben, ähnelt St. Peter stark einer gewöhnlichen viktorianischen Pfarrkirche. Die Kirche liegt inmitten einer gepflegten städtischen Parkanlage, um die herum sich Wohnhäuser aneinanderreihen. Auf dem Rasen südlich von ihr sind Tafeln mit akkuraten Zeichnungen aufgestellt, die über in jüngster Zeit bei Grabungen zu Tage geförderte archäologische Funde informieren. Doch reicht meine Fantasie nicht aus, um mir vorstellen zu können, wie es hier in der Nähe des Ortes, wo der mächtige Wear sich in die Nordsee ergießt (weder Fluss noch Meer sind von der Kirche aus sichtbar), im frühen Mittelalter ausgesehen hat. Etwa im Jahr 674, als Ecgfrith, der König von Northumbria, dieses Stück Land stiftete, um dort ein großes Kloster nach dem Vorbild solcher Anlagen errichten zu lassen, wie sie in der Spätantike in Rom entstanden waren.

Der erste Abt und Gründer dieser neuen nördlichen Abtei war Benedict Biscop (ca. 628–690), ein Adliger aus der Region, der nicht weniger als fünf Mal in seinem Leben nach Rom reiste. Die Eindrücke, die er dort sammelte, prägten seine kulturellen Anschauungen stark. Er hatte beschlossen, Mönch zu werden. 669, als er zum dritten Mal in Rom weilte, erhielt er den Auftrag, Theodor von Tarsus (602–690), den siebten Nachfolger des heiligen Augustinus als Erzbischof von Canterbury, nach England zu geleiten. Theodor gilt als derjenige, der antikes griechisches Wissen in Südengland eingeführt hat. Als Gegenleistung für Biscops Dienste ernannte er diesen zum amtierenden Bischof des vor den Toren Canterburys gelegenen Klosters, das später als St. Augustine's Abbey bekannt wurde. Eine gewisse Zeit lang befand sich also das Augustinus-Evangeliar, das wahrscheinlich damals schon im Angedenken an den Gründer der Abtei in besonderen Ehren gehalten wurde, in Biscops Obhut. Als einige Jahre später König Ecgfrith das Land am Ufer des Wear zum Bau eines Klosters anbot, war es naheliegend, dass man den aus Northumbria stammenden Biscop dazu bestimmte, dieses Kloster zu gründen. Wir sind über alle Einzelheiten durch die unvergleichlichen Geschichtsdarstellungen des mit seinem Genie alle anderen angelsächsischen Autoren überragenden Beda (Beda Venerabilis, ca. 672–735) informiert.

Nachdem Biscop seine Aufgabe in Nordostengland erfüllt hatte, brach er 679 in Begleitung eines jüngeren Mönchs namens Ceolfrid (ca. 642–716) erneut nach Rom auf. Dort gelangten die beiden Reisenden durch Kauf oder auf andere Weise in den Besitz einer »riesigen Menge« von Büchern zu allen möglichen Themen, wie Beda es ausdrückte. Diesen Werken kommt in der Geschichte, die im Folgenden erzählt wird, eine bedeutende Rolle zu. Beda, der sowohl Biscop als auch Ceolfrid persönlich kannte, deutet an, dass es der Jüngere der beiden Engländer war, der in Rom die neue Übersetzung der Bibel – womit die Vulgata des Hieronymus gemeint ist – erwarb, und zwar in Form von drei Handschriften. Mit diesen zusammen kaufte er aber auch eine vollständige Abschrift der Bibel in einem einzigen großen Band, einem sogenannten Pandekt. Dieses bot, wie Beda berichtet, den Text in einer »alten« lateinischen Fassung. Diese zusätzlichen Erwerbungen wurden zusammen mit anderen

Büchern sowie mit Reliquien und kostbaren sakralen Gegenständen an Bord des Schiffes geladen, mit dem auch Benedict und Ceolfrid nach Wearmouth zurückkehrten. Den beiden Mönchen war es zudem gelungen, einige Personen dazu zu verlocken, mit ihnen nach England zu kommen. Darunter waren ein Kantor namens John, der im Chorgesang unterrichten sollte, wie er in Rom praktiziert wurde, sowie vermutlich verschiedene Handwerker. Auf den Informationstafeln für die Besucher der Kirche von Monk Wearmouth wird erklärt, dass man bei Ausgrabungen auf dem Gelände Überreste von Glas römischer Machart gefunden sowie Hinweise auf ein spezielles Mörserverfahren entdeckt hat, wie es im übrigen Nordeuropa zu jener Zeit unbekannt war. Die Handschriften, die damals von Rom an das Ufer des Wear gelangten und die zu Bedas Zeit als größte Kostbarkeiten angesehen wurden, sind längst verschollen – mit der (möglichen) Ausnahme eines Blattes italienischer Provenienz aus dem 6. Jahrhundert, auf dem, in der lateinischen Übersetzung des Hieronymus, einige Verse aus den Makkabäer-Büchern niedergeschrieben sind. Dieses Blatt hat sich aus Zufall erhalten: Es wurde für eine mittelalterliche Handschrift, die heute in der Bibliothek der Kathedrale von Durham liegt, als Vorsatzblatt verwendet.

682 schenkte König Ecgfrith den Mönchen weiteres Land, und zwar bei Jarrow, das ungefähr 11 Kilometer weiter im Nordwesten liegt, in der Nähe der Mündung des zweiten großen Flusses der Region, des Tyne. Die Mönche entschlossen sich, dort ein weiteres Kloster zu bauen. Abt Benedict Biscop betraute Ceolfrid mit dieser Aufgabe, der sich daraufhin mit zwanzig Mitbrüdern, unter ihnen Beda, damals noch ein ganz junger Novize, auf dem Gelände niederließ. Die beiden Gründungen wurden als eine Gemeinschaft aufgefasst, da sich der Weg von der einen zur anderen auch zu Fuß innerhalb weniger Stunden zurücklegen ließ. Moderne Historiker bezeichnen die Zwillingsklöster in der Regel als »Wearmouth-Jarrow«, als handelte es sich um eine einzige Anlage, und man spricht für gewöhnlich auch von »der Bibliothek« und »dem Skriptorium« von Wearmouth-Jarrow, als wäre es ein und dieselbe Einrichtung. Wearmouth war aber dem heiligen Petrus geweiht und Jarrow dem heiligen Paulus. Diese beiden galten als Schutzpatronen der frühen Christen in Rom. Es ist wahrscheinlich, dass Ceolfrid die Handschriften, die er in Rom erworben hatte, nach Jarrow schaffen ließ, da nämlich Beda ganz eindeutig jederzeit problemlos Zugang zu ihnen hatte. Diese Werke wer-

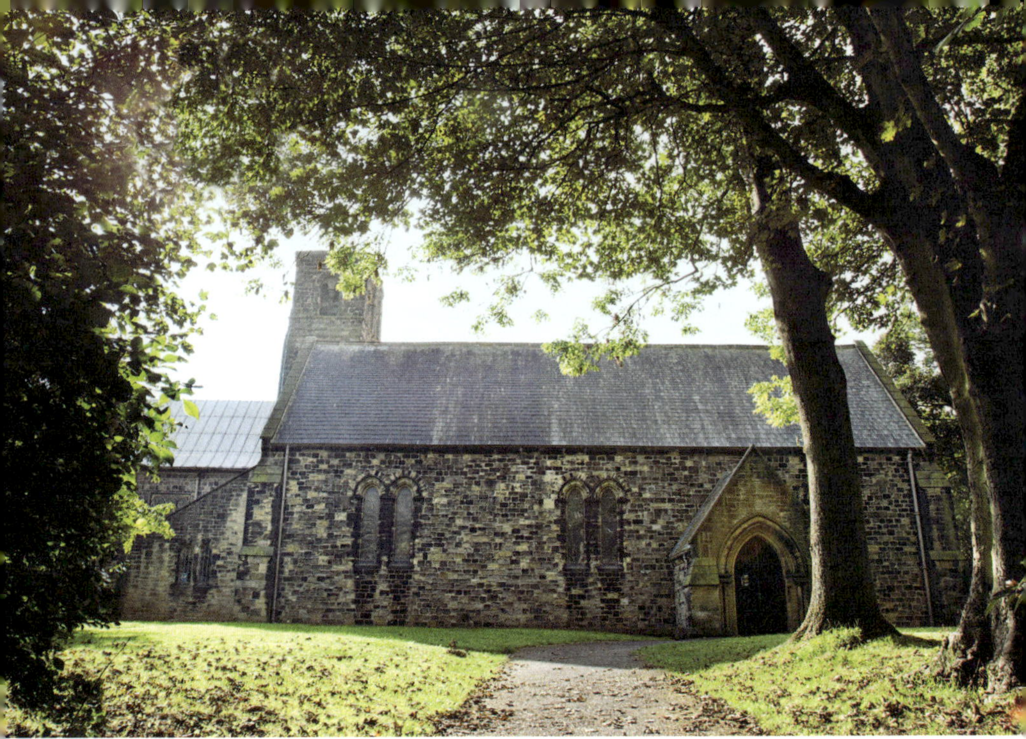

Saint Paul in Jarrow, vom Norden aus gesehen. Der Turm und der östliche Teil des Kirchenschiffs sind von dem angelsächsischen Klosterbau erhalten.

den aber wohl als gemeinsamer Besitz beider Klöster gegolten haben. Ceolfrid wurde 686 zum Abt beider Häuser ernannt und lebte und wirkte noch weitere dreißig Jahre in Jarrow.

Heute ist die Kirche von Saint Paul in Jarrow unvergleichlich evokativer als ihr Pendant weiter südlich. Sie steht außerhalb der modernen Stadt, in einem hübschen Wäldchen, durch das sich Wege ziehen, an deren Rändern Bänke zum Verweilen einladen. Ich habe auf einer von ihnen gesessen und mir im flirrenden Sonnenlicht unter den Bäumen Notizen gemacht. An der Südseite der Kirche stehen die Ruinen des Klosters, das im 12. Jahrhundert an der Stelle des ursprünglichen, von Ceolfrid erbauten errichtet wurde. Wie die Anlage in Wearmouth ist auch diese von Archäologen vollständig freigelegt worden, und ihre Umrisse zeichnen sich auf der Rasenfläche deutlich ab. Das Gelände war einst terrassiert, fällt aber heute steil zu den schlammigen Ufern des träge dahinfließenden Don ab, kurz vor der Stelle, an der dieser sich mit dem mächtigeren Tyne vereint, der dann ins Meer mündet. Im Osten der Kirche erstreckt sich ein als Jarrow Slate bekanntes Brachland, und am

Horizont sieht man die Kräne und Öltanks der Docks des Port of Tyne aufragen. Die Nähe der See war für die Erbauer des Klosters und für diejenigen, die es mit allem Notwendigen versorgten, von Vorteil. Aus ihr erwuchsen dem Kloster aber auch Gefahren: 794 wurde es zum ersten Mal von Wikingern gestürmt und geplündert.

Ich hielt mich dort an einem Sonntagmorgen auf. Ein alter Mann setzte sich neben mich auf die Bank. Ich fragte ihn nach den Öffnungszeiten der Klosterkirche. Der Vormittagsgottesdient beginne um elf, antwortete er, und ich sagte, dass ich ihn gerne besuchen würde. Er erzählte mir noch etliches mehr, ich verstand aber nicht alles, denn der kernige »Geordie«-Dialekt kann Menschen aus dem Süden des Landes vor Rätsel stellen. Ceolfrid und der Kantor aus Rom werden sich zweifellos auf Latein unterhalten haben, was ihnen die Verständigung erleichtert haben dürfte. Im Inneren der Kirche setzten wir uns auf hölzerne Stühle, die im Schiff aufgebaut waren, statt auf einer der Bänke Platz zu nehmen (mein neuer Bekannter war mit dieser neuen Mode überhaupt nicht einverstanden), und ich konnte, wenn ich meine Augen hob, durch die Vierung unter dem Turm hindurch in den kleinen Altarraum am östlichen Ende blicken, der noch aus der Zeit von Ceolfrid stammt. In der rechten Wand, der südlichen, befinden sich drei kleine Fenster aus dem 7. Jahrhundert, in eines davon sind heute Überreste von Buntglas aus angelsächsischer Zeit eingesetzt, dem ältesten uns bekannten bemalten Glas. Nach Süden weisende Fenster waren auch für irische Kirchen charakteristisch, weil das Sonnenlicht aus dieser Himmelsrichtung einfiel. Das Fenster in der Nordwand ist modern; es wurde von John Piper entworfen und 1985 von Prinzessin Diana enthüllt. Hoch über dem Bogen des Altarraums sind, vom Schiff aus gut sichtbar, zwei aneinanderstoßende Steintafeln in die Mauer des Turms eingelassen, die eine zeitgenössische Inschrift tragen, welche auf Latein an die Weihe dieser Kirche im Jahr 685, am »VIIII KL MAI« (23. April), im fünfzehnten Jahr von König Ecgfrith und dem vierten Jahr des Gründerabts, der namentlich genannt wird, erinnert. Es berührte mich, beim Gebet Wörter und Namen zu lesen, die Ceolfrid und Beda vor so langer Zeit täglich gesehen haben dürften. Ob den Mönchen viel vom anglikanischen Sonntagsgottesdienst bekannt vorgekommen wäre, ist eine andere Frage. Sowohl der Chor als auch die – recht dürftige – Schar der Gläubigen setzten sich zu einem großen Teil aus Frauen zusammen. Für die Lesung aus dem Evangelium jedoch traten die beiden grün und

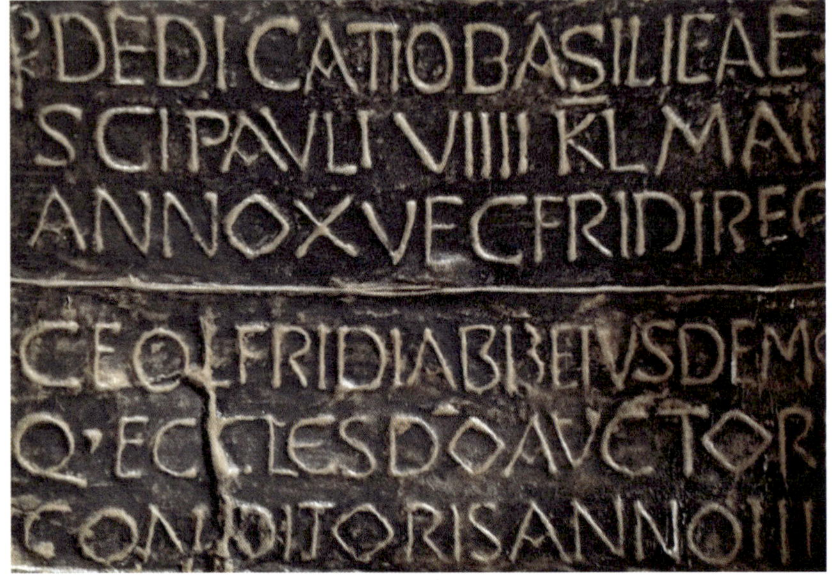

Die Steintafel, die an die Konsekration der Kirche von Jarrow im Jahr 685 erinnert, dem fünfzehnten Jahr seit Herrschaftsantritt von König Ecgfrith und dem vierten seit Ernennung von Ceolfrid zum Abt des Klosters.

weiß gewandeten Priester vom Altar in das Kirchenschiff, wobei sie das geheiligte Buch, dessen kunstvoll verzierte Deckel geschlossen waren, in die Höhe hielten; es ist gut vorstellbar, dass man das ähnlich mit einer der Handschriften getan hat, die 680 aus Rom mitgebracht worden waren.

Es existieren zwei inhaltlich in Beziehung stehende Berichte aus dem frühen 8. Jahrhundert über das Kopieren biblischer Schriften, das hier in Jarrow unter der Schirmherrschaft von Ceolfrid vorgenommen wurde. Da Dokumente zur Buchherstellung in angelsächsischer Zeit äußert rar sind, sind sie es wert, dass wir uns eingehend mit ihnen befassen. Der erste dieser Berichte findet sich in einer Lebensbeschreibung des Ceolfrid, die von einem anonymen Verfasser stammt, bei dem es sich offenkundig um einen der Mönche seines Klosters handelt. Es heißt dort, dass Ceolfrid viel zur Ausstattung der Kirche in Jarrow beisteuerte und vor allem die Sammlung von Büchern vergrößerte, die er und Benedict Biscop aus Italien mitgebracht hatten. Der unbekannte Autor erklärt, dass Ceolfrid drei weitere Pandekten – also vollständige Abschriften der Bibel – in Auftrag gegeben habe. Je einer davon wurde in den Kirchen der Zwillingsklöster deponiert, so dass jeder, der eine Passage aus einem der beiden Testamente lesen wollte, dies tun konnte. Es lässt sich nicht genau sagen, wann dies geschah, außer dass es während der Amtszeit Ceolfrids als Abt gewesen sein muss. Es ist aber wahrscheinlich, dass man mit dem Kopieren in den letzten Jahrzehnten des 7. Jahrhunderts begonnen hat, und sehr gut möglich, dass die Arbeit bis ins 8. Jahrhundert hinein fortgesetzt wurde.

Beda, der mit Sicherheit gut vertraut mit dem Exemplar war, das man in der Kirche von Jarrow deponiert hatte, ergänzt diesen Bericht in seiner *Historia abbatum* um einige Einzelheiten. Er gibt an, Ceolfrid habe ein Exemplar einer »alten« Übersetzung der Bibel aus Rom mitgebracht und dann seine »Wohltat« noch gesteigert, indem er drei Abschriften davon anfertigen ließ, die aber dem »neuen« Text gefolgt wären. Diese letzte Angabe ist wichtig: Es ist typisch für Beda, dass er darauf achtete, welche Übersetzung benutzt wurde, und dies auch festhielt. Die Schreiber, die Ceolfrid unterstanden, legten die Kopien nach dem Vorbild des großen Pandekts an, den sie aus Rom erhalten hatten, ersetzten aber den alten Text durch den moderneren der Vulgata. Dieser Umstand wird in der folgenden Geschichte von Bedeutung werden.

Dass Ceolfrid je eine neue Vulgata-Abschrift für die Kirchen in Wearmouth und in Jarrow anfertigen ließ, leuchtet ein. Wozu aber die dritte? Wir können nur Spekulationen anstellen. Vielleicht war die Gründung eines dritten Klosters in Northumbria geplant, zu der es aber nie kam. Dann wäre eine Art von Trinität entstanden, bestehend aus drei eigenständigen, doch untrennbar miteinander verbundenen Elementen – eine Vorstellung, die den Gläubigen damals gefallen hätte. Vielleicht fragte Ceolfrid sich aber auch insgeheim, ob er noch weiter aufsteigen würde, indem man ihn nach Theodors Tod möglicherweise zum neuen Erzbischof von Canterbury ernannte oder gar zum Papst wählte. Vielleicht wollte er einen der drei Codices für einen solchen Fall in Reserve haben. Sowohl aus der anonymen *Vita Ceolfridi* als auch aus Bedas Darstellung erfahren wir, was tatsächlich geschah: Im fortgeschrittenen Alter von vierundsiebzig Jahren beschloss Ceolfrid, erneut nach Rom zu reisen, und nahm den entbehrlichen dritten Pandekt mit, um ihn der Kirche des heiligen Petrus, des Fürsten der Apostel, zum Geschenk zu machen. (Es war im Mittelalter üblich, sich auf eine Kirche mit dem Namen ihres Schutzheiligen zu beziehen, als wäre dieser noch am Leben; gemeint war hier natürlich der päpstliche Hof.) Aus beiden Berichten über Ceolfrid geht zwischen den Zeilen hervor, dass die Bekanntgabe seines Vorhabens die Mönchsgemeinschaft in Wearmouth-Jarrow überraschte. Über Ceolfrids Motiv wissen wir nicht mehr als Beda. Hoffte er im Stillen immer noch auf eine hohe – oder gar die höchste – Stellung in Rom? Sollte ihm die mitgebrachte Bibel bei Verhandlungen zum Vorteil gereichen? Papst Konstantin war am 9. April 715 gestorben, und Ceolfrid fasste wohl den Entschluss, sich nach Rom zu begeben, als die Nachricht in England eintraf. Oder hatte man 679 das stillschweigende Übereinkommen getroffen, dass er Bücher von Rom nach Northumbria mitnehmen dürfe, wenn im Austausch später Abschriften nach Rom geschickt würden? Beides ist möglich. In der *Vita Ceolfridi* ist der genaue Wortlaut der Widmungsinschrift wiedergegeben, mit der der dritte Pandekt als Geschenk Sankt Peter übereignet wurde von Ceolfrid, Abt der Engländer, vom äußersten Ende der Erde (»extremis de finibus«). Wie wir aus dem Bericht weiter erfahren, wurde im Juni 716 der bereits mit dieser Inschrift versehene Codex den erwähnten Abhang unterhalb der Kirche von Jarrow hinuntergetragen und an Bord eines auf dem Don liegenden Schiffes gebracht. Von Ceolfrid und einem Gefolge von Mönchen begleitet, wurde er dann über den Tyne ins offene Meer und schließlich zur französischen Küste geschafft. Es war der erste schriftlich dokumentierte Export eines Kunstwerks aus England. Leider überlebte Ceolfrid die Reise nicht; er starb im September in Langres in Zentralfrankreich, und damit war die Geschichte erst einmal zu Ende. Sie sollte erst mehr als tausend Jahre später ihre Fortsetzung finden.

In Italien gibt es eine berühmte frühe Handschrift, die als Codex Amiatinus bekannt ist. Sie gehörte zu den Schätzen des Klosters San Salvatore auf dem Monte Amiata in der südlichen Toskana – daher ihr Name. Sie ist in einem Verzeichnis der Reliquien der Abtei aus dem Jahr 1036 aufgeführt. Es heißt dort, dass sie das Alte und Neue Testament umfasst, und zwar »niedergeschrieben von der Hand des seligen Papstes Gregor«. Sie Gregor dem Großen (ca. 540–604) zuzuschreiben war nicht abwegig, denn verwendet wurde Unzialschrift italienischen Stils – ganz ähnlich wie für das Augustinus-Evangeliar. Es wurde daher auch nie in Zweifel gezogen, dass sie italienischer Provenienz ist. Die Handschrift wird durch eine ganzseitige Widmung eröffnet, mit dem das Buch von einem gewissen Peter, Abt der Lombarden »vom äußersten Ende der Erde«, San Salvatore zum Geschenk gemacht wird. Das ist ein Echo des Verses 28, 49 im 5. Buch Mose: »Der HERR wird ein Volk über dich schicken von ferne, von der Welt Ende.« Sogar heute noch sehen die Toskaner alle Lombarden als Menschen an, die in einem fernen Reich jenseits der äußersten Grenzen der zivilisierten Welt leben (dasselbe Bild machen sich die Lombarden von den Toskanern), und die so merkwürdig klingende Widmung wurde daher in San Salvatore nie hinterfragt. Bei dem Codex handelt es sich um die älteste erhaltene Handschrift der Vulgata, und er stellt immer noch unsere wichtigste Quelle für die Konstituierung des Textes der Vulgata dar.

Constantin von Tischendorf, der schon einen kurzen, ihm nicht zum Ruhm gereichenden Auftritt im ersten Kapitel hatte, gab den Text des Neuen Testaments in der Vulgata-Übersetzung 1854 auf der Grundlage des Codex Amiatinus heraus. Ihm fiel auf, dass an der Widmungsinschrift kleinere Änderungen vorgenommen worden waren und dass die Namen sowohl des Abtes als auch des Klosters, dem die Handschrift übereignet worden war, vorher dort Stehendes getilgt hatten. Dreißig Jahre später gelang es dem Fachmann für antike Inschriften Giovanni Battista de Rossi (1822–1894), endlich die gelöschten und überschriebenen Namen zu entziffern; er deckte auf, dass die Handschrift ursprünglich von einem gewissen Ceolfrid, Abt der Engländer, dem heiligen Petrus (Sankt Peter) gewidmet gewesen war. Bald darauf erinnerte sich der Theologieprofessor der Universität von Cambridge F. J. A. Hort (1828–1892), dass diese Worte mit dem übereinstimmten, was der *Vita Ceolfridi* zufolge in jenen dritten in Jarrow entstandenen Pandekt eingetragen worden war. Ihm wurde als Erstem klar, dass es sich bei dem Codex Amiatinus um genau diesen Pandekt handeln musste, von dem sich jede Spur verloren hatte, nachdem er Northumbria im Jahr 716 verlassen hatte. Als Horts Entdeckung im Februar 1887 bekannt wurde, sorgte sie vor allem in Großbritannien für eine Sensation. In jener Zeit berichteten Bibelforscher über aufregende Funde, die sie im Mittleren Osten und bei Oxyrhynchos (heute Al Bahnasa) in Ägypten machten, doch wenige dieser Berichte schlugen so ein wie die völlig unerwartete Meldung, dass die älteste vollständige Handschrift der Bibel in der Vulgata-Übersetzung in England entstanden war. 1890 bezeichnete H. J. White, später Dekan von Christ Church College in Oxford, die Handschrift in einem gewissen patriotischen Überschwang als »das vielleicht großartigste Buch der Welt«.

Vier Tage nach meinem Besuch in Jarrow reiste ich nach Südwestumbrien. Ich hatte ein Treffen mit Nicolas Barker, dem Herausgeber der Zeitschrift *The Book Collector*, und seiner Frau Joanna in ihrem Ferienhaus in der Nähe des Lago di Bolsena verabredet. Als ich, in die grelle Sommersonne blinzelnd, aus dem Bahnhofsgebäude von Orvieto auftauchte, warteten sie schon mit dem Auto auf mich, um mich abzuholen. Wir hatten vor, uns den Ort anzusehen, an dem der Codex Amiatinus so lange aufbewahrt worden war. Nicolas saß hinter dem Steuer, Joanna wies ihm vom Rücksitz aus den Weg. Als wir in den südlichen Zipfel der Toskana vorstießen, kam der Monte Amiata in Sicht. Er ist die höchste Erhebung in einer lang gezogenen Gebirgskette vulkanischen Ursprungs. Der Berg ragt ähnlich dominierend am Horizont auf wie der Ararat in Anatolien. Wir fuhren auf der E 35 zu ihm hinauf, der früheren A 1, die den Norden und den Süden Italiens miteinander verbindet und sich streckenweise immer noch mit der Via Francigena deckt, dem Frankenweg, der mittelalterlichen Pilgerstraße nach Rom. Dann bogen wir nach links auf die sich weiter bergauf schlängelnde Straße ab, die den Wegweisern zufolge nach San Salvatore führte. Die Landschaft ist überraschend öde und mehr oder weniger unbebaut, sie wirkt beinahe biblisch-urwüchsig, ganz anders als die sanftere Kulturlandschaft im Norden der Region.

Das Kloster liegt nicht auf dem Gipfel, wo sich ein kleiner Skiort befindet, sondern auf einem Plateau am Osthang des Monte Amiata. Es ist von einem mittelalterlichen Städtchen umgeben. Kloster- und Wohngebäude sind gemeinsam als Abbadia San Salvatore bekannt, da das Städtchen sich im Zusammenhang mit der Abtei entwickelte, sozusagen aus dem Leben in ihren Mauern hervorging. Es umgibt diese und schirmt sie auf eine Weise ab, dass wir sie erst nicht zu finden vermochten. Auf einer Piazza fragten wir nach dem Weg. Ein Mann, der ungewöhnlich hilfsbereit war – oder auch nichts allzu Wichtiges vorhatte –, hüpfte in seinen Wagen und fuhr vor uns her durch die engen Gassen, die Via Cavour hinauf und auf die Piazzale Michelangelo, wo die altehrwürdige Basilika vor uns aufragte. Voller Stolz gestikulierte er. Und in der Tat bietet sie einen spektakulären Anblick. Sie besitzt zwei mittelalterliche Türme, von denen der eine hoch, der andere niedrig und gedrungen ist. Sie flankieren ein bescheidenes romanisches Portal. Das Kirchenschiff ist sehr hoch,

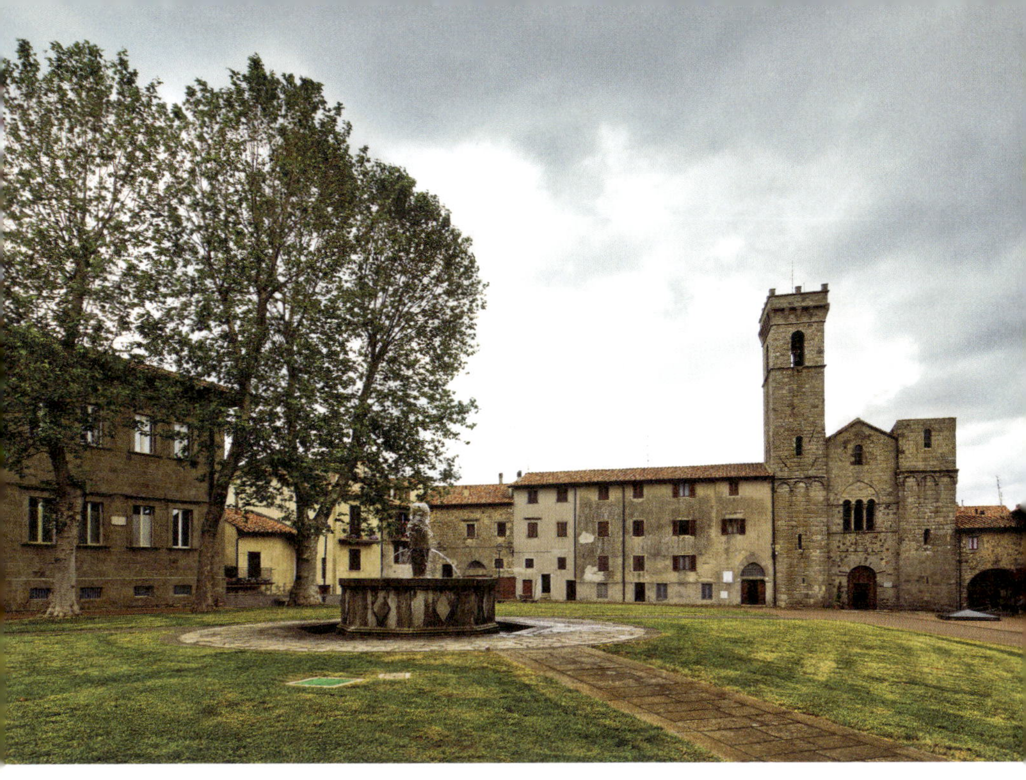

Das Kloster von San Salvatore auf dem Monte Amiata in der südlichen Toskana, vom Westen aus gesehen.

aber dunkel. Licht fällt nur durch winzige Rundbogenfenster ein, die jenen im Altarraum der Kirche von Jarrow nicht unähnlich sind. Im Inneren sind in jüngerer Zeit einige Rekonstruktionen vorgenommen worden. Eine breite Treppe in der Mitte des Kirchenraums führt zu dem Altar und einem schönen hölzernen Kruzifix aus dem 12. Jahrhundert. Zu beiden Seiten dieser Treppe geleiten Stufen in eine großartige, mit Säulen bestandene Krypta hinunter, die aus dem 8. Jahrhundert stammen soll. An der Nordseite der Basilika schließen sich die Klostergebäude an, in denen vermutlich einmal die Bibliothek untergebracht war. Oberhalb des Südflügels gibt es ein kleines Museum. Es war bis vier geschlossen, auch nachdem wir einen Priester, der friedlich geschlummert hatte, und mehrere Nonnen um vorzeitige Öffnung gebeten hatten. Wir vertrieben uns die Zeit mit einem netten Mittagessen und einem Bummel durch die Stadt. Zur angekündigten Stunde ließ man uns ein, und wir konnten einige großartige Artefakte und Stoffe aus dem Mittelalter sowie viele Fotografien des berühmten Codex Amiatinus bewundern.

Die Ausstellungsstücke zeigten uns, dass die Geschichte des Klosters vom Jahre 742 an dokumentiert ist. 1228 wurde es vom Orden der Zisterzienser übernommen. Karl der Große soll auf dem Weg zu seiner Krönungszeremonie in Rom in San Salvatore Rast gemacht haben. Papst Pius II., vormals Enea Silvio Piccolomini und bedeutender humanistischer Gelehrter, verbrachte die Sommermonate des Jahres 1462 in dem Kloster: Ein Denkmal unter den Kastanien vor der Kirche erinnert daran. Nicolas trug die lateinische Inschrift für uns vor. Es ist anzunehmen, dass man dem Kaiser und vor allem natürlich dem Papst den kostbaren Codex zeigte. Weil die Handschrift die wichtigste Quelle für den Text der Vulgata war (und nach wie vor ist), erlangte sie während der Gegenreformation große Bedeutung. Im 16. Jahrhundert fühlten sich die unter Druck geratenen Katholiken auch von den neuen Bibelübersetzungen der Protestanten bedroht, die von den althebräischen, aramäischen und griechischen Originalfassungen der Texte ausgingen, während sie nur die lateinischen Übersetzungen besaßen. Der Codex Amiatinus stellte aber eine scheinbar unangreifbare Antwort auf die Textfassungen der Protestanten dar, denn diese angeblich aus dem 6. Jahrhundert stammende lateinische »Bibel des heiligen Gregor« war um einiges bejahrter als jede bekannte hebräische Handschrift. Damals kam ihr vom Alter her nur eine griechische Fassung gleich, die im Vatikan lag. Der Codex Amiatinus erlangte also für die katholische Kirche im Streit darum, wer den authentischeren oder maßgeblicheren Text besaß, große Bedeutung, und er wurde für sie zu einem wichtigen Propagandamittel. 1572 bat das Generalkapitel der Zisterzienser, ihn zur Konsultation zu übersenden, was auch die Berater von Papst Gregor XIII. taten. Das Kloster weigerte sich, den Bitten nachzukommen. Schließlich wurde von Papst Sixtus V. kurzerhand verfügt, der Codex solle als Haupttextgrundlage für eine neue päpstliche Ausgabe der Bibel verwendet werden. Dem Kloster blieb keine Wahl. Das Buch wurde am 12. Juli 1587 auf den Weg nach Rom gebracht und am 19. Januar 1590 nach San Salvatore zurückbefördert. Die auf ihr basierende Sixtinische Vulgata wurde 1590 veröffentlicht und 1592 noch einmal revidiert; diese überarbeitete Ausgabe, die sogenannte Sixto-Clementina-Edition, stellte die katholische Antwort auf die Lutherbibel dar. Sie wird heute noch nachgedruckt.

Wie viele italienische Klöster, die von der modernisierenden, säkularisierenden Politik des Heiligen Römischen Reichs im späten 18. Jahrhundert betroffen waren, wurde die Abbazia San Salvatore im Juni 1782 aufgelöst. Mehrere Jahre lang wäre es jedem, der genügend Unternehmungsgeist oder kriminelle Energie besaß, möglich gewesen, den Codex Amiatinus zu stehlen. 1789 wurde Peter Leopold, Großherzog der Toskana (der spätere Kaiser Leopold II., 1747–1792), über seine Existenz unterrichtet; er habe »im Schatten und unter Staub [gelegen], unbekannt, so gut wie verschollen«. Der Großherzog befahl, den Band vom Monte Amiata nach Florenz zu bringen, wo er zuerst in einem Priesterseminar verwahrt und bald danach der Biblioteca Laurenziana übergeben wurde, wo er sich heute noch befindet. Cod. Amiat. 1 ist wahrscheinlich die berühmteste Handschrift im Besitz der Bibliothek.

Mein erstes Gesuch, den Codex sehen zu dürfen, stieß auf Ablehnung, beziehungsweise ich bekam jenen Seufzer abgrundtiefsten Bedauerns zu hören, wie ihn nur Italiener in Vollendung auszustoßen vermögen. Die Handschrift sei zu fragil, um überhaupt bewegt zu werden, ließ man mich wissen, zu kostbar, um mit Händen berührt zu werden. In Italien bedeutet »nein« aber nicht notwendigerweise eine Absage; es läutet nur die Vorrunde der Diskussion ein. Ich bin Laura Nuvoloni für ihren Rat verpflichtet und Giovanna Rao für ihre Bereitschaft, meinen inständigen Bitten Gehör zu schenken.

Vor einem halben Jahrhundert beschrieb der englische Archäologe Rupert Bruce-Mitford, was er erlebte und empfand, als er den Codex Amiatinus zum ersten Mal leibhaftig vor sich hatte:

> Nachdem man seinen Bestellschein abgegeben und beträchtliche Zeit gewartet hat, sieht man voller Ehrfurcht zwei Mitarbeiter der Bibliothek zusammen mit einem dritten, der ihnen die Türen aufhält, näherkommen. Unter ihrer Last wankend, stehen sie schließlich vor einem. Ein halbes Dutzend dicker Bücher muss auf den Tisch gelegt werden, damit die Bindung weniger strapaziert wird, wenn man die Deckel aufschlägt. Mit Bangen in der Brust zieht man die Fahrradlampe hervor, mit der man das unzureichende Licht in Michelangelos Lesesaal zu ergänzen gedacht hat, um den Buchschmuck eingehend untersuchen zu können.

Bruce-Mitford lässt einen hier Einblick in die Zustände nehmen, die in einer längst vergangenen Zeit in der Paläografie herrschten, doch lief

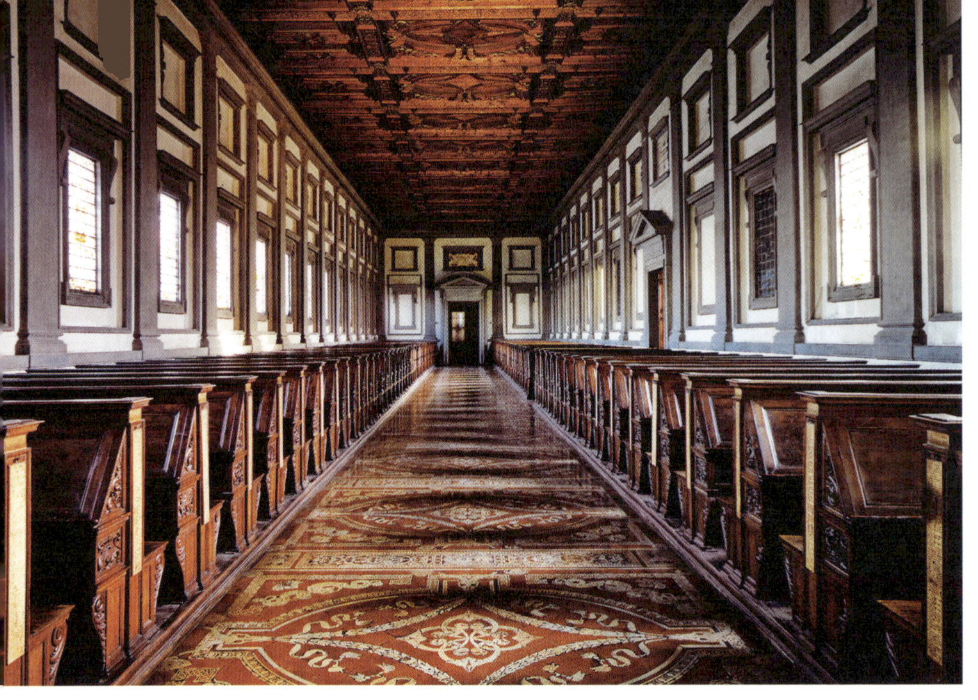

Der von Michelangelo entworfene Lesesaal der Biblioteca Medicea Laurenziana oberhalb des Kreuzgangs der Basilica di San Laurenzo in Florenz (© MiBACT).

meine erste Begegnung mit dem Codex Amiatinus nicht wesentlich anders ab.

Die Biblioteca Medicea Laurenziana gehört zu den architektonischen Prunkstücken von Florenz, einer unsagbar schönen Stadt. Sie birgt außerdem große literarische Schätze, ihr Kernstück ist die humanistische Sammlung von Büchern, die Cosimo de' Medici »il Vecchio« (1389–1464) zusammengetragen hat und die später vor allem durch Erwerbungen seines Enkels Lorenzo, genannt »il Magnifico« (1449–1492), ergänzt wurde. Nach dem Tod Lorenzos wurde die Bibliothek geplündert, die Bücher wurden in alle vier Winde verstreut, aber später von den inzwischen in Rom lebenden Mitgliedern der Familie zurückgekauft. Papst Clemens VII. (Giulio de' Medici, 1478–1534) ließ sie schließlich nach Florenz zurückschaffen. Er beauftragte keinen Geringeren als Michelangelo damit, zu ihrer Aufbewahrung einen noblen Bibliothekssaal zu entwerfen, der über dem Kreuzgang der Basilika von San Lorenzo liegen sollte, der Kirche des Geschlechts der Medici seit 1419. Der Bau wurde 1571 vollendet unter dem einer jüngeren Linie der Dynastie angehörenden Cosimo I. de' Medici (1519–1574), Großherzog der Toskana. Zu diesem Zeitpunkt umfasste die Sammlung an die dreitausend Handschriften. Die Bibliothek hatte noch etwas Privates, etwas von einer Adelsbibliothek an sich, als Peter Leopold in den 1780er-Jahren den Befehl gab, den Codex Amiatinus von den *extremis finibus* seines Großherzogtums herbeizuschaffen.

Man nähert sich dem Gebäude durch ein Tor an der südwestlichen Ecke der Piazza San Lorenzo, dem Platz vor der unverkleideten Ziegelfassade der gleichnamigen Kirche. Über dem Eingang wehen die italienische und die europäische Fahne sowie Banner, mit denen auf aktuelle Ausstellungen hingewiesen wird. Hat man die Kasse, an der die Eintrittskarten verkauft werden, passiert, gelangt man in den 1462 angelegten, von Bogengängen gesäumten Innenhof. An den Wänden stehen Monumente aus der Renaissancezeit. Die Mitte nimmt ein hübscher Garten ein. Ich bin mir sicher, dass man dort Orangenbäume sieht, doch in meinem Führer steht, es seien Granatapfelbäume. Die zur Bibliothek hinaufführende Treppe liegt direkt vor einem; sie beginnt neben dem Grab von Paolo Giovio (1483–1552), der auch ein berühmter Sammler von Handschriften war – eine Freude, ihm die Honneurs zu erweisen. An verblassten Fresken vorbei steigt man in das Obergeschoss über dem Ostflügel des Kreuzgangs hinauf. Durch die erste Tür gelangt man zu der Treppe, die in den von Michelangelo entworfenen Lesesaal hinaufführt, in dem noch die alten Lesebänke mit ihren schrägen Ablageflächen für Bücher stehen. Durch die zweite Tür, an einem großen Terrakottagefäß vorbei, betritt man das Büro der Bibliothek.

Zwei Frauen plauderten miteinander. Ich sagte, dass ich eine Verabredung getroffen hätte, um mir eine mittelalterliche Handschrift anzusehen. Ein Telefonat, Auftritt eines Jeansträgers, der wissen wollte, ob ich Italienisch spräche. Ich antwortete erst auf Englisch, dann auf Französisch, schließlich auf Deutsch. »Necnon etiam Latinam«, sagte ich am Ende hoffnungsvoll. Er zuckte die Achseln und meinte auf Italienisch, ich sei wohl wegen der *Bibbia Amiatina* gekommen – dabei hatte ich ihm noch nicht einmal gesagt, wer ich war. Erleichtert bejahte ich. Er geleitete mich durch eine Folge von Räumen mit niedriger Decke, an deren Wänden gerahmte Drucke hingen, an Spinden für die Angestellten vorbei und an Türen, die vermutlich zu Gewölben für Bücher unter dem von Michelangelo gestalteten Raum führten. Schließlich kamen wir in ein kleines Zimmer, in dem Stative standen, das also offenkundig zum Fotografieren benutzt wurde. Es gab dort auch Ablageschränke für Mikrofilme und einen Fotokopierer. Ein zweiter Mann tauchte auf. Sie deuteten auf einen Rollwagen, auf dem unter einer Decke ein unförmiger Klumpen lag. »Amiatina«, erklärten sie und wuchteten – mich an die Schilderung Bruce-Mitfords erinnernd – den Codex auf den hohen Arbeitstisch des Fotografen. Dann wollten sie sich davonmachen. Ich entdeckte nichts, womit ich das geöffnete Buch so hätte stützen können, dass es keinen Schaden nahm, und bat sie daher rasch um etwas, was ich unter den Deckel legen könnte, wenn ich ihn aufklappte. Sie kamen mit den vier Bänden von Briquets *Filigranes* zurück – nicht das erste Mal, dass dieses jahrhundertalte Nachschlagewerk zu Wasserzeichen sich als beklagenswert unzulänglich erwies. Danach ließ man mich allein, und während meines gesamten Aufenthalts in der Bibliothek blieb ich vollkommen unbeobachtet. Nur ab und zu kam jemand herein, um den Kopierer zu benutzen.

Genau wie der Monte Amiata ein großer Berg ist, ist der Codex Amiatinus ein großes Buch, ja man kann ihn als Koloss bezeichnen. Er ist nicht außergewöhnlich großformatig, viele mittelalterliche Chorbücher sind größer, aber er ist ungeheuer dick. Die Seitenhöhe beträgt ungefähr 50 Zentimeter, aber der Rücken ist – man stelle sich vor – über 20 Zentimeter breit. Die Handschrift wird von zwei Holzdeckeln umschlossen, die mit einem sehr modern aussehenden Überzug aus schlichtem hellbraunem Kalbsleder versehen sind. Am unteren Deckel sind mit gelbem Faden zwei lederne Riemen angenäht, die in modernen dreieckigen Messingösen enden. Kleine Metallstifte, die im Rand des oberen Deckels sitzen, greifen in diese Ösen und halten den Band so geschlossen. Ohne Umschweife: Das Ding sieht aus wie ein riesiger teurer italienischer Lederkoffer. Als ich den oberen Deckel aufschlug, schwebte er so weit über der Tischplatte, dass der Stapel der vier Bände Briquet nicht ausreichte, um ihn zu stützen. In dem Folianten lag ein länglicher sogenannter »Stellvertreterzettel«, auf den »Amiatino I« gestempelt war, sowie die Fotokopie eines Schreibens aus dem Jahr 2001 vom Ministerio per i beni e le attività culturali e del turismo (MiBACT), dem Kultusministerium also, mit dem konservatorische Maßnahmen einschließlich der kompletten Neubindung genehmigt wurden. Als Konservatoren wurden Sabina Magrini und Sergio Giovannoni namhaft gemacht. Wenn der Codex aufgrund seines Umfangs auch mühsam zu handhaben ist, erfüllt es einen doch mit Befriedigung, dass die beiden die Handschrift nicht aufgelöst

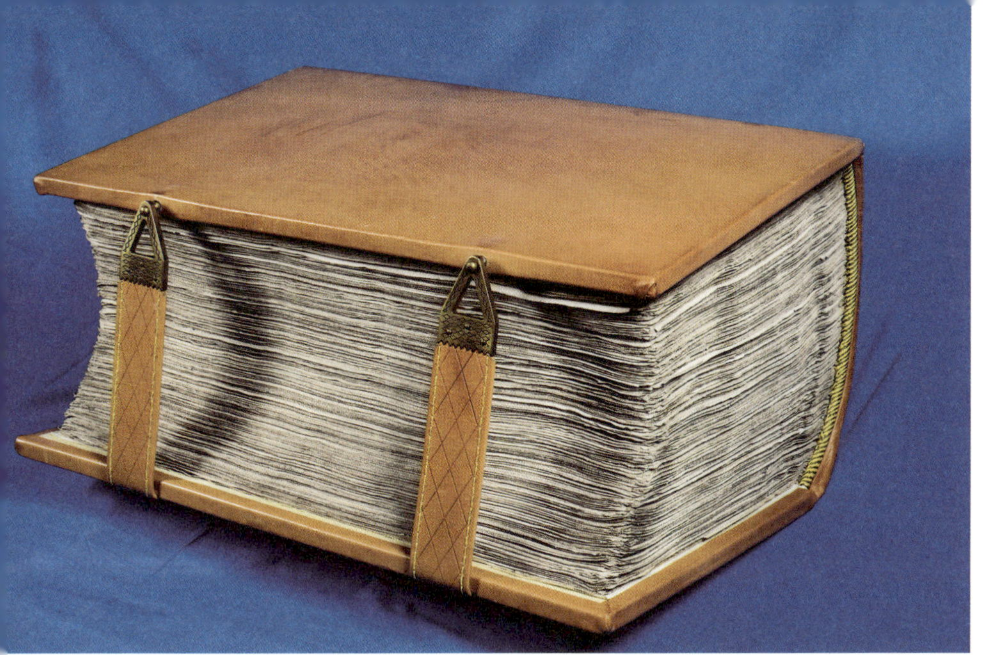

Der gewaltige Codex Amiatinus in seinem neuen Kalbsledereinband von 2001 (© MiBACT).

und willkürlich in mehreren Bänden gebunden haben, wie es beispielsweise mit dem Book of Kells (Kapitel Drei) oder dem Morgan-Beatus (Kapitel Fünf) geschah, um den Bibliothekaren den Umgang zu erleichtern. Man hat nach wie vor den gewaltigen Pandekt vor sich, der Beda und den Verfasser der *Vita Ceolfridi* so beeindruckte. Spuren von Rost an den Rändern der Vorsatzblätter deuten darauf hin, dass die Deckel einmal mit Metallbeschlägen versehen waren.

Aus reinem Interesse versuchte ich den Band hochzuheben. Ich schaffte es, indem ich beide Hände und Arme benutzte, aber nur in geschlossenem Zustand. Offen ließe er sich unmöglich halten, ohne dass er in der Mitte unkontrollierbar durchsackte. Bruce-Mitford wog den Codex und kam auf ungefähr 35 Kilogramm. Mit Einband, Beschlägen und dem Behältnis, in das er für den Transport gelegt wurde, muss er seiner Schätzung nach rund 41 Kilogramm gewogen haben oder – in seinen unvergesslichen Worten – so viel wie eine ausgewachsene weibliche Dänische

NACHFOLGENDE DOPPELSEITE: Die Widmungsinschrift des Codex Amiatinus mit den abgeänderten Namen und die Darstellung des Propheten Esra in seiner Schreibstube auf der Seite gegenüber (© MiBACT).

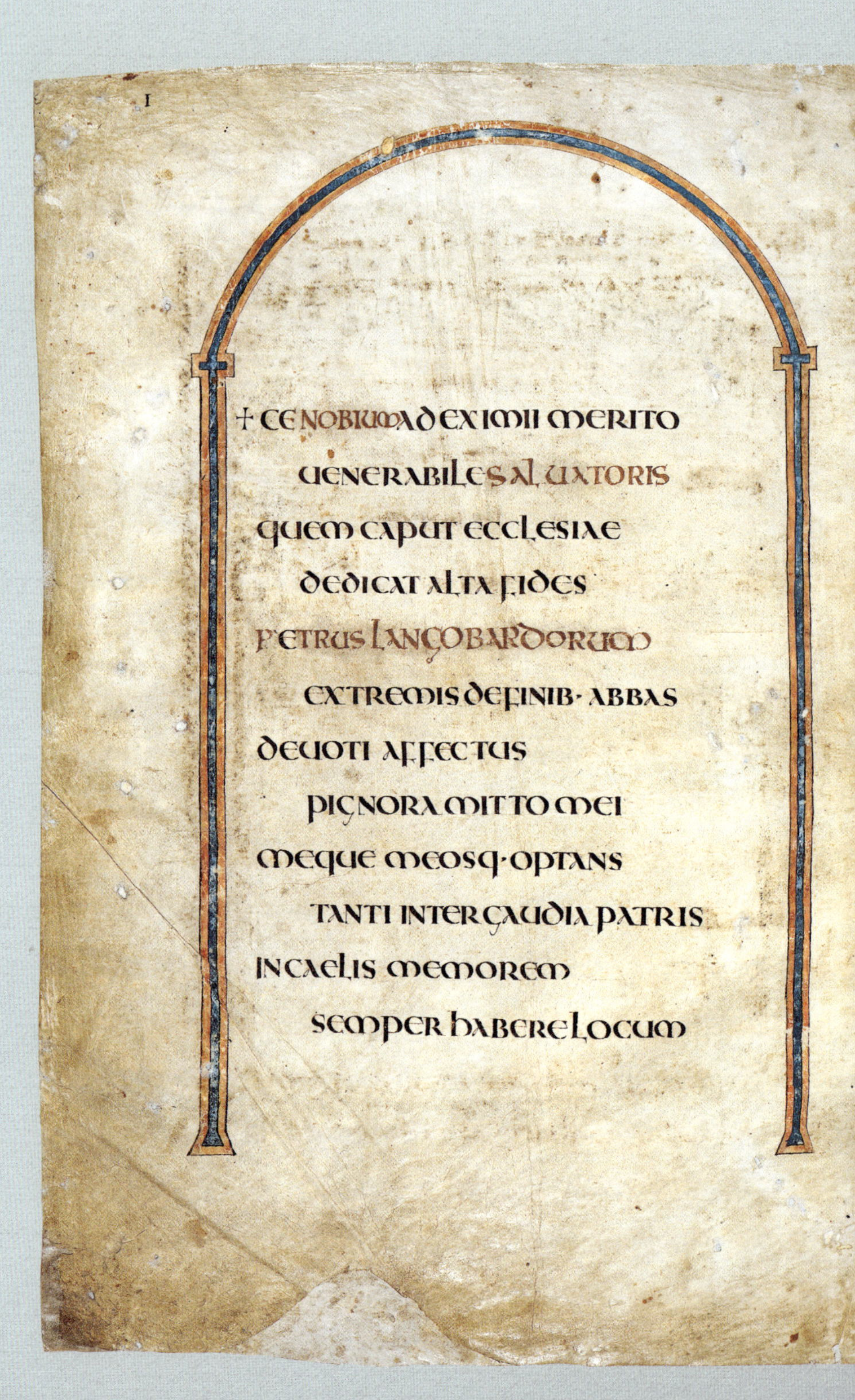

I

+ CENOBIUM AD EXIMII MERITO
UENERABILE SALUATORIS
QUEM CAPUT ECCLESIAE
DEDICAT ALTA FIDES
PETRUS LANGOBARDORUM
EXTREMIS DE FINIB· ABBAS
DEUOTI AFFECTUS
PIGNORA MITTO MEI
MEQUE MEOSQ· OPTANS
TANTI INTER GAUDIA PATRIS
IN CAELIS MEMOREM
SEMPER HABERE LOCUM

CODICIBVS SACRIS HOSTILI CLADE PERVSTIS
ESDRA DŌ FERVENS HOC REPARAVIT OPVS

Dogge. Man könnte auch sagen, dass ein zwölf bis dreizehn Jahre alter Knabe ungefähr dieses Gewicht auf die Waage bringt.

Die ersten acht Blätter, die wir gleich eingehend untersuchen werden, sind geringfügig kleiner als die restlichen und üppig verziert. Auf der Rückseite des ersten Blattes findet sich innerhalb eines Rahmens in Form eines Bogens die erwähnte für uns so wertvolle Widmungsinschrift. Die Ersetzung der ursprünglichen Namen durch andere ist deutlich erkennbar, da die neu eingetragenen mit viel bräunlicherer Tinte und nicht so sauber ausgeführt sind. Auf der gegenüberliegenden Seite befindet sich das berühmte Porträt Esras, das älteste englische Gemälde, das sich mit Gewissheit datieren lässt – in diesem Fall: nicht nach 716. In Florenz trifft man auf Schritt und Tritt auf Kunstwerke, die einem von Abbildungen her wohlbekannt sind, doch erfüllt es immer noch mit einem gewissen Schauer, sieht man sie im Original vor sich. Was mir im Fall des Esra-Porträts sofort ins Auge sprang, war die außerordentliche Leuchtkraft des Goldes seines Heiligenscheins, auf der Wand hinter seinem Bücherschrank, an den Seiten und auf der Sitzfläche seines Schemels und in den vier kleinen Quadraten in den Ecken des Rahmens. Von Reproduktionen wusste ich, dass der Künstler Gold verwendet hatte (charakteristisch eher für griechische als lateinische Handschriften), aber das lebhafte Funkeln überraschte mich. Es sollte generell nicht überraschen, in einer Handschrift englischer Provenienz Gold zu finden, da diese fast zur gleichen Zeit wie der glitzernde angelsächsische Schmuck entstand, den man im Bootsgrab von Sutton Hoo fand, und Artefakte aus dem wertvollen Metall auch einen großen Teil des sogenannten Schatzes von Staffordshire ausmachen.

In auffallendem Kontrast zu dieser prachtvollen und farbenfrohen Eröffnung besteht der Rest der so umfangreichen, mehr als 1040 Blätter starken Handschrift zum allergrößten Teil aus anmutig ausgeführten, aber ansonsten nüchtern-schlichten Textseiten. Dieser Text ist in zwei Kolumnen pro Seite gegliedert und ohne nennenswerte Verzierungen niedergeschrieben. Auf den ersten Blick beeindruckte mich die bemerkenswerte Frische des Erhaltungszustands. Die meisten frühen Manuskripte weisen Gebrauchsspuren auf, die zu den verschiedensten Zeiten in ihnen hinterlassen wurden. Man findet Randbemerkungen, Notizen von Leserhand und andere Anzeichen dafür, dass die Texte über Jahrhunderte hinweg zur Konsultation und zum Nachschlagen herangezogen wurden. Abgesehen von ein paar Anmerkungen und liturgischen Markierungen, die vermutlich schon im Skriptorium von Jarrow in Northumbria angebracht wurden, weist die Handschrift kaum irgendwelche Gebrauchsspuren auf. Als wäre sie eingewickelt und nie aus dieser Hülle herausgenommen worden. Vielleicht geschah tatsächlich genau das mit ihr. Es kann sein, dass sie für die Mönche von San Salvatore eher den Status einer Reliquie des heiligen Gregor besaß als den eines Buches, das irgendwelchen praktischen Zwecken diente. Die Psalmen sind in einer aus späterer Zeit als dem Mittelalter stammenden Handschrift durchnummeriert. Außerdem findet sich, entsprechend der modernen Einteilung, eine unauffällige Kapitelnummerierung, die, wie ich ohne Weiteres für denkbar halte, aus der Zeit herrührt, als der Band sich von 1587 bis 1590 in der römischen Schreibstube der Bearbeiter der Vulgata befand. Es ist eine traurige Wahrheit, dass fast immer, wenn man widerstrebend ein geschätztes Objekt verleiht, es nicht im ursprünglichen Zustand zurückkommt.

Die Handschrift setzt sich zum größten Teil aus Lagen von acht Blättern zusammen.* Gelehrte, die sich mit dem Codex beschäftigten, stellten einmal Spekulationen an, dass die exotische einleitende Lage aus einem anderen Manuskript – vielleicht italienischen Ursprungs – herausgetrennt und hier eingefügt worden sein könnte, da sie dem Rest der Handschrift oder einer anderen bekannten Bibel aus dem Mittelalter so überhaupt nicht ähnelt. Zwei der Blätter wurden purpurn gefärbt und eines gelb: eine ausschließlich in der Antike übliche Praxis. In der For-

* Hier die genaue Lagenstruktur: i^{8} [ein Doppelblatt + 4 + 2 Einzelblätter], ii–xxi^{8}, xxii^{4+1} [folio 173 ist ein Einzelblatt], xxiii–xxiv^{8}, xxv^{4}, xxvi–xlvii^{8}, xlviii^{8+1} [folio 378 ist ein Einzelblatt], xlix–lxviii^{4+1} [folio 535 ist ein Einzelblatt], lxix–lxxxix^{8}, xc^{4+1} [folio 708 ist ein Einzelblatt], xci–cxviii^{8}, cxix–cxx^{8+1} [folios 941 und 950 sind Einzelblätter], cxxi–cxxx^{8}. Die Handschrift weist Lagennummern in römischen Ziffern in den unteren Innenecken der meisten Schlussblätter der Lagen auf, denen manchmal ein »Q« (für »quaternio«) vorausgeht. Eine Komplikation entsteht dadurch, dass die erste Lage (folios 1–8, alle vorausgehenden Blätter) keine Nummerierung aufweist und der Schreiber die Nummer »XXIV« aus Nachlässigkeit wiederholt hat; diese Nummer steht auf dem Schlussblatt der Lage, die in Wirklichkeit die 25. darstellt (folio 193v) und ebenso am Ende der 26. Lage (folio 201v). Bei der Lage, die der Schreiber als 128. bezeichnet hätte, handelt es sich also in Wirklichkeit um die 130.

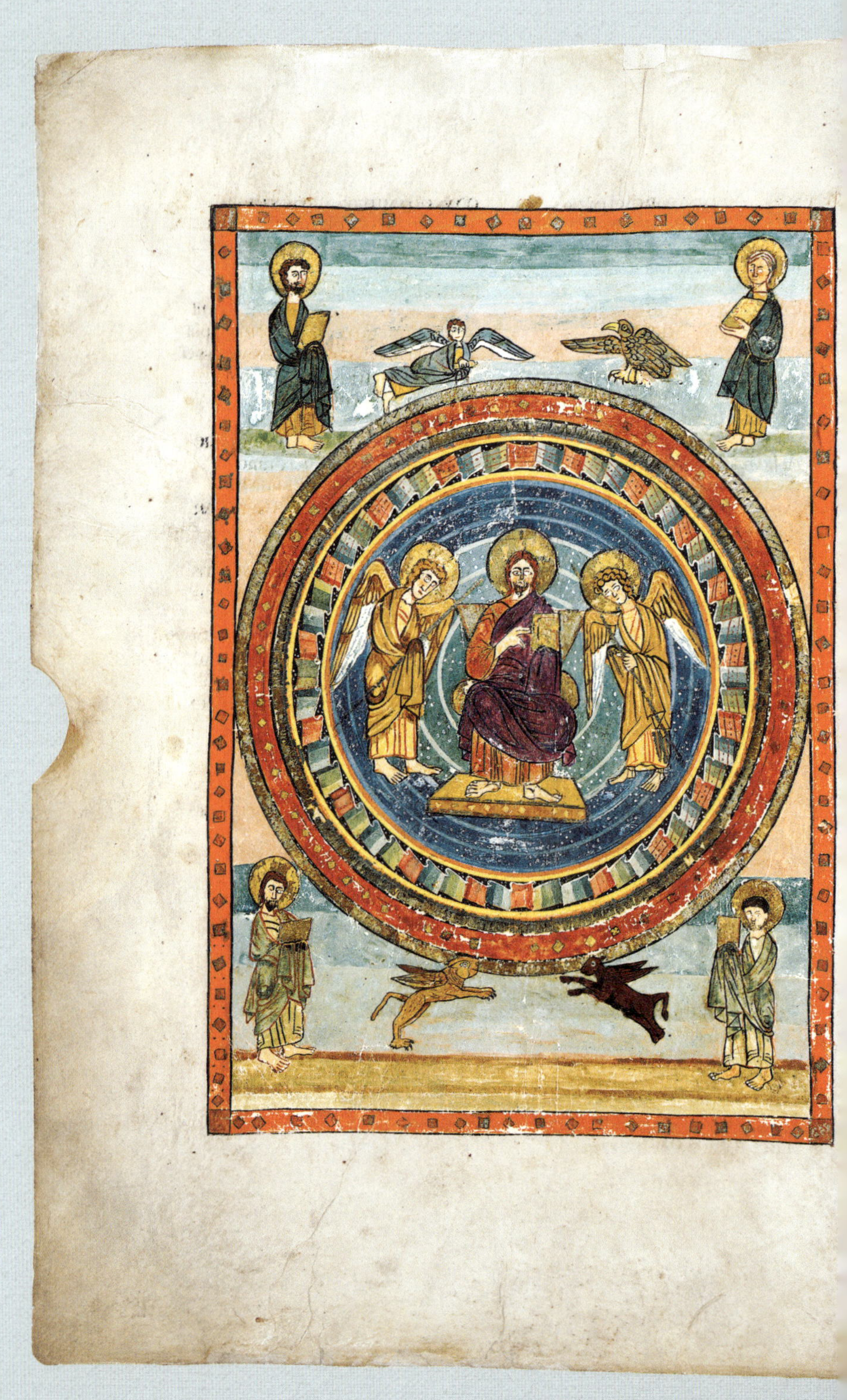

schung herrscht mittlerweile aber die einhellige Ansicht, dass diese Seiten integraler, wenn auch sehr ungewöhnlicher Bestandteil des Codex sind, das heißt von denselben englischen Schreibern und Buchmalern angefertigt wurden wie der Rest. Für die Illuminationen wurden dieselben Pigmente verwendet wie für die Majestas Domini, die Darstellung Christi in seiner Herrlichkeit, auf folio 796v, die, wie die Lagenstruktur zeigt, fraglos einen Originalbestandteil des Bandes bildet.

Die Existenz dieser einleitenden Seiten führt uns wieder zu jener Stelle in dem anonymen Bericht zurück, wo es heißt, dass Biscop und Ceolfrid 679 bei ihrem Besuch in Italien in den Besitz einer »riesigen Menge« von Büchern gelangten. Hier kommt eine Büchersammlung ins Spiel, die von Cassiodor (ca. 485–580) zusammengetragen wurde, einem Senator des spätantiken Römischen Reichs, Philosophen und sehr produktiven Autor, der zum Christentum übergetreten war und eine herausragende Gestalt in der Geschichte der Bibelforschung darstellt. Nach seinem Ausscheiden aus dem aktiven Berufsleben hatte er in Kalabrien ein von ihm, unter Anspielung auf die Fischteiche auf seinem Landgut, Vivarium genanntes Kloster gegründet, dessen Mönche sich Forschungen auf verschiedenen Gebieten widmeten. Dieser »Forschungsgemeinschaft« übereignete er auch seine persönliche Bibliothek. In seinen *Institutiones divinarum et saecularum litterarum*, einer Anleitung zum Erwerb religiösen wie profanen Wissens, legte Cassiodor nicht nur seine Methodik zur Gliederung und Exegese der Bibel dar, sondern schilderte auch in allen Einzelheiten, wie er Teile aus seinem einzigartigen Fundus an Ausgaben der Bibel in einige seiner eigenen Manuskripte inkorporieren ließ. Seine Beschreibung entspricht genau dem, was wir am Anfang des Codex Amiatinus vor uns haben, so dass der Schluss unausweichlich scheint, es handle sich bei diesen Seiten um direkte Kopien. Daher müssen unter der »riesigen Menge von Büchern«, die von den beiden Engländern in Rom sichergestellt worden war, auch einige Handschriften Cassiodors aus dem Kloster Viviarum gewesen sein. Diese Werke müssten dann rund

LINKS: Christus in seiner Herrlichkeit, umgeben von den vier Evangelisten mit ihren Symbolgestalten. Ganzseitige Illustration, die im Codex Amiatinus dem Beginn des Neuen Testaments vorausgeht. Die Einbuchtung am linken Rand des Pergamentbogens rührte vom Halsansatz des Tieres her (© MiBACT).

hundert Jahre nach dessen Tod wieder »auf den Markt« gelangt sein. Wie es so häufig mit kleinen und nicht so gut bestückten Bibliotheken geschieht, hatte auch die von Vivarium den Tod ihres Gründers nicht lange überlebt. Ihr Bestand war offensichtlich zerstreut, das heißt, die Bücher waren verkauft worden. Falls zumindest einige davon von Ceolfrid erworben wurden, könnten sie den Schreibern in Wearmouth-Jarrow als Vorlagen gedient haben. Beda, dessen klassisches Wissen so erstaunlich breit gefächert war, hatte vielleicht das Glück, auf Werke zugreifen zu können, die einst zu einer der exquisitesten privaten Büchersammlungen der römischen Spätantike gehört hatten. Vielleicht war ihm nicht einmal bewusst, dass die aus Rom nach Jarrow gelangten Handschriften einst im Besitz von keinem Geringeren als dem großen Cassiodor gewesen waren.

In seinen *Institutiones* spricht dieser von einem großen Pandekt in seinem Besitz, einer lateinischen Übersetzung der Bibel in einem Band, den er seinen *Codex Grandior* nennt, also »die größere Handschrift«. Der Text des Alten Testaments sei der ersten Überarbeitung der griechischen Bibel durch den heiligen Hieronymus und nicht der aus dem Hebräischen neuübersetzten späteren Vulgata-Fassung entnommen. Anscheinend umfasste diese Handschrift 380 Blätter. In Anbetracht der extremen Seltenheit von vollständigen Ausgaben der Bibel auf Latein liegt die Vermutung nahe, dass es sich bei dieser Handschrift um genau jenen Pandekt in einer »alten« Übersetzung handelt, der von Ceolfrid aus Italien mitgebracht worden war. Cassiodor gibt an, in seinen *Codex Grandior* eine Darstellung des Grundrisses des Tempels in Jerusalem eingefügt zu haben, die er nach der Beschreibung im 2. Buch Mose, 25–27 angefertigt hatte. Genau ein solcher Plan begegnet im einleitenden Teil des Codex Amiatinus auf einer Doppelseite (folio 6v–7r). Er zeigt den Inneren Tempel, die Stiftshütte oder das »Zelt der göttlichen Offenbarung«. In seiner Mitte befindet sich das Sanctum Sanctorum mit der Bundeslade. Weiter berichtete Cassiodor – dies steht alles in Buch I, Kapitel 14 der *Institutiones* –, dass er auch Diagramme aufgenommen habe, die die verschiedenen Verfahren oder Systeme zur Unterteilung der Bibel nach Hilarius, Hieronymus und Augustinus verdeutlichten. Und genau solche Darstellungen finden wir auf folio 3r, 4r und 8r des *Codex Amiatinus*.

Auf der berühmtesten und außergewöhnlichsten Seite der ersten Lage ist das schon erwähnte sogenannte Esra-Porträt überliefert, das jetzt an die Stelle eines Frontispizes gerückt ist. Dargestellt ist – nahezu im Profil – ein Mann mit Heiligenschein, der in jüdische Priestergewänder gekleidet ist. Er sitzt mit angewinkelten Beinen auf einem Schemel mit einem halb geöffneten Buch auf dem Schoß. Seine Füße ruhen auf einem niedrigen Bänkchen. Um ihn herum sind die verschiedenen Gegenstände zu sehen, die ein Schreiber zur Ausübung seines Berufs benötigt – Stilus (Griffel), Stechzirkel, Feder, Tintenfass und, auf einem eigenen Tisch, eine Schale, die vermutlich Farbpigmente enthält. Hinter ihm steht ein Bücherschrank mit geöffneten Türen, die den Blick auf fünf schräg eingesetzte, das heißt nach vorne abfallende Regalbretter freigeben, auf denen neun Bücher in verzierten dunkelroten Einbänden liegen. Ein ganz ähnlicher Bücherschrank, in dem die vier Evangelien auf Regalböden liegen, ist auf einem Mosaik im Mausoleum der Galla Placidia in Ravenna zu sehen, das den heiligen Laurentius zeigt. Es entstand in der zweiten Hälfte des 5. Jahrhunderts, also annähernd zu Cassiodors Lebzeiten. Die Möbelstücke auf dem Esra-Porträt machen einen ausgesprochen verfeinerten Eindruck; das gilt auch für die geschnitzte Zierleiste um den Schrank. Man erkennt überdies einen Ansatz zu perspektivischer Darstellung. Das Tintenfass wirft einen Schatten auf den Boden – bemerkenswert allein schon deswegen, weil es immer wieder heißt, Schatten kämen in der bildenden Kunst Europas bis zum 15. Jahrhundert nicht vor. Allein schon als im England des späten 7. Jahrhundert angefertigte Darstellung eines Schreibers ist diese Abbildung von Interesse. Auffallend ist, dass er nicht an einem Schreibpult sitzt oder steht, sondern etwas in ein auf seinem Schoß ruhendes Buch einträgt – wie Schreiber es heute noch in Äthiopien tun. Als ich mir dies in der Biblioteca Laurenziana notierte und darüber nachdachte, wie sehr sich diese Darstellung eines Skriptoriums von anderen unterschied, die wir aus mittelalterlichen Handschriften kennen, wurde mir bewusst, dass ich meine Notizen in eine Schreibkladde eintrug, die ich auf dem Schoß hielt. Der *Codex Amiatinus* beanspruchte den ganzen Tisch für sich und ließ mir keinen Platz, um ein Heft daraufzulegen. Einen Augenblick lang hätte der Schreiber,

NACHFOLGENDE DOPPELSEITE: Grundriss des Jerusalemer Tempels im Codex Amiatinus, jenem ähnelnd, der einer Beschreibung Cassiodors zufolge von ihm in seinen *Codex Grandior* eingefügt wurde (© MiBACT).

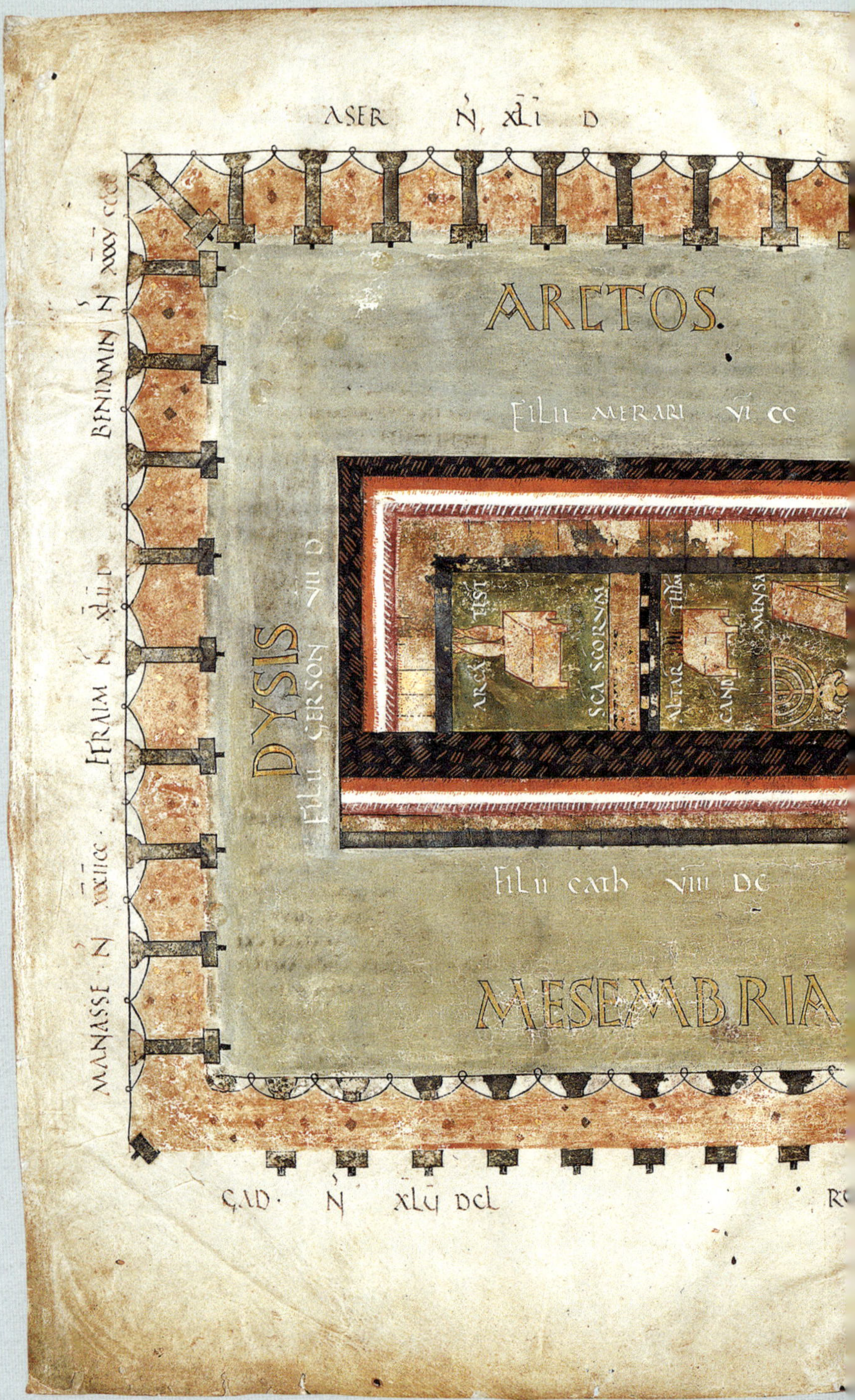

ASER N XLI D

BENIAMIN N XXXV CCCC

ARETOS.

FILII MERARI VI CC

DYSIS

FILII GERSON VII D

ARCA TEST

SCA SCORUM

ALTAR THYM

CAND

MENSA

EFRAIM N XL D

MANASSE N XXXII CC

FILII CATH VIII DC

MESEMBRIA

GAD N XLV DCL

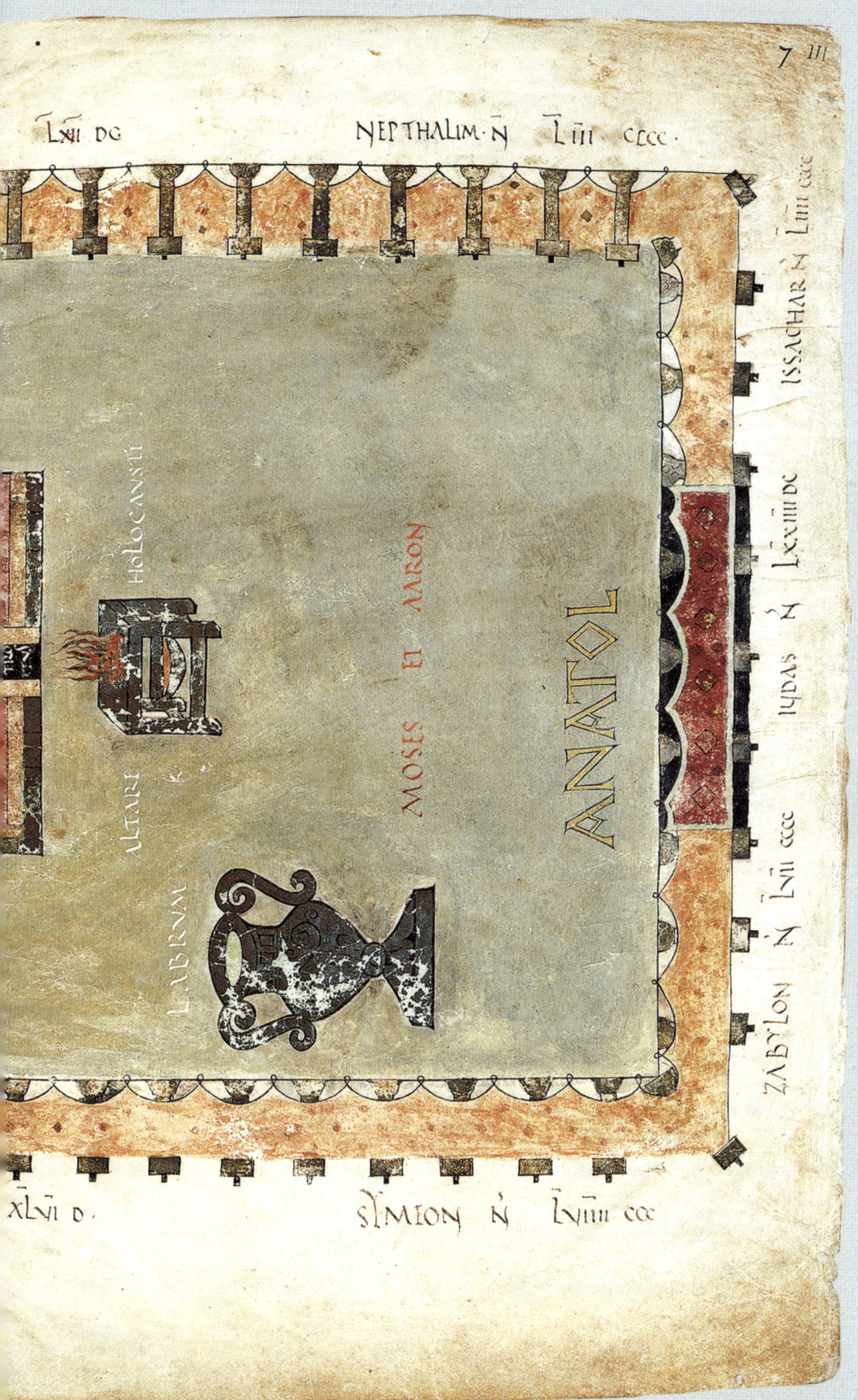

LXII DC
NEPTHALIM · N LIIII CCCC ·
ISSACHAR N LIIII CCCC
IUDAS N LXXIIII DC
ZABULON N LVII CCCC
HOLOCAUSTI
ALTARE
LABRUM
MOSES ET AARON
ANATOL
XLVI D ·
SYMION N LVIIII CCC

der in seine Arbeit vertieft vor einem Bücherschrank hockt, ich selbst sein können, inmitten der Mikrofilmschränke und der reprografischen Geräte der Laurenziana.

Es ist eine merkwürdige Darstellung, insofern sie anscheinend eher einen Autor zeigt, der einen neuen Text verfasst, als einen Schreiber, der einen existierenden kopiert. Die von ihm schon zu Papier, vielmehr zu Pergament gebrachten Wörter sind durch einzelne kleine Krakel angedeutet. Von einigen werden diese Krakel auch als tironische Noten gedeutet, Notizen in einer schon in der Antike entwickelten Kurzschrift, doch handelt es sich mit ziemlicher Sicherheit um die künstlerische Darstellung von »Text« an sich. Am oberen Rand der Seite, über dem um das Bild herumlaufenden Rahmen, findet sich in der *capitalis rustica* genannten Schrift ein Zweizeiler: »Codicibus sacris hostili clade perustis / Esdra deo fervens hoc reparavit opus«, was so viel bedeutet wie: »Da die heiligen Bücher durch feindliche Widrigkeiten zerstört waren, / stellte der Gott ergebene Esra dieses Werk wieder her.« Das ist eine Anspielung auf einen Vorfall gegen Ende der Babylonischen Gefangenschaft der Juden um 457 vor Christus, als der Priester und Schriftgelehrte Esra nach Jerusalem zurückgesandt wurde und feststellte, dass die hebräischen heiligen Schriften in Vergessenheit geraten und verloren gegangen waren. Von Gott angeleitet, rekonstruierte er sie aus dem Gedächtnis. Diese Überschrift im Verein mit seinem alttestamentarisch wirkenden Priestergewand ermöglicht überhaupt erst die Identifikation des Abgebildeten als Esra.

Vorangestellte Autorenporträts sind vermutlich seit dem klassischen Altertum in griechischen Texten üblich gewesen. Wir haben uns schon dem Lukas-Porträt im Augustinus-Evangeliar gewidmet. Esra war nicht im engsten Sinn ein Autor. Seine Leistung bestand genau genommen darin, Texte, die zum ersten Teil des Alten Testaments gehören – natürlich nicht die Gesamtheit der Bibel, die zum größten Teil erst lange nach seinen Lebzeiten entstand –, zu bewahren und zu erhalten. In gewisser Weise eignet sich daher seine Darstellung besser als Frontispiz für einen Pandekt der gesamten Vulgata als ein Porträt des heiligen Hieronymus beim Schreiben, wie es viele spätere mittelalterliche Bibeln einleitet. Diese Abbildung ist in einem so unverkennbar mediterranen Stil gehalten, dass sie aus dem von Italien nach England importierten Pandekt abkopiert worden sein muss. Vermutlich befand sie sich ebenfalls im

Codex Grandior, wenn auch Cassiodor nicht erwähnt, dass dieser eine Abbildung mit diesem Sujet enthielt. Man nimmt allgemein an, dass es sich in Wirklichkeit um ein – falsch gedeutetes und entsprechend auch falsch beschriftetes – Porträt von Cassiodor selbst handelt, der sich wie Hieronymus (und Esra und Ceolfrid) hingebungsvoll dem Bewahren der biblischen Texte und ihrer Verbreitung nach einer Zeit des Chaos widmete. Cassiodor erlebte die Plünderung Roms durch die Ostgoten im Jahr 546, und die von ihm gegründete Gemeinschaft war in ihrem kleinen christlichen Reservat in Kalabrien darum bemüht, die heiligen Schriften in einer stürmischen Periode der Barbarei und der Apostasie davor zu schützen, dem Vergessen anheimzufallen und verlorenzugehen. In seinen *Institutiones* beschreibt Cassiodor nicht nur den *Codex Grandior*, sondern auch ein Werk, das er die »novem codices« nennt. Damit meint er eine Abschrift des Texts der Bibel, die er anfertigen und in neun Bände unterteilen ließ. Auf den Regalböden im Rücken Esras auf der Abbildung sind genau neun Bücher zu sehen. Die Rücken dieser Bände sind beschriftet, was man auf einer Reproduktion kaum erkennen kann, doch wenn man das Original so dreht, dass das Licht schräg darauffällt, dann werden diese Aufschriften sichtbar, weil die Buchstaben sich schimmernd von dem matten Untergrund abheben. Sie lauten Oktateuch, Könige und Chroniken mit Hiob, acht Bücher Geschichte, Psalmen, die Bücher Salomonis, Propheten, Evangelien, Episteln sowie Apostelgeschichte und Offenbarung. Allenfalls die Bücher auf dem obersten Brett könnten unter denen gewesen sein, die der historische Esra rekonstruiert hat, doch alle neun befanden sich in der Bibliothek des Vivariums. Alles würde mehr Sinn ergeben, wenn das Vorbild, nach dem diese Abbildung angefertigt wurde, ein Porträt Cassiodors gewesen wäre. Es lässt sich darüber diskutieren, ob Cassiodor eine Darstellung seiner eigenen Person in Auftrag gegeben hätte, doch nach seinem Tod hätten seine Bibliothekare und Nachfolger sehr wohl den Wunsch verspüren können, solch ein an ein Heiligenbild erinnerndes Frontispiz in den von ihrem Herrn und Meister so geschätzten *Codex Grandior* einzufügen.

Die Verwendung eines Schreibers zur Darstellung unterschiedlicher Personen – Esra und (vermutlich) Cassiodor – wird durch einen bemerkenswerten Beleg für Bildtransfer fortgesetzt, auf den man weiter im Norden an der Küste Northumbrias stößt. Im späten 7. oder der ersten Hälfte des 8. Jahrhunderts wurde dort das Porträt erneut getreulich ko-

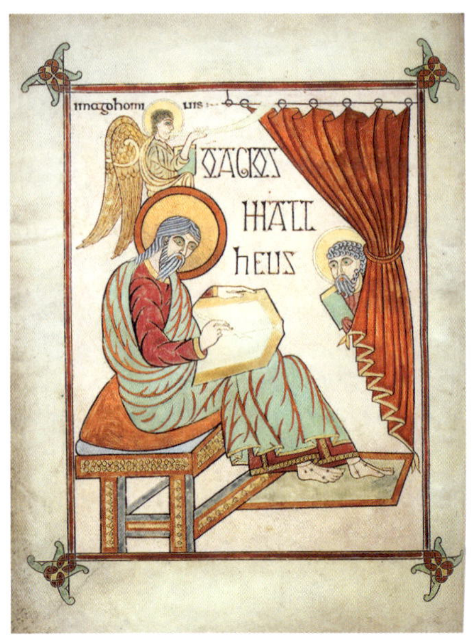

Der heilige Matthäus im Lindisfarne-Evangeliar aus dem späten 7. oder frühen 8. Jahrhundert. Für diese Miniatur diente dieselbe Abbildung als Vorlage wie für die Darstellung Esras im Codex Amiatinus.

piert, doch dieses Mal wandelte sich der Abgebildete in den Evangelisten Matthäus, und seine Darstellung diente als Frontispiz für das berühmte Lindisfarne-Evangeliar, das heute in der British Library liegt. Wieder dient die Gestalt Esras dazu, den Verfasser des Evangeliums ins Bild zu setzen, die Haltung der Person wird genau kopiert – sie hält ein halb geöffnetes Buch auf dem Schoß, trägt Sandalen, und es gibt einen Schemel als Sitz für den Schreibenden.

Wenden wir uns vom Schreiber dem Geschriebenen zu. Für den Text des Codex Amiatinus wurde eine Unzialschrift verwendet, die grundlegende *scriptura romana*. Er ist – wie in dem aus Rom stammenden Augustinus-Evangeliar – auf zwei Kolumnen verteilt. Jede Kolumne ist *per cola et commata* strukturiert, es gibt also lange und kurze Zeilen, zur Erleichterung des Vorlesens. Die Unziale ähnelt in keiner Weise den auf heimischem Boden entstandenen Majuskeln und Minuskeln irischer Bücher, jener Schriftart, die bei Fachwissenschaftlern als »insularer Stil« bekannt und für den gesamten keltischen Kulturbereich auf den Britischen Inseln kennzeichnend ist. Dieses Abweichen vom insularen Stil liefert einen weiteren Beleg dafür, dass die Gemeinden von Jarrow und Wearmouth sich von Irland distanzierten und ganz bewusst römische Schreibverfahren imitierten. Möglich ist aber auch, dass Benedict Biscop und Ceolfrid ausgebildete Schreiber aus Italien mit zurückbrachten, die den Einheimischen die Unzialschrift beibringen sollten. Auf folio 86v des Codex Amiatinus in dem einleitenden Material zum 3. Buch Mose finden sich, von ungelenker Hand geschrieben, einige Wörter in Griechisch, mit denen – anscheinend – behauptet wird, ein gewisser Lord Servandos habe das Buch angefertigt. Das klingt nicht im Entferntesten wie ein angelsächsischer Name, und dieser Satz muss von jemandem, der die lateinische, nicht aber die griechische Sprache beherrschte, ohne dass er ihn verstand, aus der Vorlage kopiert worden sein. Obwohl die Schreiber sich bei ihrer Arbeit eng an italienische Vorbilder hielten, waren sie zweifelsohne Engländer; das verraten unter anderem auf den Britischen Inseln gebräuchliche Kürzel und andere Besonderheiten, die man nur in Unzialhandschriften findet, von denen wir mit Sicherheit wissen, dass sie in einem Skriptorium in Northumbria entstanden.

Oft heißt es, dass schon die verwendete Schrift etwas über die völlige unterschiedliche kulturelle Ausrichtung von Wearmouth-Jarrow und Lindisfarne aussagt. In den beiden Klöstern an der Küste Northumbrias orientierte man sich an Rom, in dem von Iren gegründeten Kloster auf der nur 70 Kilometer weiter nördlich gelegenen Insel gleichen Namens wurden Handschriften jedoch routinemäßig in der so anders aussehenden Insularschrift kopiert. In Wirklichkeit aber – und das sagt einem schon der gesunde Menschenverstand – unterstützten und beeinflussten sich diese christlichen Außenposten gegenseitig. Trotz der durchgehenden Verwendung der *scriptura romana* weist der Codex Amiatinus in den einleitenden Wörtern einiger Texte typisch »insulare« Eigentümlichkeiten auf: Sie sind in der sogenannten »Diminuendo«-Manier geschrieben, das heißt, dass die Größe der Buchstaben kontinuierlich abnimmt. Ein Beispiel dafür bietet gleich der Anfang des Buches Genesis, dessen erste Worte »In principio« (»Am Anfang«) lauten (folio 11r). Das »I« ragt regelrecht in die Höhe, es hat die siebenfache Größe normaler Buchstaben, das »n« ist schon nicht mehr ganz so groß, das »p« noch etwas kleiner, und so geht es weiter, bis am Ende von »principio« die Buchstaben wieder Normalgröße erreichen und sich ein fließender Übergang in den folgenden Text ergibt. Ein solches Spiel mit den Dimensionen ist typisch für irische Texte; im Book of Kells gibt es extreme Beispiele dafür Die Schreiber, die den Codex Amiatinus anfertigten, müssen dieses Diminuendo-Verfahren in Lindisfarne kennengelernt haben. Wie wir sahen, gestalteten die Mönche von Lindisfarne dafür den heiligen Matthäus nach dem Vorbild, das ihnen der *Codex Grandior* lieferte, der sich in Jarrow befand, und in ihrem wunderschönen »Saint Cuthbert Gospel« aus dem frühen 8. Jahrhundert verwendeten sie winzige Unzialen. Dieses Evangeliar, das sich heute in der British Library befindet, ist so anmutig und schwerelos, wie der Codex Amiatinus plump und klobig ist. Es wurde anscheinend schon zu einem frühen Zeitpunkt in den Sarkophag in der Klosterkirche von Lindisfarne gelegt, in dem die Gebeine Cuthberts seit 698 ruhten.

Eine gewisse Vorstellung von der Größe des Skriptoriums und davon, wie straff die Arbeit in ihm organisiert war, vermittelt die Tatsache, dass wohl nicht weniger als sieben, vielleicht sogar bis zu neun verschiedene Schreiber am Codex Amiatinus gearbeitet haben. Einige von ihnen hatten eine größere Schrift als andere, und solche Unterschiede fallen besonders an den Zäsuren zwischen einzelnen biblischen Büchern ins Auge. Ganz eindeutig wurden den einzelnen Mönchen bestimmte Texteinheiten zur Abschrift zugeteilt. Einige Lagen setzten sich aus einer ungewöhnlichen Anzahl von Blättern zusammen; und solche Lagen enthalten in allen Fällen die Schlusspartien eines Buches: Lage xlviii (9 Blätter, Ende von Chroniken, folio 378v), Lage lxviii (5 Blätter, Ende von Jesaja, folio 535v) und Lage xc (5 Blätter, Ende von Tobit, folio 708v). In jedem dieser Fälle lässt sich im Anschluss auch ein Wechsel der Handschrift feststellen, somit des Schreibers. Eine Lage, die sich aus einer ungeraden Zahl von Blättern zusammensetzt, kann eigentlich nur dann nötig werden, wenn die Niederschrift des sich anschließenden Texts schon in Angriff genommen worden war. Das zeigt, dass mehrere Schreiber gleichzeitig an der Arbeit waren.

Für Pergamentbögen von der Größe und der Anzahl, wie sie für ganze Pandekten nötig waren, waren die Häute von vielen Tieren erforderlich. Aus einer jeden von ihnen ließ sich nicht mehr als ein einziges Paar Blätter gewinnen. Für die 1030 Blätter des Codex Amiatinus muss man die Häute von 515 Kälbern oder Jungrindern verwendet haben. Diese Zahl ist mit drei zu multiplizieren, um auf die Gesamtzahl der Tiere zu kommen, die ihr Leben für die drei von Ceolfrid in Auftrag gegebenen Bibeln lie-

RECHTS: Der Anfang vom 1. Buch Mose im Codex Amiatinus. Die graduelle Verkleinerung der Buchstaben in den einleitenden Worten war eine typisch insulare Praxis (© MiBACT).

IN PRINCIPIO CREAUIT DS
CAELUM ET TERRAM
TERRA AUTEM ERAT INANIS ET UACUA
ET TENEBRAE ERANT SUPER
FACIEM ABYSSI
ET SPS DI FEREBATUR SUPER AQUAS
DIXITQUE DS FIAT LUX ET FACTA EST LUX
ET UIDIT DS LUCEM QUOD ESSET BONA
ET DIUISIT LUCEM AC TENEBRAS
APPELLAUITQUE LUCEM DIEM
ET TENEBRAS NOCTEM
FACTUMQUE EST UESPERE
ET MANE DIES UNUS
DIXIT QUOQUE DS
FIAT FIRMAMENTUM IN MEDIO AQUARUM
ET DIUIDAT AQUAS AB AQUIS
ET FECIT DS FIRMAMENTUM
DIUISITQUE AQUAS QUAE ERANT SUB
FIRMAMENTO AB HIS QUAE ERANT
SUPER FIRMAMENTUM
ET FACTUM EST ITA
UOCAUITQUE DS FIRMAMENTUM
CAELUM
ET FACTUM EST UESPERE ET MANE
DIES SECUNDUS
DIXIT UERO DS
CONGREGENTUR AQUAE QUAE SUB CAELO
SUNT IN LOCUM UNUM
ET APPAREAT ARIDA
FACTUMQUE EST ITA
ET UOCAUIT DS ARIDAM TERRAM
CONGREGATIONESQUE AQUARUM
APPELLAUIT MARIA
ET UIDIT DS QUOD ESSET BONUM ET AIT
GERMINET TERRA HERBAM UIRENTEM
ET FACIENTEM SEMEN
ET LIGNUM POMIFERUM FACIENS
FRUCTUM IUXTA GENUS SUUM
CUIUS SEMEN IN SEMET IPSO SIT SUPER
TERRAM. ET FACTUM EST ITA
ET PROTULIT TERRA HERBAM UIREN
TEM ET ADFERENTEM SEMEN
IUXTA GENUS SUUM
LIGNUMQUE FACIENS FRUCTUM
ET HABENS UNUMQUODQUE SEMENTEM
SECUNDUM SPECIEM SUAM
ET UIDIT DS QUOD ESSET BONUM
FACTUMQUE EST UESPERE ET MANE
DIES TERTIUS
DIXIT AUTEM DS
FIANT LUMINARIA IN FIRMAMENTO CAELI
UT DIUIDANT DIEM AC NOCTEM
ET SINT IN SIGNA ET TEMPORA
ET DIES ET ANNOS
UT LUCEANT IN FIRMAMENTO CAELI
ET INLUMINENT TERRAM
ET FACTUM EST ITA
FECITQUE DS DUO MAGNA LUMINARIA
LUMINARE MAIUS UT PRAEESSET DIEI
ET LUMINARE MINUS UT PRAEESSET
NOCTI ET STELLAS
ET POSUIT EAS IN FIRMAMENTO CAELI
UT LUCERENT SUPER TERRAM
ET PRAEESSENT DIEI AC NOCTI
ET DIUIDERENT LUCEM AC TENEBRAS
ET UIDIT DS QUOD ESSET BONUM
ET FACTUM EST UESPERE ET MANE
DIES QUARTUS
DIXIT ETIAM DS
PRODUCANT AQUAE REPTILE
ANIMAE UIUENTIS
ET UOLATILE SUPER TERRAM
SUB FIRMAMENTO CAELI
CREAUITQUE DS COETA GRANDIA
ET OMNEM ANIMAM UIUENTEM
ATQUE MUTABILEM
QUAM PRODUXERANT AQUAE
IN SPECIES SUAS
ET OMNE UOLATILE SECUNDUM
GENUS SUUM
ET UIDIT DS QUOD ESSET BONUM
BENEDIXITQUE EIS DICENS
CRESCITE ET MULTIPLICAMINI
ET REPLETE AQUAS MARIS
AUESQUE MULTIPLICENTUR
SUPER TERRAM
ET FACTUM EST UESPERE
ET MANE DIES QUINTUS

ßen. Manchmal wird behauptet – allerdings ohne Beleg –, dass im Jahr 692 eine Schenkung von Land an Wearmouth-Jarrow erfolgte, damit die Zwillingsklöster genügend Weideland für die große Rinderherde zur Verfügung hatten, die sie brauchten, um die Bibeln herstellen zu können. Die Haltung und Versorgung von an die zweitausend Rindern über den Zeitraum von dreißig Jahren hinweg, in denen Ceolfrid ihr Abt war, muss jedoch für eine große und gut organisierte ländliche Gemeinschaft nicht notwendigerweise etwas Außergewöhnliches gewesen sein, vor allem da diese Tiere ja außer ihren Häuten noch vieles andere lieferten, wie Fleisch für die tägliche Ernährung vieler körperlich tätiger Mönche, Horn, Leim, Bein und vermutlich auch Blut- und Knochenmehl für den Gemüseanbau. Obwohl die Qualität des Pergaments im Allgemeinen gut ist und es sich wunderbar geschmeidig anfühlt, vermittelt es auf gewisse Weise den Eindruck des »Hausgemachten«, wie es zum Beispiel die Visconti-Handschrift aus dem 15. Jahrhundert, die in Kapitel Elf, oder das Spinola-Stundenbuch, das in Kapitel Zwölf behandelt werden wird, nicht tun. Einige Seiten sind mit dunklen Flecken gesprenkelt, andere weisen Stellen, an denen irgendwelche Makel herausgeschnitten wurden, oder ganz einfach Löcher auf, um die die Schreiber herumgeschrieben haben. Manchmal ist das Pergament so dünn und durchscheinend, dass die Schrift beinahe unleserlich wird (wie bei folio 810), manchmal hatten die Schreiber auch mit Blättern zu kämpfen, die etwas zu klein waren, und diese sind dann kürzer oder es fehlen Ecken (folios 613, 735 und andere). Viele Nicht-Fachleute (und vielleicht auch einige Paläografen) mögen mir nicht recht glauben wollen, wenn ich sage, dass ich, wenn ich nicht gewusst hätte, dass der Codex Amiatinus englischer Provenienz ist, das aufgrund der Art und Weise, wie die Seiten sich anfühlen und vor allem wie sie riechen, vermutet hätte. Ich verfüge nicht über die Worte, um es genau zu definieren, doch haftet englischem Pergament ein warmer, ledriger Geruch an, während von italienischem ein schärferer und kühlerer ausgeht. Das mag einfach daran liegen, dass man in England die Häute anderer Tiere verwendete – Kälber statt Schafe –, oder auch daran, dass diese in sehr unterschiedlichen Umgebungen aufwuchsen. Im Mittelalter müssen die regionalen Unterschiede zwischen verschiedenen Haustierrassen viel ausgeprägter gewesen sein als heute. Das ist ein Gebiet, auf dem künftige Generationen von Paläografen mithilfe von DNA-Analysen tätig werden können.

Dokumente und Manuskripte aus der Zeit vom 7. bis 8. Jahrhundert sind überaus selten, einige von ihnen sind nur aufgrund wirklich außergewöhnlicher Zufälle erhalten geblieben. In Anbetracht der generell so extrem niedrigen Überlebensrate von Handschriften aus jener Epoche vermag man kaum zu glauben, dass eines jener Werke, über die Beda berichtet, tatsächlich noch existiert. Sogar in Bezug auf eine Handschrift aus dem 15. Jahrhundert wäre das ein außerordentlicher Glücksfall. Und es grenzt schon fast ans Wunderbare, dass der einzige bekannte detaillierte Bericht über eine europäische Privatbibliothek, die sich hundert Jahre früher an einem nahezu 2200 Kilometer von Northumbria entfernten Ort befand, über die Vorlagen für die Herstellung dieses erhaltenen Buches informiert. Ich werde aber jetzt über etwas berichten, dass es sogar noch wundersamer erschienen lässt, dass dieses Buch heute existiert.

Die Geschichte begann im September 1908, als der Oxforder Kirchenhistoriker Cuthbert Turner (1860–1930) sich in der Bibliothek der Kathedrale von Durham nach frühen Bibelhandschriften erkundigte. Der Bibliothekar William Greenwell (1820–1918), der passionierter Archäologe und Sammler war, lud ihn zu sich nach Hause zum Essen ein. Turner fiel ein in Unzialschrift beschriebenes Blatt aus einer größeren Handschrift auf, das in einem Rahmen in Greenwells Diele hing, und er ließ mehr oder weniger im Plauderton die Bemerkung fallen, es sehe wie eine fehlende Seite aus dem berühmten Codex Amiatinus aus. Das löste eine unerwartete Reaktion seitens seines Gastgebers aus. Greenwell versicherte, dass es sich um ein Blatt aus einer der beiden anderen Bibeln handele, die Ceolfrid in Auftrag gegeben hatte, und bevor irgendwelche Nachforschungen angestellt werden und vor allem bevor Turner seinen Fund bekannt geben konnte, stiftete er es rasch dem British Museum. Dort nahm man es Anfang 1909 entgegen. Es ist allgemein unter dem angenehm nach Leben unter oder gar auf Bäumen klingenden und die Geschichten von Robin Hood und seinen Mannen im Sherwood Forest evozierenden Namen »Greenwell Leaf« bekannt. Auf ihm ist der lateinische Text des 3. Buches Könige 9, 29–12, 18 überliefert. Greenwell tischte im Nachhinein eine Geschichte darüber auf, wie er in den Besitz des Blatts gelangt war, die in Einzelheiten variierte und insgesamt nicht verifizierbar war. Er habe es um 1890 in Newcastle in einer Buchhandlung gekauft oder – einer anderen Erinnerung zufolge – in einem »old curiosity shop«, einem

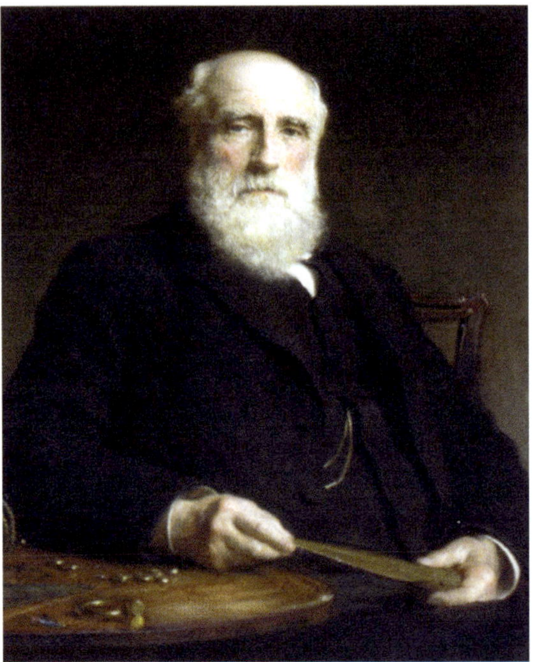

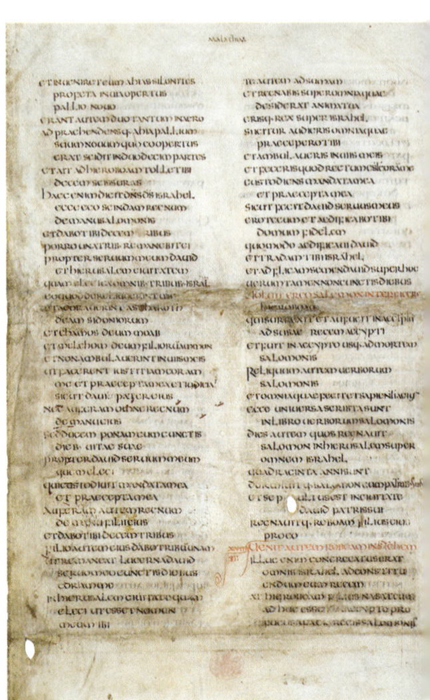

William Greenwell, Sammler von britischen Altertümern und Bibliothekar an der Kathedrale von Durham; daneben ein Blatt aus einer dem späten 7. Jahrhundert entstammenden Bibelhandschrift, das Cuthbert Turner im September 1908 gerahmt in der Diele von Greenwells Haus entdeckte.

Antiquitätenladen. Da Newcastle nur ein halbes Dutzend Meilen von Jarrow entfernt ist, klang das ganz plausibel, obwohl es nur schwer zu glauben war, dass Greenwell einen so bedeutenden Fund gemacht und dann fast zwanzig Jahre lang mit niemandem darüber geredet haben sollte.

Die mutmaßliche Quelle wurde erst 1911 aufgedeckt, als W. H. Stevenson (1858–1924), Fellow und Bibliothekar des St. John's College in Oxford, für die Historical Manuscripts Commission ein von ihm angefertigtes Verzeichnis der Dokumente im Besitz von Lord Middleton von Wollaton Hall in Nottingham, einem der großen englischen Landhäuser, das in den 1580er-Jahren entstand, veröffentlichte. Stevenson gab bekannt, weitere zehn Blätter sowie drei winzige Fragmente gefunden zu haben, die zu derselben Unzialhandschrift gehörten wie das »Greenwell Leaf«. Sie waren für Einbände benutzt worden, die sich im Archiv der Familie Willoughby befanden, deren Mitglieder später als Barone Middleton in den Adelsstand erhoben worden waren. Sie enthielten allesamt weitere Passagen aus dem 3. und 4. Buch Könige. Mittlerweile bestand kein Zweifel mehr daran, dass es bei diesen den Blättern des Codex Amiatinus so sehr ähnelnden Einzelblättern und Fragmenten um durch glückliche Umstände erhaltene Teile der Pandekten handeln musste, die Ceolfrid für die Kirchen von Wearmouth oder Jarrow bestimmt hatte. 1938 wurden die Stücke aus dem Besitz der Familie Willoughby für 1000 Pfund ebenfalls an das British Museum verkauft. In jüngerer Zeit, nämlich 1982, entdeckte Nicholas Pickwoad in Kingston Lacy, einem Herrenhaus im Besitz des National Trust, unter den Liegenschaftsurkunden der Familie Bankes ein weiteres Blatt, auf dem Text aus dem Buch Prediger enthalten ist. Nicolas Barker, der Mann, der bei meinem Ausflug zum Monte Amiata den Chauffeur für mich spielte, war damals Chefkonservator der Bibliothek in Kingston Lacy und an der Identifizierung dieses Blattes beteiligt. Er reichte es an seine Kollegin in der Handschriftenabteilung Janet Backhouse weiter. Ihr fiel auf, dass eine Beziehung zu Wollaton Hall bestand, insofern es nämlich als Einschlagpapier für Urkunden benutzt worden war, die eine Besitzung in Dorset betrafen, welche im November 1585 von Sir Francis Willoughby von Wollaton Hall erworben worden war. Ich selbst habe die Regale im Willoughby-Archiv in Nottingham in der vergeblichen Hoffnung, weitere Teile zu finden, sorgfältig durchforstet. Was ich zu berichten vermag, ist, die verschiedenen Abschriften und Kopialbücher, in denen Stevenson seine Fragmente entdeckte, gesehen zu haben; in einigen sieht man noch spiegelbildliche geisterhafte Abdrücke englischer Unzialen aus dem späten 7. Jahrhundert. Ich hege den Verdacht, dass Greenwells Blatt in Wahrheit auch aus dem Archiv Lord Middletons stammte und dass Stevenson Greenwell möglicherweise seine Funde mit der Bitte um Rat oder Beistand bei ihrer Identifizierung schickte und ihm anbot, eines davon zum Dank zu behalten – was natürlich gegen alle Regeln verstieß.

Vermutlich handelt es sich bei all diesen Einzelblättern und Fragmenten um das Wenige, was von einer Bibel, die einmal im Besitz der Kathe-

NACHFOLGENDE DOPPELSEITE: Das Ende des dritten und der Anfang des vierten Buchs der Könige im Codex Amiatinus. Die Zäsur zwischen den beiden Büchern ist deutlich sichtbar. Die Einbuchtung am unteren Rand gründet in der Beschaffenheit der verwendeten Tierhaut (© MiBACT).

et uniuersa quae fecit
et domus eburneae quam
aedificauit
cunctarumque urbium
quas exstruxit
nonne scripta sunt haec
in libro uerborum dierum
regum israhel
dormiuit ergo ahab
cum patribus suis
et regnauit ohozias filius
eius pro eo
L I Iosaphat filius asa regnare
coeperat super iudam
anno quarto ahab regis israhel
triginta quinque annorum erat
cum regnare coepisset
et uiginti et quinque annos
regnauit in hierusalem
nomen matris eius azuba
filia salai
et ambulauit in omni uia asa
patris sui
et non declinauit ex ea
fecitq; quod rectum est
in conspectu dn̄i
uerumtamen excelsa
non abstulit
adhuc enim populus sacrificabat
et adolebat incensum
in excelsis
pacemq; habuit iosaphat
cum rege israhel
reliqua autem uerborum
iosaphat
et opera eius quae gessit
et proelia
nonne haec scripta sunt
in libro uerborum dierum
regum iuda
sed et reliquias effeminatoru(m)
qui remanserant in diebus
asa patris eius abstulit
de terra

nec erat tunc rex constitutus
in edom
Rex uero iosaphat fecerat
classes in mari quae nauigarent
in ophir propter aurum
et ire non potuerunt quia con
fractae sunt in asiongaber
tunc ait ohozias filius ahab
ad iosaphat
uadant serui mei cum seruis
tuis in nauibus
et noluit iosaphat
dormiuitq; cum patribus suis
et sepultus est cum eis
in ciuitate dauid patris sui
regnauitque ioram filius
eius pro eo
L II Ohozias autem filius ahab
regnare coeperat super
israhel in samaria
anno septimo decimo
iosaphat regis iuda
regnauitque super israhel
duobus annis
et fecit malum in conspectu dn̄i
et ambulauit in uia patris sui
et matris suae
et in uia hieroboam filii nabat
qui peccare fecit israhel
seruiuit quoque bahal
et adorauit eum
et inritauit dn̄m d̄m israhel
iuxta omnia quae fecerat
pater eius

FINIT

PRAEUARICATUS EST AUTEM
MOAB IN ISRAHEL POSTQUAM
MORTUUS EST AHAB
ECIDITQUE OHOZIAS PER CANCELLOS
CENACULI SUI QUOD HABEBAT
IN SAMARIA
T AEGROTAUIT MISITQ; NUNTIOS
DICENS AD EOS
TE CONSULITE BEELZEBUB
DEUM ACCARON
TRUM UIUERE QUEAM DE IN
FIRMITATE MEA HAC
NGELUS AUTEM DÑI LOCUTUS EST
AD HELIAM THESBITEN
SURGE ASCENDE IN OCCURSUM
NUNTIORUM REGIS SAMARIAE
ET DICES AD EOS
NUMQUID NON EST D̄S IN ISRAHEL
UT EATIS AD CONSULENDUM
BEELZEBUB DEUM ACCARON
QUAM OBREM HAEC DICIT DÑS
DE LECTULO SUPER QUEM
ASCENDISTI NON DESCENDES
SED MORTE MORIERIS
ET ABIIT HELIAS REUERSIQ; SUNT
NUNTII AD OHOZIAM
QUI DIXIT EIS QUARE REUERSI ESTIS
AT ILLI RESPONDERUNT EI
UIR OCCURRIT NOBIS ET DIXIT AD NOS
ITE ET REUERTIMINI AD REGEM
QUI MISIT UOS
ET DICETIS EI HAEC DICIT DÑS
NUMQUID QUIA NON ERAT D̄S
IN ISRAHEL MITTIS UT CONSULA
TUR BEELZEBUB DEUM ACCARON
IDCIRCO DE LECTULO SUPER
QUEM ASCENDISTI NON DESCENDES
SED MORTE MORIERIS
QUI DIXIT EIS CUIUS FIGURAE
ET HABITU EST UIR QUI
OCCURRIT UOBIS
ET LOCUTUS EST UERBA HAEC
AD ILLI DIXERUNT UIR PILOSUS
ET ZONA PELLICIA ACCINCTIS RENIB;

QUI AIT HELIAS THESBITES EST
MISITQUE AD EUM QUINQUAGENARIŨ
PRINCIPEM ET QUINQUAGINTA
QUI ERANT SUB EO
QUI ASCENDIT AD EUM SEDENTIQ;
IN UERTICE MONTIS AIT
HOMO D̄I REX PRAECEPIT
UT DESCENDAS
RESPONDENSQ; HELIAS DIXIT
QUINQUAGENARIO
SI HOMO D̄I SUM DESCENDAT IGNIS
E CAELO ET DEUORET TE
ET QUINQUAGINTA TUOS
DESCENDIT ITAQUE IGNIS E CAELO
ET DEUORAUIT EUM ET QUINQUA
GINTA QUI ERANT CUM EO
RURSUM MISIT AD EUM PRINCIPEM
QUINQUAGENARIUM ALTERUM
ET QUINQUAGINTA CUM EO
QUI LOCUTUS EST ILLI
HOMO D̄I HAEC DICIT REX
FESTINA DESCENDE
RESPONDENS HELIAS AIT
SI HOMO D̄I EGO SUM DESCENDAT
IGNIS E CAELO ET DEUORET TE
ET QUINQUAGINTA TUOS
DESCENDIT ERGO IGNIS D̄I E CAELO
ET DEUORAUIT ILLUM
ET QUINQUAGINTA EIUS
ITERUM MISIT PRINCIPEM
QUINQUAGENARIUM TERTIUM
ET QUINQUAGINTA QUI ERANT
CUM EO
QUI CUM UENISSET CURUAUIT
GENUA CONTRA HELIAM
ET PRAECATUS EST EUM ET AIT
HOMO D̄I NOLI DESPICERE
ANIMAM MEAM ET ANIMAM
SERUORUM TUORUM
QUI MECUM SUNT
ECCE DESCENDIT IGNIS E CAELO
ET DEUORAUIT DUOS PRINCIPES
QUINQUAGENARIOS PRIMOS
ET QUINQUAGENOS QUI CUM EIS ERANT.

drale von Worcester war, erhalten geblieben ist. Darauf deutet hin, dass im Willoughby-Archiv auch Teile einer umfangreichen Handschrift von nahezu identischen Dimensionen zu Tage gefördert wurden, die sich aus Abschriften von Urkunden aus dem 11. Jahrhundert zusammensetzte, welche sich auf die Kathedrale von Worcester bezogen. Offa, König von Mercia zwischen 757 und 796, soll den Mönchen von Worcester eine große Bibel gestiftet haben, und wir wissen, dass Wulfstan, der Bischof der Stadt von 1062 bis 1095, die Anweisung gab, die Urkunden, die die Kathedrale betrafen, »in die Bibel der heiligen Kirche« zu übertragen. Im 12. Jahrhundert hieß es, dass Offas Bibel in einem Skriptorium in Rom entstanden sei, was wohl bedeutet, dass eine Unzialschrift für sie verwendet worden war. Da König Offas Tochter 792 den König von Northumbria ehelichte, besteht die Möglichkeit, dass eine der Bibeln Ceolfrids im Zuge von diplomatischen Unterhandlungen zwischen den beiden Reichen im späten 8. Jahrhundert an seinen Hof gelangte. Vielleicht geschah das, als Jarrow 794 von Wikingern geplündert wurde.

Ich nahm meine Fotos von den Willoughby-Blättern und dem Greenwell-Folium mit nach Florenz, um einen Vergleich zwischen ihnen und dem Original des Codex Amiatinus anstellen zu können. Natürlich war das schon früher gemacht worden, zunächst von Cuthbert Turner im Jahr 1909, im Anschluss an seine Einladung bei Kanonikus Greenwell, und dann – viel später – vor allem von Richard Marsden für sein 1995 erschienenes Buch *Text of the Old Testament in Anglo-Saxon England*, das mir für dieses Kapitel eine wichtige Informationsquelle gewesen ist. Und doch ist es beruhigend, die entsprechenden Passagen selbst Wort für Wort vergleichen zu können.

Wie es bei zwei Abschriften, die in ein und demselben Skriptorium von ein und derselben Vorlage (oder auch voneinander) angefertigt wurden, zu erwarten war, erwies der Text sich als größtenteils identisch. Gelegentlich gibt es geringfügige Varianten in Bezug auf den Wortlaut; so steht auf dem Blatt aus Kingston Lacy zum Beispiel »oblectavit« (Jesus Sirach 35, 25), im Codex Amiatinus hingegen »oblectabit«, was den Sinn in keiner Weise ändert. In Bezug auf zwei Stellen gibt es aber einen signifikanten Unterschied: Die Willoughby-Blätter in der British Library weisen keine Zäsur zwischen dem Ende des 3. Buches und dem Beginn des 4. Buches Könige auf, abgesehen von einem winzigen »Chi-Rho«-Monogramm am Seitenrand und einem um einiges größeren »P« in dem

Wort »Praevaricatus« (nach der modernen Nummerierung 2 Könige 1, 1). Im Codex Amiatinus findet sich zwischen den beiden Büchern eine ganz unübersehbare Zäsur. Das 3. Buch Könige endet auf folio 303v mit dem Wort »Finit«, dann folgen zehn Leerzeilen. Das vierte Buch beginnt auf der nächsten Seite mit einer mit roter Tinte geschriebenen Zeile und einer drei Zeilen hohen Initiale.

Es gibt keine Zäsur inhaltlicher Art, die eine solche visuelle Lücke zwischen dem 3. und dem 4. Buch Könige erforderlich machte. Der Erzählstrang weist keinerlei Unterbrechung auf, in der hebräischen Bibel fügen sich die beiden Teile zu einem einzigen geschlossenen Text zusammen. In der als Septuaginta bekannten griechischen Fassung des Alten Testaments erfolgt aber eine Unterteilung in einzelne Bücher. Es sieht so aus, als habe das in Jarrow verfügbare Buch, das die Vorlage für den Pandekt bildete, zu dem die Willoughby-Blätter gehörten, keine Zäsur aufgewiesen, denn es ist unwahrscheinlich, dass ein Kopist sie übersehen hätte. Als bald danach der Codex Amiatinus angefertigt wurde, hatte man aber eine editorische Entscheidung getroffen: nämlich den lateinischen Text zur Übereinstimmung mit dem griechischen zu bringen und die beiden Textpartien deutlich voneinander zu trennen. Das war eine Anpassung, die sich als so zweckmäßig erwies, dass alle lateinischen Bibeln, die nach dem Codex Amiatinus entstanden, sie übernahmen. In der Tat tun das alle modernen Bibeln immer noch. Diese Unterteilung in zwei Bücher ist ein mögliches Indiz dafür, dass der Codex Amiatinus nach dem Pandekt entstand, zu dem die Willoughby-Blätter gehören, und dass man im Skriptorium von Wearmouth-Jarrow während der Arbeit an Ceolfrids Bibeln noch über die konkrete Textgestaltung diskutierte.

Der andere erwähnte Unterschied zum Codex Amiatinus findet sich auf dem Willoughby-Folium 11v. Zu seiner Illustration muss ich hier den Text zunächst auf Latein zitieren. Es handelt sich um die Zeilen 6 bis 18 der ersten Kolumne auf diesem Blatt; sie lauten:

> Et constituerunt sibi regem Iosiam eius pro eo: *Reliqua autem sermonum Amon quae fecit, nonne haec scripta sunt in libro sermonum dierum regum Iuda. Sepelieruntque eum in sepulchro suo in horto Aza, et regnavit Iosias filius eius pro eo.* Octo annorum erat Iosias cum regnare coepisset et triginta et uno anno regnavit in Hierusalem.

Das ist die Passage 4 Könige 21, 24–22, 1 (2 Könige 21, 24–22, 1 in einer modernen Bibel). Die hier in Kursivschrift wiedergegebenen Worte sind auf dem Willoughby-Folium enthalten, fehlen aber überraschenderweise in der entsprechenden Passage im Codex Amiatinus (folio 325v). So etwas lässt sich gewöhnlich mit dem Vorhandensein eines *homoioteleuton* erklären oder, um es unkomplizierter auszudrücken, mit der Wiederholung einer Gruppe von Wörtern. Man muss sich das so vorstellen: Der Schreiber hat die Wörter »eius pro eo«, die sich in Zeile 1 finden, abgeschrieben, dann hält er kurz inne, schaut anschließend wieder in die Vorlage, sein Blick gleitet auf das ein paar Zeilen später vorkommende »eius pro eo«, und er setzt versehentlich an dieser Stelle wieder mit dem Abschreiben an, fährt also mit »Octo annorum« fort. Ein Fehler, der einem Schreiber leicht unterlaufen kann. In diesem Fall führte er dazu, dass zwei Verse der Bibel einfach verloren gingen, und da der Codex Amiatinus als maßgebliches Werk galt, fehlen sie auch in den überarbeiteten Fassungen der Vulgata, die im Zuge der Gegenreformation entstanden. Sie sind auch in meinem Arbeitsexemplar der Vulgata (Madrid 1965), einer Ausgabe, die auf der Sixto-Clementina-Edition von 1592 basiert, nicht wieder eingefügt. Folge eines Lapsus im Skriptorium von Wearmouth-Jarrow?

Jedoch wirkt alles an den verloren gegangenen Versen suspekt. In Übersetzung lauten sie ungefähr: »Der Rest der Taten Amons, die er begangen, sind niedergeschrieben im Buch der Annalen der Könige Judas; er wurde beigesetzt in seinem Grabmal im Garten Uzza, und dann folgte sein Sohn Josia ihm nach.« Obwohl das heute als authentischer biblischer Text gilt, klingt es nicht echt und wirkt wie ein störender Einschub. Es handelt sich nämlich um eine nahezu wörtliche Wiederholung der Verse 3. Buch Könige 15, 7–8, die ganz ähnlich beginnen mit »Reliqua autem sermonum …« und enden mit »filius eius pro eo«. Ein erfahrener Herausgeber von Texten würde vermuten, dass sie an dieser Stelle, von der Wiederholung von »eius pro eo« ausgelöst, als eine Art erklärender Anmerkung noch einmal in den Text eingefügt wurden, dass es sich gewissermaßen um eine Art rückwirkendes *homoioteleuton* handelt. Wir wissen mit anderen Worten nicht, ob die »verloren gegangenen« Verse, die in der Vorlage enthalten gewesen sein müssen, aufgrund einer *aberratio oculi,* eines Abirrens des Auges, oder aufgrund eines bewussten Eingriffs nicht in den Codex Amiatinus übernommen wurden.

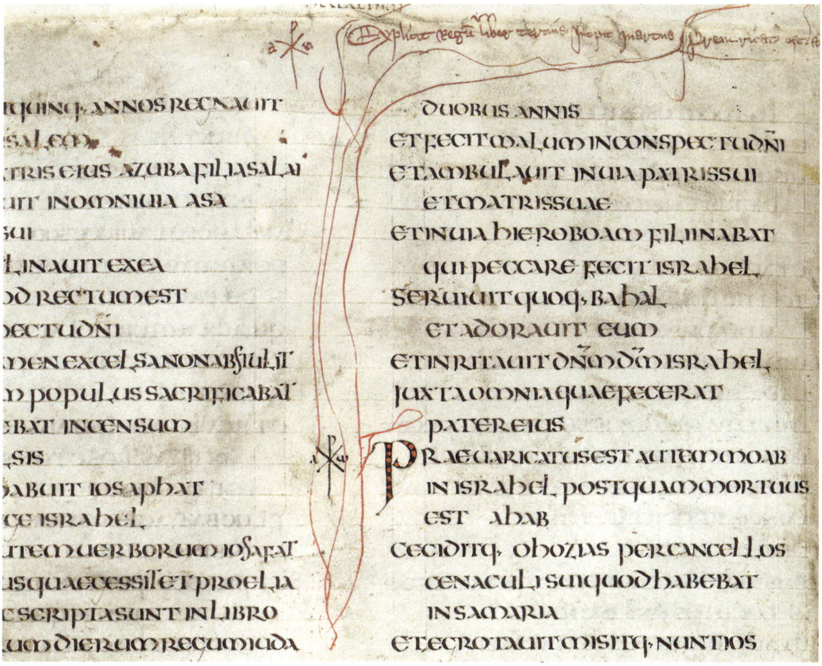

Das Ende des dritten und der Anfang des vierten Buchs der Könige auf einem der Middleton-Blätter; die beiden Teile schließen sich hier zu einer Einheit zusammen.

Wenn wir von der zweiten Möglichkeit ausgehen – und es gibt im Codex Amiatinus sonst keine Stellen, die auf Nachlässigkeit eines Schreibers hindeuten –, dann lässt das darauf schließen, dass es in den Skriptorien von Wearmouth-Jarrow jemanden gab, der genügend Selbstvertrauen sowie Fähigkeiten und Erfahrungen auf dem Gebiet der Textkritik besaß, um überlieferte Bibelverse im Interesse der Stringenz des Textes zu löschen. Er muss auch genügend Kenntnisse besessen haben, um die Zusammenziehung von Buch 3 und 4 der Könige in der lateinischen Bibel aufzuheben und so eine Anpassung an die griechische Fassung vorzunehmen. Bei dieser Person konnte es sich eigentlich um niemand anders handeln als um jenen herausragenden Bibelkenner und -kommentator, der während der gesamten Zeit, in der Ceolfrids Pandekten angefertigt wurden, im Kloster von Jarrow lebte und wirkte: Beda Venerabilis. Höchstwahrscheinlich ist es auch Beda gewesen, der Ceolfrid davon überzeugte, dass der Text der neuen Bibelabschriften dem der Vulgata des Hieronymus folgen sollte, allerdings könnte der Text, den er für seine Verbesserungen konsultierte, der archaischere, aus dem

Griechischen übersetzte gewesen sein, der im *Codex Grandior* überliefert war.

Auf eine weitere interessante Variante stößt man im Codex Amiatinus im 1. Buch Mose, und zwar in der Passage im 8. Kapitel, in dem erzählt wird, dass Noah Vögel ausschickt, um herauszufinden, ob die Gewässer wieder gefallen sind. In modernen Übersetzungen heißt es, dass er einen Raben aufsteigen lässt, der hin und her fliegt, bis die Gewässer austrocknen (8, 7). Dasselbe steht im hebräischen Grundtext. Im griechischen jedoch wird eine Negation eingefügt, es heißt, dass der Rabe losfliegt *und nicht zurückkehrt,* bis die Gewässer getrocknet sind. Beides ergibt Sinn. In seinem Kommentar zum Buch Genesis diskutiert Beda beide Varianten ausführlich und gibt schließlich der Version, die sich in der griechischen Bibel findet, den Vorzug. Der Editor, der die Aufteilung der Königsbücher im Codex Amiatinus vornahm, entschied sich ebenfalls für sie. In der Passage über den Raben schrieb der damit beauftragte Mönch die allgemein akzeptierte lateinische Version hin: »qui egrediebatur et revertebatur …«, dann aber nahm ein Zeitgenosse in einer eindeutig nicht kalligrafischen Schrift einen Eingriff vor, der in der Einfügung des Wörtchens »non« in Unzialschrift vor dem Prädikat »revertebatur« bestand. Aus »kehrte zurück[, als]« wurde »kehrte nicht zurück[, bis]«, und der Text befand sich in Übereinstimmung mit dem der griechischen Bibel. Diese Einfügung wurde auf folio 15r vorgenommen, in der siebzehnten Zeile von unten in der zweiten Kolumne. Ist das Wort »non« etwa

Die Verse 1. Buch Mose 8, 7 über das Ende der Sintflut im Codex Amiatinus mit der in Zeile 3 eingefügten Negation »non«, durch die der Text, wie von Beda angeregt, mit dem der griechischen Bibel zur Übereinstimmung gebracht wird (© MiBACT).

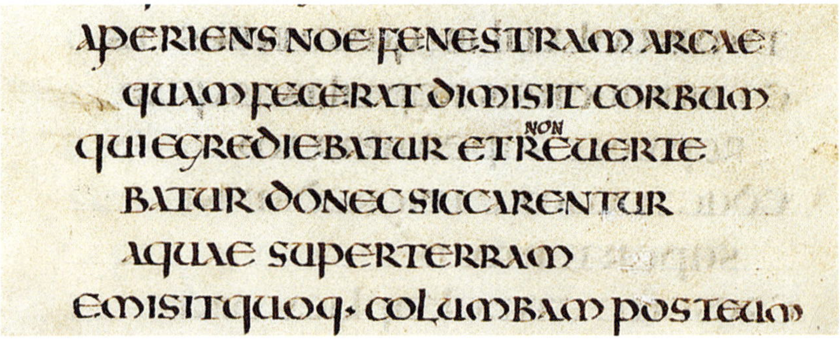

von Bedas eigener Hand eingefügt? Das ist sehr gut möglich. Es fällt mir schwer zu vermitteln, was für ein plötzlicher Schauer mich im Fotokopierraum der Laurenziana ergriff, als mir bewusst wurde, dass ich möglicherweise eine Seite berührte, deren Text im späten 7. Jahrhundert im fernen Northumbria von Beda selbst gelesen und korrigiert wurde.

Kehren wir zum Schluss noch einmal zur Abtei San Salvatore auf dem Monte Amiata zurück. Wir wissen nicht, wie genau der Codex dort hingelangte und wann das geschah. Es ist natürlich nicht auszuschließen, dass die Handschrift tatsächlich von jenem »Peter, Abt der Lombarden« dem Kloster zum Geschenk gemacht wurde, wie es in der veränderten Widmungsinschrift heißt. Möglicherweise handelte es sich bei dieser Inschrift aber auch um eine spontane Erfindung, und man wollte auf diese Weise die peinliche Tatsache vertuschen, dass die Handschrift sich nicht dort befand, wo sie sich dem Willen Ceolfrids gemäß hätte befinden sollen. Wie wir schon erfahren haben, liegt das Kloster oberhalb der Via Francigena, des Pilgerwegs, der von Norditalien nach Rom führt, und mit Sicherheit war es eine Stätte, an der Wallfahrer gerne einen Halt einlegten. Diese uralte Straße beginnt viel weiter im Norden und führt quer über das Burgund durch Lausanne und von dort über den Pass des Großen Sankt Bernhard oberhalb von Aosta nach Italien hinein, und dann über Pavia, Lucca, Siena und Viterbo nach Rom. Jedermann, theoretisch sogar Karl der Große, hätte nach Ceolfrids Tod in Langres die Handschrift irgendwo auf dieser Route an sich bringen und sie dann bei seiner Weiterreise in den Süden oder auch bei seiner späteren Rückkehr in den Norden den Mönchen von San Salvatore übergeben können.

Ich habe schon das Museum der Abtei erwähnt. Bei einem gemeinsamen Mittagessen in London, einige Monate vor unserem Treffen in der Toskana, hatte Nicolas Barker mir von einem Exponat erzählt, das dort zu sehen sei. Dieser Gegenstand hatte mich so gefesselt, dass ich den Monte Amiata ursprünglich seinetwegen mit meinem Freund hatte besuchen wollen, um ihn mit eigenen Augen zu sehen. Er wurde in den 1960er-Jahren im Kloster entdeckt und zwar – jedenfalls einer bestimmten Darstellung zufolge – bei der vom Zweiten Vatikanischen Konzil gebilligten Umgestaltung des Altarraums in einem Hohlraum unter dem Hochaltar. 1974 war der Fund erstmals veröffentlicht worden. Es handelt sich um ein kleines und exquisites tragbares Reliquienbehältnis insularen Stils in Gestalt eines Häuschens mit Giebeldach. Es ist mit dunkelroten rechteckigen Mosaiksteinen inkrustiert und mit ein Geflecht bildenden Metalldrähten überzogen. Der »Giebelschmuck« in Gestalt von Vogelköpfen ähnelt sehr stark dekorativen Elementen, die man in Handschriften wie dem Book of Durrow und dem Lindisfarne-Evangeliar findet, die vermutlich beide auf das späte 7. Jahrhundert zu datieren sind. Man könnte annehmen, dass das Reliquiar irischen Ursprungs ist; allerdings wurden Granatsteine für es verwendet (die in angelsächsischer Zeit zwar in England bekannt waren, in Irland aber offenbar nicht) sowie farbiges Glas, wie es aus jener Zeit ausschließlich in Jarrow erhalten ist (siehe den Beginn dieses Kapitels). Der Behälter besitzt Vorrichtungen aus Metall zur Befestigung von Tragegurten. Dass es zu Ceolfrids Lebzeiten entstand, ist absolut denkbar.

Ein an einer Pilgerstraße gelegenes Kloster kann sehr gut aus fernen Ländern stammende Geschenke von vorbeiziehenden Wallfahrern und dankbaren Gästen erhalten haben. Eine Verbindung zwischen dem Reli-

Das von den Britischen Inseln stammende, im späten 7. oder im 8. Jahrhundert gefertigte Reliquienbehältnis, welches im Kloster San Salvatore auf dem Monte Amiata versteckt war und dort in den 1960er-Jahren entdeckt wurde.

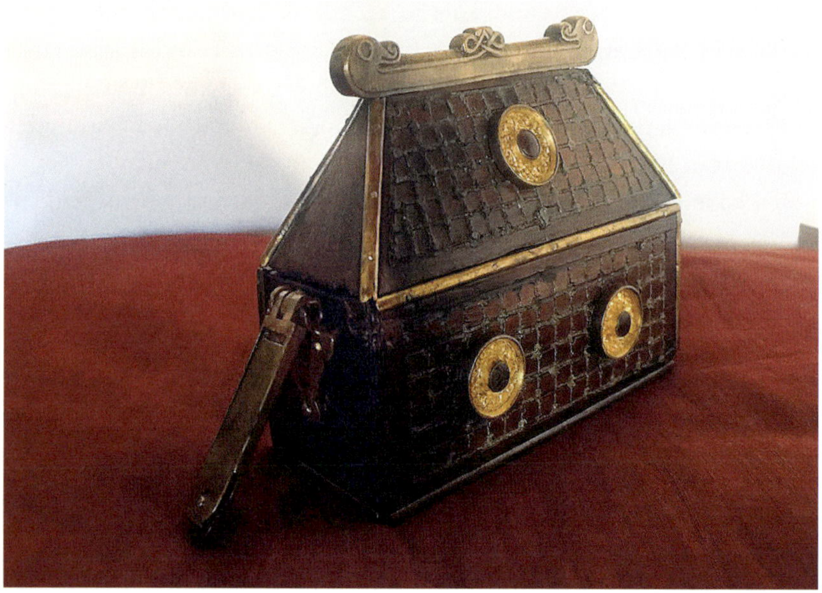

quiar und dem Codex Amiatinus ist nicht bekannt – abgesehen davon, dass beide Kunstwerke annähernd zur selben Zeit und in derselben Region entstanden sind. Es ist zumindest eine bemerkenswerte Koinzidenz, dass sie sich beide in einem Kloster so fern von ihrem Entstehungsort befinden. Eine einfache Erklärung dafür wäre, dass sie dort gemeinsam eintrafen. Nicolas und ich stimulierten einander zu immer neuen Spekulationen, was diese beiden Objekte betraf. Man kann sich sehr gut vorstellen, dass Ceolfrid und seine Begleiter tragbare Altäre, Kelche und Reliquien aus Wearmouth-Jarrow mitführten, damit sie auch auf der Reise ihre gewohnte religiöse Andacht verrichten konnten. Der *Vita Ceolfridi* zufolge kehrten einige der Mönche nach dem Tod des Abts im September 716 in die Heimat zurück. Andere setzten die Reise nach Rom fort, wobei sie den für den päpstlichen Hof bestimmten Pandekt weiter mit sich führten. Sie müssen der Via Francigena weiter gen Süden gefolgt sein. Die Landschaft Norditaliens ist kultiviert und lässt sich ohne große Anstrengungen durchqueren, sobald man aber die Region zwischen der Toskana und Umbrien erreicht, wird sie wilder und gefährlicher; sie ist nur spärlich besiedelt und sehr gebirgig. Straßenräuber müssen dort ihr Unwesen getrieben haben, es gab Wölfe und wahrscheinlich auch Bären. Man kann sich ausmalen, wie die Abordnung aus Wearmouth-Jarrow, die ihren Führer eingebüßt hatte, zauderte und einen Halt einlegte, vielleicht um eine für das Weiterreisen günstigere Zeit abzuwarten. Möglicherweise hatte sich an den Hängen des Monte Amiata bereits eine religiöse Gemeinschaft niedergelassen, bei der die englischen Mönche Zuflucht fanden, die dort dann im Lauf der Jahre einer nach dem anderen starben. 742, das ist das Jahr, in dem das Kloster San Salvatore zum ersten Mal schriftlich erwähnt wird, waren die jüngsten Mitglieder aus Ceolfrids Gefolge vielleicht nicht älter als Mitte vierzig, sie waren aber alt genug und ihre Schar derart reduziert, dass sie sich gerne dafür entschieden, ein sesshaftes Leben zu führen, mit ihrer Bibel und ihrem Reliquiar. Das sind alles nur fantasievolle Spekulationen, doch würde sich so eine zeitliche Lücke in der 1300 Jahre langen Reise der Handschrift von Wearmouth oder Jarrow bis in den Fotokopierraum in Florenz schließen.

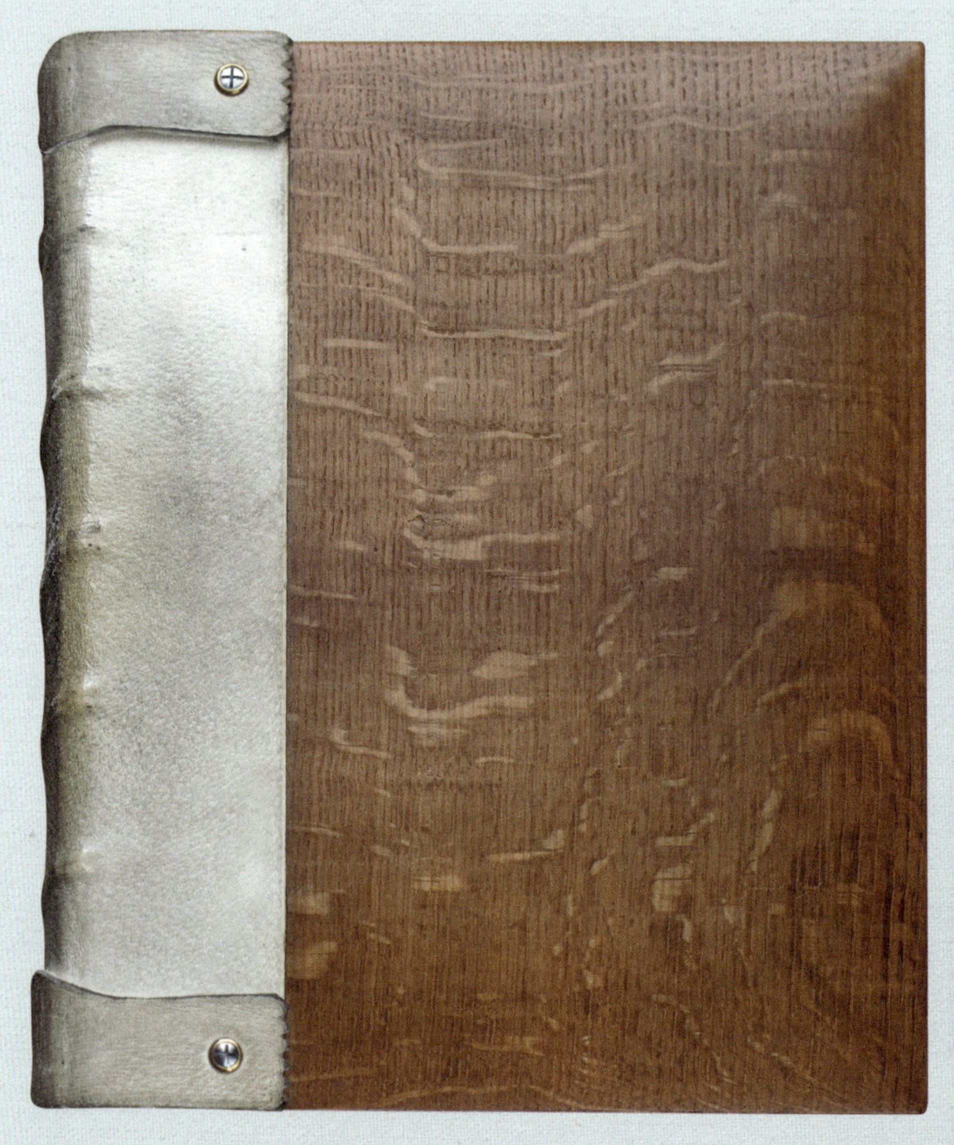

KAPITEL DREI

DAS BOOK OF KELLS

spätes 8. Jahrhundert
Dublin, Trinity College,
MS 58

Das Book of Kells wurde zweimal als gestohlen gemeldet. Das zweite Mal war das 1874 der Fall. Der Bericht in der *Birmingham Daily Post and Journal* vom 5. November des Jahres ist typisch für viele andere über dieses Ereignis, die in jener Woche überall in Großbritannien und Irland in der Presse erschienen. »Am Trinity College, Dublin, ist man verzweifelt. Einer seiner größten Schätze ist weg – das Book of Kells, das 475 von Sankt COLUMBKIL geschrieben wurde, das älteste Buch der Welt und das vollkommenste Zeugnis irischer Kunst mit den üppigsten Illustrationen, dessen Wert auf 12 000 Pfund geschätzt wird …«. Diese Taxierung des Werts ist interessant: Im Jahr davor hatte eine auf Pergament gedruckte Gutenberg-Bibel bei einer Auktion in Hanworth Park bei London 3400 Pfund erzielt – der bei Weitem höchste Preis, der jemals für ein Buch gezahlt worden war. Eine zweite, auf Papier gedruckte Ausgabe hatte 2690 Pfund erzielt. Wenn man den Wert des gestohlenen Book of Kells auf das Vierfache dessen schätzte, was für das bis dato teuerste Buch der Welt bezahlt worden war, lag man im Trinity College vermutlich gar nicht so falsch. Es hieß, das Verschwinden der Handschrift sei entdeckt worden, als der Dekan sie einigen Besucherinnen hatte zeigen wollen. Niemand konnte sich erinnern, wann man das Buch zuletzt gesehen hatte; der Bibliothekar war abwesend und konnte nicht befragt werden. Die Gerüchte schwirrten, wie nur an Universitäten möglich. Die *Birmingham Daily Post* wusste noch etwas anderes Geheimnisvolles zu berichten: »Eine Empfangsquittung für den Band, unterschrieben von einem gewissen Herrn BOND, einem angeblichen Mitarbeiter des British Museum, liegt dem Dekan vor.« Innerhalb einer Woche gelang es, den Verbleib der Handschrift ausfindig zu machen. J.A. Malet, der Bibliothekar von Trinity, hatte sie persönlich nach London ins British Museum gebracht, um dort Rat einzuholen, wie man sie neu binden könnte. Bei dem dubiosen Mr. Bond, dessen Name in Großbuchstaben in dem Zeitungsartikel geprangt hatte, handelte es sich um Sir Edward Augustus Bond (1815–1898), seit 1867 Kustos für Handschriften des Museums und dann von 1873 an dessen Chefbibliothekar. Bond konnte Malet davon abhalten, an dem Einband herumdoktern zu lassen, indem er ihm die überaus große Bedeutung des Codex deutlich machte. Er fragte ihn aber, ob er das Buch zum Zweck einer neuen Untersuchung nicht ein paar Tage lang in seiner Obhut zurücklassen könne. Mittlerweile hatte aber das Dubliner College bereits seinen Anwalt, einen Mr. Moore, nach London entsandt, um die Rückgabe seines wertvollsten Besitzes zu fordern, worauf man sich dort, ausgesprochen indigniert, beeilte, es nach Irland zurückzuschicken. Der irische Nationalismus feierte in jener Zeit Urstände. 1874 sah die Gründung der Home Rule League. Gladstones Irish Government Bill wurde 1886 mit geringer Mehrheit abgelehnt. 1888 verlangte das Exekutivkomitee der politisch aufgeladenen Irish Exhibition im Londoner Ausstellungszentrum Olympia die Aufnahme des Book of Kells unter die Exponate. »Man glaubt, dass man in dieser Angelegenheit zu einer zufriedenstellenden Übereinkunft kommen kann«, berichtete voller Weltfremdheit die Dubliner Tageszeitung *Freeman's Journal* and *Daily Commercial Advertiser* am 25.April des Jahres. In London wurde die Ausstellung der Handschrift weithin bekannt gegeben. Dabei bezog man aber die politische Situation nicht in die Rechnung ein. Die Universitätsleitung von Trinity College lehnte es »als unvereinbar mit ihrer Pflicht« rundweg ab, »einen solch einzigartigen und unermesslich wertvollen nationalen Schatz« einem Ausgestelltwerden in England »auszusetzen«.

Zum ersten Diebstahl des Book of Kells, dem einzig echten, war es mehr als 850 Jahre früher gekommen, nämlich 1007. Wir wissen nur aus einer einzigen Quelle über diesen Vorfall, und einige Einzelheiten sind unklar. Der Bericht ist in den sogenannten *Annals of Ulster* enthalten, einer fortlaufend aktualisierten, teilweise auf Altirisch verfassten Chronik, die von den frühesten Zeiten bis zum Beginn des 16. Jahrhunderts reicht. Das Original befindet sich ebenfalls im Trinity College. Ein Eintrag für das Jahr 1007 lässt sich ungefähr wie folgt wiedergeben: »Das große Evangelium von Colum Cille wurde frevlerisch nachts aus der westlichen Sakristei der Kirche von Cennanas gestohlen. Es war das kostbarste Objekt der westlichen Welt aufgrund seines Einbands mit menschlichen Gestalten. Das Evangelium wurde nach zwei Monaten und zwanzig Nächten wiedergefunden; das Gold war entfernt worden, und eine Grassode lag auf ihm.« Colum Cille ist der heilige Columban (wörtlich bedeutet es: Columban von der Kirche). Cennanas ist der alte (gälische) Name für die Stadt Kells, oder Kenlis, im County Meath, ungefähr 60 Kilometer nordwestlich von Dublin. Mit der »westlichen Sakristei«, *airdom iartharach*, kann der westliche Teil der Kirche gemeint gewesen sein oder auch eine Art freistehendes Schatzhaus im Westen der Kirche. Als Motiv für den Diebstahl wurde in den Annalen angegeben, dass das Buch einen reich verzierten Einband besaß, vielleicht sich auch in einem ebensolchen Behältnis befand, denn in Irland wurden Evangelien für gewöhnlich in tragbaren Schreinen aufbewahrt. In den Annalen wird für dieses Objekt das Wort *comdaigh* benutzt, das in anderen Zusammenhängen auch *cumdach* geschrieben wird. Der *cumdach* des Book of Kells war offensichtlich aus Gold und mit anthropomorphen bildlichen Darstellungen geschmückt, vielleicht mit Abbildungen der vier Evangelisten. Die Diebe – oder Räuber – zeigten sich nur an dem wertvollen Edelmetall interessiert. Möglicherweise waren sie Wikinger. Anderswo sind Dokumente erhalten, aus denen hervorgeht, dass auch andere Handschriften um diese Zeit herum entwendet wurden, darunter ein Psalter in einem mit Edelsteinen besetzten Einband, der 1012 aus der Abtei Saint-Hubert in Luxemburg geraubt wurde, und der Stockholmer Codex Aureus, den eine Wikingerhorde in Canterbury an sich brachte, der aber sofort wieder freigekauft wurde – zweifellos ohne seinen Einband (siehe oben, S. 63). Die Missetäter, die das Book of Kells entwendeten, entkleideten es vermutlich seines Einbands und warfen den für sie wertlosen inneren Teil, also die Textseiten, weg oder vergruben ihn. Die zwei Monate und zwanzig Nächte, die das Buch im Purgatorium verbringen musste, entsprechen der doppelten Anzahl der Tage und Nächte – jeweils vierzig –, die Christus dem Bericht der Evangelien zufolge in der Wüste ausharrte, oder der zweifachen Länge der Fastenzeit. Diese achtzig Tage endeten mit einem Begräbnis und einer Wiederauferstehung.

Dieses »wertvollste Objekt der westlichen Welt« ist heute ein nationales Kulturdenkmal Irlands von höchstem Rang. Es ist vermutlich das bekannteste mittelalterliche Buch überhaupt und vielleicht auch das, mit dem sich die meisten Emotionen verbinden. Es ist auch das ikonenhafte Symbol irischer Kultur. Von der UNESCO wurde es in das Memory of the World Register aufgenommen und zählt damit zum Weltdokumentenerbe. Ein vom Book of Kells inspiriertes Ornament fand sich auf der ehemaligen irischen Ein-Penny-Münze (1971 bis 2000) und wurde erneut 2012 für eine Zwanzig-Euro-Gedenkmünze verwendet. Eine der Initialen aus der Handschrift war auf der Rückseite der alten irischen Fünf-Pfund-Note abgebildet, und Motive aus ihr waren auch auf Briefmarken des Landes zu sehen. Vermutlich findet man in jedem »Irish Pub« der Welt und ebenso auf Millionen von Geschirrtüchern aus irischem Leinen Reproduktionen von Textpassagen oder Verzierungen aus dem Book of Kells oder zumindest etwas, das diese in irgendeiner Form widerspiegelt. Das gilt ebenso für patriotische Halstücher oder Souvenirshawls, Krawatten, Broschen, Bierflaschenetiketten, Manschettenknöpfe und Tischuntersetzer. Das Original wird heute in einem speziellen abgedunkelten, »Treasury« genannten Schrein am westlichen Ende der Bibliothek von Trinity aufbewahrt. Jährlich stellen sich über 520 000 Besucher an, um es zu sehen, und kaufen bunte, nummerierte Eintrittskarten für die Ausstellung zum Book of Kells. Mehr als zehn Millionen Menschen sind in den ersten zwei Jahrzehnten seit Eröffnung der gegenwärtigen Ausstellung im Jahr 1992 an den Vitrinen vorbeidefiliert. Die Schlange der Besucher, die täglich anstehen, nur um eine lateinische Handschrift in Augenschein zu nehmen, erreicht an manchen Tagen eine unglaubliche Länge. In ganz Dublin stehen Schilder, die einen den Weg zum Book of Kells weisen. Die neu eingerichtete Straßenbahnhaltestelle vor den Eingangstoren von Trinity College ist nach der Handschrift benannt. Der Name keines anderen mittelalterlichen Manuskripts ist so vielen Menschen vertraut,

RECHTS: Der im frühen 18. Jahrhundert fertiggestellte und im 19. Jahrhundert durch Aufstockung erweiterte »Long Room« der Bibliothek des Trinity College in Dublin.

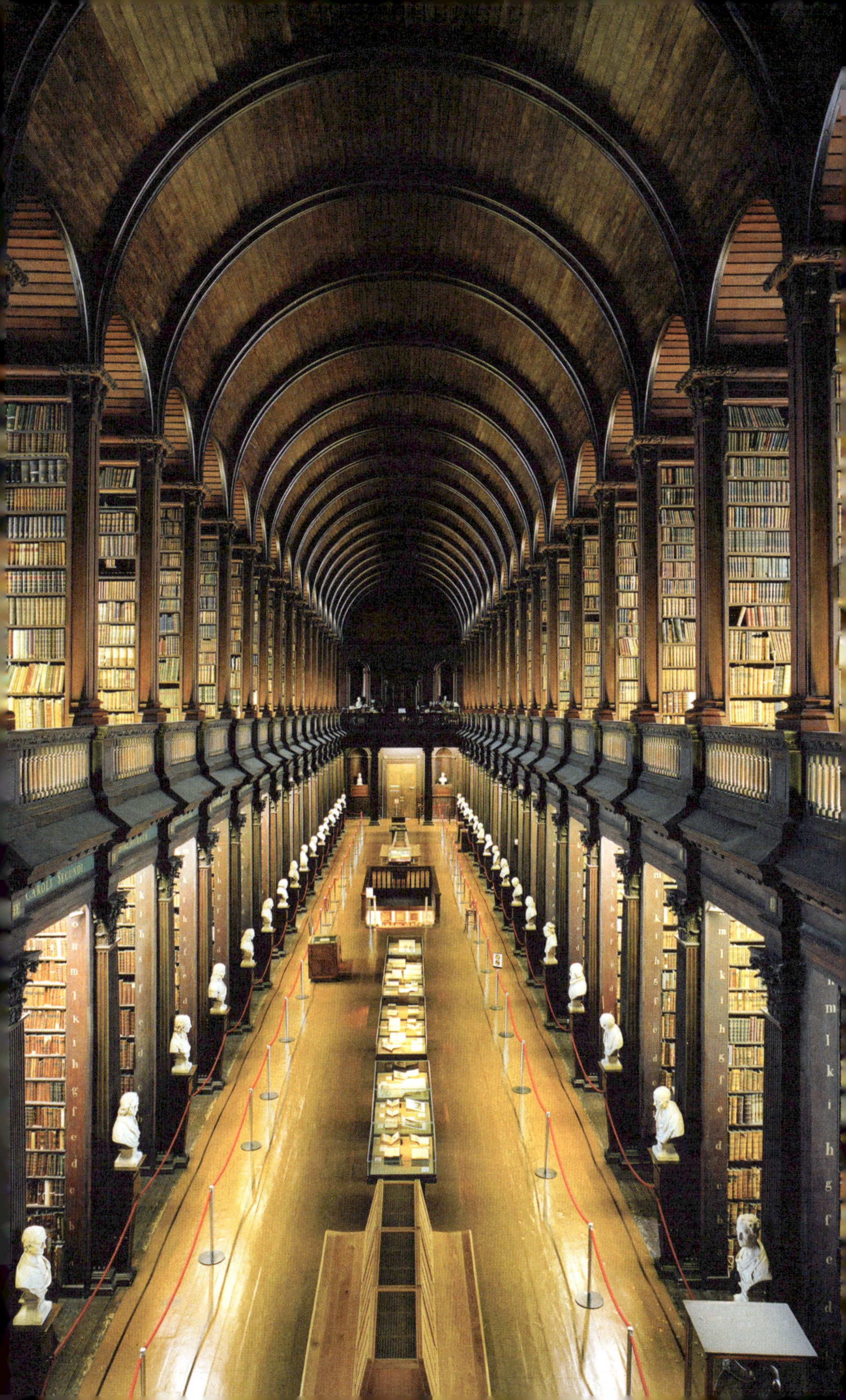
CAROLI SECUNDI

auch wenn die Leute nicht immer genau wissen, was dieses Book of Kells eigentlich ist. Ich bin oft gefragt worden, ob es so etwas Ähnliches sei wie ein Book of Hours, ein Stundenbuch also, und wenn ja, um was es sich dann bei einem »Kell« handele.

Das Book of Kells, das einfach nach dem Ort benannt ist, in dessen Besitz es sich einst befand (und aus dem es 1007 gestohlen wurde), enthält die vier Evangelien – das des Matthäus, des Markus, des Lukas und des Johannes – in der lateinischen Übersetzung des heiligen Hieronymus mit, wie wir sehen werden, bestimmten Varianten und ergänzt durch eine Zahl traditioneller einleitender Texte vor dem Beginn des Matthäus-Evangeliums, wodurch es dem Augustinus-Evangeliar ähnelt, mit dem es aber sonst nur wenig gemein hat. Vermutlich entstand es in den allerletzten Jahren des 8. Jahrhunderts.

Für mich ist das Book of Kells heute bequem erreichbar. Ich stieg am frühen Morgen in London ins Flugzeug, um nach Dublin zu fliegen und es mir anzusehen. Vom Dubliner Flughafen nahm ich den Shuttlebus in das südliche Stadtzentrum. Es war ein frischer Herbsttag, mit hohen Wolken an einem Himmel von ganz blassem Blau. Ins Trinity College kommt man durch einen Torbogen in einem klassizistischen Gebäude namens Regent House: Man befindet sich dann unvermittelt inmitten einer regelrechten Miniaturstadt mit prächtigen Häusern und eleganten Plätzen. Um zum Book of Kells zu gelangen, braucht man nur den Schildern zu folgen. Zunächst geht es geradeaus, dann rechts bis zum Südende des lang gestreckten Bibliotheksgebäudes aus dem 18. Jahrhundert. In leichter Verlegenheit über meine Dreistigkeit schritt ich an den Schlangen der Touristen vorbei, die sich schon auf den Kopfsteinpflaster angestellt hatten, um die Ausstellung im Treasury-Raum anzusehen. Man betritt und verlässt das Gebäude durch den Buchladen, denn alles, was mit dem Book of Kells zu tun hat, ist ernstes Geschäft; der Raum, in dem es verwahrt wird, hat etwas von einer Pilgerstätte im Mittelalter an sich. Eine als solche ausgewiesene Informationstheke fehlt, es bleibt einem daher nichts, als sich an die gestressten Kassierer zu wenden. Ich erspähte einen Mann, dessen Kleidung einen offiziellen Eindruck hinterließ, und erwähnte meinen Gesprächstermin mit Bernard Meehan, dem Kustos für Handschriften. »Oh, ich bringe Sie hin«, antwortete er mit diesem unwiderstehlichen singenden Tonfall der Iren. Inzwischen hege ich den Verdacht, dass er eigens ausgesandt worden war, um mich abzufangen. Er führte mich schnurstracks die Haupttreppe hoch, an den »Exit only«-Schildern vorbei und direkt in das Zentrum des Long Room der Bibliothek des College hinein. Das ist die mit wundervollem glänzendem Holz ausgekleidete Kathedrale der Bücher, die vom Architekten Thomas Burgh geplant und von 1712 bis 1732 errichtet wurde. Ursprünglich war sie für 100 000 Bände geplant gewesen, doch Mitte des 19. Jahrhunderts hatte man ihr Fassungsvermögen mithilfe einer Erhöhung des ursprünglich flachen Daches und in halber Höhe angebrachter Galerien verdoppelt, so dass sich heute Reihen lederner und goldgeprägter Buchrücken vom Fußboden bis zum Firmament hochziehen. Ein atemberaubender Anblick. Mein Führer hielt inne, damit der Raum auch seine volle Wirkung auf den Besucher entfalten konnte. »Wahrscheinlich waren Sie schon einmal hier?« Ich bejahte. Existierte Jorge Luis Borges' Bibliothek von Babel tatsächlich, dann sähe sie so ähnlich wie der Long Room von Trinity College aus. Wir durchquerten den ganzen lang gestreckten Raum, schritten an Marmorbüsten auf Sockeln und Ausstellungsvitrinen vorbei, um Absperrungen aus grünen Seilen herum bis zu einer steilen Holztreppe, wie sie auf einem Segelschiff nicht fehl am Platze gewesen wäre, in der hintersten linken Ecke. »Vorsicht, stoßen Sie sich nicht den Kopf«, sagte der Mann, der, wie ich später erfuhr, Brian hieß. Er geleitete mich nach oben, auf eine Empore, auf der zwei Konservatoren an einem Tisch arbeiteten, und dann weiter in den Lesesaal für seltene Bücher, der wie die Sakristei in Kells am westlichen Ende des Gebäudes lag. Dort saßen mehrere Leute an Lesepulten. Wie mir auffiel, trugen einige von ihnen bei der Arbeit Handschuhe. Wir wandten uns aber erst nach rechts und dann nach links, um in die Großraumbüros der Bibliothek zu gelangen. Bernard Meehan kam auf mich zu, um mich zu begrüßen. Er ist ein umgänglicher Mann mit einem sorgfältig gestutzten ergrauenden Bart – ein bisschen wie ein freundlicher Riesenschnauzer mit Brille. Alle mögen ihn. Er gehört zu denen, die einen konsequent mit Vornamen anreden.

Wie Bernard erklärte, ist das Book of Kells von einem derart großen materiellen, vor allem aber auch einem solch hohen Wiedererkennungswert, dass man nicht zulassen kann, dass im Lesesaal mit ihm gearbeitet wird. Keine andere Handschrift ist mit ihm vergleichbar, nicht einmal die *Très Riches Heures*, das Stundenbuch des Herzogs von Berry, im französischen Chantilly. Das Book of Kells droht von Neugierigen belagert und bedrängt zu werden – wie ein Popstar oder ein Staatsoberhaupt. Die Vorkehrungen zu seinem Schutz sind so komplex wie die, die Geheimdienste großer Länder treffen, um ihre Präsidenten vor Unbill zu bewahren. Als er einen früheren Entwurf dieses Kapitel las, machte Bernard Meehan eine Reihe hilfreicher Bemerkungen, bat mich aber vor allem auch, den Ort, an dem wir uns die einzelnen Bände des Book of Kells angeschaut hatten, nicht zu genau zu beschreiben. Ich will keine Geheimniskrämerei betreiben, doch natürlich komme ich seinem Wunsch nach: Ich kann gut verstehen, dass ihm Vorsicht wichtig ist. Ich will es daher bei der Information belassen, dass wir drei – Brian war nicht von meiner Seite gewichen – einen abgeschiedenen Raum innerhalb der Bibliothek aufsuchten, in dem wir auch sicher davor waren, dass jemand versehentlich hereinplatzte. Früher an jenem Morgen hatte Bernard bereits einen großen vor sich hingurgelnden Luftbefeuchter in diesen Raum bringen lassen, der die trockene Heizungsluft so anfeuchten sollte, dass die Bedingungen für die Handschrift ideal waren. Das Gerät tat sichtlich sein Bestes: Das kleine Fenster war schon ganz beschlagen. Ich wurde an einem runden grün bezogenen Tisch untergebracht, auf dem man schon vorher Schaumstoffpolster, ein digitales Thermometer und weiße Handschuhe zurechtgelegt hatte. »Wir sind so weit«, sagte Bernard mit einem Nicken in Brians Richtung, und die beiden zogen gemeinsam los, um den ersten Band zu holen. Ich kann nicht leugnen, dass ich ein leichtes Kribbeln der Erregung verspürte, als ich da so alleine saß und auf ihre Rückkehr wartete. Es waren mehr als fünfzig Jahre vergangen, seitdem ich zum ersten Mal ein – bescheidenes – mittelalterliches Manuskript in Händen gehalten hatte. Das war in der Dunedin Public Library in Neuseeland geschehen, ich war gerade dreizehn. Was hätte ich wohl damals gedacht, wäre mir bewusst gewesen, dass ich eines Tages einmal in Dublin wäre und auf die Begegnung mit dem berühmtesten Buch der Welt warten würde.

Während das British Museum 1874 davon abgeraten hatte, etwas mit dem Einband zu machen, so dringend dieser auch einer Reparatur oder Auffrischung bedurfte, war das Book of Kells 1953 neu gebunden worden, und zwar von Roger Powell (1896–1990), dem bekanntesten Buchbinder seiner Generation. Powell teilte das Book of Kells in vier Bände. Das geschah unter anderem, damit verschiedene Evangelien nebeneinander ausgestellt werden konnten, aber auch damit eine Rotation der Exponate möglich war, das heißt Teile der Handschrift für eine gewisse Zeit wieder ins Depot gebracht werden konnten, bevor man sie erneut den Blicken der Besucher aussetzte. Ich war mit Bernard Meehan übereingekommen, dass ich mich damit begnügen würde, mir die beiden Bände anzuschauen, die am Tag meines Besuchs nicht gerade der Öffentlichkeit gezeigt wurden. Als Bernard und Brian wieder den Raum betraten, hatten sie einen schmalen Holzkasten dabei. Der Behälter besaß einen Lederbügel und sah wie ein kleiner Koffer aus. Er schien nicht groß genug für das Book of Kells zu sein, und ich brauchte einen Moment, bis ich begriff, dass er nur den ersten der Einzelbände enthielt. Die Kästen wurden von Edward Barnsley (1900–1987) angefertigt, einem Kunstschreiner, und alle vier Kästen lassen sich übereinander in ein Behältnis schieben, das wie die Kommode einer Puppenstube aussieht: Das ist der moderne *cumdach* des Evangeliums im Trinity College. Die Kästen ähneln Schubladen mit einem Deckel, der von einer langen kupfernen Feder, welche man zum Öffnen drehen muss, fixiert wird. Der Druck, den die Feder ausübt, sorgt dafür, dass der Handschriftenband fest verschlossen bleibt, ohne dass man irgendwelche Klammern verwenden muss.

Bernard Meehan hob den ersten Band aus seinem Kasten und legte ihn vor mir auf den Tisch. Wir schauten ihn einen Augenblick lang einfach nur an. Ungeöffnet misst er etwa 33 mal 25 Zentimeter. Der Einband von 1953 sieht bereits merkwürdig antiquiert aus. Er ist im *Arts and Crafts*-Stil gestaltet und dem, der fast zur gleichen Zeit für das Augustinus-Evangeliar geschaffen wurde, nicht unähnlich. Bei den Deckeln handelt es sich um schmucklose wagenschott gesägte Eichenbretter, die inzwischen schon ziemlich abgegriffen wirken. Der Rücken besteht aus alaungegerbtem weißem Leder und ist mit Stahlschrauben innen wie außen an den Brettern befestigt. Pergamentblätter, die eingerissen waren, wurden mit auffälligem weißem Faden genäht – getreu dem Grundsatz, dass Nähen ein ehrenwertes und traditionelles Handwerk ist, auch wenn es nicht zu übersehende Spuren hinterlässt. Für Vorsatzblätter und grundlegende Reparaturen wurde sauberes weißes Pergament benutzt – ohne den geringsten Versuch, es auf alt zu trimmen. Ich nehme an, dass heutzutage ein Buchbinder weniger auffällige Techniken bevorzugen würde. Das Hauptproblem, dem sich Roger Powell gegenübersah, bestand darin, dass an die hundertvierzig Blätter lose waren oder dringend einer Verstärkung der inneren Falte bedurften. Um Abhilfe zu schaffen, mussten diese Blätter an neuen Streifen aus modernem Pergament be-

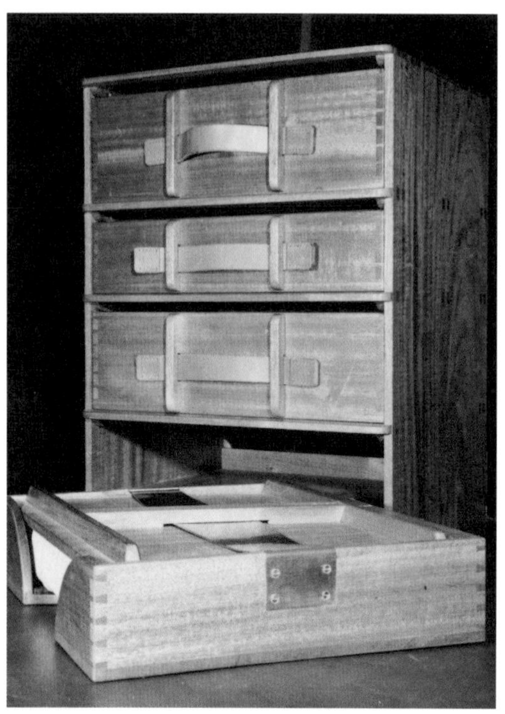

Die von Roger Powell entworfenen Holzkästen zur Aufbewahrung des Book of Kells – eine Kupferfeder sorgt dafür, dass jeder der vier Bände in seinem Behältnis fest verschlossen liegt.

festigt werden. Das wiederum bedeutete, dass die Innenkanten dieser Blätter danach doppelt so dick wie vorher waren und das Buch insgesamt innen, also zum Rücken hin, wesentlich breiter als an der Außenkante. Für gewöhnlich hätte ein Buchbinder das Problem gelöst, indem er das Pergament an den Innenkanten ganz dünn schliff. Die Leitung von Trinity College weigerte sich energisch, ihre Zustimmung zu so etwas zu erteilen. Man bestand darauf, dass absolut nichts, noch nicht einmal Verunreinigungen, von den Seiten entfernt würde. Powell und das College zerstritten sich darüber beinahe. Er sprach von »einer fast schon absurden Geschmacksverirrung«. Ich glaube, heute würden wir letztlich die Vorsicht der damaligen Leitung gutheißen. Am Ende bestand Powells Lösung darin, zwischen den einzelnen Lagen neue Pergamentblätter einzufügen, die an der Innenkante ganz dünn zugeschliffen, ansonsten aber von einer Stärke waren, die sie widerstandsfähig und fest genug machte. Auf diese Weise behielten die einzelnen Bände eine reguläre Form, sie schwollen aber insgesamt unnatürlich an, und dem Bibliophilen wird so das Vergnügen vergällt, das er sonst beim genüsslichen Umblättern der Seiten empfindet, denn er erhält immer wieder einen leichten Schock, wenn er auf eines der steifen neuen Blätter stößt. Das ist wirklich sehr schade. Wer das Manuskript in seiner Vitrine betrachtet, es als Faksimile vor sich hat oder online mit der digitalisierten Fassung arbeitet, bemerkt davon natürlich nichts.

Bernard hatte mir schon vor unserem Treffen einige der Hausregeln dargelegt, in der Hoffnung, dass diese für mich akzeptabel sein würden. Ich dürfte gern so viel Zeit mit den beiden an jenem Tag verfügbaren Bänden verbringen, wie ich wollte. Sie würden mir nacheinander vorgelegt werden, aber er würde es sein, der die Seiten umblätterte. Er hatte sich den ganzen Tag für mich frei genommen, und er würde mir gerne jede einzelne Seite zeigen. Er tat das dann auch voll unendlicher Geduld, wobei er manchmal Kommentare zu dem abgab, was sich vor unseren Augen befand, manchmal auch diskret mit der Einrichtung zu verschmelzen suchte, wenn ich Notizen auf meinen Block kritzelte. Er schlug die Seiten nur mit den Fingerspitzen ganz vorsichtig um, indem er sie meistens gleichzeitig unten und oben berührte.

Der stärkste erste Eindruck, den das Original der Handschrift vermittelt, ist der von seidiger Glätte. Die Seiten sind manchmal fast durchscheinend und vollkommen plan, nicht bucklig und gewellt wie die vieler anderer großer Handschriften. Diese Glättung wurde von Roger Powell vorgenommen, weil er durch die Geschlossenheit der Oberflächen das Eindringen von Staub verhindern wollte. Er erreichte eine Art von Versiegelung, indem er die Blätter ganz behutsam anfeuchtete und sie dann mithilfe von an allen Rändern angebrachten Klemmen spannte und so trocknen ließ. Die Ränder der Blätter waren früher schon sauber beschnitten worden: ein Vermächtnis von George Mullen, einem begeisterten »Verbesserer«, der das Manuskript Mitte der 1820er-Jahre neu band. Wie auch immer man das beurteilen mag: In jedem Fall sieht das Book of Kells jetzt sehr ordentlich und adrett aus, was es im Mittelalter niemals getan haben kann.

Die erste Seite ist ein wenig enttäuschend: Mit kühnen Stichen in eine Umrahmung aus sauberem modernem Pergament eingenäht, ist ein bräunliches und beriebenes aufrecht stehendes Rechteck mit unregelmäßigen Kanten zu sehen (seine Gestalt verdankt es der Tatsache, dass es bis zum Rand der Zeichnung auf der Rückseite beschnitten wurde, wie ich feststellen konnte, als ich Bernard bedeutete, die Seite für mich umzublättern). Es war eindeutig einmal ein zerknittertes Fragment gewesen, das von Powell geglättet und an seinem ursprünglichen Ort wieder in den Codex eingefügt wurde. Es ist vertikal in zwei Kolumnen gegliedert, die ornamental eingerahmt sind. Die Beschriftung in großen gerundeten Buchstaben beginnt mit »Sadoc iustificatus / Sidon venatio / Thomas abysus«, wobei jedes Wort eine eigene Zeile füllt. Es handelt sich um die letzte Kolumne einer Liste, die offenbar einst den Anfang der gesamten Handschrift bildete: ein alphabetisch geordnetes (gekürztes) Verzeichnis hebräischer Eigennamen, die im Matthäus- und im Lukas-Evangelium vorkommen – es mag Sie überraschen, dass man im 8. Jahrhundert schon eine Anordnung in alphabetischer Reihenfolge vornahm. Ursprünglich war diese Liste vom heiligen Hieronymus zusammengestellt worden, der zu jedem Namen die lateinische Entsprechung angegeben hatte. Da jeder biblische Personen- und Ortsname im Hebräischen auch eine Bedeutung hatte, war Hieronymus besorgt darüber gewesen, dass diese Lesern, die nur des Lateinischen mächtig waren, entgehen könnte. Dadurch würde sich ihnen eine (Be-)Deutungsebene des heiligen Textes nicht erschließen. Es mutet seltsam an, dass man es als notwendig erachtete, eine solche Liste in eine für die Zurschaustellung bestimmte Prachthandschrift wie das Book of Kells aufzunehmen. Sicherlich war der Codex nicht dazu gedacht, von einem Bibelexegeten konsultiert zu werden. Die Bedeutung des ersten Namens in dieser Liste, Sadoc (Zadok), wird mit »iustificatus« (»gerechtfertigt«) wiedergegeben. Soweit ich weiß, wird der Hohepriester Zadok in keinem der Evangelien erwähnt (er kommt in den Büchern Könige und Chronik vor und wird zum letzten Mal im Buch Hesekiel erwähnt). Als Nächstes folgt der Ortsname »Sidon«, hier mit »venatio« übersetzt, was so viel wie »Jagd« oder »Jagen« bedeutet. Die Stadt Sidon kommt in der Tat in den Evangelien vor und zwar zusammen mit Tyros (Matthäus 11, 21–22 und anderswo). Auf den Apostel Thomas, dessen Name an dritter Stelle erscheint und mit »abysus« (»Abgrund«) übersetzt wird, trifft man natürlich häufig in den Evangelien; zum ersten Mal begegnet er im Matthäus-Evangelium (10, 3). Der letzte Eintrag in der Liste lautet »Zaccheus«; das ist der

RECHTS: Die erste erhaltene Seite des Book of Kells: Sie trägt den Schluss eines erläuternden Verzeichnisses der in den Evangelien vorkommenden hebräischen Namen.

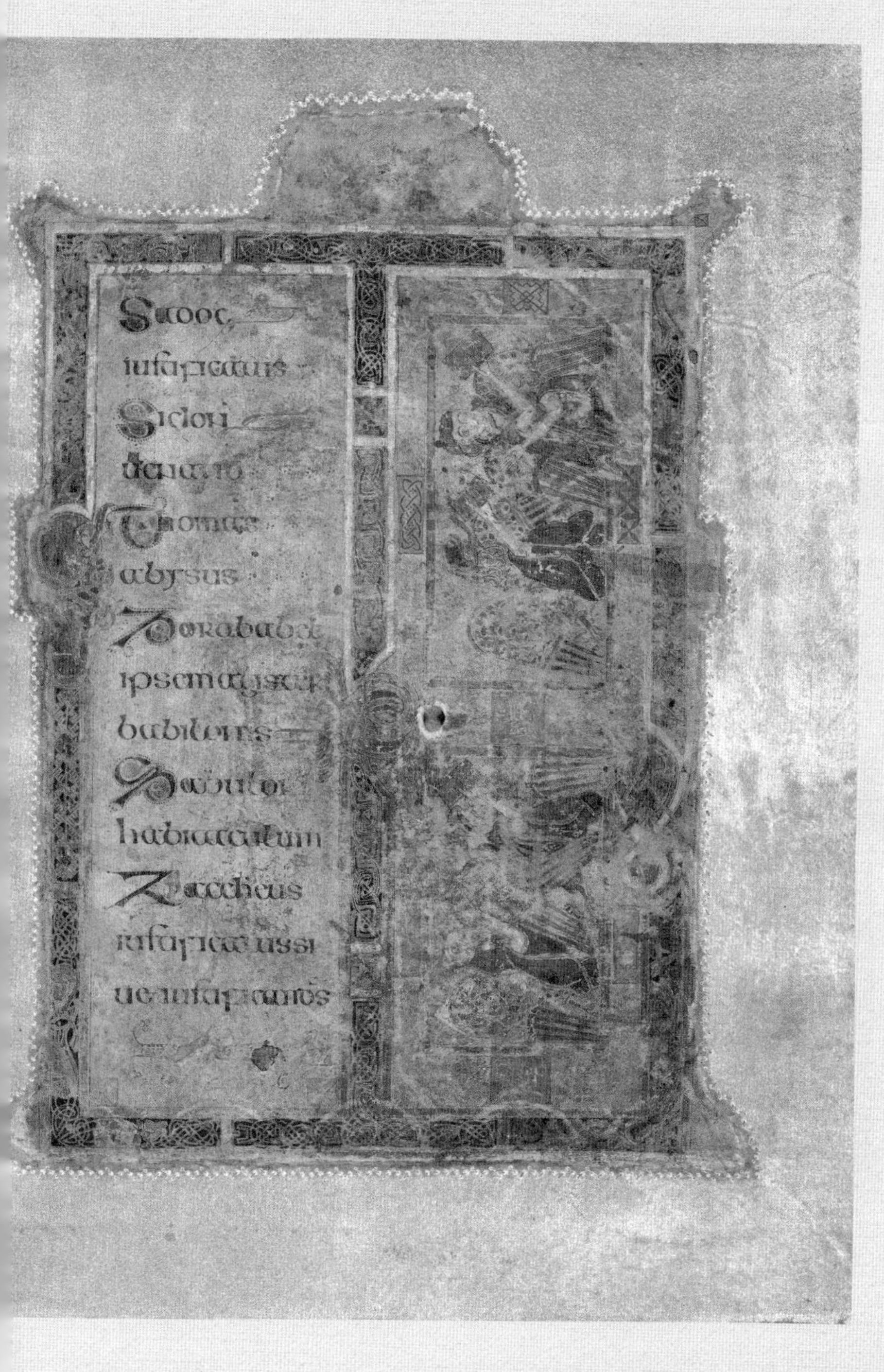

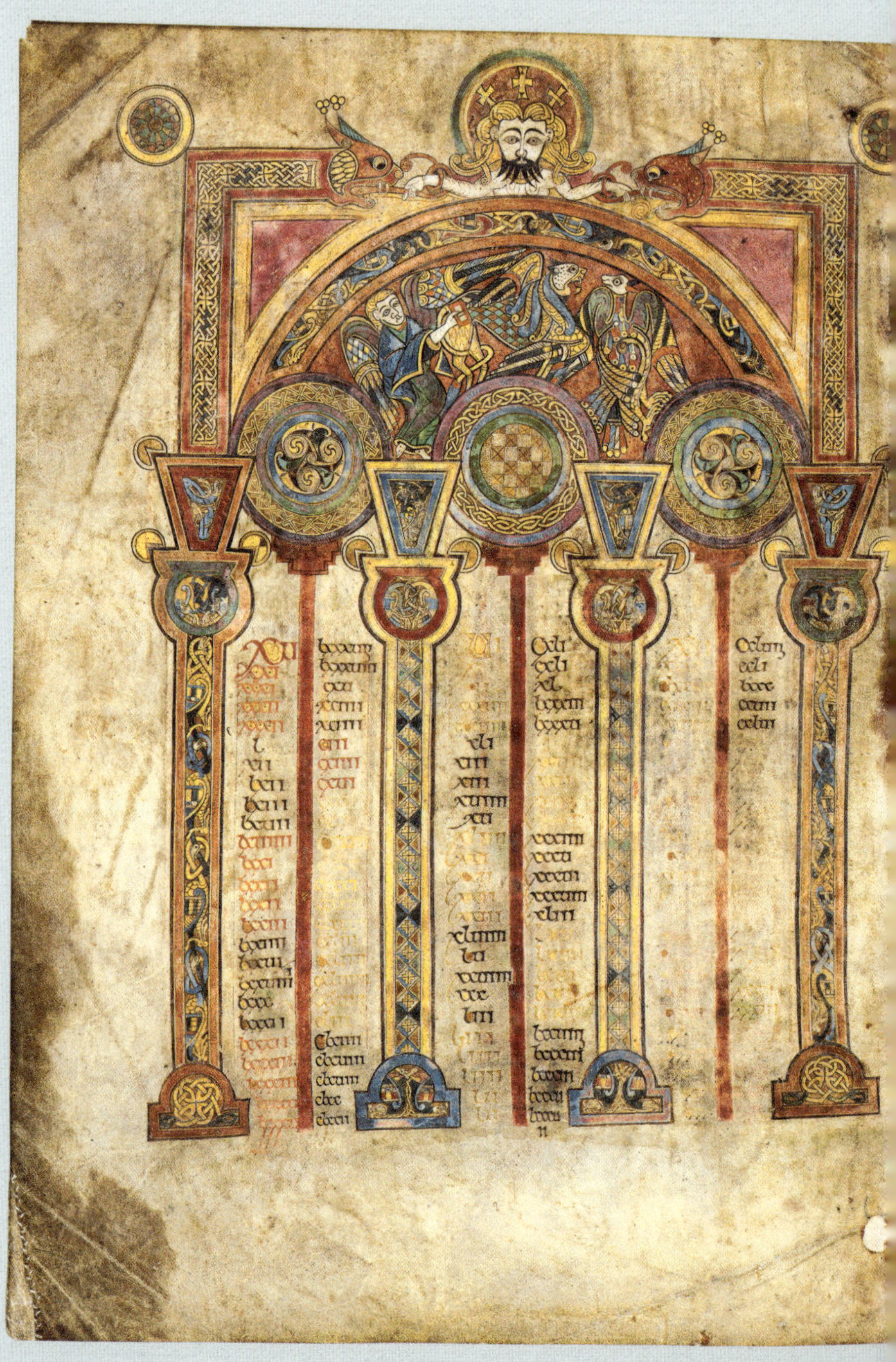

Steuereintreiber Zachäus aus dem Lukas-Evangelium (19, 2–10), dessen Name, so die Erklärung, im Hebräischen genau wie »Zadok« »gerechtfertigt« oder »berechtigt« bedeutet.

In der zweiten Kolumne jener ersten, nur in fragmentarischem Zustand erhaltenen Seite begegnen uns zum ersten Mal ein paar der Bilder, mit denen das Book of Kells so reich geschmückt ist; diese sind aber derart braun geworden und berieben, dass man kaum noch erkennen kann, was sie darstellen. Sie sind »gestürzt«, so als sollte man sie sich von rechts her ansehen, und es handelt sich um die ersten von zahlreichen Abbildungen in dem Buch, die in die falsche Richtung zu zeigen scheinen. Im 8. Jahrhundert drängten sich wohl viele Menschen um das große Buch und blickten von allen Seiten auf die aufgeschlagenen Seiten; vielleicht sollte aber auch die Vorstellung evoziert werden, dass Gott mit auf sie schaute. Es handelt sich bei diesen verblassten Bildern um Darstellungen der Symbole der vier Evangelisten, wie sie sich ursprünglich auch im Augustinus-Evangeliar fanden: Ein Engel mit einem Buch steht für Matthäus, ein geflügelter Löwe mit einer langen Zunge für Markus, ein Wesen, das wohl ein Stier sein soll, für Lukas (man kann allerdings kaum Einzelheiten erkennen) und ein Adler für Johannes. Die Darstellungen dieser vier Symbole sind die am häufigsten vorkommenden der ganzen Handschrift. An dieser Stelle bildeten sie zweifellos ein Frontispiz zu den sich anschließenden Kanontafeln.

Bei diesen Kanontafeln handelt es sich um eine Konkordanz der vier Evangelien, das heißt um ein Verzeichnis paralleler Stellen in ihnen, das auf Eusebius von Caesarea (ca. 260–ca. 340) zurückgeht. Sie müssen sich einst auch im Augustinus-Evangeliar befunden haben, bevor dessen erste Blätter verloren gingen. In vielen frühen griechischen und lateinischen Handschriften sind die Kapitel- und Versangaben zwischen gemalten Pfeilern niedergeschrieben, die an ihren oberen Enden durch grazile Rundbögen miteinander verbunden werden, die sich über zwei Öffnungen spannen, so dass man an die Bogengänge eines Klosters erinnert

LINKS: Die Kanontafeln im Book of Kells, für deren Gestaltung die klassische Architektur das Vorbild lieferte, ermöglichen das Auffinden inhaltlich paralleler Passagen in den Evangelien. Am rechten Rand sind die von Robert Powell mit Nadel und Faden vorgenommenen Restaurierungsarbeiten deutlich zu erkennen.

[illegible] mac [illegible] ⁊ Maelsechnaill mc Conchobair hui
Maelsechnaill . ocus comarba Coluim Cill ⁊ Domnall mc Robar-
taig [illegible] ocus [illegible] ocus
[illegible] Cormacc mc
Nechtocan [illegible] Coluim Chille [illegible]
[illegible] Choluim Chille [illegible] do
Dia ocus [illegible]
[illegible]

wird. Ein Leser fuhr damals wahrscheinlich mit dem Finger zwischen den senkrechten Ziffernreihen hin und her, um festzustellen, wo eine Passage aus einem bestimmten Evangelium eine inhaltliche Entsprechung in einem anderen fand. In den meisten Handschriften ist der Anklang an die klassische Architektur sehr ausgeprägt. Wenn man sich die Kanontafeln in einem griechischen oder auch karolingischen Evangeliar anschaut, hat man beinahe den Eindruck, im sonnendurchfluteten Innenhof eines byzantinischen Palasts oder in den bemalten Wandelgängen eines mediterranen Klosters zu stehen. Auf der kleinen Insel, die noch jenseits der äußersten Ränder Westeuropas lag, hatte aber im späten 8. Jahrhundert wohl noch niemand zum Himmel aufsteigende und sich zu langen Kolonnaden zusammensetzende Rundbögen gesehen. Die Gotteshäuser waren ohne Zweifel niedrige und im Inneren düstere Gebäude, und die Stürze ihrer winzigen Fenster und Türen waren nicht gewölbt, sondern gerade und blockartig. Im Book of Kells ist kaum noch zu erkennen, dass die Gestaltung der Kanontafeln ursprünglich auf architektonische Vorbilder zurückging: Sie wird gewissermaßen von irischer Ornamentik erstickt. Die Pfeiler selbst wirken substanzlos: Sie wimmeln von verschlungenen Schlangenmustern und sich krümmenden und windenden Geschöpfen. Die Basen der Säulen haben keine strukturelle Funktion mehr: Sie wirken nicht mehr so, als würden sie etwas tragen. Der Bogen über den Kapitellen ist im wahrsten Sinne des Wortes vollgestopft mit Verzierungen und Gesichtern sowie erneut den Symbolen der vier Evangelisten, eine Neuerung, die sich anscheinend nur in insularen oder irischen Handschriften findet. Auf den letzten beiden Seiten hat der Gestalter der Kanontafeln aufgegeben; vielleicht hat er auch nach einer unvollständigen oder schadhaften Vorlage gearbeitet und musste improvisieren. Er unterteilte diese letzten Seiten einfach mit geraden Strichen in vertikal verlaufende Gitter. Die Pfeiler und Bögen sind verschwunden. Stattdessen hat man etwas vor sich, was wie der Entwurf für ein modernes Brettspiel aussieht. (Für den nicht undenkbaren Fall, dass die Betreiber des Buchladens von Trinity College dies lesen und ein solches Spiel

LINKS: Einige der auf ursprünglich freien Seiten des Book of Kells eingetragenen Urkunden in altirischer Sprache. Eine dieser Urkunden ist auf Ua Breslén, Priester von Kells, ausgestellt.

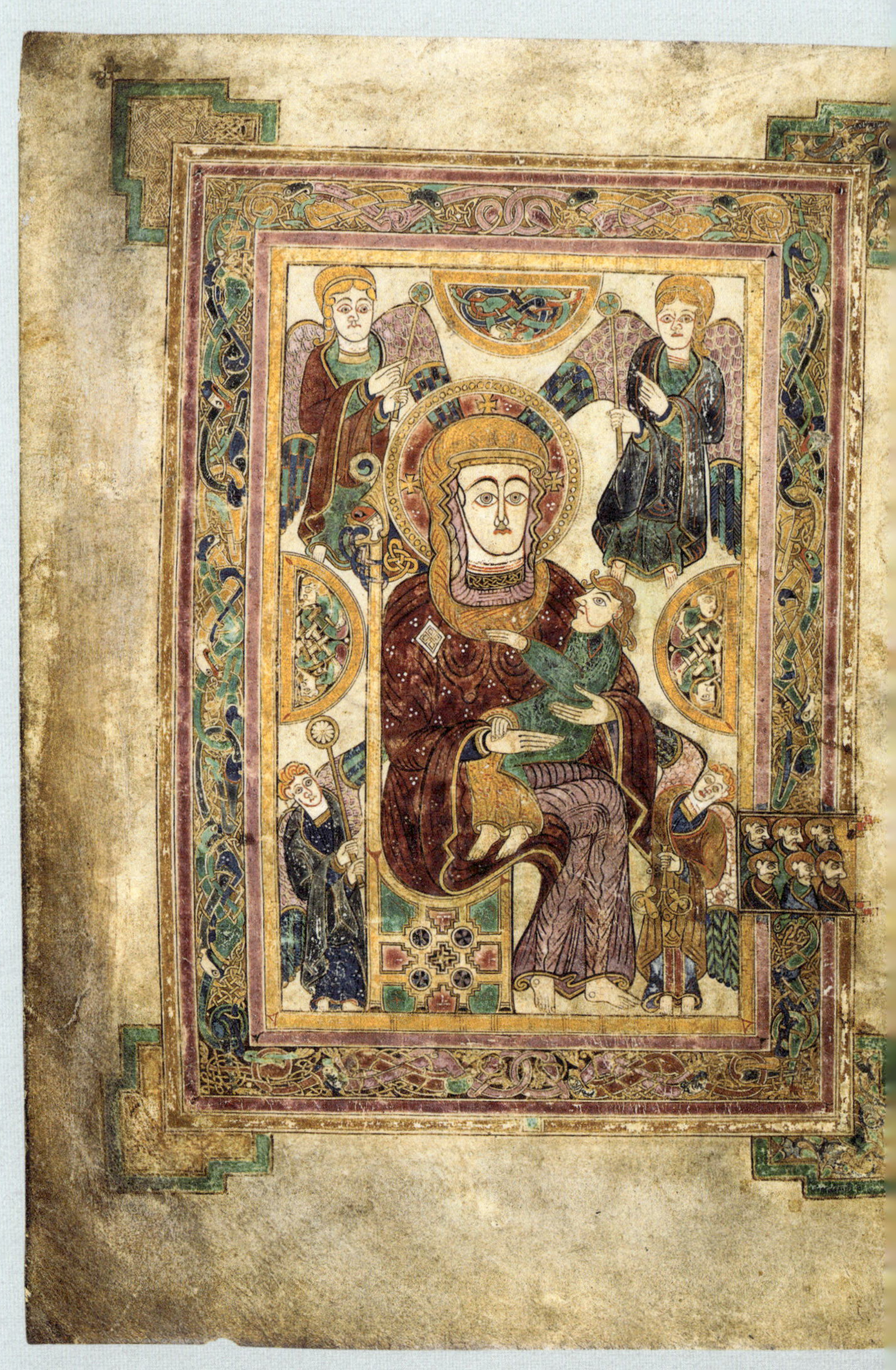

auf den Markt bringen, mögen sie bitte nicht vergessen, wer sie auf die Idee gebracht hat.)

An den unteren Rändern der letzten dieser Seiten und überall auf den ehemals freien Seiten, die auf sie folgen, finden sich Abschriften von in mittelalterlichem Irisch verfassten Verträgen. Auch anderswo in der Handschrift stößt man auf derartige Dokumente. Sie haben alle mit Grund zu tun, der das Kloster von Kells umgab, und stammen aus der Zeit zwischen dem späten 11. Jahrhundert und 1161. Es ist sehr gut möglich, dass bei Abschluss dieser Verträge ein Schwur auf das Evangelium geleistet und sie anschließend in dieses eingetragen wurden, weil der geheiligte Charakter des Kontexts dafür bürgen würde, dass das so feierlich Vereinbarte auf ewig respektiert und eingehalten würde. Überall in Europa war es im Frühmittelalter üblich, Texte dieser Art in Evangelien einzutragen (einige haben wir schon im Kapitel über das Augustinus-Evangeliar kennengelernt). Im vorliegenden Fall werden Vorgänge festgehalten wie (am unteren Rand von folio 6v) der Ankauf von Wiesenland, das als Muine Choscáin bekannt war und sich im Westen bis zum Moor von Donaghmore ersteckte, durch Ua Breslén, Priester von Kells, und seine Angehörigen. In den Kaufpreis von achtzehn Unzen Silber ist das Recht zum Torfstechen eingeschlossen, und der Vertrag ist von vielen Zeugen beglaubigt (man sieht sie förmlich vor sich, wie sie sich lärmend um die Handschrift scharten). Unter ihnen sind Oengus, Enkel von Rancán, dem Oberhaupt von Síl Tuathail; Ferdomnach Ua Clucáin (gest. 1114), der Nachfolger von Colum Cille, und die ganze Gemeinde von Colum Cille; Ua Dúnán (gest. 1117), der ranghöchste Geistliche des Nordens von Irland, und Domnall, Sohn von Flann Ua Maelsechnaill, König von Tara (1087–1094), sowie Ossín, Sohn des Echtgal, Türhüter von Kells. Diese Namen haben einen magischen Beiklang und evozieren eine längst vergangene Welt. Sie verraten uns auch, wo der Codex sich zu jener Zeit befand. In der Tat sind diese Eintragungen der einzige frühe Beweis dafür, dass es sich bei dieser Handschrift tatsächlich um das große Evangeliar handelt, das im 11. Jahrhundert dem Kloster von Kells gehörte, so wie

LINKS: Die Jungfrau mit dem Kind, umgeben von den vier Evangelisten. Es soll sich um die erste diesem Sujet gewidmete Darstellung innerhalb der europäischen Kunst handeln.

es in dem Bericht über seinen Diebstahl aus der dortigen Kirche nahezu hundert Jahre früher angegeben wurde.

Bernard schlug die nächste Seite auf, und mein Blick fiel auf die erste ganzseitige Illustration im Book of Kells. Sie nimmt folio 7v ein und zeigt die Jungfrau mit dem Kind, umgeben von vier Engeln. Dieses Blatt ist so bekannt wie kein anderes Werk der gesamten irischen Kunst; ein Ausschnitt wurde auf einem Satz von Patrick Scott entworfener irischer Briefmarken reproduziert, der zu Weihnachten 1972 ausgegeben wurde. Es handelt sich wohl um die älteste Darstellung Marias mit dem Jesuskind in der europäischen Kunst. Was ich jetzt gleich von mir gebe, wird vermutlich dazu führen, dass man mir die Einreisegenehmigung in die Republik Irland auf ewig entzieht: Das Bild ist unglaublich hässlich. Marias Kopf ist viel zu groß für ihren Körper, sie hat riesige rot umränderte Glupschaugen, eine lange Nase, die aussieht, als ränne sie nach unten, und einen winzigen Mund. Ihre Hängebrüste sind durch ihr purpurnes Gewand hindurch sichtbar, und ihre kleinen Beine ragen seitlich aus ihm hervor wie auf einer Kinderzeichnung. Das im Profil abgebildete Jesuskind wirkt grotesk und alles andere als anbetungswürdig. Das rötliche Haar ist verstrubbelt und sieht wie Seegras aus, die Himmelfahrtsnase und das Kinn stehen vor, und vom Nasenflügel bis zum Ohr zieht sich eine beunruhigende rote Linie: vielleicht eine Andeutung des Barts, den Christus in seinem späteren Leben getragen haben soll. Das Kind hat zwei linke Füße. Ich verfüge nicht über genügend Kenntnisse, um beurteilen zu können, ob die vier wenig anziehend aussehenden Engel »lebensecht« dargestellt sind oder nicht, doch sind die Körper, die sich unter ihren schweren Gewändern verbergen, mit Sicherheit in anatomischer Hinsicht ungeschlacht. Aber die Auffassungen von künstlerischer Schönheit gehen weit auseinander, und es ist auch schwer, ein ästhetisches Urteil über ein Werk abzugeben, von dem uns zwölfhundert Jahre trennen. Die handwerklichen Fähigkeiten des Künstlers stehen außer Zweifel, von ihnen zeugen auch auf diesem Blatt die filigranen Verzierungen des Rahmens. Vielleicht gehen die beiden im Mittelpunkt stehenden Gestalten auf eine sehr alte Komposition zurück, die aufgrund ihres Alters besonders verehrt wurde oder als besonders authentisch galt. Das Seltsame, ein wenig Gespenstische an ihnen mag weniger auf mangelnde Zeichenkunst zurückzuführen sein als darauf, dass man sich einer ererbten Darstellungstradition verpflichtet fühlte. Der heilige Lukas selbst soll ein

Porträt der Jungfrau Maria angefertigt haben, und es heißt, dass viele griechische Ikonen auf dieses Bild zurückgingen (und es immer noch tun). Es gibt frühe syrische und koptische Handschriften mit Abbildungen, auf denen die Jungfrau und das Jesuskind ähnlich deformiert oder missgestaltet aussehen. Wie diese Ikonografie auf die Inseln im Westen gelangte – was sie zweifellos tat –, entzieht sich unserer Kenntnis, ja es ist so unerklärlich für uns wie der Vogelzug. Etwas, was dem oberen Teil der Komposition sehr stark ähnelt, begegnet auf dem Schaft des aus dem 8. Jahrhundert stammenden steinernen Hochkreuzes des heiligen Oran von Iona, das kürzlich restauriert wurde und jetzt wieder im Museum der Insel ausgestellt ist.

Die Abbildung in der Handschrift muss auf die Geburt Christi Bezug nehmen, weil sie sich gegenüber dem Beginn der Zusammenfassungen der einzelnen Kapitel des Matthäus-Evangeliums findet, das mit der Abstammung und der Geburt Jesu beginnt. Auf dieser Seite (folio 8r) gibt

Der Beginn der Einleitung zum Matthäus-Evangelium: »Matheus ex iudaeis sicut primus ponitur …« [»Matthäus, einer der Juden, so wie er an erste Stelle gesetzt wurde …«].

es Zeilen, die in derart dicht gedrängten und ausgeschmückten Initialen ähnlichen Buchstaben ausgeführt sind, dass sie nahezu unleserlich werden. Ein Schreiber des 17. Jahrhunderts hat die eröffnenden Worte deswegen am unteren Rand in leserlicherer Schrift transkribiert; sie lauten: »Nativitas xpisti in bethlehem« (Die Geburt Christi in Bethlehem). Mit diesem Ereignis beginnt in der Tat der Text des Evangeliums. Nach erneutem Umblättern sehen wir endlich die ersten Zeilen in jener anmutigen großen insularen Majuskelschrift vor uns, für die das Book of Kells mit Recht berühmt ist. (Bei der manchmal auch »Halbunziale« genannten »insularen Majuskel« handelt es sich um die große geschnörkelte horizontal ausgerichtete, also sehr breite Repräsentationsschrift, wie sie für die Britischen Inseln und Irland charakteristisch ist.) Die eigentlichen Evangelientexte beginnen aber erst einundzwanzig Blätter später. Die Menge an nicht-biblischem einleitendem Material ist hier ungewöhnlich groß. Es wirkt beinahe so, als hätte man die Anleitungen zu ihrem Gebrauch, die sich in verschiedenen frühen Handschriften finden, gesammelt und an dieser Stelle eingeschoben, obwohl diese schon für die ersten Besitzer dieser Codices keinen großen praktischen Wert mehr besessen hatten. So wie ein Weihnachtsessen von Jahr zu Jahr üppiger wird, weil immer mehr »traditionelle« Beilagen hinzukommen, schwoll der Apparat an, weil man Anleitungen und Erläuterungen aus älteren Handschriften übernahm, obwohl gar nicht mehr die Notwendigkeit dazu bestand. Die Kanontafeln und die *breves causae*, die kurzen Zusammenfassungen des Inhalts der einzelnen Kapitel der Evangelien, sind mehr oder weniger nutzlos, da die Texte der Evangelien selbst im Book of Kells nicht in Kapitel unterteilt sind.

An die ergänzenden Texte schließt sich das traditionelle Vorwort zum Matthäus-Evangelium an; es beginnt mit einer großen rechteckigen Initiale »M«, hinter der ein Mann mit erschrockenem Gesicht hervorlugt. Er wirkt wie ein Badender, der dabei ertappt wird, wie er sich am Strand hinter einem vorgehaltenen Handtuch umzieht. Es folgen die Zusammenfassungen der Kapitel des Markus-Evangeliums und die Einleitung dazu sowie die Einleitungen zum Lukas- und zum Johannes-Evangelium. Dann springt der Text zurück zu den Zusammenfassungen der Kapitel dieser beiden Evangelien, die zum Teil in Rot und Purpur ausgeführt sind, was ihnen einen sehr dekorativen Anstrich gibt. Danach begegnen einem einige einleitende Illustrationen zum Matthäus-Evangelium: erneut die Symbole der vier Evangelisten, die wie schwerelos innerhalb eines wunderschönen Rahmens zu schweben scheinen, und eine ganzseitige Darstellung des heiligen Matthäus selbst, mit der wir auf folio 28v anlangen. In seiner Linken hält der Evangelist ein Buch, während er seine Rechte in sein Gewand geschoben hat, darin Napoleon ähnlich. Sein Gewand ist purpurn und mit gelben Punkten übersät. Der Evangelist wirkt beinahe wie ein Gespenst, wie er so zwischen Tierköpfen mit wilden Augen und inmitten lebhafter, farbsprühender Ornamente dasteht und einen direkt anschaut. Seine Füße weisen nach außen, und der Saum seines Gewands flattert, als schwebe er in der Luft. Die Seite ist recht dunkel: Sie muss in den vergangenen tausend Jahren oft aufgeschlagen und mit den Händen berührt worden sein.

Nachdem man sich durch ein Viertel des heutigen ersten Bandes hindurchgearbeitet hat, stößt man schließlich (auf folio 29r) auf den Anfang des Matthäus-Evangeliums. Die erste Seite ist derartig von Ornamenten überwuchert, dass der Text praktisch unlesbar ist. Man hat ein Gewirr aus gekrümmten Linien und geometrischen Figuren wie Kreisen und Rechtecken vor sich, und das alles ist mit ungemein filigranen Verzierungen ausgefüllt und überzogen. Hinter diesem wilden Knäuel lugt ganz oben ein kleiner Mann hervor, der wie ein Bauinspektor wirkt, der durch die ganze Komposition hindurch nach oben geklettert ist und jetzt von dort aus das Chaos, das sich unter ihm auftut, kritisch in Augenschein nimmt. Vermutlich soll er den heiligen Matthäus darstellen, denn sein Haupt ist von einem Heiligenschein umgeben, und er hält ein Buch in Händen. Außerdem findet sich am linken oberen Rand die Darstellung eines Engels – der Symbolfigur des Evangelisten in der bildenden Kunst. Im unteren Teil links steht ein wenig von der übrigen Darstellung abgerückt ein Mann, der ein geschlossenes Buch hochhält: Es kann sich wieder um den Verfasser des Evangeliums handeln, auch wenn er keinen Heiligenschein besitzt, vielleicht aber auch um einen Priester oder Diakon, der das Evangelium herbeibringt, damit es geöffnet werden kann und manifest wird, dass die Vorhersagen aller Propheten sich erfüllt ha-

NACHFOLGENDE DOPPELSEITE: Ein ganzseitiges Porträt des Matthäus markiert den Beginn seines Evangeliums. Auf der gegenüberliegenden Seite die ersten beiden Wörter des Textes: »Liber generationis ...«.

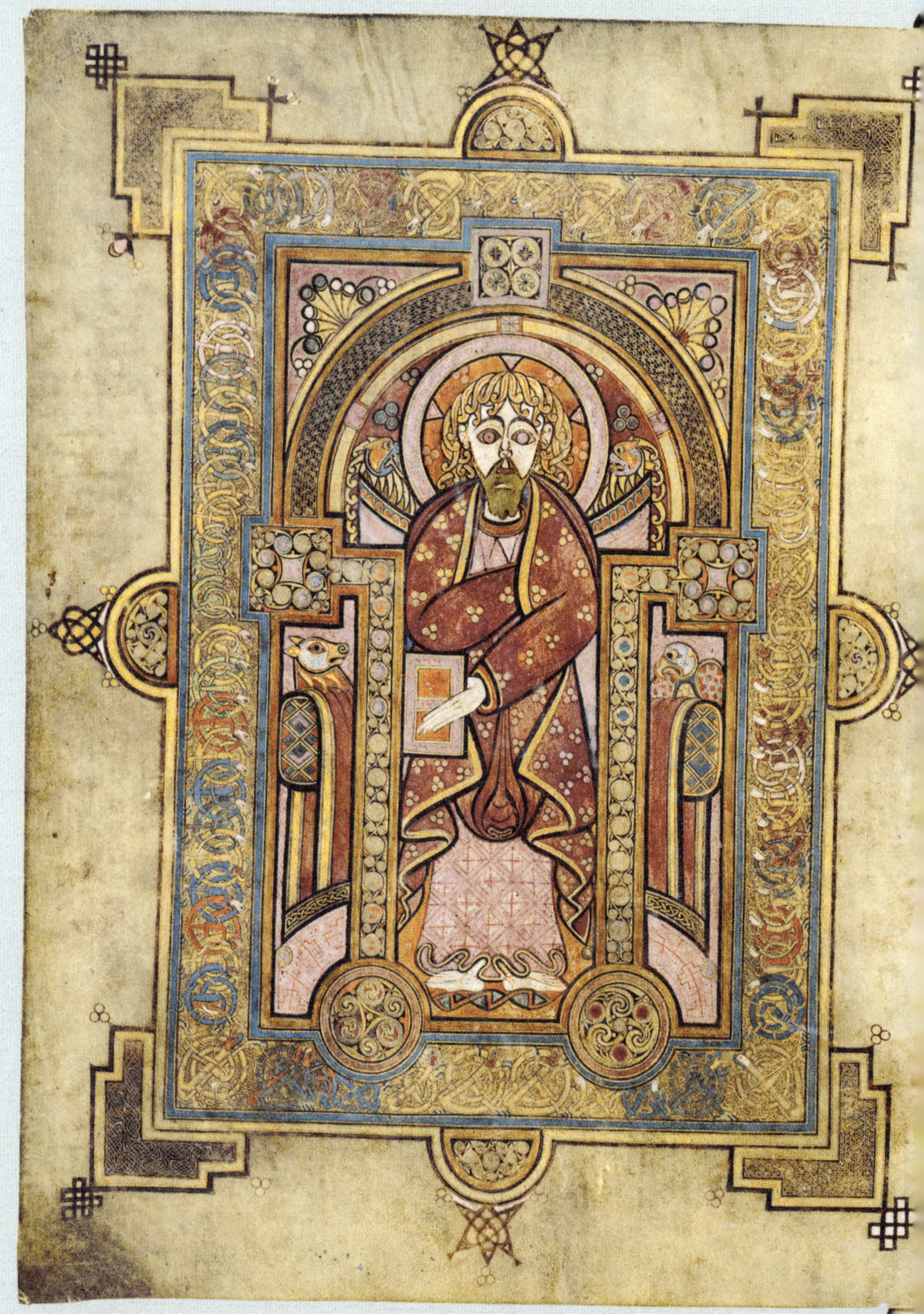

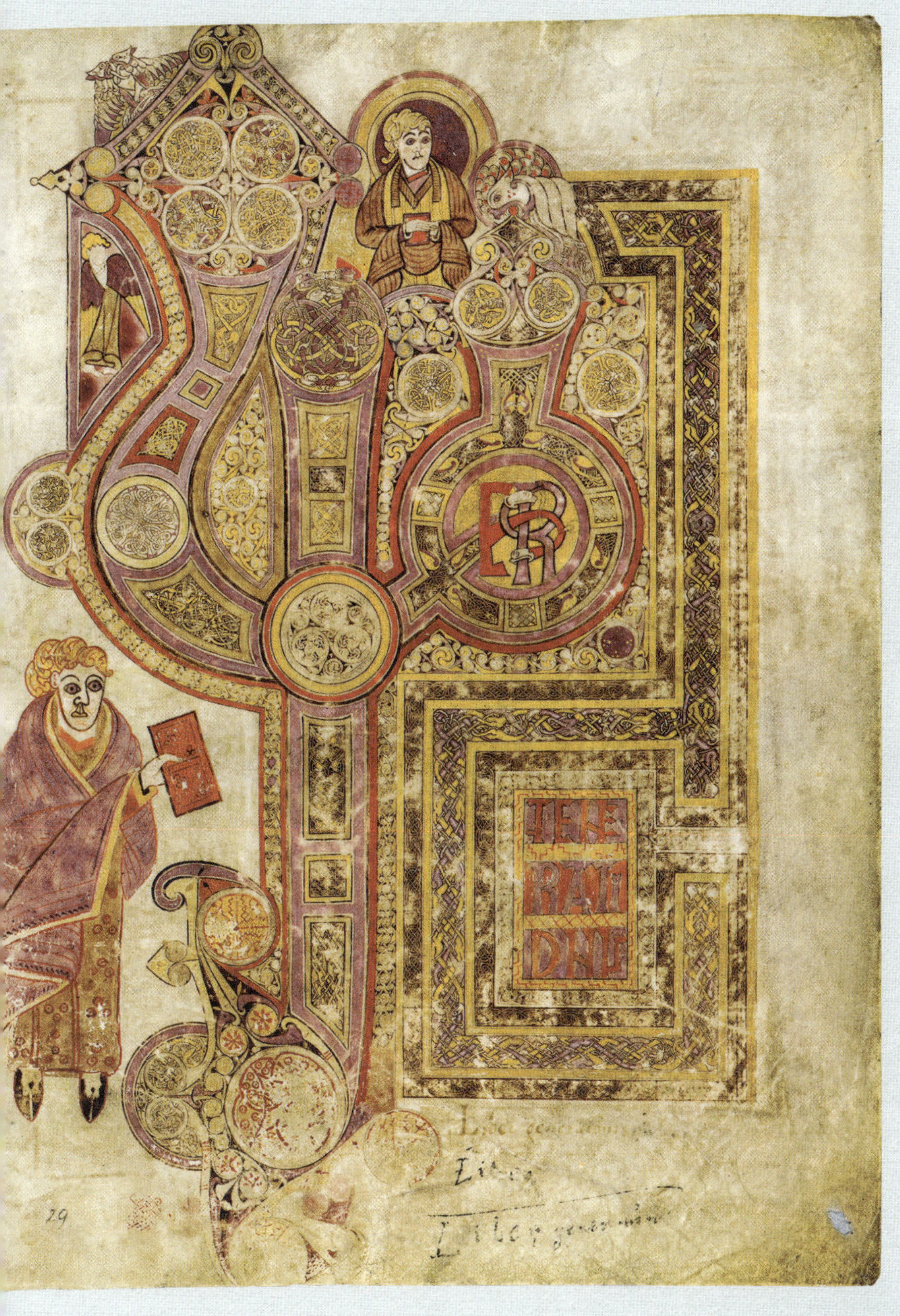

ben. Es ist nahezu unmöglich, inmitten des wilden Gestöbers von Ornamenten die Worte zu entdecken, mit denen das Matthäus-Evangelium beginnt: »Liber generationis …«. Zwei mit Sicherheit der Verzweiflung nahe Leser späterer Zeit haben sie deswegen in leserlicherer Manier am unteren Rand des Blatts notiert.

Ein paar Seiten weiter stoßen wir auf etwas, das sich als eine zweite mehrteilige Einführung zum Matthäus-Evangelium erweist. Da ist zunächst eine ganzseitige Darstellung Christi, der anscheinend auf einem Thron sitzt (folio 32v), während die gegenüberliegende Seite (folio 33r) eine sogenannte »Teppichseite« ist, das heißt eine rein ornamentale. Dieser von Kunsthistorikern benutzte bildlich-anschauliche Ausdruck trifft es genau: Man glaubt in der Tat einen wunderschön und kunstvoll geknüpften orientalischen Teppich vor sich zu sehen. Diejenigen, die die Ursprünge des irischen Christentums im nordafrikanischen Koptentum ausfindig zu machen versuchen, können auf koptische Stoffe verweisen, die auffallend ähnliche Muster aufweisen. Folio 34r ist im Grunde wieder unlesbar; das Blatt bezieht sich auf den Bericht von der Geburt Christi, der mit Matthäus 1, 18 beginnt, denn auf ihm ist das Wort Christus überliefert, aber in seiner im Mittelalter üblichen Kurzform, die aus den griechischen Anfangsbuchstaben von »Christos« XPI (Chi-Rho-Jota) besteht. Von ihrer Gestalt her bieten sich diese Buchstaben dazu an, kaleidoskopartige Muster mit ihnen zu schaffen. Diese Kompositionen sind uns von Reproduktionen her derartig bekannt, dass man nur schwer nachempfinden kann, was für einen Eindruck sie im 8. Jahrhundert auf eine Gemeinde von Gläubigen machten, die sie zum ersten Mal sahen.

Auch zu jedem der drei anderen Evangelien gibt es ganzseitige Illustrationen. Jedem von ihnen geht ebenfalls eine Seite mit den Symbolen der vier Evangelisten voran, und jedes beginnt mit komplexen Darstellungen textlicher Elemente, die derart formalisiert sind, dass sie für jeden, der diese Eingangsworte nicht auswendig kennt, nicht »entzifferbar« sind (folio 130r zu Markus, folio 188r zu Lukas und folio 292r zu Johannes).

RECHTS: Der Beginn von Matthäus 1, 18: »XPI autem generatio …«, »Die Geburt Christi war aber also getan«, mit einem aufgrund der überbordenden Ornamentik kaum zu entziffernden »Chi-Rho«-Monogramm, das für »Christus« steht.

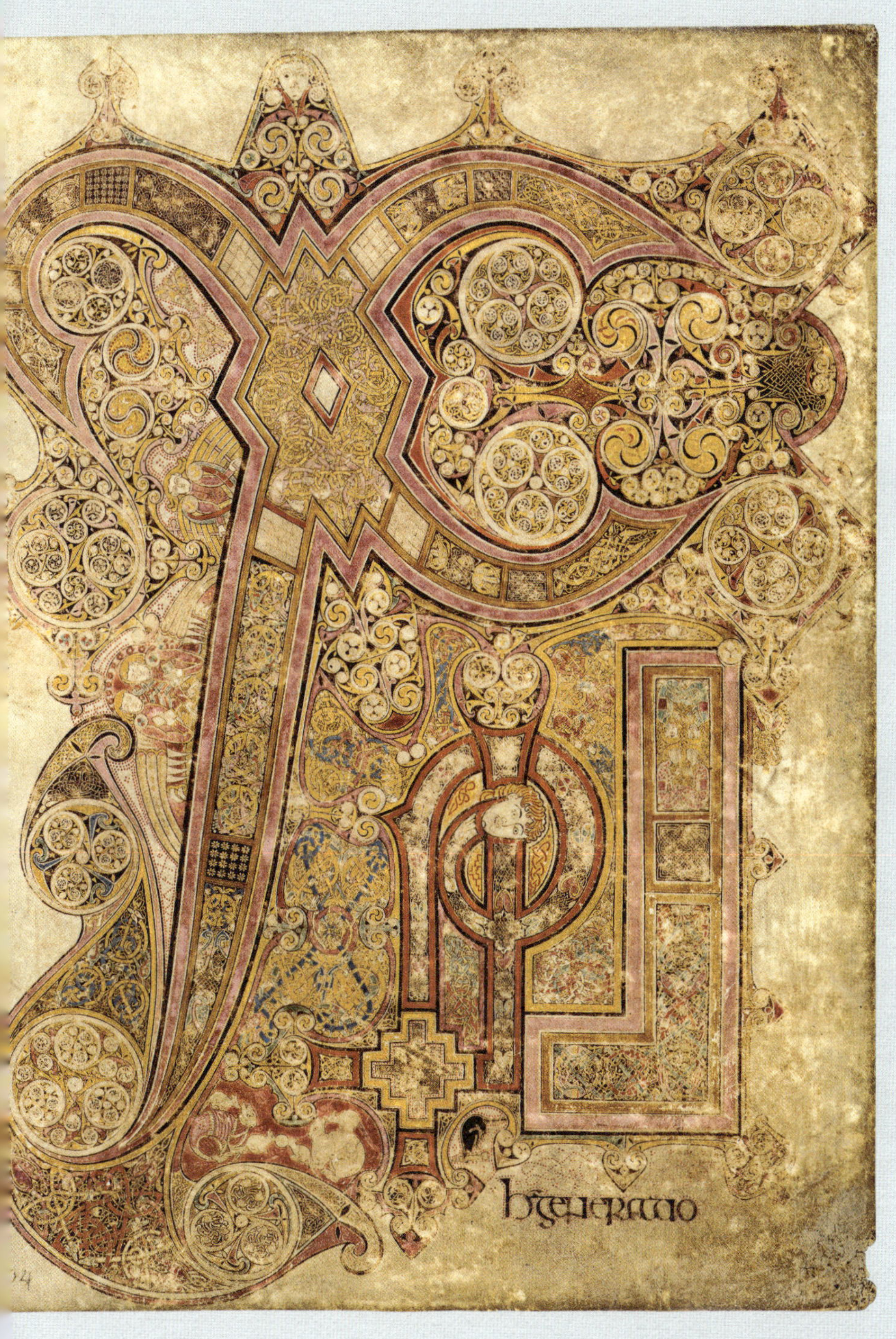
h generatio

duo ex uobis super terram de omni re quaecumque petierint fiet illis a patre meo qui in caelis est fiet cum illis. Ubi enim sunt duo uel tres congregati in nomine meo ibi ego sum in medio eorum

Tunc accedens petrus ad eum dixit dne quoniam si peccauerit in me frater meus quoties dimittam ei usque in septies. Dicit illi ihs non dico tibi usque septies sed usque septuagies et septies.

Ideo adsimilatum est regnum caelorum homini regi qui uoluit rationem ponere cum seruis suis. Et cum coepisset rationem ponere oblatus est ei unus qui debebat decem milia talenta cum autem

Als im Lauf des Tages eine Seite des Evangeliars von Kells nach der anderen vor meinen Augen umgeschlagen wurde, gewann ich persönlich den Eindruck, dass die Bildseiten den Fluss des Textes unterbrechen und man sie nur schwer genießen kann – mögen sie auch noch so berühmt sein. Ich bin noch nicht einmal sicher, ob man sie als schön bezeichnen kann. Sie besitzen eine große Bedeutung für die Geschichte der Kunst, und ihr kommerzieller Wert ist nahezu unschätzbar hoch (ich kann das als ehemaliger Angestellter von Sotheby's beurteilen), doch sie wirken verwirrend und lassen sich nur schwer entschlüsseln. Die Darstellungen menschlicher Gestalten kommen einem primitiv, ja sogar plump vor. Die Ornamentik ist zu üppig. Das Auge kann sich nirgendwo ausruhen. Überdies sind diese Seiten jetzt dunkel geworden, und sie glänzen beinahe wie mit Lack überzogen, was wahrscheinlich darauf zurückführen ist, dass immer wieder Hände in religiösem Übereifer über sie strichen oder sie sogar mit frommen Küssen bedeckt wurden. Man kann verstehen, was George Mullen, der die Handschrift in den 1820er-Jahren restaurierte, zu solch fehlgeleiteten Maßnahmen veranlasste, wie die Blattränder zu säubern und mit weißer Farbe den Kontrast der Abbildungen zu erhöhen. Der unterschiedliche Erhaltungszustand von Seiten mit Bildern und solchen mit Text geht aus Faksimileausgaben nicht hervor, in denen das Finish der Seiten einander angeglichen wird. Wahrscheinlich waren die Illustrationen in ihrem ursprünglichen makellosen Zustand eindrucksvoller.

Die Textseiten des Evangeliars von Kells sind hingegen weit schöner und exquisiter, als ich jemals gedacht hatte. Die Schrift vom Typus der insularen Majuskel ist makellos, von größter Regelmäßigkeit und Disziplin. Man kann die handwerklichen Fähigkeiten der Schreiber nur bewundern. Die einzelnen Buchstaben sind kalligrafisch gestaltet und so präzise ausgeführt, als seien sie gedruckt, dennoch reihen sie sich fließend aneinander und fügen sich perfekt in den zur Verfügung stehenden Raum ein. Manchmal schwillt die Schrift am Ende von Zeilen etwas an, so als würde sie Luft holen. Die Ausschmückung der Textzeilen ist umfassender und überwältigender, als man sich vorstellen kann. So gut wie

LINKS: Die Verse Matthäus 18, 19–24 im Book of Kells. Die kunstvoll gestalteten Initialen auf dieser Textseite schließen unter anderem Löwenköpfe ein.

jede Zeile ist farbig verziert oder mit einem Ornament verschönert. Jeder Satz beginnt mit einer komplexen kalligrafisch ausgeführten und kunstvoll vielfarbig ausgeschmückten Initiale, die einem wie ein emailliertes Kleinod entgegenleuchtet. Oft nehmen diese Initialen die Gestalt von Tieren und bizarren Kreaturen an oder schließen solche Geschöpfe in sich ein. Großbuchstaben innerhalb der Zeilen sind in leuchtenden Farben hervorgehoben. Es scheint nicht immer dieselbe Farbe zu dominieren, das variiert wie bei einem sorgfältig orchestrierten Feuerwerk: Auf einer Seite sticht vielleicht ein strahlendes Gelb hervor, auf anderen herrscht ein Rotton vor oder ein intensives Blassgrün, das metallisch schimmert. Der generelle Eindruck ist der von einem ständigen Im-Fluss- und In-Bewegung-Sein, von einem An- und Abschwellen. Ich wurde an Wasser erinnert, das durch Felsenriffe hindurch anströmt, brodelnd und schäumend, und sich wieder zurückzieht, wobei es Schaumblasen zurücklässt, die platzen und sich zu Unmengen von roten Pünktchen und kleinen Strudeln auflösen (manchmal sogar zu Fischen und Meeresungeheuern). Man begegnet Menschengesichtern, Löwen, Panthern und Hasen. Bernard Meehan wies mich auf den mit der Feder gezeichneten Löwen auf folio 40r hin, der auf der irischen Fünf-Pfund-Note abgebildet war. Es gibt berühmte Abbildungen von Katzen (während ich dies tippe, liegt unsere eigene Katze hinter mir auf dem Stuhl, womit sie mich vielleicht daran erinnern will, dass der heilige Hieronymus mit einem Löwen zu seinen Füßen gearbeitet haben soll – meiner Erfahrung nach kann das so nicht gewesen sein, denn der Löwe hätte es sich auf dem Stuhl bequem gemacht, bevor Hieronymus sich auf ihm hätte niederlassen können.) Vor allem aber gibt es winzige Schnörkel und keltische

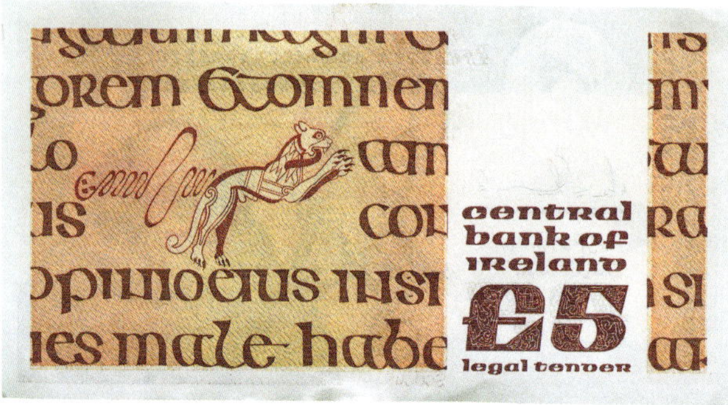

Die irische Fünf-Pfund-Note, die 1976 ausgegeben wurde, ist mit einem Detail von folio 40r des Book of Kells geschmückt.

Flechtmuster von größter Feinheit und Komplexität. Bernard reichte mir ein Vergrößerungsglas, das ich nur zögernd entgegennahm, denn es ist ein großformatiges Buch, und ich glaube ganz gute Augen zu haben. Doch offenbart die Lupe noch überwältigend viele allerfeinste Details. In Hugh MacDiarmids (1892–1978) Gedicht *The Poetic Faculty* heißt es, das Evangeliar von Kells könne nur mit einem Mikroskop studiert werden. Moderne Schreiber haben nachzuvollziehen versucht, wie die Kringel und Flechtmuster gezeichnet wurden, doch schon eine Feder derart spitz zuzuschneiden ist eine nahezu unvorstellbare technische Leistung.

Es gibt eine aus dem Mittelalter stammende Beschreibung einer Handschrift, die dem Book of Kells ähnelt, die in Büchern über insulare Kunst immer wieder zitiert wird. Gerald of Wales (ca. 1146–ca. 1223), ein Reisender und Chronist seiner Zeit, sah 1185 in Kildare einen Codex, bei dem es sich vermutlich nicht um das Evangeliar von Kells handelte, denn wir wissen, dass dieses sich im 12. Jahrhundert an einem anderen Ort befand. Diese unbekannte Handschrift muss aber der von Kells stark geähnelt haben. Gerald schrieb, das kostbare Manuskript, das ihm gezeigt wurde, sei mit Abbildungen und Verzierungen angefüllt gewesen, so üppig, dass es ihn ganz überwältigt habe. »Wenn man aber die Anstrengung unternimmt, ganz genau hinzuschauen«, schrieb er, »und mit den Augen in die Geheimnisse dieser Kunstfertigkeit einzudringen, dann offenbaren sich Feinheiten von einer Zartheit und Raffinesse, derart komplex und wohlgefügt und auch so frisch noch in ihrer Farbigkeit, dass man nicht zögert kundzutun, es handle sich um kein Werk von Menschenhand, sondern von Engeln.«

Die Wahrscheinlichkeit, dass Gerald of Wales eine Handschrift in Augenschein nahm, die der von Kells ähnlich war, aber nicht erhalten ist, erinnert uns daran, dass das Book of Kells wohl kaum »einzig in seiner Art« war. Doch sagt man, dass es sich bei ihm um eines aus einer Reihe irischer Evangeliare handelt, so suggeriert man, dass wir heute eine ganze Anzahl von Handschriften dieser Art kennen. Das ist keineswegs so: Diese Evangeliare gehören zu den seltensten und kostbarsten aller mittelalterlichen Kunstwerke. Das Book of Kells ist aber derart berühmt, dass es alles in den Schatten stellt und man leicht vergessen kann, dass das Trinity College in Dublin nicht weniger als fünf weitere frühe irische Evangeliare besitzt, die sogar älter sind. Nicht so reichhaltig ausge-

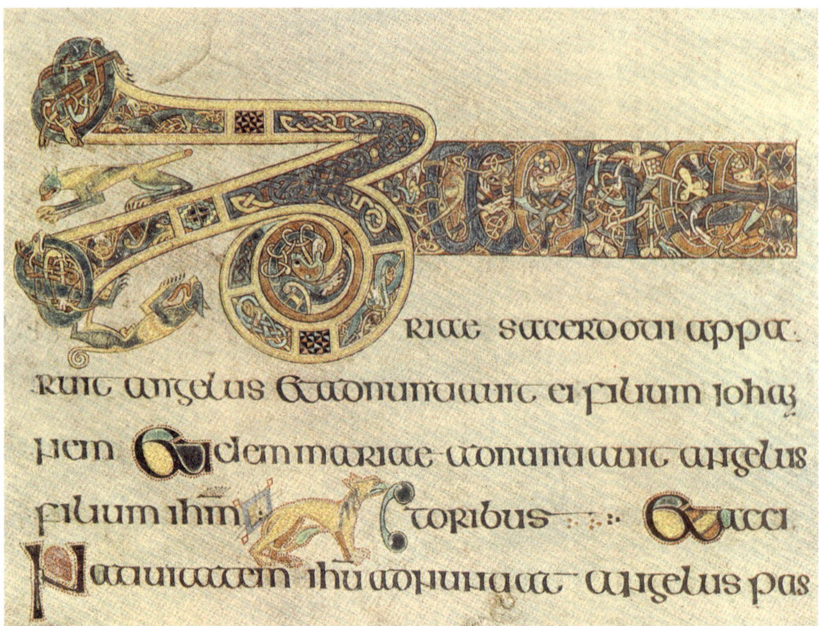

Faksimile einer Passage aus den *breves causae* zum Lukas-Evangelium in dem von Sir Edward Sullivan 1914 herausgegebenen Band mit Reproduktionen aus dem Book of Kells.

schmückt, sind sie aber dennoch ungemein wertvolle Zeugnisse der insularen Kultur, und zusammen macht dieses halbe Dutzend Handschriften fast das gesamte Korpus irischen Schrifttums aus dem frühen Mittelalter aus, das erhalten geblieben ist. Die erste ist das stark beschädigte, ungefähr hundertachtzig Blätter umfassende Fragment, das unter dem wenig eleganten Namen Codex Usserianus Primus bekannt ist. Es stammt vermutlich aus dem Irland des frühen 7. Jahrhunderts. Es ist einfach ausgeschmückt, unter anderem durch Hervorhebung von Initialen durch Umrahmung mit kleinen roten Punkten, eine für auf den Britischen Inseln entstandene Handschriften typische Technik. Sein Pendant, der Codex Usserianus Secundus, auch unter dem poetischeren Namen »Garland of Howth« (Girlande von Howth) bekannt, enthält zwei ganzseitige Illustrationen, die aber, um den Paläografen E. A. Lowe zu zitieren, »außergewöhnlich roh« sind. Lowe datiert die Handschrift auf das 8. bis 9. Jahrhundert. Die herausragende Qualität des Book of Durrow stellt hingegen niemand in Frage. Es lässt sich auf die zweite Hälfte des 7. Jahrhunderts datieren und soll wie das Book of Kells der Legende nach vom heiligen Columban niedergeschrieben worden sein. Die Handschrift befand sich einst im Besitz der vom heiligen Columban selbst gegründeten Kirche von Durrow, einem Ort ungefähr 100 Kilometer südwestlich von Kells. Sie weist ebenfalls einen Satz Kanontafeln auf, sechs kunstvolle Teppichseiten, fünf ganzseitige Darstellungen der Symbole der vier Evangelisten (auf folio 2r alle vier zusammen, zudem eingangs jedes Evangeliums), fünf sehr große Initialen von nahezu Seitenhöhe und eine sehr große Zahl kleinerer Initialen. Das Book of Durrow ist nicht derart kunstvoll gestaltet wie das Evangeliar von Kells und auch nicht so groß, doch es weist – zumindest im Ansatz – auch schon für dieses typische Merkmale auf: Freie Flächen sind dicht mit Ornamenten ausgefüllt, und keltische Flechtmuster schlängeln sich über die Seiten. Das Book of Mulling und das Book of Dimma schließlich werden beide auf die zweite Hälfte des 8. Jahrhunderts datiert. Sie enthalten ebenfalls Abbildungen der Evangelisten sowie von deren Symbolen und erstaunlich riesige Initialen. Jedes dieser Werke würde als nationaler Schatz höchsten Ranges gelten, würde ihr jüngster und größter Verwandter aus Kells sie nicht alle in den Schatten stellen.

Menschen, die sich auf dem Gebiet nicht so gut auskennen, sondern gerade erst beginnen, sich mit Handschriften zu befassen, fragen manchmal, was solche Codices uns über die Gesellschaften verraten, die sie erschaffen haben. Mittelalterliche Evangelien enthalten keine Beschreibungen dieser Gesellschaften und keine Berichte über zeitgenössische Ereignisse, denn sie sind ja keine lokalen Chroniken, sondern Übersetzungen religiöser Schriften aus weit entfernten Regionen. Gleichzeitig gibt aber diese Tatsache schon viel über das Irland jener Zeit preis. Niemand weiß, wie das Christentum sowie Schriftkundigkeit auf Irlands Inseln gelangten, möglicherweise geschah dies über Nordafrika. Irland war im frühen Mittelalter mit Sicherheit kein kulturell zurückgebliebenes Gebiet, sondern es gab dort eine des Lateinischen mächtige Gesellschaft, obwohl die Römer nie bis dorthin vorgedrungen waren. Man war vertraut mit Texten und künstlerischen Darstellungen, die eindeutige Parallelen zu solchen in koptischen und griechischen Kirchen aufweisen, mit Kanontafeln ebenso wie mit Teppichseiten. Obwohl das Book of Kells so »irisch« ist, wie man es sich nur vorstellen kann, handelt es sich um ein Werk des mediterranen Kulturraums. Zu den Pigmenten, die für die Illustrationen verwendet wurden, gehört Auripigment, ein gelber

Farbstoff, der aus Arsensulfid gewonnen und aus Italien exportiert wurde, wo man diese Schwefelverbindung in Vulkankratern fand. Es gab eindeutig Handelsverbindungen und Kommunikationswege, von denen wir nichts wissen.

Der Transfer fand in beide Richtungen statt. Die irischen Mönche zogen rastlos umher. Missionare setzten im späten 6. Jahrhundert über die Irische See nach Schottland und England über, wo sie unerwartet in Berührung mit den Christen kamen, die von Rom ausgesandt worden waren. Es gibt eine Reihe schöner, im 8. Jahrhundert außerhalb Irlands angefertigter Handschriften in einem irischen oder insularen Stil, der aber durch die Einwirkung römischer Handschriften, denen man in England begegnete, kontaminiert ist – wie in der Genetik sind Fragen der Reinheit selten einfach zu klären. Die schönste davon, die einzige, die dem Book of Kells als Kunstwerk Konkurrenz machen könnte, ist das Lindisfarne-Evangeliar. Es wurde vermutlich im frühen 8. Jahrhundert in Northumbria angefertigt und gehört zu den exquisitesten Besitztümern der British Library in London. Von der Schrift und den Verzierungen her sieht es ganz und gar irisch aus; wie wir aber im vorherigen Kapitel gesehen haben, diente für das in ihm enthaltene Porträt des heiligen Matthäus die Darstellung Esras als Vorlage, die auch für den Codex Amiatinus herangezogen wurde, eine Handschrift also, deren italienische Herkunft über jeden Zweifel erhaben ist. Die irischen Missionare zogen von England aus weiter auf den europäischen Kontinent, wo sie ihre Traditionen der Buchherstellung mit denen von Ländern vermischten, die ihrer Heimat so fern waren wie Deutschland, Österreich und Norditalien. Einige insulare Evangeliare – vermutlich waren sie englischer Provenienz – wurden auf den Kontinent exportiert; dazu gehören das Evangeliar von Echternach, das heute in Paris aufbewahrt wird, und das Barberini-Evangeliar, das sich heute im Besitz des Vatikan befindet. Andere wurden von Schreibern an Orten auf dem Kontinent angefertigt, an die es sie auf ihren Reisen verschlug, wie zum Beispiel eine in Wien liegende Handschrift, die in Salzburg von einem gewissen Cutbercht niedergeschrieben und ausgeschmückt wurde, der Ire gewesen sein muss.

Alle aufgeführten Werke und weitere (die allesamt wirkliche »Schätze« sind) weisen einige der Merkmale auf, die das auf heimischem Boden entstandene Book of Kells so berühmt gemacht haben: eine große insulare Majuskelschrift, aufwändig und kunstvoll ausgearbeitete Teppichseiten, Darstellungen der Evangelisten und ihrer Symbole, Initialen, die mit komplexen Flechtmustern ausgeschmückt sind, sowie insgesamt eine erstaunliche handwerkliche Kunstfertigkeit. In dieser umwerfenden Revue liefert das Book of Kells jedoch so etwas wie den krönenden Abschluss. Es ist die salbungsvolle Opernsängerin, die sich, wenn die anderen alle schon mit Beifall bedacht in die Kulissen abgetreten sind, vor dem Publikum verneigt und dessen *standing ovation* entgegennimmt, die Diva der insularen Handschriften, die weiß, dass keine andere an sie heranreicht. Nach ihrem Auftritt gingen die Bühnenlichter aus. Wikinger, Seuchen, Hungersnöte, der Kampf ums Überleben nahmen die Einwohner der Insel ganz und gar in Anspruch. Es ist so gut wie keine wichtige Handschrift aus Irland erhalten, die nach dem Evangeliar von Kells entstand. Als der Rest Europas die Kunst der Buchmalerei für sich zu entdecken begann, war diese in Irland zum Erliegen gekommen.

Als die Öffentlichkeit im frühen 19. Jahrhundert auf das Book of Kells aufmerksam wurde und es in ihr Bewusstsein drang, nahm man noch an, dass es aus dem 6. Jahrhundert stammte, da der heilige Columban im Jahr 597 gestorben war. In den schon erwähnten Zeitungsberichten aus dem Jahr 1874 war es voller Selbstbewusstsein »das älteste Buch der Welt« genannt worden. Man glaubte, dass Irland von allerfrühster Zeit an ein christliches Land gewesen und später von den Entwicklungen auf dem europäischen Festland abgeschnitten gewesen sei – so wie eines dieser in Romanen vorkommenden Täler, durch das immer noch Dinosaurier ziehen. Man hielt es für möglich, dass in Irland – wie in Äthiopien – aufgrund der geografischen Isolation das Christentum sich noch viele seiner uralten Züge bewahrt hatte, und hoffte anfangs, dass das Book of Kells eine Fassung der Evangelien enthalte, die älter und authentischer war als andere. Die erste ernsthafte Untersuchung der Handschrift wurde von John Obadiah Westwood in seinen 1843/45 veröffentlichten *Palaeographica Sacra Pictoria* vorgenommen. Er schrieb: »Die abweichenden Lesarten dieser Handschrift sind genauso wichtig wie ihre verzierten Initialen.« Westwood machte auf einen Satz aufmerksam, der im Johannes-Evangelium (3, 5–6) enthalten ist. In dieser Passage fragt Nikodemus Jesus, wie ein Mensch spirituell wiedergeboren werden könne, und erhält zur Antwort: »Was aus dem Fleisch geboren ist, das ist Fleisch, und was aus dem Geist geboren ist, das ist Geist.« Im Book of

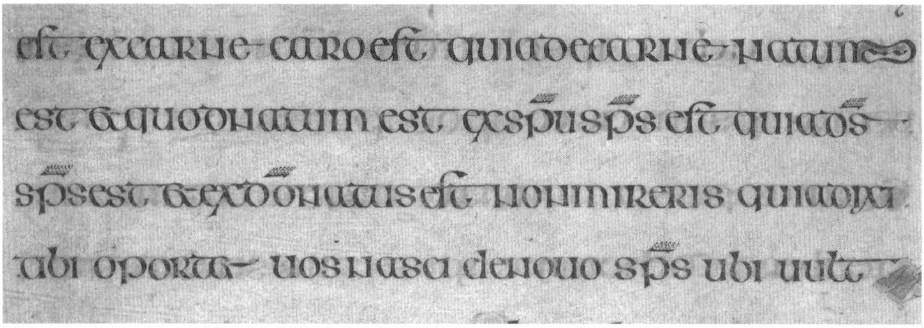

Die im Book of Kells um den Nebensatz »quia deus spiritus est et ex deo natus est« erweiterten Verse Johannes 3, 5–6.

Kells ist noch hinzugefügt: »Denn Gott ist Geist und ist aus Gott geboren« (»quia deus spiritus est et ex deo natus est«). Diese Worte finden sich auf folio 297v in den Zeilen 5–6. Sie werden bei Tertullian (ca. 160–ca. 225), einem der ersten Kirchenväter, zitiert, fehlen aber in der modernen Bibel. Westwood hielt fest, dass dem heiligen Ambrosius (ca. 339–397) zufolge der Satz von den Arianern aus dem Text des Evangeliums getilgt wurde, da diese das Dogma von der Dreifaltigkeit Gottes ablehnten. Die im Book of Kells enthaltene Lesart schien also zu bestätigen, dass dieses einen authentischen und unbereinigten Text von großem Alter überlieferte.

In Wirklichkeit verhält es sich nicht so einfach. Die irische Insel war gewiss nicht eine ganz so entlegene Region, wie sie es manchmal sogar heute noch zu sein scheint. Das Book of Kells bietet, wie die in den Kapitel Eins und Zwei besprochenen Codices, den Text der Evangelien in der Standardübersetzung durch den heiligen Hieronymus, die 384 abgeschlossen wurde. Wie im Fall des Augustinus-Evangeliars stößt man aber manchmal auf Kontaminationen durch die ältere und fehlerhaftere *Vetus Latina*-Fassung. Solche Varianten stellen aber, was das Book of Kells betrifft, keine bewussten Emendationen dar. Die *Vetus Latina*-Übersetzung war in Irland ebenfalls bekannt: der Codex Usserianus Primus, die Garland of Howth und das Book of Dimma enthalten alle Fassungen dieser älteren Übertragung. Viele irische Schreiber werden die Bibel zuerst in der alten lateinischen Übersetzung kennengelernt und ganze Passagen daraus auswendig gekannt haben. Im Book of Kells finden sich an vielen Stellen Wörter, die vermutlich ganz unbewusst in den Vulgata-Text eingefügt wurden, weil dem Schreiber bestimmte Formulierungen von Kindheit an vertraut waren. Das »quia deus spiritus est« ist nur ein Beispiel dafür. Es kommt in der *Vetus Latina*-Übersetzung vor, die Tertullian kannte, und geht keineswegs auf einen authentischeren biblischen Urtext zurück. Da wir genügend Beispiele besitzen, um ein Muster zu erkennen, können wir sagen, dass das Book of Kells ähnlich wie das Book of Durrow einem irischen Strang der Vulgata angehört; der Text ist mit kleinen Besonderheiten durchsetzt, die auf Erinnerungen an die ältere Übersetzung oder auf Achtlosigkeit zurückgehen. Ein kleines Beispiel dafür finden wir bei Lukas 3, 26 in der Aufzählung der Ahnen Jesu von Josef, dem Gatten Marias, bis ganz zurück zu Adam. Es heißt an dieser Stelle: »Maath, der [Sohn] von Mathathias war, der [Sohn] von Semei war«, und so weiter. In korrektem Latein müsste das heißen: »Maath, qui fuit Mathathiae, qui fuit Semei«. Der lange und unvertraute Name Mathathias war vielleicht in der Vorlage aufgrund eines Zeilenendes umbrochen, und der Schreiber nahm fälschlicherweise an, dass es sich um zwei Personen handele. Er schrieb daher: »Maath qui fuit Mathath, qui fuit Iae, qui fuit Semei« und erfand auf diese Weise einen zusätzlichen Ahnen namens »Ias«. Die Stelle befindet sich auf folio 200v. Es berührt nicht die Doktrin, aber es ist falsch.

Wenn man aufrichtig sein will, muss man also konstatieren, dass das Book of Kells den Text der Evangelien in nicht ganz zuverlässiger oder leicht verderbter Form wiedergibt; dieser ist inkonsistent und gelegentlich sogar kaum verständlich. Wie das einleitende Material am Beginn war der gesamte Text vermutlich nicht dazu bestimmt, von kritischer oder gelehrter Warte aus gewürdigt zu werden. Das sagt bereits viel über den ursprünglichen Zweck der Handschrift aus: Ein insulares Evangelium war ein Kunstwerk. Es war ein geheiligtes Objekt und ein haptisches Zeugnis für Göttlichkeit; in einen *cumdach* eingeschlossen, verlieh es einer Kirche göttliche Weihe, man führte es bei Prozessionen mit, schwor Eide darauf, und es diente der Anbetung. Es war ein Katalysator für religiöse Verehrung und ein zentrales Hilfsmittel der Liturgie, war aber nicht primär für das Studium von Gottes Wort gedacht. Die Lektüre des Textes war von sekundärer Bedeutung. Die meisten der Besucher, die heute anstehen, um es in seiner »Schatzkammer« im Trinity College betrachten zu können, haben eine ganz ähnliche Einstellung.

Die Handschrift ist nicht mehr vollständig. Sie beginnt, wie wir gesehen haben, mit den allerletzten Eintragungen der Liste hebräischer

Eigennamen, und wahrscheinlich fehlt an ihrem Anfang rund ein Dutzend Seiten. Die letzten Blätter sind stark verblasst und vielfach geflickt, die allerletzte Seite ist kaum zu lesen. Der Text bricht bei Johannes 17, 13 ab. Meiner eigenen Berechnung zufolge (die der Fachleute variieren) müssen sich noch an die zehn Seiten angeschlossen haben, um den Text des Evangeliums zu seinem Abschluss zu bringen. Die Ermittlung der Lagenstruktur ist relativ einfach, da die Einfügungen Powells die Grenzen zwischen den einzelnen Lagen deutlich anzeigen.* Ein Problem bereiten die Einzelblätter, da sich nicht mit Gewissheit sagen lässt, ob sie zutreffend identifiziert und an den richtigen Stellen eingeordnet sind. Das Fehlen einer Illustration, wo man eine erwarten würde, wie eines Porträts von Markus nach folio 129, besagt nicht, dass sie ursprünglich existiert haben muss.

Es gilt zwei wichtige Beobachtungen mitzuteilen: Die erste ist die, dass die ganzseitigen Illustrationen sich immer auf Einzelblättern befinden: auf folios 7, 27, 28 32, 33, 34, 129, 188, 290 und 291. Dagegen finden sich die seitengroßen Initialen wie jene, die den Anfang von Matthäus, Markus und Johannes markieren, generell auf Blättern, die mit solchen zusammenhängen, die auch Text tragen. Die Anfertigung der ganzseiti-

* In ihrem gegenwärtigen Zustand, also in verschiedene Bände gebunden, weist die Handschrift folgende Lagenstruktur auf: i^{3} [von einer unbekannten Anzahl, alles Einzelblätter], ii^{8+1} [folio 7 ist ein Einzelblatt], iii^{10}, iv^{4+2} [vielleicht von 4+3, es fehlt ein Blatt nach folio 26, folios 27 und 28 sind Einzelblätter], v^{10+3} [folios 32–34 sind Einzelblätter], vi^{8+1} [folio 41 ist ein Einzelblatt], vii–viii^{10}, ix^{8}, x^{10}, xi^{8+2} [folios 91 und 96 sind Einzelblätter], xii–xiii^{10}, xiv^{6+1} [folio 120 ist ein Einzelblatt], xv^{4+1} [folio 129 ist ein Einzelblatt], xvi^{10+1} [vielleicht ursprünglich 10+2, wahrscheinlich fehlt ein Blatt vor folio 130, folio 140 ist ein Einzelblatt], xvii^{8+2} [folios 143 und 149 sind Einzelblätter], xviii^{10}, xix^{8}, xx^{6+3} [folios 170, 172 und 175 sind Einzelblätter], xxi^{9+1} [von 10+1, es fehlt i, ein Blatt vor folio 178, folio 180 ist ein Einzelblatt], xxii^{10+1} [vielleicht von 10+2, es fehlt wahrscheinlich ein Blatt vor folio 188, folio 188 ist ein Einzelblatt], xxiii^{10}, xxiv^{4+4} [folios 210 und 212–214 sind Einzelblätter], xxv^{6+1} [folio 219 ist ein Einzelblatt], xxvi^{10}, xxvii^{9} [von 10, es fehlt vii, ein Blatt nach folio 239], xxviii^{2+6} [folios 243–245 und 248–250 sind Einzelblätter], xxix^{8+1} [folio 253 ist ein Einzelblatt], xxx–xxxi^{8}, xxxii^{2+9} [folios 277–285 sind Einzelblätter], xxxiii^{4} [alles Einzelblätter], xxxiv^{10+1} [folio 253 ist ein Einzelblatt], xxxv^{10}, xxxvi^{12}, xxxvii^{8} [wahrscheinlich von 10+1, es fehlen viii–x nach folio 330, folio 331 ist ein Einzelblatt], xxxviii^{8}. Zwei Blätter sind als 36 foliiert; die Handschrift umfasst daher insgesamt 340 Blätter und nicht, wie durch die Foliierung angegeben, 339.

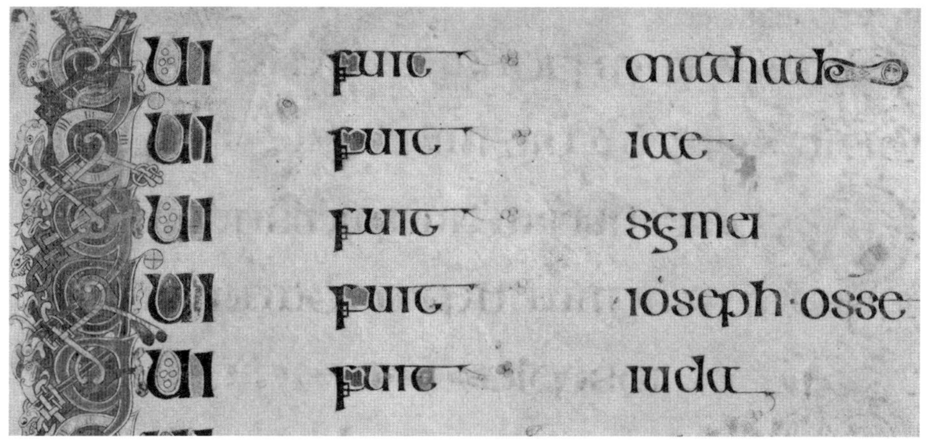

Durch die Aufteilung des Namens Mathathias werden irrtümlicherweise aus einem Vorfahren Christi zwei Personen namens Mathath und Ias.

gen Abbildungen muss daher eine eigenständige Aktivität gewesen sein. In der Tat brauchen die illustrierten Blätter nicht notwendigerweise zu genau derselben Zeit und an demselben Ort angefertigt worden zu sein wie die Textseiten. Theoretisch könnten sie eine Art nachträglicher Ergänzungen darstellen oder sogar aus einer anderen Handschrift entnommen und in das Book of Kells eingefügt worden sein. Die zweite Beobachtung ist die, dass sich gewöhnlich ein Wechsel der Handschrift an den Lagengrenzen verzeichnen lässt. Das gilt auch für den Codex Amiatinus. Allgemein nimmt man an, dass das Book of Kells das Werk von vier verschiedenen Schreibern war, von denen einige mehrere Pensen zu erledigen hatten. Eine Aufteilung der Arbeit durch die Zuweisung ungebundener Lagen zeugt von einem relativ hohen Grad von Organisation. Das kann relevant sein, wenn wir Spekulationen darüber anstellen, wo und unter welchen Bedingungen die Handschrift angefertigt wurde.

Zu verschiedenen Zeiten ihrer Geschichte sind einzelne Blätter der Handschrift lose gewesen. Oben auf folio 337r findet sich eine Notiz aus dem 17. Jahrhundert, die besagt: »Hier fehlt ein Blatt, welches den Beginn des XVI. Kapitels von Johannes darstellt.« Von anderer Hand wurde später hinzugesetzt: »Dieses Blatt 1741 gefunden.« Als die Blätter im August 1621 von James Ussher sorgfältig gezählt wurden, kam er auf die Gesamtzahl von 344. Er hielt diese Zahl am unteren Rand von folio 334v fest. Heute umfasst der Kodex 340 Blätter. Es ist keineswegs unmöglich, dass seit dem 17. Jahrhundert vier Blätter herausgefallen oder entfernt

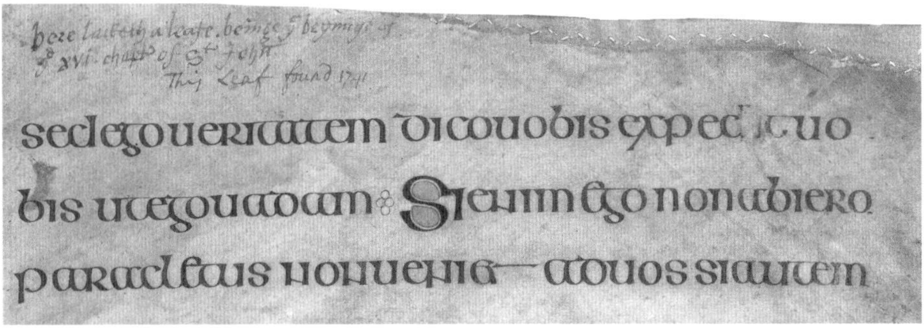

Frühe Aufzeichnungen am oberen Rand einer Seite, die den Verlust eines Blattes sowie seine Wiederauffindung und Wiedereinfügung in die Handschrift im Jahr 1741 betreffen.

und weggegeben worden sind. Der Gedanke, dass darunter auch ganzseitige Darstellungen von Markus und Lukas gewesen sein könnten, die vielleicht den Folios 130 und 188 vorangingen, ist quälend. Mit Sicherheit fehlen sechs Textseiten. Glücklich der Leser dieser Zeilen, der eines dieser Blätter findet: Er könnte vom Verkaufserlös ein Leben in grenzenlosem Luxus führen, so ihm der Sinn danach steht. Es ist sogar möglich, dass einige Streifen von den oberen Blatträndern noch erhalten sind. Als die Handschrift 1825/26 neu gebunden wurde, stutzte George Mullen die Ränder radikal. Manchmal fielen diesem Eingriff sogar die äußersten Teile von Verzierungen oben und unten auf den Seiten zum Opfer – kein Wunder, dass Sir Edward Sullivan von einem »ignoranten und bösartigen Buchbinder« sprach. Zu Mullens Zeit besaß die Handschrift schon den Status einer Reliquie. Als ein anderer Nationalschatz, das Domesday Book, im 19. Jahrhundert in London neu gebunden wurde, beschnitt der Buchbinder ebenfalls die Blattkanten, und man gestattete ihm, die Pergamentschnipsel als persönliche Erinnerungsstücke zu behalten. Falls Ihr Name Mullen lautet und Sie zu Hause einen Umschlag voller Pergamentstreifen haben, lassen Sie mich das bitte wissen. Wir entscheiden dann, ob wir Trinity College davon in Kenntnis setzen oder nicht.

Wie wir schon gesehen haben, befand sich das Book of Kells bereits im frühen 12. Jahrhundert in dem Kloster, nach dem es benannt wurde. Dort war es auch noch im 15. Jahrhundert, als ein weitschweifiges Gedicht in kleiner und unsauberer Kursivschrift auf einer freien Seite am Ende des Lukas-Evangeliums eingetragen wurde. In ihm wird das berühmte Evangeliar um Beistand angerufen: Es solle dazu beitragen, dass Land der

Kirche in Meath von einer Besteuerung ausgenommen bleibe. Von diesem Buch, das mit einem Zusatz über der Zeile als »Columba(n)« bezeichnet wird, heißt es, dass »es auf den Altären als eine der Reliquien der Kirche verehrt wird« (»qui inter reliquias templi venerat[ur] ad aras«). Offenbar wurde die Handschrift als eine heilige Reliquie mit semimagischen Kräften angesehen. Wenn man sie heute noch in Irland um Hilfe bei der Befreiung von Steuern anrufen könnte, dann besäße sie zweifellos den Status einer solchen verehrungswürdigen Reliquie. Besucher der Kirche von Kells ließen sie sich zeigen, und einige schrieben ihren Namen hinein. Unter ihnen war auch ein George Plunkett aus Dublin, der in einer Handschrift des 16. Jahrhunderts ein paar alberne Bemerkungen hineinkritzelte, darunter auch einige holprige Verszeilen in einen Bogen der Kanontafel auf folio 4v: »This work doth pass all mens conyng / that now doth live in any place. / I doubt not therefore in anything / but that the writer hath obtayned god's grace.« (»Dieses Werk übersteigt die Geschicklichkeit aller Menschen, wo auch immer sie leben. Ich habe daher nicht den geringsten Zweifel, dass der Schreiber Gottes Gnade erlangt hat.«) Eine der Kritzeleien Plunketts ist mit 1568 datiert. Von seiner Hand stammt auch die oben zitierte Angabe zum Fehlen des Blattes auf folio 337r. Wenn Plunkett auch ein miserabler Verseschmied gewesen zu sein scheint, zeigen seine Zeilen doch, dass das Book of Kells zu seiner Zeit dabei war, sich von einem religiösen Glücksbringer zu einem Kunstschatz zu entwickeln.

Die Handschrift wurde in Kells auch von James Ussher (1581–1656) in Augenschein genommen, einem herausragenden Bibelkundler, der zum Erzbischof von Armagh und Primas von ganz Irland aufstieg. Er ist heute wahrscheinlich (und ein bisschen zu Unrecht) vor allem für seine Berechnung bekannt, der zufolge die Welt in der Nacht vom Samstag, dem 22., zum Sonntag, dem 23. Oktober 4004 vor Christus erschaffen wurde. Ussher trug ebenfalls einiges in das Book of Kells ein. Unter anderem nummerierte er 1621, in dem Jahr, in dem er zum Bischof von Meath ernannt wurde, die Blätter. Er veranlasste, dass Abschriften von den Urkunden in Altirisch angefertigt wurden, die heute ebenfalls im Trinity College liegen; in ihnen war zum ersten Mal vom »Book of Kelles« die Rede. In seinem Buch über britische Altertümer, das 1639 erschien, kam Ussher auf den Codex zu sprechen. Er merkte an, dass die Einwohner von Kells in der Grafschaft Meath glaubten, das Buch sei vom heiligen

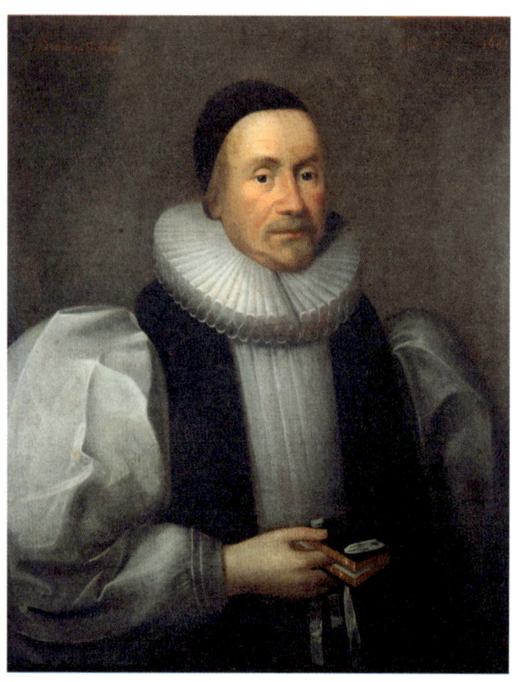

James Ussher (1581–1656), Erzbischof von Armagh, der als Erster die Handschrift einem genauen Studium unterzog und die Bezeichnung »Book of Kelles« prägte.

Columban geschaffen worden, und dass sie es als »geheiligt« ansähen (»eidem … sacrum habent«).

Manchmal wird behauptet, Ussher habe das Buch für seine eigene Bibliothek erworben. Er war ein eifriger Sammler von Handschriften, doch das Book of Kells war nie in seinem Besitz (was vermutlich gut so ist, denn eine Schande wäre gewesen, wenn es unter der Bezeichnung Codex Usserianus Tertius bekannt geworden wäre). Die Handschrift blieb in Kells, wurde während des Aufstands von 1641 gravierend beschädigt, und vermutlich im Jahr 1653 ließ der Earl of Cavan, der Statthalter von Kells, das kostbare Buch aus Sicherheitsgründen nach Dublin in Sicherheit bringen. Als Usshers Neffe Henry Jones zum Bischof von Meath ernannt wurde und damit die Jurisdiktion über die Kirche von Kells übernahm, übergab er den Codex zusammen mit dem Book of Durrow dem Trinity College zur Aufbewahrung. Das genaue Jahr der Übergabe dieser beiden Werke an das College scheint nicht festgehalten worden zu sein. Es lässt sich aber annähernd bestimmen, da Jones das Amt des Bischofs von 1661 bis 1682 bekleidete. Erstaunlicherweise konnten die beiden Werke anfangs ausgeliehen werden wie jedes andere Buch. 1686/87 entlieh Richard Acton, der Prodekan, gegen eine Sicherheit von 3 Pfund und 10

Shilling »eine Handschrift, gewöhnlich St. Columbans Evangeliar genannt«. Vermutlich handelte es sich dabei um das Book of Kells, das 1688 im Bibliothekskatalog von Trinity College immer noch dem heiligen Columban zugeschrieben wurde.

Wie wir gesehen haben, begann der Aufstieg der Handschrift zu einem internationalen Star im frühen 19. Jahrhundert, und zwar unter anderem auch aus politischen Gründen. Dadurch, dass man Columban, der 597 starb, als den Schreiber ausgemacht hatte, hatte man ihre Entstehung auf einen Zeitpunkt im 6. Jahrhundert datiert. Das Todesjahr Columbans hatte für die Geschichte Englands auch deswegen Bedeutung, weil es das Jahr der Ankunft des heiligen Augustinus in Canterbury war, mit dem nicht nur das Christentum, sondern auch Bildung und insbesondere Schriftkundigkeit auf die Insel gekommen waren. Dass der heilige Columban 597 starb, verlieh der Handschrift in der Debatte darüber, ob die iroschottische kirchliche Tradition eine Vorrangstellung gegenüber der römischen einnahm, einen ungeheuren Stellenwert; die Erinnerung an diesen Streit war (zumindest bei den Iren) immer noch wach, seit die irische Delegation 664 auf der Synode von Whitby überstimmt worden war.

Es ist anzunehmen, dass das Book of Kells George IV. bei seinem Besuch des Long Room von Trinity College im Jahr 1821 präsentiert wurde. Mit Sicherheit wurde es 1849 Queen Victoria und Prinzgemahl Albert gezeigt. Die Königin hielt die Gelegenheit in ihrem Tagebuch fest; sie notierte, dass der Bibliothekar J. H. Todd ihnen »einige höchst interessante alte Handschriften und Relikte zeigte, darunter auch das Buch des heiligen Columban (in das wir unsere Namen eintrugen)«. Die Verbindung des Buches mit dem Heiligen war ganz deutlich etwas, das man gegenüber den königlichen Besuchern hervorgehoben hatte, da sie belegte, dass das Christentum früher nach Irland gekommen war als nach England. Es war das Einzige, woran Victoria sich später in Zusammenhang mit der Handschrift erinnerte. Ihr Sohn, Prince Alfred, bekam die Handschrift 1861 zu Gesicht. Edward VII. und seine Gemahlin Alexandra sahen sie 1903. Das College lud alle diese Royals ein, sich mit ihren Unterschriften im Book of Kells zu verewigen, allerdings immer auf einem modernen Vorsatzblatt und nicht auf einer der alten Seiten. Die Blätter mit diesen Autografen sind heute separat gebunden. Der Codex war zu einem Symbol für die kulturelle Überlegenheit Irlands geworden, und es war beinahe so, als hätte die englische Königin diese Überlegenheit bestätigt, als sie ihre Unterschrift in das Book of Kells setzte. 1877, kurz nach seinem umstrittenen Ausflug ins British Museum, wurde es hervorgeholt, damit W. E. Gladstone, viermaliger Premierminister von Großbritannien und unermüdlicher Fürsprecher der Unabhängigkeit Irlands, es in Augenschein nehmen konnte (man zeigte es ihm im sogenannten »inner room«). Im selben Jahr bekamen es noch Archibald Tait, Erzbischof von Canterbury, Pedro II., Kaiser von Brasilien, und der

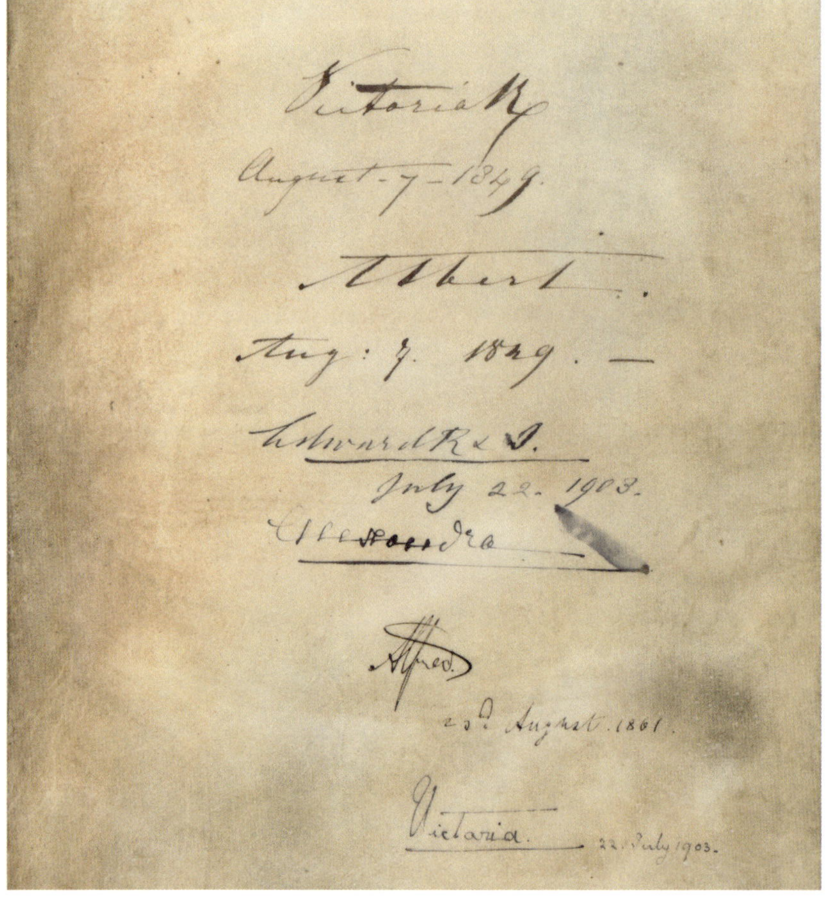

Unterschriften, die königliche Besucher – wie Queen Victoria und Prinzgemahl Albert, deren Sohn Alfred sowie Edward VII. und dessen Gemahlin Alexandra – auf dem ursprünglichen Vorsatzblatt des Book of Kells zurückließen.

chinesische Botschafter, der im August in Begleitung des Oberbürgermeisters von Dublin kam, zu Gesicht. »Das Book of Kells rief seine innigste Bewunderung hervor«, berichtete *Freeman's Journal and Daily Commercial Advertiser.* Zwei Jahre später durfte General Ulysses S. Grant es inspizieren, der Präsident der USA von 1869 bis 1877.

Das unvergleichliche künstlerische Niveau des Book of Kells nahm die Anhänger des sogenannten Celtic Revival gefangen. Der Entomologe John Obadiah Westwood (1805–1893), Dozent am Magdalen College in Oxford, der bereits im Zusammenhang mit der Handschrift erwähnt wurde, pauste die illuminierten Seiten durch, kolorierte die Kopien und veröffentlichte sie 1843 bis 1845 in seinen *Palaeographia Sacra Pictoria.* Voller Dreistigkeit setzte er sein Monogramm und das Datum 1853 auf den Innenrand eines der Originalblätter (folio 339r). Es ist das allerletzte Blatt der Handschrift, zerschlissen und verblasst. Möglicherweise war es lose, und Westwood erhielt es als Geschenk. Es muss dann später dem Trinity College zurückgegeben worden sein. Das Book of Kells wurde in alle großen bebilderten Werke des 19. Jahrhunderts über mittelalterliche Buchillustration aufgenommen wie in *The Illuminated Books of the Middle Ages* von H. N. Humphreys und Owen Jones (1849), *The Grammar of Ornament* von Owen Jones (1856), *A Handbook of the Art of Illumination* von Henry Shaw (1866), *Lessons in the Art of Illuminating* von W. J. Loftie (1885) und andere. Die Abbildungen in diesen Werken dienten wiederum als Vorlagen für zahllose viktorianische Kopien und Adaptationen. Man verzierte Adressverzeichnisse mit Motiven aus der Handschrift (eines davon wurde 1880 Kardinal Newman überreicht), ebenso kunstgewerbliche Gegenstände aus Metall (wie ein Kästchen, das dem Vizekönig Lord Carlisle 1858 von den »Damen Irlands« übergeben wurde), Stickereien (eine Kollektion solcher Stücke wurde 1886 auf Reisen durch England und Schottland geschickt), man gestaltete Möbel, Kleider, Einbände von Büchern, Skulpturen, Keramik und alles Mögliche nach Abbildungen in der Handschrift. 1890 bot das irische Kaufhaus Robertson, Ledlie and Ferguson einen Damaststoff an, für dessen Muster das Book of Kells die Vorlage geliefert hatte und der den Namen Columbkille erhielt. Die Dubliner Juweliere Hopkins & Hopkins machten Weihnachten 1896 Werbung für Goldbroschen in der Form von Initialen der Handschrift, zum Preis von 21 Shilling das Stück.

Heute mag man es kaum glauben, dass Illustratoren der viktorianischen Zeit Kopien direkt nach der Originalhandschrift anfertigen und ihre Farbkästen und Behälter mit Wasser neben ihr auf dem Tisch aufstellen durften. Mrs. Helen Campbell D'Olier (1829–1887) aus Dublin verbrachte viele Jahre damit, Aquarelle von den illuminierten Initialen anzufertigen. 1884 faszinierte sie große Zuschauermengen im Alexandra College mit ihren exquisiten Reproduktionen von Abbildungen aus der Handschrift, die mithilfe einer Laterna Magica und einer Knallgasflamme auf eine große Bildfläche projiziert wurden. Einige ihrer Arbeiten werden in der Bibliothek von Trinity College aufbewahrt. Der Buchmaler und Handschriftensammler C. Lindsay Ricketts (1859–1941) aus Chicago, der sich im Juli 1908 in Dublin aufhielt, stellte fest, dass er der Letzte war, dem man erlaubte, mit Wasserfarben Faksimiles direkt nach der Handschrift anzufertigen. Natürlich stellten zu seiner Zeit fotografische Reproduktionen bereits eine praktikable Alternative dar. Bereits 1888/89 hatte die Bibliothek Fotos vom Book of Kells zum Kauf ange-

Details der Kopien von Initialen in der Handschrift, die von Helen Campbell D'Olier in Aquarelltechnik angefertigt und in dem 1914 von Edward Sullivan herausgegebenen Band mit Faksimiles reproduziert wurden.

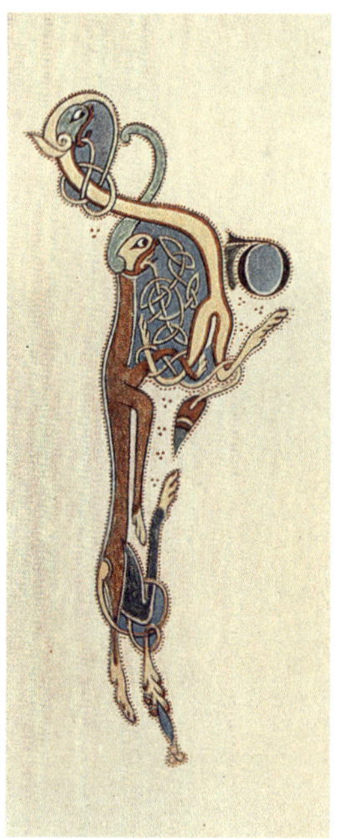

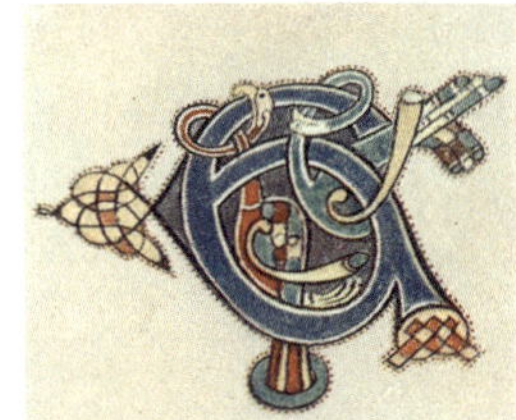

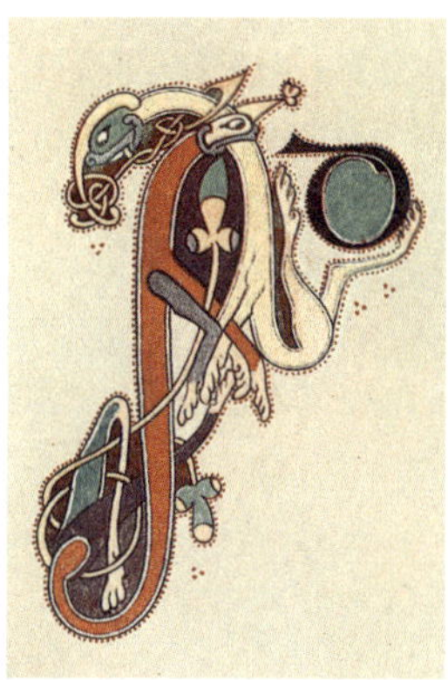

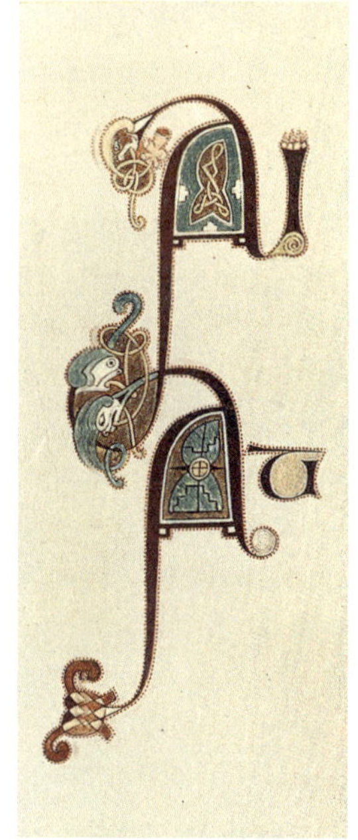

boten, sowohl in Dublin als auch in London, wo das South Kensington Museum als Zwischenhändler fungierte.

Ein Fotoband mit dem Titel *The Book of Kells*, herausgegeben von Sir Edward Sullivan (1852–1918), dem Sohn des Lordkanzlers von Irland, fand 1914 großen Anklang: Es enthielt vierundzwanzig eingeklebte Farbtafeln. Merkwürdigerweise waren fünf der Aufnahmen nicht vom Original gemacht worden, sondern von den Kopien, die Helen D'Olier angefertigt hatte. Sullivans Buch wurde zu einem gefragten Besitzgegenstand in irischen Haushalten, auch in den USA. James Joyce (1882–1941), dieser irischste aller Schriftsteller, besaß ein Exemplar, über das er in den frühen 1920er-Jahren zu Arthur Power sagte: »An allen Orten, an denen ich gewesen bin, Rom, Zürich, Triest, habe ich es mit mir herumgetragen und über seiner Perfektion viele Stunden gebrütet. [Das Book of Kells] ist das reinste irische Werk, das wir haben, und einige der großen Initialen, die sich über eine ganze Seite schwingen, haben die wesentlichsten Elemente eines *Ulysses*-Kapitels. Man kann sogar einen Großteil meines Werkes mit den verwickelten Illuminationen vergleichen.«

In seinem 1939 veröffentlichten Roman *Finnegans Wake* erwähnt Joyce das Book of Kells unter Nennung des Titels. Ich kann nicht behaupten, den Text des Romans zu verstehen, der für mich im übertragenen Sinn so dunkel ist, wie einige Seiten aus der Handschrift es sogar schon kurz nach ihrer Entstehung gewesen sein müssen. Ihre »Unlesbarkeit« haben wir bei unserer Beschäftigung mit dem Codex immer wieder thematisiert, was vielleicht unerwartet war. Das Book of Kells ist ein Kunstwerk höchsten Rangs, doch kann der Text nie dazu bestimmt gewesen sein, als kontinuierliches Narrativ gelesen zu werden. Es ist einfach zu üppig verziert, ja geradezu mit Ornamenten überladen: Es schleppt zu viel mit sich herum. Wörter werden auf merkwürdige Weise zusammengezogen oder hervorgehoben, oder sie gehen in den die ganze Seite füllenden labyrinthischen Verzierungen verloren. *Finnegans Wake* weist ganz bewusste Parallelen dazu auf. In einer Passage, die aus einem einzigen langen, atemlosen Satz besteht, nimmt Joyce mit parodistischen Untertönen die ein wenig geschwollene Einleitung Sullivans auf und erwähnt Paläografen, die Interpolation von »zweitbesten Knoten« (warum nicht?) in Familien von Manuskripten, Hieroglyphen, die »dunkle *Tunc*-Seite des Book of Kells« – womit folio 124r der Handschrift, Sullivans Bildtafel XI, gemeint ist, auf der der Vers Matthäus 27, 38 überliefert ist –, und dann

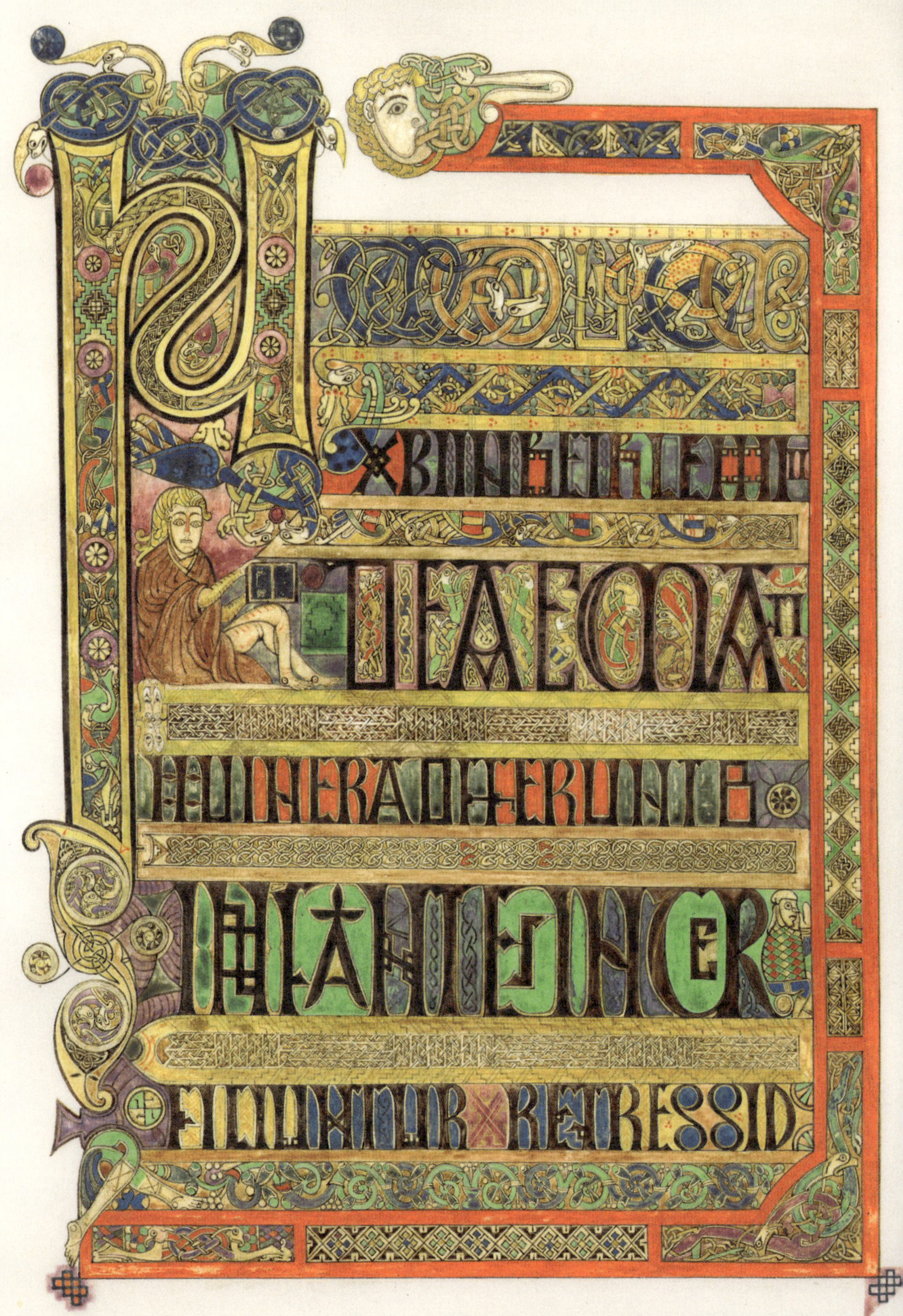

heißt es: »the toomuchness, the fartoomanyness of all those fourlegged ems: and why spell dear god with a big thick dhee (why, O why, O why?): the cut and dry aks and wise form of the semifinal; and, eighteenthly or twentyfourthly, but at least, thank Maurice, lastly when all is zed and done, the penelopean patience of its last paraphe, a colophon of no fewer than seven hundred and thirtytwo strokes tailed by leaping lasso …«, und noch sehr viel mehr.

Zu guter Letzt: Wo und wann wurde dieses »reinste irische Werk« angefertigt? Politik und nationales Identitätsgefühl sind derart eng mit dem Book of Kells verknüpft, dass sogar die erfahrensten Mediävisten sich bei der Beantwortung dieser Frage größte Vorsicht auferlegen. Heutzutage ist niemand mehr der Überzeugung, dass es wirklich von der Hand des heiligen Columban stammt, wenn auch die Tatsache, dass es, seitdem es 1007 zum ersten Mal in den Blickpunkt geriet, lange als dessen Werk galt, von Bedeutung ist. Columban hatte eine Gemeinschaft von Mönchen von Irland auf die kleine Insel Iona an der schottischen Westküste geführt. 563 gründete er dort ein Kloster. Sogar heute noch ist es ein entlegener, Ehrfurcht gebietender Ort mit einer ausgeprägten spirituellen Atmosphäre. Im 7. und 8. Jahrhundert war Iona so etwas wie die Kommandozentrale für die Verbreitung des Christentums auf dem britischen Festland und von dort aus weiter auf den europäischen Kontinent. Es muss dort notwendigerweise ein Skriptorium gegeben haben. Zwei Jahrhunderte lang florierte dieses Kloster, es war produktiv und reich. Im Jahr 795 fielen aber die Wikinger über die Insel her. 802 brannten sie die Abtei nieder. 806 verwüsteten sie sie zum zweiten Mal, und achtundsechzig der Mönche kamen ums Leben. Den *Annals of Ulster* zufolge verließen die meisten oder vielleicht auch alle der Überlebenden Iona und kehrten nach Irland zurück, wo sie sich 807 bei Kells im County Meath niederließen. Sie nannten diese Neugründung »die neue Ansiedlung von Colum Cille«. 814 wurde die Kirche fertiggestellt. Dass das Book of Kells zu dem Zeitpunkt seiner Entwendung durch die Wikinger im Jahr 1007 im Besitz dieser Kirche war, steht außer Zweifel. Zu jener Zeit wurde es als die wichtigste Reliquie der Gemeinde des heiligen Columban angesehen,

LINKS: Faksimile von folio 8r des Book of Kells, angefertigt 1908 vermutlich nach dem Original von C. Lindsay Ricketts, einem Buchmaler und Sammler aus Chicago.

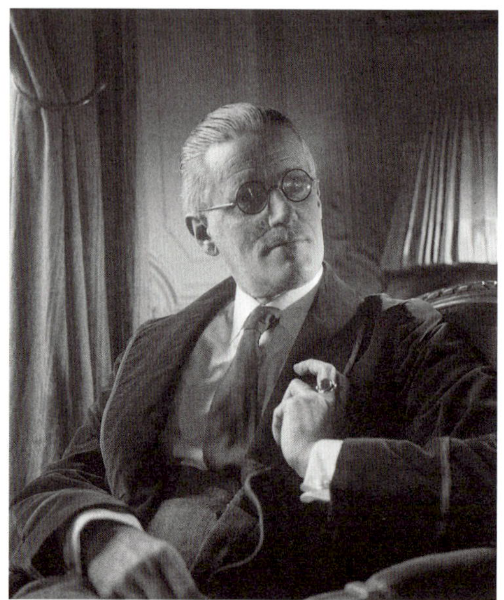

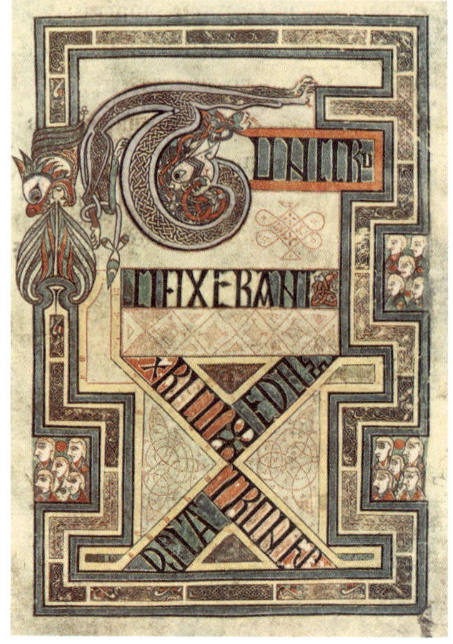

James Joyce im Jahr 1934, daneben die von ihm in *Finnegans Wake* erwähnte »tenebrous *Tunc* page« (»die dunkle *Tunc*-Seite«), die in Sullivans Book of Kells, von dem der Schriftsteller ein Exemplar besaß, reproduziert war.

und man war überzeugt, dass der Klostergründer es mit eigener Hand geschrieben hatte.

Ob das Book of Kells auf der Insel Iona entstand oder dort begonnen und in Kells vollendet wurde – die Entscheidung hängt davon ab, auf welchen Zeitraum man die Entstehung der Handschrift ansetzt. Paläografen haben unterschiedliche Daten zwischen dem späten 7. und der Mitte des 9. Jahrhunderts ins Spiel gebracht. Im Allgemeinen geht man heute davon aus, dass sie ganz am Ende des 8. Jahrhunderts angefertigt wurde. Dass das Projekt so anspruchsvoll war und eine sorgfältige Koordination der daran beteiligten Künstler und Handwerker nötig war, scheint darauf hinzuweisen, dass es innerhalb einer großen und gut organisierten Gemeinde realisiert wurde und nicht von einer Schar umherziehender Flüchtlinge. Wir kennen sogar den Namen eines der herausragenden Schreibers des Klosters auf Iona, Abt Connachtach. Er starb dort im Jahr 802. Ob er die Gestaltung des Book of Kells entwarf, werden wir wohl nie wissen, doch möglich ist es. Wenn Iona der Entstehungsort war, tut das der absoluten »Irischkeit« der Handschrift keinen Abbruch, denn die Insel wurde von Irland aus besiedelt und ihre Gemeinde setzte sich ausschließlich aus Iren zusammen. Überdies existierten die modernen politischen Grenzen ja noch nicht. Es ist beinahe wahrscheinlich, dass dieses »reinste irische Werk« tatsächlich in einer Region geschaffen wurde, die heute zu Schottland gehört. Aber schließlich wurde ja auch *Finnegans Wake* in Paris geschrieben, und doch besteht kein Zweifel, dass es ein irisches Werk ist.

KAPITEL VIER

DIE LEIDENER *ARATEA*

frühes 9. Jahrhundert
Leiden, Universiteitsbibliotheek,
Cod. Voss. Lat. Q 79

Lassen Sie uns zum Fragenkomplex des »Kopierens« kommen. Bei jedem mittelalterlichen Manuskript handelte es sich, sofern es nicht die Erstniederschrift eines Textes durch dessen Verfasser war, zwingend um die Abschrift einer Vorlage. Schreiber fertigten Kopien von Handschriften an, die bereits existierten, und sie lernten es, sie so sorgfältig und getreulich wie möglich abzuschreiben. Illuminatoren stützten sich auf das, was ihre Vorgänger geschaffen hatten. Diese Abschriften konnten wiederum selbst zu Vorlagen werden, und so ging der Prozess des Kopierens immer weiter – über Jahrhunderte hinweg. Nicht alle Handschriften sind in jeder Hinsicht genaue Duplikate ihrer Vorlagen, denn die Fähigkeiten und Geschicklichkeit derjenigen, die sie anfertigten, wie auch die Anforderungen, die die Auftraggeber stellten, konnten beträchtlich variieren, und künstlerische Stile entwickelten sich permanent von einer Generation zur nächsten weiter. Einige Handschriften weisen jedoch eine bemerkenswert große Ähnlichkeit mit ihren Vorgängern auf. Der Codex, der in diesem Kapitel vorgestellt werden soll, die Leidener *Aratea*, stellt, soweit wir es beurteilen können, ein nahezu exaktes Faksimile einer Abhandlung über Astronomie aus dem Altertum dar, die zur Zeit seiner Entstehung bereits viele hundert Jahre alt war. Warum das so ist und was es uns über die kulturellen Bestrebungen und Vorlieben der Karolinger verrät, sind außerordentlich interessante Fragen.

In der Moderne ist einfaches Kopieren pejorativ konnotiert, vor allem im Bereich der Literatur und der bildenden Kunst. Schriftsteller und Künstler streben heutzutage nach Originalität. Plagiieren ist verpönt. Im Europa des Mittelalters hingegen galt Kopieren als bewunderungswürdig. Künstler wurden dazu ausgebildet, die Werke anderer zu imitieren. Ererbte Formeln und Muster wurden pflichtschuldig weitergetragen ohne Bezugnahme auf die Realität. Man erkannte die Autorität *(auctoritas)* anderer an und berief sich auf sie. Autoren reihten sich hinter älteren Kollegen ein, oft verbargen sie auch die tatsächliche Originalität ihrer Texte, indem sie formelhaft behaupteten, alles sei schon früher gesagt worden. Sogar Verfasser fiktionaler Literatur wie Boccaccio und Chaucer gaben eingangs an, ihre Stoffe in älteren Büchern gefunden zu haben. Wissenschaftliche Texte, solche zur Medizin oder zur Naturgeschichte etwa, wurden höher geachtet, wenn sie Kenntnisse aus der fernen Vergangenheit übermittelten. Vor allem das Wissen des Altertums stand hoch im Kurs. Das ganze Mittelalter hindurch herrschte das Gefühl, die Griechen und die Römer seien in kultureller Hinsicht überlegen gewesen und hätten noch Dinge gewusst, die jetzt in Vergessenheit geraten waren oder nur verschwommen erinnert wurden. Man gedachte voller Wehmut eines Goldenen Zeitalters der Gelehrsamkeit, das mit dem klassischen Altertum vergangen war.

Der Begriff »Renaissance«, wörtlich »Wiedergeburt«, wird für gewöhnlich zur Bezeichnung von drei Perioden europäischer Geschichte verwendet, und immer spielt dabei die Vorstellung von Wiederaufnehmen, vulgo: Kopieren, eine Rolle. Die glühende Liebesaffäre der Italiener des *Quattrocento* mit der Klassik wird in Kapitel Elf behandelt, in den Kapiteln Acht und Neun wird die Begeisterung für das Altertum im 12. und frühen 13. Jahrhundert thematisiert werden, jener Periode, die treffend als »Romanik« bezeichnet wird. Wir wollen uns zunächst auf die erste Renaissance konzentrieren, eine von oben gelenkte Nachahmung antiker Kultur unter den karolingischen Herrschern in der ersten Hälfte des 9. Jahrhunderts.

Karl der Große (ca. 747–814), König der Franken mit weiter reichenden Ambitionen, strebte danach, das Verwaltungssystem und die Kultur des

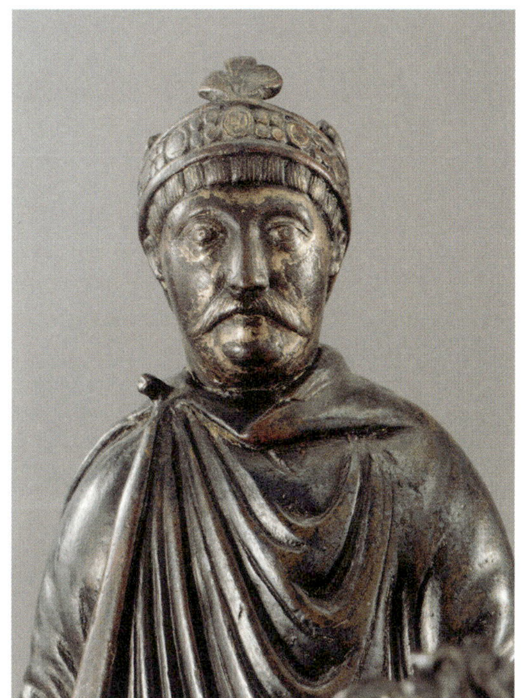

Karl den Großen, vielleicht aber auch seinen Enkel Karl den Kahlen zeigende Bronzestatuette (Detail) aus dem 9. Jahrhundert. Ursprünglich in der Kathedrale von Metz, heute im Louvre.

alten Rom zu erforschen und nachzuahmen. Er ersann das Konzept eines Heiligen Römischen Reichs, und im Jahr 800 ließ er sich in Rom vom Papst zum ersten Kaiser eines neuen Typus krönen, der sich dezidiert als christlicher Herrscher verstand. Er war ein Augustus, wiedererschaffen für die neue Religion. Karl übernahm Gebräuche des Altertums. Er ließ Evangeliare anfertigen, für die purpurn gefärbtes Pergament benutzt wurde, nach dem vermeintlichen Vorbild antiker Kaiser. Der Entwurf seiner Pfalzkapelle in Aachen orientierte sich an dem Bau, den Kaiser Justinian in Ravenna hatte errichten lassen, bevor die alte Dynastie ihren Regierungssitz weiter nach Osten verlegt hatte. Sowohl Karl der Große als auch sein Sohn Ludwig der Fromme (778–840), der 813 zum Mitkaiser ernannt wurde, wurden in römischen Sarkophagen beigesetzt. Karl holte den Gelehrten Alkuin aus England (ca. 735–804), damit er ihn bei dem Projekt beriet, in seinem Reich das Wissen der Antike wieder aufleben zu lassen. Alkuin, der aus York stammte, stellte eine Rückverbindung zu jener Periode dar, in der mediterrane Gelehrsamkeit im hohen Norden Englands floriert hatte, was ein Jahrhundert zuvor zur Entstehung des Codex Amiatinus in Jarrow geführt hatte. Unter seiner Anleitung richteten Karls Ratgeber eine Art von Palastbibliothek ein. Diese schloss vermutlich auch Werke von Autoren wie Lukan, Statius, Terenz, Juvenal, Tibull, Horaz, Claudian, Martial, Servius, Cicero und Sallust ein. Hin und wieder scheinen Karl der Große und Ludwig der Fromme in den Besitz von Originalmanuskripten aus der Spätantike gelangt zu sein, die sich erhalten hatten. Die Einzelheiten liegen im Dunkeln, aber es scheint sich um den ersten Beleg für das Sammeln von antiquarischen Büchern im

Vergil-Ausgabe aus dem 4. Jahrhundert in der Bibliothek des Vatikan. Die spätantike Handschrift wurde vermutlich für die Hofbibliothek von Karl dem Großen nach Frankreich geholt. Die Miniatur zeigt Laokoon und seine Söhne, die von der Seeschlange erwürgt werden.

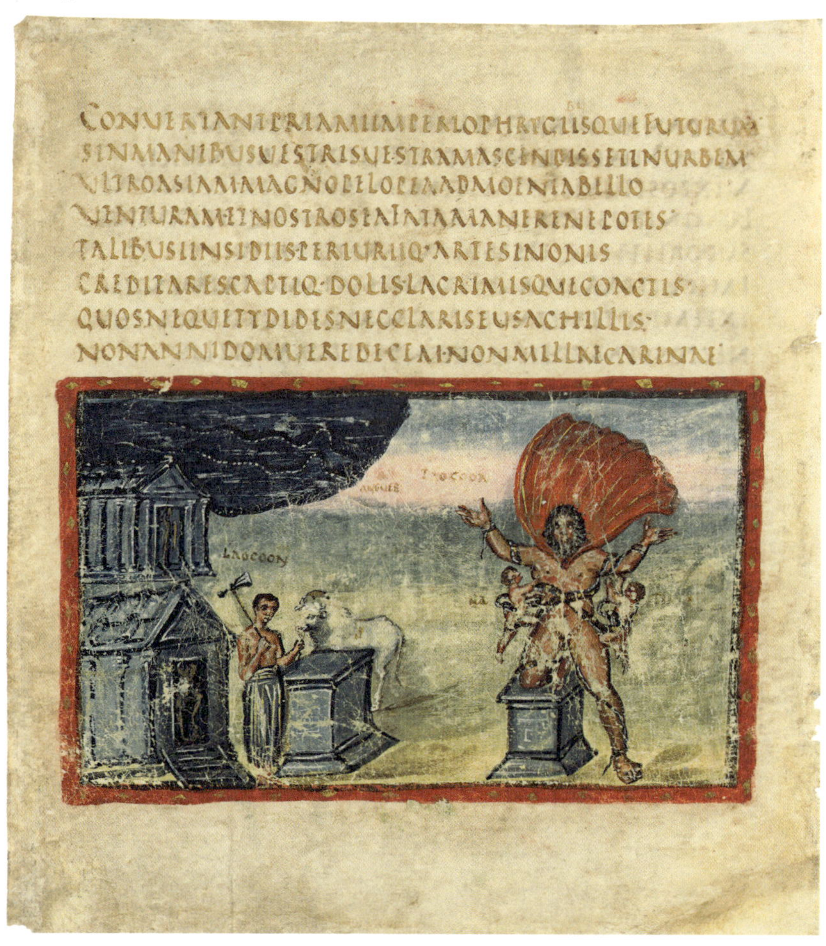

Mittelalter zu handeln. Zwei Originalhandschriften dieser Art existieren noch; sie waren anscheinend zur Verwendung am karolingischen Hof nach Frankreich gebracht worden, vermutlich aus Italien. Es handelt sich um die berühmten illustrierten Vergil-Handschriften, die später aus den Sammlungen im Herrscherpalast entfernt und in die Obhut der Abteien von Tours beziehungsweise Saint-Denis gegeben wurden. Beide liegen heute im Vatikan. Andere Handschriften aus der klassischen Zeit sind nur bekannt, weil sie am karolingischen Hof kopiert wurden, und sie leben fort durch Kopien, die im frühen 9. Jahrhundert von ihnen angefertigt wurden. Die kostbaren Originale müssen aber als verschollen gelten. Sie schlossen ein: den um die Mitte des 4. Jahrhunderts stammenden »Chronograph von 354«, einen frühchristlichen Almanach mit Abbildungen (seit dem 9. Jahrhundert nicht mehr gesehen und uns nur durch die viel späteren Kopien nach der karolingischen Abschrift bekannt); eine aus dem 4. oder 5. Jahrhundert stammende Sammlung der Komödien des Terenz mit hundertfünfzig Illustrationen, die wir nur aus der Nachschöpfung des Schreibers Hrodgarius aus dem 9. Jahrhundert kennen, welche sich heute ebenfalls im Vatikan befindet; ein Exemplar der bebilderten Abhandlung über römische Landvermessungstechniken, die als *Agrimensores* bekannt ist und die vielleicht im 6. Jahrhundert angefertigt wurde (auch dieser Text ist nur in der karolingischen Abschrift greifbar); sowie zwei stark voneinander abweichende Exemplare der Abhandlung des Aratus über Astronomie. Eines davon war die Vorlage für eine karolingische Abschrift, die heute in der British Library liegt, das andere diente für die Anfertigung der prächtigen Leidener *Aratea*, eine der bedeutendsten karolingischen Bilderhandschriften. Das ist der Codex, zu dessen Untersuchung wir uns in die Niederlande begeben wollen.

Auf meine erste Anfrage, ob ich mir die *Aratea* in der Universiteitsbibliotheek von Leiden ansehen könnte, erhielt ich die Antwort, das sei wohl nicht nötig, da es eine erstklassige 1989 erschienene Faksimileausgabe gebe und der gesamte Codex überdies digitalisiert sei und kostenlos online in Augenschein genommen werden könne. Das war eine Antwort, die irgendwie zum Thema »Kopieren« passte. Hätte man sich im frühen 9. Jahrhundert an die Aachener Hofbibliothekare mit der Bitte gewandt, die Terenzausgabe aus der Spätantike in die Hand nehmen zu dürfen, wäre einem höchstwahrscheinlich versichert worden, dass man mit der adretten neuen Abschrift, die ihr Schreiber Hrodgarius angefer-

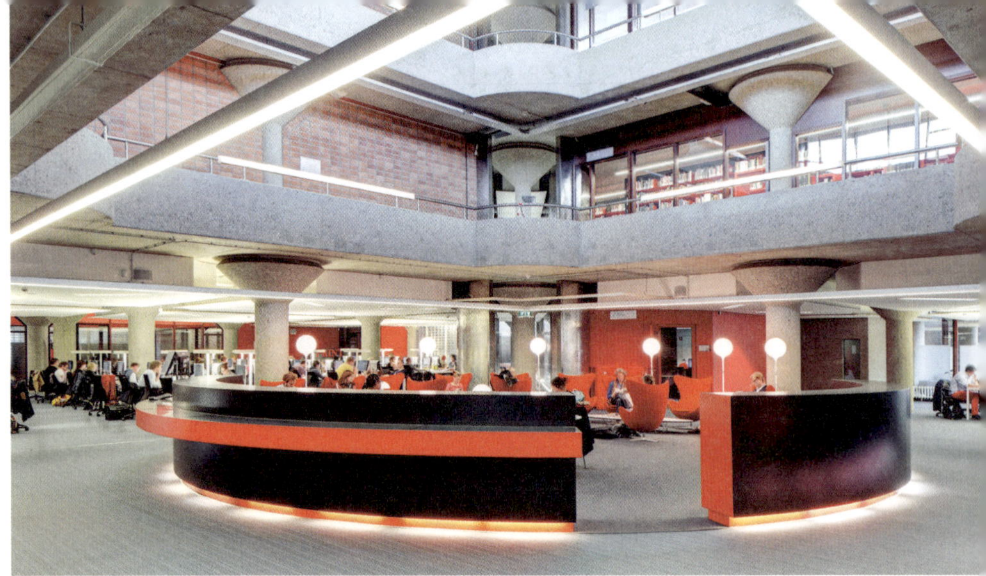

Foyer der Universitätsbibliothek von Leiden, die von 1977 bis 1983 erbaut wurde. Die erste Universitätsbibliothek der Stadt wurde bereits 1575 gegründet.

tigt habe, besser bedient sei. Ich ließ mich aber nicht abwimmeln, und so stimmte Dr. André Bouwman, der für westliche Handschriften zuständige Kurator, schließlich meiner Bitte zu, wobei der Grund wohl nicht nur die für Holländer typische und auch Bouwman eigene Zuvorkommenheit war, sondern auch die Tatsache, dass ich nach Leiden kommen würde, um eine der sogenannten Lieftinck Lectures über Handschriften zu halten. Ich meinte, dass die Universität mir deswegen einen kleinen Gefallen schuldig sei. Von dem französischen Universalgelehrten Joseph Justus Scaliger (1540–1609) stammt der bekannte Ausspruch über Leiden: »Est hic magna commoditas bibliothecae, ut studiosi possint studere.« (»Der große Nutzen der hiesigen Bibliothek ist, dass die Wissbegierigen dem Studium nachgehen können.«) Was heute unverändert gilt.

Leiden ist eine südwestlich von Amsterdam gelegene, bezaubernde alte Kaufmannsstadt, mit idyllischen Gassen und im 16. Jahrhundert angelegten Kanälen. Die Universität wurde 1575 gegründet und ist damit die älteste des Landes. Bei meinem Besuch regnete es stark, und als ich nach längerem Fußweg in der Witte Singel eintraf, der Straße, die sich an dem Kanal langzieht, der den mittelalterlichen Stadtkern umgibt, war ich durchnässt. Es war die Art Wetter, wo man sich wundert, dass in Nordeuropa überhaupt Handschriftliches aus dem Mittelalter bis in unsere

Zeit überleben konnte. Das Hauptgebäude der Universitätsbibliothek ist ein weitläufiger moderner Bau, zwischen 1977 und 1983 nach Plänen des Architekten Bart van Kasteel ausgeführt. Man erkennt nicht auf den ersten Blick, dass es sich um eine Bibliothek handelt, und der Eingang lässt sich zwischen den vielen Betonsäulen, die wie gen Himmel gerichtete Trompeten aufragen, nur schwer finden. Es gibt reichlich marmorierten Buntbeton und glänzenden Chrom. Als ich endlich triefend vor Nässe an der Informationstheke stand, stopfte ich meine durchweichte Wollmütze in die Manteltasche und versuchte, wie jemand auszusehen, dem man es gestatten konnte, das wertvollste Buch des Landes zu begutachten.

Die Sicherheitsüberprüfungen sind in der Leidener Universitätsbibliothek angenehm problemlos hinter sich zu bringen. Die Mitarbeiter lassen sich durch nichts aus der Ruhe bringen und gehen von ihrer Muttersprache nahtlos in fließendes Englisch über. Es wimmelt von Studenten. An niederländischen Universitäten verspürt man immer noch einen Hauch Hippietum: Die jungen Leute wirkten alle so, als wären sie gerade aus den Federn gekrochen, was traurigerweise weitgehend fehlt in der fokussierteren Jugend von England und den USA. Der Bibliotheksangestellte macht ein kleinformatiges Foto (meines gemahnte an den Axtkiller, der aus dem Regen kam) mit einer in den Empfangstresen eingelassenen Apparatur, die umgehend einen Benutzerausweis aus hellblauem Plastik ausspuckt. Dieser öffnet einem die elektronischen Eingangsschranken. Man halte sich rechts und durchquere die ganze Bibliothek, bis man in einen hellen Saal mit Hunderten von Computern und ihren gelangweilten Benutzern gelangt. Von dort weiter an Regalen voller Bücherstapel vorbei. Aus allen Bänden ragen farbige Papierstreifen hervor (wohl ein Klassifikationssystem, aber es wirkt so festlich wie holländische Tulpenfelder). Schließlich fährt man entweder mit dem Aufzug oder steigt über die zentrale Wendeltreppe ins Obergeschoss. Das ist die Ebene, wo die raren Bücher gelagert werden. Es gibt Spinde für Leute mit feuchten Mänteln, in die sie durchweichte Hüte gestopft haben.

Ich wurde erwartet. »Normalerweise geben wir sie nicht in fremde Hände«, sagte der sichtlich beeindruckte Aufsichtführende, als er mir die senfgelbe Textilbox aushändigte, in der die *Aratea* liegt. »Sie können sich setzen, wo Sie wollen«, meinte er noch mit einer Geste, die den ganzen

L-förmigen Lesesaal einschloss, der vollkommen leer war. Es gibt dort lange schwarze Tische mit einer Einfassung aus silbrig glänzendem Stahl sowie elegante kleine Stühle mit orange oder grau gepolsterten Sitzflächen und Rollen. Große Fenster, gegen die an jenem Tag der Regen schlug, führen auf den Stadtkanal. Stützgestelle für Handschriften fehlten, doch der Aufsichtsbeamte brachte mir ein großes weißes Kissen, auf das ich den Codex legen sollte. Ich schrieb nur mit Bleistift, obwohl man mich nicht dazu aufgefordert hatte – tatsächlich hatte man mir einen Kuli in die Hand gedrückt, damit ich mich im Nutzerverzeichnis eintrug. Von Firlefanz wie dem Anlegen weißer Handschuhe hält man nichts. Mir leuchtet ein, warum jeder Holländer mag.

Die *Aratea* ist ziemlich klein, sie umfasst fünfundneunzig Blätter im Format von ca. 22,5 mal 20 Zentimeter, ist also nahezu quadratisch (wir werden darauf zurückkommen). Sie ist überraschend schwer, doch schlägt man sie auf, wird klar, dass das an den dicken Holzdeckeln des Einbands liegt. Das Manuskript wurde 1989 von einer Benediktinernonne aus Oosterhout namens Lucie Gimbrère neu gebunden, die viel für die Leidener Bibliothek arbeitet. Wie es scheint, hatte der Codex auseinandergenommen werden müssen, damit man die fotografischen Reproduktionen für die in jenem Jahr erschienene Faksimileausgabe anfertigen konnte (ein anderer Aspekt des Kopierens, mit dem es Konservatoren heute zu tun bekommen). Der Codex wurde damals auch in den USA ausgestellt, und da er aufgelöst worden war, konnte man viele der losen Blätter auf einmal präsentieren. Der neue Einband erscheint ganz passabel dem nachempfunden, wie ihn die *Aratea* im 9. Jahrhundert besessen haben mag. Er besteht aus einem braungelben wildlederartigen Überzug über dicken Holzbrettern, die genau mit den Kanten der Blätter abschließen. Der Rücken ist dort leicht gewellt, wo er unter dem Leder von vier Bünden gekreuzt wird. Die Deckel sind heute in spezielles, für konservatorische Zwecke benutztes Papier eingeschlagen; vielleicht will man verhindern, dass das Färbemittel, das Schwester Lucie für das Leder verwendet hat, in die Vorsatzblätter eindringt. Der Schnitt ist rau, also

RECHTS: Die erste Seite der *Aratea*. Sie beginnt in *capitalis rustica*-Schrift mit dem Satz: »Ab iove Principium magno deduxit Aratus …«, »Aratus begann mit dem großen Jupiter …«.

AB IOVE PRINCIPIV̄ MAGNO DEDVX̄ ARATVS·
CARMINIS AT NOBIS GENITOR TV MAXIMVS AVCTOR
TE VENEROR TIBI SACRA FERO DOCTIQVE LABORIS
PRIMITIAS PROBAT IPSE DEVM RECTORQ· SATORQVE
QVANTVM ETENIM POSSENT ANNI CERTISSIMA SIGNA
QVA SOL ARDENTEM CANCRVM RAPIDISSIMVS AMBIT
DIVERSASQ· SECAT METAS GELIDI CAPRICORNI
QVEVE ARIES ET LIBRA EQVANT DIVORTIA LVCIS

Ab ioue pncipiū magno deduxit aratus.
Carminis at nobis genitor tu maxim⁹ auctor
Te ueneror tibi sacra ferat doctrq; laboris
P rimitias pbat ipse deū rectorq; satorq;
Q uantū etenī possent anni certissima signa
Q ua sol ardentē cancrū rapidissim⁹ ambit
D iūsasq; secat metas gelidi capcorni
Q ueue aries et libra equant diuortia lucis.

nicht begradigt, rot gesprenkelt und diagonal mit dem schwarzen Stempelaufdruck »ACAD.« und »LVGD.« versehen für »Academia Ludgunensis«, lateinisch für: Universität Leiden. Schwester Lucie hat ihn zum Glück in dem Zustand belassen, in dem er sich vermutlich seit dem 17. Jahrhundert befindet. Man erzählte mir jedoch, dass sie sich nicht davon hatte abhalten lassen, die Ränder von Handschriften, die man ihr zum Neubinden übergeben hatte, mit einem Radierer zu säubern, was der Grund dafür ist, dass in Leiden dieser und andere Codices ein irritierend unverwittertes Aussehen besitzen.

Die *Aratea* beginnt mit einem Vorsatzblatt, das bis auf eine Notiz von Jacob Susius (1520–1596) über seinen Ankauf des Codex leer ist. Diesen Eintrag werden wir uns später ansehen. Das Vorsatzblatt war ursprünglich an den Deckel des Codex angeklebt und trägt schattenhafte Abdrücke von den nach innen umgeschlagenen Rändern des mittelalterlichen Lederüberzugs. Man blättere um und ist sofort im Text. Die erste Zeile, geschrieben mit roter Tinte, bezieht sich inhaltlich auf Jupiter, den Gott des Himmels: *»Ab iove Principiu[m] magno dedux[it] Aratus …«*. Hier finden wir in einer Handschrift, die am radikal christlichen Hof von Karl dem Großen, einem kanonisierten Heiligen, oder seinem Sohn Ludwig, Beiname »der Fromme«, angefertigt wurde, eine unverhohlene Anrufung einer alten heidnischen Gottheit. Offene Blasphemie wird durch Ambiguität gerade noch vermieden. »Aratus« (griechisch »Aratos«, der Name des ursprünglichen Verfassers der Abhandlung), heißt es auf Latein, »begann mit dem großen Jupiter …«. Der Autor wendet sich an ein namenloses Gegenüber, das größte und göttlichste aller Wesen, im antiken Original vermutlich einen römischen Imperator, doch sinnigerweise darf sich auch dessen karolingischer Nachahmer angesprochen fühlen. Unter deiner gütigen Herrschaft, sagt er, können wir endlich unsere Augen gen Himmel erheben und die Positionen und Bahnen der Himmelskörper und Gestirne studieren, die dem Seemann bei der Navigation hilfreich sind und dem Pflüger beim rechtzeitigen Säen und Ernten.

Was sofort ins Auge sticht, ist das Schriftbild: Der Text der *Aratea* ist in der sogenannten *capitalis rustica* geschrieben, der Schrift, die im Römischen Reich für literarische Texte reserviert war. Das Adjektiv »rusticus« bedeutet »ländlich« und im übertragenen Sinn so viel wie »einfach, schlicht«. Die *capitalis rustica* war also eine gewöhnliche oder alltägliche Schrift. Sie wurde zum Beispiel für auf die Mauern der Häuser von Pompeji gekritzelte politische Parolen verwendet. Es handelt sich um eine stark zusammengedrängte, schmale und steile Schrift, für die – wie schon das Wort *capitalis* besagt – nur Großbuchstaben verwendet wurden. Dicke und dünne Striche sind deutlich voneinander abgesetzt, und vertikale Linien werden oben wie unten durch kleine Querstriche, sogenannte *Serifen*, abgeschlossen. Die Buchstaben wirken anmutig und kalligrafisch ausgearbeitet, die Schrift lässt sich aber gut lesen. Sie wurde in der Spätzeit des Römischen Reichs vor allem für säkulare Texte verwendet, während im Unterschied dazu die ausgefeiltere Schrift mit gerundeten Unzialen für frühe christliche Texte – wie das Augustinus-Evangeliar und den Codex Amiatinus – bevorzugt wurde. Da die Karolinger sich um höchste Authentizität bemühten, was ihre Nachschöpfungen antiker Werke betraf, trafen auch sie diese Unterscheidung zwischen den beiden Schriftarten. Für biblische Texte, wie den aus dem 9. Jahrhundert stammenden Utrechter Psalter, wählten sie die Unzialschrift, während sie für literarische Texte aus der vorchristlichen Zeit die *capitalis rustica*-Schrift verwendeten.

Die Leidener *Aratea* ist primär ein Bilderbuch. Sie enthält Miniaturen der Sternbilder, so wie die Griechen sie kannten. Der Name »Aratea« – sicher fragen Sie sich schon verzweifelt, was er denn bedeutet, waren aber zu höflich, mich zu unterbrechen – weist darauf hin, dass es sich um ein in lateinischer Übersetzung überliefertes Lehrgedicht von Aratos von Soloi (ca. 315–240/239 v. Chr.) handelt. Die Handschrift enthält heute neununddreißig ganzseitige Miniaturen; sie sind alle auf verso-Seiten überliefert, und an sie schließen sich Erläuterungen zu dem jeweils dargestellten Sternbild an, die in Hexametern abgefasst sind. Am Anfang jeder einzelnen Zeile steht ein roter Großbuchstabe. In einigen Fällen sind diese Erläuterungen so knapp gehalten, dass sie eher den Charakter von Bildunterschriften haben. Die Bildfelder besitzen zumeist quadratisches Format, der Hintergrund ist dunkelblau, was einen nächtlichen Himmel suggerieren soll. Umgeben sind sie von einem leuchtend orangen Rahmen, der eindeutig als Letztes hinzugefügt wurde, da er die Ränder des blauen Quadrats überdeckt. Die Abbildungen wirken wie Reproduktionen gerahmter Gemälde, was sie möglicherweise auch sind. Die ursprünglichen Vorlagen können Bilder gewesen sein, die die Wände eines römischen oder griechischen Wohnhauses schmückten. Die Tönung des Blaus des Hintergrunds reicht von fast schwarz bis zu einem kreidigen pastellartigen Türkis. Hält man die Blätter gegen das Licht, erkennt man, dass die blaue Farbe zunächst mit vertikalen und anschließend mit horizontalen Strichen aufgetragen wurde.

Die Abbildungen in der *Aratea* sind, um es milde auszudrücken, merkwürdig. Auch auf die Karolinger müssen sie den Eindruck gemacht haben, dass sich in ihnen irgendein arkanes Wissen verbarg, das für sie nicht ganz fassbar war. Der einzige Weg, seinen Besitz zu bewahren, bestand daher darin, die bildlichen Darstellungen getreulich und einschließlich aller Details zu kopieren, auch wenn deren Aussage sich ihnen nicht unmittelbar erschloss.

Die erste Miniatur findet sich auf folio 3v. Eine lange rosa und grau gefärbte Schlange windet sich über die Seite, und in ihren Windungen springen zwei kleine Bären umher, von denen der eine mit dem Rücken nach unten dargestellt ist. Die Seite ist mit einer Reihe von scheinbar willkürlich – tatsächlich aber absichtsvoll – verteilten kleinen Quadraten übersät, die mit Blattgold ausgeführt wurden. Das sind die Sterne der abgebildeten Konstellation. In dem Begleittext, der hier mehrere Seiten lang ist, wird erklärt, dass die Sterne unablässig zwischen Himmelspolen hin und her ziehen und dass diese von den Bären von Kreta bewacht werden, die Jupiter als Kleinkind vor seinem Vater Saturn und dessen kannibalistischen Gelüsten beschützten. Zur Belohnung dafür wurden sie in den Himmel versetzt, um die Pole anzuzeigen. Sie sind als Helike und Cynosura bekannt, wobei es von letzterem Stern heißt, er habe die phönizischen Seefahrer, die sich von ihm leiten ließen, nie irregeführt. Zwischen den beiden, fährt der Text fort, ziehe sich eine monströse mit Sternen besetzte Schlange lang, wie ein Fluss. Der Polarstern ist der kleinere der beiden Bären. Diese Konstellationen sind uns heute noch als Großer Bär und Kleiner Bär (Ursa Major und Ursa Minor) bekannt.

Die zweite Miniatur zeigt einen bartlosen jungen Mann, der nach rechts schreitet und über seine Schulter zurückblickt. Er trägt eine kurze rosafarbene, mit goldenen Litzen besetzte Tunika und kunstvoll verzierte Sandalen. In seiner Rechten hält er einen goldenen Krummstab, während über seinen linken Arm eine grünliche gefleckte Löwenhaut drapiert ist. Diese Haut weist ihn als Herkules aus. Er wird in dem Text auf der gegenüberliegenden Seite nicht namentlich genannt, nur von einem »Wärter der Bären« ist die Rede. Obwohl er viele Sterne besitzt, die »keineswegs blass« sind, wird nur einer von diesen angeführt: Arcturus, der dort eingezeichnet ist, wo das Gewand des Herkules gegürtet ist. Arcturus ist der hellste Stern der nördlichen Hemisphäre.

Bei der dritten Miniatur handelt es sich um die Darstellung eines klassischen Kranzes aus goldenen und braunen Blättern mit herabhängenden roten Bändern. Im Begleittext wird er als die »*Corona*« bezeichnet, die Ariadne bei ihrer Vermählung mit Bacchus trug. Nach dem vorzeitigen Tod seiner Gattin schleuderte Bacchus sie in den Himmel, wo sie zu einem Sternbild wurde. Die nächste Abbildung ist die des Schlangenträgers. Sie zeigt einen nackten Mann, der größtenteils von hinten zu sehen ist; er trägt eine eng anliegende Kopfbedeckung, die ein wenig wie eine Badekappe aussieht, und hält eine sich windende Schlange in der Hand, während er auf einem Skorpion steht. Die dazugehörigen Verse informieren darüber, dass der Schlangenträger den Brautkranz im Rücken hat und dass die hellsten Sterne, die sogar bei Vollmond nicht an Leuchtkraft verlieren, auf seinen Schultern sitzen. Blättern wir weiter. Der Mann auf der nächsten Miniatur, Boötes, sieht ein wenig aus wie unser alter Bekannter Herkules. Er ist jung und muskulös, hält einen Stab in der einen Hand und hat die andere erhoben, als wolle er den Verkehr anhalten. Das Blatt mit dem erläuternden Text ist nicht erhalten. Die moderne mit Bleistift vorgenommene Foliierung berücksichtigt diesen und andere Verluste; es gibt daher kein folio 13. Auch die Miniatur, die sich auf dessen Rückseite befunden haben muss, kennen wir nicht. Aus dem Text auf der 12v gegenüberliegenden Seite geht aber hervor, was sie zeigte, nämlich Virgo, die Jungfrau. Sie wird als die heitere Göttin beschrieben, die früher einmal in einem Goldenen Zeitalter, in dem Krieg unbekannt war und niemand in die Gefilde fremder Menschen segeln musste, die Welt lenkte. Im Silbernen Zeitalter stieg sie nur noch selten und wenn, dann aus Kummer vom Olymp herab, und im ver-

NACHFOLGENDE DOPPELSEITEN: Beispiele für die Illustrationen der *Aratea*. Die Motive sind: Ursa Major und Ursa Minor, zwei junge Bären zwischen den Windungen einer Schlange, von denen der kleinere für den Polarstern steht; Herkules, der eine Löwenhaut über den Arm geworfen hat; Boötes, der Bärenhüter oder Rinderhirte (der Text auf der gegenüberliegenden Seite bezieht sich auf das Sternbild Virgo oder Jungfrau, da hier ein Blatt fehlt); Gemini, die Zwillinge, die als Castor und Pollux, die Söhne des Zeus, dargestellt sind; Leo, der Löwe; die fünf Planeten, verkörpert durch die Häupter von Saturn, Jupiter, Merkur, Venus und Mars.

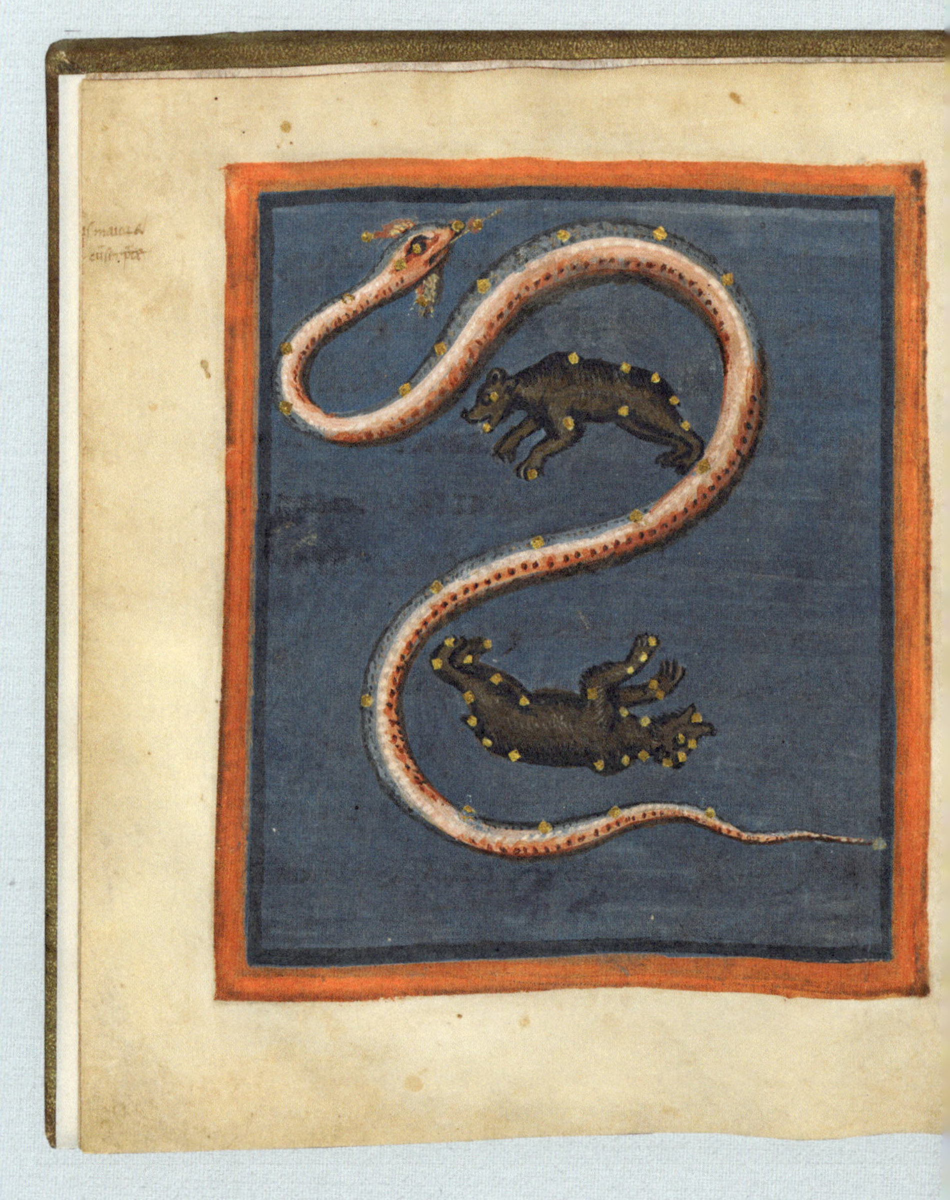

Cetera que toto fulgent uaga sidera mundo
Indefessa trahit ꝓprio cum pondere celum.
Axis at imotus semp uestigia seruat
Libratasq; tenet tras. & cardine firmo:
Orbe agit. extremū geminus determinat axem.

CETERA QUAE TOTO FULGENT UAGA SIDERA MUNDO
INDEFESSA TRAHIT PROPRIO CUM PONDERE CAELUM
AXIS AT IMMOTUS SEMPER UESTIGIA SERUAT
LIBRATASQ TENET TERRAS ET CARDINE FIRMO
ORBE AGIT EXTREMŪ GEMINUS DETERMINAT AXEM
QUEM GRAI DIXERE POLUM QUO MERSA SUB UNDAS
OCEANI PARS CELSA SUB HORRIFERO AQUILONE
AXEM CRETAE DEXTRA LEUAQUE TUENTUR
SIUE ARCTOAE SEU ROMANI COGNOMINIS URSAE
PLAUSTRA QUAEQ FACIES STELLARŪ PROXIMA UERO
TRES TEMONE ROTISQ MICANT SUBLIME QUATERNAE

Quem grai dixere polum quo mersa sub undas
Oceani pars celsa sub horrifero aquilone
Axem crete dextra leuaq; tuentur.
Siue arctoe seu romani cognominis urse
Plaustraq; que facies stellaꝝ proxima uero
Tres temone rotisq; micant sublime quat̃ne

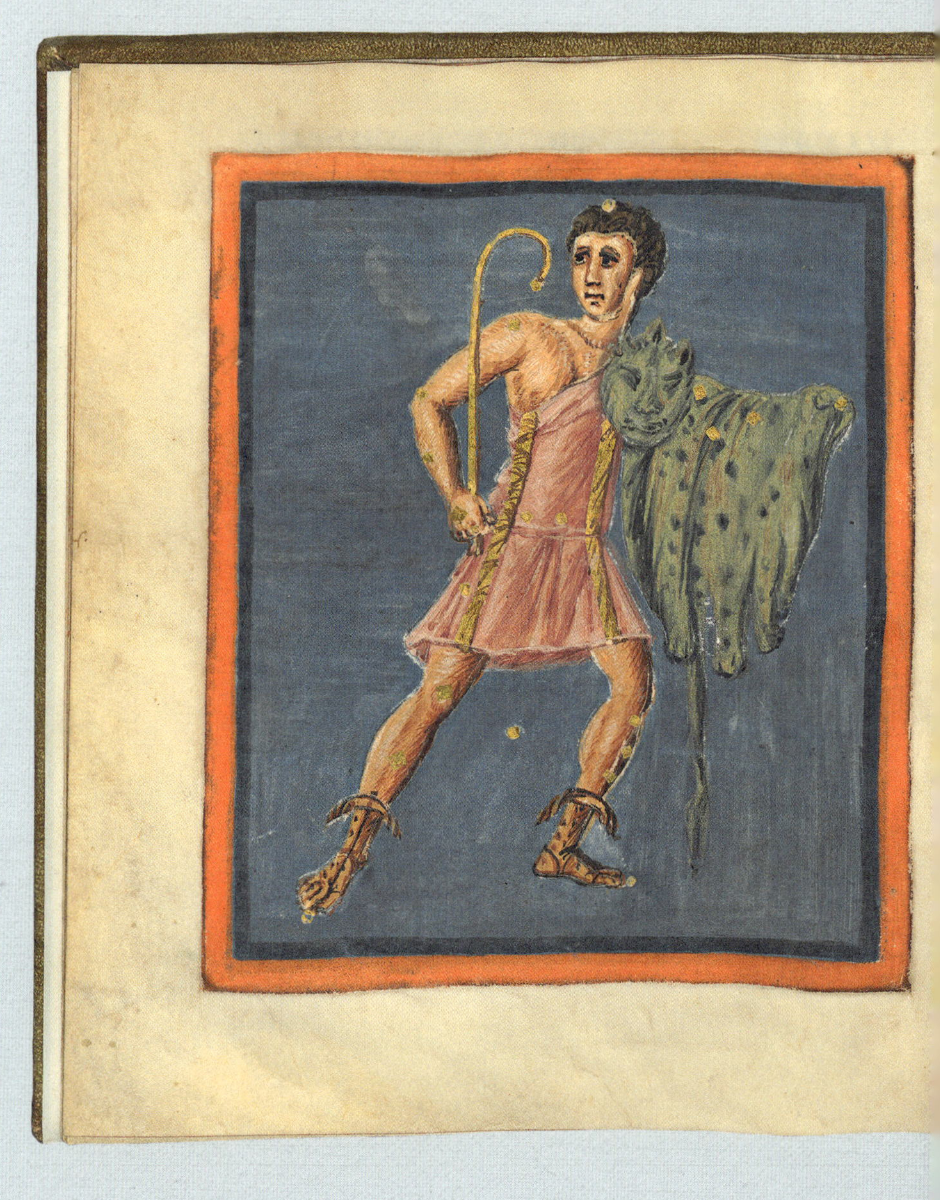

I PSAM HELICEN SEQUITUR SENIOR IACULOQ MINATUR
S IUE ILLE ARTOPHYLAX SEU BACCHIO MUNERE CESUS
I CARUS EREPTAM PENSABIT SIDERE UITAM

Ipsam helicen sequitur senior iaculoq; minatur
Siue ille artophylax seu bacchio munere cesus
Icarus ereptam pensabit sidere uitam

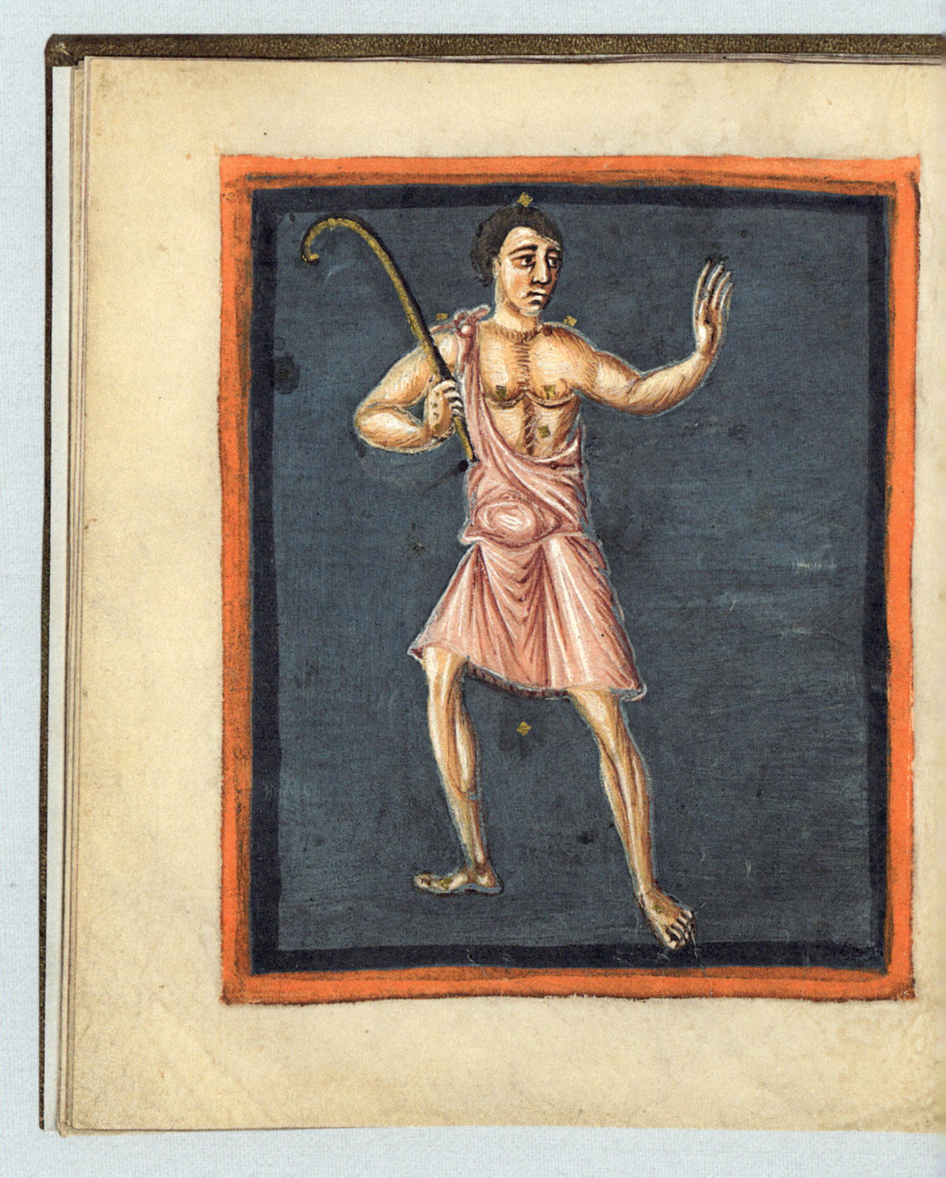

VIRGINIS INDE SUBEST FACIES CUI PLENA SINISTRA

FULGET SPICA MANU, MTURISQ· ARDE ARISTIS.

QUAM TE DIUA UOCEM TANGUNT MORTALIA SITI
CARMINA NEC SURDAM PRAEBES UENERANTIBUS AUREM
EXOSA HEU MORTALE GENUS MEDIO MIHI CURRU
STABUNT QUADRIPEDES ET FLEXIS LAETUS HABENIS
TEQ· TUUMQ· CANAM TERRIS UENERABILE NUMEN
AUREA PACATI REGERET CUM SAECULA MUNDI
IUSTITIA INUIOLATA MALIS PLACIDISSIMA UIRGO
SIUE ILLA ASTREI GENUS EST QUEM FAMA PARENTEM
TRADIDIT ASTRORUM SEU UERA INTERCIDIT AEUO.
ORTUS FAMA TUI MEDIIS TE LAETA FEREBAS
SUBLIMIS POPULIS NEC DEDIGNATA SUBIRET
TECTA HOMINUM ET PUROS SINE CRIMINE DIUA PENATIS
IURA DABAS CULTUQ· NOUO RUDE UULGUS IN OMNES
FORMABAS UITAE SINCEROS ARTIBUS USUS

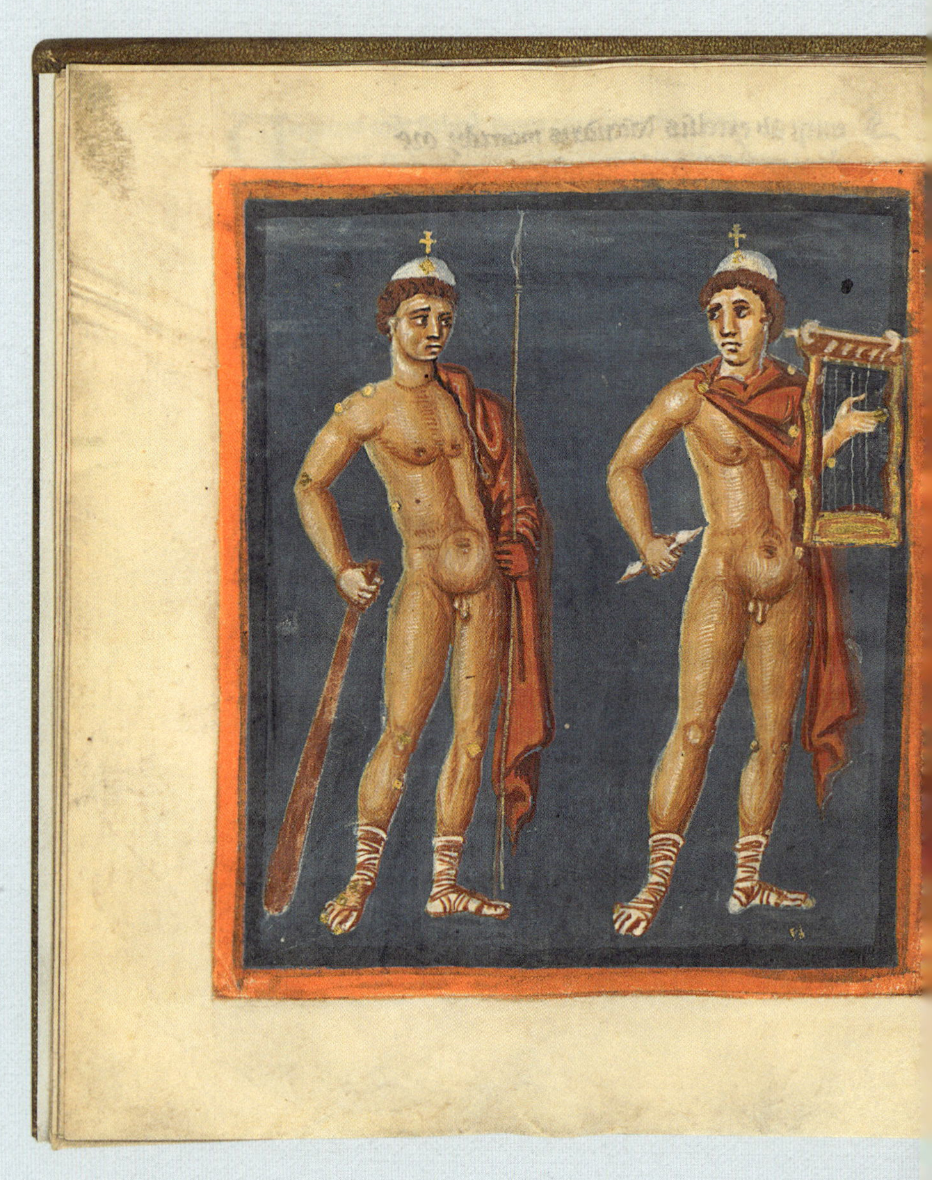

AD CAPITI SUBERUNT GEMINI PROLEMQ· TONANTIS
AEGREGIAM ET PROPRIO POST REDDITA NUMINA CAELO
NAM LACHEDEMONIIS CUM MARS CALUISSET APHIDNIS
CASTOR ACECROPI TULIT INCREMENTIA BELLI

Ad capiti subeirunt gemini prolemq; tonantis
A egregiam et proprio post reddita numina celo
N am lachedemonijs cum mars caluisset aphidnis
C astor acecropi tulit incrementia belli

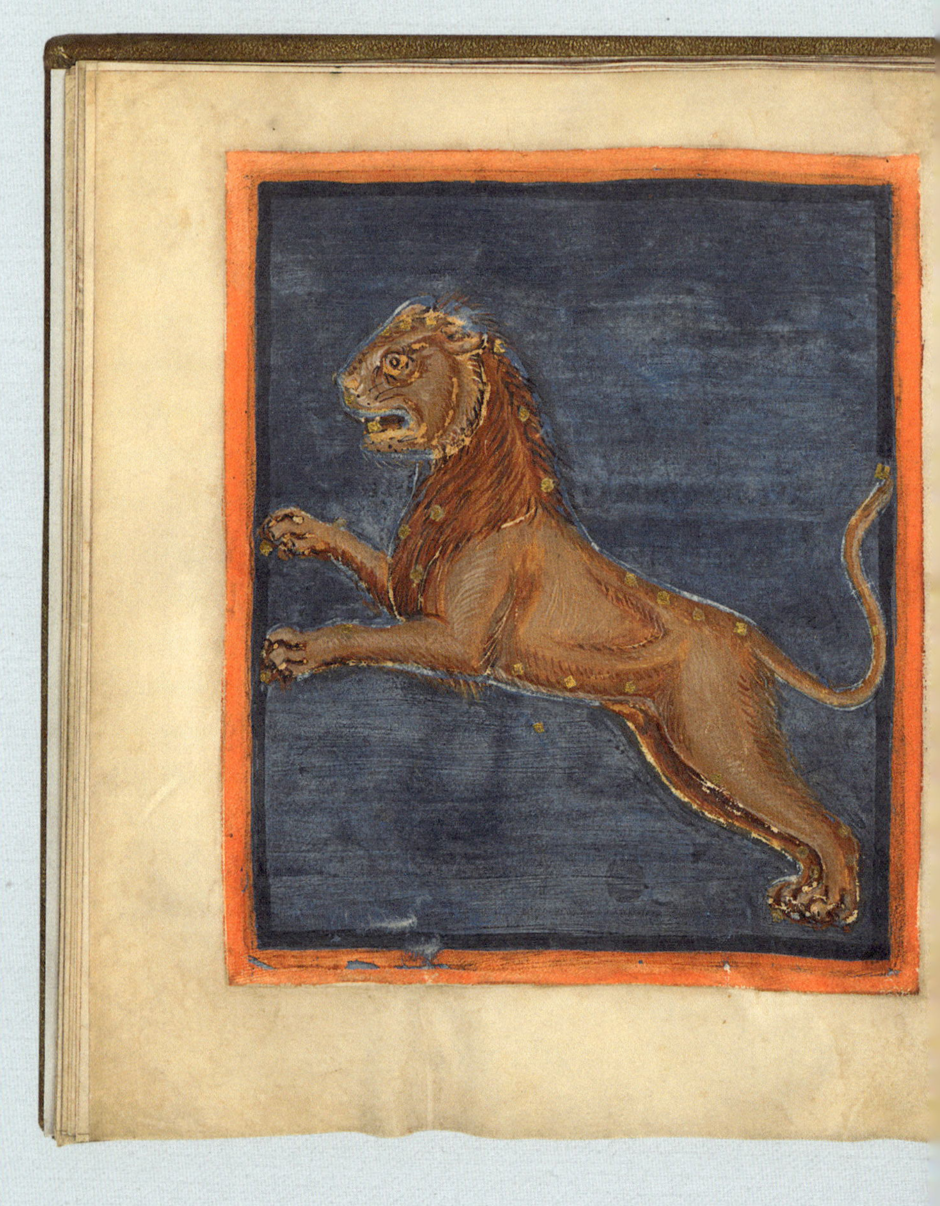

ORA HORRENTISQ· IUBAS ET FULUUM CERNE LEONEM
HUNC UBI CONTIGERIT PHOEBI UIOLENTIOR AXIS
ACCENSA IN CANCRO IAMTUM GEMINABITUR AESTAS
HINC NYMFE TENUES TUNC EST TRISTISSIMA TELLUS

Ora horrentisq; iubas & fuluū cerne leonem
Hunc ubi contigerit phebi uiolentior axis
Accensa in cancro iantū geminabit᷑ estas
Hinc nymfe tenues· tunc est tristissima tellus

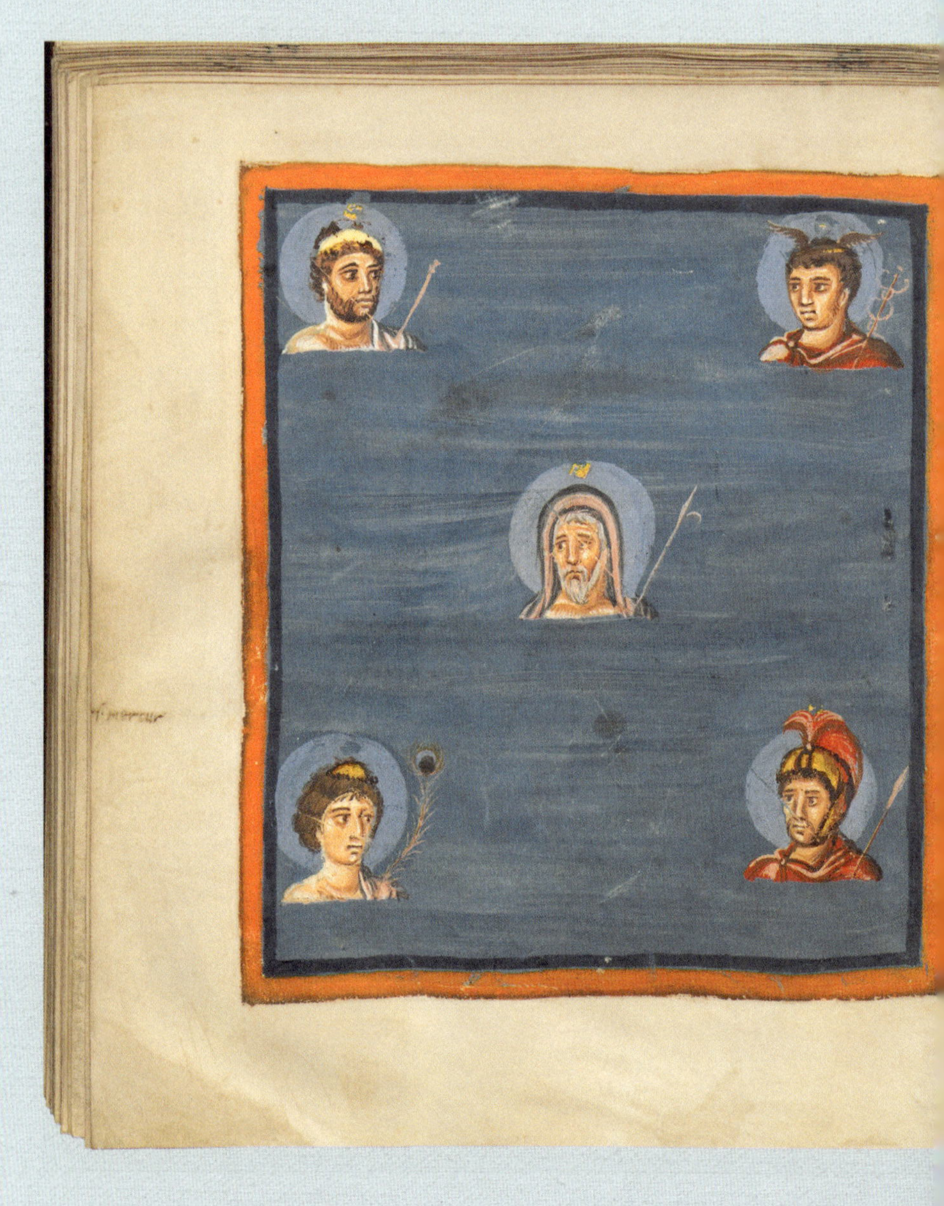

A TQUINQ: STELLAE DIUERSA LEGE FERUNTUR
E TPROPRIO MOTU MUNDO CONTRARIA UOLUUNT
C URRICULA EXCEDUNTQ: LOCO ET UESTIGIA MUTANT
H AUD EQUIDEM POSSIM ALIO CONTINGERE SIGNO
Q UE DIUI SA DI ES HINC ATQ: HINC SAEPE UIDENTUR

At quinq; stelle diuersa lege ferunt̄
E t ꝓprio motu mundo contraria uoluunt
C urricula exceduntq; loco et uestigia mutant.
H aud equidē possim alio contingere signo
Q ue diuisa dies hinc atq; hinc sepe uident̄.

derbten Bronzenen Zeitalter, als die Menschen Fleisch zu essen und Eisen zu gebrauchen begannen, wandte sie sich von der Erde ab und wurde ebenfalls zu einem Sternbild am Himmel, und zwar in der Nähe des Großen Bären. Die Abbildung von Gemini, den Zwillingen, ist erhalten. Mit ihr sind wir auf folio 16v angelangt. Die Miniatur zeigt zwei gebräunte junge Männer, die kleine weiße Kappen tragen, auf denen ein goldenes Kreuz sitzt; sie sind nackt, abgesehen von Umhängen, die ihnen von einer Schulter hängen, und stiefelähnlichen Schuhen. Einer hält eine Keule und einen Speer in den Händen, der andere eine Lyra und ein Plektron zum Zupfen der Saiten. So geht es weiter mit den Abbildungen und den sie erläuternden Versen: Wir sehen Cancer, den Krebs, der unter dem mittleren Teil von Helike liegt und unter dessen Kopf sich Gemini befindet, und Leo, den Löwen, unterhalb der hinteren Beine des Krebses. Eine dazu gehörende Warnung besagt, dass, wenn der Sonnenwagen im Sommer dieses Sternbild berührt, das Wasser für den Ackerbau knapp wird und Seeleute nicht auf das azurblaue Meer hinausfahren sollten. Dann folgt Auriga, der Fuhrmann, der mit drei blauen Zicklein dargestellt ist, die böse Omina für Seeleute sind. Es schließen sich an Taurus, der Stier, Kepheus, Cassiopeia, deren Gewand verrutscht ist und eine Brust freigibt, die aber zum Glück von einem goldenen Stern verdeckt ist. Cassiopeias Tochter Andromeda ist mit ausgestreckten Armen an Felsensäulen gefesselt abgebildet. Und so geht es weiter mit den Miniaturen, zwischen denen immer wieder Verse eingeschaltet sind, die das Abgebildete erläutern oder die Geschichten der jeweiligen mythologischen Figuren erzählen.

Den jeweils einem einzelnen Sternbild gewidmeten sechsunddreißig Illustrationen folgen zwei Sammeldarstellungen: Die erste zeigt die fünf damals bekannten Planeten in Gestalt von – wie abgetrennt aussehenden – menschlichen Köpfen, vier männlichen und einem weiblichen, die alle von fahlen Aureolen, Heiligenscheinen ähnlich, umgeben sind. Diese Darstellung findet sich auf folio 80v. In dem Text auf der gegenüberliegenden Seite wird ausgeführt, dass die Planeten auch »Wandersterne« genannt werden und unter einem anderen Gesetz stehen. »In ihrer unabhängigen Bewegung erwählen sie sich gegensätzliche Wege über der Erde, und sie bewegen sich von ihrem Ort weg und verändern ihre Bahnen.« Sie werden in der Handschrift nicht mit Namen bezeichnet, aber es handelt sich um Saturn, Jupiter, Merkur, Venus und Mars. Der Frauenkopf symbolisiert also den Planeten Venus. Wir wissen heute, warum die Bewegungen der Planeten unseres Sonnensystems sich von denen der Sterne ferner Galaxien unterscheiden, für mittelalterliche Astronomen muss das aber rätselhaft gewesen sein: Sie wussten nichts von den Umlaufbahnen erdnaher Planeten um die Sonne.

Ein paar Blätter weiter stößt man auf eine ähnliche Darstellung von vier weiblichen über eine blaue Fläche verteilten Köpfen: Sie symbolisieren die vier Jahreszeiten. Auch der Wechsel der Jahreszeiten ist für uns leicht erklärbar, weil wir von der Rotation der Erde um die Sonne wissen, im Mittelalter war das anders. Die ausführliche Erläuterung, die sich an die Abbildung anschließt, ist kompliziert (jedenfalls für mich): Die Kernaussage ist, dass es mehrere rotierende Sternenräder gibt, die durch das Firmament schneiden, worunter auch die Milchstraße ist (es heißt wörtlich, dieses Sternenrad zeige die Farbe von Milch – »lactis ei color« – und sei das größte). Wenn die Sonne auf ihrer Wanderung die Rotationsbahnen dieser Sterne kreuze, wirke sich das auf ihre Kraft aus, wodurch das Jahr in vier Phasen geteilt und den Tagen eine unterschiedliche Länge zugeteilt werde. Eines dieser großen sich drehenden Räder sei der Zodiak, durch dessen zwölf Punkte die Sonne jährlich hindurchwandere, womit sie den Wechsel des Wetters und des Klimas verursache. Aus diesem Grund unterschieden sich die Jahreszeiten. Mein Latein ist ganz ordentlich, meine astronomischen Kenntnisse reichen aber nicht wirklich aus, um diese Ausführungen bis ins Letzte zu verstehen.

Unsere Generation ist vermutlich die erste seit Zehntausenden von Jahren, die die Sternbilder nicht (er)kennt. Bis weit ins 20. Jahrhundert hinein war der Himmel in der Nacht relativ klar, das heißt nicht durch die allgemeine Umweltverschmutzung getrübt, und außerdem lebten noch viel mehr Menschen außerhalb der großen Städte. Heutzutage kommt man nicht so oft in den Genuss jener erstaunlichen und aufregenden Erfahrung, eine Million Sterne über sich zu sehen, und die meisten von uns sind schon beglückt, wenn sie zumindest den Oriongürtel am Firmament ausmachen können. Orion, den Sohn des Poseidon, sehen wir beherzten Schritts auf folio 58v der *Aratea* vor uns. »Sic balteus exit«, heißt es in dem Text auf der folgenden Seite: »So verläuft sein Gürtel.« Er wird durch eine Reihe von drei hellen Sternen gebildet. Seitdem die Menschen über ein Bewusstsein verfügen, haben sie fasziniert in den Nachthimmel geschaut, sich bemüht, Strukturen zu erkennen und in dem grandiosen

Anblick eine Bedeutung zu finden. Es fällt schwer, den Himmel nicht mit unendlicher Majestät und Göttlichkeit zu assoziieren. Die – scheinbare – Wanderung der Sonne auf einer Bahn, die sechs Monate lang nach links und sechs Monate lang nach rechts führt, also nach genau einem Jahr abgeschlossen ist und von Neuem beginnt, diente allen Zivilisationen zur Bemessung der Zeit und Festlegung der Jahreszeiten.

Der erste erhaltene griechische Text zu den Namen und den Stellungen der Sterne und Planeten lautet *Phainomena* (Erscheinungen) und wurde im dritten Jahrhundert vor Christus von Aratos von Soloi verfasst. Von der Form her handelt es sich um ein Gedicht, das beinahe mit Sicherheit – die Meinungen der Fachleute gehen hier auseinander – zurückgeht auf ein verschollenes Werk von Eudoxus von Knidos, einem Schüler Platos, der hundert Jahre vor Aratos lebte. Die Informationen, die beide über die Namen der Konstellationen und die mit ihnen verbundenen Legenden geben, haben ihren Ursprung zweifellos in einer viel weiter zurückliegenden Vergangenheit und wurden mündlich tradiert, lange bevor überhaupt schriftliche Aufzeichnungen möglich waren. Die *Phainomena* des Aratos gewannen im Altertum ungeheure Popularität, als Lehrgedicht über das Universum und die Mythologie wie als Ratgeber für diejenigen, die mithilfe der Sterne navigierten. Sie genießen die für ein klassisches griechisches Werk ungewöhnliche Auszeichnung, im Neuen Testament zitiert zu werden. Als Paulus in Athen predigte, sagte er zu seinen Zuhörern, dass der eine Gott die ganze Welt geschaffen habe. Und dann heißt es: »Denn in ihm leben, weben und sind wir, wie auch etliche Poeten bei euch gesagt haben: Wir sind seines Geschlechts« (Apostelgeschichte 17, 28). Dieses Zitat ist der fünften Zeile der *Phainomena* entnommen, wo die Aussage sich aber auf Jupiter bezieht, mit dessen Lobpreisung, wie wir schon bei unserer Beschäftigung mit der Eingangszeile des Werks gesehen haben, Aratos beginnt. Vielleicht führte der Apostel ein Exemplar seines Werks zur Kursbestimmung mit sich bei seinen Fahrten über das Mittelmeer.

Es existieren mindestens drei lateinische Übersetzungen oder Adaptionen der *Phainomena* aus dem Altertum. Die früheste wurde um 80 vor Christus von Cicero (106–43 v. Chr.), dem großen Staatsmann, angefertigt. Eine unvollständige antike Handschrift dieses Textes wurde offensichtlich für die Bibliothek des karolingischen Hofs angeschafft. Dort wurde sie im 9. Jahrhundert mit größter Genauigkeit kopiert, vorwiegend ebenfalls in *capitalis rustica*-Schrift. Im 10. Jahrhundert gelangte diese neue Abschrift nach England, wo sie jetzt, mit anderen Texten zu einem Band gebunden, wie erwähnt in der British Library aufbewahrt wird. Sie weist eine wunderschöne Besonderheit auf: Die Textzeilen sind so gestaltet, dass sie sich in die Umrisslinien der Konstellationen einfügen. Deren Konturen sind also mit Schrift gefüllt, nicht farbig ausgemalt.

Eine zweite lateinische Übersetzung, die weitaus populärer wurde, stammt von Germanicus Caesar. Wir kennen den Namen dieses Übersetzers nur aus einer Handvoll beiläufiger Erwähnungen, unter anderem im Kommentar des heiligen Hieronymus zu den Paulusbriefen. Hieronymus hatte das erwähnte Zitat in der Apostelgeschichte erkannt. Man nimmt an, dass der Übersetzer mit jenem Germanicus (15/16 v. Chr.–19 n. Chr.) identisch ist, der ein Enkel von Markus Antonius und der Adoptivsohn von Kaiser Tiberius war. Es gibt aber noch andere dieses Namens, die als Übersetzer in Frage kommen. Diese zweite Übersetzung diente in jedem Fall als Hauptvorlage für die Leidener *Aratea*. Bevor überhaupt der lange Weg der Weitergabe dieses Textes durch Abschrift begann, war dieser also bereits die Imitation des Germanicus von einer Imitation des Aratos von einem Text des Eudoxus von Knidos.

Eine dritte lateinische Übertragung des griechischen Originaltextes von Aratos wurde zu einem nicht genau bekannten Zeitpunkt des 4. Jahrhunderts von Rufius Festus Avienus vorgelegt, über den man kaum etwas weiß. Seine Fassung ist die längste der drei. In der Leidener *Aratea*, die ja generell den Text in der Übersetzung des Germanicus wiedergibt, finden sich hier und da kurze Interpolationen aus der Übersetzung durch Avienus. In der Erläuterung zu Gemini zum Beispiel wird der kurze Germanicus-Text nach vier Wörtern durch den Einschub von sieben Zeilen aus der Fassung des Avienus ergänzt. Die Ausführungen zum Sternbild Krebs sind fast vollständig der Avienus-Fassung entnommen. Solche Verschmelzung eines Textes mit Ausschnitten aus einem anderen kommt bei der Tradierung handschriftlicher Texte nicht selten vor, in diesem Fall zeigt sich aber, dass das spätantike Manuskript, das man erworben hatte und am karolingischen Hof kopierte, nicht vor Lebzeiten des Avienus entstanden sein konnte. In der Tat stammte es vermutlich aus dem späten 4., möglicherweise auch aus dem frühen 5. Jahrhundert.

Auf den ersten Blick könnte man sogar glauben, dass es sich bei dem

Leidener Codex um eine Originalhandschrift aus der Spätzeit des Römischen Reichs handelt. Die Methode, mit energischen kurzen Strichen satte, dunkle Farbe aufzutragen, was manchmal eine fleckige, fast impressionistisch wirkende Oberfläche ergibt, stellt eine sehr gute Imitation der römischen Malweise dar. Die Fresken in Pompeji und die Porträts auf den Deckeln ägyptischer Sarkophage sind bekannte Beispiele für diesen Stil. Auch die schöne *capitalis rustica*-Schrift sieht vollkommen authentisch aus. Das nahezu quadratische Format erweckt ebenfalls den Eindruck des Klassischen. Ursprünglich näherte sich die Handschrift womöglich noch näher dem quadratischen Format an, jedenfalls legt die brutale Verkürzung winziger Bemerkungen an einigen Seitenrändern diese Vermutung nahe.

Das quadratische Format antiker Bücher ist einen kurzen Exkurs wert. Bis zum ersten nachchristlichen Jahrhundert wurden alle literarischen Texte auf Rollen niedergeschrieben, die manchmal aus Leder oder Pergament gefertigt waren (wie die meisten der Schriftrollen vom Toten Meer), in der Regel aber aus Papyrus. Der Flussgott auf folio 68v der *Aratea* hält etwas in der Hand, was vermutlich ein Sprössling der Papyruspflanze ist. Ungefähr um die Zeit herum, da das Christentum Einzug in die westliche Welt hielt, begannen Schreiber das Codexformat zu benutzen, womit Handschriften in Gestalt moderner Bücher gemeint sind, also Blätter, die an den Innenrändern so zusammengefügt sind, dass sie eines nach dem anderen umgeschlagen und beidseitig beschriftet werden können. Das war eine Erfindung, die viele Vorteile brachte, zum Beispiel bei Texten, die nicht vom Anfang bis zum Ende durchgelesen wurden, sondern bei denen man auf der Suche nach bestimmten Informationen hin und her blättern musste. Besonders praktisch war dieses Format bei christlich-liturgischen Schriften oder Gesetzestexten. (Wir sprechen heute noch von der »Kodifizierung« eines Gesetzestexts, womit ursprünglich seine Überführung in Codexformat gemeint war.) Im 3. und 4. Jahrhundert wurde die Verwendung eines aus Papyrusblättern bestehenden Codex statt einer Schriftrolle für einen umfangreicheren Text üblich.

Um eine »Lage« für einen solchen frühen Kodex herzustellen, nahm man ein größeres Papyrusblatt, faltete es in der Mitte und wiederholte dann diesen Vorgang. Man hatte dann zwei ineinander liegende Doppelblätter oder, wenn man die Faltkanten aufschlitzte, ein Bündel von vier Blättern vor sich. Weil Papyrus hergestellt wurde, indem man gleich lange Streifen von dem Mark dieser Pflanze horizontal und vertikal übereinanderlegte und dann unter Druck zusammenpresste, war das Ausgangsblatt quadratisch. Demzufolge waren auch alle durch Faltung daraus entstehenden Blätter quadratisch, und der Codex, der das Endresultat bildete, hatte ebenfalls diese Form. Die Leidener *Aratea* ist ein Nachkomme eines vermutlich auf Papyrus niedergeschriebenen Werks. Nach dem Zusammenbruch des Römischen Reichs kam der Handel mit Papyrus aus Ägypten zum Erliegen, und die Schreiber begannen stattdessen Tierhäute zu verwenden (die sich für Codices sowieso besser eignen, da Papyrus beim Umblättern zu brechen neigt). Die meisten Tiere haben einen länglichen Körper. Ein rechteckiger Bogen Pergament, der wie oben beschrieben gefaltet und dann aufgeschnitten wird, ergibt zwangsläufig ein Buch von länglichem Format. Und dies entwickelte sich im mittelalterlichen Europa zur Standardform von Handschriften-Codices. Als im späten Mittelalter Papier als Beschreibstoff aufkam, waren die Schreiber derart daran gewöhnt, ihre Bögen zu falten und zu schneiden, dass dieses neue Schreibmaterial absichtlich in der länglichen Form von Tierhäuten produziert wurde. Und das ist heute noch so. Es ist zumindest wahrscheinlich, dass der Grund dafür, dass alle modernen Bücher einschließlich dessen, das Sie gerade in der Hand halten, ein längsrechteckiges Format haben, darin zu sehen ist, dass Papyrus in der Spätantike im Mittelmeerraum durch Pergament abgelöst wurde.

Aus der Lagenstruktur der Leidener *Aratea* geht nicht nur der Aufbau der Handschrift hervor, sie zeigt auch, dass heute fünf Blätter fehlen.* Wir wissen, was auf ihnen zu sehen war, da sie alle aus dieser Handschrift in eine andere kopiert wurden, die sich jetzt in Boulogne befindet. Wir werden gleich auf sie zu sprechen kommen. Die fehlenden Blätter zeigten Jupiter mit einem Adler, Virgo, den Zentauren, Helios (die

* Die Lagenstruktur ist die folgende: i^{7} [von 8, fehlt i (das die Blattnummer »1« trägt)], ii^{7} [von 8, es fehlt v (mit der Blattnummer »13«], iii–viii^{8}, ix $^{2+6}$ [ein Blattpaar (folios 69 und 71) + sechs Einzelbätter), x^{7} [von 8, es fehlt ii (mit der Blattnummer »74«)], xi^{10+1} [folio »81« am Anfang ist ein Einzelblatt], xii^{8} [von 10, es fehlen iv (mit der Blattnummer »95«) und vii (nicht foliiert)].Wie oben erwähnt, berücksichtigt die moderne Foliierung mit Bleistift im Allgemeinen die seit Langem verschollenen Blätter, was ein wenig verwirrend ist, da das urspüngliche Frontispiz nicht erhalten ist und die Handschrift mit dem Blatt beginnt, das jetzt die Ziffer 2 trägt.

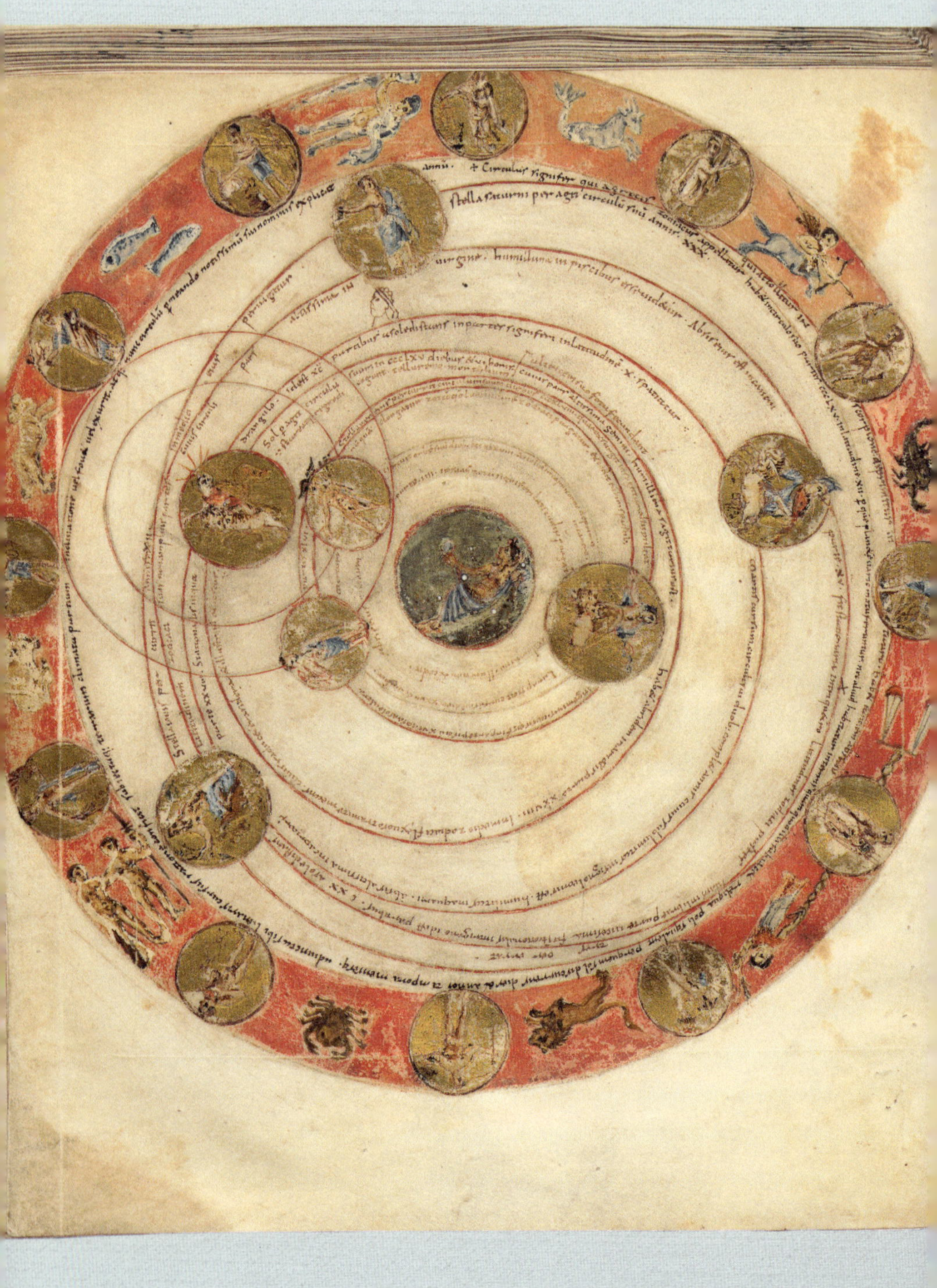

Sonne) in einem Wagen und Luna (den Mond). Die Blätter mit Illustrationen bestehen manchmal aus merklich dickerem Pergament (was auch, zum Teil unnötigerweise, auf ihre Gegenblätter zutrifft). Das hatte vermutlich praktische Gründe: Wenn man auf ein relativ kleines Pergamentblatt einen farbigen Bildgrund auftrug, dann bewirkte die nasse Farbe, dass das Blatt sich wellte, wenn es zu dünn war. Es gibt aber auch weiteren Anlass zu der Annahme, dass für die antike Vorlage, die man am karolingischen Hof benutzte, Papyrus verwendet worden war, denn dieses Material hätte keine solchen Probleme bereitet. Ich persönlich glaube, dass die Abbildungen in Lage viii (folios 57–64) von einem anderen Künstler stammen als der Rest: Für sie wurden leicht unterschiedliche Pigmente benutzt.

Wenn jemand das Original eines berühmten Manuskripts untersucht, dann spricht es sich in der betreffenden Bibliothek in Windeseile herum, dass dieses Kultobjekt aus seinem Tresor hervorgeholt wurde – so wie sich in einem Sozialen Netzwerk in Windeseile die Nachricht verbreitet, dass ein Ornithologe einen seltenen Vogel gesichtet hat. Am frühen Nachmittag scharten sich im Lesesaal ein paar Doktoranden zusammen, die respektvoll fragten, ob sie mir über die Schulter schauen dürften, wenn ich die Seiten weiter umblätterte. Und so fand ich mich unversehens in der Situation wieder, ein inoffizielles kleines Seminar über die Leidener *Aratea* abzuhalten.

Als ich auf die wirklich außergewöhnliche Originaltreue der karolingischen Kopie hinwies, fragte ein Student mich, wie wir denn sicher sein könnten, dass es sich tatsächlich um eine Reproduktion aus dem 9. Jahrhundert handele und nicht um das Original aus spätrömischer Zeit. Das ist in der Tat eine Frage, die sich nicht leicht beantworten lässt. Man kann aber zum einen geltend machen, dass das Pergament von Dicke und Textur her mit dem übereinstimmt, das im 9. Jahrhundert benutzt wurde. Wenn man Pergament in der Antike überhaupt verwendete, dann war es zumeist sehr dünn und beinahe gewichtlos. Es tendierte überdies dazu,

LINKS: Die Planetendarstellung in der *Aratea*: Die Planeten, die Sonne und der Mond werden auf Umlaufbahnen um die Erde gezeigt. Der äußere Ring ist mit Symbolen für die zwölf Monate und Tierkreiszeichen geschmückt.

sich schon in nur leicht feuchter Umgebung zu wellen. Zum anderen sind die Miniaturen zwar auf den ersten Blick überzeugende Nachahmungen antiker Originale, sie weisen aber bei genauerem Hinsehen typische Stilmerkmale karolingischer Malerei auf. Das trifft vor allem auf die Gesichter der mythologischen Figuren zu. Das menschliche Gehirn ist instinktiv auf Gesichtserkennung geeicht, und so sind es für gewöhnlich Gesichter der dargestellten Personen, die Fälschungen oder anachronistische Pastiches als solche entlarven. Das Antlitz des Kepheus in der *Aratea* findet eine nahezu genaue Entsprechung im Porträt des Königs David im Lothair Psalter in der British Library, der in den 840er-Jahren in Aachen für ein Mitglied der königlichen Familie angefertigt wurde. Schließlich gibt es noch eine Seite, auf der sich Eintragungen in karolingischer Minuskelschrift finden, die vor 800 noch nicht entwickelt worden war.

Es handelt sich um folio 93v, gegen Ende der Handschrift – hier auf Seite 204. Sie wird zur Gänze von der subtil ausgeführten kreisrunden Darstellung des Planetensystems ausgefüllt. Die Planeten, die Sonne und der Mond sind in ihren Umlaufbahnen um die Erde wiedergegeben, um das Ganze zieht sich ein Rahmen mit den Symbolen der Sternbilder. Die Darstellung ist sehr detailliert und unterscheidet sich dadurch von den anderen Illustrationen in der Handschrift, weist aber das gleiche typische rosa Pigment auf, das der für Lage viii zuständige Künstler benutzt hat (ziehen Sie zum Vergleich den Hund auf folio 60v heran). Ein solches Diagramm des Planetensystems war in der Abhandlung des Aratos nicht enthalten, obwohl es natürlich relevant für die Astronomie ist. Die Darstellung ist mit größter Akribie ausgeführt, die verschiedenen Umlaufbahnen sind sorgfältig und sauber mit roter Tinte eingezeichnet, und zwar unter Zuhilfenahme von Zirkeln: Wenn man das Blatt gegen das Licht hält, sieht man winzige Löcher, die deren Spitzen hinterlassen haben. Die Erde ist im Zentrum abgebildet. Saturn, Jupiter und Mars sind auf elliptischen Umlaufbahnen um die Erde dargestellt. Bemerkenswerterweise sind Venus und Merkur links zu sehen, und zwar auf Umlaufbahnen, die nicht um die Erde herumführen (wie es angeblich vor Kopernikus von allen geglaubt wurde), sondern, der Realität entsprechend, um die Sonne, die sich selbst auf einer Kreisbahn um die Erde befindet. An den Bahnen der Planeten ziehen sich, deren Krümmung nachvollziehend, Beschriftungen entlang: Es handelt sich um Zitate aus der

Historia naturalis von Plinius dem Älteren, und die für sie verwendete Schrift ist eine kleine und exquisite karolingische Minuskelschrift, wie sie während der kulturellen Reformen im frühen 9. Jahrhundert ganz bewusst entwickelt wurde. Die Naturgeschichte des Plinius war ein Werk, das Alkuin Karl dem Großen nachdrücklich empfohlen hatte. Um den Außenrand der Planetendarstellung zieht sich ein farbiges Band, in das goldene Medaillons mit stehenden Gestalten, die die zwölf Monate verkörpern, alternierend mit Darstellungen der Tierkreiszeichen eingefügt sind. Diese kleinen Gestalten sind nicht aus dem als Vorlage dienenden Exemplar der *Aratea* kopiert, sondern aus dem bereits erwähnten aus dem 4. Jahrhundert stammenden »Chronograph von 354«, vom dem sich ebenfalls ein Exemplar im Bestand der karolingischen Palastbibliothek befand. Dessen Originalhandschrift ist nicht erhalten, ebenso wenig das im 9. Jahrhundert angefertigte Faksimile. (Letzteres wurde jedenfalls nach dem Tod seines letzten bekannten Besitzers, des Astronomen und Antiquars Nicolas-Claude Fabri de Peiresc, im Jahr 1637 nicht mehr gesehen.) Wir besitzen aber sehr gute Kopien dieses Faksimiles aus dem 16. und 17. Jahrhundert, von denen sich die beste in der Biblioteca Apostolica Vaticana befindet. Dass der »Chronograph« als Quelle für die kleinen Bilder auf dem Rahmen um die Darstellung des Planetenlaufs diente, stellt einen weiteren Beweis dafür dar, dass diese Illustration am karolingischen Hof ersonnen wurde.

Es gibt — möglicherweise – noch einen faszinierenden Grund, dieses Diagramm in der Leidener *Aratea* auf das 9. Jahrhundert zu datieren. Seine anscheinende Detailgenauigkeit hat die Aufmerksamkeit vieler moderner Astronomen erregt. Nehmen wir einmal an, dass die Stellung, in der sich die Planeten zueinander und zur Sonne befinden, nicht willkürlich »ausgedacht« wurde, das heißt, nicht der Fantasie des Illustrators entsprang, sondern auf einer tatsächlichen Beobachtung des Himmels beruht, zu der die Karolinger durchaus in der Lage waren. Einen fesselnden Artikel darüber veröffentlichten Richard und Marco Mostert 1999. Die beiden Autoren teilten den äußeren Ring um die Darstellung in 360 Grad ein. Indem sie Linien von den Planeten, so wie sie dargestellt sind, zum Zentrum des Diagramms zogen und sie in Relation zu den Fixsternen setzten, die durch die Sternkreiszeichen in dem äußeren Ring verkörpert werden, konnten sie ein Datum ermitteln, an dem die Planeten sich von der Erde aus gesehen in genau den Positionen zueinander befanden, in denen sie auf der Zeichnung stehen. Das war Dienstag, der 18. März 816. Natürlich ist die Darstellung kaum größer als eine Untertasse, so dass die Messungen möglichweise nicht zu 100 Prozent zuverlässig sind. Die Autoren legen aber dar, dass die Positionen der Planeten wirklich mit wissenschaftlicher Präzision wiedergegeben sind und es zu der exakten Konfiguration, in der sie dargestellt sind, nur einmal in 17 000 000 000 000 Jahren kommt. Wenn wir eine Abweichung von bis zu 5 Grad zulassen (was eine Menge ist), dann kommt es zu einer solchen Konfiguration einmal in 216 000 000 Jahren, bei einer Abweichung von bis zu 15 Grad stehen die Planeten einmal alle 98 000 Jahre in den dargestellten Positionen zueinander. In einem ergänzenden Aufsatz legte Elly Dekker 2007 dar, dass die Planeten sich am Ende desselben Lunarmonats in beinahe genau denselben Positionen befunden haben könnten, das heißt, am Montag, dem 14. April 816. Ich bin nicht kompetent zu beurteilen, welcher astronomischen Berechnung, die ja Daten ergeben, die weniger als vier Wochen auseinanderliegen, eher zu trauen ist oder ob man solchen Berechnungen überhaupt trauen kann, doch spricht vom Stil ihrer ganzen Ausführung nichts dagegen, dass die Leidener *Aratea* ca. 816 entstand oder – wenn man ganz vorsichtig sein will – im ersten Drittel des 9. Jahrhunderts (aber nicht früher als 816).

Egal, ob man nun eines der beiden vorgeschlagenen Daten als dasjenige akzeptiert, in dem sich die Planeten in der Konfiguration befanden, in der sie auf folio 93v der *Aratea* zu sehen sind, der 18. März war in jedem Fall ein äußerst wichtiger Jahrestag. Den Berechnungen zufolge, die Beda (ca. 672–735) in *De temporibus* anstellt, das im 9. Jahrhundert immer noch das maßgebliche Werk war über das Bestimmen von Zeiträumen, war es der Tag der Erschaffung des Universums. Gott hatte gesagt: »Es werden Lichter an der Ausdehnung des Himmels, um den Tag von der Nacht zu scheiden, und sie seien zu Zeichen und zur Bestimmung von Zeiten und Tagen und Jahren« (1 Mose 1, 14), und wie Beda es ausrechnete, hatte Gott dieses Werk am 18. März abgeschlossen: »So wurden Himmel und Erde vollendet und ihr ganzes Gefüge« (1 Mose 2, 1).

Der Zweck der *Aratea* ließe sich zu einem guten Teil so erklären: Die Abbildungen vermitteln antikes, also heidnisches Wissen über Astronomie, welches die Karolinger hoch achteten, doch der Himmel war für sie letztlich von Gott geschaffen und in Bewegung gesetzt worden. Die Planetentafel auf folio 93v der Handschrift zeigt seine Konfiguration an dem

Tag, als Gott ihn schuf – so gut wie sie diese zu ermitteln vermochten. Das heißt, die Darstellung gibt auch das Aussehen des Himmels in dem Moment wieder, als Gott seine Schöpfung für gelungen erklärte. (Die Karolinger waren genügend über die Bewegung von Planeten informiert, um sich darüber im Klaren zu sein, dass am 18. März 816 in astronomischer Hinsicht nicht notwendigerweise dieselben Verhältnisse herrschten, wie sie geherrscht hatten am 18. März des Jahres 3952 v. Chr. – das Jahr, in dem Beda zufolge die Schöpfung stattgefunden hatte; aber wie jedes Ostern und Weihnachten spirituell tatsächlich als Tage der Wiederauferstehung und Geburt Christi erkoren waren, so blieb jeder 18. März der Tag der Schöpfung, und das Datum ist in mittelalterlichen Kalendern oft festgehalten.) Die Leidener *Aratea* mag mit einer Anrufung Jupiters beginnen, aber sie endet auf ihrer letzten Seite mit einer Lobpreisung Gottes: »Vale, fidens in d[omi]no xp[ist]i vestitutus amore.« (»Gehab dich wohl, der du an den Christus, den Herrn, glaubst, in Liebe gehüllt.«) Die mittelalterliche Annahme war, dass Gott alles im Universum zu einem bestimmten Zweck geschaffen habe sowie zum Nutzen der Menschheit. Pflicht eines Christenmenschen war es, die göttliche Absicht zu erforschen und zu erkennen. Sich über die Sterne und die Planeten zu informieren, um mit ihrer Hilfe den Wechsel der Jahreszeiten und das Wetter vorhersagen und sie zur Navigation heranziehen zu können, war somit eine Form von Theologie, sogar des Gottesdiensts.

In der Handschrift gibt es keinen expliziten Hinweis darauf, wer mit »fidens in domino xpisti« gemeint war, dem die Abhandlung am Schluss zugeeignet wurde (wie wir auch nicht wissen, wer der Herrscher war, an den sich die Vorrede wendet, oder der, an den sich Germanicus in der ursprünglichen Vorrede wandte). Wenn tatsächlich 816 oder später das Datum der Entstehung war, kann es sich nicht um Karl den Großen handeln, der 814 starb. Man nimmt gemeinhin an, dass sein Sohn Ludwig der Fromme der Auftraggeber war oder vielleicht auch jemand, der seinem engeren Kreis angehörte. Es ist sehr wahrscheinlich, dass die Handschrift in Aachen entstand, wo sich die Hofbibliothek befunden haben muss. Da das »vestitutus« in der abschließenden Widmung die männliche Form des Partizips Perfekt ist, sollte das Judith von Bayern ausschließen, die Ludwig 819 zur Frau nahm und die manchmal als mögliche Besitzerin der Handschrift ins Spiel gebracht wird. Ludwig wurde 816 zum Kaiser gekrönt (leider nicht im März, sondern im Oktober), und es ist belegt, dass

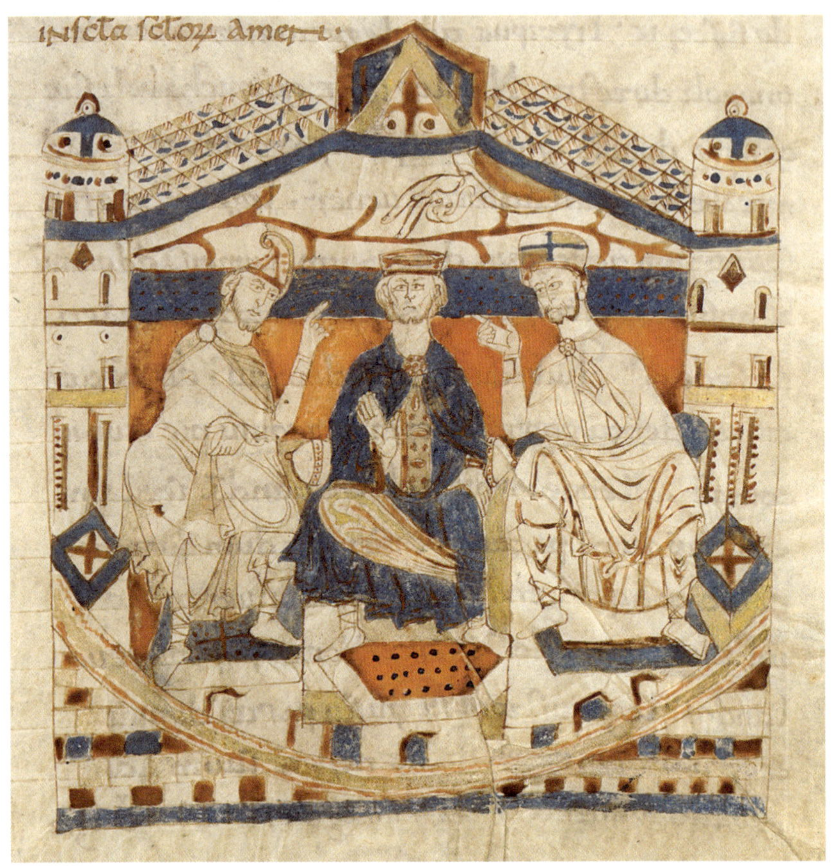

Ludwig der Fromme, der vermutliche Auftraggeber der *Aratea*, hier in einer aus dem 11. Jahrhundert stammenden Abschrift des *Chronicon* des Ademar de Chabannes mit zwei kaiserlichen Botschaftern abgebildet.

er Interesse an Religion und Astronomie hatte. Die zeitgenössische Lebensbeschreibung des Herrschers, die *Vita Hludowici imperatoris*, liest sich als kaum unterbrochene Folge von Schlachten und Scharmützeln. War der Karolinger siegreich, dann galt das als Beweis, dass Gott auf seiner Seite war; erlitt er eine Niederlage, war Verrat im Spiel. Die *Vita* wurde von einem Mitglied des Hofstaats verfasst, der der Nachwelt als »Astronomus« bekannt ist, weil er sich so oft auf Sternenkonstellationen und Himmelserscheinungen bezog. So berichtet er zum Beispiel über einen Kometen, der 817 im Sternzeichen von Auriga, dem Fuhrmann, zu sehen war. Am berühmtesten ist aber seine Beschreibung des Himmelskörpers, den wir heute als Halley'schen Kometen kennen; dieser war 837 am Himmel zu sehen, und zwar erschien er unterhalb vom Sternbild Schlange und nahm dann seine Bahn ostwärts, durchlief das Sternzeichen der Jungfrau, »die Zeichen des Löwen, des Krebses und der Zwillinge und legte schließlich den feurigen Leib mit dem langen Schweif [...] am Kopf des Stieres unter den Füßen des Fuhrmanns nieder« (wir haben es mit einem Autor zu tun, der seine Sterne kennt – oder seine *Aratea*). Die Umlaufbahn, schreibt Astronomus, habe sich von denen der »Wandersterne«, der Planeten, unterschieden. Er berichtet, Ludwig habe ihn zu sich bestellt als einen, »von dem man annahm, dass er sich auf diese Wissenschaft verstehe«, und sie seien gemeinsam auf einen Söller des Palastes getreten, um darüber zu diskutieren, ob es sich um ein göttliches Zeichen oder ein Naturphänomen handele. Der Kaiser sei zu dem Schluss gekommen, dass es im Grunde keinen Unterschied zwischen beidem gebe. Was die Diskussion über den Kometen betrifft, war die *Aratea* mit Sicherheit von Belang. Der Kaiser und sein Auskunftgeber in Sachen Himmelserscheinungen hatten möglicherweise die Handschrift bei sich, als sie gemeinsam in den Himmel schauten. Vielleicht handelt es sich bei der Erzählung davon aber auch um ein bewusstes Echo der bekannten Geschichte von Kaiser Augustus, der zusammen mit der Tiburtinischen Sibylle eine himmlische Erscheinung beobachtete und sich diese von ihr deuten ließ.

Im Zusammenhang mit den »Faksimiles« antiker Handschriften, die am karolingischen Hof angefertigt wurden, ist interessant, dass die spätrömischen Originale fast alle spurlos verschwunden sind. Die einzigen antiken Codices, die sich – möglicherweise – in der Palastbibliothek befanden und erhalten blieben, sind die beiden Vergil-Handschriften aus dem 4. Jahrhundert, die sich heute in der Biblioteca Vaticana befinden. Man behielt sie wohl nur deswegen, weil von ihnen keine Kopien angefertigt wurden. Was die anderen betrifft, so betrachtete man sie offenbar als wertlos, sobald man eine neue Abschrift von ihnen besaß. Vielleicht ließ sich der Text der Originale nicht mehr gut entziffern, oder der Papyrus, auf dem er niedergeschrieben war, war brüchig und begann zu zerfallen. Vielleicht wurden die alten Handschriften daher einfach weggeworfen. Die neuen Fassungen der *Aratea*, der Komödien des Terenz und der *Agrimensores* wurden ihrerseits zu Vorlagen, die man kopierte. Irgendwann nahm dieser Reproduktionsprozess ein Eigenleben an.

Um die Mitte des Nachmittags herum hörte es in Leiden auf zu regnen, und die Sonne kam heraus. Bevor ein pflichtbewusster Bibliothekar die Jalousien herunterließ, lag die Handschrift einen Moment lang im hellen Sonnenlicht. Und da entdeckte ich plötzlich etwas, das in Faksimileausgaben nicht sichtbar ist. Es war ähnlich wie in der Archäologie, wo man auf Luftaufnahmen, die in der Morgen- oder Abenddämmerung gemacht werden, Vertiefungen in einem Acker oder Feld erkennen kann, die vom Boden aus nicht zu sehen sind. Das helle Licht deckte auf, dass auf vielen Bildseiten die Umrisse der dargestellten Figuren und Gegenstände unnatürlich tief in das Pergament eingedrückt sind. Sobald man einmal darauf aufmerksam geworden ist, entdeckt man auf etwas mehr als der Hälfte der Miniaturen der *Aratea* solche vertieften Konturen. Die Umrisse der Kompositionen sind eindeutig sorgfältig und energisch mit einem stumpfen Instrument oder einem Stilus nachgezogen worden, so dass die Silhouetten sich durch das Pergament auf ein Blatt, das mit Sicherheit darunterlag, durchdrückten. Auf den Rückseiten vieler der Bildseiten sind die Umrisse spiegelverkehrt und in gräulichen Linien zu sehen, wie mit einem Grafitstift gezogen. Ähnliche Abdrücke finden sich auf den Rückseiten einiger illuminierter Blätter in insularen Handschriften wie dem aus dem 8. Jahrhundert stammenden Lindisfarne-Evangeliar in der British Library. Was die *Aratea* betrifft, wurde wohl eine Art Kohlepapier einigen Bildseiten untergelegt, um die Kompositionen auf andere Blätter zu übertragen. Mit diesem Verfahren wurden aber ausschließlich die Umrisse der Gestalten übertragen, nicht deren Gesichter und auch nicht die Sterne. Das ist wichtig, wir kommen darauf zurück. Diese Blätter konnten dann als Musterbögen für weitere Reproduktionen der Abbildungen benutzt werden.

Es gibt zwei sehr bekannte Kopien der Leidener *Aratea*, die um das Jahr 1000 herum hergestellt wurden und zusammen mit anderen Texten in umfassendere Codices eingingen. Möglicherweise entstanden beide im Skriptorium des Klosters Saint-Bertin in der Region Pas-de-Calais in Nordwestfrankreich. Eine befindet sich heute in der Stadtbibliothek von Boulogne. Sie wurde für das Kloster von Saint-Bertin ungefähr 45 Kilometer östlich von Boulogne angefertigt, als Odbert dort Abt war, das heißt zwischen 986 und zirka 1007. Tausend Jahre lang ist sie immer in der Nähe dieses Ortes verwahrt worden. Die zweite Handschrift, die vielleicht etwas jünger ist, kann ebenfalls im dortigen Skriptorium angefertigt worden sein, wurde aber bald nach ihrer Entstehung von Werner I. von Habsburg, der von 1001 bis 1028 Bischof von Straßburg war, der dortigen Kathedrale übergeben. Später gelangte sie in die Burgerbibliothek der Stadt Bern. Man nimmt allgemein an, dass die Leidener Handschrift sich im Besitz des Klosters von Saint-Bertin befand und als Vorlage für die beiden dort angefertigten Kopien diente. Außerdem geht man davon aus, dass Odbert an ihrer Entstehung beteiligt war.

Um das zu verifizieren, müssen wir Boulogne eine Stippvisite abstatten. Von England aus ist die Stadt heute leicht durch den Eurotunnel unter dem Ärmelkanal zu erreichen. Meine Frau begleitete mich, als wir uns an einem milden dunstigen Frühlingstag von Calais aus auf den Weg machten. Die Stadtbibliothek ist in einem aus dem 17. Jahrhundert datierenden früheren Hospiz für Pilger untergebracht, die den Schrein der Jungfrau von Boulogne besuchten. Das Gebäude liegt an der mit alten Pflastersteinen bedeckten Place de la Résistance im Zentrum der Stadt. Man tritt ein und läuft schräg über einen von Säulengängen umgebenen Innenhof zum Lesesaal in der entferntesten Ecke, der Werken zum kulturellen Erbe des Landes, in erster Linie solchen zur Lokalgeschichte, vorbehalten ist. Von dort aus führte mich die Bibliotheksangestellte Virginie Haudiquet einen Stock höher, wo ich mich in einem leeren Raum mit langen Tischen, der ein wenig wie ein Schulzimmer aussah, an einem einsamen Pult, auf dem man eine dunkelblaue Buchstütze aufgebaut und ein Paar weißer Handschuhe zurechtgelegt hatte, zum Arbeiten niederlassen durfte. Sie erzählte mir, dass die Ursprünge dieses Teils des Gebäudes im 13. Jahrhundert lagen, und ging dann, um ms 188 herbeizuholen. Es handelt sich um einen ungefähr 35 mal 30 Zentimeter messenden, also großformatigen, dafür aber schmalen Band, dessen oberer Deckel die Tintenaufschrift »Calendrier« trägt. Er enthält eine Sammlung von Texten und Tabellen zu astronomischen Kalendern, darunter auch Anweisungen zur Berechnung des Osterdatums. Die Tabelle auf folio 10v enthält Beispiele dafür, die sich auf das Vierteljahrhundert im Anschluss an das Jahr 999 beziehen, welches sehr gut das Entstehungsjahr des Codex sein kann. (Der kurz bevorstehende Anbruch eines neuen Millenniums fachte, wie wir im folgenden Kapitel sehen werden, das allgemeine Interesse für Kosmologie stark an.) Die *Aratea* ist auf Blättern im Anschluss an folio 20v niedergeschrieben.

Die Abbildungen sind denen in der Leidener *Aratea* verblüffend ähnlich. In diesem Fall enthält aber eine Seite zwei von ihnen, und der erläuternde Text in der Germanicus-Übersetzung steht rechts daneben. Er ist nicht mehr in *capitalis rustica*-Schrift ausgeführt, aber immer noch in Kapital- oder Majuskelschrift, möglicherweise eine Art Verbeugung vor der Vorlage, die ja dieses ungewöhnliche Merkmal aufweist. Ich hatte Zeichnungen der Abbildungen mitgebracht, die ich selbst durchgepaust hatte – nur vom Faksimile, wie ich Ihnen versichern darf –, um zu überprüfen, ob die Illustrationen direkt aus dem Leidener Manuskript mithilfe der oben beschriebenen Methode des Durchdrückens übertragen worden waren. Die Antwort ist negativ – was mich ein wenig enttäuschte. Der Maßstab ist etwas reduziert, damit zwei von ihnen auf eine Seite passten, und einige Details sowie die Proportionen sind verändert. Es handelt sich um sehr genaue Kopien, aber nicht um Eins-zu-eins-Duplikate. Einige der Bilder, die in der Leidener Handschrift fehlen – wie das erste, das Jupiter auf einem Adler zeigt –, sind in der von Boulogne in getreuer Kopie enthalten; sie waren also offenbar in deren Vorlage noch vorhanden. Andere, wie zum Beispiel der Hase und die vier Jahreszeiten,

Eine Abschrift der *Aratea*, entstanden, als Odbert Abt von Saint-Bertin war (von 986 bis ca. 1007). Sie befindet sich heute in der Stadtbibliothek von Boulogne.

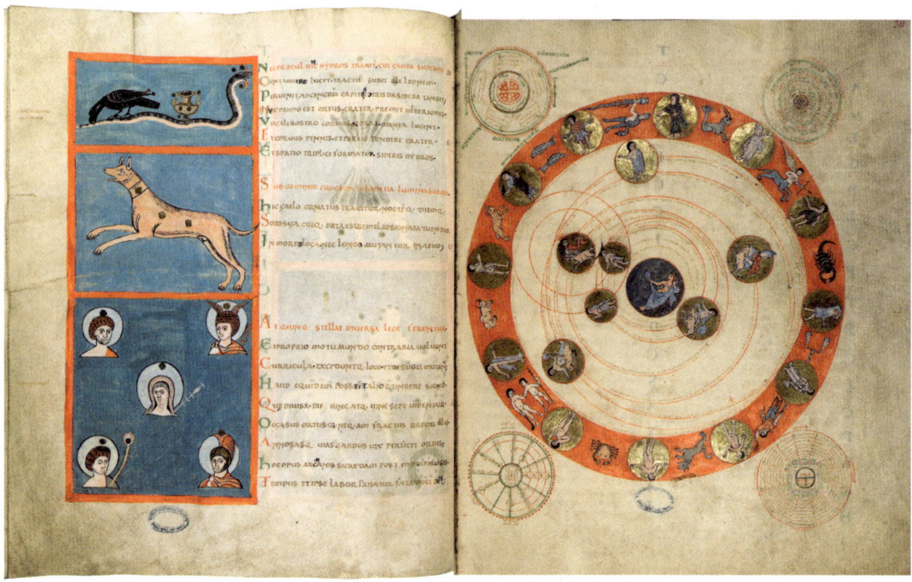

wurden aus nicht ersichtlichen Gründen weggelassen. Die Planetenkarte wurde übernommen, aber in erweiterter Form: Sie schließt eine Darstellung der klimatischen Breitenzonen und der Bewegungen der Sonne ein sowie eine sehr einfache Weltkarte, auf der die Erde in Asien, Europa und Afrika eingeteilt ist. Die Leidener *Aratea* hatte den Charakter eines Faksimiles der antiken Vorlage gehabt, auf die Fassung in der Stadtbibliothek von Boulogne trifft das nicht zu: Bei ihr handelt es sich vielmehr um eine aktualisierte Version, die für einen anderen Zweck bearbeitet worden ist, vor allem für klösterliche Zeitmessung.

Auch die Farbgebung ist häufig ganz anders. So hat zum Beispiel einer der Zwillinge (Gemini) einen grünen Umhang über seine linke Schulter geworfen, in der Leidener Handschrift ist er rot; der andere Zwilling hält jetzt eine grüne, orange umrandete Lyra in der Hand und keine rotgoldene. In der Handschrift von Boulogne trägt Kepheus über einer grauen und weißen Tunika einen braunen Umhang, in der Leidener hingegen einen roten Umhang über einem braunen Untergewand. Aus der grünen Löwenhaut des Herkules ist eine schwarze geworden. Und so weiter. Diese Unterschiede wirken sich nicht auf die Aussage der Illustrationen aus. Sie lassen aber vermuten, dass diese nicht nach dem Original mit seinen farbigen Abbildungen, sondern nach Musterblättern der beschriebenen Art ausgeführt wurden, auf denen ja nur die Umrisse der Gestalten zu sehen waren. Wir erinnern uns: Diese hatten keine Gesichter. Daraus ergab sich eine merkwürdige Konsequenz. Bei den Abbildungen in ms 188 wurden die Gesichtszüge eindeutig von jemand anderem eingefügt als von dem Künstler, der für den Rest der Darstellung verantwortlich war. Vermutlich geschah das viel später: Augen, Nasen usw. sind auf den ersten Blättern mit brauner Tinte in einem für die Zeit um 1100 typischen anglo-französischen Stil ausgeführt. Das Gesicht Orions auf folio 27v ist leer geblieben, alle Gesichtszüge auf den darauf folgenden Blättern sind mit schwarzer Tinte hineingekritzelt. Ein weiteres Indiz, dass nicht das Leidener Manuskript als direkte Vorlage diente, sondern ein Satz jener Umrisszeichnungen, auf denen die Gesichter unausgefüllt blieben. Der Illuminator in Saint-Bertin hatte wohl irrtümlich angenommen, von ihm sei die Darstellung solcher gesichtslosen Köpfe verlangt.

Das alles bedeutet, dass die Leidener *Aratea* sich nicht notwendigerweise im Besitz des Klosters von Saint-Bertin befunden haben muss, und sie ist in der Tat auch in keinem Verzeichnis der Bücher der Abtei aus dem 11. bis 12. Jahrhundert aufgeführt. Möglicherweise befand sie sich eine Zeit lang in England. Die karolingische Hofbibliothek scheint über das 9. Jahrhundert hinaus keinen langen Bestand gehabt zu haben. Eine Reihe ihrer bedeutenden Handschriften gelangte ins angelsächsische England, darunter waren der Utrechter Psalter und das Exemplar jener Übersetzung des Werks des Aratos durch Cicero. Es gibt verschiedene Verbindungen, über die dieser Transfer zustande gekommen sein könnte. Judith, die Enkelin Ludwigs des Frommen, die 856 Aethelwulf, den König von Wessex und Vater von König Alfred, heiratete, kann daran beteiligt gewesen sein. Aber auch Grimbald von Saint-Bertin (gest. ca. 901), ein Gelehrter, den Alfred nach Wessex holte, so wie Karl der Große Alkuin ins Frankenreich, kommt dafür in Frage. Es fand eindeutig eine Art von geistigem Austausch zwischen dem fränkischen und dem westsächsischen Hof statt, der sich auch im Transfer schriftlicher Werke äußerte, und die »Handelsroute«, wenn man so will, führte durch Saint-Bertin, das ja in der Nähe der Stelle lag, von wo aus man über den Kanal setzte. Es war mit Sicherheit so, dass Odbert, der Abt des Klosters zu der Zeit, in der die Kopie der *Aratea* hergestellt wurde, sich handschriftliche Vorlagen aus England und aus Frankreich verschaffte und auch Künstler von der Insel in seinem Skriptorium beschäftigte.

Lassen Sie uns in die Leidener Universiteitsbibliotheek zurückkehren. Die *Aratea*-Handschrift weist ein sehr irritierendes und sie geradezu entstellendes Merkmal auf: Der Text wurde um das Jahr 1300 Abschnitt für Abschnitt kopiert, und zwar auf denselben Blättern, die auch das Original tragen, so dass man jetzt in ein und demselben Codex Zeilen in der *capitalis rustica*-Schrift zusammen mit solchen in einer schlecht lesbaren gotischen Texturaschrift findet. Dieses hässliche Geschreibsel füllt viele der ehemals leeren Seiten wie auch die großzügig bemessenen Leerräume zwischen den einzelnen Textpartien. Die Transkription wurde schlampig ausgeführt, man stößt immer wieder auf Fehler aufgrund von Unachtsamkeit oder Nachlässigkeit. Wir haben also hier den Fall vor uns, dass ein spätmittelalterlicher handschriftlicher Text und seine ältere Vorlage in ein und demselben Band, ja sogar auf ein und denselben Seiten überliefert sind. Das kann nur bedeuten, dass im späten 13. Jahrhundert die wunderschöne alte Majuskelschrift für viele Leser nicht mehr ohne wei-

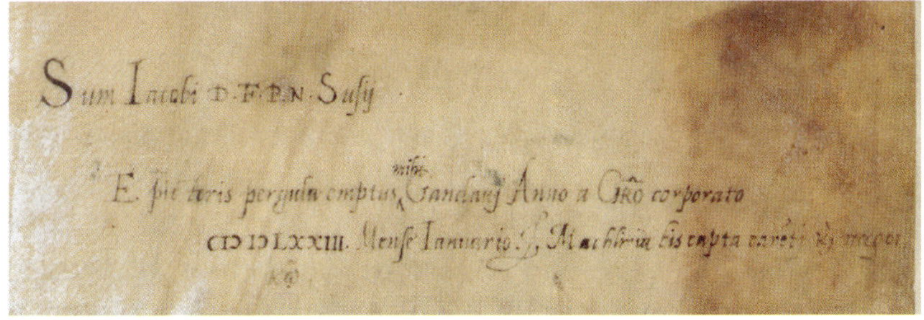

Besitzervermerk von Jacob Susius, dem zufolge er die *Aratea*-Handschrift 1573 in Gent von der Schule eines Malers erwarb.

teres entzifferbar war. Etwas Ähnliches begegnete uns schon im Book of Kells, wo die schwer zu lesenden Monogramme zu einem viel späteren Zeitpunkt an den unteren Rändern in leserlichen lateinischen Buchstaben wiederholt wurden. Die *Aratea*-Handschrift besaß also eindeutig vierhundert Jahre nach ihrer Entstehung noch eine Funktion, wenn auch die archaische Schrift ihren Benutzern nicht mehr vertraut war. Die Handschrift war damals bereits älter, als das Original aus dem 4. Jahrhundert es zu jener Zeit gewesen war, als man es am karolingischen Hof kopiert hatte. Doch sie wurde ganz offensichtlich noch als nützlich erachtet und musste daher wieder lesbar gemacht werden.

Vielleicht befand sich die *Aratea* im späten Mittelalter nicht in der Bibliothek eines Klosters oder einer anderen Einrichtung. Auf dem Vorsatzblatt ganz an ihrem Ende ist sehr blass mit Bleistift ein Preis eingetragen. »xxii lb. xix s.« steht dort. Ob diese Notiz aus dem 14. oder 15. Jahrhundert stammt, 22 Livres und 19 Sous waren in jedem Fall eine beträchtliche Summe. Entweder war es eine Preisangabe für den Verkauf oder eine Notiz über die für die Handschrift bezahlte Summe, möglicherweise gab sie auch einen geschätzten Wert wieder, weil der Codex beliehen oder als Pfand für irgendetwas hinterlegt werden sollte. Auch wenn der Codex durch Wiederholen des Textes in modernerer Schrift aktualisiert worden war, beruhte sein Wert wohl hauptsächlich auf den Abbildungen, die als Vorlagen für andere Kunstwerke oder sogar Werke der Architektur benutzt werden konnten. Sie befanden sich ganz offensichtlich in den Händen von gewissen Kunsthandwerkern. Es gibt eine Reihe von Skizzen zu verzierten Initialen an den Rändern, wie zum Beispiel ein verschnörkeltes »A« auf folio 63r. Auf folio 82v ist die Gestalt eines stehenden Mannes in den Bildhintergrund eingeritzt, was man nur sieht, wenn man das Blatt gegen das Licht hält. Einige mit Bleistift eingefügten Symbole sehen für mich wie typische mittelalterliche Steinmetzzeichen aus.

Die Handschrift befand sich mit Sicherheit in der Werkstatt eines Künstlers, als ihr erster namentlich bekannter Besitzer sie erwarb. Am oberen Rand des vorderen Vorsatzblattes steht die aus dem 16. Jahrhundert stammende Inschrift: »Sum Iacobi D[anielis] F[ilius] P[atris] N[icolai] Susii. E pictoris pergula emptus mihi« – (das letzte Wort ist über der Zeile nachgetragen) – »Gandavi Anno a Chr[ist]o corporato MDLXXIII, Mense Januario, Machlinia bis capta care[n]ti …« – »Ich gehöre« (das Buch ist der Sprecher) »dem Jacobus, Sohn seines Vaters Nicolaus Susius, es wurde« (jetzt spricht Susius) »von mir gekauft von der Schule eines Malers aus Gent, im Jahr nach der Fleischwerdung Christi 1573, im Monat Januar, [als ich] im Exil war, weit entfernt vom zwei Mal eroberten Mechelen.« Dieser Jacob Susius (oder Suys; 1520–1596) war ein Humanist und Philologe, der nach der Plünderung Mechelens durch spanische Truppen im Jahr 1572 vorübergehend in Gent lebte. Die Handschrift wurde von Susius 1590 in einer an seinen Freund Janus Dousa (1545–1604) gerichteten Publikation erwähnt; er versprach darin, eine Neuausgabe der antiken *Aratea* in Angriff zu nehmen, sobald er einen Kupferstecher gefunden habe, der in der Lage sei, die Abbildungen zu kopieren.

Dieses Vorhaben wurde zehn Jahre später von Susius' Schüler Hugo Grotius (1583–1645), der zu einem gefeierten Altphilologen und Rechtswissenschaftler aufstieg, verwirklicht. Der frühreife Grotius hatte mit sechzehn sein erstes Buch vorgelegt, eine 1599 veröffentlichte Ausgabe von Martianus Capella. Die erwähnte Neuausgabe der *Aratea* folgte wenig später; sie wurde unter dem Titel *Syntagma Arateorum: Opus poeticae et astronomiae studiosis utilissimum* 1600 in Leiden veröffentlicht. Grotius sagt nicht expressis verbis, dass die Handschrift sein persönliches Eigentum war, aber das wird 1661 von Andreas Cellarius (ca. 1596–1665) in seinem *Atlas Coelestis* bestätigt. Cellarius gibt an, das Original sei von Grotius mithilfe von Dousa den Erben von Jacob Susius abgekauft worden. Grotius war ein großer Sammler und trug im Lauf der Jahre eine beeindruckende Bibliothek zusammen. 1618 wurde er auch aufgrund seiner abweichenden religiösen Ausrichtung zu lebenslänglicher Haft im Wasserschloss Loevestein verurteilt. Mit der Hilfe seiner erfindungsreichen Frau, die ihn in eine Bücherkiste packte, gelang ihm die Flucht, und das Paar brachte sich, unter Mitnahme der Bibliothek, nach Paris in Sicherheit. Dort nahm Christina von Schweden (1626–1689) Kontakt mit den beiden auf. Drei Jahre nach dem Tod von Grotius verkaufte seine Witwe der schwedischen Königin die Büchersammlung ihres Mannes für 24 000 Gulden. Die Bände trafen Mitte Oktober 1648 in Stockholm ein, und die *Aratea* war wahrscheinlich darunter.

Wie Johanna von Navarra und Margarete von Österreich, denen wir in späteren Kapiteln begegnen werden, gehörte Christina der raren Gattung *reines bibliophiles* an. Sie war die einzige Erbin von Gustav II. Adolf, König von 1611 bis 1632, dem sie im Alter von sechs auf den Thron nachfolgte. 1644, als sie ihr achtzehntes Lebensjahr vollendet hatte, übernahm sie die Regierungsgewalt über ihr Reich. Sie war fasziniert von den entlegensten Fragen der Religion und Wissenschaft und vom Okkulten, und die esoterischen und enigmatischen Illustrationen in der zu jener Zeit 850 Jahre alten *Aratea* können sehr gut ihre Aufmerksamkeit geweckt haben. Die Königin sammelte Bücher und Handschriften genauso eifrig, wie sie die Männer förderte, die solche Werke studierten. Ihre Sammlung profitierte von der Beute, die schwedische Truppen vielerorts während des Dreißigjährigen Krieges machten. Dazu gehörten einige der bedeutendsten ottonischen Handschriften. 1654 dankte die Herrscherin ab und konvertierte ein Jahr später zum Katholizismus. Sie übersiedelte mit ungefähr zweitausend ungeheuer wichtigen und wertvollen Handschriften nach Rom. Die *Codices Reginenses* gehören heute noch zu den Glanzstücken der Vatikanischen Bibliothek.

Als sie noch in Stockholm auf dem Thron saß, hatte Christina Gelehrte als Lehrer und Bibliothekare an ihren Hof kommen lassen, die ihre Salons schmückten. Auch der Philosoph René Descartes folgte ihrem Ruf; er starb 1650 in Stockholm. Der nach ihm bekannteste Gelehrte, der sich von Christina nach Schweden locken ließ, war Isaak Voss, latinisiert: Vossius (1618–1689), ein Theologe und Altphilologe, der einer hochstehenden holländischen Intellektuellenfamilie entstammte. Vossius hatte bereits auf Reisen durch Europa zahlreiche Handschriftensammlungen in Augenschein genommen. Er kannte James Ussher, den Erzbischof von Armagh, der als Erster auf das Book of Kells aufmerksam gemacht hatte. Und er war auch mit Hugo Grotius bekannt. Vossius wurde im Sommer 1648 von Christina nach Stockholm gerufen, wo er im März des folgen-

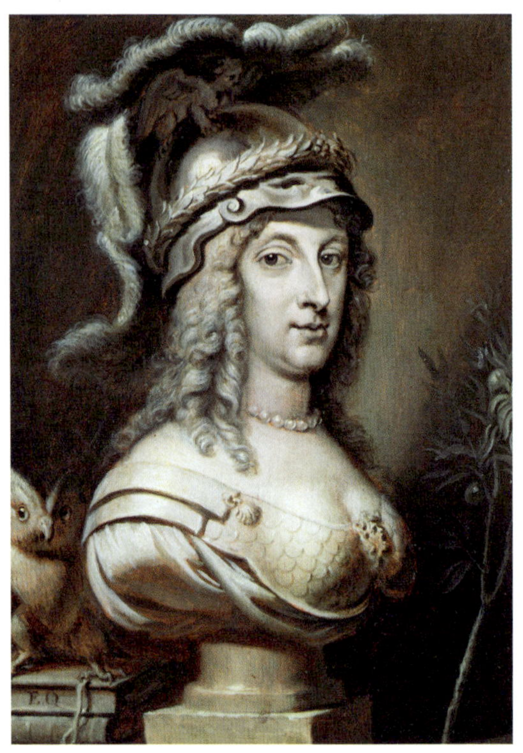

Reine bibliophile: Christina, schwedische Königin von 1632 bis 1654, von dem flämischen Maler Erasmus Quellinus um 1649/50 dargestellt als Athene, Göttin der Weisheit.

den Jahres eintraf. Bei seiner ersten Audienz bei der Königin redete er sie auf Latein an, und sie antwortete ihm in seiner Muttersprache Flämisch. Ihr Verhältnis war anfangs sehr herzlich. Vossius brachte ihr Griechisch bei. Er ließ seine beeindruckende Sammlung von Nachschlagewerken nach Stockholm schaffen und stellte sie der Königin zur Verfügung. Seine Bibliothek ging bald in der ihren auf. Doch ist es immer riskant, eine Beziehung zu einem absoluten Herrscher zu unterhalten. Vossius' eigener Darstellung zufolge kündigte Christina im Herbst 1653 den Vertrag auf, den sie mit ihm geschlossen hatte; sie gestattete ihm, aus ihrer großen Bibliothek Bücher auszuwählen, die er anstelle seines ausstehenden Salärs und als Wiedergutmachung dafür, dass seine Sammlung geschluckt worden war, an sich nehmen konnte. Man sollte keinen Bibliophilen jemals einer derartigen Versuchung aussetzen. (Vielleicht sollte ich an dieser Stelle einen Moment innehalten, damit jeder Büchersammler sich ausmalen kann, was er unter solchen Umständen an sich gerafft hätte.) Zehn Kisten voller Bücher aus der königlichen Bibliothek wurden im März 1654 über Hamburg nach Amsterdam spediert; eine weitere Ladung wurde im Juni auf den Weg geschickt. Verständlicherweise begann man in Stockholm zu murren: Es hieß, dass der Holländer die Bibliothek der Königin geplündert habe. Diesen Vorwurf wies er allerdings hartnäckig von sich. Einen Fang hatte er aber wirklich gemacht: Nicht nur die *Aratea* nahm er an sich, sondern auch den großen Codex Argenteus, der eine Fassung der Evangelien in gotischer Sprache enthielt. Diesen Codex verkaufte Vossius umgehend; er befindet sich heute in der Universitätsbibliothek von Uppsala. Die *Aratea* behielt er hingegen. 1690, ein Jahr nach seinem Tod, wurde sie zusammen mit dem Rest seiner Sammlung von der Universität Leiden erworben. Am Fuß der ersten Seite ist ein schmaler Papierstreifen mit dem gedruckten Vermerk »Ex Bibliotheca Viri Illust. Isaaci Vossii« angebracht. Mit Tinte wurde die Ziffer 296 hinzugesetzt. Auf dem Rücken der Archivbox, in der ich schließlich die Leidener *Aratea* wieder der Aufsichtsperson im Lesesaal übergab, befindet sich ein rotes Rechteck und darauf ein Papieretikett mit der Aufschrift: »IS. VOSSII Codex Latinus $\mathrm{Q}^{\mathrm{to.}}$ $\mathrm{N}^{\mathrm{o.}}$ 79«.

Das genaue Kopieren von Handschriften ging nicht mit dem Mittelalter zu Ende, und es wird sogar heute noch betrieben. Die von Grotius im Jahr 1600 vorgelegte Ausgabe der *Aratea* war ein Faksimile, soweit es die damaligen technologischen Mittel – und der Geschmack der Zeit – zuließen. Die gestochenen Illustrationen sind denen der Vorlage aus dem 9. Jahrhundert sehr ähnlich. Einige Details, wie zum Beispiel die Länge der Hörner bei Taurus, dem Stier, sind verändert, und bei jedem Bild ist der Hintergrund in einen Himmel voll praller Wolken verwandelt. Der Rahmen ist weggelassen. Grotius hatte keine Gewissensbisse, die Abfolge der Bildtafeln zu verändern, wobei er sich an dem *Almagest* von Ptolemäus orientierte. Er ergänzte auch nach eigenem Gutdünken Illustrationen, die in der Handschrift fehlten, wie zum Beispiel die Darstellungen von Libra (Waage) und Virgo (Jungfrau). Da das Jupiter zeigende Frontispiz nicht mehr vorhanden war, ersetzte er es durch ein Blatt, auf dem die Planetenkarte aus dem Leidener Codex abgedruckt war. Allerdings stand diese – zumindest in dem Exemplar, das ich einsehen konnte – auf dem Kopf. Grundsätzlich jedoch sind die Abbildungen von ihrer Größe und ihrer Solemnität her vollkommen im Einklang mit denen in dem geheimnisvoll wirkenden karolingischen Original (und ebenso dessen spätrömischer Vorlage). Das kann man von einer sich zeitlich anschließenden Reproduktion der Planetenkarte nicht sagen: Diese wurde so vergrößert, dass sie eine Doppelseite füllte, als sie 1661 nach dem Stich bei Grotius für den *Atlas Coelestis* reproduziert wurde. Außerdem wurde sie mit einer reizenden barocken Bordüre versehen, die mit Darstellungen von Putti, die Schrifttafeln hochhalten, sowie von exotischen Sternkundigen verziert ist, die über Erd- und Himmelsgloben diskutieren und Vermessungen auf ihnen vornehmen. Dieser monumentale Himmelsatlas war König Karl II. von England gewidmet, und es bereitet einem ein gewisses Vergnügen, wenn man sich vorstellt, wie der König ein Bild betrachtete, das auf eine Abbildung in der karolingischen *Aratea* zurückging.

Durch gedruckte Faksimileausgaben findet die Geschichte des Kopierens von Handschriften eine Fortsetzung bis in unsere Zeit hinein. Die vatikanische Vergilausgabe, die im Frankreich des 9. Jahrhunderts dem Kopiertwerden entgangen war, war eine der ersten, die typografisch faksimiliert wurde. Der Band wurde 1741 unter Verwendung von Stichen, die Pietro Santi Bartoli im 17. Jahrhundert nach dem Original angefertigt hatte, herausgebracht. Die Erfindung der Fotografie im 19. Jahrhundert revolutionierte den Prozess der Reproduktion von mittelalterlichen Handschriften, so wie es in unserer Zeit durch digitales Scannen erneut geschehen ist. Die Technik der Chromo-Fotolithografie wurde in den 1860er-Jahren vervollkommnet, und damit eröffneten sich ganz neue Möglichkeiten zum Kopieren illuminierter Handschriften. Zu den bedeutendsten Faksimiles, die mithilfe dieser fortschrittlichen Technik angefertigt wurden, gehörten das Grimani-Brevier (1862, und erneut 1903–1908); der Utrechter Psalter (1874); die Apokalypse aus dem 13. Jahrhundert, Bodleian MS Auct. D. 4.17 (1876); das erste Handschriftenfaksimile des Roxburghe Club; das aus dem 6. Jahrhundert datierende Syrische Alte Testament in der Ambrosiana in Mailand (1876); der *Codex*

RECHTS OBEN: Die Planetendarstellung aus der *Aratea*-Handschrift war Vorlage für den Stich in dem 1600 in Leiden veröffentlichten Werk *Syntagma Arateorum* von Hugo Grotius.

RECHTS UNTEN: Die Darstellung in der *Aratea*-Handschrift diente auch als Vorlage für die Abbildung in Andrea Cellerius' *Atlas Coelestis seu Harmonia Macrocosmica*, veröffentlicht 1661 in Amsterdam.

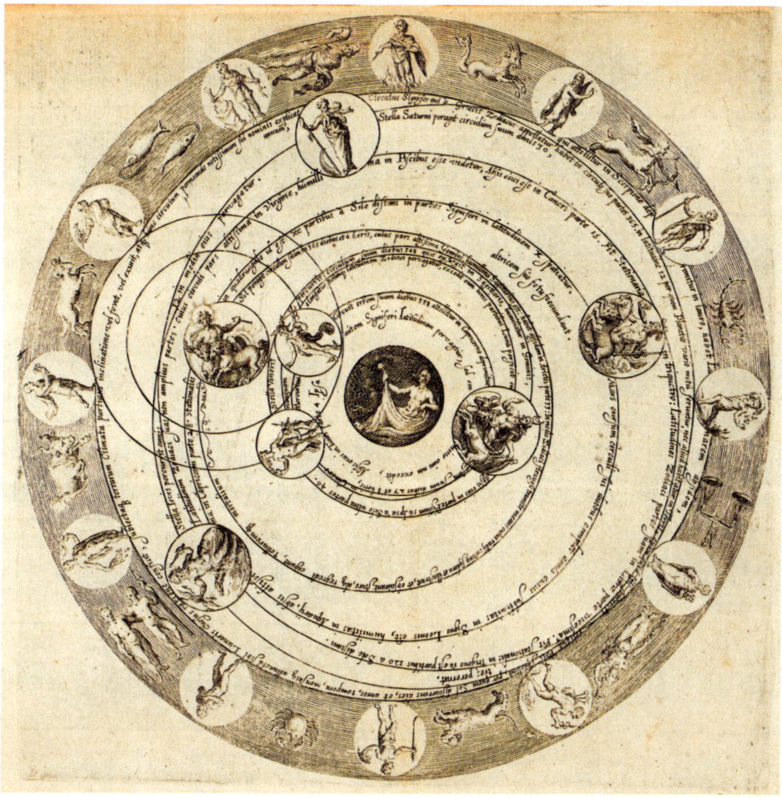

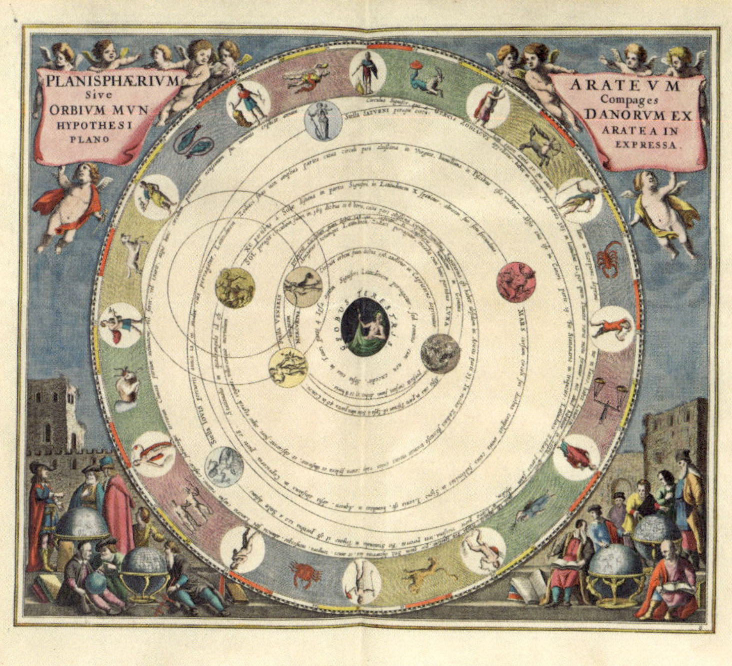
PLANISPHÆRIVM
Sive
ORBIVM MVN
HYPOTHESI
PLANO
ARATEVM
Compages
DANORVM EX
ARATEA IN
EXPRESSA.

Alexandrinus in London (1879–1883); der *Codex Egberti* in Trier (1884); die Sophokles-Handschrift in der Biblioteca Medicea Laurenziana (1885); Miélots *Miracles de Nostre Dame* in der Bodleiana (1885); das Münchner *Nibelungenlied* (1886); das Book of Ballymote in der Royal Irish Academy (1887); Talhoffers *Fechtbuch* in Gotha (1887); die *Manesse*-Handschrift (1887); die Leidener *Regula Canonicorum* des Chrodegang von Metz (1889); der aus dem 4. Jahrhundert stammende *Codex Vaticanus* (1889); das Ottonische Evangeliar in Hildesheim (1891); die *Ältere Edda* (1891); das Stundenbuch der Bona Sforza (1894); das Hennessy-Stundenbuch (1895, und erneut 1909); das gerade als solches identifizierte Evangeliar der heiligen Margareta von Schottland (1896); die zerstreuten Miniaturen aus dem aufgelösten Stundenbuch des Étienne Chevalier (1897); die aus dem 5. Jahrhundert stammenden Quedlinburger *Itala*-Fragmente in Berlin (1898); die Sarajewo-*Haggada* (1898); der *Codex Bezae* in Cambridge (1899); das Krönungsbuch von Karl V. (1899); das Pontifikale von Metz (1902); der Psalter Ludwigs des Heiligen in Leiden (1902); die *Très Riches Heures* des Herzogs von Berry (1904); das Stowe-Missale (1906–1915); das Skizzenbuch von Villard de Honnecourt (1906); der *Térence des Ducs* in der Bibilothèque de l'Arsenal (1907); das Stundenbuch der Anne de Bretagne (1909); das Brevier von Philippe le Bon (1909); die Trinity-College-Apokalypse (1909); das Benediktionale des heiligen Aethelwold (1910); das Goslarer Evangeliar (1910); die Bibel von Karl dem Kahlen (1911); der *Codex Sinaiticus* (1911/12); der *Codex Washingtonianus* (1912); der Queen Mary Psalter (1912) und sehr viele andere. Wie im Mittelalter waren einige dieser »Kopien« für rein akademische Zwecke bestimmt, während andere ihren Käufern einfach ästhetisches Vergnügen bereiten sollten.

Kostspielige »fine art facsimiles« von berühmten mittelalterlichen Handschriften gewannen vor allem in der zweiten Hälfte des 20. Jahrhunderts immer mehr an Beliebtheit. Heute werden sie vor allem in Deutschland, in der Schweiz und in Spanien hergestellt, und das Geschäft mit ihnen floriert. Der 1974 in Luzern gegründete Faksimile Verlag brachte 1989 eine farbige Luxusausgabe der Leidener *Aratea* auf den Markt. Dabei handelt es sich im Grunde um eine weitere Stufe in der Reproduktionsgeschichte dieses Werks, bei dem es sich ja um eine aus dem 9. Jahrhundert stammende Kopie eines Codex aus dem 4. oder 5. Jahrhundert handelt, der aller Wahrscheinlichkeit nach auf eine Vorlage am römischen Kaiserhof zurückgeht, welche die Kopie eines im antiken Griechenland entstandenen Originals ist. Die meisten modernen Reproduktionen der *Aratea* werden heute nicht mehr nach der kostbaren Handschrift in der Leidener Universiteitsbibliotheek angefertigt, sondern nach dem Luzerner Faksimile oder der digitalen Online-Version. Jene sind also mit der Zeit ebenfalls zu Vorlagen geworden, der Vervielfältigungsprozess hält noch an. Besitzer von Faksimiles behaupten oft, ein nummeriertes »Original« bei sich zu Hause stehen zu haben, aber die Definition von Originalität ist im Zusammenhang mit mittelalterlichen Handschriften schon immer komplex gewesen.

KAPITEL FÜNF

DER MORGAN-BEATUS

Mitte des 10. Jahrhunderts
New York, Morgan Library and Museum, M 644

Die Benutzerregeln, die denen, die einen Antrag gestellt haben, mit den Handschriften in der Morgan Library arbeiten zu dürfen, ein paar Tage vor dem ihnen zugesagten Termin zugeschickt werden, schließen eine Anweisung ein, der ich sonst noch nirgendwo begegnet bin: »Verzichten Sie darauf, farbigen Nagellack zu tragen, weil sie sonst Spuren auf den seltenen Werken zurücklassen könnten, die sie anfassen.« Eine faszinierende, wenngleich ungewöhnliche Vorschrift. Frivole Putzsucht und kulturelles Bewusstsein gehen in jenem wundervollen modernen Babylon namens New York Hand in Hand. Ich hatte bei der Bibliothek schriftlich die Genehmigung erbeten, mir eine ihrer illustrierten Handschriften aus dem 10. Jahrhundert ansehen zu dürfen. Das Thema dieses Codex, der die interne Signatur M 644 trägt, war das Ende der Welt, so wie es in der Offenbarung des Johannes vorhergesagt wird. Die Handschrift ist berühmt für ihre detaillierten und eindrucksvollen Darstellungen von Aufruhr und Zerstörung, des zu erwartenden Urteils und der Vernichtung jeder Zivilisation. Als ich die Madison Avenue hinaufmarschierte, vom Lärm der Stadt unbarmherzig umtost, inmitten vorbeirasender gelber Taxis, der Polizeiautos mit ihren heulenden Sirenen, des schrillen Baulärms, des höllischen Dampfs, der aus den unterirdischen Fernheizungsrohren nach oben waberte, und der grellen kommerziellen Betriebsamkeit, kamen mir die vielen Katastrophenfilme in den Sinn, die zwischen diesen in den Himmel ragenden Gebäuden spielen. Hier schien jegliches apokalyptisches Geschehen möglich zu sein. Manhattan ist sicherlich die urbanste Metropole der westlichen Welt. In der Offenbarung des Johannes 18, 16 und 18 wird ein Wehgeschrei angestimmt über: »die große Stadt, die bekleidet war mit köstlicher Leinwand und Purpur und Scharlach und übergoldet war mit Gold« – ich blickte zur goldenen Spitze des Life Insurance Building zwischen den Einmündungen der 26. und 27. Straße hoch –, über »die große Stadt, in welcher wir reich geworden sind alle, die da Schiffe im Meere hatten«. Natürlich bezieht sich der biblische Text nicht auf New York, und doch scheint die Beschreibung auf die Stadt zuzutreffen. New York ist ein eleganter Ort und so aufregend, dass jederzeit ein Hauch von Sünde in der Luft liegt. Es geht immer laut und geschäftig zu, und es ist die einzige Großstadt in den USA, wo zu jeder Tageszeit große Scharen von Fußgängern auf den Straßen unterwegs sind, die sich an den Ecken vor den roten Ampeln zusammenballen und weiterfluten, wenn diese umspringen. Heutzutage achtet aber kaum jemand von diesen Menschen auf den Weg: Die meisten umklammern mit der einen Hand einen Kaffeebecher und halten in der anderen ihr Handy, mit dem sie Nachrichten senden oder empfangen, während sie blindlings voranhasten. In New York scheint immer und überall ein Rennen gegen die Zeit stattzufinden. Mich veranlasste mein Gang über die Madison Avenue, über das Ende der Welt nachzudenken.

Im Lauf der Geschichte haben die Menschen oft geglaubt, die letzten Tage seien angebrochen. Eine Ansicht, die auch heute noch Anhänger findet. Im frühen Mittelalter war unter den Christen die Überzeugung verbreitet, die Zeitspanne, in der das Universum existiere, sei in sechs gleich lange Abschnitte unterteilt, von denen der letzte bald schon unausweichlich dem Ende zustrebe. Dieser Glaube beruhte darauf, dass die Schöpfung der Welt in einem Zeitraum von sechs Tagen als Präfiguration eines göttlichen Plans gedeutet wurde. Da es im 2. Petrusbrief 3, 8 explizit heißt, dass »ein Tag vor dem Herrn wie tausend Jahre ist« (ein Echo der vierten Zeile des 90. Psalms), ging man davon aus, dass die Schöpfung sechstausend Jahre lang Bestand haben würde. Der Vorhersage in der Offenbarung des Johannes, Kapitel 20 zufolge werde nach dem Ende des letzten Millenniums Satan in einen Abgrund geworfen und dort tausend Jahre gefangen sein, während Christus regiere. Dann werde das Letzte Gericht abgehalten werden. Wenn man die in den Genealogien des Alten Testaments angegebenen Zeitspannen zusammenrechnet, kann man die Schöpfung auf ungefähr 5500 vor Christus datieren, woraus sich wiederum schlussfolgern ließ, dass das sechste Millennium im Jahr 500 oder um diesen Zeitpunkt herum zu Ende gehen werde. Davon ging zum Beispiel Hilarianus, der Verfasser der *Chronologia, sive Libellus de mundi duratione* aus. In dieser um 397 entstandenen Abhandlung schätzte er, dass der Menschheit bis zum Eintreten der finalen, alles auslöschenden Katastrophe noch ein wenig mehr als hundert Jahre blieben. Andere, darunter sein Zeitgenosse Augustinus von Hippo (354–430), glaubten, das sechste Millennium habe mit der Fleischwerdung Christi geendet, mithin seien bereits jene tausend Jahre der Gefangenschaft Satans angebrochen, von denen auch schon ein Gutteil verstrichen sei: Der Countdown bis zum Tag des Jüngsten Gerichts habe also längst begonnen. Augustinus warnte aber auch davor, die Hinweise numerischer Art, sprich: die Zeitangaben, die es an den verschiedensten Stellen der Heiligen Schrift gab, zu wörtlich zu nehmen, und er zitierte Passagen, aus denen hervorzugehen schien, dass Jesus selbst nicht genau wusste, wann das vorhergesagte Weltenende eintreten würde (Markus 13, 32 und Apostelgeschichte 1, 7).

Im letzten Buch der Bibel, der Offenbarung des Johannes, findet sich aber eine sehr genaue Beschreibung des Weltuntergangs, entsprechend einer Vision, die der Apostel auf der Insel Patmos hatte. Es werden die Zeichen aufgezählt, die anzeigen, dass die Vorhersagen sich zu erfüllen anschicken. So wird ein mit unwiderstehlichen Überredungskünsten begabter Antichrist in Gestalt eines Tieres aus der Erde aufsteigen, und es wird ihm gelingen, sogar die Gläubigen zu verführen (Kapitel 13). Außerdem wird die große Hure Babylon in Erscheinung treten, geschmückt mit Gold und edlen Steinen (und zweifellos auch mit farbigem Nagellack) und trunken vom Blut der Heiligen (Kapitel 17). Es ist zu allen Zeiten leicht gefallen, solche Vorzeichen auf reale Menschen und Orte der eigenen Zeit zu beziehen und zeitgenössiches Chaos als das Wahrwerden apokalyptischer Vorhersagen zu deuten.

Wir wollen uns eine Sammlung von Kommentaren zur Apokalypse ansehen, die in Spanien von dem Mönch Beatus von Liébana (vielleicht ca. 740–ca. 800) zusammengetragen wurden, der anscheinend dem Kloster San Martín de Turieno angehörte, das heute den Namen Santo Toribio de Liébana trägt und auf halbem Weg zwischen León und Santander in Nordspanien liegt. Beatus' Name kommt in keinem der Texte vor. Seine Verfasserschaft wurde aber im späten Mittelalter bestätigt und wird heute allgemein akzeptiert. Hinweise in anderen Schriften des Mönchs legen die Vermutung nahe, dass sein Kommentar zur Apokalypse um 776 begonnen und im darauf folgenden Jahrzehnt überarbeitet wurde. Das war eine geschichtliche Periode, in der die Vernichtung, die in der Offenbarung angekündigt wurde, sich in schrecklicher Weise zu vollziehen schien, vor allem in Spanien. Die alte römisch-hispanische Zivilisation war in Trümmer gegangen. Scharen muslimischer Berber aus Nordafrika waren 711 über die Straße von Gibraltar eingefallen. 756 wurde in Córdoba das Umayyaden-Emirat gegründet. Es lag nahe, dass spanische Mönche Mohammed mit dem Antichristen der Apokalypse identifizierten. Die Gegenangriffe von Karl dem Großen begannen 776, und sie wurden als Kämpfe zwischen Gut und Böse im biblischen Sinn aufgefasst. Es gab auch Berechnungen, denen zufolge die Schöpfung der Welt um 5200 stattgefunden hatte, was es gestattete, das Weltende auf das Jahr 800 anzusetzen beziehungsweise hinauszuschieben. Das muss einem Mann, der

Der seit 2006 der Arbeit mit Handschriften und seltenen Druckwerken gewidmete Sherman Fairchild Reading Room in der Morgan Library.

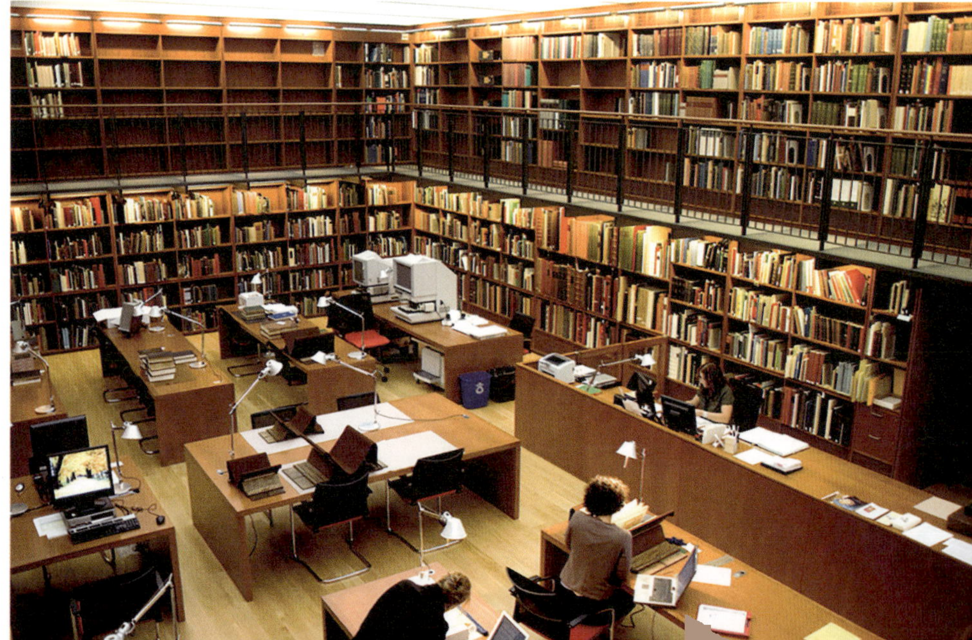

wie Beatus von Liébana Zeuge der Ereignisse in Spanien gegen Ende des 8. Jahrhunderts war, als glaubhaftes Datum erschienen sein.

Die Popularität bestimmter Handschriften kann oft Auskunft darüber geben, was eine Kultur beschäftigte und bedrückte. Es sind keine Exemplare des Kommentars zur Apokalypse erhalten, die zu Lebzeiten des Kompilators entstanden. Das Jahr 800 verging, ohne dass die Katastrophe eingetreten wäre. Hundert Jahre lang wurde der Text kaum noch gelesen. Wir kennen nur ein zu ihm gehörendes verziertes Einzelblatt aus dem späten 9. Jahrhundert, das durch Zufall in der Bibliothek des Klosters von Silos in der nordspanischen Provinz Burgos erhalten blieb. Die ersten illustrierten Beatus-Handschriften begannen von der Mitte des 10. Jahrhunderts an zu entstehen; sie nahmen stetig an Zahl zu, und was zunächst nur ein Rinnsal war, wuchs sich, als die bevorstehende Jahrtausendwende immer stärker ins Bewusstsein der Menschen drang, zu einem kleinen Strom aus. Das älteste datierbare Exemplar, das angefertigt wurde, als diese neue apokalyptische Deadline immer näher rückte, wollen wir uns jetzt in der Morgan Library anschauen.

The Morgan Library (neuerdings wurde »and Museum« hinzugesetzt in dem Bemühen, den Eindruck zu vermeiden, die Einrichtung sei einer intellektuellen Elite vorbehalten) nimmt den ganzen Block zwischen den Einmündungen der 36. und 37. Straße auf die Madison Avenue ein. Die Bibliothek bildet das Herzstück der Einrichtung; sie wurde zwischen 1902 und 1906 für den Bankier James Pierpoint Morgan (1837–1913) im italienischen Renaissancestil errichtet und von dessen Sohn J. P. Morgan jun. ergänzt und 1924 der Öffentlichkeit zugänglich gemacht. Die vereinten Sammlungen besitzen wirklich Weltniveau, sie sind so erlesen und breit gefächert wie die besten Europas. Die Ausstellungsflächen sind zu verschiedenen Zeitpunkten erweitert worden, zuletzt durch einen spektakulären und unvorstellbar teuren Anbau des Architekten Renzo Piano, der 2006 eröffnet wurde. Weil ich vor den offiziellen Öffnungszeiten erwartet wurde, hatte Roger Wieck, der für Handschriften zuständige Kurator, mich angewiesen, den Personaleingang in dem alten Brownstone-Gebäude zu benutzen, der sich an der Ecke 24 East und 37th Street befindet. Ich drückte auf den Summer. Nachdem ich einer Stimme, die mich fragte, was ich wollte, geantwortet hatte, wurde ich in ein Foyer eingelassen, das etwas von einer Verladerampe an sich hat. Ich begab mich zu dem Schalter des Aufsichtspersonals, der durch gläserne Schiebefenster vom Rest des Raums abgetrennt war. Ich setzte meinen Namen in ein Besucherverzeichnis neben die Nummer »ID # 1214«, die auch auf dem kreditkartengroßen Besucherpass aus Plastik stand, den ich mit einem Clip an meinem Revers befestigte. Man geht hier kein Risiko ein. Nach kurzer Wartezeit wurde ich von einem Mann, der eine dunkelrote Uniform mit dem Logo der Library auf der Brusttasche trug – und wie ein Bahnschaffner aussah –, in das von Piano entworfene helle und geräumige Atrium geführt, das so hoch ist wie das Gebäude selbst. Die Fenster sind mit durchscheinenden bunten Quadraten, die wie aus Papier ausgeschnitten wirken, geschmückt, von der Decke hängen große Scheiben herab, die die Fenster reflektieren und sich unablässig in der Luft drehen. Es gibt zwei Aufzüge mit gläsernen Wänden und anscheinend keine Treppe. Mein Scout geleitete mich in einen dieser Aufzüge, wobei er mir verschwörerisch zuraunte, wir müssten in den dritten Stock fahren. Man schwebt nach oben, bis man aus großer Höhe auf die Ausstellungsflächen hinunterschaut, was für Akrophobe kein angenehmes Gefühl ist, und wendet sich dann nach rechts, wo sich der Sherman Fairchild Reading Room befindet. Man gelangt zunächst in einen Vorraum mit einer verschlossenen Tür an jedem Ende, wie bei den Sicherheitsschleusen für die Wärter in einem Löwengehege, und steht vor einem weiteren Schalter des Sicherheitsdiensts, an dem man sich unter Angabe der Ankunftszeit erneut in Bücher eintragen muss. Am zweiten Tag meines Aufenthalts (ich greife hier vor) wollte die Aufsichtführende wissen, ob ich mir die Hände gewaschen hatte. »Ist das eine Bedingung, um eingelassen zu werden, oder ein Gesundheitscheck?«, fragte ich zurück, Verwirrung heuchelnd. »So sind die Vorschriften«, blaffte sie, meinen Sarkasmus ignorierend, und ich sah, dass sich tatsächlich am Eingang neben einer Reihe von Spinden für die Taschen der Leser ein kleines Waschbecken befand. Eigentlich keine schlechte Idee, jedenfalls besser als Handschuhpflicht. Und so fügte ich mich gehorsam.

Wenn die zweite Tür endlich aufgeschlossen wird, kann man den *research room* betreten. Er ist länglich. Es gibt keine Fenster, die Wände sind mit Nachschlagewerken zugepflastert. In halber Höhe zieht sich eine Galerie mit gläsernem Boden lang. Nach oben schließt ein Oberlicht aus Mattglas den Raum ab. Es gibt ein halbes Dutzend langer Tische aus poliertem Holz, an jedem stehen bis zu drei schwarze Stühle mit Chromgestell und roten Sitzflächen. Die schicken Lampen auf den Tischen lassen sich in alle Richtungen verstellen. Ich setzte mich so, dass ich den Ausgabeschalter im Blick hatte, und klappte den verstellbaren Bücherhalter vor mir weit auf, da ich eine sehr große Handschrift erwartete. Die Mienen der Aufsichtspersonen verzogen sich missbilligend. Schweigend schob man mir ein laminiertes Blatt hin, das mit »Regeln für den Umgang mit gebundenen Manuskripten« überschrieben war (die Morgan Library ist das komplette Gegenteil der Biblioteca Laurenziana in Florenz). Eine der Anweisungen lautete: »Bücher müssen bei der Lektüre auf Bücherständern ruhen, damit die Bindung keinen Schaden nimmt. Verstellen Sie die Stützen nicht. Wenn Sie die Position eines Buches verändern wollen, wenden Sie sich an einen Angestellten, der entscheidet, ob das ohne Risiko getan werden kann.« Ein junger Mann, der vielleicht weniger als ein Drittel so alt wie ich war, kam und stellte die Stütze wieder gerade, ohne ein Wort zu reden. Ich sah eine große graue Box mit dem Beatus-Manuskript darin an der Ausgabetheke bereits für mich bereitliegen. »Möchten Sie zuerst Band 1 haben?«, wollte eine Mitarbeiterin mit exquisit gestylten blonden Haaren und einer modischen blauen Jacke von mir wissen. Ich antwortete, mir sei überhaupt nicht bekannt, dass die Handschrift heute in zwei Bände aufgeteilt sei. Eine andere Mitarbeiterin, die ebenso teuer gekleidet war (wir waren in New York) und wohl argwöhnte, ich hätte von nichts eine Ahnung, erkundigte sich, ob ich auch ein Exemplar der maschinenschriftlichen Bibliotheksbeschreibung des Codex sehen wollte. Ich antwortete, ich wäre entzückt, wenn sich das einrichten ließe. Sie brachten mir noch eine große Lupe, nach der ich gar nicht verlangt hatte, die sich aber als nützlich erweisen sollte. Außerdem händigte man mir Lineale aus Weichplastik aus, mit denen ich Messungen vornehmen konnte. Mein eigenes Lineal hatte man konfisziert, nachdem es inspiziert und als potenziell gefährlich eingestuft worden war. Dann erhielt ich noch Gewichte, mit denen die Seiten beschwert werden konnten, damit der Band offen liegen blieb: Sie bestanden aus kleinen Metallketten, die in Säckchen aus weichem blauen Samt steckten. Schließlich befand man mich für mit allem Notwendigen ausgerüstet und trug den ersten Band zu mir herüber.

Auf der langen Odyssee der Handschrift von Spanien nach New York waren Abenteuer zu bestehen, die ihren gegenwärtigen Hütern die Haare zu Berge stehen lassen würden. Einiges darüber konnte ich der dreiseitigen Beschreibung entnehmen, die man mir in die Hand gedrückt hatte und die ich als Erstes sorgfältig durchlas. Spätestens vom Jahr 1566 an war die Handschrift offensichtlich im Besitz des Ritterordens von Santiago gewesen, der seinen Hauptsitz im Kloster von Uclés in der zentralspanischen Provinz Cuenca hatte. Sie ist anscheinend in einem Verzeichnis der Bibliothek des Klosters aus dem 18. Jahrhundert als 39. Werk aufgeführt, und den Angaben zufolge handelte es sich um ein Geschenk an den Orden von Martín Pérez de Ayala (1504–1566), der ab 1548 Bischof von Guadix, ab 1560 von Segovia sowie von 1564 bis 1566 Erzbischof von Valencia war. Das Kloster wurde 1837 aufgelöst. Was danach geschah, lässt sich teilweise einer Notiz entnehmen, die auf einem blassblauen, gefalteten Zettel steht, der einmal in der Handschrift lag, sich heute aber als Teil eines ganzen Konvoluts von Briefen und Dokumenten in der Londoner British Library befindet. Ich hatte ihn mir dort schon angesehen. Die Notiz ist von Guglielmo Libri (1802–1869); sie wurde von diesem am 19. April 1848 in London mit seinem Namen unterzeichnet und verrät uns, dass das Beatus-Manuskript einmal im Besitz von Roberto Frasinelli (1811–1897) war. Frasinelli war ein in Deutschland geborener Naturwissenschaftler, der sich als Buchhändler in Madrid niedergelassen hatte. In der Notiz heißt es, dass er die Handschrift in ungebundenem Zustand von der Abtei Valcavado im Königreich León erhalten habe, und zwar im Tausch gegen seine silberne Uhr, deren Wert auf 30 Francs geschätzt worden war. Zumindest ein Teil davon entspricht nachweislich nicht der Wahrheit. Das Kloster Valcavado, in dem Beatus als Mönch gelebt haben soll, hatte in der Tat ein Exemplar des Textes besessen, dieses war aber woanders hingelangt, als das Kloster im frühen 18. Jahrhundert aufgegeben worden war, und es befindet sich heute in der Universitätsbibliothek von Valladolid. Entweder beruhte die Behauptung Libris, das Manuskript stamme aus dem Kloster Valcavado, darauf, dass er Erinnerungen Frasinellis an den Beatus mit solchen des Buchhändlers an ein anderes Manuskript durcheinanderwarf, oder es handelte sich um reine Fiktion, die eine glaubwürdige Verbindung zwischen dieser Handschrift und ihrem mittelalterlichen Autor herstellen sollte. In der Notiz heißt es, Frasinelli habe seine Erwerbung mehreren Institutionen für einen immensen Preis zum Kauf angeboten; darunter seien auch die Nationalbibliotheken in Paris und in Berlin gewesen, die aber einen Ankauf ohne die Möglichkeit, die Handschrift vorher einer Überprüfung

Eine früher in der Beatus-Handschrift liegende, von Guglielmo Libri unterzeichnete Erklärung, der zufolge der Codex einst gegen eine silberne Uhr eingetauscht worden war.

unterzogen zu haben, abgelehnt hatten (eine taktvolle Antwort, hinter der sich Zweifel am Besitzrecht verbergen mochten). Frasinelli habe dann den Rat von Professor Francisque Michel (1809–1887) aus Bordeaux eingeholt, dem Herausgeber des *Roman de la Rose* und des *Chanson de Roland*, und diesen als Mittelsmann eingesetzt. Michel verkaufte den Beatus am 6. Mai 1847 an den Verfasser besagter Notiz auf blassblauem Papier, Graf Guglielmo Bruto Icilio Timeleone Libri-Carrucci dalla Sommaja, Büchersammler, Fälscher und Dieb, der sich freudig bereit erklärte, die von Frasinelli geforderte Summe auf den Tisch zu blättern und außerdem noch eine Kommission in Höhe von 500 Francs an Michel zu zahlen.

Libri, unter welchem Namen er Bücherkundlern bekannt ist, gäbe eine wunderbare Hauptfigur für einen Abenteuerroman ab, wenn nicht für ein Musical. Er war eine schillernde Persönlichkeit, beleibt mit buschigen Koteletten, ungepflegt, als »hätte er nie Wasser und Seife oder eine

Bürste« an sich herangelassen (so Sir Frederic Madden vom British Museum). Er kleidete sich aber exotisch, hüllte sich in einen Umhang, trug stets ein Stilett bei sich – aus Angst vor Mordanschlägen, wie er behauptete – und war offenbar sowohl ungemein charmant als auch absolut unmoralisch. Er hatte als Mathematikprofessor an der Universität Pisa unterrichtet, war aber anscheinend auf unbeschränkte Zeit beurlaubt und hatte sich in der Toskana glücklos als Revolutionär betätigt. Von 1831 an lebte er im Exil in Frankreich, wo er es schaffte, Lehraufträge an der Sorbonne und später am Collège de France an Land zu ziehen. 1837 wählte man ihn zum Chevalier der Légion d'honneur. 1841 wurde er verantwortlicher Sekretär für den *Catalogue général des manuscrits des départments,* immer noch das Standardverzeichnis, in dem die Handschriften, die in den Stadtbibliotheken Frankreichs lagen, aufgelistet waren. Vielen dieser Bibliotheken stattete er in Erfüllung seiner Pflichten einen Besuch ab. Er muss im siebten Himmel geschwebt haben: ein zum Gärtner ernannter Bock. Er war – und in dieser Beziehung will ich ihn verteidigen, weil er sogar heute noch von vielen vehement geschmäht wird – ein kompetenter Paläograf und großer Kenner seltener Bücher und außerdem ein leidenschaftlicher Sammler mit einem ausgezeichneten Auge für Raritäten. Und einer der Ersten, der die Geschichte der Schrift erforschte sowie frühe Bucheinbände als eigenständige Artefakte auffasste und untersuchte. Man muss sich einmal ausmalen, welche Mengen an nirgendwo erfassten frühen Handschriften während jenes halben Jahrhunderts revolutionären Aufruhrs in unsortierten Haufen auf den offenen Markt gelangten und den unter Druck stehenden und für die Aufgabe schlecht gerüsteten lokalen Verwaltungen gegen deren Willen zur Verwahrung anvertraut wurden. Libri ergriff nicht nur die vielen Gelegenheiten beim Schopf, interessante Werke wie den Beatus zu erwerben, sondern machte auch den Kustoden öffentlicher Sammlungen das Leben leichter, indem er diese um unerwünschte Schätze erleichterte. In einigen Fällen mögen solche Überführungen in sein Privateigentum mit der inoffiziellen Einwilligung der örtlichen Kustoden stattgefunden haben, die nicht mehr ein noch aus wussten. Nach modernen Kriterien wird Libri ganz anders beurteilt: Er gilt als der größte bekannte Dieb von Handschriften. Heute ist der Nachweis erbracht, dass er Objekte aus den Stadtbüchereien von Dijon, Lyon, Grenoble, Carpentras, Montpellier, Poitiers, Tour, Orléans, Autun und anderen Orten entwendete – und so-

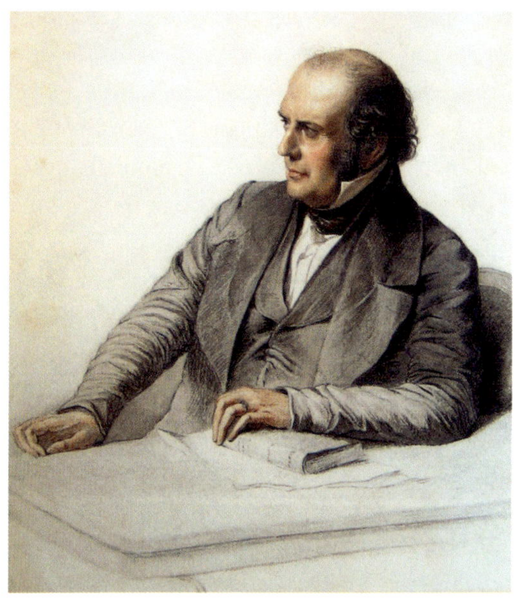

Guglielmo Libri (1802–1869), Sammler und Hasardeur, Besitzer des Beatus; kolorierte Zeichnung, Édouard-Louis Dubufe zugeschrieben, ca. 1850.

gar aus der Königlichen Bibliothek in Paris. Er verstümmelte Codices, um die besten Blätter einstecken zu können. Er verschleierte Provenienzen, zerlegte Bücher und setzte sie so wieder zusammen, dass sie nicht wiederzuerkennen waren; er tilgte alte Inschriften und setzte mit der Hilfe professioneller Fälscher in Paris neue ein. Zweifellos amüsierte er sich bei seinem Treiben königlich. Es war ein herrliches, süchtig machendes Spiel, bei dem er zu seinem eigenen Vergnügen komplizierte Lügengebäude ersann. Libri kann sehr gut die Verbindung zwischen dem Beatus und Valcavado ersonnen haben – nur um sich einen Jux zu machen. Er flickte die Handschrift auch, besserte ihre beschädigten Ränder aus und ließ sie dann in antik aussehenden roten Samt einbinden.

Sich eine Sammlung antiker Bücher zuzulegen ist, auch wenn man sie durch Diebstähle ergänzt, ein teures Hobby für einen Mann, der sowieso weit über seine Verhältnisse lebt. Als er 1847 den Beatus erwarb, waren Verhandlungen mit dem British Museum über einen *en bloc*-Ankauf seiner Handschriften bereits weit gediehen; man schien bereit, ihm annähernd die verlangte Summe von 10 000 Pfund zu zahlen. Im letzten Moment jedoch kamen Zweifel über die Provenienz vieler Werke auf, und als die Verhandlungen ins Wanken kamen, trat Lord Ashburnham auf den Plan und nahm die günstige Gelegenheit wahr. Über den Buchhändler William Boone erwarb er Libris gesamte Bibliothek für 8000

Pfund. Entweder direkt danach oder im Jahr darauf lud Libri das inzwischen »aufgebesserte« und auf 12500 Francs taxierte Exemplar des Beatus zur Aufbewahrung bei dem Earl ab. In einer Bestandsliste der Bibliothek von Ashburnham Place in der Nähe von Battle in East Sussex aus dem Jahr 1853 ist die Handschrift als Nr. XV aufgeführt.

Bertram, der vierte Earl of Ashburnham (1797–1878), war alles andere als ein Abenteurer. Er war eine aristokratische Erscheinung, stolz, reserviert, steif, anglo-katholisch, unbeugsam und kompromisslos rechtschaffen. Vor allem durch den Ankauf ganzer Sammlungen trug er fast viertausend erlesene Handschriften zusammen, viele davon sehr alt und die meisten illuminiert. Der Nachwelt mag er nicht gerade als liebenswert oder umgänglich in Erinnerung sein, doch hatte er es nicht verdient, dass ein Hasardeur vom Kontinent, der schließlich in Schimpf und Schande endete, seine aus immer anrüchigeren Quellen stammende Ware ihm andrehte. 1850 verurteilte ein französisches Gericht Libri in Abwesenheit zu zehn Jahren Haft, aus der Légion d'honneur schloss man ihn wieder aus. Er hatte sich aber inzwischen nach England abgesetzt, wo er zwei Mal heiratete. Im sonnigen Fiesole bei Florenz starb er 1869. Derweil hatten Ashburnham und sein Sohn, der etwas unverkrampftere fünfte Earl, ein weiterer Bertram (1840–1913), mit Unterstellungen zu kämpfen. Sie wurden mit Gerichtsverfahren bedroht, was schließlich 1884 zur Folge hatte, dass die Handschriften italienischer Provenienz in der Biblioteca Laurenziana in Florenz deponiert wurden, während die Bibliothèque nationale in Paris 1888 die Manuskripte französischer Herkunft erhielt. Der Beatus, der weder italienischen noch französischen, sondern spanischen Ursprungs war, wurde dem sogenannten »Appendix« zugeschlagen, einer Gruppe von zirka zweihundert Handschriften, von denen man annahm, dass sie nicht aus dubiosen Quellen stammten, und die die Familie Ashburnham schließlich 1897 für 30 000 Pfund an Henry Yates Thompson (1838–1928) verkaufte.

Yates Thompson war so etwas wie ein professioneller Handschriftensammler. Sogar für einen Vermögenserben mit wohlhabender Ehefrau waren 30 000 Pfund damals aber eine Riesensumme. Yates Thompson kam auf die Idee, seine Bibliothek auf genau einhundert Handschriften zu beschränken, die alle zu den qualitätsvollsten gehörten, die auf dem Markt erhältlich waren, und seine Sammlung, wann immer sich die Gelegenheit bot, zu verfeinern, indem er weniger bedeutende ausschied, sobald wertvollere verfügbar waren. Die Gesamtzahl von hundert sollte aber nie überschritten werden. Manuskripte aus dem Ashburnham Appendix, die seinen Ansprüchen nicht genügten, wurden Sotheby zur Versteigerung übergeben; diese fand am 1. Mai 1899 statt. Andere wurden später im Zug der permanenten Upgrades, die ihr Besitzer vornahm, ausgeschieden. Die Beatus-Handschrift zur Apokalypse überstand aber alle Ausleseaktionen. Als er von M. R. James, einem Paläografen und Verfasser von Gespenstergeschichten aus Cambridge, in dem für den Sammler 1902 angefertigten *Descriptive Catalogue of the Second Series of Fifty Manuscripts* beschrieben wurde, trug der Codex die Inventarnummer 97. Damit James mit ihm arbeiten konnte, wird man ihn wahrscheinlich einfach in einen Karton gepackt, diesen verschnürt und mit der Post von Yates Thompsons Haus am Portman Square in West-London zum King's College in Cambridge geschickt haben. James stellte für jede von ihm beschriebene Handschrift, ungeachtet ihres Umfangs, 5 Guineen in Rechnung. Die Beschreibung des Beatus umfasste siebenundzwanzig Druckseiten und war damit die längste von ihm verfasste.

Zur großen Bestürzung von M. R. James und anderen, die davon ausgegangen waren, dass seine Sammlung irgendwann in öffentlichen Besitz übergehen würde, entschloss sich Yates Thompson schließlich, seine Handschriften von Sotheby's bei einer Reihe von Auktionen, die von 1919 an stattfanden, versteigern zu lassen. Der Familienüberlieferung zufolge war es ihm aufgrund seines nachlassenden Sehvermögens nicht mehr möglich, sich an seinen Schätzen zu erfreuen. Das war genau der Zeitpunkt, als J. P. Morgan jun. (1897–1943) die von seinem Vater ererbte große Sammlung zu ergänzen und abzurunden und Zukunftspläne zu machen begann. Yates Thompson schrieb am 8. September 1918 an Belle da Costa Greene, Morgans ebenfalls von seinem Vater ererbte Bibliothekarin, um sie über den bevorstehenden Verkauf in Kenntnis zu setzen. Noch bevor dieser Brief in New York eingetroffen war, wurde die sensationelle Nachricht dort durch ein Telegramm von Bernard Quaritch, dem Londoner Buchhändler, bekannt. An Yates Thompson schrieb Greene, man habe »in der Bibliothek hörbar um Luft gerungen«. Die erste Auktion war auf den 3. Juni 1919 angesetzt. Der Beatus was als Los Nummer XXI an der Reihe. Die von Yates Thompson selbst verfasste Beschreibung im Auktionskatalog zielte darauf, das Interesse des Publikums durch einen Vergleich der Abbildungen mit denen in irischen und keltischen

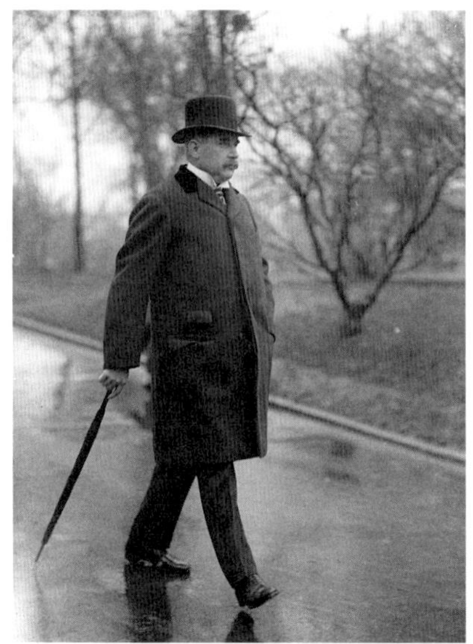

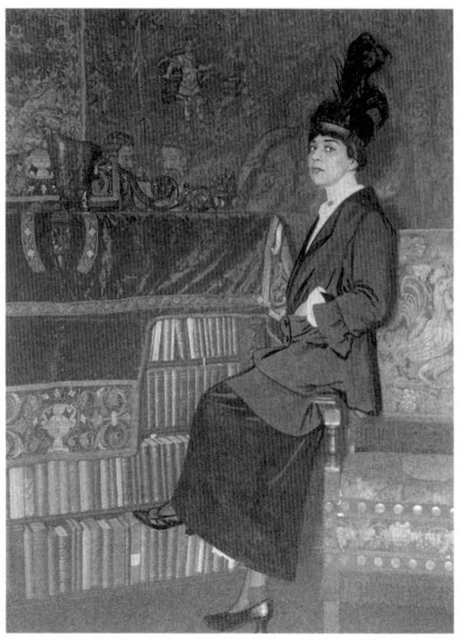

LINKS: J. P. Morgan (1867–1943), der die von seinem Vater ererbte großartige Büchersammlung erweiterte und 1924 der Öffentlichkeit zugänglich machte; RECHTS: Die betörende Belle da Costa Greene (1883–1950) diente beiden Morgans als Bibliothekarin und war die erste Direktorin der Pierpoint Morgan Library.

Manuskripten sowie mit byzantinischer und »sarazenischer« Kunst, wie er es nannte, zu wecken. Morgan sen. hatte ein Beatus-Exemplar aus dem 13. Jahrhundert besessen (M 429), doch sein Sohn wie die Bibliothekarin waren sich bewusst, dass die Sammlung der Familie auf dem Gebiet sehr früher Handschriften Defizite aufwies. Jetzt schien sich ihnen die Gelegenheit zu bieten, Abhilfe zu schaffen. Bei der Auktion von 1919 sicherte sich daher J. P. Morgan mit der Hilfe Quaritchs sieben frühe Handschriften, unter denen auch der Beatus war, der für 3000 Pfund den Besitzer wechselte. Yates Thompson gratulierte (der Brief liegt im Archiv der Bibliothek) danach Belle da Costa Greene: »Ich könnte mir für die sieben Codices kein würdigeres und angenehmeres Heim denken, als sie es in der Morgan Library finden werden.« Er fügte noch hinzu, dass die Gesamtsumme, die sie für diese Handschriften ausgegeben hätten, »ungefähr genauso hoch war wie die, die ein enthusiastischer Franzose, dessen Namen ich nicht herausfinden kann, für [das Stundenbuch der] Johanna von Navarra bezahlt hat«. Dieses Stundenbuch und die Identität des Käufers werden Thema von Kapitel Neun sein.

So kam es also, dass man mir in der New Yorker Morgan Library die

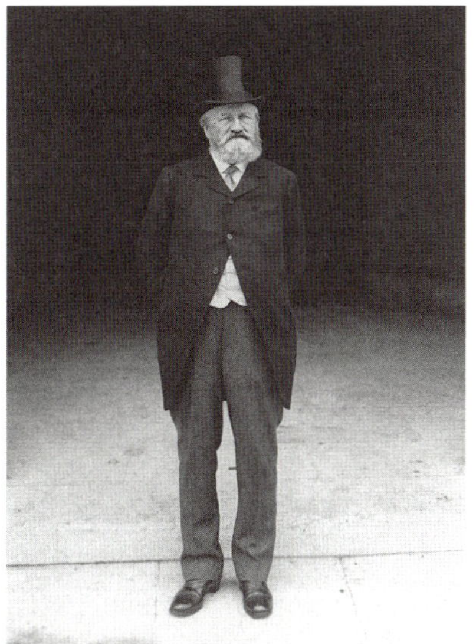

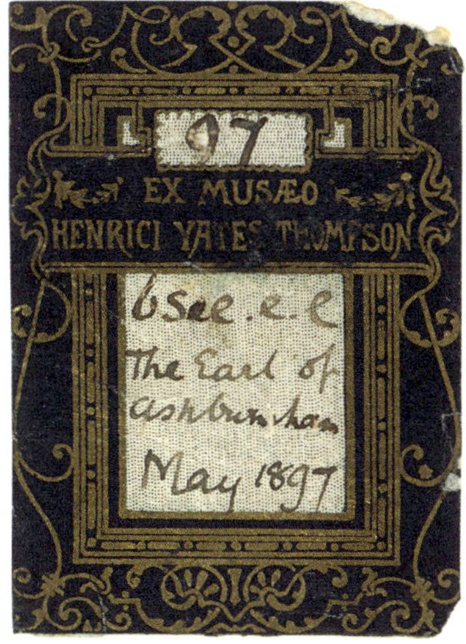

LINKS: Henry Yates Thompson (1838–1928), der die Beatus-Handschrift 1919 verkaufte, auf einer Fotografie aus dem Jahr 1906; RECHTS: das Exlibris Yates Thompsons, auf dem er festhielt, dass er die Handschrift 1897 aus den Beständen der Bibliothek des Earl of Ashburnham gekauft hatte.

aus dem 10. Jahrhundert stammende Beatus-Handschrift vorlegte. Sie war nicht mehr in Libris purpurfarbenen Samt gehüllt, denn sie war in der Library 1993 von Deborah Evetts recht willkürlich in zwei Bände aufgeteilt worden, die einen Einband aus mit weißem Leder überzogenen Holzbrettern erhalten hatten. Einbände in solchem Stil verwenden wir heute auch in der Parker Library, doch William Voelkle, der *senior research curator* der Morgan Library, der mich begrüßen kam, meinte mit abschätzigem Lächeln, der Codex sehe jetzt wie ein Hochzeitsalbum aus. Die Handschrift ist großformatig: Sie misst ungefähr 39 mal 28 Zentimeter, was uns schon verrät, dass sie zur öffentlichen Zurschaustellung in einem gemeinschaftlich genutzten Raum des Klosters bestimmt war und nicht zum privaten Studium in einer Mönchszelle. Als sie noch vollständig war und aus einem einzigen Band bestand, umfasste sie über dreihundert Blätter und muss beinahe so sperrig und schwer zu handhaben gewesen sein wie der Codex Amiatinus.

Auf der Innenseite des Vorderdeckels ist ein graues, mit weißen Buchstaben beschriftetes Exlibris angebracht: »The Pierpoint Morgan Library« steht dort. Darunter befindet sich das aus dem früheren Einband (wie die eingerissenen Ränder zeigen, unter Schwierigkeiten) herausgelöste Exlibris Yates Thompsons. In goldenen Druckbuchstaben auf schwarzem Grund ist dort zu lesen: »EX MUSÆO HENRICI YATES THOMPSON«. Handschriftlich ist die Ziffer »97« hinzugesetzt sowie der Vermerk »bsee.e.e. The Earl of Ashburnham May 1897«. Yates Thompson pflegte Preisangaben mithilfe des Codeworts »bryanstone« zu verschlüsseln. Der Buchstabe »b« entsprach einer »1«, »r« einer »2«, »y« einer »3«« und so weiter. Der Beatus hatte ihn demzufolge im Jahr 1897 1600 Pfund, 0 Shilling und 0 Pence gekostet.

Der früheren Foliierung mit Bleistift nach zu urteilen, die vermutlich von Libris Hand stammt, waren die ersten vierzig Blätter einmal in einer anderen, willkürlichen Reihenfolge gebunden. Der Codex begann mit dem Blatt, das heute das zehnte ist und den Anfang des von Beatus verfassten Vorworts trägt. Dieses Blatt ist stark in Mitleidenschaft gezogen, durch Feuchtigkeit oder Zerfall an den unteren und äußeren Rändern. Die dunklen Flecken setzen sich fort auf Blättern, die sich einmal an folio 10 angeschlossen haben müssen, werden aber allmählich kleiner und blasser. Die Handschrift war eindeutig eine gewisse Zeit lang ohne Einband, und ihr erstes Blatt war den Elementen ausgesetzt oder Nagetieren.* Die Lagen waren immer noch durcheinandergeworfen, als M. R. James zum ersten Mal eine Kollation in Angriff nahm. Gehen wir einmal davon aus (ich glaube, das können wir), dass die Blätter jetzt in der Reihenfolge gebunden sind, in der sie im 10. Jahrhundert angeordnet waren. Der Band beginnt heute mit einer Lage moderner Vorsatzblätter aus di-

---

* Die Struktur des ersten Teils ist kompliziert und schwierig. Die Gesamtstruktur scheint aber folgende zu sein: i^{5} [von 6, es fehlt ii nach folio 1], ii^{4} [wahrscheinlich von 6, es fehlen i und vi nach den folios 5 und 9], iii^{6} [wahrscheinlich von 8, es fehlen iv–v nach folio 12], iv^{8}, v^{6} [von 8, es fehlen iv–v nach folio 26], vi^{2} [von 8, es fehlen ii–vii nach folio 30], vii^{3} [von 8, es fehlen ii–vi nach folio 32], viii–xi^{8}, xii^{6} [vollständig], xiii–xvi^{8}, xvii^{7} [von 8, es fehlt ii nach folio 105], xviii–xxi^{8}, xxii^{6} [von 8, es fehlen ii und v nach folios 144 und 146], xxiii^{8} [jetzt nicht in der richtigen Reihenfolge gebunden, aber korrekt foliiert], xxiv^{7} [von 8, es fehlt v nach folio 161], xxv^{7} [von 8, es fehlt vii nach folio 170], xxvi–xxvii^{8}, xxviii^{7} [von 8, es fehlt iv nach folio 190], xxix^{7} [von 8, es fehlt ii nach folio 195], xxx^{7} [von 8, es fehlt viii nach folio 208], xxxi–xxxiii^{8}, xxxiv^{6} [anscheinend], xxxv–xl^{8}, xli^{7} [anscheinend von 8, viii scheint im Anschluss an folio 293 zu fehlen oder entfernt zu sein], xlii^{6}. Lagennummern aus der Zeit der Entstehung auf den Schlussblättern von der 3. Lage an (folio 15v), zusätzlich zu der Ziffer oft ein »q« für *quaternio*.

ckem Pergament, von denen eines unangenehm zerknittert ist, und dann wird die Originalhandschrift mit einer dekorativen Raute eröffnet. Eine florale Bordüre umgibt ein Gitter, in dessen einzelne Felder in vielfacher Wiederholung rote, blaue und goldene Buchstaben eingetragen sind, die in jeder Richtung gelesen die Inschrift »*s[an]c[t]i micaeli lib[er]*« ergeben, »Buch des heiligen Michael«, was bedeutet, dass die Handschrift im Besitz eines Klosters war oder von einem solchen in Auftrag gegeben wurde, welches dem Erzengel Michael geweiht war. Daran schließt sich eine Reihe von Porträts der vier Evangelisten an, wie man sie auch in frühen Evangeliaren findet (siehe Kapitel Eins und Drei), sowie von Engelspaaren, die ein Evangelium zwischen sich halten. Dann kommt eine Folge von genealogischen Tabellen alttestamentarischer Gestalten, von Adam bis hin zu Jesus; die Namen stehen in einem farbigen Kreis, und diese Kreise sind durch ebenfalls farbige Linien miteinander verbunden. Adam und Eva sind nackt und mit Knubbelknien in der linken oberen Ecke des Blattes, auf dem diese tabellarische Darstellung ihren Anfang nimmt, abgebildet. Ihre Haut ist schweinchenrosa – wie die von frisch an Spaniens Stränden eingetroffenen englischen Urlaubern. Die Tabellen sind den ersten fünf geschichtlichen Perioden der Welt entsprechend eingeteilt: von Adam bis Noah (das zweite Blatt fehlt heute allerdings), von Noah bis Abraham (»*Incipit secunda etas seculi*«, heißt es), von Abraham bis zu David, von David bis zur Babylonischen Gefangenschaft, von der Babylonischen Gefangenschaft bis zur Fleischwerdung Gottes. Dass diese fünf Zeitalter als abgeschlossen dargestellt sind, lässt vermuten, dass das sechste und letzte, das bald in der Apokalypse und dem Ende der Zeit – dem Hauptthema der Handschrift – kulminieren wird, schon begonnen hat.

Das dient alles der Einleitung, wie jene ergänzenden Texte, die die Evangeliare eröffnen. Das Vorwort von Beatus zur Apokalypse beginnt auf dem heutigen zehnten Blatt, und zwar mit einem sehr großen »I«, das mit farbigen Blumen und Flechtmustern gefüllt ist und sowohl den ersten Buchstaben der Anrufung bildet (»*In n[o]mine d[omi]ni …*«, »Im Namen des Herrn …«) als auch für die Überschrift (»*Incipit liber revelationis …*«, »Hier beginnt das Buch der Offenbarung …«) verwendet wird. Der Anfang besitzt Ähnlichkeit mit dem des biblischen 1. Buchs Mose. Der Verfasser erklärt, er habe beschlossen, die Kernprophezeiungen aus der Heiligen Schrift niederzuschreiben, um die Göttlichkeit Christi zu bestätigen, die Gläubigen zu stärken und die Gottlosen in Verwirrung zu stürzen (ohne Zweifel eine Anspielung auf die Muslime in Spanien). Im vorigen Kapitel haben wir schon erfahren, dass mittelalterliche Autoren immer anführen, ihr Werk sei von dem eines älteren Verfassers kopiert. Auch Beatus versichert pflichtschuldigst, dass die Interpretationen nicht seine eigenen seien, sondern – das steht ganz oben in der zweiten Kolumne – dass er sie von Hieronymus, Augustinus, Ambrosius, Fulgentius, Gregor(ius), Tyconius, Irenäus, Apringius und Isidor(us) übernommen habe. Seine Quellen sind sogar noch breiter gefächert, als er angibt, und gehen bis zu Quintilian, Sallust und Vergil zurück. Beatus bittet um Verzeihung für seinen unzulänglichen Stil und verleiht seiner Hoffnung Ausdruck, dass der heilige Pater Etherius, dem sein Werk gewidmet ist, ihm vergeben werde. Dieser Name steht in der beschädigten und verfärbten rechten unteren Ecke des Blattes, und ich hätte ihn gar nicht entdeckt, hätte ich keine gedruckte Ausgabe des Textes bei mir gehabt.

Beatus sagt die Wahrheit: Der größte Teil der von ihm zusammengestellten Texte ist tatsächlich wortwörtlich aus Schriften älterer Autoren herausgelöst, vor allem aus dem Kommentar zur Offenbarung des Johannes von Tyconius, einem nordafrikanischen Kirchenschriftsteller aus dem späten 4. Jahrhundert. Sogar das Vorwort setzt sich weitgehend aus Sätzen zusammen, die Isidor von Sevilla (ca. 560–636) anderswo benutzt hat, wobei der Name von Isidors Schwester Florentina, den dieser in der Vorrede zu *Contra Iudaeos* verwendet, durch den von Etherius, der 785 Bischof von Osma war, ersetzt wird. Während ich dies schreibe, ist mir bewusst, dass nicht wenig von dem, was ich über Beatus-Handschriften sage, mit ähnlichem Respekt aus zahlreichen von Professor John Wilson verfassten Büchern und Artikeln zu diesem Thema entlehnt ist, der leider bereits verstorben war, als ich eine vorläufige Fassung dieses Kapitels zu Papier brachte. Und so stehe ich selbst in der Tradition jener, die sich früheren Autoritäten verpflichtet wissen. Beatus unterteilte sein Werk in zwölf Bücher, von denen jedes einen eigenen Prolog erhielt. Die Darstellung der Apokalypse erfolgt in achtundsechzig *storiae* oder Abschnitten der biblischen Erzählung von unterschiedlicher Länge. Jeder *storia*

RECHTS: Die erste Seite der Handschrift: In allen Richtungen wird das Werk als dem »heiligen Michael« gehörend bezeichnet, als »sancti micaeli liber«.

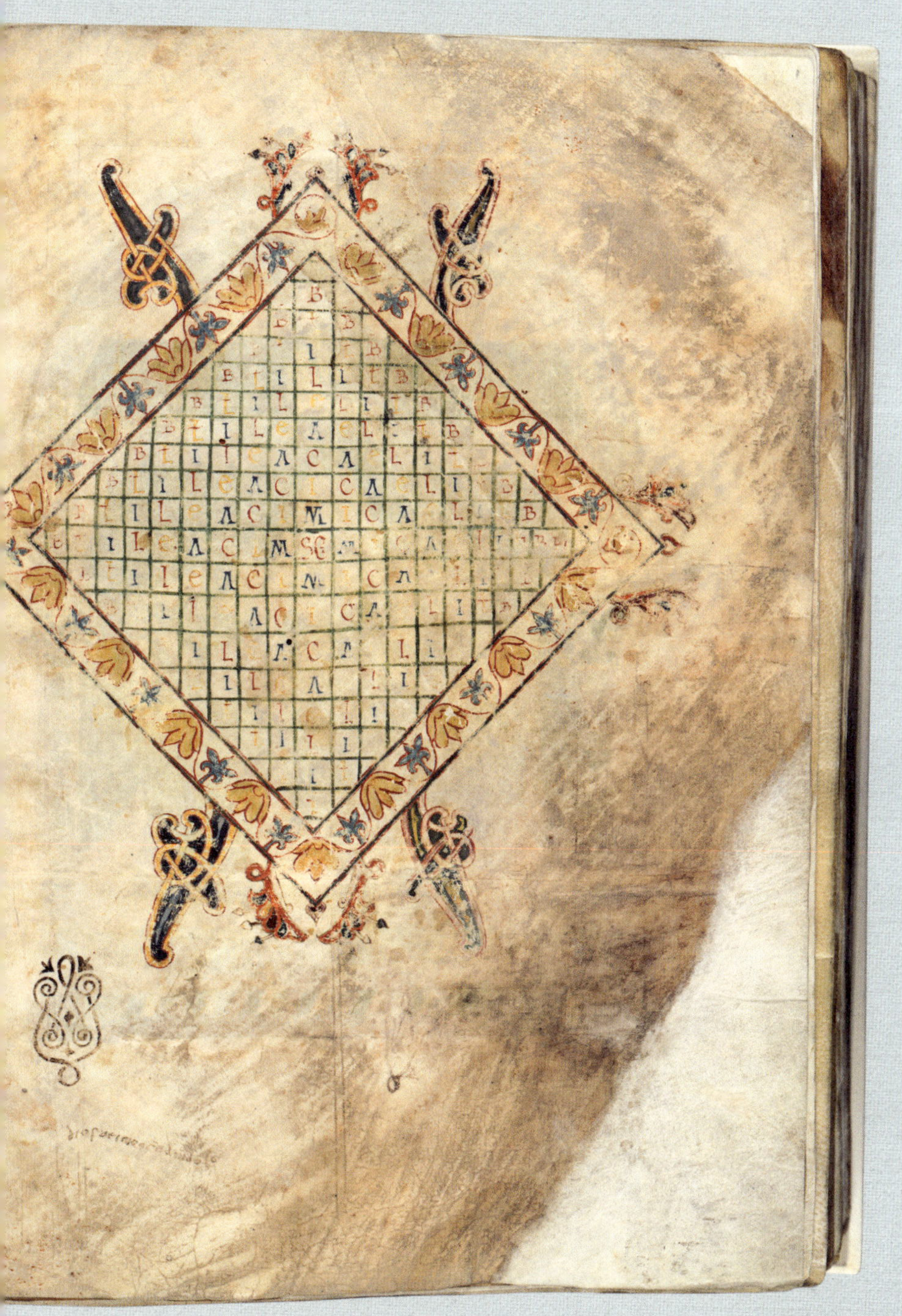

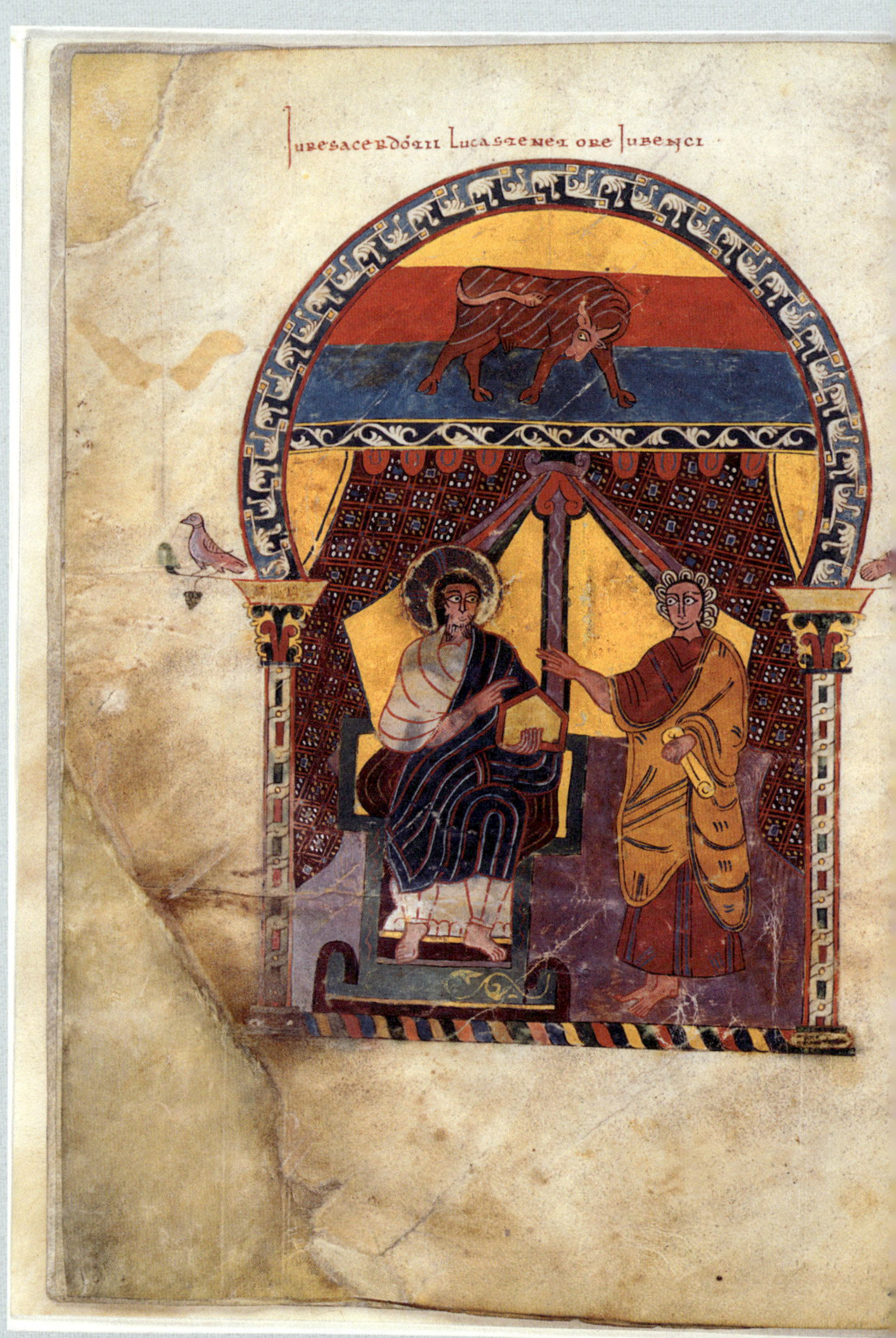
IURE SACERDOTII LUCAS TENET ORE IUBENCI

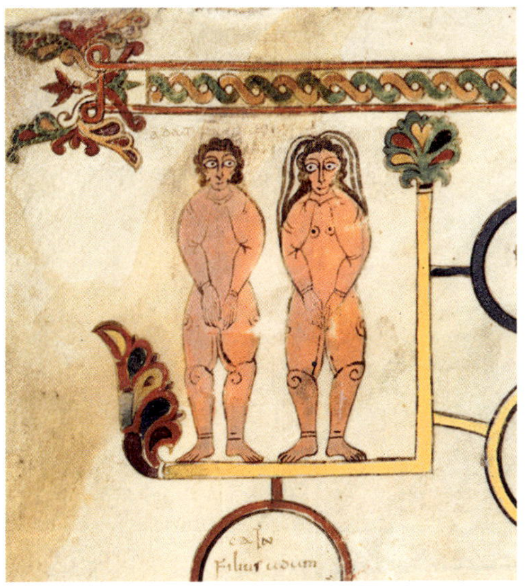

LINKS: Wie die frühen Evangeliare wird auch der Beatus durch Darstellungen der Evangelisten eröffnet: hier die des heiligen Lukas, der sein Evangelium an einen Glaubenszeugen weiterreicht.

RECHTS: Die im Alten Testament enthaltenen Genealogien, durch die die Geschichte der Welt in fünf Abschnitte oder Zeitalter unterteilt wird, beginnen mit Adam und Eva.

schließt sich ein eigener langer allegorischer Kommentar an, der stets die in großen roten und blauen, manchmal auch in grünen und purpurnen Kapitalen ausgeführte Überschrift trägt: »*explanatio suprascriptae historiae*«, also Deutung der obigen Geschichte. Jede *storia* ist zum Teil in roter, bisweilen auch in blauer Tinte geschrieben.

Die erste *storia* im Anschluss an die verschiedenen von Hieronymus übernommenen Prologe, jeder mit eigenem Kommentar, umfasst den Text von Offenbarung 1, 1–6. Wir befinden uns mittlerweile bereits auf folio 22v, da es den Autor nicht eilt, zur Sache zu kommen. Die dazugehörige *explanatio* informiert darüber, dass das Buch »Apocalypsis« heißt, weil gewisse Dinge verborgen sind und das griechische »apokalypsis« so viel wie »Enthüllung« bedeutet. Gott habe seinen Engel zu Johannes gesandt – so heißt es in der Bibel –, damit er ihm das Wort Gottes enthülle, womit klargestellt wird, dass das Buch der Offenbarung nicht auf menschlichen Überlegungen gründet oder auf nicht authentischen Texten, sondern auf dem, was Gott durch seinen Wahrheitsboten »seinem Knecht Johannes« übermittelte. Dieser ist der heiligste der Apostel, der die Göttlichkeit Jesu bezeugt (so in 1 Johannes 1, 1–2) und, wie es unter Bezugnahme auf Maleachi 1, 11 (»Mein Name ist herrlich unter den Völkern«) heißt, an alle sieben christlichen Gemeinden Asiens schreibt und nicht nur an eine. Der Zahl sieben wohne ein Geheimnis inne, denn sechs und sieben sind göttliche Zahlen, und so wie den sechs Tagen der Schöpfung einer der Ruhe folge, so schließe sich an die sechs Zeitalter der Welt nach deren Ende ein siebentes an. Also verkörperten die sieben Gemeinden die Gesamtheit der Zeitalter, und sie befänden sich in Asien, weil das Wort »Asia« so viel wie »erhöht« bedeute und die Welt von Gott erhöht werde, dessen Segen Johannes (Johannes 1, 1–2 und 2 Mose 3, 13) übermittele und der Himmel und Erde erfülle (Jeremia 23, 24) und alle Dinge erschaffen habe (Jesus Sirach 24, 8) – und so geht es über vier Seiten weiter, wobei unter anderem die Verse Weisheit Salomons 1, 7, Apostelgeschichte 7, 8 und Jesaja 40, 12 zitiert werden. Die zweite *storia* gründet auf den Versen Offenbarung 1, 7–11, in denen es heißt, dass der, der mit den Wolken kommt, sich zu »A und O« erklärt, zu dem, »der da ist und der da war und der da kommt«. In der *explanatio* durch Beatus heißt es, dass Gott in Gestalt einer Taube komme, so wie der Heilige Geist bei der Taufe Jesu in solcher Gestalt niedergefahren sei, und dass das griechische Wort für Taube »*peristera*« laute und davon jeder Buchstabe einen traditionellen Zahlenwert besitze und alle zusammengezählt 800 ergäben, welches auch der Wert des Buchstabens »*omega*« sei. Ferner, dass ein griechisches Alpha mit drei Strichen von gleicher Länge geschrieben werde und daher die Dreieinigkeit symbolisiere, dass aber ein Omega in lateinischer Schrift mit einem nahezu vollkommenen Kreis dargestellt werde, der alle Dinge in sich einschließe und schütze – und noch viel mehr. Es ist zermürbend, diesem allen zu folgen, stellt aber auch, gerechterweise sei es gesagt, eine faszinierende und typisch mönchische Weise dar, einen Text zu studieren, indem man sich diesem Text von allen Seiten aus nähert, jedes Wort analysiert, alle Bedeutungsschichten aufzudecken sucht und jeden einzelnen Federstrich in den Blick nimmt.

Der Kompilator geht von einer großen Vertrautheit des Lesers mit der Bibel aus. Die unzähligen Zitate werden in der Regel nicht nachgewiesen; vom Leser wurde erwartet, dass er wusste, woher sie stammten. Es gibt auch Wörter in griechischer Schrift, die eine Leserschaft zumindest mit Grundkenntnissen des griechischen Alphabets voraussetzen. Im 8. Jahrhundert wurde in spanischen Klöstern, mochte man auch fürchten,

RECHTS: Die Einleitung zu dem Apokalypse-Kommentar des Beatus, in der die Zielsetzung dargelegt und die Quellen aufgelistet werden. Dieses Blatt bildete viele Jahre lang das erste der gesamten Handschrift, was im Lauf der Zeit zu starker Abnutzung führte.

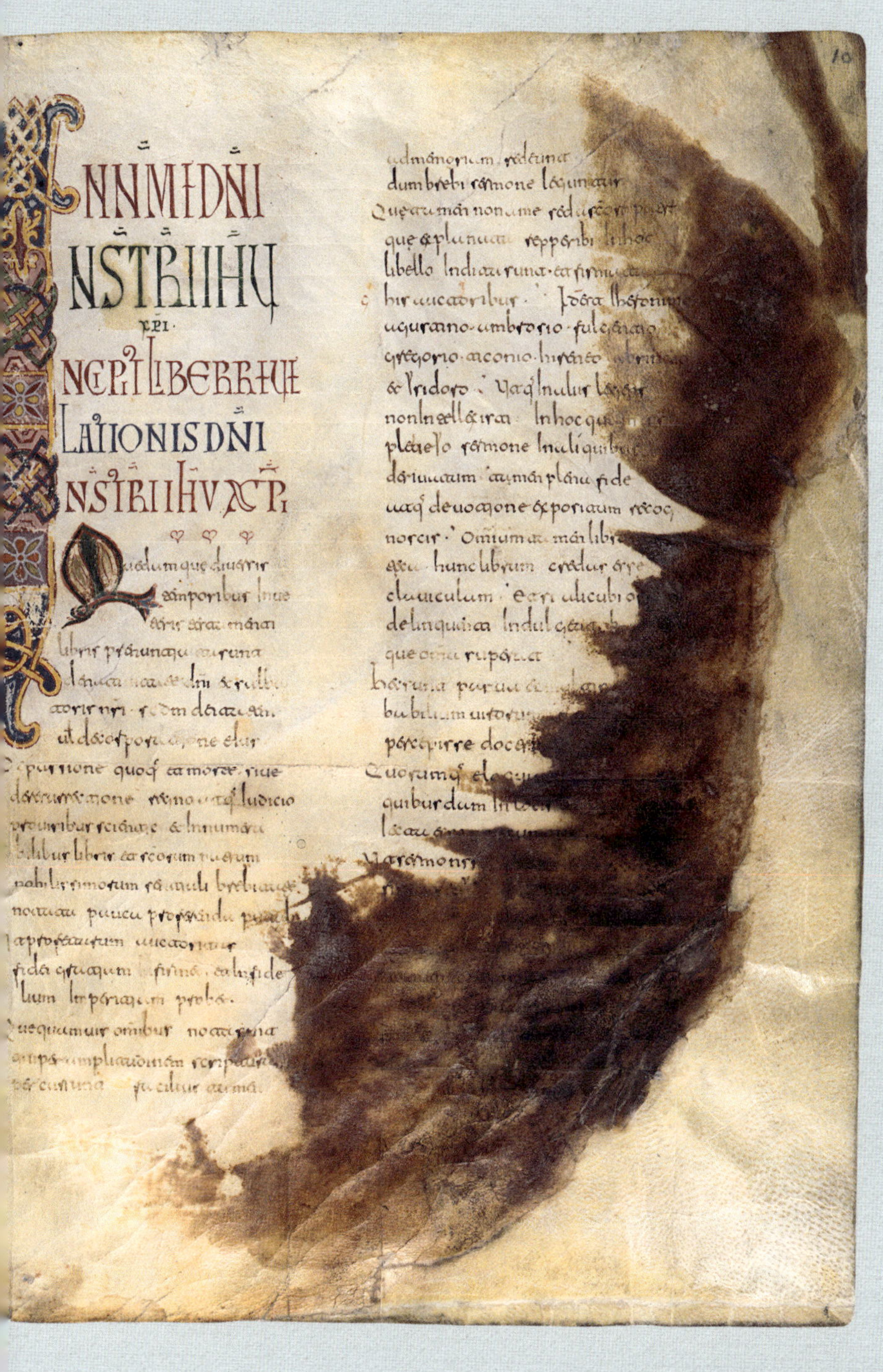

dass die gesamte Zivilisation um sie herum ausgelöscht würde, immer noch klassisches Wissen vermittelt. Einige der Bibelzitate in der Handschrift sind durch Verwendung roter Tinte oder des *diple* hervorgehoben. Dieses griechische Wort bedeutet »doppelt«: Es handelt sich um ein meist zickzackfömiges oder gebogenes kleines Zeichen, das, indem man es am Rand mehrfach untereinander neben Textzeilen setzte, diese markierte. Im Beatus kommen diese Zeichen zum ersten Mal auf folio 27v neben einem langen Auszug aus Jeremia 31, 33–34 vor. Interessant am *diple* ist, dass seine Verwendung später von frühen Setzern wiederbelebt wurde, da Druck von Text in Farbe unerschwinglich teuer war. Die Nachfahren dieser Zeichen sind die von uns Anführungszeichen genannten. Die Arbeit des Schreibers des Beatus zeichnet auch die dekorativen Zwecken dienende liebenswerte Angewohnheit aus, Reihen von kleinen roten Herzen zu malen, wie in den Heften liebeskranker weiblicher Teenager, um Zeilen zu füllen und das Schriftbild zu beleben.

Der Morgan-Beatus ist in der Schrift geschrieben, die Paläografen als westgotische Minuskel bezeichnen. Um sie zu erläutern, müssen wir zu den Ursprüngen der lateinischen Schrift im antiken Rom zurückgehen. Im römischen Altertum waren zwei unterschiedliche Klassen von Schrift gebräuchlich. Die erste, »höhere« davon verwendete sorgfältig ausgeführte ins Auge fallende Kapitale – wie zum Beispiel für die Inschrift »S.P.Q.R.« auf Denkmälern –, die sehr gut lesbar sind, und *litterae capitalis rustica* für Bücher (eine Schrift, die in der Leidener *Aratea* nachgeahmt wurde). Am anderen – oder unteren – Ende der Skala finden wir fließende Kursivschriften, die schnelleres Schreiben ermöglichen und bei denen die einzelnen Buchstaben eine Verbindung eingehen. Diese Schriften wurden vor allem auf Papyrus für amtliche Dokumente benutzt. Stark vereinfacht dargestellt, entwickelten sich römische Kapitale im Lauf der Jahrhunderte zu Unzialen und sanken schließlich (durch subtile und allmähliche Mutation wie in der Genetik) zu modernen europäischen Buchstabentypen herab, wie wir sie unter anderem in diesem Buch vor uns haben. Die Kursivschriften wurden zusammen mit der römischen Verwaltung in die Provinzen des Imperiums exportiert, wo sie unabhängig voneinander viele lokale Varianten ausbildeten wie die merkwürdig aussehende merowingische Minuskelschrift mit ihren langen, an Spinnenbeine erinnernden dünnen vertikalen Strichen in Frankreich, die alemannische Minuskel im deutschen Westen, und so weiter. Diese Varianten wurden dann durch ein von Karl dem Großen initiiertes Programm zur Standardisierung der Schrift in seinem weitläufigen Reich ausgemerzt. An ihre Stelle trat als Einheitsschrift die berühmte karolingische Minuskel oder »Carolina«. Nur in den äußeren Randgebieten Europas, wohin sich die Macht des karolingischen Herrscherhauses nicht erstreckte, überdauerten einige hartnäckige Nachfahren der römischen Kursivschrift wie die prähistorischen Tiere, die in manchen fantastischen Romanen in einem von der Außenwelt abgeschnittenen Tal überleben. Die bekanntesten von diesen lebenden Fossilien sind die beneventanische Minuskel in Süditalien und an den äußersten Rändern der italienischen Ostküste bis hinüber nach Kroatien und die westgotische Minuskel in einem großen Teil Spaniens und Portugals. Dass diese »Nationalschriften« entgegen dem allgemeinen Trend erhalten blieben, sogar bis ins 11. und 12. Jahrhundert hinein, verrät uns viel über die damals existierenden kulturellen Grenzen.

Die westgotische Minuskel, die ihren Namen nicht dem Stamm der weitgehend lese- und schreibunkundigen Westgoten verdankt, obwohl sie wie diese mit dem Iberien vormuslimischer Zeit assoziiert ist, ist eine schöne, kalligrafische und entsetzlich schwer zu lesende Schrift. Sie wimmelt von Ligaturen, die aus der römischen Kursivschrift ererbt sind, wie zum Beispiel den miteinander verschmolzenen, wie ein einziger Buchstabe aussehenden »e« und »r«. Das kleine »a« ist oben offen wie ein »u«, das »s« sieht wie das »r« aus, und das »t« ähnelt einem modernen »a«. Wenn ich versuche, diese Schrift zu lesen, fühle ich mich in meine Kinderzeit zurückversetzt: Am ersten Tag der Sommerferien tollte ich ohne Schuhe mit schmerzenden Füßen über die Straße und die Kieselsteine am Strand und tat, als ob es mir nichts ausmachte; am Ende der Ferien fiel es mir dann tatsächlich leicht. Im darauf folgenden Sommer war es dann anfangs wieder eine entsetzliche Pein. Starren Sie einmal voller Verzweiflung auf eine mit westgotischer Minuskelschrift bedeckte Seite, kämpfen Sie sich Buchstabe für Buchstabe voran: Am späten Nachmittag, gewöhnlich kurz bevor die Bibliothek schließt, wird die Schrift dann überraschend leserlich, um am nächsten Morgen wieder absolut unentzifferbar zu sein. Das erklärt vielleicht zum Teil, warum das Werk des Beatus im Mittelalter außerhalb Spaniens nur geringe Verbreitung fand.

Der Text von M 644 ist in zwei zumeist 32 bis 34 Zeilen pro Seite lange Kolumnen aufgeteilt und in einer dahinfließenden Schrift geschrieben.

Die mit dem Lineal gezogenen Hilfslinien sind tief eingedrückt, auf manchen Seiten heben sie sich leuchtend weiß von dem schmutzig-gelb gewordenen Pergament ab. Eine vertikal verlaufend Reihe von kleinen Löchern ist, wie im Augustinus-Evangeliar, zwischen den Kolumnen sichtbar: Diese Löcher sehen aus wie mit der Spitze eines Messers eingestochen. Es ist aber gar nicht der Text, das heißt sein Inhalt, und seine kalligrafische Ausführung, die »den Beatus« so berühmt gemacht haben, sondern sein Ruhm gründet auf den großartigen Illustrationen. Die New Yorker Handschrift weist achtundsechzig große ganzseitige Abbildungen im Format von Tafelbildern auf, dazu achtundvierzig kleinere Illustrationen sowie zahlreiche Ornamente und verzierte Diagramme. Meine Forscherkollegen, die an jenem Tag im Lesesaal der Morgan Library saßen, studierten alle geduldig blass-braune Archivalien oder kleinformatige gedruckte Bücher. Ich schlug riesige, tausend Jahre alte Pergamentblätter um, die vor erstaunlichen Abbildungen in leuchtenden Farben barsten. Es fiel mir nicht leicht, ein Gefühl der Erhabenheit zu unterdrücken.

Zu jeder *storia* gehört mindestens ein Bild; für gewöhnlich folgt es dem biblischen Text – und zwar in einem doppelten Sinn: Es schließt sich ihm sowohl vom Inhalt wie von der Position auf der Seite her an. Alle Abbildungen sind hinter den Bibelpassagen platziert, die sie illustrieren. Das ist merkwürdig, denn in den meisten Codices kommen die Illustrationen an erster Stelle, und der Text schließt sich an. In einige Abbildungen sind erläuternde Texte eingearbeitet, die auf Einzelheiten des visuell Dargestellten aufmerksam machen. Sie sind also nicht wie in anderen Werken der mittelalterlichen Buchmalerei für des Lesens Unkundige bestimmt. *Storia* 1 entspricht den Versen 1, 1–6 der Offenbarung des Johannes. Das dazugehörende Bild, das sich auf folio 23r findet, ist in eine obere und eine untere Hälfte geteilt. In der oberen sieht man Christus auf seinem Thron sitzen und zwei Engeln Aufträge erteilen. Einer von diesen überreicht in dem unteren Teil des Bildes Johannes einen Gegenstand, bei dem es sich wohl um eine Wachstafel handelt. Neben dieser Engelsgestalt steht in Großbuchstaben: »UBI PRIMITUS IOHANNES CU[M] ANGELO LOCUTUS

RECHTS: Frühe iberische Handschriften sind in der merkwürdigen westgotischen Schrift abgefasst. Die zwölf Medaillons symbolisieren die halbstündige Stille im Himmel, von der in Offenbarung 8, 1 die Rede ist.

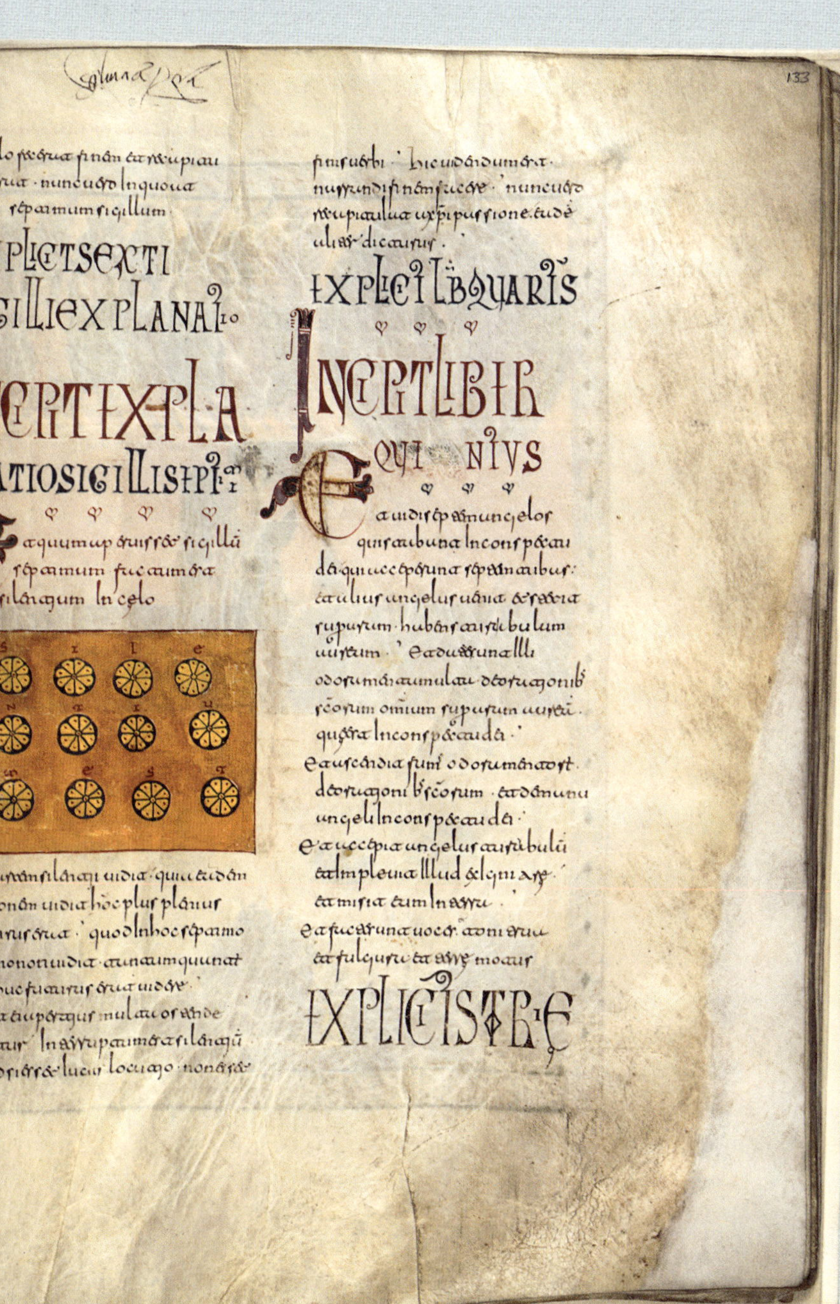

EST« (»Wo Johannes zum ersten Mal mit dem Engel gesprochen hat.«) Das hört sich fast wie eine Bühnenanweisung an. *Storia* 2 entspricht den Versen Offenbarung 1, 7–8, und auf folio 26r sehen wir Christus, der in einer atemberaubend fließenden Wolke am Himmel schwebt und von neun Heiligen mit aufgerissenen, aus den Höhlen quellenden Augen angestarrt wird: »Siehe, er kommt mit den Wolken, und es werden ihn sehen alle Augen …«. *Storia* 3 setzt die sich anschließenden Verse 1, 10–20 um: Auf dem begleitenden Bild, folio 27r, sehen wir, ebenso wie der am linken unteren Rand stehende Johannes, den Menschensohn in ein mit einer goldenen Schärpe geschmücktes olivgrünes Gewand gekleidet auf seinem Thron sitzen. Über ihm hängen sieben Kandelaber oder Leuchter, die – eigentlich unnötig – durch eine Inschrift als solche identifiziert werden; »SEPTEM CANDELABRA« steht dort in weißen Großbuchstaben. Neben der rechten Hand Christi glitzern sieben Sterne, und Johannes wirft sich ihm zu Füßen nieder. Christus beruhigt ihn, indem er ihm »die Schlüssel der Hölle und des Todes« – wie es in Vers 18 heißt – weist. Im unteren Teil des Bildes ist Johannes vor sieben Rundbögen dargestellt, die mit den Namen der sieben asiatischen Kirchen oder Gemeinden gekennzeichnet sind: Ephesus, Smyrna, Pergamon (nebenbei bemerkt die Stadt, der das Pergament, lateinisch *pergamenum*, seinen Namen verdankt), Thyatira, Sardis, Philadelphia und Laodicea.

Der Prolog zu Buch II wird unerwarteterweise mit einer eine Doppelseite, das heißt folio 33v und 34r, füllenden rechteckigen Weltkarte illustriert. Bevor er die Botschaften erörtert, die an jede der sieben Kirchen ergehen, lässt Beatus sich über die Regionen aus, in die jeder der zwölf Apostel die Frohe Botschaft trug. Für seine Landsleute war es besonders interessant, dass mit dem heiligen Jakob (Santiago) einem der Jünger Jesu das Verdienst zugeschrieben wurde, das Christentum nach Spanien gebracht zu haben. Auf der erwähnten Karte ist die Welt von einem breiten gelben Rahmen umgeben, der das Meer darstellt, in dem Fische schwimmen und aus dem südlich von Afrika eine einsame Seeschlange auftaucht. Links und unten sind die Silhouetten antiker Schiffe in die gelbe Farbschicht gekratzt – auf Reproduktionen sind diese kaum zu er-

RECHTS: Im oberen Bildteil ist Christus dargestellt, der zwei Engel beauftragt, dem heiligen Johannes (unten) die Offenbarung zuteilwerden zu lassen.

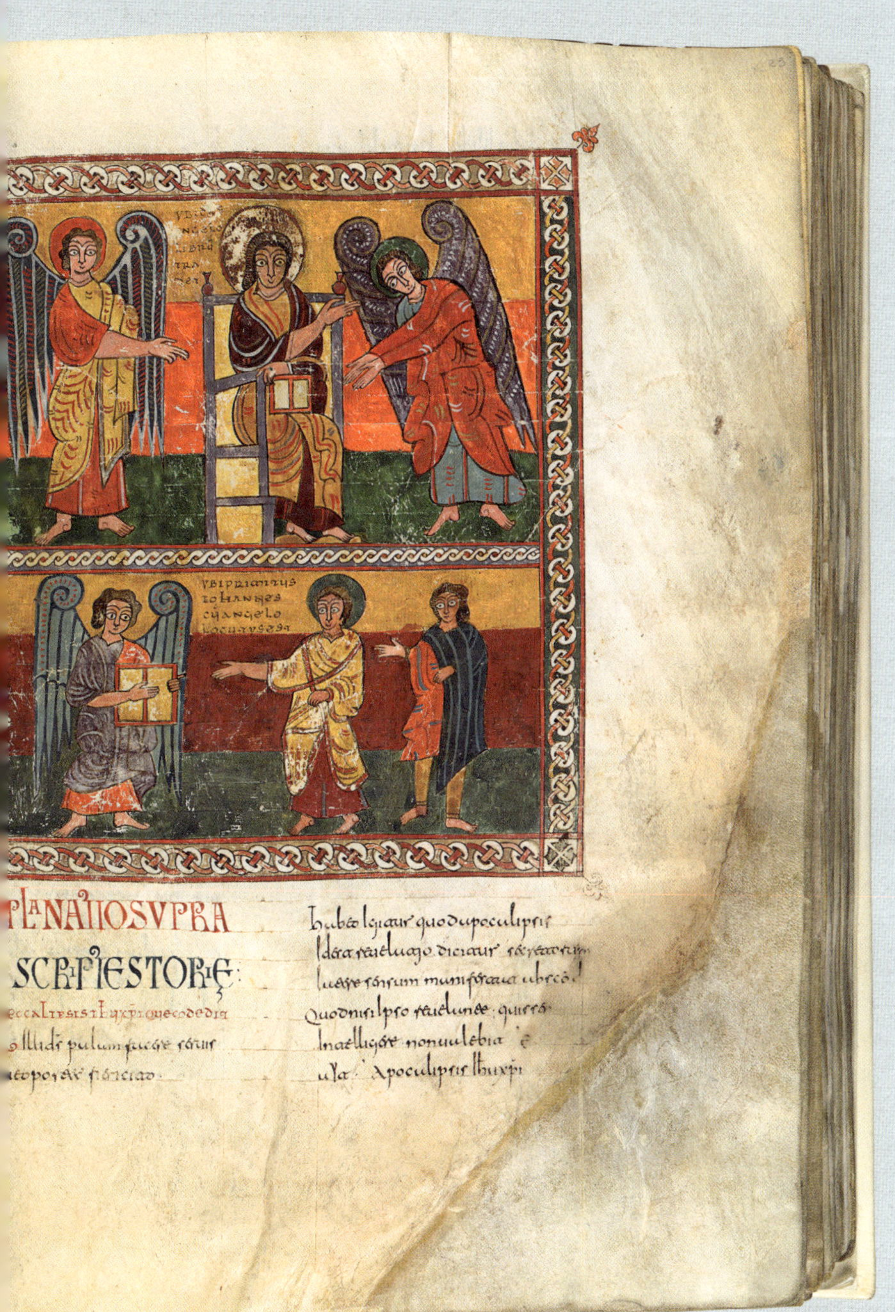

kennen. Die Karte ist nach Osten »orientiert« – getreu der ursprünglichen Bedeutung des Wortes –, das heißt, diese Himmelsrichtung liegt oben. Dort befindet sich auch der Garten Eden, in dem Adam und Eva neben einem Dornenbaum stehen. Das feste Land wird vom Mittelmeer in Europa, Afrika und Asien gegliedert. In einer rechteckigen Kartusche, die ganz am Rand links unten in den Ozean eingefügt ist, steht – ich konnte das nur mithilfe der mir von der Library zur Verfügung gestellten Lupe entziffern –: »Britannia Insula«, und eine andere Insel, die etwas weiter südlich verzeichnet ist, trägt die Bezeichnung »Scotia Insula«; damit muss aber Irland gemeint sein. Spanien ist verständlicherweise in den Vordergrund gerückt, es ist von mit Bäumen bestandenen Bergen gesäumt. Afrika weist zwei große, durch den Nil voneinander getrennte Länder auf: Libyen und Äthiopien (Heimat von Ungeheuern und dem Vogel Phönix). Jerusalem wird durch ein großes Burgtor angezeigt, es ist die einzige Stadt, die überhaupt auf solche Weise abgebildet wird. Die Inseln im Mittelmeer haben alle die Form von Quadraten. Die ganze Darstellung ist ungeheuer naiv und basiert auf vage aus der römischen Geografie Erinnertem, doch wenn man lange auf diese Karte blickt und beginnt, Ortsnamen auszumachen – Narbonne, Germanien, Rom, Mazedonien, Konstantinopel –, verspürt man eine gewisse Achtung davor, wie man sich damals, in einer Zeit, in der man allenfalls seine nähere Umgebung vom Wipfel eines Baums oder dem Gipfel eines Bergs aus überblicken konnte, eine Vorstellung von der Gestalt großer geografischer Räume zu machen vermochte.

Lassen Sie uns weiterblättern. Das Pergament ist generell dick und fühlt sich rau an, auf der Haarseite ist es häufig cremig weiß und gelb. Es wellt sich, da es vor langer Zeit Feuchtigkeit ausgesetzt war. Man bemerkt viele schadhafte Stellen, die von Anfang an da waren, und viele elliptische Löcher, die schon durch Unachtsamkeit beim Häuten des Tie-

RECHTS: Der Menschensohn mit den sieben goldenen Leuchtern und zu seiner Rechten den sieben Sternen (Offenbarung 1, 12–16) sowie der heilige Johannes mit sieben Bögen, die die sieben Gemeinden repräsentieren.

NACHFOLGENDE DOPPELSEITE: Karte der Welt, die von einem gelben Meer umgeben ist. Die Karte ist nach Osten ausgerichtet, Europa ist links unten abgebildet, Afrika rechts und Spanien im Vordergrund.

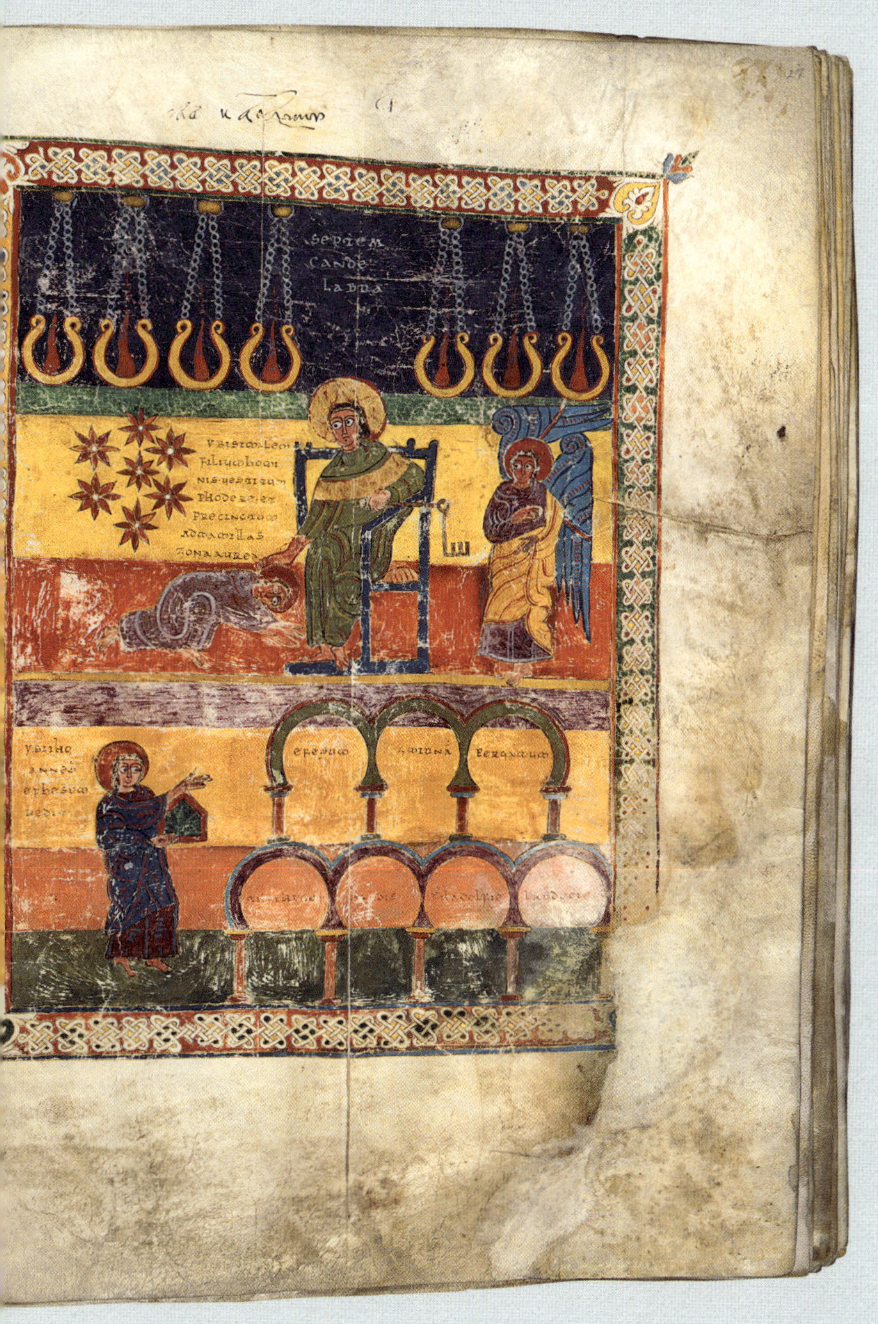

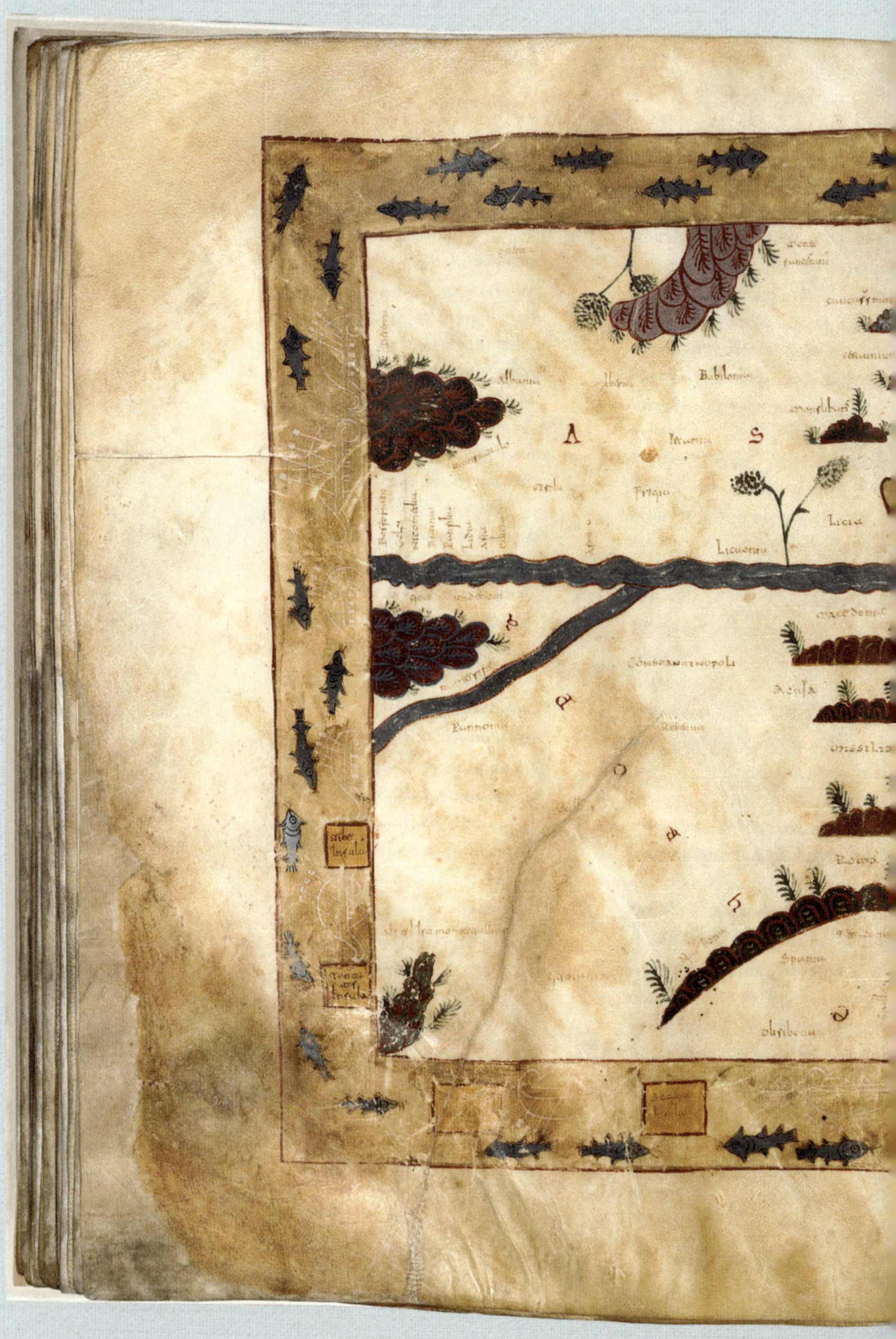
Albania
Babilonia
A
S
Frigia
Licia
Licaonia
Macedonia
Constantinopoli
Achaia
Pannonia
Spania

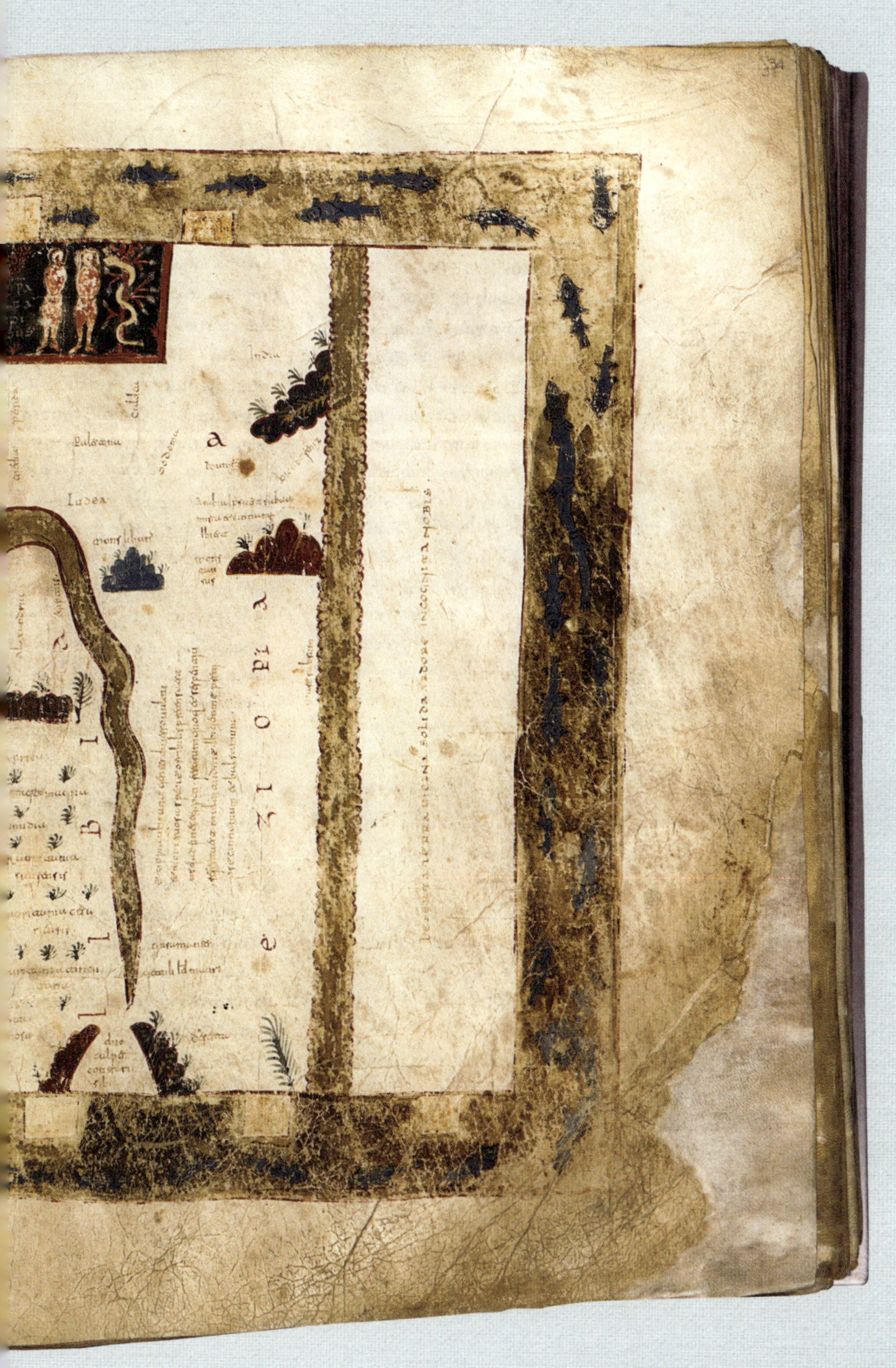
India
Iudea
mons libani
DESERTA TERRA VICINA SOLIDA ARDORE INCOGNITA NOBIS

res oder bei der Weiterverarbeitung der Häute entstanden sind. Einige davon sind so groß wie in einem Emmentaler. Der Schreiber hat um sie herumgeschrieben. Weil die Mehrzahl der unteren Außenecken zerfallen war und heute mit neuem Pergament geflickt ist, berührt man beim Umgang mit der Handschrift eigentlich so gut wie nie den Originalbeschreibstoff aus dem 10. Jahrhundert.

Wir stoßen auf Darstellungen der Kirchen Asiens, die oft so exotisch und bunt wie Moscheen aussehen. Dann kommen wir zur Arche Noah, die wie ein an einer Seite offenes Modell für Kinder aussieht, mit Querbrettern im Inneren, auf denen unter anderem ein getüpfelter Elefant und zwei Giraffen untergebracht sind (Giraffen sind wirkliche Raritäten in mittelalterlicher Kunst). Dieses Bild soll die Geborgenheit verdeutlichen, die man in der Zeit allgemeiner Verheerung in der Kirche findet. Wir begegnen dem Lamm Gottes, das, ein Kreuz haltend, in einem großen vielfarbigen, aus anderen Geschöpfen und aus Kirchenältesten gebildeten Rad steht, welches von Sternen gesäumt ist und von Erzengeln in Drehung versetzt wird. Wir sehen die sieben Engel, die Fanfaren blasen, während feurige Pfeile auf die Erde niederregnen, die sich vor einem gelb gewordenen Himmel abzeichnen. Berge werden von einem Feuerstrom ins Meer geschwemmt, nackte Körper zwischen Schiffswracks und umherschießenden Fischen in die Tiefe gestürzt. Der Mond und die Sterne haben sich teilweise verfinstert, und ein großer Adler fliegt über den Himmel, wobei er ruft: »Wehe, wehe über die Bewohner der Erde!« Wir sehen Schwärme von Heuschrecken, so groß wie Ungeheuer, und auf der letzten Illustration des heutigen ersten Bandes die zwei »Zeugen«, von denen in Offenbarung 11, 3 die Rede ist. Sie tragen Kapuzen aus Sackleinen, und aus ihren Mündern tritt Feuer, während sie ihre Weissagungen abgeben. Dieses Bild findet sich auf folio 149r, und wir haben damit gerade einmal den ersten der beiden Bände, in welche die Handschrift heute aufgeteilt ist, durchgeblättert.

Arglos trug ich diesen Band zurück zum Ausgabeschalter und bat um den zweiten, mit dem Ergebnis, dass ich dafür gerügt wurde, den Codex

RECHTS: Noahs Arche mit allen Tieren. Die Darstellung der Taube mit dem Olivenzweig im Schnabel und des Raben, der von einer Leiche frisst (links unten), bezieht sich auf einen Exkurs am Ende von Buch II.

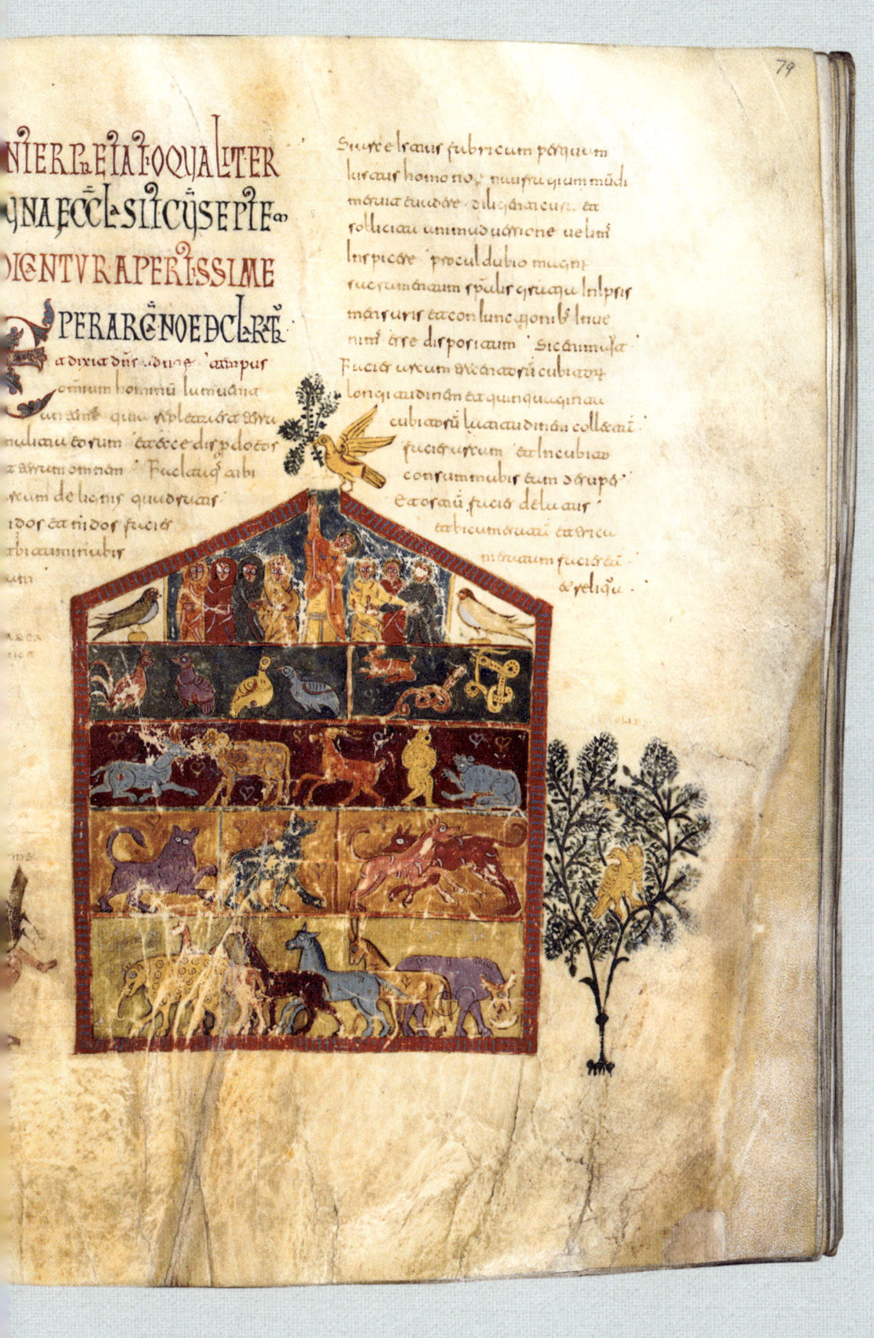
79

selbst zurückgebracht zu haben. Anscheinend hätte ich eine Aufsichtsperson bitten müssen, dies für mich zu tun. In der Morgan Library gehört zu jeder Handschrift ein Papierstreifen, auf den ein Strichcode und eine sechsstellige Identifikationsnummer aufgedruckt sind, die die Angestellte einscannt, wenn das betreffende Werk zurückgegeben wird. Ich ließ beiläufig die Bemerkung fallen, dass ich so etwas noch nie gesehen hätte. Sie schenkte mir einen mitleidigen Blick und informierte mich, dass alle bedeutenden Bibliotheken jetzt mit dieser Methode arbeiteten, um immer zu wissen, wo eine Handschrift sich befand, aber auch um genaue statistische Daten zu erhalten.

Der zweite Band beginnt mit folio 150 respektive der *storia,* die Offenbarung 11, 7–10 entspricht. Die erste Illustration zeigt den Antichrist, dessen Gesicht nachträgerisch von einem entrüsteten Leser – vor langer Zeit, hoffe ich – zerkratzt wurde. Der Antichrist zerhackt die Zeugen in eklige blutige Klumpen, während das oberhalb dieser Szene dargestellte Jerusalem von seinen Gefolgsleuten zertrümmert wird. Das Grauen wächst von Seite zu Seite, schneller und schneller. Erst sieht man auf einer Doppelseite den heiligen Michael, wie er im Himmel mit der siebenköpfigen Schlange kämpft, dann Leichen, die auf die Erde unten geschleudert werden, ein widerwärtiges gehörntes Tier, das aus dem Boden aufsteigt, einen gestreiften Engel, der quer über den Himmel fliegt, die Zerstörung Babylons und umherwirbelnde abgetrennte nackte menschliche Glieder. Die Erde wird von sieben Plagen heimgesucht, unter anderem verwandeln sich die Flüsse in Ströme von Blut, und Blitze fahren nieder wie ein Hagel von blutroten Speeren. Die Hure Babylon trinkt Wein zusammen mit den lächelnden Königen, die mit ihr Unzucht getrieben haben (die Abbildung findet sich auf folio 194v; auch ihr Gesicht ist zerkratzt – geschieht ihr recht). Babylon brennt, wir sehen ein komplexes Mosaik aus Farben und Flammen. Der Teufel wird in Ketten gelegt und in den Abgrund geschleudert, und dann ist auf einer Doppelseite das Jüngste Gericht in allen Einzelheiten dargestellt: Die zahllosen Toten stehen vor Gottes Thron, und die Verdammten werden durch eine Öffnung in dem Fliesenboden des Himmels gestürzt und fallen nackt in eine

RECHTS: Der Beginn von Band II, heutige Bindung: Das Gesicht des Antichrist, der die Zeugen tötet, ist von einem Benutzer der Handschrift zerkratzt worden.

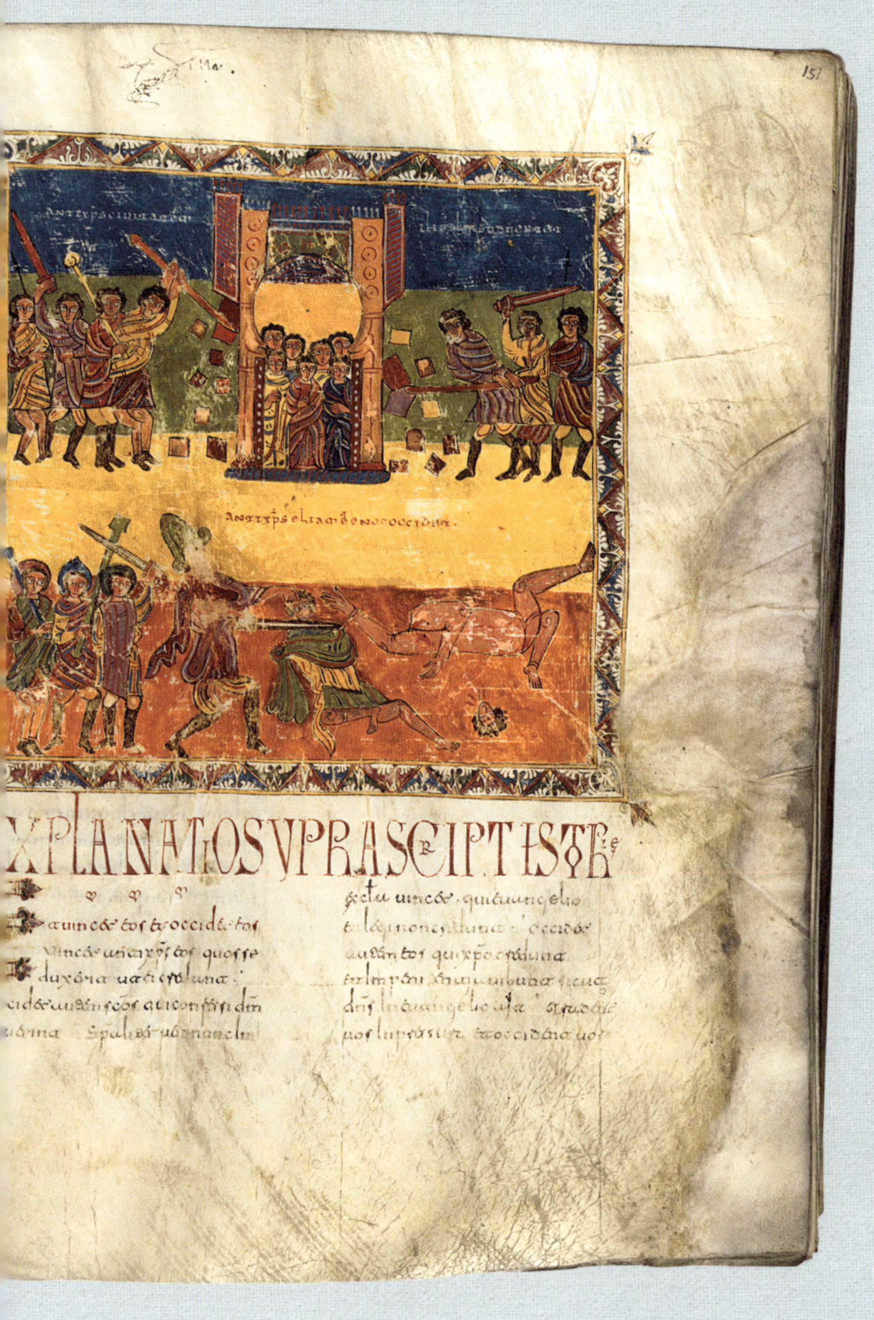
XPLANATIOSVPRASCRIPTISTORIE

purpurne Feuergrube. Als der Text des Apokalypse-Kommentars auf folio 233v endlich an seinem Ende angelangt ist, scheinen die Schreiber sich dadurch, dass sie in ununterbrochener Folge eine biblische Vision und Prophezeiung nach der anderen aufgezeichnet haben, in einen Rausch hineingesteigert und nicht mehr mit dem Schreiben aufhören gekonnt zu haben. So geht der Apokalypse-Kommentar in den Daniel-Kommentar des heiligen Hieronymus über. Auch dieser hat visionären und prophetischen Charakter, ist aber im Vergleich auffallend weniger vollgestopft und gemäßigter. Die Abbildungen zeigen unter anderem den Traum des Nebukadnezar, das Fest des Belsazar – hier taucht eine Hand aus einem Kerzenhalter auf, um die unheilvolle Botschaft (in westgotischer Minuskel) an das Gewölbe des Thronsaals zu schreiben – und Daniel, nicht allzu sorgenvoll, in der Löwengrube.

Die Illustrationen sind in dem Stil gehalten, der für gewöhnlich als »mozarabisch« bezeichnet wird. Dieser Stil beruht auf der Vermischung christlicher, jüdischer und arabischer kultureller Traditionen, zu der es im von Mauren besetzten Spanien kam. Arabische und hebräische Texte wurden nicht illustriert, und während jener Periode auf der Iberischen Halbinsel entstandene illuminierte lateinische Handschriften sind derart rar, dass Vergleiche kaum möglich sind. Doch von den leuchtenden Primärfarben und den exotischen abstrakten Mustern her kann man Parallelen erkennen zwischen den Abbildungen in der Beatus-Handschrift und den Kacheln und Mosaikböden, die für islamische Bauwerke typisch waren, sowie den Teppichen und Metallarbeiten von der Maghrebküste. Die Streifen von kräftigem Gelb und tiefem Orange sind sehr auffallend, Gleiches ist nördlich der Pyrenäen unbekannt. Alle Farben sind leuchtender als auf den bisher veröffentlichten Reproduktionen. Das ungewöhnliche blasse Grün ist lebhaft und strahlend. Einige größere Flächen lassen erkennen, dass die Farbe mit kräftigen Strichen aufgetragen wurde. Sie scheint aufgekleckst und dann nicht mit einem weichen Pinsel, sondern einem Palettenmesser oder einem Spachtel verteilt worden zu sein.

Kunsthistoriker weisen auf typisch orientalische Motive im Morgan-

RECHTS: Christus erscheint in einer Wolke, und aller Augen richten sich auf ihn. Stilistisch besteht eine verblüffende Ähnlichkeit zur äthiopischen Kunst.

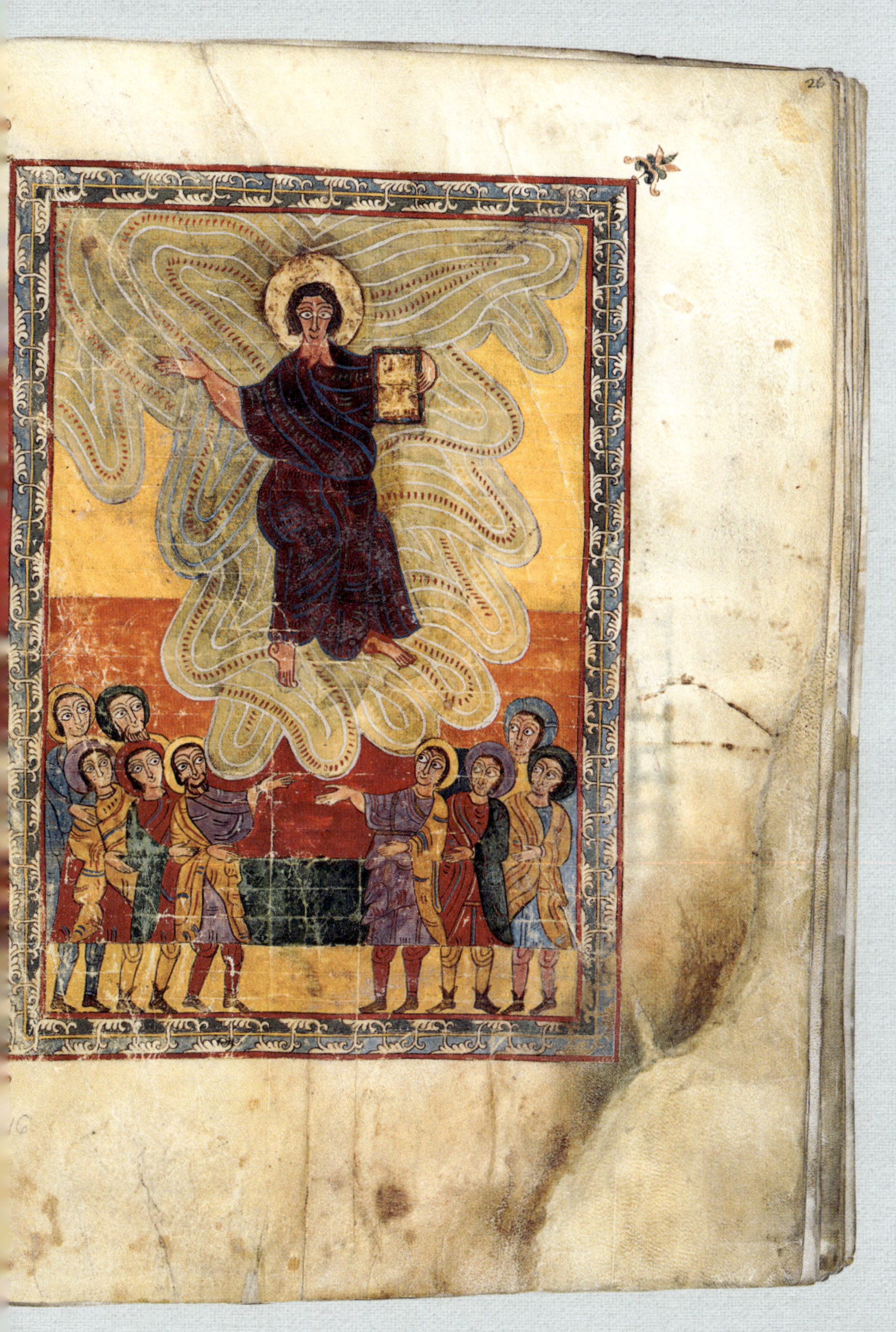

Beatus hin wie die Palmbäume und den mit Kissen bedeckten Diwan, auf dem die Hure Babylon ruht (Bild auf folio 194v). Doch die engsten Parallelen, vor allem hinsichtlich der Gestaltung der Figuren, bestehen eher zu Werken der koptischen Kunst und insbesondere zu äthiopischen Handschriften und zur äthiopischen Malerei, auch der modernen. Ich bin nicht der Erste, dem das aufgefallen ist. Sydney Cockerell, der mit M. R. James an der Katalogisierung der Yates Thompson-Sammlung gearbeitet hat, trug in sein privates Exemplar der Beschreibung des Morgan-Beatus ein: »Sie [die Illustrationen] sind von ihrem Charakter her sehr äthiopisch.« (Cockerell wird in Kapitel Neun, in dem er einer der Helden ist, gebührend vorgestellt werden.) Auffallend ähnliche Gesichter mit großen starrenden Augen kommen auch in den beiden, anscheinend aus dem 6. Jahrhundert stammenden Evangeliaren vor, die kürzlich im Kloster von Abba Garima in Nordäthiopien wiederentdeckt worden sind (siehe S. 60). Wenn Ihnen das ein Kulturbereich zu sein scheint, der von dem spanischen des 10. Jahrhunderts unvorstellbar weit entfernt war, denken Sie an die spätantike Weltkarte in der Handschrift, auf der Äthiopien als das größte Land der Erde dargestellt ist, das außerdem wesentlich näher zu Spanien liegt als etwa Griechenland. An Bord von Noahs Arche befinden sich Giraffen: Afrika hatte im 10. Jahrhundert zahlreichere und größere Berührungspunkte mit dem kulturellen Leben Europas als heutzutage.

Sind die Bilder künstlerisch gelungen? Sie sind nicht entfernt so raffiniert wie selbst die schlimmsten unter den wildwüchsigen Kompositionen des Book of Kells. M. R. James, der die Anmut der gotischen Malerei des 14. Jahrhunderts besonders mochte, war nicht beeindruckt von ihnen. In seiner Beschreibung der Handschrift in jenem Katalog von 1902 urteilte er: »Sie sind ungemein grob ausgeführt, die Augen der Personen unnatürlich groß, ihre Haltung absurd steif.« Es handelt sich aber um einen theatralischen Stil, der in gewisser Weise diesen besonderen, aufwühlenden Text sehr effektiv ins Bild setzt. Leuchtende Farben und die spürbar werdende fassungslose Angst üben eine erstaunliche Wirkung aus. Man spürt eine Dringlichkeit, die schon fast an Panik grenzt. Ein Stil, ideal zur Darstellung entsetzlicher und beklemmender Schreckensvisionen und einer verheerenden, alles durcheinanderwirbelnden und von oben nach unten kehrenden Katastrophe. So drastisch und so unvergesslich wie Picassos *Guernica*.

Das feuerwerkartig Grelle, das absolut Fremde an den Bildern in Beatus-Handschriften mag in der Tat einem konkreten Zweck gedient haben. In den Klöstern pflegte man die Heilige Schrift zu studieren, indem man einen Vers ein-, zweimal laut las und dann über jedes einzelne Wort nachsann, wobei man nach verschiedenen Bedeutungsschichten suchte. Diese Methode wurde »*lectio divina*« genannt. Das meditative Nachdenken über den Text galt selbst als frommer Akt. Wenn der Mönch auf eine Seite blicken und sie seinem Gedächtnis einverleiben konnte, dann konnte dieses langsame fromme Reflektieren noch lange nachdem die Handschrift geschlossen und wieder in ihrem Behältnis verstaut worden war, weitergehen. Reine Textpassagen, vor allem wenn sie in westgotischer Minuskel abgefasst sind, bei der die einzelnen Wörter nur wenig voneinander abgehoben sind, lassen sich später nur schwer wieder vor dem geistigen Auge aufrufen, doch Seiten mit so dramatischen und verstörenden Illustrationen wie hier lassen sich kaum wieder aus der Erinnerung löschen. Die Naivität der Bilder ist dabei von Vorteil. Die Leuchtkraft der Farben und das Dramatische der Erzählung besaßen einen ganz spezifischen Wert: Sie dienten als mnemotechnische Mittel, damit viele Leser zugleich zu jeder Tages- oder Nachtstunde über die Worte der Offenbarung nachsinnen konnten.

Ich habe bislang noch nichts über eines der besonderen Merkmale dieser berühmten Handschrift gesagt: Wir wissen nicht nur, wer die Bilder entwarf und malte, sondern sogar, warum und möglicherweise wann. Die gesamte obere Hälfte von folio 293r wird von einem langen in kleinen Großbuchstaben geschriebenen Kolophon gefüllt, der folgendermaßen beginnt:

> Resonet vox fidelis, resonet et concrepet. Maius quippe pusillus, exobtansq[ue] iubilet, et modulet, resonet, et clamitet. Mementote enim mihi, vernuli xp[ist]i, quorum quidem hic degetis cenobii summi dei nu[n]tii Micahelis arcangeli. Ad paboremq[ue] patroni arcisummi scribe[n]s ego, imperansq[ue] abba victoris equidem ud[u]s amoris ui[u]s libri visione Iohanni dilecti discipuli …

> Möge die Stimme des Gläubigen erschallen, erschallen und widerhallen. Möge Maius, obwohl klein und erwartungsvoll, jubilieren und singen und erschallen und rufen. Erinnert euch meiner, Diener Christi, ihr, die ihr im Kloster des Erzengels Michael lebt, des höchsten Boten Gottes. Ich selbst

> schreibe dies zu Ehren des erzgroßen Schirmherrn, auf Gebot des Abtes Victor [*oder*: des Abtes des Siegers] hin und aus Liebe zum von Johannes, dem geliebten Jünger, [verfassten] Buch der Vision …

Wie erfahren in dieser Nachschrift also, wie der Schreiber hieß. Maius, oder »major«, der Größere, spielt hier mit seinem eigenen Namen, indem er sich selbst bescheiden als »klein« bezeichnet. Er arbeitet für die Mönche des Klosters des Erzengels Sankt Michael. Die ersten Buchstaben jeder zweiten Zeile des Kolophons von dem Wort »*Mementote*« an ergeben, von oben nach unten gelesen, ebenfalls seinen Namen, und dieser Name begegnet schon am Ende des Beatus-Textes auf folio 233r. Dort steht: »Maius Memento«. Für mich sieht es aus, als wären diese beiden Worte in einer etwas anderen Schrift geschrieben; sie könnten ihm zu Ehren oder zur Erinnerung nachträglich eingefügt worden sein, also nicht von seiner eigener Hand stammen. Es ist ein glücklicher Zufall für uns, dass eine andere Beatus-Handschrift, die heute in Madrid im Nationalarchiv liegt, von seinem Schüler und Nachfolger vollendet wurde. Emeterius also verfasste für diese Handschrift einen Kolophon, in dem er seines verstorbenen Lehrers und Mitarbeiters gedachte; er nennt ihn den »archipictor« Maius, Schreiber des Klosters von San Salvador de Tábara, der – so Emeterius – am 30. Oktober 968 starb. Solch ein gesichertes biografisches Datum besitzen wir nur in ganz seltenen Fällen. Der Titel *Archipictor*, Meistermaler, ist zweifellos so zu verstehen, dass Maius sowohl Schreiber als auch Illuminator war. Auf der Rückseite desselben Blattes in dem Madrider Codex hinterließ Emeterius auch eine Zeichnung, die ihn selbst bei der Arbeit im Skriptorium von Tábara zeigt, das in einem Turm untergebracht war. Das Blatt und dementsprechend die Zeichnung sind an den Rändern stark beschädigt – die gesamte Handschrift ist fragmentarisch –, die Zeichnung wurde aber 250 Jahre später getreulich in eine weitere Beatus-Handschrift übertragen, die einst im Besitz der Kirche von Las Huelgas in Burgos war. Genau dieses Exemplar wurde 1910 von Pierpoint Morgan sen. in London erworben und befindet sich heute ebenfalls in der Morgan Library in New York (M 429). Ohne mich aus meinem Stuhl im Sherman Fairchild Reading Room zu erheben, konnte ich daher eine im frühen 13. Jahrhundert entstandene Reproduktion eines Bildes aus dem 10. Jahrhundert betrachten, das zeigt, wie ein Beatus-Manuskript in Tábara von jemandem angefer-

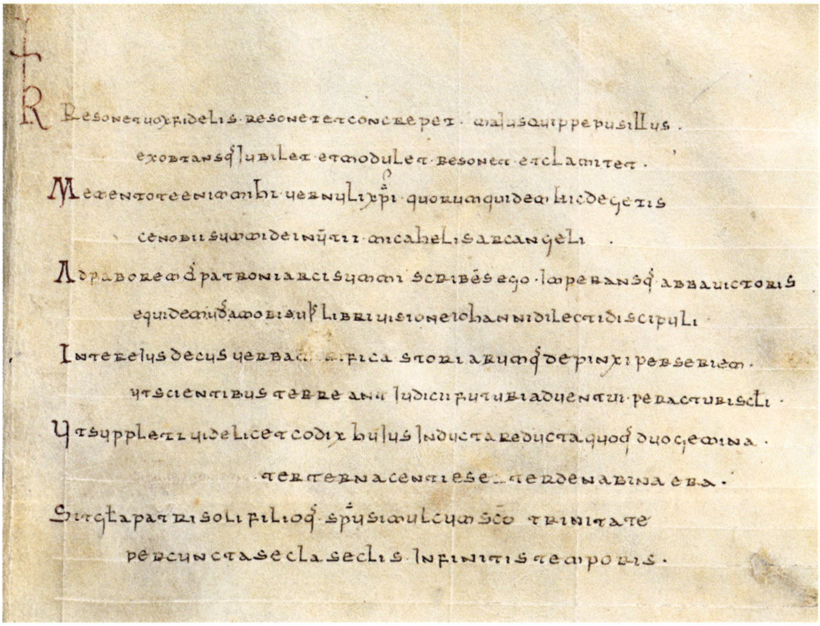

Kolophon auf folio 293r des Morgan-Beatus, in dem der Schreiber angibt, dass er Maius heißt und im Auftrag des Klosters vom Erzengel Michael gearbeitet hat, womit San Miguel de Moreuela gemeint sein könnte.

tigt wird, der den Schreiber Maius persönlich kannte und mit ihm zusammenarbeitete.

Dargestellt ist ein Glockenturm, in dessen Innerem Glöckner auf Leitern stehen. Es mag Wunschdenken sein, aber die Vorstellung entzückt, dass Maius sich in dem Kolophon mit »Erschallen« auf diese Glocken bezog. Rechts neben dem Turm sieht man einen zweistöckigen, mit Ziegeln gedeckten Anbau. Das Untergeschoss besteht aus Steinquadern und besitzt nur sehr schmale Fensterschlitze und eine Tür mit einem Schloss. Vielleicht ist dort die Bibliothek untergebracht, oder es handelt sich um eine gesicherte Kammer. Unmittelbar darüber befindet sich ein Raum, in dem die Schreiber an der Arbeit sind. Einer von diesen sitzt auf einem Stuhl; er hält eine Feder und ein Messer in der Hand, während er in ein Buch schreibt, das auf einem schrägen Halter liegt. Ein anderer Schreiber ihm gegenüber sticht mit einem Zirkel Löcher in einen Pergamentbogen. Auf einem kleinen Vorsprung an der Außenwand des Gebäudes schneidet ein Junge mit einer Schere Pergament zurecht.

Eine solche Zusammenarbeit eines Oberschreibers mit zwei Gehilfen ist typisch für Handschriften, die in Klöstern entstanden. Obwohl Maius in Anspruch nimmt, dass das gesamte Konvolut, das heute die Signatur M 644 trägt, Frucht seiner Arbeit ist, stößt man in den ersten fünf Lagen hin und wieder auf die Hand eines anderen Schreibers, der offenbar weniger geschickt war. Auch das steht mit dem Entstehen einer Handschrift in einem gut organisierten Skriptorium im Einklang. Sie ist nicht das Produkt eines einsamen Genies.

Tábara liegt in Nordwestspanien, nördlich von Zamora im alten Königreich León. Die mittelalterliche Kirche der Stadt weist immer noch einen uralten Glockenturm auf, der nicht wesentlich anders aussieht als der von Emeterius gezeichnete. Obwohl unsere Handschrift zweifelsohne dort entstand, war sie ja erwiesenermaßen für ein dem Erzengel Michael geweihtes Kloster bestimmt. Man ist generell der Ansicht, dass dies die Abtei von San Miguel de Escalada gewesen sein muss, die nahezu 130 Kilometer nordnordöstlich von Tábara liegt, nicht weit von León. Die Handschrift wird daher oft Beatus von Escalada genannt. Die Identifikation der Abtei San Miguel von Escalada mit dem im Kolophon erwähnten »Kloster des Erzengels Michael« gründet auf wenig mehr als der Tatsache, dass Escalada im 12. Jahrhundert zu einer der Pfründen der Augustiner-Stiftsherren von Saint-Rufe d'Avignon geworden war und dass auf folio 293v der Handschrift später eine Notiz über das Dahinscheiden einer Person hinzugefügt worden ist, die lautet: »obit petrus levita C^{us} S^{i} R^{i}.« Die Abkürzung kann – vielleicht – als »canonicus sancti Rufi« gelesen werden. Das sind sehr schwache Anhaltspunkte dafür, dass die Abtei von Escalada das Kloster des Erzengels Michael ist, vor allem da es sonst keinerlei Belege dafür gibt. Ich verdanke William Voelkle die Gelegenheit, ein Typoskript von John Williams zu lesen, das für einen Katalog zu einer geplanten Ausstellung der Morgan Library bestimmt war. Williams zitiert darin Ferrero Gutiérrez, der eine weit faszinierendere These verficht. Gutiérrez macht darauf aufmerksam, dass der heilige Froilán von León nicht nur San Salvador de Tábara, sondern noch ein zweites Kloster gründete, San Miguel de Moreuela, das nur 6 Kilometer südöstlich von Tábara liegt. Dieses Kloster kommt weit eher als Auftraggeber für den Beatus in Frage als eine Abtei, die in keinerlei Beziehung zu San Salvador stand und von diesem mehrere, die Überquerung gebirgigen Terrains erfordernde Tagesreisen entfernt war. Wenn der Wind aus der richtigen Richtung wehte, kann man in Moreuela durchaus die

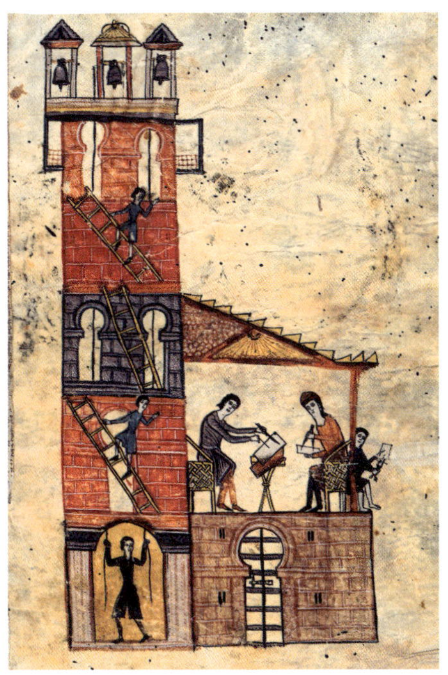

Im Beatus von Las Huelgas in Burgos aus dem frühen 13. Jahrhundert findet sich eine Kopie der älteren Abbildung des Schreibers Emeterius bei der Arbeit im Glockenturm von Tábara.

Glocken des anderen Klosters gehört haben, und vielleicht hat Maius darauf angespielt. Man weiß von keinem Abt namens Victor, der der einen oder anderen religiösen Gemeinschaft angehörte, doch bezieht sich das Wort vermutlich im Kontext des Kolophons auf einen namenlosen Abt des Erzengels selbst, der in der Offenbarung als triumphierender »Sieger« aus dem Kampf mit Satan hervorgeht.

Ich habe den Kolophon noch nicht in seiner gesamten Länge zitiert. Es geht noch weiter:

> … inter eius decus verba mirifica storiarumq[ue] depinxi per seriem, ut scientibus terreant iudicii futuri adventui peracturi s[e]c[u]li. Ut suppleti videlicet codix huius inducta reducta quoq[ue] duo gemina … ter terna centiese, [et] ter dina bina era. Sit gl[or]ia patri soli filioq[ue] sp[irit]u simul cum s[an]c[t]o trinitate, per cuncta sec[u]la sec[u]lis in finitis temporis.

> … als Teil seiner Ausschmückung habe ich die wunderbaren Worte des Texts durch eine Folge von Bildern veranschaulicht, so dass weise Menschen das uns am Ende der Zeit erwartende Gericht fürchten mögen. Um die vorliegende Handschrift inhaltlich abzurunden, werden auch zwei

> Zwillinge hineingebracht … in der Zeit von dreimal dreihundert [und] dreimal zweimal zehn. Ehre sei dem Vater und seinem eingeborenen Sohn und Geist zusammen mit der Heiligen Dreifaltigkeit durch jedes Zeitalter bis zum Ende der Zeit.

Zunächst teilt Maius uns also mit, dass er den Text selbst illustrierte. Das kommt mit Bezug auf eine Handschrift jener Zeit nicht überraschend: Eine klare Trennung der Tätigkeit von Schreiber und Illuminator wurde erst vom 11. oder 12. Jahrhundert an die Norm. Dass er überhaupt erwähnt, die Illustrationen angefertigt zu haben, ist daher ungewöhnlich. Es handelt sich um das älteste bekannte Exemplar einer Beatus-Handschrift mit einem Bilderzyklus. Will Maius uns wissen lassen, dass er die Abbildungen selbst erfand und entwarf? Es hört sich so an. Er wurde schließlich posthum als »Meistermaler« berühmt. Es könnte sein, dass wir hier eine jener seltenen Gelegenheiten innerhalb der Geschichte der mittelalterlichen Kunst vor uns haben, bei der ein uns bekannter Künstler einen Zyklus von Kompositionen schuf und nicht auf eine bereits existierende Darstellungstradition zurückgriff. Ferner teilt Maius uns seinen Beweggrund mit: die Menschen das Ende der Welt fürchten zu machen.

Der sich daran anschließende Satz ist nicht ohne Weiteres verständlich. Maius scheint zu sagen, dass er den Text über das Jüngste Gericht mit zwei Ergänzungen vervollständigen will. Dabei handelt es sich wohl um die beiden Anhänge, die jetzt dem Apokalypse-Kommentar folgen: den kurzen über Verwandtschaftsgrade, *De affinitatibus et gradibus*, des Isidor von Sevilla und den um einiges längeren Daniel-Kommentar des Hieronymus. Einige Fachwissenschaftler, darunter auch M. R. James, ein viel besserer Latinist, als ich es bin, sind der Ansicht, dass dieser Satz zur Angabe des Datums gehört, der zufolge Maius dann die Arbeit im Jahr zweimal zwei … und dreimal dreihundert plus dreimal zwanzig abschloss, in Ziffern ausgedrückt also: 4 + 900 + 60 (= 964). Wenn mit den zwei Zwillingen doch Texte gemeint sind, käme man auf die Zahl 960. Maius verwendet aber den Ausdruck »era«, das heißt, dass er das spezifische spanische Datierungssystem benutzte, wodurch er der traditionellen Zeitrechnung um achtunddreißig Jahre voraus war. Wenn man diese abzieht, kommt man somit auf das Jahr 926 oder, wahrscheinlicher, das Jahr 922.

Das ist ein gerade noch glaubwürdiges Datum, wenn Maius im Jahr 968 starb. Er könnte fünfundzwanzig gewesen sein, als er den Morgan-Beatus schrieb, und einundsiebzig, als er starb. Dass aber jemand fast fünfzig Jahre lang als Schreiber tätig war, ist unwahrscheinlich – vor allem in einer Zeit vor der Erfindung der Lesebrille, ohne die die meisten von uns ab einem bestimmten Alter nicht auskommen. In der Beatus-Handschrift klafft vor den Wörtern »ter terna« eine zirka zweieinhalb Zentimeter große Lücke (die ich in der Transkription mit drei Punkten wiedergegeben habe). Etwas wurde an dieser Stelle offenbar ausradiert. Ich vermag nicht zu sagen, ob das eine zeitgenössische, von Maius selbst vorgenommene Änderung war (der von Emeterius gezeichnete Schreiber arbeitet mit der Feder wie mit dem Schabemesser) oder ob jemand anders, etwa der Schwindler Libri, ein paar Wörter entfernt hat, um das Manuskript noch älter erscheinen zu lassen, als es ist. Die meisten Paläografen datieren den Morgan-Beatus heute auf einen Zeitpunkt zwischen den 920er-Jahren und 968, wobei eine Entstehung gegen Ende der ersten Hälfte des Jahrhunderts als am wahrscheinlichsten gilt.

Acht weitere erhaltene handschriftliche Exemplare des Beatus-Kommentars können auf die zweite Hälfte des 10. Jahrhunderts datiert werden, bis zu einem Zeitpunkt um 1000. Sie gehören in der Mehrheit zwei verwandten Text-»Familien« an, die für gewöhnlich als »IIa« (dazu gehört der Morgan-Beatus) und als »IIb« bezeichnet werden, obwohl nicht ganz klar ist, ob dieser Zweig der Familie – eine Art Cousin ersten Grades – von M 644, also dem Werk Maius', abstammt oder ob beide Familien auf einen gemeinsamen Großvater zurückgehen, der nicht überlebt hat. Jener verloren gegangene Stammvater, wenn es ihn denn gegeben hat, könnte natürlich auch von Maius zu einem früheren Zeitpunkt (etwa im Jahr 922) angefertigt worden sein. Sein Anspruch, die Ikonografie erfunden zu haben, würde also nicht notwendigerweise ungültig, selbst wenn M 644 nicht die einzige Quelle für beide Familien ist.

Zu den Handschriften, die Familie IIa bilden, gehören solche in: Valladolid, Biblioteca de la Unversidad, von dem Schreiber Obecus in Valcavado angefertigt, entstanden zwischen dem 8. Juni und 8. September 970; Lérida, Museo Diocésa de la Seu d'Urgell, inv. 501, entstanden in der zweiten Hälfte des 10. Jahrhunderts, ab 1147 im Besitz der Kathedrale von Urgell; Escorial, Real Biblioteca del Monasterio, &.II.5., möglicherweise aus San Millán de la Cogolla stammend, zirka 1000 entstanden; Madrid,

Biblioteca Nacional de España, ms Vitr. 14-2, geschrieben und wahrscheinlich illuminiert von dem Schreiber Facundus, datiert 1047, ehemals im Besitz von Ferdinand I. von León und Kastilien und seiner Frau Sancha von León (beide 1065 gestorben), ein großartiges Buch; und London, British Library, Add. MS 11695, von Domenicus und seinem Verwandten Nunnius geschrieben, begonnen zirka 1073 und 1109 abgeschlossen, aus der Abtei von Silos stammend. Die Familie IIb setzt sich zusammen aus den Handschriften in: Madrid, Archivio Histórico Nacional, Cod. 1097B, geschrieben von Monnius und Senior, illuminiert von Magius und Emeterius, vollendet am 27. Juli 970 (also das Manuskript aus Tábara mit der Darstellung des Emeterius bei seiner Arbeit, wie oben beschrieben); Girona, Museu de la Catedral, inv. 7 (11), von Senior geschrieben und illuminiert von Emeterius sowie von En (auch bekannt als: Ende), »pintrix«, einer Malerin also, vollendet am 6. Juli 975, ab 1078 im Besitz der Kathedrale von Girona; ferner mehrere Handschriften aus dem 12. und frühen 13. Jahrhundert, darunter eine im Besitz der Morgan Library, New York (M 429), datiert 1220, der letzte datierte Beatus-Codex, aus dem Kloster Las Huelgas in Burgos.

Es ist bemerkenswert, wie viele dieser Handschriften datiert und von den Schreibern und Illuminatoren, die sie angefertigt haben, mit ihren Namen »gezeichnet« wurden, darunter eine von einer Frau, vielleicht einer Nonne. Dass die Schöpfer dieser Codices ihre Namen festhielten, ist eigentlich ungewöhnlich; es mag darauf zurückzuführen sein, dass es sich um Werke über das Jüngste Gericht handelt, wo der froh sein kann, dessen bei dieser Gelegenheit mit Wohlwollen gedacht wird. Das unüblich häufige Vorkommen genauer Daten passt ebenfalls zu Texten, die entstanden, als das Näherrücken des Jahrtausendendes stets präsent war. Im Beatus von Valladolid sind die Daten des Arbeitsbeginns und Arbeitsendes festgehalten. Aus ihnen geht hervor, dass der Schreiber mit den 230 Blättern dreiundneunzig Tage lang beschäftigt war. Das bedeutet, dass er nicht ganz drei Folios am Tag fertigstellte: ein rasantes Arbeitstempo.

Die Welt ging im Jahr 1000 nicht unter. Einige Chronisten aus dem 11. Jahrhundert wie Adam von Bremen hielten voll offenkundiger Erleichterung fest, dass der Millenniumswechsel »feliciter« vorüberging, harmlos. Byrhferth, ein Mönch der Ramsey Abbey in England, schrieb um 1011: »Das tausendste Jahr ist jetzt den Berechnungen der Menschheit zufolge vollendet, das muss aber noch in Anwesenheit des Erlösers bestätigt werden« – vielleicht hatte man sich ja einen Rechenfehler geleistet. Es kam die modifizierte Ansicht auf, dass man das Ende des letzten Millenniums nicht vom Jahr der Geburt Christ, sondern vom Zeitpunkt seiner Passion ausgehend berechnen solle. Was dazu führte, dass man das Anbrechen des Jahres 1033 mit einer gewissen Bangigkeit erwartete. Doch auch dieses verging ohne apokalyptische Katastrophe. Die späteren Beatus-Kommentare zur Apokalypse sind farbenprächtig illustriert und reich verziert, doch fehlt es ihnen an Intensität: Jene abgrundtiefe Angst, die wir in der von Maius gestalteten Handschrift aus dem 10. Jahrhunderts erspüren, teilt sich nicht mit.

Endzeiterwartungen kamen im 11. Jahrhundert nicht zum Erliegen, und sie existieren noch heute. Offenbarung 12, 6 erzählt von dem gewöhnlich mit Maria identifizierten Weib, dessen Sohn zu Gott entrückt wurde und das selbst in die Wüste entfloh, wo es 1260 Tage blieb, bevor im Himmel der Streit ausbrach, der den Vorhersagen zufolge das Ende der Zeit einleiten würde. Da es in der Bibel heißt, ein Tag sei in den Augen Gottes wie ein Jahr, entstanden 1260, vor allem in England, eine ganze Reihe neuer illustrierter Darstellungen der Apokalypse. Das ging bis zum Jahr 1293 so – als seit der Kreuzigung 1260 Jahre vergangen waren –, dann verloren auch diese Texte ihre Aktualität. Sie erlebten in Form gedruckter Bücher in den Niederlanden und im Rheinland eine Renaissance, als das gefürchtete Jahr 1500, mit dem ja ein halbes Jahrtausend zu Ende ging, näher rückte. Albrecht Dürer, der sich nie eine Gelegenheit zur Vermarktung seiner Kunst entgehen ließ, veröffentlichte 1498 *Die heimlich offenbarung johannis*, die fünfzehn Holzschnitte enthielt. Er machte ein Vermögen damit. Wir alle erinnern uns noch an die an Zahl wachsenden Vorhersagen von Katastrophen, als das Jahr 2000 heranrückte. Auch dieser Jahrtausendwechsel ging vorüber, ohne dass es auch nur zu dem weltweiten Zusammenbruch von Computern gekommen wäre, den so viele prophezeit hatten. Eines Tages wird die Welt jedoch zu Ende sein, hoffentlich nicht so bald, und alle Handschriften von Beatus von Liébana werden vernichtet sein.

KAPITEL SECHS

HUGO PICTOR

spätes 11. Jahrhundert
Oxford, Bodleian Library,
MS Bodley 717

Vor tausend Jahren war Rätselraten ein beliebter Zeitvertreib. Die früheste Handschrift, die seit ihrer Entstehung im 10. Jahrhundert in der uralten Bibliothek der Kathedrale von Exeter in Devon im Südwesten Englands liegt, ist das sogenannte »Exeter Book«. Sie enthält ein Sammelsurium von verschiedenartigen Texten, die auf Altenglisch (oder Angelsächsisch) verfasst sind, und wurde der Kathedrale von Leofric, der von 1046 bis 1072 der erste Bischof von Exeter war, zum Geschenk gemacht. Bei einem der Texte handelt es sich um eine Beschreibung von fünfundneunzig Gegenständen des Alltagslebens in poetischer und verschlüsselter Form. Die Leser – oder Hörer – sollten erraten, welche Gegenstände gemeint waren. Wie bei den Rätseln, die Gollum in Tolkiens *Der Hobbit* Bilbo Beutlin stellt, beruht auch bei denen des Exeter Book das Vergnügen, sie zu lösen, auf ihrer in die Irre führenden Dunkelheit. Eines lautet: »Mec feonda sum / feore besnyþede / woruldstrenga binom / wætte siþþan, dyfde on wætre …« – man mag kaum glauben, dass das wirklich Englisch ist – »Ein Unhold nahm mir mein Leben und weltliche Stärke, nässte mich danach, tauchte mich in Wasser …«. Der Gegenstand, der hier redet, wird dann in die Sonne gelegt, verliert sein Haar, wird abgeschabt, geschnitten und gefaltet. Wie Sie zweifelsohne

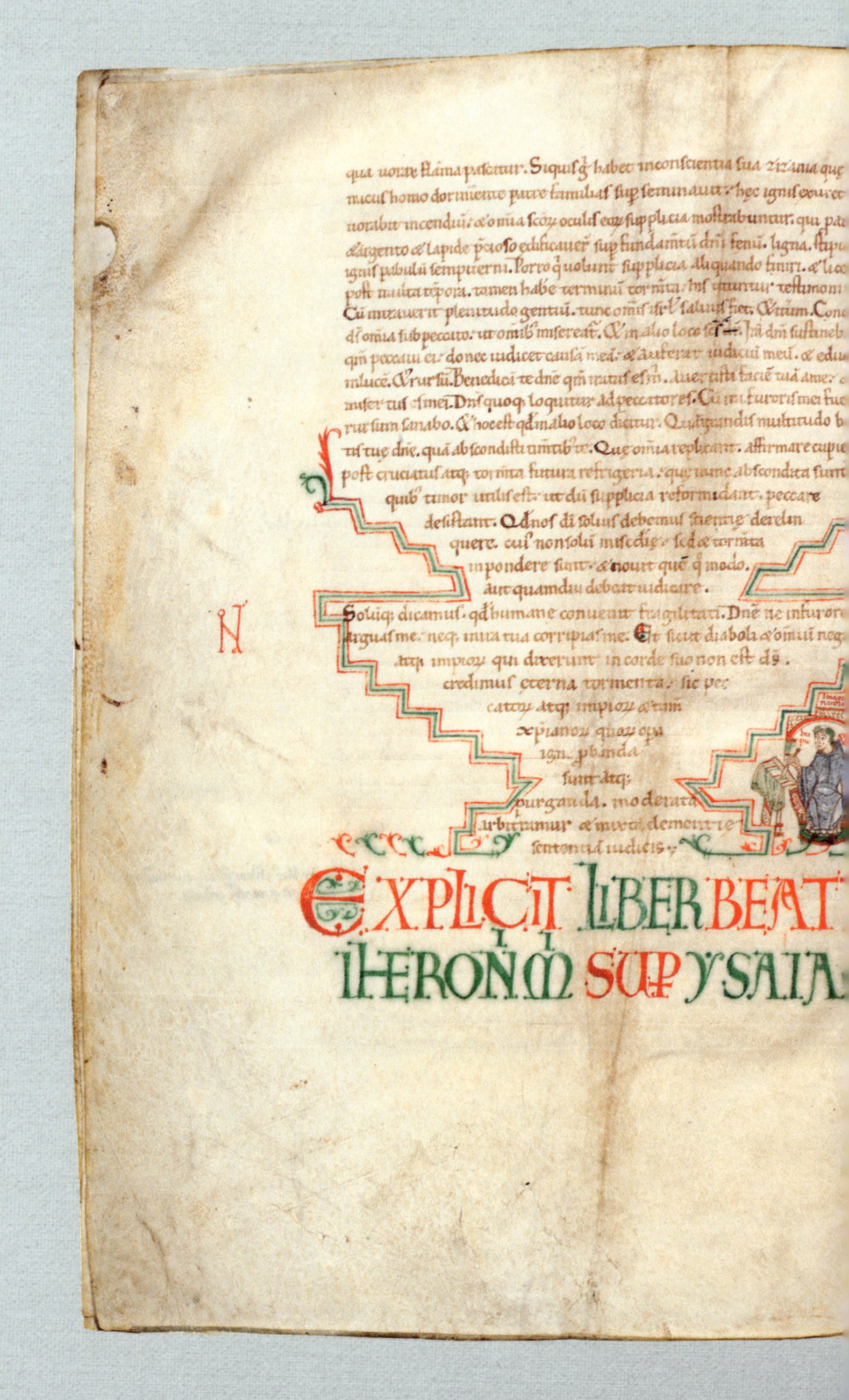

qua uorax flamma pascatur. Si quis igitur habet in conscientia sua zizania que
inimicus homo dormiente patre familias superseminauit: hec ignis exuret
notabit incendium; et omnia sanctorum oculis eorum supplicia monstrabuntur. qui pa
et argento et lapide pretioso edificauerit super fundamentum domini fenum. ligna. stipu
ignis pabulum sempiterni. Porro qui uolunt supplicia aliquando finiri. et li
post multa tempora. tamen habere terminum tormenta: his utuntur testimoni
Cum intrauerit plenitudo gentium. tunc omnis israel saluus fiet. Et iterum. Con
deus omnia sub peccato: ut omnibus misereatur. Et in alio loco scriptum est. Iram domini sustineb
quoniam peccaui ei: donec iudicet causam meam: et auferat iudicium meum. et edu
in lucem. Et rursum. Benedicam te domine quoniam iratus es mihi. Auertisti faciem tuam a me:
misertus es mei. Dominus quoque loquitur ad peccatores. Cum iam furoris mei fue
rursum sanabo. Et hoc est quod in alio loco dicitur. Quam grandis multitudo b
tis tue domine. quam abscondisti timentibus te. Que omnia replicant. affirmare cupie
post cruciatus atque tormenta futura refrigeria: que nunc abscondita sunt
quibus timor utilis est: ut dum supplicia reformidant. peccare
desistant. Quod nos dei solius debemus scientie derelin-
quere. cuius non solum misericordie: sed et tormenta
in pondere sunt. et nouit quem quomodo.
aut quamdiu debeat iudicare.

N

Solumque dicamus. quod humane conueniat fragilitati. Domine ne in furore
arguas me: neque in ira tua corripias me. Et sicut diaboli et omnium neg
atque impiorum qui dixerunt in corde suo non est deus.
credimus eterna tormenta: sic pec-
catorum atque impiorum et tamen
christianorum quorum opera
in igne probanda
sunt atque
purganda. moderatam
arbitramur et mixtam clementie
sententiam iudicis.

EXPLICIT LIBER BEAT
IHERONIMI SUPER YSAIA

schon erraten haben, ist eine Handschrift gemeint, denn der hier auf verschlüsselte Weise beschriebene Prozess ist der des Herstellens und Bearbeitens von Pergament. Weiter heißt es in dem Rätsel, dass »eines Vogels Wonne«, vulgo: eine Feder, über die Oberfläche rast, dunkle Spuren von aus Bäumen gewonnenen Farbstoffen zurücklässt und dass das Ganze am Schluss mit Brettern und Haut eingefasst wird, um zu einer Hilfe für große heilige Männer zu werden. Es sei selbst heilig. Ein anderes der Rätsel im Exeter Book beginnt: »Ic seah wrætlice / wuhte feower …«, »Ich sah vier Dinge in wunderschöner Weis beisammen« – anscheinend wird eine Feder beschrieben, die in der Gesellschaft von drei Fingern geschwind dahineilt und dunkle und eindrucksvolle Fußspuren hinterlässt, wenn sie mit ihren Gefährten über das Pergament läuft.

Die Handschrift, die wir in diesem Kapitel untersuchen wollen, war ursprünglich ebenfalls im Besitz der mittelalterlichen Bibliothek der Kathedrale von Exeter. Vermutlich wurde sie angeschafft, als Leofrics Nachfolger Osbern dort Bischof war, der das Amt von 1072 bis 1103 bekleidete. Diese Handschrift wurde mehr oder weniger so geschrieben und gebunden, wie in den angelsächsischen Rätseln dargestellt. Ihre Bedeutung liegt darin begründet, dass wir nicht nur den Namen des Mannes kennen, dessen drei Finger im späten 11. Jahrhundert die Feder hielten, sondern sogar ein Bild von ihm bei seiner Tätigkeit besitzen, denn der Codex endet mit einer Illustration, die allgemein als das früheste signierte Selbstporträt in der Geschichte der englischen Kunst gilt. Die Handschrift wird in der Bodleian Library in Oxford aufbewahrt und trägt die Signatur MS Bodley 717. Es handelt sich um eine Abschrift des vom heiligen Hieronymus, der die Vulgata-Übersetzung der Bibel anfertigte, auf Latein verfassten Kommentars zum alttestamentarischen Buch Jesaja. In der rechten unteren Ecke der allerletzten Seite findet sich die berühmte farbige Darstellung eines sitzenden Mannes, der bei seiner Arbeit an einer Handschrift für einen Moment innehält. Er taucht gerade die Schreibfeder, die er grazil zwischen dem Daumen und zwei Fingern seiner linken

LINKS: Die letzte Seite des Jesaja-Kommentars des Hieronymus, früher in der Kathedrale von Exeter aufbewahrt, mit dem Selbstporträt des Schreibers, der sich »Hugo Pictor« nennt. [Vergrößerung auf S. 288]

Hand hält, in ein Tintenhorn. Links und rechts neben seinem Kopf steht sein Name: »*Hugo pictor*«: Hugo, der Maler. Und über dem Ganzen steht die Überschrift: »*Imago pictoris & illuminatoris huius operis*«, »Bild des Malers und Illuminators dieses Werks«. All das ist anscheinend ganz klar und eindeutig. Der Maler ist als Mönch mit Tonsur dargestellt, er scheint Linkshänder zu sein, und er hat grünes Haar. Zumindest eines dieser Fakten entspricht nicht der Realität, vielleicht treffen auch alle drei nicht zu. Wie in den Rätseln des Exeter Book hat Hugo falsche Fährten gelegt und uns irritierende Hinweise hinterlassen. Dieses Kapitel wird versuchen, Licht ins Dunkel zu bringen.

Die Handschrift Bodley 717 ist Teil des Legats, das ihr Gründer der Bodleiana hinterlassen hat, der mittlerweile riesigen Bibliothek der Universität Oxford. In der Signatur des Buches ist wie in der Bezeichnung der Institution selbst der Name von Sir Thomas Bodley (1545–1613) enthalten. Dieser war der älteste Sohn eines in Exeter ansässigen Buchdruckers und Verlegers, der den Puritanern angehörte und sich daher unter der aggressiv katholischen Herrschaft (1553–1558) von Maria I., bekannt als »Bloody Mary«, mit seiner Familie im Jahr 1557, als Thomas zwölf war, im protestantischen Genf niederließ. Bodley selbst erzählt dies – ungewöhnlich für die Zeit – in seiner Autobiografie, die 1609 verfasst, aber erst 1647 veröffentlicht wurde. Es führt ein wenig vom Thema ab, da wir uns aber mit englischen Künstlern befassen, sei erwähnt, dass der zehnjährige Nicholas Hilliard (ca. 1547–1615), später der berühmteste Miniaturenmaler der nordeuropäischen Renaissance, die Bodley-Kinder ins Exil begleitete. Wie Thomas Bodley sich später erinnerte, hörte er in Genf Vorträge von Jean Calvin und Théodore de Bèze. Nachdem die aufgeklärtere und reformfreudige Elisabeth den Thron bestiegen hatte (Regierungszeit 1558–1603), kehrte die Familie nach England zurück. Thomas wurde zum Studium am Magdalen College in Oxford zugelassen und danach Fellow des Merton College, an dem er für kurze Zeit Griechisch unterrichtete. Einen großen Teil seines Berufslebens verbrachte er jedoch als königlicher Gesandter auf dem Kontinent, vor allem in Deutschland und den Niederlanden. In jenen Tagen konnte man als Diplomat ein Vermögen machen. Bodley vermehrte seinen Reichtum 1586 noch durch die Heirat mit der Witwe eines erfolgreichen Fischhändlers aus Devon. Das Paar blieb kinderlos.

1598 wandte Thomas Bodley sich zum ersten Mal an den Vizekanzler

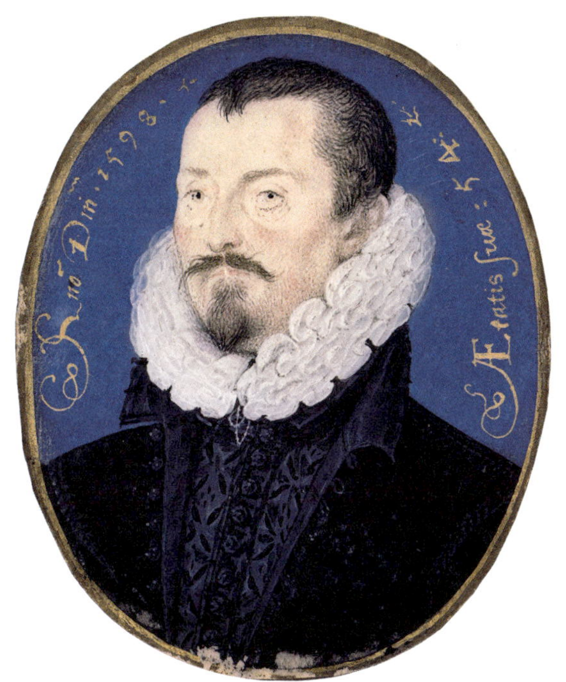

Sir Thomas Bodley (1545–1613), von seinem lebenslangen Freund Nicholas Hilliard 1598 porträtiert, dem Jahr, als er in Oxford eine Bibliothek neu einzurichten vorschlug.

der Universität Oxford mit dem Vorschlag, mit seiner finanziellen Unterstützung wieder eine Präsenzbibliothek für die Dozenten und Studenten einzurichten. Es hatte eine solche Bibliothek gegeben, deren Grundstock Humfrey (oder Humphrey), Duke of Gloucester (1390–1447) legte. Doch die von ihm gestifteten Bücher waren ebenso wie spätere Akquisitionen durch Ausleihe und Nachlässigkeit nach und nach entschwunden, wie es Büchern widerfährt (und besonders in der Reformation widerfuhr), so dass nur »der nackte Raum« übrig geblieben war, wie Bodley es in seinem Brief an den Vizekanzler ausdrückte. Er erbot sich, »die Verantwortung und Kosten zu übernehmen, damit er wieder seiner früheren Verwendung zugeführt werden kann, und ihn entsprechend auszustatten mit Sitzen und Regalen und Pulten«. Die Realisierung solch philanthropischer Initiativen würde heute um Jahre in die Länge gezogen durch universitäre Unterausschusssitzungen und Planfeststellungsverfahren. 1598 lag nach drei Wochen die Zustimmung der Universität vor. Bodleys Baumeister machten sich unverzüglich an die Arbeit: Sie restaurierten Duke Humfreys aus dem 15. Jahrhundert stammendes Bibliotheksgebäude und fügten später den Kolleghof im jakobinischen Stil hinzu, der heute noch eine der Haupttouristenattraktionen Oxfords ist. Thomas Bodley schrieb in einem Brief im Juni 1599 an Thomas James, den designierten Bibliothekar, vom Treiben der »Zimmerleute, Tischler, Schnitzer, Glaser und des ganzen anderen faulen Gesindes«. Innerhalb eines Jahres – man war doch nicht so faul gewesen – brachte man bereits Stangen an den neuen Eichenregalen an, an denen Ketten und Schlösser befestigt wurden, mit denen man die Bücher sichern konnte. Bodley und James machten sich nun daran, Bücher aufzutreiben, um die Regalbretter zu füllen.

Es heißt oft, dass Thomas Bodley, wie Matthew Parker, nach Texten Ausschau hielt, die zu symbolischen Verteidigern oder Fürsprechern der Reformation werden könnten. Obwohl das im Einklang mit seiner puritanischen Prägung stehen würde, ging er bei seinen unermüdlich betriebenen Ankäufen nicht nach engstirnig protestantischen, ja nicht einmal unbedingt nach christlichen Prinzipien vor. Noch zu seinen Lebzeiten umfasste die Bibliothek Bücher aus der ganzen Welt, sogar solche aus dem Nahen und Fernen Osten. Da Bodley in den Niederlanden gelebt hatte, wusste er mit Sicherheit von der modernen Renaissance-Bibliothek der Universität von Leiden, die 1594 ihre Pforten geöffnet hatte und von uns in Kapitel Vier besucht wurde. Man hat den Eindruck, ihn drängte es, für die Oxforder Universitätsbibliothek möglichst schnell eine möglichst umfassende Sammlung zusammenzutragen. Einer seiner frühesten Coups bestand im Ankauf fast des gesamten aus dem Mittelalter stammenden Bücherbestandes der Kathedrale von Exeter. Dies gelang ihm im Jahr 1602; hilfreich dabei war, dass er selbst aus Exeter stammte und sein jüngerer Bruder Laurence (ca. 1547–1615) ein Kleriker und Kanonikus der dortigen Kathedrale war. Gemeinsam gelang es den beiden, den Dekan und das Kapitel davon zu überzeugen, dass man in Oxford sinnvollere Verwendung für die Bücher finden würde. Einundachtzig Handschriften wurden quer durch das Land in die Bodleiana gekarrt, darunter waren das berühmte Missale von Bischof Leofric und der Jesaja-Kommentar des Hieronymus mit dem Porträt von Hugo Pictor. Das Exeter Book mit seinen altenglischen Rätseln blieb in Devon. Entweder hatte es nicht zum Hauptbestand der Bibliothek gehört, oder es galt als zu frivol. Bei den meisten der für Oxford erworbenen Texte handelte es sich um solche intellektueller Prägung; es ging den Bodleys nicht einfach darum, sehr alte Bücher oder reizvolle Kuriositäten in ihren Besitz zu bringen. Die Tatsache, dass es sich um Werke aus dem katholischen Mittelalter handelte, war ohne Belang. Die Hieronymus-Handschrift wurde in dem ersten gedruckten Katalog der Bodleiana aufgeführt, der 1605 veröffentlicht wurde. Sie stand damals auf der Südseite der Bibliothek im Regal H auf Brett 2, und zwar neben der neunbändigen Ausgabe der Werke des Hieronymus durch Erasmus von Rotterdam, die 1526 in Basel erschienen war.

Als Doktorand arbeitete ich an meiner Promotionsarbeit in jenem Raum, der immer noch als »Duke Humfrey's Library« oder einfach »Duke Humfrey« bekannt war und dessen Zustand sich nicht wesentlich verändert hatte, seitdem er von Sir Thomas Bodley renoviert und neu ausgestattet worden war. Es war damals der Leseraum, in dem man üblicherweise Handschriften und frühe Drucke konsultierte. Mein Betreuer war der »Keeper of Manuscripts« Richard Hunt (1908–1979). Die Bände der Hieronymus-Ausgabe standen noch im Regal, aber alle Handschriften waren weggeräumt worden und befanden sich jetzt in den sicheren unterirdischen Stapelspeichern auf dem sogenannten »J Floor«. In Duke Humfrey's gelangte man über eine Eichentreppe aus jakobinischer Zeit, die von einer Ecke des Kolleghofs hinauf nach Arts End führte. Man schob sich durch eine Schranke, vor der Besucher ehrfurchtsvoll zu verharren hatten. Dann holte man sich seine schwankenden Stöße von Manuskripten am Ausgabetresen auf der rechten Seite ab; aus jeder Handschrift ragte ein grüner Zettel heraus, auf dem der eigene Name und ein »H« für Humfrey stand. Es gefiel mir, an jenen spätelisabethanischen Schreibpulten zu sitzen, die an den Bücherregalen angebracht waren, die den mittelalterlichen Raum von einem bis zum anderen Ende füllten. In meinem aus romanischen Handschriften gebauten Nest hockte ich dann zufrieden neben einem der hohen gotischen Fenster. Ich arbeitete dort auch Ende 1973, als es wegen der Energiekrise so kalt in der Bibliothek war, dass wir uns in unsere Mäntel hüllen und um vier Uhr, wenn es zum Lesen zu dunkel wurde, gehen mussten. Obwohl unsere Finger so klamm waren, dass wir kaum einen Füller zu halten vermochten (damals durfte man in Duke Humfrey's Library noch mit Tinte schreiben), konnten wir in jenen Dezembertagen nachvollziehen, wie es allen Schreibern Nordeuropas mehr als ein Jahrtausend lang vor dem Wandel der Gelehrsamkeit mittels Zentralheizung und elektrischem Licht ergangen sein muss.

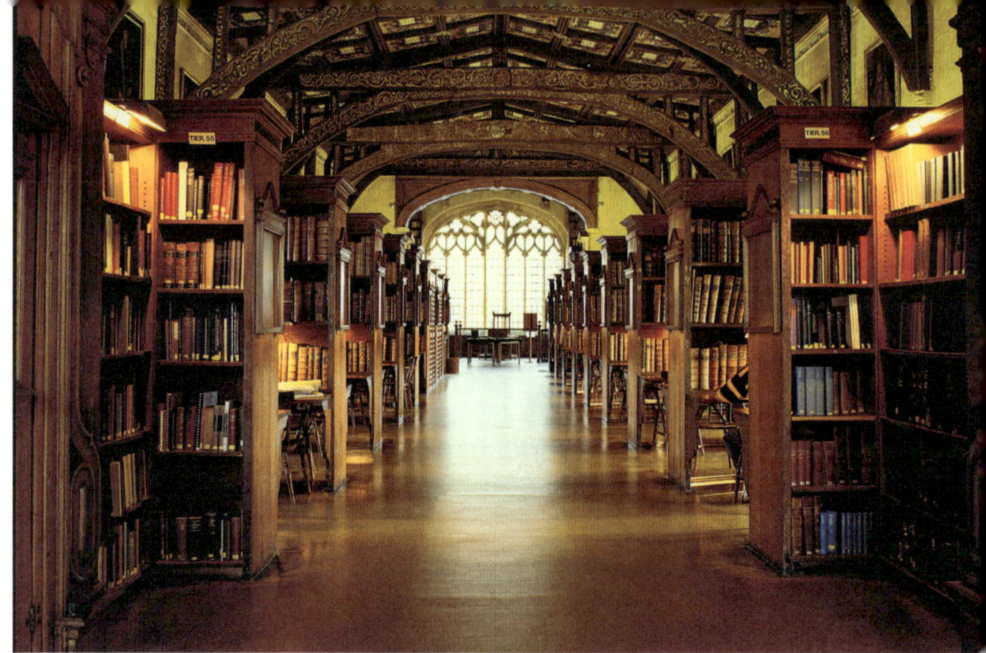

Der 1488 eröffnete Lesesaal »Duke Humfrey's« in der Bodleiana, der von Thomas Bodley neu ausgestattet wurde und bis 2011 zur Arbeit mit seltenen Büchern und handschriftlichen Codices diente.

Moderne Konservatoren haben wenig Sinn für Romantik. Kostbare Manuskripte auf einem Wägelchen über ein Miniatureisenbahngleis aus ihrem unterirdischen Bau zu ziehen und dann mit einem rasselnden Aufzug mehrere Stockwerke hoch zu befördern, wurde als zu gefahrenvoll für diese Schätze erachtet. 2011 wurde Duke Humfrey's Library zur Bestürzung von Mediävisten auf der ganzen Welt für die Benutzer seltener Handschriften geschlossen. Nie wieder würde jemand von ihnen an jenen Pulten sitzen, an denen der Oxforder Altertumswissenschaftler und Rektor des Queen's College Gerard Langbaine (1609–1658) schließlich erfroren war. Vier Jahre lang wurde jeder, der eine Handschrift konsultieren wollte, in einen trübseligen Souterrain-Leseraum in der Nähe des University Museum verbannt. 80 000 000 Pfund sind für die Neuausstattung der New Bodleian, wie sie früher hieß, ausgegeben worden, jenem von Sir Giles Gilbert Scott (1880–1960) entworfenen Bau aus hellem Stein, der von 1937 bis 1940 errichtet worden war und am Ende der Broad Street der alten Bodleiana gegenüber auf der anderen Straßenseite liegt. Sie ist jetzt in Weston Library umbenannt worden, in Anerkennung der 25 000 000 Pfund, die im März 2008 von der Garfield Weston Foundation gestiftet wurden. Willard Garfield Weston (1898–1978) war ein

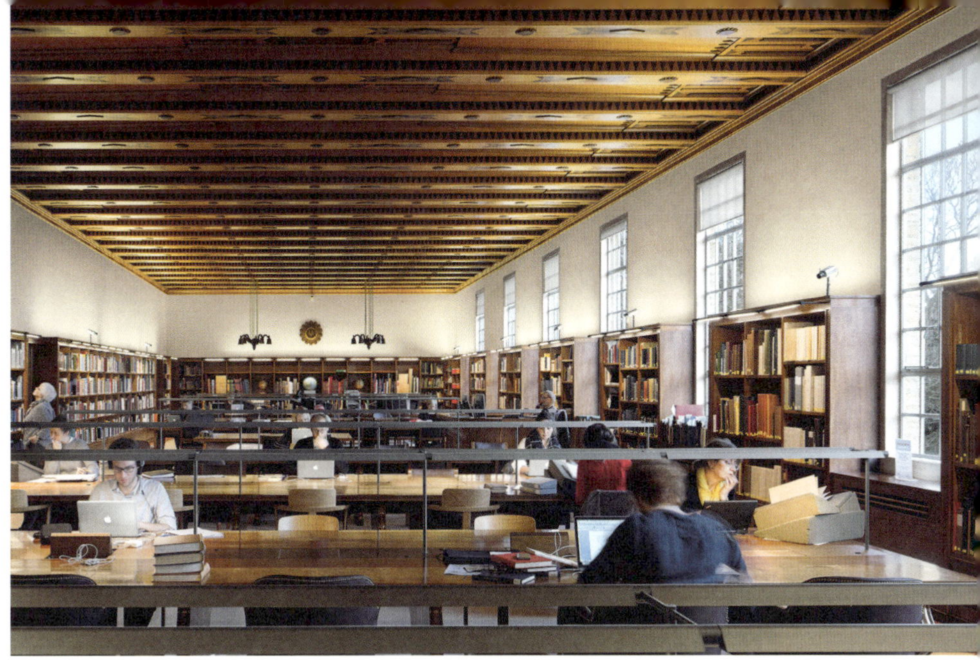

Der neue Lesesaal für seltene Druckwerke und Handschriften in der Weston Library, die ursprünglich in den 1930er-Jahren von Sir Giles Gilbert Scott entworfen wurde.

kanadischer Hersteller von Keksen – eine nicht unangemessene Beigabe zum auf Fisch basierenden Vermögen Sir Thomas Bodleys.

Ich war mürrischer Stimmung, als ich die Weston Library, die man schon kurz vor ihrer endgültigen Fertigstellung für Leser geöffnet hatte, zum ersten Mal aufsuchte. Ich war mir sicher, ich würde es hassen, dort zu arbeiten, und mich über den Umzug in ein modernes Gebäude ärgern. Eine wunderbare Überraschung erwartete mich. Leser finden immer noch durch die ehemalige Vordertür in der Parks Road gegenüber dem King's Arms Pub Einlass. Entweder steigen sie ein paar niedrige Stufen hoch, oder sie benutzen eine Rampe. Links, wo früher einmal das Informationsbüro der New Bodleian war, befindet sich heute eine Lobby mit Schließfächern, in denen man seine Taschen und Mäntel unterbringen kann. Zwei freundliche Herren mittleren Alters am Aufsichtsschalter wiesen mir den Weg nach oben zur Abteilung für seltene Bücher; erst nachträglich fiel ihnen ein, mich zu fragen, ob ich einen Leseausweis hätte. Im Erdgeschoss waren die Bauarbeiten noch im Gang – inzwischen befindet sich dort die Blackwell Hall –, und man hörte von überall her Bohrgeräusche und roch nassen Beton. Wahrscheinlich war es nicht viel anders als vor vierhundert Jahren, als Zimmerleute, Tischler, Schnitzer,

Glaser emsig bei der Arbeit gewesen waren. Bei meinem zweiten Besuch, ein paar Monate später, war alles fertig, und Hugo Pictors Handschrift wurde bereits im Rahmen einer den bedeutendsten Büchern der Bibliothek gewidmeten Ausstellung mit dem Titel *Marks of Genius* gezeigt.

Im ersten Stock, an der Front des Weston-Gebäudes zur Parks Road hin, gibt es eine Art von Gemeinschaftsbereich, der jetzt den Namen Samsung Room (Sponsor aus Südkorea) erhalten hat. Dort stehen niedrige grüne oder gelbe Sofas und Tischchen sowie Computermonitore. Der neue Mackerras Reading-Room geht im rechten Winkel von diesem Bereich ab. Als ich durch die Glastür trat, bat mich ein junger Mann mit ausländischem Akzent um meinen Leseausweis, dann trug er Namen und Ankunftszeit bedächtig in ein Buch ein. Das war alles beruhigend altmodisch. Später würde er mich wieder austragen. Der lang gestreckte Raum vor mir war vor allem zur Aufbewahrung von Büchern und Handschriften, die sich auf irgendeine Weise mit Musik befassten, bestimmt; er erhielt seinen Namen zu Ehren von Sir Charles Mackerras (1925–2010), dem australischen Dirigenten. Thomas Bodley wäre entzückt gewesen, dass der Wirkungsbereich modernen Wissens keine nationalen Grenzen mehr kannte. Ich gab am zentralen Tresen meinen Namen an, und nachdem ich meinen Leseausweis als Pfand deponiert hatte, holte eine Angestellte aus den Regalen im Hintergrund eine große, mit leuchtend orange-rotem Stoff verkleidete Box, auf deren Rücken unten in goldenen Lettern »MS Bodley 717« stand. Martin Kauffmann vom Department for Western Manuscripts hatte sie für mich bereitstellen lassen. Ich fragte die Angestellte, ob für mich ein bestimmter Platz vorgesehen sei, sie antwortete freundlich: »Nein, nicht nötig, nebenan könnte aber mehr Platz sein.«

Neben dem Mackerras Room liegt der frühere PPE Reading Room der New Bodleian. Er ist jetzt für die Konsultation jener seltenen Werke eingerichtet worden, die man ehemals in der Duke Humfrey's Library auf der anderen Seite der Straße studierte. Er nimmt fast die gesamte Länge des Gebäudes ein und hat in seiner Nordwand sieben hohe Fenster mit vielen kleinen Scheiben, aus denen man auf die Gärten von Trinity College schaut. In dem Raum, der noch keine Bezeichnung hat (»eine Gelegenheit zur Namensgebung«, merkte Martin Kauffmann in der Hoffnung an, dass ich es nicht unerwähnt lasse), ist noch ein Großteil der Ausstattung erhalten, die Gilbert Scott in den späten 1930er-Jahren für ihn entwarf;

an der Decke ziehen sich zum Beispiel immer noch Balken lang, die mit Intarsienmotiven verziert sind, die an Indianermalerei erinnern. Sie sind nicht so spektakulär wie die Holzpaneele aus der Tudorzeit an der hohen Decke von Duke Humfrey's, auf denen das Wappen der Universität Oxford in vielfacher Wiederholung in Gold prangt, aber ebenfalls recht eindrucksvoll. Am jedem Ende des Raums stehen zwei gewaltige Art-déco-Kerzenhalter. Gilbert Scotts lange Tische, an denen jeweils fünf Stühle für die Leser bereitstehen, sind von der Mitte nach außen geschickt verbreitert worden, um Platz für elektronische Geräte zu schaffen, an die Sir Thomas Bodley noch nicht hatte denken können. An den Wänden reihen sich Regale aus dunklem Holz aneinander, jedes mit vier Querbrettern, die noch nicht vollgestellt sind wie jene im Selden End genannten hinteren Bereich der Duke Humfrey's Library, von denen neue Nachschlagewerke auf die breiten Fensterbänke und Enden der Tische zu purzeln pflegten. Oben an den Regalen sind Überwachungskameras befestigt, ansonsten bekommt man aber nichts von einer störenden Kontrolle mit. Ein unerwarteter Vorteil von einem großen offenen Raum ist, dass man anders als in einem der alten elisabethanischen Räume mit ihren Alkoven, in denen man wie versteckt saß, andere Leser sehen und ihnen zuwinken kann. Ich freute mich, als ich am anderen Ende Richard Gameson aus Durham sitzen sah, dessen 2001 veröffentlichter Artikel zu Hugo Pictor eine meiner Hauptquellen für dieses Kapitel zu Bodley 717 war. Eine Fotokopie davon steckte an jenem Morgen sogar in meiner Mappe.

Ich richtete mich zum Arbeiten ein und öffnete die Box. Das Manuskript ist sehr schwer, es misst zirka 36 mal 25,5 Zentimeter und ist, den Einband eingerechnet, ungefähr 8 Zentimeter dick. Auf der Oberkante der Seiten, also dem, was man später bei Büchern Ober- oder Kopfschnitt nannte, ist in kalligrafischer Schrift, die nach dem 17. Jahrhundert aussieht, die Zahl »717« vermerkt, und zwar so, dass die Ziffern richtig herum stehen, wenn man den geschlossenen Codex mit dem Rücken nach oben auf die Vorderkante stellt. Vermutlich wurde der Band in der Bodleiana ursprünglich auf diese Weise aufbewahrt, als ob er auf Händen und Füßen stünde. Vor dem späten 17. Jahrhundert war die Methode, ein Buch aufrecht stehend mit dem Rücken nach außen in ein Regal einzuordnen, so gut wie unbekannt. Den Mittelpunkt des Grabmonuments von Sir Thomas Bodley in der Kapelle von Merton College bildet eine Büste des großen Mannes, gekrönt von einem ornamentalen Giebel, der von aus Büchern bestehenden Säulen gestützt wird. Die Vorderkante der Bücher zeigt nach vorne, wie es zweifellos auch in seiner Bibliothek der Fall war. MS Bodley 717 besitzt einen Einband aus mattem dunkelbraunem Leder, der noch aus dem 17. Jahrhundert stammt. Der vordere Deckel ist im Blindprägeverfahren mit einem rechteckigen Rahmen und kleinen Blumen in den Ecken verziert. Der Band ist von der Bodleiana empathiefrei mit einem neuen Rücken aus glänzendem braunem Leder versehen worden. Einem Datum auf der Innenseite des hinteren Deckels zufolge geschah das wohl im März 1950. Ich vermute, dass diese Reparaturarbeit in Folge der Wiederentdeckung der Hugo-Pictor-Handschrift durch Otto Pächt (1902–1988) vorgenommen wurde. Pächt, ein gebürti-

Das Selbstporträt Hugo Pictors, der ein Messer in der einen Hand hält und eine Feder in der anderen, die er in ein an seinem Stuhl befestigtes Tintenhorn taucht.

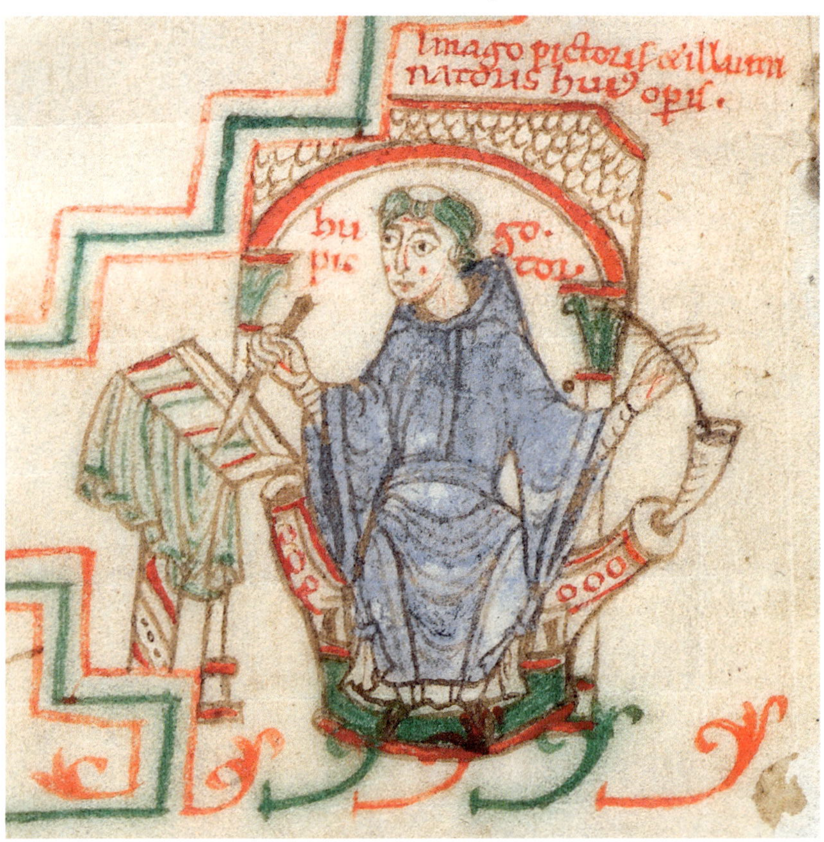

ger Wiener, der 1936 nach England übersiedelt war, entriss das Werk der Vergessenheit, indem er es im Herbst 1950 in *The Bodleian Library Record* veröffentlichte. Unten auf dem neuen Rücken findet sich in Gold die Signatur »MSS. BODL. / 717«, was genau genommen falsch ist, da MSS die Abkürzung für den Plural »Manuskripte« ist. Wenigstens zeigt diese Signatur an, dass spätestens ab da der Codex aufrecht stehend aufbewahrt wurde.

Ich lehnte den Band gegen eine Buchstütze und öffnete ihn. Da Menschliches mir nicht fremd ist, schlug ich sofort die letzte Seite (folio 287v) auf, um das Kult-Porträt Hugo Pictors im Original zu betrachten. Leicht gebeugt sitzt er unter einem Bogen in seinem Gehäus. Das Bild ist durch rote und grüne Zickzacklinien, die den Text, dessen Schriftspiegel nach unten hin immer schmaler wird, links und rechts rahmen, von diesem getrennt. Das Porträt ist auffallend klein geraten, fast zierlich, dezent untergebracht in der frei gebliebenen Seitenecke. Dies bescheidene und private Selbstporträt wird heute mithilfe von Verfahren und zu Zwecken, die sich zu Hugos Zeiten niemand hätte vorstellen können, schrankenlos reproduziert, etwa als Bildschirmschoner, auf T-Shirts, Mousepads, Handyhüllen.

Sodann kehrte ich, wie es sich gleich geschickt hätte, zum Anfang der Handschrift zurück. Die ersten Seiten sind auf spektakuläre Weise illustriert, ungewöhnlich für einen Text, der zum Standard gehört wie der Bibelkommentar eines Kirchenvaters. Ich hatte das nicht wirklich erwartet. Auf folio 1v findet sich ein ganzseitiges Frontispiz. Es ähnelt den Porträts der Evangelisten, die frühe Evangeliare eröffnen. Von der Komposition her unterscheidet es sich nicht sehr von der Darstellung des heiligen Lukas im Augustinus-Evangeliar. Hier wird der Prophet Jesaja ins Bild gesetzt, *en face,* wie er unter einem Bogen, der von gestreiften Steinpfeilern gehalten wird – vielleicht soll das einen Tempel andeuten –, auf einer Bank sitzt. Darüber sind die Dächer einer großen Stadt zu sehen, vermutlich hat man sich das alte Jerusalem so vorgestellt. Insofern sich der Künstler überhaupt Gedanken über das architektonische Aussehen der Stadt gemacht hat (was vorstellbar ist, da 1095 in Predigten zum Ersten Kreuzzug aufgerufen wurde und man sich im Geiste mit Jerusalem beschäftigte), stellt er die Skyline der heiligen Stadt als von orientalisch aussehenden Kuppeln geprägt dar, auf denen allerdings Kreuze prangen, was sich mit dem 8. Jahrhundert vor Christus – der Zeit, als Jesaja dort lebte – nur schwer verträgt. Das Haupt des Propheten ist von einem Nimbus umgeben wie das Ezras im Codex Amiatinus. Etwas von der Exotik des Alten Testaments wird durch seine bizarre Haartracht vermittelt: Die Haare sind zu Zöpfen geflochten und in der Mitte gescheitelt – jeder Rastafari würde mit solcher Frisur Ehre einlegen. Der Prophet hat die Arme ausgebreitet wie ein meditierender Buddhist, in den Händen hält er ein langes Spruchband, durch das er eindeutig zu identifizieren ist: Auf dem linken Ende dieses Bandes liest man »ISAIAS«, auf dem rechten »P[RO]PHETA«, dazwischen steht ebenfalls in goldenen Lettern: »ECCE VIRGO CONCIPIET ET PARIET FILIUM; ET VOCABITUR NOMEN EI[US] EMMANUEL«: »Seht, die Jungfrau wird ein Kind empfangen, sie wird einen Sohn gebären und wird ihm den Namen Immanuel geben.« (Jesaja 7, 14). Der für die Christenheit entscheidende Satz im Buch Jesaja wird bei Matthäus 1, 23 zitiert.

Dieser Darstellung gegenüber – es handelt sich um eine Doppelseite – findet sich eine ornamentale Überschrift, die übersetzt lautet: »Hier beginnt das [erste] Buch des heiligen Hieronymus, des Priesters, über Jesaja, den Propheten.« Sie ist sehr kunstvoll in roten und grünen Großbuchstaben ausgeführt und nimmt drei Zeilen ein. Darüber sieht man zwei Jochbögen eines mit Ziegeln gedeckten Kreuzgangs. Unter dem ersten Bogen sitzt ein groß gewachsener Kleriker mit Tonsur und Heiligenschein. Eine rote Inschrift links und rechts neben seinem Haupt benennt ihn als »HIERONIM[US]«, den Schriftgelehrten und Übersetzer, der zu den vier großen Kirchenvätern gerechnet wird. In Stridon in der römischen Provinz Dalmatien – Kroatien, Slowenien und Bosnien nehmen heute in Anspruch, dass dieser Ort sich auf ihrem Territorium befand – geboren, war Sophronius Eusebius Hieronymus (ca. 347–420) einer der ersten wirklich internationalen christlichen Gelehrten: Er weilte in Gallien, Antiochia, Syrien, Konstantinopel, Rom und Ägypten, bevor er sich schließlich in Bethlehem niederließ. Hier wird er im blauen Gewand eines gewöhnlichen Priesters dargestellt und nicht als Kardinal, wie es in der westlichen Kunst vom 13. Jahrhundert an in anachronistischer Weise üblich war. (Vor dem 8. Jahrhundert gab es keine Kardinäle im heutigen Sinn.) Hieronymus ist auf dieser Abbildung mit der Arbeit an einer Schriftrolle beschäftigt, auf der bereits die Eingangsworte des Vorworts zu seinem Jesaja-Kommentar stehen. Die Schriftrolle ist so lang, dass sie in die danebenliegende Nische des Kreuzgangs hineinflattert, wo die

Frau, der sein Kommentar gewidmet ist, sie in Empfang nimmt. Eustochium (gest. ca. 419) – verwirrenderweise endet ihr Name als Neutrum – trägt ebenfalls einen Heiligenschein, und auch sie wird durch rote Großbuchstaben identifiziert. Die Heilige, eine Nonne, war die Tochter der heiligen Paula (gest. 404), einer engen Freundin des Hieronymus. Diese beiden Anhängerinnen des Gelehrten hatten Rom gemeinsam verlassen und ließen sich schließlich in der Nähe des Hauses ihres Meisters in Bethlehem nieder, wo sie vier Klöster gründeten. Wenn wir umblättern, finden wir auf der zweiten verso-Seite die Einleitung zu Hieronymus' Vorwort zu seinem Kommentar, dessen Anfangsworte auf der Schriftrolle gewissermaßen »zitiert« werden, in voller Länge: »Expletis vix longo tempore …«. Die Initiale »E« nimmt fast die halbe Seite in Anspruch und ist sehr komplex ausgeführt. Menschliche Gestalten inmitten von Blattwerk füllen den Buchstaben. Es gibt unterschiedliche Mutmaßungen darüber, um wen es sich bei diesen Gestalten handeln könnte. In dem an Eustochium gerichteten Vorwort teilt Hieronymus ihr mit, dass er, nachdem er vor nicht langer Zeit Erläuterungen zu den Propheten und zum Buch Daniel verfasst habe, sich jetzt Jesaja widmen wolle, da er das Paula vor ihrem Tod versprochen habe. Im unteren Teil der Initiale sind allem Anschein nach zwei Männer dargestellt, die die heilige Paula in der Geburtskirche in Bethlehem beisetzen. Weiter schreibt Hieronymus, dass er auch gegenüber dem gelehrten Manne Pammachius, dem Schwager Eustochiums, im Wort stehe. Bei dem mit Schreiben beschäftigten tonsurierten Heiligen, der links in der Initiale dargestellt ist, handelt es sich mit Sicherheit um Hieronymus; dieser blickt ehrfurchtsvoll zu einer jungen Frau und einem Mann hinüber, die in der Mitte und rechts stehen und beide mit Heiligenscheinen geschmückt sind. Das müssen Eustochium und Pammachius sein.

Hieronymus teilt in seiner Einleitung mit, dass er in seiner Erläuterung zum Buch Jesaja das Hauptgewicht auf das legen wird, was der Prophet über das Kommen Christi verkündet. In dem alttestamentarischen Buch heißt es, dass dieser von einer Jungfrau geboren werden, den Na-

NACHFOLGENDE DOPPELSEITE: Das Frontispiz zeigt Jesaja, der in Jerusalem auf einem Thron sitzt. Auf der gegenüberliegenden Seite eine Darstellung des heiligen Hieronymus, der an seine Schülerin schreibt, die Nonne Eustochium.

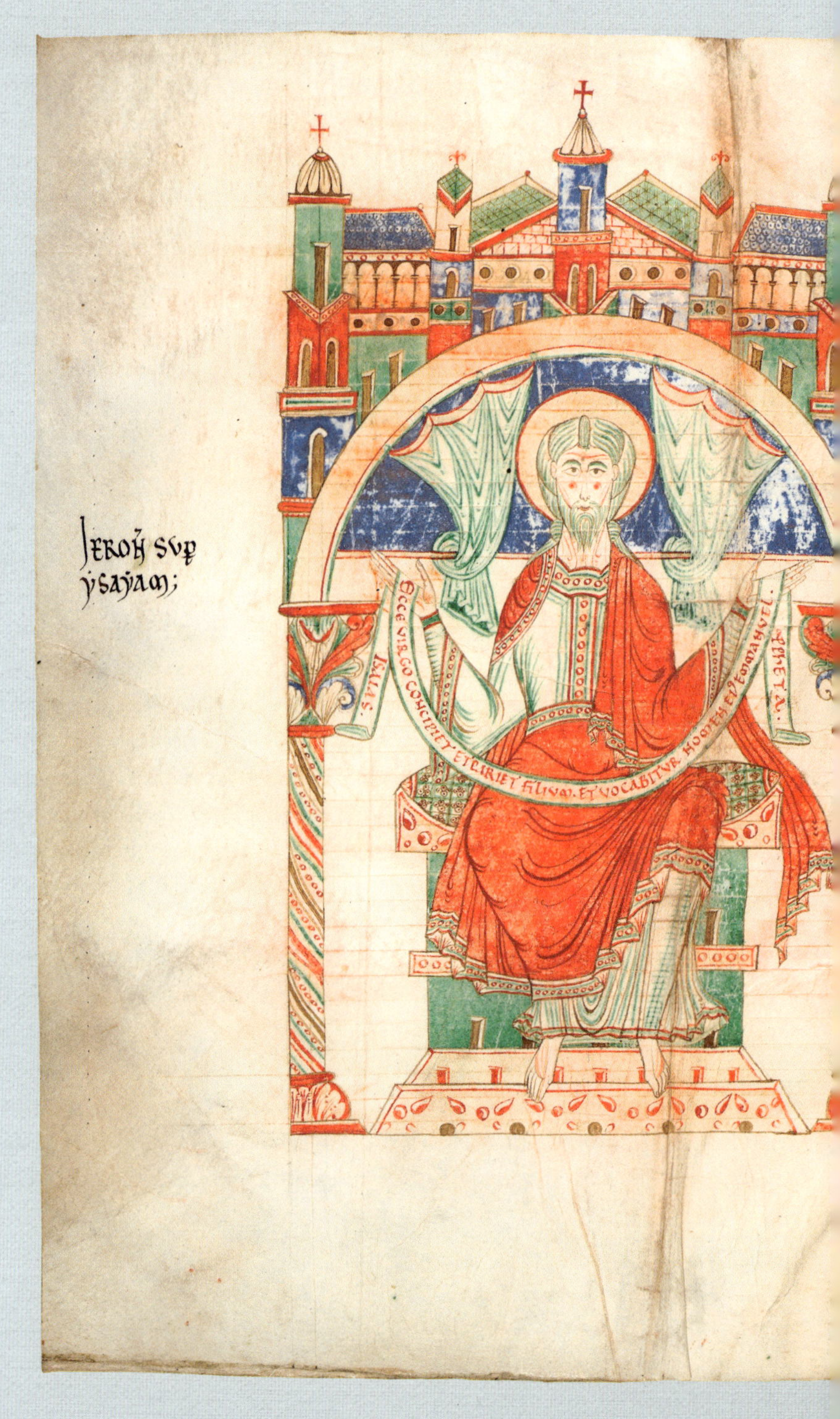
IERON SUP
YSAYAM;
ISAIAS.
ECCE VIRGO CONCIPIET ET PARIET FILIUM. ET VOCABITUR NOMEN EIUS EMMANUEL.
PPHETA.

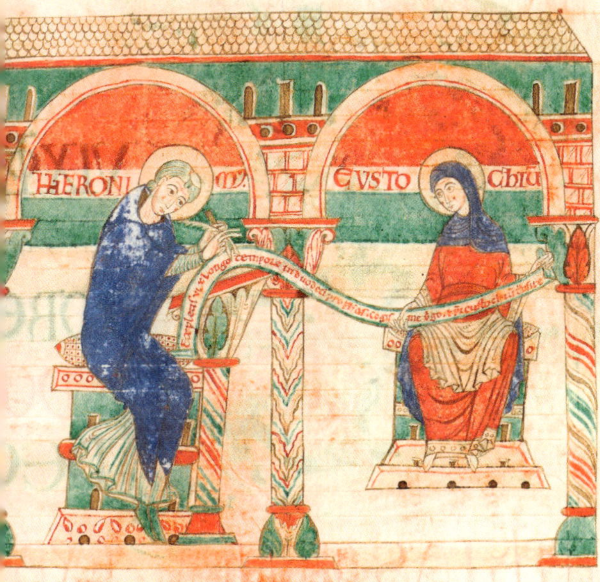

INCIPIT LIBER SCI
HIERONIMI PBRI SUPER
YSAIAM PPHAM AD EUSTOCHIU
VIRGINE XPI

men Immanuel erhalten und das ganze Menschengeschlecht erretten wird. Anders als Beatus in seinem Apokalypse-Kommentar, der bei einer Suche nach mystischen und verborgenen Bedeutungsschichten, die der Verfasser der Offenbarung nie intendiert haben kann, an die Grenzen zum Absurden stößt, bleibt Hieronymus stets rational. Er beschränkt sich darauf herauszuarbeiten, was Jesaja mit jedem seiner Worte wirklich meinte, und zu zeigen, was sie in Bezug auf das Christentum bedeuten. Er macht sich seine umfassenden Sprachkenntnisse zunutze – gibt geradezu an damit – wie auch die Erfahrungen, die er durch seine Übersetzung der Bibel ins Lateinische gesammelt hat. Nehmen Sie zum Beispiel seinen Kommentar zu Jesaja 1, 3. In diesem Vers spricht der Herr zu dem Propheten: »Ein Ochse kennt seinen Herrn und ein Esel die Krippe seines Herrn; aber Israel kennt's nicht, und mein Volk versteht's nicht.« Hieronymus vergleicht den Wortlaut dieses Verses mit dem in der griechischen Septuaginta (»Israel kennt *mich* nicht, und mein Volk versteht *mich* nicht«) und mit der metaphorischen Darstellung des Sachverhalts in der hebräischen Fassung: »Israel kennt seinen Herrn nicht« und »die Menschen haben die Krippe ihres Herrn nicht erkannt«. Er merkt an, dass die Israeliten nicht mit Hunden zum Beispiel verglichen werden, die kluge und domestizierte Tiere sind, sondern mit Tieren, die als begriffsstutzig gelten. Der Ochse, der das Joch des Gesetzes trägt, repräsentiere die Juden, und der von Sünden niedergedrückte Esel symbolisiere die Nicht-Juden. Beides seien Lasttiere, und bei demjenigen, der von seinem Volk zurückgewiesen werde, handele es sich eher als um Gott um Christus, der nämlich gesagt habe: »Kommt her zu mir, alle, die ihr mühselig und beladen seid …« (Matthäus 11, 28). Ähnliches könnte heute in einer ganz normalen Predigt in jeder christlichen Kirche vorkommen.

Eine der von ihrer Bedeutung her umstrittensten Voraussagen aller biblischen Propheten ist die, dass der Heiland von einer »Jungfrau« geboren werden würde. Das wird schon auf der Schriftrolle prophezeit, die auf dem Frontispiz der Handschrift abgebildet ist. Hieronymus erörtert diese Prophezeiung im Buch III, Kapitel 16. Die entsprechende Passage findet sich auf folio 38v und 39r, und ein mittelalterlicher Leser hat sie mit einem zittrigen Strich am Rand markiert. Während das gewöhnliche hebräische Wort für Jungfrau »*bathula*« sei, erklärt Hieronymus, verwende Jesaja den Ausdruck »*alma*«, womit in der gesamten Septuaginta einfach eine junge Frau gemeint sei. Die Juden bestritten daher, dass Jesaja die

Geburt Jesu von einer Jungfrau vorhergesagt habe. Jedoch, so legt Hieronymus ausführlich dar, wobei er nicht nur unterschiedliche Formen des Worts im Alten Testament anführt, sondern auch eine griechische Fassung der Schöpfungsgeschichte aus dem zweiten nachchristlichen Jahrhundert von dem zum Judentum konvertierten Gelehrten Aquila, besitze das Wort im Hebräischen noch eine Nebenbedeutung: Es bezeichne etwas, das verborgen sei, so wie eine Jungfrau von ihren Eltern verborgen gehalten werde und daher noch von keinem Mann gesehen worden sei. Das sei die Bedeutung von »*alma*« in der punischen Sprache, die sich vom Hebräischen ableite. Wenn Jesaja also das Wort in dieser Bedeutung verwende, dann wolle er doch zum Ausdruck bringen, dass die Mutter Jesu tatsächlich von jungfräulicher Reinheit sein werde. Und so weiter und so fort. Der Schreiber des Manuskripts Bodley 717 transliteriert hebräische Wörter, das heißt, er gibt sie mit lateinischen Buchstaben wieder, zieht aber über ihnen eine waagerechte Linie, um sie als »exotisch« zu kennzeichnen – ähnlich heben wir Wörter durch Kursivierung hervor. Hieronymus erweist sich als beeindruckend polyglott, sogar nach heutigen Maßstäben, und das verleiht seinen Ausführungen Autorität.

Für einen Bibelkommentar, im Mittelalter gewöhnlich eine der kargsten Textsorten, ist dieser außergewöhnlich luxuriös gestaltet. Der Beginn des Haupttextes wird durch eine große Initiale markiert, die Jesaja zeigt, der den Israeliten etwas prophezeit. Die Juden sind dadurch als solche gekennzeichnet, dass sie einen »Judenhut« tragen, jene charakteristische konisch zulaufende Kopfbedeckung, die im Heiligen Römischen Reich während des Mittelalters zur jüdischen Tracht gehörte. Jedes der insgesamt achtzehn Bücher des Jesaja-Kommentars beginnt mit einer kunstvollen großen Initiale, die aus verschlungenen Pflanzenstengeln und Blüten gebildet wird, zu denen manchmal noch Drachen und Löwen hinzukommen, und die sich von einem den Hintergrund bildenden farbigen Feld abhebt. Auf jeder Seite finden sich kleine rote oder grüne Kapitälchen, von denen einige überdies verziert sind. Die gesamte Handschrift macht einen dekorativen und kostbaren Eindruck.

NACHFOLGENDE DOPPELSEITE: Der Kommentar des Hieronymus zu Jesaja 7,14, wo prophezeit wird, eine Jungfrau werde einen Sohn gebären. Die Passage ist am Rand mit einem Strich markiert, und daneben steht: »contra iudeos«, »im Gegensatz zu den Juden«.

signum petierint & acceperint. Quamquam iuxta hebrei sermon
itatem in quo scriptum est: ulo enasse adonay & omnis similiter tr
non temptabo dominum possit legi non exaltabo dominum. Sciebat
prius quod si signum peteret acceptur(us) esset. & glorificaretur
quasi idolorum cultor. qui in omnibus angulis platearum & in m
cisque nemorosis aras constituerat. & per leuitas habebat ph
uult signum petere quod preceptum est. Et dixit. Audite ergo
Numquid parum uobis est molestos esse hominibus: quia mol
deo meo. Quis est iste qui dixit. audite ergo domus dauid.
dominus qui supra ad achaz dixerat. pete tibi signum a domino deo tu
ut ex consequentibus approbatur. Quia molesti estis & deo meo. &
Quia non solum prophetas persequimini & eorum dicta contemnit
& iubentis dei sententie contra itis. ita ut ei exhibeatis lab
alio loco ait. laboraui sustinens. idcirco dominus faciet que sec
Pro labore & molestia quod aquila & simmachus transtuler
ta & theodotion agonem interpretati sunt. id est luctam ac
quia contentiose non subiciant collum dei seruituti. sed ill
eorum uolente curare respuant sanitatem. Et hoc notandum
rege impiissimo nolente signum petere sermo propheticus a
dauid hoc est ad tribum regiam conuertatur. de qua supra
& nunciauerunt hec domui dauid dicentes. Consensit siri
Propterea dabit dominus ipse uobis signum. Ecce uirgo concipiet
filium & uocabis nomen eius emmanuel. Nequaquam mu
iuxta apostolum paulum & multis modis loquatur deus. nec iuxt
prophetam in manibus prophetarum assimilabitur. sed qui ante loque
-lios dicet ipse assum. De quo & sponsa rogabat in canticis
Osculetur me osculo oris sui. Dominus enim uirtutum ipse est rex g
descendet in uterum uirginalem. & ingredietur & egredietur
talem portam que semper clausa est. de qua gabriel dicit ad ui
Spiritus sanctus superueniet in te & uirtus altissimi obumbrabit tibi.
quod nascetur in te sanctum uocabitur filius dei. & in puerbii
entia edificauit sibi domum. Quando autem dicitur. dabit
uobis signum. nouum debet esse atque mirabile. Si autem iu
uel puella ut iudei uolunt & non uirgo pariat. quale sig
appellari. cum hoc nomen etatis sit non integritatis. & reuer
iudeis conferamus pedem. & nequaquam contentioso fune p
eis risum nostre impietie. uirgo hebraice betula appellatur. q
loco non scribitur. sed pro hoc uerbo positum est alma. quod preter se

Contra iudeos

lolescentulam transtulerunt. Porro alma apud eos uerbum ambi-
est. Dicitur enim & adolescentula & abscondita. id est apocrifos.
& in titulo psalmi noni ubi in hebraico positum almanot. ceteri
translulerunt pro adolescentia. quod septuaginta interpretati sunt
nditis. Et in genesi legimus ubi rebecca dicitur alma. aquilam
lolescentulam nec puellam. sed absconditam transtulisse. Su-
s quoque mulier amisso filio cum helisei fuisset pedibus prouo-
prohiberet eam giezi. audit a propheta. Dimitte eam. quia in do-
& dominus abscondit a me. In hebreo scriptum est. celimmenimmenni. — *Pro eo quod in latino dicitur abscondit a me.*
non solum puella uel uirgo. sed cum epitasi. uirgo abscondi-
& secreta. que numquam uirorum patuerit aspectibus. sed mag-
rentum diligentia custodita sit. Lingua quoque punica que de
orum fontibus ducitur. proprie uirgo alma appellatur. Et ut
prebeamus iudeis. nostro quoque sermone alma sancta dicitur. Omnium quoque
inguarum uerbis utuntur hebrei. ut est illud in cantico canticorum.
eco forion id est ferculum fecit sibi salomon. quod & in hebreo
gimus. Verbum quoque nugas & mensuram. hebrei eodem modo
em appellant sensibus. Et quantum cum mea pugno memoria. numquam
bitror alma in muliere nupta legisse. sed in ea que uirgo est. ut
olum uirgo sit sed uirgo iunioris etatis. & in annis adolescentie.
enim fieri. ut uirgo sit uetula. Ista autem uirgo erat in annis
aribus. uel certe uirgo non puellula. & que adhuc uirum nosse
set. sed iam nubilis. Denique & in deuteronomio sub puelle
lescentule nomine. uirgo intelligitur. Si inuenerit inquit
in campo puellam desponsatam. & ui opprimens dormierit
. interficietis uirum solum qui concubuit cum ea. & puelle nichil
is mali. Non est adolescentule peccatum mortis. quia quomodo
s insurgat contra proximum suum & interficiat animam eius. sic
egotium accidit. In agro inuenit eam. clamauit puella des-
ta. & non inuentus est qui auxiliaretur ei. Et in regum uolu-
legimus. quod quesierint puellam uirginem nomine abisag
roduxerint ad regem. que dormiret & foueret eum. & erat puella
ta nimis. & ministrabat ei. Et rex non cognouit eam. Quodque sequitur.
abis nomen eius emmanuel. & septuaginta & tres reliqui similiter
uler. Pro quo in matheo scriptum est. uocabunt. quod in he-
o non habetur. Ergo iste puer qui nascetur ex uirgine o domus
d nunc a te appelletur emmanuel id est nobiscum deus. quia
ipsis probabis a duobus inimicis regibus liberata. deum te habere

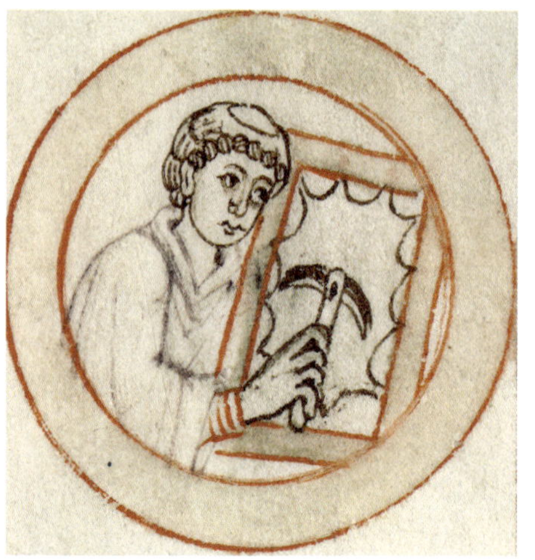

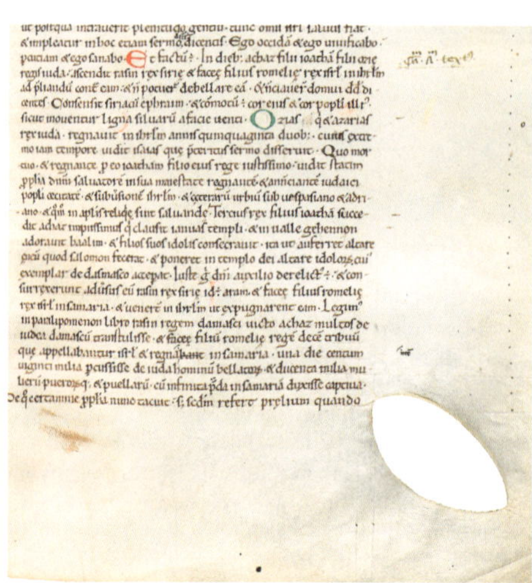

LINKS: Diese Zeichnung aus dem 12. Jahrhundert zeigt einen Pergamenter, der eine in einen Rahmen gespannte Haut mit dem Schabemesser glättet; RECHTS: ein durch einen Schnitt in die Tierhaut verursachtes Loch in einem Blatt von Hugo Pictors Handschrift.

Interessanterweise scheinen die Blattränder nie beschnitten worden zu sein, und vor allem an vielen Unterkanten ist die natürliche Wellung der für das Pergament verwendeten Tierhaut erhalten geblieben. Manchmal ist in einer Außenecke ein Bogen sichtbar, der eindeutig vom Halsansatz oder der Schulter des Tieres stammt, und es zeichnen sich sogar parallele gekräuselte Linien ab, die dadurch entstanden sind, dass die Haut bei der Herstellung gedehnt und straff in einen Rahmen gespannt wurde. In dem zitierten Rätsel aus dem Exeter Book wurde auf die verschiedenen Stadien der Pergamentherstellung angespielt, so das Einweichen der Haut in Wasser, das Gebleichtwerden in der Sonne, das Entfernen der Haare und das Abschaben mit einem Messer. Bei der Pergamentherstellung wird die gewässerte eingeweichte Haut in einen Rahmen gespannt, so dass von allen Seiten eine beträchtliche Zugkraft auf sie einwirkt, und, während sie allmählich trocknet, mit einem Messer geglättet und immer dünner geschabt. Stammt die Haut von einem Schaf oder einer Ziege, erfolgt diese Bearbeitung mit einem Messer, solange sie noch nass ist. Handelt es sich um die Haut eines Kalbs, schabt der Pergamenter sie noch weiter ab, wenn sie bereits getrocknet, aber nach wie vor in den Rahmen gespannt ist. Diesen letzten Arbeitsschritt zeigt eine Vignette auf einem berühmten Frontispiz zu einem Codex aus dem frühen 12. Jahrhundert, der Werke des heiligen Ambrosius enthält und heute in der Staatsbibliothek Bamberg liegt. Man sieht einen Mönch, der eine Tierhaut, die in einen hölzernen Rahmen gespannt ist, mit einem speziellen Instrument, das aus einer an einem Griff befestigten halbmondförmigen Klinge besteht, abschabt. Das Werkzeug wurde »lunellum« genannt. Es konnte passieren, dass man mit der Klinge aus Versehen in die Haut schnitt. Weil diese aber in alle Richtungen gezogen wurde, konnte schon ein kleiner Riss oder Schnitt sich ausweiten zu einem ovalen oder runden Loch. In der Handschrift Bodley 717 gibt es Beispiele dafür auf folio 36 und 53 sowie auf weiteren Blättern. Gelang es dem Pergamenter aber, die Haut schnell aus dem Rahmen zu lösen, dann vermochte er unter Umständen den Schnitt zuzunähen, bevor sich die Stelle zu weit öffnete. Auf folio 42 und folio 188 kann man solche Flickarbeiten erkennen: In beiden Fällen ist der Schnitt mit feinen Stichen zugenäht, einmal mit weißem, dann mit grünem Faden. Zweifellos handelt es sich um Reparaturen, ausgeführt in der Werkstatt des Pergamenters, bevor die Häute zum Schreiber geschickt wurden. Für solche Näharbeiten gibt es auf Pergamentbögen aus romanischer Zeit zahlreiche Belege, doch hat man diese Reparaturtechnik nie eingehend studiert, was sich eigentlich lohnte, nicht zuletzt deswegen, weil diese kunstvollen Stickarbeiten zu der Zeit vorgenommen wurden, als auch der Teppich von Bayeux entstand. Von allen künstlerischen Produkten des Mittelalters sind solche, die mit Nadel und Faden zustande kamen, am seltensten erhalten – wenn man von unerwarteten und auch nirgends verzeichneten Arbeiten auf den Seiten von Handschriften wie hier absieht.

Nachdem sie mehrfach geschliffen worden war, wurde die Haut, wie in dem Rätsel beschrieben, geschnitten und gefaltet und zu Lagen zusammengestellt.* Die Handschrift des Jesaja-Kommentars ist vollständig – eines der wenigen vollkommenen und unversehrten Manuskripte, denen wir in diesem Buch begegnen werden. Bei der modernen Foliierung mit Bleistift wurde die Ziffer »165« versehentlich wiederholt, die Nummerierung (an die ich mich hier halte) ist also von jener Stelle an immer um

* Die Lagenstruktur von Hugo Pictors Handschrift ist die folgende: 2 mittelalterliche Vorsatzblätter + 4 Einzelblätter (folios iii–vi) + i–xxxii^{6}, xxxiii^{8}, xxxiv–xxxv^{8}, xxxvi^{10} + 2 mittelalterliche Vorsatzblätter. Auf den letzten Blättern der meisten Lagen finden sich römische Ziffern. Wir kommen später auf jene vier separaten Einzelblätter (folios iii–vi) zurück, da sich in ihnen ein wichtiger Teil unserer Geschichte verbirgt.

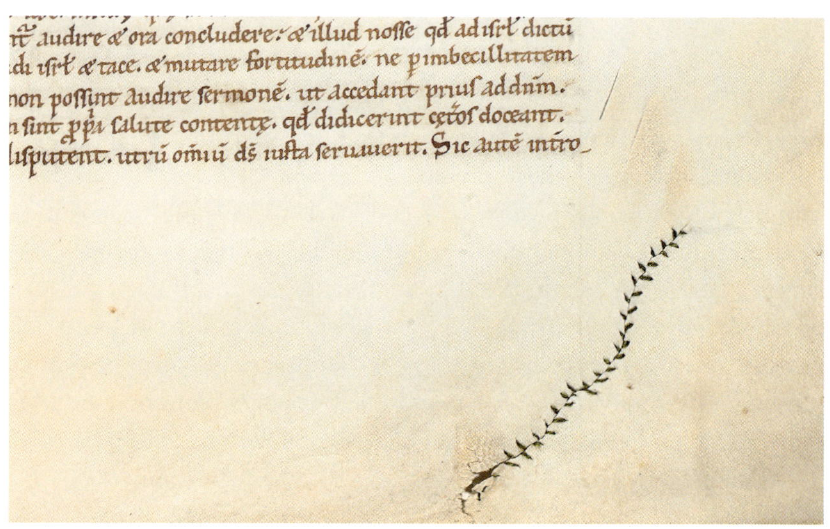

Ein versehentlich während der Herstellung entstandener Schnitt auf einem Pergamentblatt, der mit grünem Faden genäht wurde.

eins zu niedrig. Jede Seite umfasst achtunddreißig Zeilen; die Hilfslinien sind entweder durch Rillen im Pergament – das ist die sogenannte Blindlinierung – oder mit Blei gezogen worden, die als Markierungspunkte dienenden Einstichlöcher sind an den Außenrändern noch deutlich zu sehen. Der Text ist in einer einzigen Kolumne niedergeschrieben, was typisch für das 11. Jahrhundert ist, aber seit dem 12. nicht mehr üblich war. In einem Band dieses Umfangs war der Text dann für gewöhnlich auf zwei Kolumnen pro Seite verteilt.

Die Untersuchung der Handschrift ergibt, dass der Originaleinband im Kern anscheinend noch erhalten ist. Die Blattränder sind nicht beschnitten, wie wir gerade gesehen haben, das heißt, dass jenes Glätten der Kanten, das bei einem Neueinbinden im 17. Jahrhundert üblicherweise vorgenommen wurde, unterblieb. Die einzelnen Lagen sind auf lediglich drei Bünde genäht, was im 17. Jahrhundert bei einem so großen Codex das Minimum gewesen wäre, im 11. aber üblich war, und die Positionen dieser Bünde stimmen mit den schwachen Abdrücken auf den mittelalterlichen, früher einmal an den Innenseiten der Holzdeckel angeklebten Vorsatzblättern an den Stellen, an denen die Bünde zum Vorschein gekommen sein müssen, überein. Zwischen den Lagen 19 und 20 (im Anschluss an folio 152) liegt gegenwärtig ein Stück Schnur von einem mittelalterlichen Lesezeichen. Es wäre herausgefallen, wenn die Lagen jemals zum Zweck einer Neubindung separiert worden wären. Dort, wo sich der Einband teilweise gelockert hat (zwischen folio 129 und 130), so dass man einen Blick auf die Innenseite des Rückens werfen kann, lassen sich keine Spuren für ein erneutes Festnähen erkennen. Das alles lässt darauf schließen, dass die Handschrift 1602 noch in die dicken mit Leder bezogenen Bretter eingebunden war, die in jener letzten Herstellungsphase, die in dem Rätsel im Exeter Book beschrieben wird, angebracht worden waren. Um es – möglichweise zu Transportzwecken – leichter zu machen, wurden die Bretter entfernt. Nach dem Eintreffen der Handschrift in Oxford wurden dann die aus dem 11. Jahrhundert stammenden Bünde einfach an billige neue Pappdeckel angenäht und mit einem neuen Rücken bedeckt. Die darunter verborgene tausend Jahre alte Struktur war und ist immer noch stabil genug.

Genau wie die Überführung der Handschrift nach Oxford sicher dokumentiert ist, ist auch die Tatsache, dass sie ursprünglich aus Exeter stammte, unbestritten. Am oberen Rand der Rückseite des Blattes, welches das Frontispiz trägt, findet sich ein Eintrag, der anscheinend von der Hand John Grandisons stammt, der von 1327 bis 1369 Bischof von Exeter war. Er lautet: »lib[er] Ecc[lesi]e Exon[iensis] de [commun]i[bus]«, »das Buch der Kirche von Exeter aus der gemeinschaftlichen Sammlung«. Zwei Seiten weiter steht über der Initiale zu Beginn des Textes noch einmal: »lib[er] Ecc[lesi]e Exon[iensis]«. In einem Verzeichnis der Besitztümer der Kathedrale, das 1327, unmittelbar bevor Grandison sein Amt antrat, für den Zweiten Schatzmeister angelegt wurde, sind zwei Exemplare des Hieronymus-Kommentars zu Jesaja aufgeführt. Der Wert des einen, das als klein beschrieben wird, wird auf 13 Shilling, 4 Pence taxiert. Von dem anderen heißt es, es sei groß, sein Wert belaufe sich aber auf bescheidenere 10 Shilling. Da man sich kaum eine prächtigere Handschrift vorstellen kann, handelt es sich bei der von uns untersuchten vermutlich um die kostbarere der beiden. Die Preisangaben in mittelalterlichen Bibliotheksverzeichnissen nennen für gewöhnlich die Höhe des Verlustes, der entsteht, wenn einem Entleiher ein Buch abhandenkommt. Um 1412/13 stellte man in Exeter das Entleihen von Büchern ein; man errichtete damals ein neues Bibliotheksgebäude, in dem die Bücher mit Ketten gesichert waren. Zu jenem Zeitpunkt war nur noch ein Exemplar des Hieronymus-Kommentars vorhanden. Das andere kann sehr wohl ausgeliehen und nie wieder zurückgegeben worden sein. Die erhalten gebliebene Handschrift wurde in einem Verzeichnis aus dem Jahr 1506 aufgeführt, sie kann aufgrund der spätmittelalterlichen Sitte, die Eingangsworte, die sich auf dem zweiten Folium einer Handschrift finden, zu zitieren, eindeutig identifiziert werden. Dieser Brauch geht darauf zurück, dass alle Kopien ein und desselben Textes einen identischen Beginn haben, der Übergang zum zweiten Blatt aber in fast jeder Abschrift an einer anderen Stelle erfolgt. Der Exeter-Hieronymus wird mit dem Zusatz »2 folio *eiusque sapiencia*« gekennzeichnet, und das sind in der Tat die beiden Wörter, mit denen der Text auf Blatt 2 beginnt. Der Band wurde als neunter auf dem neunten von elf Lesepulten an der Südseite der Bibliothek aufbewahrt. Am unteren Rand des letzten Vorsatzblattes des Bandes ist ein klarer grüner Abdruck von dem Schlussstück einer Kette zu sehen; dieser könnte aber auch erst zurückgeblieben sein, als der Codex im 17. Jahrhundert in der Bodleiana an die Kette gelegt wurde.

Die Existenz des Textes in Exeter im frühen 14. Jahrhundert ist auch anderweitig bezeugt. Zu jener Zeit legten die Franziskaner in Oxford ein sogenanntes *Registrum Anglie de libris doctorum et auctorum veterum* an, eine Art von Gesamtverzeichnis der wichtigsten theologischen Schriften der Kirchenväter, die man in nahezu hundert religiösen Einrichtungen in England, Schottland und Wales eingesehen hatte. Der Jesaja-Kommentar des Hieronymus wurde häufig aufgeführt und als in vierundzwanzig britischen Bibliotheken – einem Viertel der in dem *Registrum* erfassten – vorhanden gemeldet, inklusive der Kathedrale von Exeter.

Im 11. Jahrhundert aber war der Text auf der britischen Insel ein Novum und überaus selten. Im angelsächsischen England war kein Exemplar von ihm bekannt gewesen. Hieronymus erwähnt Britannien, als er in seinen Erläuterungen zu Jesaja 40 auf die Verbreitung der Menschen auf der Erde zu sprechen kommt (es erfüllt mit merkwürdiger Befriedigung, dass Hieronymus, der seinen Kommentar in Bethlehem verfasste, überhaupt von dieser Erdregion gehört hatte). Um 1090 tauchten die ersten drei Exemplare des Jesaja-Kommentars in England auf – alle drei beinahe zur gleichen Zeit. Sie wurden von den Kathedralen in Exeter (unser Exemplar), Canterbury und Salisbury erworben. Die Frage ist, wie und vor allem warum der Jesaja-Kommentar des Hieronymus plötzlich nach England gelangt war. Die Antwort erfordert es, einen Blick auf die politische und soziale Geschichte zu werfen, denn das spätere 11. Jahrhundert war in England die Zeit eines unvorstellbaren Umbruchs und Wandels.

Man bitte jemand in Großbritannien, ein historisches Datum zu nennen. Von ein paar Leuten abgesehen, die sich nie von dem Freudentaumel erholt haben, in den sie der Gewinn der Fußballweltmeisterschaft durch England im Jahr 1966 versetzt hat, werden die meisten sagen: »1066«. Die von Wilhelm, dem Herzog der Normandie, befehligte Invasionsflotte landete am 28. September jenes Jahres bei Pevensey an der Südküste – so wie auf dem Teppich von Bayeux dargestellt. Die Invasoren schlugen die angelsächsischen Truppen und töteten am 14. Oktober in der Schlacht von Hastings König Harold. Herzog Wilhelm, der später den Beinamen »der Eroberer« erhielt, wurde am Weihnachtstag des Jahres 1066 in der Westminster Abbey zum König von England gekrönt. Das hatte verheerende Auswirkungen auf das Leben und die Kultur der Angelsachsen, bewirkte aber auch, dass England in die gemeineuropäische Geschichte hineinkatapultiert wurde. Das Datum 1066 hat sich so tief in das englische Bewusstsein eingebrannt, dass es unvergesslich ist. Die Eroberung durch die Normannen und deren sich daran anschließende Besetzung des Landes führten einen radikalen Wandel herbei, was Aspekte der Regierungsausübung, des Landbesitzes, sozialer Privilegien, der Sprache und der gesellschaftlichen Identität betrifft, und diese Änderungen wirken sich noch heute auf das Leben in Britannien aus. Auch in der modernen Landschaft verschaffen sich die Gebäude Geltung, die von den Eroberern errichtet wurden, um den Einheimischen Trotz zu bieten – große steinerne Burgen, die hoch über mittelalterlichen Städten aufragen, sowie Kathedralen und Klöster in dem soliden romanischen Stil, der aus Kontinentaleuropa importiert worden war. Manchmal wurde sogar der Stein für diese Bauwerke aus der Normandie herübergeholt. Die Burgen wurden von Normannen bemannt, und auch die Bischöfe und Äbte, denen die Kathedralen und Klöster unterstellt wurden, hatten fast immer ähnliche Positionen zuvor in der Normandie innegehabt. Nicht alles war schlecht. Der Mönch Wilhelm von Malmesbury (ca. 1080–1143) hinterließ eine berühmte Schilderung davon, wie die Normannen das im Niedergang begriffene klösterliche Leben mit neuer Energie erfüllten. Viele neue Abteien wurden gegründet. Zwischen 1066 und 1135, dem Todesjahr von Heinrich I., dem jüngeren Sohn des Eroberers, stieg die Zahl religiöser Einrichtungen von sechzig auf mehr als 250 an, und alle benötigten Bücher.

Die neue Regsamkeit und Geschäftigkeit spiegelt sich ganz greifbar in der Zahl der erhaltenen Manuskripte wider. Aus den davorliegenden fünf Jahrhunderten christlicher Bemühungen und klösterlicher Kultur in England, also der Zeit zwischen dem Eintreffen des heiligen Augustinus auf der Insel und ihrer Eroberung durch Wilhelm, den Herzog der Normandie, sind nur ganz wenige Handschriften überliefert; selbst Fragmente sind selten. Hingegen sind nahezu tausend Bücher erhalten, die aus der Zeit zwischen 1066 und 1130 stammen, und zwischen 1130 und dem Ende des Jahrhunderts entstanden zu viele, als dass jemand den Versuch unternommen hätte, sie zu zählen. Diese große Menge ist ein handgreiflicher Beleg dafür, dass die Herstellung von Handschriften und die Ausstattung von Bibliotheken mit ihnen in Folge der normannischen Eroberung einen enormen Aufschwung erfuhren.

Es war nicht so, dass die Angelsachsen keine Bücher gekannt hätten, aber die Zahl der verfügbaren Werke und die Möglichkeit, sie zu erwerben, waren beschränkt gewesen. Die Tage, als man in Wearmouth und Jarrow Studien betrieben hatte, wie sonst nur im Mittelmeerraum üblich, waren längst vorbei, und die Klöster hatten unter den nicht nachlassenden Einfällen der Wikinger gelitten. Bischof Leofric, der Stifter des Exeter Book, hatte seiner Kathedrale eine Reihe von Handschriften übergeben, doch abgesehen von einer Liturgie und ein paar Texten in Altenglisch handelte es sich vorwiegend um Werke, die er sich im Lauf seiner Studien in Lothringen mehr oder weniger planlos zugelegt hatte, und viele seiner Kanoniker dürften sie mit Verblüffung und uninteressiert zur Kenntnis genommen haben. Ohne Leofric hätte es aber im spätangelsächsischen Exeter so gut wie keine Bücher gegeben.

Charakteristisch für die Normannen war das Streben nach Standardisierung. Es scheint beinahe, dass, als sie die Herrschaft über die in England existierenden kirchlichen Institutionen übernahmen oder neue begründeten, ein Verzeichnis von Werken verschickt worden wäre, deren Besitz für verpflichtend erklärt wurde. Der Eifer, mit dem man die Anschaffung dieser Handschriften betrieb, war mit dem vergleichbar, mit dem Thomas Bodley um 1600 ans Werk ging, die Einkaufsliste war aber noch wesentlich präziser. Plötzlich erwartete man von jeder Klosterbibliothek, dass sie die grundlegenden Werke der traditionellen christlichen Theologie besaß. Latein wurde wieder die internationale Sprache der Gelehrsamkeit. Normannische Neugründungen von religiösen Institutionen wurden pflichtgemäß mit umfassenden weitgehend identischen

Sammlungen der Schriften der Kirchenväter ausgestattet, vor allem denen von Ambrosius, Hieronymus, Augustinus, Cassiodor und Gregor dem Großen. Zu diesem obligatorischen Kern jeder Bibliothek gehörten im Allgemeinen der Kommentar des Ambrosius (ca. 339–397) zu Lukas und vielleicht auch sein *Hexameron* zu den sechs Tagen der Schöpfung; die Briefe und Kommentare des Hieronymus (ca. 342–420), das *De civitate dei* des Augustinus (354–430) und seine Abhandlungen zur Genesis, zu den Psalmen (häufig in drei Bänden) und zum Johannes-Evangelium; der Psalter-Kommentar des Cassiodor (ca. 485–ca. 580) sowie die langen und weitschweifigen *Moralia* von Gregor (ca. 540–604), bei denen es sich um einen Kommentar zum Buch Hiob handelt, in dem viel Vernünftiges über das menschliche Leben steckt. Viele dieser traditionellen Texte waren früher nur sehr selten oder überhaupt nicht in englischen Bibliotheken vertreten gewesen. Innerhalb einer kurzen Zeitspanne wurden jetzt sehr viele Bücher hergestellt, und so wie die normannischen Kirchenbauten sich alle ähnelten, taten es auch die neuen Handschriften. Etwas mehr als die Hälfte der Sammlung, die 1602 von der Kathedrale in Exeter nach Oxford gebracht wurde, bestand aus Handschriften, die zwischen dem späten 11. und dem frühen 12. Jahrhundert entstanden waren. Darunter waren vier Bände mit den Schriften des Ambrosius, drei mit solchen von Hieronymus, fünfzehn mit Werken des Augustinus und neun mit Abhandlungen Gregors. Alle von ihnen befinden sich heute in der Bodleian Library. Viele von ihnen ähneln stilistisch dem Hieronymus-Kommentar Hugo Pictors. Im Bücherverzeichnis der Exeter Cathe-

Nachdem er den Text mit dem einer anderen Abschrift des Jesaja-Kommentars verglichen hatte, notierte ein Korrektor, der vermutlich an der Kathedrale von Exeter tätig war, am Rand: »Istud n[on est] de Jeron[imo].« [»Das ist nicht von Hieronymus.«]

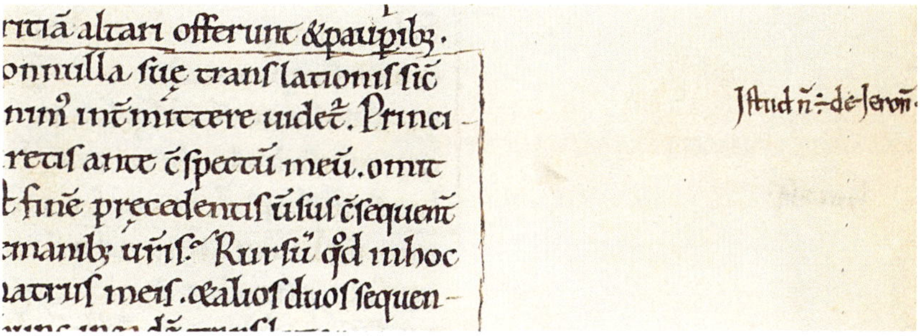

dral von 1327 sind sogar noch mehr patristische Texte aufgeführt, darunter elf von Hieronymus, zweiundzwanzig von Augustinus und fünfzehn von Gregor. Die meisten dieser Texte waren vor dem späten 11. Jahrhundert in Exeter nicht greifbar gewesen, und einige von ihnen – wie Hieronymus zu Jesaja – hatten keine Vorläufer in ganz England. Vorlagen für solche Werke hatte man anderswo ausfindig machen müssen. Es ist wahrscheinlich, dass sie alle aus der Normandie kamen.

Bodley 717 gehört dem sogenannten »gallikanischen« Überlieferungsstrang von Hieronymus' Jesaja-Kommentar an, der in Nordfrankreich durch viele Handschriften vertreten ist, darunter auf das 8. Jahrhundert datierbare aus den Klöstern Corbie in der Nähe von Amiens und Saint-Amand, das zwischen Lille und Valenciennes liegt. Man glaubt, dass sie alle von einer nicht erhaltenen Handschrift abstammen, die sich vielleicht einmal in der Palastbibliothek von Karl dem Großen befand. Verglichen mit anderen, die dieser Familie angehören, gibt es aber in Bodley 717 einige Merkwürdigkeiten, und diese sind schon jemandem im mittelalterlichen Exeter aufgefallen. So ist zum Beispiel auf den folios 7r –7v eine lange Passage in den Kommentar zu Jesaja 1, 12 eingeschoben. Ein Korrektor hat im späten 11. Jahrhundert bereits eine Warnung daneben an den Rand geschrieben: »Istud non est de Jeronimo«, »Das ist nicht von Hieronymus« (was stimmt, und es ist mir nicht gelungen, eine Quelle für diese von dem frühen Leser bemängelte Passage zu finden). Derselbe Korrektor hat an verschiedenen Stellen alternative Lesarten vorgeschlagen. In der Nähe des Anfangs finden sich Beispiele dafür unter anderem auf folio 3r, wo es heißt, der Name Jesaja bedeute »*salvator do-*

Der Korrekturleser vermerkte auf folio 227r für sich selbst, wie weit er mit seiner Arbeit gekommen war.

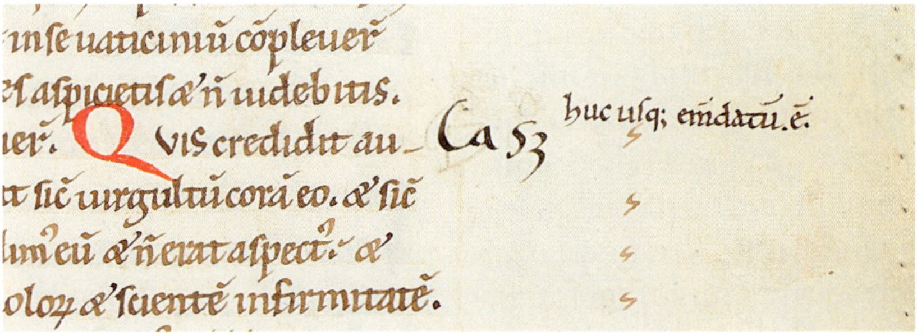

mini«. Der Unbekannte schlägt stattdessen vor: »*salutare domini*«; auf folio 6r, in den Erläuterungen zu Jesaja 1, 8, wo im Text gesagt wird, Paulus habe mehr zu dem Thema geschrieben: »scribensque dicit ›*Ergo numquid* …‹«, was richtigerweise korrigiert wird zu: »…scribensque, ›*Dico ergo, numquid* …‹« (bezieht sich auf Römer 11, 1); sowie auf folio 9r, wo im Text auf »*ministeria vini*« Bezug genommen wird, und der Korrektor meint, »*misteria vini*« ergebe mehr Sinn. Auf folio 227r hinterließ der Korrektor eine Notiz für sich selbst: »huc usq[ue] em[en]datu[m] e[st]«, »bis hier korrigiert«. Als er mit seiner Arbeit weitermachte, vergaß er, die Notiz wieder zu löschen.

Während der Hauptteil der Handschriften aus Exeter in die Bodleiana verbracht wurde, befinden sich in anderen englischen Kathedralen große Teile ihrer mittelalterlichen Bibliotheken noch *in situ*; sie sind seitdem kaum noch angerührt worden. Um Bodley 717 besser zu verstehen, wollen wir Tageausflüge zu zwei dieser Kathedralen unternehmen. Die erste ist die von Salisbury, die schöne Kathedrale mit ihrem gotischen Turm in der Grafschaft Wiltshire, ungefähr 150 Kilometer südwestlich von London auf der Hälfte des Wegs nach Exeter gelegen. Mit ihrem Bau wurde in den 1220er-Jahren begonnen, nachdem eine ältere Kathedrale an einem weniger geeigneten Standort auf einem Hügel beim nahe gelegenen Old Sarum aufgegeben worden war. Die gegenwärtige Bibliothek wurde 1445 über dem Ostflügel des Kreuzgangs errichtet. Man geht durch eine nicht gekennzeichnete mittelalterliche Eichentür am südlichen Ende des Querschiffs der Kathedrale selbst und steigt eine schmale steinerne Wendeltreppe hinauf, bis man zu einer zweiten mittelalterlichen Tür gelangt, die mit metallenen Bossen besetzt und an der ein eiserner ringförmiger Griff angebracht ist. Dort erwartete mich die Bibliothekarin Emily Naish. Ich war der Erste seit nahezu einem Monat, der seinen Namen in das Besucherbuch eintrug. Es gibt einen kleinen Bereich, in dem man an einem achteckigen Holztisch arbeiten kann; er ist von den Bücherregalen abgetrennt, die wie die Kanzel in einer Kirche mit Gittertüren verschlossen sind. Emily hatte MS 25 schon für mich bereitgelegt. Dabei handelt sich um einen Jesaja-Kommentar des Hieronymus, der für den Vorgängerbau der Kathedrale bei Old Sarum zur Zeit des heiligen Osmund, der Kanzler von Wilhelm dem Eroberer und von 1078 bis 1099 Bischof von Salisbury war, erworben wurde. Osmund, von dem bezeugt ist, dass er als Schreiber und Buchbinder tätig war, stammte aus Séez in der Normandie, und er kümmerte sich mit Sicherheit persönlich darum, dass die Werke, die auf der Liste der für kirchliche Einrichtungen obligatorischen Schriften standen, erworben und/oder kopiert wurden. Als die neue Stadt Salisbury im frühen 13. Jahrhundert angelegt wurde, schaffte man die Besitztümer der alten Kathedrale an den Standort des im Entstehen begriffenen Nachfolgerbaus 3 Kilometer weiter südlich, am Ufer des Avon. Es bereitet Vergnügen, eine Handschrift in die Hand nehmen zu können, deren Besitzer seit nahezu tausend Jahren nicht gewechselt haben und die nie weiter als ein paar Meilen vom Ort ihrer Entstehung entfernt wurde. Die Handschrift in Salisbury sieht ganz anders aus als Bodley 717. Es ist ein Gebrauchstext, die Seiten sind gedrängt voll, und es gibt keine nennenswerten Verzierungen. Ich suchte und fand die vier Stellen, die ich gerade aus der Exeter-Handschrift angeführt habe. Die eingeschobene Passage ist nicht vorhanden. Die drei von dem Korrektor vorgeschlagenen Emendationen stehen im Einklang mit dem Textbefund in der Salisbury-Handschrift. Mit anderen Worten: Es gab zwei unterschiedliche Vorlagen für die beiden Handschriften, doch zu einem sehr frühen Zeitpunkt hat ein Schreiber aus Exeter Hugo Pictors Manuskript mit dem in Old Sarum vorhandenen Exemplar kollationiert, oder sagen wir besser: verglichen, und die drei Änderungen am Rand des in Exeter liegenden Exemplars eingetragen. Das gewährt uns Einblick in eine bestimmte Phase innerhalb der geistigen Geschichte der Anglo-Normannen. Salisbury und Exeter gehören beide zu den neun »säkularen«, das heißt nicht in Verbindung mit einem Kloster stehenden Kathedralen, und es ist zu vermuten, dass enger Kontakt zwischen ihnen bestand und sie ihre Erwerbungen miteinander verglichen. Dass solche Beziehungen zur Zeit von Bischof Osbern existierten, steht außer Zweifel, da das in der Kathedrale von Exeter liegende Exemplar des Domesday Book von einem Schreiber in Salisbury kopiert wurde. Es ist charakteristisch für das Mittelalter, dass bei seinem Vergleich der beiden Hieronymus-Handschriften der Korrektor aus Exeter nicht wirklich in den Text eingriff: Er bemerkte die Abweichungen und schrieb einfach nur das Wort »vel«

RECHTS: Eine andere Abschrift des Jesaja-Kommentars, die im späten 11. Jahrhundert für die Kathedrale von Salisbury angeschafft wurde. Die Handschrift ist weit weniger luxuriös gestaltet, nur minimal ausgeschmückt, mit zahlreichen originalen Löchern im Pergament.

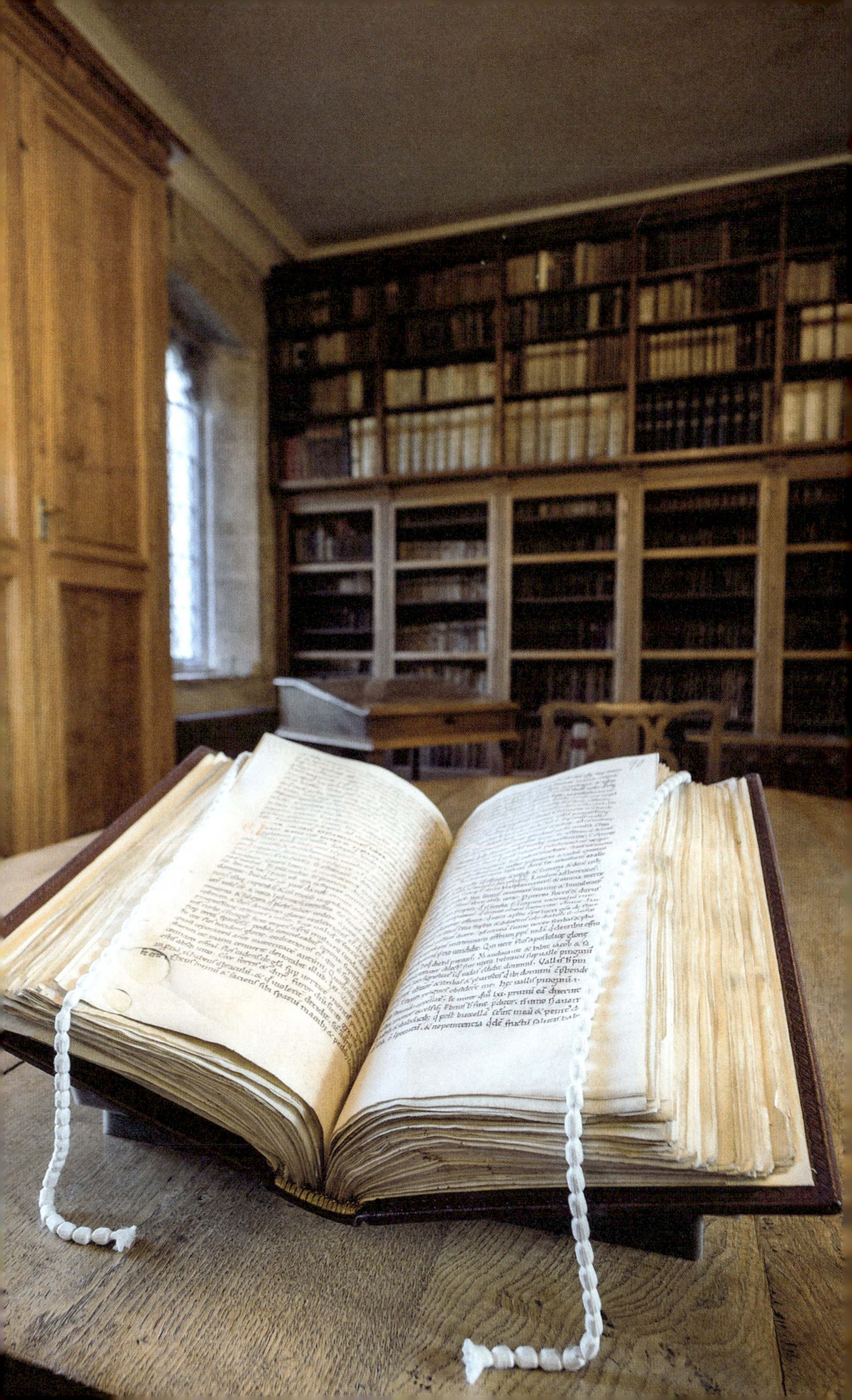

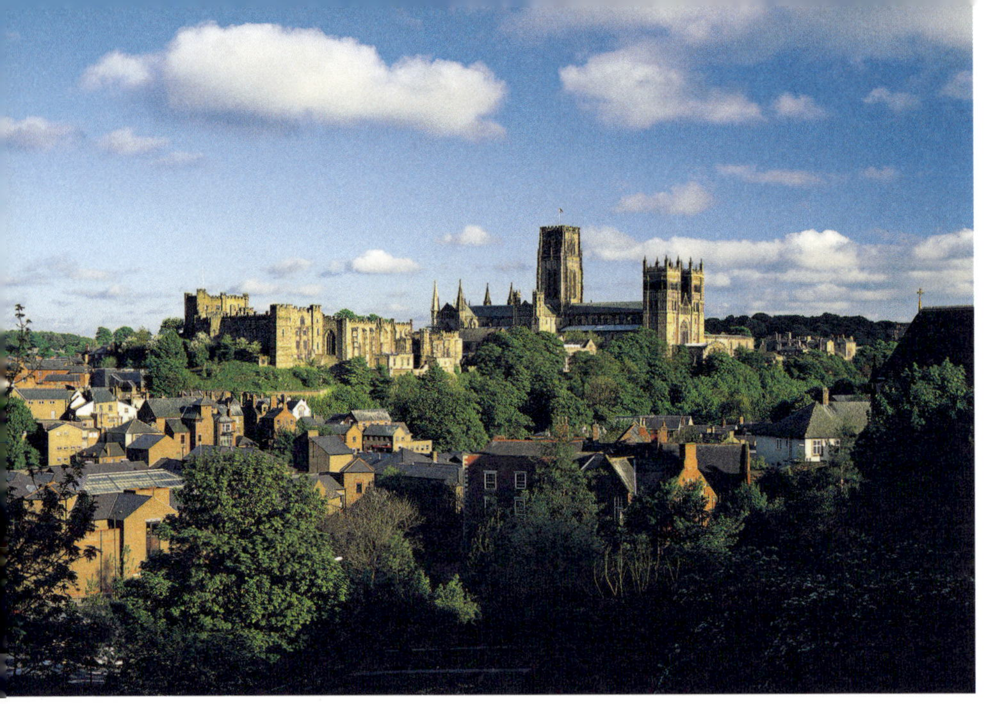

Die Burg und die Kathedrale von Durham geben das Streben der normannischen Eroberer nach Uniformität zu erkennen.

(»oder«) und die Variante daneben, womit er auf die Existenz von Alternativen hinwies, ohne sich für eine zu entscheiden.

Unser zweiter Ausflug führt uns weit in den Nordosten Englands zur Kathedrale von Durham. Dieser ehemals entlegene Vorposten ist heute in gerade mal drei Stunden vom Londoner Bahnhof King's Cross aus zu erreichen. Wenn der Zug in den Bahnhof Durham einfährt, bietet sich ein atemberaubender Blick auf eine der Errungenschaften der normannischen Eroberer: die Respekt einflößende Burg auf dem gegenüberliegenden Hügel, mit deren Bau man 1073 begann, und die daran angrenzende Kathedrale, die 1093 wiedergegründet wurde. Beide sind aus zueinander passendem braunem Sandstein erbaut, beide liegen riesig und unbezwingbar am Rand eines Felsens, an dessen Fuß sich der Wear in einer großen Schleife seinen Weg weiter nach Wearmouth und zur Nordsee hin bahnt. Vom Bahnhof aus geht man hügelabwärts, vorbei an Richard Gamesons Haus, quert die Milburngate Bridge und gelangt über die steil ansteigende Saddler Street in den mittelalterlichen Stadtkern. Die Sammlung normannischer Handschriften ist mehr oder weniger unversehrt in den ehemaligen Klostergebäuden der Benediktinerabtei untergebracht.

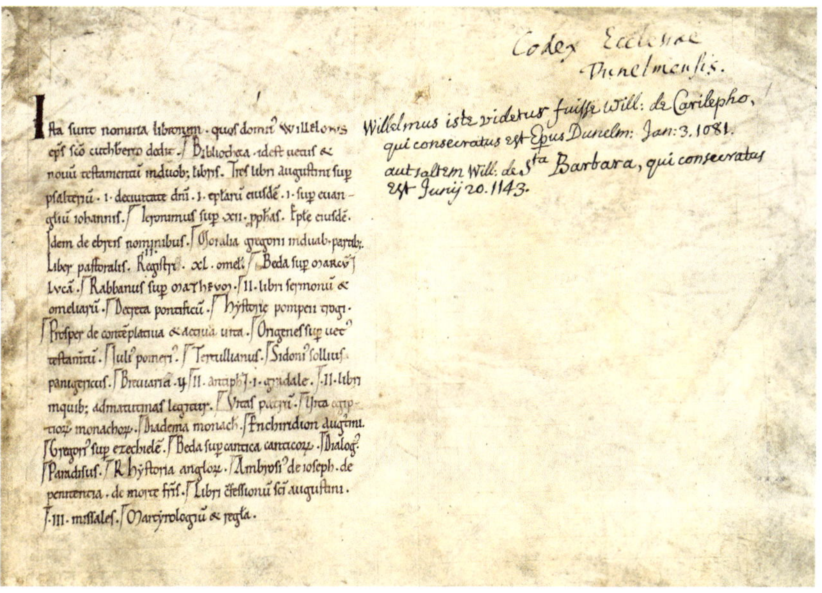

Ista sunt nomina librorum quos domnus Willelmus eps sco cuthberto dedit.

Codex Ecclesiae Dunelmensis.

Willelmus iste videtur fuisse Will: de Carilepho, qui consecratus est Epus Dunelm: Jan: 3. 1081. aut saltem Will: de Sta Barbara, qui consecratus est Junij 20. 1143.

Dieses Verzeichnis der Bücher, die William of Saint-Calais, von 1081 bis 1096 Bischof von Durham, der dortigen Kathedrale zum Geschenk machte, findet sich auf dem Vorsatzblatt seiner Bibel.

Man durchquert das Schiff der Kathedrale und verlässt sie wieder, um sich zu dem entfernteren Ende des Kreuzgangs zu begeben, wo sich im Obergeschoss die Bibliothek befindet. Der Bibliothekar ist Australier, sein Assistent Neuseeländer.

Die mittelalterlichen Bischöfe von Durham besaßen den Status von Fürsten, sie geboten über säkulare Herrschaftsgebiete ebenso wie über Besitzungen der Kirche. Die Diözese war sehr wohlhabend. Der von den Normannen eingesetzte Bischof William of Saint-Calais (manchmal auch Saint Carilef genannt) hatte sein Amt von 1081 bis 1096 inne. Er war in Bayeux geboren worden, also im Herzen der Normandie. Das Kloster Saint-Calais, nach dem er sich nannte, lag im Nordwesten Frankreichs, östlich von Le Mans. William war, bevor er im Gefolge der normannischen Eroberung nach England kam, erst Prior und dann Abt dieses Klosters gewesen. In England war Odo von Bayeux, der Halbbruder des neuen Königs, ein Schirmherr von ihm. Der zweite Band seiner persönlichen Bibel, einer Handschrift aus dem späten 11. Jahrhundert von fürstlichem Format, die Hugos Hieronymus-Kommentar in der Bodleiana stark ähnelt, ist noch in der Bibliothek von Durham Cathedral vorhanden. Auf dem ersten Blatt findet sich eine Liste von neunundvierzig Werken, die der Bischof seiner neuen Kathedrale stiftete. Als erstes Werk ist die Bibel selbst aufgeführt. Das Verzeichnis macht beinahe den Eindruck einer Kontrollliste, um damit festzustellen, ob die Texte, mit denen die Normannen ihre religiösen Einrichtungen ausstatten wollten, auch greifbar waren. Hier finden wir sie alle: Augustinus über die Psalmen in drei Bänden; sein *De civitate dei* und sein Kommentar zum Johannes-Evangelium; Hieronymus über die zwölf kleinen Propheten (nicht aber der Kommentar zu Jesaja); Gregors *Moralia* in zwei Bänden und sein Kommentar zu Hesekiel; Hrabanus Maurus über Matthäus; sowie Schriften von Origenes, Beda, Ambrosius und anderen. An die zwanzig dieser Werke findet man heute noch in den Regalen der Bibliothek von Durham Cathedral wieder; durch Zufall haben sie sich erhalten. Eines von ihnen, der dritte Band des Psalmen-Kommentars des Augustinus, endet mit einem langen gereimten Kolophon, welcher festhält, dass diese Abschrift von Bischof William in Auftrag gegeben wurde, als er sich aus seinem Bistum zurückgezogen hatte. Die genaue Formulierung lautet: »tempore quo proprio cessit episcopio«. Das ist eine sehr präzise Angabe und eine sehr wertvolle, denn damit lässt sich die Entstehung der Abschrift auf den engen Zeitraum zwischen Ende 1088, als der Bischof in die heimatliche Normandie ins Exil getrieben wurde, und dem September 1091, in dem er nach England zurückkehren konnte, datieren. (Der Grund für seine Verbannung war die Verwicklung in eine Rebellion gewesen, die sein Schirmherr Odo gegen König Wilhelm II., den Sohn des Eroberers, angezettelt hatte.) Der Bischof muss die Handschrift aus der Normandie nach England geschickt oder sie mitgebracht haben, als er wieder in Durham Einzug hielt. Das steht auch im Einklang mit einer Erklärung, die Symeon of Durham, der Historiker der Kathedrale, 1104 und 1107 abgab, der zufolge William of Saint-Calais vor seiner Rückkehr aus dem Exil 1091 Bücher aus der Normandie geschickt habe.

In dem Kolophon in der Augustinus-Handschrift heißt es weiter, dass die Materialien zu ihrer Anfertigung auf Kosten des Bischofs zur Verfügung gestellt worden seien und die Arbeit auf sein Gebot hin geleistet

RECHTS: Abbildung des Bischofs William of Saint-Calais in der Initiale einer seiner Handschriften mit dem Künstler Robert Benjamin zu seinen Füßen.

TRACTATUS PRIMUS.

IN OMNIB(US) SCIS SCRIPTIS

grã dĩ que liberat nos comendat se
nobis· ut comendatos habeat nos·
Hoc in isto psalmo cantat'· de q̃ cũ
uita caritate loq' suscipim'· Adsit
dñs· ut sic eã corde concipiã· q̃m dig
nũ ẽ· et sic eã pmam· q̃m expedit nob·
Multũ enĩ mouet dĩ amor et timor·
Timor qr iust' ẽ· amor qr misericors ẽ·
Q̃s enĩ ei diceret q̃d fecisti· si dãnaret
iustũ· Quãto mag' misericordiã ei· ut iustificet
iniustũ· Ex hoc p̃lectũ nobis et aplm
audiuim'· eandẽ grãm maxime cõ
mendantẽ· de cui' comendatione ha
bebat iudeos inimicos uelut de legis littera
p̃sumentes· et tanq̃ iusticiã suã dili
gentes atq; iactantes· De qb; dicit·
Testimoniũ phibeo ill' qr zelũ dĩ habent
s; n̄ scdm scientiã· Et tanq̃ ei diceret·
q̃d ẽ enĩ habere zelũ dĩ non scdm scientiã· subiecit
continuo· Ignorantes enĩ dĩ iusticiã et suã uolentes
constituere· iusticie dĩ non st subiecti· Gl'antes
inq̃t tanq̃m de oib;· excludunt a se grãm· et tanq̃

Maxima dona
Willelm(us) episcop(us)
Rob(ertus) Beniamin

worden sei, und zwar von jemandem, der den gleichen Namen getragen habe wie er. »Materies sumptu sed labor imperio / Nominis eiusdem confers Willelmus.« Wir kennen also den Namen des Schreibers, zumindest dieses Bandes. Im zweiten Band der insgesamt drei, auf die sich dieses Werk verteilt, finden sich weitere Informationen. Auch dieser Band befindet sich nach wie vor in Durham. Eine der Initialen, die vom Stil her denen Hugo Pictors stark ähneln, schließt die Darstellung einer stehenden Bischofsgestalt ein, über deren Kopf der dazugehörende Name steht: *»vvillelm[us] episcop[us]«*. Es ist also William of Saint-Calais höchstselbst, groß gewachsen und majestätisch in grünem Talar. Zu seinen Füßen kniet eine gekrümmte Gestalt, deren Name ebenfalls angegeben ist: *»Rob[er]t[us] Beniamin«*. Er ähnelt mit seiner Mönchstonsur und einem blauen Klerikergewand Hugo Pictor in dessen Selbstporträt. Mit ausgestrecktem Finger deutet er zum Bischof hoch und hält eine lange Schriftrolle in der Hand, auf der an seinen Schirmherrn gerichtete Worte stehen, die seiner Hoffnung Ausdruck verleihen, dass der Bischof im zukünftigen Leben belohnt werde, aber auch dem handfesten Wunsch, dass er, der Maler, seine höchste Belohnung in klingender Münze erhalten werde: *»et pictor mercis maxima dona«*.

Aus all dem lässt sich festhalten, dass die dreibändige Ausgabe von Augustinus' Psalmenkommentar zwischen 1088 und 1091 in der Normandie in Auftrag gegeben wurde, dass der Bischof für die Materialien aufkam, dass einer der Schreiber wie er selbst Willelmus hieß und einer der Illuminatoren ein gewisser Robert Benjamin war, der für seine Arbeit bezahlt zu werden erwartete und daher vermutlich eher Handschriftenmaler von Beruf war denn ein demütiger Mönch, tätig für Gottes Lohn. Die äußerste Seltenheit von Selbstporträts namentlich genannter Illuminatoren lässt diesen Band zu einem ebenbürtigen Pendant zu Hugo Pictors Hieronymus-Kommentar werden und erschüttert möglicherweise Hugos Anspruch, als Erster ein solches Bild in einer Handschrift geschaffen zu haben.

Wie man sich vorstellen kann, haben solche detaillierten Informationen die Aufmerksamkeit von Fachleuten für die Geschichte englischer romanischer Handschriften erregt. In erster Linie sind in diesem Zusammenhang die Paläografen Michael Gullick, Richard Gameson und Rodney Thomson zu erwähnen, alles Freunde und Kollegen, denen ich zu großem Dank verpflichtet bin. Bei verschiedenen Gelegenheiten haben wir bis tief in die Nacht hinein zusammengesessen und über diese Codices von jedem denkbaren Gesichtspunkt aus diskutiert. Wenn man eingehende Vergleiche zwischen den Manuskripten in Durham und denen aus Exeter anstellt, ist zu erkennen, dass dieselben Schreiber nicht nur an der Herstellung von Werken beteiligt waren, die für beide Kathedralen bestimmt waren, sondern auch an der von Handschriften, die ganz eindeutig für die Verwendung im häuslichen Bereich in der Normandie gedacht waren, wo William of Saint-Calais, vermutlich vorwiegend in seinem Geburtsort Bayeux, die Zeit seines Exils verbrachte. Zum Beispiel lebte – die entsprechenden Entdeckungen hat vor allem Michael Gullick gemacht – der Hauptschreiber der Bibel von Saint-Calais mit Sicherheit mehr als dreißig Jahre später immer noch in Bayeux, da er für die Kathedrale der Stadt einen Eintrag in die Totenrotel von Vitalis de Savigny vornahm, mit dem er zum Tod des Abts, der im Oktober 1122 starb, kondolierte. Diese Rolle wird in Paris im französischen Nationalarchiv aufbewahrt. Derselbe Schreiber trug zu der Durhamer Ausgabe von Augustinus' Kommentar zu den Psalmen bei (die zum Teil von Robert Benjamin illuminiert wurde) und, was im Zusammenhang mit unserer Geschichte relevanter ist, fertigte eine Abschrift von Lanfrank an, die sich in der Kathedrale von Exeter befand und heute in Oxford liegt, sowie zwei Bände mit den Werken von Gregor, die immer noch in der Stadtbücherei von Bayeux zu finden sind. Überdies war einer der Schreiber, die die Bibel von Saint-Calais Korrektur lasen, auch an der Überprüfung der Origenes-Handschrift beteiligt, welche der Bischof ebenfalls der Kathedrale von Durham übergab. Der Hauptschreiber der Origenes-Handschrift wiederum fertigte auch einen Band mit dessen Schriften für Durham, einen mit Werken des Augustinus für Exeter sowie vermutlich den Teil eines weiteren Bandes mit dessen Werken an, der sich noch in der Normandie befindet, wo er einst im Besitz der Abtei von Jumièges bei Rouen war, ungefähr 130 Kilometer östlich von Bayeux. Zu den Teams der miteinander zusammenarbeitenden Schreiber und Künstler gehörte der Maler Robert Benjamin, der in die Durhamer Augustinus-Ausgabe sein Porträt eingefügt hatte. Soweit wir dem Stil der Abbildungen nach urteilen können, malte Benjamin auch die Initiale in der Bibel von William of Saint-Calais und trug zu dem Augustinus aus Exeter und den Gregor-Abschriften aus Bayeux bei; er schmückte zudem ein Exemplar des Augustinus-Kommentars zum Johannes-Evangelium, das sich heute in Rouen befindet, wo es zum Besitz der örtlichen Abtei von Saint-Ouen gehörte. Hier war eindeutig eine größere grenzüberschreitende Organisation am Werk, nicht ein einsamer Illuminator in Exeter, und es kam zu einer bemerkenswerten Dreiecksbeziehung zwischen Durham, Exeter und der Normandie.

All dessen eingedenk, wollen wir jetzt wieder in die Bodleian Library in Oxford zurückkehren, wo MS Bodley 717, das von Hugo Pictor signiert ist, immer noch am Ausgabeschalter des Mackerras Room für uns bereitliegt. Wir können jetzt erkennen, dass es dem Codex in Durham und den normannischen Handschriften verblüffend ähnelt, sowohl hinsichtlich der ordentlichen, aufgrund der ausgeprägten Unterlängen stachelig wirkenden kontinentalen Schrift als auch der Initialen, komplexer üppiger Pflanzenmuster, bei denen die mit roter Tinte ausgeführten Konturen tiefblau, grün und rot ausgefüllt sind. MS 717 muss ebenfalls in der Normandie hergestellt worden sein. Darauf verweist noch eine andere Einzelheit. Es mag sein, dass ich mich hier irre (lokale Altertumsforscher mögen mich korrigieren), aber ich glaube, dass in Devon Dächer früher mit Stroh gedeckt waren, in der Normandie hingegen mit Ziegeln oder Schindeln, und das abgebildete Dach, das den Alkoven, in dem Hugo sitzt, nach oben hin abschließt, ist eindeutig mit Ziegeln gedeckt. Mi-

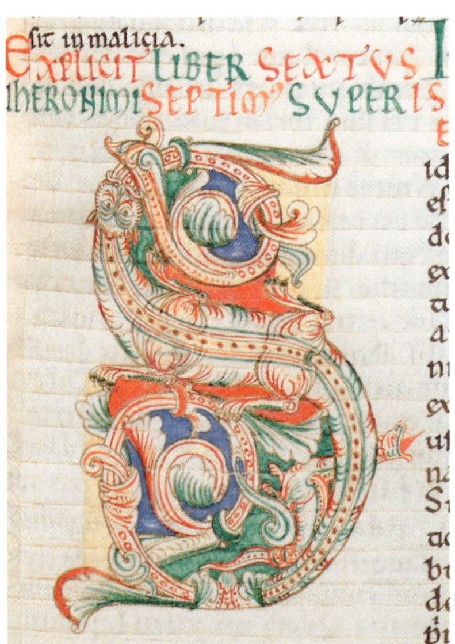

Zwei Initialen in der Handschrift Bodley 717, die von Hugo Pictor ausgemalt und teilweise auch geschrieben wurde. Wo Hugo Pictor auch der Schreiber war, fließt der Text elegant um die Initiale herum (RECHTS), dort hingegen, wo der Text bereits von einem anderen Schreiber ausgeführt worden war, füllt die Initiale wenig elegant einen für sie freigelassenen Raum (LINKS).

chael Gullick ist der Meinung, dass das Pergament der Handschrift eine kontinentaleuropäische Textur besitzt. Es fühlt sich anders an als das weiche englische Pergament, das wir in Codices finden, die mit Sicherheit in Exeter angefertigt wurden. Außerdem ist jede Kolumne mit vier vertikalen Linien von der auf der gegenüberliegenden Seite abgesetzt, das ist typisch französisch. Englische Schreiber pflegten meistens nur drei Linien zu ziehen. Das sind alles Details, die für sich genommen nicht so aussagekräftig sein mögen, zusammen aber bestätigen, was uns die Manuskripte aus Durham und der Normandie bereits verraten haben: Das sogenannte englische Selbstporträt Hugo Pictors entstand in Wirklichkeit auf dem Kontinent.

Vier Schreiber haben an Bodley 717 gearbeitet, ausgeschmückt worden ist die Handschrift aber von nur einem Künstler. Schreiber 1 war zuständig für folio 1r–8v, Lage 1; Schreiber 2 für folio 9r–144v, Lagen 2–18; Schreiber 3 für folio 145r bis Zeile 18 auf folio 185v und Schreiber 4 für folio 185v von Zeile 19 ab bis zum Ende, also bis zum Porträt Hugo Pictors auf folio 287v. Wie auch in vielen anderen Fällen stimmten die »Pensen«, die die einzelnen Schreiber erledigten, häufig mit der Aufteilung in Lagen überein. Die Schreiber linierten ihre Pergamentbögen mit unterschiedlichen Instrumenten, was ein Indiz dafür ist, dass sie sie selbst vor-

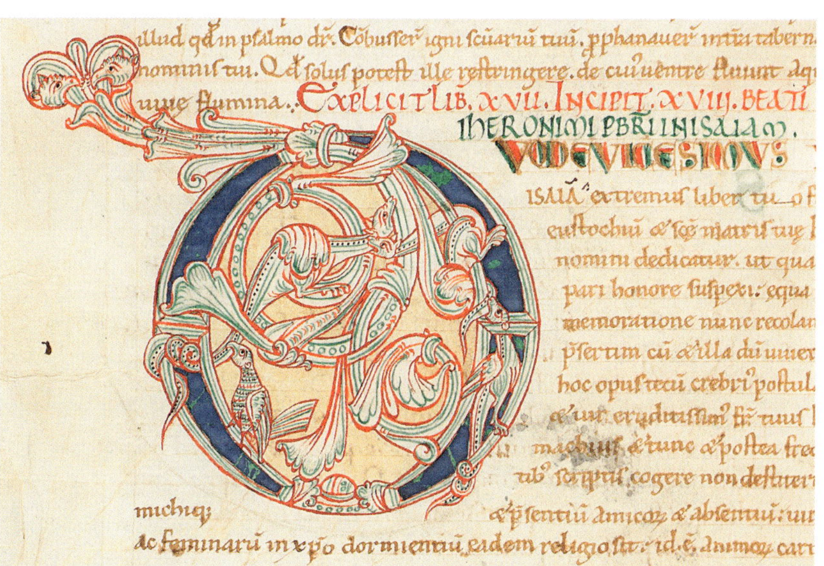

bereiteten, Schreiber 1 und 4 zogen tiefe Rillen, Schreiber 2 und 3 Linien mit dem Reißblei. Paläografen gehen generell davon aus, dass es sich bei Schreiber 4 um Hugo Pictor handelte. Aber stimmt das?

Eine berechtigte Frage. Die Augustinus-Ausgabe in Durham hat uns gezeigt, dass die Aktivität des Schreibers, William, und die des Malers, Robert Benjamin, getrennt voneinander waren. Überdies stellt das Porträt Hugo Pictors der dazugehörenden expliziten Angabe zufolge den »Maler und Illuminator« dar – es ist nicht die Rede davon, dass er auch Schreiber war. Ich glaube, wir können wohl davon ausgehen, dass Hugo für die Abbildungen in der gesamten Handschrift zuständig war, denn die Art ihrer Ausführung stimmt absolut mit der des Selbstporträts überein. Doch stellt Hugo sich als Schreiber dar: Daran kann kaum Zweifel bestehen. Er liniert ein Manuskript mit einer Hand, damit er es beschreiben kann (wie wir eben gesehen haben, wurde diese Aufgabe von den Schreibern selbst ausgeführt). Mit der anderen Hand taucht er seine Schreibfeder in ein Tintenhorn und nicht etwa einen Pinsel in ein Gefäß mit Farbe.

Bestätigung dafür, dass er beides war: Schreiber und Illuminator, liefert die Form der freien Räume, die er für die spätere Einfügung von Initialen gelassen hat. Sowohl Schreiber 2 als auch Schreiber 3 (lassen wir Nummer 1 zunächst einmal beiseite) haben einfach rechteckige Flächen unbeschrieben gelassen, in die große Initialen später hineingemalt werden sollten. Sie haben dabei weder die Form noch die Zusammensetzung dieser Initialen bedacht, aber am Rand notiert, was für Buchstaben eingefügt werden sollten. Als Hugo dies dann später tat, fügten sich seine extravaganten fließenden und mit vielen Ausläufern versehenen Initialen nur schlecht in diese großen luftigen rechteckigen Lücken ein. Von folio 185v an sind hingegen die Ränder des Schriftspiegels Zeile für Zeile so geformt, dass der Text um die Krümmungen und Glieder der Initialen herumfließt, sich geradezu an diese anschmiegt. Der Text und die Verzierungen müssen simultan ausgeführt worden sei. Kurz: Schreiber 4 muss Hugo sein.

Wie im Fall der identifizierbaren Schreiber aus Durham hat man die Hand Hugos, sei es als Schreiber oder als Künstler, jetzt auch in einer Reihe anderer Manuskripte gefunden oder zu finden gemeint. Darunter sind zwei weitere, die aus Exeter in die Bodleiana gelangten (Augustinus' *De civitate dei* und Gregors *De cura pastorali*) sowie Hieronymus' Kommentar zu den kleinen Propheten, der von William of Saint-Calais der Kathedrale von Durham gestiftet wurde; Auszüge aus den Homilien Augustinus', die vielleicht über England nach Schweden gelangten; und, am aussagekräftigsten von allem, ein Exemplar der Opera Minora des Anselm von Canterbury, das sich heute in Rouen befindet und früher der Abtei von Jumièges in der Normandie gehörte. In diesem Text wird der Verfasser als Erzbischof von Canterbury bezeichnet, was bedeutet, dass er nicht entstanden sein kann vor 1093, dem Jahr, in dem Anselm dieses Amt antrat, also bereits geraume Zeit nach der Rückkehr von William of Saint-Calais nach Durham. Hugo war also nicht als Mitglied der Entourage des Bischofs mit nach England gezogen, wie einige gemeint haben, sondern in seiner Heimat, der Normandie, geblieben. Die Hand Hugo Pictors als Maler, nicht als Schreiber, lässt sich mit ziemlicher Sicherheit in einer anderen Handschrift aus Jumièges wiederentdecken, einem heute in Rouen liegenden Band mit Heiligenviten. Es ist auch möglich, dass er einen Teil eines Gesangbuchs aus dem späten 11. Jahrhundert ausschmückte, das aufgrund rein stilistischer Kriterien auch dem Skriptorium von Jumièges zugeschrieben wird und sich in Paris in der Bibliothèque nationale befindet. Diese Zuordnung ist besonders faszinierend, da das Hymnar die kleine Abbildung eines Klerikers enthält, der singt und eine Hand zum Segnen erhoben hat, und dessen Name einer roten Inschrift zufolge »*Hugo Levita*« (was vermutlich Hugo der Levit oder Diakon bedeutet) lautet. Dieses kleine Bild ist von Stil und Ausführung dem, was Hugo in MS Bodley 717 geschaffen hat, äußerst verwandt, und auch der Name ist ähnlich, aber handelt es sich wirklich um denselben Mann? Ich bin nicht völlig überzeugt, doch möglich wäre es.

Zusammengenommen scheinen die Indizien, die die Handschriften in Durham liefern, eher auf Bayeux als Entstehungsort hinzudeuten als auf Jumièges. In Bayeux kann das Skriptorium bestanden haben, in dem diese eng zusammenarbeitenden Schreiber und Illuminatoren tätig waren, um beide englischen Kathedralen mit Handschriften zu versorgen. Der Schreiber, der die Bibel von Bischof William of Saint-Calais angefertigt hatte, arbeitete dreißig Jahre später noch für das Kapitel der Kathedrale von Bayeux. Die Kathedrale von Exeter war, wie die von Salisbury, nicht aus einer Prioratskirche der Benediktiner hervorgegangen, sondern eine säkulare Gründung, und Kanoniker füllten alle wesentlichen Positionen aus. Und das traf auch auf die Kathedrale von Bayeux zu. Es ist eher vorstellbar, dass das Domkapitel von Exeter mit einer Schwesterkathedrale in der Normandie Vereinbarungen traf als mit einer Benediktinerabtei. Bayeux war auch nicht so fremd und unzugänglich, wie man meinen könnte. Der Ort ist genauso weit von Exeter entfernt wie London und lässt sich sogar auf dem Seeweg leichter erreichen als dieses. Wenn auch Hugo mit einem »Exportbetrieb« in Bayeux assoziiert war, dann kann das in einer entfernteren Region der Normandie gelegene Jumièges genauso gut ein Abnehmer für dessen Produkte gewesen sein wie die Kathedralen von Exeter und Durham. In der fraglichen Periode finden sich die ersten, wenn auch noch vagen, dokumentarischen Hinweise darauf, dass in England wie in Frankreich Klöster begannen, externe Schreiber und Künstler anzuheuern, um bei der Bewältigung von neuerdings sehr umfangreichen Aufträgen zur Anfertigung von Handschriften zu assistieren.

Es gibt sogar einen Hinweis darauf, dass die Skriptorien möglicherweise Zugang zu Handschriften hatten, die in Erwartung solcher Aufträge schon teilweise vorbereitet oder (was vielleicht wahrscheinlicher ist) im Zusammenhang mit einem großen Projekt begonnen und dann unvollendet liegen gelassen worden waren. Einiges könnte darauf hindeuten, dass William of Saint-Calais das Patronat über die Durhamer Augustinus-Ausgabe übernahm, als deren zweiter Band zur Hälfte fertiggestellt worden, das heißt bis zu der Stelle gediehen war, an der Robert Benjamin sich zusammen mit dem Bischof darstellt. Etwas Ähnliches geschah mit Bodley 717. Als Hugo Pictor hinzustieß, war der Text bis folio 185v geschrieben, aber noch nicht ausgeschmückt worden. Hugo schrieb dann den Rest des Textes und ging anschließend den gesamten Band durch, um dort Illustrationen einzufügen, wo seine Vorgänger als Schreiber freie Stellen gelassen hatten. Ein kleines Detail der Struktur des Buches verrät uns, dass die Ausschmückung im Nachhinein erfolgte und damit eine bewusste Aufwertung der Handschrift intendiert war. Sie werden sich an die oben dargestellte Lagenstruktur erinnern, der man entnehmen kann, dass vier Blätter vor folio 1 eingefügt wurden (sie sind von dem zuständigen Mitarbeiter der Bodleiana als folio iii-vi bezeichnet worden). Ich habe

RECHTS: Fragment eines Hymnars, das in der Normandie von einem Künstler ausgeschmückt wurde, dessen Stil dem Hugo Pictors sehr ähnlich ist und der hier mit »Hugo Levita« unterzeichnet hat. Vielleicht handelt es sich um ein und dieselbe Person.

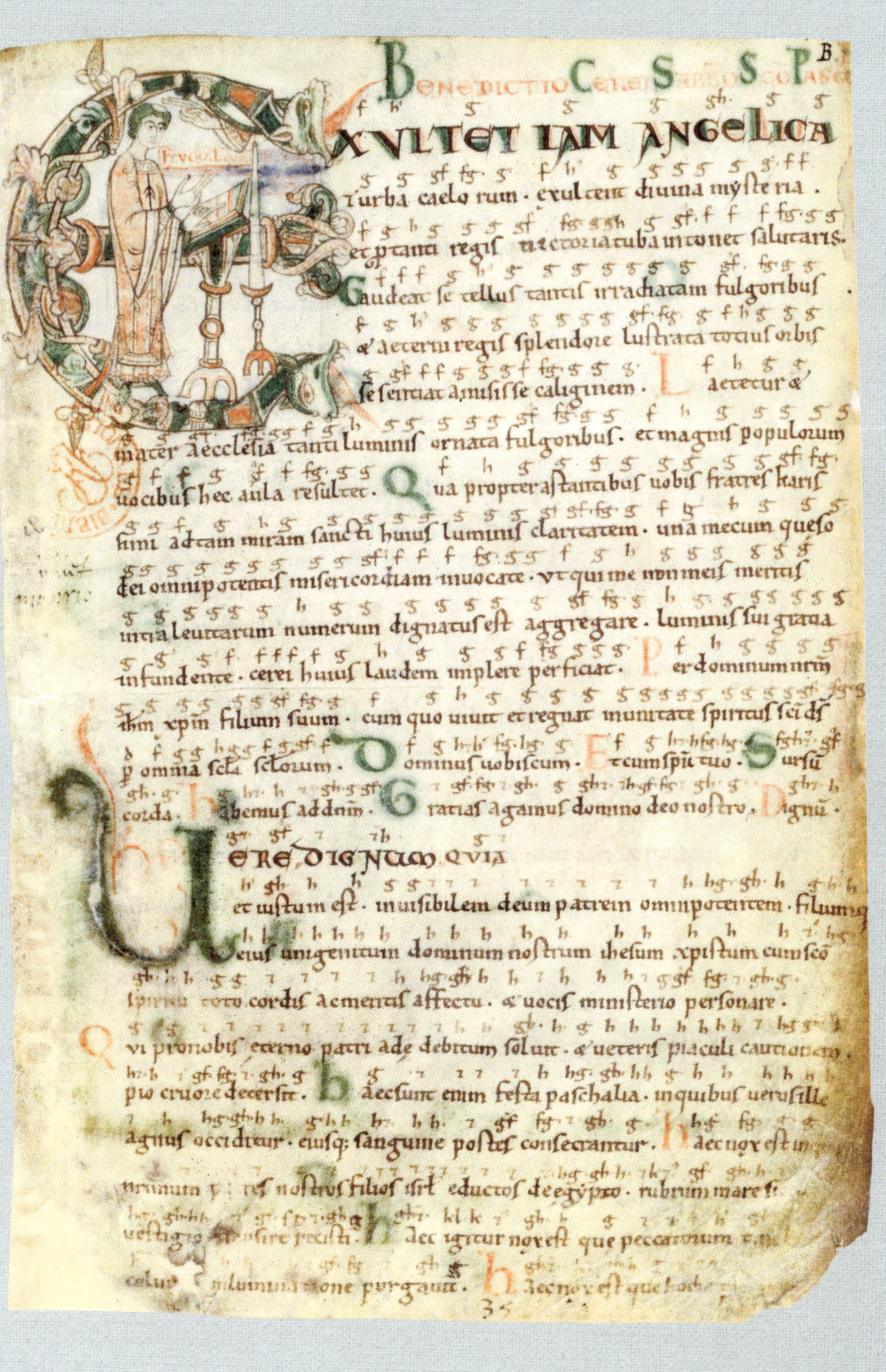

schon gesagt, dass aus dieser Einfügung ein wichtiger Teil der Geschichte hervorgeht. Als Hugo die Verantwortung für das Projekt übernahm, hatte man vielleicht eine bescheidene einseitige Eröffnung vorgesehen, die dem jetzigen folio 1 voranging und begann mit: »Unde orationum tuorum …« (Zeile 13 in der modernen gedruckten Ausgabe von 1993). Hugo entfernte aber dieses Blatt und fügte einen ganz neuen Anfang ein, der viel elaborierter war als alles Vorherige. Er fügte jene vier Extrablätter hinzu, die ganzseitige Illustrationen trugen, alle von ihm gemalt. Er hob damit die Rolle von Eustochium und ihrer Mutter als denjenigen hervor, die Hieronymus zur Abfassung des Kommentars veranlassten. Als er sich dem unteren Ende des jetzigen Blattes vi verso näherte, erkannte Hugo Pictor, dass seine abwechselnd mit roter und blauer Tinte geschriebenen Zeilen nicht genau auf die Seite passen würden. Da die gegenüberliegende Seite aber schon beschrieben war (mit: Unde orationum …), verringerte er den Abstand zwischen den Zeilen immer mehr. Irgendwann gab er aber auf und fügte über »Unde orationum …« auf folio 1r noch eine Zeile des neuen Texts ein. Sogar dies »passte« aber nicht genau und musste daher getilgt und noch einmal geschrieben werden. Danach stimmte der Übergang zwischen altem und neuem Text.

Wir wissen nicht, ob Hugo überhaupt Mönch war. Weder er noch Robert Benjamin nennen sich selbst »Bruder« (»frater«), was normalerweise zu erwarten wäre. Man hat allein aus dem Grund angenommen, dass die beiden Mönche waren, weil man sich nicht vorstellen konnte, dass jemand, der nicht zu einem Kloster gehörte, sich im 11. Jahrhundert mit der Herstellung von Handschriften befasste. Hinzu kommt, dass beide sich selbst mit Mönchstonsur abbilden. Das hat auch der Illuminator getan, welcher zeitlich gesehen der Nächste war, der ein von ihm signiertes Selbstporträt in einer englischen Handschrift hinterlassen hat: William de Brailes (ca. 1230–1252). Von ihm weiß man, dass er in Oxford am Handel mit Büchern beteiligt war. Sein Selbstporträt ziert ein Stundenbuch und eines von mehreren illustrierten Blättern, die zu einem Psalter gehörten, und wir wissen mit Sicherheit, dass er kein Mönch war, weil er eine Frau namens Celina hatte und ein Wohnhaus in der Oxforder Catte Street besaß. Mit einer Darstellung ihrer eigenen Person als Träger einer Mönchsglatze wollten die betreffenden Künstler vielleicht nur andeuten, dass das Herstellen von heiligen Schriften eine Art Dienst an Gott war und sie so etwas wie Klerikerstatus besaßen. Die Tonsur muss nicht unbedingt authentischer sein als der grüne Haarkranz auf Hugo Pictors Kopf oder der Heiligenschein, der Robert Benjamins Haupt umgibt.

Kommen wir zu dem Selbstporträt Hugos in Bodley 717 zurück. Die anscheinend tautologische Bezeichnung seiner selbst als »*pictor & illuminator*« ist merkwürdig, denn es scheint sich um ein und denselben Beruf zu handeln. Genau genommen war ein Illuminator jemand, der eine Handschrift mit silbernen oder goldenen Verzierungen versah, die im Licht hell aufleuchten (daher das Wort), doch in keinem der Exeter-Durham-Normandie-Bücher kommt Gold vor. Es kann hier, wie oft auch anderswo, nur eine Person gemeint sein, die eine Handschrift ausschmückt. »Pictor« hat vermutlich eine etwas andere Bedeutung. Ein Schreiber kann kaum damit gemeint sein. Mittelalterliche Illuminatoren, über deren berufliche Tätigkeiten wir Bescheid wissen, fertigten häufig auch Wandgemälde an oder andere Bilder oder sonstige Kunstwerke, die bei ihnen in Auftrag gegeben wurden. Hugo kann sich gut als (Kunst-) Handwerker in einer Vielzahl anderer Bereiche als der Handschriftenherstellung betätigt haben. Vielleicht entwarf er das Werk als Ganzes. In der Handschrift aus Durham wird der *pictor* Robert Benjamin in einer Diskussion mit dem Schirmherrn gezeigt, nicht beim Akt des Malens. Robert und Hugo waren wahrscheinlich die Leiter und Koordinatoren des jeweiligen Projekts.

Es ist natürlich unwahrscheinlich, dass Hugo wirklich Linkshänder war. In seiner Schrift macht sich nicht jene Linksneigung bemerkbar, die für Linkshänder häufig charakteristisch ist. Es ist möglich, dass er sich vor einem Spiegel sitzend porträtierte und vergaß, die Darstellung entsprechend umzukehren (oder es war ihm klar, dass diese spiegelverkehrt war, und er bezeichnete sie aus diesem Grund als »*imago*«, als Reflektion). Wahrscheinlicher ist aber, dass er sich mit der Schreibfeder in der linken Hand abbildet, weil er sich nicht in erster Linie in seiner Eigenschaft als Schreiber oder Illuminator darstellen will, sondern als jemand, der die Seite entwirft, gewissermaßen das »Layout« festlegt: Er zieht mit

NACHFOLGENDE DOPPELSEITE: Die Handschrift besaß ursprünglich einen bescheiden gestalteten Anfang. Hugo Pictor wertete sie mit einer luxuriöser gestalteten Seite auf, es bereitete ihm jedoch Schwierigkeiten, den neuen und den bereits existierenden Text nahtlos zusammenzuschließen. In der Initiale ist der heilige Hieronymus links in Gestalt eines Schreibers dargestellt.

:lib: Ecce: Exon:

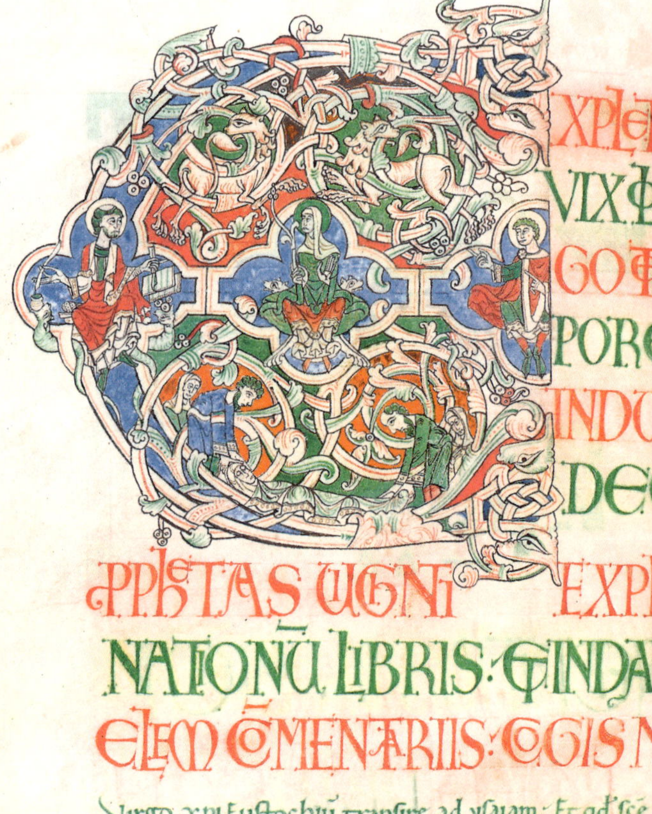

XPLE
VIX
GOT
PORE
INDU
DEO

PPHETAS UIGINTI EXP
NATIONŪ LIBRIS: ET INDA
ELEM CŌMENTARIIS: COGIS M

Virgo xpi Eustochiū transire ad ysaiam: Et qđ scē
tri tuę Paulę dū uiueret pollicitus sū: tibi reddere. Q
quidem & eruditissimo uiro frī tuo Pammachio p
se me memini. Cumq; in affectu par sis presentia. Itaq; &
illi pte reddo qđ moneo. obediens xpi pceptis q ait. scru
m scripturas & querite & inuenietis. ne illud audiam cū iud
Erratis. nescientes scripturas. neq; uirtutē dī. Sicut in
paulū xpc dī uirt⁹ ē. dī sapientia. & q nescit scripturas nescit

uinas
debeo

iusque sapientiam. ignoratio enim scripturarum. ignoratio christi est.

Unde orationum tuarum fultus auxilio que diebus ac noctibus in dei lege me-
ditaris. et templum es spiritus sancti: imitabor patremfamilias qui de thesauro
suo profert noua et uetera. et sponsam dicentem in cantico canticorum.
noua et uetera fratruelis mi seruaui tibi. sicque exponam ysaiam. ut illum non
solum prophetam. sed euangelistam et apostolum doceam. Ipse enim de se et de
ceteris euangelistis ait. Quam speciosi pedes euangelizantium bona.
euangelizantium pacem. Et ad ipsum quasi ad apostolum loquitur deus.
Quem mittam. et quis ibit ad populum istum? Et ille respondit. Ecce
ego mitte me. Nullusque putet me uoluminis istius argumentum breui
cupere sermone comprehendere. cum uniuersa domini sacramenta presens
scriptura contineat. et tam natus de uirgine emmanuel quam illustri-
um patrator operum atque signorum. mortuus ac sepultus et resurgens ab
inferis. et saluator uniuersarum gentium predicatur. Quid loquar
de phisica. ethica. theologica? Quicquid sanctarum est scripturarum.
quicquid potest humana lingua proferre. et mortalium sensus accipere:
isto uolumine continetur. De cuius misteriis. testatur ipse qui scripsit.
Et erit uobis uisio omnium. sicut uerba libri signati. Quem cum dederint
scienti litteras: dicent. Lege istum. Et respondebit. Non possum. signatus
est enim. Et dabitur liber nescienti litteras: diceturque ei. Lege. Et res-
pondebit. Nescio litteras. Siue igitur hunc librum dederis nescienti lit-
teras populo nationum. respondebit. non possum legere. quia non didici
litteras scripturarum: siue dederis scribis et phariseis qui legis litteras
nosse se iactant. respondebunt. Non possumus legere. quia signatus est liber:
Quin et circo eis signatus est: quia non receperunt eum quem signauit deus
pater. qui habet clauem dauid. qui aperit et nemo claudit. qui claudit
et nemo aperit. Neque uero ut montanus cum insanis feminis somniat pro-
phete in extasi sunt locuti. ut nescirent quid loquerentur. et cum alios eru-
dirent ipsi ignorarent quod dicerent. de quibus apostolus ait. nescientes que
loquantur et de quibus affirment: sed iuxta salomonem qui loquitur in prouerbiis.
sapiens intelligit que profert de ore suo. et in labiis suis portabit scientiam:
etiam ipsi sciebant quid dicerent. Si enim sapientes erant prophete quod
negare non possumus. et moises omni eruditus sapientia loquebatur ad dominum.
et dominus respondebat ei. et de danihele ad principem tyri dicitur. numquid tu
sapientior es danihele. et dauid sapiens erat qui gloriabatur in psalmo. incerta
et occulta sapientie tue manifestasti mihi. quomodo sapientes prophete instar
brutorum animantium quid dicerent ignorabant? Legimus et in alio apostoli loco.
Spiritus prophetarum prophetis subiecti sunt. ut in sua habeant potestate quando
taceant. quando loquantur. Quod si cui uidetur infirmum: illud apostoli eiusdem

seiner rechten Hand Hilfslinien. Die Feder hält er in der anderen bereit, um sie wieder benutzen zu können, wenn er damit fertig ist.

Falls Hugo Pictor ein Kunsthandwerker in Bayeux war, könnte das einen Hinweis darauf liefern, wer die Schirmherrschaft für jene bemerkenswerte Bücherkollektion für die Kathedrale von Exeter übernahm. Anders als Robert Benjamin erwähnt Hugo nicht den Mann, der ihn bezahlt. Ein derartig umfangreicher Auftrag, der eine so üppige Ausschmückung des Textes einschloss, dass das Resultat reicher illustriert wäre als je ein Band, den sogar der Fürstbischof William of Saint-Calais erworben hatte, muss sehr teuer gewesen sein – und es handelte sich nur um einen von zehn vergleichbaren. Man kann zu Recht annehmen, dass diese Codices nach Exeter kamen, als das von 1072 bis 1103 reichende Episkopat Osberns sich dem Ende zuneigte. Den wenigen zeitgenössischen Urteilen über Osbern kann man nicht entnehmen, dass er – wie William of Saint-Calais – zu Extravaganz oder Freigebigkeit gegenüber seiner Kathedrale neigte. In seinen letzten Jahren war er überdies krank und erblindet. Er entstammte jedoch einer adligen normannischen Familie und war von der Seite seiner Mutter her ein Großcousin von Wilhelm dem Eroberer. Sein älterer Bruder William FitzOsbern (gest. 1071) war ein enger Mitstreiter des Eroberers in der Schlacht von Hastings gewesen, hatte später den Titel eines 1. Earl of Hereford getragen und war zu einem der reichsten Männer Englands aufgestiegen. Wichtiger noch: Die beiden Brüder waren Vettern von Odo von Bayeux, dem Sohn der Mutter des Herzogs der Normandie. Odo kämpfte Seite an Seite mit William FitzOsbern in Hastings und amtierte von 1049 bis 1097 als Bischof von Bayeux. Er war sogar wohlhabender als die FitzOsberns und wurde in dieser Hinsicht nur vom Eroberer selbst übertroffen. Er mag derjenige gewesen sein, der für die Bestellung der Handschriften in Bayeux ausschlaggebend war. 1088 kehrte er in der Gesellschaft von William of Saint-Calais nach Bayeux zurück. 1089 unterzeichneten beide dort zusammen als Zeugen einige Urkunden. Odo ist am bekanntesten als der mutmaßliche Auftraggeber des Teppichs von Bayeux. Sie ahnen wohl schon, was jetzt kommt: Hugo, *pictor*, Designer und großer Kunsthandwerker, gehörte vermutlich Odos Haushaltung an. Die Ähnlichkeiten zwischen den narrativen Illustrationen Hugos in Bodley 717 und dem Teppich von Bayeux sind faszinierend. Knopfäugige, langnasige, schmalmundige Gestalten in komplexen architektonischen Szenerien werden durch Überschriften in verschiedenfarbigen großzügig dimensionierten Großbuchstaben identifiziert. Es ist erwiesen, dass Hugo Illuminator war, aber *pictor*? Vorstellbar ist, dass er und Robert Benjamin zum Gefolge des Bischofs gehörten, das den Teppich von Bayeux entwarf.

Ein Vorteil von Nachforschungen zu geschichtlichen Ereignissen, die fast eintausend Jahre zurückliegen, liegt darin, dass man Spekulationen anstellen, Szenarien entwerfen kann, auch wenn es keine Belege gibt und nichts als ihre Plausibilität für sie spricht. Die Arbeit an der Augustinus-Ausgabe aus Durham und dem Hieronymus-Kommentar aus Exeter scheint von Robert Benjamin und Hugo Pictor übernommen worden zu sein, als sie in beiden Fällen bereits zur Hälfte gediehen war, vermutlich um 1088. Es könnte sein, dass einige der Bände, die später nach Exeter gelangten oder der Kathedrale von Durham übergeben wurden, teilweise im Rahmen einer groß angelegten, aber nicht zu Ende geführten Kampagne zur Buchproduktion in Bayeux entstanden. Das heißt, dass vielleicht mit der Arbeit an diesen Handschriften für Odo von Bayeux begonnen wurde und diese möglicherweise für seine eigene Kathedrale bestimmt waren. Dass das Projekt aufgegeben wurde, kann damit zusammenhängen, dass Odo im Jahr 1087 bei seinem königlichen Halbbruder in Ungnade fiel – und damit auch sein großes Vermögen verlor. In diesem Moment traten vielleicht William of Saint-Calais und jemand aus Exeter als Geldgeber auf den Plan. Dieser Unbekannte könnte ein Mitglied der Familie FitzOsbern gewesen sein. Die Witwe des 1. Earl und die meisten seiner Kinder starben zu früh, um an der Beauftragung Hugo Pictors beteiligt gewesen sein zu können; eine Ausnahme bildet die Tochter Emma, die sich 1095 noch in der Normandie aufhielt, wo sie starb, nachdem sie das Gelübde abgelegt hatte, zusammen mit Odo am Ersten Kreuzzug teilzunehmen. Es ist denkbar, dass jemand wie Emma FitzOsbern luxuriös ausgestattete und illuminierte Handschriften für die Diözese ihres Onkels finanzierte. Dafür spricht auch, dass die später eingefügten einzigartigen Frontispize von Bodley 717 die Schirmherrschaft zweier Frauen betonen und Ansichten des Heiligen Landes zeigen.

Wenden wir uns abschließend noch einmal dem Selbstbildnis von Hugo Pictor zu und fragen wir uns, ob es uns (überhaupt) etwas über die Praxis der Handschriftenherstellung im späten 11. Jahrhundert verrät. Hugo sitzt auf einem Stuhl, in dessen Armlehnen sich Vertiefungen befinden. In eine davon ist ein Tintenhorn gesteckt, vernünftigerweise so weit wie möglich von der Handschrift entfernt, denn der Stuhl wirkt bedrohlich instabil. Wurden beide Vertiefungen benutzt, dann konnte ein Schreiber gleichzeitig über Tinte oder Pigmente verschiedener Farben verfügen. Bei dem abgebildeten Schreibgerät handelt es sich eindeutig um eine Feder (»eines Vogels Wonne«, wie es im Rätsel aus dem Book of Exeter heißt), höchstwahrscheinlich vom Flügel einer Gans. Die kleinen, kurzen Federn sitzen noch alle an dem Kiel, obwohl die meisten modernen Schreiber darauf beharren, dass sie entfernt werden. Bei der Tinte dürfte es sich um Eisengallustinte gehandelt haben, für die man Eichengalläpfel, jene runden Auswüchse auf Eichenblättern, die entstehen, wenn eine Gallwespe ihre Eier darauf abgelegt hat, zerquetschte und die so gewonnene Flüssigkeit mit Eisensulphat mischte. In dem Rätsel wurde auch auf Farben angespielt, die man aus Pflanzen gewinnt: Damit kann diese schwarze Tinte gemeint sein, aber auch rote, die Pflanzen wie Brasilholz oder Färberkrapp abwarfen. Andere Rottöne wie Zinnober wurden mithilfe von Mineralien hergestellt. Die Handschrift, an der Hugo arbeitet, liegt auf einem schrägen Pult, über das ein Tuch drapiert ist, vielleicht um das Pergament vor Beschädigung zu schützen und dafür zu sorgen, dass es nicht rutscht. Das Pult ist so geneigt, dass die Feder in einem Winkel von 45 Grad auf die Seite trifft, so dass die Tinte nicht zu schnell ausläuft und die Buchstaben verwischen, was den meisten von uns als Kindern passiert, wenn wir zu unserem Vergnügen versuchen, mit Federn zu schreiben, die wir am Strand finden. Das Messer ist zum Ziehen von Rillen da (Hugo selbst hat sehr tiefe auf den Seiten zurückgelassen) und um die Seite ruhig zu halten, ohne die Fingerspitzen zu benutzen, die ja von Natur aus leicht fettig sind. Außerdem spitzt man ein paarmal am Tag damit den Federkiel an – weswegen man auch von einem Federmesser spricht.

Es gibt zwei andere Abbildungen von Schreibern oder genauer: Schreibenden am Beginn der Handschrift; in beiden Fällen ist der heilige Hieronymus dargestellt. Die erste Abbildung ist beinahe eine Doublette des Selbstporträts von Hugo; darin mag eine bewusste Selbstidentifizierung mit dem arbeitsamen Heiligen zum Ausdruck kommen, vor allem wenn in beiden Fällen die Auftraggeberinnen weiblich waren. Hieronymus ist wie Hugo in eine weitärmelige, mit einer Kapuze versehene blaue Robe über einem weißen Untergewand gekleidet. Beide haben lange, gekrümmte Nasen, auf ihren Wangen rosa Flecken, sind glatt rasiert, und ihre grünen Haare sind zu einer Tonsur geschoren. Die grüne Farbe soll vielleicht grau repräsentieren. In der ersten Abbildung wird Hieronymus auf einem Kissen sitzend gezeigt, das auf einer Bank liegt. Bedenken Sie, dass der Text des Kommentars in Langzeilen (sie heißen hier zu Recht so), die eine einzige Kolumne ergeben, niedergeschrieben ist. Schreiber saßen oft lieber auf einer Bank, weil es weniger anstrengend war, auf ihr hin und her zu rutschen als den ganzen Körper nach links und rechts zu verdrehen, wenn man eine sehr breite Seite mit Text beschrieb. In der zweiten Abbildung sieht Hieronymus Hugo weniger ähnlich: Seine Haut ist dunkler, und er hat einen Bart, er sitzt in einem Stuhl, dessen Armlehnen in Drachenköpfen enden. Die offenen Rachen der Drachen dienen zur Aufnahme des Tintenhorns und des tragbaren Bücherhalters. Stühle mit solchen Drachenköpfen am Ende der Lehnen tauchen zweimal auf dem Teppich von Bayeux auf.

Man beachte, wie der Schreibende auf allen drei Bildern die Feder hält. Uns bringt man heute bei, einen Stift zwischen dem Zeige- und Mittelfinger zu halten und ihn mit dem Daumen fest an diese beiden anzudrücken. Auf den Abbildungen in dieser Handschrift und auf beinahe allen anderen in mittelalterlichen Manuskripten, die Schreiber zeigen, wird die Feder mit dem Daumen gegen die Unterseite der ersten beiden Finger gedrückt. Die beiden kleinen Finger sind zur Handfläche hin zusammengekrümmt. Beim Schreiben muss sich die ganze Hand über die Seite bewegen, und auch der ganze Arm ist in den Akt einbezogen. Eine verbreitete Klage von Schreibern, die man in mittelalterlichen Handschriften, darunter zumindest einer englischen aus dem späten 11. Jahrhundert, findet, lautet: »Tres digiti scribunt totum corpusque laborat.« (»Drei Finger schreiben, und der ganze Körper plagt sich.«) Wenn aber die Feder so gehalten wird, wie Hugo es darstellt, dann ist es unzweifelhaft leichter, sie beim Schreiben zu drehen und so die modischen dicken und dünnen oder breiten und schmalen Tintenstriche hervorzubringen, die die romanische Kalligrafie so reizvoll machen. Wie es in dem Rätsel hieß, reisen drei Finger und die Feder miteinander und hinterlassen dunkle Fußspuren, so dass der Text zu einer Hilfe für große Männer wird und selbst heilig ist. Sowohl Hieronymus als auch Hugo Pictor müssen diese Erfahrung gemacht haben, was die siebenhundert Jahre, die sie voneinander trennte, überbrückte. Der eine verfasste einen Text, und der andere ließ ihn von den Eroberern ins normannische England importieren.

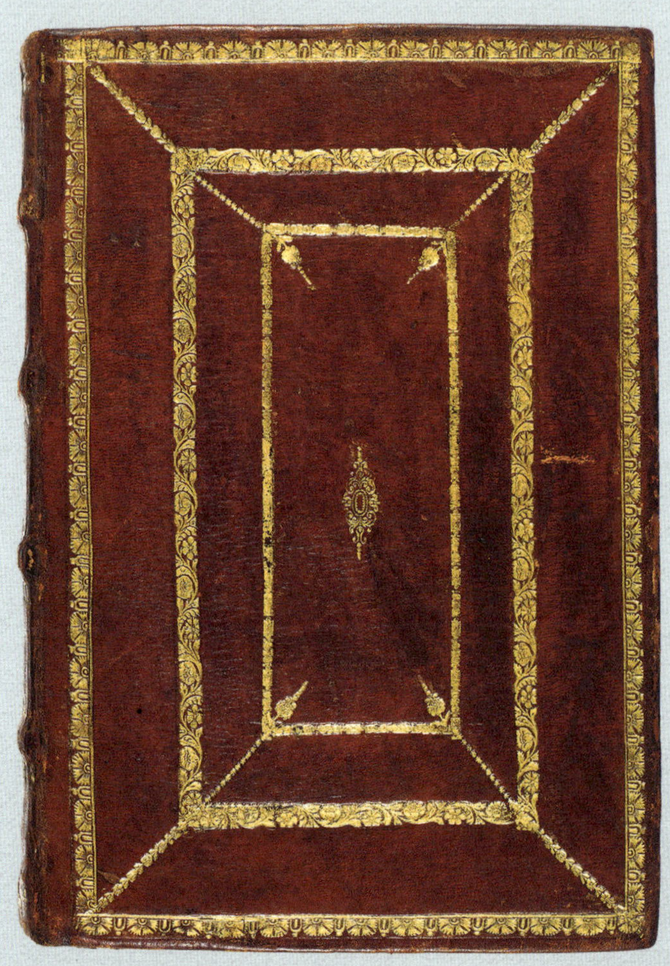

KAPITEL SIEBEN

DER KOPENHAGENER PSALTER

drittes Viertel des 12. Jahrhunderts
Kopenhagen, Kongelige Bibliotek,
MS Thott 143 2°

Herein, nur keine Scheu. Melden Sie sich höflichkeitshalber an der Theke des Aufsichtspersonals, was aber wohl nicht nötig wäre, nicht hier oben in der Königlichen Bibliothek von Kopenhagen, denn Dänen sind generell dem Förmlichen abhold und gastfreundlich. Ziehen Sie sich einen der niedrigen gelben Bürostühle auf Rollen heran, und dann schauen Sie sich das hier mal genau an. Sprechen Sie leise, denn hier sitzen noch andere Leute in ihre Arbeit vertieft. Direkt vor uns auf dem Tisch ruht geöffnet und von zwei Keilen aus Schaumstoff gestützt die schönste und berühmteste illuminierte Handschrift Dänemarks. Setzen Sie sich neben mich und lassen Sie uns einen Augenblick lang pure Bewunderung sein. Wir wollen noch nicht berühren, nur schauen. Allen denkbaren Kriterien nach haben wir es hier mit einem außerordentlichen Kunstwerk höchsten Ranges zu tun, in beinahe makellosem Zustand. Es handelt sich um einen großformatigen lateinischen Psalter, also eine Sammlung der Psalmen aus dem Alten Testament, der im dritten Viertel des 12. Jahrhunderts entstand. Für meine Begriffe befand sich die Buchherstellung in Westeuropa in dieser Zeit auf ihrem Höhepunkt. Wenn man den Ausdruck »illuminierte Handschrift« hört, erwarten die meisten genau dies zu sehen. Von der Raffinesse und der Üppigkeit seiner Bebilderung her übertrifft es den rund siebzig Jahre früher entstandenen Jesaja-Kommentar Hugo Pictors mit seinen ernsten Abbildungen oder die Beatus-Handschrift des Maius von Tábara mit ihren primitiven, wenn auch tief empfundenen Miniaturen bei Weitem. Wären Handschriften von Musik begleitet, würden zum Kopenhagener Psalter Trompeten und eine Kirchenorgel erklingen. Jede Seite des Codex ist üppigst verziert und funkelt von poliertem Gold. Der Text ist in höchster Vollendung kalligrafiert. Den Anfang bilden zwölf Seiten mit einem vielfarbig ausgeführten Heiligenkalender, und dann, vor dem Beginn des ersten Psalms, findet man eine Sequenz von sechzehn ganzseitigen Illustrationen, die wirklich atemberaubend sind und die Krönung des gesamten Werks darstellen. Fangen wir mit ihnen an. Diese gewaltigen szenischen Darstellungen reihen sich ohne Unterbrechung aneinander, eine Abbildung nach der anderen wie in einem Bilderbuch. Dieser Teil der Handschrift präsentiert sich nicht einfach als Textillustration, sondern als Kunstwerk *sui generis*. Die Bilder haben die Größe von Ikonen.

Das erste, auf folio 8r, zeigt die Verkündigung. Gabriel und Maria stehen sich unter zwei Bögen eines Kreuzgangs gegenüber und schauen einander in die Augen. Beide haben die rechte Hand erhoben, was anzeigt, dass sie sprechen. Von ihren linken Händen hängen Schriftrollen herab; auf der Gabriels steht: »AVE MARIA GR[ATI]A PLENA D[OMI]N[U]S T[ECUM]« und auf der Marias die Erwiderung: »FIAT MICHI S[E]C[UN]D[U]M V[ER]BU[M] TUUM« (Lukas 1, 28 und 38). Gabriels Schwingen sind purpurn und braun gefärbt und weiß gesprenkelt, er trägt ein hellblaues Gewand, über das ein prächtig verzierter roter und grüner Umhang drapiert ist, der hinter ihm flattert, als ob er noch in der Bewegung begonnen hätte zu reden. Er hat dichte Augenbrauen, die Stirn ist in Falten gelegt. Seine Füße sind nackt, und er hat sich ein wenig auf die Fußspitzen erhoben. Dennoch ist Maria größer als er. Sie ist nicht blau gekleidet, wie

RECHTS: Die Verkündigung: Erzengel Gabriel grüßt die Jungfrau Maria, die ihm antwortet, dass sie sich als Magd Gottes dessen Wort fügen wird.

NACHFOLGENDE DOPPELSEITE: Die Heimsuchung: Die Jungfrau und die heilige Elisabeth umarmen einander; und die Verkündigung an die Hirten, hier als grotesk deformierte Bauersleute dargestellt.

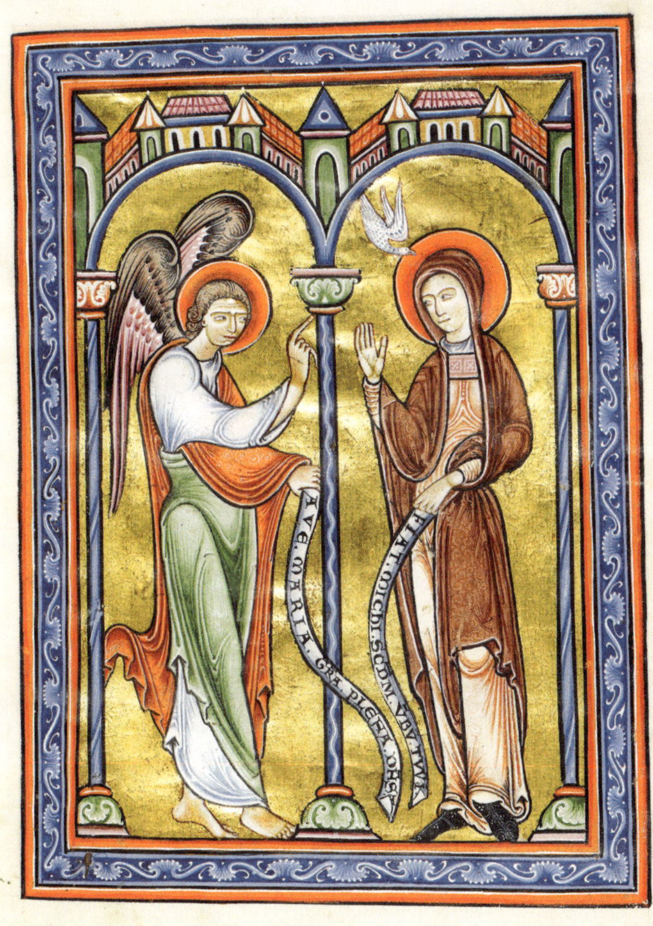
AVE. MARIA. GRA. PLENA. DNS. TE[CVM]
FIAT. MICHI. SCDM. VBV. TVVM

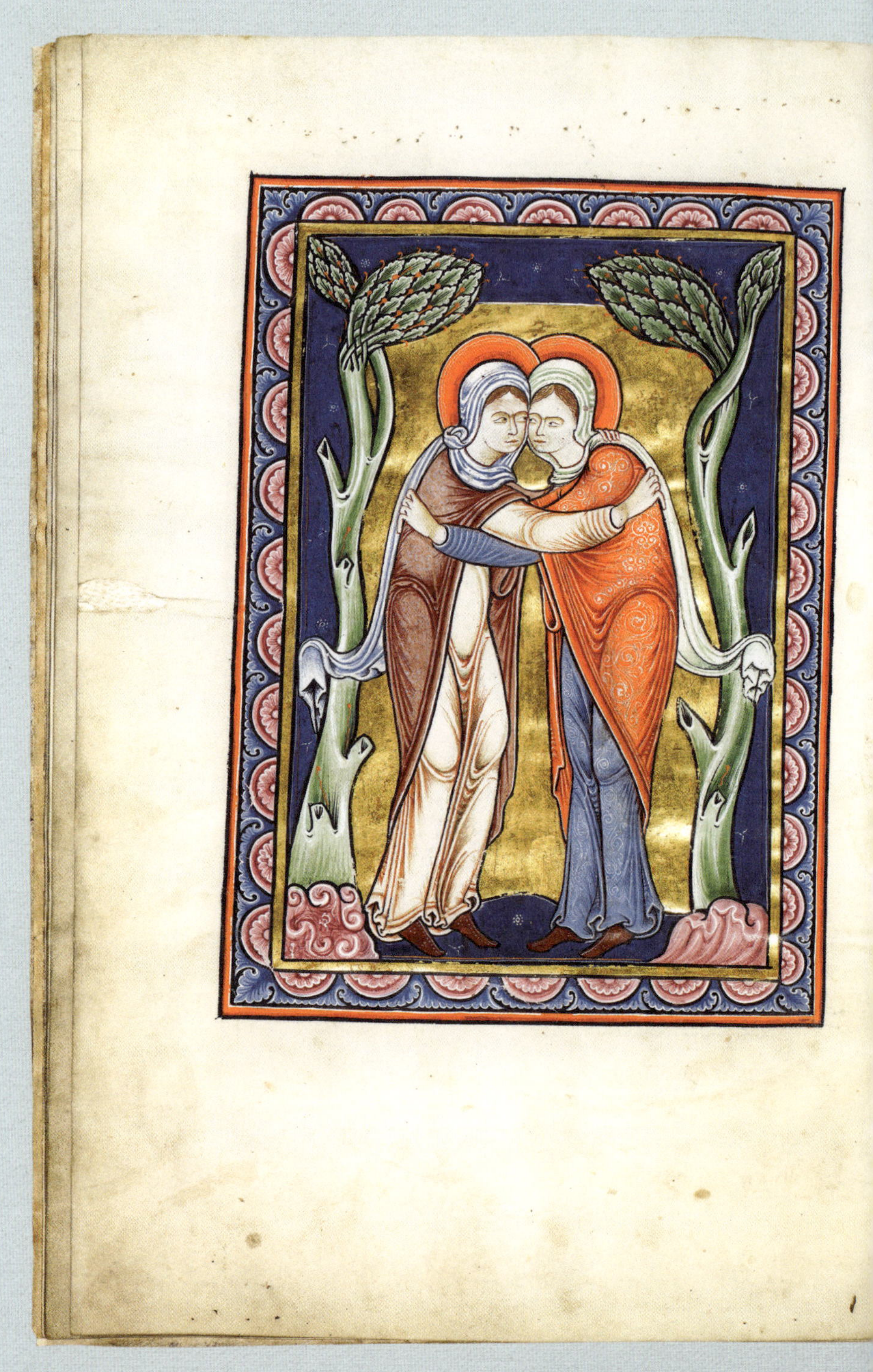

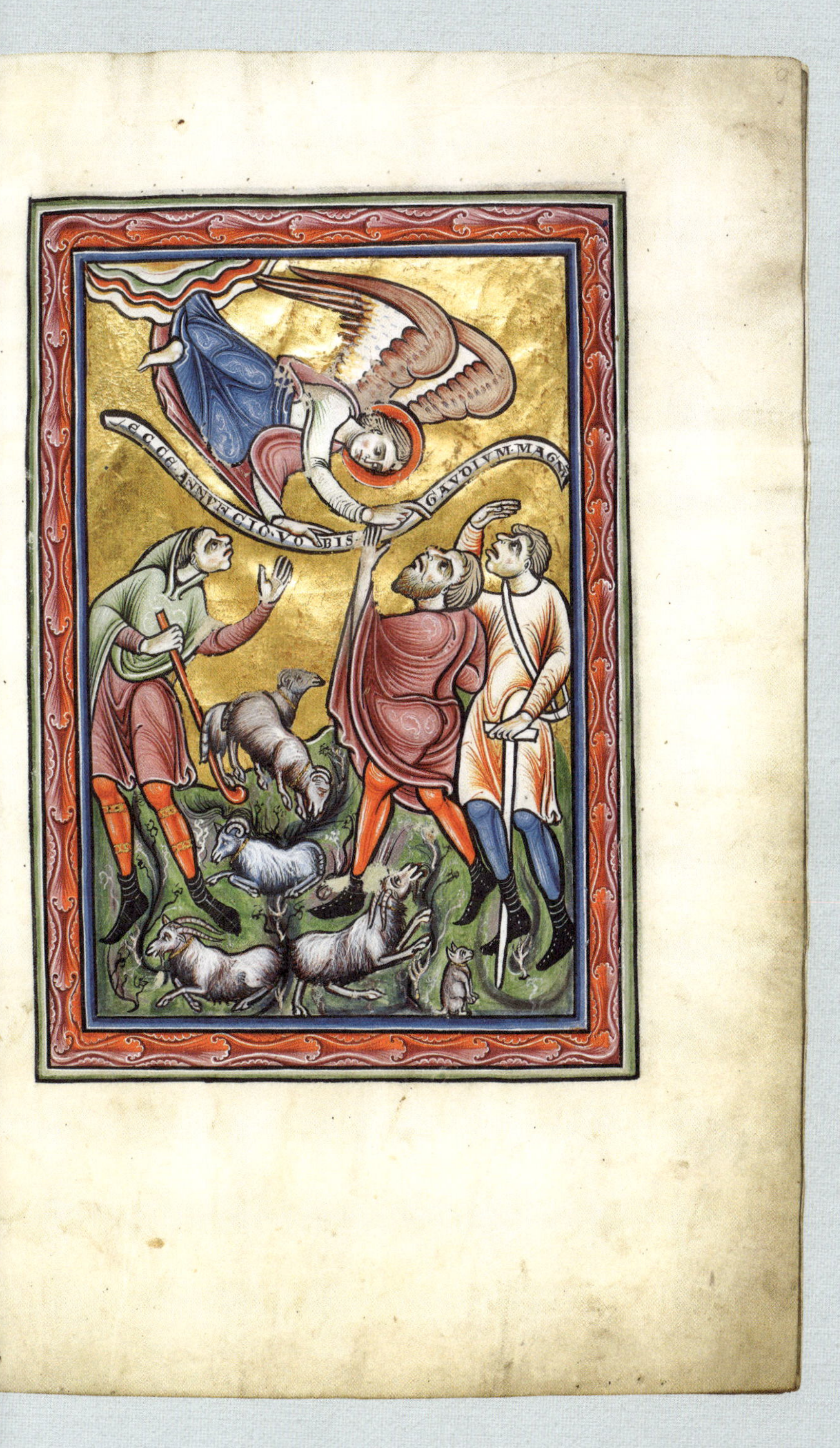
ECCE ANNVNCIO·VOBIS·
GAVDIVM·MAGNV

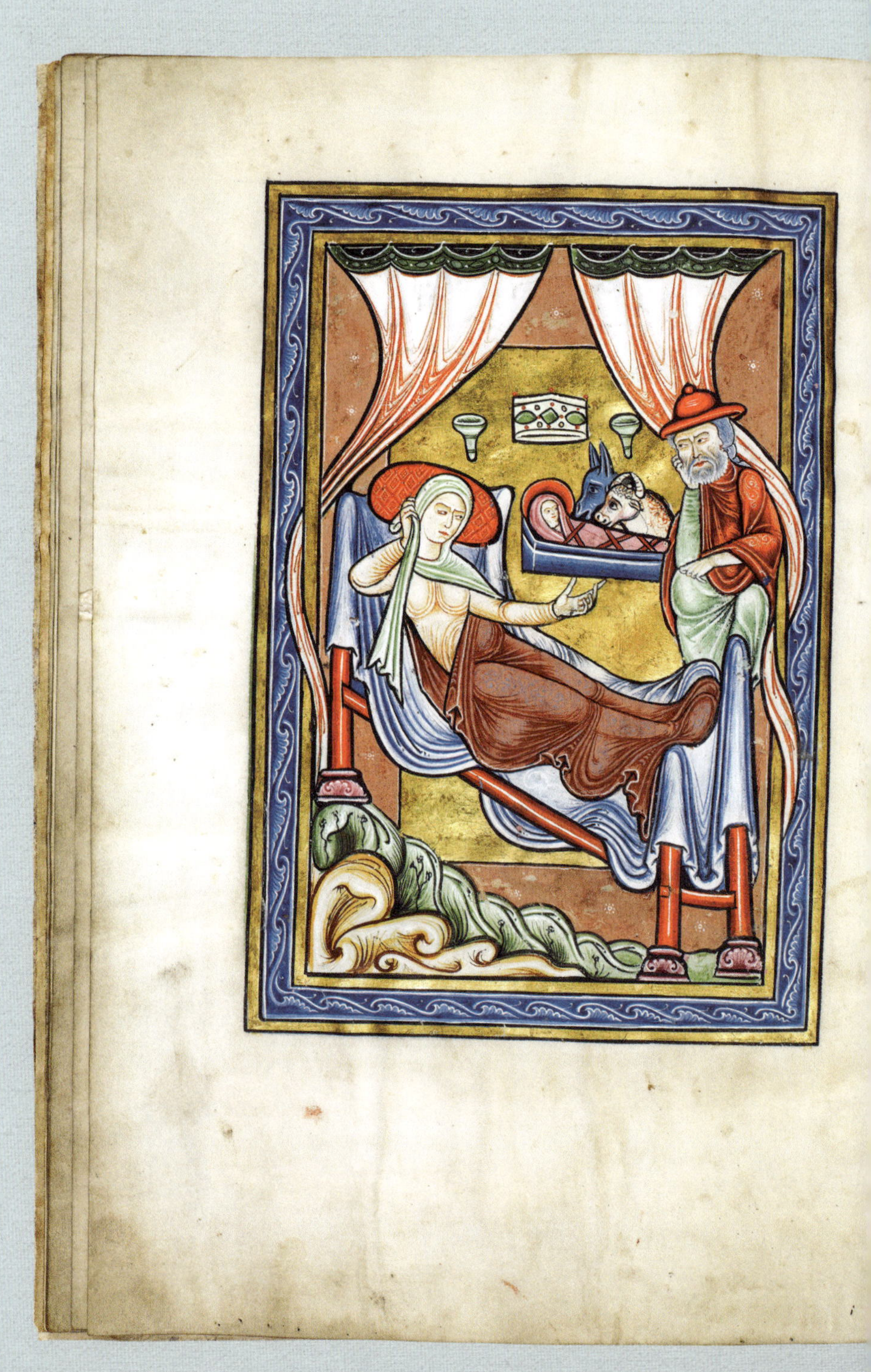

in der späteren europäischen Kunst, sondern in einen Umhang von brauner Farbe mit Einschlag ins Purpurne gehüllt, der schön gemustert ist wie der feinste Damast. Ihr Untergewand ist mehrfarbig und am Hals zusammengerafft. Die heilige Taube schwebt von oben auf ihren Kopf zu. Der Hintergrund ist mit einer glänzenden Goldschicht überzogen, in der wir uns spiegeln können. Über den Bögen des Kreuzgangs sieht man verschiedenfarbige ziegelgedeckte – romanische – Dächer von Nazareth.

Lassen Sie mich für Sie umblättern. Auf der Rückseite dieses ersten Blattes ist Mariä Heimsuchung dargestellt. Innerhalb eines Rahmens, der wie mit maasländischer Emaile überzogen leuchtet, sind Maria und ihre Cousine Elisabeth abgebildet, die sich in die Arme schließen (Lukas 1, 40). Sie stehen zwischen Bäumen, die sich vor roten Früchten biegen – ein Symbol für die Schwangerschaft der beiden Frauen. Auch ihre Kleider sind wunderschön gefärbt und gemustert, und der Hintergrund besteht auch hier aus spiegelndem Gold. Die Bilder des Kopenhagener Psalters besitzen keine Überschriften, die explizit angeben, welche Szene dargestellt ist, wie das in vielen Handschriften der Fall ist. Jeder mittelalterliche Besitzer dieses Codex dürfte die verschiedenen Sujets erkannt haben – vielleicht konnte ein Buch solcher Güte auch nur jemandem gehören, der einen Hauskaplan besaß, welcher ihm jedes Mal, wenn sie gemeinsam über dem Psalter saßen, die entsprechende biblische Geschichte erzählte. Zu diesem spezifischen Bild muss der Geistliche die Erläuterung abgegeben haben, dass Maria im Begriff sei, das *Magnificat* aufzusagen, den Psalm aus dem Neuen Testament, dessen Text ganz am Ende dieses Psalters mit aufgenommen wurde.

Direkt gegenüber der Heimsuchungsszene ist das dargestellt, was sich neun Monate später ereignete. Ein riesiger und fast wuchtig wirkender Engel sinkt aus einem goldenen Himmel herab, der sich über die Köpfe von drei grotesk-hässlichen Hirten spannt. Diese bäuerlich-groben Gestalten hüten nicht etwa eine Herde von Schafen, sondern nur einige ausgemergelte Ziegen, wobei ihnen eine Art grauer Katze (vielleicht soll es aber auch ein Hund sein) assistiert. Für unser modernes Feingefühl ist es einigermaßen schockierend, dass Bauern in mittelalterlicher Kunst häu-

LINKS: Die Geburt Christi. Die Szenerie ist luxuriös, und über dem Kind in der Krippe hängt eine Krone.

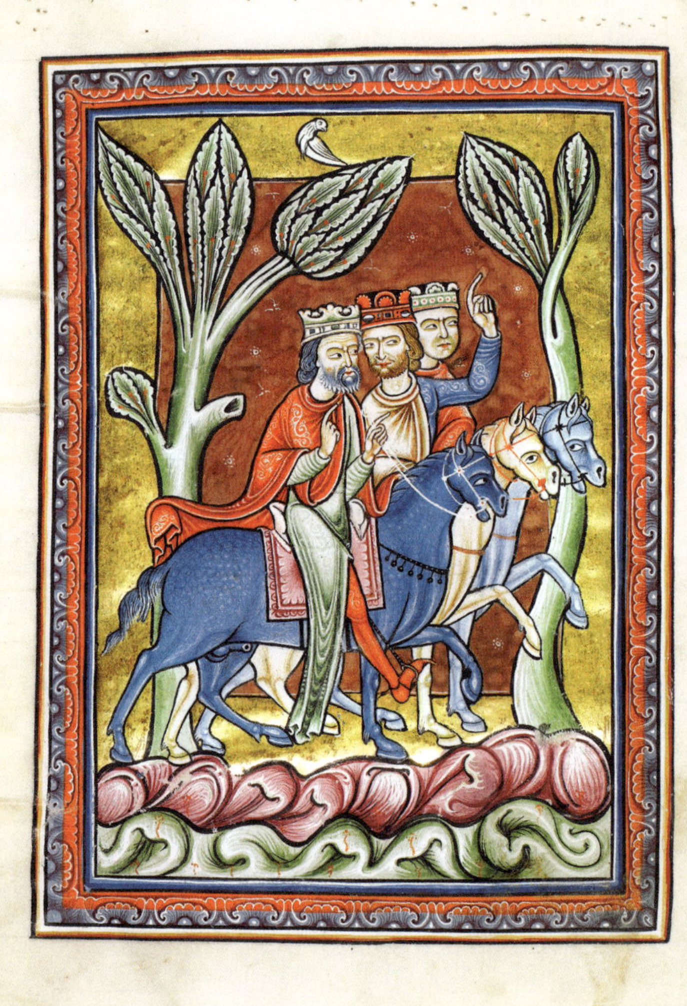

fig nahezu als Untermenschen dargestellt sind. Wir haben hier keine Schäferidylle vor uns. Der Engel verkündet aber diesen gemeinen Bauern: »ECCE ANNUNCIO VOBIS GAUDIUM MAGNU[M]« (Lukas 2, 10; hier keine Übersetzung eines Ausspruchs, der im Europa des 12. Jahrhunderts sogar jedem Halbgebildeten vertraut war). Wenn wir weiterblättern, haben wir den Grund für die angekündigte große Freude vor Augen: die Geburt Christi. Die Szenerie ist aber nicht wie üblich ein primitiver Stall, sondern der Betrachter wird in ein gehobenes Ambiente versetzt, in einen Palast oder vielleicht auch in eine prächtige Kirche. Die Jungfrau Maria beherrscht das Bild: Sie liegt, den Kopf auf eine Hand gestützt, auf einem großen, diagonal im Raum aufgestellten Bett, über das ein kostbares blaues Tuch gebreitet ist. Ihr Haupt ist nicht von einem Heiligenschein umgeben, aber es ruht auf einem kostbar verzierten karmesinroten Damastkissen. Rechts von ihr steht Josef, graubärtig und mit einem roten Judenhut auf dem Kopf. Folgt man den Augen der beiden, fällt der Blick auf ein blaues schachtelartiges, an einen Sarkophag erinnerndes Gebilde, das in einem Meer von Gold zu treiben scheint. Darin liegt das Jesuskind, das eng in ein purpurnes Tuch gewickelt ist und von einem blauen Esel und einem feuchtnasigen Ochsen liebevoll beschnuppert wird. Der Blick auf die Szenerie wird dadurch freigegeben, dass zwei rotweiße Vorhänge beiseitegezogen sind, von denen der eine hinter dem Kopfende von Marias Bett festgesteckt ist, während der andere sich über Josefs Rücken gelegt hat. Von der Decke hängen zwei Lampen herab, und etwas, das wie eine mit farbigen Edelsteinen besetzte Königskrone aussieht, schwebt über dem Kopf des Jesuskinds.

Im Mittelpunkt der sich daran anschließenden vier Abbildungen stehen Könige, gute wie böse. Sie illustrieren in ungewöhnlicher Ausführlichkeit die Geschichte von den drei Weisen aus dem Morgenland (Matthäus 2, 1–12) und befinden sich auf den folios 10r bis 11v. Thema der ersten Abbildung ist das Zusammentreffen der drei Weisen, allesamt gekrönte Häupter, mit Herodes in dessen Königspalast, bei dem sie sich nach dem vorhergesagten neu geborenen König der Juden erkundigen.

LINKS: Die drei Weisen aus dem Morgenland reiten, in königliche Gewänder gehüllt, durch einen Wald, während sie dem Stern folgen, der sie nach Bethlehem zu dem Kind führt.

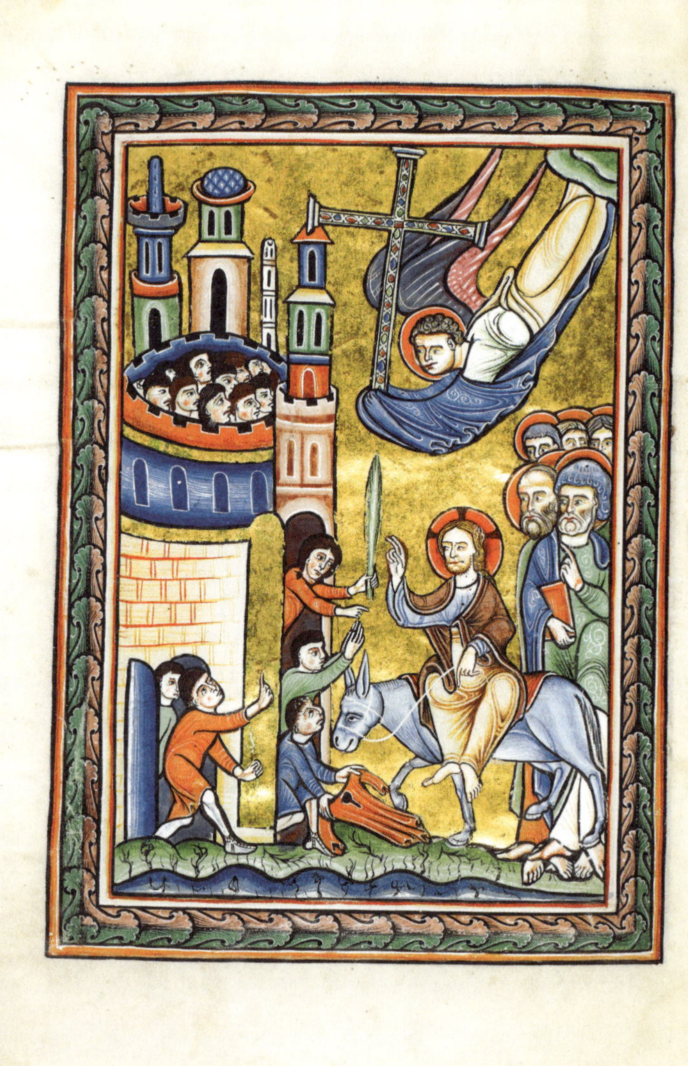

Danach sieht man sie, höfisch elegant ausstaffiert, aber eindeutig in Hast, dem Stern hinterher durch einen Wald reiten. Im Museumsshop im unteren Stock werden Postkarten mit diesem Motiv angeboten. (Reproduktionen vieler dieser Szenen böten sich für Weihnachtskarten an.) Auf der gegenüberliegenden Seite ist dargestellt, wie die Könige ihr Ziel erreichen, auf das mit einem Zepter in der Hand (es ist ebenfalls bereits ein König) auf dem Schoß seiner Mutter sitzende Jesuskind deuten und es anbeten. Die sich anschließende Darstellung führt uns zu Herodes, dem bösen König, in seinem Palast zurück: Er befiehlt die Ermordung aller Neugeborenen in Judäa, was eindrucksvoll in allen schauerlichen Einzelheiten ins Bild gesetzt ist. Die im Hintergrund stehenden Obstbäume sind verdorrt und abgestorben. Auch zu diesen Bildern sind mit Sicherheit Geschichten erzählt worden, mit pädagogischen Hinweisen, an wessen Verhalten man sich ein Beispiel nehmen oder welches man besser scheuen sollte.

Die Bilderfolge setzt sich fort. Man sieht die Heilige Familie von einem Engel geführt nach Ägypten fliehen. Der junge Mann, der die Nachhut bildet, wurde, der mittelalterlichen Legende zufolge, später zu dem guten Dieb, der neben Christus gekreuzigt wurde. Man sieht erst Jesus als Kind im Tempel, von dessen Decke ebenfalls Lampen und juwelenbesetzte Kronen hängen, und danach, wie er, inzwischen erwachsen, inmitten von Fischen im grünen Wasser des Jordans steht und die Taufe empfängt von der Hand Johannes' des Täufers. Auf folio 13r hält er bescheiden auf einem Esel reitend Einzug in Jerusalem, dessen Einwohner ihn als König von Israel willkommen heißen. Dieses Bild enthält ein merkwürdiges Detail: Direkt über Jesus schwebt ein Engel aus dem Himmel herab, der ein kunstvoll mit Edelsteinen verziertes Reliquienkreuz in Händen hält. Soweit mir bekannt ist, gibt es dafür in der mittelalterlichen Kunst keine Parallele. Vermutlich handelt es sich um eine Anspielung auf eine Legende um Herakleios, den byzantinischen Herrscher des 7. Jahrhunderts, der zufolge er das Heilige Kreuz nur dann nach Jerusalem zurückzuschaffen vermöchte, wenn er seine Krone absetzte und als bar-

LINKS: Der Einzug Christi in Jerusalem. Er reitet bescheiden auf dem Rücken eines Esels in die Stadt, während ein Engel, der ein juwelenbesetztes Reliquienkreuz trägt, aus dem Himmel niederfährt.

füßiger Büßer in die Stadt einzöge – bescheiden wie Christus auf dem Esel. Auf den darauf folgenden Bildern ist zu sehen, wie Christus in Gethsemane verraten und wie er gekreuzigt wird (die Inschrift über seinem Haupt nennt ihn »König der Juden«). Dann wird der Betrachter Zeuge seiner Auferstehung und erlebt mit, wie er als Himmelskönig inthronisiert wird. Königtum ist in dieser Bildersequenz also ein wiederkehrendes Thema. Im Mittelalter war man der Überzeugung, dass die Fleischwerdung Christi und sein Leben in den Psalmen, einem Werk Davids, der selbst ein König und Stammvater einer Dynastie war, bereits vorhergesagt seien. Der Text seiner Psalmen folgt, wobei er auf folio 17r mit einer nahezu seitengroßen Initiale »B« beginnt: ein brodelnder Dschungel aus ineinander verschlungenen Zweigen, die aus dem Rachen eines Ogers sprießen und sich von einem Hintergrund aus verziertem, spiegelndem Gold abheben. Die Initiale schließt auch einen Hund ein, der zwischen den Beinen eines unglücklichen nackten Mannes herumschnüffelt, welcher sich einen Weg durch das Unterholz zu bahnen versucht. Psalm 1 beginnt mit »Beat[us] vir qui n[on] abiit in consilio impiorum …« (»glücklich der Mann, der nicht wandelt im Rat der Gottlosen …«). Der Kopenhagener Psalter prunkt mit einer luxuriösen Raffinesse, der ich anderswo noch nie begegnet bin. In dem rosafarbenen Rahmen um die erste Initiale prangen sieben große goldene Sterne. In der Mitte eines jeden sitzt (oder saß) ein in die Illumination eingeklebter echter Edelstein. Es handelt sich um richtige kleine Gemmen, vielleicht Opale. Wenn das stimmt, könnten sie aus Böhmen oder Ungarn, sogar aus Äthiopien stammen. Man kann der Versuchung, mit dem Fingernagel an ihnen zu pulen, kaum widerstehen; einige sind schon abgefallen.

Ich habe schon viele Handschriften untersucht und mir Gedanken über mögliche Auftraggeber gemacht; inzwischen bin ich zu dem Schluss gekommen: Wenn nicht wirklich sicher ist, dass eine Handschrift für einen Herrscher bestimmt war, dann war sie es nicht. Wenn mittelalterliche Handschriften für einen König oder Kaiser angefertigt wurden, dann ist der betriebene Aufwand so überwältigend und das Resultat der-

RECHTS: Die Initiale, die den eigentlichen Psalter eröffnet, mit semiheraldisch gestalteten Papageien und Löwen und einer Einfassung, in die echte Edelsteine eingesetzt sind.

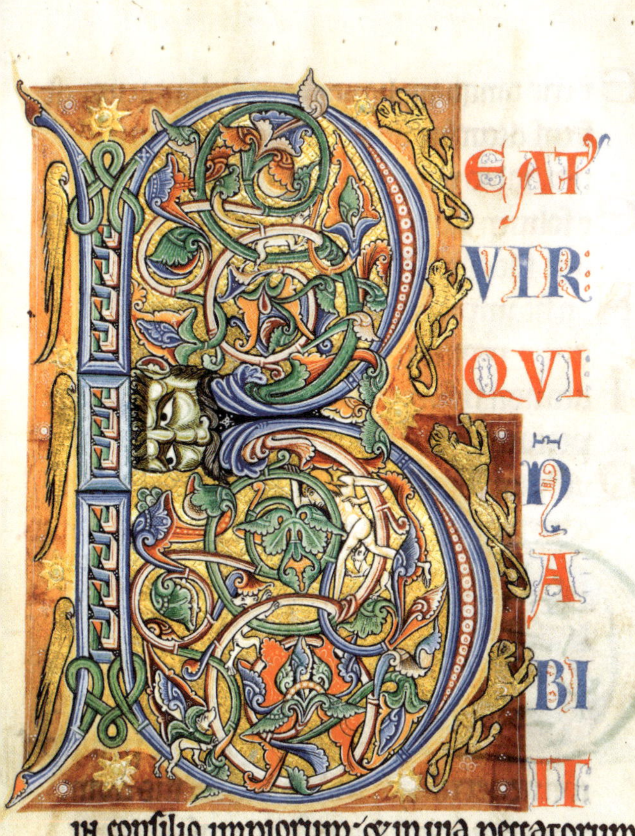

in consilio impiorum: & in uia peccatorum
non stetit. & in cathedra pestilentię non
sedit.

Sed in lege domini uoluntas eius: & in lege
eius meditabitur die ac nocte.

art prachtvoll, dass kein Zweifel bestehen bleibt. 2011 hat die British Library solche »royal manuscripts« in einer großartigen Ausstellung mit dem Titel *The Genius of Illumination* präsentiert. Nach ihrem Besuch überkam einen geradezu moralische Entrüstung darüber, dass mittelalterliche Könige für ihre privaten Bücher ungehemmt derartige Unsummen ausgegeben hatten, während in ganz Europa die Hälfte der Bevölkerung Hunger litt. Diese Handschriften gehören einer eigenen Klasse an. Was den Kopenhagener Psalter betrifft, so lassen die Raffinesse der Ausführung und die scheinbar uneingeschränkte Verwendung von Gold und Edelsteinen im Verein mit der Tatsache, dass immer wieder Könige ins Bild gesetzt werden (wir haben bislang nur wenig mehr als ein Dutzend Seiten betrachtet), wenig Zweifel daran, dass er für einen königlichen Auftraggeber bestimmt gewesen sein muss.

Die heutige dänische Königsfamilie wird dafür bewundert, dass sie ein ganz normales Leben führt. Die dänischen Royals fahren Rad und kaufen im Supermarkt. Im Mittelalter hat sich ihre Lebensweise aber radikal davon unterschieden. Während im zeitgenössischen Skandinavien der Lebensstil von Reich und Arm ähnlich ist, war er im Mittelalter in ganz Europa von extremem Kontrast geprägt. Ein Bürgerlicher, der zum König vorgelassen wurde, sollte vom demonstrativ zur Schau gestellten Reichtum und der Erhabenheit überwältigt werden. Persönliche Gier war nicht die alleinige Wurzel: Um in einer ruhelosen und hierarchischen Gesellschaft seine Autorität zu erhalten, war es erforderlich, seinen überlegenen Status und die scheinbar unerschöpfliche Fülle seiner Ressourcen immer wieder herauszustreichen. Ich habe etwas von jenem Überwältigtwerden durch Fülle verspürt, als ich die Seiten von fünf anderen großen privaten Psaltern aus romanischer Zeit umschlug, auf die ich in diesem Kapitel noch eingehen werde. Es handelt sich um (1) den Hunterian Psalter in der Universitätsbibliothek Glasgow, zu dessen mutmaßlichem Auftraggeber ich mich weiter unten äußern werde; (2) den Ingeborg-Psalter der Gemahlin von Philipp II., dem französischen König von 1179 bis 1223, im Musée Condé in Chantilly; (3) den »Avranches«-Psalter, der möglicherweise für Philipp II. selbst hergestellt wurde und sich heute im J. Paul Getty Museum befindet; (4) den Psalter der Blanka von Kastilien, der Gemahlin von Ludwig VIII., dem französischen König von 1223 bis 1226, in der Bibliothèque de l'Arsenal in Paris; (5) den Leidener Psalter, der vermutlich für Geoffrey Plantagenet, den Sohn von Heinrich II., König von England, angefertigt wurde und sich heute wie die *Aratea* im Besitz der Universitätsbibliothek Leiden befindet. Alle fünf sind außergewöhnlich. Jeder dieser Psalter ist – wie der Kopenhagener – unvergleichlich reicher und demonstrativ extravaganter als eine der älteren im Skriptorium eines Klosters entstandenen Handschriften, mit denen wir uns bisher befasst haben. Alle stehen einem König gut zu Gesicht: Sie schreien ihren königlichen Status geradezu heraus.

Die Handschrift, die wir gerade vor uns haben, ist heute noch Teil einer königlichen Bibliothek – jedenfalls dem Namen nach. In Wirklichkeit handelt es sich bei der Kongelige Bibliotek um die dänische Nationalbibliothek. Diese ist aus der ehemaligen Privatbibliothek der Könige des Landes hervorgegangen, die im 17. Jahrhundert von Friedrich III. gegründet wurde. Seit 1793 ist sie allgemein zugänglich. 1906 errichtete man auf der durch Brücken mit der Innenstadt von Kopenhagen verbundenen Insel Slotsholmen ein stattliches Ziegelgebäude für die Büchersammlung. 1999 wurde es erweitert – der auffallende neue Anbau wird im Volksmund *den Sorte Diamant,* der Schwarze Diamant, genannt. Es ist mit dem früheren Bau durch einen Fußweg verbunden und erweitert die Bibliothek quer über die Straße bis ans Ufer des Hafenbeckens. Dieser neue Gebäudeteil ähnelt zwei nicht ganz rechteckigen, schrägen Würfeln aus poliertem schwarzem Granit und Glas. Er wurde von den Architekten Schmidt, Hammer & Lassen entworfen und war Schwindel erregend teuer – was jedem Dänen einen Kommentar entlockt, wenn man erzählt, dass man dort war. Ich war am Morgen von unserer Bleibe im Zentrum von Kopenhagen aus zu Fuß aufgebrochen und in ungefähr fünfzehn Minuten über die Niels Juels Gade und die Christians Brygge, Fahrradfahrern aus dem Weg gehend und mich vor plötzlichen Windstößen von den Kanälen her, in die sich leichter Sprühregen mischte, duckend, bis zur Bibliothek gelaufen. Der Haupteingang befindet sich nicht, wie man erwarten könnte, an der zum Hafen weisenden Front, sondern um die Ecke herum, an der abgelegenen Seite des Diamanten. Man tritt ein, geht am Museumsbuchladen vorbei (wo man auch Regenmäntel verkauft – sehr praktisches Volk, diese Dänen) und gelangt in ein Atrium, aus dem eine sehr lange und nur sacht ansteigende Rolltreppe einen unvorstellbar langsam in die erste Etage befördert. Dort zeigte mir eine mütterliche Dame am Informationsschalter den Weg in einen der Aufzüge hinter mir, wo ich bis zur mit »F Vest« bezeichneten Ebene hochfuhr. Wenn

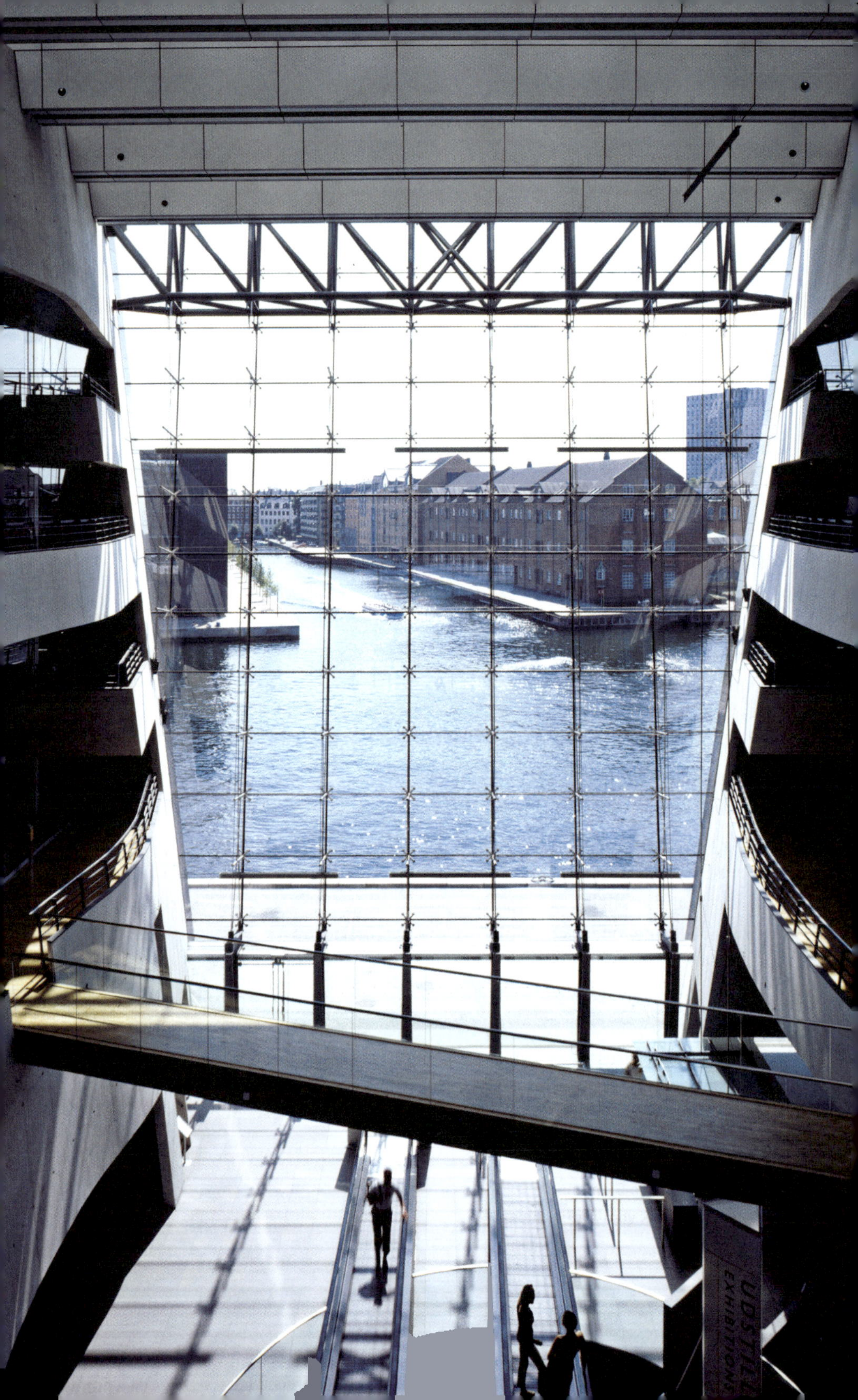

man aussteigt, wendet man sich nach links und läuft über einen Korridor mit gläsernen Wänden bis zu einer Tür auf der linken Seite, auf der steht: »Center for Manuskripter og Boghistorie«. Hinter dieser Tür öffnet sich eine Art von Galerie, die in ziemlicher Höhe verläuft und als Lesesaal für seltene Bücher dient. Man hat von ihr einen Blick auf das Atrium tief unter sich und kommt sich vor wie auf dem Oberdeck eines Kreuzfahrtschiffs. Man sieht weitere Decks in unterschiedlicher Höhe – ebenfalls Lesesäle –, von denen ein jedes ein bisschen weniger weit vorragt als das darunterliegende. Die Hängenden Gärten der Semiramis müssen ähnlich angelegt gewesen sein. Ganz weit unter einem befindet sich der Eingangsbereich, quer schneidet die langsam ansteigende Rolltreppe das Blickfeld, rechts ragt eine große Glaswand von der Höhe des gesamten Gebäudes auf, durch die man auf das glitzernde, leicht gekräuselte Wasser des Hafens schaut.

Am Tag meines Besuchs war eine bunt zusammengewürfelte Gruppe von Besuchern zugegen, die eindeutig »vom Land« kamen: Nachfahren jener Hirten im Kopenhagener Psalter. Sie scharten sich alle um den Informationsschalter am Eingang und schnatterten wild durcheinander. Ich bin mir nicht sicher, worauf sich ihre komplizierten Fragen bezogen, vermutlich wollten sie etwas über ihre Familienhistorie in Erfahrung bringen, aber die Angestellte kümmerte sich, obwohl ganz allein auf sich gestellt, so liebevoll und geduldig um sie, wie in kaum einer anderen Nationalbibliothek vorstellbar. Als ich dastand und wartete, wie lange das alles wohl noch dauern würde, kam Erik Petersen, der führende Experte der Bibliothek für mittelalterliche Handschriften, zu mir hergeeilt, begrüßte mich herzlich und zog mich beiseite. Er hat dünner werdendes struppiges blondes Haar und trägt eine Brille mit kleinen Gläsern. Wie viele Dänen ist er ein ungemein netter und bescheidener Mann. Er trug wie alle anderen ein Hemd mit offenem Kragen. Unter einen Arm hatte er eine dunkelgrüne Schachtel geklemmt, in der sich, wie sich herausstellte, nichts anderes als der große Kopenhagener Psalter befand. Erik führte mich zu der Tischreihe am Rand des Balkons, von wo aus man in

LINKS: Der »Schwarze Diamant«, der neue Erweiterungsbau der Königlichen Bibliothek in Kopenhagen. Blick vom Atrium aus auf den Hafen; der Handschriftenlesesaal befindet sich hinter der Galerie oben rechts.

die Tiefe sah. Die einzelnen Arbeitsbereiche sind durch aufrecht stehende Glasscheiben wie Buchstützen voneinander getrennt. Die Tische sind metallisch grau lackiert und in sie eingelassen dicke, durchsichtige Plastikscheiben, die eine angenehmere Unterlage zum Schreiben abgeben als hartes Metall. Unter einige sind Blätter mit Informationen – nicht mit Verboten, wie sonst meist in Bibliotheken – geschoben. Es handelt sich um nützliche Hinweise, wie zum Beispiel, dass Leser selbst Fotos von Manuskripten machen können – was ich auch tat. Erik knipste die kleine Tischlampe an und versorgte mich mit Schaumstoffkeilen, auf die ich die Handschrift legen konnte. Er stellte die Schachtel vor mich hin. Ich bemerkte, ich wisse nicht, zu welchem Schluss bezüglich der berühmten rätselhaften Ursprünge des Psalters ich kommen würde. Er ließ einen mitfühlenden Seufzer hören. »Ich bin kein Kunsthistoriker«, sagte er in dem etwas schleppendem Tonfall, der für Dänen typisch ist, wenn sie Englisch sprechen, »und Kunsthistoriker neigen zu voreiligen Schlussfolgerungen.« Wir werden das in diesem Kapitel beherzigen.

Der Versuch zu ermitteln, welcher König (oder welche Königin) den Kopenhagener Psalter in Auftrag gab, wird uns mit mehreren königlichen Familien des 12. Jahrhunderts in Berührung bringen. Damals war die Monarchie noch die verbreitetste Staatsform in Europa, es gab keinen Mangel an gekrönten Häuptern; die Auswahl ist groß. Wir wollen daher mit gesicherten Fakten beginnen, von denen einige von Erik Petersen selbst herausgefunden wurden. Die erste Beschreibung des Psalters erfolgte in einem etwas unerwarteten Zusammenhang; sie wurde von Johann Heinrich von Seelen in seinen *Meditationes Exegeticae* vorgenommen, einem Werk, das 1737 in Lübeck erschien. Darin findet sich ein Exkurs (in Latein) über den Psalter, in dem es heißt, er sei früher im Besitz gewesen von Rudolphus Capellus (1635–1684), einem Hamburger Professor für Griechisch und Geschichte. Bei dessen Tod fiel seine Büchersammlung an seinen Sohn, Dietericus Matthias Capellus (1672–1720), und als dieser starb, wurde der Psalter 1721 als Los 566 in Hamburg bei einer Versteigerung der *Biblioteca Cappeliana* angeboten. Der Band wurde von Michael Richey (1678–1761) erworben, der ihn von Seelen zu einer gründlichen Untersuchung lieh. Der bekannte deutsche Bibliograf Johann Albert Fabricius (1668–1736) bekam ihn zu Gesicht; er transkribierte den Heiligenkalender. Richey verkaufte den Codex an den unersättlichen dänischen Sammler Graf Otto Thott (1703–1785). Der Graf war zeitweise Staatsminister und Mitglied des Königlichen Geheimrats (*Gehejmekonseillet*). Seine riesige Bibliothek, die er über viele Jahre seines Lebens zusammengetragen hatte, umfasste am Ende an die 140 000 Bände, darunter waren viertausend Handschriften. Thotts Haus am Kongens Nytorv in Kopenhagen ist heute Sitz der französischen Botschaft. Er vermachte seine Inkunabeln und frühen Druckwerke sowie seine Handschriften der dänischen Königlichen Bibliothek. In dem Psalter findet sich noch der Name des Stifters: »Thott 143, 2°« ist dort zu lesen, wobei der zweite Teil der Angabe sich auf das Format bezog, durch das er sich von den Folio-Bänden, zwischen denen er stand, unterschied.

Aus der Schachtel gehoben erweist er sich in der Tat als gewichtiger Band, er misst knapp 29 mal 20 Zentimeter und ist 7 Zentimeter dick. Der Einband aus dunklem rotbraunem Maroquinleder stammt aus dem 18. Jahrhundert; der Vorderdeckel ist mit ineinander gestaffelten goldfarbenen Rahmen verziert, der Rücken durch eine Reihe vergoldeter Wülste quer unterteilt, besitzt aber keine Aufschrift. Dies alles ist in handwerklicher Hinsicht plump ausgeführt, und mit dem Goldflitter wurde übertrieben. Aufgrund der Geschichte des Codex ist anzunehmen, dass dieser Einband in Norddeutschland oder in Dänemark hergestellt wurde. (Da er ziemlich bombastisch und geschmacklos wirkt, würde jeder Däne brummeln, dass er nur deutschen Ursprungs sein kann.) Die an die Innenseiten der Deckel angeklebten Spiegelblätter und die Vorsatz- und Nachsatzblätter bestehen aus leuchtend rotem Papier, das mit einem goldenen floralen Muster verziert ist, inklusive des einen oder anderen Puttos oder Vogels. Diese Motive sind tief in das Papier eingeprägt. Solches mit goldenen Mustern und Motiven bedrucktes Papier wird heute von Kennern geschätzt und gesammelt, mich erinnert es aber immer an die Glanzpapierhülle von Knallbonbons, die man sich zu Weihnachten schenkt. Auf dem letzten Blatt der eigentlichen Handschrift finden sich erstaunlich frisch wirkende Abdrücke von den nach innen umgeschlagenen Enden eines früheren Einbands, die zeigen, dass der Band früher einmal in einen gewebten Stoff eingeschlagen gewesen und oben und unten an den Vorderkanten jeweils ein breites Band zu seinem Verschließen befestigt gewesen sein muss. Auf einem der papiernen Vorsatzblätter prangt ein kreisrunder Stempel: eine Krone, die von der Inschrift »BIBLIOTHECA REGIA HAFNIENSIS« umgeben ist.

Der Text umfasst alle Psalmen, ihnen geht (wie erwähnt) ein Heiligenkalender voraus, und ihnen folgen die üblichen biblischen Lobgesänge sowie eine Litanei, in der die Heiligen mit ihren Namen angerufen werden, ferner verschiedene kurze Gebete. Lateinische Psalter gehen ebenso wie Evangeliare auf die Frühzeit des Christentums, ja sogar noch weiter in die Vergangenheit zurück, da die Psalmen – auf Hebräisch – Teil der hebräischen Bibel sind. Mönche und Geistliche verwendeten die Psalmen – auf Latein – bei ihren täglichen Andachtsübungen. Psalter gehörten später zu den ersten Büchern, die von Privatpersonen, die nicht religiösen Gemeinschaften wie Mönchsorden angehörten, zu ihrem persönlichen Gebrauch in Auftrag gegeben wurden. Die Anfänge von Literarizität unter Laien lassen sich nur sehr schwer dokumentieren. Es gibt einige Psalter, die mit den karolingischen Herrschern und ihrem jeweiligen Hofstaat in Zusammenhang gebracht werden können. Dazu zählt der berühmte, heute in Wien aufbewahrte Dagulf-Psalter aus dem späten 8. Jahrhundert, den Karl der Große anfertigen ließ, um ihn Hadrian I., Papst von 772 bis 795, überreichen zu können. Die meisten dieser Psalmensammlungen waren aber vermutlich als feudale Geschenke an religiöse Einrichtungen gedacht oder zur Verwendung durch die Hofkaplane bestimmt. Erst von der Mitte des 12. Jahrhunderts an besaßen einzelne Angehörige der Laiengesellschaft ihre eigenen Psalter. Viele der frühesten Exemplare scheinen englischen Ursprungs zu sein, ein merkwürdiger Umstand, der nie zufriedenstellend untersucht oder erklärt worden ist. Psalter dienten verschiedenen Zwecken, unter anderem auch dem Lesenlernen. Das war vermutlich auch in Klöstern so, wo Psalter oft den Novizen zur Verwendung vorbehalten waren. In dem Leidener Psalter aus dem späten 12. Jahrhundert, der oben schon erwähnt wurde, findet sich

In das Kalendarium ist nachträglich ein Gedenktag zur Erinnerung an den Tod von Herzog Erik, den Sohn von König Abel, am 27. Mai 1272 eingetragen.

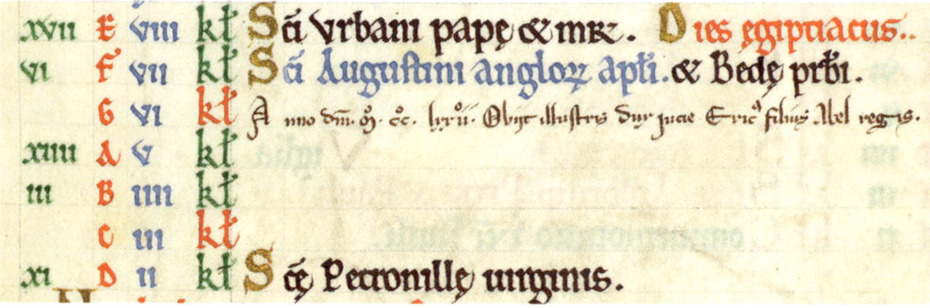

unter Psalm 1 eine Notiz aus dem Mittelalter, der zufolge der Band von dem französischen Monarchen Ludwig dem Heiligen benutzt wurde, als er als Kind Lesen lernte: »*Cist Psaultiers fuit mon seigneur saint Looys qui fu Roys de France, Ou quel il aprist en s'enfance.*« Ludwig wurde 1214 geboren, er dürfte diesen Psalter also um 1220 herum verwendet haben. Es ist möglicherweise äußerst signifikant, dass es Hinweise darauf gibt, dass der Kopenhagener Psalter von Anfang an mit dem Ziel angefertigt wurde, jemandem das Lesen beizubringen. Zwischen den Lobgesängen und der Litanei hat der Hauptschreiber sehr deutlich und mit reichlich Luft um die einzelnen Buchstaben ein vollständiges Alphabet aufgeführt, das mit einer Reihe der grundlegendsten und gebräuchlichsten mittelalterlichen Abbreviaturen und Satzzeichen endet, also solchen, die man kennen musste, um Texte lesen zu können. Daran schließen sich wie in fast allen Fibeln bis zum 19. Jahrhundert das Vaterunser und das Glaubensbekenntnis an. Anfängern wurden die Buchstaben beigebracht, und dann mussten sie das Erlernte einüben, indem sie sich am *Pater Noster* als erstem Text versuchten.

Insofern man aus der Qualität der Ausschmückung und einigen ungewöhnlichen inhaltlichen Elementen Schlüsse ziehen darf, ist es also wahrscheinlich, dass die Handschrift für ein Kind aus königlichem Haus oder einen jungen Menschen von hohem Status bestimmt war, der dabei war, lesen zu lernen. Doch das schränkt das Feld der in Frage kommenden Personen nicht wesentlich ein. Eine rasch aufgestellte Liste der nordeuropäischen Könige, die um 1170 Kinder hatten, die im richtigen Alter waren, um Anfangsunterricht im Lesen zu erhalten, würde folgende Monarchen einschließen: Heinrich II., König von England von 1154 bis 1189, mit seinen 1157, 1158 und 1166 geborenen Söhnen; Friedrich Barbarossa, römisch-deutscher König von 1152 bis 1190 (und ab 1155 Kaiser des Heiligen Römischen Reichs) mit seinen 1164 und 1165 geborenen Söhnen; Ludwig VII., König von Frankreich von 1137 bis 1180, dessen Sohn 1165 geboren war; Waldemar I., von 1157 bis 1182 König von Dänemark, mit einem um 1163 geborenen Sohn; und selbst Magnus V. von Norwegen: 1156 geboren und von 1161 bis 1184 König, war er zur fraglichen Zeit noch jung genug, um Unterricht zu erhalten.

In der Handschrift finden sich drei Zusätze, die darauf hindeuten, dass sie sich schon früh im Besitz eines skandinavischen Königs befand. Bei dem ersten handelt es sich um das Verzeichnis eines Todesfalls. Unter

Suscipe digneris sancta trinitas. hos psalmos consecratos. quos ego miserrima et peccatrix cupio decantare in honore nominis tui. et in honore sancte marie virginis. et omnium sanctorum tuorum. pro me misera peccatrice. et pro anima patris mei. et matris mee. et pro anima byrgeri ducis. et pro animabus fratrum meorum. et sororum mearum. et omnium consanguineorum meorum. et omnium fratrum et sororum et familiarium ordinis nostri. Suscipe clemens et misericors deus hanc oblationem psalmorum quam ego peccatrix tibi humiliter offero. et quicquid aures tue pietatis digne pulsauero tu misericorditer concede. Tu enim corda omnium nosti. tu scis quid mihi expediet. Concede ergo ut hec oblatio psalmorum ad salutem tam corporis quam anime proficiant. propinquisque meis uiuis prosint ad ueniam. et defunctis ad requiem sempiternam. Amen.

Duorum Birgerorum fit mentio in historia Suecica. Prior est Birgerus Jerl prorex, rege Waldemaro, A. C. 1251. Posterior est Birgerus Magni filius, A. C. 1291. De utroque vide Joh. Loccenium in historiis rerum Suecicarum, p. 88. 98. et in fine libri. In Calendario huic libro præmisso, sub mensis Maii die 27. mors filii Regis Abelis Erici, Ducis Jutiæ, addito A. C. 1272 indicatur. Ex his annis C. 1251, 1291, 1272 collatis colligo hunc librum circa A. C. 1270, ante annos minimum 400 scriptum esse.

dem Datum des 27. Mai ist in dem Heiligenkalender folgendes hinzugefügt: »Anno d[omi]ni. M°. cc°. lxxii°. Obijt illustris dux Jucie Eric[us] filius Abel regis.« Das bezieht sich auf den Tod im Jahr 1272 von Erik, dem Herzog von Jütland, jüngerem Sohn von Abel, dem dänischen König von 1250 bis 1252. Erik war 1260 zum Herzog von Schleswig in Süderjütland ernannt worden. Solche Todestage wurden in der fraglichen Zeit für gewöhnlich von Verwandten des Verstorbenen in die Kalender der Handschriften eingefügt. Sie dienten am Jahrestag des Todes dazu, die Hinterbliebenen daran zu erinnern, für die Seele des Verstorbenen zu beten. Herzog Eriks Mutter, die Gemahlin von König Abel, war Mechthild – dänische Namensform: Mette – von Holstein, die 1288 starb. Man nimmt an, dass die Handschrift ihr oder zumindest jemandem, der Mitglied ihres engeren Hofstaats war, gehörte. Wahrscheinlich macht das ein zweiter Zusatz, ein langes Weihegebet, das auf folio 16v hinzugefügt wurde. Es wurde offenbar niedergeschrieben, als der Psalter im späten 13. Jahrhundert einer Gemeinschaft von Nonnen anvertraut wurde. Die Stifterin, die diesen Nonnen die Verwendung des Codex anempfiehlt, bittet um Gebete für die Seele ihrer Eltern, für die von Herzog Birger (»& p[ro] anima Byrgeri ducis«) sowie die ihrer Brüder und Schwestern und aller anderen Anverwandten. Nach dem Tod von König Abel hatte Mechthild von Holstein den schwedischen Regenten und angeblichen Gründer von Stockholm Birger Jarl (ca. 1200–1266) geheiratet (Jarl ist ein Adelstitel, der dem englischen Earl entspricht; eine der Hauptstraßen Stockholms heißt heute Birger Jarlsgatan). Die Tatsache, dass Birger bereits tot war, als das Gebet eingetragen wurde, und dass Mechthild nicht unter die Verstorbenen eingereiht wird, für deren Seelen gebetet werden soll, lässt eine Datierung zwischen 1266 und 1288 zu; es kann sogar von der verwitweten Königin mit eigener Hand geschrieben worden sein. Als Mechthild starb, wurde sie neben ihrem zweiten Gatten in der königlichen Abtei Varnhem in Südschweden beigesetzt. Die Grabplatte zeigt sie, Birger Jarl und ihren geliebten, im Psalter erwähnten Sohn Herzog Erik. Bei der Graböffnung 2002 fand man in der Tat drei Skelette.

LINKS: Eine Widmungsinschrift aus dem 13. Jahrhundert, in der weibliche grammatikalische Formen benutzt werden und die Stifterin um Gebete für die Seelen von verstorbenen Mitgliedern ihrer Familie bittet, unter denen auch Herzog Birger ist.

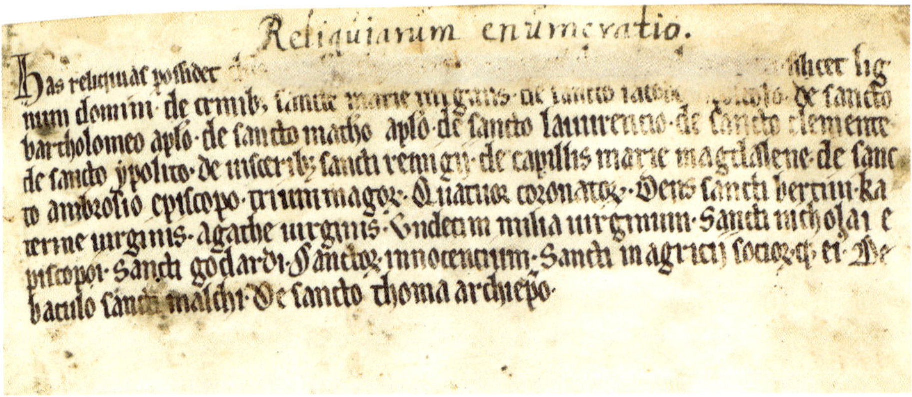

Eine Liste von Reliquien in Privatbesitz. Der Name des ursprünglichen Besitzers ist sorgfältig weggekratzt.

Der dritte Zusatz, der, welcher einen am meisten beschäftigt, wurde schon mehrere Generationen früher in dem Kopenhagener Psalter vorgenommen. Er findet sich oben auf dem ansonsten leeren ersten Blatt, auf folio 1r. Er ist mit »Reliquiarum enumeratio« überschrieben: Aufzählung der Reliquien. Der Eintrag ist ein wenig jünger als die Handschrift selbst, aber er lässt sich recht sicher auf das 12. Jahrhundert datieren. Solche Reliquienverzeichnisse aus dem Mittelalter sind nicht besonders selten. Gewöhnlich wurden sie auf leeren Seiten eines Bandes, der von seinem Besitzer als besonders kostbar erachtet wurde, niedergeschrieben. Eine ähnliche Liste wurde in das Augustinus-Evangeliar eingetragen: Sie umfasste die Reliquien, die in einer Kiste in der Abtei von Canterbury lagen, in der die Handschrift selbst verwahrt wurde (siehe oben S. 42 f.). Wenn wir herausfinden könnten, wem die im Kopenhagener Psalter aufgeführte Reliquiensammlung gehörte, könnte man wohl den Besitzer der Handschrift im späten 12. Jahrhundert ermitteln.

Ungewöhnlich an der Liste ist ihr eindeutig persönlicher Charakter. Sie beginnt mit: »Has reliquias possidet ...«, und daran anschließend sind – höchst frustrierend für uns – eine ganze Reihe von Wörtern weggekratzt, so gründlich, dass die meisten wirklich nicht mehr zu erkennen sind. Das allererste ist aber noch lesbar: »dns«, was die gängige Abkürzung für »dominus« war. Es stand dort also einmal: »Diese Reliquien besitzt der Herr«, dann folgten der Name und der Titel, die nicht mehr erkennbar sind. Größere, bedeutendere Reliquien waren teuer und gehörten meist Kirchen, gelegentlich legten aber Monarchen und Angehörige des Hochadels eigene Sammlungen an. (In Kapitel Neun werden wir uns mit Reliquien im Besitz von Ludwig IX. und Philipp VI. von Frankreich beschäftigen.) Die Schätze des geheimnisvollen »Dominus« sind im Einzelnen aufgeführt: Es sind Holzsplitter vom Heiligen Kreuz, Strähnen vom Haar der Jungfrau Maria, Überreste (zweifellos Knochen) der Heiligen Jakobus (des Älteren), Bartholomäus, Matthäus, Laurentius, Clemens und Hippolyt, Stücke von den Eingeweiden des heiligen Remigius, Haarsträhnen von Maria Magdalena, Überreste vom heiligen Ambrosius, von den Heiligen Drei Königen, den vier gekrönten Märtyrern, ein Zahn des heiligen Bertin, Überreste der Heiligen Katharina, Agatha, Nikolaus und Gildard, der 11 000 Jungfrauen, der unschuldigen Kinder von Bethlehem und des heiligen Mauritius und seiner Gefährten, ein Stück vom Stab des heiligen Malachias und ein Stück vom Körper des heiligen Thomas Becket, des Erzbischofs. Letztere Reliquie liefert ein Datum *ante quem non* für die Erstellung des gesamten Verzeichnisses; es kann nicht vor dem Tod des Märtyrers in Canterbury im Dezember 1170 angelegt worden sein. Becket wurde 1173 heiliggesprochen, und bald danach florierte der internationale Handel mit Reliquien von ihm.

In einem Artikel von 2012 hat Christopher Norton von der Universität York die wahrscheinliche Quelle fast jeder der im Kopenhagener Psalter aufgeführten Reliquien ausfindig gemacht – ein Paradebeispiel für historische Detektivarbeit. Er führt an, dass das einzige Fragment vom Heiligen Kreuz, das in Skandinavien bekannt war, 1110 durch König Balduin von Jerusalem Sigurd, dem König Norwegens von 1103 bis 1130, zum Geschenk gemacht worden war. Dieser Splitter wurde zumindest im Jahr 1153 in der Kathedrale von Nidaros (dem heutigen Trondheim) aufbewahrt. Norton berichtet auch, dass die Reliquien des relativ obskuren Heiligen Hippolyt, die auf der Liste an achter Stelle genannt werden, vermutlich 1161 von Rom nach Skandinavien gebracht wurden und ebenfalls in Nidaros, und nirgendwo anders, aufbewahrt und verehrt wurden. Er weist nach, dass nahezu jede der benannten Reliquien an einem der Orte, die sich auf dem Weg von Norwegen nach Jerusalem oder aber nach Rom zu einem Zwischenhalt anboten, erworben worden sein konnte. Die Reise nach Jerusalem wurde von König Sigurd von Norwegen unternommen, der 1108 zu einem eigenen Kreuzzug antrat, während viele norwegische Pilger sich nach Rom aufmachten. Unter ihnen war auch Eystein, der Erzbischof von Nidaros, der die Wallfahrt 1160/61 unternahm. Norton zufolge deuten alle Indizien darauf hin, dass es sich bei der »Reliquiarum enumeratio« im Kopenhagener Psalter um eine Bestandsaufnahme der Reliquien handelt, die von Magnus V., König von Norwegen von 1161 bis 1184 und Enkel von Sigurd dem Kreuzfahrer, im Dom von Nidaros untergebracht worden waren. Professor Norton kommt zu dem Schluss, dass der Psalter vermutlich persönliches Eigentum von König Magnus war und dieser ihn wahrscheinlich auch in Auftrag gegeben hatte. Das scheint alles sehr logisch zu sein. Norton meint, dass die erste Zeile des Inventars auf folio 1r einmal gelautet habe: »Has reliquias possidet *dominus magnus rex norvegiae in ecclesia nidrosiensi*« – oder ähnlich.

Als ich da in meinem Adlerhorst hoch über den anderen Arbeitsebenen der Kopenhagener Bibliothek hockte, starrte ich natürlich lange auf die getilgten, das heißt unlesbar gemachten Wörter. Ich verwendete eine Lupe und drehte und neigte die Handschrift so, dass das Licht aus verschiedenen Winkeln auf das Blatt fiel. Von dem getilgten Namen hängt so viel ab. Wenn meine Nebenleute im Center for Manuskripter og Boghistorie es mitbekommen hätten, hätten sie mich für einen Exzentriker reinsten Wassers halten müssen, wie ich mehr als eine Stunde lang eine leere Stelle auf der einzigen nicht illuminierten Seite in einem ansonsten wunderschön illuminierten Codex fixierte. Über solchen anscheinend unlesbaren oder nicht mehr lesbaren Wörtern zu brüten, macht mir aber gerade Spaß. Es ist wie bei schwierigen Kreuzworträtseln, wo man probeweise immer wieder verschiedene Buchstaben hinschreibt, bis man plötzlich das richtige Wort hat. Es gibt eine Lösung, man muss sie nur finden. Obwohl die fehlenden Wörter zu Beginn des Psalters richtig tief weggekratzt sind, ist von den Oberlängen der Buchstaben noch einiges sichtbar. Nach »dominus« ist genug Platz für zwei, möglicherweise auch drei Buchstaben, die offenbar keine Oberlängen hatten. Danach kam ein großer Buchstabe, der über die Zeile hinausragte und sich nach rechts neigte, genau wie die Spitze des »l« in »lignum«, dem Wort am Ende der ersten Zeile, oder dem ersten Buchstaben von »lauurencio« in Zeile 3. Unmittelbar daneben stand ein weiterer großer Buchstabe, der mit einem doppelten »Schlenzer« endete, sich sowohl nach hinten zu dem möglichen »l« hin krümmte, aber auch nach vorne bog wie die Spitze des »d« in »de crinib[us]« in Zeile 2. Danach müssen mehrere niedrigere Buchstaben gefolgt sein. Was für ein Name hier auch gestanden haben mag, es war mit Sicherheit nicht »magnus rex«, in dem keinerlei Oberlängen vorkommen. Der Name scheint mit »…ld« begonnen zu haben. Plötzlich fiel es mir wie Schuppen von den Augen: Hier hatte bestimmt »uualdemarus« gestanden, also »Waldemar«. Damit war vermutlich Waldemar I. der Große gemeint gewesen, dänischer König von 1157 bis 1182 und Herzog von Jütland. Er war der Großvater von König Abel, dessen Gemahlin Mechthild von Holstein die Handschrift im 13. Jahrhundert besaß. Die Reliquien hatten mit Sicherheit Waldemar gehört, und auch der Psalter war demnach in seinem Besitz gewesen.

Als mir diese Erkenntnis kam, war es schon fast ein Uhr, und ich hatte mich mit meiner Frau in dem direkt am Wasser gelegenen vorzüglichen Restaurant der Bibliothek mit Namen Søren K verabredet, wo wir bestellten, was der Kellner uns empfahl, da wir nicht lange darauf warten müssten und es zudem preiswert war. Normalerweise ist die Bedienung in guten dänischen Restaurants nämlich erstaunlich langsam (wie die Rolltreppen), und die Preise treiben einem Wasser in die Augen. Wir aßen weißen Spargel mit Brennnesselbutter und hausgeräuchertem Lachs, *Hvide asparges, brændenældesmor & hjemmeroget laks*, und tranken ein Carlsberg dazu. Könnte man in einer anderen Bibliothek der Welt eine ähnliche Mahlzeit bekommen? Nach dem Essen setzten wir uns ein Weilchen draußen in die Sonne. Es hatte nämlich aufgeklart, und das gab mir die Gelegenheit, die Fotokopien durchzugehen, die ich von den Aufsätzen meiner alten Freundin Patricia Stirnemann aus Paris zu dem Codex angefertigt hatte.

Unter ihrem früheren Namen Patricia Danz hatte sie an der Columbia University eine Doktorarbeit über den Kopenhagener Psalter 1976 vorgelegt, als die Handschrift kaum bekannt gewesen war. In 1998, 1999 und 2004 veröffentlichten Aufsätzen war sie wieder auf sie zurückgekommen. Ihr Hauptinteresse hat immer den verschiedenen Illustratoren der Handschrift gegolten, aber natürlich hat sie auch Mutmaßungen über ihren Ursprung und ihre Entstehung angestellt, und sie war es, die auf die Bedeutung der Buchstabentabelle aufmerksam gemacht hatte. Ihre Hypothese war, dass der Psalter bei Gelegenheit zweier Ereignisse angefertigt wurde, zu denen es in Dänemark 1170 kam. Diese beiden Ereignisse waren die Überführung der Reliquien des kürzlich kanonisierten royalen Heiligen Knut Laward, des Vaters von Waldemar I., und die am selben Tag stattfindende Krönung des im siebten Lebensjahr stehenden

Knut, Waldemars Sohn, zum König. Knut war ungefähr in dem Alter, in dem man von einem christlichen Prinzen erwarten konnte, dass er lesen lernte. Sein Großvater, der heilige Knut Laward, erster Herzog von Schleswig, war 1131 im Wald von Haraldsted Skov bei Ringsted ermordet worden, ungefähr 60 Kilometer südwestlich vom heutigen Kopenhagen. Er wurde 1169 heiliggesprochen, und seine sterblichen Überreste wurden am 25. Juni 1170 formell in die Abteikirche von Ringsted überführt. Diese feierliche »translatio« war Teil einer Doppelzeremonie mit starker politischer Aussagekraft, denn ebenfalls an diesem 25. Juni ließ König Waldemar seinen eigenen Sohn und designierten Erben, der den Namen des neuen Heiligen trug, zum König krönen, um seine Thronansprüche zu festigen. Patricia Stirnemann glaubt, dass der Psalter zu genau diesem Anlass angefertigt wurde. Wenn das zutrifft, dann wäre er also für den sechsjährigen Prinz Knut bestimmt gewesen, und der Codex mit seinem Alphabet hätte seiner Initiation als König wie als Abecedarier gedient.

Ich schaute mir noch einmal die Notizen an, die ich vor dem Mittagessen über die getilgten Wörter zu Beginn des Reliquienverzeichnisses gemacht hatte. Christopher Norton hatte gemeint, dass am Schluss dieser Stelle eine Angabe des Orts, an dem die Reliquien verwahrt wurden, gestanden haben könnte – etwa: »*in ecclesia nidrosiensi*«. Ich war mir aber ziemlich sicher, dass ganz am Schluss einmal ein mit »…*sta*« endendes Wort gestanden hatte. Schwache Spuren davon waren noch sichtbar, wenn man das Blatt von einem bestimmten Winkel aus betrachtete; vielleicht hatte auch noch ein Abkürzungszeichen dazugehört. Der Buchstabe vor dem möglichen »*s*« scheint eine Unterlänge gehabt zu haben. Zuerst dachte ich, dort könnte etwas wie »*in cista*«, »in einem Kasten«, gestanden haben, doch hätte wohl kaum ein Grund dafür bestanden, eine derartige Angabe auszulöschen. Als ich noch einmal darüber nachdachte, kam ich zu dem Schluss, dass ein Ortsname dort logischer gewesen wäre. In einem ungefähr acht Buchstaben entsprechenden Abstand vor dem Ende sieht man die Oberlänge eines Buchstabens, der ein »*d*« gewesen sein könnte, und ein »*apud*« ist denkbar. Die letzten Wörter könnten daher »*apud ringsta[dium]*«, »bei Ringsted«, gewesen sein, jedenfalls würden sie perfekt zu den noch sichtbaren Spuren passen. Die Liste schloss keine Reliquie des heiligen Knut Laward ein, da dieser in Ringsted über einen eigenen Schrein verfügte. Der Psalter kann also sehr gut der des Kronprinzen gewesen sein, der zu seiner Krönung angefertigt wurde und später für ein Verzeichnis der Reliquiensammlung seines Vaters in der St.-Bendts-Kirche von Ringsted benutzt wurde. In dieser Kirche wurde König Waldemar I. auch 1182 beigesetzt. Nach dem Tod Waldemars trat sein Sohn als Knut IV. seine Nachfolge an und regierte bis zu seinem eigenen Tod im Jahr 1202. Auch er fand in der St.-Bendts-Kirche die letzte Ruhestätte. Sein Wappensiegel, das erste, das aus Dänemark bekannt ist, zeigt drei *lions courants*, Löwen im vollen Lauf: Sehr ähnliche, nach heraldischen Tieren aussehende Löwen laufen rechts an der großen »B«-Initiale zu Beginn des Psalters (siehe S. 343) hoch, doch das mag Zufall sein. Auf der linken Seite sind drei Papageien abgebildet. Wir kennen das Emblem König Waldemars nicht, man kann sich jedoch einen Psalter vorstellen, der für zwei dänische Könige gemeinsam hergestellt wurde, für den Vater und seinen frisch gekrönten jungen Sohn.

Das widerlegt nicht notwendigerweise Professor Nortons These, dass zumindest einige der Reliquien im Besitz von König Magnus von Norwegen waren und zum Domschatz von Nidaros gehörten. Das Wunderbare an Reliquien besteht auch darin, dass sie unendlich oft teilbar sind, sogar die kleinsten Brösel lassen sich noch weiter halbieren, und ein Austausch von solchen Fragmenten zwischen den Monarchen Skandinaviens ist leicht vorstellbar. Nach 1180 wurde Magnus aus Norwegen vertrieben; er hielt sich zwei Jahre lang als Gast von König Waldemar in Dänemark auf, und mittelalterliche Diplomatie war ohne Belohnungen und Geschenke undenkbar.

Wieder oben im Lesesaal von *den Sorte Diamant*, schlagen wir die Handschrift erneut auf. Wir wollen noch weitere Fragen an sie stellen. Den Anfang bildet der Kalender der Heiligentage. Sie sind Monat für Monat aufgelistet, vom Januar bis zum Dezember. Ein solcher Kalender ist Standardbestandteil spätmittelalterlicher Andachts- und Erbauungsbücher, von Missalen und Stundenbüchern (und in der Tat vielen modernen Gebetbüchern). Es lohnt sich daher die Frage, warum er auch in einen Psalter aufgenommen wurde. Heiligentage sind ohne Bedeutung für die Lektüre der Psalmen. Das liturgische Jahr, für den Fall, dass dies relevant gewesen sein sollte, beginnt außerdem am ersten Adventssonntag und nicht im Januar. Lateinische Psalter sind seit dem 6. Jahrhundert bekannt, und von den aus der frühen Zeit erhaltenen schließt bis zum 10. Jahrhundert kein einziger einen Kalender ein. In Kapitel Vier haben wir den »Chronograph von 354« kennengelernt, einen frühchristlichen Almanach, der für die karolingische Hofbibliothek angeschafft wurde. Viele dort vorhandene Texte scheinen bis zum 10. Jahrhundert in ganz England verbreitet gewesen zu sein. Vor allem in Nordengland blieb das Interesse an den von Beda initiierten komputistischen Studien wach. Die frühesten erhaltenen Psalter, denen Kalender beigegeben sind, sind englischer Provenienz und um 1000 entstanden. Kalender waren vielleicht vor allem für diejenigen nützlich, die nicht dem geistlichen Stand angehörten, denn Mönche und Kleriker waren aufgrund der täglichen Messe über die Festtage der Heiligen auf dem Laufenden. Säkulare Besitzer von Psaltern könnten aber von den Anleitungen, die diese Kalender lieferten, profitiert haben; außerdem boten sie ihnen die Möglichkeit, Todestage und Jahrestage, die ihre eigene Familie betrafen, in ihnen einzutragen. Im 11. Jahrhundert waren insbesondere in England Kalender Standardbestandteile von Psaltern geworden.

Die englische »Abstammung« des Kalenders im Kopenhagener Psalter ist unverkennbar. Er ist mit schwarzer Tinte geschrieben, doch wichtige Feste sind farbenfroh in rot, blau oder grün hervorgehoben. Obwohl nicht illustriert, ist er in jedem Sinn festlich gestaltet. Zu den besonderen Tagen gehören (in chronologischer Ordnung): die Festtage des Cuthbert und des Wilfrid (in Grün); des Johannes von Beverley (in Blau), des Dunstan von Canterbury (in Rot), des Augustinus, Apostel der Engländer (in Blau) – der ebenfalls auf den 26. Mai fallende des Beda ist in gewöhnlichem Schwarz verzeichnet –, des Botolph (in Rot), des Alban von England und des Oswald (in Grün) sowie des Edmund – die Ironie will es, dass ihm der Märtyrertod von Dänenhand zugefügt wurde – (in Blau). Die beiden Heiligen Botolph of Lincolnshire und Edmund of Suffolk stehen in lockerer Beziehung zu East Anglia, doch Cuthbert, Wilfrid von York, Johannes von Beverley (das in Yorkshire liegt), Beda und Oswald, der König von Northumbria, verweisen alle auf den Norden Englands oder eigentlich sogar ganz spezifisch auf den Nordosten. Die Heiligen Cuthbert, Wilfrid und Oswald werden auch in der Litanei angerufen, die dem Psalmentext folgt.

Auffällig sind die Leerstellen. Keiner der aufgelisteten englischen Festtage besitzt eine Vigil oder eine Oktav, mit denen er am Vortag eingeleitet beziehungsweise sein Abschluss acht Tage später begangen wird, wie das bei Hochfesten in Klöstern üblich war. Mit anderen Worten: Es mag sich um wichtige Feste handeln, sie gehören aber nicht zu den allerhöchsten. Die drei nordenglischen Zentren für luxuriöse Buchillustration waren im 12. Jahrhundert Lincoln, York und Durham. Wir können hier nichts entdecken, was für einen dieser Orte besonders typisch war oder einen anderen Entstehungsort ausschließt. Am auffallendsten ist die Nichtaufnahme des Festtags des heiligen Thomas Becket in den Kalender, der 1170 den Märtyrertod starb und im Februar 1173 kanonisiert wurde. Sein Festtag, der auf den 29. Dezember fällt, wurde fast sofort nach seiner Heiligsprechung nahezu überall in Europa begangen. Sein Name kommt hier aber weder in dem Kalender noch in der Litanei vor. Das ist kein absoluter Beweis für ein früheres Entstehungsdatum, denn mittelalterliche Schreiber übersahen hin und wieder aus Unachtsamkeit etwas, wie es uns allen unterläuft, oder sie ließen etwas aus purem Eigensinn aus. Eine Datierung auf einen Zeitpunkt vor 1173 würde aber im Einklang mit der Vermutung stehen, dass die Handschrift für die Feierlichkeiten in der Abtei von Ringsted angefertigt wurde, die sechs Monate vor Beckets Tod abgehalten wurden.

Die zweite Schicht des Kalenders ist augustinisch. Sein augustinischer Charakter ist noch unverkennbarer als sein englischer, denn der Heilige aus Hippo selbst taucht unter dem Datum des 28. August in Rot auf, und auch die dazugehörige Oktav ist unter dem Datum des 4. September verzeichnet. Der »translatio«, der Überführung seiner Gebeine, wird mit einem Eintrag am 11. Oktober gedacht, und zwar in Blau: Das ist der Tag, an dem der Heilige im 8. Jahrhundert in Pavia wieder beigesetzt worden sein soll. Der Orden der Augustiner-Chorherren wurde erst lange nach dem Tod des Augustinus im Jahr 430 gegründet; seine Mitglieder richteten ihr Leben aber nach den von ihrem Patron aufgestellten Regeln aus, und der Orden gewann vor allem im 12. Jahrhundert an Bedeutung.

In Kapitel Sechs haben wir schon erfahren, wie schwierig es sein kann, nach der Eroberung zwischen englischer und normannischer Kunst zu unterscheiden. Hundert Jahre später waren die Könige und Adligen immer noch normannischer Abkunft, und viele von ihnen hatten Besitzun-

NACHFOLGENDE DOPPELSEITE: Das Kalendarium des Kopenhagener Psalters, in dem viele englische Fest- und Gedenktage – wie der des heiligen Oswald – verzeichnet sind und dem heiligen Augustinus, dem Schirmherrn des Augustinerordens, der höchste Grad der Verehrung zugestanden wird.

Augu stu mense leo feruidus igne perurit.
Augu sti nepa prima fugat de fine secunda.

KL Augustus habet dies xxxi. & lunam xxix.

viii	C	KL		Aug. S. Petri ad uincula. Machab. mr. D.
xvi	D	iiii	N	Sci Stephani pape & mr. Incipit vi. embol.
v	E	iii	N	Inuentio Sci Stephani prothomr.
	F	ii	N	
xiii	G	Non.		Sci Osualdi regis & mr.
ii	A	viii	Id.	Sanctorum Sixti Felicissimi & Agapiti mr.
	B	vii	Id.	Autumnus oritur.
x	C	vi	Id.	Sci Ciriaci sociorumque eius mr.
	D	v	Id.	Vigilia.
xviii	E	iiii	Id.	Sci Laurentii leuite & mr.
vii	F	iii	Id.	Sci Tiburtii mr.
	G	ii	Id.	
xv	A	Idus.		Sci Ypoliti sociorumque eius mr.
iiii	B	xix	Kl.	Septemb. Sci Eusebii prbi & conf. Vigilia.
	C	xviii	Kl.	Assumptio Sce Marie uirginis.
xii	D	xvii	Kl.	
i	E	xvi	Kl.	Octaue Sci Laurentii mr.
	F	xv	Kl.	Sci Agapiti mr. & Sce Helene. Sol in uirginem.
ix	G	xiiii	Kl.	Sci Magni mr.
	A	xiii	Kl.	
xvii	B	xii	Kl.	
vi	C	xi	Kl.	Oct. Sce Marie. S. Timothei & Simphoriani mr.
	D	x	Kl.	Vigilia.
xiiii	E	ix	Kl.	Sci Bartholomei apli.
iii	F	viii	Kl.	
	G	vii	Kl.	
xi	A	vi	Kl.	Sci Rufi mr.
xix	B	v	Kl.	Sci Augustini doctoris. S. Hermetis mr.
	C	iiii	Kl.	Decoll. Sci Iohis Bapt. S. Sabine uirg. & mr.
viii	D	iii	Kl.	Sanctorum Felicis & Adaucti mr. Dies egyptiacus.
	E	ii	Kl.	Finit vi. embol.

Nox habet horas x. Dies xiiii.

Videre
Tertia

KL Virgo tuo bachũ september opimat.
Septẽbris uulpis ferit a pede denã.
Septẽber habet dies .xxx. Lunã .xxx.

xvi F Sept. Egidii abbis. Prisci mr.
v G iiii N Incipit .ii. embolism.
A iii N Dies egiptiacus.
xiii B ii N Octave Sci Augustini doctoris.
ii C Nonas Hic finiunt dies caniclares.
D viii Id
x E vii Id
F vi Id Nativitas Sce Marie virginis.
xviii G v Id Sci Gorgonii mr.
vii A iiii Id
B iii Id Scor Prothi et Iacincti mr.
xv C ii Id
iiii D Idus
E xviii kl Octob. Exaltatio Sce Crucis. Scor Cornelii et Cyp.
xii F xvii kl Octave Sce Marie. Sci Nichomedis mr.
i G xvi kl Scor Eufemie Lucie et Geminiani mr.
A xv kl Sol intrat libram.
ix B xiiii kl
C xiii kl
xvii D xii kl Vigilia.
vi E xi kl Sci Mathi apli et euglistę. Dies egiptiacus.
F x kl Sci Mauricii sociorumque eius mr.
xiiii G ix kl
iii A viii kl Equinoctiũ sedm Romanos.
B vii kl
xi C vi kl
xix D v kl Scor Cosmę et Damiani mr.
E iiii kl
viii F iii kl Sci Michaelis archangli.
G ii kl Sci Ieronimi prbi et conf.

Nox habet horas .xii. Dies .xii.

gen in Frankreich. Die Schrift und der Stil der Illuminationen in Handschriften hatten aber begonnen, sich in eine eigene Richtung zu entwickeln. Der Text des Kopenhagener Psalters ist nahezu mit Sicherheit Werk eines englischen Schreibers: Wir finden das charakteristische »a« mit seinem zurückhängenden oberen Teil, das »g«, dessen untere Schleife nicht ganz geschlossen ist, und das auffallende Et-Zeichen (&); das alles erinnert an die etwas ältere Schrift in den Bury- und Lambeth-Bibeln. Aufgrund von stilistischen Kriterien wird nahezu übereinstimmend England als Ursprungsland des Kopenhagener Psalters angenommen. Ihm wurde die Auszeichnung zuteil, für das farbige Frontispiz zu dem Standardwerk über englische Buchmalerei des 12. Jahrhunderts von 1975, C. M. Kauffmanns *Romanesque Manuscripts, 1066–1190,* ausgewählt zu werden. Ein luxuriöser Psalter, der für die dänische Königsfamilie bestimmt war, könnte aus vielen Gründen in England hergestellt worden sein. Die Verfahren zur Illustration von Büchern waren auf der Insel hoch entwickelt und wurden schon lange angewandt, während man in Skandinavien in dieser Beziehung noch recht ungeübt und unerfahren war. Nordengland, und vor allem der Nordosten des Landes, standen in kultureller Hinsicht unter dem Einfluss der Wikinger, die die Region früher besetzt hatten, und vermutlich waren dort immer noch Menschen ansässig, die Dänisch sprachen. Ein dänischer König namens Knut der Große hatte wenig mehr als ein Jahrhundert zuvor als König auch über ganz England geherrscht. Er hatte englische Priester nach Skandinavien entsandt, um die dortige Kirche zu organisieren. In Dänemark war die Liturgie an der englischen orientiert. (Die schwedische Kirche orientierte sich im Unterschied dazu an Deutschland.) Es gab eine große Zahl von Beziehungen und Verbindungen. Die Vita des heiligen Knut, des Königs Knut IV., wurde von dem englischen Mönch Ælnoth von Canterbury verfasst. Das Reliquienverzeichnis im Kopenhagener Psalter zeugt ebenfalls von engen Beziehungen, denn es schließt Reliquien ein, die nur aus England gekommen sein können. So stammten beispielweise die angeführten Fragmente der Eingeweide des heiligen Remigius wahrscheinlich aus Lincoln. Das dortige Grab des früheren Bischofs war in den 1120er-Jahren geöffnet, und seine sterblichen Überreste waren weit verstreut worden. Unter den in der Liste aufgeführten »Raritäten« sind Strähnen vom Haar der Jungfrau, und solche wurden bekanntermaßen auch in Lincoln und Canterbury aufbewahrt. Zu den in Kapitel Eins erwähnten Reliquien in der St. Augustine's

Abbey zählten Fragmente vom Heiligen Kreuz, und solche finden sich auch in dem Verzeichnis im Kopenhagener Psalter wieder. Der Knochen vom heiligen Thomas Becket kann natürlich nur aus Canterbury nach Ringsted gelangt sein. Es kann durchaus sein, dass solche Reliquien der dortigen Kirche gestiftet und zusammen mit dem Psalter aus England geschickt wurden. Es kann sich bei ihnen sogar um ein Geschenk von Heinrich II. oder seiner Familie an ihre entfernten dänischen Verwandten gehandelt haben. Heinrichs Tochter hatte Heinrich den Löwen, den Herzog von Sachsen, geheiratet; dessen Tochter Gertrud war schon als Kind mit Prinz Knut (dem späteren Knut VI.) von Dänemark verlobt worden, die Heirat erfolgte 1177. 1182 wurde Gertrud dänische Königin (was möglicherweise in der Namensgebung der Königin in Shakespeares *Hamlet* ein Echo fand). Diese königlichen Familien kannten einander.

Die fünf anderen frühen Luxus-Psalter in Privatbesitz, die ich auf S. 344 f. aufgeführt habe, sind ebenfalls auf nicht ganz klar definierbare Weise untereinander verwandt. Der Kopenhagener Handschrift am nächsten steht der Hunterian Psalter, der sich in Glasgow befindet. Der in ihm enthaltene Heiligenkalender ist von seiner Gewichtung her ebenfalls augustinisch; der heilige Thomas Becket ist ausgelassen, und alles deutet darauf hin, dass dieser Psalter aus der Gegend von York oder möglicherweise aus Lincolnshire stammt. Er enthält dreizehn ganzseitige prachtvolle Miniaturen. Einer der Künstler, die an ihm beteiligt waren, wirkte, wie wir gleich sehen werden, auch am Kopenhagener Psalter mit, und beide Handschriften könnten vom selben Schreiber angefertigt worden sein. Die beiden Werke sind nicht eineiige Zwillinge, denn was die Abbildungen wie was den Text betrifft, gibt es Abweichungen, doch sie werden manchmal als »Schwesterhandschriften« bezeichnet. Wenn der Kopenhagener Psalter von seiner ganzen Ausstattung her königlich und eines Königs würdig ist, dann trifft das auch für den Glasgower zu. Es ist aber nicht bekannt, für wen er bestimmt war. Er wurde eindeutig nicht in England, sondern irgendwo auf dem Kontinent verwendet. Zum ersten Mal wurde 1769 in Frankreich über ihn geschrieben.

Dann kommt der in Chantilly aufbewahrte Ingeborg-Psalter. Er wurde in Frankreich angefertigt, und zwar für Ingeborg von Dänemark (1175–1236), die Tochter von König Waldemar I. und jüngere Schwester von Knut VI. Sie muss den Kopenhagener Psalter als Kind gekannt haben. 1195 wurde sie dazu auserwählt, Philipp II., den französischen König (einen Großneffen von König Stephan von England), zu heiraten und nach Frankreich geschickt. Sie lebte mit Philipp in einer unglücklichen Ehe, bis sie schließlich von ihm verstoßen wurde. Der mit dem Ingeborg-Psalter eng verwandte »Avranches«-Psalter, der nach dem Ort, an dem er wiederentdeckt wurde, benannt ist und sich heute im Getty Museum befindet, wurde von demselben Künstler illuminiert und ist möglicherweise für ihren Gatten in Auftrag gegeben worden, der ja der Schwager von Knut VI. von Dänemark war. Der Leidener Psalter ist ebenfalls englischer Provenienz und enthält einen Kalender, in dem das Schwergewicht auf Heiligen Nordeuropas liegt. Der Todestag von Heinrich II. – er starb am 7. Juli 1189 – ist nachträglich eingefügt. Möglicherweise war Heinrichs unehelicher Sohn Geoffrey Plantagenet, Erzbischof von Canterbury, Halbbruder von Mathilde, der Frau von Heinrich dem Löwen, und Schwiegervater von Knut, der Besitzer. Später gehörte er seiner Nichte Blanka von Kastilien, der Gemahlin von Ludwig VIII., dem Sohn (aus erster Ehe) von Ingeborgs Gatten. Königin Blanka besaß ebenfalls den – vermutlich auch von ihr in Auftrag gegebenen – großen königlichen Psalter in der Pariser Bibliothèque de l'Arsenal. Blanka war die Enkelin von Heinrich II. von England. Dieses halbe Dutzend Psalter-Handschriften befand sich also vermutlich oder wahrscheinlich im Besitz von Menschen, die den Königshäusern von England, Dänemark und Frankreich angehörten und alle zumindest entfernt miteinander verwandt waren. Das wirft die Frage auf, ob nicht der Hunterian Psalter für jemanden wie Sophia von Minsk (ca. 1140–1198), die Gemahlin von Waldemar I. dem Großen und Mutter von Knut VI., oder ein anderes enges Mitglied ihrer Familie angefertigt worden und ebenfalls für die Feierlichkeiten im Jahr 1170 bestimmt gewesen sein könnte. Man ist versucht, einen solchen Schluss zu ziehen; doch ich habe die Stimme von Erik Petersen im Ohr, der sagte: »Kunsthistoriker neigen zu voreiligen Schlussfolgerungen.«

1999 gab Petersen einen Sammelband mit Aufsätzen zur mittelalterlichen Buchkultur in Dänemark heraus. *Living Words & Luminous Pictures* enthielt auch einen Beitrag von Patricia Stirnemann über den Kopenhagener Psalter. Sie ist in der Tat Kunsthistorikerin, aber eine, die alle Argumente, die für oder gegen eine These sprechen, sorgfältig abwägt. Sie setzt in ihrem Aufsatz bei dem Künstler an, der sowohl am Kopenhagener Psalter als auch an der Handschrift arbeitete, die sich heute in Glasgow befindet. Wie sie in ihrer Doktorarbeit nachwies, stammen von

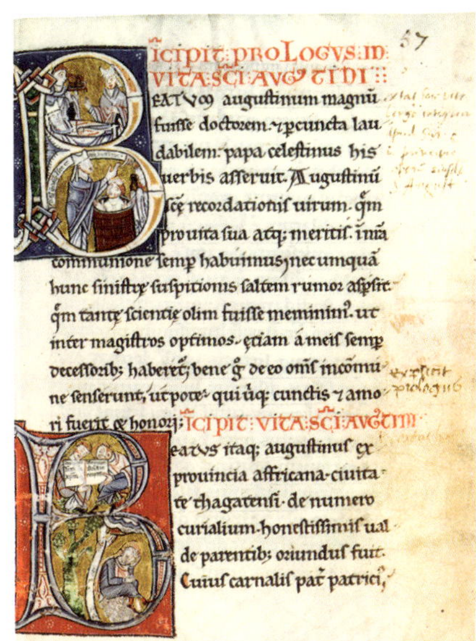

Ein Werk zum Leben des heiligen Augustinus und zu den von ihm bewirkten Wundern. Die Handschrift wurde in der Pariser Abtei Saint-Victor von einem der Künstler illuminiert, die auch maßgeblich an der Ausschmückung des Kopenhagener Psalters beteiligt waren.

diesem Illuminator die Initialen zu den Psalmen 1–54 und 80 in der Kopenhagener Handschrift sowie zu den Psalmen 1–101 im Hunterian Psalter. Stirnemann hat inzwischen die Hand dieses Künstlers in einer Reihe anderer Handschriften entdeckt, die ungefähr um die gleiche Zeit herum entstanden sind. Dazu gehören zwei sehr frühe Exemplare der *Sententiae* von Petrus Lombardus (ca. 1100–1160), einem Leiter der Kathedralschule von Paris. Das eine ist auf 1158 datiert (es ist die älteste bekannte Abschrift dieses Werks), das andere nicht später als 1169 entstanden. Weiterhin sind darunter eine erste überarbeitete Fassung der sogenannten »Magna Glossa« desselben Autors zu den Paulus-Briefen aus der Bibliothek von Notre-Dame de Paris, wo Lombardus von 1158 bis 1160 als Bischof wirkte, sowie eine Beschreibung des Lebens des heiligen Augustinus und der von ihm vollbrachten Wunder, die sicherlich für die Augustinerabtei Saint-Victor in Paris bestimmt war und auch dort angefertigt wurde. In Anbetracht des historischen Hintergrunds ist es nahezu unvorstellbar, dass eine dieser Handschriften an einem anderen Ort als Paris entstanden sein könnte.

Wenden wir unsere Aufmerksamkeit der Abtei von Saint-Victor zu: Diese war 1110 im Osten von Paris in nur geringer Entfernung von den Stadtmauern von Wilhelm von Champeaux (ca. 1070–1121), dem Philosophen und Lehrer Abaelards, gegründet worden. Die Augustiner waren

Chorherren, keine Mönche. Sie interagierten mit der säkularen Welt, vermittelten Nichtgeistlichen ihr Wissen. Zweifelsohne stellten sie auch Handschriften zur Verfügung. Im *Liber Ordinis* der Abtei, einer Art von internem Regelwerk, werden bezahlte Schreiber erwähnt, die im Skriptorium arbeiteten. Von der Zeit seiner Gründung an waren Kollegs an Saint-Victor angegliedert gewesen, die auch von Studenten besucht werden konnten, die selbst nicht Mitglieder eines geistlichen Ordens waren. Zu den Lehrern zählten unter anderen Hugo von Sankt Victor (gest. 1141), Theologe und Verfasser zahlreicher Schriften, Adam von Sankt Victor (gest. 1146), möglicherweise Brite, Richard von Sankt Victor (gest. 1173), der anscheinend gebürtiger Schotte war, sowie Andreas von Sankt Victor (gest. 1175), der aus England stammte. Die frühe Geschichte der Abtei zeigt, dass überraschend viele derer, die ihr auf Dauer angehörten oder sich an einem der Kollegs ausbilden ließen, aus England kamen. Auch Ernius, der ihr von 1162 bis 1170 vorstand, stammte vielleicht von dort. Seine Schwester war mit einem Norweger verheiratet. (Ich übernehme alle diese Informationen aus Patricia Stirnemanns Artikeln.) Im Jahr seiner Ernennung entzweite sich Eskil, der Erzbischof von Lund (das damals zu Dänemark gehörte), mit König Waldemar und ging nach Frankreich ins Exil. Er gesellte sich dort zu den Augustinern von Saint-Victor und brachte 397 Silbermark mit, die er Abt Ernius zur sicheren Verwahrung übergab. 1168 söhnte er sich mit Waldemar aus, der ihn daraufhin aufforderte, die Überführung der Gebeine des kürzlich heiliggesprochenen Knut Laward nach Ringsted und die Krönung des jugendlichen Knut in der dortigen Kirche im Jahr 1170 zu überwachen. Patricia Stirnemann vertritt die These, dass der Kopenhagener Psalter von Erzbischof Eskil in Auftrag gegeben wurde, während (oder weil) er sich in Paris in Saint-Victor aufhielt, und sie hält es für möglich, dass die 397 Silbermark zur Bezahlung der Schreiber und Illuminatoren beitrugen.

Eine der größten Handschriften englischer Provenienz des 12. Jahrhunderts könnte demnach theoretisch in Paris angefertigt worden sein, und das könnte auch für den Hunterian Psalter in Glasgow gelten, der vielleicht von Eskil für dasselbe Ereignis »bestellt« wurde. Englische

RECHTS: Der Künstler, der die ganzseitigen Miniaturen anfertigte, führte auch Initialen aus wie diese, die Gott zeigt, wie er einen blonden Fürsten mahnt.

eam altissimus.

Dominus narrauit in scripturis populorum: & principum horum qui fuerunt in ea.

Sicut letantium omnium: habitatio in te.

Canticum psalmi filiis chore in finem pro melech ad respondendum. Intellectus eman israhelite.

DOMINE deus salutis meę: in die clamaui & nocte coram te.

Intret in conspectu tuo oratio mea: inclina aurem tuam ad precem meam.

Quia repleta est malis anima mea: & uita mea inferno appropinquauit.

Estimatus sum cum descendentibus in lacum: factus sum sicut homo sine adiutorio. inter mortuos liber.

Sicut uulnerati dormientes in sepulchris

Schreiber und Künstler waren zweifelsohne in Saint-Victor am Werk. Wir kennen die Namen einer Reihe von ursprünglich aus England stammenden Schreibern, die im 12. Jahrhundert in Frankreich ausgebildet wurden und tätig waren. Darunter waren Manerius von Canterbury, der die große Bibel schuf, die heute in der Pariser Bibliothèque Sainte-Geneviève liegt. Der im Kopenhagener Psalter enthaltene Kalender und die Litanei sehen sehr englisch aus, ihr Entstehungsort innerhalb Englands lässt sich aber nur eingrenzen als »der Norden«, wie auch Hinweisschilder auf britischen Autobahnen besagen, wobei aus der südlichen Perspektive von Paris darunter auch Skandinavien mit einbegriffen gewesen zu sein scheint. Die Abtei von Saint-Victor war in Händen des Augustinerordens, was die andere Ausrichtung des Heiligenkalenders, seine zweite Schicht, erklären könnte.

Als ich anfing, Handschriften für Sotheby's zu katalogisieren, ließ ich einmal die Frage nach dem Ursprungsort offen, indem ich mehrere Möglichkeiten ins Spiel brachte. Anthony Hobson, mein Abteilungsleiter, der auch für den Rest seines langen Lebens mein Mentor war, las, was ich geschrieben hatte, und schüttelte verzweifelt den Kopf, bevor er mit müder Stimme erklärte: »Sie müssen zu einer *Entscheidung* kommen.« Wahr ist, was unseren Fall betrifft, so bin ich dazu außerstande. Ich habe mir immer wieder Gedanken gemacht, bin aber zu keinem definitiven Ergebnis gekommen. Es gibt immer auch andere Möglichkeiten. Erzbischof Eskil könnte in Paris die Bekanntschaft der Illuminatoren gemacht haben, er könnte sie aber ebenso gut überall sonst, auch in England, beschäftigt haben. Die Handschrift könnte an einem Ort begonnen und an einem anderen vollendet worden sein, obwohl sie insgesamt einen sehr geschlossenen Eindruck macht. Ich wünschte, ich könnte eine Entscheidung fällen. Erik Petersen mag mein Zögern gutheißen, doch ich würde wirklich gern die Antwort kennen. Es besteht sogar die Möglichkeit – zwar ist es eine sehr entfernte, aber sie ist nicht völlig auszuschließen –, dass die Handschrift in Dänemark selbst angefertigt wurde. Ich komme immer wieder auf diese Möglichkeit zurück, ganz kann ich die Idee nicht ad acta legen. Erzbischof Eskil kehrte 1168 in seine Heimat zurück. Die Krönungszeremonie wurde für den Sommer 1170 angesetzt. Der Psalter wurde für einen König angefertigt. Mittelalterliche Könige kauften nicht per Katalogbestellung ein. Sie beauftragten Künstler. Für ein genügend hohes Entgelt dürfte eine ganze Mannschaft, Schreiber und Illuminatoren mit ihrer ganzen Ausrüstung, überall hingereist sein, auch an den Hof des Königs von Dänemark. Vier Künstler und ein Schreiber, die sich gemeinsam ans Werk machten – wie es ganz eindeutig der Fall war –, konnten einen solchen Psalter ohne Weiteres in zwei Jahren fertigstellen. Mir wäre am liebsten, wenn er in Ringsted illuminiert worden ist.

Die Lagenstruktur der Handschrift scheint sehr klar erkennbar zu sein.* Soweit ich weiß, ist aber noch niemandem aufgefallen, dass vermutlich im Anschluss an folio 7 zwischen den jetzigen Lagen i und ii eine vollständige Lage mit ganzseitigen Miniaturen zu fehlen scheint. Der Rand des Vorsatzblattes, der hinter folio 7 hervorlugt, sieht aus, als ob man etwas von ihm grob abgesäbelt hätte. Der Innenfalz zwischen diesen beiden Lagen sieht beschädigt aus und ist bei folio 8 im unteren Teil vertikal eingerissen. Eine ähnliche Beschädigung liegt sonst an keiner Stelle vor. Dass hier eine ganze Lage entfernt wurde, würde Sinn ergeben. Die Zyklen von ganzseitigen Miniaturen am Anfang früher Luxuspsalter beginnen gewöhnlich mit Szenen aus dem Alten Testament, mit Darstellungen der Zustände im Garten Eden bis hin zu solchen von Geschehnissen zu Lebzeiten Davids, des Verfassers der Psalmen. Der Hunterian Psalter fängt genau so an (obwohl auch in ihm Blätter fehlen). Auf diese Weise sollte der Sündenfall mit den Psalmen verbunden werden, die als Prophezeiungen des Kommens Christi aufgefasst wurden. Die Bilder im Kopenhagener Psalter konstituieren nur die Hälfte der üblichen Sequenz; vermutlich umfasste die Handschrift ursprünglich acht weitere Blätter, auf denen sechzehn Abbildungen zum Alten Testament enthalten waren. Sie könnten schon im 13. oder 14. Jahrhundert herausgetrennt worden sein, als der Marienkult die private Andacht zu dominieren begann und man vielleicht der Meinung war, dass eine Seite mit der Darstellung der Verkündigung eine – vor allem für Nonnen – angemessenere Eröffnung für den Psalter war als ein Bild mit den nackten Gestalten von Adam und Eva.

Die Aufteilung der Arbeit deckt sich perfekt mit der Lagenstruktur. Es befriedigt, das so deutlich zu erkennen. Der erste Künstler schuf die Miniaturen, die von dem ersten Zyklus (Lage ii) erhalten sind, und ging dann erneut auf folio 72 bis 119 (Lagen x bis xv) ans Werk. Die Hand-

* Sie sieht folgendermaßen aus: i^{1+6} [das jetzt mit »1« foliierte Vorsatzblatt mit dem Reliquienverzeichnis plus dem Kalendarium], $ii–xxv^{8}$.

schrift war noch nicht gebunden, als die verschiedenen Illuminatoren an ihr arbeiteten; ihnen müssen die noch losen Lagen zugeteilt worden sein. Wenn die ersten beiden Künstler gleichzeitig mit der Arbeit begannen, brauchte vielleicht der erste genauso viel Zeit, um bis zu zweiunddreißig ganzseitige Miniaturen zu vollenden, wie sein Kollege benötigte, um die zweiundsiebzig ihm zugewiesenen Blätter mit Text auszuführen; und von folio 72 an konnte wieder der erste die Arbeit übernehmen. Dieser erste Künstler malte in einem großartigen monumentalen und üppigen Stil, er schwelgte in leuchtenden Farben und strahlendem Gold, mit einer wie poliert glänzenden glatten und nicht weiter verzierten Oberfläche. Wir haben schon gesehen, dass die Miniaturen voller Symbole für Königtum und Königswürde sind. In der Initiale zu Psalm 88 könnte sich auch eine Anspielung auf den Auftraggeber verbergen: Sie zeigt Gott, der einen bärtigen blonden Mann zurechtweist. Die Inspiration dazu lieferte vielleicht der siebte Vers: »Dein Grimm drückt mich …«. Es ist eigentlich David, der Psalmist selbst, der hier spricht, doch die nordisch aussehende Gestalt könnte König Waldemar ähneln. Zu anderen von demselben Künstler geschaffenen Initialen zählen die zu Psalm 81, die Christus im Tempel zeigt, die zu Psalm 85 – ein Engel, der einen Mann drängt, auf Gottes Wort zu hören – sowie zu Psalm 91, eine Darstellung von Musikern, die Gott feiern. Viele Initialen sind rein dekorativ und skurril, wie zum Beispiel die Darstellung eines wilden Löwen, der einen Menschen von hinten anfällt und ihm in den Kopf beißt; die eines Mannes, der mit dem Rücken nach vorn auf einem Bären sitzt und einen Esel, der Harfe spielt, mit einer Lanze sticht; eines Affen, der sich in einem Spiegel betrachtet; eines felllosen Tiers, vielleicht eines Hundes, das eine riesige orange Mütze trägt und einen Hund an der Leine führend auf einer blauen Ziege sitzt, während ein Mann hinter ihm hergeht; eines Paars geflügelter Zwillinge in orange Gewändern, die auf den Rücken von riesigen Vögeln hocken; und eines wirklich wunderbaren Monsters mit dunkelbraunem Haarkleid, möglicherweise eines Bären, das einem von Maurice Sendaks wilden Kerlen ähnelt. Es steht auf seinen Hinterbeinen, hat die Pfoten unters Kinn gelegt und starrt nach vorne. Es ist auf folio 110r zu

RECHTS: Der Künstler, von dem die ganzseitigen Miniaturen stammen, malte auch merkwürdige Tiere und Monstren wie diese auf ihren Hinterbeinen stehende haarige Kreatur.

tio mea preueniet te.
Vtquid domine repellis orationem meam:
auertis faciem tuam a me?
Pauper sum ego et in laboribus a iuuentu-
te mea: exaltatus autem humiliatus
sum et conturbatus.
In me transierunt ire tue: et terrores tui con-
turbauerunt me.
Circumdederunt me sicut aqua tota die:
circumdederunt me simul.
Elongasti a me amicum et proximum: et
notos meos a miseria. Intellectus ethan
israhite.

MISE-
ricordi-
as domini:
in eternum cantabo.
In genera-tione et generatione:

finden. Falls die Handschrift für ein Kind bestimmt war, dann haben diese Abbildungen ihm sicherlich Vergnügen bereitet, seine Aufmerksamkeit gefesselt und ihm dabei geholfen, sich die Texte einzuprägen.

Dem zweiten Künstler sind wir bereits begegnet: Er hat auch am Hunterian Psalter mitgearbeitet und an den vier Handschriften, die in Paris bebildert wurden. Er führte die ganze Lage i des Kopenhagener Psalters, den Heiligenkalender, aus sowie die Lagen iii bis ix (folios 16–71). Es kann sein, dass er an anderen Stellen ebenfalls Hand angelegt hat, zum Beispiel auf folio 103r. Die große »Beatus«-Initiale mit den aufgeklebten echten Edelsteinen ist von ihm. Er verwendet blassere und mattere Farben, und er verziert oft die Goldoberflächen, so dass sie wie ziseliert wirken. Zu den von ihm geschaffenen »narrativen« bildlichen Darstellungen gehören die großen Initialen zu Psalm 26, die Samuel zeigen, der David krönt; die zu Psalm 50, deren Thema Nathan ist, der König David züchtigt – die Darstellung schließt eine sich liebevoll an David schmiegende Bathseba ein, die mit ihren langen blonden Haaren sehr skandinavisch aussieht; sowie die zu Psalm 51, die Saul zeigt, der Doëg befiehlt, Ahimelech und dessen ganze Sippe wegen ihrer Treulosigkeit zu töten. Das sind zwar alles Sujets, die oft in Psaltern aufgegriffen werden, aber wohl als für Könige besonders relevant erachtet wurden.

Der dritte Illuminator, der am Kopenhagener Psalter mitgewirkt hat – zumindest hat Patricia Stirnemann einen solchen Künstler Nr. 3 identifiziert, während ich selbst ihn nicht mit Sicherheit von Nr. 2 unterscheiden kann –, war für die Lagen xvi bis xviii zuständig, die folios 120–143 entsprechen. Seine Initialen sind hauptsächlich dekorativer Natur, doch sie schließen auch einen Mann ein, der mit einem weißen Hund kämpft, einen blauen Löwen, der einen grünen Hund tötet, und einen aufrecht stehenden Bären.

Der vierte und letzte Künstler, der den Kopenhagener Psalter mit ausschmückte, ist einer der berühmtesten Illuminatoren des 12. Jahrhunderts, der aufgrund seines Stils leicht identifizierbar ist. In England wird er »the Simon Master« genannt, in Frankreich manchmal auch »der Meister der Kapuzinerbibel«. Von seiner Malweise her gehört er einer Gruppe an, die Kunsthistoriker aus Verzweiflung als »Channel School« bezeichnen, weil sie nicht wissen, ob sie von Künstlern englischer oder französischer Nationalität gebildet wurde. Im Kopenhagener Psalter schmückte der Simon Master die Lagen xix bis xxiv aus, was folios 144–191

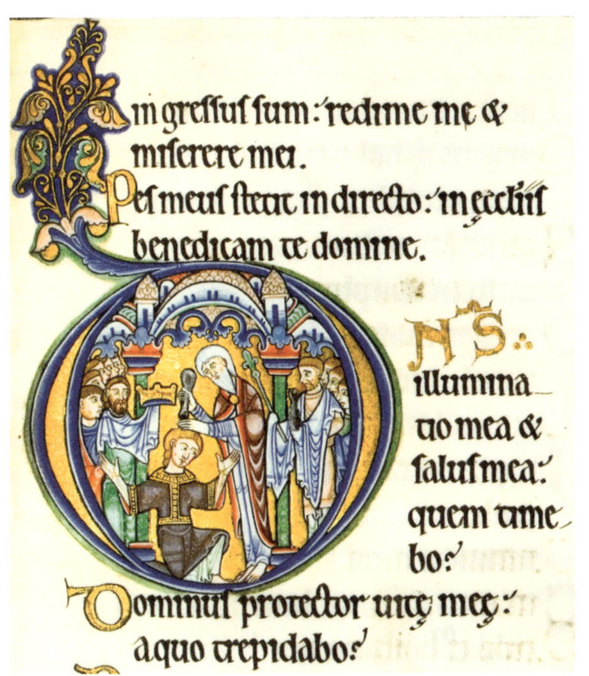
in gressus sum: redime me &
miserere mei.
Pes meus stetit in directo: in ecclesiis
benedicam te domine.
NS.
illumina-
tio mea &
salus mea:
quem time-
bo?
Dominus protector uite mee:
a quo trepidabo?

Der Hunterian Psalter aus Glasgow ist ein enger Verwandter der Kopenhagener Handschrift. Vielleicht wurde er von demselben Schreiber abgeschrieben, sicher wurde er von einem der daran beteiligten Künstler illuminiert.

entspricht. Er schuf zwei Bildinitialen: die Brustfigur eines Königs mit einer Schriftrolle in der Hand für Psalm 137 sowie die Gestalten der Propheten Habakuk und Jesaja in den Lobgesängen. Für andere Initialen griff er auf für die »Channel School« charakteristische Motive zurück: gekrümmte und sehnige rosa Löwen, winzige weiße Hunde, die durch Büsche kraxeln, nackte blaue Riesen, Drachen, die, indem sie sich ineinander verbeißen, sich so krümmen, dass sie die Form eines Buchstabens annehmen, ein sich auf die Hinterbeine erhebender Löwe, der einen mit Schwert und Schild bewaffneten Mann bekämpft, Katzen mit Musikinstrumenten, ein Mann mit Holzbein, der einen Hasen schert, ein nackter Mann, der mit grünen Löwen ringt, und vieles andere mehr.

»Was sollen jene lächerlichen Monstren?«, lautete die rhetorische Frage, die Bernhard von Clairvaux in der ersten Hälfte des 12. Jahrhunderts in seiner berühmten Anprangerung der bildenden Kunst stellte. »Was sollen die unreinen Affen? Was die wilden Löwen? Was die monströsen Kentauren? Die halbmenschlichen Wesen? Und die gefleckten Tiger? Wozu kämpfende Ritter und Jäger, die Trompeten blasen?« Was bedeuten sie? Überhaupt nichts, wäre meine Antwort an den heiligen Bernhard, doch sie tragen ungeheuer zu dem Vergnügen bei, das romanische Handschriften ihrem Benutzer bereiten. In seinem 1921 veröffentlichten (schon früher verfassten) Bericht über den Kopenhagener Psalter bemühte Mouritz Mackeprang sich wacker, die Sujets der Bildinitialen zu Versen der Psalmen, die sie schmücken, in Beziehung zu setzen. Psalm 16 zum Beispiel wird von einem tanzenden Löwen, der seine Schulter auf einen Fisch lehnt, eingeleitet. Mackeprang meinte, das könne eine Illustration zu Vers 12 sein, in dem von einem »Löwe[n], der des Raubes begehrt« die Rede ist. Psalm 88 wird von jenem haarigen wilden Geschöpf eingeleitet, von dem ich schon gesprochen habe. Mackeprang setzte es zu Vers 8 dieses Psalms in Beziehung: »wunderbar über alle, die um ihn sind«. Psalm 93 geht in der Handschrift die Darstellung eines Mischwesens, einer Art Bär oder Löwe, voraus, das im Begriff ist, ein Lamm zu verschlingen. Mackeprang verwies auf Vers 6: »Witwen und Fremdlinge erwürgen sie und töten die Waisen.« Gibt man sich genügend Mühe, kann man zu fast allen bildlichen Darstellungen irgendwelche Parallelen im Text finden, doch höchstwahrscheinlich sind fast alle rein dekorativer Natur, denn es handelt sich um Standardmotive, die einen festen Platz in der Imagination und damit auch im Repertoire der Künstler eingenommen haben. Es ist möglich, dass einem Illuminator, der sich fragte, was er als Nächstes malen sollte, zum Beispiel das Wort »Löwe« ins Auge fiel, das irgendwo auf der Seite vorkam. Und das genügte dann als Auslösefaktor, um ihn einen solchen auf das Pergament bannen zu lassen. Es handelt sich also bei den Bildinitialen zumeist nicht um bewusste Verbildlichungen irgendwelcher Aussagen, die in den Psalmen enthalten sind.

Einige Motive findet man häufig auch in den anderen Handschriften. Vom Simon Master stammt die Darstellung einer Katze, die mit dem Bogen über die Saiten einer Art Bratsche streicht (folio 17v). Dies ist merkwürdigerweise ein in der romanischen Kunst, sowohl in der Buchmalerei als auch in der Bildhauerkunst, weit verbreitetes Sujet. Es muss sehr alt sein und stammt vermutlich aus derselben Quelle wie Kinderreime und -lieder, die von musizierenden Katzen handeln, wie das heute noch bekannte mit »Hey, diddle diddle, / The cat and the fiddle« beginnende.

RECHTS: Die gleiche Szene wie auf Seite 375 oben: Salbung Davids durch Samuel, im Kopenhagener Psalter. Sie ist das Werk desselben Künstler und dient in beiden Handschriften der Illustration von Psalm 26 [nach der Zählung der Vulgata, vgl. S. 697].

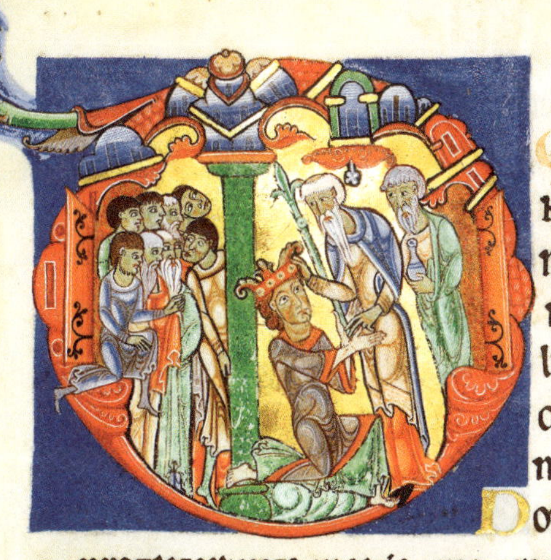

OMI

NUS illu-

minatio

mea. & sa-

lus mea:

quem ti-

mebo?

Dominus

protector uitę meę: a quo trepidabo?

Dum appropiant super me nocentes: ut

edant carnes meas.

Qui tribulant me inimici mei: ipsi in-

firmati sunt & ceciderunt.

Si consistant aduersum me castra: non

timebit cor meum.

Si exurgat aduersum me prelium: in

hoc ego sperabo.

Unam petii a domino. hanc requiram:

ut inhabitem in domo domini omni-

bus diebus uitę meę.

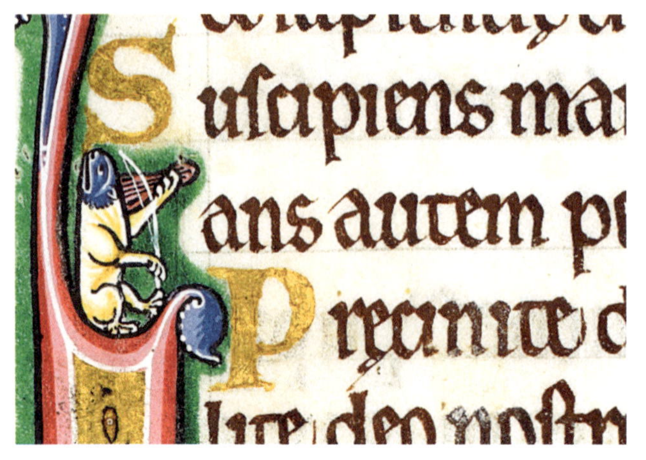

Detail einer Initiale gegen Ende des Kopenhagener Psalters, die vom Simon Master geschaffen wurde. Dargestellt ist eine Katze, die auf einer Bratsche spielt.

Früher dachte ich einmal, diese Verbindung des Tieres mit einem Streichinstrument könnte darauf zurückzuführen sein, dass die Saiten solcher Instrumente aus Katzendarm gefertigt wurden. Doch dann kam einmal ein meisterlicher Interpret mittelalterlicher Musik, Armando Lopez Valdivia, zum Essen zu mir nach Hause und brachte seine Bratsche mit. Als er nach dem Essen auf ihr zu spielen begann, kam unsere Katze bei den ersten Klängen wie von einem Magneten angezogen ins Zimmer gesaust. Voller Ekstase wälzte sie sich mit rollenden Augen und offenem Maul auf dem Boden. Sie war völlig weggetreten und bot einen urkomischen Anblick. Zweifelsohne reagierten Katzen im Mittelalter ganz ähnlich, wenn Bratschen erklangen, und so kam die Verbindung zustande.

Auf folio 173v findet sich eine Initiale, die aus einem Mann mit einem Holzbein gebildet wird, der eine Schere über einen Hasen oder ein Karnickel führt. Ohne Zweifel findet darin ein mittelalterliches Sprichwort seinen Niederschlag, dass es schwerer sei, dies oder jenes zu tun, als es für einen einbeinigen Mann sei, einen Hasen zu scheren. Einen flinken Hasen zu fangen und dann festzuhalten, um ihn zu scheren, war an sich schon unmöglich, für einen Mann mit einem Holzbein aber gewissermaßen noch unmöglicher. Es symbolisierte etwas, das einfach nicht getan werden konnte. Eine solche Darstellung begegnet auch auf der ersten illuminierten Seite der Bibel der Bury St. Edmunds Abbey, die um 1130 entstanden ist, der ersten Handschrift, die in England von einem eindeutig identifizierbaren professionellen Illuminator bebildert wurde, von Master Hugo (nicht zu verwechseln mit Hugo Pictor). Diese Bibel ist so umfangreich und ihre Ausschmückung so komplex, dass es sich bei dieser Darstellung vermutlich um eine ironische Anspielung darauf handelt, dass jedermann glaubte, der Meister würde diese Aufgabe niemals bewältigen können. Und genau dieses Motiv schmückt den letzten Psalm im Kopenhagener Psalter. Vielleicht glaubte auch in diesem Fall niemand, dass die Arbeit an der Handschrift bis zum 25. Juni 1170 – dem vermutlich vom Auftraggeber festgesetzten Fertigstellungstermin – abgeschlossen werden könnte. Es ist so, als wolle Simon Master stolz erklären, dass er und seine Kollegen das Unmögliche möglich gemacht hätten.

Die Provenienz des Kopenhagener Psalters, sein Text und die Künstler, die an ihm mitwirkten, führen uns hin zu dem Wendepunkt, zu dem es in der Geschichte des Buchs kam, als Lesen- und Schreibenkönnen aufhörte, Monopol zu sein von Geistlichen, insbesondere Klosterbrüdern, und reisende weltliche Künstler begannen, sich in das Gewerbe zu drängen, aber noch nicht dauerhaft existierenden Werkstätten beigetreten waren. Das war auch die Zeit, in der Handschriften nicht mehr ausschließlich unveräußerliche Besitztümer der Kirche waren, sondern sich zu luxuriösen käuflichen Artefakten entwickelten, die von Nichtgeistlichen erworben werden konnten und einen ganz bestimmten kommerziellen Wert besaßen, der über ihren Preis bestimmte. Der Simon Master war genau wie Master Hugo, der die Bury Bible mitgeschaffen hatte, nachweislich ein professioneller Illuminator. Höchstwahrscheinlich begann er seine Karriere in Paris in der Abtei Saint-Victor. Viele der Handschriften, die er ausmalte, waren Lehrbücher, wie Studenten an den Pariser Kollegien sie kauften und mit nach Hause nahmen. Das erklärt, warum Handschriften, an denen der Simon Master mitwirkte, im Mittelalter geografisch so weit verbreitet waren. Sie fanden sich in so auseinanderliegenden Klöstern wie Bonport in der Normandie, Liesborn in Westdeutschland, Klosterneuburg in Österreich und Esztergom in Ungarn. Doch auch der Simon Master selbst kam weit herum. Man kann nicht ausschließen, dass es ihn aufgrund seiner Verbindungen mit den Viktorinern auch nach Dänemark verschlug. Seinen modernen Künstlernamen verdankt er Simon, dem Abt des bedeutenden Klosters in St. Albans in Südengland von 1167 bis 1183. Dieser Abt hatte sich wegen der Beschaffung neuer Texte an die Abtei Saint-Victor gewandt, und ganz eindeutig kamen in einer Phase seiner Amtszeit – vielleicht in den 1170er-Jahren – Textvorlagen und Illuminatoren von dort nach England,

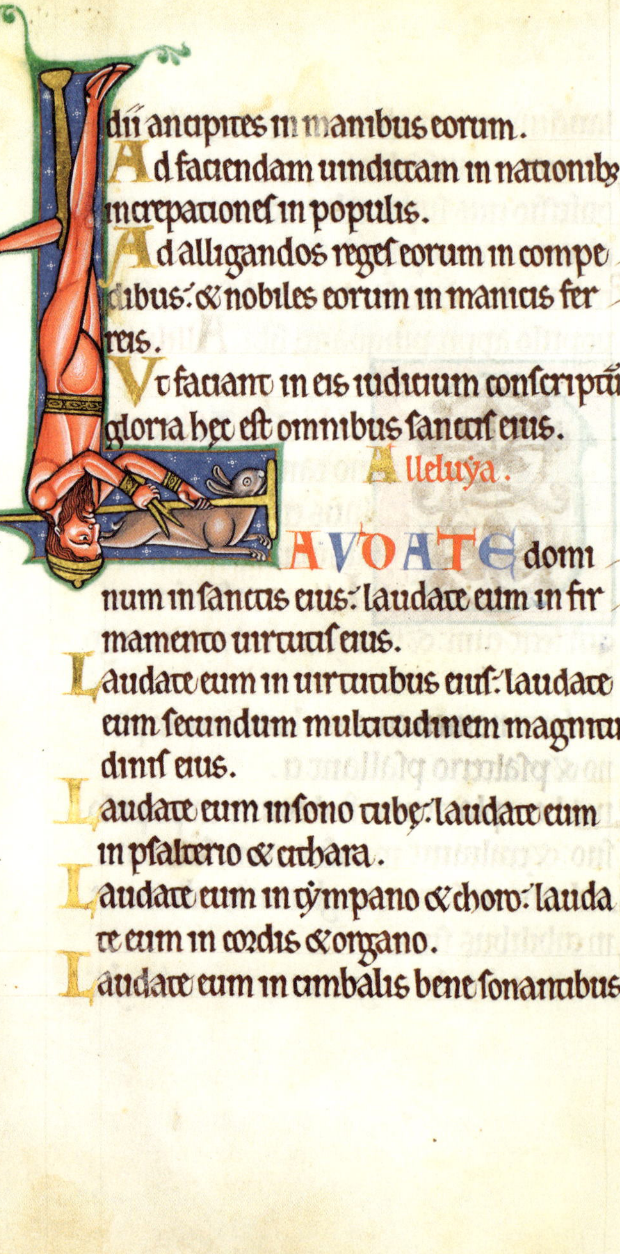

dii ancipites in manibus eorum.

Ad faciendam uindictam in nationibus: increpationes in populis.

Ad alligandos reges eorum in compedibus: & nobiles eorum in manicis ferreis.

Ut faciant in eis iudicium conscriptum: gloria hec est omnibus sanctis eius.

Alleluya.

150 LAUDATE dominum in sanctis eius: laudate eum in firmamento uirtutis eius.

Laudate eum in uirtutibus eius: laudate eum secundum multitudinem magnitudinis eius.

Laudate eum in sono tube: laudate eum in psalterio & cithara.

Laudate eum in tympano & choro: laudate eum in cordis & organo.

Laudate eum in cimbalis bene sonantibus.

darunter auch unseren Künstler. Mindestens drei Handschriften, die in St. Albans während der Amtszeit von Abt Simon von lokalen Schreibern angefertigt wurden, sind nachweislich von ihm ausgeschmückt worden. Aller Wahrscheinlichkeit nach zog der Simon Master später weiter, um für andere Auftraggeber zu arbeiten, zu denen auch solche gehörten, die in England ansässig waren, oder er kehrte nach Frankreich zurück. Das 12. Jahrhundert ist eine Epoche, über die wir erstmals reichlich Informationen besitzen, und doch wissen wir über bestimmte Dinge gar nichts.

Der Kopenhagener Psalter zeichnet sich durch ein Merkmal aus, das sich auch in einer Reihe anderer Handschriften findet und auf ein Phänomen hinweist, dem man sich in Untersuchungen mittelalterlicher Bücher noch nie ausführlich gewidmet hat. Oberhalb oder neben jeder gemalten Initiale kann man winzige Einstichlöcher von einer Nähnadel erkennen. Das zeigt, dass alle Illuminationen früher einmal von kleinen Schutzblättchen aus Stoff bedeckt waren, die auf die Seiten aufgenäht waren. Solche Löcher kommen recht häufig in prachtvoll illuminierten Handschriften vor, vor allem in solchen, die im 12. Jahrhundert in England und in Nordeuropa entstanden sind. Jedes der Mitglieder der von uns untersuchten Familie königlicher Psalter weist welche auf. Man entdeckt Einstichlöcher in der Nähe der Illuminationen des Hunterian Psalters, des Ingeborg-Psalters, des »Avranches«-Psalters, des Psalters der Blanka von Kastilien und des Leidener Psalters. Wenn man einmal auf sie aufmerksam geworden ist, stellt man überrascht fest, in wie vielen Luxus-Handschriften aus dieser Zeit solche »Vorhänge« die Illuminationen geschützt haben müssen. Es besteht kein Anlass, daran zu zweifeln, dass sie während der Arbeit am jeweiligen Codex angebracht wurden. Diese Löcher befinden sich entweder oben auf einer Seite, was bedeutet, dass man die kleinen Stofflappen zum Betrachten der Malerei anheben musste, oder aber in einer vertikalen Reihe links von oder manchmal so-

LINKS: Die Initiale zum letzten Psalm, ausgeführt vom Simon Master. Dargestellt ist ein Mann mit einem Holzbein, der einen von ihm gefangenen Hasen schert – ein mittelalterliches Bild für eine unmöglich zu bewältigende Aufgabe.

NACHFOLGENDE DOPPELSEITE: Die Bittgebete am Ende des Psalters, unter ihnen solche um Gottes Gnade, um Frieden und Freisein von Angst vor Feinden.

Deus cui proprium est misereri semper et parcere. suscipe deprecationem nostram. et quos delictorum cathena constringit: miseratio tuę pietatis absoluat. Alia.

Omnipotens sempiterne deus qui facis mirabilia magna solus. pretende super famulos tuos et super cunctas congregationes illis commissas spiritum gratię salutaris. et ut in ueritate tibi complaceant: perpetuum eis rorem tuę benedictionis infunde. Alia.

Pretende domine fidelibus tuis dexteram cęlestis auxilii. ut et te toto corde perquirant: et quę digne postulant consequi mereantur. Alia.

Deus a quo sancta desideria recta consilia et iusta sunt o

pera: da seruis tuis illam quam mundus da
re non potest pacem. ut et corda nostra manda
tis tuis dedita: et hostium sublata formidi
ne tempora sint tua protectione tranquilla.

A domo tua *Alia.*

quesumus domine spirituales ne
quitie repellantur: et aeriarum di
scedat malignitas tempestatum.

Animabus quesumus *Alia.*

domine famulorum famularumque tua
rum oratio proficiat supplicantium.
ut eas et a peccatis omnibus exuas:
et tue redemptionis facias esse participes.

Deus qui es *Alia.*

sanctorum tuorum splendor
mirabilis atque lapsorum
subleuator inenarrabilis: fac
nos famulos tuos sancte dei genitricis semper
que uirginis marie et omnium sanctorum tuorum
ubique tueri presidiis. necnon familiarita
te atque consanguinitate nobis iunctis. et

gar horizontal nebeneinander unter einer Initiale, was darauf schließen lässt, dass die Schutzblättchen sie wie winzige Jalousien seitwärts oder vertikal bedeckten. In ganz seltenen Fällen sind diese Stoffläppchen in romanischen Handschriften noch erhalten, an Ort und Stelle festgenäht. Oft scheinen sie aber nur flüchtig angebracht worden zu sein. Sie sollten die Abbildungen nicht in erster Linie vor Abrieb schützen, wie die modernen Schutzblätter aus Papier, die heute lose im Kopenhagener Psalter liegen, denn in einer Handschrift, die einfach zu schließen ist, leiden die Seiten kaum unter Reibung. Wenn sie es täten, dann würde *ein* solcher Schutzvorhang zwischen zwei gegenüberliegenden ganzseitigen Illuminationen ausreichen. Doch findet sich auf solchen Doppelblättern über jeder Miniatur, der auf der linken und der auf der rechten Seite, eine Reihe von Einstichlöchern, was beweist, dass jede von ihnen ihr eigenes textiles Schutzblatt besessen haben muss.

Wir sind daran gewöhnt, dass mittelalterliche illuminierte Handschriften uns mit ihren leuchtenden oder gar funkelnden farbigen Abbildungen verblüffen, wenn Seiten umgeblättert werden oder wenn sie mit aufgeschlagenen Doppelseiten in einer Vitrine ausgestellt sind. Als seine ersten Besitzer den Kopenhagener Psalter öffneten, muss die Wirkung eine ganz andere gewesen sein: Die Abbildungen waren alle verborgen, mit Vorhängen bedeckt wie die Ikonen in griechischen Kirchen. Der Akt ihres Hochhebens oder Beiseiteschiebens muss selbst Teil der andächtigen Handlung, der spirituellen Erfahrung gewesen sein. »Offenbarung« wurde so – ähnlich wie bei der Miniatur auf S. 336, auf der durch die rot-weißen Vorhänge hindurch der Blick auf das neugeborene Jesuskind fällt – nachempfindbar, konkret nachvollziehbar gemacht. Das zeigt uns, wie anders die Welt ist, in der wir heute leben.

In anderer Hinsicht lösen der mittelalterliche Psalter und die in ihm enthaltenen Gebete für jeden Tag immer noch einen Widerhall in uns aus und besitzen auch für uns Bedeutung. Wir Europäer von heute können, auch wenn wir nicht dem geistlichen Stand angehören, in der Regel lesen. Das ist eine Entwicklung in der Erziehung, die auf die neue Mode des Lesens an den Königshöfen des 12. Jahrhunderts zurückgeht. Die Praxis sickerte nach und nach die soziale Hierarchie herunter bis zu Leuten wie uns. Unzählige Menschen lesen nach wie vor die Psalmen, und die in den Heiligenkalendern der Psalter verzeichneten Festtage, wie Ostern, Weihnachten oder auch der Valentinstag, strukturieren immer noch unser Jahr, auch wenn wir nicht religiös sind. Am 24. Juni ist im Kopenhagener Psalter die Geburt von Johannes dem Täufer verzeichnet, und unter demselben Datum findet man, ebenfalls blau hervorgehoben, den Eintrag »*Solsticium*«, also Sonnenwende. Die Mittsommernacht, der sogenannte »Sankt Hans Aften«, wird in Dänemark immer noch mit volkstümlichen Festen gefeiert, und an den Stränden werden Freudenfeuer entzündet. Ich habe in Gammel Skagen in Nordjütland, dem früheren Herrschaftsbereich von Herzog Erik, an einem solchen Fest teilgenommen und bin dabei mit einer Tradition in Berührung gekommen, die weit in die vorchristliche Vergangenheit zurückreicht.

Persönliche Glaubensbekundungen sind hier nicht mein Thema. Was ich aber unter der »communio sanctorum« verstehe, der Gemeinschaft der Heiligen, die am Ende des Glaubensbekenntnisses (das in den Kopenhagener Psalter aufgenommen ist) heraufbeschworen wird, ist die spirituelle Gemeinschaft aller Gläubigen aller Zeiten, die auf gemeinsamen Erwartungen und gemeinsamen Erfahrungen gründet. Diese »communio« teilte sich mir plötzlich mit, als ich nach einem langen Tag in der Kongelige Bibliotek das Abendgebet um Frieden auf folio 193v–194r des Kopenhagener Psalters las. Es beginnt mit: »Deus a quo s[an]c[t]a desideria recta consilia & iusta sunt opera …«, Worten, die damals schon uralt waren, die aber noch heute bei der täglichen Abendandacht in der Kapelle des Corpus Christ College und in unzähligen anderen Andachtsstätten der westlichen Christenheit gesprochen werden. Sie haben für uns heute noch eine solche Bedeutung, wie sie sie für Waldemar den Großen und Knut IV. hatten, die sie auf denselben Seiten lasen, wie ich es viele Jahrhunderte später tat. Um Martin Luthers deutsche Nachdichtung dieses Antiphons zu zitieren: »Herr Gott hymelischer Vater, der du heiligen mut, guten Rad und rechte werke schaffest, / Gib deinen dienern friede, welchen die welt nicht kan geben, / auff das unsere hertzen an deinen gepoten hangen / und wir unser zeit durch deinen schutz stille und sicher für feinden leben.« Dieser Text hat sich von seinem Inhalt her seit 850 Jahren nicht geändert, wie auch das Bedürfnis nach Frieden und Freisein von Angst. Unsere Welt und die ihre reichen sich für einen Augenblick die Hand, und das Herz schlägt höher in gemeinsamem Gebet.

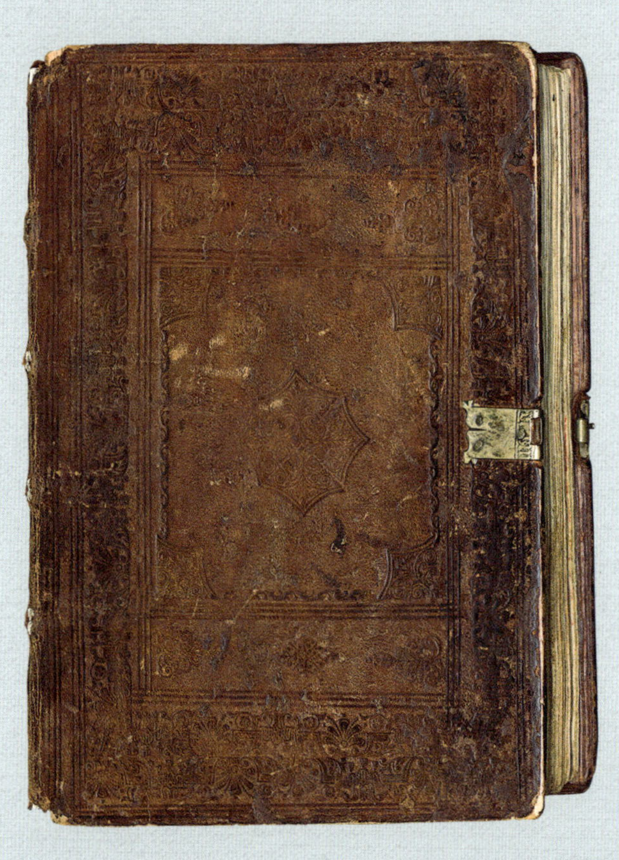

KAPITEL ACHT

DIE *CARMINA BURANA*

erste Hälfte des 13. Jahrhunderts
München, Bayerische Staatsbibliothek,
Clm 4660

Auf der Schule wählte ich Latein als Unterrichtsfach, nicht weil ich eine besondere Begabung dafür besaß (besaß ich nicht), sondern weil ich mich fast überall sonst noch schwerer tat. Ich besuchte die Staatliche Knabenschule, die King's High School, von Dunedin in Neuseeland, an der, wie mir im Rückblick klar wird, der Lehrplan sogar für damalige Verhältnisse antiquiert war. In Latein quälten wir uns durch die üblichen Übungen zur Grammatik und Übersetzungen hindurch. Eines Tages aber, als ich in der sechsten Klasse war, kam unser Lehrer – ein Mr. Dunwoodle – auf den glänzenden Einfall, von zu Hause einen tragbaren Plattenspieler mitzubringen samt einer Aufnahme von *Carmina Burana,* das heißt der Vertonung eines Teils dieser mittelalterlichen Gesänge durch Carl Orff (1895–1982). Es war eine unvergessliche Erfahrung. Die eindringlichen Melodien und die sinnlichen rhythmisierten lateinischen Texte, die von Mädchen, vom Pokulieren und von der Unbeständigkeit von Frau Fortuna handelten, ließen uns alle nicht mehr los. Wir waren eine Schar hormonell aufgeladener Jungs, und diese lateinischen Texte berührten uns emotional – was Cäsars *De bello gallico* nie vermocht hatte. Wir drängten Mr. Dunwoodle mehrfach, die Platte noch einmal für uns zu spielen, indem wir ihm versicherten, es sei pädagogisch wertvoll. Man muss ihm hoch anrechnen, dass er unseren Bitten nachkam. Bald kannten wir viele der lateinischen Verse auswendig, und einige habe ich bis heute nicht vergessen: »*O! O! totus floreo! / iam amore virginali / totus ardeo, / novus, novus amor / est, quo pereo*«: »Oh! Oh! / Wie ich blühe, / Schon von einer neuen Liebe / Ganz erglühe! / Junge, junge Liebe ist es, / Daran ich vergeh!« Und so weiter. Für solche Lieder waren wir genau im richtigen Alter: Die Musik war verführerisch, sie beschwor anarchische, liebestrunkene mittelalterliche Scholaren herauf, Vaganten, die durch die Lande schweiften – oder zumindest in ihren Liedern davon sangen –, mit freigeistigem Ethos wie ihre Nachfahren Mitte der 1960er-Jahre. Gut möglich, dass Lateinlehrer anderswo in der Welt ihren Schülern damals auch diese Platte vorspielten und viele Angehörige unserer Generation mit diesen lateinischen Liedern, in denen Sinneslust und Auflehnung verherrlicht werden, vertraut waren.

Einige Jahre später, in den frühen 1970er-Jahren, als Doktorand an der Universität Oxford, verbrachte ich meine Sommerferien damit, mit Rucksack und Kamera ausgerüstet (Letztere hatte ich mir von der Bodleiana geliehen), über dieselben Routen zu ziehen, auf denen die Scholaren, von denen in den *Carmina Burana* die Rede ist, achthundert Jahre früher durch Europa gewandert waren. Ich pilgerte nach Paris und zu den großen französischen und deutschen Domstädten sowie zu den Klöstern in Österreich, um in den örtlichen Bibliotheken mittelalterliche Handschriften in Augenschein zu nehmen. Meistens stieg ich in Jugendherbergen ab oder übernachtete in einem Zelt. Es war eine einsame, aber faszinierende Erfahrung. Ich fühlte mich selbst wie ein freier und unabhängiger Vagant, wenn ich morgens erst Grashalme und Insekten aus dem Haar streifen musste und zunächst die Besuchertoiletten von Stadtbibliotheken aufsuchte, um mich zu rasieren und die Zähne zu putzen, bevor ich mich wach und munter an der Informationstheke präsentierte und dort eine Liste der wertvollen Werke aus dem 12. Jahrhundert vorlegte, die ich gern einsehen würde. Manchmal stieß ich in Lesesälen verschiedener Bibliotheken auf dieselben Leute, und wir kamen uns als An-

RECHTS: Das Treppenhaus der Bayerischen Staatsbibliothek, von dem es heißt, nur König Ludwig I. habe zu seinen Lebzeiten über die Stufen schreiten dürfen.

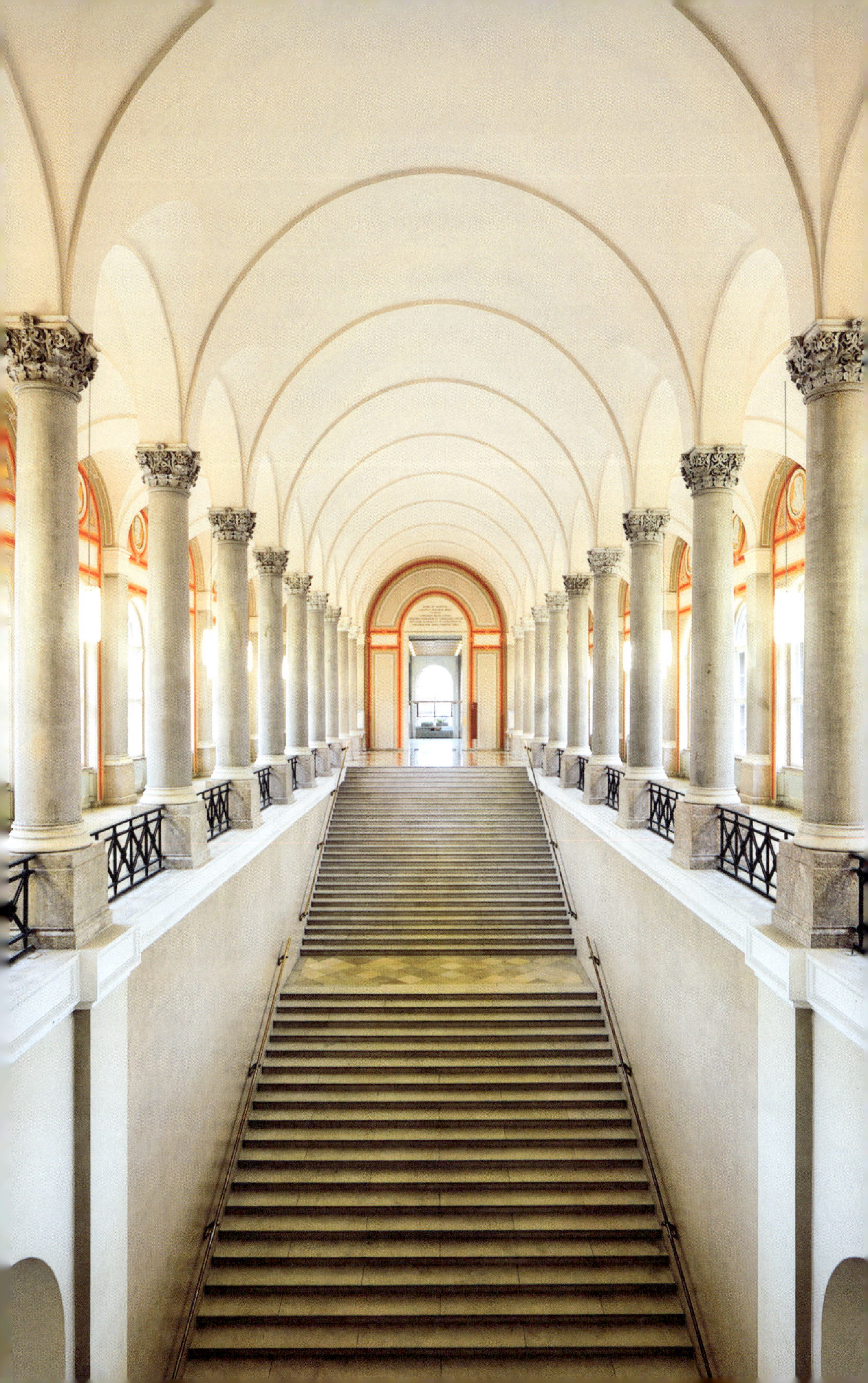

gehörige einer internationalen Bruderschaft von wandernden Scholaren vor, die an unterschiedlichen Universitäten an ihren Doktorarbeiten saßen. Als mich in einem österreichischen Kloster einmal mein Deutsch im Stich ließ, griff ich auf das Lateinische als einzige lingua franca zurück.

Ich erinnere mich noch an meinen ersten Besuch der Bayerischen Staatsbibliothek in München damals. Nachdem ich im ländlichen Frankreich in vielen heimeligen und verschlafenen Bibliotheken gehockt hatte, in denen Schulkinder und alte Männer schwatzend oder in Zeitungen blätternd ihre Nachmittage rumzukriegen versuchten, konnte die Staatsbibliothek einen gehörig einschüchtern; sie liegt an der geschäftigen, breiten Ludwigstraße, die vom Siegestor im Norden bis zum Odeonsplatz in der Stadtmitte führt. Die Bibliothek ist in einem riesigen klassizistischen Ziegelbau untergebracht, der in jenem Gelb gehalten ist, das in Mitteleuropa viele öffentliche Gebäude aufweisen, und wurde 1843 eröffnet. Der Haupteingang wird von vier riesigen sitzenden Gestalten bewacht, Skulpturen von Thukydides, Homer, Aristoteles und Hippokrates, die für die Fächer Geschichte, Literatur, Philosophie und Medizin stehen. Von der Straße aus steigt man ein paar Stufen empor und betritt dann durch eine von drei großen Pforten ein großes und hohes Vestibül. Man hat fast den Eindruck, in der größten Bank zu stehen, die man jemals betreten hat. Eine riesige Treppe aus weißem Marmor führt direkt zwischen zwei Reihen klassizistischer Säulen ins Obergeschoss. Die metallenen Handläufe ruhen auf kleinen Bronzelöwen. Es heißt, Ludwig I., der bayerische König von 1825 bis 1848, habe bestimmt, dass diese Treppe alle anderen in Europa an Größe und Pracht übertreffen und er sie zu seinen Lebzeiten als Einziger benutzen sollte. Als ich sie in den 1970er-Jahren voller Nervosität emporstieg, kam ich mir auf Zwergengröße geschrumpft vor. Am Kopf der Treppe stehen gewaltige Statuen von Albrecht V., Herzog von Bayern von 1550 bis 1579, der die Bibliothek 1558 gründete, und von König Ludwig selbst. Die Bibliotheksgebäude sind um zwei Innenhöfe herum angeordnet, von denen der eine links, der andere rechts von der großen Treppe liegt. Um zum Allgemeinen Lesesaal zu gelangen, geht man oben angekommen einfach geradeaus weiter. Wenn man aber in den Lesesaal für seltene Bücher und Handschriften gelangen will, geht man nach rechts und biegt dann noch einmal nach rechts ab, so dass man sich wieder in Richtung der Frontseite des Gebäudes bewegt. Man durchquert die mit Säulen bestandene Fürstenhalle oberhalb des

Eingangs und geht dann nach links über den Korridor, der parallel zur Ludwigstraße verläuft, vorbei an dem Ausstellungsraum für die besonderen Schätze der Bibliothek, durch ein Drehkreuz hindurch, biegt noch einmal nach links ab (womit man sich jetzt von der Straßenseite weg zum entfernteren Flügel des Gebäudes um den rechten Innenhof herum bewegt), kommt an zwei spektakulären Globen aus dem 16. Jahrhundert und der Reisebibliothek von König Ludwig vorbei und erreicht dann endlich den Lesesaal für Handschriften und alte Drucke. In diesen Raum fällt von beiden Seiten natürliches Licht, das von Netzvorhängen gefiltert wird. In ihm stehen lange Arbeitstische, an denen grauhaarige Gelehrte sitzen, die aussehen, als trügen sie akademische Titel mit sich, die auf Deutsch mehrere Zeilen beanspruchten. Die Buch- und Handschriftenausgabe befindet sich im hinteren Teil des Raums, in dessen Mitte sich eine Treppe erhebt, die zu den Büchern auf der Zwischengalerie hinaufführt, unter denen sich auch die vermutlich umfassendste Sammlung von Nachschlagewerken zu Handschriften befindet, die es auf der Welt gibt (worauf in Kapitel Zwölf kurz eingegangen wird). Das ganze Ambiente wirkt professionell und vergeistigt, man hört nichts außer dem eifrigen Kritzeln von Bleistiften. An der Staatsbibliothek in München ist absolut nichts Provinzielles oder Verschlafenes.

Die aus dem 13. Jahrhundert stammende Handschrift der *Carmina Burana*, die Orff zu seiner szenischen Kantate inspirierte, liegt seit 1806 in der Staatsbibliothek. Der lateinische Name leitet sich von dem ungefähr 60 Kilometer südlich von München gelegenen, im 8. Jahrhundert gegründeten Kloster Benediktbeuern ab. Er bedeutet so viel wie »Beurer Lieder«. Nach der Auflösung des Klosters infolge der napoleonischen Kriegserfolge und der anschließenden Säkularisation im Jahr 1803 wurde die Handschrift unkatalogisiert unter den Werken der dortigen Bibliothek gefunden. Sie enthält ungefähr 350 Gedichte und Lieder, von denen viele sonst nirgendwo überliefert sind. Vierundzwanzig dieser Texte wurden ganz oder teilweise von Orff mit moderner Musik unterlegt. Die meisten sind auf (Mittel-)Latein, doch gibt es auch einige in anderen europäischen Sprachen, und viele sind wichtige Zeugnisse für das Mittelhochdeutsche. Sie gehören zu den ältesten erhaltenen Liedern in der Volkssprache. Der Codex stellt die schönste und umfangreichste Sammlung mittelalterlicher Gedichte und Lieder dar, die sich erhalten hat, und zählt zu den nationalen Schätzen Deutschlands.

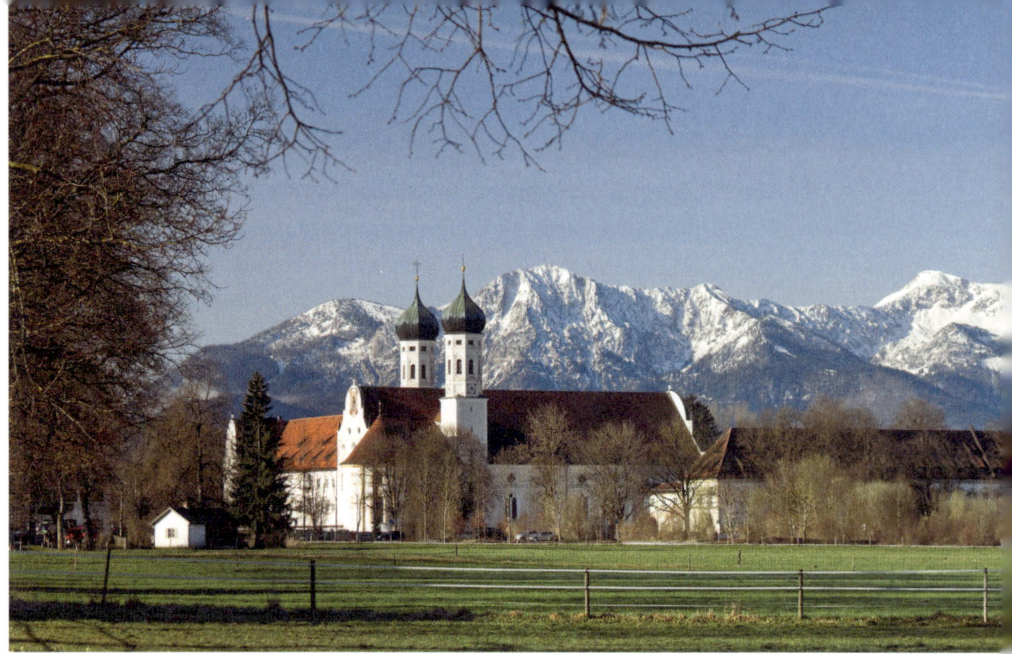

Das oberbayerische Kloster Benediktbeuern, das 1803 im Zug der Säkularisation aufgelöst wurde und in dessen Bibliothek die *Carmina Burana*-Handschrift entdeckt wurde.

Die Genehmigung, die Handschrift im Original sehen zu können, verdankte ich Wolfgang-Valentin Ikas, dem stellvertretenden Leiter der Abteilung für Handschriften und alte Drucke. Ich hatte das Glück, ihm bei einer Konferenz in Tennessee zu begegnen. Als ich ihm meinen Wunsch umständlich unterbreitete, hatte er offenkundig zunächst Angst, ich würde ihn bitten, das Evangeliar Ottos III. sehen zu dürfen, eines der wertvollsten Bücher überhaupt, das leider höchst fragil ist. Die Erleichterung stand ihm ins Gesicht geschrieben, dass ich stattdessen von den *Carmina Burana* sprach. Doch sind auch sie zu wertvoll, als dass sie allgemein zugänglich wären. Sogar Dr. Ikas selbst hatte das Original nie zu Gesicht bekommen. Er musste sich zunächst bei den Konservatoren vom Institut für Buch- und Handschriftenrestaurierung erkundigen, ob der Codex in einem Zustand war, der es erlaubte, dass er überhaupt von einem lediglich interessierten Leser in die Hand genommen wurde. Nach einigen Tagen bangen Wartens erhielt ich grünes Licht.

Natürlich verlief mein Besuch ganz anders als meine erste Stippvisite mit Rucksack damals in meinen Studententagen. Ich brauchte mir keinen Leseausweis ausstellen zu lassen, und man ließ mich sofort in den Lesesaal ein. Ich erkannte einige Leute von früheren Begegnungen wieder, darunter Berthold Kress vom Warburg Institute, der einen Artikel auf Russisch über Abbildungen des Propheten Daniel fotokopierte und überhaupt nicht überrascht wirkte, mich zu sehen, sowie Günther Glück, der nach München gekommen war, um schöne Bücher zu studieren, von denen er selbst eine erlesene Sammlung zusammengetragen hat. Nach dem Austausch der üblichen Höflichkeiten begab ich mich zur Buchausgabe.

Weil die *Carmina Burana* als Tresorhandschrift eingestuft sind, somit die höchste Bedeutungsstufe besitzen, war ich verpflichtet, Handschuhe zu tragen, die man den Lesern verkauft und die sie später behalten können (der Fairness halber muss man sagen, dass ich meine umsonst bekam). Sie sind weiß, haben einen gerippten Rücken und an der Öffnung einen roten Saum: très chic, auch wenn die roten Streifen um die Handgelenke es ein wenig so aussehen lassen, als wären einem die Hände abgehackt worden. Ich wurde zu einem mit einem Seil vom Rest des Raums abgesperrten besonderen Tisch links vom Pult der Aufsichtsperson geführt. Man brachte mir keilförmige Schaumstoffblöcke, die mit grünem Wollstoff überzogen waren. Die Handschrift und die zugehörigen losen Blätter werden in stabilen, mit Rupfen bespannten Schachteln aufbewahrt.

Der Einband des Codex misst zirka 25 mal 18 Zentimeter, und seine Dicke beträgt etwa 5 Zentimeter. Die dünnen Holzbretter stammen aus dem 18. Jahrhundert, sie sind in typisch deutscher Manier an den Innenkanten angeschrägt und mit braunem Leder bezogen, das im Blindprägeverfahren ornamentiert ist. Vom Stil her ist der Einband identisch mit dem anderer Handschriften, die sich einst in Benediktbeuern befanden, und er stellt so den einzigen noch existierenden Beleg dafür dar, dass der Band einmal der dortigen Bibliothek gehörte. Die Buchschließe ist aus dem späten Mittelalter und wurde wohl von einem früheren Einband abgelöst und wiederverwendet. Ein Riemchen ist an der Kante des hinteren Einbanddeckels befestigt (wiederum typisch deutsch: Bei einem englischen oder französischen Einband wäre es an dem vorderen Deckel angebracht). Dieser kleine Riemen, der irgendwann einmal geflickt wurde, besteht aus weiß gegerbtem Leder; demzufolge könnte der mittelalterliche Einband auch diese Farbe gehabt haben. Der Haken am Ende des Riemens greift in eine Öffnung in der kleinen Metallplatte auf dem Vorderdeckel. Beide Teile sind aus Messing. In gotischer Schrift wurden die Wörter »Ave« und »ma[r]ia« in die Schließe eingraviert (das »r« ist von dem Nagel verborgen, mit dem sie am Deckel befestigt wurde). Um sie ist heute aus konservatorischen Gründen wie eine Art von Verband eine Schutzhülle gewickelt, die verhindern soll, dass sie irgendetwas verkratzt. Fromme Formeln wie »Ave Maria« finden sich recht häufig auf mittelalterlichen deutschen Einbänden von Codices und sagen nicht unbedingt etwas über die Provenienz eines Werks aus, doch passt sie in diesem Fall absolut zu einer Handschrift, die vermutlich einmal für eine religiöse Gemeinschaft gebunden wurde.

Um die Schließe öffnen und den Band aufschlagen zu können, muss man leicht auf den vorderen Einbanddeckel drücken. Als Erstes sieht man ein Vorsatzblatt aus Papier mit verschiedenen Vermerken. Mit Bleistift steht dort »B Buran 160« – ein Eintrag aus dem 19. Jahrhundert, der wieder durchgestrichen wurde –, dann findet sich auf dem Blatt eine mit roter Tinte vorgenommene näherungsweise Datierung, nämlich »s.XII–XIII« (ebenfalls durchgestrichen) sowie – mit purpurrotem Kreidestift geschrieben und sehr groß – die aktuelle Signatur »Clm 4660«. Diese steht auch auf einem auf dem Rücken des Codex angebrachten Papieretikett. »Clm« steht für *Codex latinus monacensis,* es ist also genau genommen tautologisch, wenn man, wie hin und wieder geschieht, schreibt: »Munich MS Clm …«; denn diese Angaben sind alle schon im Kürzel enthalten. Die *monacenses* wurden in der Reihenfolge ihres Erwerbs nummeriert. Die aus Benediktbeuern tragen die Signaturen Clm 4501 bis 4663. Clm 4660 war also unter ihnen Nummer 160, was die mit Bleistift eingetragene Ziffer erklärt.

Auf der ersten Seite der Handschrift prangt die berühmte Darstellung des »Rads der Fortuna«. Oben auf dem Rad oder genauer über ihm sieht man einen auf seinem Thron sitzenden König, der rechts im jähen Sturz dargestellt ist, bei dem ihm die Krone vom Haupt fällt, und den man am Ende – im Wortsinn »unters Rad gekommen« – zerschmettert am Boden liegen sieht. Es liegt einige Ironie in der nicht auszulöschenden, mit schwarzer Tinte eingestempelten Inschrift, die sich rechts direkt über dem Bild des stürzenden Königs befindet. Sie lautet nämlich »BIBLIOTHECA REGIA MONACENSIS«: »KÖNIGLICHE BIBLIOTHEK ZU MÜN-

RECHTS: Wie die Handschrift heute gebunden ist, eröffnet sie diese Seite, auf der das Rad der Fortuna abgebildet ist. Der im unteren Teil mit »O fortuna, velud luna …« beginnende Text wurde nachgetragen.

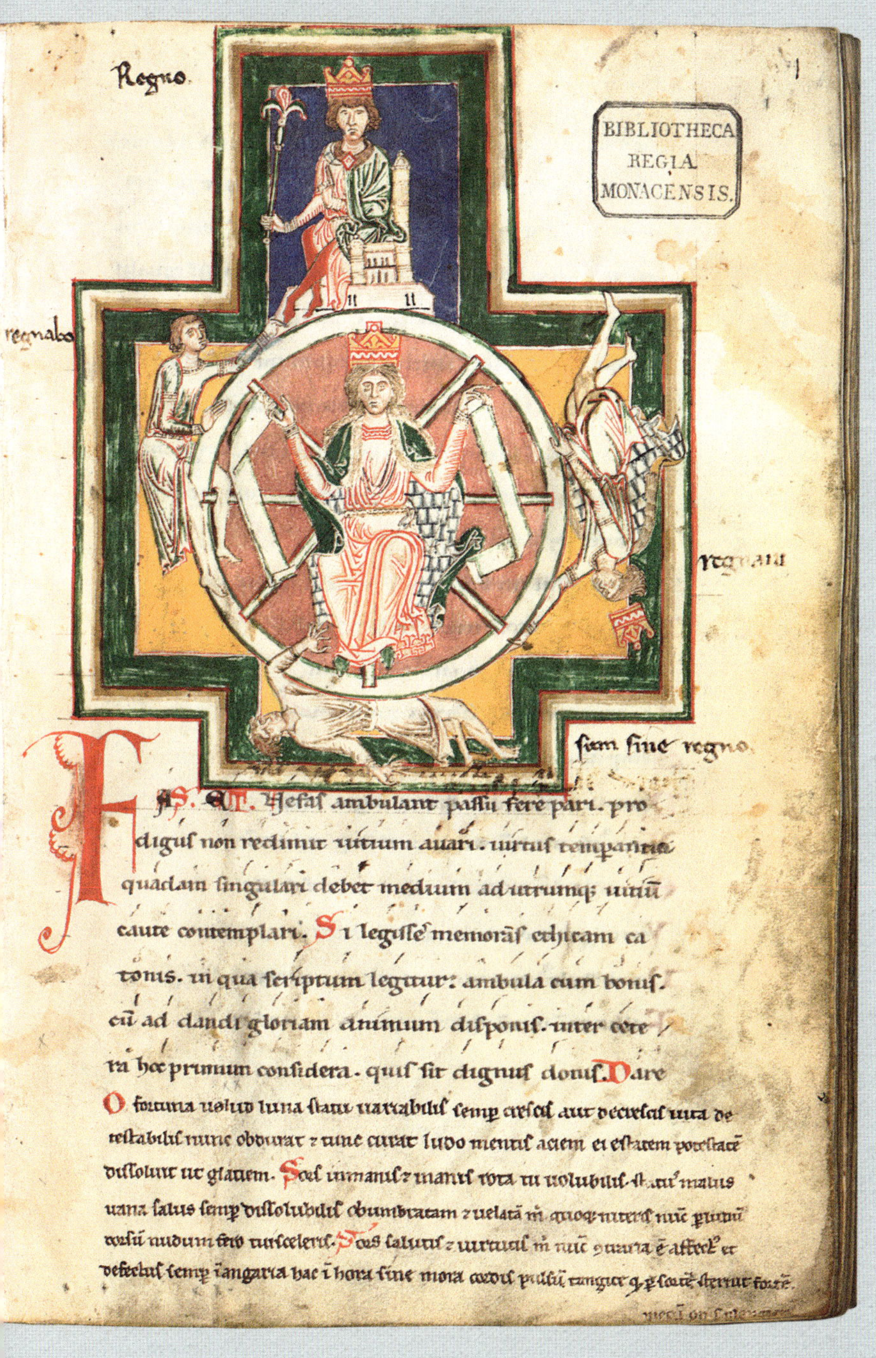

FAS. ET. NEFAS ambulant passu fere pari. pro
digus non redimit vitium avari. virtus temperantie
quadam singulari debet medium ad utrumque vitium
caute contemplari. Si legisse memoras ethicam Ca
tonis. in qua scriptum legitur: ambula cum bonis.
cum ad dandi gloriam animum disponis. inter cete
ra hoc primum considera. quis sit dignus donis. Dare

O fortuna velut luna statu variabilis semper crescis aut decrescis vita de
testabilis nunc obdurat et tunc curat ludo mentis aciem et egestatem potestatem
dissolvit ut glaciem. Sors immanis et inanis rota tu volubilis status malus
vana salus semper dissolubilis obumbratam et velatam michi quoque niteris nunc per ludum
dorsum nudum fero tui sceleris. Sors salutis et virtutis michi nunc contraria est affectus et
defectus semper in angaria hac in hora sine mora cordis pulsum tangite quod per sortem sternit fortem.

CHEN«. Das Königreich Bayern verschwand, als das Rad der Fortuna sich wieder einmal drehte: Die Monarchie wurde in Bayern 1918, nach dem Ende des Ersten Weltkriegs, abgeschafft. Am Fuß der Seite finden sich in winziger Schrift in den dort noch vorhandenen freien Raum gequetscht sechs Zeilen. Obwohl diese Worte ursprünglich gar nicht zu der Handschrift gehörten, sind sie, von Orffs Stakkato-Trommelschlägen und schmetternden Beckenklängen unterlegt, ikonenhaft geworden und haben den Charakter eines Mottos angenommen: »O fortuna, velud luna statu variabilis, semp[er] crescis aut decrescis, vita detestabilis ....« (»O Fortuna! / Wie der Mond / So veränderlich, / Wächst du immer / Oder schwindest – / Schmählich Leben! ...«).

Es handelt sich bei diesen Zeilen nicht um den wirklichen Anfang der *Carmina Burana*. Die Zusammensetzung der Handschrift lässt sich recht einfach ermitteln (selbst mit Handschuhen), denn das Pergament ist im Allgemeinen ziemlich dick und die Fäden sind deutlich sichtbar.* Doch befindet sich der Codex keineswegs in seinem Originalzustand. Die beiden Blätter, die heute den Anfang bilden, sind an anderen Stellen herausgeschnitten und nach vorne gelegt worden. Vermutlich geschah das, als die Handschrift im 18. Jahrhundert neu gebunden wurde, weil man einen ins Auge fallenden dekorativen Auftakt haben wollte. Solche kosmetischen Eingriffe findet man nicht selten bei Handschriften im Besitz von Bibliophilen, die es nicht ertragen, wenn die erste Seite offenkundig unvollkommen ist. Doch blieb es im Fall der *Carmina Burana* nicht bei dieser Umordnung. Die ganze Abfolge der Blätter ist durcheinander, und es fehlen auch welche.** Einige der fehlenden Blätter, darunter sechs einer

---

* Wie die Handschrift jetzt gebunden ist, besitzt sie folgende Lagenstruktur: i^{2}, ii–vi^{8}, vii^{6} [von 8, es fehlen vii –viii (2 Blätter nach folio 48)], viii^{1} [ursprüngliche Zahl der Blätter unbekannt, nur eins (folio 49) ist erhalten], ix^{7} [von 8, es fehlt vii (ein Blatt nach folio 55)], x–xi^{8}, xii^{8+2} [ein Doppelblatt (folios 78–79) nach v eingefügt], xiii–xiv^{8}, danach fehlt eine ganze Lage, xv^{8}, xvi^{6}. Bei den beiden Blättern, die nach folio 48 fehlen, handelt es sich um die an den Anfang gestellten, die jetzt Lage »i« bilden.

** Die ursprüngliche Reihenfolge der Lagen dürfte folgende gewesen sein: vii+i, ii–vi, viii, xii, ix–xi, xiii–xvi; es fehlt mindestens eine Lage, die sich am Anfang befand, sowie eine Lage zwischen folios 98 und 99. Unter Bezugnahme auf die Blattnummern kann man die ursprüngliche Reihenfolge angeben mit: [fehlende Blätter], 43–48, 1–42, 49, 73–82, 50–72, 83–98, [eine fehlende Lage], 99–112.

verloren gegangenen Lage gegen Ende der Handschrift, wurden von dem Göttinger Professor Wilhelm Meyer (1845–1917) unter den vielen verschiedenartigen losen Blättern entdeckt, die damals noch unsortiert in der Bibliothek lagen. Diese sogenannten *Fragmenta Burana* tragen heute die Signatur Clm 4660a; sie sind dadurch dem Hauptkorpus der Handschrift zugeordnet, liegen aber zusammen mit Notizen Meyers aus dem Jahr 1870 noch in Papiermappen des 19. Jahrhunderts. Das ganze Konvolut wird in einem mit schwarzem Band verschnürten Ordner in einer separaten Schachtel aufbewahrt. Von Zeit zu Zeit müssen Bibliothekare und Konservatoren sich gefragt haben, ob man nicht die Bindung aus dem 18. Jahrhundert auflösen sollte, um die ursprüngliche Reihenfolge der Blätter wiederherzustellen und auch die später entdeckten losen Blätter wieder an der jeweils richtigen Stelle einzuordnen. Es ist nämlich nicht einfach, sich ein Bild von der Originalhandschrift und ihrem Inhalt zu machen, solange es bei der jetzigen Reihenfolge bleibt.

Bisweilen kann schon der erste Eindruck, den eine Handschrift auf einen macht, überraschend informativ sein. Kein Codex sieht wie der andere aus. Im Lesesaal der Staatsbibliothek saßen Leute, die sich mit liturgischen Werken aus ottonischer Zeit, italienischen Gesetzestexten und französischen Stundenbüchern beschäftigten. Welcher Kategorie diese Handschriften angehörten, konnte man allein an ihrem Format, ihrem Umfang, dem Aussehen der Schrift (ohne ein Wort gelesen zu haben), der Größe der ornamentalen Elemente und ihrer Farbgebung erkennen. M. R. James (1862–1936), der zu seiner Zeit vermutlich mehr mittelalterliche Manuskripte in der Hand hatte als irgendjemand sonst (und als erster den Morgan-Beatus katalogisierte), vermittelt in einer Gespenstergeschichte mit dem Titel *Canon Alberic's Scrap-Book* eine Ahnung davon, wie dieser instinktive Bestimmungsprozess ablief: »Schon bevor das Einwickelpapier entfernt war, begannen Größe und Gestalt des Bandes Dennistouns Interesse zu erwecken. ›Zu groß für ein Messbuch‹, dachte er, ›und nicht die Gestalt eines Antiphonars …‹«.

Hätte ich aus einiger Entfernung jemanden gesehen, der sich über die *Carmina Burana* beugte, hätte ich vermutlich gedacht, dass er ein Brevier studierte. Wenn man nicht genau hinschaut, sieht die Handschrift wirklich wie eines aus. Ein Brevier war (und ist es noch für Mönche) eine Sammlung der Psalmen und Ausschnitte aus der Bibel, die im Laufe des Kirchenjahres bei den täglichen Andachten von der Matutin bis zur

Komplet aufgesagt und verlesen wurden. Eine solche Zusammenstellung wurde von Klerikern und Mitgliedern religiöser Orden benutzt. Ein Brevier ließ sich von Gewicht und Größe her bequem mitführen und wurde aus diesem Grund manchmal auch »Portiforium« genannt. Es war kompakt und manchmal gar klobig, sein Inhalt übersichtlich gegliedert, und oft wurde (anders als im Messbuch) eine informelle Schrift für die Texte verwendet. Die frühesten deutschen Breviere entstanden um 1200, also genau zu der Zeit, als auch die *Carmina Burana* niedergeschrieben wurden. Die Ähnlichkeit beschränkt sich aber nicht auf Gestalt und Größe; sie beruht auch auf der ästhetischen Gestaltung einer Seite: Nahezu jede Zeile beginnt wie die Zeilen von Psalmen mit einer roten Initiale. Außerdem sind hier und da, wie oft in Brevieren, über Textzeilen die dazugehörenden Melodien mithilfe von Neumen notiert. Einige Lieder beginnen tatsächlich genau wie Psalmen mit formelhaften Wendungen wie »Bonum est« oder »Lauda«. Es wird immer wieder darauf hingewiesen, dass die Liebeslieder der Sammlung entsprechend der Abfolge der Jahreszeiten, von Frühling bis Herbst, angeordnet sind, und Ähnliches gilt für das Sommerbrevier, das mit Texten zum Osterfest beginnt und mit solchen für den letzten Sonntag vor Advent endet. Mir ist nicht bekannt, ob irgendein moderner Mediävist auf dem Gebiet der Literatur oder der weltlichen Musik schon auf diese Parallele aufmerksam geworden ist, doch wird sie im frühen 13. Jahrhundert mit Sicherheit niemandem entgangen sein. Wenige Generationen später nannte der Franziskanermönch und Troubadour Matfre Ermengaud seine Sammlung weltlicher Gedichte *Breviari d' amor*, Liebesbrevier, womit er die Verbindung schon im Titel herstellte.

Wenn man die Blätter der Handschrift in seiner Vorstellung wieder in ihre ursprüngliche Reihenfolge bringt, erkennt man, dass es vier aufeinanderfolgende Textgruppen gibt. Für gewöhnlich werden sie klassifiziert als: (1) Gedichte moralisierenden und satirischen Inhalts; (2) Liebeslieder (die auf folio 18v unter der Überschrift *»Incipiunt iubili«*, »die Lieder fangen an« beginnen); (3) Lieder über das Zechen und das Glücks-

RECHTS: Ein großer Teil der Handschrift ähnelt auf den ersten Blick einem Brevier. Zu diesem Eindruck tragen unter anderem die roten Initialen und die kurzen Neumensequenzen bei.

comprehensam ieã solo clarior non est sub polo uilibus in
uita. Satis illi fuit graue. michi gratum & suaue quod fe
cisti inquid praue. ue ue tamen caue ne reueles ulli ca
ue! ut sim domi tuta. Si senserit meus pater uel marti
nus maior frater erit michi dies acer. uel si sciret mea
mater cum sit angue peior quater uirgis sum tributa.

VERIS. Dulcis in tempore. Item vn sup. 181
florenti stat sub arbore Juliana cum sorore. dul
cis amor. Refl. Qui te caret hoc tempore fit ui
lior. Ecce florescunt arbores lasciue canunt uolucres in
de tepescunt uirgines. dulcis amor. Ecce florescunt lilia
& uirgines dant agmina summa deorum carmina dulcis amor
Si tenerem quam cupio in nemore sub folio oscularer cum
gaudio dulcis amor. Item a t.

VOX. Estas in choatur ameno tempore phe
busque dominatur depulso frigore. Vnius in amore
puelle uulnerer multimodo dolore per quem & atte
ror. Vt mei misereatur & me recipiat & declinetur ad me
& ita desinat.

robat

FLOREBAT. Olim studium. nunc uertitur
in tedium. iam scire diu uiguit. sed ludere preualu
it. Iam pueris astucia contingit ante tempora. qui
per maliuolentiam excludunt sapientiam. Set retro
actis seculis uix licuit discipulis tandem nonagenarium
quiescere post studium. At nunc decennes pueri de
cusso iugo liberi. se nunc magistros iactitant. ceci cecos
precipitant. Inplumes aues uolitant. brunelli cordas in
citant. boues in aula saltant. stiue precones militant.
In taberna gregorius iam disputat inglorius. seueritas
Jeronimi partem causatur obuli. Augustinus de sege
te. benedictus de uegete. sunt colloquentes clanculo.
et ad macellum sedulo. Mariam grauat sessio. nec
marthe placet actio. iam lye uenter sterilis. rachel lippe
scit oculis. Catonis iam rigiditas conuertitur ad gane
as. et castitas lucretie turpi seruit lasciuie. Que pri
or etas respuit. iam nunc clarius claruit. iam calidum
in frigidum. et humidum in aridum. Virtus migrat
in uicium. opus transit in ocium. nunc cuncte res de
bita exorbitant a semita. Vir prudens hoc consideret.
cor mundet et exoneret. ne frustra dicat domine in ulti

spiel; und (4) Religiöse Dramen. Sehen wir uns eine Gruppe nach der anderen an.

Viele der satirischen Gedichte behandeln das keineswegs nur heute oder in einem bestimmten Zeitalter akute Thema vom allgemeinen sittlichen Verfall (etwa »Ecce torpet probitas«, »Siehe die Redlichkeit am Boden«) oder beklagen, dass die Welt nicht mehr von Anstand regiert wird, sondern vom Geld, welches der größte Herrscher auf Erden geworden sei (»In terra summus rex est hoc tempore Nummus«). Es gibt Verse über die Härte des Schicksals und Unbeständigkeit des Glücks wie »Fortune plango vulnera« (»Die Wunden, die Fortuna schlug, / Beklage ich [mit nassen Augen]«) oder das berühmte, bereits erwähnte »O fortuna, velud luna«, beides Texte, die nachträglich an freien Stellen eingefügt wurden. Einige handeln auch vom Niedergang der Gelehrsamkeit, wie dieses auf folio 44v:

> Florebat olim studium
> nunc vertitur in tedium,
> iam scire diu viguit,
> s[ed] ludere p[re]valuit.
> iam pueris astutia
> contingit ante temp[or]a,
> qui p[er] malivolentiam
> excludunt sapientiam …

(»Einst blühte der Lerneifer, jetzt ist er in Überdruss verwandelt; lange Zeit stand Wissen in Ansehen, nun gilt Spielen mehr. Jetzt wird einem Knaben vor der Zeit Schlauheit zuteil und Klugheit durch Missgunst vertrieben …«)

Auf folio 11r beginnt eine faszinierende Parodie auf eine Lesung aus dem *Ewangelium* (so die Schreibweise in der mit roter Tinte ausgeführten Überschrift). Auf den ersten Blick soll man glauben, dass es sich um einen Auszug aus dem Markus-Evangelium handelt, wie man ihn in einem

LINKS: Das Lied »Florebat olim studium« behandelt das ewig aktuelle Thema vom Niedergang der Bildung in der eigenen Zeit im Vergleich zur geschätzten Gelehrsamkeit der Vergangenheit.

Brevier oder Messbuch findet. Dann begreift man aber, dass der Text nicht »Markus« folgt (»secundum Marcum«), sondern sich auf das Zahlungsmittel der »Silbermark« bezieht: *»Initium s[an]c[t]i ev[an]g[e]lii s[e]c[un]d[u]m marcas argenti. In illo t[em]p[or]e dixit papa …«*. Es schließt sich eine skurrile Prosaerzählung über den Papst und seine Kardinäle an, die sich weigern, jemanden vorzulassen, wenn er nicht für diese Gunst bezahlt. Der Text setzt sich nahezu vollständig aus authentischen Zitaten zusammen, wie sie sich wirklich in der lateinischen Bibel finden, die aber völlig aus ihrem ursprünglichen Kontext herausgelöst und neu zusammengestellt sind. Es ist eine Klitterung von Auszügen aus den Apostolischen Briefen, den Evangelien, dem Buch Hiob, den Psalmen, den Büchern Hiob, Zephanja, Jeremia, dem 5. Buch Mose, der Apostelgeschichte und so weiter. Mich erinnert der Text an eine Scherzpredigt, die mir einmal spät in der Nacht ein Priesteramtskandidat vom Knox College beibrachte und die so begann: »Siehe, da kamen zwei weise Männer, die hießen Adam und Eva, und sie zogen aus auf ein Feld, um zu säen, und ihre Samen fielen auf ein fruchtbares Weib, und die Zahl ihres Stammes war Legion …«. (Mit ein paar Bier intus fiele mir das Meiste davon wohl wieder ein.) Die komische Wirkung hängt beide Male davon ab, dass man seine Bibel genau kennt. Wenn in der Satire auch eine vehement kritische Einstellung gegenüber der päpstlichen Kurie zum Ausdruck kommt – verständlich ist sie nur in religiösem Kontext.

Liebeslieder bilden den längsten und berühmtesten Abschnitt der *Carmina Burana*. Es gibt ungefähr 188 von ihnen; die genaue Zahl hängt davon ab, wie man unterteilt. Sie sind fast alle so niedergeschrieben, als handelte es sich um fortlaufende Prosa (anders als die in der Leidener *Aratea* oder im Hengwrt-Chaucer, bei denen es immer einen Zeilensprung gibt), und man merkt eigentlich erst dann, dass die Zeilen sich reimen, wenn man sie laut liest. Einige Gedichte sind historischen Liebesbeziehungen gewidmet, wie der von Aeneas und Dido, in den meisten aber ist von angeblich persönlichen Erfahrungen, romantischen Abenteuern oder unerfüllter Leidenschaft die Rede. Viele beginnen mit der

RECHTS: Bei dem parodistischen Text *»Ewangelium«* handelt es sich um eine Klitterung aus authentischen Bibelpassagen, die satirisch die am päpstlichen Hof herrschende Korruption aufs Korn nimmt.

languet mundus ope. Set cum sis plena uis cedat his
uitia premantur orbe leto tristi spreto iure freto pellan
tur. Aruit spes estuans diuturnitate. secula iam pere
unt cum imbecillitate. ordo principatus mentis discrepata
uoluitur in serie. mundo non piata. falso quoque uerita
tis conuincitur augurio. nec altius est in israhel fidem
dans centurio. Euangelium

Initium sancti euangelii secundum marcas argenti. In illo
tempore dixit papa romanis. Cum uenerit filius hominis
ad sedem maiestatis nostre primum dicite. Amice ad
quid uenisti. At ille si perseuerauerit pulsans nil dans
uobis. eicite eum in tenebras exteriores. Factum est autem
ut quidam pauper clericus ueniret ad curiam domini pape.
et exclamauit dicens. Miseremini mei saltem uos hos
tiarii pape. quia manus paupertatis tetigit me. Ego uero
egenus et pauper sum. ideo peto ut subueniatis calami
tati et miserie mee. Illi autem audientes indignati sunt
ualde. et dixerunt. Amice paupertas tua tecum sit in
perditione. Vade retro sathanas. quia non sapis ea que
sapiunt nummi. Amen amen dico tibi. non intrabis in gau
dium domini tui. donec dederis nouissimum quadran
tem. Pauper uero abiit et uendidit pallium et tunicam.
et uniuersa que habuit. et dedit cardinalibus et hostia

LUCIS. Orto sydere exit virgo propere. Item.
facie vernali, oves iussa regere baculo pastorali.
Sol effundens radium dat calorem nimium virgo
speciosa solem vitat noxium sub arbore frondosa. Dum pro-
cedo paululum lingue solvo vinculum: salve regis digna
audi queso servulum esto michi benigna. Cur salutas
virginem que non novit hominem ex quo fuit nata, sci-
at deus neminem inveni per hec prata. Forte lupus ade-
rat quem fames expulerat gutturis avari, ove rapta pro-
perat cupiens saturari. Dum puella cerneret quod sic o-
vem perderet pleno clamat ore: si quis ovem redderet me
gaudeat uxore. Mox ut vocem audio denudato gladio
lupus immolatur, ovis ab exitio redempta reportatur.

VERE dulci mediante. Item alia.
non in maio paulo ante luce solis radiante virgo
vultu elegante fronde stabat sub vernante canens
cum cicuta. Illuc veni fato dante: nimpha non est forme tante
equipollens eius plante, que me visto festinante grege fugit
cum balante metu dissoluta. Clamans tendit ad ovile hanc
sequendo precor sile: preces spernit et monile: nichil timeas
hostile: quod ostendi tenet vile virgo sic locuta. Munus ves-
trum inquit nolo, que pleni estis dolo, sese sic defendit colo.

Schilderung des Frühlings, der Jahreszeit, in der die Gedanken junger Männer sich der Liebe zuwenden. Solche Einleitungen waren in der säkularen Dichtung des Mittelalters üblich. (Die Eröffnung der *Canterbury Tales* »Whan that Aprill …« löste eine komische Wirkung aus, denn anders als ein Leser des 14. Jahrhunderts es sich erwartete, sehnt sich die bunte Schar von Chaucers Helden nicht nach Liebe, sondern danach, eine Pilgerfahrt anzutreten.) In den *Carmina Burana* kommen viele auf sonnigen Wiesen herumtollende Hütemädchen vor und ebenso viele lüsterne Burschen, welche die Gelegenheit beim Schopf packen oder aber vergeblich schmachten. Ein gutes Beispiel dafür beginnt in der Mitte von folio 63v und endet oben auf der Folgeseite:

Vere dulci mediante,
non in maio, paulo ante,
luce solis radiante,
virgo vultu elegante
fronde stabat sub vernante
canens cum cicuta.

Illuc veni fato dante,
nimpha non est forme tante,
equi pollens eius plante,
que me viso festinante
grege fugit cum balante
metu dissoluta. …

(»In der Mitte des süßen Frühlings, nicht im Mai, sondern ein wenig früher [eine allgemein akzeptierte Konjektur; in der Handschrift heißt es »non in malo«, was wenig Sinn ergibt], als die helle Sonne schien, stand eine Maid mit hübschem Gesicht unter grünem Laub und spielte auf einer Schalmei.

Ich kam dorthin, vom Schicksal gelenkt. Keine Nymphe ist von solcher Schönheit oder so viel wert wie ihr nackter Fuß. Als sie mich herbeieilen sah [eine weitere Konjektur, denn hier steht »que me iusto festinante«],

LINKS: Der Anfang des Lieds »Vere dulci mediante«, das die Liebesbegegnung des Sängers mit einem hübschen Hirtenmädchen im lieblichen Frühling zum Inhalt hat.

non equis legibus dampnandus animus, set in negris retibus.
Corde si quis tam devoto ludum imitatur, huius rei testis oto,
cholum cuius regit gloto, quod sepe nudatur. Causa ludi sepe
nudi sunt mei consortes. Dum sic prestem super vestem meam
mittunt sortes. Heu pro ludo sepe nudo dat vestem saccus. Sed
dum penas mortis venas dat nescire bachus. Tunc salutant
peccarium et laudant tabernarium. excluditur denarius pro
fertur sermo varius. o eusal misir becher deuin. tunc eum
osculantur wir enahten tuhus deuin set bacho famulamur.
Tunc rotant cyphi desuper et canna pluit mustum. et qui potare
sit nuper bibat plus quam sit iustum. Tunc postulantur tes
se proculis iactantur. nec de furore borre quicquam premeditatur.

In taberna quando sumus. Item de eodem.
non curamus quid sit humus, sed ad ludum properamus.
cui semper insudamus. quid agatur in taberna ubi num
mus est pincerna. hoc est opus ut queratur. set quid loquar au
diatur. Quidam ludunt quidam bibunt. quidam indiscre
te vivunt. set in ludo qui morantur. ex his quidam denudantur.
quidam ibi vestiuntur. quidam saccis induuntur. ibi nul
lus timet mortem. set pro bacho mittunt sortem. Primo pro num
mata vini. ex hac bibunt libertini. semel bibunt pro captivis.
post hec bibunt ter pro vivis. quater pro christianis cunctis. quinquies

floh sie mit ihrer blökenden Herde [sie war offenbar Schäferin], von Angst ergiffen.« …).

In den sich anschließenden Versen holt er sie ein und bietet ihr eine Halskette zum Geschenk, die sie aber verschmäht. Gleichwohl wirft er sie zu Boden und küsst sie, so es dabei bleibt, und »danach« ist ihre einzige Sorge, dass Vater und Brüder nichts erfahren, vor allem aber die Mutter, denn diese ist, wie die Maid sagt, »schlimmer als eine Schlange« (»angue peior«). Eine Geschichte also aus dem Leben, so wie es sich in Volksliedern und Teeniepostillen malt.

Ein viel raffinierteres Stück »Literatur« ist das große Gedicht, das auf folio 23r beginnt:

Dum Diane vitrea
sero lampas oritur
et a fratris rosea
luce dum succenditur,
dulcis aura Zephiri
spirans omnes etheri
nubes tollit, sic emollit
vi[s] chordarum pectora
et immutat cor quod nutat
ad amoris pignora. …

Hier wird der in der Abenddämmerung am Himmel aufsteigende Mond besungen, den die untergehende Sonne aufleuchten lässt: »Wenn Dianas Kristalllampe sich zu später Stunde erhebt und von dem rosenfarbenen Licht ihres Bruders [Apolls, des Gotts des Lichts] entzündet wird, trägt der sanft wehende Atem des Westwinds alle Wolken vom Äther fort, und so erweicht er auch Seelen mit der Kraft seiner Saiten und stimmt das Herz um, das von den Anstrengungen der Liebe wankt. …« Dieses Gedicht handelt vom sanften Hinübergleiten in den Schlaf, nach den Aufregungen der Liebe. Die Augen des Dichters schließen sich zu den Ge-

LINKS: Das Trinklied »In taberna quando sumus«. Das Blatt ist sehr stark von Feuchtigkeitsflecken verunstaltet. Vielleicht wurde der Codex tatsächlich in einer Schenke benutzt und des Öfteren an dieser Stelle aufgeschlagen.

sängen der Nachtigall und dem umherwehenden Duft von Rosenblättern unter einem Baum.

Die Trinklieder rütteln uns wieder wach mit dem Geräusch von auf Schanktische geknallten Humpen und fröhlichem Schenkelklopfen. Wir finden hier berühmte Lieder wie »In taberna quando sumus / non curamus quid sit humus ...«, »In der Schenke wenn wir sitzen, / fragen wir nicht nach dem Grabe ...«, sondern danach, »wer die Zeche zahlt«, damit man trinken kann: »Einmal auf den Eingelochten, / Dreimal dann auf die, die leben, / Viermal auf die Christenheit, / Fünfmal auf die, die verstarben, / Sechsmal auf die leichten Schwestern, / Siebenmal auf die Heckenreiter, / Achtmal die verirrten Brüder, / Neunmal die versprengten Mönche, / Zehnmal, die die See befahren, / Elfmal, die in Zwietracht liegen, / Zwölfmal, die in Buße leben, / Dreizehnmal, die unterwegs sind«, und noch auf viele andere, bei anschwellender Trunkenheit. Dieser Text findet sich auf folio 87v, einer Seite, die mit Feuchtigkeitsflecken übersät ist – vielleicht wurde die Handschrift tatsächlich in einer Schenke benutzt. Andere Lieder handeln vom Glücksspiel (»Tessera, blandita fueras michi ...«, »Würfel, [einst] wart ihr mir lieb und teuer ...«) und vom Schach (»Qui cupit egregium scachorum noscere ludum ...«, »Wer das berühmte Schachspielen zu erlernen wünscht ...«; im Grunde werden in diesem Lied die Züge der Figuren auf dem Brett erklärt). Eines der längeren Lieder beginnt mit »Cum in orbem universum ...«, jener Aufforderung aus dem Markus-Evangelium (16, 15), allen Geschöpfen das Evangelium zu verkünden (»Geht hinaus in alle Welt ...«), die hier aber in eine Einladung an alle Unzufriedenen Europas verkehrt wird, den Regeln die Stirn zu bieten und sich denen anzuschließen, die ein fröhliches und sorgenfreies Vagantendasein führen, nach Herzenslust essen, trinken und dem Glücksspiel frönen. Aus allen Himmelsrichtungen werden Feierlustige herbeigerufen: aus Italien, Bayern, Sachsen und Österreich.

Die vierte Textgruppe bilden religiöse Spiele. Sie finden natürlich bei einem anderen Publikum Anklang als dem, das sich an den weltlichen Liedern erfreut, denn sie dienen der Erbauung. Solche kleinen Dramen stellen die mittelalterlichen Vorläufer aller modernen Theaterstücke dar.

RECHTS: Der *Ludus de nativitate domini*, das Spiel von der Geburt des Herrn. In Rot die Regieanweisungen, über den Liedzeilen sind Neumen notiert.

Primo ponatur sedes Augustino in fronte ecclesie. et Augustinus
habeat a dextera parte ysaiam et danielem. et alios prophetas. A sinistra
autem archisynagogum et suos iudeos. Postea surgat ysaias cum prophe
tia sua sic. Ecce virgo pariet sine viri semine. per quod mun
dum abluet a peccati crimine. de venturo gaudeat iudea. mu
nine. et nunc ceca fugiat ab erroris limine. Postea. Ecce virgo
concipiet. et cetera. Iterum cantet. Dabit illi dominus sedem David et cetera.
Postea daniel procedat. prophetiam suam exprimens. O iudea
misera. tua cadet unctio. cum rex regum veniet ab excelso solio.
cum recento florido castitatis lilio. virgo regem pariet. felix puer
perio. iudea misera sedens in tenebris. repelle maculam delicti fu
nebris. et leto gaudio partus tam celebris. erroris minime cedas
illecebris. Postea cantet. Aspiciebam in visu noctis. et cetera. Tertio lo
co sybilla gesticulose procedat. que inspiciendo stellam. cum gestu
mobili cantet. Hec stelle novitas fert novum nuntium. quod
virgo nesciens viri commercium. et virgo permanens post puer
perium. salutem populo pariet filium. E celo labetur veste sub
altera. nova progenies matris ad ubera. beata faciens illius viscera.
que nostra meruit purgare scelera. Intrare gremium flos no
vus veniet. cum virgo filium intacta pariet. qui hosti livido
ruinas exercitet. et nova secula rex novus faciet. E celo veniet

Liturgische Spiele sind bereits aus dem 10. Jahrhundert bekannt. Sie basieren inhaltlich auf Ereignissen, derer man mit den höchsten Festen des Kirchenjahres sowie mit den Jahrestagen der Heiligen gedenkt. In den *Carmina Burana* ist das erste Spiel der Weihnachtsgeschichte gewidmet, der Erzählung von der Geburt Christi. Die Tradition des Weihnachtsspiels lebt bis heute fort, zumindest in Kindergärten wird sie nach wie vor gepflegt. In den *Carmina Burana* beginnt der *Ludus de nativitate domini* auf folio 99r, und zwar mit Bühnenanweisungen, die mit roter Tinte geschrieben sind. Das Geschehen wird dadurch sehr anschaulich gemacht, man sieht das Stück quasi aufgeführt vor Augen. Für eine wirkliche Aufführung wäre eine große Besetzung nötig: Vor einer Kirche hat der heilige Augustinus zu sitzen, flankiert von Jesaja, Daniel und anderen Propheten des Alten Testaments. Der Archisynagogus (oder Hohepriester) tritt mit anderen Juden von links auf. Jesaja singt: »Ecce virgo pariet sine viri semine / per quod mundum abluet a peccati crimine …« (»Siehe, eine Jungfrau wird gebären ohne den Samen eines Mannes / wodurch die Welt reingewaschen wird vom Verbrechen der Sünde …«; frei nach Jesaja 7, 14). Daniel stimmt eine Warnung an: »O iudea misera, tua cadet unctio …«; die Juden würden bald der Finsternis anheimfallen. Die Erythraeische Sibylle weist auf einen Stern und deutet ihn als Zeichen, dass der Erlöser der Welt von einer Jungfrau geboren werden wird. Aaron tritt auf und legt seinen ergrünenden Stab auf den Altar; von den Stäben der Angehörigen der zwölf Stämme Israels ist der Aarons vom Stamm Levi der einzige, der Blüten treibt (vgl. 4 Mose 17, 8). Auch Aaron singt. Bileam kommt auf einem Esel – ein »Aufritt«, der den Zuschauern sehr gefallen haben muss – und berichtet, dass ein »Stern aus Jakob aufgehen« werde (siehe 4 Mose 24, 17). Der Archisynagogus stampft mit dem Fuß auf und weist die Unmöglichkeit eines solchen Geschehens nach: Ein Mensch könne genauso wenig aus einer Jungfrau geboren werden wie ein Kamel von einem Ochsen. Die Disputanten wenden sich an Augustinus, der befindet, die Prophezeiungen könnten nicht falsch sein. Der Archisynagogus murrt und schüttelt den Kopf, weil er nach wie vor nicht überzeugt ist. Da tritt der Erzengel Gabriel zusammen mit Maria auf und kündet die bevorstehende Geburt an. Am Himmel erscheint ein Stern, und der Chor singt: »Hodie xpistus natus est« (»Christ ist heut geboren« – der Wechselgesang, der bei der Christmette angestimmt wird). Die Drei Könige treffen ein und diskutieren mit König Herodes darüber, welche Bedeutung der Stern haben könnte. Herodes wird von dem Archisynagogus auf boshafte Weise darüber aufgeklärt – eine weitere komische Szene. Die Hirten streiten mit dem Teufel darüber, ob das alles wahr sein kann. Sie versammeln sich alle im Stall zu Bethlehem um das Kind. Herodes befiehlt die Ermordung der unschuldigen Kinder. Er wird schließlich bei lebendigem Leib von Würmern zernagt und stürzt von seinem Thron, woraufhin Teufel unter Jubelrufen des Publikums seinen Leichnam davonschleifen. Josef bringt Maria und das Kind nach Ägypten in Sicherheit. Stellenweise unterscheidet sich das Stück nicht von einer modernen Weihnachtspantomime.

Andere Stücke in den *Carmina Burana* führen den Zuschauern den König von Ägypten während des Aufenthalts der Heiligen Familie in seinem Reich oder den römischen Statthalter Pontius Pilatus vor Augen. Was in dem Orff'schen Werk zum frechen Lied eines leichten Mädchens wird, das einen Händler um Rouge bittet, um sich die Wangen anmalen zu können (»Chramer, gip die varwe mier …«), war ursprünglich Teil des Spiels um Pilatus und sollte der Anweisung in der Handschrift zufolge von Maria Magdalena gesungen werden. Der mittelhochdeutsche Text findet sich auf folio 107v.

Die weißen Handschuhe, die man mich im Lesesaal tragen ließ – Sie werden mich für besessen von diesem Thema halten –, waren inzwischen ziemlich schmutzig geworden: Anscheinend haftete jetzt viel von dem Staub an ihnen, der sich im Lauf von achthundert Jahren auf den Seiten der Handschrift angesammelt hatte, obwohl ich immer sorgfältig darauf geachtet hatte, diese nur an den Blatträndern zu berühren. Es war nicht so, dass ich die Handschrift beschmutzte, die Übertragung fand in ungekehrter Richtung statt. Und solche nicht mehr reinen Handschuhe können sicherlich zu einer Gefahr werden, wenn man damit saubere Seiten berührt. Es ist noch von einem traurigen Nachspiel zu berichten: Ich nahm die von den *Carmina Burana* beschmutzten Handschuhe als wertvolles Andenken mit nach Hause, bis meine Frau sie fand und noch unter Schock der Schmutzwäsche zuführte.

Die Handschrift weist acht Abbildungen auf, die zeichnerisch gelungen, aber ziemlich schlampig koloriert sind. Wir wollen sie uns in der Reihenfolge anschauen, in der sie vorkommen, die aber nicht ganz der ursprünglichen entspricht. Auf der jetzigen ersten Seite ist, wie schon gesagt, das berühmte Rad der Fortuna zu sehen, von dem es heißt, dass es sich erbarmunglos dreht. Links ist ein junger Mann abgebildet, der sich an der Lauffläche des Rads festklammert und nach oben gezogen wird; neben ihm steht das Wort »regnabo« (»Ich werde herrschen«). Ganz oben, über dem Rad, sieht man diesen Mann auf einem Thron sitzen, die dazugehörige Inschrift lautet: »Regno«, also »ich herrsche«. Auf der rechten Seite ist er im Sturz nach unten dargestellt. Die Krone fällt ihm vom Kopf, und die Inschrift lautet entsprechend: »regnavi«, »ich habe geherrscht«. Und dann sieht man ihn zerschmettert unter dem Rad liegen. Dazu gehört die Inschrift: »sum sine regno«, »ich bin des Königtums ledig«. Das Rad mit seinen acht Speichen bildet einen perfekten Kreis, dessen Durchmesser zirka 7,5 Zentimeter beträgt. Man kann aber in seiner Mitte kein Einstichloch von der Spitze eines Zirkels entdecken, wie das bei den Kreisen, die in der Leidener *Aratea* vorkommen, der Fall ist. Vielleicht hat der Künstler irgendeine Scheibe auf das Blatt gelegt und deren Umrisse nachgezogen. Natürlich kann er dafür auch ein Glas oder ein anderes Gefäß benutzt haben. Interessant ist vor allem die Figur, die die Mitte des Rads ausfüllt. Man hat sie immer als Verkörperung der Fortuna gedeutet, doch sind zwei Dinge merkwürdig: Zum einen dreht diese Gestalt nicht wirklich das Rad von einer Position außerhalb, sondern thront mitten in ihm, das heißt, sie ist vermutlich ebenfalls dem Auf und Ab des Schicksals unterworfen. Und noch merkwürdiger: Sie hat die Gesichtszüge eines Mannes, auf ihrer Oberlippe sprießen Haare, und auch Wangen und Kinn sind von Bartwuchs beschattet. Fortuna, wie sie durch die *Consolatio philosophiae* des Boethius (ca. 480–ca. 525) bekannt wurde, ist stets weiblich. Als ich dieses Bild intensiv betrachtete, erkannte ich plötzlich, dass es sich um das Porträt des Königs, der auch von den vier

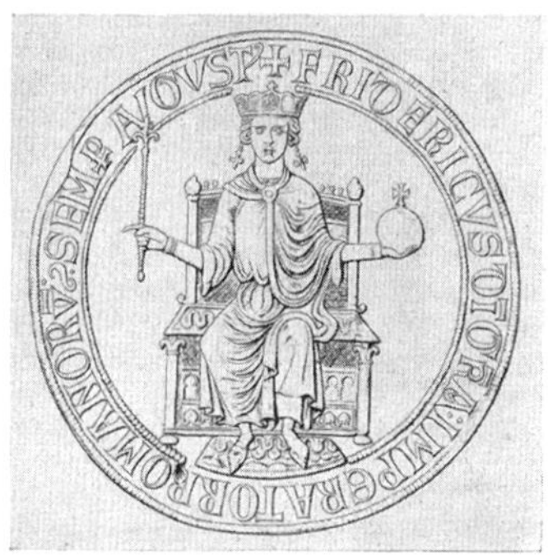

Das Großsiegel von Friedrich II., Kaiser des Heiligen Römischen Reichs von 1220 bis 1250. Die Darstellung lieferte vermutlich die Vorlage für die Abbildung der Figur im Rad in den *Carmina Burana*.

kleinen, das Rad umgebenden Darstellungen repräsentiert wird, auf dem Höhepunkt seiner Macht handelt. Die Krone auf seinem Kopf sieht genau wie die aus, die der Mann auf der Darstellung ganz oben trägt, und er ist in denselben grün-weißen Umhang gefüllt, den die Gestalt trägt, die man rechts nach unten stürzen sieht. Dieses Bild, die am häufigsten reproduzierte mittelalterliche Fortuna-Darstellung, zeigt überhaupt nicht Fortuna. Wir haben uns alle durch das am unteren Rand stehende Gedicht »O fortuna« irreführen lassen, bei dem es sich aber, wie schon erwähnt, um eine spätere Hinzufügung handelt.

Davon abgesehen lässt sich meiner Ansicht nach die Vorlage für das Bild identifizieren, und diese zeigte einen Mann. Ich habe zwar noch nirgendwo einen entsprechenden Hinweis gelesen, doch kann ich mir nicht vorstellen, dass noch keinem Kunsthistoriker aufgefallen ist, dass die gekrönte Gestalt in der Mitte des Rads der üblichen Darstellung eines thronenden Herrschers auf der Vorderseite eines königlichen Siegels oder auf einer kaiserlichen Bulle nachempfunden ist. Von allen europäischen Großsiegeln der Epoche kommt ihr von der Komposition her die Darstellung Friedrichs II. als Kaiser des Heiligen Römischen Reichs (ein Titel, den er von 1220 an trug) am nächsten. Die Abbildung in der Handschrift und das Siegel sind von der Größe her nahezu identisch. In beiden Fällen ist das linke Knie nach vorne gerückt, die Arme sind angehoben, und das Gewand hängt in Falten von den Schultern herunter. Krone und Haar sehen beide Male gleich aus. Wenn diese Gestalt tatsächlich direkt von einer von Friedrich II. oder in dessen Namen ausgestellten Urkunde kopiert wurde, würde das etwas über den Herstellungsort der Handschrift aussagen; sie müsste dann in einer Einrichtung entstanden sein, die bedeutend genug war, um mit einem wie auch immer gearteten kaiserlichen Erlass bedacht zu werden. Vor allem aber, und das ist noch wichtiger, könnte sie dann nicht vor 1220 angefertigt worden sein.

Die zweite Abbildung nimmt die gesamte Rückseite von folio 64 in Anspruch. Sie zeigt zwei Ansichten einer Waldlandschaft. Es könnte sich um die erste reine Landschaftsdarstellung in der Kunst des Mittelalters handeln. Man nimmt allgemein an, dass der Frühling ins Bild gesetzt werden soll, die Jahreszeit, in der die Liebe erwacht, doch vielleicht ist auch das nicht richtig. Eines der Liebeslieder auf der gegenüberliegenden Seite beginnt: »Ab estatis foribus amor nos salutat …«, »Vor des Sommers Toren ruft uns die Liebe«. Das Bild ist in eine obere und eine untere

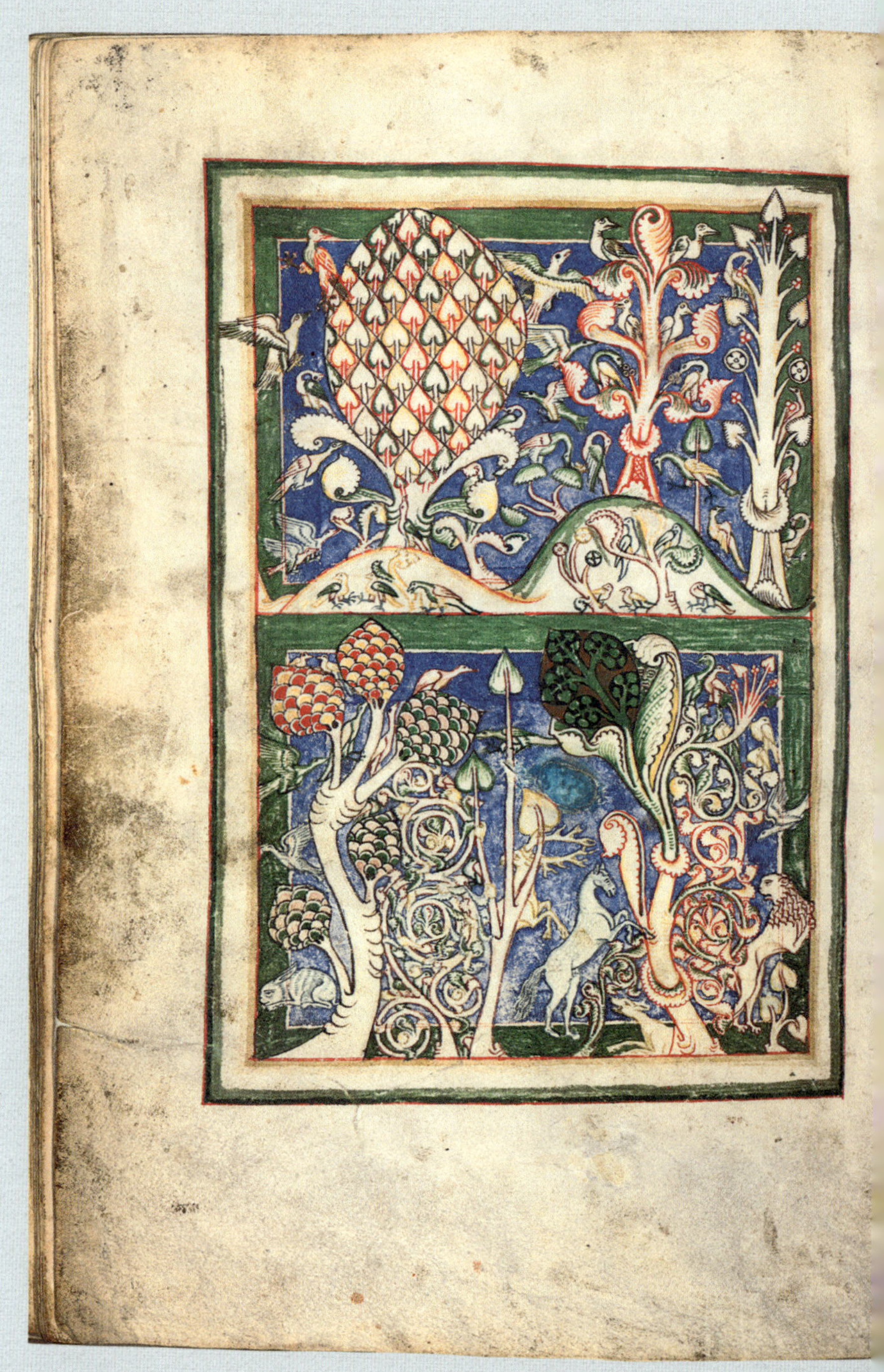

Hälfte geteilt; in der oberen ist der Wald voller Vögel, in der unteren (neben einigen Vögeln vor allem) voller Tiere anderer Art, einem sich duckenden Hasen, einem springenden Hirsch, einem im Unterholz liegenden Getier (vielleicht ein Hund), einem sich aufbäumenden Pferd und einem sich aufrichtenden Löwen. Diese Trennung von Vögeln und Säugetieren erinnert an die Zyklen von Miniaturen, die in romanischen Psaltern und Bestiarien die einzelnen Phasen der Schöpfung illustrieren sollen, denn dem Buch Genesis zufolge wurden Bäume am dritten Tag erschaffen, Vögel am fünften und »Vieh, Gewürm und Tiere auf Erden« erst am sechsten Tag. Der Löwe passt natürlich eher in den Garten Eden als in einen deutschen Frühlingswald. Auf folio 56r finden sich zwei Gedichte, von denen das erste alle möglichen Vögel in der Natur auflistet: Sperber, Kapaun, Storch, Specht, Elster, Bienenfresser, Sturmmöwe, Ibis, Turteltaube, Eule, Dohle, Geier, Papagei, Taube, Holztaube, Rabe, Krähe, Wiedehopf, Grasmücke, Rebhuhn, Rotkehlchen und noch viele andere. In dem zweiten werden in ähnlicher Manier alle möglichen Säugetiere oder »Tiere auf Erden« aufgezählt, wobei, wie in Bestiarien üblich, der Löwe den Anfang macht, weiter angeführt werden »leopardus« (mittelhochdeutsch »liebart«), »elephantes« (»elephant«) und »ursus« (»ber«) sowie noch andere. Diese Bilder sollen die von Gott geschaffene Natur zeigen; es handelt sich nicht einfach nur um Darstellungen einer lieblichen Frühlingslandschaft.

Die beiden folgenden Illustrationen beziehen sich hingegen explizit auf Liebschaften. Die auf folio 72v ist vom Format her länglich und schmal, und man muss die Handschrift um 90 Grad drehen, um sie betrachten zu können. Man sieht einen groß gewachsenen jungen Mann in einem roten Gewand, der einem Mädchen, das ein langes grünes, mit einem rot-weißen Taillenband gegürtetes Kleid trägt, eine Blume überreicht. Die Zeile unmittelbar über dieser Abbildung lautet: »Suscipe flos florem quia flos designat amorem ...« (»Blume, nimm eine Blume entgegen, denn eine Blume steht für Liebe ...«) – ein Motto, mit dem heute noch Floristen am Valentinstag ihr Geschäft ankurbeln. Die Jungfrau Maria, die eine Blume in der Hand hält, wurde ein typisches Sujet der

LINKS: Wälder und Waldgebiete, wie sie von Gott geschaffen wurden, mit Vögeln und anderen Tieren wie Hase, Hirsch, Pferd und Löwe (unten).

timpanum cum lyra. Do er zu der linden chom. dixi se-
deamus. diu minne twanch sere den man ludum faciamus.
Er graif mir an den wizen lip. non absque timore. er sprah
ich mache dich ein wip dulcis es cum ore. Er warf mir
uf daz hemdelin corpore detecta. er rante mir in daz pur-
gelin cuspide erecta. Er nam den chocher unde den bogen.
bene venabatur. der selbe hete mich betrogen ludus compleatur.
Suscipe flos florem quia flos designat amorem.

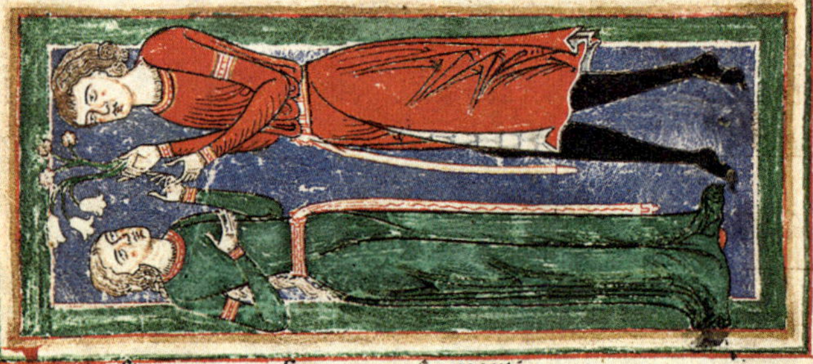

Illo de flore nimio sum captus amore.
Hunc florem flora dulcissima semper odora.
Nam velud aurora fiet tua forma decora.
Florem flora vide quem dum videas michi ride.
Flore florente tua vox cantus phylomene.
Oscula des flori rubeo flos convenit ori.
Flos in pictura non est flos immo figura.
Qui pingit florem non pingit floris odorem.

deutschen religiösen Malerei des 13. Jahrhunderts. Das Bild auf folio 77v führt eine zum Scheitern verurteilte Liebe und Verrat vor Augen. Es setzt sich ebenfalls aus einer oberen und einer unteren Hälfte zusammen, die Abfolge der einzelnen Szenen entspricht aber nicht ganz der narrativen Sequenz. In dem oberen Teil sieht man erst Dido, die Aeneas außerhalb von Karthago trifft; dann beobachtet sie ihn von einem hochgelegenen Fenster aus, um sich anschließend zu erstechen und von einem zinnenbesetzten Wehrgang aus ins Feuer fallen zu lassen. Die Abreise des Geliebten, die Dido in den Selbstmord treibt, wird in der unteren Hälfte dargestellt: Man sieht zunächst Aeneas mit seinen Gefährten am Meeresufer stehen und dann in einem Boot sitzen, das sie zu ihrem Schiff bringt. Das letzte Teilbild zeigt, wie Aeneas und seine Begleiter in See stechen.

Die übrigen vier Bilder gehören zur Gruppe der Lieder, die vom Zechen und vom Glücksspiel handeln. Auf folio 89v findet man eine weitere lange, schmale Miniatur; sie zeigt vier Männer, die mit Bechern an einem Schanktisch sitzen; einer macht das Kreuzzeichen über seinem Trinkgefäß und ahmt so den Priester bei der Messe nach. Diese Illustration bezieht sich auf das Lied, das unmittelbar darunter beginnt mit den Worten: »Potatores exquisiti …« (»Erlauchte Trinker …«). Auf folio 91r sind zwei Spieltische abgebildet, um die sich Männer zum Würfelspiel versammelt haben. Darunter steht das schon erwähnte Lied: »Tessera, blandita fueras …«. Auf der nächsten Seite sind zwei Männer in einem Raum beim »Wurfzabelspiel«, einer Art Backgammon, zu sehen, und ein Dritter, der mit einem Pokal in der Hand zu ihnen hereinkommt. Zweifelsohne stellt eine Schenke die Szenerie dar. Auf dem letzten Bild schließlich ist ein Zeitvertreib dargestellt, der uns heute nicht als frivoles Laster gilt, sondern als hochgeistig und empfehlenswert. Man sieht zwei Männer vor einem Schachbrett sitzen und wie zuvor einen Dritten, der mit einem Pokal in der Hand zu ihnen tritt. Unter dieser Abbildung steht das ebenfalls schon erwähnte Gedicht, in dem die Regeln des Spiels erklärt werden. Die Figuren sind auf dem Brett in sehr plausibler Weise verteilt, was auf solchen Abbildungen nur sehr selten den Fall ist. Ich habe mit-

LINKS: Aus Platzgründen auf die Seite »gekippte« Darstellung eines Liebespaars. Der junge Mann bittet das Mädchen, eine Blume als Zeichen seiner Liebe entgegenzunehmen.

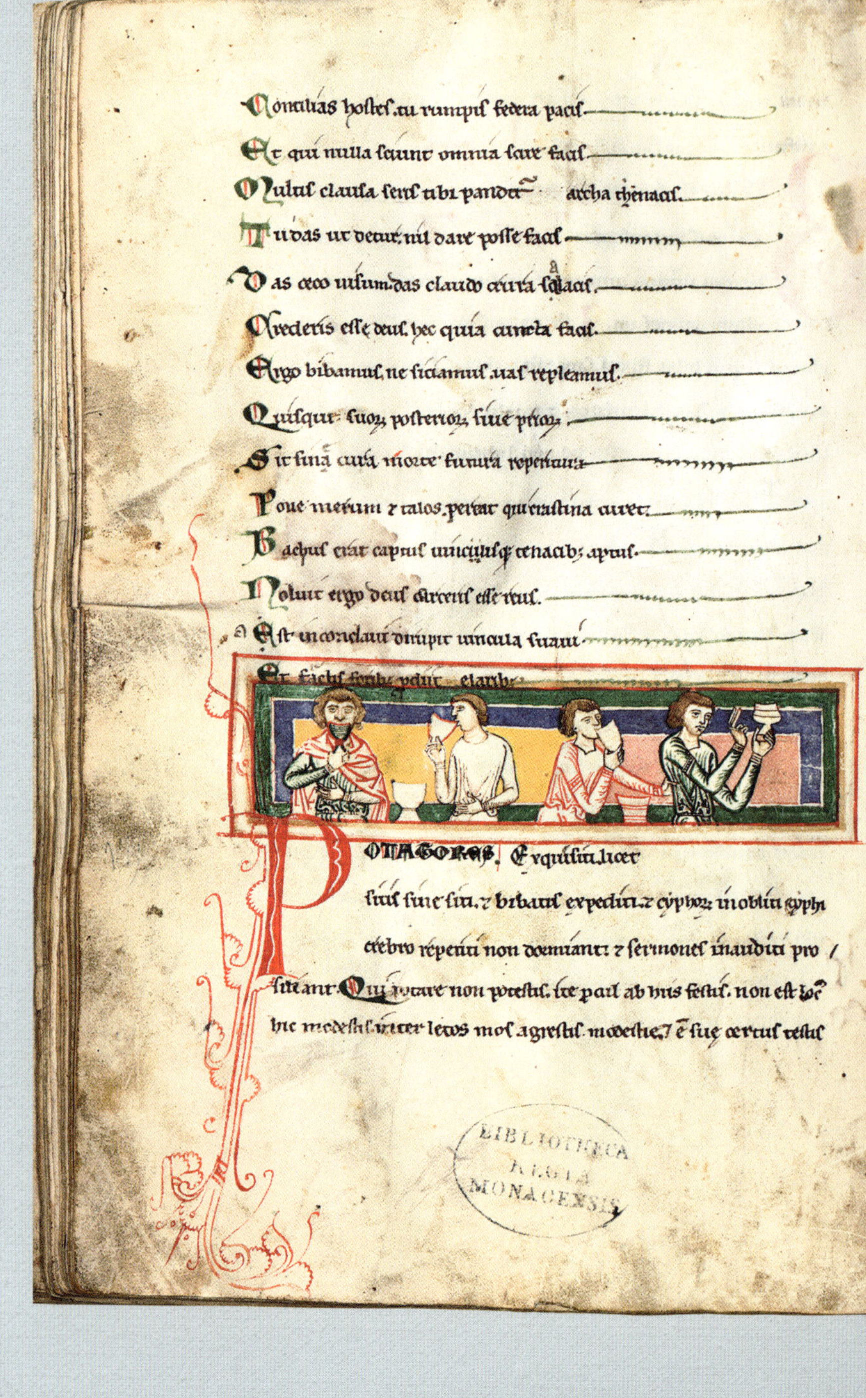

hilfe meines eigenen Schachspiels herausgefunden, dass sich, wenn Schwarz beginnt, diese Positionierung der Figuren in fünfzehn Zügen erreichen lässt. Wer auch immer diese Miniatur schuf: Er kannte sich mit dem Schachspiel aus und stellte einen bestimmten Moment in einer tatsächlichen Partie dar.

Diese Abbildungen sind zwar alle, was das Zeichnerische anbelangt, gekonnt ausgeführt und um dieselbe Zeit herum entstanden wie der Text, doch scheint es relativ eindeutig, dass sie im Nachhinein in ein Manuskript eingefügt wurden, das ursprünglich gar keine Illustrationen enthalten sollte. Diese kommen nämlich an merkwürdigen Stellen vor, manchmal ganz am Ende der Gruppe von Liedern zu dem spezifischen Thema, welchem sie gewidmet sind. Das ist unüblich für eine mittelalterliche Handschrift. Die seltsamen Bildformate oder die absonderliche Gestalt der Bildfelder können kaum beabsichtigt gewesen sein. Die Miniatur, die das Rad der Fortuna zeigt, besitzt einen kreuzförmigen Umriss; dieses Kreuz ist aber nach unten hin stark gestaucht; trotzdem überschneidet es noch die darunterstehende erste Neumenzeile. Vom Sujet her passt die Miniatur zu dem Lied »O fortuna« auf derselben Seite, aber dieses ist nachträglich in den noch freien Raum am unteren Rand eingefügt worden, es gehört also auch nicht zum ursprünglichen Bestand. Es bleibt unklar, ob die Illustration die Texterweiterung ausgelöst hat oder umgekehrt. Für die Darstellung des Liebespaares auf folio 72v war so wenig Platz vorhanden, dass das Bild nur auf die Seite gestürzt eingefügt werden konnte. Die Illustrationen zur Geschichte von Dido und Aeneas jedoch füllen den zur Verfügung stehenden Raum nicht aus. Die Abbildung der Potatores überschneidet hingegen nicht nur die letzte Zeile des darüberstehenden Texts, sondern auch einen Teil der roten Initiale »P«, mit der die darunterstehende Zeile beginnt. Der Rahmen um die Darstellung der Wurfzabel spielenden Männer überdeckt partiell die darunterstehende Textzeile. Der Befund lässt sich nur damit erklären, dass die Miniaturen genau wie viele der Lieder, die in noch frei gebliebene Räume »hineingequetscht« wurden, bei einem Aufwertungsprozess nachgetra-

LINKS: Der Beginn der Trinklieder, überschrieben mit »*Potatores*«. Abgebildet sind an einem Schanktisch sitzende Männer, von denen einer die Segnung eines Abendmahlkelches parodistisch nachahmt.

gen wurden und nicht zum ursprünglichen Text- und Bildbestand gehörten. Das heißt, sie waren, als man mit der Abschrift der Texte begann, noch nicht vorgesehen beziehungsweise in der Vorlage nicht vorhanden. Das bedeutet, dass die *Carmina Burana* kein Duplikat einer ähnlichen, bereits alle Texte enthaltenden und illustrierten Vorlage waren, sondern eine Art »work in progress« darstellten. Diese Liedersammlung entwickelte sich also nach und nach, und die Schreiber erweiterten sie im Lauf ihrer Arbeit und hoben ihr Niveau an. Es handelt sich bei dieser Sammlung um ein Originalwerk und nicht um eine Kopie.

Welches waren dann die Quellen der Kompilatoren für die Gedichte und Lieder? Die Texte mögen zum ersten Mal in dieser Form und Reihenfolge zusammengestellt worden sein, die einzelnen Stücke existierten jedoch schon vorher. Fachleute für mittelalterliche Musik und Literatur haben sich geradezu in einen Spekulationsrausch hineingesteigert bei dem Versuch, die Ursprünge und Entstehungsdaten zu ermitteln, und über ihre divergierenden Ergebnisse vehement gestritten. Wer bei diesen Identifikationsversuchen mitmischt, wagt sich in gefährliche wissenschaftliche Untiefen vor, in die ich nur ungern auch nur einen Zeh eintauchen möchte. Scott Schwartz, ein praktizierender Lautenspieler, nennt die Sammlung nicht von ungefähr »*Carmina Piranha*«. Wenn man die Texte anderswo finden kann, wie bei einigen der Fall, dann stammen sie fast alle aus dem 12. Jahrhundert, und zwar aus einer Zeit, die der, in der die Handschrift entstand, um eine Generationsspanne vorausgeht. In einigen Stücken wird auf genau datierbare Ereignisse Bezug genommen, so wird zum Beispiel in einem Gedicht der zwischen Papst Alexander III. und Friedrich Barbarossa im Sommer 1177 geschlossene Frieden von Venedig erwähnt. Es beginnt mit der Nennung dieses Jahres: »Anno xpisti incarnationis …«. In einem anderen wird die Niederlage der französischen Kreuzritter im Jahr 1187 und die anschließende Eroberung Jerusalems durch Sultan Saladin beklagt: »Heu, voce flebili cogor enarrare / facinus quod accidit nup[er] ultra mare / quando Saladino concessum est vastare / terram quam dignatus est xp[istu]s sic amare …« (»Leider bin ich verpflichtet, mit tränenerstickter Stimme von der Schandtat zu er-

RECHTS: »Heu, voce flebili …«. Der Beginn des Gedichts, das an die verheerende Niederlage erinnert, die Saladin 1187 dem französischen Kreuzritterheer beibrachte.

ti. p te crucem subii. quare non subisti. hanc loco peniten
tie. uade iam peristi. Ergo ferens lazarus ducatur in
exemplum. digne penitentib; ut sit eis templum. in quo
uirtus habitat sue passionis. hanc impleat et muniat
ipse suis donis.

Heu. voce flebili cogor enarrare. facinus quod acci
dit nup ultra mare. quando saladino concessum est uas
tare. terram quam dignatus est xps sic amare. Exeun
te unio anno post milleno. centum et octoginta iunc
ti cum septeno. quo respexit dns mundum sorde ple
no. eligens de paupe paupem a ceno. Malus comes tri
poli mentem ferens ream. magna cum timiditate te
nens tyberiam. turcos suis fraudib; ducit in iudeam.
atq; primu occupat totam galileam. Saladinus con
uocat barbaros p girum. habitantes phrigia pontum
usq; tyrum. agarenos populos araben et syrum. ab
egipti finib; usq; in epirum. Veniunt hircomili.
turgo et edite. mauri atq; getuli barbari et scite. fi
lii moab amon et ismahelite. atq; cum his omnibus
sunt amalechite. Turcos ac massagetas precipit ad
esse. katari atq; sarmates nolunt hinc abesse. cur
runt quadriuanduli. medi atq; perse. undiq; conue
niunt gentes sic diuerse. Terram intrant inclitam

zählen, die man vor Kurzem jenseits des Meeres sich zuzutragen erlaubte, indem man Saladin gestattete, das Land zu verheeren, das Christus seiner Liebe für wert erachtete …«). In diesen Versen wird berichtet, dass die wackeren christlichen Ritter zahlenmäßig weit in der Unterzahl gewesen seien; in der Schlacht seien auf einen von ihnen dreihundert Feinde gekommen. Man kann sich gut vorstellen, wie ein Troubadour dieses Lied, das zum Teil Heldengesang, zum Teil Nachrichtenbulletin war, an den Höfen Europas zu Lautenspiel zum Besten gab. Das letzte konkrete Datum scheint implizit in dem Gedicht »Dum philippus moritur …« angeführt zu sein. In diesem auf folio 52r enthaltenen Text wird der Tod von König Philipp von Schwaben beweint, dem jüngsten Sohn von Kaiser Barbarossa, der am 21. Juni 1208 in Bamberg von Otto VIII. von Wittelsbach, der sich durch den Staufer in seiner Ehre verletzt fühlte, ermordet wurde.

Nur in einem einzigen Gedicht kommt der Name seines Verfassers vor. »Versa est in luctum cythara walteri …« (»Die Laute Walters ist Klage geworden …«, eine Anspielung auf Hiob 30, 31: »Meine Harfe ist eine Klage geworden …«). Was sie beklagt, ist der um sich greifende Niedergang von Recht und Religion. Ein am rechten Rand der Seite gezeichneter Finger weist auf diesen zur Besinnung auffordernden Text hin, der sich auf folio 51v findet. Als sein Verfasser gilt allgemein Walter von Châtillon (1135–1204; er starb an Lepra), ein französischer Theologe und Autor eines beliebten Epos über Alexander den Großen. Andere Texte werden mit größerer oder geringerer Sicherheit Autoren zugeschrieben wie Hugo von Orléans (ca. 1093–ca. 1160), der in Paris und anderswo wirkte und unter dem Spitznamen »Primas« bekannt war; Petrus von Blois (ca. 1130–ca. 1212), Rechtswissenschaftler, Theologe, Diplomat und zeitweise Sekretär Heinrichs II. von England; Philipp der Kanzler (1160–1236), Vorsteher des Kapitels von Notre-Dame de Paris ab 1217; dem enigmatischen Archipoeta, dem »Erzpoeten«, wie dieser Autor sich selbst nannte, dessen wahre Identität nicht bekannt ist, der aber mit Sicherheit zum Gefolge Rainalds von Dassel, des Erzbischofs von Köln

RECHTS: Das Gedicht »Hebet sydus leti visus«, das die grausame Trennung eines Liebespaars zum Inhalt hat. Es wurde vielleicht von Abaelard verfasst, als ihm seine Héloïse genommen wurde.

bilis venus amoris, dea me tibi subicio auxilio egens tuo, iam caleo et pereo in ea. Collaudare meam pudicam delectabile est, amabile est animo frequenter eam, per quam mestus vigeo et gaudeo, illam pre cunctis diligo et venerer ut deam. Nu grûnet aver diu heide mit grüneme lobe stat der walt der wider chalt twanch si sere beide diu zit hat sich verwandelot. ein senediu not. mant mich an der güten von der ich unz gerne scheide. Unde supra.

HEBET. Sydus leti visus cordis nubilo, tepet oris mei risus, carens iubilo, iure mereo, occultatur nam propinqua cordis vigor floret in qua totus hereo. In amoris hec chorea cunctis prenitet cuius nomen est ~~hec chore~~aphebea luce renitet et pro speculo servit solo, illam colo, eam volo nutu solo in hoc seculo. Tempus queror tam diurne solitudinis quo furabar vi nocturne aptitudinis, oris basia a quo stillat cynamomum et rimatur cordis domum dulcis cassia. Tabet illa tamen caret spes solacii, iuvenilis flos exaret tanti spacii. intercisio annullatur ut secura adiunctivis prestet iura hec divisio. Roter munt wie du dich swachest. la din lachen sin. scheme dich swenne du so lachest. nach deme schaden din. dest niht wolgetan. owi so verlorner stunde sol von minne chluchen munde solich unminne ergan. Item Al.

(von 1159 bis 1167), gehörte. Viel diskutiert wird die Frage, ob in die *Carmina Burana* Verse von Pierre Abaelard (1079–1142) eingegangen sein können, dem charismatischen Philosophen und ersten wirklich herausragenden Lehrer an der Schule von Notre-Dame de Paris. Er käme als Verfasser des Gedichts auf folio 68r in Frage, das folgendermaßen beginnt:

Hebet sydus leti visus
cordis nubilo,
tepet oris mei risus,
carens iubilo …

(»Meines heiteren Gesichts Stern ist von einer Wolke meines Herzens verdunkelt, das Lächeln meines Munds erfriert, da ich der Freude entbehre …«) Es handelt sich um die herzzerreißende Klage eines Liebenden, der für immer von seiner Geliebten getrennt wird, eine Situation, in die Abaelard 1118 selbst geriet, als es ihm unmöglich gemacht wurde, mit seiner Héloïse wie mit einer Ehefrau zusammenzuleben, einmal durch einen Rechtsbeschluss, zum anderen durch seine grausame Entmannung. Man schreibt dieses Gedicht Abaelard aufgrund eines Wortspiels zu: Der Verfasser spricht davon, dass seine Geliebte einen ähnlichen Namen wie Phoebus habe (»cuius nomen est a phebea«), der die Welt erleuchte. Phoebus beziehungsweise Phoibos Apollon war der antike Gott des Lichts, dessen griechischer Name *Helios* lautete, was ja an Héloïse anklingt. Daraus auf deren Geliebten als Verfasser zu schließen ist vielleicht weit hergeholt, doch möglich wäre es. Es handelte sich dann um eine Art intimen Scherz unter Liebenden und Kennern der antiken Mythologie.

Carl Orff fasste die *Carmina Burana* als Sammlung informeller Lieder von Vaganten und Goliarden auf (das Wort geht vielleicht auf den Namen des biblischen Goliath zurück und bezeichnet die an den Rändern der Gesellschaft), doch in den Fällen, in denen sich Urheber ermitteln lassen, gehören diese anders als erwartet oft den gebildeten oder sogar geistlichen Ständen an. Die Handschrift wimmelt geradezu von Anspielungen auf die klassische Literatur und die Bibel. Im vorhergehenden Kapitel haben wir gesehen, wie die Angehörigen des Benediktinerordens ihr traditionelles Monopol auf Bildung einbüßten und neue geistliche Orden wie der der Augustiner-Chorherren (zu denen auch die Vitoriner gehörten) einen Aufstieg erlebten. Die Mitglieder dieser neuen Orden lebten in Städten und interagierten mit der säkularen Welt, was die frühen Mönche tunlichst vermieden hatten. Im 12. Jahrhundert kam es zu einem umfassenden gesellschaftlichen Wandel, und auch auf dem Gebiet der Bildung fanden einschneidende Veränderungen statt. Die Kathedralen in den großen Städten, an denen meistens auch Chorherren an der Stelle von Mönchen alle wichtigen Positionen bekleideten, wurden zunehmend auch zu Zentren der Gelehrsamkeit, die ein neues Publikum erreichten. Die Schulen an französischen Kathedralen wie denen von Chartres, Orléans, Montpellier und Laon zogen allein aufgrund des Rufs, den die an ihnen Lehrenden genossen, Scharen von Eleven an. Das Rad der Fortuna ließ bestimmte Lehrer in die Höhe steigen, konnte sie aber auch wieder zu Fall bringen. Am beständigsten waren die von Paris, der Hauptstadt, wo auch der königliche Hof seinen Sitz hatte. Pierre Abaelard und Petrus Lombardus unterrichteten dort am Kolleg von Notre-Dame, Hugo von Sankt Victor und seine Nachfolger ließen viele jungen Leute an die auf dem linken Seineufer südöstlich der Kathedrale gelegene Schule der Abtei von Saint-Victor strömen, wo vielleicht der Kopenhagener Psalter entstand. Diese und andere Unterrichtsstätten wuchsen im Lauf der folgenden hundert Jahre allmählich zusammen, und auf diese Weise entstand in der ersten Hafte des 13. Jahrhunderts die Pariser Universität.

Es war eine internationale Institution. Die Studenten strömten aus ganz Europa herbei. Ein relativer Frieden und eine stabile wirtschaftliche Lage machten ihnen das möglich. Verständigung war kein Problem, denn Unterrichtssprache war noch Latein, und auch alle intellektuellen Diskussionen und Unterhaltungen wurden so geführt. Im 12. Jahrhundert, solange es Universitäten als Körperschaften noch nicht gab, zogen viele Scholaren wohl vom Kolleg einer Stadt zu dem einer anderen. Manchmal folgten sie Lehrern, die selbst von einer Institution zur nächsten zogen. Wenn er dann in seinen Heimatort zurückkehrte, gründete der Absolvent eines dieser Kollegien selbst ein solches Institut. Zweifelsohne waren die wandernden Scholaren in der schwärmerischen und hochfliegenden Stimmung, in die alle jungen Leute geraten, die zum ersten Mal fern von zu Hause sind, doch sie waren, insgesamt gesehen, keine Rebellen oder Anarchisten. Viele waren Geistliche oder hatten zumindest die niederen Weihen empfangen und wollten in der politischen oder religiösen Verwaltung Karriere machen; einige waren hochgebildet.

Typisch für das abwechslungsreiche Leben vieler von ihnen ist die Biografie von Petrus von Blois, der zuerst in den 1140er-Jahren die Domschule von Tours besuchte, an der er bei Bernardus Silvestris Literatur und Rhetorik studierte. Danach ging er nach Bologna, um bei Uberto Crivelli, dem späteren Papst Urban III., und anderen Römisches Recht zu studieren, und schließlich in den 1160er-Jahren nach Paris, wo er ein Theologiestudium begann, das er finanzierte, indem er selbst Schüler annahm. Anschließend verdiente er seinen Lebensunterhalt – nacheinander – als Hauslehrer des jungen Königs von Sizilien, Sekretär des Erzbischofs von Rouen, Kanzler des Erzbischofs von Canterbury, Erzdiakon von Bath und Briefeschreiber für König Heinrich II. Er nahm am Dritten Kreuzzug teilt, bevor er schließlich Erzdiakon von London wurde. In fortgeschrittenem Alter erhielt er einen Brief von einem Jugendfreund, der inzwischen als Mönch in der Abtei Aulnay lebte und ihn um schriftliche Erinnerungen an ihr einst ausgelassenes Leben bat. Petrus von Blois antwortete, er halte es für besser, die anstößigeren Lieder wegzulassen (»omissis ergo lascivioribus cantilenis«), und schicke ihm stattdessen einige in, wie er es nannte, »reiferem Stil« verfasste, um den Freund aufzuheitern und die Langeweile zu vertreiben. Aufgrund stilistischer Vergleiche mit diesen Liedern wird rund ein halbes Dutzend der in den *Carmina Burana* enthaltenen heute Petrus von Blois zugeschrieben. Darunter ist auch »Dum prius inculta / coleret virgulta / estas iam adulta …« auf folio 36r (»Wenn der jetzt voll entwickelte Sommer die zuvor kahlen Büsche besetzt …«). Darin wird erzählt, wie der Sänger unter einer grünen Linde eine hübsche Maid namens Phyllis erspäht und ihr hoffnungsfroh über die grünen Wiesen folgt. Als Phyllis in ihrer jugendlichen Unschuld seine Avancen zurückweist, dringt er »ganz in sie ein« (»me totum toti insero«; ohne Umschweife: Notzucht!), es folgt der kleine Tod des erschöpften Liebhabers. Das ist, ohne jeden Zweifel, eine *lasciva cantilena*. Dem liegt aber nicht notwendig ein wirkliches Erlebnis des Petrus von Blois zugrunde, für den als Geistlichen sich Keuschheit ziemte. Es ist ein Lied jugendlichen Draufgängertums und Vorstellungsvermögens, das ohne Zweifel von den Zuhörern mit kreischendem Gelächter und Beifall aufgenommen wurde. Der Name Phyllis entstammt der antiken Mythologie; die Schwiegertochter von Theseus heißt so, die im 12. Jahrhundert aus Ovids *Heroides* bekannt war. Der Name der mythischen Heldin bettet das in dem Lied geschilderte Geschehen in eine fiktive Welt ein.

Die Dichtung der Antike war den Scholaren des 12. Jahrhunderts wohlbekannt. Vergils *Aeneis* war die Quelle für Lieder über Dido und Aeneas. Auf Erläuterungen konnte man verzichten, es war davon auszugehen, dass jedermann mit solchen Geschichten vertraut war. Ovid wird in den *Carmina Burana* mehrfach namentlich genannt. Seine *Ars amatoria* und einige Epigramme von Martial waren genauso unzweideutig und gewagt wie einschlägige Lieder der Sammlung und in mittelalterlichen Klosterbibliotheken häufig zu finden (Catull wurde erst im 14. Jahrhundert von weiten Kreisen wiederentdeckt). Es gab aber einen bedeutenden formalen Unterschied zwischen den klassischen Versen und denen, die im 12. Jahrhundert entstanden: In Ersteren folgten lange und kurze Silben nach einem bestimmten Schema aufeinander – man spricht von einer »quantitierenden« Metrik –, und diese strengen metrischen Schemata mussten erlernt werden. Die Mehrzahl der Gedichte in den *Carmina Burana* weist, genau wie die meisten modernen, ein einfaches »akzentuierendes« Versmaß auf, das heißt, betonte und unbetonte Silben folgen aufeinander, und es gibt Endreime, manchmal auch Binnenreime. Wahrscheinlich wurde das Schema für Hymnen entwickelt, im 12. Jahrhundert ein beliebtes Genre. Diese Form eignet sich dazu, von Schlägen auf der Trommel begleitet zu werden, der Rhythmus ist ein Tanz- oder Marschrhythmus, was Orff in seinen Vertonungen effektvoll ausnutzt. Die Reime erhalten solchen Nachdruck, dass sie sich wie Wiederholungen anhören. Der ins Ohr gehende Rhythmus trug vermutlich viel dazu bei, dass diese Lieder sich entlang der großen Handelsstraßen verbreiteten und ins Repertoire von Kreuzfahrern, Höflingen und Studenten eingingen, die im 12. Jahrhundert durch Europa reisten. Was als persönliche Gefühlsaussprache oder moralische Lehre begann, oft mit lokalem Bezug oder von großer Ernsthaftigkeit, wurde, indem es immer wieder beim Wandern über die Straßen oder nach dem Essen in Herbergen aufgesagt oder gesungen wurde, Teil des universellen Liedguts. Die durch mündliche Übermittlung erfolgende geografische Verbreitung solcher Texte verrät uns viel über die Bedingungen, unter denen man damals reiste, und über den Verlauf der Reiserouten. Die mündliche Weitergabe erklärt vielleicht auch den wirren Wortlaut von Texten, auf den man an einigen Stellen in der *Carmina Burana*-Handschrift stößt und den Fachleute häufig auf die Unachtsamkeit des Schreibers zurückführen. In jedem Text, der aus dem Gedächtnis aufgesagt und von einer Person zur nächsten

est omnibus qui volunt beari quedam excellentie pro
solari ut amet et faciat amari. Sůzziv vrowe min la
mih des geniezen du bist min ougen schin. Venus wil mih
schiezen. nu la mih chůniginne. diner minne niezen.
la niemag mih nimmer din verdriezen. I T E OY.

Longa spes et dubia permixta timore. soluit
in suspiria mentem cum dolore. que iam diutu
anxia mansit in amore nec tamen mestum pel
lo dolorem. Heu cur est perplexitas pro caritate parum et lo
ca diversitas duxerunt invarum. quam pre cunctis cari
tas cordis habet carum. omnis largus odit avarum. In hoc
loco stringitur nodus absque nodo. nec ullus recipitur mo
dus in hoc modo sed qui numquam solvitur plus constrin
git nodo. Lo ducundeia lodircundeia. Hanc amo prece
teris quam non vincat rosa quam proferre poteris cantibus
nec prosa, nec voce nec litteris quam sit speciosa. flos in
amore spirat odore. Te rogo suppliciter dea probitatis. las
sum in me vinculum fac anxietatis, ne mortis piaculum
sit merces pietatis. laus tibi soli laus tibi soli. Roseam
gerit faciem formosa pre cunctis, cuius amore crucior ig
neisque flammis gravem eius sentio stimulum amoris
plus amore plus amore. Uno pino saucius hesito stu

weitergegeben wird, werden sich auf seinem langen Weg Varianten ansammeln, und so ist es in der Tat möglich, dass der Kompilator der *Carmina Burana* ganz gewissenhaft und sorgfältig den Text in genau dem Wortlaut festgehalten hat, wie er sein Ohr erreichte.

Da Latein die internationale Sprache der Gebildeten war, wurden Gedichte, die in Frankreich verfasst wurden, auch in London, Köln, Rom oder Salzburg verstanden. Als sie sich so weit aus ihrem ursprünglichen Kontext herausgelöst hatten, dass sie zu Tanzliedern »abgesunken« waren, die auch Frauen mitsangen, fügte man aber manchmal Strophen auf Deutsch an. Viele der frühesten Zeugnisse aus europäischen Volkssprachen verbinden sich mit Frauen, die damals des Lateinischen weniger mächtig waren als ihre männlichen Zeitgenossen. Ungefähr vierzig der Liebeslieder in den *Carmina Burana* weisen zusätzliche Refrains auf Deutsch auf, wobei das Metrum das gleiche ist wie in dem lateinischen Teil. Vermutlich wurden diese Refrains angefügt, wenn die Lieder in Kanonmanier vorgetragen wurden. Die Zeilen auf Deutsch wurden dann vielleicht von Frauen gesungen. Teilweise oder ganz auf Deutsch sind rund ein Dutzend Lieder. Das sind sehr frühe volkssprachliche Zeugnisse. Einige der deutschen Lieder sind an Frauen gerichtet, zweifellos in der Annahme, dass das Werben um ihre Gunst leichter zum Ziel führte, wenn sie verstanden, worum man sie bat. Beispiele dafür sind: »Süziu vrowe min ...«, in dem der vom Pfeil der Venus Getroffene der Angebeteten versichert, sie werde ihn nie »uerdriezen«, und »Selich wip, vil süziz wip ...«, in dem das Ich seine Hochstimmung ihr zuschreibt: »du gist wol hohen muot«. Andere Lieder sind Frauen in den Mund gelegt und richten sich an Männer. Auf folio 72r findet sich ein reizvolles Gedicht, in dem eine Frau ihrem Liebhaber, der die ganze Nacht bei ihr geblieben ist, etwas zuflüstert – »Ich sich den morgen sterne brehen ...« – und ihn inständig bittet, nun unbemerkt fortzuschlüpfen. Es erinnert an die V. Szene des III. Akts von Shakespeares Drama, wo bei Morgenanbruch Julia zu Romeo sagt: *Oh gehe, gehe, es wird immer heller.* In einem berühmten deutschen Fünfzeiler (»Vvere diu werlt alle min ...«), der in den *Carmina Burana* enthalten ist, erklärt der Sprecher, er würde

LINKS: Im oberen Teil der Seite finden sich Verse in deutscher Sprache wie »Süziu vrowe min«.

frohen Herzens allen Reichtum der Welt dafür geben, läge die Königin von England »an minen armen«. Ursprünglich stand in der Handschrift an dieser Stelle »König von England« (»chunich von engellant«), doch wurde »chunich« später ausgestrichen und durch »diu chunegin« ersetzt. Für mich ergibt der Text mehr Sinn, wenn man ihn als Wunsch einer Frau auffasst, auch weil er auf Deutsch formuliert ist. Englische Königin von 1152 bis 1189 war Eleonore von Aquitanien (ca. 1122–1204), eine Respekt gebietende Dame und eher kein Gegenstand von Männerfantasien. Ihr Sohn jedoch, der schneidige Richard Löwenherz, war unverheiratet und zudem im nahen Österreich, wo er 1192 in Banden lag. Das ergäbe dann einen Anhaltspunkt für Datierung und Lokalisierung der Handschrift.

Generell geht man heute davon aus, dass die Sammlung nicht im Kloster Benediktbeuern selbst entstand, sondern im bairischen Sprachraum irgendwo weiter im Süden, vermutlich auf heute österreichischem Gebiet. Die Schrift weist zahlreiche Merkmale auf, die für in Italien entstandene Handschriften typisch und oft auch in Codices österreichischer Provenienz zu finden sind. Das Pergament ist vom südlichen Typus, das heißt, es fühlt sich glatt an, während das in Deutschland hergestellte eine eher an Wildleder erinnernde Textur hat (was sich anhand eines Faksimiles unmöglich feststellen lässt, genauso wenig mit Handschuhen). Wenn das Siegel von Friedrich II. wirklich das Vorbild für die Gestalt im Zentrum des Rads der Fortuna war, kann die Handschrift nicht vor 1220 entstanden sein. Doch beginnt die Schrift »above top line«, über der obersten Zeile, wie Paläografen es nennen. Das bedarf einer Erklärung. Bevor er mit der Beschriftung einer Seite begann, zog ein mittelalterlicher Schreiber gewöhnlich mithilfe eines Lineals ein Gitter aus Hilfslinien, damit die Zeile gerade verlief und auch nicht zu lang (oder zu kurz) wurde. Vor 1230 pflegten die Schreiber die erste Textzeile auf beziehungsweise über der obersten horizontalen Hilfslinie niederzuschreiben. Nach 1230 war es ihre Gewohnheit, darunter zu beginnen. Wir wissen nicht, was der Grund für diese Umstellung war, wenn sie nicht mit einem allgemeinen Trend zu einem komprimierteren geordneten Textblock zu-

RECHTS: Verse auf Deutsch, darunter (ab Zeile 2) einer, in dem eine Frau ihren Geliebten inständig bittet, ihr Gemach zu verlassen, da sie schon den Morgenstern am Himmel aufziehen sieht.

expulso procul tedio. Fit ludus ineffabilis. membris desertis
labiis. Ich sich den morgen sterne brehen nu helt la dich niht
gerne sehen unde liebe dest min rat swer togenlichen min
net wie tugentlich daz stet da friwntschaft hute hat. Ite.

VIRGO. Quedam nobilis diu gie zeholze umbe ris
do si die burde do gevant. Refl. Eia heia wie si
sanch. eicha eicha wie si sanch vincula vincula vin
cula rumpebat. Venit quidam iuvenis pulcher et ama
bilis der zetrant ir den bris. Er vienc si bi der wizen hant.
er furt si in daz vogel sanch. Venit swe aquilo der warf
si verre in einen loch er warf si verre in den walt. Ite.

ICH. was ein chint so wolgetan. virgo dum flo
rebam. do brist mich diu werlt al. omnibus place
bam. Refl. Hoy et oe maledicantur thylie
iuxta viam posite. Ia wolde ih an die wisen gan. flores adu
nare. do wolde mich ein ungetan ibi deflorare. Er nam mich
bi der wizen hant. sed non indecenter. er wist mich diu wise
lanch valde fraudulenter. Er graif mir an daz wize ge
want. valde indecenter er furte mih bi der hant multum
violenter. Er sprach vrowe gewir baz. nemus est remotum.
dirre wech der habe har planxi et hoc totum. Iz stat ein
linde wolgetan. non procul a via da hab ich mine herphe lan

sammenhing, doch sie vollzog sich außerordentlich rasch und konsistent überall in Europa. Wohl kommt es zu lokalen Abweichungen, doch liefert dieser Wechsel im Großen und Ganzen wertvolle Datierungshilfen bei Handschriften, die in der ersten Hälfte des 13. Jahrhunderts entstanden. Auf dieser Basis scheint eine Datierung der *Carmina Burana* auf die Zeit um 1220 oder 1230 gerechtfertigt, vielleicht auch noch auf die frühen 1230er-Jahre.

Anspielungen in den Texten auf Lokales lassen einen Ursprung der Handschrift in Tirol oder dem Herzogtum Steiermark vermuten. In einem der oben erwähnten Lieder werden die italienischen Grenzmarken oder »marchiones«, Bayern und Österreich (Wien) als benachbarte Territorien bezeichnet. In einem anderen rühmt man die unvergleichliche Gastfreundschaft des Propstes von Maria Saal, der sich identifizieren lässt als Heinrich, 1232 zum Bischof von Seckau in der Steiermark ernannt. Oft wird die These verfochten, die Handschrift sei am Bischofshof von Seckau entstanden, vielleicht schon unter der Schirmherrschaft von Heinrichs Vorgänger Karl, dem ersten Bischof von Seckau von 1318 bis 1331. Zu diesem Schluss kam, mit der gebotenen Vorsicht, auch der große Münchener Paläograf Bernhard Bischoff in einem Aufsatz, der die Faksimileausgabe der *Carmina Burana* von 1967 begleitete. 1983 hat Georg Steer in einem sehr ausführlichen Artikel dargelegt, dass die Mundart, in der die deutschen Verse gehalten sind, auf eine Entstehung weiter westlich hindeutet. Er vermutet, dass die *Carmina* im Südwesten von Tirol kompiliert wurden. Aufgrund bestimmter Spracheigentümlichkeiten der Schreiber schlägt er das Augustinerkloster Neustift bei Brixen als wahrscheinlichen Entstehungsort vor. Dieses Kloster im heutigen Südtirol wurde in den 1140er-Jahren gegründet. Der heilige Augustinus, dem das Kloster geweiht ist, kommt in dem Spiel von der Geburt Christi vor.

Manchmal werden, vor allem von protestantischer Warte aus, die *Carmina Burana* als zotige Lieder eingestuft und entsprechend abgetan, die nur dazu dienten, die schmutzige Fantasie von lüsternen Mönchen zu befriedigen. Dies war aber keineswegs die ursprüngliche Absicht. In einer Gemeinschaft von Augustinern oder an einem Bischofshof erwartete man mit Sicherheit eine ernsthafte Auseinandersetzung mit menschlichen Schwächen und den Fallstricken der säkularen Welt. Die derberen Texte wurden allegorisch aufgefasst, vielleicht sah man in ihnen sogar literarische Umsetzungen der kleinen Sünden, mit denen ein Seelsorger tagtäglich bei der Beichte konfrontiert war. Wir Heutigen sollten die *Carmina Burana* aber vor allem als ein Ergebnis des sich im 12. Jahrhundert vollziehenden umfassenden Wissenstransfers von den Klöstern in die Welt hinein und auf die Straßen auffassen. Mönche lasen Bücher bedächtig von einem Ende zum anderen durch, memorierten Passagen und meditierten über sie; Laien und Weltgeistliche hingegen konsultierten Bücher zu bestimmten Fragen und suchten Informationen. Das schlägt sich ganz deutlich im Aufkommen von Handschriften ganz neuer Art nieder. In den Jahrzehnten vor und nach 1200 entstanden zahllose Enzyklopädien, Anthologien, Florilegien, Kompendien und Abrisse zu bestimmten Themen; dazu kamen kurzgefasste, volkstümliche Zusammenfassungen zu Wissensgebieten, mit denen sich früher fast ausschließlich Mönche beschäftigt hatten, wie Theologie (Petrus Lombardus), Bibelauslegung (die Glossa Ordinaria), biblische Geschichte (Petrus Comestor), Kirchenrecht (Gratian) und vor allem auch zur Liturgie (Breviere und Missale). Das waren alles neue Formen von Büchern. Sogar die Heilige Schrift, die bislang den Geistlichen durch lebenslange Beschäftigung und Auswendiglernen bekannt war, wurde neu strukturiert und in mit Ziffern gekennzeichnete Kapitel und Verse unterteilt, damit man die gewünschte Stelle schneller finden konnte. Es war beinahe, als sähe man dem alten Wissen beim Vergehen zu. Die Seichtheit der modernen Welt ist wiederkehrendes Thema in den *Carmina Burana*. Erinnern Sie sich an meine Beobachtung zu Beginn dieses Kapitels, dass die Handschrift wie ein Brevier aussieht. Diese Ähnlichkeit ist vielsagend. Gedichte und Lieder wurden ursprünglich mündlich tradiert, sie hatten einen ähnlichen Status, wie tägliche Gebete und Psalmen ihn für Mönche hatten, jetzt aber wurden sie gesammelt und zu portablen Anthologien zusammengestellt, in denen zu finden war, was man früher auswendig kannte. Viele der Texte in den *Carmina Burana* waren bis zu hundert Jahre lang mündlich, durch Singen oder Rezitieren, weitergegeben worden. Das Bedürfnis, sie schriftlich festzuhalten, hatte zum Teil mit dem Bedürfnis von jemand wie dem Freund von Petrus von Blois zu tun, die unbeschwerte Fröhlichkeit der fernen Jugend wieder aufleben zu lassen (ein mit zunehmendem Alter oft empfundener Wunsch), vor allem aber mit der neuen Mode, die Welt zu erfassen und zu dokumentieren. Bei den *Carmina Burana* handelt es sich um ein enzyklopädisches Handbuch, eine systematisch strukturierte und gegliederte Anthologie weltlicher und gelehrter Gedichte, die vollkommen im Einklang mit dem religiösen Geist des frühen 13. Jahrhunderts steht.

Die Handschrift weist keinerlei äußerlichen Merkmale auf, die Auskunft darüber geben könnten, auf welche Weise und wann sie in das Kloster in Benediktbeuern gelangte. Ich würde sagen, dass sie sich nicht notwendigerweise vor dem 18. Jahrhundert dort befunden haben muss, als die süddeutschen Klöster zu universellen Aufbewahrungsstätten von Büchern wurden und ihre Sammlungen beinahe die Funktion von öffentlichen Bibliotheken hatten. Als die Besitzungen der Kirche in Bayern 1803 säkularisiert wurden, war Johann Christoph Freiherr von Aretin (1773–1824) für die Inspektion von Kloster Benediktbeuern zuständig. Er berichtet, dort einen versteckten Hort von – zumindest der oben erwähnten protestantischen Auslegung zufolge – verbotenen Büchern entdeckt zu haben, das heißt solchen, die sich für Mönche nicht ziemten. Von Aretin soll von der *Carmina Burana*-Handschrift so verzaubert gewesen sein, dass er sie eine Zeit lang ständig mit sich herumtrug – gerade so wie ein Priester sein Brevier. 1806 wurde die Büchersammlung von Benediktbeuern in die Münchner Hof- und Staatsbibliothek geschafft, deren Oberbibliothekar von Aretin wurde.

Im Oktober 1843 wurde der Codex als einer der Schätze der Bibliothek öffentlich ausgestellt. Bei dieser Gelegenheit sah ihn Jacob Grimm (1785–1863). Er kehrte später nach München zurück, um den Band genau zu untersuchen, und überredete den damaligen Kustos der Handschriftenabteilung Johann Andreas Schmeller (1785–1852) dazu, eine Edition des Textes herauszubringen. Diese erschien 1847 unter dem Titel *Carmina Burana, Lateinische und deutsche Lieder und Gedichte einer Handschrift des XIII. Jahrhunderts aus Benediktbeuern aus der K[öniglichen] Bibliothek zu München*, womit die heute geläufige Bezeichnung der Sammlung feststand. Diese Ausgabe wird immer noch nachgedruckt, trotz etlicher Mängel und obwohl sie in wissenschaftlicher Hinsicht übertroffen wird von der vielbändigen Ausgabe, die Alfons Hilka und Otto Schumann von 1930 bis 1970 veröffentlichten.

1934 bot Helmut Tenner, ein Würzburger Antiquar, ein Exemplar der vierten Auflage von Schmellers Ausgabe (Breslau 1904) für den bescheidenen Preis von 3,50 Reichsmark an. Der damals kaum bekannte Komponist Carl Orff ließ es sich nach München senden. Das Buch traf am 29. März ein – »ein denkwürdiger Tag«, sollte sich Orff später erinnern.

Er habe den Band geöffnet, auf der ersten Seite das berühmte Bild von Fortuna und ihrem Rad gesehen und sei ganz gebannt davon gewesen. Sie und ich wissen nach Überprüfung der Handschrift, dass die Seite mit der Abbildung des Rads der Fortuna gar nicht die erste war und das Gedicht eine spätere Hinzufügung darstellt. Orff konnte das nicht wissen. Er war gefesselt. Sofort begann er, die Texte mit Musik zu unterlegen. Den Titel von Schmellers Ausgabe hielt er für den mittelalterlichen Originaltitel. Eine Woche nachdem er das Buch erhalten hatte, schrieb er an seinen Freund Michel Hofmann (1903–1968), einen Bamberger Archivar, und fragte ihn nach der Bedeutung von »Burana« – er könne das Wort in seinem Lateinwörterbuch nicht finden. Hofmann erzählte ihm von der Handschrift in der Staatsbibliothek, doch gibt es keinerlei Hinweis darauf, dass Orff daran interessiert war, sie einmal in Augenschein zu nehmen. Auch scheint er nicht das Bedürfnis verspürt zu haben, die neuere und bessere Edition zu verwenden. Orff und sein Textberater Hofmann standen bald über die im Entstehen begriffene Kantate in regelmäßigem Briefwechsel und unterzeichneten mit »Buranus« (Orff) und »Carminus« (Hofmann). Das Musikstück wurde schließlich im August 1936 vollendet, die Uraufführung fand am 8. Juni 1937 in Frankfurt statt.

Über die Stadt München Mitte der 1930er-Jahre kann man nicht sprechen, ohne sich auf die politischen Ereignisse zu beziehen. Hitler hatte

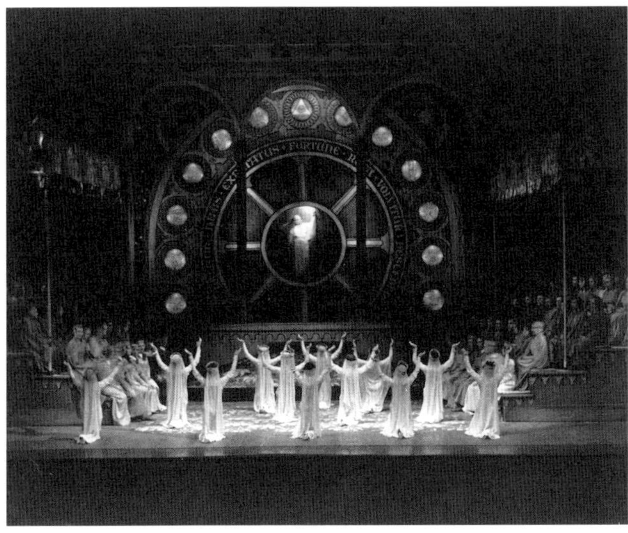

Eine Aufführung von Orffs *Carmina Burana* am Württembergischen Staatstheater Stuttgart im Jahr 1941. Das Rad der Fortuna bildet den Hintergrund.

1933 die Macht übernommen. Ob und inwieweit Orff mit seiner szenischen und musikalischen Umsetzung der *Carmina Burana* bewusst Propaganda für die Nazis machen wollte, ist eine in der Forschung häufig debattierte Frage. Der Text kommt auf der einen Seite der Ideologie der Nazis entgegen: Die *Carmina Burana* sind ein großes germanisches Werk aus dem Mittelalter, wie es in Europa keine Parallele hat; sie verherrlichen Jugend und Mannesmut, die Kreuzzüge und das Rittertum, von Orff in ein gewaltiges Massenspektakel mit hypnotisierenden Paukenschlägen und eindringlichem Rhythmus umgesetzt. Andererseits wählte Orff zwar eine unverhältnismäßig große Zahl deutscher Gedichte und Lieder aus, übernahm aber auch welche auf Latein, eine Sprache, der die Obrigkeit voller Misstrauen gegenüberstand. Überdies galt die Originalität der Musik den Parteikadern als gefährlich modern und volksfremd. Die Reichsmusikkammer ließ Orff wissen, diese »bayerische Niggermusik« sei unerwünscht. Seine politischen Überzeugungen waren zutiefst uneindeutig. Zu seiner Schande stimmte er 1938 zu, die Musik für Shakespeares *Ein Sommernachtstraum* neu zu schreiben, als Ersatz für die des als Juden geschmähten Felix Mendelssohn. Die *Carmina Burana* wurden den Krieg hindurch in Deutschland aufgeführt, in Dresden, Essen, Köln, Mainz, Stuttgart, Görlitz, Frankfurt, Göttingen, Hamburg, Aachen, Münster, München und sicher auch anderswo. Wahrscheinlich entsprachen die Musik und die Art ihrer Präsentation eher dem Zeitgeist als der Wortlaut der alten Texte. Goebbels schrieb am 12. September 1944 in seinem Tagebuch, die *Carmina Burana* besäßen außergewöhnliche Schönheit, und wenn man den Komponisten dazu bewegen könne, etwas an den Texten zu tun, wäre das ganze Werk sehr vielversprechend. Er wolle ihn bei der nächstbesten Gelegenheit zu sich kommen lassen. Soweit bekannt, fand ein solches Treffen niemals statt. Nach dem Krieg war Orff einer von den vielen, die sich zum stillen Gegner der Nazis umdeuteten und ihre Unschuld beteuerten. Als die *Carmina Burana* zum ersten Mal in Großbritannien auf die Bühne gebracht wurden, im Juni 1951 in der damals neuen Royal Festival Hall, tat der Kritiker von *The Times* sie als Ausgeburt der jüngsten Vergangenheit ab: »Primitivismus pur – Tam-Tam-Rhythmen, Gejauchze in Terzen, Strophenlieder, Biergartenseligkeit und Commersgesang … Teutonentum auf naiv.« Als wir die Musik fünfzehn Jahre später als Schüler der King's High School vorgespielt bekamen, kam uns eine Verbindung zu Hitler-

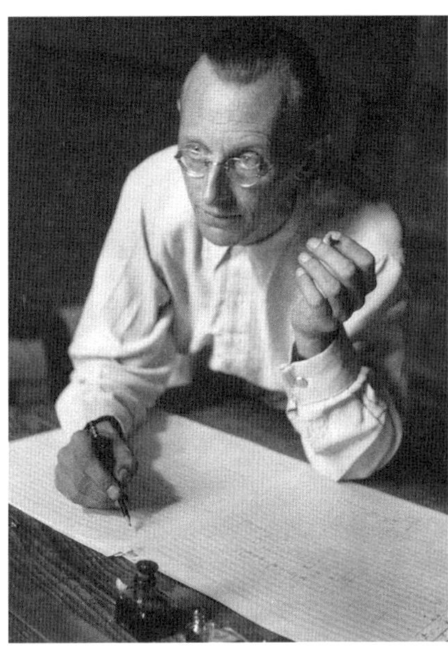

Carl Orff (1895–1982) kurz nach Vollendung der Partitur mit seiner Version der *Carmina Burana*.

deutschland nicht in den Sinn: Wir dachten, alles sei authentisch mittelalterlich.

Orffs szenische Kantate gehört heute zu den am häufigsten aufgeführten Werken der modernen Musik. Die einleitenden vier Takte von »O Fortuna« haben vielleicht den Wiedererkennungsstatus wie die Eröffnung von Beethovens Fünfter Symphonie. Wenn ich sie mir heute anhöre, wird mir klar, dass Orffs Musik nichts mit authentisch mittelalterlicher zu tun hat. Die Notation, die man hin und wieder in der Handschrift findet, steht in keinerlei Bezug zu dem üppigen orchestralen Glanzpapier, in das die Worte Mitte des 20. Jahrhunderts eingewickelt wurden. Die Bearbeitung und Umstellung der Verse zum Zweck ihrer Anpassung an die Musik hat einen Text entstehen lassen, der kaum Ähnlichkeiten hat mit dem, was im 12. Jahrhundert von Walter von Châtillon oder Petrus von Blois gesummt wurde. Doch haben einige der *Carmina Burana* dank Orff mehr Menschen erreicht, als Mediävisten es sich träumen lassen könnten. Die Zahlen werden zweifelsohne noch ansteigen, bis dies im Druck erscheint, doch gibt man, da ich gerade Kapitel Acht beende, »Carmina Burana« in eine Internet-Suchmaschine ein, dann werden an die 2 600 000 Ergebnisse angezeigt; für »Book of Kells« sind es 1 180 000, für »Très Riches Heures« 100 000 und für »Spinola-Stundenbuch« weniger als 6000. Das Rad der Fortuna birgt noch Überraschungen.

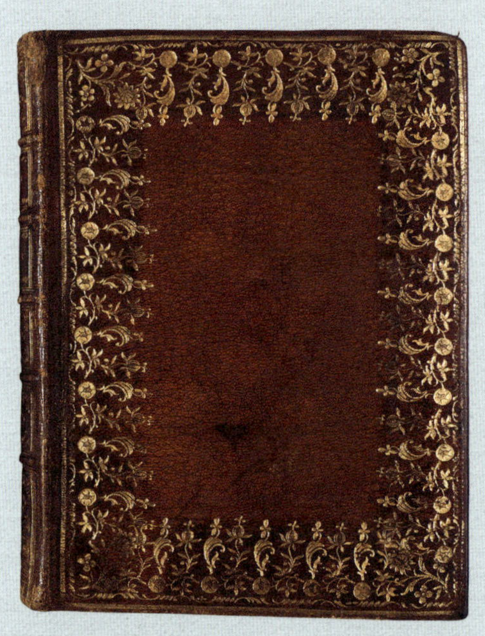

KAPITEL NEUN

DAS STUNDENBUCH DER JOHANNA VON NAVARRA

zweites Viertel des 14. Jahrhunderts
Paris, Bibliothèque nationale de France,
ms n.a. lat. 3145

Berchtesgaden liegt in den bayerischen Ostalpen, rund 150 Kilometer vom vermutlichen Südtiroler Entstehungsort der *Carmina Burana*-Handschrift entfernt. In dem als Obersalzberg bekannten Gebiet oberhalb der Stadt erwarb Adolf Hitler im Sommer 1933 ein Anwesen, das er in Berghof umbenannte und in den folgenden Jahren zu einer Residenz und Kommandozentrale umbauen und erweitern ließ. Vom Berghof aus genoss man einen spektakulären Blick auf die umliegenden Berge. In seiner Nähe wurden Wohnhäuser für andere NS-Größen wie Joseph Goebbels und Albert Speer errichtet. Als der Zweite Weltkrieg in Europa 1945 in seine Endphase eintrat, erwartete man bei den Alliierten wie in Deutschland, dass Hitler und sein engster Kreis sich am Obersalzberg verschanzen würden, wo es dann zum finalen Armageddon des Krieges kommen würde. Man glaubte, fälschlich, wie sich herausstellte, es gebe dort starke Verteidigungsanlagen, die auch heftigem Ansturm oder einer langen Belagerung standhielten. Mitte April 1945 rückten die amerikanische Siebte Armee und die französische Erste Armee, die beide unter dem Oberbefehl von US-General Jacob Devers standen, in Richtung Berchtesgaden vor, die amerikanischen Einheiten vom Norden, die französischen vom Westen aus. Am 25. April bombardierte die Royal Air Force den Obersalzberg. Seither büßten die Nazis jegliche Autorität ein, die lokale Bevölkerung stürmte ihre Häuser, und die luxuriösen Besitztümer, die man dort fand, wurden in alle Winde zerstreut. Am 30. April beging Hitler in seinem Bunker in Berlin Selbstmord, am 4. Mai zogen die alliierten Truppen in Berchtesgaden ein. Die Stadt wurde ihnen kampflos übergeben. Die Siebte Armee schloss Einheiten der französischen Zweiten Panzerdivision ein, die 1942 in Zentralafrika aufgestellt worden und an der Befreiung der Normandie und von Paris beteiligt gewesen waren. Die französische Erste Armee war in Nordafrika aufgestellt worden und hatte im August 1944 an der Invasion in Südfrankreich teilgenommen. Am Nachmittag des 4. Mai flatterte die Flagge der Truppen des »Freien Frankreich« über Hitlers Berghof. Insbesondere die französischen Soldaten verspürten keinerlei Neigung, Nazibesitz zu respektieren, und in amerikanischen Berichten wurden ihnen Plünderungen unterstellt, ein Vorwurf, der natürlich von den Franzosen zurückgewiesen wurde, die ihrerseits darauf hinwiesen, dass Artefakte illegal in die USA verschifft worden seien. Es waren Tage, wie man sie noch nie erlebt hatte. Die alliierten Soldaten waren im Siegesrausch, die Ordnung am Boden. Zweifellos rissen sich Angehörige beider Armeen Andenken unterschiedlichen Werts unter den Nagel. Es gibt mehrere Berichte über einen Zug mit acht Güterwaggons, der beim Berchtesgadener Bahnhof auf einem Abstellgleis stand und von den Franzosen ausgeplündert wurde, nachdem sie erst wahllos auf die Waggons gefeuert und sie dann aufgebrochen hatten. Ein Offizier von der 11. Kompanie des Régiment de Marche de Tchad trat auf etwas, das er zunächst für einen Ziegelstein hielt. Er habe, erinnerte er sich, den Gegenstand aufgehoben und näher betrachtet: Es war eine mittelalterliche Handschrift, die er in Packpapier gewickelt und behalten habe. Ein anderer Offizier, ein Militärarzt, stolperte ebenfalls über eine solche Handschrift. Sie lag in einer kleinen länglichen Schachtel. Beide Codices verschwanden rasch im Feldgepäck der Finder. Es zeigte sich, dass die Waggons Teile des Kunstschatzes enthalten hatten, den Reichsmarschall Göring auf die Seite gebracht hatte und der vermeintlich zu seiner Sicherheit während der letzten Kriegswirren gen Obersalzberg geschickt wurde. Als James Rorimer, der der

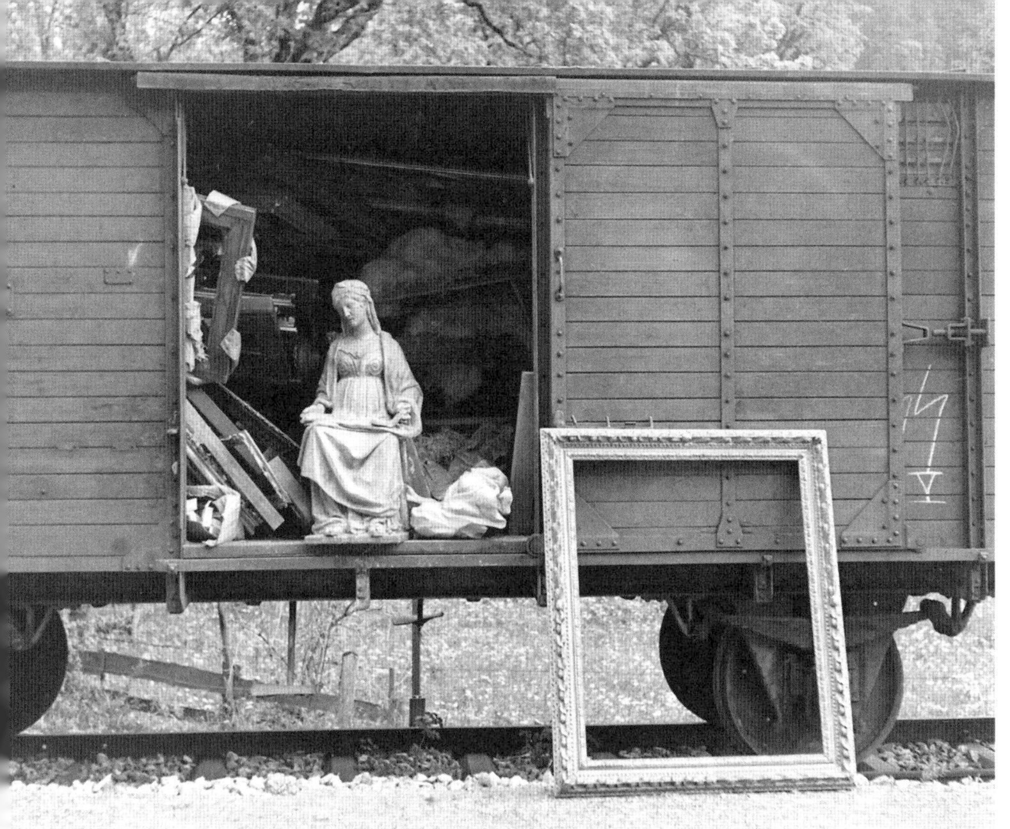

Teile der von Hermann Göring geraubten Kunstsammlung, die Anfang Mai 1945 in einem Zug in Berchtesgaden entdeckt wurden.

Abteilung Monuments and Fine Arts der Siebten Armee angehörte, eine Woche später in Berchtesgaden eintraf, wurden die verbliebenen Kostbarkeiten aus dem Zug in Sicherheit gebracht und unter einem improvisierten Schild ausgestellt, auf dem stand: »The Hermann Goering Art Collection – Through Courtesy of the 101st Airborne Divison«.

Zurück in Frankreich, zeigte der erwähnte Offizier der 11. Kompanie seine Handschrift einem alten Freund von der Stadtbibliothek Valenciennes. Als sie sie eingehend betrachteten, erkannten sie erstaunt, dass sie das Original der berühmten *Très Belles Heures* des Herzogs von Berry in Händen hielten, einen illuminierten Codex, der um 1383 in Paris entstanden war. Er war ungefähr 1884 von Baron Adolphe de Rothschild (1823–1900) erworben und im März 1941 aus dem Gewölbe der Pariser Bank seines Großneffen Baron Maurice de Rothschild (1878–1957) entwendet worden, der den Diebstahl nach dem Krieg meldete. Die Hand-

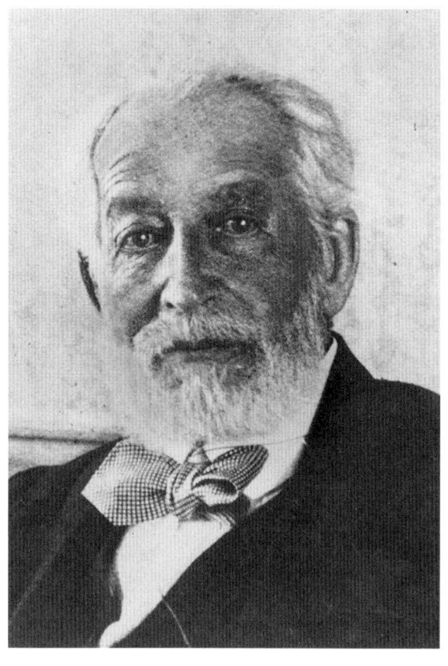

Baron Edmond de Rothschild (1845–1934), der eine erlesene Sammlung von illuminierten Handschriften besaß, von denen viele Beutegut der deutschen Besatzer während des Zweiten Weltkriegs wurden.

schrift wurde ihm zurückgegeben, woraufhin er sie 1956 der Bibliothèque nationale übereignete, wo sie heute noch liegt. Sie trägt die Signatur ms. n.a. lat. 3093.

Die zweite Handschrift, die in Berchtesgaden vom Boden aufgeklaubt wurde, vermachte sein Finder 1951 dem Kloster Boquen in der Bretagne, wohin der Ex-Militärarzt sich zeitweise zurückgezogen hatte. Das im Mittelalter gegründete Kloster war 1790 aufgelöst worden, 1936 hatten sich aber Trappisten unter Leitung von Dom Alexis Presse erneut in ihm niedergelassen. Die genauen Umstände der Schenkung liegen im Dunkeln, die Handschrift war schließlich nicht auf dem vorgesehenen Rechtsweg in den Besitz des Donators gelangt. Es heißt, Dom Alexis, der im November 1965 starb, habe die Geschichte seinem Nachfolger anvertraut, Dom Bernard Besret, der die Gemeinschaft in ein Zentrum zur radikalen Erneuerung des Katholizismus verwandelte. Das erzählt Maurice Rheims (1910–2003), ein Pariser Kunstauktionator und enger Freund der Familie Rothschild, in seiner Autobiografie. Im Sommer 1967, erinnert sich Rheims, sei bei einem Sturm das Dach der Kapelle von Boquen beschädigt worden und musste ersetzt werden. Besret trug die Handschrift daher zur Schätzung nach Rouen zu einem Antiquar, der klug genug war, sich mit der Bibliothèque nationale in Paris in Verbindung zu setzen.

Drei Tage später lag der Codex Marcel Thomas, dem für Handschriften zuständigen Kurator, und dem jungen François Avril, der gerade als Assistent zu dessen Team hinzugestoßen war, zur Überprüfung vor. Sie erkannten sofort, dass es sich um das seit Langem verschollene Stundenbuch der Königin Johanna von Navarra handelte.

Das ist die berühmte Handschrift, der wir schon kurz in Kapitel Fünf begegnet sind. Sie war 1919 bei Sotheby's in London anlässlich der Auktion der Handschriften von Yates Thompson zum Rekordpreis an einen »enthusiastischen Franzosen« gegangen, den man nicht identifizieren konnte. Heute wissen wir, dass es sich beim Käufer um Baron Edmond de Rothschild (1845–1934) aus Paris gehandelt hatte. Der Codex war mit der Signatur MS 94 versehen in seine Sammlung von 102 mittelalterlichen und illuminierten Handschriften eingegangen. Sein Wohnhaus im Faubourg Saint-Honoré ist heute die Residenz des amerikanischen Botschafters. Die ineinander verschlungenen Buchstaben »E« und »R«, sein Monogramm, schmücken heute noch die Eingangstür. Nach dem Tod der Witwe des Barons, Adelheid, im Jahr 1935 wurde seine Sammlung von dem Londoner Antiquar Maurice Ettinghausen geschätzt, damit sie unter den Familienangehörigen aufgeteilt werden konnte. Eine Kopie des von Ettinghausen angefertigten Verzeichnisses wird im Archiv von Waddesdon Manor aufbewahrt, dem Besitz der Rothschilds im englischen Buckinghamshire. Darin ist der Wert des Stundenbuchs der Johanna von Navarra auf 3000 Pfund angesetzt. Es wurde Rothschilds Tochter Alexandrine (1884–1965) zugesprochen, die ebenfalls in Paris wohnte. Sie war eine exzentrische Einsiedlerin, die inmitten einer großartigen Sammlung von Büchern lebte. Zur Zeit der deutschen Besatzung wurde ihre Kunstsammlung genau wie die ihres schon erwähnten älteren Bruders Maurice systematisch ausgeplündert. Im April 1940 verschwand auch das Stundenbuch, sein Verbleib blieb unbekannt. Sein Verlust wurde von Madame Alexandrine, wie sie gewöhnlich genannt wurde, den Autoren des *Répertoire des biens spoliés en France durant la guerre 1939–1945* gemeldet. Dabei handelt es sich um eine von Metallstiften zusammengehaltene Loseblattsammlung in einem länglichen Album mit grauem Textileinband, das unmittelbar nach dem Krieg vom Bureau central des Restitutions, das der französischen Besatzungsmacht in Deutschland unterstand, herausgegeben wurde. Das *Répertoire,* das in Französisch, Russisch, Englisch und Deutsch auf billigem Papier gedruckt war, sollte als eine Art Leitfaden zur Lokalisierung und Identifizierung von Kunstwerken dienen, die ihren Besitzern während des Kriegs abhandengekommen waren. Ich besitze nur ein Exemplar von Band VII, der fast tausend Seiten stark ist. Auf Seite 30 findet man unter anderen mittelalterlichen Handschriften, die infolge der deutschen Okkupation verloren gingen, das Stundenbuch der Johanna von Navarra unter der fortlaufenden Nummer 344, Referenznummer 32 041, Kurztitel »*Heures*«. Seine genaue Beschreibung lautet: »Livre d'heures de Jeanne II Reine de Navarre, ms. du XIVe s. … 271 feuillets … 108 miniatures, lettres ornées et bordures à sujets humoristiques«. Es wird als Eigentum der Baronne Alexandrine de Rothschild ausgewiesen. Man fand diesen Codex nie unter den Unmengen gestohlener Artefakte, die von den Nazis in Höhlen, Salzbergwerken und Schlössern in Deutschland und Mitteleuropa eingelagert worden waren. Eine Generation lang glaubte man, er sei unwiederbringlich verloren – eines von Millionen anderer Kriegsopfer. Als

Das *Répertoire des biens spoliés*, das umfangreiche Verzeichnis von Kunstwerken, die von ihren rechtmäßigen Besitzern als Kriegsverlust gemeldet wurden. Das Stundenbuch der Johanna von Navarra ist auf dieser Seite an fünfter Stelle aufgeführt.

MANUSCRITS ANTERIEURS A 1800 МАНУСКРИПТЫ ДО 1800 г. MANUSCRIPTS PREVIOUS TO 1800 MANUSKRIPTE VOR 18[00]

340	32.330		**Bible hébraïque.** 1. vol. épais sur vélin orné de nombreuses miniatures dans, un étui en maroquin janséniste brun portant le millésime de 1370	M. James, Armand de Rothschild
341	35.664		**Double feuille** d'un manuscrit français avec très belles miniatures sans cadre, env. 45×30 cm.	M. Erwin Rosenthal
342	33.041		**Heures** — Livre d'heures de Charles le Noble, ms. de la fin du XIVe s. rel. cuir à décor d'arabesques persan	Baron Maurice de Rothschild
343	33.041		**Heures** — Livre d'heures du Duc de Berry, ms. sur vélin de la fin du XIVe s. richement décoré de miniatures en camaïeu	*Idem*
344	32.141		**Heures** — Livre d'heures de Jeanne II Reine de Navarre, ms. du XIVe s. (271 feuillets 0,18/0,145/0,04), rel. maroq. citron avec ornements et tranches dorées, doublé de tabis rouge. 108 miniatures, lettres ornées et bordures à sujets humoristiques	Baronne Alexandrine de Rothschild
345	28.244	**Isaac Ben Joseph de Corbeille**	Abrégé d'un grand livre de préceptes de Moïse de Coucy, avec deux commentaires. Sur le premier feuillet de garde une consignation de décès du 7 Tévet 5083 (1322), in-4 de 327 feuilles, vélin, écriture rabbinique allemande du XIVe s.	Alliance Israélite Universelle
346	28.244	**Levi Ben Gerson**	Commentaire sur Esther et les Proverbes, copie achevée le 3 yar, 5098 (23 Avril, 1338). En tête du premier feuillet cette mention d'un possesseur: « Moi, Jacob Ben Samuel, Morpurgo de Gradimont, l'an 426 » in- 4 de 118 feuilles, papier, écriture rabbinique espagnole	*Idem*
347	28.244		**Livre de Prières** — Fin XIVe s., enluminé de vignettes, sur vélin, éd. italienne avec notice du censeur en espagnol	*Idem*
348	32.069	**Lyra (Nicolaus de)**	Liber glossatarius super epistolas beati Pauli, 1396	M. Jean Furstenberg
349	32.069	**Lombard (Pierre)**	Lombardi Petri sententiarum libri IV. XIVe ou XVe s.	*Idem*
350	10.005 Strasb.		**Das Recht der Gebuehrenschaft** von Geringsheim, Suntheim und Kenle „Kehl" (Betrifft die Rheinfähre) ms. de 10 pages sur parchemin, 1380	M. Mutterer
351	32.141		**Roman de Giron le Courtois** — ms. du XIVe s. (incomplet), 80 feuillets, 103 dessins à la plume dans les marges plus 4 dessins d'arbres, 0,495/0,33/0.03, reliure en velours rouge, écrin maroq. Lavallière	Baronne Alexandrine de Rothschild
352	28.244	**Salomon (Ezobi)**	Les Homélies — ms. français composé par Salomon Ezobi, rabbin français du XIVe s.	Alliance Israélite Universelle
353	33.041		**Il Trionfo di Petrarca.** Rel. cuir sombre avec dessin ; le dos brun a été rénové (0,22×0,15)	Baron Maurice de Rothschild

XVe SIECLE

354	44.225		**Bible** en latin. Dédicace d'un abbé suisse en français	M. Siegbert Bernstein

— 30 —

Marcel Thomas anlässlich der Feierlichkeiten zum 700. Todestag Ludwigs des Heiligen, die im Mai 1970 in Royaumont und Paris abgehalten wurden, die Wiederentdeckung des Codex bekannt gab, sprach er von einem Wunder.

Kehren wir zur Autobiografie von Monsieur Rheims zurück. Wie er es erzählt, leitete er ein Treffen zwischen Bernard Besret und dem jüngeren Baron Edmond de Rothschild (1926–1997), dem Neffen und Erben Alexandrines, in die Wege. Der Baron fragte den Abt, was ein neues Dach kosten würde. Als Besret von 40 000 Francs sprach, schrieb Rothschild ihm sofort einen Scheck über diese Summe aus. Die Bibliothèque nationale hatte ihn an jenem Morgen bereits informiert, wie sehr ihr daran gelegen sei, die Handschrift zu erwerben. Rheims schildert, wie Edmond de Rothschild mit einem Mr. Oppenheimer in Johannesburg telefonierte – vermutlich dem Diamantenhändler Harry Oppenheimer (1908–2000) –, dabei die ganze Zeit das Stundenbuch streichelte, so wie es Bond-Schurke Blofeld mit seiner weißen Katze macht, und das Gespräch schließlich mit dem Ausspruch beendete: »Ich habe nicht einmal Zeit, die Bibel zu lesen, also sollen sie es ruhig haben.« Das Stundenbuch der Johanna von Navarra befindet sich heute in Paris, in der Bibliothèque nationale de France, mit der Signatur ms n.a. lat. 3145. Wir statten ihm einen Besuch ab.

Die Keimzelle der Bibliothèque nationale de France waren die Büchersammlungen der mittelalterlichen Könige Frankreichs, vor allem die von Karl V. und Ludwig XII., die von 1364 bis 1380 beziehungsweise von 1498 bis 1515 regierten. Zur öffentlichen Institution wurde sie aber durch die Französische Revolution. Die »Bibliothek des Königs« wurde 1795 in »Nationalbibliothek« umbenannt. Mitte des 19. Jahrhunderts war sie für kurze Zeit eine »Bibliothèque imperiale«. 1868 wurde sie in prachtvollen neuen Gebäuden, die Napoleon III. auf der Ostseite der rue de Richelieu hatte errichten lassen, untergebracht. Die Anlage, die in der Nähe des Louvre ihren Anfang nimmt, wurde von dem Architekten Henri Labrouste (1801–1875) entworfen. Zu Weltrang, vor allem in der Sektion Seltene Drucke und Handschriften, stieg die Bibliothek nicht zuletzt dank des Genies und der Tatkraft von Léopold Delisle (1826–1910) auf, der von 1874 bis zu seiner Pensionierung 1905 als ihr Direktor fungierte. Der Hauptbestand an alten gedruckten Werken und modernen Büchern wurde 1996 in die neue und allgemein unbeliebte Bibliothèque François Mitterrand verlegt, die ein wenig weiter flussaufwärts liegt. Zum Glück ist zu vermelden, dass die mittelalterlichen Handschriften im alten Gebäude verblieben sind, für das ich seit fast einem halben Jahrhundert über einen Leseausweis verfüge.

Als ich die Bibliothek aufsuchte, um mir das Stundenbuch der Johanna von Navarra anzusehen, waren immer noch größere Umbauarbeiten im Gang, mit denen man 2010 begonnen hatte und die sieben bis acht Jahre dauern sollten. Leser gelangten nicht wie früher durch den Hof, der sich auf die rue de Richelieu hin öffnete, in das Gebäude, sondern mussten vorläufig den kleinen Architekturgarten an der Rückseite durchqueren, in der rue Vivienne. Das Attentat auf die Redaktion von *Charlie Hebdo* lag nicht lange zurück, und so war das Thema Sicherheit in Paris großgeschrieben. Ich musste durch einen Metalldetektor, der am Rand der Straße aufgebaut worden war. Der Alarm von dem Ding schrillte, doch die Sicherheitsbeamten schauten nur müde und winkten mich gleichwohl durch. Solange die Bauarbeiten nicht abgeschlossen sind, betritt man das Gebäude durch die Hintertür, durch die man in die Halle am Fuß der Treppe aus dem 19. Jahrhundert gelangt. Die links davon liegende Haupteingangshalle war geschlossen. Die *Salle Ovale*, der Lesesaal für allgemeine Nachschlagewerke, befindet sich auf der gegenüberliegenden Seite des Erdgeschosses. Wenn man seltene Drucke oder Handschriften konsultieren will, muss man die prachtvolle Steintreppe hinaufgehen, die an ihrem Fuß von Säulen, die Köpfe von Göttinnen tragen, flankiert ist. Handschriften sind im ersten Obergeschoss untergebracht, im zweiten werden Münzen und Medaillen aufbewahrt. Ich suchte den Handschriftensaal dort, wo er immer gewesen war, zu meiner Enttäuschung aber war der mir vertraute lang gestreckte Raum, der sich parallel zur rue de Richelieu hinzieht, für die Dauer der Bauarbeiten ebenfalls geschlossen. Wenn dieses Buch erscheint, wird er hoffentlich wieder geöffnet sein. Bis dahin konnte man Handschriften nur in der Galerie Mazarine einsehen, einem dem ursprünglichen Handschriftenlesesaal gegenüberliegenden Raum, ebenfalls lang gestreckt, von dem aus man auf den Garten blickt, durch den man vorübergehend in das Gebäude gelangte. Die Galerie war mir bislang nur von Ausstellungen bekannt. Sie ist ein Überbleibsel des angrenzenden Hôtel Mazarin, das 1644/45 von dem großen Kardinal Jules Mazarin (1602–1661) für seine Kunstsammlung erbaut wurde. Es

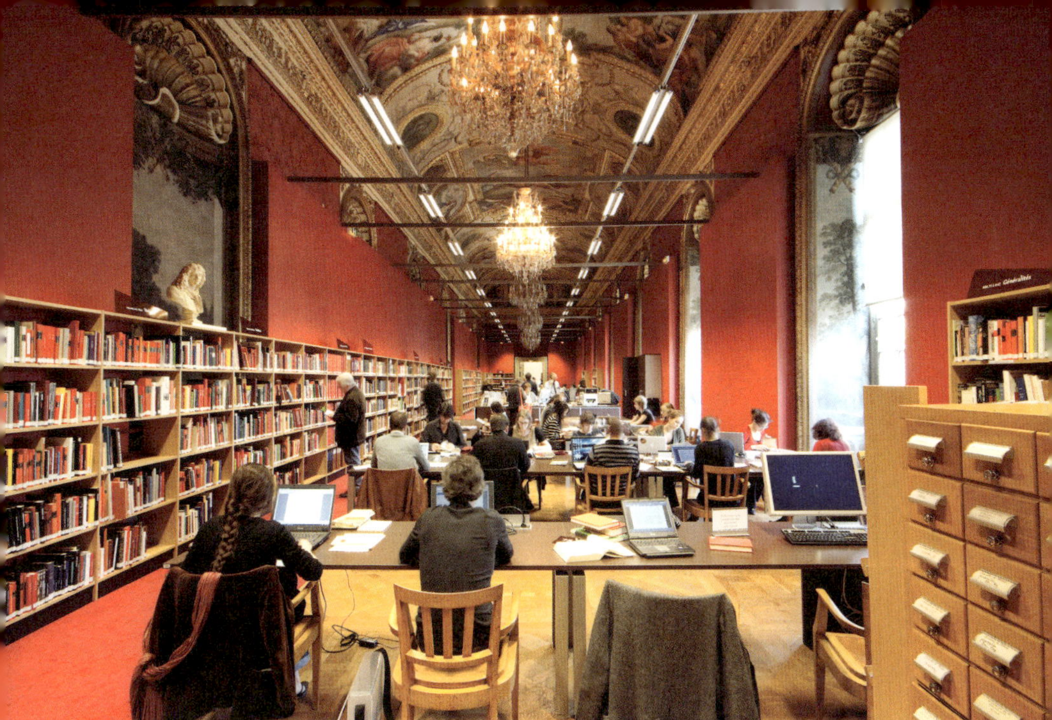

Die während der Bauarbeiten vorübergehend als Handschriftenlesesaal dienende Galerie Mazarine in der Bibliothèque nationale.

handelt sich um einen *salon* mit bemerkenswert hoher goldverzierter Decke, geschmückt von Giovanni Francesco Romanelli (1610–1662) mit pastoralen Szenen, für die Ovids *Metamorphosen* die Anregung lieferten. Für seine gegenwärtige Verwendung ist der Raum in eine von den Dimensionen her reduzierte Replik der *Salle des manuscrits* verwandelt worden. Die Fenster sind mit weißen Blenden bedeckt, die bemalten Wände sind zum größten Teil zum Schutz mit rohen Brettern verschalt worden, vor die man provisorische Bücherregale aus schlichtem Holz gestellt hat. Man hat lange Tische mit laminierten Arbeitsplatten und einfache ungepolsterte Holzstühle aufgebaut, und der Raum wird nicht von den sechs antiken Kandelabern erleuchtet, die von der Decke hängen, sondern von hässlichen Lichtleisten.

Die Einlassprozedur ist dieselbe wie in der alten *Salle*. Am Eingang steht ein langer Tresen, hinter dem mehrere Leute sitzen, alles Männer. Ihre Aufgabe ist es, Ihnen den Leseausweis abzunehmen und dafür ein kleines Plastikquadrat auszuhändigen (als ich anfing, die Bibliothek zu benutzen, war es noch aus Holz), auf dem die Nummer des Platzes steht, den sie einem zuweisen. Als ich sagte, ich sei gekommen, um mit einer bedeutenden illuminierten Handschrift zu arbeiten, teilte man mir den Platz Nr. 45 zu, der sich in der Nähe eines zentralen umzäunten Gevierts für die Aufsichtspersonen befand. Hier, wo in der Mehrzahl Frauen sitzen, füllt man handschriftlich ein Formular aus, auf dem man Namen und Anschrift einträgt und mit dem man die Handschrift anfordert. Ich wies auch die E-Mail vor, die ich von Charlotte Denoël, *Chef du service des manuscrits médiévaux*, erhalten hatte und mir mit dem Original selbst zu arbeiten erlaubte. (In Paris neigen sie dazu, Klienten mit einem Mikrofilm abzuspeisen, vor allem wenn sie deren Französischkenntnisse als nicht hinreichend taxieren, um zu verhandeln.) Wenn man das Manuskript ausgehändigt bekommt, gibt man dafür seine Plastikmarke her. Das alles scheint unnötig kompliziert, doch so läuft das in der BnF nun mal ab.

Das Stundenbuch der Johanna von Navarra ist »gewichtiger«, als ich es von früher in Erinnerung hatte. Es misst ungefähr 18 mal 14 Zentimeter und ist an die 6 Zentimeter dick. Letzteres hängt aber davon ab, wie stark man die Deckel zusammendrückt. Man begreift, wie ein Stundenbuch dieser Gattung in Berchtesgaden für einen Ziegelstein gehalten werden konnte. Es wurde um 1780 in Pappdeckel eingebunden, die mit gelb-braunem Maroquinleder mit kunstvollen Goldverzierungen überzogen sind. Die Spiegelblätter im Inneren der Deckel bestehen aus karmesinroter Seide und haben goldene Bordüren. Das sieht kostbar aus. Trotz allem, was sie im Deutschland der Kriegszeit mitgemacht hat, weist die Handschrift keine sichtbaren Beschädigungen auf, abgesehen davon, dass vorne ein Exlibris herausgelöst worden ist. Zweifellos war es eines, das Henry Yates Thompson (siehe S. 241) als Besitzer auswies. Von ihm ist nur ein rechteckiger Schatten zurückgeblieben. Dieses Exlibris wäre der einzige Hinweis auf einen modernen Besitzer gewesen. Ganz oben in der linken Ecke des papiernen Vorsatzblatts kann man einen schwachen, fast unsichtbaren Bleistifteintrag ausmachen, ein »MS 94«; dabei handelt es sich um die Inventarnummer in der Sammlung Rothschild. Es gibt ein paar historische Einträge auf den Vorsatzblättern, aber nichts, mit dessen Hilfe die rechtmäßige Besitzerin zu identifizieren gewesen wäre, als das Stundenbuch 1945 in Berchtesgaden auftauchte.

Der Text besteht in der Hauptsache aus: (1) einem Kalender des Kirchenjahres, in dem die Festtage der Heiligen verzeichnet sind, wobei jede

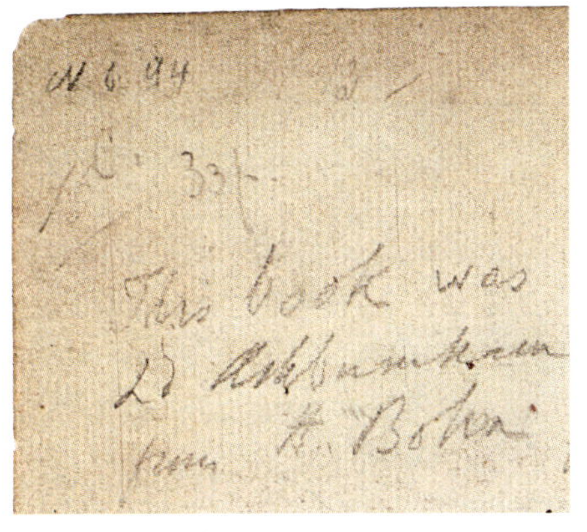

Die obere Außenecke des Vorsatzblattes des Stundenbuchs der Johanna von Navarra. Mit Bleistift eingetragen ist die Inventarnummer »MS 94« der Sammlung Rothschild.

Seite oben und unten mit allegorischen Darstellungen geschmückt ist; (2) den Stunden der Heiligen Dreifaltigkeit mit Abbildungen zu jedem der acht Stundengebete von der Matutin bis zum Komplet; (3) den Stundengebeten der Jungfrau Maria, ebenfalls mit Abbildungen zu jedem der acht; (4) verschiedenen kurzen Gebeten, mit zwei Abbildungen; (5) den sieben Bußpsalmen zusammen mit einer Litanei zur Anrufung der Heiligen, beide Teile mit Abbildungen; (6) den Stundengebeten Ludwigs des Heiligen, mit Abbildungen zu jedem der acht; (7) den Stundengebeten des Kreuzes, ebenfalls mit acht Abbildungen; (8) verschiedenen Gebeten zu Ehren unterschiedlicher Heiliger und vor allem der Jungfrau Maria sowie der heiligen Trinität auf Latein und Französisch, darunter: die Sieben Freuden der Jungfrau, Gebete an den eigenen Schutzengel, an die heilige Apollonia gegen Zahnschmerzen, ein Gebet zur Verwendung bei der Präsentation der Hostie bei der Messe, eine Lebensbeschreibung der heiligen Margarete, der Schutzpatronin bei Schwangerschaft und Geburt, und anderer, mit zwölf Abbildungen; (9) Bittgebeten, die sich an bestimmte Heilige richten: Anna, Nicasius, Martin, Ägidius, Jodokus und die Reliquien aller Märtyrer, jedes Gebet mit einer eigenen Abbildung; (10) anderen kurzen Gebeten einschließlich der sieben Gradualien; (11) dem Totenoffizium, dem Stundengebet zum Begräbnis oder Totengedenken, mit der Abbildung eines Totengottesdiensts; (12) weiteren Bittgebeten, in denen des Heiligen Kreuzes, des heiligen Michael, aller Engel und der Heiligen Johannes des Täufers, Johannes des Evangelisten, Petrus, der Drei Könige, der Heiligen Leonhard, Ludwig von Toulouse, Dionysius und Nikolaus gedacht wird, alle mit Abbildungen; (13) den besonderen Varianten der Stundengebete der Jungfrau zur Verwendung in der Adventszeit, mit einer Abbildung; (14) den besonderen Varianten der Stundengebete der Jungfrau zur Verwendung für die Zeit zwischen Weihnachten und Mariä Lichtmess, mit einer Abbildung; (15) dem Psalter des heiligen Hieronymus und anderen Gebeten; und (16) verschiedenen späteren Hinzufügungen von anderer Hand, einschließlich der Stundengebete des Heiligen Geists.

Ein solcher sich aus vielen Teilen zusammensetzender Text ist also als »Stundenbuch« bekannt. Der Terminus geht auf das Mittelalter zurück. Der genaue Inhalt kann von einer zur anderen Handschrift variieren, definierende Merkmale sind aber die Zyklen von Gedichten und Psalmen, die zu jeder der acht Zeiten, in die der kirchliche Tag unterteilt war, rezitiert werden mussten: Diese acht Gebetszeiten waren Matutin, Laudes, Prim, Terz, Sext, Non, Vesper und Komplet. Sieben der Teile, aus denen sich das Stundenbuch der Johanna von Navarra zusammensetzt, sind Beispiele für solche Zyklen. In Kapitel Zwölf werden wir ein anderes Stundenbuch ansehen, und ich gehe dann ausführlicher auf einige der Texte ein. Für den Augenblick möge die Information ausreichen, dass es sich bei einem Stundenbuch um das Gebetbuch einer Person handelt, die nicht dem geistlichen Stand angehörte und dass es für die private Verwendung bestimmt war, im eigenen Heim etwa oder an einem anderen Ort im Verlauf eines normalen Tages, aber nicht speziell in der Kirche. Der Brauch, zu festgesetzten Tageszeiten Psalmen und Gebete zu rezitieren, hatte seinen Ursprung in einer schon lange bestehenden klösterlichen Praxis. Solche Stundengebete aufzusagen war gewiss nicht alles, was Mönche taten, doch versah es ihr Leben zweifellos mit einer Struktur. Jahrhundertelang hatte der Laienstand wahrscheinlich kaum eine konkrete Vorstellung davon, was innerhalb der Mauern eines Klosters vor sich ging, man litt allenfalls unter dem unangenehmen Gefühl, dass Mönche und Nonnen spirituelle Vergünstigungen genossen, die den Nicht-Initiierten vorenthalten waren. Im 12. Jahrhundert kam es auf verschiedenen Gebieten zu einem gesellschaftlichen Wandel; wie wir in früheren Kapiteln bereits gesehen haben, büßten die Mitglieder von geistlichen Orden ihr Monopol auf Literarizität ein. Auch die Produktion von Büchern verlagerte sich in den außerklösterlichen Bereich. In weiten Kreisen der Bevölkerung wurde eine vermutlich sehr intensiv empfundene Frömmigkeit wach und damit auch das Verlangen, sich aktiver an der Religionsausübung zu beteiligen, ohne in ein Kloster eintreten zu müssen. Ein Psalter, wie es der Kopenhagener war, gehörte zu den ersten Büchern, die Laien sich in Nachahmung von Ordensangehörigen zulegten.

Ganze Psalter sind jedoch unhandlich, und ihre Verwendung bereitet Unerfahrenen Schwierigkeiten. Im späten 13. Jahrhundert kam daher in Kreisen des Adels ein neuer Typus von tragbarem Andachtsbuch in Mode, in dem Psalmen und Gedichte bereits so angeordnet waren, dass man sie im Lauf des Tages zu den alten klösterlichen Gebetszeiten von Matutin bis Komplet aufsagen konnte. Diese kurzen Zyklen waren spezifischen religiösen Themen gewidmet oder auch Heiligen geweiht und vor allem der Jungfrau Maria, deren Verehrung im späten Mittelalter immer mehr an Bedeutung gewann. Stundenbücher wurden schließlich in großen Zahlen angefertigt. Viele Tausend sind erhalten – allein die Bibliothèque nationale besitzt mehr als dreihundert –, und sie gehören heute vermutlich zu den bekanntesten illuminierten Handschriften. Das Stundenbuch der Johanna von Navarra ist ein sehr frühes Beispiel für diesen Typ Andachtsbuch, das Spinola-Stundenbuch, das wir in Kapitel Zwölf kennenlernen werden, ein sehr spätes.

In Bezug auf die Andachtsbücher des frühen 14. Jahrhunderts, Psalter wie Stundenbücher, die für die französische Königsfamilie angefertigt wurden, fallen zwei Dinge auf. Erstens die Tatsache, dass sie ausschließlich im Besitz von Frauen waren. Männer begannen sie erst zur Zeit von Karl v. und seinem jüngeren Bruder, dem Herzog von Berry (1340–1416), zu verwenden. Doch auch die berühmten Stundenbücher, die von diesen beiden Schirmherren in Auftrag gegeben wurden, waren möglicherweise ursprünglich für die weiblichen Mitglieder ihres Hofstaats bestimmt. Die andere bemerkenswerte Tatsache ist, wie eng diese königlichen Handschriften noch mit den religiösen Orden, insbesondere mit den Dominikanern und Franziskanern, verknüpft waren. Private Beichtväter und Hauskapläne bei Hof gehörten häufig einer dieser beiden Bruderschaften an. Adlige Damen begannen, zweifellos von ihren geistlichen Beratern und Vertrauten beeinflusst, die Praktiken der Mönche nachzuahmen. Viele dieser Frauen zogen sich, wenn sie Witwen wurden, in Klöster zurück und verbrachten die verbleibenden Lebensjahre in solch eleganten Einrichtungen wie dem in den 1270er-Jahren von Margarete von der Provence, Witwe Ludwigs des Heiligen, gegründeten Klarissenkloster Couvent des Cordelières in Saint-Marcel, damals südlich von Paris, oder der

Dominikanerabtei, die 1298 seineabwärts in Poissy von Philipp IV., Ludwigs Enkel, gegründet worden war.

Die vor uns liegende Handschrift atmet etwas dezidiert Franziskanisches aus. In ihrem Kalender wird den Festtagen des heiligen Franziskus und dem der Überführung seiner Reliquien (4. Oktober und 25. Mai) der Status »*grant double*« – das ist der allerhöchste – zugewiesen, und das Gleiche gilt für den Tag des Franziskaners Ludwig von Toulouse, der hier Ludwig von Marseille »*de l'ordre des freres meneurs*« genannt wird (die Franziskaner sind »mindere Brüder«). Der Status eines »*feste double*« wird den Gedenktagen des heiligen Antonius von Padua und der heiligen Klara von Assisi (13. Juni und 2. August) eingeräumt, die beide dem Franziskanerorden angehörten; in den Kalender sind auch die beiden Gedenktage für die verstorbenen Wohltäter des Ordens (19. Januar und 27. November) aufgenommen. Die Einstufung der Festtage anhand der Zahl der »lectiones«, der Lesungen aus der Heiligen Schrift, die an ihnen in der Kirche gehalten wurden, würde man eher in einem Brevier oder Messbuch erwarten als in einem Stundenbuch für Nichtgeistliche.

Das Stundenbuch, das in diesem Kapitel im Mittelpunkt steht, war aber ursprünglich weder im Besitz eines Mönchs noch einer Nonne. Die Identität der Eigentümerin steht außer Zweifel. Auf rund zwanzig Seitenrändern finden sich kleine Vignetten einer Königin, die im Gebet niederkniet, eine Goldkrone auf dem Haupt trägt und in einen mit Hermelin gefütterten Umhang gekleidet ist; manchmal hält sie eine geöffnete Handschrift in den Händen. Auf anderen Seiten ist diese kniende Gestalt in die illuminierten Initialen einbezogen. Manchmal taucht sie auch in den eigentlichen Miniaturen auf; sie ist Augenzeugin der Geißelung Christi und erweist der Jungfrau und dem Christuskind ihre Verehrung. Viele der Gebete sind für die Verwendung durch eine Frau adaptiert. Das zeigen Wörter, die im Lateinischen eine feminine Endung haben. Beispiele sind: »michi indigne peccatrici ancille tue« (»mir, deiner unwürdigen, sündigen Magd«), »concede michi famule tue« (»Gewähre mir, deiner Dienerin« – würde ein Mann diese Worte sprechen, müsste es

RECHTS: Die Seite für Mai im Kalendarium des Stundenbuchs der Johanna von Navarra. Dem 25. Tag des Monats, an dem der »translatio« gedacht wird, der Überführung der Reliquien des heiligen Franziskus, ist der Status »*grant double*« zugewiesen.

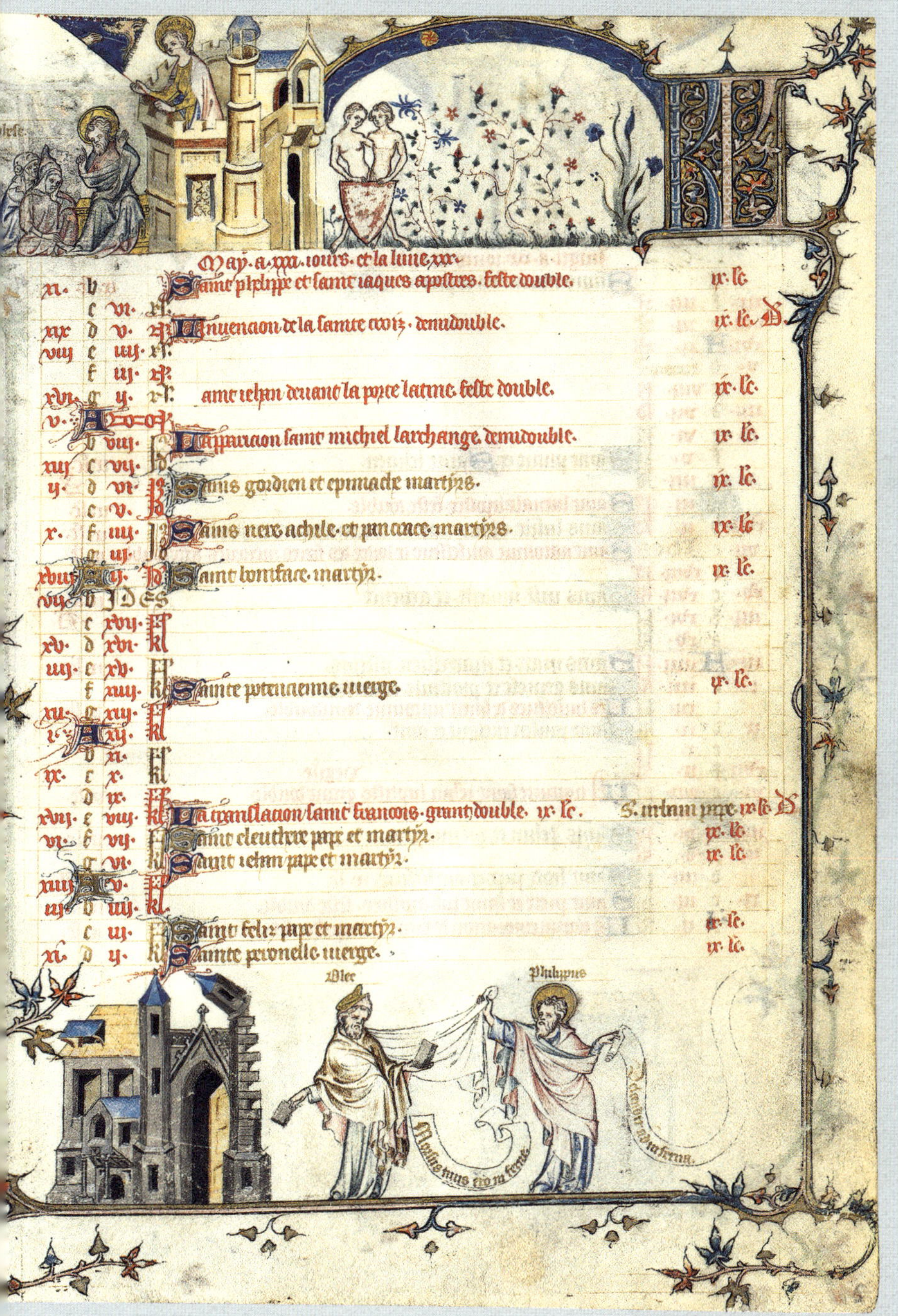
May a .xxxi. iours. et la lune .xxx.
Saint phelippe et saint iaques apostres. feste double. ix. lec.
Invencion de la sainte croiz. demidouble. ix. lec.
Saint iehan devant la porte latine. feste double. ix. lec.
Lapparicion saint michiel larchange. demidouble. ix. lec.
Sains gordien et epimache martyrs. ix. lec.
Sains nere achile et pancrace martyrs. ix. lec.
Saint boniface. martyr. ix. lec.
Sainte potenciene vierge. ix. lec.
La translacion saint francois. grant double. ix. lec. S. urbain pape. ix. lec.
Saint eleuthere pape et martyr. ix. lec.
Saint iehan pape et martyr. ix. lec.
Saint felix pape et martyr. ix. lec.
Sainte pronnelle vierge. ix. lec.
Philippus

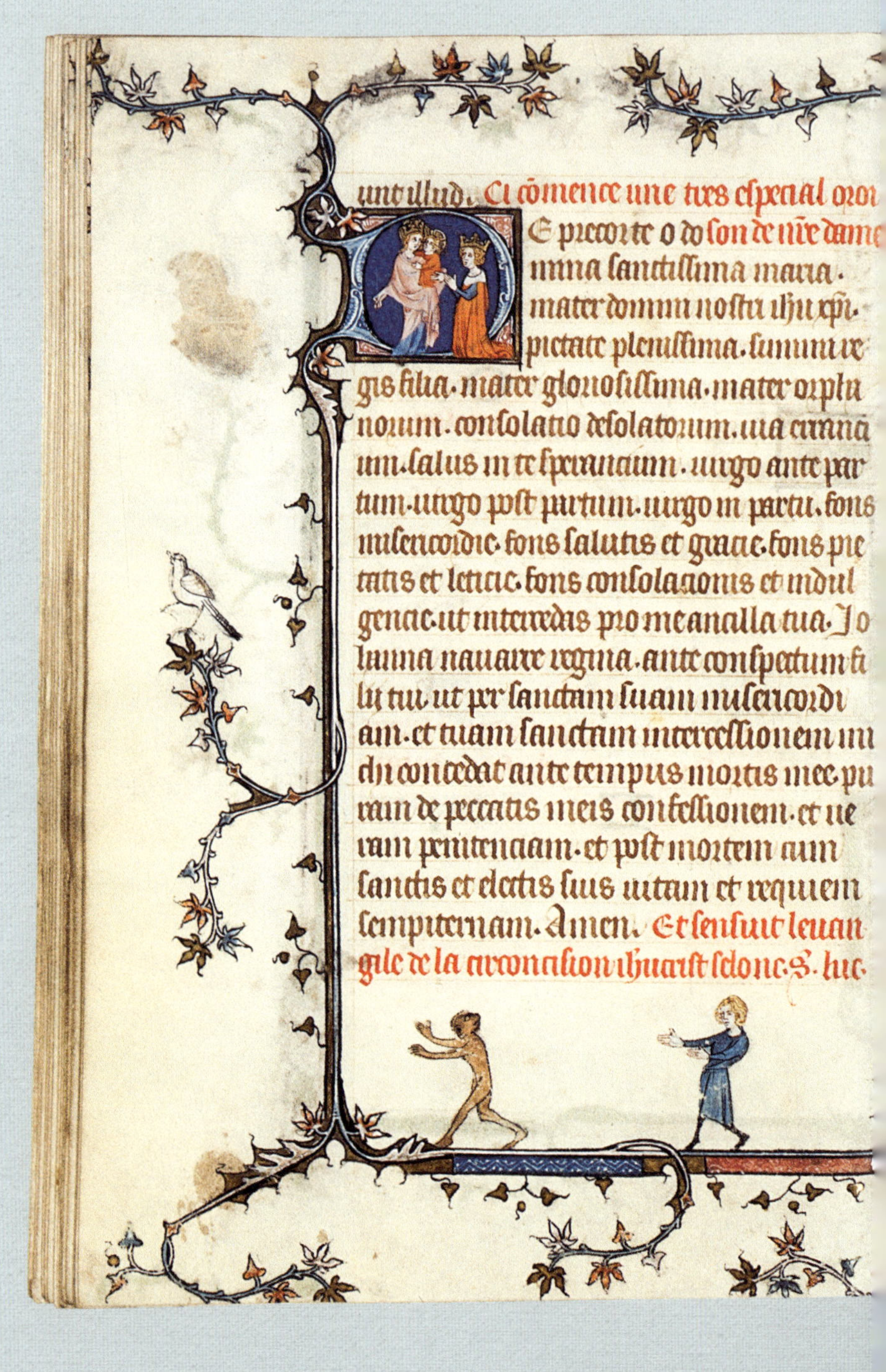

uint illud. Ci commence une tres especial oroi
son et priere a nostre dame
D omina sanctissima maria.
mater domini nostri ihesu christi.
pietate plenissima. summi re
gis filia. mater gloriosissima. mater orpha
norum. consolatio desolatorum. via errantium.
salus in te sperancium. virgo ante par
tum. virgo post partum. virgo in partu. fons
misericordie. fons salutis et gracie. fons pie
tatis et leticie. fons consolacionis et indul
gencie. ut intercedas pro me ancilla tua. Jo
hanna navarre regina. ante conspectum fi
lii tui. ut per sanctam suam misericordi
am. et tuam sanctam intercessionem mi
chi concedat ante tempus mortis mee pu
ram de peccatis meis confessionem. et ve
ram penitenciam. et post mortem cum
sanctis et electis suis vitam et requiem
sempiternam. Amen. Et sensuit levan
gile de la circoncision ihesucrist selonc S. luc.

»famulo tuo« heißen) oder das Gebet, das beim Empfang der Kommunion gesprochen wird: »Domine non sum digna ...« (»Herr, ich bin nicht würdig ...«; das Adjektiv weist die weibliche Endung auf). Es ist ein großer Glücksfall, dass die Frau, der diese Gebete gewissermaßen in den Mund gelegt werden, tatsächlich mit Namen genannt wird. Dies geschieht in einem Gebet an die Jungfrau Maria, das die Bitte enthält, sie möge »sich verwenden für mich, deine Dienerin Johanna, Königin von Navarra« (»ut intercedes pro me ancilla tua Johanna navarre regina«). Diese so wichtigen Wörter finden sich auf folio 151v in der Mitte des Textes und sind daher leicht zu übersehen.

Johanna (1312–1349) war das einzige überlebende Kind von Ludwig x., dem König von Navarra von 1305 bis 1316 und König von Frankreich von 1314 bis 1316. Sie war erst vier Jahre alt, als ihr Vater starb. Ihre Legitimität wurde angefochten, da ihre Mutter Margarete von Burgund Gerüchten zufolge außereheliche Affären gehabt haben sollte. So zog man rasch die uralte Lex Salica heran, um zu verhindern, dass Johanna ihrem Vater auf den französischen Thron nachfolgte. In Shakespeares *Heinrich v.* erläutert der Erzbischof von Canterbury dieses Gesetz: »No woman shall succeed in Salique land / Which Salique land the French unjustly gloze / To be the realm of France« (»Auf Weiber soll nicht erben Salisch Land ...«, Akt 1, Szene 2). Unter Berufung auf dieses Recht hatte Johannas Onkel, der jüngere Bruder ihres Vaters, sich selbst zum französischen König gekrönt. Philipp v. regierte bis 1322. Es heißt, er sei Opfer eines Fluchs geworden, der über die Herrscher aus dem Geschlecht der Kapetinger verhängt worden sei, weil einer von ihnen – Philipp iv. – 1307 den Großmeister der Tempelritter auf dem Scheiterhaufen hatte verbrennen lassen. Die Kapetinger wurden bekannt als *les Rois maudits*, die verfluchten Könige. Auch Philipp v. starb ohne männlichen Erben, dasselbe Schicksal widerfuhr seinem Nachfolger Karl iv., der von 1322 bis 1328 regierte. Johanna konnte daher ihren Anspruch auf den Thron erneuern. Dieses Mal verhinderte aber der Cousin ihres Vaters, der als Philipp vi. als Erster aus der Valois-Dynastie von 1328 bis 1350 über das Land regierte, ihre

LINKS: Das Gebet an die Jungfrau Maria. Auf die kniende Figur in der Initiale wird auf den Zeile 12 und 13 Bezug genommen mit »ancilla tua Johanna navarre regina« (»deine Dienerin Johanna, Königin von Navarra«).

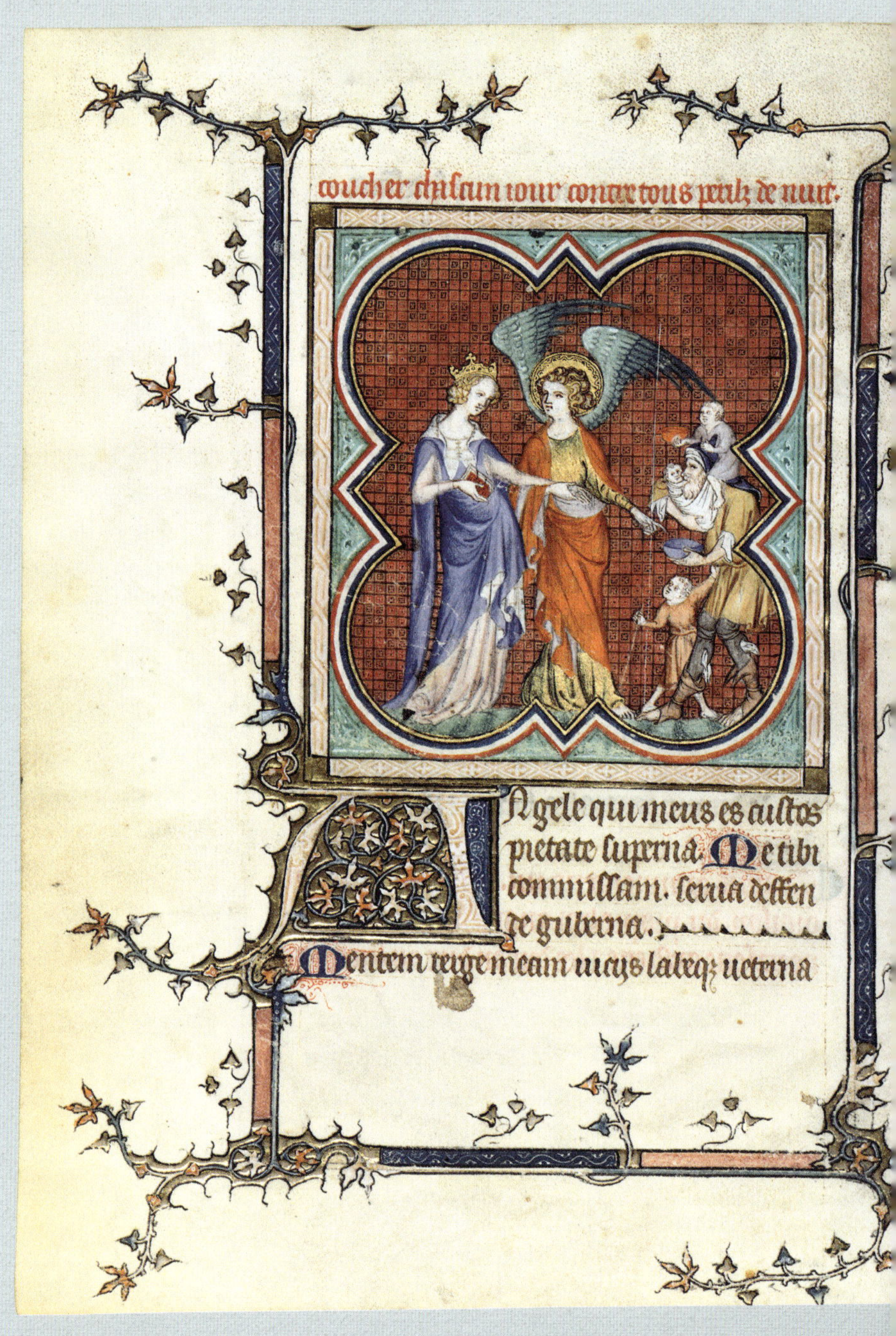
coucher chascun iour contre tous perilz de nuit.
Angele qui meus es custos pietate superna. Me tibi commissam. serua deffende guberna.
Mentem terge meam uicijs labeq; ueterna

Thronbesteigung. Traurige Realität ist, dass Prinzessinnen im Mittelalter nicht immer ein leichtes Leben beschieden war. Mir ist nicht bekannt, ob Johannas Geschichte je Vorlage für einen dieser leidenschaftlichen historischen Romane wurde, mit hochgeprägten Goldlettern auf dem Cover und beherzten Heldinnen im Kampf gegen ein von Geburt verhängtes Schicksal, wie sie meine Gattin verschlingt, aber sie hätte es verdient. Damals schloss man ein Abkommen mit Johanna. Man bot ihr und ihrem Gemahl, Graf Philipp von Évreux, gemeinschaftlich über Navarra zu herrschen an, jenes winzige Königreich in den westlichen Pyrenäen, das seit Langem verschwunden ist und dessen ehemaliges Territorium sich heute Spanien und Frankreich teilen. Die französischen Herrscher waren auch Könige von Navarra, doch galt in dem kleinen Reich nicht das Frauen von der Erbfolge ausschließende Salische Gesetz. Johanna konnte daher endlich Königin werden und wurde am 5. März 1329 in Pamplona gekrönt, der Hauptstadt von Navarra.

Die Handschrift ist geradezu gesprenkelt mit Darstellungen des Wappens von Navarra. Dieses besteht aus einem Kreuz und einem Schragenkreuz, aus goldenen Ketten gebildet, auf rubinrotem Feld. Es kommt in mehr als achtzig der illuminierten Initialen vor, außerdem an anderen Stellen, wie zum Beispiel in dem Kalender auf den Schilden, die die beiden das Sternzeichen Zwillinge verkörpernde Gestalten halten, und sogar neben einem an einem Seitenrand dargestellten Affen. Man findet es auch im Hintergrund einiger Abbildungen wie zum Beispiel auf der mosaikartig strukturierten Fläche hinter der Geburtsszene. Aufgrund dieser Wappen und der namentlichen Erwähnung Johannas als »navarre regina«, lässt sich sagen, dass die Handschrift nicht vor ihrer Thronbesteigung im Jahr 1328 entstanden sein kann. Diese gibt einen sicheren *terminus post quem* ab. Viele andere Initialen schließen auch das Wappen derer von Évreux ein, das Johanna nach ihrer Heirat im Jahr 1318 übernahm (das altfranzösische *fleur de lys*-Wappen mit einem schrägen, aus silbernen und rubinroten Rechtecken zusammengesetzten Balken). Einen weiteren Anhaltspunkt für die Datierung liefert die Tatsache, dass

LINKS: Das Wappen der Johanna von Navarra und Darstellungen ihrer Person finden sich in der gesamten Handschrift. Hier wird die Königin gezeigt bei der von einem Engel begleiteten Verteilung von Almosen an die Armen.

Johanna nirgendwo in Witwentracht dargestellt ist. Die Handschrift muss also zu Lebzeiten ihres Gemahls hergestellt worden sein, der 1343 starb.

Eine äußerst ungewöhnliche Komponente des Stundenbuchs der Johanna von Navarra stellt der durchgehend illustrierte Zyklus der Stunden Ludwigs des Heiligen dar, der auf folios 85v–105v überliefert ist. Es handelt sich um Gebete und Lesungen von der Matutin bis zum Komplet, wie sie auch Zyklen traditionellerer Art konstituieren; in diesem Fall sind die Texte aber einem Heiligen aus der französischen Königsfamilie gewidmet, an den zur Zeit der Entstehung der Handschrift einige (wenige) Menschen wohl noch persönliche Erinnerungen besaßen. Ludwig IX. war von 1226 bis 1270 König von Frankreich gewesen; er hatte als chevaleresker Kreuzritter und frommer Erbauer der Sainte-Chapelle Ruhm erlangt. 1297 hatte Bonifatius VIII. ihn heiliggesprochen. Johanna von Navarra war seine Ururenkelin und ihr Gatte über eine andere Linie sein Urenkel. Ludwig IX. gewidmete Stundengebete kommen – soweit bislang bekannt – ausschließlich in Handschriften vor, die in der ersten Hälfte des 14. Jahrhunderts für Mitglieder der Familie des Heiligen selbst angefertigt wurden. Die früheste davon ist das Stundenbuch der Blanka von Burgund (ca. 1295–1326), der Urenkelin der Tochter von Ludwig und ersten Frau von Karl IV., der ebenfalls ein Urenkel des Heiligen war; die Handschrift ist heute im Besitz der New York Public Library. Eine weitere ist das winzige Stundenbuch der Johanna von Évreux (1310–1371), dritter Frau von Karl IV. und Schwägerin unserer Johanna, das sich nicht weit entfernt im New Yorker Metropolitan Museum befindet. Auch Johanna von Évreux war direkte Nachfahrin Ludwigs. Eine dritte Handschrift, die Stundengebete an diesen Heiligen einschließt, ist das Stundenbuch der ältesten Tochter von Johanna von Navarra, Maria (1329–1347), der späteren Königin von Aragon, das in der Biblioteca Marciana in Venedig liegt. Ein solcher Zyklus von Gebeten war auch in den sogenannten Savoy Hours enthalten, ebenfalls für Blanka von Burgund hergestellt. Dieser Codex ging aber in einem schrecklichen Brand verloren, der 1904 die Tu-

RECHTS: Ludwig der Heilige wird als Junge nach Reims zu seiner Königskrönung gefahren. Eine Miniatur aus dem Abschnitt im Stundenbuch der Johanna von Navarra, der diesem Heiligen gewidmet ist.

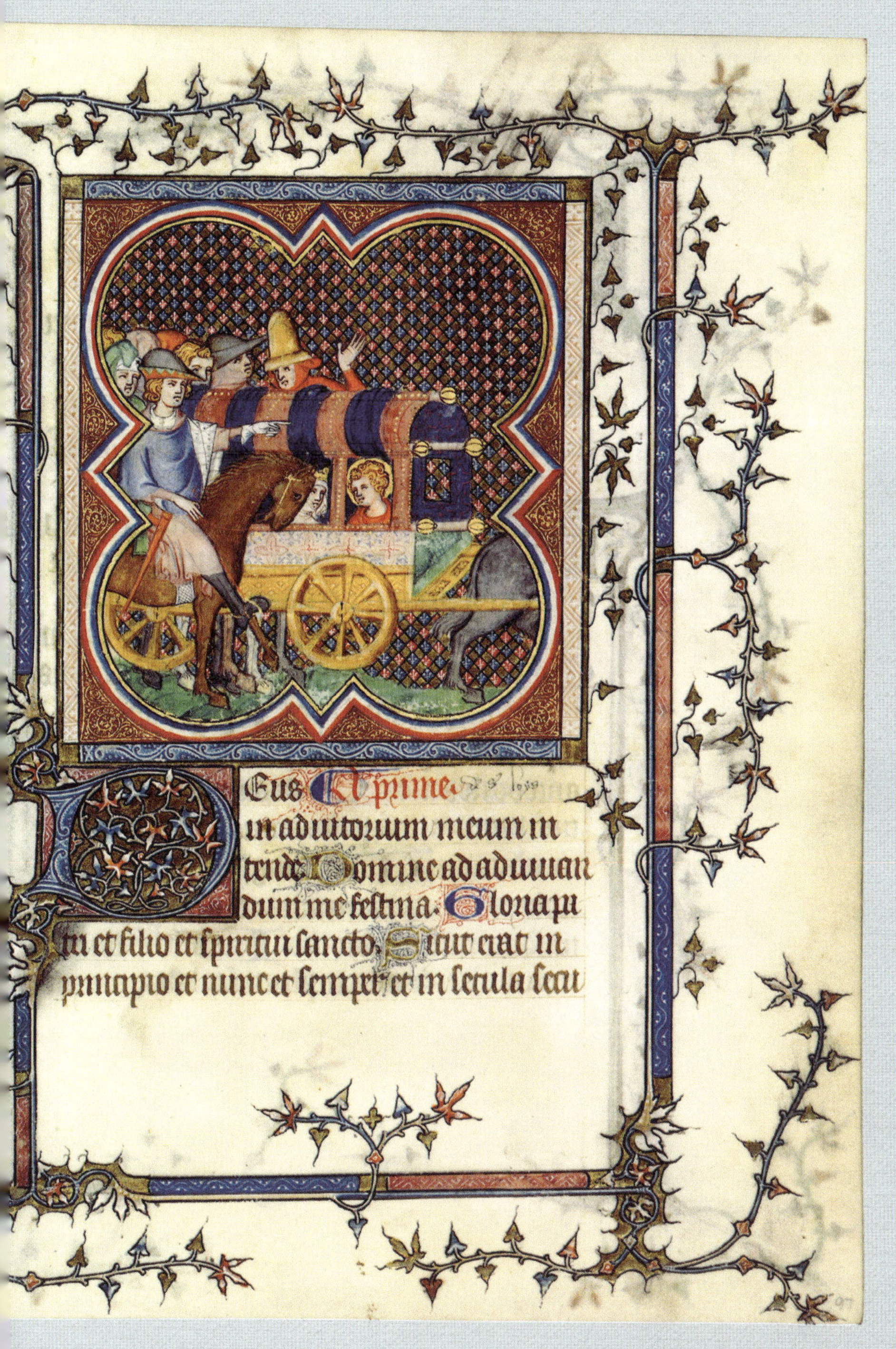
Deus Ad prime.
in adiutorium meum in
tende. Domine ad adiuuan
dum me festina. Gloria pa
tri et filio et spiritui sancto. Sicut erat in
principio et nunc et semper et in secula secu

riner Biblioteca Nazionale verwüstete. In ihm wurde explizit erklärt, dass die Stundengebete für Ludwig den Heiligen insbesondere dazu bestimmt waren, von Mitgliedern jener höchstheiligen und höchstedlen französischen Dynastie aufgesagt zu werden, von »personnes qui sont de si sainte et de si très noble lignée comme est celle de France«.

In der Handschrift vor uns sind die Stundengebete für Ludwig den Heiligen mit reizenden und intimen Szenen aus dessen frühen Jahren bebildert. Es erinnert an ein Album mit Familienfotos. Wir blättern die Seiten um, wie Johanna es gewiss gemeinsam mit ihren Kindern getan hat, der erwähnten Maria (geb. 1329), Blanka (geb. 1330), Karl (geb. 1332), Agnes (geb. in den 1330er-Jahren), Philipp (geb. 1336) und Ludwig, dem Namensvetter des Heiligen (geb. 1341; ein früher geborener, auch schon auf diesen Namen getaufter Knabe war als Kleinkind gestorben). Zweifellos wurden beim Betrachten der Bilder Geschichten erzählt und Lehren aus ihnen gezogen. Das erste Bild (siehe unser Frontispiz) zeigt, wie Ludwig der Heilige unter Anleitung seiner Mutter, Blanka von Kastilien, und eines Lehrers mit einer Rute lesen und schreiben lernt. Der Knabe hält ein Buch in den Händen. In Kapitel Sieben haben wir den berühmten illuminierten romanischen Psalter kennengelernt, der in Leiden liegt; in ihm findet sich ein Eintrag, demzufolge er das Buch war, mit dessen Hilfe Ludwig als Kind lernte (siehe S. 351). Der Leidener Psalter gehörte zuerst der Großmutter Johannas von Navarra, dann ihrer Tante und schließlich ihrer Tochter und aller Wahrscheinlichkeit eine Zeit lang auch ihr selbst. Das Bild in ihrem Stundenbuch, das Ludwig zeigt, wie er mithilfe des Psalters lesen und schreiben lernt, stellt mit größter Sicherheit einen Hinweis auf diese von der Familie gehütete Reliquie des Heiligen dar, abgesehen davon, dass es Kindern ein Vorbild sein sollte.

Die anderen Bilder dieses Zyklus zeigen Ludwig als Knaben beim Besuch der Messe (Laudes); Ludwig in einer Kutsche auf dem Weg zu seiner Krönungszeremonie, die 1226 in Rheims stattfand, in Begleitung einer Königin, bei der es sich nur um seine willensstarke Mutter handeln kann, da er damals erst zwölf und unverheiratet war (Prim); seine Weihe zum König (Terz); seine Krönung (Sext); Ludwig, wie er beim Tragen der Dornenkrone hilft, deren Erwerb im Jahr 1237 Anstoß zum Bau der Sainte-Chapelle gab, in der die kostbare Reliquie aufbewahrt wurde (Non); Ludwig auf dem Krankenlager im Jahr 1244, der in Todesangst verspricht, auf einen Kreuzzug zu gehen (Vesper); und Odo von Châteauroux, den päpstlichen Legaten seit 1245, der predigend zu diesem Kreuzzug auffordert (Komplet). Diese Miniaturen sind, wie alle anderen in der Handschrift, von Vierpass-Rahmen in Blau, Weiß, Rot umgeben, damals die Farben der königlichen Familie und uns heute von der Fahne der Republik Frankreich her vertraut. Es ist möglich, dass die Bildsequenz ihren Abschluss und gleichzeitig ihren Höhepunkt mit zwei Darstellungen findet, die die Ausrufung des sechsten Kreuzzugs zum Thema haben, um auf eine Parallele hinzuweisen: 1333 rief nämlich Philipp, der Ururenkel Ludwigs des Heiligen, zu einem neuen Kreuzzug auf. Wenn das so ist, können wir die Entstehung des Stundenbuchs vielleicht auf dieses Jahr oder einen Zeitpunkt kurz danach datieren. In dem Kalendarium ist Ostern in roter Tinte neben dem Datum des 27. März verzeichnet. Zwar kann sein, dass der Eintrag sich auf die Dauer der gesamten Osterzeit bezieht, doch fiel der Ostersonntag im Jahr 1334 tatsächlich auf den 27. März. 1334 waren genau hundert Jahre vergangen, seit Ludwig geheiratet und die Herrschaft über Frankreich angetreten hatte. Das älteste Kind Johannas von Navarra war in diesem Jahr fünf – mithin in dem Alter, in dem man anfangen konnte, lesen zu lernen.

Es ist wirklich bemerkenswert, wie personalisiert dieses Stundenbuch ist. In allen Handschriften, die wir bisher kennengelernt haben, tauchte der Auftraggeber in den Texten so gut wie nie auf. Johanna von Navarra aber ist überall in ihrem Stundenbuch präsent. Sie wird in einem Gebet namentlich genannt. Des ihrer Familie entstammenden Heiligen wird mit einem eigenen Gebetszyklus gedacht, außerdem vielleicht auch noch anderer von ihr persönlich besonders verehrter Heiliger, etwa mit den Gebeten an die heilige Appolonia und einer Lebensbeschreibung der heiligen Margarete auf Französisch. Sydney Cockerell zufolge, der 1902 eine lange Beschreibung der Handschrift für Yates Thompson verfasste, deuten die Gebete an die heilige Appolonia vielleicht darauf hin, dass Johanna »unter Zahnschmerzen litt« – ein Leiden, zu dessen Abhilfe man die Heilige um Beistand anrief. Margarete war Schutzpatronin der Gebärenden – passend für eine junge Frau mit vielen Kindern. Alle Rubriken und Überschriften sind auf Französisch, der häuslichen Umgangssprache, die vor allem von Frauen benutzt wurde. Es ist beinahe so, als wolle Johannas Beichtvater, wohl ein Franziskaner, sie sachte durch ihre Andachtsübungen hindurchgeleiten. In einigen Fällen scheint sie sehr direkt und in vertrautem Ton angesprochen zu werden: »*Vous devez sa-*

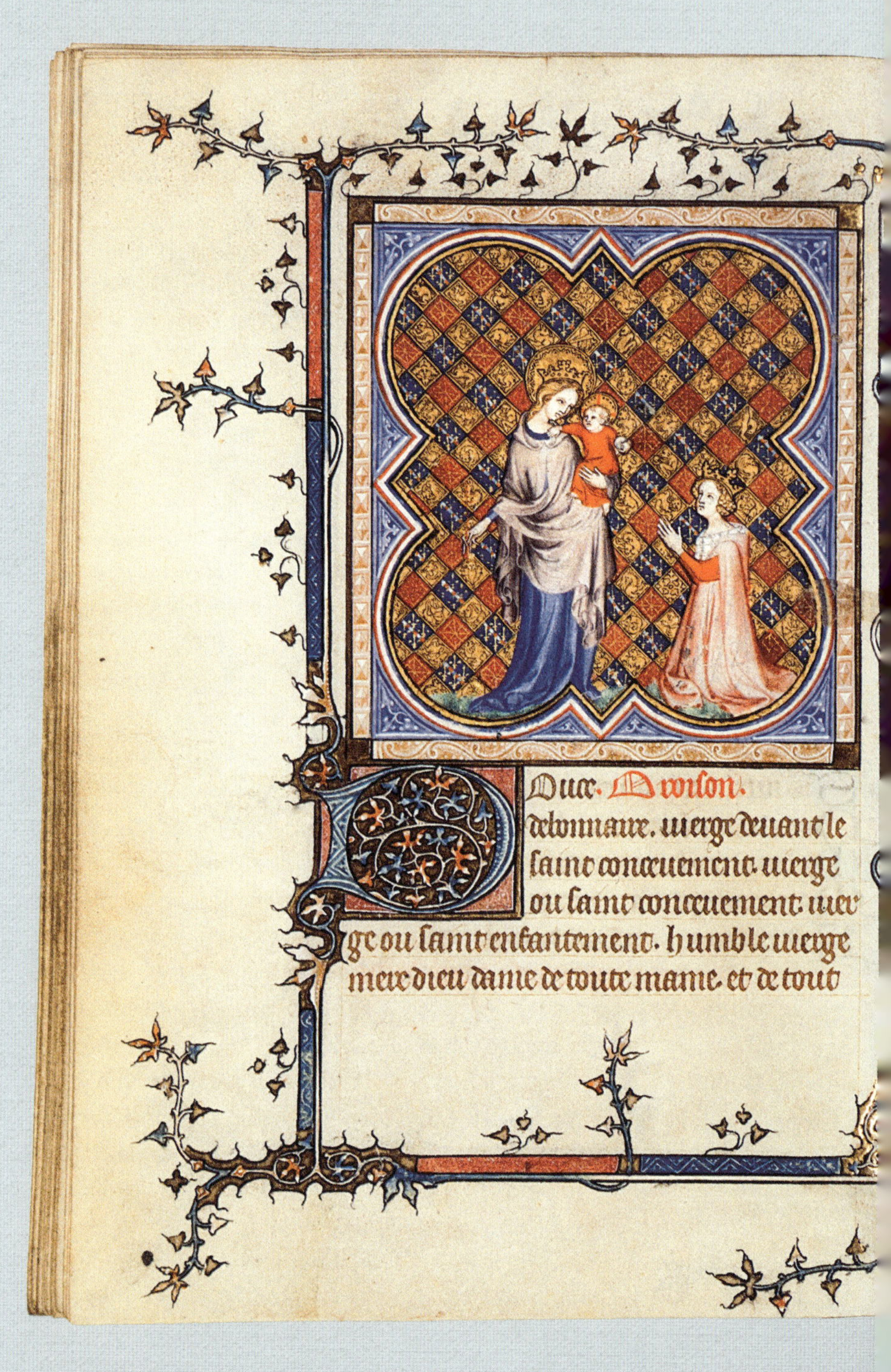
Duce. Oroison.
debonnaire. vierge devant le
saint conceuement. vierge
ou saint conceuement. vier
ge ou saint enfantement. humble vierge
mere dieu dame de toute mame. et de tout

voir …«. Das wirkt, als würde der Kaplan zu ihr sagen: »Euer Gnaden, Ihr solltet wissen, dass den Bräuchen der päpstlichen Kurie zufolge das tägliche *Te Deum laudamus* nicht vor den Lobgesängen für unsere Liebe Frau angestimmt wird …«, und so weiter. Johanna von Navarra ist auch in den marginalen Illuminationen präsent; sie blickt an den Rändern der Seiten ihres Stundenbuchs von unserer Welt in die Gottes hinüber. Bei den frühesten Darstellungen lebender Menschen in mittelalterlichen Andachtsbüchern wirken diese gewöhnlich distanziert und von uns abgetrennt, als gehörten sie anderen Universen an. Sie blicken von außen herein, hinter dem Schleier einer Randillumination oder einer auf den Text bezogenen Bildinitiale hervor. In einigen bemerkenswerten Miniaturen wird hier aber Johanna von Navarra, die Besitzerin der Handschrift, Teil der heiligen Bilder selbst. Ein Beispiel dafür findet sich auf folio 118v, in der Illustration zu einem an die Jungfrau Maria gerichteten französischen Gebet: »Douce debonnaire vierge …« (»Süße, gütige Jungfrau …«). Man sieht die Jungfrau, die sich dem Christkind zuwendet und mit ihrer Rechten nach unten auf das »D« von »Douce« weist, das als Initiale gestaltet ist. Man hätte erwarten können, in dieser Initiale Johanna zu sehen, die ehrfurchtsvoll nach oben schaut. Stattdessen ist die Initiale rein dekorativer Art, und Johanna ist durch den Rahmen der Miniatur in diese hineingeschlüpft und kniet jetzt unmittelbar neben der Jungfrau. Da sehen wir sie vor uns: zwei gekrönte Königinnen. Das ist ein verblüffend innovativer Schritt in der Geschichte der religiösen Kunst – und ein wagemutiger. Die Jungfrau, die nur Augen für ihren Sohn hat, scheint nicht wirklich bemerkt zu haben, dass die Königin von Navarra in ihren Bereich eingedrungen ist. In einer anderen Miniatur ist ein Engel vom Himmel in unsere Welt gekommen, und man sieht ihn Johanna von Navarra loben, weil sie den Armen Almosen gibt.

Die Atmosphäre in der Bibliothèque nationale ist immer angenehm entspannt. Wie in keinem anderen Land hat in Frankreich die Tradition überlebt, sich dem Studium der Altertumskunde aus Liebhaberei zu widmen. Die ebenfalls über Handschriften Sitzenden um mich herum schie-

LINKS: Johanna von Navarra ist in andächtiger Verehrung vor der Jungfrau und dem Kind auf die Knie gesunken. Der Hintergrund dieser Szene zeigt die Wappen von Évreux und Navarra in vielfacher Wiederholung.

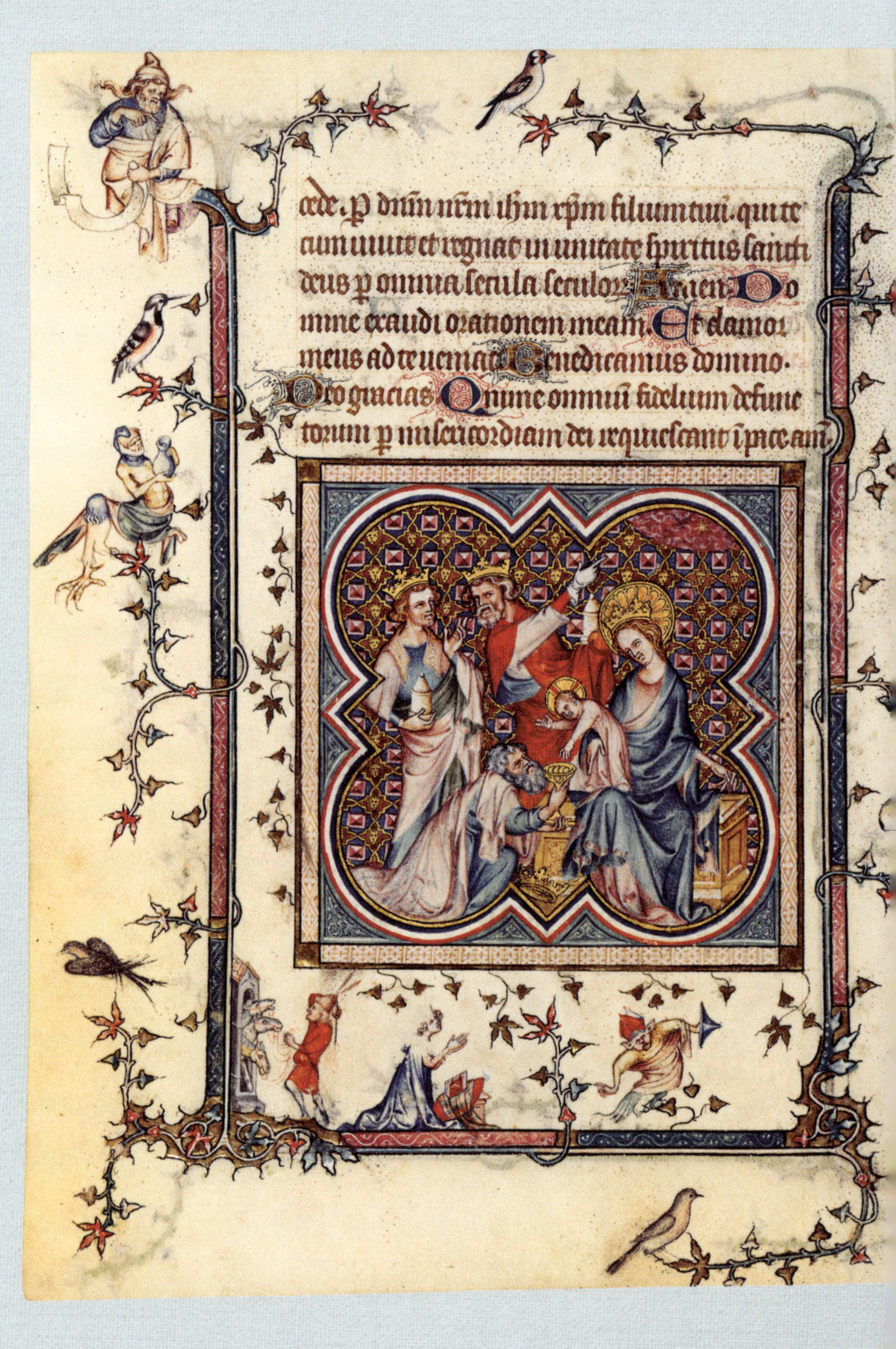

cede. p dnm nrm ihm xpm filium tuum. qui te
cum uiuit et regnat in unitate spiritus sancti
deus p omnia secula seculor. Amen. Do
mine exaudi orationem meam. Et clamor
meus ad te ueniat. Benedicamus domino.
Deo gracias. Quinime omniu fidelium defunc
torum p misericordiam dei requiescant i pace am.

nen in keiner Eile zu sein – abgesehen von ein paar Amerikanern, als solche sofort erkennbar durch hektische Betriebsamkeit und Gehetztheit. Ich selbst lehnte mich bequem in meinem Stuhl zurück und erfreute mich eine Zeit lang am Anblick der Handschrift, bevor ich mir wieder Notizen machte. Henry Yates Thompson hat sie 1902 als »eines der entzückendsten aller Stundenbücher« bezeichnet, und sie ist in der Tat reizvoll.

Ohne dass wir es bemerkt haben, ist schon eine ganze Stunde vergangen, in der wir einfach nur diesen aus kleinen Einzelheiten gebildeten bezaubernden Mikrokosmos angeschaut haben, der wie der Globus, den Gott in der Abbildung zur Matutin im der Trinität gewidmeten Zyklus in Händen hält, eine ganze Welt *en miniature* in sich einschließt. Unter anderem sieht man auf diesem Globus ein Segelschiff, das in einen von Bäumen und Häusern umstandenen Hafen einläuft. Auf der Darstellung der Verkündigung, die die Matutin für die Jungfrau einleitet, musizieren sechs ungeladene himmlische Gäste, nämlich Engel, die sich auf dem Dachboden von Marias Haus in Nazareth verborgen haben und derart inbrünstig auf Pfeife, Trommel, Laute, Streichpsalter und Dudelsack spielen, dass es ein Wunder ist, dass die Jungfrau sich auf ihr Gebet konzentrieren oder ein Wort von dem verstehen kann, was Gabriel ihr zu verkünden hat. In einer Initiale auf folio 163v musiziert ein Engel noch leidenschaftlicher auf einer doppelten Kesselpauke; er hat sich so in sein Spiel hineingesteigert, dass er seine Arme gekreuzt hat, um auf beide Pauken gleichzeitig zu schlagen. Die Darstellung der Flucht nach Ägypten, mit der das Abendgebet illustriert ist, schließt zwei Götzenstatuen ein, die von einem Gestell wie von einem Galgen im freien Fall nach unten sausen, als die Heilige Familie vorüberzieht. Was man für eine Statue dieser Art hielt, halb verschüttet im Sandboden Ägyptens, darauf wurde das Augenmerk mittelalterlicher Pilger gelenkt – wir kennen sie heute als Sphinx. Es gibt kleine *bas-de-page*-Vignetten an den Rändern von Bildseiten. Einige davon scheinen die zentrale Darstellung auf der jeweiligen Seite aufzunehmen, eine Art Echo zu ihr zu bilden. Außerhalb

LINKS: Die Anbetung der Heiligen Drei Könige, die hier in ausgesprochen royalem Ambiente stattfindet, mit der die Darstellung der im Gebet versunkenen Königin Johanna unten auf der Seite im Einklang steht.

des Rahmens um die Darstellung der Geburt Christi zur Stunde der Prim versorgen grotesk deformierte Gestalten ihre eigenen Neugeborenen. Ein Mann droht mit einem Stock und beschimpft die im Stall stehenden Pferde der Heiligen Drei Könige zur Stunde der Sext am Epiphaniastag. Man findet, ungewöhnlich für diese frühe Periode der europäischen Kunst, naturalistische Abbildungen von Vögeln, unter anderem von Eulen, Distelfinken, Spechten, Schwalben, Enten und sogar Papageien. Es gibt Darstellungen von Schmetterlingen, von einer Fledermaus, von Kindern, die einem Knaben die Strümpfe ausziehen, einem mit Pfeil und Bogen bewaffneten Jäger, der Hasen in ein Loch treibt, einem Mann, der mit einem Vogelkäfig auf dem Kopf unterwegs ist (auf folio 153r; ich vermag mir keinen Reim auf dieses Bild zu machen), einem Paar, das Schach spielt (nicht annähernd so überzeugend ausgeführt wie in den *Carmina Burana*), miteinander kämpfenden Knaben, einer Frau, die sich die eigene Kehle aufschlitzt, einem Affen, der als Arzt gekleidet ist, einem knienden Mann, der einem Mädchen mit einem riesigen und schlicht lächerlich wirkenden Ring einen Antrag macht, und so fort. Im *Répertoire des biens spoliés* heißt es, dass es sich um »sujets humoristiques« handele, doch manche dieser kleinen Vignetten sind auch düsterer Art. An einigen Rändern findet man Ungeheuer, Drachen und Geschöpfe, die einem sonst nur in Albträumen begegnen. Sogar auf den am schlichtesten gestalteten Seiten finden wir Beispiele jenes für illuminierte Handschriften der Hochgotik typischsten Dekorationselements: der sogenannten »Efeublatt-Bordüre«, die aus Ranken dieser Pflanze mit »dreizackigen« Blättern aus poliertem Gold gebildet wird, die aufleuchten, wenn man die Seiten umschlägt. Ein Botaniker wies mich einst darauf hin, dass es sich bei dem Blätterwerk in französischen Handschriften gar nicht um solches von Efeu handelt, wie es immer heißt. Vorbild für dieses Ornament war vielmehr die Zaunrübe *(Bryonia dioica)*, eine sogar noch giftigere Pflanze, die wirklich sehr gefährlich ist. In Handschriften wird sie oft zusammen mit Drachen, Löwen und schrecklichen Ungeheuern dargestellt, die den Tod bringen können. Die Welt, die sich an den Rändern mittelalterlicher Manuskripte auftut, ist nicht anheimelnd. Und auch Johanna von Navarra führte in ihrem goldenen Käfig kein sicheres und behagliches Leben.

Konzentrieren wir uns wieder auf die Handschrift vor uns. Das fällt nicht leicht, denn am frühen Nachmittag herrscht in dem Saal eine

Wärme, die träge macht. Ich habe den Codex sorgfältig auf seine Lagenstruktur hin untersucht, das Ergebnis finden Sie unten.* Zwei Dinge sind auffallend. Erstens: Das leere Blatt, das scheinbar nach folio 10 fehlt, ist tatsächlich das als »a« foliierte Vorsatzblatt vor folio 1, und auf ihm finden sich dieselben Abdrücke wie auf folio 1r, die vermutlich von Pilgerabzeichen herrühren, die auf das erste Blatt der Handschrift genäht waren. Das könnte relevant sein, wenn wir die Geschichte des Stundenbuchs im 14. Jahrhundert rekonstruieren wollen. Schockierend ist das Fehlen von folio 121. Dieses illustrierte Blatt war mit Sicherheit noch vorhanden, als die Handschrift 1902 von Cockerell kollationiert und foliiert wurde und auch noch, als sie 1919 verkauft wurde. Es ist wenig wahrscheinlich, dass das Blatt schon fehlte, als Alexandrine de Rothschild den Codex während des Kriegs als gestohlen meldete. Schnitt Hermann Göring es heraus? Er ist vieler Verbrechen schuldig, dies wäre ein bislang unbekanntes. Die Miniatur auf dem Blatt wurde von Cockerell folgendermaßen beschrieben: »Die gekrönte Jungfrau sitzt auf einem Thron. Über ihrem Kopf hängt ein kreisförmiger Baldachin herab. Sie hält eine Blume in der Rechten, stützt mit der Linken das auf ihrem Knie stehende Kind und beugt sich zu Königin Johanna vor, die rechts mit verschränkten Händen kniet. Hintergrund blau-rosa-goldenes Schachbrettmuster.« Das hört sich wunderbar an, und das Bild könnte gut in einem Rahmen an jemandes Wand hängen, ohne dass der gegenwärtige Besitzer etwas von seiner Provenienz ahnt.

Eine besonders bezaubernde Komponente des Stundenbuchs der Johanna von Navarra ist das Kalendarium, das mit Darstellungen illustriert ist, die komplex und faszinierend sind. Wir wollen uns zuerst deren oberen Rändern widmen. Auf jedem Bildblatt sieht man oben ein fantastisches gotisches Tor, wohl die Himmelspforte, die von der auf den Zinnen

---

* i^{2+2} [ein eingefügtes Doppelblatt, folios 1–2, dem ein leeres Vorsatzblatt vorausgeht und eine um 1420 hinzugefügte Miniatur folgt], ii^{7} [vii leer, von 8, viii entfernt, ein leeres Blatt nach folio 10], iii–v^{8}, vi^{4}, vii–xiv^{8}, xv^{6}, xvi^{8}, xvii^{7} [von 8, es fehlt v, foliiert mit »121«], xviii^{7} [von 8, es fehlt iii, ein Blatt nach folio 126], xix^{8}, xx–xxi^{7} [von 8, in beiden Lagen fehlt vii, nach folio 145 bzw. 152], xxii–xxvi^{8}, xxvii^{4} [anscheinend vollständig], xxviii–xxxiv^{8}, xxxv^{4} [ursprüngliches Ende der Handschrift], xxxvi^{5} [spätes 14. Jahrhundert, von 6, vi entfernt nach folio 263], xxxvii^{8} [spätes 15. Jahrhundert], meist mit Kustoden.

stehenden, eine Fahne schwenkenden Jungfrau Maria bewacht wird. Jedes dieser Tore stützt eine Wölbung, die sich wie ein Regenbogen über eine Landschaft spannt. Die Sonne wandert auf diesem Bogen entlang. Aus den Toren treten die Tierkreiszeichen: Wassermann im Januar, Fische im Februar, Widder im März und so weiter. Hier dringen heidnische Symbolfiguren aus dem christlichen Himmel in die diesseitige Welt ein. Jedes der zwölf Zeichen beeinflusst, sowie es in den Vordergrund tritt, durch seine Wanderung über den Himmel das Wetter: ein alter astronomischer Glaube, dem auch in der Leidener *Aratea* Ausdruck verliehen wird. Die den Monat Januar ins Bild setzende Landschaft wirkt wie eine alte Sepia-Fotografie, auf der ein von den Kämpfen des Ersten Weltkriegs zerfurchtes Schlachtfeld in Flandern zu sehen ist: Verkrüppelte, entlaubte Bäume stehen inmitten einer verwüsteten Welt. Mit Februar steht es nicht viel besser, überdies regnet es. Im März haben sich winzige Blattknospen an den Bäumen gebildet. Im April sprießt das Getreide, die Bäume tragen jetzt Blätter. Im Mai blühen Wildblumen auf den Wiesen, und es ist warm genug, dass die Zwillinge sich nackt präsentieren (allerdings züchtig hinter einem Schild). Im Juni stehen die Wälder in vollem Laub. Im Juli sind die Wiesen gemäht und das Heu aufgestapelt. Im August ist der Weizen geerntet, im September sind die Weinstöcke schwer von Trauben (Libra, eine Mädchenfigur, scheint bereit, sie zu wiegen). Im Oktober suchen Schweine nach Eicheln, und im November fallen die Blätter von den Bäumen. Im Dezember gibt es zum ersten und einzigen Mal menschliche Teilhabe an diesem ewigen Zyklus: Unter dem Zeichen des Steinbocks sieht man einen Mann, der mit der Axt Brennholz von Bäumen hackt, die schon wieder kahl geworden sind. In der linken oberen Ecke aller dieser Illustrationen ist der heilige Paulus als kleine Gestalt abgebildet, wahrscheinlich deswegen, weil ein liturgischer Kalender die Kirchenfeste des Jahres unter Angabe der Zahl der Lesungen aus der Heiligen Schrift, die an jedem von ihnen zu halten sind, vorgibt und Lesungen aus den Paulusbriefen integraler Bestandteil jeder Messe sind. Paulus verfasste jedoch Briefe an elf Empfänger und

RECHTS: Die Verkündigung an die Hirten. Die *bas-de-page*-Darstellung zeigt Bauern, die zu den Klängen eines Dudelsacks tanzen. Andere groteske Gestalten und Vögel schmücken die Efeublatt-Bordüre.

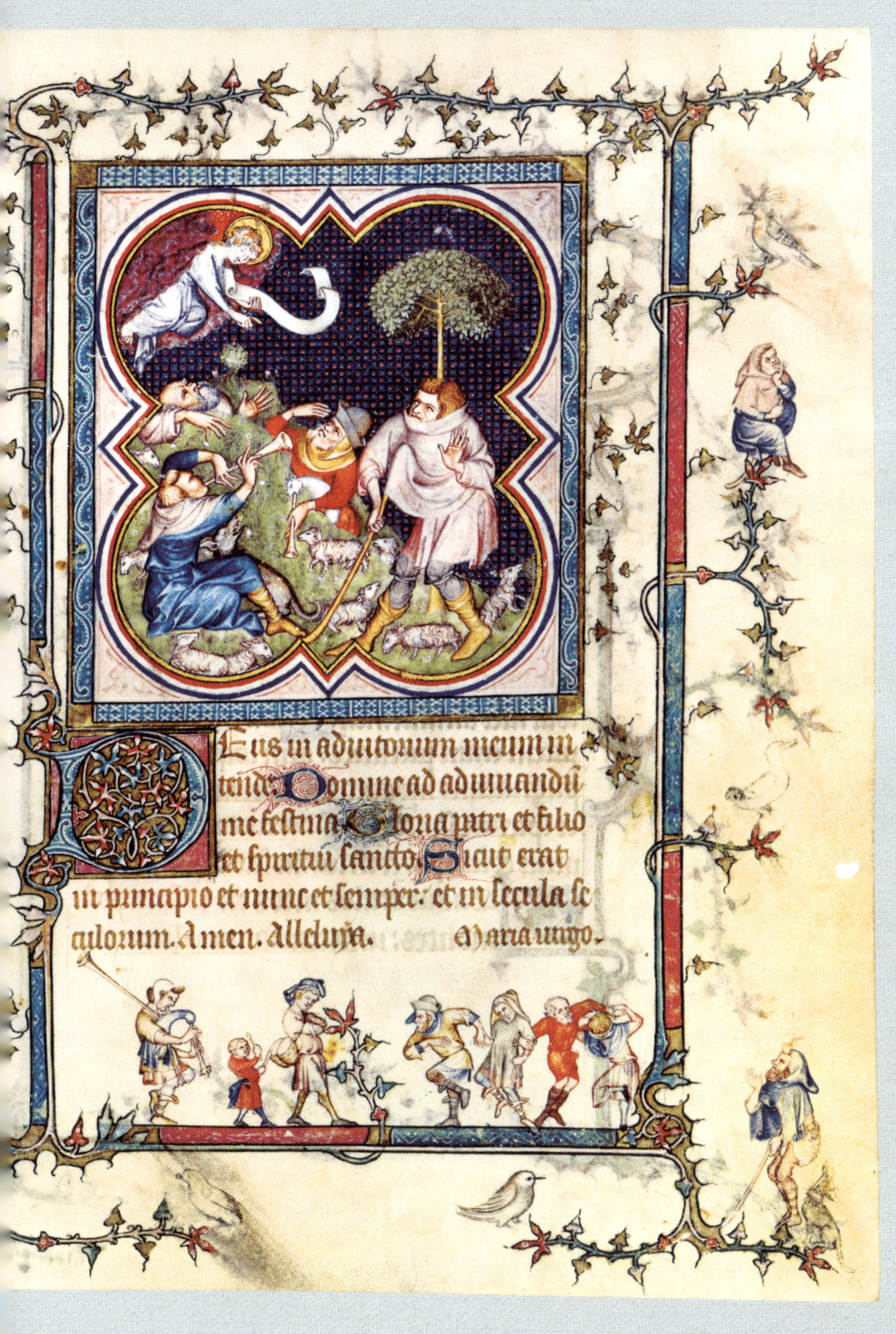
Deus in adiutorium meum in
tende. Domine ad adiuuandu
me festina. Gloria patri et filio
et spiritui sancto. Sicut erat
in principio et nunc et semper: et in secula se
culorum. Amen. Alleluya. Maria uirgo.

nicht an zwölf, im Januar wird daher zur Ergänzung seine Bekehrung zum Christentum gezeigt: Er stürzt von seinem Pferd und schaut zurück auf die Hand Gottes, die aus dem Himmel auftaucht (Apostelgeschichte 9, 4). Im Anschluss wendet er sich jeden Monat an eine neue Zuhörerschaft, die in der durch die Bibel vorgegebenen Reihenfolge abgebildet ist: Im Februar sieht man drei winzige Römer, im März mehrere Korinther, im April drei Galater, im Mai zwei Epheser und so weiter bis zu der einsamen Gestalt des Timotheus im September, Titus mit zwei Freunden im Oktober (bei seinen Gefährten könnte es sich um Zenas und Apollos handeln, bekannt aus Titusbrief 3, 13), einem einsamen Philemon im November und vier Hebräern im Dezember.

Das ganze Kalendarium ist also sehr sorgfältig und kunstvoll ausgeführt. Auf der einen Seite finden in ihm Vorstellungen einen Widerhall, die aus der antiken Astronomie übernommen sind, auf der anderen Seite weist es voraus auf den berühmten Kalender in den *Très Riches Heures* des Herzog von Berry, der an die achtzig Jahre später entstand und von dem eine Linie zu dem im Spinola-Stundenbuch aus dem 16. Jahrhundert führt (wir werden uns damit ausführlicher in Kapitel Zwölf befassen). Doch ist dies nichts im Vergleich zu der theologischen Vielschichtigkeit der Szenen an den unteren Rändern der Kalenderseiten im Stundenbuch der Johanna von Navarra.

Unter dem eigentlichen Kalenderteil ist auf jeder Seite ein gotisches Gebäude abgebildet. Das ist die Synagoge, der Tempel des jüdischen Gesetzes. Neben diesem Gebäude steht immer ein alttestamentarischer Prophet, zu dem sich wiederum einer der zwölf Jünger Jesu gesellt – ein unwahrscheinliches Zusammentreffen. Sie plaudern höflich, wenn auch etwas gezwungen miteinander; der Prophet verwendet ein geeignetes Zitat aus seinem biblischen Buch, und der Jünger antwortet mit einem passenden Satz aus dem Apostolischen Glaubensbekenntnis. So wird zum Beispiel Jeremia im Januar in den Mund gelegt: »Pater vocavit me« (»Der Vater hat mich gerufen«; Jeremia 3, 19 lautet eigentlich: »*patrem vocabis me*«), und Petrus erwidert taktvoll: »Credo in patre[m] omnipotentem creatorem celi et terre« (»Ich glaube an den Vater, den allmächtigen Schöpfer des Himmels und der Erde«). David zitiert im Februar aus seinen Psalmen, indem er sagt: »Filius meus es tu« (»Du bist mein Sohn«, Psalm 2, 7). Der Apostel Johannes antwortet darauf mit: »Et in ihesum xpistum filium eius unicum, Dominum Nostrum.« (»Und an Jesus Christus, seinen eingeborenen Sohn, unseren Herrn.«) Im Monat März beginnt Jesaja mit »Virgo concipiet et pariet filiu[m] (»Die Jungfrau wird empfangen und einen Sohn gebären«, 7, 14), und Jakobus entgegnet: »Qui conceptus est de spiritu sancto natus ex m[ari]a virgine.« (»Welcher empfangen wurde vom Heiligen Geist und geboren von der Jungfrau Maria.«) Und so geht es weiter bis zu Zacharias im Dezember, wo der Prophet seinen eigenen Ausspruch über das »Erwecken« seiner Söhne (9, 13) zitiert und ihm Matthias mit dem letzten Satz des Glaubensbekenntnisses über die Auferstehung des Fleisches und das ewige Leben antwortet. Das ist noch nicht alles. In jeder dieser Vignetten greift der Prophet nach hinten, reißt einen Ziegelstein aus der Synagoge und reicht ihn dem Apostel. Diese Steine ähneln kleinen Büchern (auch der Offizier, der den Codex in Berchtesgaden fand, hielt ihn ja zunächst für einen Ziegel). Während der Prophet diese Handlung vornimmt, ergreift der Apostel den Saum von dessen Gewand. Als im Jahresverlauf immer mehr Steine aus ihr entfernt werden, beginnt die alte Synagoge zunehmend zu zerfallen, sie wird Monat für Monat baufälliger. Im März stürzt schon ein Pfeiler um, im April bricht ein ganzer Turm von ihr ab, im Juni stürzt eine gesamte Seitenwand ein und so weiter, bis im Dezember vom jüdischen Gesetz nichts geblieben ist als ein Haufen Steine. Aus den geborgenen Ziegelsteinen der zerfallenen Synagoge kann endlich die Kirche Christi erbaut werden.

Diese spezifische Bebilderung des Kalendariums findet sich – wie der Zyklus der an Ludwig den Heiligen gerichteten Stundengebete – ausschließlich in einer kleinen Gruppe miteinander in Beziehung stehender Handschriften, die alle für den französischen Hof angefertigt wurden. Die vermutliche Quelle für diese Abbildungen ist eine andere königliche Handschrift, das sogenannte Belleville-Brevier, das um 1330 von dem berühmtesten und innovativsten allen französischen Hofilluminatoren des frühen 14. Jahrhunderts, Jean Pucelle (gest. 1334), mit Bildern versehen wurde. Das in ihm enthaltene Kalendarium ist, abgesehen von seinem größeren Format, mehr oder weniger identisch mit dem des Stundenbuchs der Johanna von Navarra. Für letzteres Werk in seiner Gesamtheit haben mehrere von Pucelle illuminierte Handschriften als Vorlagen gedient. Darunter ist das schon erwähnte Stundenbuch der Johanna von Évreux, welches sich heute im New Yorker Metropolitan Museum befindet. Es konnte schon im 14. Jahrhundert mit Gewissheit Pucelle zuge-

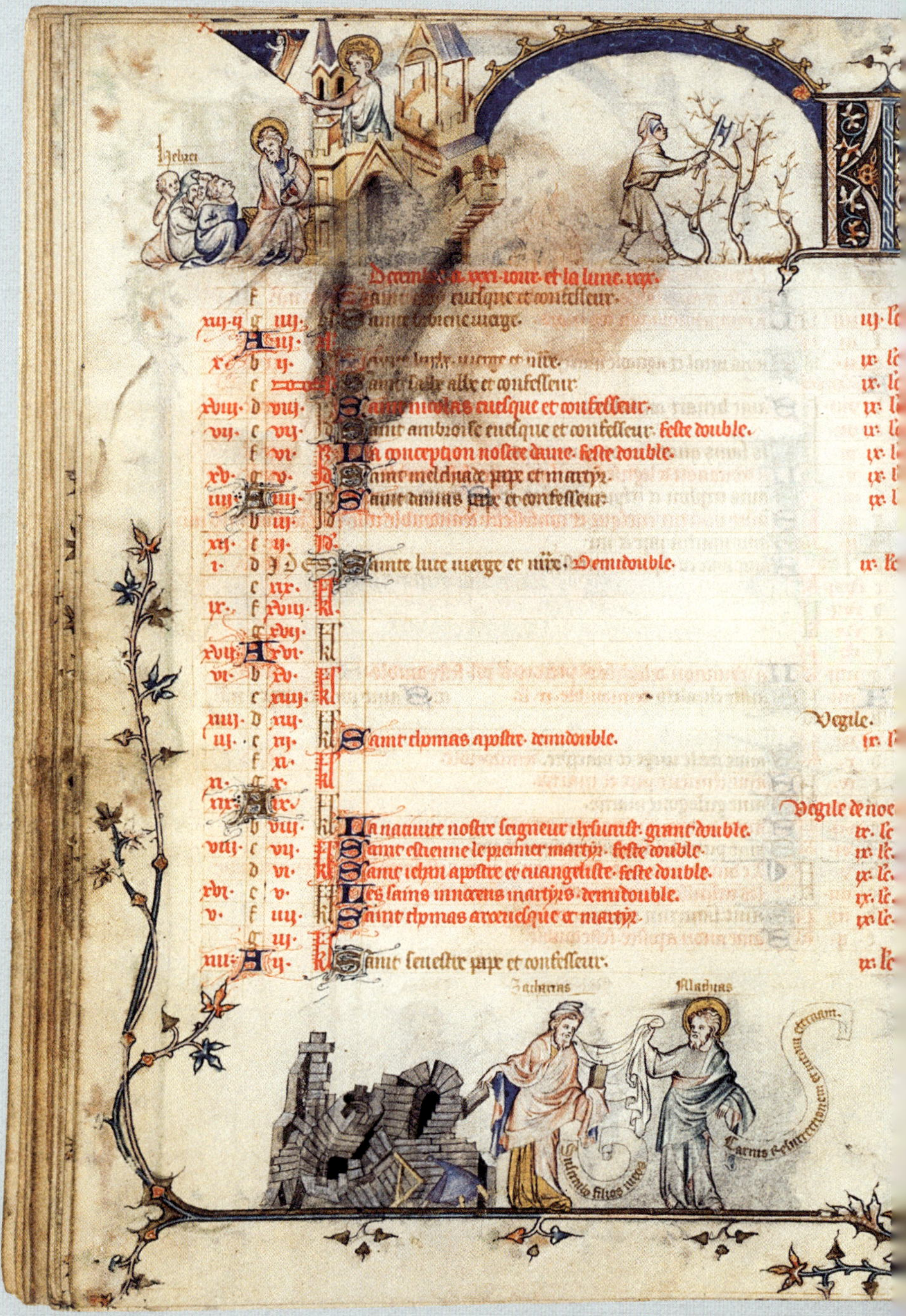

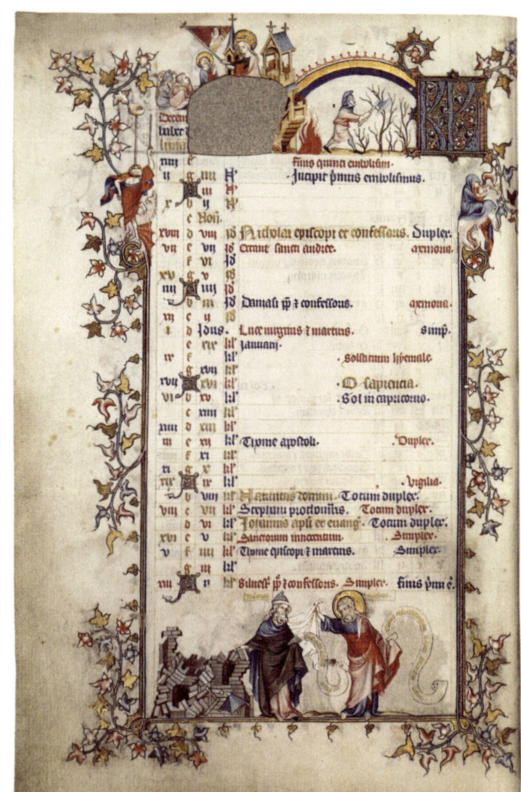

Das Kalendarium im Stundenbuch der Johanna von Navarra mit seiner ungewöhnlichen Ikonografie (LINKS), für die das etwas früher entstandene Belleville-Brevier die Vorlage lieferte, das von dem Hofmaler Jean Pucelle illuminiert wurde (RECHTS).

schrieben werden. Johanna von Évreux war die jüngere Schwester des Gatten von Johanna von Navarra, wobei Familienmitglieder mit Sicherheit wechselseitig ihre Handschriften kannten und sie wahrscheinlich ihren bevorzugten Künstlern als Vorlagen zur Verfügung stellten. Das vor uns liegende Stundenbuch weist Details auf, die zweifellos aus dem Stundenbuch der Johanna von Évreux kopiert wurden, das vermutlich die direkte Vorlage abgab. Dazu gehören außer der Verkündigungsszene im italienischen Stil mitsamt der auf dem Dachboden lärmenden Engelmusikanten vor allem viele der kleinen Randfiguren wie der graubärtige, im Profil abgebildete Mann, der in beiden Handschriften die rechte untere Außenecke der Miniatur schmückt, die die Verkündigung der Geburt des Erlösers an die Hirten ins Bild setzt.

Die Miniaturen im Stundenbuch der Johanna von Navarra stammen eindeutig von der Hand mehrerer Künstler. Diese wurden bereits 1902 von Sydney Cockerell voneinander unterschieden und mit Ziffern ge-

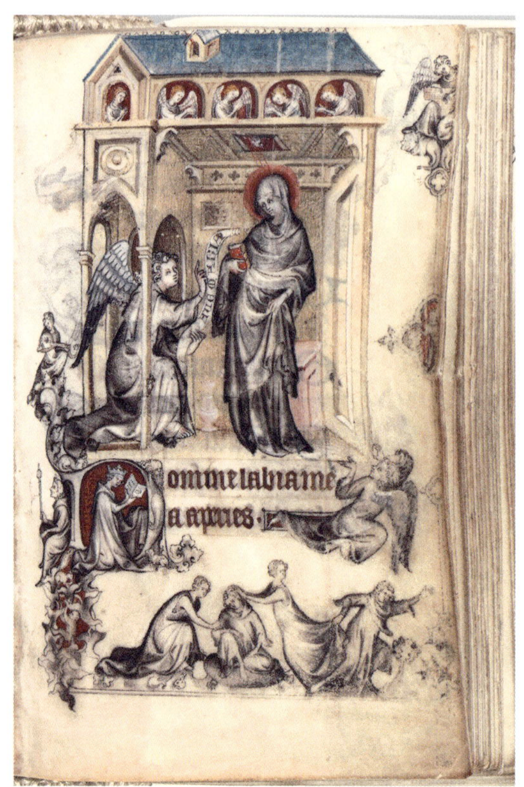

Die Verkündigungsszene im Stundenbuch der Johanna von Navarra mit der Darstellung musizierender Engel auf dem Dachboden (RECHTS) als Wiederaufnahme der Miniatur von Jean Pucelle im Stundenbuch der Johanna von Évreux, der Schwägerin der Königin von Navarra (LINKS).

kennzeichnet. Seine damaligen Befunde werden im Allgemeinen heute noch anerkannt. Die von ihm mit 1 und 2 bezeichneten Illuminatoren sind für mein Auge so gut wie ununterscheidbar. Dieser Künstler oder dieses Paar von Künstlern schuf das Kalendarium (das aus dem Belleville-Brevier kopiert wurde), die Stundengebete der Trinität, die Stundengebete Ludwigs des Heiligen und viele der in der ganzen Handschrift verstreuten Einzelbilder, wie die der heiligen Apollonia und Margarete, die vielleicht persönliche Schutzheilige der Johanna von Navarra waren. Seine (ihre) Arbeit ist aus einer Reihe anderer Handschriften bekannt, unter anderem aus Codices, die auf die Jahre 1336 und 1343 datiert sind. Der Künstler – ich bin mir fast sicher, dass es nur einer war – war vielleicht ein Schüler oder früherer Lehrling von Jean Pucelle, der Zugang zu Entwürfen seines Meisters hatte.

Der interessanteste Künstler – der dritte in der Zählung Cockerells – ist in stilistischer Hinsicht der reifste und vollendetste. Er ist in diesem Fall wirklich der tonangebende. Von ihm stammen achtzehn der

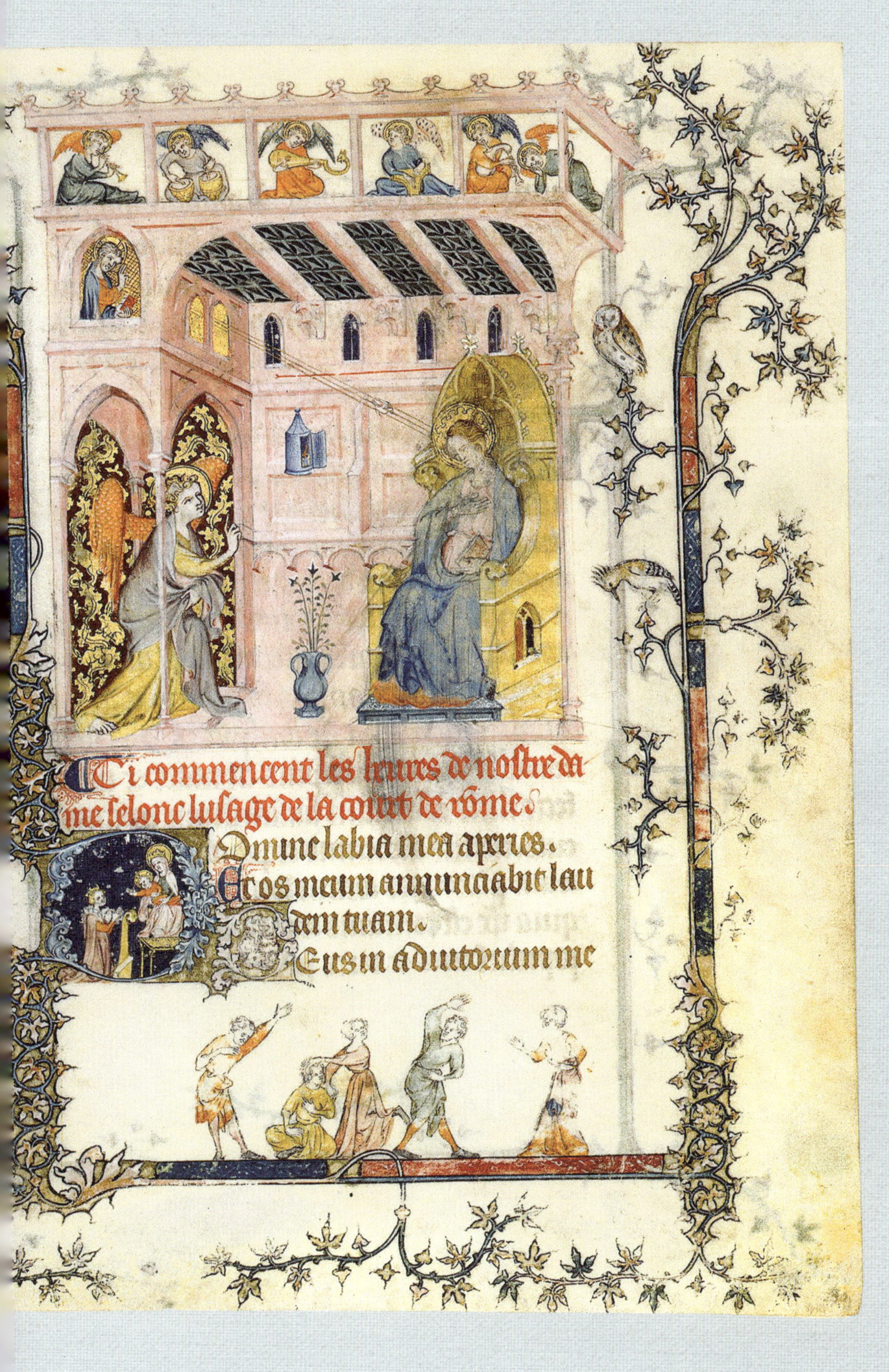

Ci commencent les heures de nostre da
me selonc lusage de la court de rome.
Domine labia mea aperies.
Et os meum annunciabit lau
dem tuam.
Deus in adiutorium me

Miniaturen, darunter solche für den Kerntext der Handschrift, für die Stundengebete der Jungfrau (in diesem Zyklus finden sich beide der eben erwähnten Parallelen zu Pucelles Werk: die Komposition der Verkündigungsszene und der graubärtige Bauer), die Stundengebete des Kreuzes und viele Einzelbilder, einschließlich der beiden, die Johanna von Navarra selbst zeigen. Sein Stil ist unverkennbar. Er hat an einer Vielzahl erhaltener königlicher Handschriften mitgewirkt, die im zweiten Drittel des 14. Jahrhunderts in Paris angefertigt wurden, darunter an solchen, die für Jolante von Flandern, Karl v. und den Herzog von Berry bestimmt waren. Zum Glück haben sich recht ausführliche Unterlagen über die vom königlichen Hof gezahlten Honorare erhalten. Ihnen zufolge gibt es nur einen Illuminator, der für alle drei Auftraggeber gearbeitet hat. Sein Name war Jean Le Noir, und er wurde seit dem Jahr 1366 von Karl v. beschäftigt, war 1371 »illuminateur du roi« und stand 1372 und 1375 auf der Lohnliste des Herzogs von Berry. Er muss dieser »Künstler Nr. 3« gewesen sein. Hier stoßen wir im Lauf unserer Begegnungen mit Handschriften erstmals auf einen professionellen Illuminator mit einem Namen und einer aufgrund unabhängiger Quellen verifizierbaren historischen Existenz.

Wir kennen sogar seine Pariser Adresse. Er besaß ein Haus auf der Westseite der rue Erembourg de Brie auf dem linken Seineufer, südlich vom Königspalast, den man von dort aus in ungefähr zehn Minuten erreichen konnte. Heute heißt die Straße rue Boutebrie. Sie geht immer noch von der rue de la Parcheminerie ab, ein Name, der an den mittelalterlichen Handel mit Büchern erinnert – *parchemin* ist französisch für Pergament –, und trifft in der Nähe der Metrostation Cluny-La Sorbonne auf den Boulevard Saint-Germain. Interessant ist, dass Jean Pucelle, sein vermutlicher Lehrer, bis zu seinem Tod im Jahr 1334 ebenfalls in der rue Erembourg de Brie wohnte und sogar auf der derselben Straßenseite. Möglicherweise hat Le Noir das Haus seines alten Meisters geerbt. Seine erste Erwähnung stammt aus einem früheren Jahr. 1332 wurde nämlich ein »Jehannin Lenoir, enlumineur de pincel« (»Pinselilluminator«, also Miniaturenmaler) verhaftet, weil er ein paar Münzen gestohlen haben sollte, die ein gewisser Jean de Beauvais auf zwei Eimern liegen gelassen hatte. Diese waren verschwunden und vor dem Quartier Le Noirs auf dem rechten Seineufer wiedergefunden worden. Von da an taucht sein Name bis zu seinem Tod um 1380 herum regelmäßig in unterschiedlichen Unterlagen der Stadt Paris auf. Seine Tochter, Bourgot, war ebenfalls als Illuminatorin tätig.

Alles an dem Stundenbuch der Johanna von Navarra weist auf Paris als Entstehungsort hin, das damals die reichste und größte Metropole Europas mit ungefähr 250 000 Einwohnern war. Der Königshof hatte dort seinen Sitz, das Erzbistum Paris wurde von der Kathedrale Notre-Dame aus verwaltet, und die Universität der Stadt war die größte des Mittelalters. Der Reichtum und die Bedürfnisse dieser drei Einrichtungen stellten sicher, dass die herausragenden Künstler und Kunsthandwerker nach Paris strömten. Auf der zwischen Königspalast und Kathedrale gelegenen Île de la Cité und auf den überbauten Seinebrücken gab es zahllose Läden und Werkstätten. Es war die Zeit von exquisiten illuminierten Handschriften, von wertvollen Metall- und Elfenbeinarbeiten, erlesenen Stoffen und luxuriösem Schmuck von höchster Raffinesse. Gleichzeitig wurde Frankreich von gefährlichen Missernten heimgesucht und ebenso von Seuchen. Von 1348 bis 1349 wütete der Schwarze Tod im ganzen Land. Die Franzosen sahen sich 1337 in den Hundertjährigen Krieg hineingezogen, der ihnen 1346 bei Crécy und 1356 bei Poitiers katastrophale Niederlagen einbrachte und für den sie – nicht nur pekuniär – einen hohen Preis entrichten mussten. Die königlichen Handschriften erwecken jedoch den Eindruck, als ob die Mitglieder der Dynastie von Nöten und Widrigkeiten unberührt blieben. Sie führten eine verwöhnte Existenz in Schlössern und Palästen. Ihre Handschriften zirkulierten fast ausschließlich unter ihnen und wurden innerhalb der Großfamilie weitervererbt. Das Stundenbuch der Johanna von Évreux wie das Belleville-Brevier beispielsweise gingen in den Besitz von Karl V. und danach in den des Herzogs von Berry über. Ähnlich wie die Mitglieder königlicher Dynastien nur mit Angehörigen streng eingehegter gesellschaftlicher Kreise Ehen schlossen, achteten sie auch darauf, dass ihre wertvollsten Besitztümer *en famille* blieben.

Bereits im 19. Jahrhundert kam die Theorie auf, dass Johanna von Navarra ihr Stundenbuch ursprünglich von Philipp VI. zum Geschenk erhalten haben muss, dem König also, der mit ihr aushandelte, dass sie sich mit dem Thron von Navarra zufriedengeben und ihn die Herrschaft über Frankreich antreten lassen würde. Diese Theorie basiert auf einer auf folio 150r enthaltenen Miniatur, die einen König und eine Königin zeigt, die gemeinsam mit ihrer Familie vor den in der Sainte-Chapelle

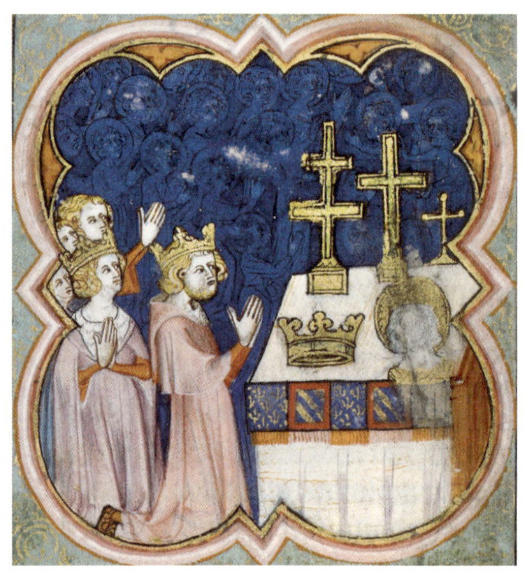

Eine der letzten Hinzufügungen zum Stundenbuch der Johanna von Navarra. Die Miniatur zeigt Philipp VI. von Frankreich, der mit seiner Familie vor den in der Sainte-Chapelle aufbewahrten Reliquien kniet.

aufbewahrten Reliquien knien. Heraldische Banner am Altar weisen sie eindeutig als Philipp VI. und seine erste Gemahlin Johanna von Burgund aus, mit der er 1313 die Ehe geschlossen hatte und die 1348 starb. Eigentlich scheint es aber logischer, dass die Schenkung in umgekehrter Richtung verlief. Es besteht kein Zweifel daran, dass die Handschrift für Johanna von Navarra angefertigt wurde, sie wird im Text namentlich erwähnt; es gibt aber keinen Hinweis darauf, dass sie den Codex mit nach Navarra nahm oder dass er die französische Hauptstadt jemals verließ. Die Darstellung von Philipp VI. und seiner Familie wurde von Künstler Nr. 4 – nach Cockerells Zählung – ausgeführt. Dieser Illuminator malte siebzehn der Miniaturen, die zu zwei Gruppen von Gebeten gehören. Sie zeigen allesamt Heilige. In ihrer ganzen Erscheinung unterscheiden sie sich von den Arbeiten der anderen Illuminatoren, sowohl stilistisch wie in der roheren Ausführung. Ich bin nicht der Erste, der sich fragt, ob sie in einer späteren Phase der Ausschmückung der Handschrift entstanden. Vielleicht sind sie auf die 1340er-Jahre zu datieren. Johanna von Navarra gab das Stundenbuch möglicherweise nach dem Tod ihres Gatten im Jahr 1343 weiter. Die Miniatur mit dem knienden königlichen Paar zeigt weitere Mitglieder der Familie, unter anderem einen jungen Mann, der seine Arme in einer Geste des Flehens in die Höhe wirft. Dabei kann es sich nur um den Sohn und Erben des Paares handeln, um Prinz Johann (1319–1364), der später als Johann II. den Thron bestieg. Direkt hinter ihm sieht man die Gesichter einer Frau und eines kleinen Jungen. Diese beiden Gestalten lassen sich nicht mit anderen Angehörigen der königlichen Familie Mitte der 1330er-Jahre zur Deckung bringen. Wenn wir aber die Entstehung der Miniatur auf Mitte der 1340er-Jahre ansetzen, scheint klar zu sein, wen sie darstellen. Bei der weiblichen Gestalt handelt es sich dann um Jutta von Luxemburg, auch bekannt als Bonne de Luxembourg (1315–1349), Tochter des böhmischen Königs, die 1332 Johann heiratete, und bei der des Kindes um ihren gemeinsamen Sohn, den jungen Karl V., der im Januar 1338 geboren wurde.

Die Illustrationen zu den Gebeten von der Hand dieses vierten Malers schließen ein sehr ungewöhnliches Porträt des heiligen Ludwig von Toulouse ein, eines Neffen von Ludwig dem Heiligen. Dieser zweite Heilige, den die Familie hervorgebracht hat, wurde 1317 kanonisiert. Es heißt von ihm, er habe das Leben des erwähnten Prinzen Johann gerettet, als der Knabe so krank war, dass scheinbar keine Hoffnung mehr für sein Leben bestand. Johanns dankbarer Vater soll nach dessen wunderbarer Genesung in Gesellschaft des Gatten von Johanna von Navarra zum Heiligtum Ludwigs von Toulouse gepilgert sein. Ich habe schon auf die Abdrücke von mittelalterlichen Pilgerabzeichen auf dem Vorsatzblatt hingewiesen. Solche Abzeichen müssen einmal in das Stundenbuch eingenäht gewesen sein, was bedeutet, dass es auf einer Wallfahrt mitgeführt worden ist. Das erhöht die Wahrscheinlichkeit, dass es bereits aus dem Besitz Johannas von Navarra in die Obhut von Philipp VI. und den Seinen übergegangen war. Da Bücher dieser Art traditionsgemäß vor allem von Frauen verwendet wurden, dürfte es in diesem Fall wohl der Kronprinzessin Jutta von Luxemburg anvertraut worden sein. Die Abbildung von ihr zusammen mit ihren königlichen Schwiegereltern hätte dann ihren Bund per Heirat mit der Dynastie Ludwigs des Heiligen betont.

Johanna von Navarra wie Jutta von Luxemburg erlagen dem Schwarzen Tod, beide im Herbst 1349, die eine im Alter von 37, die andere von 34 Jahren. Johannas Tochter Blanka wurde später die zweite Ehefrau von Philipp VI. und auf diese Weise Königin von Frankreich. Zu Juttas Kindern gehörten Karl V., der 1364 den französischen Thron bestieg, und der berühmte Herzog von Berry. In der Handschrift ist das Wappen derer von Évreux in vielen Fällen – zumindest partiell – weggekratzt worden, so dass nur das *fleur de lys*-Wappen der Monarchen Frankreichs stehen blieb; an einer Stelle ist das Évreux-Wappen auch mit dem neuen Wappen übermalt worden, das Karl v. sich 1376 zulegte und das drei stilisierte Lilien zeigt. Es ist daher wahrscheinlich, dass das Stundenbuch in der Familie blieb.

Die Provenienz einer Handschrift kann so erstaunlich offenkundig sein, dass niemand sie erkennt. Das Verzeichnis der Werke in der Bibliothek des Herzogs von Berry aus dem Jahr 1402 enthält einen detaillierten Eintrag, der sich auf ein Stundenbuch bezieht, das bislang mit keiner erhaltenen Handschrift dieser Art identifiziert worden ist. Es heißt dort, dass es mit den Stunden der Dreifaltigkeit und den Stunden der Jungfrau beginne und eine große Reihe von Gebeten an die Heiligen enthalte: »unes heures de la trinite et de n[os]tre dame. Ou il a pluseurs Commemoracions de sains …«. Es ist sehr ungewöhnlich, dass ein Stundenbuch mit Gebeten an die Dreifaltigkeit beginnt, wie unsere Handschrift es aber direkt im Anschluss an das Kalendarium tut, und dass unmittelbar darauf solche folgen, die an die Jungfrau Maria gerichtet sind. Außerdem gibt es im Stundenbuch der Johanna von Navarra wirklich eine ungewöhnlich große Anzahl von Abbildungen der Heiligen. Insgesamt sind es mehr als dreißig. Das allein legt schon nahe, ja drängt geradezu dazu, das in dem Verzeichnis beschriebene Stundenbuch mit dem der Johanna von Navarra zu identifizieren. Die Beschreibung in dem Inventar geht aber weiter: »Dieses [Stundenbuch], aufs Schönste bebildert und illuminiert«, heißt es, »gehörte der Herzogin der Normandie, Mutter des erlauchten

Das Inventar der Bibliothek des Herzogs von Berry aus dem Jahr 1402 mit einer detaillierten Beschreibung eines von seinen Vorfahren ererbten Stundenbuchs, bei dem es sich mit größter Wahrscheinlichkeit um das der Johanna von Navarra handelt.

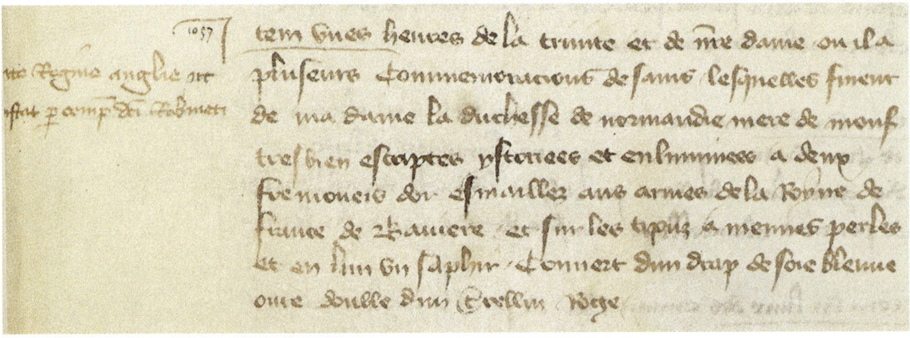

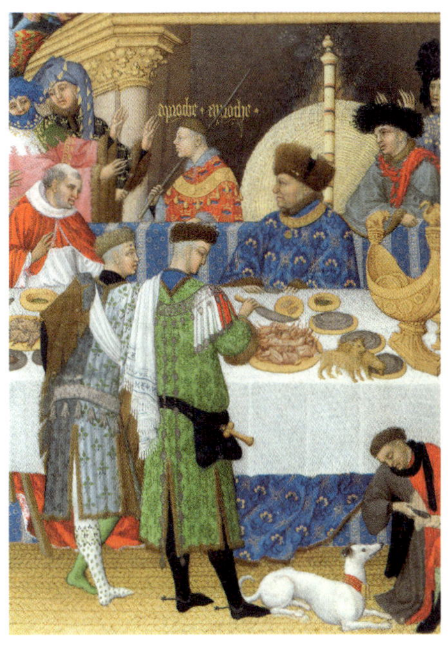

Der Herzog von Berry (1340–1416), dessen Schwester den Sohn Johannas von Navarra heiratete, heißt auf dieser Eingangsminiatur zu den *Très Riches Heures* Gäste willkommen.

Herren«: »lesquelles furent de ma dame la duchesse de normandie mere de mons[eigneur], tres bien escriptes ystoriees et enluminees …«. Diese »duchesse de normandie« ist niemand anders als Jutta von Luxemburg, die den Titel von 1332 bis 1349 trug und auf folio 150r der Handschrift abgebildet ist. Oben habe ich bereits gemutmaßt, dass sie die Handschrift zum Geschenk erhielt. Über den Einband heißt es in dem Inventar, er weise zwei emaillierte Schließen mit den Wappen der Königin von Frankreich und Bayern auf. Diese Königin war Isabeau de Bavière (1370–1435), die Karl VI. 1385 zur Frau genommen hatte. Das Stundenbuch muss für sie mit einem neuen Einband versehen worden sein, bevor Jean de Valois, Herzog von Berry es erhielt. Aber das ist immer noch nicht alles: Wir wissen sogar, was der Herzog von Berry mit der Handschrift machte: Am Rand des erwähnten Eintrags findet sich die Notiz: »Der Königin von England übergeben …«. Da diese Schenkung nicht vor 1402 erfolgt sein kann, muss es sich bei der englischen Königin um Johanna (= Joan) von Navarra (ca. 1370–1437) handeln. Die verwitwete Herzogin der Bretagne heiratete am 7. Februar 1403 Heinrich IV. von England. Diese neue englische Königin war nicht nur die Nichte des Herzogs von Berry (ihre Mutter, Johanna von Frankreich, war dessen jüngere Schwester), sondern auch die Enkelin Johannas (= Jeanne) von Navarra, für die die Hand-

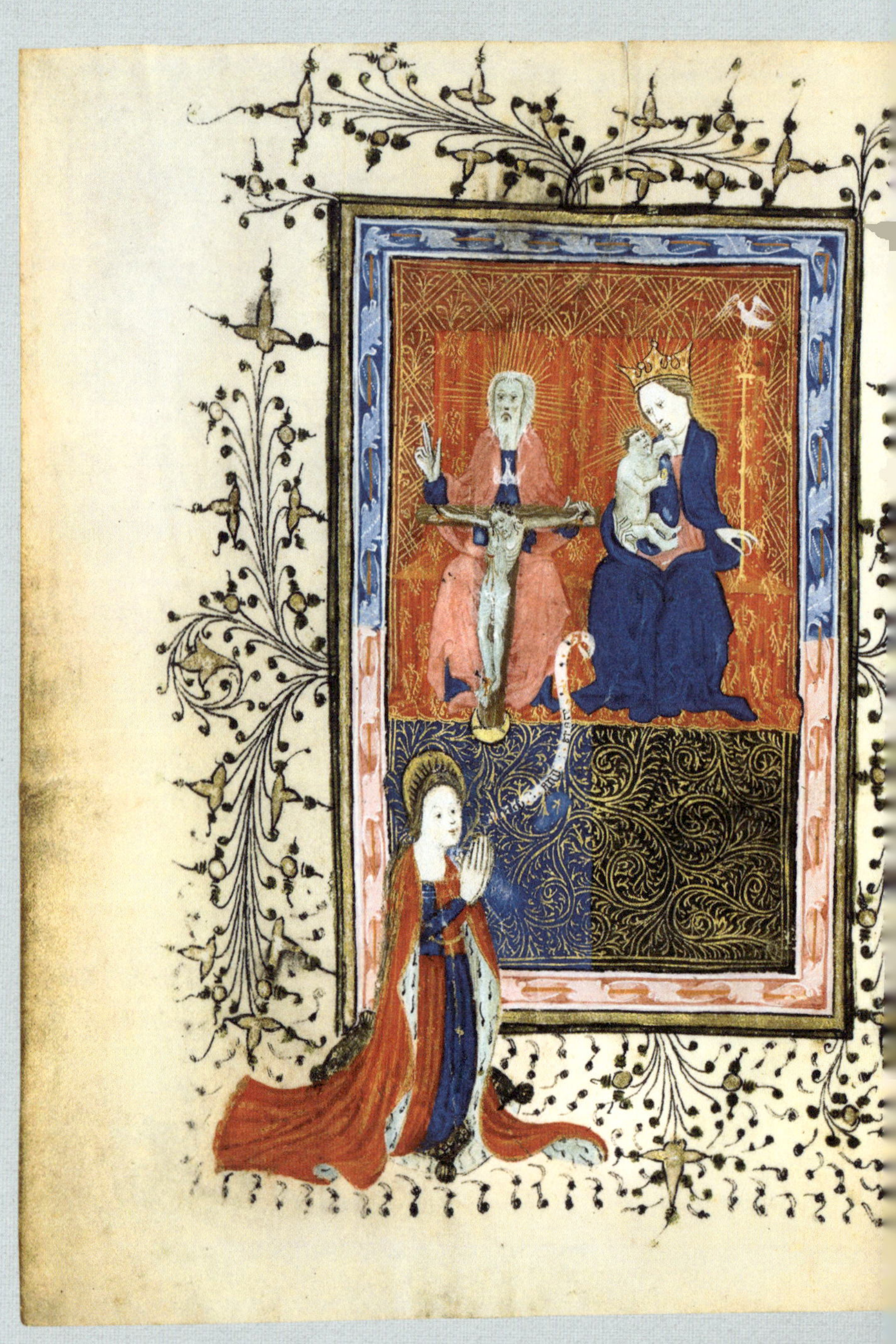

schrift ursprünglich angefertigt worden war. Zum zweiten Mal bezog sich daher das Gebet »ut intercedas pro me ancilla tua Johanna navarre regina« auf deren Besitzerin. Nunmehr war es aber eine andere Johanna, und sie war nicht Königin von Navarra, sondern von England.

Wenn die Identifikation zutrifft, können wir eine größere Lücke in der Geschichte der Handschrift schließen. Das Stundenbuch wurde für Johanna von Navarra angefertigt. Anscheinend ging es noch zu ihren Lebzeiten an die Familie ihres Cousins über – der vielleicht den vierten Künstler beschäftigte –, und an Jutta von Luxemburg, die in diese Familie eingeheiratet hatte. Über Juttas Sohn Karl v. gelangte es dann in den Besitz von dessen Schwiegertochter Isabeau de Bavière, die Schließen für einen neuen Einband herstellen ließ, und anschließend in den des Herzogs von Berry, der das Buch taktvollerweise an seine Nichte, die Enkelin der ersten Besitzerin, weitergab. Diese Weitergaben innerhalb der weiblichen Linie sind charakteristisch für Stundenbücher. Signifikant ist hier, dass jede dieser Frauen eine direkte Nachfahrin Ludwigs des Heiligen oder mit einem Nachfahren von ihm verheiratet war. Die Handschrift war daher zu verschiedenen Zeitpunkten im Besitz der Königinnen von drei verschiedenen Ländern und einer Kronprinzessin, ferner Eigentum des Königs von Frankreich und des Herzogs von Berry, des größten aus königlichem Hause stammenden Büchersammlers des Mittelalters. Sydney Cockerell hätte für dieses Wissen seine Seele verkauft.

Einen Beweis dafür, dass das Buch, das der Herzog von Berry der Königin von England zum Geschenk machte, mit dem Stundenbuch der Johanna von Navarra identisch war, liefert ein Frontispiz, das in die Handschrift eingefügt wurde und für das es sonst keine Erklärung gäbe. Es wurde um 1420 von einem englischen Künstler geschaffen, nahezu mit Sicherheit in London, und zeigt eine in einen mit Hermelinfell gefütterten Umhang gekleidete Dame, die vor einer die Dreifaltigkeit verkörpernden Gestalt und der Jungfrau mit dem Kind kniet, die dem Inventar des Herzogs zufolge die das Stundenbuch definierenden Komponenten repräsentieren. Über dem Haar der vornehmen Dame wölbt sich ein gol-

LINKS: Ein von einem englischen Künstler gestaltetes Frontispiz aus dem frühen 15. Jahrhundert, das dem Stundenbuch der Johanna von Navarra hinzugefügt wurde. Bei der zum Gebet niederknienden Frau handelt es sich dem Anschein nach um eine Königin von England.

dener Bogen – es kann kein Heiligenschein sein, sondern muss sich um eine Art von Kopfschmuck handeln –, und ihre Kleidung ist in den heraldischen Farben von Frankreich und England gehalten. Ihr ist eine Schriftrolle beigegeben, auf der auf Englisch steht: »[mer]cy and grace«. Der Urheber dieser Miniatur hat auch das Stundenbuch der Catherine de Valois (1401–1437, Tochter von Karl VI. und Gemahlin von Heinrich V. von 1420 an) illustriert, es ist also möglich, dass wir eine weitere französische Königin zu der Starbesetzung an Besitzerinnen des Stundenbuchs der Johanna von Navarra hinzurechnen müssen.

In der nächsten Phase ihrer Geschichte gelangte die Handschrift wieder zurück nach Paris, auch wenn mir die genaueren Umstände nicht bekannt sind. Ich nehme an, dass der Brauch, das Stundenbuch innerhalb der sich auf Ludwig den Heiligen zurückführenden Familie an Töchter oder Schwiegertöchter weiterzuvererben, mit Catherine de Valois zum Erliegen kam, da diese weder Tochter noch Schwiegertochter besaß. Jemand muss beschlossen haben, es stattdessen dem Couvent des Cordelières in der rue de Lourcines im heutigen Pariser Faubourg Saint-Marcel zu vermachen. Dieses Kloster des zweiten Ordens des heiligen Franziskus, auch Klarissenorden genannt, war von Ludwigs Witwe mitgegründet worden. Es nahm Frauen aus der Oberschicht auf und hielt die Erinnerung an den heiliggesprochenen König aufrecht. Also ein angemessener Aufbewahrungsort für die Handschrift. Die ganz an ihrem Ende hinzugefügten Blätter enthalten unter anderem eine Litanei, die eindeutig für die Verwendung durch Angehörige eines Franziskanerordens bestimmt war; sie ist in typisch französischer Schrift niedergeschrieben und kann nicht vor 1481 entstanden sein, da in ihr der Franziskanerheilige Berard von Carbio angerufen wird, der in jenem Jahr kanonisiert wurde. Die Gebete sind von ihrer Form her für eine Gemeinschaft von Frauen geeignet. Unter der letzten Zeile des Manuskripts findet sich eine getilgte Inschrift, die Cockerell als »Ces heures sont a seur anne belline« entziffert. Es ist möglich, dass das wirklich dort stand, ich selbst kann an dieser Stelle aber nicht viel erkennen. Wenn Cockerell recht hat, bedeutet das nicht unbedingt, dass das Buch persönlicher Besitz von Sœur Anne war; es kann auch sein, dass es ihr für die Verwendung im Kloster überlassen wurde.

Aufgrund eines glücklichen Zufalls gibt es einen eindeutigen Beweis dafür, dass die Handschrift im 17. Jahrhundert im Besitz der Franziskane-

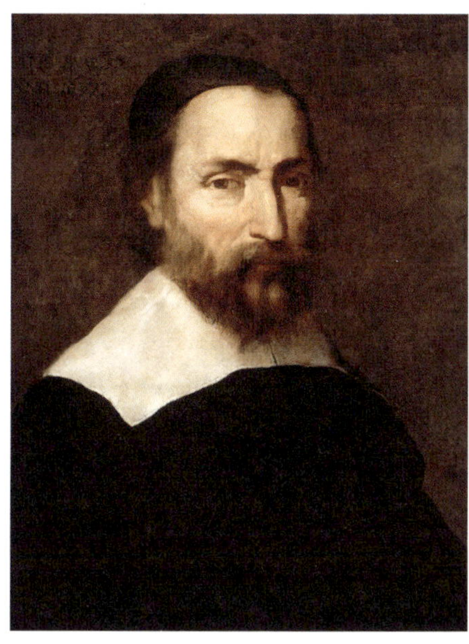

Nicolas-Claude Fabri de Peiresc (1580–1637) untersuchte als Erster das Stundenbuch der Johanna von Navarra eingehend und identifizierte die ursprüngliche Besitzerin.

rinnen des Klosters in der rue de Lourcines war. Der Antiquar Nicolas-Claude Fabri de Peiresc (1580–1637), der schon als Statist in Kapitel Vier auftrat (S.207), war an bildlichen Darstellungen Ludwigs des Heiligen interessiert, und in dem Kloster gab es Wandgemälde, die Szenen aus seinem Leben zeigten. Als Peiresc sie sich ansah, muss eine der Schwestern ihm etwas über das Stundenbuch erzählt haben, in dem es ja den seltenen, ebenfalls illustrierten Zyklus von an den Heiligen gerichteten Gebeten gab. Peiresc erhielt 1621 die Genehmigung, sich den Codex für einige Tage auszuleihen. Die mit Tinte geschriebenen kurzen Notizen auf dem ersten Blatt sind von ihm. Peiresc fertigte einen ausführlichen Bericht über die gesamte Handschrift an, für die er auch viele der Miniaturen abzeichnete, und identifizierte die ursprüngliche Besitzerin korrekt als Johanna von Navarra. Diese Beschreibung, die heute mit anderen Unterlagen von ihm in der Bibliothek von Carpentras liegt, wurde 1882 in Paris veröffentlicht; zu jenem Zeitpunkt war aber noch nicht bekannt, dass das Objekt, dem sie galt, erhalten war.

Ich hoffe, dass Peiresc die Handschrift wirklich in die Bibliothek des Klosters zurückbrachte. Er war ein obsessiver Sammler von Büchern und kann sehr gut in Versuchung gewesen sein, sie zu behalten. Der Codex scheint sich in jedem Fall nicht mehr im Besitz der Nonnen befunden zu haben, als das Kloster 1796 geschlossen und das Gebäude abgerissen wurde. Sein übertrieben üppig mit Gold verzierter Maroquin-Einband weist alle Merkmale auf, die typisch für die Arbeit von Richard Wier (gest. 1792) sind, einem Londoner Buchbinder schottischer Abstammung, der ab 1774 mit seiner Frau in Toulouse tätig war. Ich nahm verstohlen mit dem Bleistift Abdrücke von einigen der Punzen, wobei ich jeden Augenblick erwartete, das Aufsichtspersonal würde mich ertappen und mir kurzen Prozess androhen mit der Guillotine im Morgengrauen. Doch sie lächelten nur milde. Charakteristisch für Wiers Einbände sind Anpapp- oder Spiegelblätter aus Seide, die von ungewöhnlich breiten, mit goldenen Ornamenten verzierten Streifen gerahmt sind, welche von den nach innen umgeschlagenen Rändern des Bezugs der Buchdeckel gebildet werden. Außerdem Bänder mit griechischen Mustern, die oben und unten quer über den Buchrücken laufen, und die Verwendung von großen goldenen Blüten in aus Knospen gebildeten Rauten für die einzelnen Abteilungen des Rückens sowie rote und grüne Etiketten, auf die die Titel in schrägen Großbuchstaben geprägt sind. Die Titel geben oft eine mangelhafte Beherrschung der französischen Sprache zu erkennen. In unserem Fall steht auf den Etiketten: »*HEURES SUR: VELIN*« und »*AVECMINITURES*«. Wier wurde alkoholabhängig. Sein einziger Kunde in Frankreich war Graf Justin MacCarthy-Reagh (1744–1811), ein ungeheuer reicher Großgrundbesitzer aus Tipperary, der seine Erziehung zeitweise in Frankreich erhielt und schließlich zu einem der größten Buchsammler des 18. Jahrhunderts wurde. 1761 verkaufte MacCarthy seine Besitzungen in Irland und übersiedelte nach Toulouse, wo er vier Jahre später die Tochter des Eigentümers von großen Zuckerrohrplantagen auf einer der Westindischen Inseln heiratete. 1776 erwirkte er die französische Staatsbürgerschaft und den Titel eines Comte für sich. Seine großartige Bibliothek, die viele illuminierte Handschriften und auf Vellum gedruckte Prachtausgaben von Büchern enthielt, wurde von den Pariser Buchhändler-Brüdern de Bure im Jahr 1815 katalogisiert. Ihr Verzeichnis diente als Auktionskatalog, als die Sammlung 1817 versteigert wurde. Bei Los 392 kann es sich nur um das Stundenbuch der Johanna von Navarra handeln, das von der Londoner Buchhandlung Payne and Foss, ansässig in Pall Mall, für 350 Francs gekauft wurde (was damals ungefähr 13 Pfund, 10 Shilling entsprach). Möglicherweise hatten Payne und Foss die Absicht, die Handschrift an Francis Douce (1757–1834) weiterzuverkaufen, für den sie bei der Auktion sechs andere Handschriften erwarben. Wäre das Geschäft zustande gekommen, befände sich das Stundenbuch der Johanna von Navarra zusammen mit den anderen Werken aus der unvergleichlichen Sammlung von Francis Douce heute in der Oxforder Bodleian Library.

Im frühen 19. Jahrhundert kam es nicht selten vor, dass teure Handschriften jahrzehntelang auf dem Markt blieben. Payne and Foss waren bis 1850 geschäftlich aktiv. Das Stundenbuch wurde erst 1847 für 73 Pfund, 10 Shilling verkauft, aber von einem anderen Londoner Buchhändler, Henry George Bohn (1796–1884). Käufer war Bertram, der vierte Earl von Ashburnham, der, wie in Kapitel Fünf geschildert, in diesem Jahr auch den aus dem 10. Jahrhundert stammenden Beatus von Libri erwarb. Das Stundenbuch der Johanna von Navarra ging mit der Signatur H. 88 in die Bibliothek von Ashburnham Place in Sussex ein. Wie der Beatus wurde es dann 1897 vom fünften Earl zusammen mit dem gesamten restlichen »Ashburnham Appendix« an Henry Yates Thompson verkauft. Sein Wert wurde damals auf 300 Pfund angesetzt.

Der Geist von Sydney Cockerell (1867–1962) hat immer wieder in dieses Kapitel hereingespukt. Er war der Sekretär von William Morris (1834–1896), dem großen Designer und Kenner mittelalterlicher Kunst, und wurde nach dessen Tod sein Testamentsvollstrecker. Bevor er 1908 zum Direktor des Fitzwilliam Museum in Cambridge ernannt wurde, verdiente Cockerell seinen Lebensunterhalt, indem er reiche Liebhaber von illuminierten Handschriften beriet und deren Sammlungen katalogisierte. Darunter war auch die von Yates Thompson. Er beschäftigte sich intensiv mit H. 88, und er war es, der Johanna von Navarra als dessen erste Besitzerin identifizierte. Durch ihn erfuhr die Handschrift eine Aufwertung: Von einem Codex, der zwar hübsch war, über den man aber weiter nichts wusste und dessen Preis man daher mit nicht mehr als 300 Pfund ansetzen konnte, wurde sie zu einem Kultobjekt von Weltrang. Im Februar 1899 lieh er sich das Stundenbuch für drei Wochen aus und brachte es nach Paris, wo er es in der Bibliothèque nationale Léopold Deslisle vorlegte. Mehrere Bleistiftnotizen, die er sich in seiner charakteristischen winzigen Schrift während des Gesprächs mit Deslisle machte, sind immer noch auf dem zweiten Vorsatzblatt zu sehen. Es kann sehr gut Deslisle gewesen sein, der Cockerell darauf aufmerksam machte, dass es sich bei der Handschrift vor ihnen um das Stundenbuch der Johanna von Navarra handeln könnte, das Peiresc beschrieben hatte und über dessen Verbleib man bisher nichts wusste. Diese Beschreibung war

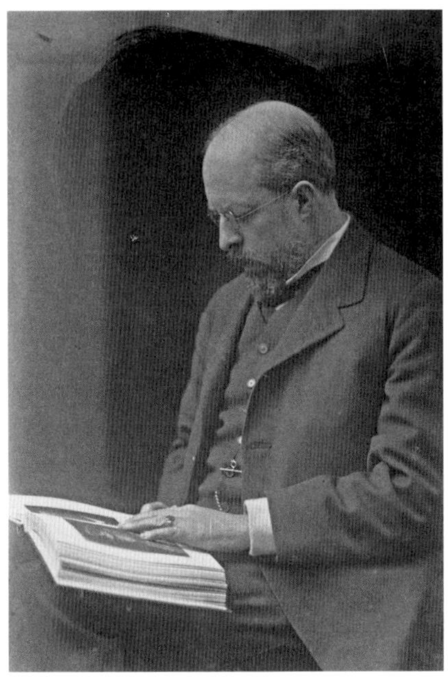

Sydney Cockerell (1867–1962), Berater von Handschriftensammlern und später Direktor des Fitzwilliam Museums in Cambridge, verwandte sich unermüdlich für das Stundenbuch der Johanna von Navarra.

ja 1882 veröffentlicht worden. Später im Jahr 1899 finanzierte Yates Thompson die Veröffentlichung von Miniaturen aus dem Manuskript, für die Cockerell sicher das Material lieferte. Diese Luxusausgabe wollte Yates Thompson dem Roxburghe Club präsentieren, einer Vereinigung von Bibliophilen, die ihn ein Jahr zuvor als Mitglied aufgenommen hatte, und 1899 wurde dann auch *Thirty-Two Miniatures from the Book of Hours of Joan II, Queen of Navarre* an die Mitglieder verteilt. Der zweite Band des Verzeichnisses zu Yates Thompsons Handschriftensammlung (1902), in dem der Beatus von M. R. James beschrieben wurde, enthielt auch eine ausführliche Beschreibung des Stundenbuchs der Johanna von Navarra aus der Feder Cockerells. Sie blieb für lange Zeit die maßgebliche Beschreibung der Handschrift, vor allem auch deswegen, weil diese nach 1919 nicht mehr ohne Weiteres eingesehen werden konnte. Öffentlich ausgestellt wurde sie erstmals 1908 im Burlington Fine Arts Club.

Im Januar 1919 erreichte Cockerell, der jetzt das Fitzwiliam Museum repräsentierte, die niederschmetternde Nachricht, dass Yates Thompson vorhatte, seine Sammlung zu veräußern (siehe S. 239). Er lieh sich die Handschrift zum zweiten Mal aus und zeigte sie Ende des Monats bei einem gemeinsamen Dinner im Londoner Hotel Grosvenor House dem heimlichen Gönner des Fitzwilliam Museum T. H. Riches. Es gelang ihm,

Riches dazu zu bewegen, 4000 Pfund für sie zu bieten unter der Bedingung, dass sie dem Cambridger Museum überlassen würde. Weitere Einzelheiten erfährt man aus Cockerells Tagebuch, das heute in der British Library liegt. Am Morgen nach seinem Gespräch mit Riches war Yates Thompson geneigt, das Angebot anzunehmen. Seine Frau meinte aber, die Handschrift sei bestimmt 5000 Pfund wert, und so kam das Geschäft zu Cockerells Enttäuschung und Ärger nicht zustande. Am 14. April 1919 gab *The Times* die bevorstehende Versteigerung bei Sotheby's bekannt. Das Stundenbuch der Johanna von Navarra wurde explizit erwähnt; es heißt, es sei »in einem Pariser Kloster von dem berühmten Peiresc entdeckt worden«, eine scheinbar belanglose Information, die sich aber nachhaltig auf das Ergebnis der Auktion auswirken sollte. Diese fand am 3. Juni statt. Das Stundenbuch der Johanna von Navarra wurde als Los Nr. V aufgerufen. Als Auktionator fungierte Sir Montague Barlow, ein Gesellschafter von Sotheby's. Er begann bei 2000 Pfund. Baron Edmond de Rothschild wurde durch Edmund Dring von Quaritch vertreten. Die Handschrift besaß für den Baron eine besonders große Attraktion, weil er und sein Sohn zusammen bereits das Stundenbuch der Johanna von Évreux, die *Très Belles Heures* des Herzogs von Berry und das Stundenbuch von dessen Cousin, Karls III. von Navarra, besaßen. Wie die königlichen Mäzene im Frankreich des 14. Jahrhunderts hielten auch die Rothschilds Ehen und Handschriften gern *en famille*.

Im Auktionssaal von Sotheby's entstand den Rothschilds aber unerwartete Konkurrenz durch Charles Hagberg-Wright (1862–1940, 1934 in den Adelsstand erhoben). Er war zwar von Beruf Bibliothekar, besaß aber Privatvermögen, war Büchersammler und Mitglied des Roxburghe Club; überdies hatte er gerade eine wohlhabende Witwe geheiratet. Was in diesem Fall noch wichtiger war: Er interessierte sich leidenschaftlich für Nicolas-Claude Fabri de Peiresc, über den er 1926 eine Biografie veröffentlicht hatte. Darin hatte er auch die Begegnung seines Helden mit dem Stundenbuch der Johanna von Navarra im Jahr 1621 geschildert. Zum unvergessenen Erstaunen aller im Auktionssaal Anwesenden hielt Hagberg-Wright verbissen bis an den Rand des Wahnsinns beim Bieten mit, so dass sich Baron de Rothschild schließlich gezwungen sah, die nie dagewesene Summe von 11 800 Pfund dafür bezahlen; viele Jahre lang blieb das der Rekordpreis für eine bei einer Versteigerung veräußerte Handschrift. Bei derselben Auktion ging der Beatus aus dem 10. Jahrhundert, dessen Wert 1897 auf 1600 Pfund geschätzt worden war (zur Erinnerung: auf 300 Pfund hingegen das Stundenbuch), für bloße 1000 Pfund an einen neuen Besitzer. Zum sechsten und letzten Mal in seiner Geschichte überquerte das Stundenbuch der Johanna von Navarra also den Ärmelkanal.

Auf meine Anfrage, ob es weitere Informationen zu dem Stundenbuch gebe, verwies Charlotte Denoël von der Handschriftenabteilung der Bibliothèque nationale mich an ihre Kollegin Aurélien Conraux, die das hauseigene Archiv der Bibliothek betreut. Auf diese Weise erfuhr ich von einer Akte mit Unterlagen aus den Jahren 1967 bis 1973, die den Erwerb des Codex durch die Bibliothèque nationale betrafen. Ich reiste also noch einmal nach Paris, um mir diese Unterlagen in der neuen Bibliothèque François Mitterrand anzusehen, die in der Nähe der Endstation der Metro Linie 14 im Osten von Paris liegt. Es handelt sich um ein gewaltiges modernes Gebäude aus Holz, Glas und silbrigem Metall; an jeder der vier Ecken ragt ein Turm auf, der einem aufrecht gestellten geöffneten Buch ähnelt. Man steigt mehrere Etagen zu Lesesälen hinab, die um einen unter Straßenniveau liegenden zentralen Lichthof gruppiert sind, der mit Bäumen und Farnen bepflanzt ist. Man schickte mich zu Salle T, die der *Documentation sur le livre* vorbehalten ist.

Das Dossier zum Stundenbuch der Johanna von Navarra trägt die Registriernummer E38/b221. Es handelt sich um eine weiße Archivbox voller gelber Schnellhefter in einem roten Umschlag. Die Hefter enthalten Briefe, Aktennotizen, altmodisch wirkende Fotokopien, Entwürfe von Antwortschreiben und so weiter, von denen einige zusammengeklammert sind. Die Schüsselgestalten in dieser Korrespondenz sind Étienne Dennery, *administrateur géneral* der Bibliothek, Marcel Thomas, Kurator für Handschriften, Maître Georges Izard, Justiziar der Bibliothek, Dom Bernard Besret, Prior der Abtei Boquen in der Bretagne, in der die Handschrift wiederentdeckt wurde, und Baron Edmond de Rothschild, der Erbe seiner Tante, der Baronesse Alexandrine. Die Dokumente in dieser Box gestatten es, Datenlücken zu füllen, und sie erzählen eine Geschichte, die beträchtlich von der von Maurice Rheims abweicht.

Die Handschrift wurde 1967 von Besret zur Überprüfung in der Bibliothèque nationale deponiert, offenbar im Juli. Damals dachte man zuerst, sie stamme aus dem Besitz der Familie Anjou, in der Nationalbibliothek erkannte man aber sehr schnell, dass es das verschollene Stundenbuch der Johanna von Navarra war, und glich es mit dem Eintrag im *Répertoire des biens spoliés* ab. Vielleicht gab es genügend Hinweise auf die Identität des Mannes, der es sich in Berchtesgaden in die Tasche gesteckt hatte, denn Besret hält nicht nur fest, dass der Finder ein Militärarzt war, sondern auch dass es sich um einen ehemaligen *deputé* des Départements Côte-d'Or handelte. Edmond de Rothschild wurde über den Glücksfund informiert, und es liegt ein Brief von Maurice Rheims von Ende 1967 vor, in dem er Dennery informiert, der Baron sei geneigt, die Handschrift versteigern zu lassen, den Erlös zu einem Teil der Abtei Boquen zukommen zu lassen und den anderen Teil zur Gründung einer Stiftung in Jerusalem zu verwenden. Am 28. Dezember kam der Baron zu einem Gespräch nach Paris, um die Bedingungen für einen Ankauf durch die Bibliothèque nationale zu besprechen. Auch in diesem Fall sollte die Abtei weiterhin einen Teil des Erlöses erhalten. Es wurde vorgeschlagen, von der Pariser Buchhandlung Giraud-Badin ein Wertgutachten erstellen zu lassen.

Am 14. Februar 1968 platzte eine Bombe. Eine Frau Böhm vom deutschen Finanzministerium schickte sensationelle und genaue Informationen zum Schicksal der Handschrift während des Kriegs. Sie berichtete, dass sie unter der Nummer »R 1550« beim Einsatzstab Reichsleiter Rosenberg (ERR) registriert worden war, der für die sogenannte »Sicherstellung« von Kulturgütern zuständigen Organisation, die ihren Sitz im Pariser Museum Jeu de Paume gehabt hatte. Von Paris war sie am 10. März 1942 an Hermann Göring persönlich (das Wort unterstrichen) weitergeleitet worden. Die Geschichte vom Fund der Handschrift neben dem Zug, der in Berchtesgaden auf dem Abstellgleis stand, hatte schon vermuten lassen, dass Göring das Stundenbuch seiner Kunstsammlung einverleibt hatte. Es war aber eben nur eine Geschichte gewesen, die von Besret weitererzählt worden war (er wiederholte sie noch einmal in einem Brief vom 12. Juni 1968, der in dem Dossier liegt). Jetzt hatte man den sicheren Beweis dafür, dass das Stundenbuch der Johanna von Navarra auf Veranlassung von Göring selbst requiriert worden war. Wie Frau Böhm außerdem mitteilte, hatte Alexandrine de Rothschild von der Regierung der Bundesrepublik bereits eine Entschädigung erhalten. Die Belege dafür fügte sie an. Der Anwalt der Baronesse, Hans Deutsch, hatte am 29. März 1958 einen Antrag auf Entschädigung für den Verlust zahl-

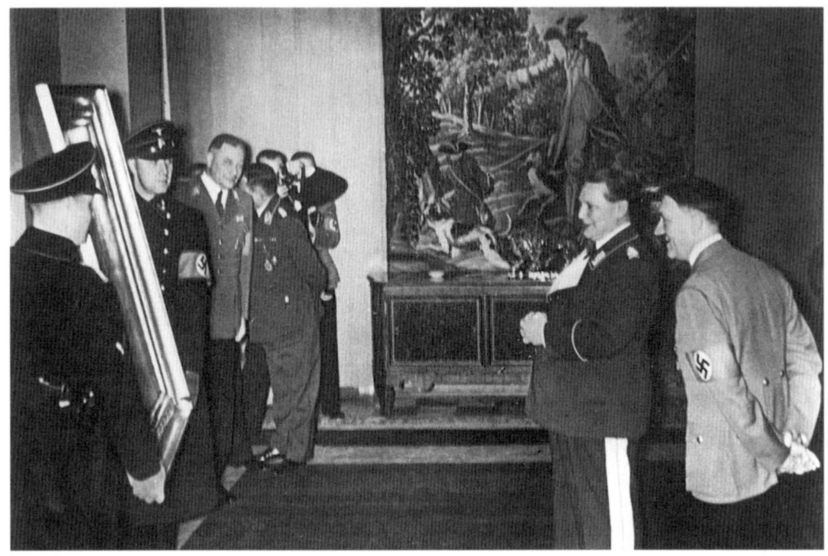

Hermann Göring (1893–1946) inspiziert mit Hitler ein Bild, das seiner privaten Kunstsammlung einverleibt werden soll.

reicher Kunstwerke, den sie während des Krieges erlitten hatte – darunter auch das Stundenbuch der Johanna von Navarra –, gestellt. Der Wert des Stundenbuchs war zu diesem Zweck von dem Kunsthändler Heinrich Eisenmann auf 73 200 000 Francs angesetzt worden, was damals etwas mehr als 50 000 Pfund oder etwas weniger als 150 000 Dollar entsprochen hatte. Das Ministerium in Bonn hatte am 25. September 1958 zugestimmt, ihr insgesamt eine Entschädigung in Höhe von 17 500 000 DM zu zahlen (ungefähr 1 500 000 Pfund oder 4 200 000 Dollar). Diese Riesensumme wurde ihr am 3. März 1959 in die Schweiz überwiesen. Juristisch gesehen war das so unerwartet wiederaufgetauchte Stundenbuch der Johanna von Navarra also nicht mehr im Besitz der Familie Rothschild, sondern es gehörte rein technisch der Regierung der Bundesrepublik Deutschland, die ja eine seinem geschätzten Wert entsprechende Summe ausgezahlt hatte.

Man kann Dom Bernard Besret nur bewundern. Er gab nicht kampflos auf und hielt den Anspruch seiner Abtei auf Beteiligung am Erlös der Handschrift bei ihrem Verkauf aufrecht. Er trat das ganze Jahr 1968 hindurch dafür ein und forderte sogar, dass man ihm die Handschrift wieder aushändigte. Im Juni 1968 wies die Oberfinanzdirektion, die ihren Sitz in

München hatte, die Bibliothèque nationale an, dies nicht zu tun, solange die Besitzansprüche umstritten waren. Im Oktober 1969 gab Besret sich nach einem Gespräch mit Maurice Rheims schließlich geschlagen. Am 7. November 1969 zog sich auch Baron Edmond zurück, dem die Einigung zwischen seiner Tante und den deutschen Behörden unbekannt gewesen war. Theoretisch hätte die Bundesregierung die Handschrift jetzt zum Beispiel einer Bibliothek in Westberlin oder München übergeben können. Es war wohl diese Möglichkeit, die Marcel Thomas dazu bewog, sie im Juli 1971 als nationales französisches Kulturdenkmal einstufen zu lassen, das nicht außer Landes gebracht werden durfte.

In der Zwischenzeit hatte die Bibliothèque nationale sich in anscheinend nicht enden wollenden Verhandlungen mit der Botschaft der Bundesrepublik befunden. Marcel Thomas hatte sich des Beistands von Florentine Mütherich versichert, einer Kunsthistorikerin, deren Spezialgebiet die frühmittelalterliche Buchmalerei war. Zusammen hatten sie Hans Hauser aufgesucht, den deutschen Kulturattaché in Paris, und auf das positive Echo verwiesen, das eine generöse Lösung dem deutschen Staat auf internationaler Ebene einbringen würde. Ausgehend von der Summe von 365 000 DM, die Madame Alexandrine ausgezahlt worden war, und unter Berücksichtigung der 4 Prozent Zinsen, die seit Wiederentdeckung der Handschrift hinzugekommen waren, stellte man Berechnungen an, und am 15. Januar 1973 erklärte Hauser im Namen des Bundesfinanzministeriums, dass man gegen eine Wiedererstattung der errechneten Summe in drei Raten durch die französische Regierung auf alle Ansprüche auf das Stundenbuch verzichten würde. Johanna von Navarra bestieg nie den Thron von Frankreich, doch ihr Stundenbuch, das so viele Abenteuer bestehen musste, liegt jetzt sicher verwahrt in der französischen Nationalbibliothek – dem ihm gebührenden Ort.

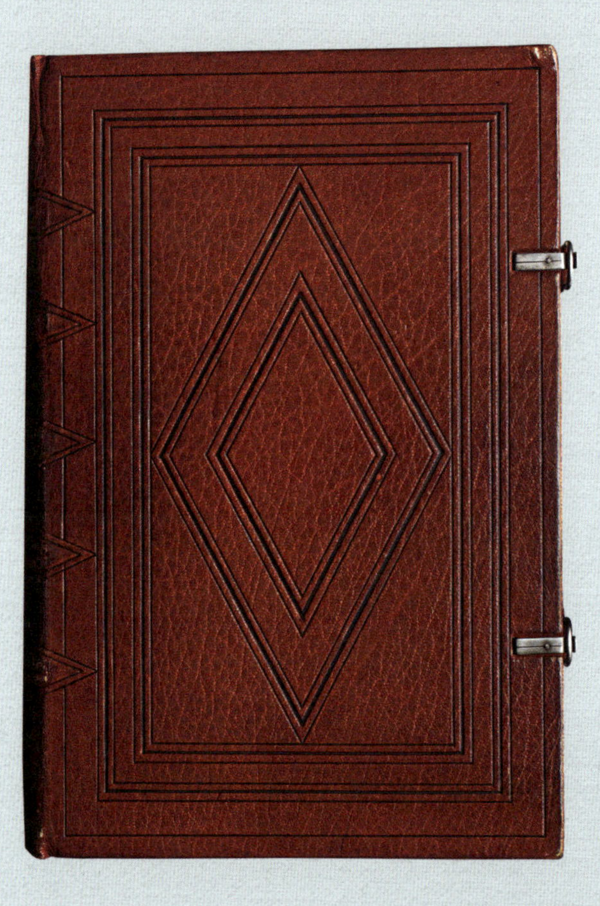

KAPITEL ZEHN

DER HENGWRT-CHAUCER

ca. 1400
Aberystwyth, National Library of Wales,
Peniarth MS 392 D

Mittelalterliche Schreiber schaffen es nur selten auf die Titelseiten überregionaler Zeitungen. »Chaucers schlampiger Kopist nach sechshundert Jahren enttarnt«, lautete die Schlagzeile des englischen *Guardian* am Dienstag, dem 20. Juli 2004. In dem Artikel, der auf einer Presseverlautbarung vom Tag zuvor basierte, wurde erzählt, dass Geoffrey Chaucer (ca. 1343–1400), der Verfasser der *Canterbury Tales*, einmal ein kleines Gedicht geschrieben hatte, das an seinen persönlichen Schreiber (»His Own Scriveney«), den er »Adam« nannte, gerichtet war und diesen ermahnte, beim Abschreiben sorgfältiger zu sein. Außerdem wurde berichtet, dass neueren Erkenntnissen zufolge die beiden ältesten erhaltenen Handschriften der *Canterbury Tales* von derselben Hand geschrieben worden waren wie ein Dokument aus dem späten 14. Jahrhundert, das in London von einem Schreiber namens Adam Pinkhurst unterzeichnet worden war. Dieser war also allem Anschein nach mit dem mysteriösen Kopisten identisch. Diese Entdeckung wurde Linne R. Mooney gutgeschrieben, einer aus Maine stammenden Amerikanerin, die am English Department der Universität York unterrichtete. Professor Mooney habe, hieß es in dem Artikel,

> Pinkhurst als den Schreiber Chaucers ermittelt, indem sie seine Unterschrift unter einer Eideserklärung untersuchte, die sich unter den frühesten Unterlagen der Schreibergilde der City of London findet, und diese mit der Schrift in Chaucer-Manuskripten verglich … »Viele Menschen haben sich diese Unterlagen vor mir angesehen«, sagte Professor Mooney gestern dem *Guardian.* »Aber ihr Interesse galt nicht Schreibern.« Sie seien daher nicht in der Lage gewesen zu erkennen, dass Pinkhursts Unterschrift mit der Handschrift des Kopisten der *Canterbury Tales* übereinstimmt. Sie hätten sich auch nicht so intensiv mit der Kalligrafie der Zeit befasst.

Wir werden gleich ausführen, warum diese sensationelle Identifikation unser Wissen über die Zirkulation dieses größten auf Mittelenglisch verfassten Werks in der Zeit seiner Entstehung entscheidend erweiterte, für den Augenblick wollen wir uns aber mit der öffentlichen Reaktion auf ihre Bekanntgabe im Sommer 2004 befassen. Anstatt über Mooneys Entdeckung begeistert zu sein, wie ich erwartet hatte, reagierte das akademische Establishment Großbritanniens mit Entrüstung. Zum Teil ging das wohl darauf zurück, dass man es nicht gerne sah, wenn eine relative Außenseiterin, überdies Amerikanerin, als Expertin für etwas gefeiert wurde, das so urenglisch war. Ohne auch nur die Höflichkeit aufzubringen, die von ihr ins Feld geführten Belege zu überprüfen, urteilten einige, jede von Linne Mooney vorgenommene Identifizierung sei von vornherein absurd. Als hätten sich Männer über feministische Themen zu Wort gemeldet, wurde Linne einfach die nötige Qualifikation abgesprochen, sich überhaupt zu dem Gegenstand zu äußern. Das war entsetzlich ungerecht und muss ihr sehr zugesetzt haben. Der rücksichtsvolle Umgang, der in universitären Gemeinschaftsräumen üblich ist, kann sich bisweilen grausam ins Gegenteil verkehren. Die nicht zum Erliegen kommenden Kontroversen zu Adam Pinkhurst ähneln mittlerweile den »pamphlet wars« des 18. Jahrhunderts. Sie werden ebenso sehr von Neid und Glaubensüberzeugung angetrieben wie von Vernunft und historischer Überprüfung.

Seit 2004 ist die sich mit Geoffrey Chaucers Handschriften befassende Gelehrtenwelt gespalten in dieser Frage. Einige – eher dem, sagen wir, Wikipedia-Ende des wissenschaftlichen Spektrums zuzurechnen – akzeptieren die Identifizierung als erwiesene Tatsache, haben sie gar zum Anlass genommen, die Forschung zu intensivieren, dem Schreiber weitere Handschriften zuzuordnen und seine Bedeutung für die Verbreitung von Chaucers bedeutendstem Werk herauszuarbeiten. Adam Pinkhurst, in der Historie ein kaum beschriebenes Blatt, erfreut sich jetzt eines eigenen Eintrags im *Oxford Dictionary of National Biography*, der – kaum überraschend – aus der Feder Linne Mooneys stammt. Ohne Umschweife wird er darin als »Geoffrey Chaucers Schreiber« bezeichnet, und es wird als sicher behauptet, dass »seine Handschrift leicht zu erkennen« sei. Andere hingegen lehnen Pinkhursts Identifizierung als dessen »Kopisten« immer noch strikt ab. Viele britische Paläografen konservativen Gepräges haben sich bestenfalls geweigert, sich in der Sache festzulegen. Ich glaube, es war der verstorbene Malcolm Parkes, der als Erster die taktvolle Formulierung benutzte, was diese Identifikation betreffe, habe die Jury noch keine Entscheidung gefällt, und das bekommt man immer noch von vielen Fachleuten zugemurmelt. Da Gerichtshöfe, Richter und Parteien immer wieder in Aufzeichnungen zu Chaucers Leben und im Text seiner *Canterbury Tales* in Erscheinung treten, wollen wir für dieses Kapitel eine Jury einberufen und die Zeugen einem Kreuzverhör unterziehen.

Chaucer war Sohn eines Londoner Weinhändlers. Er erhielt eine gute Erziehung und beherrschte mehrere Sprachen. Er unternahm Reisen ins Ausland. Während des Hundertjährigen Kriegs gehörte er dem Heer Eduards III. an und wurde 1359 anlässlich der Belagerung von Reims von den Franzosen gefangen genommen, nach wenigen Monaten aber gegen Lösegeld wieder freigelassen. Er heiratete eine Hofdame der Königin und bekleidete verschiedene Positionen innerhalb der Hofhaltung und Verwaltung, hauptsächlich die eines Zollinspektors für den Import- und Exporthandel mit Wolle, Fellen und Häuten im Hafen von London. Chaucer diente als Diplomat, Friedensrichter und Parlamentsmitglied. Er gehörte einer Generation an, die miterlebte, dass die englische Sprache endlich an Wertschätzung gewann. Vor dem 14. Jahrhundert hatte die britische Oberschicht Französisch gesprochen (oder die dialektale Variante, die man Anglo-Normannisch nannte), und die meisten Schriftwerke waren auf Latein abgefasst. Dreihundert Jahre lang war das Englische, das aus dem Angelsächsischen hervorgegangen war, bloß die Umgangssprache ungebildeter Bauern gewesen, hatte aber im Lauf seiner Entwicklung viele französische Wörter absorbiert. Nach den gesellschaftlichen Verwerfungen, die der Schwarze Tod zwischen 1348 und 1350 verursacht hatte, hatte die neue Mischsprache, die uns heute als Mittelenglisch bekannt ist, ihren Weg die soziale Leiter hinauf angetreten. Chaucers engerer Familien- und Bekanntenkreis setzte sich aus Angehörigen der respektablen oberen Mittelschicht zusammen. Zu seinen frühen literarischen Werken zählt *Das Buch der Herzogin*, mit dem der 1360 verstorbenen Gattin Johanns von Gent, des Herzogs von Lancaster, gedacht wurde. Es war auf Englisch abgefasst. Um 1380 fertigte Chaucer eine englische Übersetzung von Boethius' *De consolatione philosophiae an*, die den Titel *Boece* erhielt, und Mitte der 1380er-Jahre verfasste er ein Versepos mit dem Titel *Troilus and Criseyde*, für dessen Handlung der Trojanische Krieg den Hintergrund bildet. Der Ruhm Chaucers gründet heute auf den *Canterbury Tales*, einer umfassenden Sammlung von Geschichten in Versen und in Prosa, mit der er vermutlich um 1387 begann. Die einzelnen Geschichten sind 29 Pilgern aus ganz unterschiedlichen sozialen Schichten in den Mund gelegt, die sich zufällig auf der Wallfahrt von London nach Canterbury zum Schrein des heiligen Thomas Becket tref-

Die Ellesmere-Handschrift der *Canterbury Tales*, die sich heute in der Huntington Library in Kalifornien befindet. Sie ist ein Werk desselben Schreibers, der auch für den Hengwrt-Chaucer verantwortlich war.

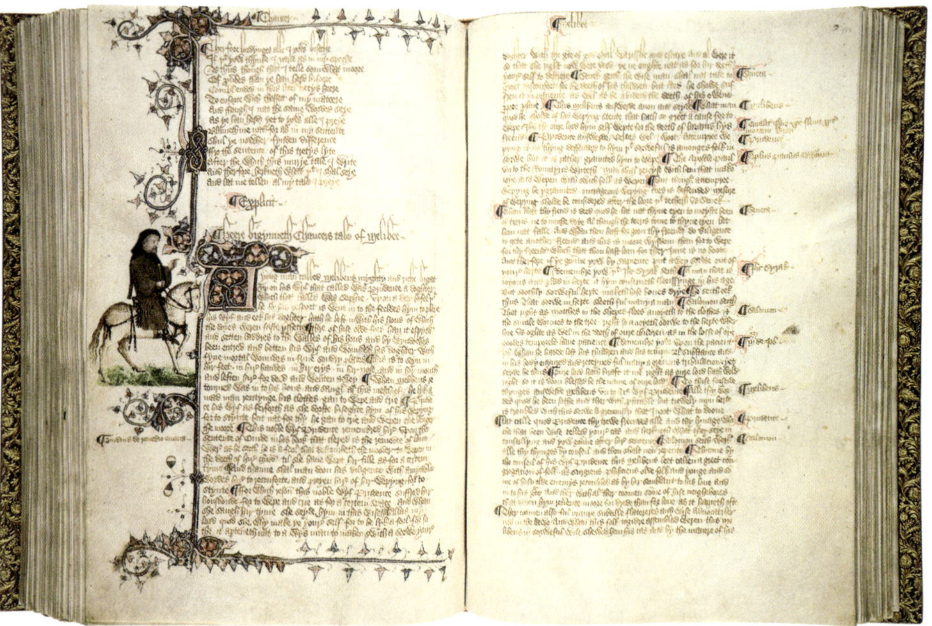

fen. Wie im Prolog ausgeführt, schlägt der Wirt des Tabard Inn in Southwark als Reiseführer der Pilgerschar vor, sie sollten sich unterwegs damit vergnügen, Geschichten zu erzählen. Jeder sollte zwei auf dem Hin- und zwei auf dem Rückweg zum Besten geben. Ursprünglich hätten es also 120 Geschichten werden sollen, doch nur ungefähr zwei Dutzend waren ganz oder weitgehend vollendet, als der Autor im Oktober 1400 starb.

Es sind keine Manuskripte von Chaucers eigener Hand bekannt. Die beiden ältesten Handschriften der *Canterbury Tales*, die gewöhnlich auf um oder kurz nach 1400 datiert werden, sind einmal das Manuskript, das Thema dieses Kapitels ist, der sogenannte Hengwrt-Chaucer, dem wir in Aberystwyth einen Besuch abstatten, und zum anderen eine wesentlich prachtvollere, aber ein wenig später entstandene Abschrift, die als Ellesmere-Chaucer bekannt ist, weil sie im Besitz der Familie Bridgeport und nach deren Erhebung in den Adelsstand im Besitz der wechselnden Lords Ellesmere war. Die Nachfahren dieser Familie verkauften den Codex 1917 an Henry Huntington aus Kalifornien. Jener stellt jetzt eines der Prunkstücke von The Huntington dar, seiner Privatsammlung in San Marino bei Los Angeles, die 1928 der Öffentlichkeit zugänglich gemacht wurde. Der Ellesmere-Chaucer ist der mit den berühmten Abbildungen der einzelnen Pilger auf dem Rücken von Pferden an den Seitenrändern. Der Hengwrt- und der Ellesmere-Chaucer sind die beiden primären Textzeugen; unsere Kenntnis der *Canterbury Tales* beruht nahezu ausschließlich auf diesen beiden Handschriften, ebenso alle modernen Editionen. Soweit wir das beurteilen können, geben sie den Text in sehr reiner und zuverlässiger Form wieder.

Bereits 1935 wurde die Theorie aufgestellt, dass Hengwrt und Ellesmere vom selben Schreiber kopiert wurden. Das wurde 1978 von Ian Doyle und Malcolm Parkes, den beiden Riesen auf dem Gebiet der mittelenglischen Handschriftenkunde, in einem bahnbrechenden Artikel bestätigt, und sie erkannten die Hand desselben Schreibers in zwei weiteren Textzeugnissen, einem Fragment aus Chaucers *Troilus and Criseyde* im Archiv von Hatfield House in Hertfordshire und einem Abschnitt in John Gowers *Confessio amantis*. Gowers Sammlung von ebenfalls auf Mittelenglisch verfassten Liebesgeschichten wurde von mehreren Schreibern kopiert. Die Handschrift befindet sich heute in der Bibliothek von Trinity College in Cambridge. Aufgrund der Stellung, die er in der Folge der verschiedenen Kopisten einnimmt, wiesen Doyle und Parkes

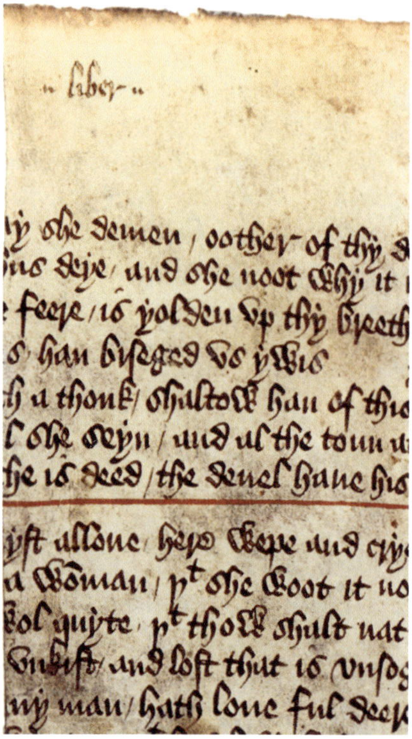

Ein kleines Bruchstück einer nicht erhaltenen Abschrift von Chaucers *Troilus*, das sich im Archiv von Hatfield House fand. Es stammt von der Hand desselben Schreibers, der den Ellesmere- und den Hengwrt-Chaucer anfertigte.

dem Chaucer-Kopisten das neutrale und farblose Epitheton »Schreiber B« zu. Wer immer er war, er muss ein Berufsschreiber gewesen sein, der in der Gegend um London arbeitete und zwar zu Lebzeiten Chaucers oder nicht lange danach. Das geht aus seiner Schreibweise bestimmter Wörter hervor. Bislang wird das nicht angezweifelt, sondern gilt als erwiesen.

Der erste Zeuge, den wir im Prozess um Adam Pinkhurst aufrufen müssen, ist der Hengwrt-Chaucer selbst. Hengwrt, was auf Walisisch so viel wie »alte Halle« bedeutet, war früher einmal ein großes Haus in der Nähe von Dolgellau, Gwynedd, ungefähr 40 Kilometer nördlich von Aberystwyth. Es existiert heute nicht mehr. An den Rand gekritzelte Notizen und manchmal kindisch anmutende Eintragungen geben zu erkennen, dass die Handschrift im 16. Jahrhundert jemandem gehörte, der in Chester, in der Nähe der walisischen Grenze, ansässig war. Mitte des 17. Jahrhundert war die Handschrift von Robert Powell Vaughan (ca. 1591–1667) erworben worden, einem walisischen Antiquar, der Hengwrt von den Vorfahren seiner Frau erbte. Vaughan war leidenschaftlicher Büchersammler, und seine Bibliothek schloss große Werke der frühen walisischen Literatur ein wie das aus dem 13. Jahrhundert stammende »Llyfr Du Caerfyrddin« (»Das Schwarze Buch von Carmarthen«) und das im 14. Jahrhundert entstandene »Llyfr Taliesin« (»Das Buch Taliesins«). Die Chaucer-Handschrift wurde im Verzeichnis seiner Bücher 1658 aufgeführt als »*Membrana 154 Chaucer's Works very fairly written on vellom. In folio 4 inches thick*«. Sie verblieb in der Bibliothek von Hengwrt, mehr oder weniger unbeachtet, bis zum Tod des dritten Baronet, Sir Robert Vaughan (1803–1859). Da kinderlos, hatte er die Handschriften seinem Freund William Wynne (1801–1880) aus Peniarth vermacht, der ein großer Bibliophiler war. 1904 wurde dessen Sammlung, in die auch die Handschriften aus Hengwrt eingegangen waren, seinen Erben abgekauft von Sir John Williams (1840–1926), einem Arzt und Philanthropen, der als Mäzen die Gründung der National Library of Wales unterstützt hatte. Sir John wurde 2005 von einem Nachfahren als Kandidat für »Jack the Ripper« ins Spiel gebracht, doch kommt wohl kaum jemand weniger für diese Rolle in Frage als er. Dass die neue Bibliothek in Aberystwyth an der Westküste gebaut wurde und nicht in der walisischen Hauptstadt Cardiff, ist vor allem darauf zurückzuführen, dass das eine Bedingung war, die Williams 1909 im Zusammenhang mit der Stiftung seiner Sammlung stellte.

Die National Library of Wales (oder LLyfrgell Genedlaethol Cymru) ist in der Tat einer der am schwersten zu erreichenden Außenposten der Gelehrsamkeit auf den Britischen Inseln. Von London braucht man mit dem Auto, je nach Verkehrsverhältnissen, mindestens fünf Stunden. Die nächstgelegenen Flughäfen sind die von Birmingham und von Manchester. Nimmt man den Zug wie ich, ist man von Birmingham aus auch auf der direktesten Route mit einem kleinen Bummelzug nahezu vier Stunden unterwegs. Anfangs war dieser Zug so überfüllt, dass ich stehen musste, als er sich seinen Weg über Wolverhampton und Shrewsbury durch Zentralwales bahnte und immer wieder an winzigen Bahnhöfen mit altertümlich klingenden Namen wie Caersws, Machynlleth, Dovey Junction und Borth anhielt. Man fährt durch grüne Wiesen und an einsam gelegenen steinernen Bauernhäusern vorbei, und irgendwie erinnerte mich die Landschaft an die der Modelleisenbahnanlage, die ich vor langer Zeit einmal hatte. Endlich schaukelt der Zug, der sich inzwischen fast völlig geleert hat, langsam nach Aberystwyth hinein, einem reizen-

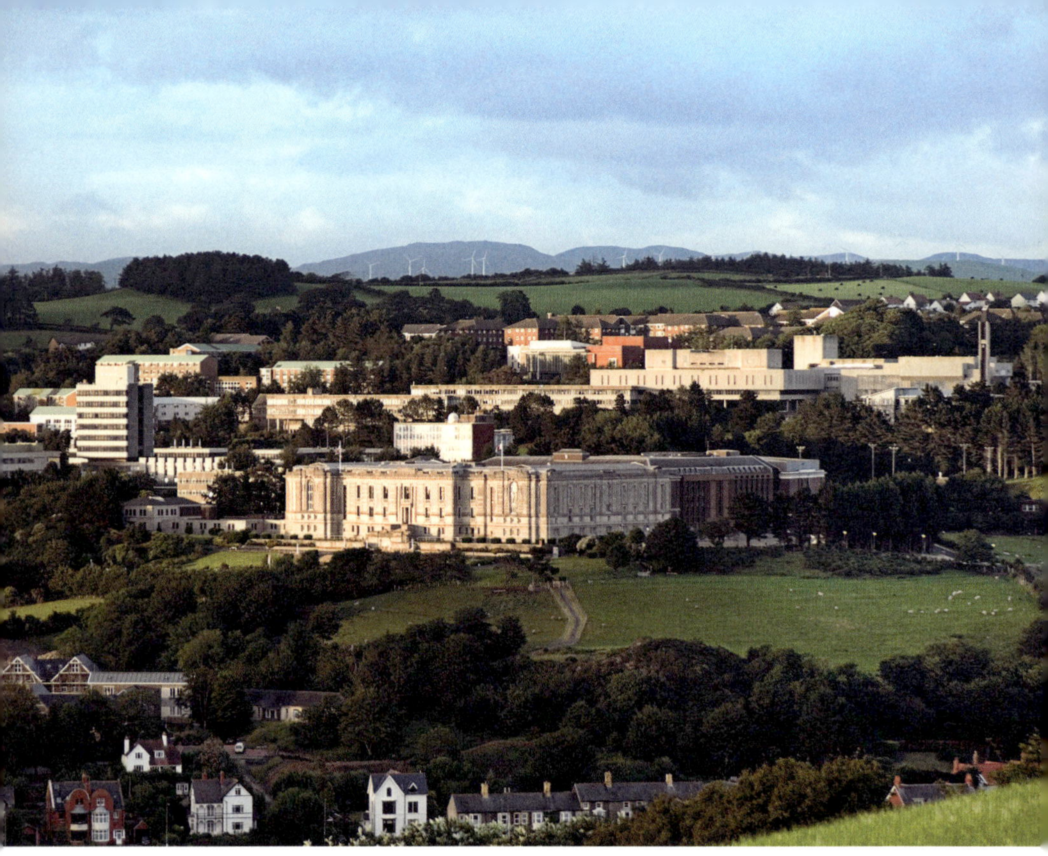

Die National Library of Wales, die 1907 gegründet wurde, streckt sich wie ein großer Palast auf einem Hügel oberhalb der Küstenstadt Aberystwyth.

den Küstenort, wo sich große Häuser aus dem 19. Jahrhundert mit pastellfarbenen Fassaden und grauen Schieferdächern am Meeresufer aneinanderreihen. Ich stieg in dem kleinen Hotel Gwesty Cymru in der Marine Terrace ab, von dem aus man das Meer sieht und den Sonnenuntergang bewundern kann. In Aberystwyth herrschte eine melancholische Nachsaison-Stimmung (dabei hatten wir Mitte Juni). Verkehr schien es kaum zu geben, und der Strand mit seinem knirschenden grauen Sand und den sanften Wellen gehörte den Möwen. Weil alle Walisisch können (und es auch sprechen), eine für Engländer undurchdringliche Sprache, kommt man sich so fremd vor wie in Finnland, und wenn man ein Auto mit vertrautem britischen Nummernschild sieht, durchfährt einen jedes Mal ein Schock.

Am nächsten Morgen fuhr ich mit dem Taxi zur National Library, die auf einem Hügel hoch über den schiefergedeckten Häusern der Stadt thront. Es handelt sich um einen großen Granitbau im klassizistischen Stil. Ein Gedenkstein am Fuß der Fronttreppe erinnert an die Eröffnung durch George VI. im Juli 1937. Später erfuhr ich, dass es in Bezug auf die ganze Anlage viele solche Eröffnungsdaten gibt, da vom frühen 20. Jahrhundert an immer wieder Erweiterungen vorgenommen und noch existierende Baulücken in jedem denkbaren architektonischen Stil gefüllt worden sind. Man tritt rechts von der Haupttreppe auf Straßenniveau durch eine gläserne Drehtür ein und gelangt in ein niedriges Foyer mit einer Informationstheke und einem Buchladen. Ich erklärte der liebenswürdigen blonden Empfangsdame, dass ich eine Verabredung hätte mit Maredudd ap Huw, dem Kurator für Handschriften. Sie antwortete auf Englisch, natürlich, telefonierte dann aber auf Walisisch. Es folgte ein längeres Gespräch, ernste Blicke wanderten in meine Richtung. Keine Ahnung, worüber sie sprachen, ich konnte mir aber schon ausmalen, dass sie ihm abriet, diesen höchst merkwürdigen Besucher mit dem gefährlichen Aussehen und wirren Haar zu empfangen, doch alsdann lächelte sie mir zu und bat, ich möge mich einen Augenblick gedulden.

Maredudd entpuppte sich als großer, gut gekleideter junger Mann mit kurz geschnittenem dunklem Haar und Brille mit dünnen Gläsern. Hilfsbereiter und entgegenkommender hätte man nicht sein können. In der Tat war es fast schon peinlich. Ich hatte erwartet, wie bei früheren Besuchen ohne Aufhebens in den Lesesaal gelassen zu werden, stattdessen wurde ich nach oben in den President's Room geleitet, eine Art von Sitzungssaal für den Vorstand, von dem aus man ganz Aberystwyth überblickt. Auf einer Säule in der Ecke steht eine Büste von John Williams. Der Saal schien voll von Leuten zu sein. Man machte mich mit Sally McInnes bekannt, Leiterin der Abteilung für Sammlungspflege, mit Nia Mai Daniel, zuständig für das Archiv und für Handschriften, mit Rhys Davis, einem Archivar, und auch mit Aled Gruffydd Jones, National Librarian und Chief Executive. Anscheinend wollten sie alle Zeuge meiner ersten formellen Begegnung mit ihrer bedeutendsten mittelenglischen Handschrift sein. Wie das Book of Kells ist der Hengwrt-Chaucer in das Memory of the World-Register der UNESCO aufgenommen, und oft wird er nicht vorgeholt. Ein Fotograf spukte im Hintergrund herum. Mir begann zu schwanen, ich würde alle Erwartungen enttäuschen, vor allem falls sie auf spontane Urteile und verblüffende Enthüllungen aus waren.

Der President's Room ist lang gestreckt und schmal mit einem hohen

Fenster in einem Metallrahmen am hinteren Ende. Die Jalousien waren hochgezogen. Man ließ mich an dem langen Tisch mit einer eingelassenen Fläche aus dunkelgrünem Leder Platz nehmen. Ich setzte mich auf einen dazu passenden Lederstuhl gegenüber einem offenen Kamin aus den 1930er-Jahren mit einem Art-déco-Sims aus gelbem und weißem Marmor. Auf dem Tisch stand bereits eine braune stoffbezogene Box mit der Aufschrift »PENIARTH / MS / 392D«, so ungefähr die nichtssagendste Signatur, die man sich für eine Handschrift von Weltrang ausdenken kann. Unter ihr klebte ein Punkt aus rotem Leder, was, wie ich von Maredudd erfuhr, den höchsten Grad von Zugangsbeschränkung signalisierte. Man reichte mir ein Paar weißer Handschuhe in einer Packung mit dem Aufdruck »Made in China«, vielleicht eine Erklärung für ihre Miniaturgröße. Des Taktes halber trug ich sie zunächst, was ich im weiteren Verlauf des Tages jedoch allmählich stillschweigend vergaß.

Das Empfangskomitee hielt die Luft an, als ich den Codex aus der Schachtel hob, danach war man jedoch rasch gelangweilt und schlüpfte nach und nach aus dem Raum. Der Hengwrt-Chaucer ist in exquisites modernes Maroquinleder gebunden, mit einem rautenförmigen Muster in einem aus schwarzen Linien bestehenden rechteckigen Rahmen auf dem vorderen Deckel. Am hinteren Deckel befestigte geflochtene Riemen enden in silbernen Ringen, die über Haken am Rand des Vorderdeckels greifen. Die Deckel bestehen aus Holz und sind merklich größer als die Blätter der Handschrift. Der Titel auf dem Rücken ist unnötig ausführlich; er lautet: »THE TALES OF CANTERBURY« / »GEOFFREY CHAUCER« / »HENGWRT MS. 154. PENIARTH MS. 392D« – alles in goldenen Lettern. Der Einband wurde 1956 in der National Library angefertigt. The Gregynog Press, der private Verlag der Schwestern Gwendoline und Margaret Davies in Gregynog Hall in Mittelwales, war 1940 geschlossen worden, und die Vorräte an Leder und anderen Materialien aus der Buchbinderwerkstatt wurden 1954 von Margaret Davies der Bibliothek in Aberystwyth überlassen. Dort entschied man, sie dazu zu verwenden, einige der besonderen Schätze neu einzubinden, darunter den Chaucer. Dessen neuer Einband fiel wesentlicher traditioneller aus als zum Bei-

RECHTS: Die erste Seite des Hengwrt-Chaucer mit der illuminierten Initiale zum Allgemeinen Prolog.

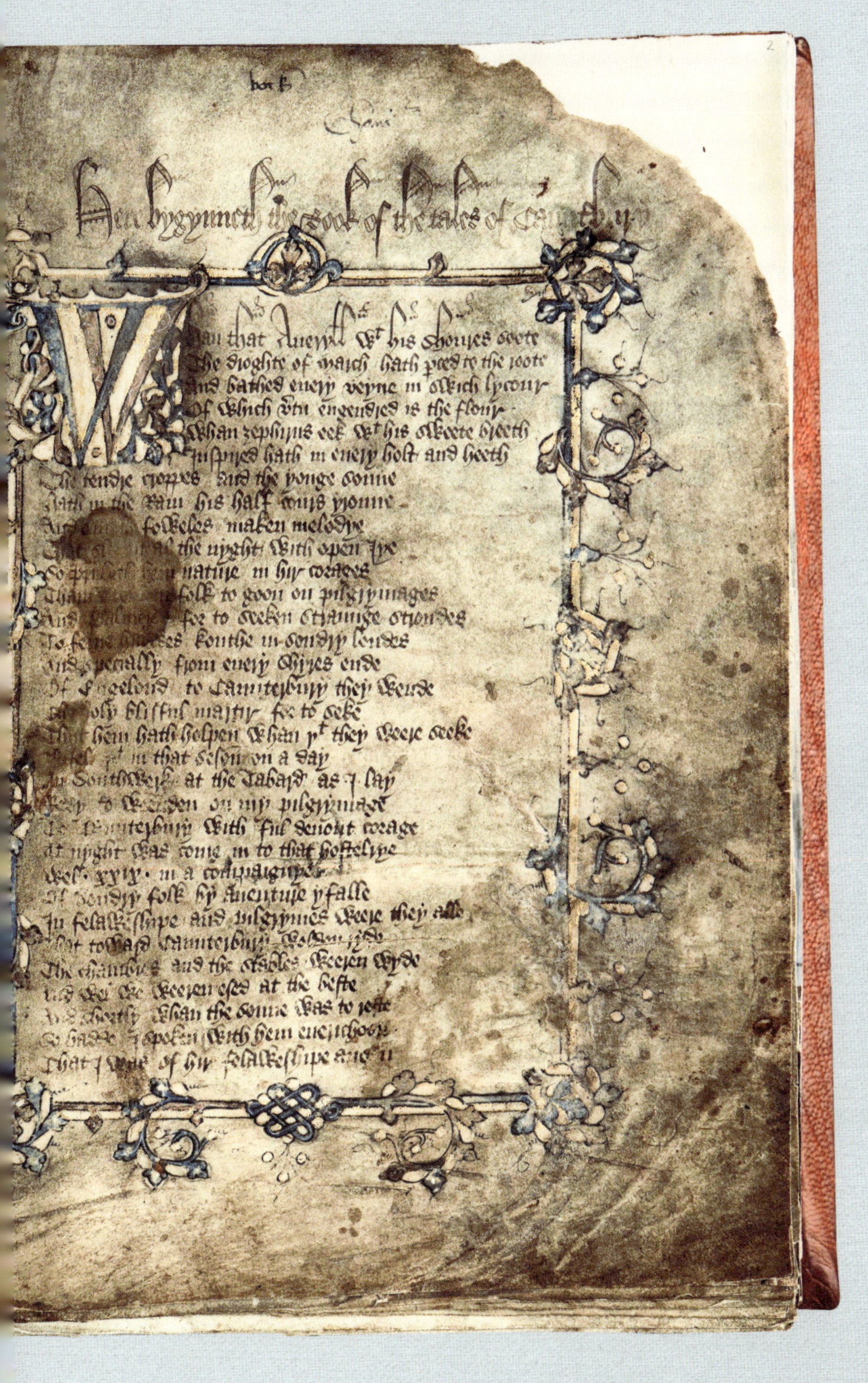

Heer bygynneth the book of the tales of Caunterbury

Whan that Aueryll wt his shoures soote
The droghte of March hath perced to the roote
And bathed euery veyne in swich lycour
Of which vertu engendred is the flour
Whan zephirus eek wt his sweete breeth
Inspired hath in euery holt and heeth
The tendre croppes and the yonge sonne
Hath in the Ram his half cours yronne
An[illegible] fowheles maken melodye
[illegible] the nyght with open Iye
So priketh [illegible] nature in hir corages
Thanne [illegible] folk to goon on pilgrymages
And [illegible] for to seken straunge strondes
To ferne halwes kouthe in sondry londes
And specially from euery shires ende
Of Engelond to Caunterbury they wende
The holy blisful martir for to seke
That hem hath holpen whan yt they were seke
[illegible] yt in that seson on a day
In Southwerk at the Tabard as I lay
Redy to wenden on my pilgrymage
To Caunterbury with ful deuout corage
At nyght was come in to that hostelrye
Wel .xxix. in a compaignye
Of sondry folk by auenture yfalle
In felaweshipe and pilgrymes were they alle
That toward Caunterbury wolden ryde
The chambres and the stables weren wyde
And wel we weren esed atte beste
And shortly whan the sonne was to reste
So hadde I spoken with hem euerichon
That I was of hir felaweshipe anon

spiel der des Augustinus-Evangeliars mit seinen nüchternen Eichenbrettern oder der des Book of Kells, obwohl alle diese Einbände um dieselbe Zeit herum hergestellt wurden. Der fragile spätmittelalterliche Einband, in dem sich die Chaucer-Handschrift davor befand, wird separat aufbewahrt, man zeigte ihn mir ebenfalls. Die alten Deckel sind fast schwarz; der neue Einband ist rot. Es ist zweifellos ein Zufall, dass diese Farben mit denen übereinstimmen, in die die Bücher von Chaucers »Clerk from Oxenford« gebunden sind, von dem es in den *Canterbury Tales* heißt: »For him was levere have at his beddes heed / Twenty bookes, clad in blak or reed.« (»Lieber hatte er an seines Bettes Kopf / Zwanzig Bücher gebunden in Schwarz oder Rot.«)

Die Handschrift misst ungefähr 29 mal 20,5 Zentimeter. Auf der ersten Seite ist der Text von einem illuminierten Rahmen umgeben, einer Art Bordüre: Aus rosafarbenen und blauen Streifen sprießen in Abstän-

Die der Vorstellung des Schildknappen (Squire) und des Bediensteten (Yeoman) gewidmeten Passagen des Prologs zu den *Canterbury Tales* in der 1483 von William Caxton in Westminster gedruckten Ausgabe des Werks.

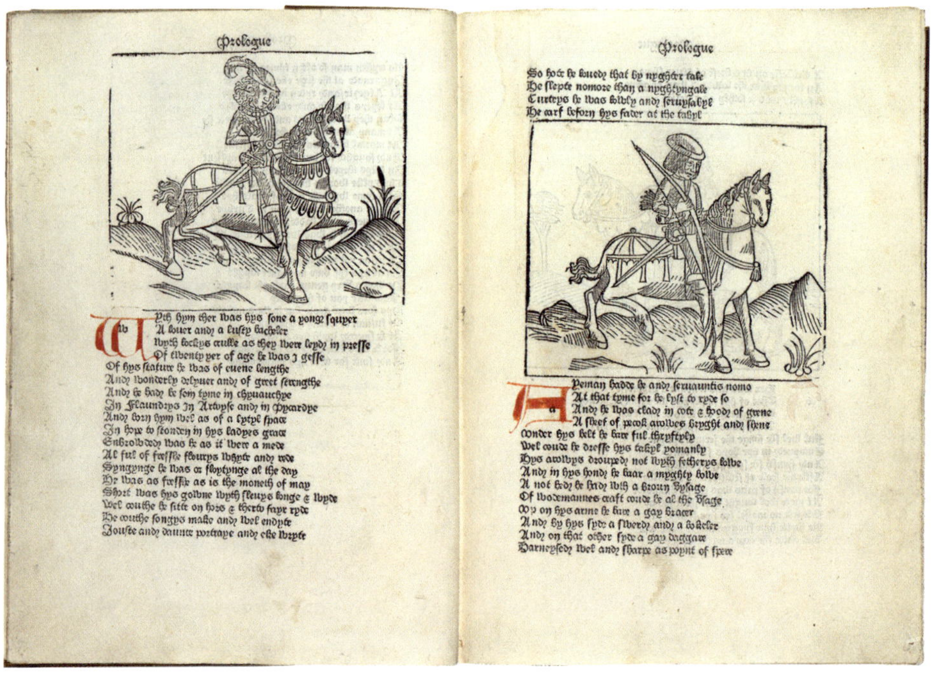

Prologue

With hym ther was hys sone a yonge squyer
A louer and a lusty bacheler
Wyth lockys crulle as they were leyd in presse
Of twenty yer of age he was I gesse
Of hys stature he was of euene lengthe
And wonderly delyuer and of greet strengthe
And he hadde be som tyme in chyuauchye
In Flaundrys In Artoyse and in Pycardye
And born hym wel as of a lytyl space
In hope to stonden in hys ladyes grace
Enbrowdred was he as it were a mede
Al ful of fresshe flourys whyte and rede
Syngynge he was or floytynge al the day
He was as fresshe as is the moneth of may
Short was hys gowne wyth sleuys longe & wyde
Wel couthe he sitte on hors & therto fayr ryde
He couthe songys make and wel endyte
Iouste and daunce portraye and eke wryte

Prologue

So hote he louede that by nyghter tale
He slepte nomore than a nyghtyngale
Curteys he was lowly and seruysabyl
He carf beforn hys fader at the tabyl

Yeman hadde he and seruauntis nomo
At that tyme for he lyst to ryde so
And he was clad in cote & hood of grene
A sheef of pecok arowes bryght and shene
Vnder hys belt he bare ful thryftyly
Wel coude he dresse hys takyl yomanly
Hys arowys drouped not wyth fetherys lowe
And in hys hond he baar a myghty bowe
A not hede he hadde wyth a broun vysage
Of wodemannes craft coude he al the vsage
Vp on hys arme he bare a gay bracer
And by hys syde a swerd and a bokeler
And on that other syde a gay daggare
Harneysed wel and sharpe as poynt of spere

den kleine Blätterbüschel hervor. Das erste Blatt ist abgegriffen und glänzt jetzt beträchtlich, vor allem das rosa Pigment ist verblasst, doch das Gold schimmert immer noch auf dick aufgetragener weißer Grundierung. Die berühmte erste Zeile – »Whan that Averyll w[t] his shoures soote …« – beginnt mit einem »W«, das sechs Zeilen hoch ist. Obwohl die Handschrift nicht so prachtvoll ausgeschmückt ist wie der Ellesmere-Chaucer und nicht im Entferntesten mit illuminierten literarischen Texten zu vergleichen ist, die zur gleichen Zeit in Frankreich für Auftraggeber wie den Herzog von Berry angefertigt wurden, ist sie keineswegs minderwertig. Gold kam zum Einsatz. Sie besitzt eine gewisse Größe, vor allem im Vergleich zu vielen anderen mittelenglischen Manuskripten der Zeit wie den *Piers Plowman*-Handschriften oder den Wyclif'schen Bibelübersetzungen, die oft kleinformatig sind und wenig hermachen. Der Text ist auf Pergament geschrieben, nicht auf Papier, obwohl dieses damals in England bereits für preiswerte Bücher benutzt wurde. Die verwendeten Häute waren von guter Qualität, das Pergament fühlt sich weich an.

Was an der Handschrift in ihrem heutigen Zustand sofort auffällt, ist, dass man jede obere Außenecke ersetzt hat: Das fällt stärker ins Auge, als jedes Faksimile es zu vermitteln vermag. Pergament ist Protein, ein Leckerbissen für Nager. Wahrscheinlich während der Zeit im 18. Jahrhundert, in der das Buch in Hengwrt unbeachtet stand oder lag, wurden die oberen Außenecken aller Seiten weggeknabbert. (Ich sehe hier Potenzial für eine Kindergeschichte mit dem Titel *Die Ratte, die den Hengwrt-Chaucer fraß.*) Als die Handschrift 1956 neu gebunden wurde, wurden die fehlenden Ecken einfach mit neuem weißem Pergament ersetzt, wobei man nicht den geringsten Versuch einer farblichen Angleichung an das eher elfenbeinfarbene alte Pergament unternahm – mit dem Ergebnis, dass jede Seite so scheckig aussieht wie ein gefleckter Spaniel. Gleichzeitig wurden – was man heute unter keinen Umständen mehr täte – die Außenränder der Seiten rot gefärbt. Anschließend bekam die gesamte Handschrift – unter Einbeziehung der angesetzten Flicken – oben einen Goldschnitt verpasst. Das alles geschah im Lauf derselben Bindeaktion, was man daran ersieht, dass auf folio 87 die angefügte Ecke rot besprenkelt ist.

Die Blätter tragen zum größten Teil Schrift, das heißt Text, der eine schmale Kolumne bildet, wenn es sich um gereimte Verszeilen handelt, oder bei Prosapassagen die Form von einem auf der Schmalseite stehenden Rechteck annimmt. Auf eine Seite kommen vierzig Zeilen in relativ großem und großzügig ausgelegtem englischem »Bookhand«, einer sogenannten gebrochenen Schrift. Die Handschrift von »Schreiber B« kommt der Drucktype von William Caxtons zweiter Ausgabe der *Canterbury Tales,* die er 1483 in Westminster herausbrachte und die achtunddreißig Zeilen pro Seite enthält, merkwürdig nahe. Die Handschrift weist hübsche verzierte Initialen auf, die mit einer Feder in Rot und Blau ausgeführt sind, und durchgehend Absatzmarkierungen in intensivem Blau. Auf vielen Seiten ist am oberen Rand der Titel der jeweiligen Erzählung angegeben. Mithilfe dieser Angaben fällt es leicht, sich im Gesamttext zurechtzufinden. Die Schrift ist so groß, dass man den Codex benutzen konnte, um öffentlich etwas aus ihm vorzulesen. Das rief mir das ganzseitige Frontispiz des Exemplars von Chaucers *Troilus* in Erinnerung, das sich in der Parker Library befindet und das wohl zwischen 1415 und 1420 entstanden ist. Es zeigt anscheinend den Verfasser, der bei einem höfischen Gartenfest etwas aus seinem Versepos liest oder rezitiert. Der Hengwrt-Chaucer ist dafür gemacht, entweder auf ein Lesepult gelegt oder zumindest in beiden Händen gehalten zu werden. Ich selbst begutachtete ihn, während er auf einem weichen großen grauen Polster ruhte.

Weil der Einband modern ist und man den Codex problemlos weit aufschlagen kann, fällt die Ermittlung der Lagenstruktur leicht.* Ich habe das unten auf recht ungewöhnliche Weise wiedergegeben, um zu signalisieren, dass der Band sehr deutlich in fünf verschiedene Einheiten

RECHTS: Dieselbe Textpassage wie auf Seite 506 im Hengwrt-Chaucer, mit der Vorstellung von Schildknappen und Bediensteten ab Zeile 7.

NACHFOLGENDE DOPPELSEITE: Die nicht zu Ende geführte Erzählung des Kochs im Hengwrt-Chaucer. An der Stelle, an der sie abbricht, hat der Schreiber angemerkt, dass Chaucer nicht mehr davon schrieb. Auf der gegenüberliegenden Seite beginnt der Prolog der Erzählung der Frau von Bath.

---

* Moderne Vorsatzblätter (eines davon ist mit »1« foliiert) + folios 2–57 (i–v^{8}, vi^{2}, vii^{6}, viii^{8}), folios 58–87 (ix–xii^{8}), folios 88–111 (xiii–xv^{8}), folios 112–234 (xvi–xx^{8}, xxi^{1+8} [zweites Blatt, folio 153, ein Einzelblatt], xxii^{16}, xxiii–xxviii^{8}, xxix^{10}), sowie folios 235–250 (xxx–xxxi^{8}), am Ende fehlt mindestens eine weitere Lage.

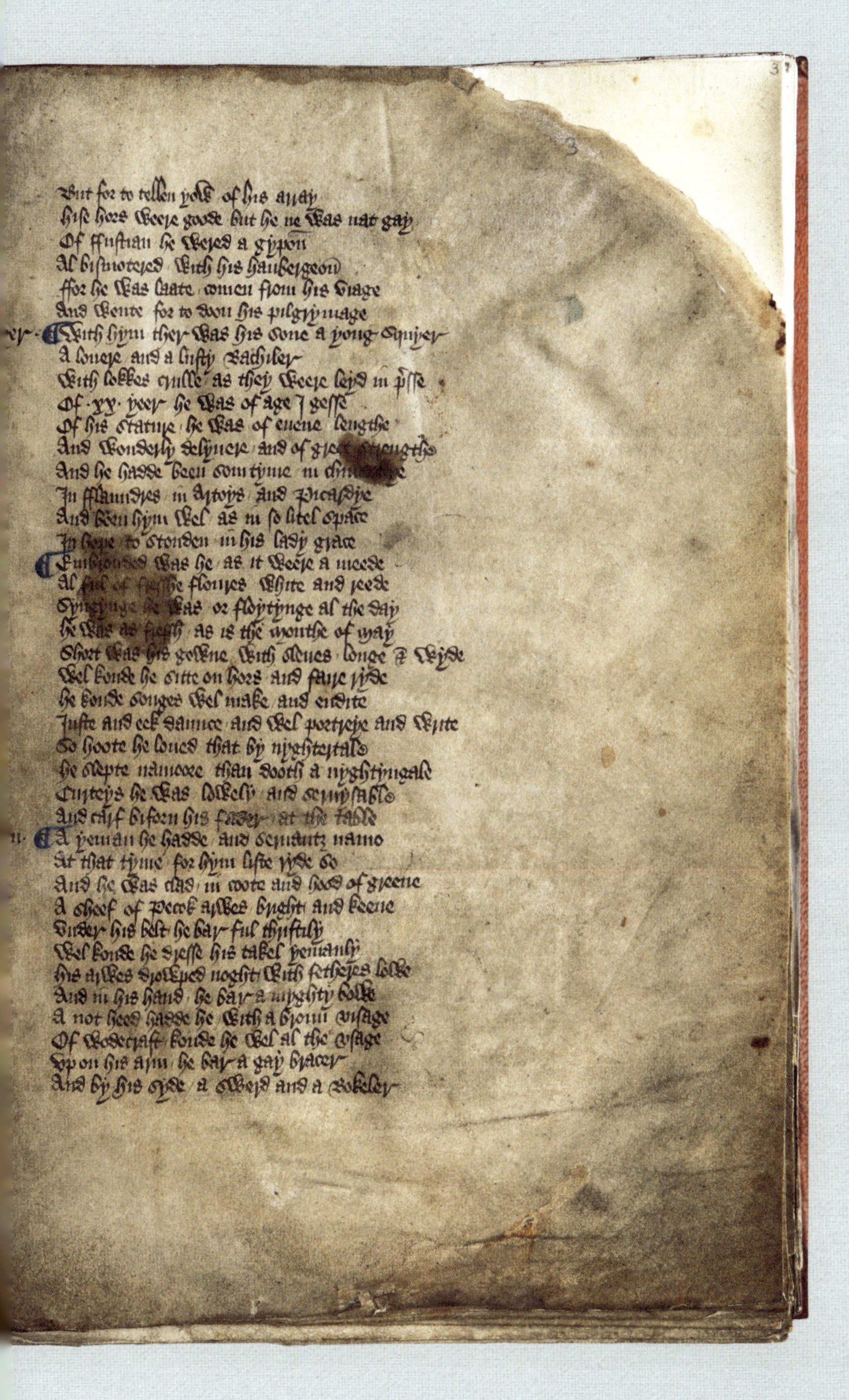

But for to tellen yow of his array
His hors weere goode but he ne was nat gay
Of ffustian he wered a gypon
Al bismotered with his haubergeon
ffor he was laate comen from his viage
And wente for to doon his pilgrymage
With hym ther was his sone a yong Squyer
A louere and a lusty Bachiler
With lokkes crulle as they were leyd in presse
Of .xx. yeer he was of age I gesse
Of his stature he was of euene lengthe
And wonderly delyuere and of greet strengthe
And he hadde been somtyme in chyuachye
In fflaundres in Artoys and Picardye
And born hym wel as in so litel space
In hope to stonden in his lady grace
Embrouded was he as it were a meede
Al ful of fresshe floures white and reede
Syngynge he was or floytynge al the day
He was as fressh as is the monthe of May
Short was his gowne with sleues longe and wyde
Wel koude he sitte on hors and faire ryde
He koude songes wel make and endite
Iuste and eek daunce and wel portreye and write
So hoote he louede that by nyghtertale
He slepte namoore than dooth a nyghtyngale
Curteys he was lowely and seruysable
And carf biforn his fader at the table
A yeman he hadde and seruantz namo
At that tyme for hym liste ryde so
And he was clad in cote and hood of greene
A sheef of pecok arwes bright and keene
Vnder his belt he bar ful thriftily
Wel koude he dresse his takel yemanly
His arwes drouped noght with fetheres lowe
And in his hand he bar a myghty bowe
A not heed hadde he with a broun visage
Of wodecraft koude he wel al the vsage
Vp on his arm he bar a gay bracer
And by his syde a swerd and a bokeler

His maister shal it in his shoppe abye
Al haue he no part of the mynstralcye
ffor thefte and riot / they been conuertible
Al konne he pleye on Gyterne / or Ribible
Reuel and trouthe / as in a lowe degree
They been ful wrothe al day / as men may see
This ioly prentys / with his maister bood
Til he were neigh out of his prentishood
Al were he snybbed / bothe erly and late
And somtyme lad / with reuel to Newegate
But atte laste / his maister hym bithoghte
Vp on a day / whan he his papir soghte
Of a prouerbe that seith this same word
Wel bet is roten appul / out of hoord
Than pt it rotte / al the remenaunt
So fareth it / by a riotous seruaunt
It is ful lasse harm / to lete hym pace
Than he shende alle the seruantz in the place
Ther fore his maister yaf hym acquitaunce
And bad hym go / with sorwe / and wt meschaunce
And thus this ioly prentys / hadde his leue
Now lat hym riote al the nyght / or leue
And for ther nys no theef with oute a lowke
That helpeth hym / to wasten and to sowke
Of that he brybe kan / or borwe may
Anon he sente his bed and his array
Vn to a compeer / of his owene sort
That loued dees / and reuel / and disport
And hadde a wyf / that heeld for contenaunce
A shoppe / and swyued for hir sustenaunce

Of this Cokes tale
maked Chaucer na
moore

Here bigynneth the prologe of the tale of the Wyf of Bathe

Experience though noon auctoritee
Were in this world / is right ynogh for me
To speke of wo that is in mariage
ffor lordynges sith pt I twelf yeer was of age
Thonked be god that is eterne on lyue
Housbondes atte chirche dore / I haue had fyue
If I so ofte myghte han wedded be
And alle were worthy men in hir degree
But me was told certeyn noght longe agon is
That sith pt Crist ne wente neue but onys
To weddyng in the Cane of Galilee
That by the same ensample taughte he me
That I ne sholde wedded be but ones
Herke eek lo which a sharp word for the nones
Bisyde a welle Ihesus god and man
Spak in repreue of the Samaritan
Thow hast yhad fyue housbondes quod he
And that ilke man / which that now hath thee
Is nat thyn housbonde thus he seyde certeyn
What that he mente ther by I kan nat seyn
But pt I axe why pt the fifthe man
Was noon housbonde to the Samaritan
How manye myghte she han in mariage
Yet herde I neuere tellen in myn age
Vp on this nombre diffynycioun
Men may dyuyne and glosen vp and doun
But wel I woot expres with outen lye
God bad vs for to wexe and multiplye
That gentil text / kan I wel vnderstonde
Eek wel I woot he seyde pt myn housbonde
Sholde lete fader and moder / and take to me
But of no nombre mencion made he
Of bigamye or of Octogamye
Why sholde men thanne speke of it vileynye
Lo here the wise kyng daun Salomon
I trowe he hadde wyues many oon

zerfällt. Es ist beinahe so, als hätte man fünf separate Manuskripte vor sich: (1) Lagen i bis viii; (2) Lagen ix bis xii; (3) Lagen xiii bis xv; (4) Lagen xvi bis xxix; und (5) Lagen xxx bis xxxi. Jeder dieser Abschnitte scheint als separate Einheit hergestellt worden zu sein. Der Text auf folio 57v, dem letzten Blatt der ersten Einheit, bricht mitten in der Erzählung des Kochs (es ist deren zweite Seite) ab, und es bleibt ein freier Raum, so als habe der Schreiber erwartet, der Text ginge weiter. Mit etwas abweichender Tinte notierte dann derselbe Schreiber, nachdem er erfahren hatte, dass kein weiterer Text von »The Cook's Tale« vorlag: »*Of this Cokes tale maked Chaucer na moore*«. Die folgende, das heißt die gegenüberliegende Seite (folio 58r) ist schon als Eröffnungsseite eines neuen Abschnitts gestaltet, mit einer eigenen Überschrift – »*Here bigynneth the prologe of the tale of the Wyf of Bathe*« – und einer großen »E«-Initiale. Diese Einheit geht unten auf folio 86v mit dem Schluss der »Summoner's Tale« (Erzählung des Kirchenbüttels) zu Ende, und folio 87 bliebt frei, als handele es sich um das hintere Vorsatzblatt einer Handschrift. Folio 88r ist dann erneut wie die Eröffnungsseite eines neuen Texts gestaltet. Es gibt eine Überschrift – »*Here bigynneth the prologe of the monkes [tale]*« (das letzte Wort wurde von einer Ratte weggeknabbert) – und eine große Initiale, ein leuchtend blaues »W«. Dieser Abschnitt endet drei Lagen weiter mit dem Schluss der »Erzählung des Verwalters« (The Manciple's Tale) auf folio 111r. Die erste und die letzte Seite dieses Abschnitts sind deutlich schmutziger als die an sie angrenzende Rückseite von folio 87 und Vorderseite von folio 112, was darauf hindeutet, dass dieses Konvolut separat zirkulierte, bevor es mit eingebunden wurde. Ganz ähnlich endet Lage xxix auf folio 234 so, als sei hier der Schluss einer ganzen Handschrift erreicht, nämlich mit einem kalligrafisch ausgeführten Kolophon, der den Namen des Autors beinhaltet: »*Here is endid Chaucers tale of Melibe.*« Das gegenüberliegende folio 235r, das den Anfang des letzten Abschnitts trägt, »*The Prologe of the Persons tale*«, ist ebenfalls schmutziger und angestaubter, als ob es eine Zeit lang separat aufbewahrt worden wäre. Überdies sind

RECHTS: Der Anfang des Prologs der Erzählung des Mönchs, des dritten eigenständigen Teils der Hengwrt-Handschrift. Das Blatt ähnelt dem ersten Blatt einer neuen Handschrift.

88

Here bigynneth the prologe of the monkes ...

Whan ended was my tale of melibee
And of Prudence and hir benygnitee
Oure hoost seyde as I am feithful man
And by that precious corpus Madrian
I hadde leue than a barel ale
That goode lief my wyf hadde herd this tale
She nys no thyng of swich pacience
As was this Melibeus wif Prudence
By goddes bones whan I bete my knaues
She bryngeth me the grete clobbed staues
And crieth slee the dogges euerichon
And breke hem bothe bak and euery bon
And if þt any neighebore of myne
Wol nat in chirche to my wyf enclyne
Or be so hardy to hir to trespace
Whan she cometh she rampeth in my face
And crieth false coward wrek thy wyf
By corpus bones I wol haue thy knyf
And thow shalt haue my distaf and go spynne
Fro day to nyght right thus she wol bigynne
Allas she seith þt euere þt I was shape
To wedden a milksop or a coward ape
That wol been ouerlad of euery wight
Thow darst nat stonden by thy wyues right
This is my lif but if þt I wol fighte
And out at dore anoon I moot me dighte
Or ellis I am but lost but if þt I
Be lyk a wilde leon fool hardy
I woot wel she wol do me sle som day
Som neighebore and thanne go my wey
For I am perilous with knyf in honde
Al be it that I dar nat hir withstonde
For she is byg in armes by my feith
That shal he fynde þt hir mysdooth or seith
But lat vs passe awey fro this matere
My lord the Monk quod he be myrie of cheere

diese fünf verschiedenen Abschnitte nicht in der richtigen Reihenfolge zusammengestellt. Die dritte Einheit (folios 88–111) hätte zwischen den Einheiten vier und fünf beziehungsweise zwischen folio 234 und folio 235 eingebunden werden müssen, denn folio 88r beginnt mit: »What endid was my tale of Melibee …« (»Hier endete meine Geschichte von Melibeus«), der Schluss dieser Geschichte findet sich aber auf folio 234v, und folio 235r beginnt mit: »By that the Mau[n]ciple hadde his tale al ended«, doch die Geschichte des Verwalters endet in Wirklichkeit auf folio 111v.

All das ist Chaucerforschern wohlbekannt, bemerkenswert ist aber, wie deutlich diese einzelnen Einheiten in der Handschrift erkennbar sind. Sie wirkt beinahe wie einer jener Sammelbände, die die Erstbesitzer zusammenstellten, indem sie viele kurze Texte, die sie aus verschiedenen Quellen zusammengeklaubt hatten, zusammen einbinden ließen. Der Unterschied zu solchen Bänden besteht aber darin, dass der gesamte Text von der Hand ein und desselben Schreibers stammt.

Ich kann keine vernünftige Erklärung dafür anbieten, warum einige der einzelnen Abschnitte eindeutig in der falschen Reihenfolge eingebunden wurden, außer der, dass damit die frühere Anordnung treulich gewahrt bleibt, also die, die im späten Mittelalter hergestellt wurde. Es liegt hier somit kein Lapsus vonseiten eines fahrigen Buchbinders der Neuzeit vor wie im Fall der *Carmina Burana*. Eine mögliche Erklärung ist die, dass die fünf separaten Einheiten ursprünglich hergestellt wurden, um als Vorlagen für Abschriften zu dienen. Es war praktischer, wenn man ein Werk in Einzelteilen an mehrere Kopisten gleichzeitig ausleihen konnte, so wie man es im mittelalterlichen Paris mit den sogenannten *peciae* machte, die gegen eine Gebühr von Buchhändlern an Schreiber verliehen wurden. Erst nachdem sie ihren Zweck erfüllt hatten, wären sie dann an Schreiber B zurückgegeben worden, und es ist möglich, dass sie nach dessen Tod zum ersten Mal zusammen eingebunden wurden, und zwar in der Reihenfolge, in der sie sich zu jenem Zeitpunkt zufällig befanden.

Wir müssen uns davor hüten, zu viel in kleine Einzelheiten hineinzulesen, doch man vermag sich kaum des Eindrucks zu erwehren, dass hier ein Schreiber am Werk war, der einzelne Lieferungen des Texts – von woher auch immer – in Empfang nahm und abschrieb, ohne im Voraus genau zu wissen, was jede »Rate« umfasste. Einige Lagen sind von merkwürdigem Umfang. Die zwei Blätter umfassende Lage vi und die darauf folgende Lage von sechs Blättern bildeten vielleicht ursprünglich eine acht Blätter umfassende Lage, die im Prozess des Kopierens zweigeteilt wurde. Dass zwischen einigen Erzählungen Freiräume gelassen wurden (wie auf folio 128v, 153r, 153v und 165r), könnte darauf zurückzuführen sein, dass der Schreiber noch auf kurze überbrückende Passagen wartete, die die Geschichten miteinander verbinden sollten, die er aber nie erhielt. Ein Prolog für die Squire's Tale, der die erste dieser Lücken (auf folio 128v) geschlossen hätte, existierte tatsächlich, denn er ist in der Ellesmere-Handschrift vorhanden, der Schreiber tat also recht, darauf zu warten. Zwei im Hengwrt-Chaucer vorhandene Prologe trafen vermutlich spät bei ihm ein und mussten mit Müh und Not eingepasst werden. Der zur Merchant's Tale ist auf folio 137v gequetscht, das vielleicht in Erwartung des Texts freigelassen wurde. Folio 153 wurde vermutlich nachträglich eingefügt, weil die Passage, in der der Wirt den Gutsbesitzer einführt, verspätet eintraf. Als der Schreiber nur ein kleines Stückchen von der Erzählung des Kochs erhielt, kommentierte er dies, wie oben erwähnt, mit der Bemerkung »*Of this Cokes tale maked Chaucer na moore*«. Die darin zum Ausdruck kommende Enttäuschung lässt sich nur damit erklären, dass er mit mehr gerechnet hatte. Diese Bemerkung zeigt aber wohl auch, dass dem Kopisten, als er sie an den Rand schrieb, bekannt war, dass Chaucer gestorben war.

Es ist im Allgemeinen möglich, Handschriften allein aufgrund stilistischer Kriterien relativ genau zu datieren. Die ständige Weiterentwicklung der Schrift und der Art der Buchillustration, vor allem in einem großstädtischen Zentrum wie dem spätmittelalterlichen London, erlaubt es, den Zeitpunkt der Entstehung der meisten Manuskripte auf ein Jahrzehnt genau zu bestimmen, manchmal kann man ihn auch näher eingrenzen. Es herrscht weithin Übereinstimmung, dass der Stil des Hengwrt-Chaucer auf eine Entstehung zwischen den späten 1390er-Jahren und dem Anfang des darauf folgenden Jahrhunderts hindeutet. Selten ist aber die genaue Datierung einer Handschrift von so großer Bedeutung

NACHFOLGENDE DOPPELSEITE: Am Schluss der Erzählung des Juristen ließ der Schreiber in Erwartung von weiterem Text, der sie mit der sich anschließenden Erzählung des Schildknappen verbinden würde, Raum frei, der dann zwischen 1605 und 1612 mit die Familie Brereton betreffenden Eintragungen gefüllt wurde.

...an In tender age, hath most in v...
...th alwas to keepe he...
...re:: Wherfore, in age who greatly longes
...rnt to mowe: In youth he must aplye
...n self good seed to sowe :::
p. Ellen: Bruneslow the grandmother
of the under named Children

Ellen Brereton was borne the 24 of Julij
beinge on wensday betwixt 4 & 5 of the clocke
In the after noone and in the year of
the Lords god 1605 And in the raigne
of Kinge James of England the thirde
Shee was borne at Newington beyond london

John Brereton was borne the fifte day
2 of desember on a fryday att eleven of
the clocke in the night in the yeare
of the Lord 1606 Christened att
Alhollowes church in Chester

Francis Brereton borne the 19 of
Jun on monday 2 of the clocke
3 in the after noone att llanbor
neare carnarvon 1609

Richard Brereton was born the 19 of Augu
on a monday att 3 of the clocke in the
after noone att llanbor — 1611
Ann Brereton borne the 14 of marche o
a Monday att eleven of the clocke in
morninge in llanbere — 1612

Here bigynneth the Squiers tale

At Sarray in the land of Tartarye
Ther dwelte a kyng that werreyed Russye
Thurgh which ther deyde many a doghty man
This noble kyng was clepyd Cambyuskan
Which in his tyme was of so greet renoun
That ther nas nowher in no regioun
So excellent a lord in alle thyng
Hym lakked noght þ^t^ longed to a kyng
As of the secte of which þ^t^ he was born
He kepte his lay to which þ^t^ he was sworn
And ther to he was hardy wys and riche
Pietous and Iust and eueremoore yliche
Sooth of his word benigne and honurable
Of his corage as any Centre stable — Centrum circuli
Yong fressh and strong in armes desirous
As any bacheler of al his hous
A fair persone he was and fortunat
And kepte alwey so wel roial estat
That ther nas nowher swich another man
This noble kyng this Tartre Cambyuskan
Hadde two sones on Elfeta his wyf
Of whiche the eldeste highte Algarsyf
That oother sone was clepyd Cambalo
A doghter hadde this worthy kyng also
That yongest was and highte Canacee
But for to telle yow al hir beautee
It lyth nat in my tonge nyn my konnyng
I dar nat vnder take so heigh a thyng
Myn englyssh eek is insufficient
It moste been a rethor excellent
That koude his colours longyng for that art
If he sholde hire discryuen euery part
I am noon swich I moot speke as I kan
And so bifel that whan this Cambyuskan
Hath .xx. wynter born his dyademe
As he was wont fro yeer to yeer I deme

wie in diesem Fall, denn Chaucer starb, bevor er die *Canterbury Tales* vollenden und veröffentlichen konnte, vermutlich am 25. Oktober 1400. Zum Zeitpunkt seines Todes lag die Reihenfolge vieler der abgeschlossenen Erzählungen mit Sicherheit noch nicht definitiv fest, und manche waren wohl noch nicht einmal einem bestimmten Pilger in den Mund gelegt. Die Entwürfe von der Hand des Autors, die sicherlich existierten, waren vielleicht zu kleinen Bündeln oder Stapeln zusammengefasst, die ungefähr den Umfang von einigen Einheiten des Hengwrt-Chaucer hatten. Wenn das Manuskript vor dem Oktober 1400 entstand, könnte es sich theoretisch um sein eigenes Exemplar handeln, das für ihn unter seiner persönlichen Aufsicht angefertigt wurde, und zwar Abschnitt für Abschnitt, immer wenn von ihm selbst eine Einheit vollendet und dem Schreiber ausgehändigt worden war. Wenn es erst nach dem Tod des Verfassers entstand, könnte es, ebenfalls theoretisch, von Chaucers Originalmanuskripten abgeschrieben worden sein, die dessen Nachlassverwaltern abgekauft wurden, nachdem sie nach und nach ans Licht kamen. Wenn Linne Mooney recht hat und Adam Pinkhurst, der mit dem Dichter während dessen Lebzeiten zusammengearbeitet hatte, tatsächlich der Kopist war, gewänne die von ihm angefertigte Abschrift des Textes zusätzlich an Autorität. Es ist der Traum aller Wissenschaftler, die mit Texten zu tun haben, die durch endloses Abschreiben von mit der Hand geschriebenen Kopien mehr oder weniger verderbt sind, sich so weit wie möglich jener uranfänglichen Phase annähern zu können, in der die Wörter des Autors Feder entsprangen.

Mir scheint, dass der Schreiber in zwei deutlich voneinander getrennten Phasen, zwischen denen vielleicht sogar einige Jahre lagen, an der Handschrift arbeitete. Die Überschriften und vielleicht auch die Korrek-

Die blauen Absatzmarkierungen im Fließtext (LINKS) wurden von dem Schreiber mit winzigen Zickzacklinien angefordert, die Absatzmarkierungen vor Überschriften (RECHTS) hingegen nicht. Sie müssen daher in einem eigenen Arbeitsgang nachgetragen worden sein.

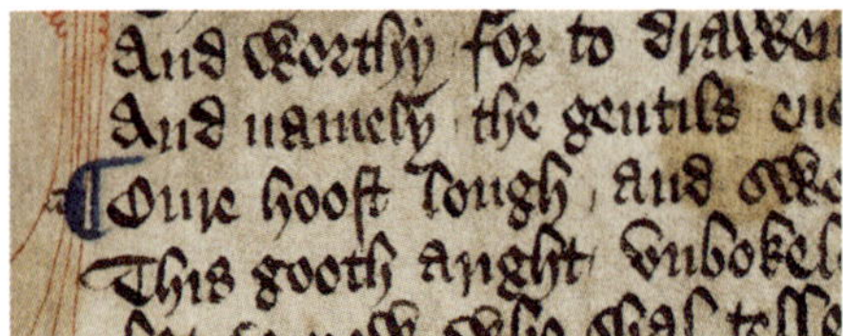

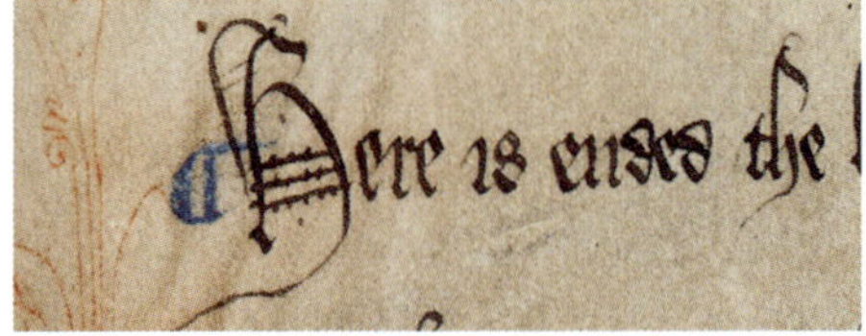

turen und verbindenden Passagen wurden erst ausgeführt, nachdem der Haupttext abgeschlossen und die Illumination vorgenommen worden war. Das scheint bislang noch nicht präzise festgestellt worden zu sein. Das erste Indiz dafür liefert schon die Tatsache, dass die Hauptüberschrift auf der Eröffnungsseite: *»Here bygynneth the Book' of the tales of Cant[er]bury«* über und außerhalb des illuminierten bordürenartigen Rahmens niedergeschrieben wurde. In englischen Handschriften der Zeit schloss ein solcher Rahmen generell die Überschrift mit ein. Hier wurde der Titel erst nach der Illuminierung über den Text gesetzt, als innerhalb der Bordüre nicht mehr genügend Platz war. Das ist von gewissem Interesse, da sich am Anfang der Ellesmere-Handschrift kein Titel findet. Ein solcher ist implizit erst in der Schlussbemerkung enthalten, die lautet: *»Heere is ended the book of the tales of Caunterbury compiled by Geffrey Chaucer of whos soule Ih[es]u crist have mercy Amen.«* Dem Wunsch, Gott möge der Seele Chaucers gnädig sein, nach zu urteilen, war dieser zu jenem Zeitpunkt bereits tot. Man nimmt allgemein an, dass die letzten von Chaucer formulierten Sätze die waren, mit denen er am Ende des Textes (in der Hengwrt-Handschrift fehlen sie) seine frivolen literarischen Unternehmungen als weltliche Eitelkeiten abtut. In dieser merkwürdigen Revokation im Zeichen der Vanitas sind verschiedene Werke aufgeführt, darunter auch die *Tales of Canterbury*, »that sownen into synne« (»die zur Sünde neigen«). Dieser Titel wird hier zum ersten Mal verwendet. Falls die Hengwrt-Handschrift zu Chaucers Lebzeiten begonnen wurde, was gut der Fall sein kann, war der Titel bei Arbeitsbeginn vielleicht noch gar nicht ausformuliert.

Es gibt noch eine weitere damit verwandte Einzelheit. Die großen blauen Initialen entstanden alle durch Ausfüllen kleiner, quasi Hilfslinien vorgebender Buchstaben, die der Schreiber zunächst eingesetzt hatte. Diese kleinen Buchstaben wurden dann später übermalt. Das ist ein ganz normaler Vorgang, und man kann erwarten, etwas Derartiges in einem von einem Berufsschreiber hergestellten Manuskript des Spätmittelalters zu finden. Es bestätigt – das ist allerdings in unserem Kontext nicht so wichtig –, dass der Hengwrt-Chaucer nicht quasi in Heimarbeit von einem Amateur hergestellt wurde, sondern dass ein Team an ihm arbeitete: Ein Schreiber hinterließ Anweisungen für einen Illuminator, der die Initialen schuf, ohne die Vorlage vor Augen zu haben. Noch viel aufschlussreicher ist die Tatsache, dass die sich im gesamten Text

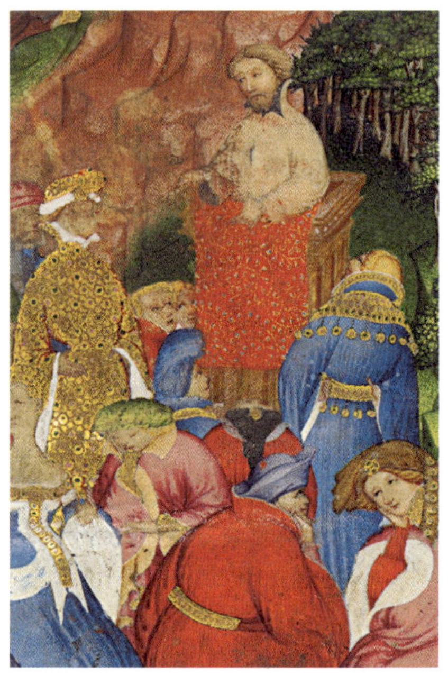

Geoffrey Chaucer steht in einer Art Kanzel und spricht zu einer höfischen Zuhörerschaft. Ausschnitt aus dem Frontispiz zu der ca. 1415–1420 entstandenen *Troilus*-Handschrift im Besitz von Corpus Christi College in Cambridge.

findenden kleinen blauen Absatzmarkierungen, ein wie ein ¶ aussehendes Symbol, ebenfalls von dem Schreiber gefordert wurden, und zwar mit winzigen Zickzack-Linien, die dann mit dem Symbol übermalt wurden. Es gibt aber – passen Sie gut auf – keine Zickzack-Linien für jene Absatzzeichen, die vor Überschriften stehen oder bei Expliciten, also den Schlussformeln. Mit anderen Worten berücksichtigte der Schreiber die Überschriften nicht bei der Gestaltung einer Seite, als er den Text kopierte und ihn für den Illuminator auszeichnete. Das ist von großer Bedeutung. Die Handschrift wurde offenbar als eine Reihe von »Büchlein«, die kleine Gruppen von Geschichten enthielten, angefertigt. Die Tatsache, dass die ersten und letzten Blätter einiger Abschnitte ziemlich fleckig sind und abgegriffen aussehen, lässt vermuten, dass diese einzelnen Büchlein eine Zeit lang nicht zu einer einzigen Handschrift zusammengebunden waren. Die Überarbeitung des Manuskripts mit dem Ziel, alle verschiedenen Abschnitte in eine logische Reihenfolge zu bringen, und das Versehen dieser Abschnitte mit Überschriften, die den Leser in ihren Inhalt einführen sollten, sowie ihre Vereinigung unter dem Sammeltitel *Canterbury Tales* geschahen offenbar in einem separaten, einige Zeit später ausgeführten Arbeitsgang. Vermutlich wurde erst nach Geoffrey Chaucers Tod mit ihm begonnen, als (und das ist wichtig) das Manuskript immer noch oder wieder im Besitz des Schreibers war.

An diesem Punkt angelangt, verehrte Geschworene, müssen wir Geoffrey Chaucer selbst aufrufen, damit er Zeugnis ablegt. In meiner Fantasie sieht Chaucer im Zeugenstand ein wenig so aus wie auf dem Frontispiz der *Troilus*-Handschrift aus der Parker Library. Hier ist er stehend in einer Kanzel dargestellt, die vorne mit einer rot-goldenen Tuchbahn behängt ist: ein bärtiger Mann mit nach hinten gekämmten blassbraunen Haaren, der eine rosa Jacke mit hohem Kragen trägt und sich gestikulierend an seine Zuhörer wendet.

Es gibt ein kurzes, allgemein Chaucer zugeschriebenes Gedicht, das in einer einzigen Handschrift überliefert ist, einem Sammelband, der heute im Trinity College in Cambridge liegt und auf die Zeit zwischen 1430 und 1432 datierbar ist. Der Originaltitel des Gedichts lautet: »*Chauciers wordes a Geffrey unto Adame his owen scryveyne*«. Es handelt sich um die Verse, die in der eingangs erwähnten Pressemitteilung zitiert sind; sie lauten:

Adam scryveyne / if ever it thee byfalle
Boece or Troylus / for to wryten nuwe
Under thy long lokkes / thowe most have the scalle
But affter my makyng thowe wryt more truwe
So offt adaye I mot thy werk renuwe
It to corect and eke to rubbe and scrape /
And al is thorugh thy necglygence and rape

(»Adam, Schreiber, sollte es dir jemals beschieden sein, *Boece* oder *Troilus* neu abzuschreiben, möge dich unter deinen langen Locken der Schorf befallen, wenn du mein Werk nicht getreulicher abschreibst. Ich muss deine Arbeit so oft am Tag neu machen, um sie zu korrigieren und auch auszuradieren und -kratzen, und alles nur wegen deiner Schlampigkeit und Hast.«)

Einige Leute stellen in Frage, dass es sich wirklich um Verse Chaucers handelt, da er nur in einer von dem Kompilator der Textsammlung, John Shirley (ca. 1366–1456), beigesteuerten Überschrift als Autor genannt werde. Wenn man ihn einem Kreuzverhör unterzieht, erweist Shirley sich aber als glaubwürdiger Zeuge. Er war ein gebildeter Londoner Buchhändler, Übersetzer und Schreiber. Zum Zeitpunkt von Chaucers Tod war er Mitte dreißig. Man kann sich gut vorstellen, dass die beiden sich begegnet sind. Später war Shirley, genau wie Chaucer, als Zollinspektor im Londoner Hafen tätig. Er hat sicherlich im Lauf seines Lebens mit allen wichtigen und namhaften Schreibern zusammengearbeitet. Oft unterschrieb er mit seinem Namen. Eintragungen von seiner Hand finden sich auf dem Vorsatzblatt am Ende des Ellesmere-Chaucer und auch in der *Troilus*-Handschrift in der Parker Library. Wenn in England jemand mit den beteiligten Personen und den Manuskripten persönlich vertraut war, dann war es John Shirley. Das Gedicht an Adam ist seit 1561 als Werk Chaucers gedruckt worden, und es gibt keinen begründeten Anlass, an seiner Authentizität zu zweifeln. Hätte es jemand anders geschrieben, dann in Chaucers Namen, denn *Boece* oder *Troilus* sind von ihm, und in Kenntnis der Verbindung von Autor und Schreiber, ohne die diese Zeilen keinen Sinn ergeben hätten.

Chaucers »An seinen Schreiber Adam gerichtete Worte«, die einzige bekannte Niederschrift eines kurzen Gedichts, in dem der Autor einen Mann namens Adam für die nachlässige Weise, in der er seine Werke *Boece* und *Troilus* abgeschrieben hat, zu rügen scheint.

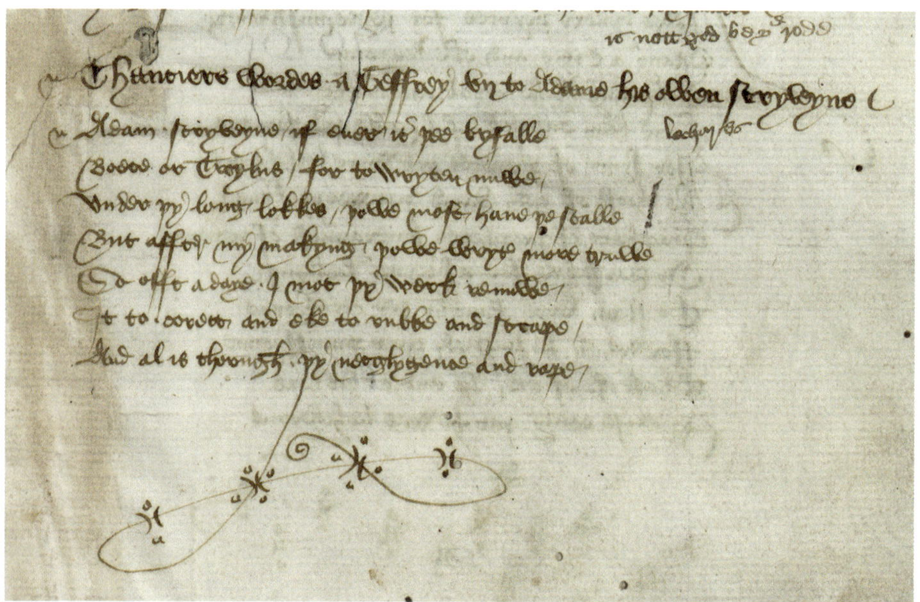
Chaunceres wordes a Geffrey vn to Adame his owen scryveyne
Adam scryveyne if euer it þee byfalle
Boece or Troylus for to wryten nuwe
Vnder þy longe lokkes þowe most haue þe scalle
But affter my makyng þowe wryte more truwe
So offte a daye I mot þy werk renuwe
It to correcte and eke to rubbe and scrape
And al is thorugh þy neglygence and rape

Die andere Möglichkeit ist die, dass es sich um ein allegorisches Gedicht handelt, in welchem der Autor als Schöpfer Adam, den ersten und universellen Menschen, anspricht, der aufgrund seiner Nachlässigkeit Unordnung in die ehedem vollkommene Schöpfung gebracht hat. Bei einer solchen Interpretation könnte man den Schorf unter den Haaren, mit dem Adam hier gedroht wird, als die Beulen am Hals deuten, die mit der Pest einhergehen. Zu Chaucers Zeit glaubte man, Gott habe der Menschheit den Schwarzen Tod geschickt als Strafe für ihren missbräuchlichen Umgang mit dem, was er ihr anvertraut hatte.

Nehmen wir aber diese Verse einmal wörtlich. Da haben wir den Dichter Geoffrey Chaucer, der sich an »his owen scryveyne« wendet, von dem ihm nur der Vorname bekannt ist. Dieser Mann hat bereits *Boece* sowie *Troilus and Criseyde* für ihn abgeschrieben, Texte, die er Anfang bis Mitte der 1380er-Jahre verfasst hat. Die Tatsache, dass Chaucer Zugang zu den Abschriften hatte, um sie korrigieren zu können, lässt vermuten, dass er selbst Auftraggeber war und Reinschriften bestellt hatte und diese noch einmal überprüfte, bevor er sie aus der Hand gab, damit sie als Vorlagen für die Veröffentlichung dienen konnten. Wenn das stimmt, muss der Kontakt zu Adam in den 1380er-Jahren bestanden haben. Wir vermögen nicht zu sagen, ob die Kritik an Adams Arbeit scherzhaft gemeint ist oder ob er wirklich ein grauenhaft schlechter Kopist war. Sollte Letzteres der Fall gewesen sein, hätte Chaucer wohl kaum daran gedacht, ihn weiterhin zu beschäftigen (und wenn der Text nicht scherzhaft gemeint ist, scheint er einigermaßen sinnlos). Im Hengwrt-Chaucer finden sich keine Hinweise auf »Nachlässigkeit und Hast«, ganz im Gegenteil.

Ob Chaucer überhaupt auf die Dienste eines von ihm bezahlten Schreibers angewiesen war, darüber kann man nur Mutmaßungen anstellen. Er überschüttet nicht nur in dem zitierten kleinen Gedicht Adam mit Hohn und Spott, sondern nimmt auch in *Troilus* satirisch aufs Korn, was er als eine »scrivenish« Handschrift kritisiert. Überdies zeigt das berühmte Porträt des Autors auf dem Rücken eines Pferdes im Ellesmere-Chaucer, der von der Hand desselben Schreibers stammt wie das Hengwrt-Manuskript, ihn mit um den Hals gehängtem »penner«, einem ledernen Behältnis für Schreibfedern – womit in der bildenden Kunst jemand als Berufsschreiber kenntlich gemacht wird. Allein das belegt, dass Chaucer Zeitgenossen als kompetenter Schreiber galt.

Die in dem Gedicht erwähnten Aktivitäten des »rubbing« und »scraping« haben in fast allen mittelalterlichen Handschriften Spuren hinterlassen, denn auch die gewissenhaftesten Schreiber sahen sich dazu gezwungen, ihr Werk zu korrigieren. In der Hengwrt-Handschrift finden sich Belege für Eingriffe der Art, wie Chaucer sie erwähnt. Hält man die Blätter gegen das Licht, kann man erkennen, dass hin und wieder Wörter oder auch ganze Sätze weggekratzt und die entsprechenden Stellen dann neu beschrieben wurden. Schreiber arbeiteten nicht nur mit Federn, sondern eben auch mit Messern, und Pergament ist anders als Papier ziemlich widerstandsfähig. Chaucers Verszeile zeigt, dass Adam Vorlagen auf Pergament übertrug und daher wohl mehr als ein bloßer Kanzleischreiber war.

Adam war im England des 14. Jahrhunderts kein besonders seltener Name. Schon lange vor Linne Mooney haben Chaucerforscher in den Archiven des Londoner Buchhandels nach »scriveners« gesucht, an die Chaucers Gedicht gerichtet gewesen sein könnte. Adam Pinkhurst wurde erstmals bereits 1929 ins Spiel gebracht, und zwar einzig aufgrund seines Vornamens. Ein anderer möglicher Kandidat wäre ein gewisser Adam Stedeman, der erwiesenermaßen 1384 in London als Schreiber tätig war, also theoretisch auch *Troilus* hätte kopieren können. Und dann gab es noch einen Pergamenter namens Adam Leycestre, der 1382 in den Unterlagen aufscheint. Mitglieder seiner Zunft waren in mehr als einer Funktion im Buchhandel tätig. Mit den Anspielungen auf »rubbing« und »scraping« könnte Chaucer sich auch zusätzlich über die mangelhafte Vorbereitung und schlechte Qualität von Adam Leycestres Pergament mokiert haben.

Fasst man das Beweismaterial zusammen – stellen wir uns dafür einen Richter vor, der an Prozesstag eins nach Anhörung aller Zeugen sein Fazit zieht –, ergibt sich folgendes: Wir haben es mit einem Manuskript zu tun, das in der Tat von der Hand eines berufsmäßigen Schreibers zu stammen scheint, der Zugang zu Chaucers Originaltext hatte, welcher zuvor nicht in Umlauf gewesen war. Die Handschrift lag in fünf separaten Teilen vor. Sollte Chaucer noch gelebt haben, als mit der Arbeit an der Hengwrt-Handschrift begonnen wurde, dann hätte eine von einem Schreiber hergestellte Reinschrift so aussehen können. Es ist wenig wahrscheinlich, dass die Korrekturen auf den Autor selbst zurückgehen. In einem zweiten Durchgang überarbeitete der Schreiber das Manuskript, das sich nach wie vor in seinem Besitz befand, indem er Überschriften einfügte und den neuen Titel *Canterbury Tales* über den Anfang setzte. Er wusste zu jenem Zeitpunkt bereits, dass der Verfasser tot und kein weiterer Text zu erwarten war. Die Handschrift könnte als Vorlage intendiert gewesen sein, die andere Schreiber benutzen könnten, um das Werk zu verbreiten. Rund fünfzehn Jahre früher, als Chaucer einen Amanuensis für die Anfertigung von Reinschriften von *Boece* und *Troilus* benötigte, hatte er anscheinend einen Schreiber herangezogen, der ihm als Adam bekannt gewesen war. Im jetzigen Stadium können wir noch nicht befinden, ob die beiden ein und dieselbe Person waren.

Am Morgen des zweiten Verhandlungstags ist es endlich so weit, dass der Beklagte vor unserem fiktiven Gericht aufgerufen werden kann: Adam Pinkhurst selbst sagt aus. Er tut dies unter Eid. Pinkhurst war ein frühes Mitglied des im späten 14. Jahrhundert gegründeten Berufsverbands der Schreiber, der Company of Scriveners, die heute noch im Herzen der City of London ihren Sitz hat. 1373 gilt generell als Jahr ihrer Gründung, und das Mitgliederverzeichnis wurde ab 1392 geführt. Das einzige Exemplar ist im Besitz der Company, liegt aber als Dauerleihgabe in der Guildhall Library. Der größte Teil der frühen Aufzeichnungen fiel im Jahr 1666 der großen Feuersbrunst zum Opfer, und bei diesem Verzeichnis handelt es sich um eines der wenigen Dokumente aus dem Mittelalter, die erhalten sind. Wenn man es einsehen will, muss man sich zur Guildhall in Aldermanbury im Londoner Bankenviertel begeben. Man geht Hinweisschildern folgend am Haupteingang vorbei und an der Vorderfront entlang, bis man zum Eingang mit dem Schild City Business Library kommt, wendet sich dann aber, sowie man eingetreten ist, nach links und steigt über ein paar Stufen zur Guildhall Library hoch. Die Bibliothek ist verblüffend modern, mit Wänden aus Beton, langen weißen Tischen und roten Stühlen unter hellen Lichtbändern an der Decke. Die Tische sind besetzt von zweifelhaft dreinschauenden Männern im mittleren Alter, vermutlich alle mit genealogischen Nachforschungen oder Londons Wirtschaftsgeschichte beschäftigt.

MS 5370, das Mitgliederverzeichnis der Company, wird in einer gepolsterten braunen Schachtel aufbewahrt. Es ist in einen frühen biegsamen Einband aus dunklem gegerbtem Leder gebunden, der ähnlich wie eine Schultasche von einem großen Lederriemen mit angefügter großer metallener Schnalle geschlossen gehalten wird. Die Einträge be-

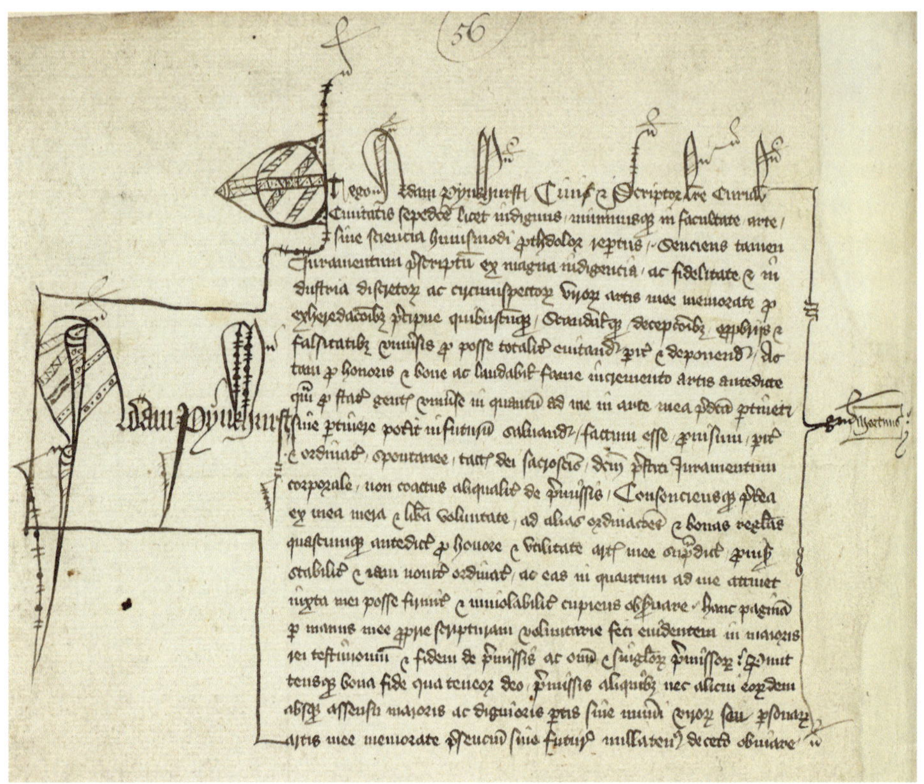

Der Treueschwur, der von Adam Pinkhurst in den 1390er-Jahren im Geschäftsbuch der Schreibergilde der City of London zu Papier gebracht und unterzeichnet wurde.

ginnen mit den Verordnungen der Company of Scriveners in der City of London. Auf den Seiten 53 bis 162 sind die zwischen 1392 und 1600 eingetretenen neuen Mitglieder aufgeführt, die alle unterschrieben und auf Latein einen Treueschwur geleistet haben; gewöhnlich finden sich mehrere auf einer Seite. Der achte Eintrag dieser Art, auf Seite 56, gilt Adam Pinkhurst und stammt von dessen Hand. Es ist einer der längsten und sorgfältigst kalligrafierten. Aufgrund seiner Extravaganz und Redseligkeit hat man ein Bild von Pinkhurst vor sich als extrovertiertem Typen, den man heute mit Fliege um den Hals und grellfarbigem Blazer mit Seidentuch in der Brusttasche antreffen würde. »Ich, Adam Pinkhurst, Bürger und Gerichtsschreiber obgenannter Stadt, meiner Unwürdigkeit in der genannten Kunst oder Wissenschaft nur zu bewusst, im Wissen um die von so würdigen Herren festgesetzte Eidesformel und ihrer eingedenk«, so ungefähr lautet der Beginn, und so geht es dann viele Zeilen (insgesamt sind es einundzwanzig) weiter, bis es schließlich heißt: »unterwerfe mich aus freien Stücken und bereitwillig den Vorschriften und Regeln, die zur Ehre und zum Nutzen meines Gewerbes festgesetzt sind, und ich habe diese Seite von eigener Hand geschrieben, um meinen Treueeid zu bezeugen und dies für alle Ewigkeit festzuhalten«. Am linken Rand prangt, in großen ornamentalen Buchstaben, die Unterschrift »Adam Pynkhurst«. Ein Datum fehlt, Mitte der 1390er-Jahre wäre aber eine plausible Annahme.

Pinkhursts Handschrift ist elegant und groß. Meine unmittelbare Reaktion war jedoch, dass sie der im Hengwrt-Chaucer nicht besonders ähnelte. Ich legte meine Faksimile-Ausgabe dieser Handschrift neben die Seite mit Pinkhursts Eid und ließ meine Augen eine Zeit lang zwischen den beiden Texten hin und her wandern. Es gibt viele Erklärungen für die offenkundige Diskrepanz. Zum einen ist die Erklärung auf Latein in einer Dokumentenschrift aufgesetzt, während es sich bei den Chaucer-Erzählungen um literarische Texte handelt, die in einer Standardschrift niedergeschrieben sind. In der Terminologie der Paläografen handelt es sich bei der ersten Schrift um eine »Sekretärsschrift« (»Secretary hand«), bei der zweiten um eine »*anglicana*« (oder auch in ihrer elaborierteren Form »*anglicana formata*«). Die Tatsache, dass die Texte in verschiedenen Sprachen verfasst sind, erhöht die Schwierigkeit eines Vergleichs, denn jede der beiden Sprachen besitzt ihre eigenen Abkürzungen, und es gibt im Mittelenglischen sogar Buchstaben, die das Lateinische nicht verwendet. Von einem erfahrenen Schreiber erwartete man, dass er verschiedene Schriftarten beherrschte. Es haben sich einige mittelalterliche Musterblätter für Schreiber erhalten, auf denen ein Einzelner sein Können in sehr unterschiedlichen Schriften bewies. Welche man wählte, hing von der Art des Textes ab, den man zu Papier (oder Pergament) zu bringen hatte, ob es eine Urkunde aufzusetzen, ein liturgisches Buch oder einen literarischen Text abzuschreiben galt. Abgesehen davon wird auch die Sprache, in der ein Text verfasst war, die Schreibpraxis beeinflusst haben. Von ein und demselben Schreiber unterzeichnete Manuskripte weisen nicht alle ein identisches Schriftbild auf, und Handschriften sind nicht so einfach wie Drucktypen zu vergleichen. Sehr unterschiedlich aussehende Manuskripte können vom selben Schreiber stammen, und solche, die ein identisches Schriftbild aufzuweisen scheinen, können das Werk unterschiedlicher Schreiber sein. In dem detaillierten Nachweis, den Linne Mooney dafür erbringt – oder zu erbringen versucht –, dass »Schreiber B«, der den Hengwrt- und den Ellesmere-Chaucer angefertigt hat, identisch ist mit Adam Pinkhurst, der sich in das Register der Scriveners' Company eingetragen hat, macht sie zwölf spezifische Buchstabenschreibweisen ausfindig, die sowohl in den beiden Handschriften als auch in dem Eintrag immer wieder vorkommen, sowie zwei besondere Arten von dekorativen Schnörkeln über den Schriftzeilen, die sich ab und zu in den beiden literarischen Texten und in Hülle und Fülle in der Eideserklärung finden. Mooney meint, diese Schnörkel seien »so charakteristisch für Pinkhurst, dass sie praktisch eine Unterschrift« darstellten.

Ob die Jury nun Pinkhurst für identisch mit Schreiber B erklären wird oder nicht, sein Eintrag im Register der Gilde ist Beweis dafür, dass es ihn gegeben hat und dass er in London als Schreiber gearbeitet hat. Er war für administrative Dokumente zuständig, Linne Mooney und ihre Mitarbeiter haben nicht namentlich unterzeichnete Dokumente dieser Art, die alle Charakteristika aufweisen, die für Pinkhursts Schrift typisch waren, gefunden. Diese reichen von Mitte der 1380er-Jahre bis zum Jahr 1415, möglicherweise sogar bis zum Jahr 1427, und finden sich vor allem unter den offiziellen Aufzeichnungen der City of London. Pinkhurst tentativ zugeschrieben wird unter anderem ein Bittschreiben (es liegt heute in den National Archives in Kew), in dem Geoffrey Chaucer auf Französisch den König ersucht, ihm einen Stellvertreter als Inspektor für den Wollhandel an die Seite zu stellen. Pinkhurst wird auch mit überzeugenden Argumenten als Schreiber einer Petition von der Mercers' Company, der Vereinigung der Stoffhändler, an den Königlichen Rat namhaft gemacht, in welcher der frühere Bürgermeister Nicholas Brembre des Verrats angeklagt wird. Dieses Schriftstück zeichnet sich dadurch aus, dass es sich um die früheste datierbare Petition handelt, die auf Englisch verfasst ist. In der für Pinkhurst typischen Handschrift sind auch einige Einträge in den Tätigkeitsberichten der Vorsitzenden der Stoffhändlergilde aus den 1390er-Jahren und in den Geschäftsberichten der Londoner Guildhall von Anfang des 15. Jahrhunderts verfasst, was beweist, dass er zu der Gemeinschaft von Schreibern gehörte, die für die Einrichtungen der Gilden und der Stadt in der City of London tätig waren. Mit der möglichen Ausnahme der Petition Chaucers – dass man Pinkhursts Hand in einem im Namen Chaucers aufgesetzten Text entdecken kann, scheint

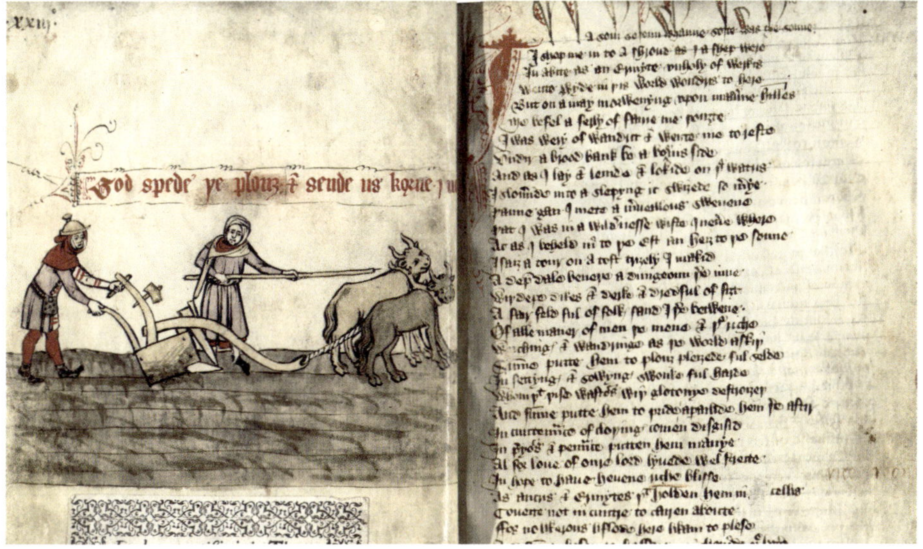

Eine Abschrift von *Piers Plowman*, die sehr gut von Adam Pinkhurst stammen könnte, da die Handschrift große Ähnlichkeit mit dem Eintrag im Geschäftsbuch der Schreibergilde aufweist.

beinahe zu schön, um wahr zu sein — scheint unumstritten, dass die genannten Texte von Pinkhursts Hand geschrieben sind, und sie bezeugen, dass er als Urkundenschreiber aktiv war. An den rechten Rand des Eintrags, den er im Mitgliedsverzeichnis seiner Gilde hinterlassen hatte, wurde später, ähnlich wie neben andere Eintragungen aus dem Mittelalter, in etwas jüngerer Schrift der Vermerk »mortuus« gesetzt: Adam Pinkhurst lebte und starb schließlich.

Es liegen mittlerweile Belege für die Existenz eines Adam Pinkhurst vor, der zusammen mit seiner Frau Joanna 1355 in Surrey ansässig war. Aus einem Dokument aus dem Jahr 1370 geht hervor, dass er als Bogenschütze in königlichen Diensten ein lebenslanges Salär von Sixpence am Tag erhielt. Dieses wurde ihm zuletzt 1400 ausbezahlt, was sich entweder mit seinem Tod erklären lässt oder einfach damit, dass Richard II. 1399 abgesetzt wurde und ihm ein anderer König nachfolgte. Es ist noch nicht klar, ob wir es mit zwei Männern namens Adam Pinkhurst zu tun haben oder nur mit einem. Der Mann aus Surrey könnte sich in seiner Jugend als Bogenschütze verdingt und in späteren Jahren dem Schreiberberuf zugewandt haben. Vielleicht handelt es sich bei Bogenschütze und Schreiber auch um Vater und Sohn, die denselben Namen trugen. Ein Mann, der 1355 bereits verheiratet war, kann nicht viel später als 1335 geboren worden sein, was bedeutet, dass er älter als Chaucer war. 1415 wäre er mindestens achtzig gewesen. Es ist möglich, dass jemand in dem Alter noch als Schreiber arbeitete, aber wenig wahrscheinlich. Der Schreiber war vermutlich sein Sohn oder ein naher Verwandter.

Es sind inzwischen auch weitere literarische Texte dem Korpus von Handschriften hinzugefügt worden, die von der Hand Adam Pinkhursts stammen sollen. Eine davon, eine Abschrift von William Langlands *Piers Plowman* im Trinity College in Cambridge, wurde von Simon Horobin und Linne Mooney Pinkhurst zugeschrieben. Die Schrift sieht seinem Eintrag im Mitgliederverzeichnis seiner Gilde tatsächlich verblüffend ähnlich, ebenso die Schnörkel. Die Schrift der anderen beiden Manuskripte ähnelt mehr der von »Schreiber B« im Hengwrt-Chaucer. Das eine, das zum ersten Mal von Estelle Stubbs als potenzielles Werk Pinkhursts namhaft gemacht wurde, ist ein frühes Exemplar von Chaucers *Boece*, das sich ebenfalls unter den in Aberystwyth liegenden Peniarth-Manuskripten befindet und durch Zufall im 19. Jahrhundert neben dem Hengwrt-Chaucer, also den *Canterbury Tales*, im Regal stand. Bei dem zweiten handelt es sich um ein Fragment einer weiteren Abschrift der *Canterbury Tales* in der Cambridge University Library, das von Ian Doyle mit Vorbehalt und aller Vorsicht ins Spiel gebracht und anschließend von Horobin und Mooney dem Korpus von Werken Pinkhursts zugeschlagen wurde.

Es fällt auf, dass unter der wachsenden Zahl mittelenglischer Handschriften, die Pinkhurst zugeschrieben werden, unverhältnismäßig viele Abschriften von Werken Chaucers sind – je eine *Boece*- und eine *Troilus*-Handschrift und mindestens drei Abschriften der *Canterbury Tales*, wovon eine fragmentarisch ist. Falls Pinkhurst tatsächlich auf regelmäßiger Basis für Chaucer arbeitete, verleiht das diesen Handschiften eine immense textliche Authentizität: Halten wir sie in der Hand, so sind wir in unmittelbarer Nähe des Autors selbst. Wenn es möglich ist, dass die Peniarth-Handschrift von *Boece* in den 1380er-Jahren entstand, wie Linne Mooney nunmehr nahelegt, dann ist es möglicherweise genau die Handschrift, auf die Chaucer sich in seinem Gedicht an Adam bezieht, und wir müssen annehmen, dass sie dem Autor vorgelegt wurde, damit er sie billigte. Das bedeutet, dass die National Library of Wales nicht nur eine, sondern zwei Handschriften von außerordentlicher Bedeutung für die englische Literatur besitzt. Bei einem Mittagessen, das wir in der Cafete-

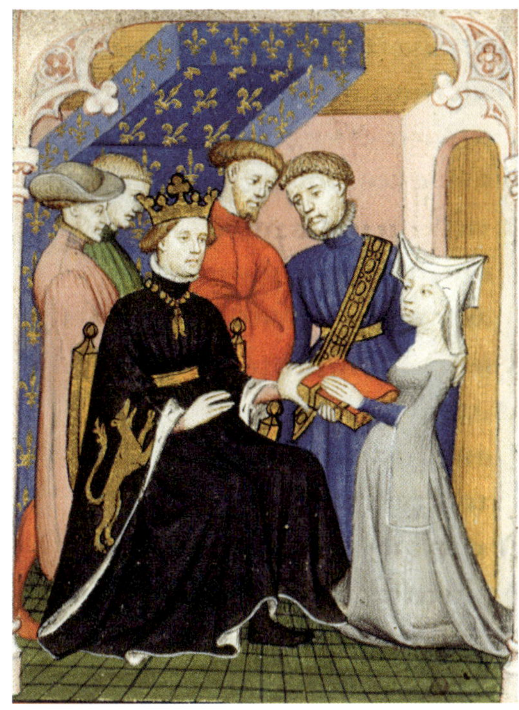

Diese Miniatur aus dem frühen 15. Jahrhundert zeigt Christine de Pizan, die Karl VI. ein Werk von ihr überreicht.

ria der Bibliothek einnahmen, stellte Maredudd ap Huw Spekulationen an, ob dies nicht zu unwahrscheinlich sei, um Zufall sein zu können, oder ob nicht vielleicht beide Handschriften für einen großen Teil ihrer Geschichte zusammen aufbewahrt worden waren. Er meinte, dass während der frühneuzeitlichen Phase des Büchersammelns Werke, die in schnödem Englisch verfasst waren, als wenig habenswert galten und daher in abgelegeneren Randgebieten wie Wales geendet seien.

Wenn Pinkhurst, Urkundenschreiber und tätig für die Londoner Gilden, auch um die Zeit von Chaucers Tod herum damit befasst war, dessen *Canterbury Tales* für die Veröffentlichung fertig zu machen, würde das eine Lücke in unserem äußerst dürftigen Wissen vom mittelalterlichen Buchhandel in England füllen. Wir wissen außergewöhnlich wenig darüber, wie literarische Texte in jener Zeit veröffentlicht und verbreitet wurden. Im Gegensatz zu England war der Handel mit Büchern in Frankreich und Italien bereits durchorganisiert; es existierten Netzwerke von Bücherverkäufern und Agenten, die sich um das Kopieren und den Verkauf von Handschriften kümmerten. Einen von diesen, Jacopo de San Pietro, werden wir im nächsten Kapitel kennenlernen. Gegen Ende des

14. Jahrhunderts hätte ein französischer Autor von ähnlichem gesellschaftlichen Rang wie Chaucer vermutlich eine sorgfältig angefertigte, vielleicht viele Bilder enthaltende Abschrift eines neuen vom ihm verfassten Werks in Auftrag gegeben, die dem König oder einem anderen Schirmherrn aus Kreisen des Hofes oder des hohen Klerus, der über gute Verbindungen verfügte, überreicht werden konnte. Diese Abschrift würde von ihrer ganzen Gestaltung her ins Auge fallen. Der Autor würde sie bei einem der bekannten Buchhändler der Stadt bestellen, und vor der Übergabe würde sie möglicherweise eine Zeit lang in dessen Werkstatt ausgestellt und eingesehen werden können. Falls der Empfänger des ihm gewidmeten Exemplars Gefallen daran fand, würde er seinen Freunden empfehlen, ebenfalls eine Abschrift zu erwerben, und diese würden sich dann an denselben Buchhändler wenden, der vielleicht noch die Vorlage besaß oder sich das Widmungsexamplar auslieh, damit der Text erneut kopiert werden konnte. Die Verzeichnisse der Bücher von Karl VI. von Frankreich und dem Herzog von Berry zeigen, dass so etwas geschah. Nachdem der Veröffentlichungsprozess einmal begonnen hatte, entwickelte er eine Eigendynamik. Solcherart florierte um 1400 die literarische Produktivität in Frankreich und Italien.

In England herrschten offenbar ganz andere Verhältnisse. Richard II. und Heinrich IV. besaßen eine Handvoll Bücher, von denen aber kaum eines in jüngerer Zeit entstanden war. In England gab es keine Entsprechungen zu den opulenten und halböffentlichen Bibliotheken von Karl VI., dem Herzog von Berry, den Herzögen von Burgund oder denen der Päpste und der Herrscher der verschiedenen italienischen Staaten. Der Markt für Werke in der Landessprache war in England relativ unbedeutend. Nur in drei der schätzungsweise fünfundachtzig erhaltenen Handschriften der *Canterbury Tales* finden sich Wappen von Adligen, die zeigen, dass die Besitzer der *gentry* oder einer höheren Klasse angehörten. Für ein Viertel dieser Handschriften wurde Papier benutzt, das deutlich billiger war als Pergament. In keinem Exemplar der *Canterbury Tales* finden sich Illustrationen, die etwas von dem, was erzählt wird, ins Bild setzen. Wir kennen nur ein paar, die Abbildungen von den einzelnen Pilgern enthalten. Das unterscheidet diese Handschriften grundlegend von auf dem Kontinent hergestellten: Handschriften vom *Roman de la Rose* oder von Boccaccios Werken zum Beispiel, die in Adelsbesitz waren, sind oft mit Dutzenden – wenn nicht Hunderten – von Miniaturen ausgeschmückt. Eine Schande, denn die abenteuerlichen und amourösen Geschichten, die Chaucer erzählt, hätten uns ein wundervolles Repertoire an spätmittelalterlichen Bildern bescheren können.

Vor allem in Frankreich war es der *stationarius* oder Buchhändler – der *libraire* –, der die Herstellung von Handschriften organisierte. Oft vormals ein Schreiber, verschaffte er sich die Vorlage, plante die Gestaltung, kopierte selbst den Text oder ließ ihn kopieren und verpflichtete die Illustratoren. Er war es, der die fertigen Seiten einsammelte, in die richtige Reihenfolge brachte und dann binden ließ. Nach dem Abschluss all dieser Arbeiten lieferte er die Handschrift gegen Rechnung seinem Klienten. Solche Buchhändler, an die ein Autor oder ein Kunde sich wenden konnte, existierten in England so gut wie gar nicht. Wir kennen lediglich die Namen von sechs zu Chaucers Lebzeiten in London ansässigen Personen, von denen es heißt, dass sie neben einem anderen Beruf (wie Porträtmaler, Pergamenter oder Buchbinder) auch den eines Buchhändlers ausübten. Nur ein gewisser Thomas Marleburgh tat das offensichtlich hauptberuflich. Er hatte nachweislich von 1391 bis 1429 zwei Buchläden in London, beide in der Paternoster Row auf der Nordseite der Saint Paul's Cathedral. In auffallendem Gegensatz dazu kennen wir die Namen von siebenundsiebzig *libraires*, die allein zwischen 1370 und 1400 in Paris diesem Gewerbe nachgingen.

Das spiegelt in einem gewissen Grad die Insularität Englands im späten 14. Jahrhundert wider, das durch eine im Ausland nicht verständliche merkwürdige Sprache vom Rest Europas abgeschnitten und überdies vom Schwarzen Tod verwüstet worden war. Die englischen Künstler und Kunsthandwerker, die bestenfalls Stick- und Alabasterarbeiten hervorbrachten, konnten sich nicht messen mit den Schöpfern raffinierter Schmuckstücke und meisterhafter Gemälde in Italien und Frankreich. England war in kultureller Hinsicht tiefste Provinz. Buchkundler haben häufig spekuliert, wie ein Werk von der Art der *Canterbury Tales* überhaupt veröffentlicht worden sein kann. Der Hypothese nach muss es in London eine Art kommerzieller Skriptorien für literarische Texte gegeben haben, doch mangelt es hierfür komplett an Belegen. 1978 stellten Doyle und Parkes die Theorie auf, dass der Veröffentlichungsprozess wohl viel informellerer Natur war. Vielleicht spielte sich alles Wesentliche in Westminster ab, damals politisches und kulturelles Zentrum im Westen der Stadt, wo sich auch der Königshof befand. Die beiden

Paläografen wiesen nach, dass Schreiber, die für die königlichen Verwaltungsbehörden tätig waren, sich nebenbei Geld verdienten, indem sie Bücher anfertigten, die man den Mitgliedern des Hofes oder deren Gästen verkaufen konnte. Einer dieser Schreiber war der Dichter Thomas Hoccleve (ca. 1368–1426), der im Hauptberuf für den Großsiegelbewahrer im Westminster Palace tätig war. Die lukrative Lage veranlasste wohl auch William Caxton, Ende 1476 seine Druckerpresse in einem Gebäude in der Nähe der Westminster Abbey aufzustellen. Bei dem ersten Buch, das im Winter jenes Jahres in England gedruckt wurde, handelte es sich mit relativ großer Sicherheit um die *Canterbury Tales*. In Westminster war auch der letzte bekannte Wohnsitz Chaucers: Er hatte dort im Dezember 1399 ein Haus gemietet. Beigesetzt wurde er in der Westminster Abbey, während Caxtons Grab sich in der St. Margaret's Church unmittelbar daneben befindet. Wenn aber Linne Mooney mit ihrer Annahme recht hat, dass Adam Pinkhurst derjenige war, dem die Schlüsselrolle für die Verbreitung von Chaucers Werken zukam, dann müssen wir das Zentrum der Buchproduktion weiter östlich ansiedeln, nämlich in der City of London selbst, und zwar in der Region um die Guildhall, die nur wenige Minuten Fußweg von der Paternoster Row entfernt war. Falls Pinkhurst Chaucers »own scryveyne« war, dann könnte er die Hengwrt-Handschrift aus Loyalität gegenüber seinem verstorbenen Auftraggeber vollendet haben oder sogar in Erfüllung eines letzten Wunsches des Dichters. Ohne ihn wäre der Text der *Canterbury Tales* vielleicht überhaupt nicht überliefert worden – wenn Pinkhurst denn der Schreiber war.

Bei historischen Nachforschungen besteht immer das Risiko, dass eine brillante und innovative Theorie, anfangs nur eine erwägenswerte Möglichkeit, durch endlose Wiederholung unmerklich den Status eines wahrscheinlichen Faktums erhält, um am Ende, nachdem jede angemessene Vorsicht über Bord geworfen worden ist, als unbezweifelbare Wahrheit akzeptiert zu werden. An der Identifikation Pinkhursts als Chaucers Schreiber ist nichts, was für sich genommen fragwürdig wäre, doch erfordert sie gewisse Annahmen. Sobald eine davon gemacht worden ist, liefert sie die Basis für die nächste. Wenn Chaucer in der Tat in den 1380er-Jahren einen Schreiber beschäftigte, der in nicht zufriedenstellender Weise arbeitete, eine Annahme, die darauf beruht, dass man einen literarischen Text als im Kern Wiedergabe von Tatsachen auffasst, dann müssen wir uns vorstellen, dass derselbe Mann, der sich nun in einen Meisterschreiber und Geschäftsmann verwandelt hat, in den frühen Jahrzehnten des 15. Jahrhunderts als geschäftiger Veröffentlicher von Texten in Erscheinung tritt. Möglich ist das gewiss, doch die Beteiligung Adam Pinkhursts, des eingetragenen Schreibers bei der Guildhall, am Buchhandel ist sonst nirgendwo dokumentiert, und es gibt nach den 1390er-Jahren überhaupt keine Hinweise mehr auf ihn. Aufgrund des professionellen Könnens, das aus der Hengwrt- und der Ellesmere-Handschrift spricht, und aufgrund der Tatsache, dass diese in Zusammenarbeit mit Illuminatoren entstanden, vermag man sich eher vorzustellen, dass die ersten Abschriften der neuen *Canterbury Tales* auf Initiative von Buchhändlern wie Thomas Marleburgh oder sogar John Shirley hin angefertigt und verbreitet wurden, die beide die nötigen Verbindungen zur literarischen Szene besaßen. (Letzterer starb 1456 im angeblichen Alter von neunzig.) Marleburgh gab Gedichte bei Thomas Hoccleve in Auftrag, der als Kopist zusammen mit »Schreiber B« an der Gower-Handschrift arbeitete, die im Trinity College liegt und die Grundlage für die Studie von Doyle und Parkes lieferte. John Shirley war nicht »Schreiber B«, doch hatte er sicher mit Manuskripten Chaucers zu tun, darunter auch mit der Ellesmere-Handschrift, und er war es, der Chaucers Gedicht an »his own scryveyne«, das im Besitz des Adressaten gewesen sein muss, aufspürte und für die Nachwelt erhielt. Das sind Männer aus dem Umfeld von »Schreiber B«. Leider hießen weder Marleburgh noch Shirley mit Vornamen »Adam«. Natürlich könnte dieser Name auch fiktiv sein, um den Adressaten zu schützen oder um des Versmaßes willen.

Die Identifizierung Adam Pinkhursts als Chaucers Schreiber würde zu einem der Rätsel der mittelalterlichen Publikationsgeschichte einen Namen und eine (be)greifbare Realität beisteuern. Die ganze Theorie ist aber auf einer Annahme – einer einzigen – aufgebaut, nämlich, dass die Schrift von Adam Pinkhurst, an dessen historischer Existenz kein Zweifel besteht, mit der von »Schreiber B« identisch ist. Das einzige von Pinkhurst unterzeichnete Zeugnis für seine Handschrift ist jedoch der gerade mal eine halbe Seite füllende Eintrag in lateinischer Sprache im Register der Scriveners' Company. Das ist alles, und davon hängt jede weitere Folgerung ab. Wenn die beiden Handschriften nicht identisch sind – oder es mit Sicherheit nicht sind –, dann bricht das ganze Gebäude zusammen, einschließlich der Interpretation von Chaucers Gedicht als einer wirklichen an seinen Schreiber gerichteten Beschwerde. Mit einer solchen Interpretation lädt man immense Verantwortung auf sich. Wir Paläografen verbringen einen guten Teil unseres Berufslebens damit, Handschriften zu vergleichen, und oft haben wir keine Möglichkeit zu überprüfen, ob wir recht haben, denn letztlich waren wir nicht dabei, als die Manuskripte angefertigt wurden. Malachi Beit-Arié, der führende Fachmann für mittelalterliche hebräische Schrift, erzählte mir einmal, dass er sich hin und wieder vorstelle, in den Himmel zu kommen und dort endlich den Schreibern zu begegnen, denen er seine wissenschaftliche Arbeit auf der Erde widmete. »Hatte ich recht«, würde er jeden von ihnen dann fragen, »du warst es?« Ich fürchte, einige würden antworten: »Ach, weißt du, das ist alles so lange her, ich kann mich nicht mehr erinnern.«

Das erste fundierte Argument gegen eine Identifikation von Adam Pinkhurst mit »Schreiber B« wurde von Jane Roberts in einem Aufsatz vorgebracht, der 2011 in *Medium Aevum* erschien. Wir dürfen nicht einer Gefahr erliegen, die bei dieser spezifischen Kontroverse immer droht, nämlich Urteile zu fällen, die ausschließlich auf der Persönlichkeit der Kontrahenten basieren. Es gilt zu betonen, dass Jane Roberts ebenfalls eine Paläografin ersten Ranges ist, vor allem auf dem Gebiet englischer Manuskripte, und es ist ein Gebot der Höflichkeit, ihr zuzuhören. Vielleicht sollten wir uns auch sie vor Gericht vorstellen, wie sie in den Zeugenstand tritt. Sie war, bis zu ihrer Emeritierung, Professorin für englische Sprache und mittelalterliche Literatur am Londoner King's College. Sie war es, die 2004 als Erste auf die Ähnlichkeit zwischen der Handschrift in der Petition der Stoffhändler von 1388 und der von »Schreiber B« aufmerksam wurde. Sie erkennt aber keine Identität dieser Handschrift(en) mit der von Adam Pinkhurst. Sie meint, die Einträge in den Geschäftsbüchern der Stoffhändlergilde könnten statt von Pinkhursts Hand von der Martin Keloms stammen, der erwiesenermaßen für seine Mitarbeit an diesen Büchern bezahlt wurde. Sie untersuchte jeden der Buchstaben, deren Gestaltung Linne Mooney als charakteristisch für Adam Pinkhurst erachtet, und kam zu dem Schluss, dass in Beziehung auf die Ausführung dieser Buchstaben sogar in den Pinkhurst zugeschriebenen Manuskripten derartige Uneinheitlichkeiten bestehen, dass man auf diese Weise keinen zuverlässigen Beweis erbringen kann.

Überdies meint sie, dass die Handschriften von Schreibern, die im selben Zeitraum eine ähnliche Ausbildung erhielten, einfach zwangsläufig gewisse Gemeinsamkeiten aufgewiesen haben müssen. Die aufsteigenden Schnörkel, für Linne Mooney so etwas wie eine virtuelle Unterschrift Pinkhursts, kämen in genau derselben Form in von anderen Schreibern der Zeit signierten Arbeiten vor. Das bedeutet nicht, dass Adam Pinkhurst nicht alle ihm zugeschriebenen Texte kopiert haben kann, wohl aber, dass seine Handschrift keine exklusiven Charakteristika aufweist.

Paläografen stützen ihr erstes Urteil oft auf dem »Duktus« einer Handschrift. Das ist etwa so, wie man eine Person grob an ihrem Aussehen erkennt und nicht, indem man ihre Nase, Ohren, Augen und Mund eingehend misst. Der Schriftduktus kann aber von dem Winkel bestimmt werden, in dem die Hand beim Schreiben in Relation zur Seite gehalten wird, vom ausgeübten Druck, Schreibfluss, Gefühl für Größenverhältnisse, den Abständen zwischen den Buchstaben und anderem mehr. Zusammen vermitteln diese Faktoren einen Eindruck von der für einen Schreiber typischen Schreibweise. Auf dieser Grundlage fällt es schwer, eine einzige Person hinter den vielen Manuskripten, die jetzt aufgrund technischer Details Adam Pinkhurst zugeschrieben werden, zu erkennen.

Ich musste zweimal bei einem Strafgerichtshof als Geschworener fungieren, einmal in Cambridge und einmal im Londoner Stadtteil Southwark. Es waren in beiden Fällen faszinierende und merkwürdig beruhigende Erfahrungen. Bevor wir uns zur Urteilsfindung zurückzogen, wurden wir von dem Richter sorgfältig instruiert: Wir müssten unser Urteil allein aufgrund des vor Gericht präsentierten Beweismaterials fällen und dürften uns nicht von vorgefassten Meinungen über Schuld oder Unschuld des Angeklagten beeinflussen lassen. Er erinnerte uns daran, dass in Großbritannien der Angeklagte als unschuldig gilt, solange er nicht überführt ist. Er betonte, dass ein Geschworener, sollte er auch nur den Schatten eines Zweifels bezüglich der Schuld des Angeklagten verspüren, von Rechts wegen dazu verpflichtet sei, diesen für nicht schuldig zu befinden. Die zwölf Geschworenen sollten sich nach Kräften bemühen, zu einem einstimmigen Urteil zu gelangen, doch falls sich das als unmöglich erweisen sollte, würde er am Ende auch ein Mehrheitsurteil akzeptieren.

Wir sitzen jetzt im Beratungszimmer der Geschworenen um den langen Tisch herum. Adam Pinkhurst steht im Verdacht, der Schreiber des Hengwrt-Chaucer und vieler anderer Manuskripte zu sein. Seit 2004 habe ich mir von Herzen gewünscht, Linne Mooney würde mit ihrer Vermutung richtig liegen. Das ist mein geheimes Vorurteil. Ich bin in der Hoffnung auf dessen Bestätigung hierhergekommen. Jetzt wägen wir die Beweise gegeneinander ab. Ich denke zurück an den Band, den ich in Aberystwyth in der Hand gehabt habe. Er scheint von jemandem zusammengestellt worden zu sein, der über einen gewissen Zeitraum Zugang zu Vorlagen für einzelne Abschnitte der *Canterbury Tales* gehabt hat, die er von einer Chaucer sehr nahestehenden Person oder den Erben Chaucers (oder beiden Parteien) erhielt. Die Handschrift scheint in zwei Phasen geschrieben und vollendet worden zu sein. Ich weiß, dass Chaucer angeblich in den 1380er-Jahren einen Schreiber beschäftigt hat, den er als Adam anredete. Ich habe mir ein von einem für die Stadt London tätigen Schreiber namens Adam unterzeichnetes Schriftstück angesehen. All das zusammen würde ein vernünftiges Urteil zulassen – wenn ich sagen könnte, dass die Schrift in dem einen wie dem anderen Zeugnis ohne jeden Zweifel identisch ist. Wie der Richter betont hat, muss jeder Zweifel ausgeschlossen sein. Wir entschließen uns, eine Probeabstimmung abzuhalten, und ich soll als Erster mein Votum abgeben. Halte ich es für zweifelsfrei erwiesen, dass Adam Pinkhurst »Schreiber B« war? Alle Augen ruhen in Erwartung einer Antwort auf mir. Ich hole tief Luft. Nein, das tue ich nicht. Ich kann keine völlige Übereinstimmung entdecken. Aber vielleicht werden die anderen elf Geschworenen mich ja überstimmen.

Mein unvergesslicher Tag in Aberystwyth endete mit einer Führung Maredudd ap Huws durch die National Library. Er zeigte mir, aus gebührendem Abstand, die Korridore der besonders gesicherten Tresorräume im hinteren Teil des Gebäudes, wie die Zellen unterhalb eines Gerichtshofs, in denen der Hengwrt-Chaucer sicher verwahrt liegt in seiner braunen Stoffschachtel, das wertvollste Manuskript in mittelenglischer Sprache. Durch die Ausstellungsräume gingen wir zurück. Man rief mir ein Taxi für die Fahrt zum Bahnhof, Maredudd verschwand kurz, und als ich mich verabschiedete, überreichte er mir ein Kartenspiel, eine Kaffeetasse und einen Untersetzer für eine Teekanne. Alle diese Gegenstände waren mit der illuminierten Eröffnungsseite des Hengwrt-Chaucer verziert. Auch wenn ich nach meinem Besuch immer noch nicht weiß, wer den Hengwrt-Chaucer geschrieben hat – unser Haushalt verfügt jetzt über einen Untersetzer und eine Tasse mehr.

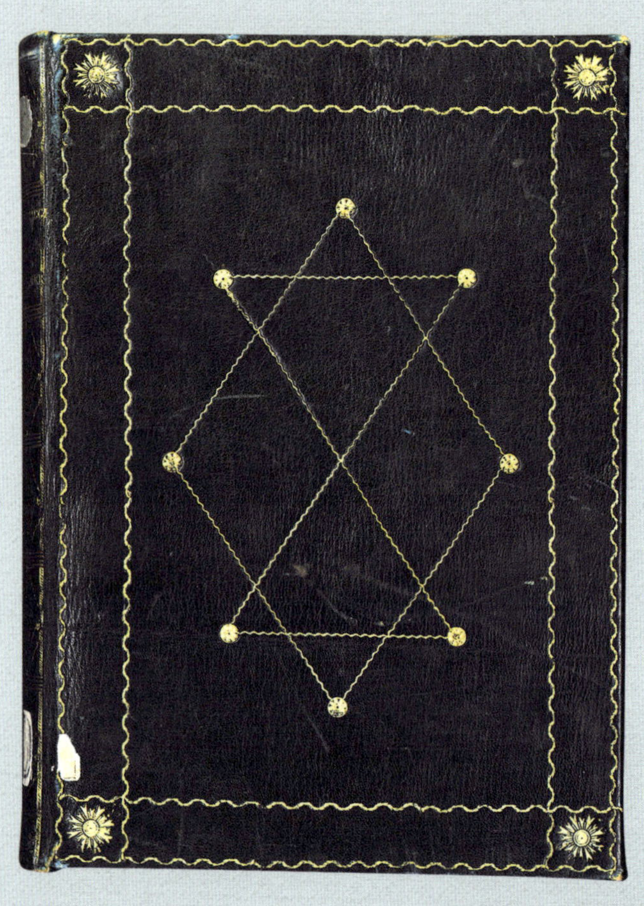

KAPITEL ELF

DER VISCONTI-*SEMIDEUS*

ca. 1438
Sankt Petersburg, Russische Nationalbibliothek,
Cod. Lat. Q.v. XVII. 2

Hier ein paar nützliche Kampftechniken für den Fall, dass Sie jemals in ein Seegefecht verwickelt werden. Stecken Sie ein paar Giftschlangen in Glasgefäße und werfen sie über die Reling auf das Deck des feindlichen Schiffs, wo sie zerbrechen, so dass die Schlangen loskriechen und Ihre Gegner beißen können. Das ist ein Trick, der von den größten Fachleuten empfohlen wird; zuerst legte ihn Hannibal anscheinend Antiochos dem Großen ans Herz. Während die Schlangen zischend die Feinde attackieren, werfen Sie gekrümmte Metallklingen in die Takelage des Gegners, so dass sie die Taue zerschneiden, und geben Sie noch eine Handvoll Brandbomben dazu, die die Segel in Brand setzen. Und befehlen Sie in der Zwischenzeit Tauchern, sich bis auf ihre Unterkleidung auszuziehen und heimlich unter den Rumpf des anderen Schiffes zu schwimmen, damit sie mit Ahlen Löcher hineinbohren und den Feind so auf den Grund des Meeres schicken. Das sind Ratschläge, die sich in einem für Fürsten bestimmten Handbuch zur Kriegführung und Waffenkunde ausführlich erläutert und wunderschön illustriert finden. Verfasst hat es Catone Sacco (ca. 1395–1463), ein Anwalt und Humanist aus Pavia. Sacco überreichte dieses Buch wahrscheinlich 1438 Filippo Maria Visconti

(1392–1447), ab 1402 Graf von Pavia und ab 1412 Herzog von Mailand. Das Buch trug den Titel *Semideus*, also »Halbgott«.

Herzog Filippo Maria verbrachte einen großen Teil seines Herrscherlebens mit dem Führen von Kriegen, was auf die ständig sich verändernden Allianzen und territorialen Ambitionen der italienischen Staaten zurückzuführen war. 1438 war er am vierten der Lombardischen Kriege beteiligt, die sich vor allem gegen die Republik Venedig und deren Verbündete richteten. Die Glaubwürdigkeit und das Überleben jedes Renaissancefürsten hingen von seinen militärischen Fähigkeiten ab. Sacco hatte mit seiner Abhandlung das Ziel verfolgt, den Herzog durch Schmeicheln dazu zu bewegen, bei der Verteidigung des Christentums gegen den Islam Unterstützung zu leisten. Die Flotten der Muslime bedrohten damals den Schiffsverkehr im ganzen östlichen Mittelmeerraum, und 1430 hatten die Heerscharen von Sultan Murad II. die Venezianer vernichtend geschlagen, die vergeblich versucht hatten, Thessaloniki zu verteidigen. Danach rückten die Osmanen auf dem Balkan immer weiter vor. Der Vorschlag, Giftschlangen einzusetzen, mag in der Familie Visconti einigen Anklang gefunden haben, da eine blaue Viper, die ein Kind

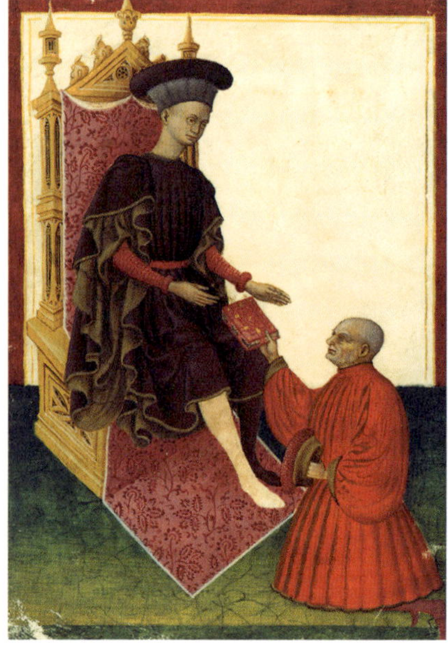

Filippo Maria Visconti, Herzog von Mailand von 1412 bis 1447, nimmt das Widmungsexemplar eines Buches von dessen Verfasser Galassio da Correggio entgegen.

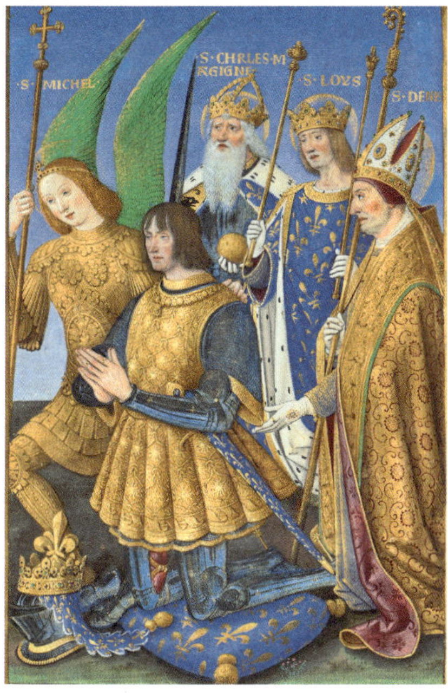

Ludwig XII., König von Frankreich von 1498 bis 1515, kniet, umgeben von seinen Schutzpatronen, unmittelbar vor seinem Einfall in die Lombardei 1499 in voller Rüstung zum Gebet nieder.

verschlingt, die Wappenfigur der Dynastie gewesen war, seitdem sie im 13. Jahrhundert die Herrschaft über Mailand übernommen hatte.

Filippo Maria starb am 13. August 1447 ohne einen männlichen Erben. Seine einzige Tochter, Bianca Maria, die einer außerehelichen Verbindung entsprungen war, hatte Francesco Sforza geheiratet, einen Söldner im Dienst der Visconti, und dieser übernahm die Herrschaft über das Herzogtum und begründete die zweite große Mailänder Dynastie. Francesco brachte die Besitzungen seines Vorgängers und auch dessen Kunstsammlungen an sich. Das Widmungsexemplar des *Semideus* wurde am 6. Juni 1459 als Artikel 599 in das Verzeichnis der herzoglichen Bibliothek im Castello Visconteo von Pavia eingetragen. Der Eintrag lautet: »Semideus Catonis Sacchi ad Philippum Mariam ducem Mediolani«. Pavia liegt ungefähr 35 Kilometer südlich von Mailand, und es war die zweite Kapitale im Herrschaftsgebiet des Herzogs. Die Handschrift befand sich noch in dem dortigen Kastell, als dieses in den Besitz von Francescos Enkel Gian Galeazzo Sforza, Herzog von Mailand von 1476 bis 1494, überging. Ein anderes Verzeichnis der Objekte in der Bibliothek der Herzöge aus dem Jahr 1488 ist detaillierter als das von 1459. Zu Beginn werden exotische und seltene Schätze aufgeführt wie das Horn eines Einhorns, ein Walzahn, ein Wikingerhelm mit Hörnern, ein Schild-

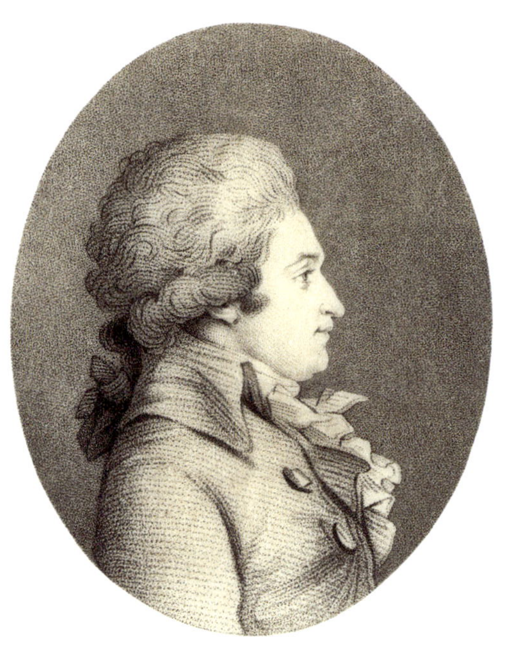

Pjotr Dubrowski (1754–1816), russischer Diplomat, nutzte die Unruhen, die im Gefolge der Französischen Revolution ausbrachen, um mittelalterliche Handschriften in seinen Besitz zu bringen.

krötenpanzer (zerbrochen), eine astronomische Uhr, eine auf Holz aufgezogene *mappa mundi,* und so weiter. Im Anschluss werden dann fast tausend Bücher aufgelistet, von denen der *Semideus* Nummer 31 ist. Er war zu jener Zeit in karmesinroten Samt gebunden, besaß sechs silberne Schließen (von denen zwei schon zerbrochen waren) und wurde in einer Schachtel aus Leder mit Goldverzierungen aufbewahrt. 1490 wurde das Werk erneut in einem Verzeichnis erwähnt – dieses Mal als Nummer 22 – und beschrieben.

Als Nachfolger Gian Galeazzos bestieg 1494 dessen Onkel Ludovico Maria Sforza (1452–1508), der als »il Moro« bekannt war, den Herzogsthron, und dann begann sich alles aufzulösen. Der neue französische König Ludwig XII., der von 1498 bis 1515 regierte, meinte größere Anrechte auf das Herzogtum Mailand zu haben als ein Sforza, da er in direkter Linie von Valentina Visconti (1371–1408) abstammte, der älteren Schwester des letzten Herzogs aus dem Haus Visconti, Filippo Maria. Valentina hatte Louis von Valois (1372–1407, ermordet) geheiratet, den Herzog von Orléans und jüngeren Bruder von Karl VI. Ihr Sohn, Karl von Orléans (1394–1465), war der Vater Ludwigs XII. Unablässig Krieg zu führen wurde als höchste Pflicht eines Königs angesehen. Ludwig war ein erfahrener Stratege und hatte seinen Italienfeldzug mit vorbildlicher Sorgfalt geplant. Er sorgte im Vorfeld dafür, dass der Kaiser des Heiligen Römischen Reichs nicht opponierte, und schloss ein Bündnis mit den Venezianern, Mailands Erzfeinden. Zu seinem Oberbefehlshaber ernannte er Gian Giacomo Trivulzio, den Kopf der Mailänder Anti-Moro-Partei. Im Juli 1499 drang ein hauptsächlich aus Franzosen bestehendes Heer von 27 000 Mann, darunter 10 000 Berittene, in die Lombardei ein. Jede eingenommene Stadt wurde brutal zerstört und geplündert, um weiteren Widerstand im Keim zu ersticken. Ende August schickten die Franzosen sich an, Pavia zu belagern. Am 2. September floh Ludovico il Moro aus Mailand, drei Tage später trat er sein Herzogtum an Ludwig XII. ab, der am 9. Oktober triumphalen Einzug in die Stadt hielt. Aus seinem Exil heraus organisierte il Moro den Widerstand gegen den Usurpator; er kämpfte tapfer, und es gelang ihm, Pavia im Februar 1500 zurückzuerobern. Doch er wurde endgültig geschlagen und als Gefangener nach Frankreich geschafft, wo er starb.

Es war damals Usus, eroberte Städte zu plündern. Und unter den Renaissanceherrschern war es auch Mode, sich Büchersammlungen zuzulegen. 1499 oder mit größerer Wahrscheinlichkeit ein Jahr später, als viele siegestrunkene französische Soldaten entweder in den Tavernen zechten oder italienische Jungfrauen schändeten, trieben die Handlanger von Ludwig XII. ihr Unwesen in der Bibliothek im Obergeschoss des Kastells von Pavia. Sie räumten die Regale leer und verpackten die Bücher zum Transport. Die meisten von ihnen, darunter auch der *Semideus*, wurden nach Frankreich geschafft, und der größte Teil dieser Kriegsbeute wurde den Sammlungen der französischen Könige in Blois einverleibt. Dort inventarisierte man sie 1518, ein Jahr bevor Leonardo da Vinci im nahen Amboise starb. Mehr als dreihundert dieser in Pavia erbeuteten Bücher ruhen jetzt friedlich in der Bibilothèque nationale in Paris, darunter siebzehn Handschriften, die einmal Petrarca gehört haben.

Für die Fortsetzung der Geschichte müssen wir uns jetzt einer anderen von Gewalttätigkeiten geprägten Epoche der europäischen Geschichte zuwenden: der Französischen Revolution. Ein Beobachter des Ausbruchs dieser Revolution im Jahr 1789 war Pjotr Dubrowski (1754–1816), ein beinahe so leidenschaftlicher und skrupelloser Sammler von Büchern wie Guglielmo Libri, dem wir in Kapitel Fünf begegnet sind. Dubrowski war in Kiew geboren worden und hatte seine Erziehung zu der Zeit erhalten, als die französische Kultur in Russland als die höchstentwickelte von ganz Europa galt. 1777 lebte er in Paris, wo er 1780 in den Dienst der russischen Botschaft trat und im Lauf der Zeit zum Sekretär aufstieg. Ein zeitgenössischer Stich zeigt ihn als würdevoll und freundlich aussehenden Mann. Er ist im Profil dargestellt, so dass seine lange Nase und der Ansatz zu einem Doppelkinn ins Auge fallen, und trägt einen Rock mit großen Knöpfen und weitem Kragen sowie ein seidenes Halstuch. Als Dubrowski auf dem Höhepunkt der Revolution, im August 1792, nach der Schließung der russischen Gesandtschaft Frankreich zu verlassen gezwungen war, entdeckte man, dass er eine höchst erstaunliche wertvolle Sammlung von französischen Archivmaterialien und illuminierten Handschriften besaß. Das meiste davon stammte aus der Bastille, die am 14. Juli 1789 von der aufgebrachten Volksmenge gestürmt worden war, und vor allem auch aus der umfangreichen Bibliothek der Abtei von Saint-Germain-des-Prés in Paris, die das Revolutionskomitee im Juni 1791 hatte beschlagnahmen lassen, bevor die Abtei dann im Februar 1792 ganz geschlossen wurde. Als der uralte Buchbestand dieser Bibliothek 1795/96 in Staatsbesitz überführt wurde, befanden sich viele der wertvollsten illuminierten Handschriften bereits im Besitz Dubrowskis, der sie außer Landes gebracht hatte. Ob er sie gestohlen hatte, wie viele glauben, oder arglos erworben, ist nicht vollkommen klar; auch eine Kombination aus beidem ist denkbar. Bei einer der Handschriften handelt es sich um eine schöne Livius-Ausgabe der Renaissance, die vielleicht einmal im Besitz von Lorenzo de' Medici gewesen war; Dubrowski behauptete, sie von Jean-Jacques Rousseau (1712–1779) geschenkt bekommen zu haben. Das ist aber wenig glaubwürdig, da auch diese Handschrift vorher im Besitz der Abtei von Saint-Germain-des-Prés gewesen war. Wie dem auch sei, Dubrowskis aus rund siebenhundert Handschriften bestehender Fang schloss jedenfalls solche unvergleichlichen Schätze ein wie die erste Abschrift von Bedas *Historia Ecclesiastica*, die im 8. Jahrhundert in Wearmouth-Jarrow entstanden war; ein karolingisches illustriertes Evangeliar, eine Purpurhandschrift; ein englisches Bestiarium aus dem 12. Jahrhundert; eine *Bible Historiale* der Könige von Navarra aus dem 14. Jahrhundert; die unübertroffene, für Philipp den Guten, Herzog von Burgund, angefertigte illustrierte Kopie von Martin le Francs *L'Estrif de Vertu et de Fortune;* und den *Semideus* aus Pavia.

Im Jahr 1800 war Dubrowski wieder in Russland und knapp bei Kasse. Es heißt, er habe Verhandlungen geführt, um seine Sammlung in England zu verkaufen. Aufgrund der Intervention von Graf Alexander Strogonow, dem Präsidenten der russischen Akademie der Künste, wurde jedoch die gesamte Sammlung 1805 von der Kaiserlichen Öffentlichen Bibliothek in Sankt Petersburg angekauft, deren Ausbau damals gerade von Zar Alexander I. vorangetrieben wurde. Die Bibliothek wurde 1814 für die Öffentlichkeit zugänglich. Nach der Russischen Revolution wurden Dubrowskis Bücher Teil des Bestands der Öffentlichen Bibliothek Michail Saltykow-Schtschedrin, wie die Einrichtung von 1932 bis 1992 offiziell hieß, die heute als Russische Nationalbibliothek bekannt ist. Der »Российская национальная библиотека«, wie sie in der Landessprache heißt, in Sankt Petersburg wollen wir jetzt einen Besuch abstatten.

Die erste Hürde, die man für einen solchen Besuch überwinden muss, besteht im Ausfüllen des ungeheuer komplexen Antrags auf die Ausstellung eines Einreisevisums nach Russland. Neben vielen anderen Dingen muss man jede Schule und Hochschule aufführen, die man jemals besucht hat, und jeden Beruf, in dem man jemals gearbeitet hat, unter Angabe von Daten, Adressen und Telefonnummern. Außerdem jedes Land, das man in den vergangenen zehn Jahren besucht hatte, ebenfalls unter genauer Angabe der Daten. Über jede Mitgliedschaft in einer politischen Partei und jeden bewaffneten Konflikt, in den man irgendwann im Leben verwickelt war, muss man Auskunft geben. Ich spielte eine Zeit lang mit der Idee, unter »Zweck Ihrer Reise nach Russland« einzutragen: »Erlangung eines Zugangs zu einer Regierungseinrichtung zur Einsichtnahme in ein Handbuch über militärische Waffen und Strategien«, schrieb dann einfach nur »Tourismus« hin. Danach fuhr ich mit allen Formularen und der zu entrichtenden Gebühr zum russischen Konsulat im Zentrum Londons.

Seit meiner ersten und bislang einzigen Reise nach Sankt Petersburg waren fünfzehn Jahre vergangen. Die trostlose Atmosphäre, die zu Zeiten eines Kommunismus herrschte, der abgewirtschaftet hatte, ist mittlerweile vollkommen verflogen. Sankt Petersburg ist heute eine Geschäftsstadt und Metropole wie Prag oder Peking, und in der Gegend um die Eremitage sowie in den Läden am Newski-Prospekt wird Englisch mit gleich großer Selbstverständlichkeit gesprochen wie Russisch. Die Taxis kosten immer noch wenig, doch das Essen in den Restaurants ist genauso teuer und gut wie in anderen Großstädten. Das fremde Alphabet ist fas-

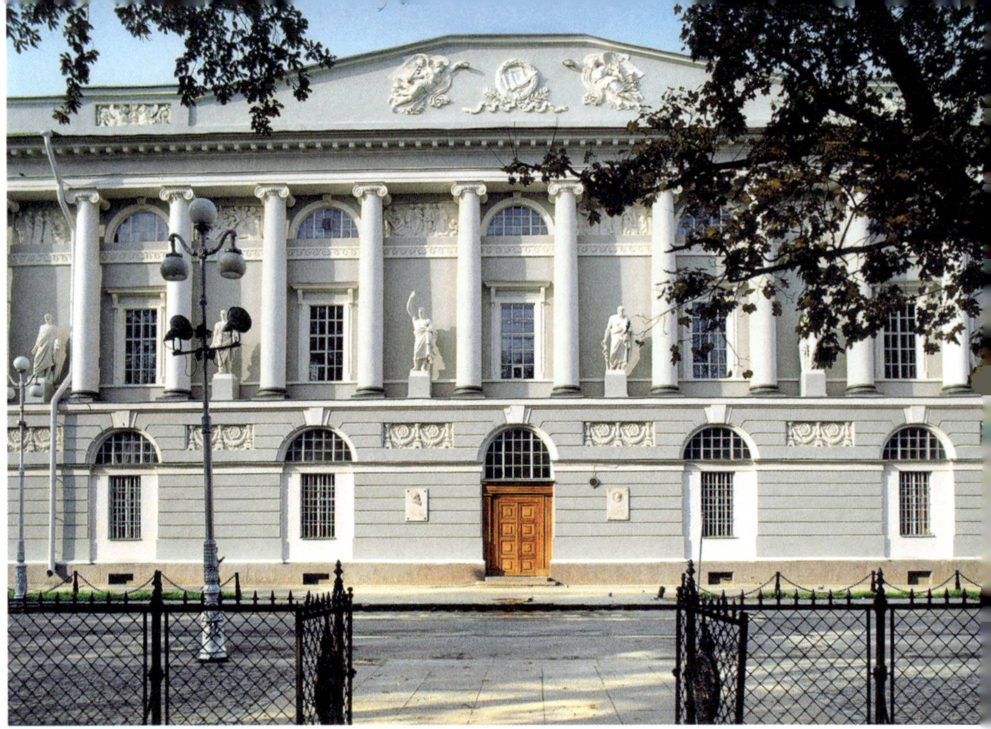

Die Fassade der Russischen Nationalbibliothek am Ostrowski-Platz in Sankt Petersburg. Der Handschriftenlesesaal befindet sich rechts außen im Erdgeschoss.

zinierend, und zwanghaft versucht man, Ladenschilder oder Werbeplakate zu entziffern, so langsam und stolz wie ein Fünfjähriger, nur um festzustellen, dass man Wörter wie »Spaghetti House« oder »Coca-Cola« laut vor sich hin gesprochen hat. Es war Hochsommer, als ich dort war, die Zeit der sogenannten »Weißen Nächte«, in denen es so gut wie gar nicht dunkel wird, da Sankt Petersburg hoch im Norden liegt. Am frühen Morgen, wenn ich über den Newski-Prospekt von der Newa nach Osten in Richtung Fontanka marschierte, schien mir die strahlend helle Ostseesonne direkt in die Augen, und genauso war es abends bei meiner Rückkehr.

Die Nationalbibliothek liegt rechts, an der Ecke des Ostrowski-Platzes, eines kleinen von Bäumen gesäumten Parks, der von einer gewaltigen Bronzestatue der Zarin Katharina der Großen beherrscht wird, die dort 1873 aufgestellt wurde. An der gegenüberliegenden Seite des Platzes liegt das Alexandrinski-Theater, eine große neoklassizistische Pralinenschachtel in Gelb und Weiß. Die Bibliothek ist in einem riesigen grauen Steinbau aus dem 19. Jahrhundert an der Westseite des Platzes untergebracht. Man muss eine Reihe schwerer Türen aufdrücken, um hineinzukommen. Die gesamte Beschilderung ist auf Kyrillisch. Hinter einer Theke zur Linken saß eine Frau, die Chrustschows weiland Gattin zum Verwechseln ähnlich sah. Ich brachte langsam und deutlich vor: »Ich bin gekommen, um eine Handschrift anzusehen.« Sie bellte etwas auf Russisch zurück und verschwand. Bald darauf erschien eine viel jüngere Assistentin, die ausgezeichnet Englisch sprach; sie schien aus einem Gebilde gegenüber der Theke aufzutauchen, das wie ein hölzerner Doppelschrank aussah. Sie führte mich in dieses Gehäuse hinein. »Nehmen Sie bitte einen Augenblick Platz«, sagte sie. »Ihren Pass bitte.« Nachdem ich mich gesetzt hatte, konnte ich sie kaum über die Theke hinweg sehen, an der sie meine persönlichen Daten notierte. Mein Blick fiel auf eine Menge Gummistempel. Ich reichte ihr einen Brief vom Master von Corpus Christi College, den mitzubringen man mich aufgefordert hatte. Sie war beeindruckt. »Sind Sie Professor?«, fragte sie. Sie dirigierte mich zu einem Computermonitor auf der Rechten, und ich begriff, dass sie mich fotografieren wollte. »Sie dürfen lächeln, wenn Sie wollen«, sagte sie. »Das wäre aber nicht sehr russisch«, meinte ich. Keine Antwort. Dann bekam ich den exotischsten Bibliotheksausweis ausgehändigt, den ich bisher gesehen hatte: eine grün-weiße Plastikkarte, auf die mein ganzer Name in kyrillischer Umschrift geprägt war: Де амелъ кристофер фрнзсис риверс. Sie bat mich, ihr die Bücher zu zeigen, die ich dabei hatte – mein Notizbuch und die gedruckte Ausgabe des *Semideus* von Paolo Rosso, die ich zusammen mit der Handschrift benutzen wollte. Streng wies sie mich darauf hin, gedruckte Bücher seien in den Lesesälen nicht gestattet. Ich flehte sie an, eine Ausnahme zu machen – ohne Erfolg. »Ich habe die Regeln nicht gemacht.« Ein weiteres »nicht sehr russisch« verkniff ich mir und ließ mir den Rosso abnehmen. Wir verstauten das Buch in der leeren Kleiderablage. Wenn Professor Rosso das hier lesen sollte, tröstet ihn vielleicht der Gedanke, dass kein scharfer Kritiker je anhand des Originals überprüfen wird, ob seine Transkription korrekt ist.

Die junge Dame eskortierte mich bis zu den Drehkreuzen, wies mich an, gleich hier im Erdgeschoss nach rechts zu gehen, an der nächsten Ecke wieder rechts abzubiegen, weiterzugehen, bis sich linker Hand ein Durchgang auftun würde, dann durch ein paar Türen hindurch und so weiter. Das Meiste vergaß ich sofort wieder. Der lange Korridor ist mit einem schmalen roten Teppich ausgelegt; er beherbergt eine alte Ausstellung sowjetischer Bücher. Ich meinte mich zu erinnern, dass man mir bei meinem früheren Besuch erzählt hatte, die Bibliothek Voltaires, die Katharina die Große erworben hatte, sei irgendwo in den Regalen hinter diesen Vitrinen untergebracht; vielleicht irre ich mich aber. Ich fand mich in einem ein paar Stufen höher gelegenen gefliesten Foyer am Fuß einer Treppe wieder und wusste überhaupt nicht mehr, wo ich war und wo ich hingehen sollte. Ein Mann, dem Aussehen nach ein Bibliothekar, kam vorbei. »Handschriften?«, sagte ich in flehendem Ton. Er wies mit dem Finger auf eine Tür, hinter der einige Stufen wieder nach unten führten. Ich ging über einen zweiten Korridor, in dem sich halb durch eine Wand getrennt links und rechts Bücher stapelten, und gelangte schließlich in den Lesesaal, der parallel zu dem Platz draußen verläuft und sich bis zur Ecke am Newski-Prospekt hin erstreckt.

Der Raum wirkt wie ein anheimelndes Schulzimmer aus den 1930er-Jahren. Zwölf kleine Pulte sind in zwei ordentlichen Reihen aufgestellt. Große weiße Sonnenblenden verhindern, dass von dem Platz her zu grelles Licht einfällt. Mitten im Winter, wenn es die meiste Zeit finster ist, muss es hier anders aussehen. Die Wände sind hellgrün gestrichen, vor ihnen stehen große Schränke und Bücherregale mit Leitern. Die Nachschlagewerke bilden düstere Reihen, und nichts scheint auch nur annähernd neueren Datums sein. Katalogschränke mit Schubladen voller Karteikarten – das sieht man heute nur noch selten. Der Parkettboden ist abgetreten und stellenweise mit braunen Teppichstreifen bedeckt. An der Gewölbedecke ziehen sich Leitungen und Drähte über den Putz. Die harten Sitzflächen der kleinen Stühle sind mit rotem Stoff bespannt. Die Pulte hat man alle zum langen Tisch der Aufsichtsperson hin ausgerichtet, der wie der Katheder eines Lehrers an der Vorderseite des Raums steht, wo auch der Eingang ist. An jenem Tag stand dort eine riesige Vase mit Chrysanthemen, die mit rosa Bändern geschmückt waren. Was noch fehlte, um sich vollends in einem Schulzimmer zu wähnen, wäre eine Tafel hinter dem Lehrerpult gewesen. Wie ein Streber setzte ich mich nach ganz vorne.

Ich hatte eine Verabredung mit Olga Bleskina getroffen, der Kuratorin für westeuropäische Manuskripte. Sie erwies sich als freundlich und hilfsbereit und bestens über die ihr anvertrauten Handschriften informiert. Ich musste noch mehr Formulare ausfüllen, alle in Russisch. Auf jedes Blatt wurde ein offizieller Stempel gedrückt. Wir unterhielten uns zumeist auf Deutsch, das sie besser spricht als Englisch. Sie hat kurzes dunkles glattes Haar, Scheitel links, und trug eine kunstvolle Glaskette um den Hals und einen hellgrünen Pulli. Ich holte erneut das Schreiben vom Master von Corpus Christi College hervor, das sie entgegennahm. Nach den ganzen Präliminarien brachte sie mir endlich den *Semideus.*

Die Handschrift wird in einer gelbbraunen Faltmappe aus Karton aufbewahrt, dem Standardmodell, das in der Sowjetunion an den öffentlichen Dienst ausgegeben wurde (was ich von dem Behördenaufdruck entziffern konnte, war allein das Datum: 1959). Die Mappe ist mit weißen Bändern verschnürt, die ich aufknotete. Dieses Behältnis unterscheidet sich gewaltig von der Schachtel mit Goldverzierungen, in der 1488 der Codex gelegen hatte. An die Mappe war ein Zettel mit meinem Namen auf Russisch angeklammert; mittlerweile konnte ich ihn in kyrillischer Schrift erkennen. Der darin befindliche Band ist locker in Seidenpapier eingeschlagen und hat einen Einband des frühen 19. Jahrhunderts aus ganz ansehnlichem grünem Maroquinleder, das einmal gereinigt werden könnte. An den Rändern und auf dem Rücken ist er mit goldenen Wellenlinien und kleinen Sonnen verziert, Emblemen, die die Familie Visconti einst verwendete. Auf dem vergoldeten Kopf- und Unterschnitt sind, wenn man den Band fest geschlossen hält, Paare von dunklen schattenhaften Bändern zu erkennen, die sich in voller Breite darüberziehen. Auf dem Vorderschnitt ist nichts in der Art zu erkennen. Es muss sich um Abdrücke der silbernen Schließen handeln, die 1488 in der Beschreibung erwähnt wurden; dort hieß es ja auch, dass zwei von den ursprünglich sechs zerbrochen seien. Augenscheinlich befanden sich damals zwei solcher Schließen am oberen und zwei am unteren Rand, während das Paar an der Vorderseite bereits fehlte. Das Silber oxidierte und hinterließ Spuren. Die Handschrift blieb vermutlich in diesem Zustand, bevor sie zu Zeiten Dubrowskis neu gebunden wurde. Dabei wurden die Blattränder offenbar nicht beschnitten.

Die Vorsatzblätter sind aus malvenfarbigem Papier und haben sich vom Block der Textblätter gelöst. Es gibt ein Exlibris aus dem 19. Jahrhunderts auf Russisch. Unter anderem enthält es die Ziffern 17, 5 und 2, die sich meiner Vermutung nach auf das Regal, in dem es aufbewahrt wurde, und seinen Platz innerhalb dieses Regals beziehen. Der Standort wird auch durch die formelle Signatur angegeben: Lat.Q.v.XVII.2. »Q« ist die Abkürzung von »Quarto«, der Band ist ungefähr 27 mal 19 Zentimeter groß. Wie oft in mittel- und osteuropäischen Bibliotheken liegt vorne in der Handschrift ein vergilbtes Blatt Papier, auf dem alle unterzeichnet haben, die das Original jemals untersucht haben. Im Fall des *Semideus* stehen sechzehn Namen darauf. Alle Unterschriften stammen aus der Zeit vor 2006, alle sind von Russen – mit einer Ausnahme: Zu meiner Überraschung und Freude stellte ich fest, dass mein alter Freund James Marrow aus Princeton am 28. August 1996 mit der Handschrift gearbeitet hatte. Ich hätte mir denken können, dass er schon da war.

Auf der ersten Seite, die ursprünglich einmal leer war, finden sich Eintragungen aus dem 16. Jahrhundert auf Französisch. Sie halten die Geburten diverser Kinder der Familie Burgeneys fest, vom kleinen Simon, der 1518 das Licht der Welt erblickte, bis zu Jean, der 1537 geboren wurde. Die Schrift ist stark verblasst, die Eintragungen lassen sich nur mit Mühe entziffern. Sie stellen den ersten expliziten Beleg dar, dass die Handschrift sich nach der Plünderung Pavias im Jahr 1499/1500 in Frankreich befand, und zwar in privaten Händen und nicht in der Königlichen Bibliothek. Ähnlich wie die kostbarsten Handschriften in Kirchen und Klöstern früher verwendet worden waren, um Verzeichnisse der Reliquien im Besitz der jeweiligen Einrichtung anzulegen (siehe S. 42 und S. 354 f.), wurde im 16. Jahrhundert das wertvollste Buch einer französischen Familie dazu benutzt, die Geburtsdaten des Nachwuchses festzuhalten, oft einschließlich des Wochentags und der Stunde der Geburt, weil das später beim Erstellen von Horoskopen nützlich wäre. Solche Register waren als »*livres de raison*« bekannt. Die aus Pavia herbeigeschafften Handschriften wurden zum größten Teil in die Bibliothek des Königs in Blois gebracht, was gewöhnlich am jeweiligen Textende vermerkt wurde: »*De pavie – au Roy Loys XII*«. Im *Semideus* findet sich kein derartiger Eintrag; stattdessen steht ganz am Schluss in einer Schrift, die wohl auf das frühe 16. Jahrhundert zu datieren ist, das Wort »*madame*«. Möglicherweise wurde der Band als besonders hübsch aussortiert und einer Dame zum Geschenk gemacht. Bei dieser könnte es sich um Anna von der Bretagne handeln, eine bekannte Bibliophile und 1499 bis 1514 Königin von Frankreich als Gemahlin Ludwigs XII. Es gab einen Louis de Burgeneys, Seigneur de Moléans, der gegen Ende der Regierungszeit von Franz I., 1515 bis 1547, die Stelle eines Hofarztes bekleidete. Der *Semideus* könnte ihm oder seiner Frau geschenkt worden sein. Einer der Paten der Kinder

der Familie Burgeneys wird in der erwähnten Liste als »de Bloys« stammend bezeichnet; es könnte also sein, dass die Handschrift sich zu jenem Zeitpunkt noch nicht weit von ihren früheren Gefährten, die jetzt in der königlichen Bibliothek standen, entfernt hatte.

Auf den folgenden zwei Seiten wurde im 16. oder 17. Jahrhundert einiges auf Französisch an die Ränder gekritzelt, darunter auch drei Gedichte, die sich weder von Inhalt und Form noch von der Gestaltung der Schrift her als Meisterwerke bezeichnen lassen. Das erste (meinen Versuch einer Übersetzung ins Englische finden Sie in den Anmerkungen) fängt so an:

CHanter je veux en tous lieux
A mon plaisir que les dieux
Rois princes et grandz monarquez
Le monde avec les parquez
Et mesmes tout l'univers
Sans me declarer diverz
Mourount plus tost que de voir
A leur plaisir comme moy
Nefs chasteaux et le devoir
Issant de ceulx que je voy
En ce livre gracieux
Radore pas les haults dieux.

Das CH am Anfang ist in kalligrafischer Manier ausgeführt und zusammengeschrieben, so dass es ein menschliches Gesicht im Profil bildet. Wenn Sie Ihre Augen von oben nach unten über die Anfangsbuchstaben jeder Zeile wandern lassen, stellen Sie fest, dass sie einen Namen ergeben, nämlich »Charles Manier«. Wahrscheinlich gehörte ihm die Handschrift, oder zumindest war er es, der diesen verrätselten Eintrag hinterließ.

In dem zweiten französischen Gedicht wird der Text des *Semideus* als besser als alles von Cicero Verfasste bezeichnet. Im dritten heißt es, dass er einen lehre, Kriege zu führen und Burgen und Städte einzunehmen. Falls jemand den Band fände, solle er ihn bereitwilligst dem rechtmäßigen Eigentümer zurückgeben, sonst müsse er mit Konsequenzen rechnen:

Il enseigne la maniere / a ceste race guerriere
de prendre chasteau ou ville / Et cequi y est utille
Qui donque ci le trouvera / de bon coeur le rendra
A Moy Seul qui le possede / Sil ne vault quon ly procede.

Die Annahme liegt nahe, dass die Handschrift in die Bibliothek von Saint-Germain-des-Prés gelangte, und zwar möglicherweise während jener ersten großen Phase des Büchererwerbs durch die Mönche im 17. Jahrhundert. Die Inschrift »Ex Musæo Petri Dubrowski« prangt von der Hand des Sammlers, in kühnen und verschnörkelten Buchstaben geschrieben, an den Rändern von folio 1v, 9r und 116r. Eine kurze, aber vollkommen zutreffende Beschreibung des Codex von ihm findet sich auf einem Blatt Papier, das an das vordere Vorsatzblatt angefügt ist.

Wenden wir uns endlich dem Text selbst zu. Er ist durchgehend auf Latein verfasst. Die Lagenstruktur spiegelt die Tatsache wider, dass die Handschrift aus drei deutlich voneinander abgegrenzten Teilen besteht.* Den ersten davon bildet Catone Saccos Zueignung des Werks an Filippo Maria Visconti, den zweiten eine Rede zum Lobe der Jungfrau Maria und den längsten und dritten das Lehrbuch zur militärischen Strategie. Sehen wir uns die Teile nacheinander an.

Die Vorrede richtet sich an den illustren Fürsten und höchsterlauchten Herrn, den Herzog von Mailand, Grafen von Pavia und Anghiera und Herrn über Genua. Sacco preist den Herzog für seine christliche Frömmigkeit, Weisheit, Beständigkeit, Großmütigkeit, Vertrauenswürdigkeit, Milde und so weiter (die üblichen Floskeln). Er vergleicht den Empfänger zu dessen Gunsten mit den Helden der antiken Welt und führt die heiligen Stätten der Christenheit auf, die sich jetzt in den Händen der Muslime befinden: Jerusalem, von dem Sacco sich wünscht, dass der Herzog es zurückerobert, Bethlehem, wohin die Könige aus dem Morgenland zogen, um dem Neugeborenen Geschenke zu überbringen, die Regionen Ägyptens, in denen Christus in seiner frühen Kindheit lebte, Stätten, die für die Sarazenen mit bitteren Erinnerungen verbunden, den Christen

* Die Lagenstruktur ist die folgende: (a) folios 1r–8v: die Widmung, beginnend auf 2r (i^8); (b) folios 9r–36v: das *De laudibus virginis* ($ii–iv^8$, v^4), (c) folios 37r–116r: der *Semideus* ($vi–xv^8$).

aber lieb und teuer waren: der Jordan, das Rote Meer, der Berg Sinai und viele andere. Sacco erklärt, er sehne sich danach, dass diese aus Heidenhand befreit würden. Er legt dar, dass das dritte Buch seines *Semideus*, das über militärische Strategie, auf den Schriften antiker Fachleute wie Aulus Gellius, Frontinus, Cato, Aristoteles und Vegetius beruhe, aber auch Ergänzungen von ihm selbst enthalte, damit der Herzog mit der Hilfe dieses Leitfadens und dem Beistand der Jungfrau Maria jeden Feind leicht besiegen könne. Er sei sich seines eigenen Unwissens im Vergleich zu den Kenntnissen des Herzogs bewusst, der ein Halbgott sei, und er zitiert Claudians Verse, wie Jupiter lachte angesichts von Aristoteles' kümmerlichem Versuch, das Universum zu verstehen. Er meint, da der Herzog schon darum gekämpft habe, seinen rechtmäßigen Besitz in Italien zurückzuerobern, wäre es doch noch viel besser, wenn er das Heilige Land vor dem Untergang bewahrte, vor allem wenn er dieses unter dem Schutz der Jungfrau täte, deren Namensträger er sei. Wenn eine kleine Stadt wie Athen in einem Krieg zu obsiegen vermochte (hier zitiert er Platos *Timaios*) oder die Krieger des Alten Testaments allen Widrigkeiten zum Trotz Siege davontragen konnten, dann könne erst recht der unbesiegte Filippo Maria (so auf folio 6v namentlich genannt), der größer sei als jeder König oder Prinz, mit der Hilfe der Jungfrau die Barbaren unterjochen und das Heilige Land befreien, um so zum Ritter des Allmächtigen Gottes selbst zu werden. Sacco stellt dann eine interessante Rechnung an. Die Jungfrau Maria stamme den biblischen Genealogien zufolge in der sechzigsten Generation von Adam ab, und genauso stamme der Herzog in der sechzigsten Generation von Saturn ab. Filippo Maria Viscontis Mission, Übermenschliches zu vollbringen, sei durch diese Koinzidenz vorherbestimmt.

Das erklärt auch das merkwürdige doppelseitige Frontispiz, das der Widmung vorangeht. Oben auf der rechten Seite sieht man ein Medaillon mit der Dreifaltigkeit. Die Seite ist mit einer Darstellung gefüllt, die ein wenig wie der Buchstabe »U« mit einer zentralen vertikalen Säule aussieht. Die Konturen sind aus kleinen runden Gesichtern gebildet, die den Perlen eines Rosenkranzes ähneln. Neben jedem von ihnen steht in winzig kleiner Schrift ein Name. Das Blatt ist ziemlich abgegriffen, und man braucht einen Augenblick, um sich zurechtzufinden. Adam steht oben in der Mitte, und nach unten hin reihen sich die nachfolgenden Generationen aneinander: Seth, Enoch und so weiter, bis zu Salomon, des-

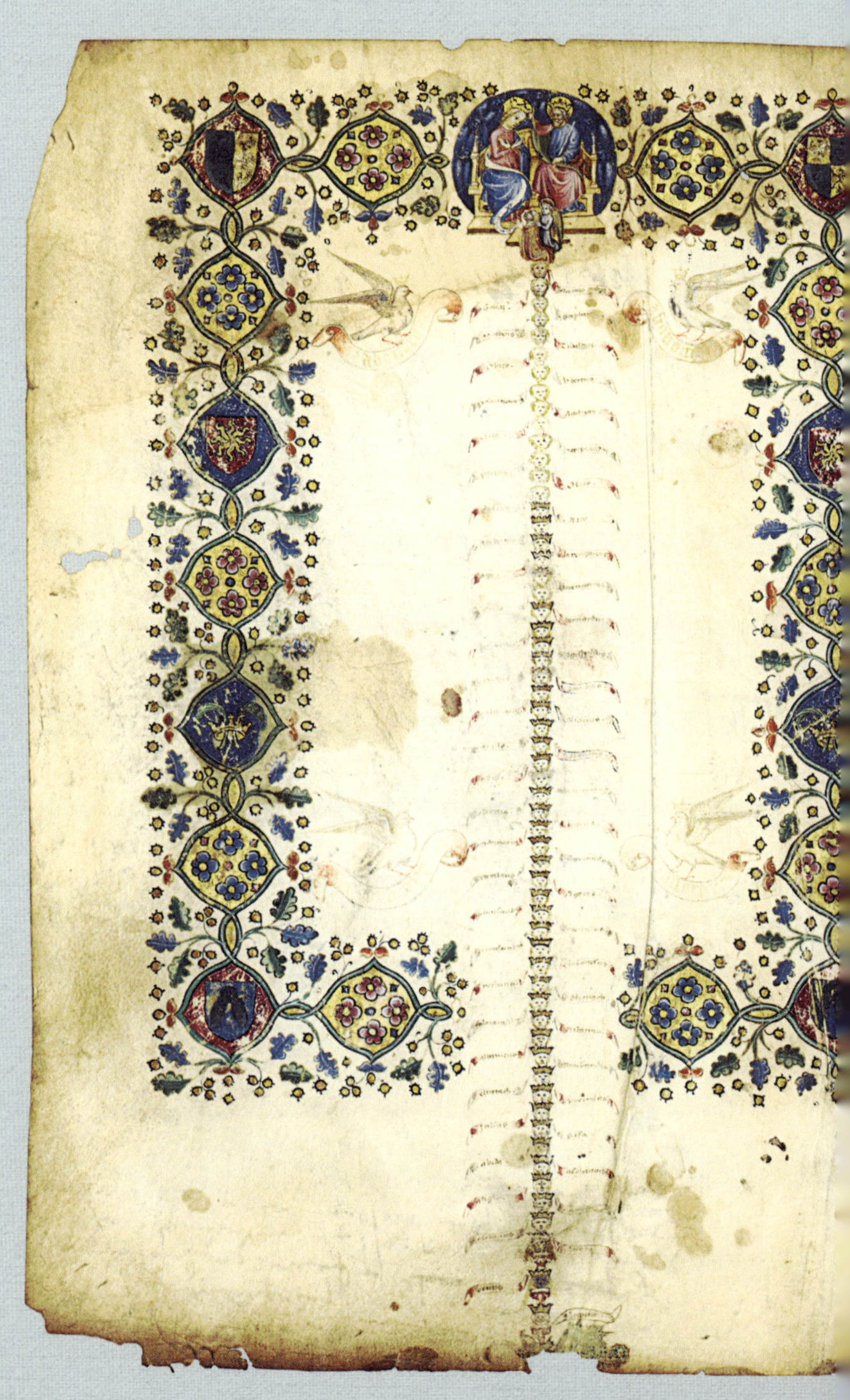

sen Name ganz unten auf der Seite steht, wo sich die Linie verzweigt. Links und rechts läuft sie wieder nach oben, bis hin zu Josef oben links, und zu seiner Frau, der Jungfrau Maria, oben rechts. Wenn man die einzelnen Generationen auf jeder Seite der Familie zusammenzählt, kommt man tatsächlich auf sechzig. Auf der gegenüberliegenden Seite, der linken also, sind die »Perlen« noch kleiner; sie reihen sich von unten nach oben aneinander. Am Fuß der Seite ist ein grünes Monster abgebildet, das offenbar Saturn repräsentiert. Aus diesem steigt ein gekröntes Haupt auf – der Inschrift zufolge Jupiter, höchster der Götter. Die Linie seiner Abkömmlinge zieht sich die Seite hoch, über seine Tochter Venus zu deren Sohn Aeneas, weiter dann zu Askanius und so fort, über große Römer der Antike ohne Unterbrechung hin zu Matteo Visconti (1250–1322), Stefano (ca. 1287–1327), Galeazzo (1354–1378) und Gian Galeazzo (1378–1402). Dessen Sohn Filippo Maria Visconti steht an der Spitze unter einer Miniatur, die die Krönung Mariens zeigt – er ist um genau sechzig Generationen von Saturn getrennt.

Es ist wirklich beeindruckend, in die italienische Renaissance einzutauchen und sie in vollem Schwung zu erleben. Auf der einen Seite hat man hingebungsvolle Christen vor sich, die die Notwendigkeit erörtern, das Heilige Land für die Christenheit zurückzuerobern, wobei sie sich auf biblische Texte berufen und darauf, dass der Beistand der Jungfrau den Streitern Gottes sicher sei. Auf der anderen Seite jemanden wie Filippo Maria, der nach dem makedonischen Kriegerkönig wie nach der Jungfrau genannt wurde. Nahezu jeder Satz der Vorrede ist durch Anspielungeın auf die antike Kultur, die griechische wie die römische, unterfüttert, und der Herzog wird mit Jupiter gleichgesetzt; durch das Frontispiz wird seine Abstammung von den alten Gottheiten nachgewiesen und er selbst zu einem Halbgott erhoben, wie es sein Vorfahr Aeneas war, der Sohn der Venus (unter Mitwirkung des Anchises). Es hat den Anschein, als hätte es das Christentum nie gegeben. Es erinnert ein bisschen an das moderne Russland, wo man sich auf seine christliche und zaristische Geschichte zurückbesonnen hat, als wäre der Kommunismus nur ein

LINKS: Die Ahnenreihe des Filippo Maria Visconti beginnt dieser Tafel im *Semideus* zufolge bei Saturn, Jupiter und Venus (unten auf der Seite) und steigt bis zum Herzog selbst auf, der oben direkt unter der Jungfrau Maria verzeichnet ist.

Zwischenspiel gewesen, einem Augenblick der Unaufmerksamkeit geschuldet. Die Dynasten aus dem Hause Visconti werden auf dem ersten Frontispiz in ununterbrochener Linie auf das heidnische Rom zurückgeführt, dem zwischenzeitlichen Abgleiten in einen anderen Glauben wird kaum Rechnung getragen.

Die illuminierten Ränder dieser Seiten bestehen aus Aneinanderreihungen der heraldischen Symbole im Wappen von Filippo Maria. Man stößt immer wieder auf das Wappen der Visconti mit der Schlange und dem Kind (das *biscione*), ein Motiv, das ursprünglich von einem Sarazenen benutzt worden sein soll, der beim Ersten Kreuzzug von Ottone Visconti erschlagen wurde. Manchmal ist der Wappenschild viergeteilt, und in zwei Feldern ist ein Adler zu sehen, das Symbol Mailands, in den anderen die Visconti-Schlange. Weitere Schilde zeigen die persönlichen Embleme des Herzogs, eine strahlende Sonne *(raza)*, eine Herzogskrone, in die Palm- und Lorbeerzweige geflochten sind, und ein Tuch mit einem Knoten oder einer Schlaufe, wie Kreuzfahrer es an ihren Helmen befestigten *(nodo)*. Dazu kommt Filippo Marias persönliches Motto: »*a bon droit*«. Das alles zusammen verleiht dem Beginn von Saccos Abhandlung ein angemessen martialisches Flair und evoziert die Ruhmestaten der Kreuzritter. Das Frontispiz hat dieselbe Wirkung wie die Fanfarenstöße eines Herolds. Mit Sicherheit hat es die Aufmerksamkeit des Mannes erweckt, dem die Abhandlung gewidmet war.

Der 1392 geborene Filippo Maria Visconti gehörte der ersten Generation italienischer Renaissancefürsten an, die große Büchersammler waren. Er war ein Zeitgenosse von Cosimo de' Medici (1389–1464) aus Florenz und ein wenig älter als Francesco Gonzaga (1395–1444) aus Mantua, Alfonso von Aragon (1401–1458) aus Neapel und Leonello d'Este (1407–1450) aus Ferrara. Diese Männer trugen jeder großartige Bibliotheken zusammen. Bücher zu sammeln wurde Mode, und unter den aufgeklärten Staatsoberhäuptern galten literarische Kenntnisse als bewundernswert. Seit dem 12. Jahrhundert, in dem man dänischen Königen die Grundzüge des Lesens beibrachte, damit sie einen Psalter benutzen konnten (Kapitel Sieben), hatten gewaltige Veränderungen stattgefunden. Das im Jahr 1426, der Herzog war gerade vierunddreißig Jahre alt, angelegte Bibliotheksverzeichnis der Visconti in Pavia umfasst nahezu tausend Handschriften – und von diesen ist nur eine ein Psalter. Die klassische lateinische Literatur ist hervorragend repräsentiert, oft in mehrfachen Exemplaren. Man findet die Werke all der Autoren, die in der Vorrede zum *Semideus* genannt werden, in diesem Verzeichnis, darunter vier Abhandlungen von Frontinus über den Krieg, was es möglich erscheinen lässt, dass Sacco tatsächlich auf die Bücher der herzoglichen Sammlungen in Pavia zurückgriff, um sich zu informieren. Unter diesen findet sich auch eine große Zahl von Chroniken, was auf ein persönliches Interesse Filippo Marias an solchen geschichtlichen Darstellungen hinweist. Bei einem der erhaltenen Geschichtswerke, die der Herzog in Auftrag gab, handelt es sich um eine Übersetzung der Viten der römischen Kaiser von Sueton. Es wurde von einem Illuminator an seinem Hof illustriert, den er häufig beschäftigte und der nach diesem Werk der »Meister der Vitae Imperatorum« genannt wurde. Die Handschrift befindet sich heute in Paris.

Im Bibliotheksverzeichnis sind auch zahlreiche Werke zur traditionellen Theologie und zum Volksglauben aufgeführt. Erneut tut sich also eine zweifache Welt vor einem auf, die der heidnischen Klassik und die des Christentums. Diese Schriften teilten sich die Regale, oft sogar zum selben Band zusammengebunden. Nicht alle Bücher im Besitz von Filippo Maria wurden von ihm persönlich erworben, viele hatten schon zu den Sammlungen seiner Vorfahren gehört, und die erhalten sind, ha-

Das Visconti-Stundenbuch, heute in Florenz, ist üppig mit Wappen und Motti von Herzog Filippo Maria Visconti geschmückt, inklusive der Schlange, die ein Kind verschlingt, und dem Wahlspruch »a bon droit«.

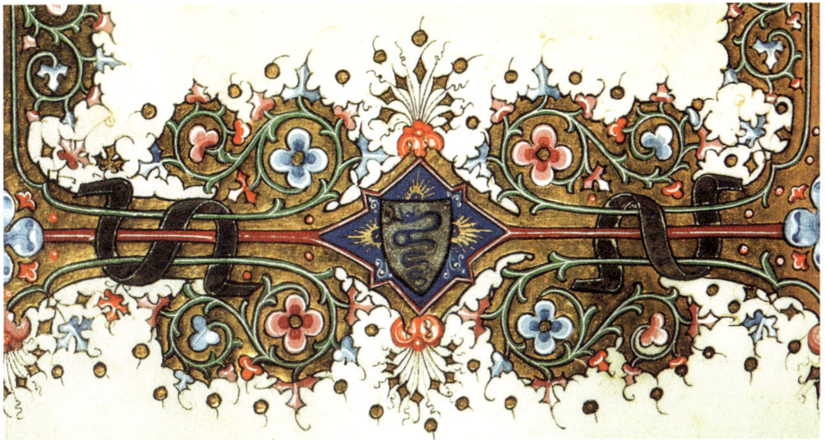

ben oft etwas ausgeprägt »Antiquarisches« an sich. Dass er einen großen Teil der Bibliothek Petrarcas sein Eigen nannte, spiegelte nicht so sehr seinen persönlichen Geschmack wider, sondern war auf reinen Zufall zurückzuführen: Er hatte sie geerbt. Andere Werke, wie auch der *Semideus*, waren ihm geschenkt worden. In vielfacher Hinsicht ähnelte seine Bibliothek von der großen Bandbreite der Themen her eher der Königlichen Bibliothek von Frankreich unter Karl VI., König von 1380 bis 1422, als den viel puristischeren Büchersammlungen, die die begeisterten Florentiner Anhänger des Humanismus zusammentrugen. Filippo Maria gab auch den Auftrag zur Vollendung eines luxuriös gestalteten Stundenbuchs, das als Visconti-Stundenbuch bekannt ist (heute in der Biblioteca Nazionale Florenz) und für seinen Vater, Gian Galeazzo, begonnen wurde. Es ist ebenfalls durchgehend mit dem Wappen des Herzogs und mit denselben Emblemen und Wahlsprüchen wie der *Semideus* verziert.

Obwohl die Handschrift in Sankt Petersburg ein Produkt der italienischen Renaissance ist, ähnelt die Schrift nicht im Geringsten der neuen humanistischen *littera antiqua*, die zu jener Zeit in Florenz und Rom Mode war. Der *Semideus* wurde noch in der traditionellen »gebrochenen« gotischen Schrift kopiert, die große Ähnlichkeit zu der liturgischen Schrift im Visconti-Stundenbuch oder dem Brevier aufwies, das für Herzog Filippos Gemahlin Maria von Savoyen angefertigt wurde. In der Lombardei hinkte man, was die Übernahme neuer, die humanistischen Handschriften auszeichnender Stile betraf, merkwürdig zurück. Während man im übrigen Italien klassische Texte bereits mit den beliebten Weinrankenmotiven illuminierte, die auf antike Vorbilder zurückgingen, sind die Initialen im *Semideus* noch sehr formell ausgeführt und von ihrer Gestalt her gotisch, ähnlich wie im Visconti-Stundenbuch.

Der zweite Teil des *Semideus* führt uns zum Christentum zurück, er tut dies aber in der Diktion Ciceros. Er beginnt auf folio 9r mit einer narrativen Initiale, die die Verkündigung zeigt: Die Jungfrau Maria sitzt auf einer Art Terrasse in einer Gebirgslandschaft. Um die ganze Seite herum

RECHTS: Der Beginn von *De laudibus virginis* im *Semideus*, eine Rede zu Ehren der Jungfrau Maria, der persönlichen Schutzheiligen von Filippo Maria Visconti. Am unteren Rand steht die Unterschrift Dubrowskis.

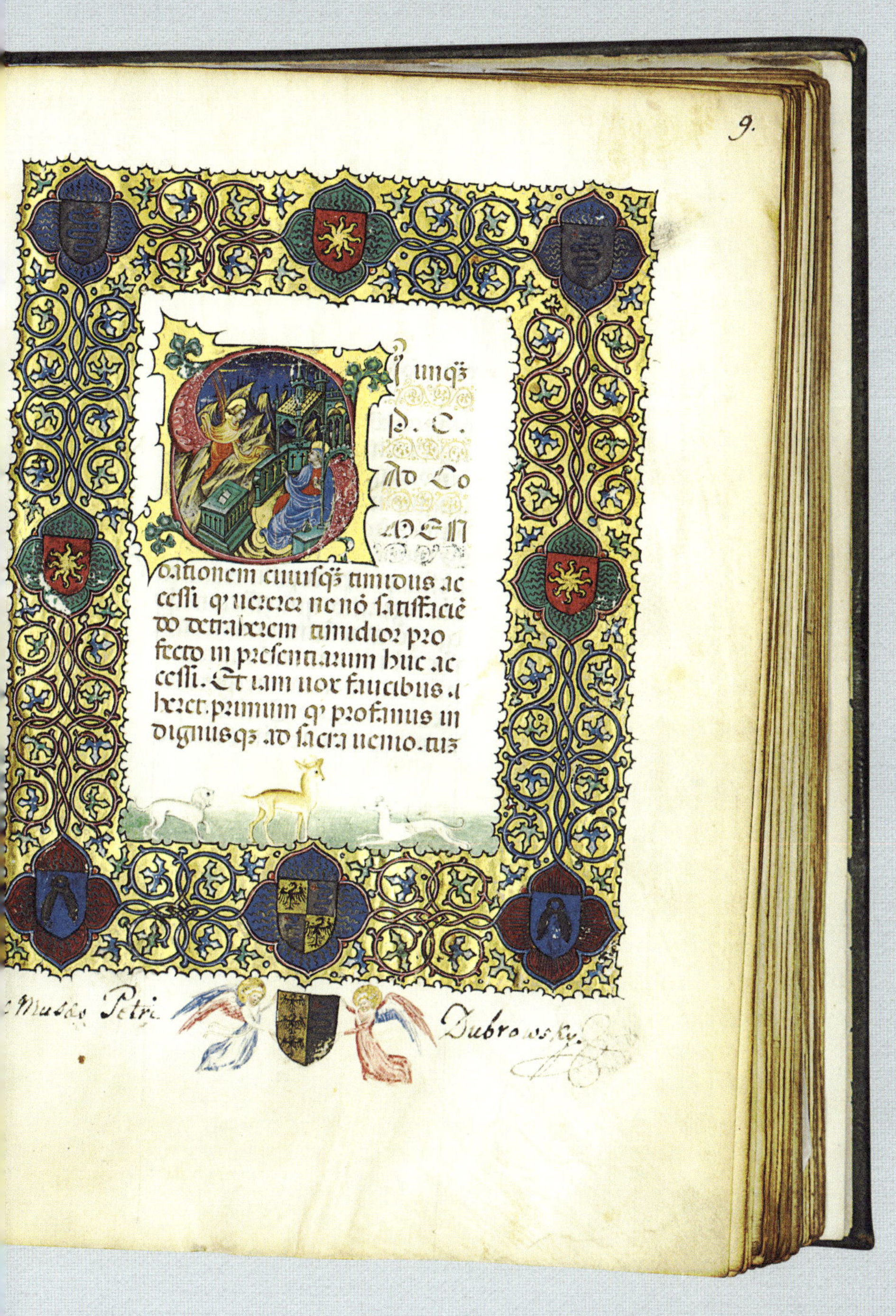
9.
unqz
P. C.
Ad Co
MEN
dationem cuiusqz timidus ac
cessi q' verebar ne nō satisfaciē
do detraherem timidior pro
fecto in presentiarum huc ac
cessi. Et iam vox faucibus a
heret. primum q' profanus in
dignusqz ad sacra venio. tuz
Musaeo Petri
Dubrowsky

zieht sich eine breite Bordüre aus Efeublättern, die mit glänzendem Gold unterlegt sind und mehrere Vierpassornamente mit dem Wappen von Filippo Maria, mit den Sonnenrädern und dem geknoteten Tuch, umschließen. Am unteren Rand sieht man das *biscione*-Emblem der Visconti in Kombination mit den drei Adlern der Grafschaft Pavia; dieser Wappenschild wird von zwei schwebenden Engeln in flatternden blauen und rosa Gewändern hochgehalten. Eine Vignette zwischen dem Textblock und dem Rand zeigt ein Reh, das ruhig zwischen zwei Hunden, möglicherweise einem Retriever und einem Windhund, steht.

Es gibt keine Überschrift, aber in einem Kolophon am Ende der Handschrift wird dieser Text als *De laudibus virginis* von [Catone] Sacco aufgeführt. Er beginnt mit: »Si unq[uam] P.C. ad comendationem cuiusq[ua]m timidus accessi …«. (»Wenn ich, *Patres Conscripti* [so redete man im alten Rom die Mitglieder des Senats an], auf Empfehlung einer bestimmten Person hin hier schüchtern vortrete …«). Es folgt eine Rede auf die Jungfrau Maria, die mit Zitaten aus der Bibel und Werken klassischer Autoren – Aristoteles, Pythagoras, Homer und Plato – untermauert und in der bei Gericht gebräuchlichen Sprache gehalten ist. »Hört mich mit Geduld und Wohlwollen an«, deklamiert der Autor an einer Stelle (man sieht ihn förmlich vor sich, wie er gewichtig im Raum herumschreitet, die Daumen unter die Aufschläge seiner Jacke gesteckt), »auf dass Ihr verstehen möget.« In dieser Rede sind zwei Anspielungen auf die Gegenwart enthalten. Zum einen wird auf die 1438 Jahre Bezug genommen, die seit der »Verwirrung« der Juden, das heißt der Fleischwerdung Gottes, vergangen sind. Und da dies in dem Exemplar steht, das dem Herzog überreicht wurde, handelt es sich sicher um das Datum der Vollendung des Textes. Zum anderen wird aus einer Predigt des Bernhardin von Siena (1380–1444) zitiert, der namentlich genannt wird und zu diesem Zeitpunkt offenbar noch lebte. Das Zitat besagt, dass der Sohn Gottes im Himmel ohne eine Mutter empfangen und auf der Erde ohne einen Vater geboren wurde. Ich habe, da ich mich, anders als Sacco, einer Online-Suchmaschine bedienen kann, herausgefunden, dass dieses

RECHTS: Den dritten Teil der Handschrift bildet der eigentliche *Semideus*, der die Form eines Gesprächs zwischen zwei als »A« und »B« bezeichneten Personen über Praktiken der Kriegführung hat.

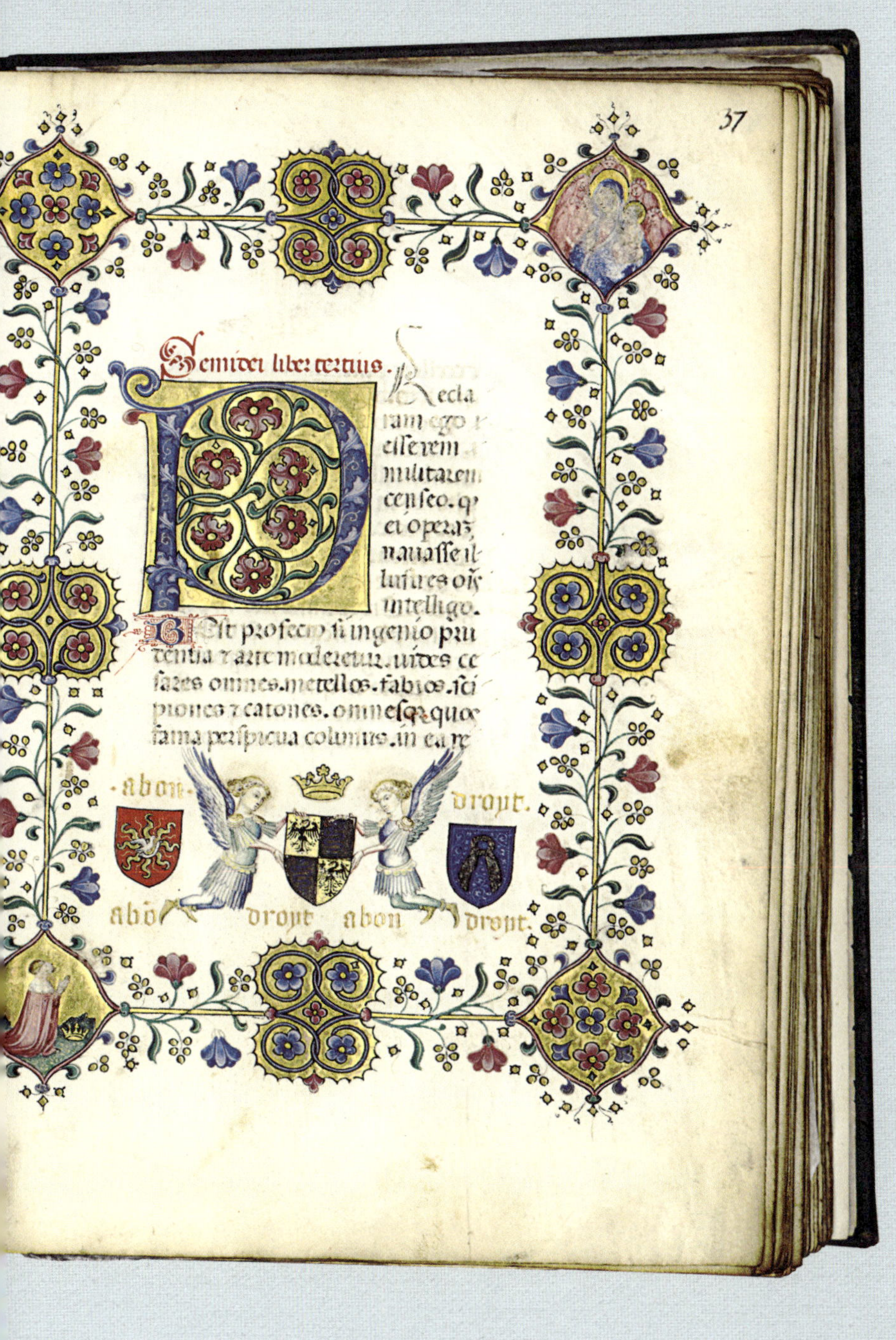
37
Demidei liber tertius.
Pecla
ram ego
essetem
militarem
censeo. q
ei operaz
navasse il
lustres oiz
intelligo.
Est profecto si ingenio pru
dentia r arte moderetur. uides ce
sares omnes. metellos. fabios. sci
piones r catones. omnesqz quos
fama perspicua colimus. in ea re
abon
dropt
abō
dropt
abon
dropt

Zitat ursprünglich auf den heiligen Augustinus zurückgeht. Die Datierung des Werks auf das Jahr 1438 wird dadurch bestätigt, dass Saccos Rede in eine Sammlung humanistischer Texte aufgenommen wurde, die ursprünglich im Besitz von Thomas Pirckheimer, einem Humanisten aus Nürnberg, war und sich heute in der British Library befindet. Pirckheimer besuchte Pavia ein einziges Mal und zwar eben in dem bewussten Jahr.

Kommen wir endlich zum Haupttext der Handschrift. Er hat die Form eines Dialogs, eines fiktiven Gesprächs zwischen »A«, der den idealen Fürsten repräsentiert, den Halbgott des Titels, und »B«, seinem Lehrer – eine Rolle, die sich Catone Sacco offenbar selbst zugedacht hat. In der Handschrift sind die Initialen »A« und »B« in Gold geschrieben und von einem blauen Rahmen umgeben beziehungsweise in Blau ausgeführt und in einen roten Rahmen gesetzt. Der Text beginnt auf folio 37r: »Preclaram ego esse rem militarem censeo …«. Das Gespräch verläuft zunächst etwas schleppend, die beiden Dialogpartner diskutieren über die Quellen zur Geschichte der Kriegführung. Hier eine approximative Übersetzung des Anfangs:

> [A:] Ich persönlich erachte die Kunst der Kriegführung für nobel, denn sie verleiht allen Handlungen Glanz.
> B: Das stimmt, wenn sie von Klugheit und Geschicklichkeit beherrscht wird. Schau dir alle die Caesars, die Metellusse, die Fabios, die Scipios und all die Catos an, die wir ihres unbezweifelbaren Ruhmes wegen ehren, Meister in jenen Künsten, in denen sich Halbgötter messen lassen müssen.
> A: Ich bin überrascht, dass du die Catos mit einschließt.
> B: Warum nicht die Catos?
> A: Diese Schriftsteller sind ausschließlich für Friedenszeiten bekannt.
> B: Friedenszeiten?
> A: Das ist es, was Leute, die Bescheid wissen, im Allgemeinen sagen.
> B: Vielleicht denkst du, dass nur Frieden Weisheit hervorbringt. Du magst glauben, dass sie mehr Zeit mit Müßiggang denn mit Taten verbrachten, doch für andere Leute war dieses scheinbare Nichtstun Aktivität. Cato und

RECHTS: Filippo Maria Visconti, dessen Wappen auf seiner Rüstung und dem Behang seines Pferdes prangt, reitet unter den aufmerksamen Blicken der Jungfrau Maria, seiner persönlichen Schutzheiligen, in den Krieg.

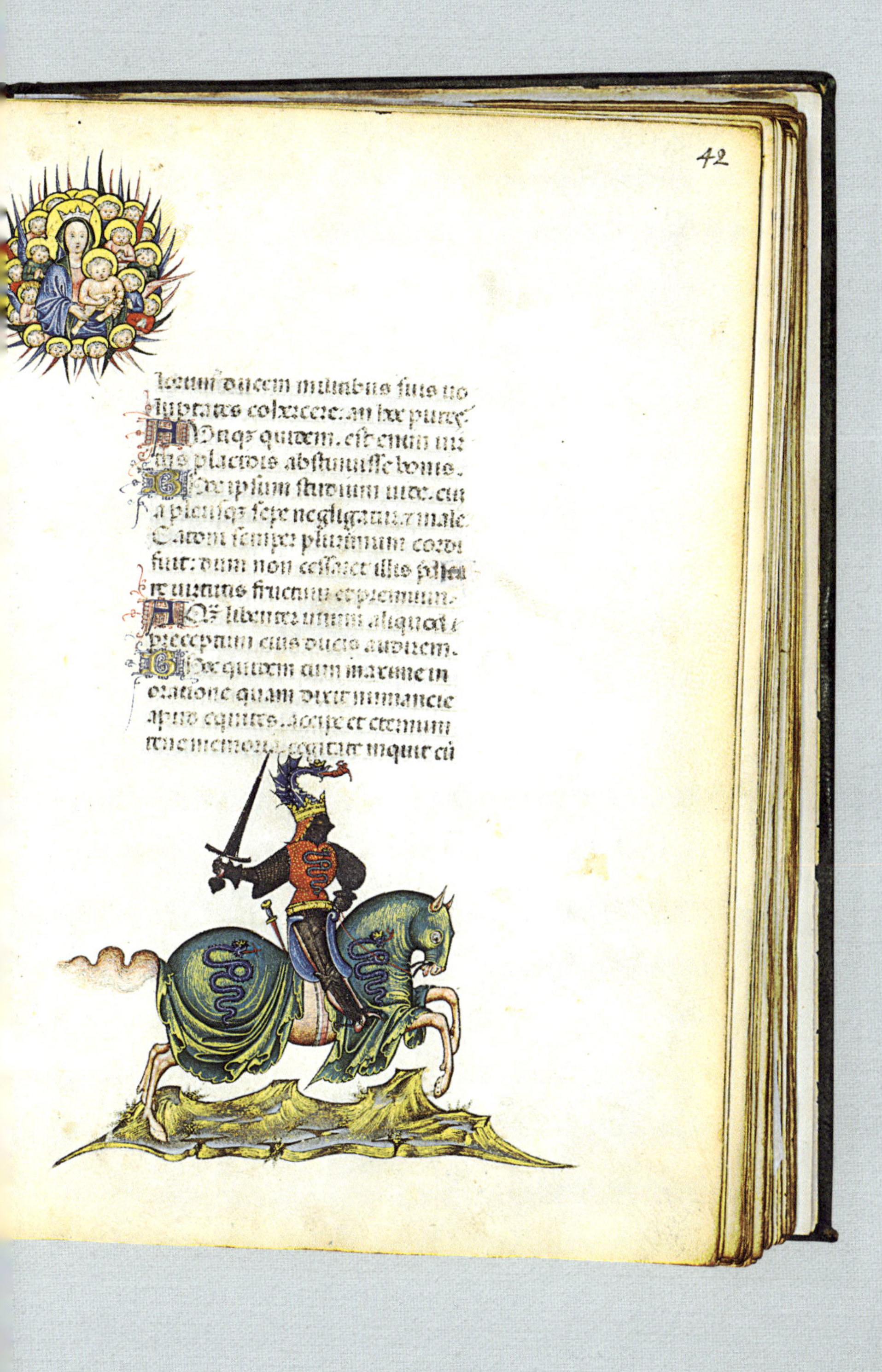
42

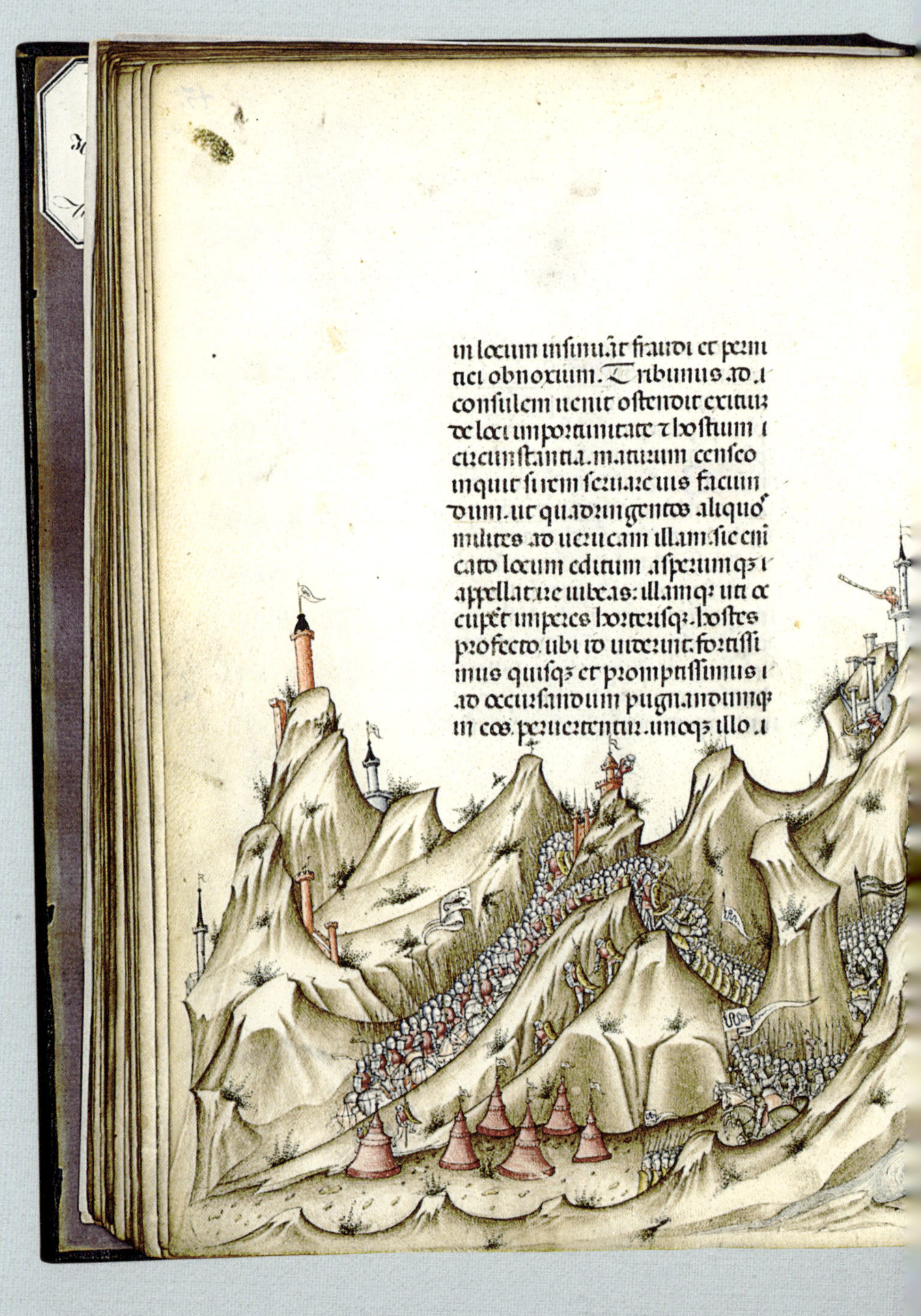

in locum insinuatur fraudi et perniciei obnoxium. Tribunus ad consulem uenit ostendit exitium de loci importunitate et hostium circumstantia. Maturum censeo inquit si rem seruare uis faciundum. ut quadringentos aliquos milites ad uerrucam illam sic enim cato locum editum asperumque appellat ire iubeas: illamque uti occupent imperes horterisque. hostes profecto ubi id uiderint fortissimus quisque et promptissimus ad occursandum pugnandumque in eos peruertentur. unoque illo

> Scipio (welcher zuerst Africanus genannt wurde) waren nie weniger untätig als zu Zeiten, da sie es zu sein schienen, denn beide trugen in gleichem Maße zur Kunst der Kriegführung bei …

Der Schmuckrahmen um den Text auf folio 37r schließt Darstellungen der Jungfrau mit dem Kind inmitten einer Schar von Seraphim ein (oben rechts) sowie von Filippo Maria selbst (unten links), der im Gebet auf dem Boden kniet. Unter dem Text findet sich das Wappen des Herzogs; der Wappenschild wird erneut von zwei schwebenden Engeln gehalten, die dieses Mal aber eine Rüstung tragen. Links von ihnen sieht man wieder das Sonnenrad und rechts das Tuch mit dem Knoten. Diese Embleme sind von dem dreimal in glänzenden goldenen gotischen Lettern ausgeführten Wahlspruch – oder eben Schlachtruf – des Herzogs umgeben: *a bon droit.*

Als meine Untersuchung des Manuskripts in der Petersburger Bibliothek so weit gediehen war, war der frühe Nachmittag angebrochen, und ich war dort bereits seit der Öffnung um neun. Ich streckte mich und schaute mich um. Der Lesesaal hatte sich gefüllt. Es gab keine Stützen, auf die man Bücher mit fragilen Einbänden legen konnte (von weißen Handschuhen ganz zu schweigen), und mir fiel auf, dass alle anderen, die mit Handschriften arbeiteten, Kugelschreiber benutzten. Der Aufsichtführenden, einer gutmütigen Dame mittleren Alters, auf deren Nase eine riesige Brille saß, war anscheinend aufgefallen, dass ich das Mittagessen hatte ausfallen lassen, und sie brachte mir russische Pralinen mit Whiskyaroma, die ich an meinem Pult sitzend verzehren sollte. Ich weiß ihren Namen nicht, und sie sprach auch kein Englisch, doch erkläre ich sie zur Schutzpatronin unter den Bibliothekarinnen. Ich wickelte die Pralinen aus, und während sie in meinem Mund schmolzen, blätterte ich (vorsichtig) in einer der vollendetsten und schönsten italienischen Renaissancehandschriften. Wahrscheinlich hatten die Leser früher sogar rauchen dürfen, wenn ihnen der Sinn danach stand.

Ich kann hier nicht den gesamten Text des *Semideus* vorstellen, denn

LINKS: Der Feind, dessen Feldzeichen ein schwarzer Skorpion ist, hat in einem Gebirgstal ein Lager aufgeschlagen, während das Visconti-Heer sich in Angriffsformation von einer Hügelfestung herab nähert.

er umfasst in einem komplizierten Latein verfasste 140 Seiten. Verfolgen wir lieber anhand der wunderbaren Abbildungen, durch die die Handschrift sich auszeichnet, wie der Text sich inhaltlich entwickelt. Für mich werden sie jetzt auf ewig den Geschmack und den Geruch ziemlich klebriger russischer Pralinen an einem warmen Sommernachmittag evozieren. Die erste Abbildung folgt nach ein paar Textseiten. Im Dialog geht es auf dieser Seite darum, dass die großen Männer der Vergangenheit alle auch Soldaten waren. Die Miniatur zeigt einen Ritter in voller Rüstung auf einem tänzelnden weißen Ross. Der Ritter schaut zur Jungfrau mit dem Kind auf. Auf dem Waffenrock prangt das Wappen der Visconti, und seine Gesichtszüge sind unverkennbar die von Gian Galeazzo Visconti, Filippo Marias verstorbenem Vater, der einen Spitzbart hatte und dessen graues Haar stark von der Stirn zurückwich. Im Visconti-Stundenbuch ist er so im Profil abgebildet. Das zweite Bild findet sich auf dem folgenden Blatt, es gehört zu der Passage, in der Catone Sacco eine Verteidigung seiner verschiedenen Namensvetter, also der »Catos«, aus der Antike unternimmt – ein Motiv, das schon in der Eröffnung des Dialogs eingeführt wurde –, die er als seine geistigen (und vielleicht auch tatsächlichen) Vorfahren ansieht. Das Bild ähnelt einem riesigen Champagnerspringbrunnen: Jede Schale ergießt sich in der darunterliegenden Schale Grund, und jede ist mit verschiedenen Generationen von Catos angefüllt; das Gebilde sieht aus wie ein Turm aus Schwimmbecken, in dem Badende sitzen. Nach zwei weiteren Blättern schließt sich die Miniatur eines Fürsten aus dem Haus Visconti an: Mit Sicherheit ist es wieder Filippo Maria selbst, der unter dem Schutz der Jungfrau Maria mit gezogenem Schwert in die Schlacht galoppiert. Sein Pferd ist mit einem grünblauen Tuch bedeckt, auf dem das *biscione*-Emblem prangt.

Auf folio 45v findet sich die erste Darstellung eines Feldzugs. Links marschiert eine Schar rot gewandeter Soldaten über einen Gebirgspass; über ihren Köpfen wehen weiße Banner mit einem schwarzen Skorpion. Im Vordergrund sieht man die von ihnen aufgeschlagenen Zelte. Diese Soldaten repräsentieren offenbar den Feind, denn der Skorpion ist auch das Feldzeichen der Heerschar des Pharaos, die im Visconti-Stunden-

RECHTS: In der Nacht kriechen christliche Soldaten durch den Verteidigungsring aus Speeren, den die Feinde um ihr Lager herum aufgepflanzt haben, und überwältigen sie.

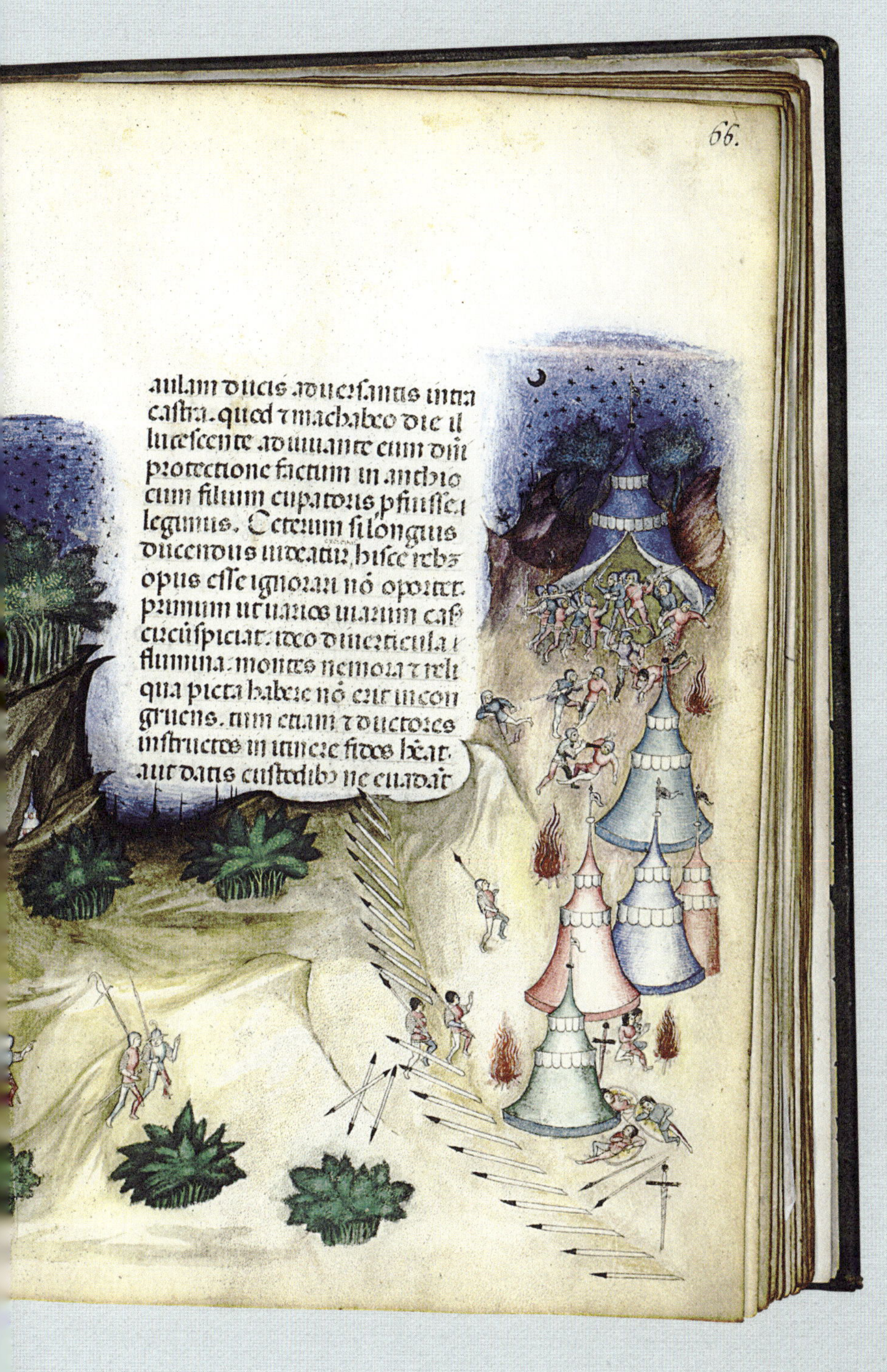

aulam ducis adversantis intra
castra. quod et machabeo die il
lucescente adiuvante eum dni
protectione factum in anthio
cum filium eupatoris pfuisse et
legimus. Ceterum si longius
ducendus videatur, hisce rebus
opus esse ignorari nō oportet.
primum ut varios viarum cas
circūspiciat. ideo diverticula et
flumina. montes nemora et reli
qua picta habere nō erit incon
gruens. tum etiam et ductores
instructos in itinere fidos hēat.
aut datis custodib; ne evadāt

buch beim Versuch, das Rote Meer zu durchqueren, abgebildet ist. Die Bösen werden bald ihnen überlegenen Kämpfern begegnen: Ein Herold stößt von den Zinnen eines Turms auf dem Hügel rechts oben in sein Horn, und ein Trupp von Berittenen und Fußsoldaten, über denen Fahnen mit der Visconti-Schlange flattern, wirft sich den Heiden entgegen.

Auf folio 59r sieht man, wie das Heer der Visconti zusammen mit deren Verbündeten, die Banner mit dem kaiserlichen Adler mit sich führen, eine Stadt des Feindes angreift. Die Silhouette dieser Stadt wird von einem Minarett dominiert. Im dazugehörigen Text wird erklärt, wie man mit Gottes Hilfe gegen eine Stadt vorrückt. Man schützt sich mit Schilden, beschießt den Gegner mit Katapulten und bringt Rammen mit, mit denen man gegen die Wälle anrennen kann, außerdem etwas, das Sacco »brüllende Bronze« nennt, womit wohl Bombarden und Kanonen gemeint sind, sowie Flammenwerfer, Schleudern und anderes derartiges Kriegsgerät. Es ist von diversen Belagerungsmaschinen wie »tormentis, fundibulis, scorpiis« die Rede. In meinem kleinen Lateinwörterbuch werden sie alle mit »Katapult« wiedergegeben, die subtilen Unterschiede sollten aber Militärexperten geläufig sein. Die Abbildung zeigt einen großen Kreis von metallisch schimmernden Mörsern, die nach vorn gerollt werden. Im Handgemenge werden die Kämpfer mit dem Skorpionemblem auf ihren Schilden zumeist durchbohrt, oder sie stürzen in den Burggraben. Das christliche Heer ergießt sich schließlich über die Zugbrücke und galoppiert, ohne auf Gegenwehr zu treffen, in die Stadt.

Auf der nächsten Abbildung überqueren die Visconti-Soldaten einen Fluss, der durch eine heiße und baumlose Wüste fließt. Einige Soldaten haben ihre Rüstungen abgelegt, sind in den Fluss gesprungen und trinken. Die Jungfrau blickt aus einer hell glühenden Sonne auf sie herab (die Jungfrau mit dem Kind ist auch auf einer Reihe von Seitenrändern dargestellt). Als Nächstes kommt eine nächtliche Szene. Unter einem sternenübersäten Himmel hat der Feind in den Bergen sein Lager aufgeschlagen. Vor den Zelten lodern Feuer, und Speere sind mit dem Schaft rings um das Lager in den Boden gerammt, so dass die Spitzen nach außen weisen. Die Christen kriechen in ihren Rüstungen auf den Feind zu und schlängeln sich verstohlen durch den Ring von Speeren hindurch. Sie massakrieren die Feinde, die im Nachtgewand überrascht werden. Auf folio 69r ist eine offene Feldschlacht ins Bild gesetzt. Von allen Seiten reiten Truppeneinheiten herbei, um sich ebenfalls in den Kampf zu stürzen. Viele von ihnen sind durch Wappen gekennzeichnet: Auf den Schilden der Feinde prangt erneut ein Skorpion oder der Kopf eines Mohren. Die der Christen sind mit unterschiedlichen Emblemen geschmückt, darunter der Visconti-Schlange und dem gekrönten Adler der Ghibellinen (*»capo dell'imperio«*), die mit den Lombarden verbündet waren. Ohne diese Schilde könnte man, da die Kämpfer in einer Rüstung stecken und Helme tragen, Freund und Feind nicht unterscheiden. Das trifft natürlich nicht nur auf die Abbildung zu, sondern war auch in einer realen Schlacht so. Der Nutzen heraldischer Embleme wird hier sehr evident. Nach der Schlacht ist den Visconti-Truppen ein Tag der Erholung gegönnt. Man sieht sie im Wald an einem Fluss lagern. Einige Pferde werden in einen Stall geführt, andere am Flussufer getränkt. Die meisten Soldaten haben ihre Rüstungen abgelegt. Einige vergnügen sich, indem sie miteinander ringen oder akrobatische Kunststückchen machen, andere kegeln, sitzen plaudernd in der Sonne, klettern auf Bäume oder beten neben ihren Zelten auf den Knien. Der Frieden ist nicht von langer Dauer. Auf der folgenden Seite wird das Heer in einem Tal wütend attackiert. Abgeschlagene Köpfe und Gliedmaßen, aus denen Blut strömt, fliegen umher. Doch Rettung naht. Rechts sitzen zwei Herolde der Visconti auf ihren Pferden und deuten nach links oben, hin zu einem engen felsigen Weg, der über einen Bergrücken führt. Von dort kommt Verstärkung heran, gerade noch rechtzeitig. Später wird uns gezeigt, zu welch verschiedenen Zwecken Pferde eingesetzt werden: Sie transportieren Waffen, trotten oder galoppieren mit Reitern einher, und so weiter. Männer hacken in einem Wald Äste von den Bäumen, um die Pferde mit dem Laub zu füttern.

Alle diese kolorierten Zeichnungen sind unendlich charmant und fantasievoll ausgeführt. Die Farben sind laviert, das heißt sehr dünn aufgebracht. Meistens fließen die Illustrationen um die kleinen Textblöcke herum, die wie Fahnen von ihnen herunterzuhängen scheinen. Die Landschaften sind der Fantasie entsprungen: Man sieht hoch aufragende Berge und Märchenschlösser inmitten grüner Wälder. Die Realität der Auseinandersetzungen wird romantisch verklärt, ähnlich wie es in Ritterepen geschieht. Die Kämpfenden sind winzige Figuren, aber perfekt ausgeführt; sie gehen ihren Aufgaben mit Hingabe und Ernst nach. Die Aufsicht(ver)führende, meine neue beste Freundin, versorgte mich mit einer Lupe und noch einer Praline, und ich war so hingerissen, wie Filippo

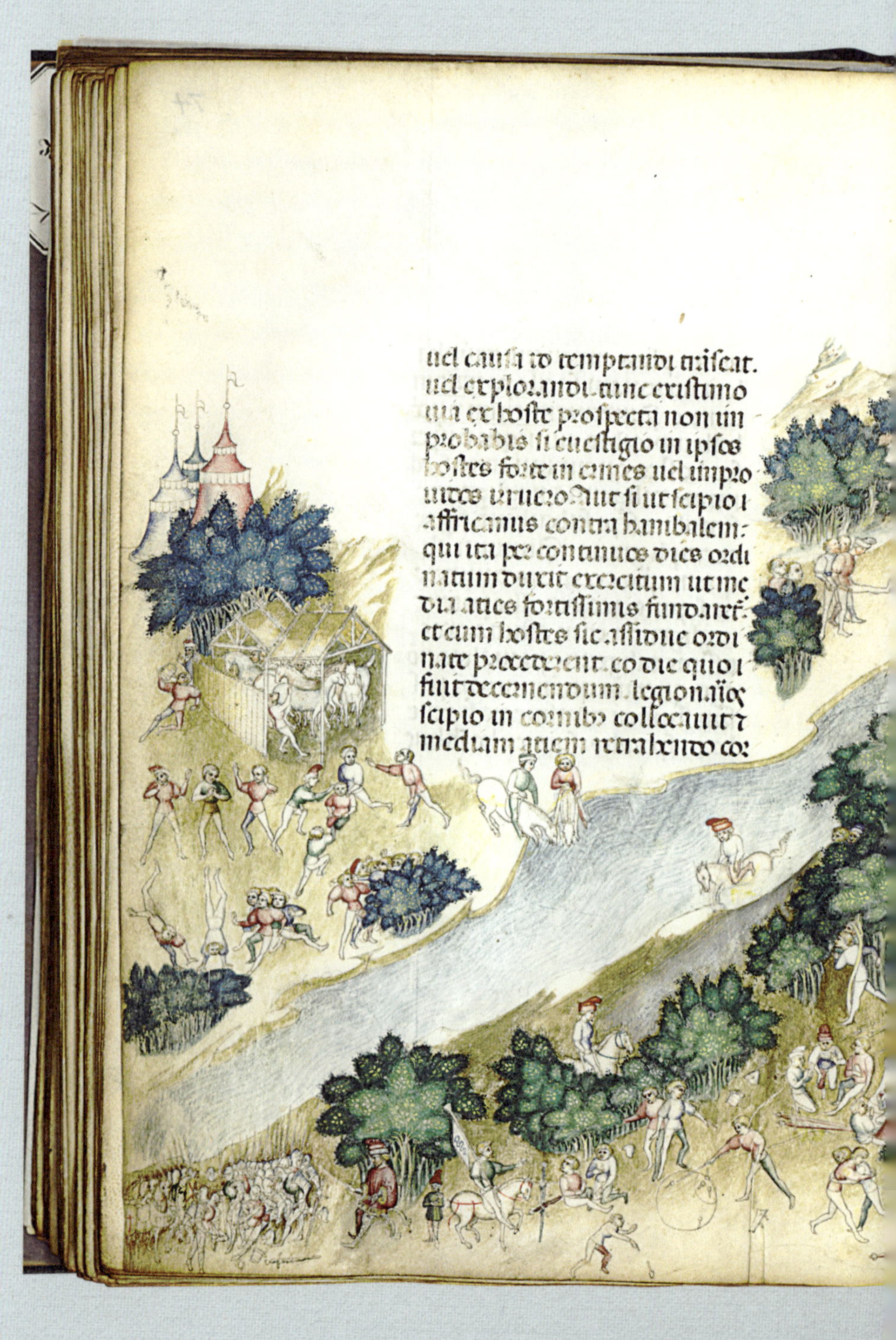

uel causa eo temptandi traiscat.
uel explorandi. tunc existimo
una ex hoste prospecta non im
probabis si euestigio in ipsos
hostes forte in ermes uel impro
uidos irruero. Aut si ut scipio i
affricanus contra hanibalem:
qui ita per continuos dies ordi
natum duxit exercitum ut me
dia acies fortissimus fundaret.
et cum hostes sic assidue ordi
nate precederent. eo die quo i
fuit decernendum. legionarios
scipio in cornibus collocauit et
mediam aciem retrahendo co:

Maria Visconti es gewesen sein muss, als er dieses wundervolle Buch zum ersten Mal in Händen hielt.

Auf folio 89r gibt es keinen Text, die Abbildung füllt die ganze Seite. Wir befinden uns jetzt in der Wüste des Nahen Ostens, auf einem öden Plateau oberhalb einer Gebirgsschlucht. Die Festung in der Mitte sieht dem Katharinenkloster an den Hängen von Berg Sinai ausgesprochen ähnlich, abgesehen davon, dass sie eindeutig den Muslimen zugehört. Oben auf ihren Kuppeln und Minaretten prangen Halbmonde. Das Wappen mit dem Kopf eines Mohren hängt über dem Haupttor, und das Fallgitter ist heruntergelassen. Soldaten, die Schilde mit dem Adlerwappen tragen, schleudern Feuerballen über die Wehrmauern. Ein kleiner Wald rechts neben der Festung brennt lichterloh, die Flammen schlagen an den Mauern hoch, der Rauch zieht in die Festung. Einige Feinde haben einen Ausfall gewagt und werden niedergemetzelt. Ein Soldat feuert einen großen Mörser auf die Zitadelle ab. Flammen sprühen bereits aus der Mündung, obwohl die Kugel das Rohr noch nicht verlassen hat. Dieses mächtige europäische Geschütz in die Wüste zu befördern und in Stellung zu bringen muss große logistische Anstrengungen gekostet haben (man ist an den äthiopischen Kaiser Theodor II. erinnert, der seine sieben Tonnen wiegende kostbare Kanone 1867 quer durch das Land schleppen ließ). Eine bald auf diese Darstellung folgende doppelseitige Abbildung gibt einen Einblick, wie man Transportprobleme löste. Eine Einheit Soldaten, die ihre Rüstungen abgelegt haben und deren Oberkörper nur noch mit Wämsern bedeckt sind, trägt lange Balken auf der Schulter, an denen Taue und Ketten befestigt sind. Am Himmel stehen Sterne, möglichweise verlegte man solche Arbeiten in die Nacht, weil es dann kühler war. Auf der rechten Seite sieht man, wie diese Komponenten rasch zu einer Belagerungsmaschine zusammengebaut werden, die in Drehbewegungen versetzt werden kann, so dass die Angreifer über den Wehrgraben hinweg geschwungen werden und sich über den Mauerrand in die Festung

LINKS: Das christliche Heer legt einen Ruhetag ein. Die Soldaten tränken ihre Pferde am Flussufer, vergnügen sich mit Spielen oder entspannen sich in der Sonne.

NACHFOLGENDE DOPPELSEITE: Ein Angriff auf eine in der Wüste gelegene Sarazenenfestung. Die Christen feuern einen Mörser ab und schleudern Granaten über die Wehrmauern – alles unter den Blicken von Jungfrau und Jesuskind oben links.

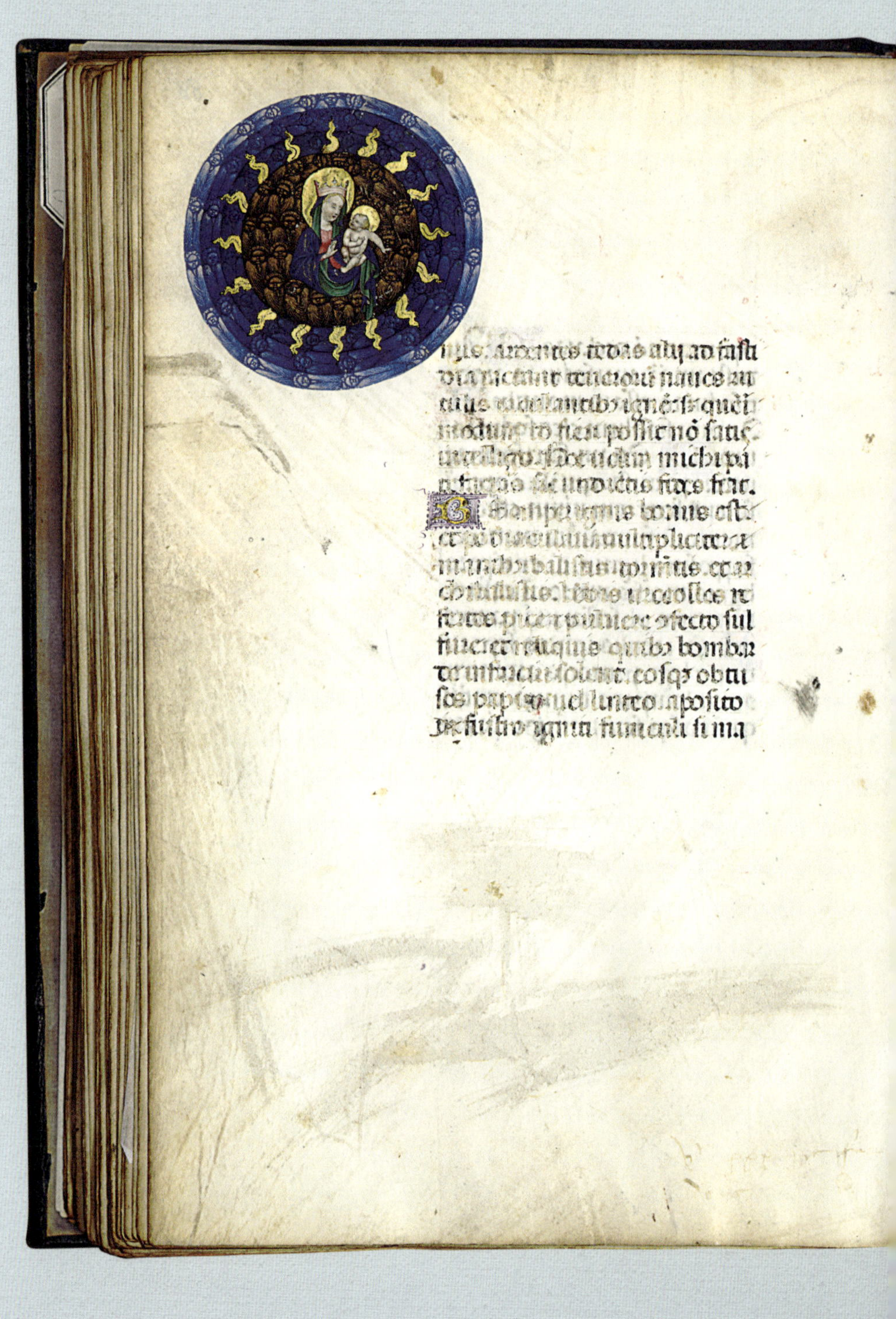

igne. ardentes tedas alii ad fasti
dia pariunt [illegible] naues ar
cuius [illegible] igne. si quem
modum hoc fieri possit nō satis
intelligo. [illegible] michi pa
[illegible] sic uno ictu fieri fecit.
Semper ignis bonus est
[illegible] multiplicatur
[illegible] bombardis [illegible]
[illegible]
fortes [illegible] effectu sul
fure [illegible] quibus bombar
de uti [illegible] solent. [illegible] obtu
sos papiro uel linteo apposito
[illegible] ignita fumantia si ma

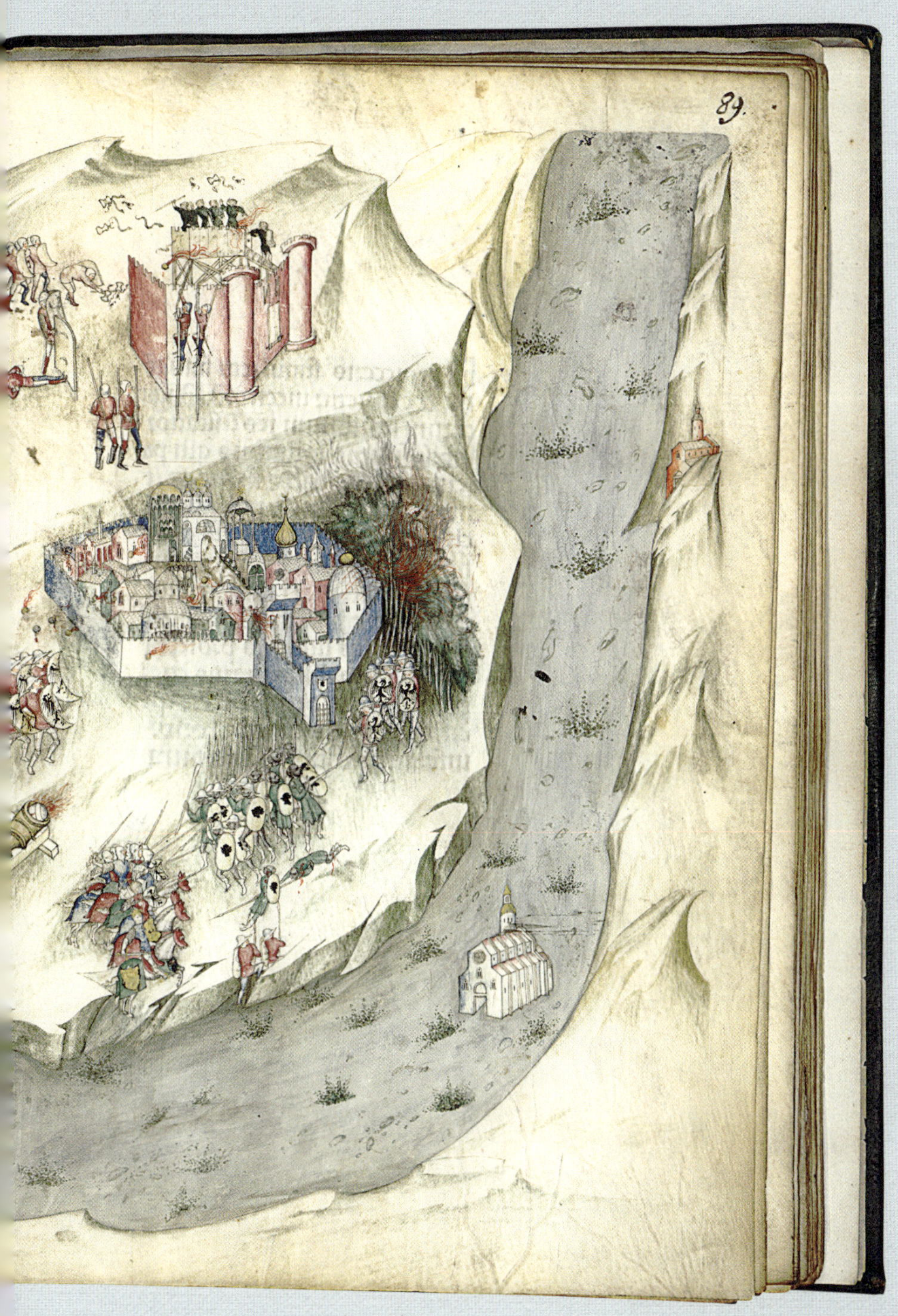

des Feindes hinabfallen lassen können. Der auf folio 96r dargestellte Kampf im Gebirge findet mit Sicherheit bei Nacht statt. Links unten kommt es zu Handgemengen zwischen negroid aussehenden Männern und den Muslimen mit ihren Skorpion-Insignien. Über einen Gebirgspass nähern sich die christlichen Soldaten in ihren Rüstungen; sie blasen Trompeten und tragen lodernde Fackeln.

Die letzten vier Abbildungen haben Kämpfe auf Flüssen und auf See zum Inhalt. Die erste zeigt das, was zu Beginn dieses Kapitels geschildert wurde: Von einem Schiff der Visconti aus bewerfen Soldaten das feindliche Schiff mit Gefäßen, in denen Schlangen stecken, und mit Brandbomben. Einige schießen auch mit Armbrüsten. Schauplatz des Kampfes ist ein breiter Fluss; die gegnerische Flotte hat sich stromabwärts versammelt. An Land wird gekämpft, und Zuschauer haben sich am Flussufer zusammengeschart, um das Geschehen zu verfolgen. Doch erinnern wir uns an W. H. Audens Gedicht *Musée des Beaux Arts*, dessen Anfang lautet: »About suffering they were never wrong, The Old Masters …« und das davon handelt, wie in der Renaissance das alltägliche Leben auch unter den außergewöhnlichsten Umständen weiterging. Die größte Gestalt auf diesem Bild ist die eines Zivilisten rechts unten, der sein Pferd angebunden hat und sich über einem Feuer sein Essen zubereitet. Er hat dem Kampfgeschehen den Rücken zugekehrt und ist völlig in seine eigene Tätigkeit versunken.

Auf dem nächsten Bild sieht man Schiffe im Kampf zur See, wobei ebenfalls die Technik zum Einsatz kommt, Schlangen auf die Decks des Feindes zu schleudern. Außerdem tauchen Seeleute unter die gegnerischen Schiffe, um Löcher in deren Rumpf zu bohren. Ein paar Seiten weiter werden uns Methoden vorgeführt, mit denen man Befestigungsanlagen am Ufer in Brand setzen kann. Ein Mann lässt ein Tau von einer Winde laufen, um eine mit Sprengstoff beladene Barke flussabwärts gegen eine Brücke treiben zu lassen. Links entfachen Männer Feuer unterhalb der Mauern eines Forts, dessen Verteidiger Baumstämme herabwerfen, um die Angreifer zu zerschmettern. Rechts sind trockene Äste

RECHTS: Feindliche Schiffe werden auf dem Fluss mit Feuerkugeln und Giftschlangen in Glasgefäßen angegriffen. Einige Soldaten tauchen unter die Wasseroberfläche, um Löcher in die hölzernen Rümpfe zu bohren.

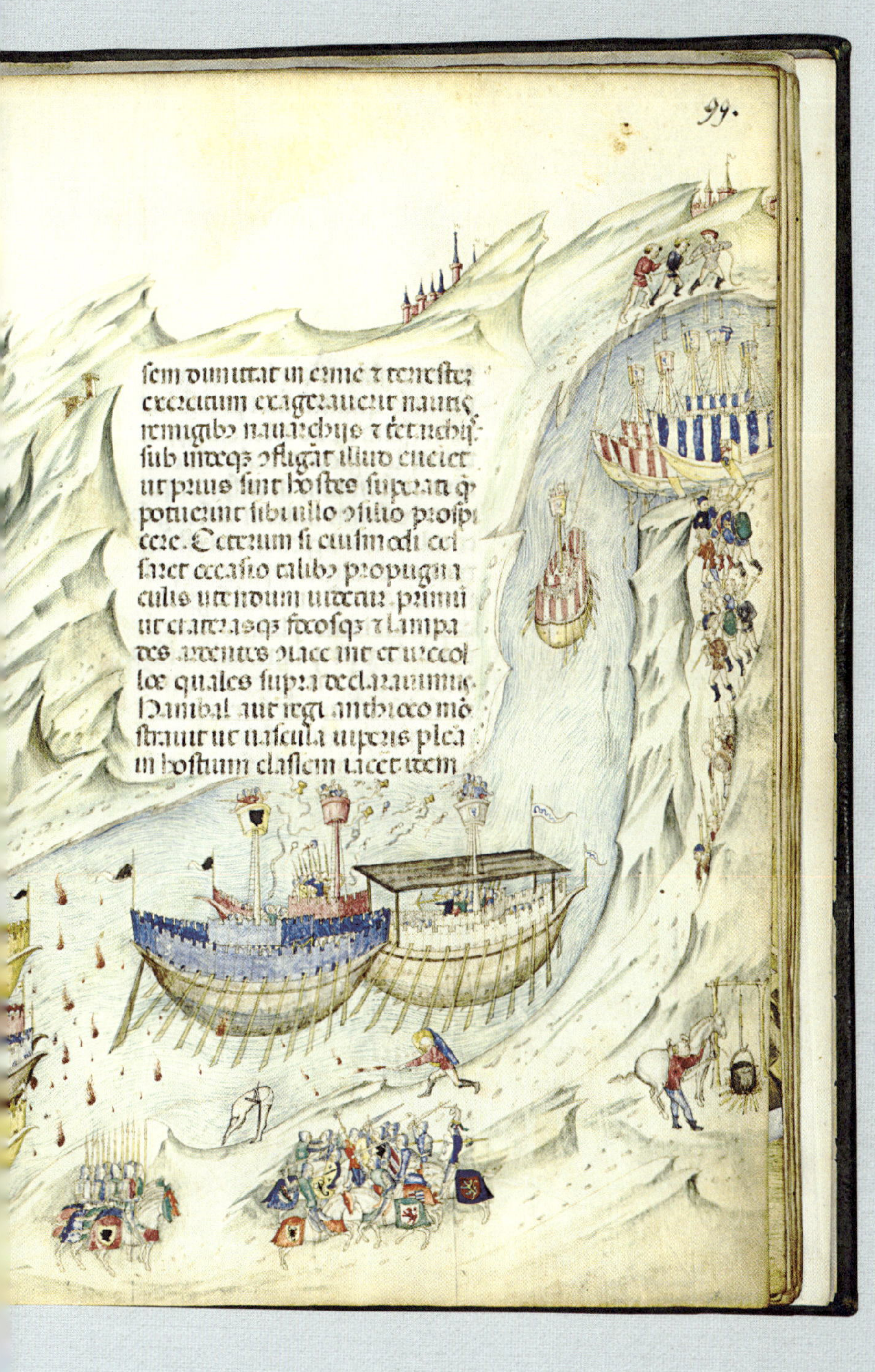

sem dimittat in eme z tenestre
exercitum exageraverit nautis
remigibus nauarchys z cētarchis
sub interq̄ ↄfligat illud eueniet
ut prius sint hostes superati q̄
potuerint sibi ullo ↄsilio prospi
cere. Ceterum si eiusmodi ces
saret occasio talibus propugna
culis uti novum videatur. primū
ut cratera sq̄ focosq̄ z lampa
des ardentes iaceant et urceol
los quales supra declaravimus.
Hanibal aut regi anthioco mō
stravit ut vascula viperis plenā
in hostium classem iaceret item

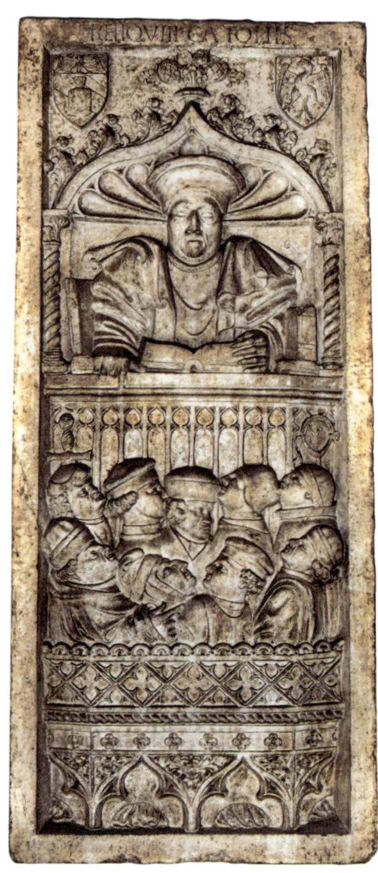

Der Grabstein von Catone Sacco hat sich in Pavia in einem Hof erhalten, der vom Corso Strada Nuova abgeht. Das Relief zeigt den Schriftsteller, der einer Schar von Schülern etwas aus einem Lehrbuch vorliest.

und Granaten aufgestapelt. Die letzte Abbildung zeigt, wie man eine Behelfsbrücke über einen Fluss baut. Man schwimmt hinüber und bindet Seile um Baumstümpfe auf jedem Ufer, und dann befestigt man Bretter und Bündel von Holzknüppeln auf diesen Seilen. Das Heer rechts ist bereit, über dieses wenig stabile Gebilde zu reiten. Der Mond und die Sterne scheinen, denn es ist Nacht. Der Text endet auf folio 116r mit: »… *Catonis sacci papiensis semideus explicit*«, und daran schließt sich jener charmante Wunsch an, den man häufig in italienischen humanistischen Handschriften findet: »*lege feliciter*« – mögest du es genießen, dies zu lesen.

Catone Sacco war einer der weniger bedeutenden, aber rührigen Humanisten und Autoren, die sich ihren Lebensunterhalt im weiteren Umfeld der italienischen Höfe der Renaissance verdienten. Er war Altphilologe und Notar und lehrte von 1417/18 an vermutlich bis zu seinem Tod im Jahr 1463 an der Universität Pavia. Er verfasste Kommentare zum *Codex* und zu den *Digesta*, zwei Hauptteilen des justinianischen *Corpus iuris civilis*, sowie an Staatsmänner gerichtete Briefe und philosophische Reden. Der *Semideus* ist ein Text von seltener Art, und auch seine Überlieferung ist außergewöhnlich. Er wurde als Trias von Büchern konzipiert, die eine umfassende Abhandlung über die Kunst der Staatsführung ergeben sollten. Buch I sollte auf der Grundlage der Geschichte des antiken Rom vom idealen Fürsten handeln, dem »Halbgott«. Buch II sollte die Pflichten des Fürsten im Frieden zum Thema haben. Buch III ist jenes, welches wir vor uns haben, es handelt, wie wir gesehen haben, von den Techniken, die ein Militärführer anzuwenden hat. Die drei Bücher zusammen hätten also einen frühen Vorläufer jenes Genres von Werken gebildet, das später durch Baldassare Castigliones *Cortegiano* (ca. 1507) und Niccolò Machiavellis *Il principe* (vermutlich 1513) bekannt wurde. Es ist aber kein vollständiges Manuskript des *Semideus* bekannt und auch keine frühe gedruckte Ausgabe, in der alle drei Bücher enthalten wären. Es gibt eine Abschrift von Buch I und II in einem Manuskript, das sich in der Hessischen Landesbibliothek Fulda befindet, sowie eine Kopie von Buch I in einem Manuskript, das heute in Basel liegt. In beiden Fällen sind diese Teile des Werks Saccos Bestandteile von Mitte bis Ende des 15. Jahrhunderts entstandenen, auf Papier geschriebenen Anthologien unterschiedlicher Texte. Buch III ist einzig und allein in Form des luxuriösen Widmungsexemplars in Sankt Petersburg überliefert. In der Vorrede lässt Sacco Filippo Maria Visconti explizit wissen, dass er dieses dritte Buch des *Semideus* »angefügt« habe, weil es relevant für das Ziel sei, das er verfolge. Das steht oben auf folio 5r: »attuli Semidei librum tertium«. Wir werden gleich auf diese Worte zurückkommen.

Nach London zurückgekehrt, begann ich eine faszinierende Korrespondenz mit Anna Melograni, einer Kunsthistorikerin, die beim italienischen Kultusministerium, dem Ministero per i beni e le attività culturali, angestellt ist und ihr Leben dem Studium der lombardischen Buchmalerei des 15. Jahrhunderts gewidmet hat. Wir alle, die wir uns mit Handschriften befassen, hängen von der Hilfsbereitschaft von Kollegen überall auf der Welt ab, und Ideen auszutauschen oder Theorien zu erörtern stellt eines der großen Vergnügen unseres Berufes dar. Verwirrt über die

Unterschiede und die Uneinheitlichkeit, die ich in den Illustrationen im *Semideus* festgestellt hatte, suchte ich Anna Melogranis Rat.

Zunächst äußerte sie die Vermutung, die Bilder zum Militärwesen im *Semideus* seien nicht erst 1438 entstanden. Das hatte vorher noch niemand vermutet. Anna meint, dass sie den *bas-de-page*-Abbildungen in einer handschriftlichen Ausgabe von Boccaccios *De mulieribus* und anderen Texten in Kopenhagen ähneln, vielleicht sogar von derselben Hand stammen. In dieser Boccaccio-Ausgabe findet sich ein Kolophon, in dem die Vollendung der Handschrift am 10. Februar 1401 in Pavia festgehalten ist, und zwar genau um elf Uhr nachts. Der Kopenhagener Codex ist von einem unbekannten Künstler illustriert, der wohl zum Kreis um den Illuminator Pietro da Pavia gehörte, welcher im späten 14. Jahrhundert tätig war. Ich habe mithilfe von Reproduktionen beider Werke Vergleiche angestellt. Es scheint mir möglich, dass die Illustrationen tatsächlich von ein und demselben Künstler geschaffen wurden, der eine Vorliebe für wilde Gebirgslandschaften, naturalistisch wiedergegebene Wälder und in theatralischen Posen erstarrte winzige Menschen hatte. Anna Melograni nimmt auf Grundlage der Fotografien an, dass die Abbildungen im *Semideus* sicher nicht später als etwa 1430 entstanden sind, möglicherweise aber auch erheblich früher. Die Initialen am Beginn von Abschnitten, die Schmuckränder und die Wappen und Embleme Filippo Maria Viscontis könnten hingegen gut aus dem Jahr 1438 stammen, das in der Vorrede genannt wird.

Meiner Meinung nach ist Folgendes geschehen: Catone Sacco gab stolz eine illuminierte Reinschrift, eine *master-copy,* aller drei Bücher seines *Semideus* in Auftrag. Ich kann nicht genau sagen, wann das geschah, aber wir wissen, dass er 1418 an der Universität unterrichtete. Wie die Abschriften von *Boece* und *Troilus*, die, wie wir in Kapitel Zehn annahmen, von dem Schreiber Adam in den 1380er-Jahren auf Pergament angefertigt wurden und dann vermutlich dem jungen Chaucer zur Korrektur vorgelegt wurden, war dieses Exemplar zur weiteren Verwendung durch den Autor selbst bestimmt. Die Petersburger Handschrift enthält zahlreiche kleinere Emendationen, die mit größter Sicherheit von der Hand Saccos selbst stammen. Sie wurden in einer zierlichen Zwischenform der humanistischen Minuskel vorgenommen. Auf Saccos Anweisung hin wurde der Text in außergewöhnlich kleine Rechtecke eingefügt, die auf der Seite zentriert waren. Sie waren im Schnitt fünfzehn Zeilen hoch und maßen 9,5 mal 7 Zentimeter, das heißt, sie nahmen gerade ein Achtel der Fläche einer Seite ein. Nach und nach wurden die breiten unbeschriebenen Ränder von dem Künstler, der auch den Kopenhagener Boccaccio von 1401 illustrierte, oder von jemandem, dessen Stil ganz ähnlich war, mit Abbildungen gefüllt. Wahrscheinlich sollte der Text auf jeder Seite mit Bildern umgeben werden. Die Handschrift kann als extravagantes Geschenk gedacht gewesen sein, oder vielleicht sollte mit ihr nur der Eitelkeit des Verfassers selbst geschmeichelt werden – es gibt ja auch moderne Schriftsteller, die ihre eigenen Erstlingswerke luxuriös binden lassen. Man kann sich vorstellen, wie der Illuminator in den 1420er-Jahren gemächlich an der Erfüllung seines Auftrags arbeitete. Vielleicht schon geraume Zeit vor 1430 gab er dann sein Werk auf – oder er starb. Möglich ist natürlich auch, dass Saccos Begeisterung erlosch, die finanziellen Mittel ausgingen oder das Unterfangen zu ambitioniert erschien. Jeder Akademiker hat Erfahrung mit solchen Projekten. Einige Jahre später, 1438, schien sich dem Verfasser dann plötzlich die Gelegenheit zu bieten, die zur Seite gelegte Handschrift aufzupeppen und sie Filippo Maria Visconti zu überreichen. Er entschied sich aber, sich inhaltlich auf das Thema Kriegführung zu beschränken und die Notwendigkeit für einen baldigen neuen Kreuzzug zu betonen. Er verfasste eine neue Vorrede und die Rede zu Ehren der Jungfrau Maria, der Namenspatronin des Herzogs. Er nahm die letzten zehn Lagen aus seiner ungebundenen, aber illustrierten *master-copy* des *Semideus* heraus und behielt nur Buch III, den einzigen Teil, der ihm jetzt noch wichtig war, und »fügte« diesen Teil dem neuen Text »an«, wie er selbst es nannte. Der Schreiber, der Buch III geschrieben hatte, stand offenbar noch zur Verfügung, oder es kann sich bei der Schrift auch um die formelle Version der Handschrift des Autors selbst handeln. Das erklärt, warum Lage IV nur aus vier Blättern besteht; Lage V (ab folio 37), die etliche Jahre früher entstanden war, musste sich »nahtlos« daran anschließen.

Die so zusammengestückelte Handschrift wurde dann ausgeschmückt, damit sie dem Herzog überreicht werden konnte. Der ursprünglich damit beauftragte Illuminator war tot oder hatte sich von dem Projekt zurückgezogen. Seine künstlerische Handschrift scheint in keiner der hinzugekommenen Illustrationen auf. Statt seiner wurden mehrere berufsmäßige Illuminatoren herangezogen, was bedeuten kann, dass das Buch zu einem bestimmten Anlass fertig werden sollte. Die Schmuckrahmen mit den Wappen und Emblemen Filippo Maria Viscontis wurden am Beginn jedes Abschnitts eingefügt, ebenso die Seiten am Anfang, auf denen die Abstammung des Herzogs von Saturn nachgewiesen wurde. Die diversen kleinen Vignetten am Rand, die die Jungfrau mit dem Kind zeigten, kamen hinzu. Bisweilen scheinen sie ohne erkennbare Relevanz für einen Text über das Militärwesen zu sein, doch erweckten sie bestimmt die Aufmerksamkeit des Empfängers, dessen zweiter Vorname Maria lautete. Sie könnten – ich schließe mich hier wieder Anna Melograni an – von Michelino da Besozzo ausgeführt worden sein, einem der großen Künstler der Epoche, der nachweislich von 1388 bis 1450 in Pavia tätig war. Er schuf dort und in Mailand Fresken und Gemälde auf Holztafeln. Die allererste Initiale im *Semideus*, die die Verkündigung zeigt, könnte vom Stil her aber sehr gut von Giovanni Belbello da Pavia (tätig ca. 1425–ca. 1462) stammen. Dieser großartige Illuminator war in vielen Regionen Norditaliens tätig. Seine künstlerische Laufbahn begann jedoch in Pavia. Zu seinen ersten Aufträgen gehörte die Fertigstellung des Visconti-Stundenbuchs für Herzog Filippo Maria, und er arbeitete auch an dem Brevier für Maria von Savoyen mit. Der gestreifte Himmel, die zerklüfteten Hügel, die wallenden Draperien, die Farbgebung – alles Charakteristika für Belbellos Schaffen in dieser Lebensphase. Die Mitarbeit an dieser Handschrift 1438 fügt seiner Biografie eine winzige neue Fußnote hinzu.

Als der so zusammengestellte *Semideus* fertig und angemessen eingebunden war – in mit rotem Samt überzogene Deckel mit silbernen Schließen –, konnte der Verfasser ihn, vermutlich in seiner goldverzierten Lederschachtel, dem Herzog überreichen. Die Darstellung solch einer Übergabezeremonie findet sich im Widmungsexemplar von *Historia Angliae* des Galassio da Coreggio (ca. 1368–1442), das sich unter den Handschriften aus Pavia befindet, die heute in Paris liegen. Das Frontispiz zeigt Filippo Maria Visconti, der mit einem großen flachen Hut auf dem Kopf und gehüllt in eine dunkelbraune Samtrobe auf einem Thron sitzt, welcher in ein rotes Tuch mit floralem Muster drapiert ist, das bis unter seine Füße reicht. Unter dem Hut lugen keine Haare hervor: Entweder war der Herzog damals kahl, oder er hatte sich den Hinterkopf scheren lassen. Man fühlt sich an Wladimir Putin erinnert. Sein Hals ist lang, die Nase gerade, durchdringend die Augen. Er hat sie auf den Autor des Geschichtswerks gerichtet, der vor ihm kniet, die Kappe in der linken Hand, mit der anderen eine kleine, rot eingebundene und mit vier goldenen Schließen versehene Handschrift hochhaltend. Der Herzog hat sich leicht nach vorne gebeugt und streckt beide Hände aus.

Filippo Maria war vielleicht dankbar für den *Semideus*, die erwünschte Wirkung erzielte das Werk aber nicht. Catone Sacco muss enttäuscht gewesen sein. Der Aufruf zu einem neuen Kreuzzug unterblieb, und es wurden auch keine neuen Abschriften vom *Semideus* hergestellt, weder auf Veranlassung des Herzogs hin noch für den Autor selbst. Es haben sich keine Exemplare des kompletten *Semideus*, also aller drei Bücher in einem Band, erhalten, weil Sacco nun seine einzige Abschrift von Buch III aus der Hand gegeben hatte. Vermutlich behielt er zunächst sein eigenes Exemplar der ersten Teile, die höchstwahrscheinlich von dem Künstler, der auch den Kopenhagener Boccaccio ausgeschmückt hatte, illuminiert worden waren: ein verwaistes Fragment, das als Vorlage für die in Fulda und Basel aufbewahrten Abschriften gedient haben muss, die dann in Umlauf gelangten. Irgendwann nach Saccos Tod im Jahr 1463 ging das Original verloren.

Wie wir im vorhergehenden Kapitel erfahren haben, wurden die einzelnen Prozesse, die zur Herstellung komplizierter Handschriften nötig waren, in Frankreich und Italien zu jener Zeit schon gewöhnlich von professionellen Buchhändlern koordiniert. Zu ihren Aufgaben gehörte es, die verschiedenen Mitarbeiter zu vereinen, Schreiber, Illuminatoren, Buchbinder. Ein berühmter Organisator dieser Art war der Florentiner Vespasiano da Bisticci (1421–1598), der mit jedem, der irgendwann einmal eine humanistische Handschrift erwarb oder in Auftrag gab, persönlich bekannt gewesen zu sein scheint. In Pavia gab es ebenfalls einen solchen Mann. Er hieß Jacopo de San Pietro. Man nimmt an, dass er für die Zusammenstellung des Widmungsexemplars des *Semideus* verantwortlich war. Er wird als »*bedellus*« bezeichnet, was wörtlich »Pedell« bedeutet, ein Ausdruck, den man im mittelalterlichen Pavia manchmal für Buchhändler verwendete, die eine halb offizielle, nicht genau definierte Funktion an der Universität innehatten. Als Catone Sacco später ein Exemplar seiner *Lectura super quibusdam titulis libri VI Codicis* bestellte, einen Kommentar zum Zivilrecht, den er Francesco Sforza überreichen wollte, beauftragte er erneut Jacopo de San Pietro mit dessen Anfertigung. Auch diese Handschrift ist erhalten und befindet sich in Paris. Auf einem Vorsatzblatt ganz am Ende steht in winziger Schrift: »1458 die XIIII° Iunii hoc Opus Aminiavit et ligavit Jacobus de S[an]cto Petri P[a]p[i]e.« (»Jacopo de San Pietro aus Pavia illuminierte und band dieses Werk, 14. Juni 1458.«) Das Buch ist bescheiden mit dem Wappen und den Insignien der Sforzadynastie auf der Eröffnungsseite illustriert. Diese Illustration stammt von keinem der Künstler, die am *Semideus* mitgewirkt haben. Jacopo de San Pietro wurde eindeutig über längere Zeit mit dem Erhalt der Werke in der herzoglichen Bibliothek von Pavia betraut. Mindestens vier der noch existierenden Bücher aus der Sammlung der Visconti erhielten unter seiner Aufsicht einen neuen Einband, darunter ein Kommentar des Boethius aus dem 11. Jahrhundert zum Werk von Aristoteles, der einst Petrarca gehört hatte; einem Vermerk aus dem 15. Jahrhundert zufolge wurde er von »Jacobus de Sancto Petro bidelus« gebunden. Das Buch hatte sich schon in der Bibliothek befunden, bevor es neu gebunden wurde, denn es wird in dem Inventar aus dem Jahr 1426 beschrieben als in mit weißem Leder überzogenen Brettern gefasst. Heute besitzt es einen im Prägeverfahren verzierten Einband aus Kalbsleder, der aus dem 15. Jahrhundert stammt, vermutlich von Jacopo oder einem von ihm beauftragten Buchbinder. Interessanterweise wurde Jacopo in hohem Alter noch zu einem Buchdrucker.

Die Kunst des Druckens mit beweglichen Lettern wurde in Europa in den frühen 1450er-Jahren von Johannes Gutenberg aus Mainz (ca. 1400–1468) vervollkommnet. Es gibt guten Grund zu der Annahme, dass er seine Behauptung, dieses Verfahren erfunden zu haben, zu Recht erhob. Kulturhistoriker heben hervor, welch umfassenden und einschneidenden Wandel Gutenbergs neues Vervielfältigungsverfahren einleitete; zum Vergleich ziehen sie die Erfindung des Rads und des Internets heran. Zum ersten Mal war es möglich, das Gedankengut und die sprachlichen Äußerungen von Menschen beliebig oft zu reproduzieren, scheinbar identische Kopien von Texten herzustellen. Das Setzen von Texten nahm mehr Zeit in Anspruch als das Abschreiben von Hand, doch wenn es einmal erledigt war, konnte man Hunderte von Exemplaren in einem Bruchteil der Zeit und zu einem Bruchteil des Preises produzieren, als früher zur Herstellung eines einzigen Exemplars erforderlich gewesen war. In der Geschichte der Handschriftenherstellung begegnete man zu jedem Zeitpunkt dem Problem, dass Kopisten Fehler machten und sich daraus missliche Konsequenzen ergaben. Beim Drucken ließen sich – zumindest in der Theorie – Fehler durch Korrekturlesen eliminieren. Die Bedeutung des Druckens für das Sich-Verfestigen von Sprachen, das Aufkommen einer volkstümlichen Literatur, die rasche Verbreitung aufklärerischen oder auch üblen Gedankenguts kann nicht genug betont werden. Der Buchdruck machte es möglich, dass Menschen ihre Erfahrungen mit anderen teilten, und er wirkte sich verändernd auf ihre Erfahrungen aus. Die Geschwindigkeit, mit der das neue Verfahren sich in ganz Europa verbreitete, ist erstaunlich. Um 1500, als die sogenannte »Inkunabelzeit« zu Ende ging, gab es schon in 350 Städten Druckerpressen, 30 000 Titel waren erschienen und rund 900 000 Bücher hergestellt worden. Mittelalterlichen Handschriften haftet immer noch ein Hauch von Exklusivität und Einzigartigkeit an – von in Mengen produzierten Inkunabeln gibt es sogar heute noch viele.

Das Druckwesen hielt früh Einzug in Italien. Es gilt allgemein als gesichert, dass zwei Deutsche, Konrad Sweynheym und Arnold Pannartz, die erste italienische Druckerpresse im Jahr 1465 im Kloster von Subiaco nahe Rom installierten. Zwei Jahre später ließen sie sich in Rom nieder,

Der Kolophon des 1477 von Jacopo de San Pietro in Pavia gedruckten Buches. Bei diesem handelt es sich zweifellos um den Mann, der in seiner Jugend als Illuminator und Buchbinder für Filippo Maria Visconti und Catone Sacco gearbeitet hatte.

acute & cito reperięmus. diſtincte & ornate diſponemus.
grauiter & uenuſte pronuntiabimus. firme & perpe-
tuo meminerimus. ornate & ſuauiter eloquemur. Er
go amplius in arte rhetorica nihil eſt. Hæc omnia adipi
ſcemur: ſi rationes præceptionis diligentia conſequamur
& ęxercitatione.

FINIS.

Opus Impreſſum Papie Per Iacobum De Sancto Petro.
M.cccc°.Lxxvii. Die .xii. Menſis Nouembris.

wo sie sich auf den Druck von prachtvollen Ausgaben lateinischer Werke spezialisierten. Diese waren in der Regel von Hand illustriert. Es ist möglich, dass ein umherziehender Drucker, bei dem es sich eventuell um den aus Ingolstadt stammenden Ulrich Han handelte, bereits um 1462 in Bologna oder Ferrara religiöse Erbauungsschriften produzierte. Innerhalb weniger Jahre wurden in Venedig (1469), Foligno (1470), Ferarra, Mailand, Florenz, Bologna und Neapel (alle 1471), Padua, Parma, Mantua und Verona (alle 1472) und anderswo florierende Druckerwerkstätten eröffnet. In Pavia kann es 1473 die erste Druckerpresse gegeben haben. Eine seltene Ausgabe der fälschlicherweise Cicero zugeschriebenen *Rhetorica ad Herennium* wurde am 12. November 1477 in Pavia veröffentlicht; als Drucker wird Jacobus de Sancto Petro angegeben. Das muss derselbe Mann sein wie der »bidelus«, der vermutlich das Widmungsexemplar des *Semideus* zusammenstellte, der Buchhändler, Illuminator und Buchbinder, der bereits 1438, als er, sagen wir: um die dreißig Jahre alt war, mit der Universität und der Visconti-Bibliothek assoziiert war. 1477 wäre er dann Ende sechzig gewesen, nicht zu alt, um noch vor seinem Ruhestand ein Buch gedruckt zu haben, als die mittelalterliche Welt dahinschied.

Natürlich wurden die gesamte Herstellung von Büchern und die Art ihrer Veröffentlichung im Lauf der Zeit durch den Buchdruck verändert, und viele Schreiber wurden entweder arbeitslos oder mussten sich den neuen Umständen anpassen. Doch was die grundlegenden Prinzipien betraf, erfuhr der Buchhandel im 15. Jahrhundert anfangs keinen großen Wandel. Es gab immer noch Produzenten von Papier und Pergament, Autoren, Herausgeber, Ausstatter, Buchbinder und Bücherverkäufer, so wie es seit mehreren Jahrhunderten gewesen war. Ein großer Teil der am Geschäft mit Büchern Beteiligten, einschließlich Jacopo de San Pietros, machte einfach mit dem weiter, was sie immer getan hatten – mit kleinen Modifikationen, die die technische Seite der Bücherproduktion betrafen. Obwohl die Technologie nun eine ganz andere ist, lebt die Liebe zu schönen Büchern nach wie vor, und der Handel, der uns mit solchen Büchern versorgt, floriert noch heute.

Etwas anderes, das sich seit 1438 nicht einschneidend geändert hat und auch in unserer Zeit weiterbesteht, ist die nicht zu unterdrückende Neigung des Menschen zu bewaffneter Auseinandersetzung und das Bedürfnis beider Seiten, ihre Beteiligung am Krieg ideologisch zu rechtfertigen. Filippo Maria Visconti stellte nie, wie Catone Sacco es mit seinem Werk zu erreichen versuchte, ein Heer für einen Kreuzzug gegen die Ungläubigen auf. Die Angst vor einer möglichen Bedrohung der europäischen Kultur durch muslimische Massen ist heute wieder akut, Schlangen in Glasgefäßen sind jedoch eher keine Lösung.

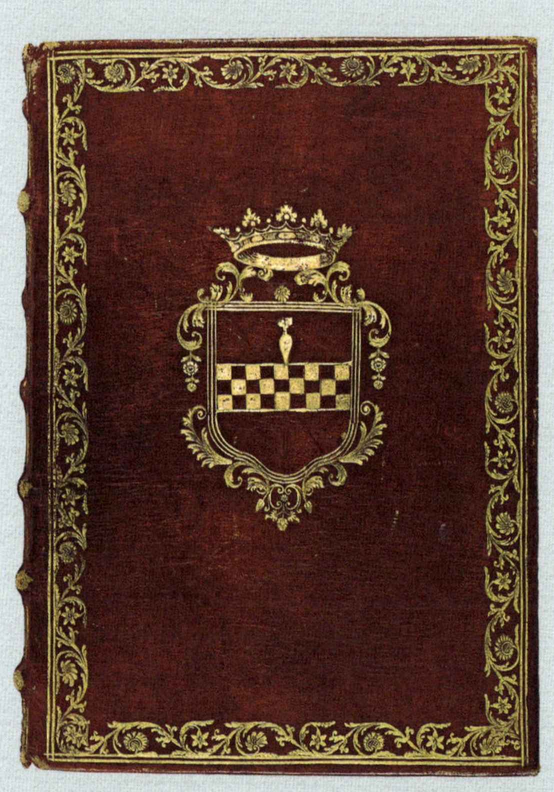

KAPITEL ZWÖLF

DAS SPINOLA-STUNDENBUCH

ca. 1515–1520
Los Angeles, J. Paul Getty Museum,
MS Ludwig IX.18

Das erste Mal besuchte ich den Ort, an dem heute das Getty Center steht, im Oktober 1983, vierzehn Jahre vor seiner Eröffnung. Der Getty Trust hatte damals gerade den Kaufvertrag für ein ödes Grundstück auf einem Hügel in den Santa Monica Mountains bei Los Angeles abgeschlossen. Mich hatte John Walsh, der zum Direktor des im Entstehen begriffenen Museums ernannt worden war, über eine holprige und staubige unbefestigte Straße hochgefahren, und wir waren danach zu Fuß zwischen Felsbrocken und Sträuchern weitergekraxelt, um einen bewundernden Blick auf den gewaltigen Pazifik zu werfen, der sich – leicht verhangen – im Westen ausdehnte. Santa Monica lag weit unten zu unseren Füßen und Hollywood mit seinen Wolkenkratzern in der Ferne im Westen. Kaninchen huschten zwischen den Sträuchern herum, Habichte zogen, wenn ich mich recht erinnere, Kreise über uns, es mag aber sein, dass ich dieses Detail erfinde. An diesem Flecken in der rauen und wilden Gebirgslandschaft am Rand der Zivilisation würde man, wie John Walsh mir erklärte, ein gewaltiges Schatzhaus der Kunst bauen. Und vor Kurzem hatte man beschlossen, dass es auch eine Sammlung der schönsten illuminierten Handschriften Europas enthalten sollte.

Mehr als dreißig Jahre später befand ich mich erneut in Los Angeles. Ich stand auf dem Balkon meines Hotels am Fuß desselben Hügels und starrte zu der schimmernden modernen Akropolis hoch über mir hinauf. Es war natürlich ein schöner Tag, wie immer in Südkalifornien. Als ich mich in der Lobby erkundigte, ob ich zum Getty Center hochwandern könne, betrachtete man mich mit dem Mitgefühl, das für Minderbemittelte reserviert ist, und begleitete mich zum Shuttle-Bus des Hotels. »Es gibt hier nicht besonders viele Gehwege«, sagte der Fahrer, als ich mich dafür entschuldigte, ihn stören zu müssen. Ich war sein einziger Passagier auf dieser kurzen Fahrt, die erst den Sepulveda Boulevard hinaufging, bis wir dann an der ersten Kreuzung nach links abbogen, unter dem San Diego Freeway durchfuhren, um dann bald darauf die Sicherheitsschleusen um das Museum herum zu passieren, die wie die Mautstellen auf einer französischen Autobahn aussehen. In Amerika wird man von jedem Uniformträger für kriminell gehalten, solange nicht das Gegenteil bewiesen ist. Hier lehnten sie sich aus ihrem Häuschen heraus und fragten nach meiner »parking reservation number«. Natürlich hatte ich, da ohne Auto, nicht daran gedacht, mir eine solche im Voraus zuteilen zu lassen. Sie wollten mir das nicht abnehmen, Misstrauen mutierte zu akutem Verdacht. Dabei ist die amerikanische Gesellschaft doch angeblich klassenlos und der Eintritt ins Museum frei. Es wurde für alle Einwohner von Los Angeles geschaffen, aber wer sich nicht leisten kann, im eigenen Auto zu kommen, wird vom Museum als Besucher der eher unwillkommenen Art eingestuft.

Am Fuß des Hügels, bei den Toren und auch ganz oben auf dem Hügel hat man weitläufige Parkhäuser mit vielen Ebenen angelegt. Wenn man nicht die Erlaubnis hat, bis ganz nach oben zu fahren, nähert man sich dem Museum über den ersten Parkplatz auf der linken Seite; man fährt mit dem Aufzug in den ersten Stock hinauf (in Los Angeles geht niemand jemals freiwillig eine Treppe hoch) und tritt in einen fahrerlosen, aus drei weißen Waggons bestehenden Zug, der alle paar Minuten an der Flanke des Hügels hochgleitet, sich durch eine kunstvoll angelegte Landschaft windet, die wie der Hintergrund zu einem Gemälde von Mantegna aussieht, und schließlich an einer kleinen Haltestelle direkt am Museumsgebäude anhält. Allein diese kostenlose Fahrt lohnt das Kommen. Steigen Sie aus und versuchen Sie, Ihre Augen an die Helligkeit der kalifornischen Sonne zu gewöhnen. Die Gebäude sind sehr tief und breit,

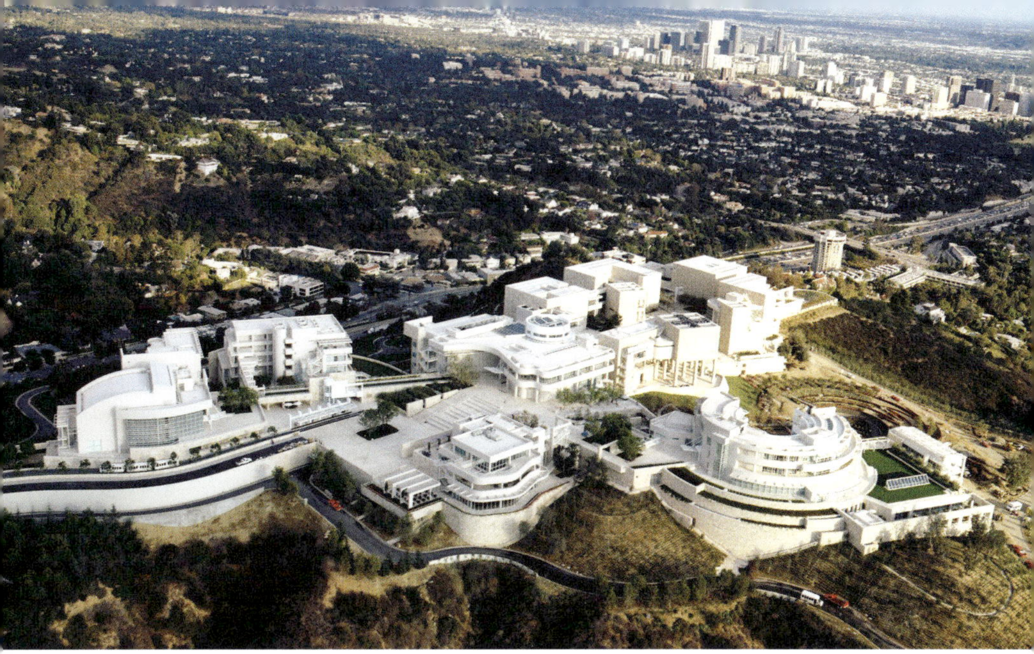

Das oberhalb von Los Angeles auf einem Hügel liegende Getty Center umfasst ein Kunstmuseum, ein Forschungsinstitut und andere Einrichtungen. Es wurde 1997 eröffnet.

aber nicht besonders hoch, sie schmiegen sich wie die Häuser einer mittelalterlichen Stadt an die Hügelkuppe an, genau da, wo ich einst mit John Walsh zwischen den Felsen herumgeklettert war. Der aus Museum, Bibliotheken und Forschungszentren bestehende Komplex ist im Dezember 1997 eröffnet worden. Die Baukosten waren immens. Sogar das Budget der Getty-Stiftung wurde bis zum Äußersten strapaziert. In der Geschichte hat vielleicht nur der Bau von Escorial und Versailles Unternehmungen von ähnlichem Aufwand und ähnlicher Weitsicht dargestellt. Von der Endstation des Zugs aus blickt man über mehrere Höfe hinweg, die in unterschiedlicher Höhe übereinandergestaffelt sind und zum Portikus des Museums hochführen: Es könnte die Bühnenkulisse für eine Oper sein. Der Blick fällt auf stilvoll platzierte Pflanzen in gigantischen Schalen und Skulpturen von Maillol und Charles Ray. Es wird deutlich, dass es sich um ein Museum handelt und keine Bibliothek, wie wir sie in den vorigen Kapiteln besucht haben. Tritt man aus der brennenden Sonne in die Eingangshalle, fällt einem sofort die effiziente Klimaanlage auf. Es wird einem eine fürstliche Palette an Kostbarkeiten geboten, die man zur Linken oder zur Rechten besichtigen kann: Gemälde, Skulpturen, ornamentale Kunst, Fotografien, Möbelstücke und illuminierte Handschriften (die einem aus dem Dunkel verlockend zuzwinkern). Man gerät ähnlich in Verwirrung wie über eine dieser unendlich langen amerikanischen Speisekarten. Alles wirkt in beruhigender Weise seriös und sieht ausgesprochen teuer aus. Von auffallend hübschen Mädchen und adretten jungen Männern mit blauen Augen und blendend weißen Zähnen erhält man alle nötigen Informationen. Es muss sich um die begehrtesten Praktikantenstellen der Welt handeln, und ihnen macht die Arbeit eindeutig Spaß.

Ich meldete, dass ich eine Verabredung mit Elizabeth Morrison hätte, der Kuratorin für Handschriften. Wenn amerikanische Sicherheitsbeamte einen als verdächtigen Schwerverbrecher behandeln, so ist man bei allen anderen in Los Angeles der beste Freund und wird sogleich mit Vornamen angeredet. Als wäre es die größte Freude, mir zu helfen, führten sie mich wieder nach draußen und zurück zur Bahnstation, wo ich mich nach dem Aussteigen nach links hätte wenden müssen, um die Rampe zur »Central Security« hinunterzugehen (bis wir ankamen, war ich eingeführt in ihre Lebensgeschichten und Hollywood-Ambitionen). Am Tresen bat man mich vorzuzeigen, was in den USA ständig verlangt wird: »Photo ID«, meist genügt ein Führerschein. Ich bestand den Test und erhielt einen tagesgültigen Pass zum Anklammern am Revers. Dann eskortierte man mich um die Ecke zu einem anderen Aufzug, in dem wir auf Ebene L3 hinunterfuhren. Dort ging es weiter durch breite fensterlose Innengänge, wo Leitungen an den Decken entlangführten wie in den Fluren eines Gefängnisses, Poster von früheren Ausstellungen des Museums aber für Auflockerung sorgten. Mehrfach bogen wir im rechten Winkel ab, bis ich jede Orientierung verloren hatte, und waren endlich bei der Abteilung für Handschriften und Zeichnungen angelangt. Bei meinem Eintritt brach beinahe so etwas wie Beifall aus. Die Wärme, mit der man hier stets empfangen wird, sollte uns Europäer beschämen in unserer reservierten Bibliotheksroutine. Von überall kommt Personal, man stellt sich rundum vor. Alle scheinen glücklich, was für gutes Management spricht.

Der Lesesaal verläuft parallel zur Außenmauer des Museums. Licht dringt durch große Spitzbogenfenster wie in einer mittelalterlichen Burg. Durch diese Fenster schaut man über unförmige Felsblöcke und ein Tal hinweg auf die Häuser am gegenüberliegenden Berghang. Es gibt weiße

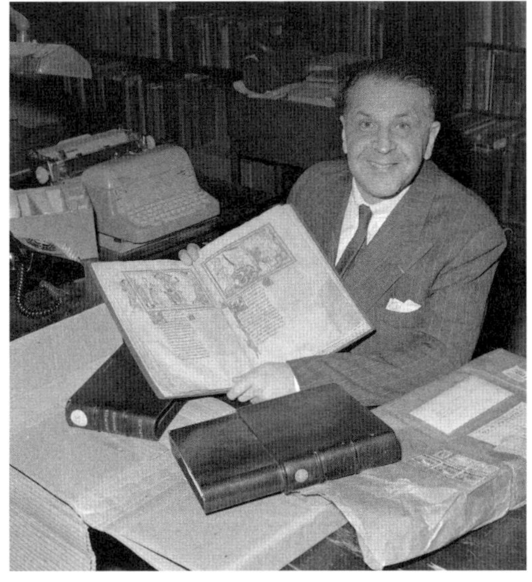

Der Handschriftenhändler H. P. Kraus (1907–1988) mit der im 13. Jahrhundert entstandenen, nach dem Vorbesitzer benannten Dyson Perrins-Apokalypse, die ebenfalls von Peter und Irene Ludwig erworben wurde und sich heute im Getty Museum befindet.

Sonnenblenden, die heruntergelassen werden, wenn das kalifornische Licht zu grell wird. In Regalen an jedem Ende des Raums stehen die neuesten Nachschlagewerke. Parallel zu jedem Regal sind jeweils ein langer Tisch aufgestellt, der aus klobigen Blöcken polierten dunklen Holzes gefertigt ist, und dazu passende massive Stühle mit grünen Ledersitzflächen. Ein Tisch ist für die Arbeit mit Handschriften bestimmt, der andere für die mit Zeichnungen. Alles sieht teuer aus. Wie bei allen früheren Besuchen war ich allein. Der Handschriftentisch war bereits wie bei einem Dinner for one mit allem Notwendigen gedeckt: mit Keilen aus grauem Schaumstoff, auf die man die Bücher in ihren kostbaren Einbänden legen konnte, und wie Schlangen aussehenden, mit Gewichten versehenen Streifen aus purpurnem Samt, die dazu dienten, Blätter zu beschweren, so dass sie offen liegen blieben, ohne dass man sie mit den Händen berühren musste. Diesen Zweck erfüllten auch weiße Schnüre mit kleinen Gewichten an beiden Enden. Außerdem reichte man mir, leider, noch ein Paar weißer Handschuhe mit geriffeltem Rücken. Beth Morrison versicherte aber, man erwäge mittlerweile ein Lockern der Vorschrift. Auch Bleistifte für Notizen lagen bereit.

Die Handschrift, derentwegen wir gekommen sind, wartet schon auf einem großen Bücherwagen auf uns – so einsam wie ein Millionär auf dem Rücksitz seiner Großraumlimousine. Sie wird in einer modernen Schatulle aus glattem und glänzendem Maroquinleder aufbewahrt, auf deren Rücken in goldenen Lettern »The Spinola Hours« und »Bruges c. 1510« steht. Dieses Behältnis wurde für den Verkauf der Handschrift durch den New Yorker Buchhändler H. P. Kraus, einen Meister seines Fachs, in den späten 1970er-Jahren angefertigt. Es entsteht eine Atmosphäre von Luxus und Verlockung. Ein Journalist bat Kraus einmal, ihm in wenigen Sätzen zu erklären, wer die Käufer von illuminierten Handschriften seien. Kraus knurrte mit stark österreichischem Akzent: »Da reichen zwei Worte: die Reichen.« Das hier ist nicht bloß ein Stundenbuch, es ist das Spinola-Stundenbuch, ein von Kraus kreierter Titel, der Ruhm und Exklusivität suggerieren sollte. Dabei existierte der Name noch gar nicht, als die Schachtel angefertigt wurde, und die Handschrift war nahezu unbekannt.

Wir haben in Kapitel Neun schon ein sehr frühes »königliches« Stundenbuch kennengelernt. Im Lauf von hundert Jahren scheint es jeden gebildeten oder auch nur halb gebildeten Menschen danach verlangt zu haben, sein oder ihr eigenes Stundenbuch zu besitzen. Es waren Bücher für Privatpersonen, die sich die aufwändigsten Exemplare kauften, die sie sich leisten konnten. Stundenbücher wurden in den eigenen vier Wänden benutzt, man trug sie daheim mit sich herum, und um sie aufzuschlagen, legte man sie auf kleine *prie-dieux,* Gebetsschemel mit einer schrägen Ablage, oder hielt sie auf dem Schoß. Diese Bücher stellten immer sehr persönliche, intime Besitztümer dar. Wahrscheinlich wurden sie oft auf Tischchen neben den Betten aufbewahrt oder auch in Truhen zusammen mit dem Familienschmuck und anderen Schätzen. Voller Stolz wurden sie Besuchern gezeigt. Ein Museum ist wohl heute tatsächlich der weit geeignetere Aufbewahrungsort für ein Stundenbuch als eine Bibliothek. In diesem Kapitel geht es auch um Luxus, worin die Handschrift im Getty Museum nichts zu wünschen übrig lässt.

Das Spinola-Stundenbuch war immer ein sehr kostbares und kostspieliges Luxusobjekt. Wir haben die Erkundung der Geschichte von Handschriften mit Werken begonnen, die so gut wie keinen kommerziellen Wert besaßen. Dieser bestand allenfalls in den Kosten des Pergaments oder der anderen Materialien, die zu ihrer Anfertigung nötig waren. Die frühen Schreiber und Illuminatoren waren Mitglieder religiöser Orden; sie erhielten kein Honorar für ihre Arbeit. Handschriften wurden zur gemeinschaftlichen Verwendung hergestellt und besaßen keinen Wiederverkaufswert. Sobald professionelle Schreiber an ihrer Herstellung mitzuwirken begannen und Privatleute welche in Auftrag gaben (Kapitel Sechs und Sieben), begannen Bücher etwas zu kosten, das heißt sie erhielten auch einen materiellen Wert und wurden zu einer Ware, die man kaufen beziehungsweise verkaufen konnte. Die exquisitesten illuminierten Handschriften wurden in der Tat bald sehr teuer. Die Erfindung des Buchdrucks reduzierte die Herstellungskosten für gewöhnliche Bücher dramatisch, doch es liegt nun mal in der menschlichen Natur, dass »die Reichen«, um es mit Kraus zu sagen, weiterhin nach Handschriften begehrten, die auch immer noch hergestellt wurden, und dass sie miteinander darum wetteiferten, solche, die besonders prächtig und von Hand illuminiert waren, in ihren Besitz zu bringen. In den 1470er-Jahren hatten die großen kommerziellen Werkstätten in den südlichen Niederlanden mehr oder weniger damit aufgehört, Bücher für die Bibliotheken irgendwelcher Institutionen zu produzieren, sondern waren in den Handel mit Luxushandschriften für Fürsten und neuerdings reich gewordene Kaufleute in ganz Europa eingestiegen. Die niederländischen Illuminatoren wurden keineswegs beschäftigungslos, sondern für sie be-

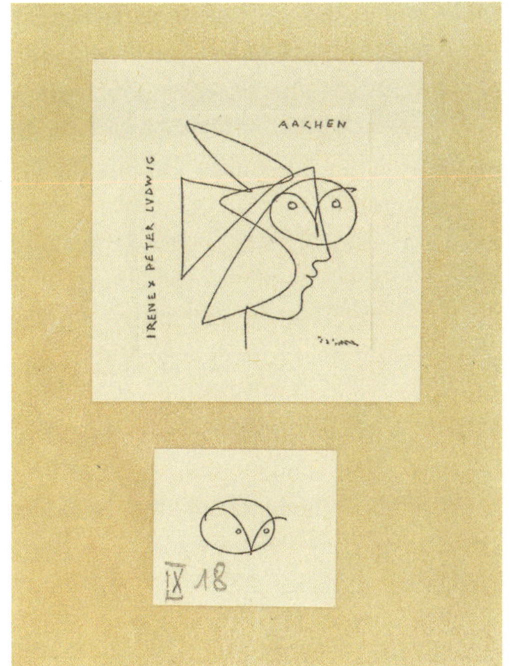

Die von dem Schweizer Künstler Hans Erni entworfenen Exlibris von Peter Ludwig (1925–1996) und seiner Frau Irene (1927–2010) auf dem Vorsatzblatt des Spinola-Stundenbuchs.

gann eine neue Periode kommerziellen Erfolgs. Sie verfeinerten ganz bewusst ihre Kunst, um Werke zu schaffen, die man mit Druckverfahren nicht zustande bringen konnte, und ihre Schöpfungen wurden immer spektakulärer und teurer. Hier im Getty Museum, das mit so üppigen Geldmitteln ausgestattet ist wie kaum eine andere kulturelle Einrichtung auf der Welt, werden wir uns jetzt eine der prachtvollsten Handschriften ansehen.

Aus seiner Schachtel befreit vermittelt das Spinola-Stundenbuch sofort den Eindruck eines Objekts von großem Wert. Es ist größer als viele andere Stundenbücher, es misst ungefähr 23 mal 17 Zentimeter und ist 6,5 Zentimeter dick. Der aus dem späten 18. Jahrhundert stammende Einband aus dunkelrotem Leder wurde dem Stil nach zu urteilen vermutlich in Italien hergestellt. Eine goldene florale Bordüre zieht sich an den Rändern beider Deckel lang; sie setzt sich aus aufgerollten Blättern und Blüten zusammen. In der Mitte sowohl des vorderen als auch des hinteren Deckels prangt zwischen girlandenartigen Rokokoverzierungen ein gekröntes Wappen, was Besitzerstolz auch nach Jahrhunderten bezeugt und die Exklusivität des Bandes herausstreicht. Es handelt sich um das Wappen der Familie Spinola aus Genua, der die Handschrift ihren modernen Namen verdankt; wir werden später in diesem Kapitel mehr darüber erfahren. Quer über den Rücken des Bandes verlaufen sieben horizontale Wülste, die die Bünde, also die Fäden oder Schnüre, mit denen die Lagen zusammengenäht sind, verdecken. Der Rücken ist aber nicht beschriftet. Das war unnötig, weil der Band nicht für eine Bibliothek bestimmt war, in der man ihn aufgrund eines Titels auf dem Rücken sofort identifizieren und auffinden konnte. Die Ränder der Seiten sind vergoldet, und der Schnitt ist mit einem gestrichelten zart eingeritzten Muster aus Rauten verziert, die etwas umgeben, das wie kleine Blütenköpfe aussieht. Diese Art der Verzierung nennt man »Gaufrage«. Das Muster kann aus der Zeit stammen, in der die Handschrift entstand; man sieht sehr ähnliche Ornamente auf den goldenen Rändern eines Buches, das die heilige Maria Magdalena auf einer Abbildung, die sich ziemlich weit hinten im Spinola-Stundenbuch findet, in der Hand hält. Die Ecken des Einbands sind etwas bestoßen, insgesamt ist der Erhaltungszustand aber ausgezeichnet. Dies ist eine Handschrift, die sorgfältig gehütet wurde.

Da ich die umgängliche Aufsicht nicht vor den Kopf stoßen wollte (an jenem ersten Tag war es Christine Sciacca), zog ich widerwillig die weißen Handschuhe über und schlug den Band auf. Die Innenseite des Vorderdeckels ist mit leuchtend grüner Seide überzogen. Das gegenüberliegende Vorsatzblatt besteht aus ziemlich dickem Pergament, es ist unter den Innenrand des Spiegelblatts geschoben und so befestigt. Auf ihm kleben zwei moderne gedruckte kleine Exlibris. Auf dem größeren sieht man die halb abstrakte Zeichnung eines menschlichen Gesichts im Profil, das von der Silhouette einer Eule überlagert ist, wobei die Augen sowohl zum Gesicht des Menschen als auch dem der Eule gehören. Diese Exlibris stammen von dem Schweizer Künstler Hans Erni (1909–2015); das eine trägt am Rand die Inschrift »IRENE & PETER LUDWIG« in Großbuchstaben. Diese Exlibris stammen aus der einzigen Phase in der Geschichte der Handschrift, bevor sie vom Getty Museum erworben wurde, über die wir genau Bescheid wissen. Sie dauerte allerdings nur fünf Jahre an. Ihre Besitzer waren in dieser Zeit Peter Ludwig (1925–1998) und seine Frau Irene (1927–2010) aus Aachen, milliardenschwere Schokoladenfabrikanten, die als Sammler von Kunstwerken – vor allem Gemälden des 20. Jahrhunderts – bekannt wurden. Das Ehepaar erwarb das Stundenbuch von Kraus, der sich damals auf dem Höhepunkt des beruflichen Erfolgs befand. Seine Tochter, Mary Ann Folter, teilte mir freundlicherweise Einzelheiten mit. Die Transaktion ging im Januar 1978 über die Bühne, und das Stundenbuch wechselte den Besitzer für etwas über eine Million Dollar, in den 1970er-Jahren wirklich eine außergewöhnlich hohe Summe für ein Buch. Ludwig hatte schon seit Langem Handschriften gekauft, ohne dies bekannt zu machen, und zwar vor allem von Kraus. Ich begegnete ihm nur ein einziges Mal und habe ihn als einen sehr großen und schweigsamen Mann in Erinnerung. Seine Sammlung war im Depot des Kölner Museums Schnütgen untergebracht, wo ich sie in Begleitung von Peter Ludwigs elfenhaft wirkendem Katalogisator Joachim Plotzek zum ersten Mal in Augenschein nehmen und feststellen konnte, was für eine Menge herausragender illuminierter Handschriften sie umfasste – sie kam mir wie der Goldschatz eines Drachens vor. Auf der Vorderseite des dickleibigen zweiten Bands des von Plotzek schließlich veröffentlichten Katalogs der Sammlung war das Spinola-Stundenbuch abgebildet. 1983 wurde im Rahmen eines Abkommens, das in Deutschland für einigen Unmut sorgte, die Sammlung von 144 illuminierten Handschriften *en bloc* an das neue Getty Museum verkauft, wo sie den Grundstock für

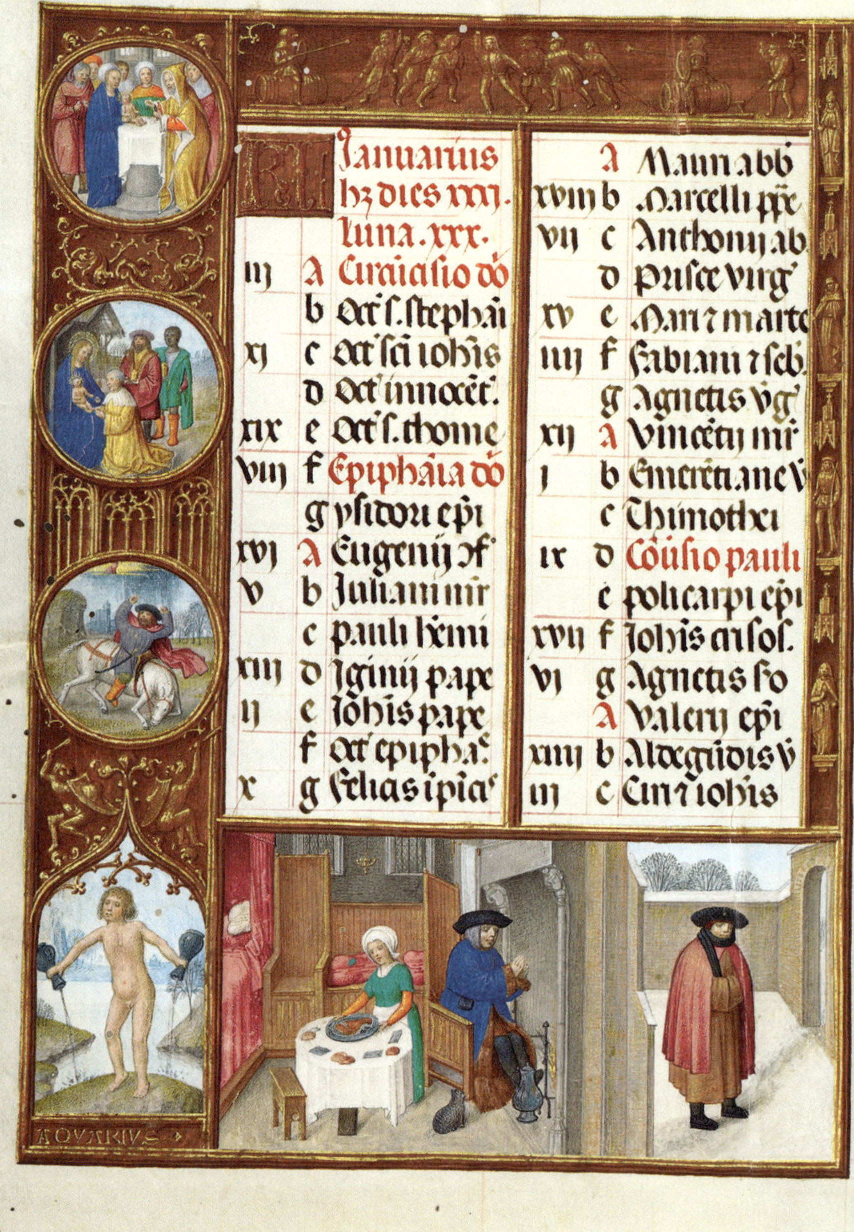
Januarius
luna.xxx.
Circūcisio dō
Epiphania dō
Cōūsio pauli
AQVARIVS

eine Abteilung bilden sollte, die die Lücke zwischen Kunstwerken der Antike und der Bildkunst der Renaissance schließen sollte.

Die erste Seite der Handschrift ist leer. Schlägt man sie um, taucht man sofort in das späte Mittelalter ein. Das Spinola-Stundenbuch wird wie die meisten Psalter und Stundenbücher durch einen Kalender eröffnet, in dem die Festtage der Heiligen für das ganze Jahr verzeichnet sind. Der Text selbst ist in zwei Kolumnen unterteilt, die Schriftfarbe rot und schwarz. Der Bildschmuck ist außergewöhnlich üppig. Am unteren Rand der Seite für den Monat Januar ist eine häusliche Szene dargestellt; man sieht einen Mann und eine Frau. Es fällt schwer, ihren sozialen Status einzuschätzen, der Mann zumindest scheint gutgekleidet zu sein und hat einen Geldbeutel an einem um seine Taille geschlungenen Riemen befestigt. Die hohen Stabwerksfenster sind verglast, auf dem gewaltigen steinernen Kamin sind die Umrisse von Wappen zu erkennen, und doch würde man den Raum in der heutigen Terminologie wohl als Wohn-Schlafzimmer bezeichnen, Schlaf-, Ess- und Wohnbereich sind auf kleinster Fläche konzentriert. Sicherlich hat kein Adliger in solchen Verhältnissen gelebt. Vielleicht handelt es sich um das Dienstbotenquartier in einem Schloss. Die Frau deckt den Tisch für einen einzigen Esser, der so einsam an ihm sitzen würde wie ich an dem langen Tisch im Getty Museum. Der Mann, dem seine Katze und eine Kanne Bier Gesellschaft leisten, wärmt sich derweil seine eiskalten Hände und Füße am Kaminfeuer. Rechts neben dieser Darstellung sieht man einen anderen Mann oder aber denselben, nur anders gekleidet, nach draußen in den Schnee treten. Er hat einen grauen Schal um den Hals gewunden und seine Hände in die weiten Ärmel seines Gewands gesteckt. Über den Pfad im Schnee, auf dem er in Richtung Tor geht, sind vorher schon andere gelaufen, er weist daher dunkle Flecken auf. Im Februar ist der Schnee schon geschmolzen, und Gutsarbeiter sind damit beschäftigt, den Boden

LINKS: Die Seite des Kalendariums im Spinola-Stundenbuch für den Monat Januar. Sie zeigt einen Mann, der sich in einer Stube an einem Feuer wärmt und dann vorsichtig auf den verschneiten Hof hinaustritt.

NACHFOLGENDE DOPPELSEITE: Auf den Seiten für März und April sind das Beschneiden von Rebstöcken im Garten eines Schlosses sowie das Austreiben des Viehs auf die Weide dargestellt.

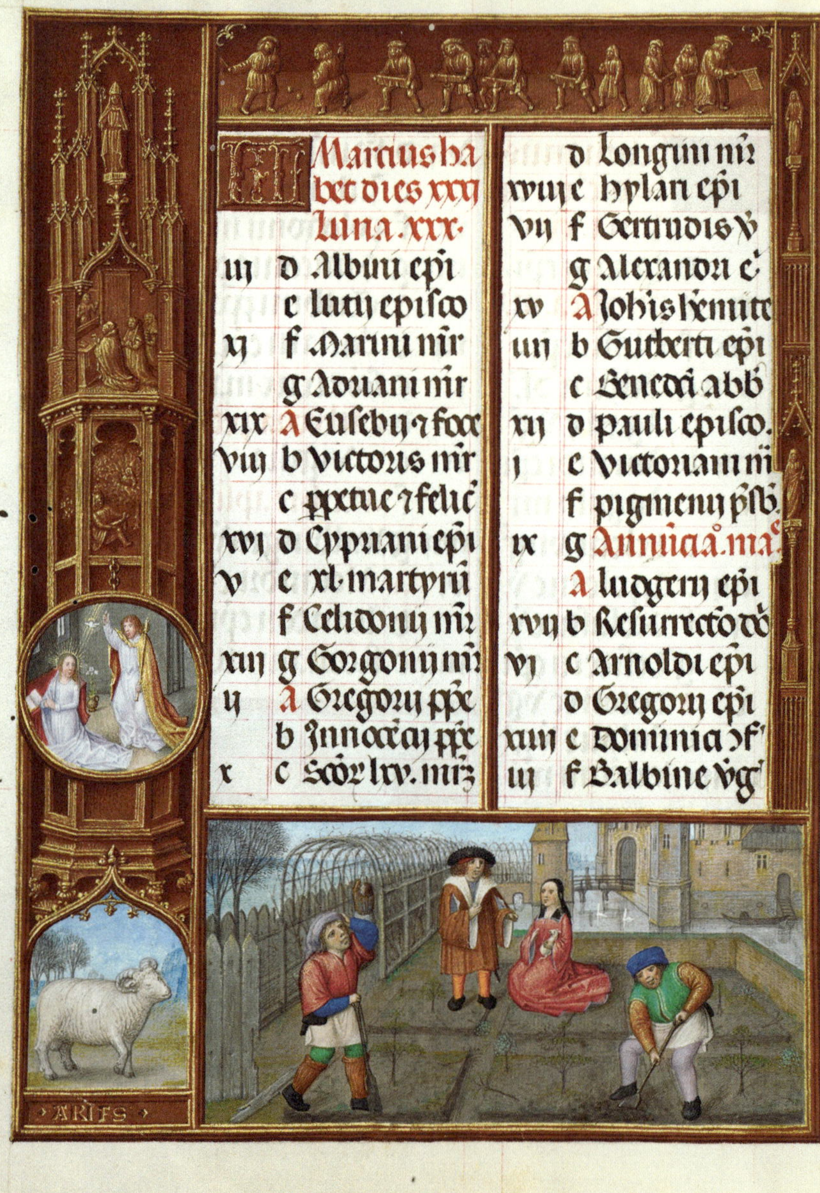
KL Marcius habet dies xxxi
Luna xxx
iii d Albini epi
c Lucii episco
xi f Marini mr
g Adriani mr
xix A Eusebii & socio
viii b Victoris mr
c Perpetue & felic
xvi d Cypriani epi
v e xl martyrum
f Gelidonii mr
xiii g Gorgonii mr
ii A Gregorii ppe
b Innocentii ppe
x c Scor lxv. mr
d Longini mr
xviii e Hylarii epi
vii f Gertrudis v
g Alexandri c
xv A Johis heremite
iiii b Cutberti epi
c Benedicti abb
xii d pauli episco
i e Victoriani mr
f pigmenii psb
ix g Annunciatio ma
A ludgerii epi
xvii b Resurrectio dni
vi c Arnoldi epi
d Gregorii epi
xiiii e Dominica
iii f Balbine vg
ARIES

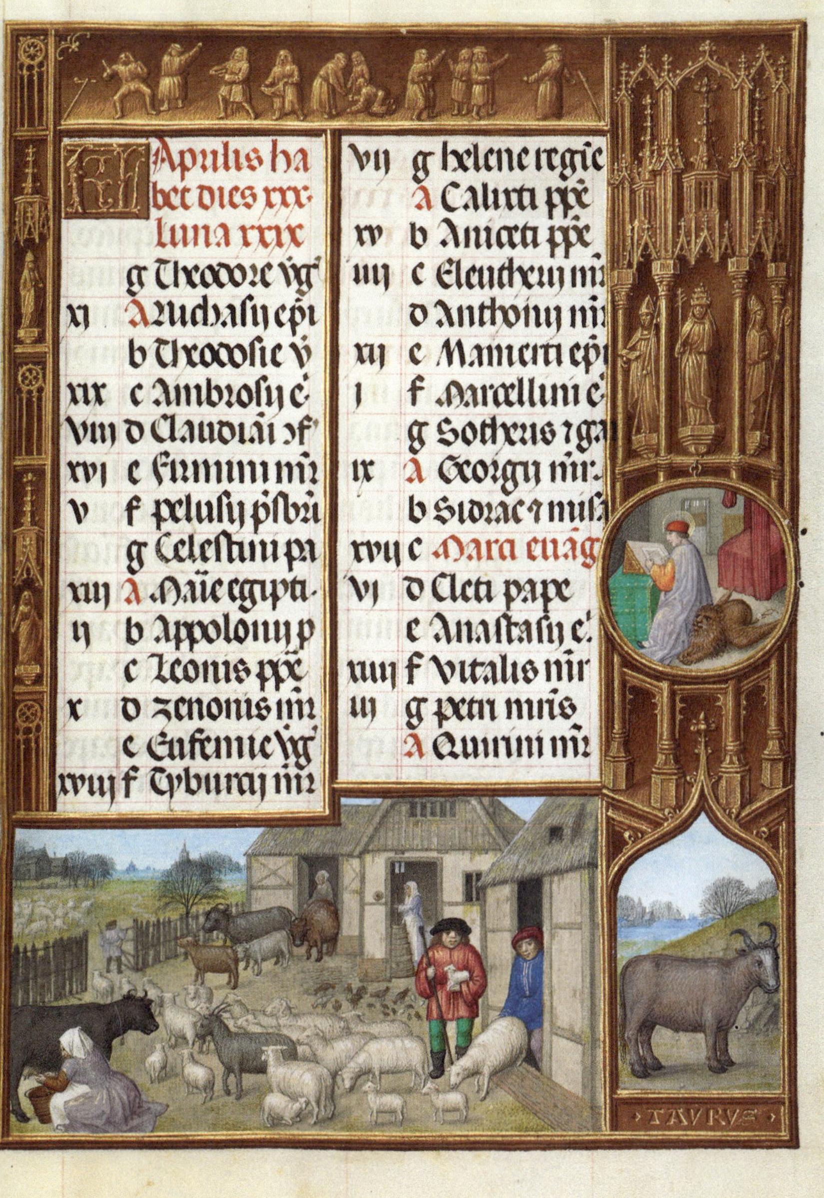

Aprilis ha
bet dies xxx.
luna xxix

	g	Theodore vĩg
xi	A	Archasij epĩ
	b	Theodosie v
xix	c	Ambrosij c.
viij	d	Claudiaꝰ cf
xvi	e	Firmini mr̃
v	f	pelusij pẽsbri
	g	Celestini pa
xiij	A	Marie egipti.
ij	b	Appolonij p
	c	Leonis ppẽ
x	d	Zenonis mr
	e	Eufemie vĩg
xviij	f	Tyburcij mr
vij	g	helene regĩe
	A	Calixti ppẽ
xv	b	Aniceti ppẽ
iiij	c	Eleutherij mr
	d	Anthonij mr
xij	e	Mamerti epĩ
i	f	Marcellini c.
	g	Sotheris ⁊ ga
ix	A	Georgij mr.
	b	Sidrac ⁊ mis
xvij	c	Marci euãg
vi	d	Cleti pape
	e	Anastasij c.
xiiij	f	Vitalis mr
iij	g	petri mris
	A	Quirini mr

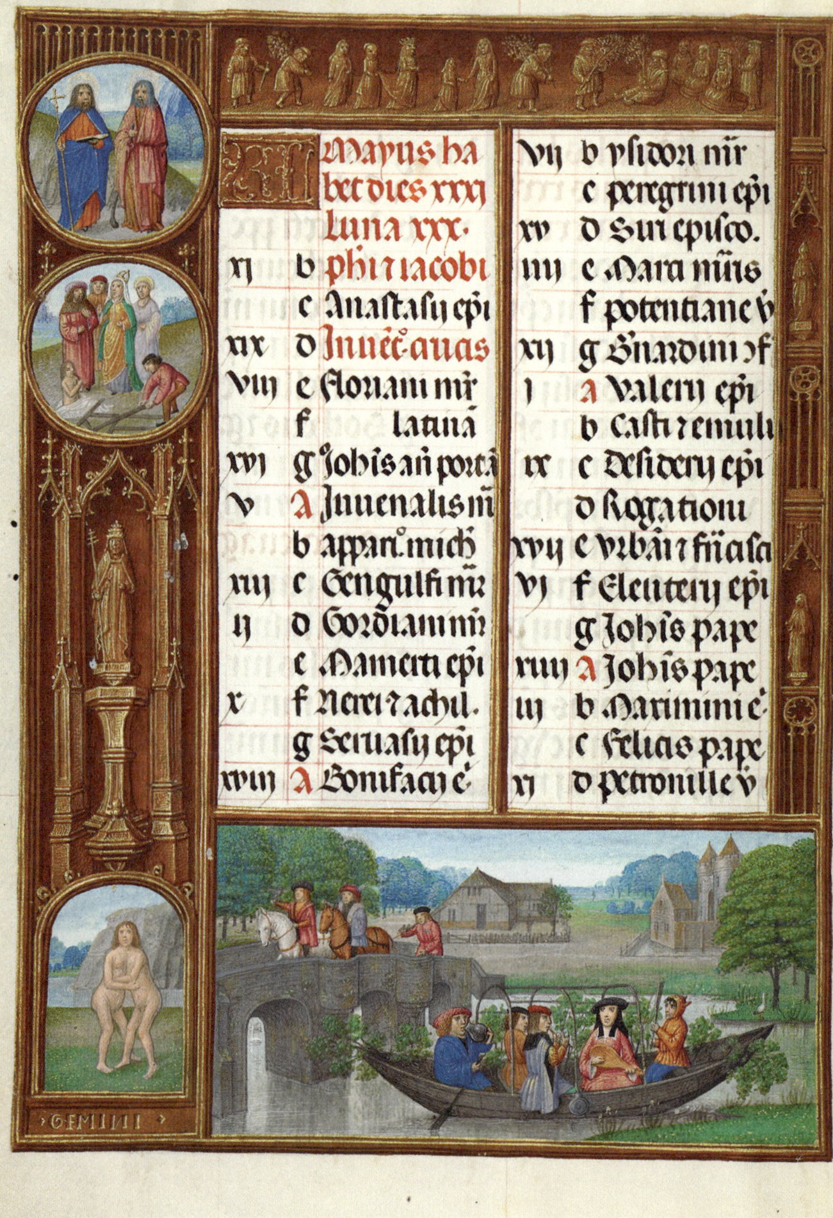

Mayus ha
bet dies xxxi
Luna xxx.
xi b Phi et iacobi
c Anastasii epi
xix d Inuec. crucis
viii e Floriani mr
f latina
xvi g Johis an portã
v A Juuenalis m
b appari. mich
xiii c Gengulfi mr
ii d Gordiani mr
e Mamerti epi
x f Nerei et achil.
g Seruasii epi
xviii A Bonifacii c.
vii b ysidori mr
c peregrini epi
xv d Syri episco.
iiii e Marci mris
f potentiane v
xii g Bnardini cf
i A Valerii epi
b Casti et emuli
ix c Desiderii epi
d Rogationu
xvii e Vrbani et fria sa
vi f Eleuterii epi
g Johis pape
xiiii A Johis pape
iii b Maximini c.
c Felicis pape
xi d Petronille v
GEMINI

zu pflügen und Pflanzen, vermutlich Weinstöcke, einzusetzen. Im März wagt sich ein vornehmes Paar mit einem weißen Schoßhündchen aus seinem Schloss in den Garten, obwohl es noch nicht viel wärmer ist. Gärtner legen bereits Beete an, doch sie tragen Hüte, Jacken und wollene Beinkleider. Schaut man genau hin, erkennt man im Hintergrund einen Wehrgraben, auf dem Schwäne zu einer auf der Zugbrücke stehenden Frau hingleiten. Vielleicht ist sie hergekommen, um sie zu füttern.

Im April werden zum ersten Mal Haustiere vom Bauernhof auf die Weiden geführt. Man sieht Kühe mit Kälbern, Schafe mit Lämmern und Hennen, um die ihre Küken herumhuschen. Um die Hälse der Kühe sind Glocken gebunden. Eine Frau melkt eine Kuh, eine andere macht Butter in einem Butterfass. Am 1. Mai, an dem man traditionell den Sommeranfang feiert, reiten zwei Adlige bei Tagesanbruch über eine Brücke, und ein mit grünen Zweigen vom Weißdorn, dem »Maibusch«, geschmücktes Boot, mit musizierenden jungen Leuten darin, treibt träge auf dem Fluss. Ein junger Mann im Heck trinkt etwas aus einer Art Feldflasche, ein ähnliches Gefäß hängt von der Seite des Bootes herab ins Wasser, damit der Inhalt kühl bleibt. An den Ufern wachsen Iris. Als wäre die Zeit stehen geblieben, eröffnet sich vom Fenster unserer Wohnung in Cambridge aus an einem Sommertag beinahe der gleiche Blick auf den River Cam. Im Juni werden Schafe geschoren, und ein Mann ruht sich auf einer Bank vor einem Wirtshaus aus. Im Juli wird Gras gemäht und auf einen Heuwagen geladen. So zieht Seite um Seite das Jahr des mittelalterlichen Menschen vor dem Betrachter vorbei. Im August wird der Weizen geerntet; im September werden die Äcker gepflügt und für das nächste Jahr bestellt. So geht es weiter bis zum Dezember, in dem wieder Schnee liegt und der Wehrgraben zugefroren ist. Im Vordergrund schlachten Männer Schweine und fangen das Blut in Gefäßen auf, um in der am linken Rand abgebildeten Küche Blutwurst machen zu können. Das sind schon Vorbereitungen für das Weihnachtsfest. Es wirkt alles sehr vertraut und doch irgendwie verzaubert. Dieser stets gleichbleibende Rhythmus des Jahres weckt nostalgische Gefühle. Die Abbildungen sind gesättigt von irdischem Naturalismus wie ein Brueghel-Gemälde. Wenn man sich von der

LINKS: Das Motiv für den Monat Mai ist eine Bootspartie. Junge Männer feiern fröhlich musizierend und zechend den Maitag und den Beginn des Sommers.

Aufsicht eine Lupe borgt, dann löst sich einem das Getty Museum vor den Augen auf, das 21. Jahrhundert verfliegt, und die Landschaft der südlichen Niederlande im frühen 15. Jahrhundert liegt zum Greifen nahe (wären da nicht diese grässlichen Handschuhe). Bis hin zum kleinsten Detail ist die Vergangenheit gegenwärtig. Kein Faksimile kann diese Verzauberung vermitteln.

Letztlich sind alle in Stundenbüchern enthaltenen Kalender Abkömmlinge jenes verschollenen »Chronographs von 354« aus dem 4. Jahrhundert. Wir haben den Abglanz, den dieses geheimnisvolle spätantike Werk in der Leidener *Aratea* hinterlassen hat, in Kapitel Vier kennengelernt. Es handelte sich um einen Almanach, der in heidnischer Zeit für einen zu den frühen Christen gehörenden Besitzer angefertigt wurde; das Werk wurde im 9. Jahrhundert wiederentdeckt, stieß am karolingischen Hof auf Bewunderung und wurde dort kopiert. Es begründete eine erstaunlich langlebige Textdynastie. Die einleitenden Worte des Spinola-Stundenbuchs gehen unverändert auf jenen 1150 Jahre früher entstandenen Prototyp zurück: »Januarius h[abet] dies xxxi.« Mit diesen Worten beginnen auch die Kalender im Kopenhagener Psalter (Kapitel Sieben) und im Stundenbuch der Johanna von Navarra (Kapitel Neun). Ähnlich sind auch die alten Darstellungen der Tierkreiszeichen, die in einem christlichen Gebetbuch ohne jeden praktischen Nutzen sind, in dem Spinola-Stundenbuch erhalten: Man findet sie in den unteren linken oder rechten Ecken jeder Seite. Sie sind ebenfalls aus dem Chronograph von 354 übernommen und gehörten fest zum Bildrepertoire solcher Kalender.

An den oberen Seitenrändern des Kalenders im Spinola-Stundenbuch sind Kinderspiele dargestellt, die nicht alle eindeutig identifizierbar sind (jedenfalls nicht von mir). Die Abbildungen sind in Braun und Gold gehalten, so dass sie wie Holzschnitte wirken. Im Januar sieht man die Kinder ihre Version eines Turniers abhalten; die »Ritter« sitzen auf Fässern, die von den anderen über das Eis gezogen werden. Es scheint so etwas wie Tanzspiele gegeben zu haben, bei denen die Kinder sich wie bei einer Polonaise hintereinanderreihten oder sich gegenseitig huckepack trugen. Im April sind sie beim Murmelspiel abgebildet, im Juni beim Fang von Schmetterlingen unter ihren Hüten. Sie albern herum, kämpfen auf Steckenpferden gegeneinander, fahren Boot, fangen Vögel in Fallen, vergnügen sich beim Kegeln, treiben Reifen vor sich her, und im Dezember

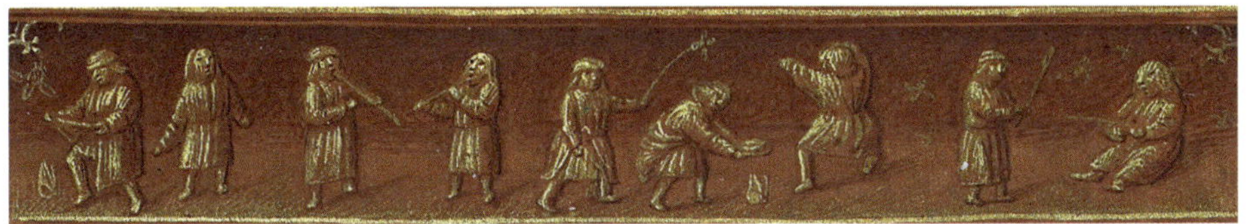

Am oberen Rand der Seiten des Kalendariums sind Kinder dargestellt, die zum Beispiel im Juli auf Musikinstrumenten blasen und Schmetterlinge fangen.

rodeln sie. In der mittelalterlichen Malerei wirken die Menschen oft freudlos und ernst auf uns, doch diese Kinder haben Spaß.

In den meisten mittelalterlichen Kalendarien sind die Festtage von besonders wichtigen Heiligen mit roter Tinte hervorgehoben, wofür es im Englischen heute noch den Begriff »red letter days« gibt. Hier sind diese Tage zusätzlich mit Medaillons an den Außenrändern illustriert; einige davon hängen an kleinen Ketten von den Texträndern wie Kugeln von einem Weihnachtsbaum. Diese Red-Letter-Festtage sind alle universell und in enttäuschender Weise nicht mit einer bestimmten Region in Zusammenhang zu bringen. Die Namen der weniger bedeutenden Heiligen, die den Kalender ausfüllen, scheinen jedoch dem heimischen Repertoire des Schreibers entnommen. Es handelt sich um Heilige wie Aldegunda, Amandus, Walburga, Gertrude sowie viele andere, die in Nordeuropa oder lokal verehrt wurden wie Nikasius, Gengulphus, Bonifatius, Erasmus, Severinus, Lebuin, Willibald, Kilian, Donatus, Remaclus, Lambert, die beiden Ewalds, die 11 000 Jungfrauen, Hubertus und Willibrord. Mithilfe eines Heiligenlexikons, wie es sich natürlich auch unter den Nachschlagewerken im Lesesaal des Getty Museum findet, können wir aufgrund dieser Namen den Ursprung des Spinola-Stundenbuchs im Großraum Flandern, Niederlande, Rheinland verorten; eine Provenienz aus diesem Raum legt aber auch schon der Stil der Bebilderung nahe.

Die Heiligennamen erinnern uns daran, dass Stundenbücher vor allem der religiösen Andacht dienen. Wenn man das letzte Blatt des Kalenders umschlägt, kann an diesem Zweck des Buches kein Zweifel mehr

NACHFOLGENDE DOPPELSEITE: Die ersten großformatigen Miniaturen des Spinola-Stundenbuchs: Christus trägt das Kreuz über die Via Dolorosa und segnet, in den Himmel aufgefahren, die Welt.

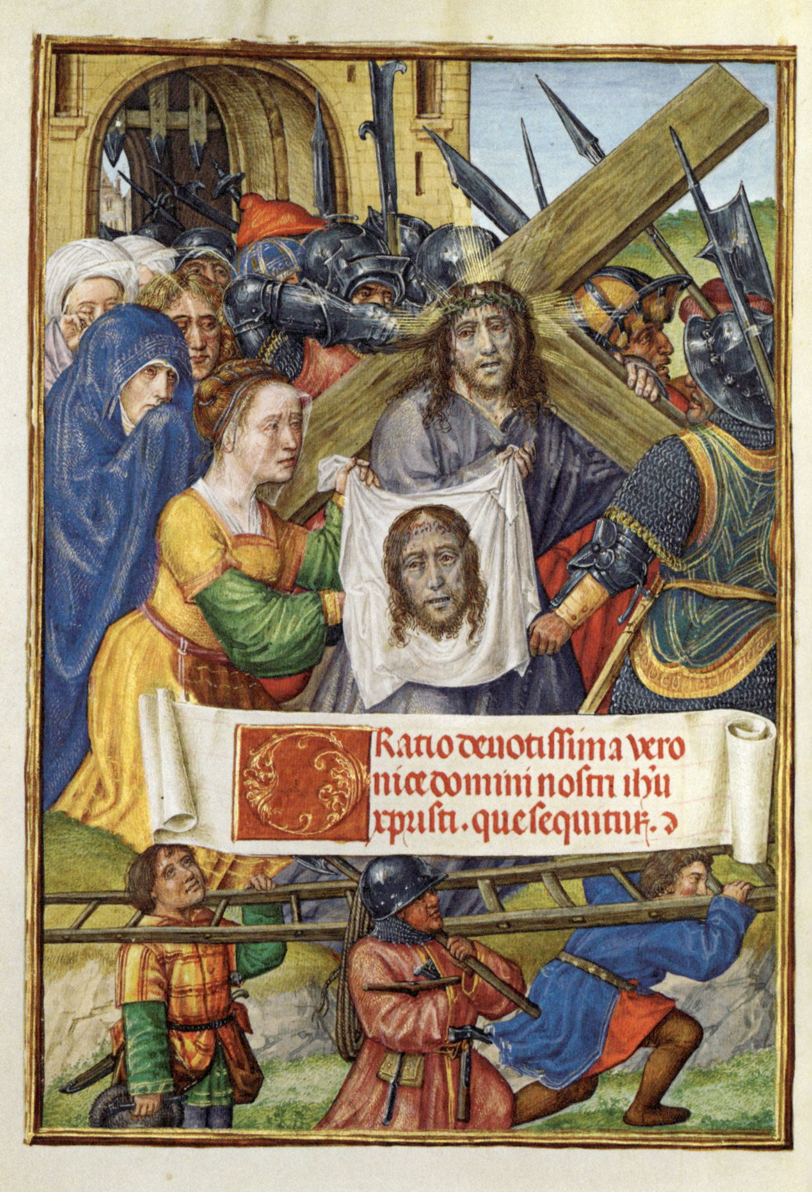
ORatio deuotissima vero
nice domini nostri ihu
xpusti . que sequitur .

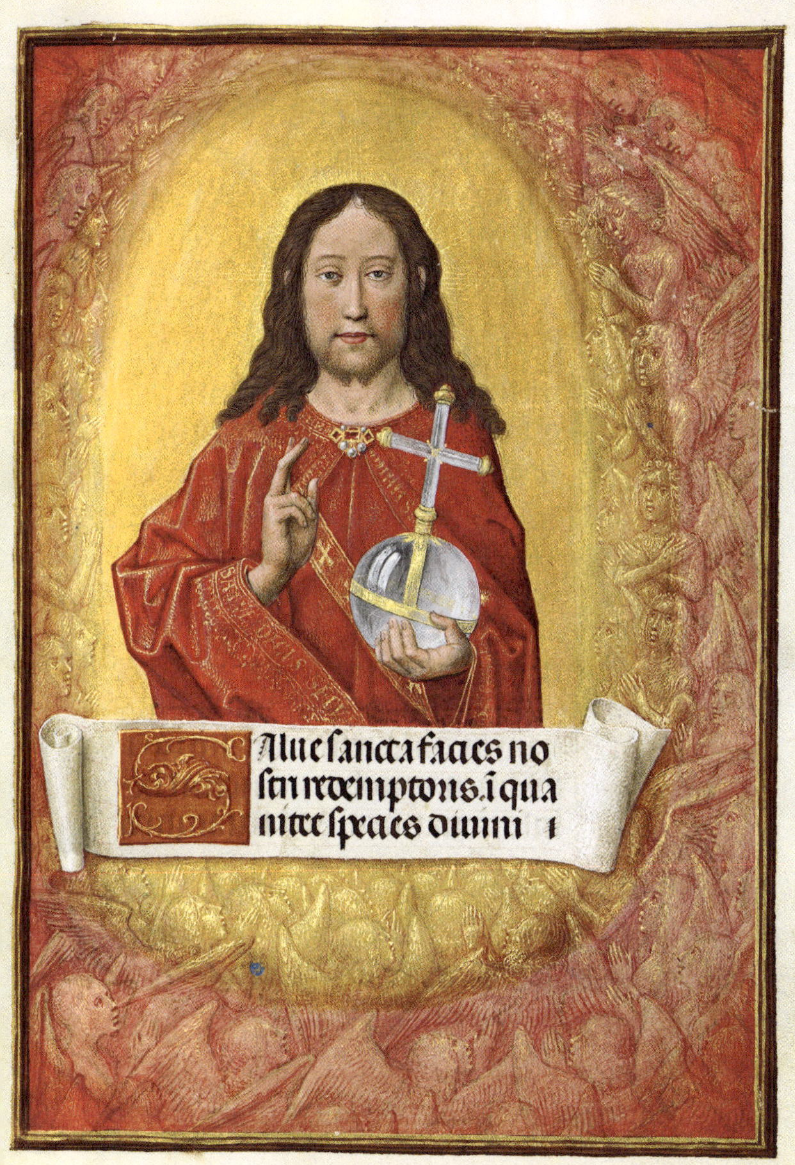
Salue sancta facies no
stri redemptoris. i qua
nitet species diuini

bestehen. Auf der linken Hälfte einer Doppelseite sind die Jungfrau Maria und die heilige Veronika abgebildet; ihre Gesichter sind mit exquisiter Feinheit gestaltet. Beider Augen sind rot und schimmern vor Tränen, während sie zuschauen, wie der gefangen genommene Jesus von Soldaten über die Via Dolorosa zu seiner Todesstätte geschleift wird; die gegenüberliegende Seite wird von einer *en face*-Darstellung des in den Himmel aufgefahrenen Jesus eingenommen, der eine Kristallkugel in der Hand hält. Er ist von einer Schar Erzengel eingerahmt, die in Gold und ganz blassem Rot ausgeführt sind. Seine Hand ist in einer majestätischen Geste des Segnens erhoben. Diese Komposition ist aus anderen Handschriften bekannt, man nimmt allgemein an, dass sie auf ein verschollenes Gemälde von Jan van Eyck zurückgeht. Die Darstellung ist verblüffend naturalistisch. Auf beiden Seiten blickt Jesus dem Betrachter direkt in die Augen. Bekämen wir heute ähnliche moderne Bilder in einem religiösen Kontext zu Gesicht, würden wir sie naserümpfend als sentimental und typisch verzuckerten römischen Katholizismus abtun. Man muss sich aber vergegenwärtigen, dass diese Bilder fünfhundert Jahre alt sind und von Hand gemalt wurden. Und im Grunde haftet ihnen schon ein Hauch von der kurz bevorstehenden Reformation an. Sie evozieren religiöse Emotionen und fördern die Interaktion zwischen dem Buch und seinem Leser. Die religiöse Andacht niederländischer Christen war bereits ausgesprochen persönlicher Art. Gestalten wie Geert Groote (1340–1384), Gründer der »Brüder vom gemeinsamen Leben«, und Thomas à Kempis (ca. 1380–1471), der vermutliche Verfasser von *Die Nachfolge Christi*, hoben hervor, dass der Einzelne auch ohne Vermittlung der Institution Kirche zum Heil gelangen könne. Ein ganz gewöhnlicher Mensch konnte Christus direkt in die Augen sehen. Privater Glaube und individuelle Gebete – ein Thema, über das Sozialhistoriker nur schwer etwas in Erfahrung bringen können, was seine Bedeutung aber nicht schmälert. Ein Stundenbuch war ein intimer Prüfstein für die eigene Frömmigkeit, und die Existenz und offensichtliche Popularität solcher Bücher in den südlichen Niederlanden kann uns vielleicht einiges über einen ansonsten schwer fassbaren und kaum dokumentierten Aspekt der täglichen Erfahrung eines Menschen erzählen.

Gehen wir ohne weitere Umwege zum Haupttext des Buches über, den Stundengebeten zu Ehren der Jungfrau Maria. Auf diesen Teil stößt man erst, wenn man das Buch schon zu einem Drittel durchgeblättert hat. Wie in den meisten Stundenbüchern kann man den Anfang eines Textteils am leichtesten finden, wenn man nach der ihn kennzeichnenden Eingangsillustration sucht. Sie zeigt hier die Verkündigung; mit einer Darstellung dieser Szene wurden Matutine üblicherweise illustriert. Die Seiten waren nicht paginiert; wir können diese erste Seite als folio 92v bezeichnen, die ersten Besitzer des Buches werden sie aber mithilfe der Abbildung gefunden und definiert haben. Im Spinola-Stundenbuch erweckt sie beinahe den Anschein einer Titelseite, und das Bild umgibt einen mit roter Tinte geschriebenen dreizeiligen Textblock: »*Incipiu[n]t hore beate marie / virginis secundu[m] usu[m] / Romanu[m]. Ad matutin[as].*« (»Die Stunden der Jungfrau Maria beginnen entsprechend dem römischen Brauch. Zu den Matutinen.«) Den Schauplatz der Verkündigung bildete ein Gebäude mit klassischen Marmorsäulen: eine Reverenz an die historische Epoche, in der das Ereignis stattfand. Letztlich handelt es sich aber um einen Palast im Stil der flämischen Renaissance mit Ziegelwänden, der in einem schlammbedeckten Hof und eingezäuntem Garten steht. Im Hintergrund ragen ein mittelalterliches Pförtnerhaus und ein Burgfried auf. Wir können sowohl das Äußere des Gebäudes betrachten als auch, als trügen wir eine Röntgenbrille, in es hineinschauen und Maria in ihrer Hauskapelle sehen; der entsprechende Bildausschnitt ist von einem eigenen goldenen Rahmen umgeben. Diese Kapelle grenzt an Marias Schlafgemach an, und sie kniet vor einem aufgeschlagen auf der Ablagefläche eines Gebetsstuhls ruhendem Andachtsbuch, das ein Stundenbuch sein könnte.

Versuchen Sie sich mal für einen Augenblick in die Gemütsverfassung einer frommen Frau im frühen 16. Jahrhundert zu versetzen. Ihr war beigebracht worden, das historische Ereignis der Verkündigung, also das Erscheinen des Erzengels Gabriels in Marias Haus in Nazareth, als das ehrfurchtgebietendste und heiligste Ereignis innerhalb der ganzen Schöpfungsgeschichte anzusehen. In jenem Augenblick fand ein bloßes Menschenwesen – eines wie Sie – höchste Gnade bei Gott selbst, eine Frau wurde »gebenedeit unter den Weibern« und empfing seinen einge-

NACHFOLGENDE DOPPELSEITE: Die Darstellung der Verkündigung, die ins Bild setzt, wie die Jungfrau durch einen Erzengel bei der Lektüre ihres Breviers unterbrochen wird, gekoppelt mit der alttestamentarischen Erzählung von Gideon, der himmlischen Tau auf ein Wollvlies herabrief. Dieses Zeichen galt als Präfiguration der Geburt Christi.

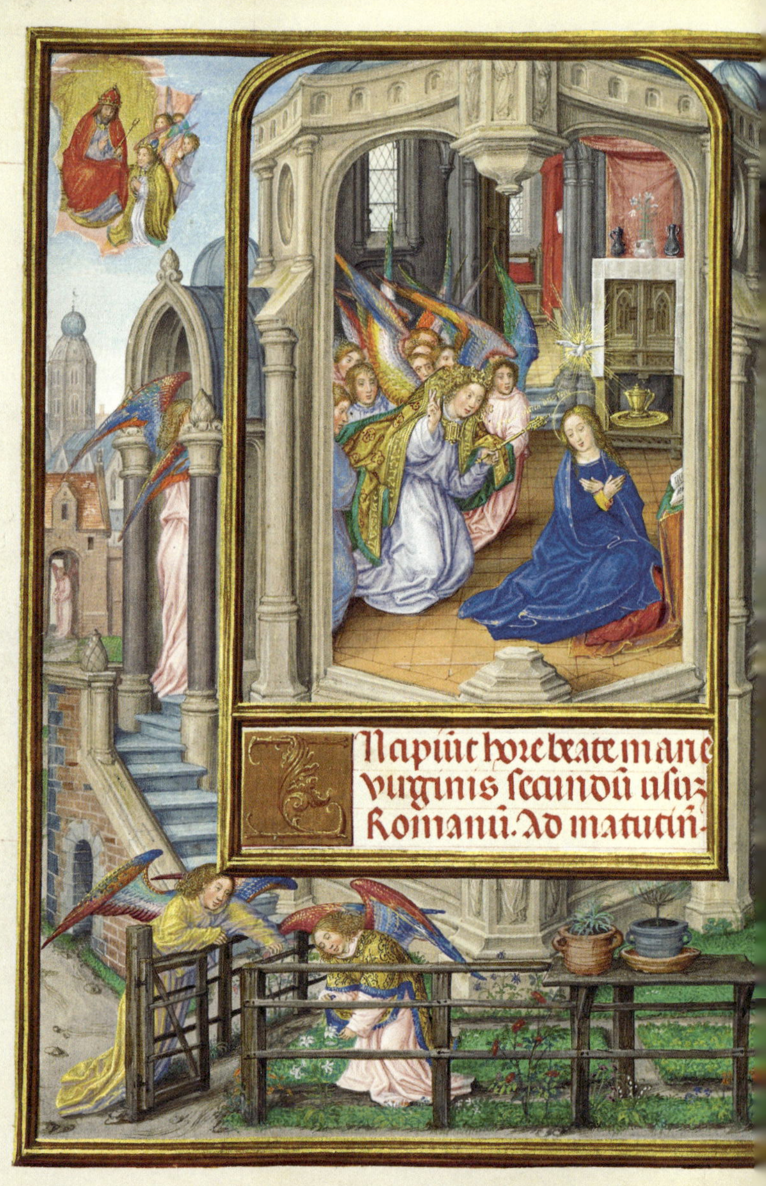
Incipiũt hore beate marie
virginis secundũ usũ
Romanũ. Ad matutinũ.

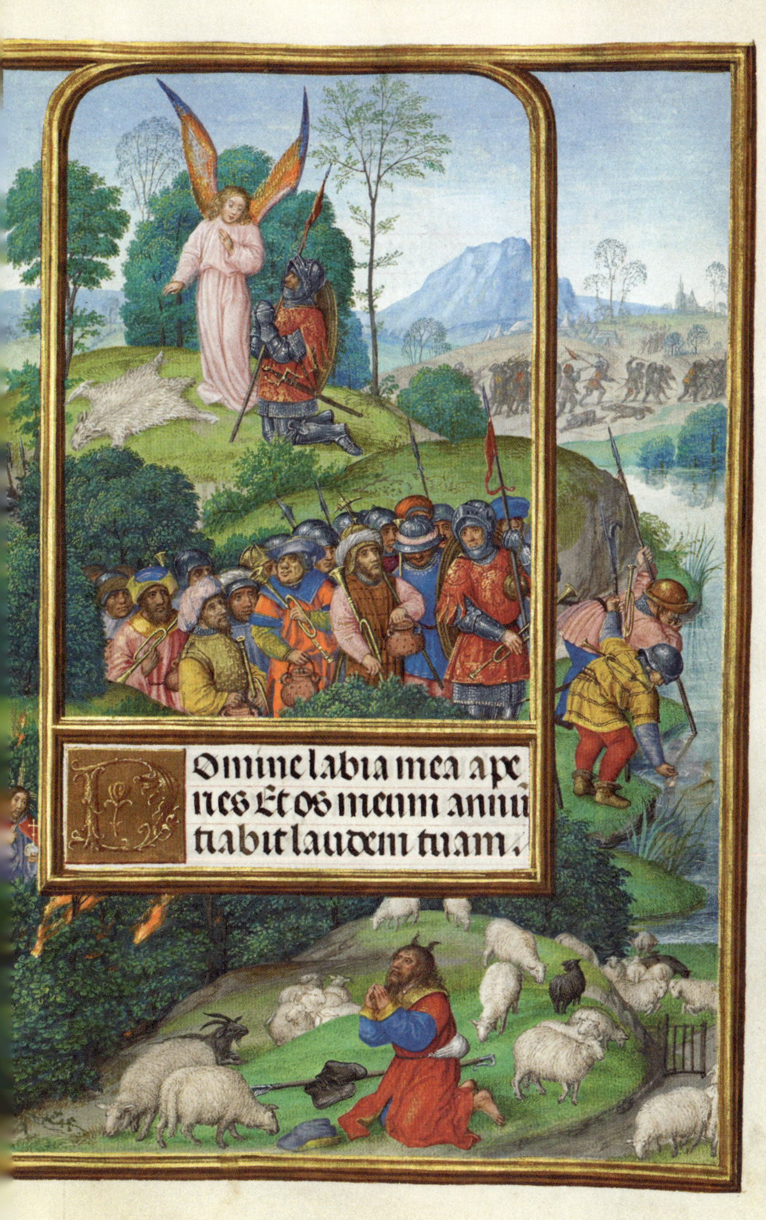
Domine labia mea ape
ries Et os meum annũ
tiabit laudem tuam.

borenen Sohn. Implizit hat jeder fromme Christenmensch seitdem nach einer solchen unbedingten Anerkennung durch Gott gestrebt. Die Besitzerin eines Stundenbuchs hat vielleicht die Darstellung einer Verkündigung intensiv angeschaut und sich vorzustellen versucht, was man als Frau, die vor allen anderen ausgezeichnet wurde, empfunden haben muss. Das Bild nahm alle ihre Gedanken gefangen und lenkte sie auf sich selbst zurück. Sie versuchte nachzuvollziehen, was Maria gedacht und gefühlt haben mag. Ähnlich wurde ein frommer Mann des späten Mittelalters dazu stimuliert, in eigener Person die Schrecken und Schmerzen, die mit der Passion und Kreuzigung Christi einhergingen, mitzuempfinden. Die Verkündigung und die Kreuzigung sind die bei Weitem verbreitetsten Sujets der spätmittelalterlichen Kunst.

In jenem erhabenen Augenblick der Verkündigung kniete Maria der volkstümlichen Überlieferung nach, wie auf diesem Bild dargestellt, vor ihrem Gebetbuch. Wir können die Wörter, die sie gelesen hat, nicht erkennen. Alle wussten jedoch, dass Nazareth damals zum Römischen Reich gehört hatte, denn das wird im 2. Kapitel des Lukas-Evangeliums deutlich, und dass die Römer Latein sprachen. Jeder biblische Text, der Maria bekannt war, konnte nur aus dem Alten Testament stammen, und in erster Linie kamen Psalmen oder Prophezeiungen dafür in Frage. Ohne sich allzu viele Gedanken darüber zu machen, werden die meisten Leute davon ausgegangen sein, dass sie solche Texte auf Latein las. Wenn man passende Psalmen und Auszüge aus den Büchern der Propheten auf Latein las und über sie nachdachte, dann waren im Stundenbuch also vielleicht dieselben Worte zu lesen, mit denen sich auch die Jungfrau innerlich beschäftigt hatte. Der oder die Andächtige kniete in seinem/ihrem Heim vor dem aufgeschlagenen Stundenbuch, genau so wie es auf dem Bild dargestellt ist, und schuf für sich die Bedingungen nach, unter denen es vor vielen Jahrhunderten zu jener höchsten aller religiösen Erfahrungen gekommen war. Im Spinola-Stundenbuch ist der berühmte Ausspruch des Engels: »*Ave … gratia plena dominus tecum*« in goldenen Lettern quer über das Bild geschrieben. Da der Name ausgelassen ist, könnte dieser Gruß sich auch an den Leser oder die Leserin richten.

Die in den verschiedenen »Stunden« der Jungfrau verwendeten Sentenzen sind zumeist solchen Büchern des Alten Testaments entnommen, die die Jungfrau selbst gekannt haben könnte. Es beginnt mit Sentenzen aus Psalm 50,17 und Psalm 69,1–2. Die Matutinen schließen für gewöhnlich Psalm 94 ein (»Venite exultemus …«, »Kommt herzu, lasst uns dem Herrn frohlocken …«), Psalm 8 (»Domine dominus noster …«, »Herr, unser Herrscher …«), Psalm 18 (»Celi enarrant …«, »Die Himmel erzählen …«), Psalm 23 (»Domini est terra …«, »Die Erde ist des Herrn …«), und so weiter; hinzu kommen drei Auszüge aus Jesus Sirach 24,11–20, in denen die Ewigkeit Gottes und die Erhöhung, die seinem Volk zuteilwerden wird, geschildert sind. Dazwischen sollen immer wieder formelhafte Wendungen intoniert werden wie »Ave Maria gratia plena« (»Gegrüßet seist du, Maria, voll der Gnade«) und »Benedicta tu in mulieribus« (»Du bist gebenedeit unter den Frauen«): Das waren bekannterweise die Worte, mit denen der Erzengel Maria bei ihrer eigenen Lektüre der Psalmen unterbrach.

Die Matutinen wurden vor Morgengrauen aus einem Stundenbuch vorgelesen, zu der Tageszeit, als der Erzengel Maria in Nazareth erschien. Laudes wurde beim ersten Tageslicht gelesen, das war die Stunde, zu der Maria aufgebrochen war, um ihre Cousine Elisabeth zu besuchen, Prim am frühen Vormittag, ungefähr zur Stunde der Geburt Christi. Terz folgte um die Mitte des Vormittags, die Tageszeit, zu der die Hirten ganz außer Atem in Bethlehem eingetroffen waren, nachdem sie in der Nacht ihre Herden sich selbst überlassen hatten. Sext war am späten Vormittag an der Reihe, die Zeit, da die Heiligen Drei Könige dem Christkind ihre Gaben überbracht hatten. Daran schloss sich Non – englisch »noon« stammt davon ab – zu der Tageszeit an, als Jesus, Jahre später, den Priestern im Tempel zur Beschneidung übergeben worden war. Die Vesper, das Frühabendoffizium, wurde um die Stunde gelesen, da die Dämmerung einbrach; zu dieser Tageszeit hatte die Heilige Familie die Flucht nach Ägypten angetreten, um dem Zorn von König Herodes zu entgehen. Komplet schließlich korrespondierte mit der ersten Stunde der Nacht, in der die Jungfrau am Ende ihres irdischen Lebens in den Himmel aufgefahren war. Jeder der Horen war ein Bild beigegeben, das sie zu

NACHFOLGENDE DOPPELSEITE: Die Darstellung der Heiligen Trinität in dem Abschnitt, der die Stundengebete für den Sonntag enthält, ist mit einer Darstellung Abrahams und der drei Engel als einer alttestamentarischen Präfiguration der Dreifaltigkeit gekoppelt. Die Textzitate scheinen auf Pergamentstreifen geschrieben zu sein, die mit Nadeln an den Blättern befestigt sind.

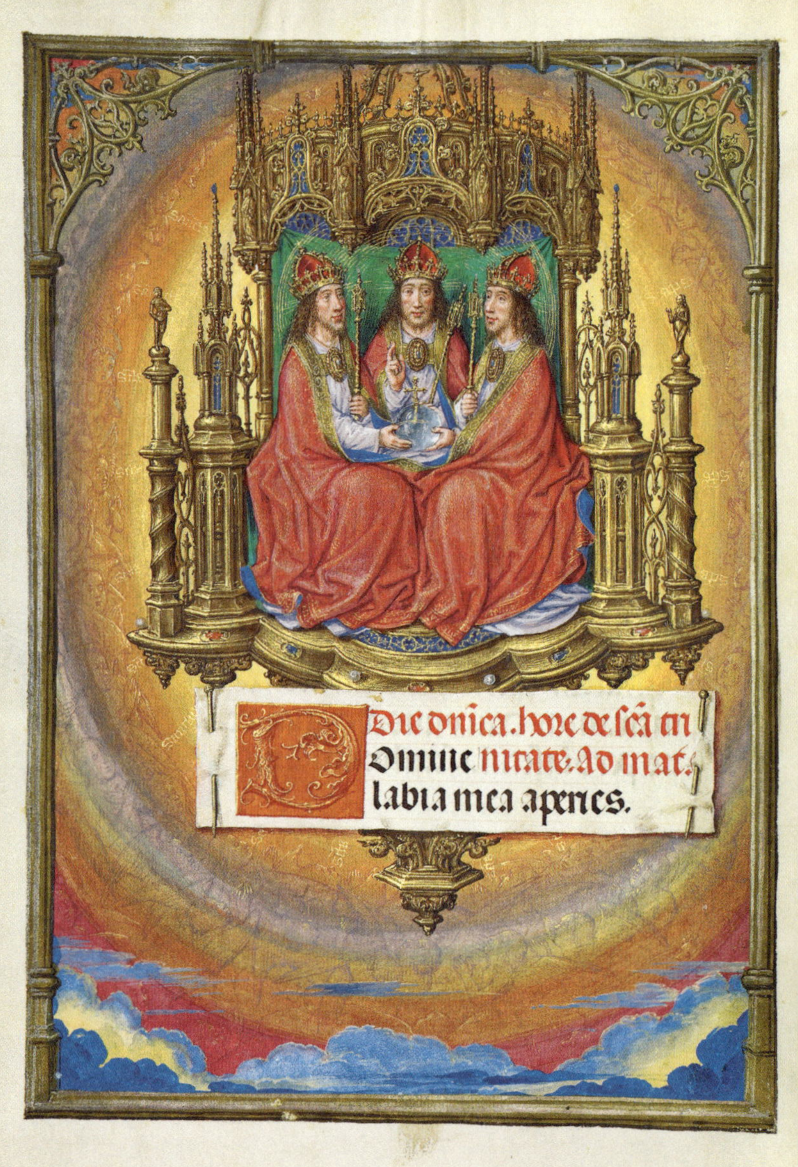
Die donica. hore de scā tri
Domine nitate. Ad mat.
labia mea aperies.

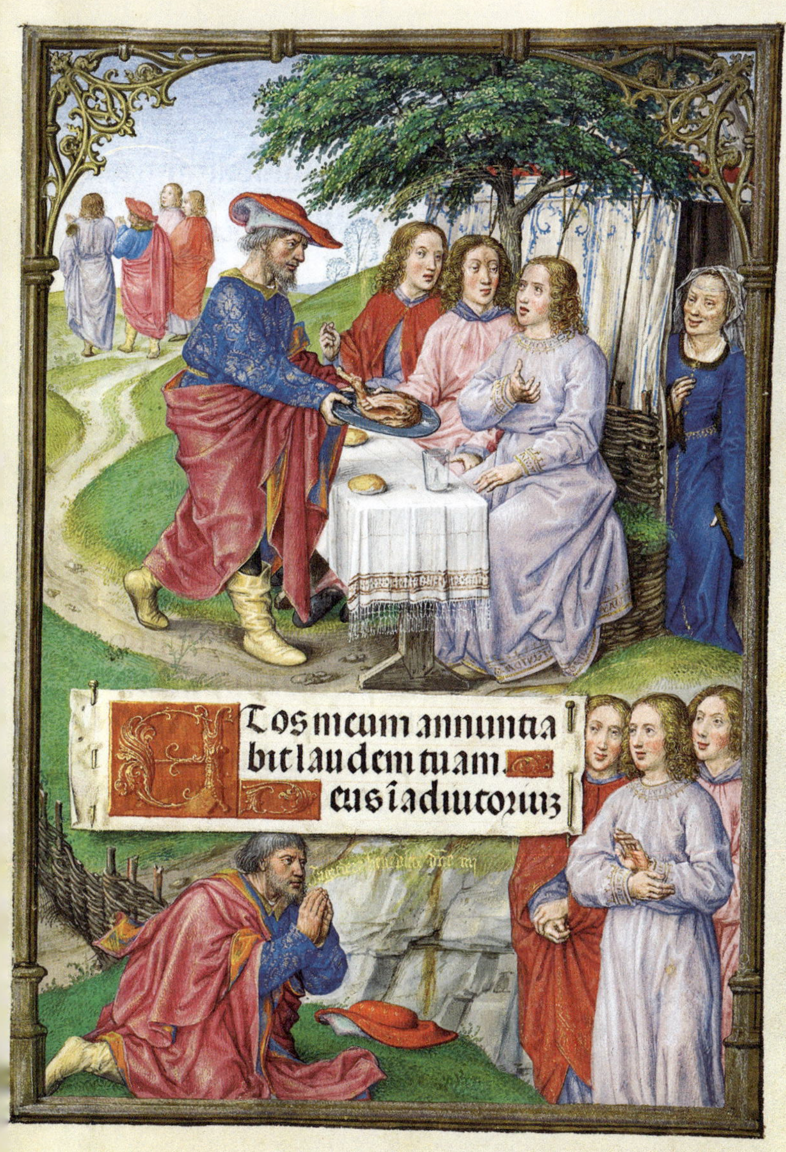
Tos meum annuntia
bit laudem tuam.
eus i adiutoriuz

einem dieser Ereignisse in Beziehung setzte: eine Darstellung der Verkündigung, der Heimsuchung, der Geburt, der Hirten, der Könige aus dem Morgenland, der Beschneidung, der Flucht und Mariä Himmelfahrt. Das sind die gängigen Sujets von fast allen Stundenbüchern.

Das Spinola-Stundenbuch gehört zu einer kleinen Gruppe von ungewöhnlich luxuriösen Büchern von diesem Typus, die alle um die gleiche Zeit herum entstanden sind und durch weitere von Matutin bis Komplet reichende Gebetszyklen ergänzt sind, die an verschiedenen Wochentagen zusätzlich herangezogen werden konnten. Die schätzungsweise achtzig Blätter, die den das Kernstück bildenden Horen der Jungfrau vorangehen, sind gefüllt mit den Stundengebeten der Trinität für den Sonntag, den Stundengebeten der Toten für den Montag, den Stundengebeten des Heiligen Geistes für den Dienstag, den Stundengebeten aller Heiligen für den Mittwoch, den Stundengebeten des heiligen Sakraments für den Donnerstag, den Stundengebeten des Kreuzes für den Freitag (die Kreuzigung fand an diesem Wochentag statt), und dann folgen die Stundengebete der Jungfrau für den Samstag. Zu anderen Bestandteilen zählen drei kurze Votivmessen: die Messe der Drei Könige (ein Text, der sich mit ihren in Köln aufbewahrten Reliquien oder mit dem Königtum verbinden ließ), eine Messe zur Abwehr der Pest, vor deren möglicher Rückkehr die Menschen noch lange Zeit Angst hatten, und eine Messe zum Heil der Reisenden.

Den Stundengebeten der Jungfrau schließen sich die Bußpsalmen mit der sie begleitenden Litanei an. Sie beginnen in dieser Handschrift auf folio 165v. Diese *Psalmi Poenitentiales* sind seit frühchristlicher Zeit Teil der Liturgie gewesen. Es heißt, dass jeder von ihnen eine der sieben Todsünden repräsentiere, die – jede zu einer bestimmten Zeit – von dem in sympathischer Weise fehlbaren Verfasser des Psalters, also von König David selbst, begangen worden war. Im Spätmittelalter wurden diese Psalmen im Rahmen der liturgischen Feiern an den Freitagen während der Fastenzeit rezitiert, im privaten Bereich waren sie aber zu jeder Zeit verwendbar, die dem Nachsinnen über die vielen Verfehlungen und Schwächen eines Menschenlebens diente. Die begleitenden Litaneien sind immer faszinierend. Es handelt sich um uralte Bittgebete, in denen Heilige einer nach dem anderen angerufen werden, in einem ans Glockenläuten erinnernden Rhythmus, wobei bei jedem genannten Namen wiederholt wird »Ora pro nobis« und dann primitive Ängste und die sie auslösenden Ursachen aufgezählt werden: Donner, Blitz und jäher Tod. Der Herrgott wird angefleht, den Betenden vor all diesen Gefahren zu beschützen. Wie Kalender besitzen diese Litaneien Vorgänger in der Urzeit des Christentums. Sie leiten in logischer Manier zum Totenoffizium über, das auf folio 184v beginnt. Der Tod war etwas, mit dem man sich im mittelalterlichen Europa ständig beschäftigte. Kriege, jederzeit mögliche Missernten, Seuchen und kaum existierende medizinische Versorgung stellten eine permanente Gefährdung des Lebens dar. Die Menschen hatten ständig Angst, einen plötzlichen Tod erleiden zu können, ohne dass ihnen Zeit blieb, die Beichte abzulegen und die letzte Ölung zu empfangen. Beim Totenoffizium handelt es sich um eine Reihe von Gebeten für die Seelen der Verstorbenen und zu ihrem Angedenken, wobei man sich vorstellte, sie gälten einem selbst. Fast als würde man aus eigenem Ratschluss an seiner Beisetzung teilnehmen, schloss man so gut es ging aus, dass der grimme Schnitter ohne Vorankündigung eintreffen könnte – eine Eventualität, auf die vorbereitet zu sein immer sinnvoll war.

Heute werden Stundenbücher vor allem um ihrer Bilder willen geschätzt. Das Getty Museum ist ein Kunstmuseum; in seinem Besitz befinden sich mehr als dreißig handschriftliche Stundenbücher sowie Fragmente von vielen anderen. Die Miniaturen in ihnen illustrieren den Text nicht in einem herkömmlichen Sinn. Sie setzen nicht das in ihnen Erzählte in Visuelles um, und es wird in Stundenbüchern sowieso kaum etwas »erzählt«. Wie wir festgestellt haben, als wir nach dem Beginn der Matutinen suchten, dienen die Bilder dem praktischen Zweck, dem Leser bei der Lokalisierung und Identifizierung einzelner Komponenten des Buchs behilflich zu sein, zum anderen fungieren sie als Auslöser für spirituelle Kontemplation. Ein hervorstechendes Merkmal des Spinola-Stundenbuchs ist die außerordentliche Komplexität der dargestellten Szenen wie ihre Neuheit, abgesehen von der technischen Virtuosität ihrer Ausführung. Als das Buch 2003 in der Londoner Royal Academy ausgestellt war, wurde es als »die hinsichtlich der Bebilderung ambitionierteste und originellste flämische Handschrift des 16. Jahrhunderts« beschrieben, was kein geringes Lob ist, wenn man bedenkt, wie reich diese Periode an illuminierten Handschriften war. Viele Abbildungen setzen sich zu Paaren auf gegenüberliegenden Seiten zusammen, in der Art von Diptychen. Die Darstellung auf der rechten Seite ist häufig typologischer Art, das heißt ein Ereignis oder eine Person aus dem Alten

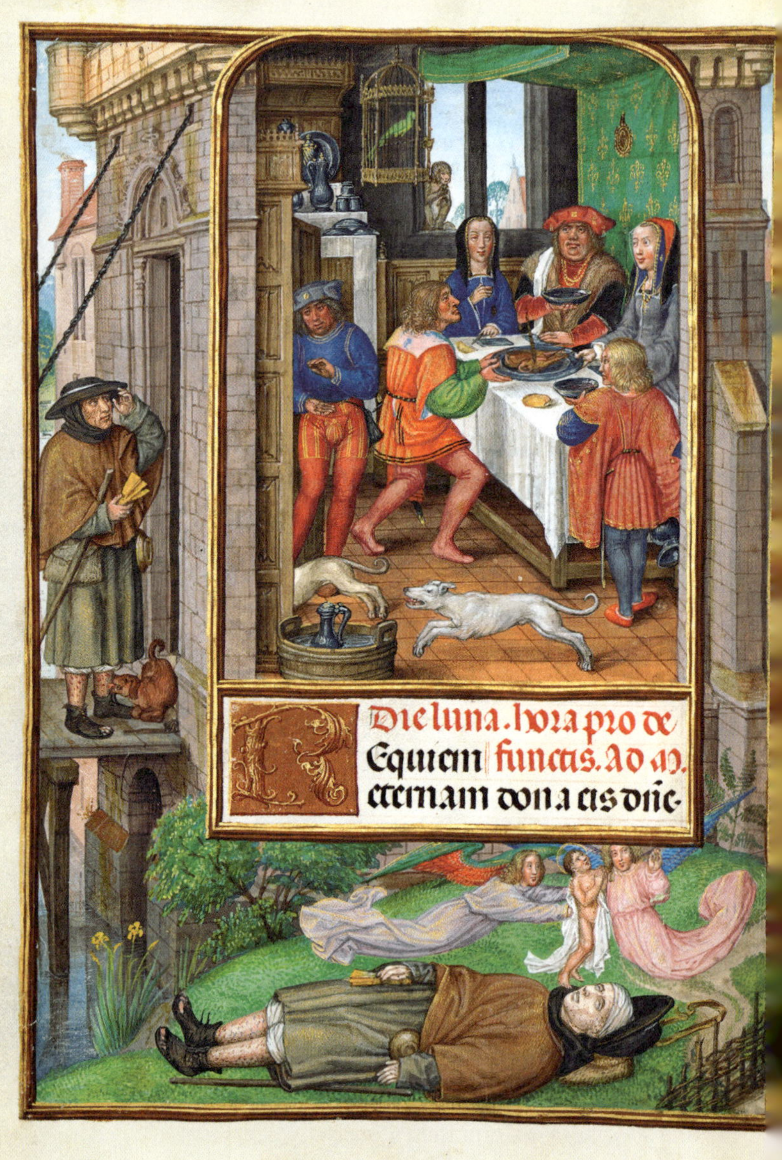
R
Die luna. hora pro de
Equiem | functis. Ad m.
eternam dona eis dñe.

Testament wird dargestellt als Präfiguration zu einem Ereignis oder einer Person im Neuen Testament. Um den Beginn des Trinitätsoffiziums zu markieren, wird zum Beispiel eine Darstellung von Abraham mit den drei Engeln einer Abbildung der Heiligen Dreifaltigkeit gegenübergestellt. Abrahams Begegnung mit den drei Boten, die in 1 Mose 18 geschildert wird, wurde als alttestamentarische Vorhersage der Einheit von Vater, Sohn und Heiligem Geist aufgefasst. Das Pendant zu bildlichen Darstellungen des Aufsammelns von Manna in der Wüste (2 Mose 16) wie auch des Austeilens von Brot und Wein an die Streiter Abrahams durch Melchisedek (1 Mose 14) zu Beginn des Donnerstagsoffiziums vom Heiligen Sakrament bildet die Darstellung einer mittelalterlichen Fronleichnamsprozession: Die bei der Kommunion verabreichte heilige Hostie repräsentiert ebenfalls himmlisches Brot, das Christen nährt. Moses und die eherne Schlange (4 Mose 21), die an einem Pfahl aufgerichtet wurde und das Leben der Israeliten rettete, die sie sahen, wird zu Beginn des Freitagsoffiziums vom Kreuz mit der Kreuzigungsszene gekoppelt, und so weiter. Die Verkündigung zu Beginn der Matutinen der Jungfrau wird durch die beiden einander gegenübergestellten Illustrationen mit der Geschichte Gideons in Zusammenhang gebracht, der himmlischen Tau auf das Wollvlies herabruft (Richter 6, 36–40), eine typologische Parallele zur Empfängnis Marias durch den heiligen Geist. Es gibt eine große Reihe solcher Entsprechungen, was Gelegenheit zur Aufnahme eines breiten Spektrums von Illustrationen bietet, die sich sowohl auf das Alte als auch auf das Neue Testament beziehen. Sie setzen eine angemessene Kenntnis der Heiligen Schrift oder eine Vertrautheit mit anderen Kunstwerken voraus, die mit solchen Parallelsetzungen operieren. Das ist zum Beispiel in der *Biblia pauperum* der Fall, die sich in den Niederlanden großer Popularität erfreute. Ähnliche bildliche Darstellungen findet man auch auf flämischen Buntglasfenstern der Epoche. Die alttestamentarischen Szenen im Spinola-Stundenbuch verstärken den Eindruck, dass dieses Buch das repräsentierte, was Gegenstand der Andacht der Jungfrau Maria selbst war. Andere Bilder schließen eine wun-

LINKS: Dives und Lazarus, eine Abbildung zum Totenoffizium für den Montag: Der reiche Mann schlemmt, während ein Affe auf dem Fensterbrett sitzt; der Arme bittet ihn vergeblich um eine Gabe, doch nach seinem Tod fährt seine Seele in den Himmel auf.

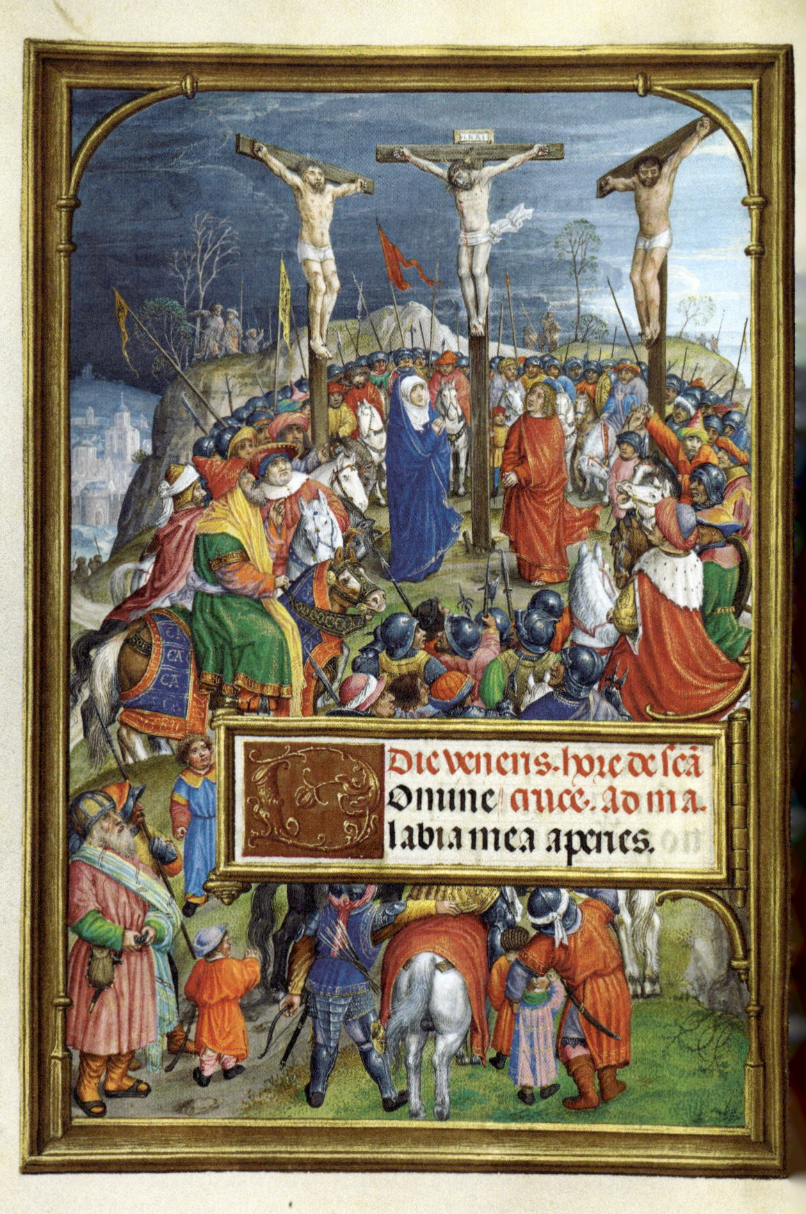
Die veneris. hore de scã
omine cruce. Ad ma.
labia mea aperies.

dervolle Sequenz von Heiligenporträts ein, die wie echte Porträts von lebenden Personen wirken, außerdem für das Totenoffizium die Darstellung des Todes einer hochgestellten Persönlichkeit und eines aufwändigen Begräbnisses sowie die unvermeidliche Visualisierung des Jüngsten Gerichts: Christus scheint in einem goldenen Himmel zu schweben, während seine Füße auf einer kristallenen Erdkugel ruhen und die gesamte Menschheit sich nackt aus dem dunstigen grauen Miasma darunter erhebt.

An dem langen Tisch im Getty Museum über diesem Stundenbuch zu sitzen und sich die Bilder anzuschauen, dabei immer wieder von hinten nach vorne zurückblätternd, ist ein fesselndes Erlebnis. Die Illustrationen mögen den modernen Leser spirituell berühren oder auch nicht, ohne Zweifel haben sie aber die Kraft, das Herz des Betrachters zu erfreuen und die ferne Vergangenheit mit Macht lebendig werden zu lassen. Es ist, als hätte man eine kleine Galerie winziger Bilder von flämischen Meistern vor sich, durch die man, die Seiten mit der Hand umschlagend, einen Rundgang macht. Von der Qualität her kommen diese kleinen Abbildungen an die besten Tafelbilder heran. Kleine Details verleihen ihnen eine menschliche Note und etwas Bezauberndes, das unwiderstehlich ist. Es verlangt einen danach, andere auf diese Details hinzuweisen und die eigenen Beobachtungen mit den ihren zu vergleichen. Im Speisezimmer des reichen Mannes sitzt ein Papagei in einem Käfig. Daneben, auf dem Fenstersims, hockt ein Affe. Professor William McGrew, seines Zeichens Primatologe, den ich nach meiner Rückkehr nach Cambridge zu diesem Tier befragte, sagte mir, es handle sich um einen Berberaffen, der vermutlich aus Gibraltar stammte. Jugendliche Engel stibitzen Blumen aus dem Garten der Jungfrau Maria. Bei den Blumen handelt es sich um Lilien. Ein Hirte fängt, als er von der Geburt Christi erfährt, vor den Augen seines verblüfften Hundes zu tanzen an. Kraus verwendete eine Reproduktion davon als Weihnachtskarte, als er noch im Besitz der Handschrift war. Bei einer Rast auf der Flucht nach Ägypten füllt Josef einen blau-weißen Keramikkrug an einem Wasserfall, und der Krug spiegelt sich in dem ruhigen Wasser darunter. Genau solche Keramik-

LINKS: Die Kreuzigung, eine Abbildung zum Offizium des Heiligen Kreuzes für Freitag. Der Text scheint auf eine Holztafel gemalt, die zurückgeklappt werden kann.

gefäße werden in Belgien immer noch hergestellt. Kinder zwängen sich zwischen den Beinen vom Erwachsenen durch, um, fasziniert von dem grausigen Schauspiel, die Kreuzigung mitansehen zu können. Der Knabe David probiert den Helm eines Erwachsenen auf, der ihm viel zu groß ist, und verwirft ihn als ungeeignet, bevor er auszieht, um gegen Goliath zu kämpfen. Feuchte Schlieren ziehen sich an den Ziegelwänden des Hauses des Sterbenden hinunter, weil man die Blumentöpfe auf dem Fenstersims zu stark gewässert hat. Es gibt eine wunderbare nächtliche Szene, die den heiligen Julian in einem Ruderboot vor dem letzten Licht der am Horizont erlöschenden Abendsonne zeigt. Die Sterne ziehen schon am Himmel auf, und eine Frau hält eine Laterne hoch, deren Schein auf den Heiligen fällt. Handschriftenforscher neigen dazu, immer nur Gipfel für Gipfel in den Blick zu nehmen, Täler und kleinere Erhebungen aber zu ignorieren (das war eine Metapher, die der Oxforder Kodikologe L. M. J. Delaissé in den 1960er-Jahren gern in seinen Lehrveranstaltungen verwendete). Erst als ich routinemäßig Stundenbücher für das Auktionshaus Sotheby zu katalogisieren begann, wurde ich mir der überragenden Qualität dieser wirklich außergewöhnlichen und innovativen Handschriften bewusst, und das Spinola-Stundenbuch stellt zweifelsohne ein absolutes Gipfelwerk innerhalb dieser Kategorie dar.

Zwei andere Besonderheiten der Malerei in diesem Buch verdienen es noch kurz erwähnt zu werden, bevor wir uns anderem zuwenden (wir haben noch Arbeit vor uns). Die Textseite in einem Buch ist flach und bietet ein zweidimensionales Bild, das liegt in der Natur der Schrift. Die allmähliche Erfindung und Entwicklung einer perspektivischen Darstellungsweise ist ein Standardthema der Kunstgeschichte. Handschriften-Illuminatoren in Europa fingen zu jener Zeit an, sich darum zu bemühen, auf einer planen Buchseite die Illusion von Räumlichkeit zu erzeugen, also von Dreidimensionalität. Das wird zu einem beherrschenden Anliegen der Buchmalerei im späten 15. Jahrhundert, und zwar vor allem in Norditalien und in den südlichen Niederlanden. Die Miniaturen im Spinola-Stundenbuch sind für gewöhnlich in einen *trompe-l'œil*-Holzrahmen inseriert, dessen Grundfarbe golden ist, dem aber schwarze Schattierungen Tiefe verleihen. Diese Miniaturen wirken daher wie dreidimensionale Tafelbilder, die vor uns hochgehalten werden, oder auch wie Fenster, durch die wir auf ein jenseits von ihnen liegendes Paralleluniversum blicken. Die mitten in die Abbildungen gesetzten Schrifttafeln stören diese Illusion. Manchmal haben die Künstler ihnen daher das Aussehen von Schriftrollen gegeben, die auf das Blatt gefallen zu sein scheinen und dort Schatten werfen; mitunter sieht es auch so aus, als wäre der Text auf Pergamentstreifen geschrieben, die mit Nadeln an das Blatt gesteckt sind, wobei die Darstellung derart naturalistisch ist, dass die Nadeln wirklich vorhanden zu sein scheinen. Bisweilen strecken auch Engel die Arme aus dem Bild in unsere Welt herein, und die Schrifttafeln werden von ihnen gehalten. Oder die Tafeln sind von länglicher Form und haben Scharniere an den Seiten, so dass der Eindruck entsteht, man könne sie zurückklappen, um mehr von dem darunter Abgebildeten sichtbar werden zu lassen. Die Künstler spielen und experimentieren mit der Wiedergabe von Realität und der Erzeugung von Illusion auf ganz neue Weise, und sie erzielen Wirkungen, die man mit dem Druckverfahren niemals hätte erreichen können.

Ein anderes herausstechendes Merkmal der Handschrift, das man aber über den großartigen Miniaturen leicht unbeachtet lassen kann, besteht darin, dass auf jeder Textseite der Textblock ringsherum von prachtvollen Schmuckrahmen umgeben ist. Sogar in den aufwändigsten und teuersten Handschriften findet man nur sehr selten solche Ränder. Im Spinola-Stundenbuch sind die Räume um den Textblock außergewöhnlich breit, ähnlich wie im *Semideus*. Der Text füllt nur ein Rechteck von durchschnittlich 10 mal 7,5 Zentimeter; die ganze Seite misst 23,2 mal 16,7 Zentimeter, ist also mehr als doppelt so groß, so dass viel Platz für eine dekorative Ausgestaltung freibleibt. Die Maße einer solchen freien seitlichen, unteren oder oberen Randfläche können bis zu 15 mal 10 Zentimeter betragen. Wenn solche üppigen Ränder als luxuriös galten, dann wird hier der Luxus auf die Spitze getrieben. In einigen Fällen sind diese Ränder so gestaltet, als wären sie aus Stoff oder aus geschnitztem Holz. Meistens sind sie aber in dem sogenannten »Gent-Brügger-Stil« gehalten, was bedeutet, dass sie mit naturalistisch gemalten Blüten und Beerenfrüchten verziert sind, die so wirken, als wären sie abgepflückt und über einen mattgoldenen oder anderweitig gefärbten Untergrund gestreut worden. Auf ihrer rechten Seite werfen diese Objekte einen Schatten. Wir sehen Nelken, Disteln, Kornblumen, Rosen, Veilchen, Erdbeeren, Vergissmeinnicht und viele andere Blumen und Früchte, die bis ins kleinste Detail hinein erfasst sind. Manchmal scheinen sich ähnlich naturalistisch wiedergegebene Insekten oder Schnecken auf ihnen niedergelassen zu haben. Die Blüten sind so realistisch gemalt, dass ein Schmetterling etwa sie für echt gehalten zu haben scheint und sich auf die Buchseite gesetzt hat. Wenn der Betrachter dann versucht, ihn fortzuscheuchen, merkt er, dass er derjenige ist, der getäuscht wurde.

In den hermetisch gegenüber der Außenwelt abgeschirmten Lesesälen des Getty Museum, in denen Lufttemperatur und -feuchtigkeit genau kontrolliert werden, gibt es natürlich keine Schmetterlinge. Konservatoren sind in modernen Museen mit unverhältnismäßig viel Macht ausgestattet, wie Controller in Firmen. Man erlaubt es hier den Angestellten noch nicht einmal, in ihren Büros eine Vase mit ein paar Blumen aufzustellen, aus Angst, dass in ihnen versteckte Insekten eingeschleppt werden könnten. Damit sich der oben beschriebene Täuschungseffekt einstellte, müsste das Stundenbuch in einem Innenraum mit geöffnetem Fenster oder sogar auf dem Schoß des Besitzers liegend in einem Garten benutzt worden sein. Das ist eine Erkenntnis, die uns noch mehr über das tägliche Leben der Renaissancezeit in den Niederlanden verrät.

Das Spinola-Stundenbuch ist eine fürstliche Erscheinung unter den flämischen Handschriften der Renaissance, es besitzt aber noch viele berühmte königliche Vettern. Zu diesen zählen einige der großartigsten Stundenbücher der Epoche wie: das Ältere Gebetbuch Maximilians I., des Kaisers des Heiligen Römischen Reichs von 1508 bis 1519 (in Wien); das La Flora-Stundenbuch, das vermutlich Karl VIII., König von Frankreich von 1483 bis 1598, gehörte (in Neapel); das Stundenbuch Jakobs IV., König von Schottland von 1488 bis 1513, und seiner Frau, Margaret Tudor, Schwester von Heinrich VIII. (ebenfalls in Wien); das Stundenbuch von Isabella der Katholischen, Königin von Kastilien und León von 1474 bis 1504 (in Cleveland); das sogenannte Rothschild-Gebetbuch, bei dem es sich tatsächlich um ein Stundenbuch handelt (in Perth); das Stundenbuch von Albrecht von Brandenburg, Erzbischof von Mainz von 1514 bis 1545 (in Privatbesitz). Hinzu kommen noch königliche Breviere wie: das Brevier der Isabella von Kastilien (in London); das Brevier von Manuel I., König von Portugal von 1495 bis 1521 (in Antwerpen); das Brevier der Eleonore von Portugal, Königinwitwe, gestorben 1525 (in New York);

RECHTS: Die Blüten der Bordüren scheinen aufgrund der naturalistischen Malweise Insekten angezogen zu haben – was aber natürlich eine weitere Illusion ist.

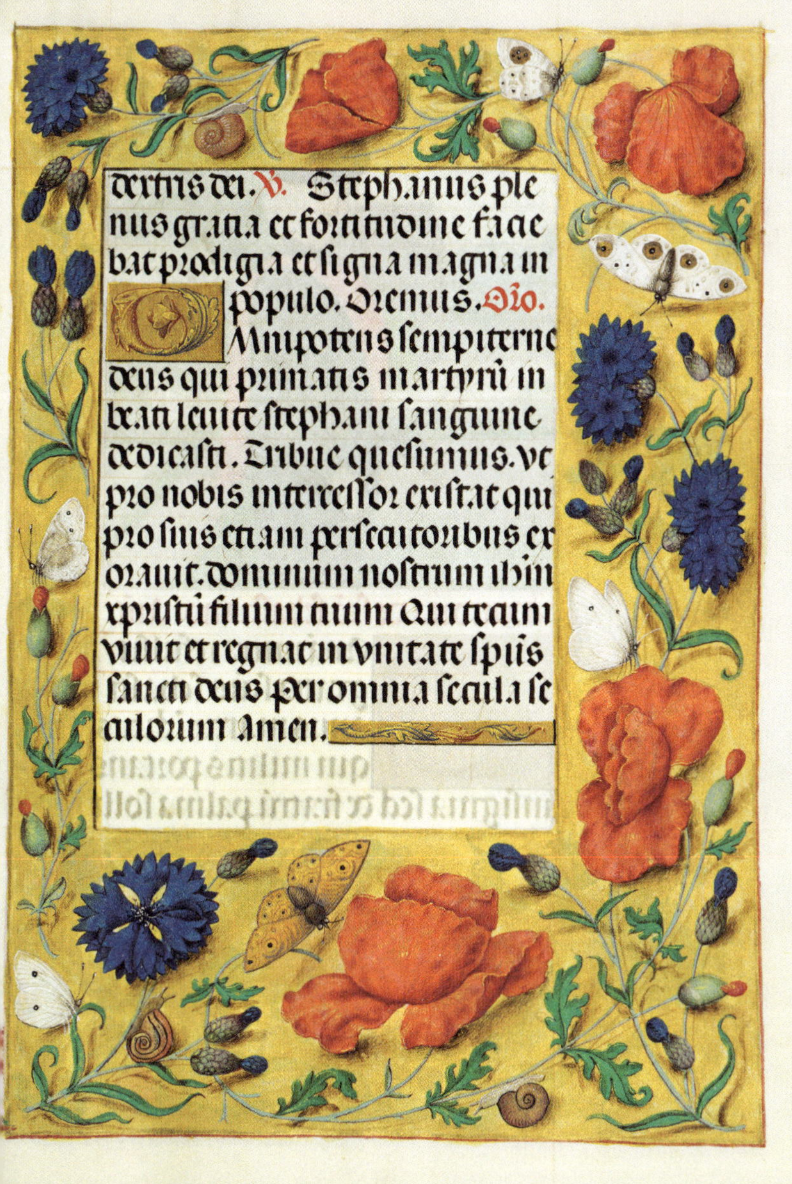
dextris dei. V. Stephanus ple
nus gratia et fortitudine facie
bat prodigia et signa magna in
populo. Oremus. Oro.
Omnipotens sempiterne
deus qui primitias martyrũ in
beati leuite stephani sanguine
dedicasti. Tribue quesumus. ut
pro nobis intercessor existat qui
pro suis etiam persecutoribus ex
orauit. dominum nostrum ihm
xpistũ filium tuum Qui tecum
viuit et regnat in vnitate spũs
sancti deus per omnia secula se
culorum Amen.

das Grimani-Brevier (in Venedig). Alle diese Handschriften waren also im Besitz von europäischen Herrschern.

Das Besondere an diesen und anderen Handschriften für den Markt mit Luxusartikeln in den südlichen Niederlanden ist, dass an jeder von ihnen viele Künstler zusammenarbeiteten. Das unterscheidet sie von gewöhnlichen Stundenbüchern der Zeit, die normalerweise von einem einzigen Künstler illustriert wurden. Darüber hinaus handelte es sich so gut wie jedes Mal um dieselbe Gruppe von Illuminatoren. Vier oder fünf der überragenden von ihnen scheinen Seiten zu fast jedem dieser besonders kostspieligen Bücher – darunter zum Spinola-Stundenbuch – beigesteuert zu haben. Sie spielten alle eine Rolle, wenn auch manchmal nur eine kleine, so wie die Reisenden im Orient-Express alle an der Ermordung des einen Opfers beteiligt waren. Es hat beinahe den Eindruck, die Auftraggeber hätten gewünscht, dass jeder Maler, der in Mode war, in dem betreffenden Band ein Zeugnis seines Könnens hinterließ.

Was die Buchherstellung jener Zeit betrifft, fällt überdies auf, dass wir so gut wie keinen Hinweis darauf haben, dass die Arbeit von Buchhändlern koordiniert wurde. Anders als in Frankreich, Italien oder sogar England scheint es in Brügge, Gent oder Antwerpen keine Agenten gegeben zu haben, die Aufträge vermittelten und ihre Ausführung überwachten. Das mag zunächst einmal an den strengen Zunftregeln in den Marktstädten gelegen haben. In Brügge waren zwei städtische Organisationen an der Buchherstellung beteiligt: die einflussreiche Gilde der Maler und Sattler von Sankt Lukas, zu der wohl auch Illuminatoren gehörten, und die viel kleinere Gilde der Handschriftenhersteller von Sankt Johannes, dem Evangelisten, deren Sitz sich in der Abtei von Eeckhout befand (auf dem Gelände befindet sich heute das Groeningemuseum). Eine Reihe von Vorschriften, deren Einhaltung von der Gilde der Maler immer wieder erzwungen wurde, verpflichteten einen Kunden dazu, Künstlern persönlich einen Auftrag zu erteilen, statt über einen Mittelsmann. Eine Ausnahme von dieser Vorschrift wurde nur gemacht, wenn die Künstler im Dienst herzöglicher Haushalte standen.

Diese Ausnahmeregelung ist wahrscheinlich von Belang für die besonders kostbaren Stundenbücher. Kunden aus Königs- oder Fürstenhäusern umgingen wahrscheinlich das Gewerbe vollkommen. Ihre privaten Schreiber können als »Projektmanager« fungiert haben, das Layout entworfen, Maler aus einem kleinen, aber erlesenen Kreis angeworben und deren Arbeit koordiniert haben. In einigen Fällen kennen wir die Namen solcher Schreiber und ihre Arbeit von mehreren Manuskripten her. Da waren zum Beispiel F. Gratianus aus Brüssel, der seine Unterschrift in einem Stundenbuch für Karl V. hinterließ, das sich in der Morgan Library befindet, und Johannes de Bomalia, der seinen Namen in mehrere solcher Bücher setzte, unter anderem das für Jakob IV. Die Schrift des Spinola-Stundenbuchs ist eine deutliche gerundete, aufrechte gotische Schrift mit sauberen, regelmäßigen Buchstaben- und Wortabständen. Für mich sieht sie so aus wie die des Schreibers des Rothschild-Gebetbuchs, das auch größtenteils von denselben Künstlern illuminiert wurde. Das könnte einen kleinen Hinweis auf die Identität des Schreibers geben. Sowohl die allererste Überschrift auf folio 8v als auch die Schlusszeile des Texts auf folio 312r werden mit einer »d«-Initiale abgeschlossen, die ansonsten keine Bedeutung zu haben scheint.

Mit unserer Arbeit im Getty Museum an diesem Punkt angelangt, wollen wir erst einmal eine kleine Mittagspause einlegen. Beth Morrison, die gegenwärtige Kuratorin für Manuskripte, und ihr Vorgänger Thomas Kren führten mich in eines der Restaurants, die es auf dem Museumsgelände gibt. Dort war man so weit vom Flandern der Renaissance entfernt, wie man es sich nur vorstellen kann. Das ganze Ambiente war ausgesprochen kalifornisch: Es gab »health food«, man war von bleistiftschlanken Speisenden umgeben, das Mineralwasser war eisgekühlt, und die Kellner gingen davon aus, dass wir uns alle mit Vornamen anredeten. Der Blick über das im vollen Sonnenlicht daliegende Los Angeles war atemberaubend. Thom Kren hat seine Doktorarbeit über die Gent-Brügger-Illumination verfasst und ist eine anerkannte Kapazität auf dem Gebiet südniederländischer Handschriften. Ich nahm die Gelegenheit wahr, bei Sushi von der Gelbschwanzstachelmakrele mit Avocado über die Handschrift zu diskutieren.

Kren und seine Kollegen schreiben jetzt die Illuminationen im Spinola-Stundenbuch fünf verschiedenen Künstlern zu. Einige der Arbeiten scheinen ihnen von der »Hand« eines bestimmten Meisters zu stammen, andere in seiner »Werkstatt« entstanden zu sein. Ich persönlich kann diese Differenzierung nicht nachvollziehen – es sei denn aufgrund eines generellen Qualitätsunterschieds –, vor allem nicht angesichts des Faktums, dass Kollaboration in mittelalterlichen Skriptorien gang und gäbe war, sowie der bekannten Tatsache, dass jeder Künstler bekanntlich mal einen guten oder einen schlechten Tag haben kann und sich das in seiner Produktion niederschlägt. Ich will also hier der Einfachheit halber die Unterscheidung zwischen »von der Hand von« und »entstanden in der Werkstatt von« beiseitelassen.

Wir wollen die fünf »Hände« aus praktischen Gründen durchnummerieren. Von den vierundachtzig Bildseiten im Spinola-Stundenbuch können wir siebenundvierzig (1) dem »Meister von Jakob IV.« zuweisen, der so heißt, weil er an dem oben erwähnten Stundenbuch für den schottischen König mitgewirkt hat. Es gibt eine Reihe von überzeugenden Anhaltspunkten dafür, dass er mit dem Illuminator Gerard Horenbout (ca. 1465–ca. 1540) aus Gent identisch war, der von 1515 an die Stelle eines Hofmalers von Margarete von Österreich innehatte. Eindeutig bewiesen ist diese Identität aber nicht. Von Maler (2) stammen vierundzwanzig Miniaturen. Er wird »Meister des Älteren Gebetbuchs Maximilians« genannt, weil er an dieser, ebenfalls oben angeführten Handschrift mitarbeitete. Es liegen Indizien für die Identität dieses Meisters mit Alexander Bening vor, der nachweislich von 1469 bis zu seinem Tod 1519 in Gent als Illuminator tätig war. Doch fehlt auch in seinem Fall der definitive Beweis. Sein Sohn Simon (ca. 1483–1561) übertraf ihn als Illuminator noch an Bekanntheit. Acht Miniaturen stammen von (3) dem »Meister der Lübecker Bibel«, der die Holzschnitte für diese 1494 in Lübeck gedruckte Ausgabe der Heiligen Schrift gestaltete, aber eindeutig vorher als Handschriftenilluminator tätig gewesen war. Drei Miniaturen wurden von (4) dem »Meister des Dresdener Gebetbuches« geschaffen. Die Handschrift, nach der dieser Meister seinen Namen erhielt, ist genau genommen kein Gebet-, sondern ein Stundenbuch und eines der ersten Werke, die dieser Mann illuminierte, und zwar um 1470 herum. Die Miniaturen, die er zum Spinola-Stundenbuch beitrug, müssen seiner letzten Schaffensperiode zuzurechnen sein und sind, wie die in dem namengebenden Dresdener Manuskript, nicht von allerhöchster Qualität. Bleiben noch zwei Miniaturen, die von der Hand (5) des »Meisters der Gebetbücher um 1500« stammen. Das ist ein plump-schwerfälliger Beiname für einen wahrhaft großartigen Maler, zu dessen Arbeiten eine wunderschöne Ausgabe des *Roman de la Rose* zählt, die sich in der British Library befindet, sowie ein in Wien aufbewahrtes Stundenbuch, das einmal im Besitz Margaretes von Österreich war.

Dieser Aufstellung ist bereits zu entnehmen, dass die fünf Künstler, die an der Illustration des Spinola-Stundenbuchs beteiligt waren, alle von Angehörigen der höchsten höfischen Kreise beschäftigt worden waren, und dass der »Meister von Jakob IV.«, also vermutlich Gerard Horenbout, der hauptverantwortliche Maler war. Vom »Meister des Älteren Gebetbuchs Maximilians« (möglicherweise Alexander Bening) stammten die zweitmeisten Beiträge, und die übrigen drei Künstler spielten eine weniger bedeutende Rolle. Alle waren sie vorwiegend in Gent und Brügge, im heutigen Belgien also, tätig oder vorübergehend für Auftraggeber im Gebiet der südlichen Niederlande.

Am Nachmittag müssen wir die Struktur des Spinola-Stundenbuchs ermitteln. Das ist bemerkenswert schwierig. Die Handschrift ist auf exzentrische Weise zusammengesetzt und sehr straff gebunden. Das Kollationieren wird noch dadurch erschwert, dass ein früherer Besitzer, der es gut gemeint hat, aber völlig fehlgeleitet war, Zwischenblätter aus Seidenpapier angebracht hat (sollte ich jemals Direktor des Getty Museum werden, würde ich als Erstes mit Vergnügen ihre Entfernung anordnen). Und natürlich ist es hinderlich, dass man dazu gezwungen wird, diese verflixten Handschuhe zu tragen. Die machen einem die kleinen Zupfer schwer, die manchmal nötig sind, um die Fäden in den Innenfalten von Doppelblättern sichtbar werden zu lassen. Nach langer Mühe kam ich zu dem unten aufgeführten Ergebnis.* Dem kann man eine ganze Reihe von Dingen entnehmen. Erstens – und es gibt keinen Grund dafür, dass das vorher schon aufgefallen sein müsste – geben die floralen Bordüren auf den Textseiten zu erkennen, dass sie von zwei Künstlern geschaffen wurden. Der erste zog mit dem Lineal eine goldene Linie parallel zur unteren und zur rechten Außenkante des Schmuckrahmens. Dieser Illuminator neigt dazu, Mengen kleiner Blüten auf einem leuchtend gelben Grund zu

* i^{7} [von 8, es fehlt i], ii–xi^{8}, xii^{4}, xiii^{2}, xiv^{6}, xv–xvi^{8}, xvii^{8+1} [iii (folio 118) ist ein Einzelblatt], xviii–xxii^{8}, xxiii^{6+2} [i und viii (folios 165 und 172) sind Einzelblätter], xxiv–xxix^{8}, xxx^{6+2} [iii und vi (folios 223 und 226) sind Einzelblätter], xxxi^{8}, xxxii^{2+1} [ii (folio 238) ist ein Einzelbatt], xxxiii–xxxv^{8}, xxxvi^{6+2} [iii und iv (folios 266–267) sind Einzelblätter], xxxvii^{8+2} [i und v (folios 272 und 276) sind Einzelblätter], xxxviii^{8}, xxxix^{8+1} [i (folio 290) ist ein Einzelblatt], xl^{8+1} [viii (folio 306) ist ein Einzelblatt], xli^{5} [wahrscheinlich von 6, letztes leeres Blatt entfernt, möglicherweise auch von 8, wobei dann iv und v fehlen würden: 2 Blätter nach folio 310].

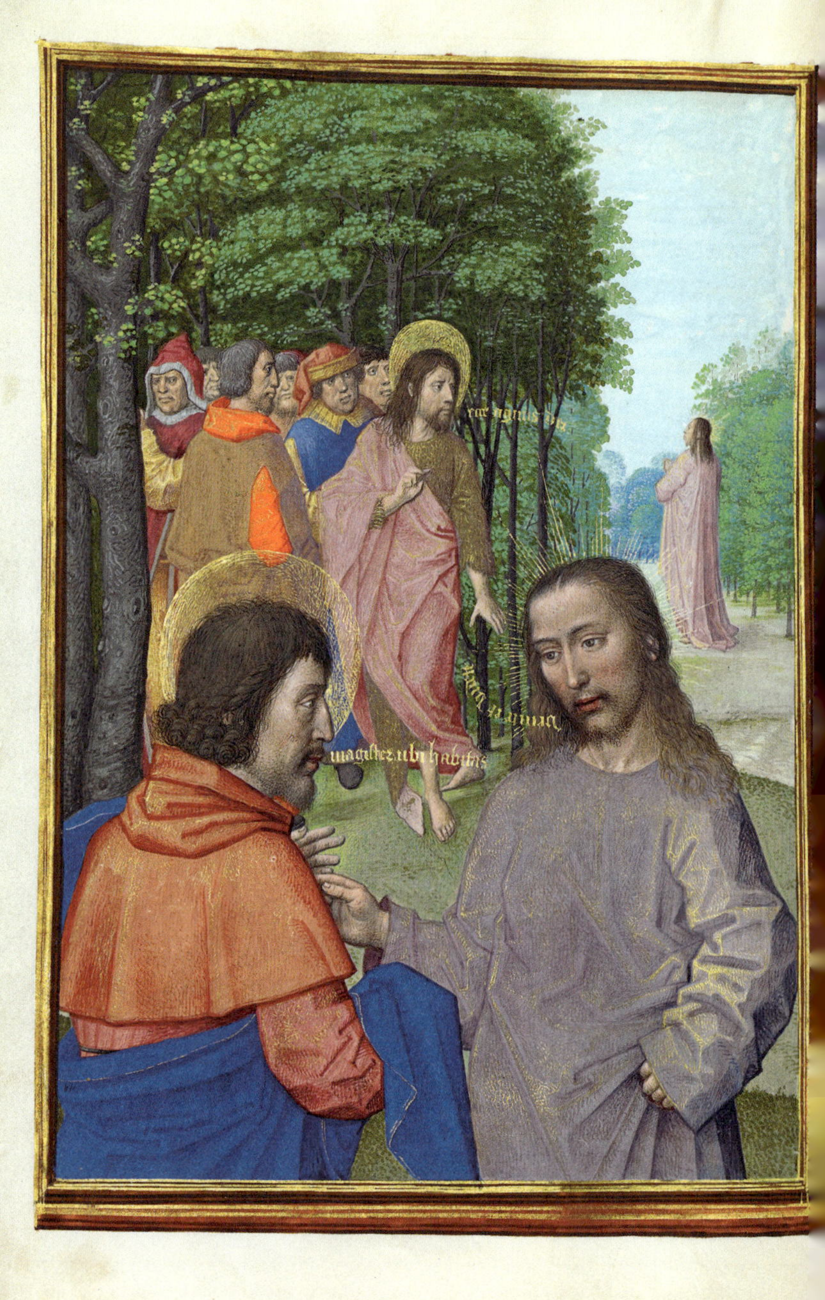
magister ubi habitas

malen. Der zweite Randkünstler zieht statt einer goldenen eine rote Linie, und seine Blüten sind oft größer und mit Stängeln versehen sowie auf einem weniger leuchtenden Untergrund verteilt. Die Aufteilung der Arbeit an den Bordüren erfolgte lagenweise. Der Goldlinien-Künstler war für die Lagen ii–ix, xi–xiv, xvii, xxviii–xxxii sowie xl–xli zuständig, sein Kollege für die Lagen x, xv–xvi, xviii–xxii, xxiv–xxvii sowie xxxvii–xxxix. In Lage I (dem Kalender) werden die Rahmen von verschiedenen bildlichen Darstellungen gebildet, in Lagen xxiii und xxxiii von Architekturmotiven, die in einem ganz anderen Stil ausgeführt sind, und die Lagen xxxiv–xxxvi gehören zu dem Teil mit den Suffragien, in dem die Ränder ganz anders gestaltet sind. Die Handschrift wurde also eindeutig unter den Künstlern aufgeteilt, als sie noch aus einzelnen Lagen bestand, die aber schon zur Aufnahme eines bestimmten Teils des Werks bestimmt waren.

Wenden wir uns den beiden Künstlern zu, von denen der Hauptteil der Bilder stammt (lassen wir erst einmal die drei außer Acht, die hier und da eine Miniatur beisteuerten, wir kommen auf sie noch zurück). Der »Meister von Jakob IV.« arbeitete an den Lagen i–ix, xiii, xvi, xix–xxi, xxv und xxxv. Der »Meister des Älteren Gebetbuchs von Maximilians« (vielleicht Bening *père*) arbeitete an den Lagen xi–xii, xxiii, xxx–xxxii, xxxiv, xxxvi–xxxvii und xxxix. Es kam nie zur Zusammenarbeit der beiden an einer einzelnen Lage. Das ist unerwartet und lässt vermuten, dass sie entweder an verschiedenen Orten oder möglicherweise nicht in genau denselben Phasen der Herstellung tätig waren.

Unter Berücksichtigung der Tatsache, dass den Hauptkünstlern immer einzelne Lagen zur Ausgestaltung zugewiesen wurden, scheint es mir möglich, eine plausible Abfolge der einzelnen Arbeitsschritte zu ermitteln. Gehen wir einmal davon aus, dass die Stunden der Jungfrau als

LINKS: Johannes der Täufer deutet auf Jesus, an den dann ein Jünger das Wort richtet (Johannes 1, 38); die einzige ganzseitige Miniatur in der Handschrift, geschaffen vom Maximilian-Meister.

NACHFOLGENDE DOPPELSEITE: David im Gebet; Miniatur zu Beginn der Bußpsalmen, geschaffen vom Lübecker Meister. Die Beschädigung des Blattes am linken Rand ist darauf zurückzuführen, dass das gegenüberliegende Blatt durch ein neues ersetzt wurde, mit einer in anderem Stil vom Maximilian-Meister gemalten Miniatur.

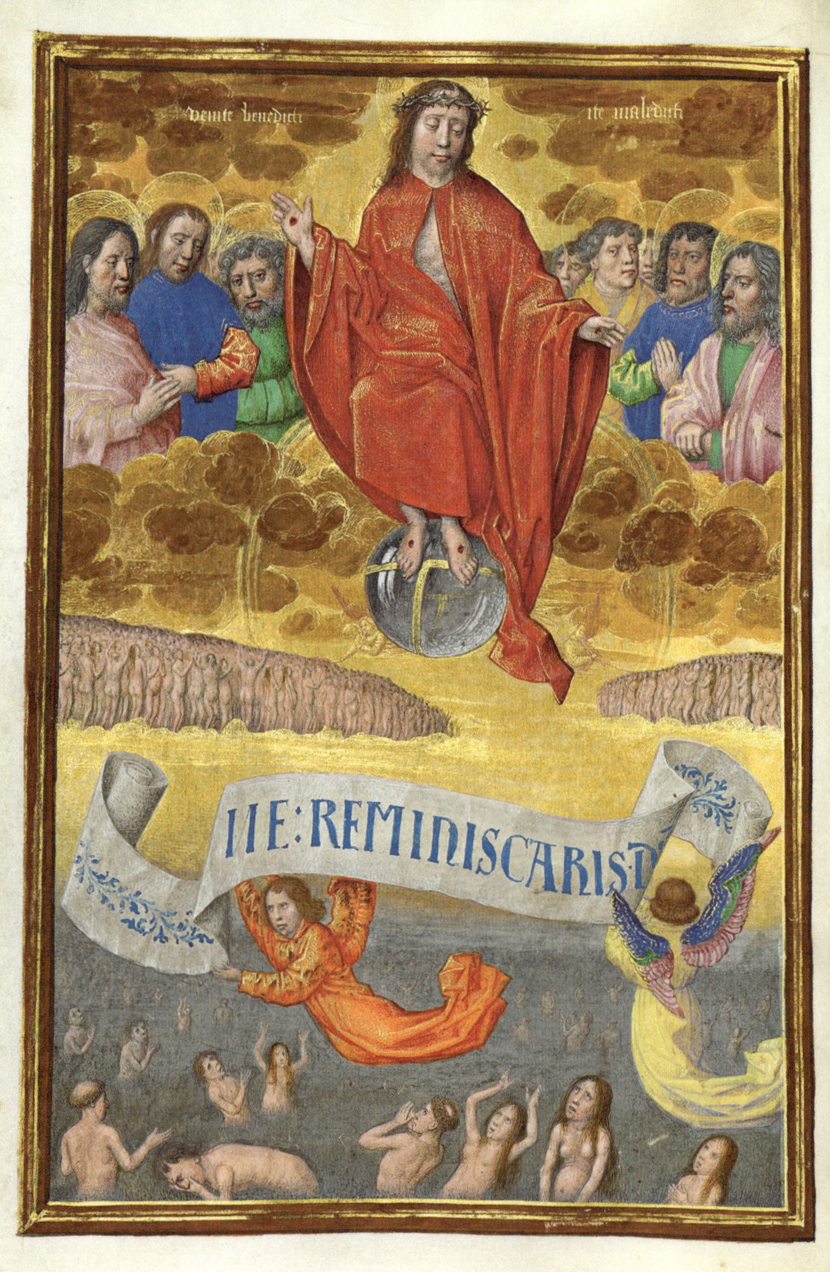
venite benedicti
ite maledicti
NE:REMINISCARIS·D

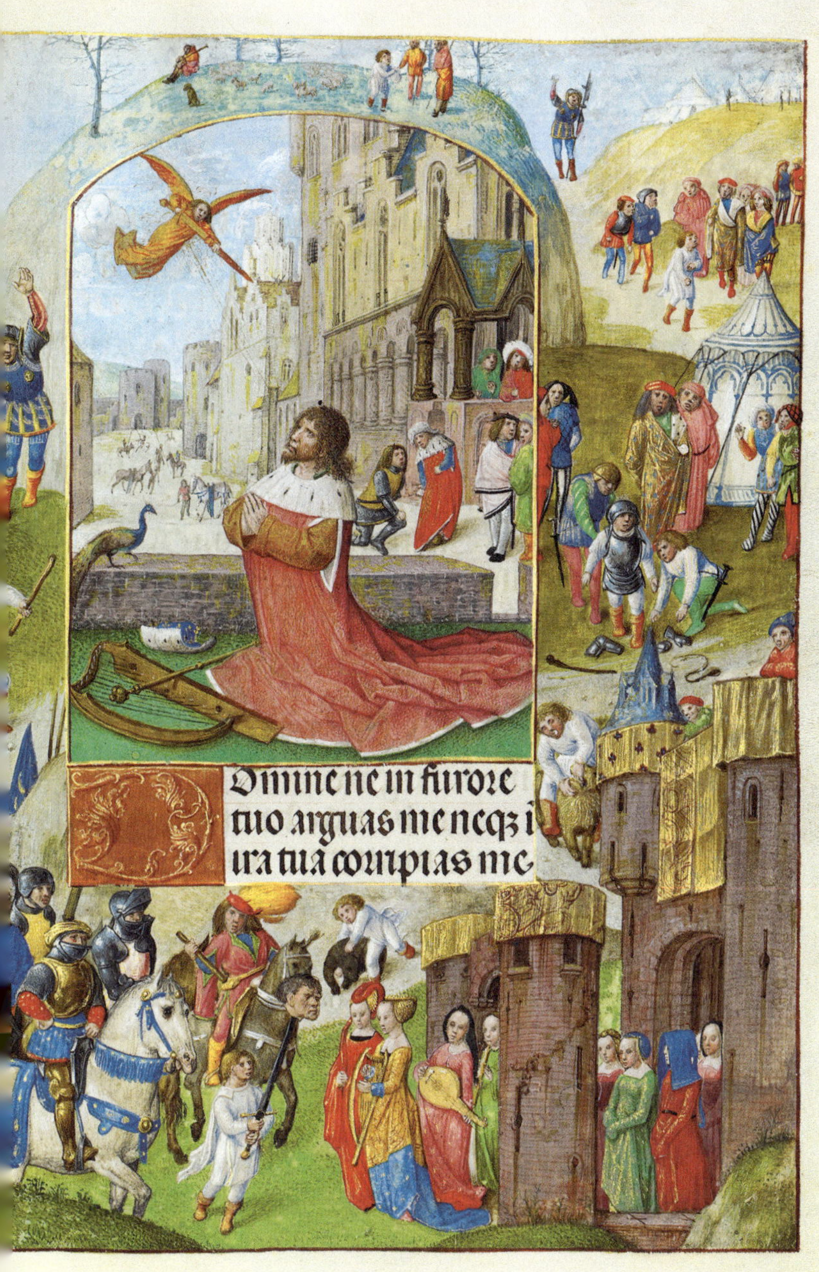
Omine ne in furore
tuo arguas me neqȝ i
ira tua corripias me

Erste entstanden, was wahrscheinlich ist, da sie das Kernstück eines jeden Stundenbuchs darstellen. Sie bilden eine geschlossene Einheit (Lagen xiii–xxii). Die ersten Miniaturen bis zum Ende der Terz wurden von dem schon älteren Dresdener Meister und dem Meister der Gebetbücher gemalt. Sie sind gut, aber konventionell. In einer noch frühen Phase des Projekts wurde dann die Entscheidung getroffen, das ganze Werk aufzuwerten. Vielleicht wechselte sogar der Auftraggeber. Der Maler, bei dem es sich wahrscheinlich um Horenbout handelte, wurde hinzugezogen. Die einleitende Sektion der Matutinen wurde von ihm entfernt und neu angefertigt. Die ersten beiden Blätter hängen jetzt zusammen, bilden also ein Doppelblatt und stellen eine Lage für sich dar (Lage xiii). Das lässt sich am ehesten damit erklären, dass sie andere Blätter ersetzten. Diese neuen Blätter wurden von ihm mit der außerordentlichen Verkündigungsszene und der innovativen Darstellung Gideons mit dem Wollvlies ausgeschmückt. Er steuerte auch die Abbildungen zu dem Kalendarium (Lage i), den sehr ungewöhnlichen Stundengebeten für die einzelnen Wochentage (Lagen ii–ix), den Bußpsalmen und dem Totenoffizium (diese Sektionen gehen ineinander über und füllen die Lagen xxiii–xxix) und einen Teil der Suffragien (Lage xxxv) bei. Die Handschrift war danach im Grunde komplett, und sie war in der Tat prachtvoll geworden. Dennoch wurden wenig später auch der Meister des Älteren Gebetbuchs von Maximilian und der Meister der Lübecker Bibel hinzugezogen. Sie fügten Lagen xi bis xii mit den Sequenzen aus den Evangelien hinzu, Lage xii umfasst nur vier Blätter (die Rückseite des letzten ist leer), da sich die schon vorhandene Lage xiii möglichst nahtlos anschließen sollte. Die beiden neu hinzugekommenen Künstler erweiterten den Teil mit den Suffragien, der danach eine ungewöhnlich hohe Zahl von weiblichen Heiligen einschloss (Lagen xxxiv und xxxvi). Zwei von diesen Erweiterungen finden sich auf zwei der Lage xxxvi hinzugefügten Einzelblättern, die Miniaturen der heiligen Barbara und der heiligen Klara tragen. Das deutet auf ein anhaltendes Bemühen um Aufwertung hin, die im Lauf der Arbeit vorgenommen wurde. Zwei weitere Heiligendarstellungen, die beide von der Hand des Meisters des Älteren Gebetbuchs Maximilians stammen, finden sich auf eingeschobenen Blättern: die des heiligen Hieronymus (folio 223v) und die des predigenden Johannes des Täufers (folio 276v); bei Letzterer handelt es sich um die einzig echte ganzseitige nicht von Text begleitete Abbildung in dem gesamten Buch.

Am merkwürdigsten von allen ist folio 165, das die Miniatur trägt, die den Anfang der Bußpsalmen markiert. Die Lagenstruktur zeigt, dass es ebenfalls ein Einzelblatt ist. Es hängt nicht mit seinem scheinbaren Gegenblatt, folio 172, zusammen; es kann sich nur um den Ersatz für ein älteres Blatt handeln. Hier ist etwas Seltsames geschehen. Folio 166r trägt Szenen aus dem Leben Davids vom Lübecker Meister. Man würde auf der gegenüberliegenden Seite eine Darstellung der Sünden Davids erwarten, etwa seines Techtelmechtels mit Bathseba. Der obere Teil von 166r ist berieben und schuppig. Mit dem Bild auf der gegenüberliegenden Seite muss etwas schief gegangen sein, denn es wurde herausgeschnitten und durch eine nicht ganz so passende Darstellung des Jüngsten Gerichts (folio 165v) ersetzt, das jetzt vom Maximilian-Meister gemalt wurde. Das allein lässt schon darauf schließen, dass dieser als Letzter Hand an das Manuskript anlegte, Lücken füllte und Korrekturen vornahm, wo das nötig war. All das erweckt den Eindruck, dass der Auftraggeber ein bereits sehr schönes Stundenbuch an sich nahm und dieses dann in verschiedenen Etappen weiter verschönern ließ, bis er ein ganz anderes und viel komplexeres Werk in Händen hielt. Dieser Auftraggeber griff also in die Arbeit ein, veranlasste Änderungen und verfolgte mit, wie sich das Werk allmählich entwickelte.

Es gibt im Spinola-Stundenbuch keinen expliziten Hinweis mehr darauf, wer der ursprüngliche Auftraggeber gewesen sein kann; er muss aber jemand gewesen sein, der über außergewöhnlichen Reichtum verfügte und auch sonst in der Position war, einen derartigen Auftrag zu erteilen. Es handelt sich um kein gewöhnliches Stundenbuch, das in der Hoffnung hergestellt wurde, einem zufällig in die Werkstatt hereinschauenden Kunden verkauft werden zu können. Von seinem Umfang, dem innovativen Charakter seiner Abbildungen und der offenkundigen Kostspieligkeit seiner Herstellung her stellt es auch die prächtigsten illuminierten Stundenbücher leicht in der Schatten, die zu jener Zeit für die Kaiser und Könige Europas hergestellt wurden, und zwar von denselben Künstlern. In Kapitel Sieben haben wir schon die de Hamel-Regel kennengelernt, dass es sich um keine »königliche Handschrift« handelt, wenn man sich dessen nicht sofort sicher ist, da solche Handschriften alle anderen turmhoch überragen. Da das Spinola-Stundenbuch das luxuriöseste von allen ist, sollten wir den Mann, der es in Auftrag gab, in den allerhöchsten Kreisen suchen. Die Auftraggeber der aufwändigen, in den südlichen Niederlanden entstandenen Stundenbücher jener Zeit kann man für gewöhnlich nur anhand von Wappen oder bisweilen auch aufgrund eines Porträts, das den Betreffenden beim Gebet zeigt, identifizieren. Wappen des Besitzers oder der Besitzerin kommen in der Regel ganz am Anfang und manchmal auch am Ende vor: Beispiele finden wir in dem Stundenbuch von Isabella der Katholischen, dem La Flora-Stundenbuch, dem Stundenbuch Jakobs IV. und dem Stundenbuch Albrechts von Brandenburg. In allen diesen Fällen wissen wir nur durch dieses Wappen, in wessen Besitz das Buch zuerst war. Die Lagenstruktur des Spinola-Stundenbuchs zeigt, dass vorne und hinten ein Einzelblatt herausgeschnitten wurde. Genau auf diesen Blättern hätten sich die Wappen des Besitzers einst befunden. Es ist auch merkwürdig, dass das Spinola-Stundenbuch mit einem persönlichen Gebet an die Jungfrau endet (folio 311r), das mit einer passenden großen Initiale und einem Rahmen verziert ist, dass es aber auf der gegenüberliegenden Seite (folio 310v) keine Illumination gibt, die das dazu passende Pendant gebildet und für ikonografische Ausgewogenheit gesorgt hätte. Der Beginn dieses Gebets findet sich in der Mitte der sechs Blätter umfassenden letzten Lage. Es ist sehr gut möglich, dass an dieser Stelle ein Doppelblatt herausgenommen wurde, auf dem ein Porträt des Besitzers, der zur Jungfrau Maria betete, enthalten war.

Schlagen wir nun das Spinola-Stundenbuch zu und schauen wir uns noch einmal seinen aus dem späten 18. Jahrhundert stammenden Einband an. An dieser Stelle beginnt die Geschichte eine überraschende Wende zu nehmen. Der Einband des Spinola-Stundenbuchs ist fast in allen Einzelheiten identisch mit dem des berühmtesten Stundenbuchs der Welt, der *Très Riches Heures* des Herzogs von Berry. Dieses Meisterwerk wurde um 1415 von den Brüdern von Limburg geschaffen. Ich habe das Original, das in Chantilly im Musée Condé liegt, zwei Mal untersucht. Ich kann mich glücklich schätzen, dass mir das gelungen ist, denn es ist notorisch schwer, die Erlaubnis dafür zu bekommen. Das erste Mal konnte ich es mit der Zustimmung des damaligen Kurators Raymond Cazelles einsehen. Ich fertigte sorgfältige Abdrücke von der Verzierung des Einbands an, indem ich ein Blatt darauflegte und mit einem in ganz flachem Winkel gehaltenen Bleistift behutsam darüberrieb. Ich besitze diese Kopien immer noch. Für die im Prägeverfahren angefertigte goldene Bordüre wurde genau das gleiche florale Muster verwendet wie beim Einband des

Spinola-Stundenbuchs. Das rote Leder ist auch genau das gleiche, und die Spiegelblätter auf den Innenseiten der Deckel sind aus der gleichen markanten grünen Seide gefertigt, während die ihnen gegenüberliegenden Vorsatzblätter ganz schlicht sind. Sowohl auf dem Vorder- und Rückdeckel des Spinola-Stundenbuchs in Los Angeles als auch auf dem der *Très Riches Heures* in Chantilly prangt in der Mitte, unter einer Krone und von Girlanden gerahmt, das identische Wappen, und dieses Ornament wurde nicht mithilfe eines einzigen Stempelblocks geprägt, wie man es manchmal machte, wenn Einbände seriell mit dem identischen Motiv verziert wurden, sondern aus vielen kleinen einzelnen Prägestempeln aufgebaut. Wie wir wissen, handelt es sich um das Wappen der Genueser Familie Spinola.

Vermutlich muss man diesem verblüffenden Paar noch eine dritte Handschrift an die Seite stellen. Das Rothschild-Gebetbuch kommt dem Spinola-Stundenbuch vom Stil her mit am nächsten; es besitzt einen im 19. Jahrhundert angefertigten Einband aus blutrotem Samt mit viel älte-

LINKS: Der Einbanddeckel des Einbands der *Très Riches Heures* des Herzogs von Berry mit dem Wappen der Familie Spinola ist von der Gestaltung her weitgehend identisch mit dem Einband des Spinola-Stundenbuchs. RECHTS: Der vordere Deckel des Rothschild-Gebetbuchs. Der Einband wurde vermutlich im 19. Jahrhundert in roten Samt gehüllt und mit silbervergoldeten Beschlägen verziert.

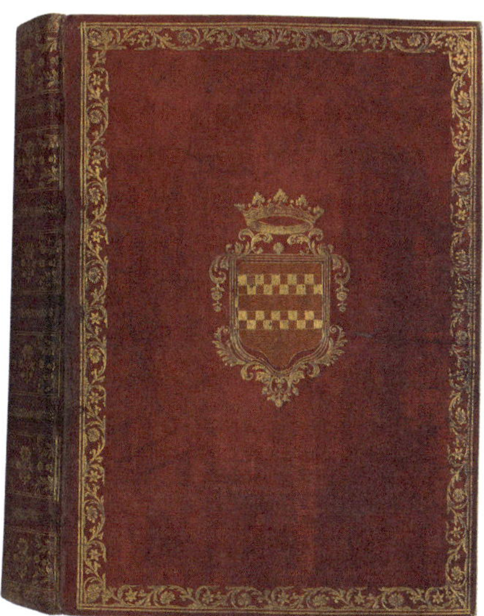

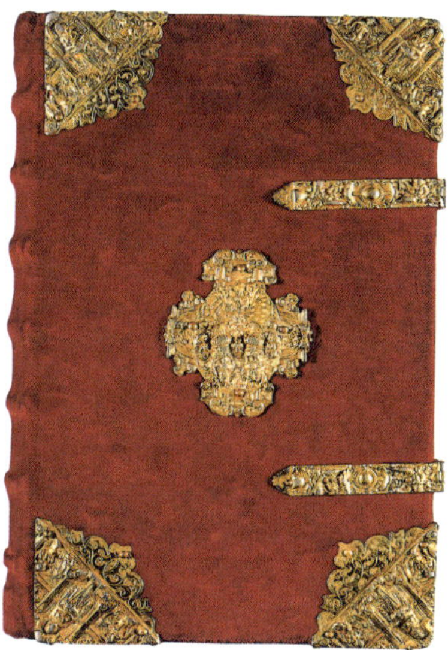

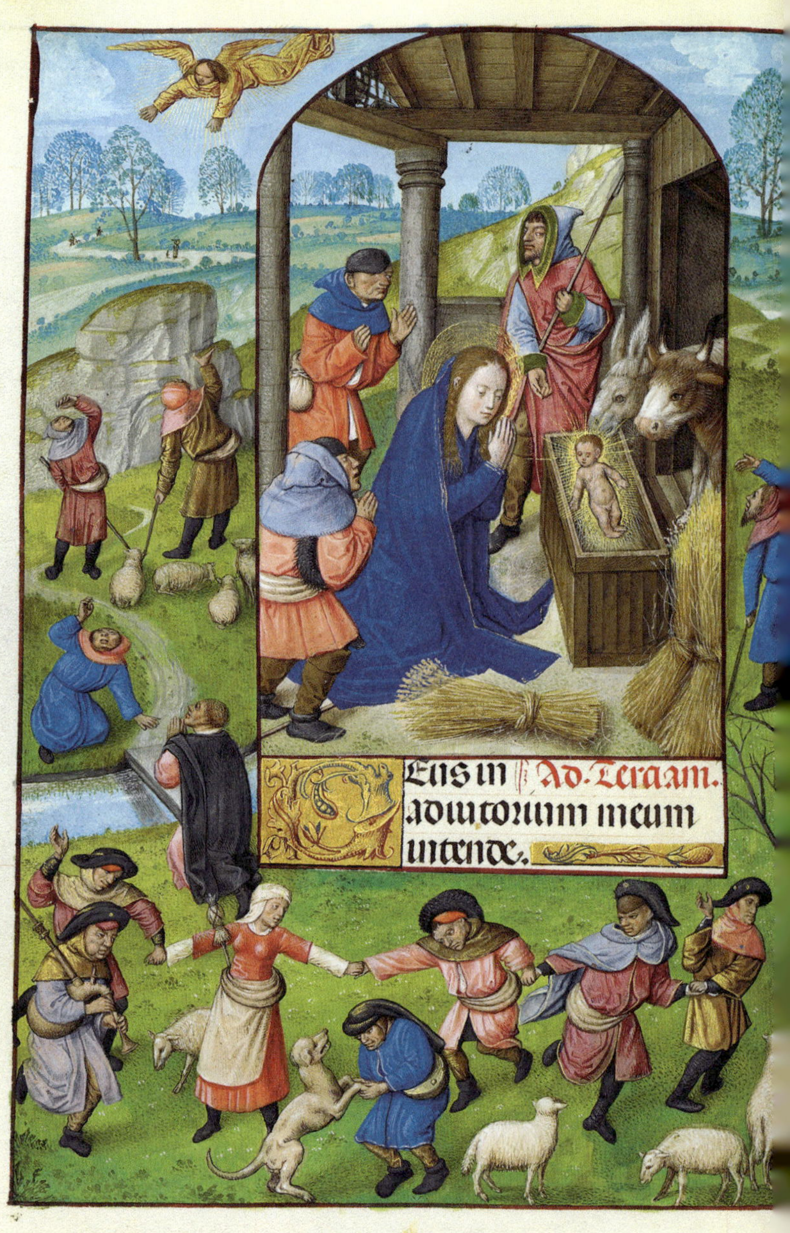
Eus in
Ad. Terciam.
adiutorium meum
intende.

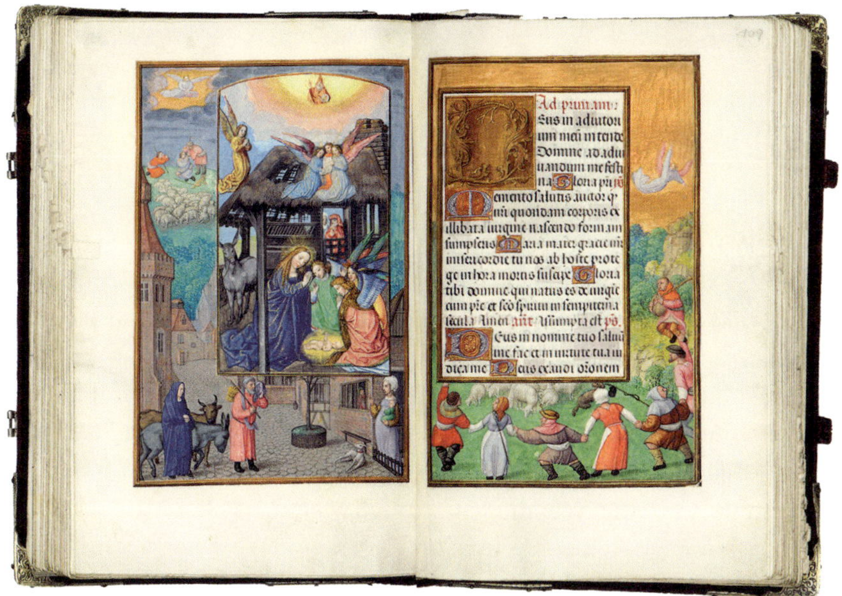

OBEN: Darstellung der Geburt Christi im Rothschild-Gebetbuch, die die Ankunft von Josef und Maria in Bethlehem und eine Gruppe von auf den Feldern tanzenden Hirten einschließt. LINKS: Die inhaltlich entsprechende Miniatur im Spinola-Stundenbuch, auf der ebenfalls eine Schar von Hirten zu sehen ist, die miteinander und mit einem Hund tanzen. Sie wurde vom »Meister der Gebetbücher um 1500« geschaffen.

ren silbervergoldeten Beschlägen. Man nimmt allgemein an, dass Letztere von einem anderen Einband entfernt wurden, um das Gebetbuch zu verschönern, als es sich im Besitz von Baron Anselm von Rothschild (1803–1874) befand, einem anderen Angehörigen jener großen Sammlerdynastie. Das Gebetbuch ist heute das Glanzstück der Kerry Stokes Collection in Westaustralien. Über seine Geschichte, bevor es Mitte des 19. Jahrhunderts in die Rothschild-Sammlung einging, ist nichts, wirklich absolut nichts bekannt. Ich hatte die Gelegenheit, es wieder einmal in die Hand zu nehmen, als es für eine Ausstellung in Melbourne im August 2015 hergerichtet wurde. Als ich es aufschlug, durchfuhr mich fast eine Art Schock, als ich erkannte, dass die Innenseiten der Deckel vollkommen denen des Spinola-Stundenbuchs und des Stundenbuchs des Herzogs von Berry entsprechen. Sie sind mit der gleichen leuchtend grünen Seide überzogen, und die ihnen gegenüberliegenden Vorsatzblätter bestehen aus dickem, schlichtem Pergament. Der umlaufende Goldschnitt ist mit den gleichen kleine Blüten einschließenden Rauten gaufriert. Es ist unheimlich. Der rote Samtbezug ist über einen früheren Einband gezogen, über dessen Rücken mehrere Querbänder laufen, genau wie es beim Spinola-Stundenbuch der Fall ist. Der Samt ist so dick, dass der Einband jetzt etwas zu groß ist. Ich gehe jede Wette ein: Entfernte man ihn, würde darunter das gleiche dunkelrote Maroquinleder zum Vorschein kommen wie bei den Einbänden des Spinola-Stundenbuchs und der *Très Riches Heures*. Das lässt eine Beobachtung noch wahrscheinlicher werden, die ich früher einmal machte. Als ich das Spinola-Stundenbuch zum ersten Mal sah, fanden sich an den unteren Rändern vieler Miniaturen schon spekulative, mit Bleistift geschriebene Zuschreibungen, die aus der Zeit von Anfang bis Mitte des 19. Jahrhunderts stammten. Einzelne Abbildungen wurden Malern wie Lucas van Leyden, Hans Memling, Albrecht Dürer und noch anderen zugewiesen. Diese völlig absurden Identifikationen der Künstler – die Miniaturen, die die Kreuzigung und Moses mit der ehernen Schlange zeigten, sollten angeblich Werke Dürers sein – wurden später ausradiert, und zwar vermutlich von H. P. Kraus. Spuren von ihnen sind aber immer noch ganz schwach sichtbar. Ähnliche Zuschreibungen, von derselben Hand mit Bleistift geschrieben, standen einst auch an den unteren Rändern der Seiten des Rothschild-Gebetbuchs, aber auch sie wurden ausradiert. Die beiden Bücher gehörten allem Anschein nach einmal zu derselben Sammlung und zwar in der Gesellschaft von keinem geringeren Werk als den *Très Riches Heures*, und alle drei wurden mit zueinanderpassenden Einbänden versehen. Wenn wir feststellen könnten, wo sich eines von ihnen befand, wüssten wir auch über die Provenienz der beiden anderen Bescheid.

Wir müssen in die Vergangenheit zurückgehen. Die frühe Geschichte der *Très Riches Heures* ist kompliziert. 1485 gehörte die Handschrift Karl I., dem Herzog von Savoyen, und seiner Gemahlin Blanka von Montferrat. Beide waren direkte Nachfahren des Herzogs von Berry. Ihre Tochter und spätere einzige Erbin war die erste Gattin des Philibert II. von Savoyen, nach dessen Tod die Handschrift an seine Witwe Margarete von Österreich (1480–1530), die Regentin der Niederlande, fiel. Die *Trés Riches Heures* waren eines von ungefähr zwanzig Büchern aus der Bibliothek der Herzöge von Savoyen, die Margarete bei ihrer Rückkehr in die Niederlande mitnahm. Aus einem Verzeichnis ihrer Besitztümer aus den Jahren 1523 bis 1524 geht hervor, dass das Stundenbuch noch aus nicht gebundenen Lagen bestand. Wahrscheinlich wurden diese zum ersten Mal von Margaretes Hofjuwelier Martin des Ableaux zusammengefasst und mit einem Einband versehen. Auf den freien Vorsatzblättern am Ende der *Très Riches Heures* sind schwache Oxidationsspuren zu sehen, die von Kupferstiften herrühren, mit denen einmal zwei Schließen befestigt waren. Diese können zu jenem ersten Einband gehört haben. Bei Margaretes Tod im Dezember 1530 befand sich das Stundenbuch in der Obhut von Jean Raffault, Seigneur de Neufville, ihrem *trésorier général des finances*. Danach verliert sich die Spur für mehrere Jahrhunderte.

Um unsere Hypothese zu überprüfen, wollen wir einmal annehmen, dass das Spinola-Stundenbuch und das Rothschild-Gebetbuch ebenfalls im Besitz der Margarete von Österreich waren und dass alle drei Handschiften nach ihrem Tod nicht zerstreut wurden, sondern zusammenblieben. (Der Erste, der das Spinola-Stundenbuch mit Margarete von Österreich in Zusammenhang brachte, war 1982 Joachim Plotzek.) Viele sehr kleine Indizien sprechen dafür, dass es einmal ihr gehörte, darunter die Tatsache, dass in den letzten Phasen der Herstellung ein Schwergewicht auf weibliche Heilige gelegt wurde und dass man viele Namen von Heiligen findet, die insbesondere in Deutschland und in Spanien verehrt wurden. Damit scheint es wie zugeschnitten auf die Verwendung durch die Tochter eines Kaisers des Heiligen Römischen Reichs und Witwe des spanischen Thronerben. In der Litanei wird zum Beispiel der heilige Ildefons von Toledo angerufen. Margarete war eine der reichsten Schirmherrinnen der schönen Künste in Europa und besaß ausgezeichnete Verbindungen. Gerard von Horenbout, der vermutliche Meister von Jakob IV., wurde im April 1515 zu ihrem Hofmaler und *valet de chambre* ernannt und blieb mindestens bis 1522 in ihren Diensten. Albrecht Dürer besuchte ihn 1521 auf seiner Reise in die Niederlande. Auch vom Stil her könnten sowohl das Spinola-Stundenbuch als auch das Rothschild-Gebetbuch in jenen sieben Jahren entstanden sein.

Margarete war die Tochter von Maria von Burgund (1457–1482), der Alleinerbin des Burgunderreichs, und Maximilians I. (1459–1519), von 1486 an römisch-deutscher König und seit 1508 Kaiser des Heiligen Römischen Reichs. (Nach ihm ist der Meister des Älteren Gebetbuchs benannt.) Margarete wurde in Brüssel geboren und in Gent getauft. Als Kind wurde sie mit dem zukünftigen König von Frankreich, Karl VIII., verlobt, ihr wurde daher die Erziehung einer französischen Kronprinzessin zuteil. Die Verlobung wurde jedoch 1491 gelöst, und Margarete ehe-

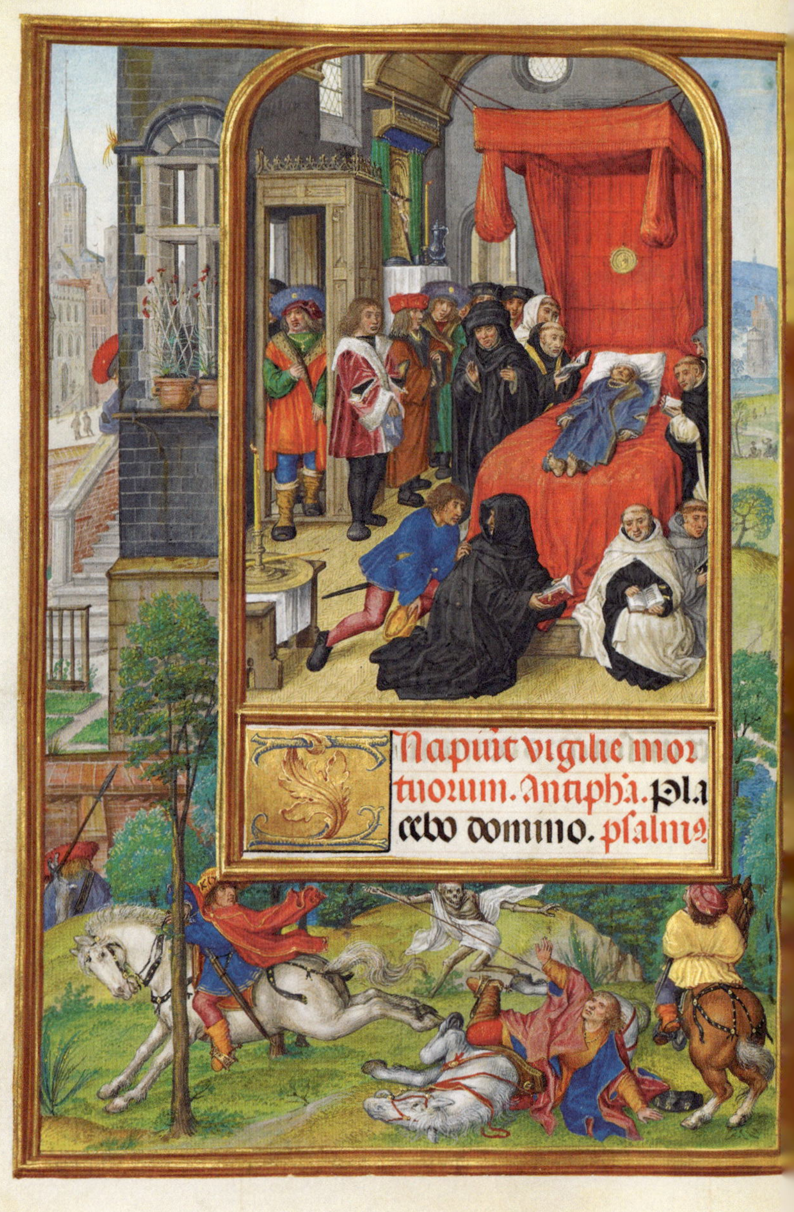
ncipiūt vigilie mor
tuorum. Antiph'a. pla
cebo domino. psalm9

lichte stattdessen den kränkelnden und gebrechlichen Prinzen Johann von Aragón und Kastilien, den rechtmäßigen Erben von Ferdinand und Isabella (er war der ältere Bruder Katharinas von Aragón). Johann starb aber 1497, wenige Monate nach ihrer Heirat, im Alter von neunzehn Jahren. 1501 heiratete Margarete dann Philibert II., den Herzog von Savoyen. Auch ihre zweite Ehe war nicht von Bestand. Philibert starb 1504, nachdem er törichterweise bei allergrößter Hitze auf die Jagd gegangen war. Das Totenoffizium im Spinola-Stundenbuch ist mit der sehr drastischen *bas-de-page*-Darstellung eines Mannes illustriert, der auf der Jagd von einem Skelett mit einem Speer durchbohrt wird; im Zentrum der Miniatur sieht man ihn dann sterbend auf seinem Lager liegen, um das sich seine angsterfüllte Familie versammelt hat. Auch Herzog Philibert rang einige Tage mit dem Tode. Es heißt, dass Margarete voller Verzweiflung die Perlen ihrer kostbaren Halskette zu Pulver zerstampfte, um daraus einen Heiltrank für ihn herzustellen, der ihn aber nicht zu retten vermochte. 1506, nach dem Tod von Philipp dem Schönen, ihrem Bruder, kehrte die zu jenem Zeitpunkt 26-jährige Margarete aus Savoyen in die Niederlande zurück, um dort die Regentschaft zu übernehmen. Zu ihrer Hauptresidenz erwählte sie das zwischen Antwerpen und Brüssel gelegene, rund 50 Kilometer von Gent entfernte Mechelen. Sie heiratete nie wieder und hatte keine Kinder.

Margarete von Österreich trug eine großartige Kunstsammlung zusammen, die Bilder wie Jan van Eycks unvergleichliche »Arnolfini-Hochzeit« einschloss, heute einer der größten Schätze der Londoner National Gallery. Sie besaß auch fast vierhundert Handschriften, unter denen der aus dem 11. Jahrhundert stammende Speyerer *Codex Aureus Spirensis* war, ein Evangeliar, das für Kaiser Heinrich III. angefertigt wurde (und heute in der spanischen Königlichen Bibliothek des Escorial liegt). Dieses Buch erhielt Margarete von ihrem Vater. Erasmus von Rotterdam kam 1519 nach Mechelen, um es einsehen zu können, und erwähnt es im Vorwort zur dritten Ausgabe seines griechischen Neuen Testaments von 1522. Als sie zur Verlobung mit dem Dauphin nach Frankreich ge-

LINKS: Der auf der Jagd vom Tod mit einem Speer durchbohrte Mann, der anschließend von seiner Familie umgeben auf dem Totenbett liegt. Miniatur im Spinola-Stundenbuch vom Meister von Jakob IV.

bracht wurde, als Dreijährige also, erhielt Margarete ihr erstes Stundenbuch. Es mag sich dabei um jene berühmte Handschrift gehandelt haben, die uns als Berliner Stundenbuch der Maria von Burgund bekannt ist. Maria, die Mutter Margaretes, war kurze Zeit zuvor gestorben. Margaretes Bruder, Philipp der Schöne, machte ihr ein zweites Stundenbuch zum Geschenk, als sie nach Spanien aufbrach, um Prinz Johann zu heiraten. Vermutlich handelte es sich um eine Handschrift, die heute in Wien liegt. Zusätzlich zu den *Très Riches Heures* erwarb Margarete später das unvollendete Stundenbuch der Bona von Savoyen, der Witwe von Galeazzo Sforza, dem Herzog von Mailand (in dessen Besitz sich der *Semideus* befunden hat), und sie brachte dieses Werk nach Mechelen, wo sie es von ihrem eigenen Hofmaler Gerard Horenbout fertigstellen ließ. Später schenkte sie es ihrem Neffen, dem Kaiser des Heiligen Römischen Reichs Karl v. Es liegt heute in der British Library.

Wenn sowohl das Rothschild-Gebetbuch als auch das Spinola-Stundenbuch von Margarete von Österreich in Auftrag gegeben wurden, dann ließ sie vermutlich erst das Gebetbuch anfertigen, und zwar um 1515, als Horenbout in ihre Dienste trat. Anschließend könnte Margarete das Spinola-Stundenbuch im halb vollendeten Zustand gekauft haben, genau wie sie es mit dem Stundenbuch der Bona von Savoyen tat, und es dann Horenbout anvertraut haben, damit er es erweiterte und aufwertete. Falls es sich beim Maximilian-Meister tatsächlich um Alexander Bening handelte, kann das nicht später als 1519 geschehen sein, Benings Todesjahr. Die Arbeit an der Handschrift wurde vermutlich um 1520 abgeschlossen.

In dem oben erwähnten Inventar der Besitztümer der Margarete von Österreich von 1523/24 sind ein halbes Dutzend Stundenbücher verzeichnet. Beim Versuch, sie mit dem Spinola-Stundenbuch und dem Rothschild-Gebetbuch zu identifizieren, muss man eines nach dem anderen ausschließen, weil es entweder zu klein oder zu alt ist oder weil sich die Beschreibung erwiesenermaßen auf ein anderes Werk bezieht. Zwei bleiben jedoch übrig. Eines wird als »*une assez grosses heures*«, als ziemlich großes Stundenbuch (es war aber anscheinend nicht so großformatig wie die *Très Riches Heures*, die als »*une grande heure*« bezeichnet werden) in einem grünen Samteinband mit silbernen Schließen beschrieben. In dem Inventar ist es als Nr. 53 aufgeführt. Die Beschreibung eines anderen, Nr. 367, ist sehr detailliert: »*Premier, une riche heure en*

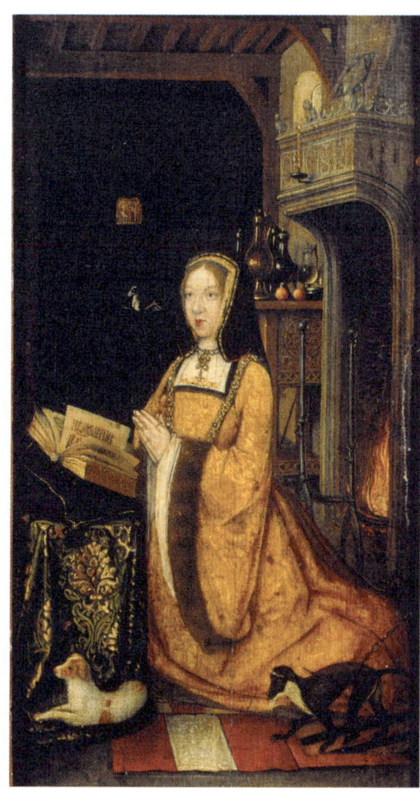

Margarete von Österreich (1480–1530), abgebildet auf dem Flügel eines Diptychons des »Meisters von 1499«. Sie kniet in Gesellschaft eines Hundes und eines Affen in ihrem Palast neben einem Kamin vor einem Gebetbuch.

parchemin, bien historiee et elumynee, couvertes de satin noir, clouant a deux fermilletz d'or, escriptes a la main.« Es ist möglich, dass mit jenen »*assez grosses heures*« das Rothschild-Gebetbuch gemeint war, denn es ist in der Tat von beachtlicher Größe und auch großformatiger als das Spinola-Stundenbuch. Könnte es sich bei Nr. 367 um Letzteres, in seinem Originaleinband aus schwarzem Satin mit zwei goldenen Schließen, gehandelt haben? Es ist in der Tat »reich« ausgestattet, üppig illustriert und illuminiert und von Hand geschrieben.

Über diese Handschrift wurde berichtet, dass sie in Margaretes Residenz in Mechelen in dem »kleinen Kabinett, das angrenzt an den Raum mit dem Kamin und mit Blick auf die Galerie der Kapelle« aufbewahrt wurde. Im Museum voor Schone Kunsten in Gent wird ein Diptychon gezeigt, das Margarete im Gebet zeigt. Sie kniet vor einem anscheinend schwarz eingebundenen Stundenbuch, und hinter ihr befindet sich ein offener Kamin, neben dem ein mit Schnitzereien verziertes Schränkchen steht. Auf dem Boden vor ihr sieht man einen Hund und ein Äffchen (diese Tiere begegnen auch in der Miniatur von Dives und Lazarus im Spinola-Stundenbuch). Auf dem gegenüberliegenden Flügel des Diptychons ist in einem an ein Kircheninneres erinnernden Interieur und wie durch ein Fenster gesehen Maria mit dem Kind dargestellt. In dem im 15. Jahrhundert erbauten Gruuthuse-Palast von Brügge kann man noch eine jener für private Andachten bestimmten, über eine Treppe zu erreichenden Galerien sehen. Von ihr aus kann man durch ein Fenster in die daneben gelegene, der Jungfrau Maria geweihte Onze-Lieve-Vrouwekerk schauen. In dem in Wien aufbewahrten Stundenbuch, das für Maria von Burgund angefertigt wurde, ist die Auftraggeberin abgebildet, wie sie in der Handschrift lesend vor einem solchen Fenster sitzt, durch das man in den Altarraum einer Kirche blickt. Das vermittelt alles einen Eindruck davon, auf welche Weise man im Palast von Mecheln eine Handschrift wie das Spinola-Stundenbuch oder das Rothschild-Gebetbuch verwendete.

Die beiden Handschriften, die in dem Inventar als *»assez grosses heures«* und als *»riche heure«* charakterisiert wurden, gingen nach Margaretes Tod in den Besitz ihrer Nichte Maria von Ungarn (1505–1558) über, der Schwester Karls V. Genau wie die *Très Riches Heures* verschwanden sie aber im 16. Jahrhundert aus dem Blick; keine der drei Handschriften wird unter den Büchern der Maria von Ungarn aufgeführt, als diese um 1569 in der herzoglich-burgundischen Bibliothek erfasst wurden. Wie oben angeführt, fehlt im Spinola-Stundenbuch wohl ein Frontispiz, auf dem sich ein Wappen befand, und es ist sehr gut möglich, dass auch ein Porträt der Besitzerin, die im Gebet niederkniet, vor dem Gebet an die Jungfrau entfernt wurde. Das trifft ebenso auf das Rothschild-Gebetbuch zu: Es besitzt kein Frontispiz, und vor dem Gebet an die Jungfrau auf folio 145r fehlt ein Blatt. Beide Bücher wurden also auf ein und dieselbe Art entpersonalisiert.

Die drei eine Gruppe bildenden Handschriften können, falls sie noch zusammen waren, über den Diplomaten und Höfling Ambrogio Spinola (1569–1630), den Oberbefehlshaber der spanischen Truppen in den Niederlanden, der Ostende (1603) und Breda (1625) erfolgreich belagert und eingenommen hatte, nach Genua gelangt sein, als er sich 1629 unter Mitnahme seiner Kriegsbeute in das dortige Anwesen seiner Familie zurückzog. Er ließ sich auch von dem Maler Diego Velázquez begleiten, mit dem er durch seinen Freund Peter Paul Rubens bekannt gemacht worden war und dem er in Italien Gemälde zeigen wollte. Betrachter von Handschriften hinterlassen – zum Glück! – meistens keine Spuren, doch es ist sehr gut möglich, dass Velázquez und vielleicht sogar Rubens einst die Seiten in den *Très Riches Heures,* dem Spinola-Stundenbuch und dem Rothschild-Gebetbuch umschlugen.

Die Einbände für diese drei Werke wurden offenbar für Vincenzo Spinola di San Luca (1752–1826) aus Genua hergestellt. Wir können das aus der Tatsache schließen, dass Vincenzos Erbe und Testamentsvollstrecker der Sohn des Bruders seiner Mutter Gio Battista Serra (1768–1855) war und das Wappen auf dem Vorderdeckel der *Très Riches Heures* von einem Lederflicken mit dem Wappen Serras überdeckt ist. Auf dem hinteren Deckel blieb das Spinola-Wappen unangetastet. Sofort nach Gio Battista Serras Tod wurde die Handschrift zum Kauf angeboten. Serra hatte sie Baron Félix de Margherita vermacht, der sie 1855 in einem Mädchenpensionat in Genua deponierte, wo man sie besichtigen konnte, und sofort dazu einlud, ihm Angebote zu machen. Baron Adolphe de Rothschild nahm Verhandlungen mit ihm auf, er wurde aber im Januar 1856 von Henri d' Orléans, Duc d'Aumale (1822–1897) überboten. Die Handschrift, die heute das Rothschild-Gebetbuch genannt wird, wurde aber wahrscheinlich damals von Adolphes Schwiegervater Anselm von Rothschild aus Wien erworben. Die *Très Riches Heures* wurden schließlich vom Duc d'Aumale dem Institut de France am Musée Condé vermacht. Wenn das Spinola-Stundenbuch 1856 ebenfalls an einen neuen Besitzer verkauft wurde, was wahrscheinlich ist, dann verlor sich danach jede Spur von ihm.

Zufällig war ich Zeuge seiner Wiederentdeckung. Sofort nach Abschluss meines Studiums im Sommer 1975 nahm ich eine Anstellung bei Sotheby's an. Mitte Oktober jenes Jahres wurde ich mit Anthony Hobson nach München geschickt, wo Handschriften aus der Sammlung von Sir Thomas Phillipps, die im November in London zur Versteigerung gelangen würden, in Vorbereitung dieser Auktion ausgestellt werden sollten. Sotheby's hatte in der Galeriestraße 63 am Hofgarten, nicht weit von der Staatsbibliothek, gerade eine kleine Niederlassung eröffnet. Ein im Ruhestand lebender Berliner Metzger hatte von der Ausstellung erfahren und kam in Begleitung seiner Tochter angereist, um uns eine Handschrift aus seinem Besitz zu zeigen. Ich sehe ihn noch vor mir, wie er sie aus einer Decke wickelte, vor uns auf den Tisch legte und dann zu mir herüberschob, damit ich sie öffnete. Es war, versteht sich, der Codex, den wir heute unter der Bezeichnung Spinola-Stundenbuch kennen. Alle wa-

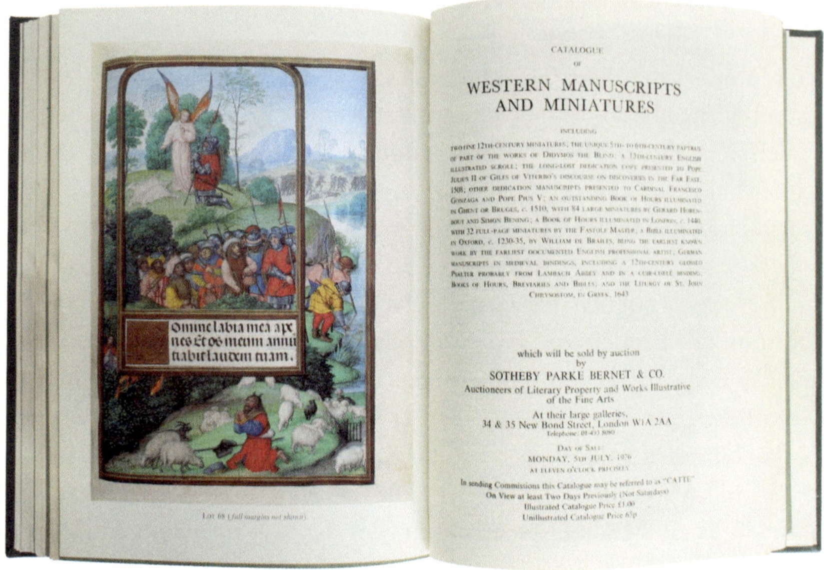
CATALOGUE
OF
WESTERN MANUSCRIPTS
AND MINIATURES
INCLUDING
TWO FINE 12TH-CENTURY MINIATURES; THE UNIQUE 5TH- TO 6TH-CENTURY PAPYRUS OF PART OF THE WORKS OF DIDYMOS THE BLIND; A 13TH-CENTURY ENGLISH ILLUSTRATED SCROLL; THE LONG-LOST DEDICATION COPY PRESENTED TO POPE JULIUS II OF GILES OF VITERBO'S DISCOURSE ON DISCOVERIES IN THE FAR EAST, 1508; OTHER DEDICATION MANUSCRIPTS PRESENTED TO CARDINAL FRANCESCO GONZAGA AND POPE PIUS V; AN OUTSTANDING BOOK OF HOURS ILLUMINATED IN GHENT OR BRUGES, c. 1510, WITH 84 LARGE MINIATURES BY GERARD HORENBOUT AND SIMON BENING; A BOOK OF HOURS ILLUMINATED IN LONDON, c. 1440, WITH 32 FULL-PAGE MINIATURES BY THE FASTOLF MASTER; A BIBLE ILLUMINATED IN OXFORD, c. 1230-35, BY WILLIAM DE BRAILES, BEING THE EARLIEST KNOWN WORK BY THE EARLIEST DOCUMENTED ENGLISH PROFESSIONAL ARTIST; GERMAN MANUSCRIPTS IN MEDIEVAL BINDINGS, INCLUDING A 12TH-CENTURY GLOSSED PSALTER PROBABLY FROM LAMBACH ABBEY AND IN A CUIR-CISELÉ BINDING; BOOKS OF HOURS, BREVIARIES AND BIBLES; AND THE LITURGY OF ST. JOHN CHRYSOSTOM, IN GREEK, 1643

which will be sold by auction
by
SOTHEBY PARKE BERNET & CO.
Auctioneers of Literary Property and Works Illustrative
of the Fine Arts
At their large galleries,
34 & 35 New Bond Street, London W1A 2AA
DAY OF SALE:
MONDAY, 5TH JULY, 1976
AT ELEVEN O'CLOCK PRECISELY
In sending Commissions this Catalogue may be referred to as "CATTE"
On View at least Two Days Previously (Not Saturdays)
Illustrated Catalogue Price £1.00
Unillustrated Catalogue Price

Der von Christopher de Hamel zusammengestellte und verfasste Verkaufskatalog für die Sotheby-Auktion am 5. Juli 1976. In ihm wurde das Spinola-Stundenbuch zum ersten Mal aufgeführt und beschrieben.

ren wir verblüfft über das, was da vor uns lag. Hobson flüsterte mir auf Englisch zu, ein Werk von solcher Qualität müsse doch mit Sicherheit bekannt sein. Er wolle den Besitzer in ein Gespräch verwickeln, und ich solle rasch in die Staatsbibliothek laufen, um in Friedrich Winklers *Die flämische Buchmalerei* von 1925 nachzuschlagen, damals dem Standardverzeichnis südniederländischer Handschriften in öffentlichen Einrichtungen (Winkler war es auch, der Namen wie »Meister des Älteren Gebetbuchs Maximilians« erfunden hatte). Mein Leseausweis für die Staatsbibliothek war noch gültig, denn seit meinen Besuchen als Doktorand war noch nicht so viel Zeit vergangen. Nach einer halben Stunde war ich von meinem Erkundungsgang zurück und berichtete, dass dieses außerordentliche Stundenbuch anscheinend nirgendwo verzeichnet war.

Der Metzger tischte uns verschiedene Geschichten über seine Provenienz auf. Einer von diesen zufolge befand es sich seit Generationen in Familienbesitz. Hermann Göring habe versucht, es zu erwerben, und sie hätten es während des Kriegs im leeren Gehäuse eines Radios versteckt gehalten. Wir händigten ihm eine Quittung aus und nahmen es für weitere Untersuchungen an uns. Eingehende Nachforschungen, die damals und in den vierzig Jahren, die seitdem verstrichen sind, angestellt wurden, haben nichts, weder etwas Beruhigendes noch Beunruhigendes, darüber zu Tage gefördert, was im 20. Jahrhundert mit dem Werk geschehen war. Wie in der Liebe ist es in der Provenienzforschung manchmal chevaleresk, nicht zu genau nachzufragen, und doch reut es mich heute, dass ich den Mann damals nicht eingehender befragt habe. Da es keinen Grund gibt, etwas anderes anzunehmen, müssen wir davon ausgehen, dass das Stundenbuch die Schrecken des Zweiten Weltkriegs untadelig in Berliner Privathand überstanden hat. Auf dem Vorsatzblatt befindet sich ein moderner grüner Stempelabdruck zusammen mit handgeschriebenen Initialen, die wohl jene des Mannes sind, dem ich 1975 in München begegnete.

Die Handschrift sollte im Juli 1976 in London verkauft werden. Ich verfasste den Eintrag für den Auktionskatalog; es war der längste, den ich jemals geschrieben hatte: Er füllte sechs eng bedruckte Seiten. Ich unternahm auch den ersten Versuch, die an dem Werk beteiligten Künstler voneinander zu unterscheiden. In jenen Tagen wurden keine Schätzpreise vor der Versteigerung veröffentlicht. Der höchste Preis, der jemals für ein Buch erzielt worden war, war 90 000 Pfund. Diese Summe hatten 1966 eine Ovid-Handschrift aus dem Besitz von Caxton wie 1974 der Chatsworth-Chaucer erbracht, und man war allgemein überzeugt, dass sich ein sechsstelliger Betrag unter keinen Umständen erreichen lasse. Im April 1976 hieß es aber in der Londoner Presse: »Geheimnisvolle Handschrift könnte bei Sotheby's mehr als 100 000 Pfund erzielen«, wirklich eine Aufsehen erregende Nachricht. Weiter stand zu lesen: »Eine Welle des Interesses läuft durch die Welt der Handschriftensammler, die zu einer wahren Woge anschwellen könnte, wenn dieses Buch … am Montag, dem 5. Juli bei Sotheby's zum Kauf angeboten wird.« Viele Menschen kamen in mein kleines Büro an der St. George Street in Londons City, um das Stundenbuch in Augenschein zu nehmen. Unter ihnen war auch Hans Kraus, der als »aggressiver« Käufer galt. In seiner Autobiografie schildert er, was er sich nach der Besichtigung der Handschrift vorgenommen hatte: »Ich entschloss, persönlich mitzubieten, kein Risiko einzugehen.« Am Morgen des Auktionstags, an dem es glühend heiß war, erwarteten wir alle, einen zum Kampf gerüsteten Kraus zu sehen. Stattdessen saß er nur mürrisch auf seinem Stuhl und bot halbherzig mit, bis wir bei zirka 60 000 Pfund angekommen waren. Dann schüttelte er demonstrativ den Kopf. Die Angebote kletterten irgendwie weiter in die Höhe, obwohl keiner wusste, von wem sie kamen. Eine Sozietät verblüffter englischer Buchhändler hielt gegen den unsichtbaren Konkurrenten mit und signalisierte das durch Kopfnicken. Der Preis stieg auf 250 000 Pfund, dann auf 300 000. Die beiden Buchhändler Frank Hammond und Charles Traylen gaben ein letztes verzweifeltes Gebot ab – es war vergebens. Der Zuschlag erfolgte bei 370 000 Pfund – an »H. P. Kraus«, wie der Auktionator dem erstaunten Publikum bekannt gab. Niemand war entgeisterter als ich. Es stellte sich heraus, dass Kraus vorher mit Sotheby eine Strategie abgesprochen hatte. Er wusste, dass alle die Augen auf ihn gerichtet halten und darauf warten würden, dass er einen Preis vorgab, und hatte daher dem Auktionator erklärt, ganz gleich, was er sagen oder tun würde – den Kopf schütteln beispielsweise –, er sei noch von der Partie, solange er seine Brille nicht abnehmen würde. Er setzte sie nicht ab und erwarb das Stundenbuch. Am nächsten Tag sagte er in einem Interview mit der *Times*: »Ich habe vor der Auktion mit meiner Frau und meinem Sohn konferiert, und wir haben uns entschlossen, bis 700 000 Pfund mitzugehen.« Das war der Moment, in dem das Spinola-Stundenbuch, wie es bald heißen würde, wieder aus dem Dunkel auftauchte und erneut in die Geschichte einging.

RECHTS: Der Überzug aus grüner Seide auf den Innenseiten der Einbanddeckel des Spinola-Stundenbuchs, der sich in identischer Form in den *Très Riches Heures* und im Rothschild-Gebetbuch findet.

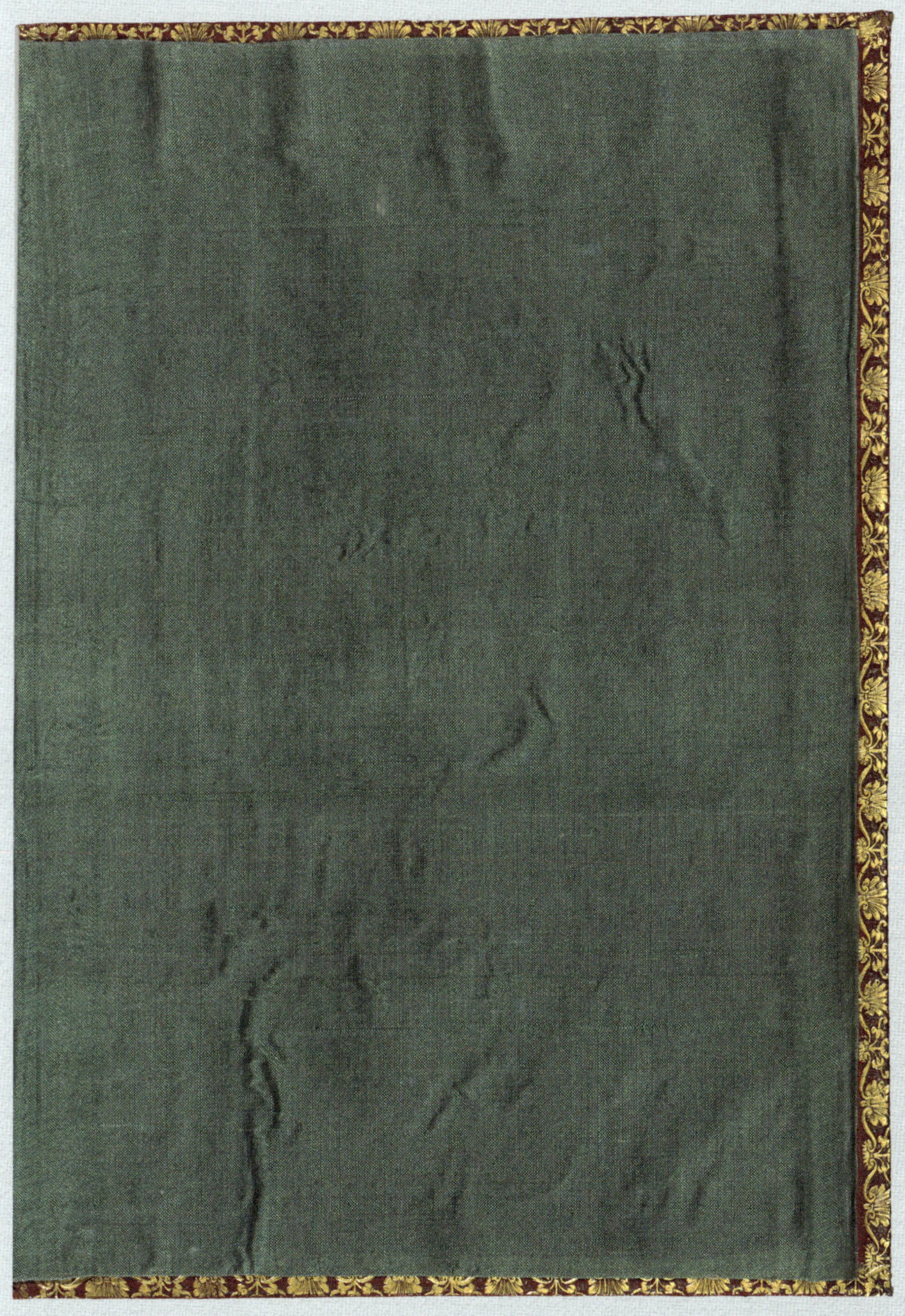

EPILOG

Wir befinden uns in der Abflughalle des Flughafens. In einer halben Stunde wird man mit dem Boarding beginnen und erst Passagiere mit Kindern oder solche, die etwas mehr Zeit brauchen, einsteigen lassen. Unser Gepäck haben wir aufgegeben, aber die wertvollen Notizen zu den Handschriften, die wir uns angesehen haben, nehmen wir im Handgepäck mit in die Kabine. Eine anregende Reise, in deren Verlauf wir einige der größten Handschriftensammlungen der Welt besucht haben, liegt hinter uns. Es gibt noch viele andere Bibliotheken, die einen Besuch lohnen, wir werden das bei anderer Gelegenheit nachholen. Die British Library, die Vatikanischen Bibliotheken und etwa die Österreichische Nationalbibliothek in Wien zählen zu denen, die wir ausgelassen haben. Wir sind im Lauf unserer Reise aber immer wieder auf Hinweise zu wichtigen Handschriften gestoßen, die in ihnen liegen. Auch die Nationalbibliotheken in Brüssel, Den Haag und Stockholm, in Mailand und in Venedig und die Bibliotheken in Bamberg, St. Gallen und Verona, die als Einrichtungen der Kirche begannen, bergen Kostbarkeiten. Es gibt Universitätsbibliotheken, die wahre Schätze besitzen, in Cambridge, Manchester (John Rylands Library), Glasgow, Genf, Leipzig, Krakau, Montpellier, Harvard, Yale und anderswo. Ich selbst besitze eine Schwäche für die umfangreichen Sammlungen in französischen Provinzstädten wie Troyes, Dijon und Rouen, die nach der Französischen Revolution aus den Klöstern entfernt wurden und in die Obhut der jeweiligen Kommune gelangten. Wo auch immer Sie leben: in Kapstadt, Tokio, Manila, Chicago, Lima (im Kloster von San Francisco), Melbourne, um nur einige Orte zu nennen – wahrscheinlich gibt es irgendwo in ihrer Nähe mittelalterliche Handschriften irgendeiner Art. Einige meiner beglückendsten Expeditionen haben mich an die Aufbewahrungsorte von Sammlungen geführt, die zwar klein sind, zu denen aber einige echte Prunkstücke zählen: wie die großartige Bibel aus dem 12. Jahrhundert, die immer noch in der Kathedrale von Winchester liegt, das Boucicaut-Stundenbuch im Pariser Musée Jacquemart-André, das Missale von Juraj de Topusko in der Kathedrale von Zagreb, das von einer Nonne bewacht wird, die mit einem Zeigefinger darauf einsticht, um Sie davon zu überzeugen, dass echtes Gold verwendet wurde, und die zwei am Hof von Matthias Corvinus entstandenen Handschriften im Topkapı-Museum von Istanbul, die aufgrund der osmanischen Besetzung Ungarns im Jahr 1541 an den Bosporus gelangten. Ihnen allen und ihren dramatischen Geschichten hätte man ein Kapitel dieses Buches widmen können. Es ist mir gelungen, Hinweise auf die griechischen Evangeliare im Diözesanmuseum von Rossano, den Albani-Psalter in Hildesheim, den Ingeborg-Psalter und die *Très Riches Heures* in Chantilly sowie das erstaunliche Brevier für die portugiesische Königsfamilie, das im Obergeschoss des Antwerpener Museum Mayer van den Bergh aufbewahrt wird, einfließen zu lassen. Überall gibt es Handschriften zu sehen, Sie müssen sich nur nach ihnen erkundigen. Eigentlich hätte ich die Reise bei jenen bescheidenen, aber authentischen Handschriften in der Public Library von Dunedin im Süden Neuseelands beginnen sollen, die mich als Teenager so verzauberten. Die Angestellten erlaubten es mir, sie aus ihren Vitrinen herauszunehmen, und ich verbrachte ganze Samstage damit, voller Staunen und Entzücken die Seiten umzublättern.

In den einzelnen Kapiteln dieses Buchs ist deutlich geworden, dass der pure Zufall immer wieder entscheidend dafür war, dass die Codices dorthin gelangten, wo sie sich heute befinden. Man könnte denken, dass die großen Kunstwerke dieser Welt öffentlich sind und unbeweglich immer an ein und demselben Platz bleiben, aber auf illuminierte Handschriften trifft das keineswegs zu. Von den zwölf Handschriften, die wir in Augenschein genommen haben, wird nur eine – das Stundenbuch der Johanna von Navarra – heute in dem Land aufbewahrt, in dem sie entstanden ist, wenn man jedenfalls die modernen politischen Grenzen zugrunde legt. Doch hat es immer wieder Augenblicke in ihrer Geschichte gegeben, in der es auch sie anderswohin hätte verschlagen können: Sie hätte mit der Douce-Stiftung nach Oxford gelangen können oder als Geschenk von T.H. Riches nach Cambridge (wenn Mrs. Thompson sich nicht so über Sydney Cockerell geärgert hätte), ganz zu schweigen davon, dass sie in

Berchtesgaden sehr gut hätte ganz verloren gehen können. Der Beatus wurde Museen in Berlin und Paris angeboten, doch tauchte er bei der Londoner Auktion genau in dem Augenblick auf, als Pierpoint Morgan meinte, »etwas Frühes« (egal, was genau) zu brauchen, und die Handschrift wanderte nach Amerika. Die *Aratea* befand sich in der Bibliothek von Königin Christina in Stockholm und wäre normalerweise mit den anderen *Codices Reginenses* im Vatikan gelandet, hätte nicht ein plötzlich in Ungnade gefallener Angestellter aus Leiden die Erlaubnis erhalten, sich aus der Sammlung der Königin seine Lieblingswerke auszuwählen, und sich diese Chance nicht entgehen lassen. Hätte Ceolfrid noch zwei Monate länger gelebt, wäre der Codex Amiatinus (der mit Sicherheit nicht so hieß) nach Rom gelangt und würde vermutlich nicht mehr existieren. Wäre Ludwig XII. 1499 vor Pavia zurückgeschlagen worden, hätte der *Semideus* nie den Weg nach Russland gefunden. An allen diesen Migrationen sind die Unwägbarkeiten und Wechselfälle des politischen Geschehens ebenso beteiligt gewesen wie wissenschaftlicher Eros und Philanthropie. Mehr als die Hälfte der hier behandelten Handschriften ist irgendwann einmal in den Handel gelangt. Zwei von ihnen hielten zu ihrer Zeit den Weltrekord, was den höchsten bei einer Auktion erzielten Preis für ein Buch betraf. Handschriften erfreuten sich höchster Wertschätzung oder wurden so gut wie nicht beachtet; sie wurden in Spanien gegen eine Taschenuhr im Wert von 30 Francs eingetauscht oder »inmitten der Schatten und unter dem Staub« in einer verlassenen toskanischen Abtei zurückgelassen. Das Augustinus-Evangeliar war im 13. Jahrhundert so berühmt, dass man darüber schrieb. Das Spinola-Stundenbuch war vollkommen unbekannt, bis ich es 1975 aus seiner Verpackung wickelte.

Sie begannen alle als stumme und unbelebte Objekte. Es ist ungeheuer befriedigend, nicht erfasste Handschriften zu katalogisieren und ihnen so ein Leben zu verleihen. Jedes neu entdeckte mittelalterliche Buch ist ohne präzise Identität, bevor es nicht aus jedem Blickwinkel untersucht worden ist, bevor man seine Texte nicht identifiziert und seine Struktur nicht ermittelt hat, bevor es aufgrund seiner Schrift und Ausschmückung in der stilistischen Entwicklungsgeschichte glaubwürdig verortet wurde und bevor seine Provenienz nicht aus den vorhandenen Indizien herausgekitzelt wurde. Am Ende dieses Prozesses besitzt das Manuskript eine Persönlichkeit und sehr häufig auch einen Namen, der ihm anschließend für immer bleibt. Es ist merkwürdig, dass das Verleihen eines Namens einer Handschrift, ähnlich wie einem Haustier, auch einen bestimmten Charakter verleiht. Die Bezeichnung »Book of Kells« wurde erstmals in den 1620er-Jahren verwendet, und sie vermehrte zweifellos seinen Ruhm und steigerte seinen Nimbus des Geheimnisvollen. Wäre es namenlos geblieben und würde einfach als »Evangeliar aus dem späten achten Jahrhundert« bezeichnet, würden trotz all seiner Schönheit die Menschen heute nicht in Dublin Schlange stehen, um es sich anzusehen. »*Codex Amiatinus*« und »*Carmina Burana*« sind Bezeichnungen, die im 19. Jahrhundert von deutschen Philologen mit klassischer Ausbildung geprägt wurden und in ihrer Subklassifikation dem Ort der Provenienz Rechnung trugen, also dem Kloster, in dessen Bibliothek der Codex gefunden wurde. Diese Handschriften traten 1850 respektive 1847 als neuerdings genau definierbare Entitäten wieder in die Welt ein. Sydney Cockerell, der zu Lebzeiten für seinen Hang zum Aristokratischen bekannt war, führte die Bezeichnung »das Stundenbuch der Johanna von Navarra« für eine Handschrift ein, die bis dahin ein elegantes, aber namenloses Brevier in Privatbesitz gewesen war. Sein neuer königlicher Titel trug mit Sicherheit dazu bei, dass es zu einem hohen Preis der Sammlung von Baron Edmond de Rothschild einverleibt wurde und schließlich in die französische Nationalbibliothek gelangte. Das »Spinola-Stundenbuch« wurde von einem Buchhändler mit Blick auf die Möglichkeit, es zu einem exorbitanten Preis verkaufen zu können, so genannt. Zur Verwendung in diesem Buch erfand ich selbst den Ausdruck »der Visconti-*Semideus*« für eine zwar in Verzeichnissen erfasste, aber namenlose Handschrift in der Russischen Nationalbibliothek von Sankt Petersburg. Ich hoffe, dass dieser Name haften bleibt. Für das ehemals in der Kathedrale von Exeter aufbewahrte Exemplar des Jesaja-Kommentars des heiligen Hieronymus, das von Hugo Pictor bebildert wurde, gibt es noch keinen richtigen Namen, und dieses Fehlen einer anerkannten Bezeichnung mindert etwas seine Position in der Geschichte. Die Bodleian Library sollte eine Ausschreibung veranstalten und sie dazu benutzen, Mittel einzutreiben.

Ein klar definiertes mittelalterliches Buch besitzt eine unverwechselbare, individuelle Persönlichkeit, und bei unseren Besuchen von Sammlungen sind wir Handschriften als Individuen begegnet, um herauszufinden, was sie uns erzählen können und was man allein von ihnen erfahren kann. Manchmal kommt es nur darauf an, sie zu lesen, denn Bücher können mit Worten sprechen. Es sind die einzigen Artefakte, die dazu fähig sind. Die Verse der *Carmina Burana* ermöglichen es uns, in die Tavernen und Klöster des späten 12. Jahrhunderts hineinzuhorchen. Die Angst vor dem bevorstehenden Armageddon, die aus dem Beatus spricht, oder die Gefühle, die in den Stundenbüchern zum Ausdruck kommen, erlauben es uns, an den privaten Gedanken und Hoffnungen ihrer Besitzer teilzuhaben. Wir haben kurz die textkritische Methode in Aktion erlebt und erfahren, wie Anomalien des Wortlauts und Korrekturen die Ursprünge eines Textes enthüllen und Wege an den Hof Gregors des Großen oder in die Welt des Buchhandels zur Zeit Chaucers eröffnen können. Oder dass im 11. Jahrhundert die Domherren englischer Kathedralen einander Besuche abgestattet haben müssen, um die Bücher, die sie in der Normandie neu erworben hatten, miteinander zu vergleichen. Das sind alles kleine, der großen Geschichte hinzugefügte Fußnoten. Die Handschriften, denen wir begegnet sind, haben uns etwas über die Konversion Europas zum Christentum erzählt, über römische Belesenheit und Schriftkundigkeit sowie über die Migration des Wissens und die Ambitionen der karolingischen Kaiser, die klassische Kultur wiederaufleben zu lassen. Handschriften sind keine Sekundärquellen dafür, sondern primäre Zeugnisse. Der Status von Königen, die Auswirkungen von Kriegen, die Macht von Zünften und Gilden, das politische Geschehen in Italien, der Winter auf den Bauernhöfen in den Niederlanden werden in ihnen (be)greifbar.

Wir haben uns mit illuminierten Handschriften als legitimem eigenem Forschungsgebiet beschäftigt. Wir haben uns mit Materialien wie Pergament befasst, mit so exotischen Schriftarten wie *capitalis rustica* und westgotischer Minuskel (ich empfehle, in den Small Talk bei Abendgesellschaften einmal ein paar Bemerkungen darüber einfließen zu lassen), mit Miniaturen und Einbänden und den Indizien dafür, wie Texte kopiert und Codices zusammengestellt wurden. Wir haben daraus Schlussfolgerungen über die Ursprünge des Geschäfts professioneller Künstler und des kommerziellen Veröffentlichungswesens ziehen können. Wie wichtig es ist, die Struktur einer Handschrift zu ermitteln und zu dokumentieren, ihre Zusammensetzung aus einzelnen Lagen, ist immer wieder deutlich geworden. Häufig konnten Informationen, die wir aus der Untersuchung bestimmter Handschriften gewannen, mit solchen aus anderen Aufzeichnungen wie der *Vita Ceolfridi* oder den Steuerunterlagen aus dem Paris des 14. Jahrhunderts zusammengebracht werden, die uns reale Namen von Personen oder Orten liefern und den Codices damit eine authentische Grundlage verleihen. Man könnte meinen, dass mittelalterliche Miniaturen alle von namentlich unbekannten Künstlern stammen, doch gilt für gut die Hälfte der Handschriften, denen wir hier begegnet sind, dass sich die Mitwirkenden sicher ermitteln lassen oder dass man zumindest mögliche Kandidaten ausfindig machen kann. Wir haben unsere Kenntnis von der Geschichte der Kunst und der Literatur und auch die von so bedeutenden Kulturdenkmälern wie dem Teppich von Bayeux und den *Canterbury Tales* um eine Spur erweitert, indem wir diese Handschriften in Augenschein genommen haben.

Sie werden auch bemerkt haben, wie oft wir bestimmte Sachverhalte absolut nicht kennen oder Antworten schuldig bleiben müssen. Ich kann beim besten Willen nicht sagen, wann der Kopenhagener Psalter angefertigt wurde. Ich glaube nicht, dass wir dem Schreiber des Hengwrt-Chaucer einen Namen geben können. Ich habe Mutmaßungen über die Auftraggeber von Hugo Pictors Handschrift und des Spinola-Stundenbuchs angestellt, wobei ich vielleicht komplett danebenliege. Ich wäre nicht im Geringsten beleidigt, würde jemand aufgrund anderer Anhaltspunkte überzeugendere oder wahrscheinlichere Theorien aufstellen. In der Geschichte der meisten dieser Handschriften klaffen immer noch Lücken, die aber zweifellos eines Tages gefüllt sein werden. Glückliche Zufälle oder scharfsichtige Beobachtungen werden uns noch viele weitere Informationen liefern. In der Einleitung habe ich gesagt, wir wollten uns vorstellen, wir säßen im Gespräch beisammen und diskutierten über die Handschiften, die vor uns auf dem Tisch liegen. Ich wäre erfreut, wenn jemand neue Ideen vorbringen oder neue Informationen beisteuern würde. Die Paläografie ist unter den Gebieten, die der Erforschung geschichtlicher Vergangenheit dienen, nahezu das einzige, auf dem noch unbegrenzte Möglichkeiten zu Entdeckungen bis hin zur Totalrevision bestehen beim Auftauchen neuer Erkenntnisse – und sie werden sich einstellen, sooft man eine der hier behandelten oder andere Handschriften studiert.

In aufrichtiger Begeisterung versuche ich daher neue Adepten für die Paläografie zu gewinnen. Handschriftenforscher sind Angehörige eines sympathischen Zirkels von Gleichgesinnten über nationale oder soziale

Schranken hinweg. Was sie vereint, ist ihre Freude über mittelalterliche Bücher, dazuzugehören ist daher nicht schwer. Ich hoffe, dass von dieser internationalen Kameradschaft und ihrem positiven Wirken in diesem Buch etwas spürbar geworden ist, durch Hinweise auf Forschungsergebnisse von Kollegen und Freunden, vor allem in den Anmerkungen. Keiner, den ich zu Einzelfragen um Rat gebeten habe, hat mir je seine Hilfe verweigert. Es gibt eine derart große Menge von mittelalterlichen Manuskripten auf der Welt – wahrscheinlich mehr als eine Million –, dass uns das Forschungsmaterial nicht ausgehen wird und wir nicht eifersüchtig darüber wachen müssen, dass sich kein anderer auf unserem Spezialgebiet betätigt. Viele wichtige Sammlungen sind unzureichend katalogisiert, einige überhaupt nicht, und es gibt noch viel zu Tage zu fördern. Jeder einigermaßen Findige und Tatkräftige hat die Möglichkeit, neue Zuschreibungen vorzunehmen und neue Entdeckungen zu machen, die unsere Kenntnisse vergrößern werden – es gibt nicht so viele konventionelle Forschungsgebiete, wo das noch möglich oder ähnlich wahrscheinlich wäre. Handschriftenkundlern bieten sich gute Berufschancen an der Universität, an Bibliotheken oder im Antiquariatshandel, doch lohnende Betätigung bietet sich auch kundigen Enthusiasten, Textphilologen, Privatsammlern, Kopisten, Künstlern und Lesern – wie seit tausend Jahren.

Öffentliche Institutionen, die Handschriftensammlungen beherbergen, reagieren sehr unterschiedlich auf Bitten, bestimmte Codices einsehen zu dürfen. Um der Gerechtigkeit willen muss gesagt werden, dass Handschriften meist äußerst empfindlich und oft sehr wertvoll sind. Es ist daher nicht immer ratsam, pauschal alle Interessierten solche Schätze in die Hand nehmen zu lassen. Jede Bibliothek hat eigene Zugangsregeln; wählen Sie also sorgfältig und seien Sie vielleicht nicht gar zu anspruchsvoll. Nutzen sie digitalisierte Versionen für vorbereitende Arbeiten. Wenn Sie dann so weit sind, bringen Sie vernünftige Argumente vor, warum Sie Zugang zum Original benötigen, und die meisten Kuratoren werden Sie zumindest anhören, denn wir alle wissen in unserem Innersten, dass es keinen Ersatz für die Begegnung mit dem Original gibt. Denken Sie daran, dass es auch Handschriften in Privatbesitz gibt, was von Paläografen oft vergessen wird. Im Lauf unserer Reise haben wir auch Geschichten über Auktionen und Ankäufe und von Handschriften in Privatsammlungen gehört. Es wird immer noch mit ihnen gehandelt, und ein paar Blätter müssen nicht unbedingt teuer sein (was natürlich möglich ist). Puristen mögen die Nase rümpfen, aber schauen Sie sich lange genug eine einzige Seite aus einer Bibel des 13. Jahrhunderts an, die weniger kostet als eine gute Theaterkarte, und Sie werden so viel über die Kunstfertigkeit und Technik eines mittelalterlichen Schreibers erfahren, wie Sie einem Lehrbuch entnehmen können. Lesen Sie im Bett in einem Stundenbuch, und Sie sind um fünfhundert Jahre zurückversetzt.

Abschließend hoffe ich, dass diese Begegnungen Ihnen eine Ahnung davon vermittelt haben, wie aufregend und was für ein Vergnügen es sein kann, eine Originalhandschrift in der Hand zu halten, sie zu befragen und ihren Antworten zu lauschen. Ich schließe mich dem Wunsch an, mit dem der Petersburger *Semideus* schließt: *lege feliciter* – möge die Lektüre Sie erfreuen!

Eben kam die Durchsage, dass wir an Bord gehen können. Bald sind wir unterwegs nach Hause.

ANHANG

GLOSSAR

ZUR DEUTSCHEN AUSGABE

Abbreviatur (lat.) eine von einem mittelalterlichen Kopisten verwendete (standardisierte) Abkürzung, ein »Kürzel«.

Anglicana(-Schrift) eine in England im Spätmittelalter häufig verwendete kursive Gebrauchsschrift.

Anpappblatt *siehe* Spiegelblatt.

Antiphonar oder **Antiphonale** (griech.) vom 9. Jahrhundert an gebräuchliches liturgisches Buch, das die Texte (später die Texte und Melodien) enthält für die Antiphonien, die Wechsel- oder Antwortgesänge während des Stundengebets (Antiphonarium Officii) oder der Messe (Antiphonarium Missae; auch **Graduale**).

Apokalypse (griech.: »Enthüllung«, »Offenbarung«) literarischer Text, der das Ende der Geschichte und das Kommen des Reichs Gottes, das heißt die Erfüllung biblischer eschatologischer Prophezeiungen und Verheißungen, zum Thema hat. Diese altjüdische und urchristliche Gattung der Literatur erlebte im Hochmittelalter eine neue Blüte.

bas-de-page (frz.: »unten auf der Seite«) der – oft besonders breit gehaltene – Bereich unterhalb des Schriftspiegels, der für kleinere bildliche Darstellungen oder ornamentale Verzierungen benutzt wurde.

Bestiarium (lat.) moralisierendes naturkundliches Lehrbuch, in dem das Verhalten von real existierenden Tieren oder auch von Fabelwesen als vorbildhaft für den Menschen dargestellt wird.

biblia pauperum (lat.: »Bibel der Armen«) Buchgattung, die gegen Ende des 13. Jahrhunderts im bayrisch-österreichischen Raum aufkam. In einer *biblia pauperum* – der Terminus besagt nicht, dass sie ausschließlich für ärmere Schichten der Bevölkerung bestimmt war – werden mithilfe von meist im Blockdruckverfahren gedruckten bildlichen Darstellungen Szenen aus dem Neuen Testament mit solchen aus dem Alten Testament in Zusammenhang gebracht. Das Alte Testament wurde als eine Art von Kommentar zum Neuen aufgefasst (sogenannte **typologische** Interpretation). Da sie nur eine Auswahl aus den biblischen Geschichten enthielten, waren diese Bibeln nicht so teuer und voluminös wie vollständige Ausgaben und fanden weite Verbreitung.

Bordüre (frz.) mit figürlichen Darstellungen oder Ornamenten ausgeschmückter Rahmen um eine Miniatur.

Breves causae (lat.) Zusammenfassungen der Evangelien, Standardkomponente von Evangeliaren.

Brevier, Breviarium (von lat. *brevis* = kurz) liturgisches Buch, das die Stundengebete enthält. Im Gegensatz zum geschichtlich späteren, für Laien geschaffenen **Stundenbuch** war es für den Gebrauch durch Kleriker bestimmt.

Buchblock Gesamtheit der beschriebenen oder bedruckten, gefalzten und gehefteten Blätter bzw. Lagen eines Buchs.

Bünde Schnüre oder schmale Riemen (meist aus Leder), mit denen die einzelnen Lagen eines Buches zusammengefasst werden und die zumeist auch die Verbindung zwischen Buchblock und den Deckeln herstellen. Die quer über den Rücken des Buchblocks verlaufenden Bünde zeichnen sich häufig in Gestalt von Wülsten unter dem Bezugstoff des Einbands ab und können so auch eine dekorative Funktion haben.

Capitalis (lat.) eine ausschließlich aus Großbuchstaben **(Majuskeln)** bestehende römische Schriftart; die Unterform **c. rustica** eignet sich aufgrund der bogiggeschwungenen Ausführung der einzelnen Lettern zum schnellen Schreiben (auf Papyrus oder Pergament), die »eckigere« **c. monumentalis** (auch **c. lapidaris**) wurde im Gegensatz dazu vor allem für (in Stein gehauene) Inschriften verwendet.

Capitula (lat.) einem Evangelium vorangestelltes Verzeichnis oder Liste der Kapitel.

Codex Bezeichnung für einen aus gefalzten Blättern, die in Holzdeckel (lat. *caudex* = Holztafel) gefasst sind, bestehendes Buch. Diese Buchform begann vom 1. Jahrhundert an die bis dahin übliche Schriftrolle abzulösen.

Drolerie (frz.) verspielte bildliche Darstellung von oft grotesk verzerrten Gestalten (Fabel- oder Mischwesen), die meist komische Wirkung hervorrufen soll, in den **Bordüren** von Handschriften oder auch in Initialen.

Durchschussblatt nicht beschriebenes oder mit Illustrationen versehenes, »freies« Trennblatt zwischen Text- oder Bildblättern.

Einband aus Vorder- und Rückdeckel sowie dem Rücken bestehende, einen Buchblock umschließende und schützende Hülle. Im Mittelalter wurden Werke, denen man aus bestimmten Gründen einen besonderen Status zumaß oder die für hochstehende Besitzer bestimmt waren, oft in Prachteinbände gefasst, für die man mit edlen Materialien (wie Gold, Edelsteine, Elfenbein) verzierte Holztafeln verwendete.

Emendation (lat.) Verbesserung des überlieferten Wortlauts eines Textes in Fällen, in denen die korrekte Lesart unstrittig ist (in Unterschied zur Konjektur, die auf Mutmaßungen beruht).

Evangeliar (lat.) liturgisches Buch mit dem Text der vier Evangelien, in der Regel ergänzt durch **Kanontafeln**, einen diese erläuternden Brief des Eusebius von Caesarea, die von Hieronymus verfassten, die **Vulgata** einleitenden Texte sowie kurze Zusammenfassungen der einzelnen Evangelien **(breves causae)**.

Exlibris (lat.: »aus den Büchern von«) Eigentümervermerk in einem Buch; meist eingeklebter, häufig kunstvoll gestalteter kleiner Zettel mit dem Namen des Besitzers.

Explicit (lat. Kurzform von *explicit liber* = hier endet das Buch) eine dem Kolophon vergleichbare Schlussformel, die in der Regel Informationen zum Verfasser und zum Schreiber eines Werks sowie dessen Entstehungsort enthält; oft durch das Schriftbild oder durch die Farbgebung vom vorhergehenden Text abgehoben.

Falz eine bei der Herstellung eines Buches/Codex durch Falzen (Falten) eines Blattes entstehende Knickkante.

Folio (Pl.: **Folios**) die Ablativform des lat. Wortes *folium* (= Blatt) wird als Bezeichnung für das Blatt einer Handschrift (im Unterschied zur Seite) verwendet; **Foliierung** bezeichnet die (meist am oberen Rand vorgenommene) Zählung der Blätter (statt einer Paginierung der Seiten).

Gaufrage, Gaufrieren Ornamentierung der Oberfläche eines Gegenstands (z.B. des Schnitts eines Buches oder einer Handschrift) durch Einprägen eines Musters.

Halbunziale verschnörkelte, besonders breite, für die Britischen Inseln und Irland typische Repräsentationsschrift.

Horen (lat.) die Gebetszeiten des **Stundengebets** (siehe **Offizium**).

Hymnar(ium) (lat.) schriftliche Sammlung der Hymnen, die in der römisch-katholischen Liturgie verwendet werden.

Ikonografie (griech.) die wissenschaftliche Beschäftigung mit Bildinhalten, das Erforschen und Aufzeigen von deren Tradition.

illuminieren (lat. *illuminare* = erleuchten) eine Handschrift ausmalen, mit Malerei verzieren.

Initiale (lat.) Anfangsbuchstabe (für gewöhnlich eine Majuskel) einer Texteinheit, der durch die Art seiner Ausführung oder seine Größe deutlich hervorgehoben wird. Initialen können rein ornamentaler Art sein oder auch narrativen Zwecken dienen, indem sie eine bestimmte Szene, ein Geschehen illustrieren.

Inkunabel(zeit) Als Inkunabeln (lat. für »Wiegendrucke«) werden die zwischen 1454 (Fertigstellung der Gutenberg-Bibel) und dem 31. Dezember 1500 mit beweglichen Lettern gedruckten Werke bezeichnet.

Insulare Majuskelschrift in Handschriften und Urkunden, die auf den Britischen Inseln entstanden sind, verwendete Schrift.

Kanontafeln eine Konkordanztabelle der vier Evangelien, die diesen in einem Evangeliar oft vorangestellt ist.

Karolingische Minuskelschrift (auch: **Carolina**) von Karl dem Großen in seinem Reich im Bemühen um Standardisierung eingeführte Einheitsschrift, die ein besonders klares und schlichtes Schriftbild ergibt.

Kollation(ieren) (lat. *collatio* = die Zusammentragung) das Zusammenstellen der Lagen eines Buches (zum Binden); Ermittlung der Lagenstruktur oder Bestimmung der Lagenformel einer Handschrift.

Kolophon (griech.) ein Schlussvermerk in Handschriften, der über den Kopisten, den Ort und die Zeit der Anfertigung informiert und oft auch den vollständigen Titel des Werts enthält.

Kursiv, Kursivschrift (lat. *cursivus* = fließend, weit laufend) Schrift, bei der die Buchstaben in Schreibrichtung geneigt, also schräg sind. Der Gegenbegriff lautet »recte« (= gerade).

Kustode (lat. *custos* = Wächter) zur Ordnung der Lagen eines Codex dienendes Zeichen (eine Ziffer, ein Buchstabe oder auch ein Wort), das meist auf dem letzten Blatt einer Lage platziert wurde und klarstellte, welche Lage sich anschloss.

Lage strukturierender Teil eines Codex oder mittelalterlichen Buches, bestehend aus mehreren Einzelblättern oder in der Mitte gefalzten und ineinandergelegten Doppelblättern (siehe **Quaternio**).

Lektionar (lat.) liturgisches Buch, das Auszüge aus den Evangelien, den Apostelbriefen und den Predigten der Kirchenväter zur Lesung während der Messe enthält.

Ligatur (lat.) eine durch Reduktion des Zwischenraums bewirkte enge Verbindung von zwei Buchstaben (Beispiel: Æ).

Majuskel (lat.) Großbuchstabe; **Majuskelschrift** Schrift, die ausschließlich Großbuchstaben (ohne Ober- und Unterlängen) verwendet.

Maroquin (frz.: »marokkanisch«) ein sehr feines, weiches, aus Ziegenhäuten hergestelltes Leder (auch als Saffianleder bekannt).

Medaillon (frz.) ein kleineres rundes oder ovales Bild.

Miniatur (von lat. *minium* = mennigerot) ursprünglich nur rote Handschriftenverzierungen bezeichnender Begriff, der aber später eine Bedeutungserweiterung erfuhr. Unter einer Miniatur versteht man eine figürliche Abbildung innerhalb eines Rahmens oder ohne einen solchen, die die ganze Seite einer Handschrift oder auch nur einen Teil von ihr füllen kann und einen eigenständigeren Charakter als eine **Initiale** besitzt.

Minuskel (lat.) kleinerer Buchstabe; **Minuskelschrift** Schrift, die kleinere Buchstaben (mit Ober- und Unterlängen) verwendet.

Missale (lat.) ein liturgisches Buch, das die Texte enthält, die bei der Messfeier im Lauf des Kirchenjahres zur Anwendung gelangen; Messbuch.

Neume (griech. *neuma* = Wink) in der Regel über den Textzeilen eines Liedes stehende musikalische Zeichen, die die zu singende melodische Linie vorgeben.

Offizium (lat.) das Gebet, das von Klerikern und Angehörigen religiöser Gemeinschaften zu bestimmten Stunden des Tages zu verrichten ist (lat. *officium* = Pflicht); die einzelnen **Stundengebete** sind: Matutin (um Mitternacht), Laudes (3 Uhr nachts), Prim (6 Uhr), Terz (9 Uhr), Sext (12 Uhr mittags), Non (15 Uhr), Vesper (18 Uhr), Komplet (21 Uhr).

Oktav (lat.) der achte Tag nach einem Hochfest, an dem dessen Abschluss begangen wird, oder der Zeitraum zwischen dem Fest und diesem Tag.

Oripigment goldfarbenes Pigment auf mineralischer Basis.

Pandekt (griech. *pandektes* = allumfassend) vollständige Abschrift der Bibel in einem einzigen Band.

Papier (abgeleitet von lat. *papyrus*) in Europa seit dem 11. Jahrhundert gebräuchlicher, aus den Fasern von Pflanzen (Flachs, Hanf) hergestellter Beschreibstoff.

Papyrus (nach dem Namen einer Staude) in der Antike aus dem Mark bestimmter Gräser hergestellter sehr dünner Beschreibstoff; die einzelnen P.-Blätter wurden meist zu Rollen verklebt.

Pecia (lat.: »Stück«) Teil einer Handschrift. Umfangreichere Handschriften wurden in **peciae** aufgeteilt, damit mehrere Kopisten gleichzeitig an der Abschrift des Gesamttextes arbeiten konnten. Dieses System der Arbeitsteilung entwickelte sich im 12. Jahrhundert.

Per cola et commata (lat.) eine Einteilung des Textes durch Abstände und/oder Interpunktion nach rhetorischen Gesichtspunkten.

Pergament (von lat. *pergamena* = aus Pergamon in Kleinasien stammend) aus Häuten von Kälbern oder (in Südeuropa) Ziegen und Schafen hergestellter, als Vorläufer des Papiers geltender Beschreibstoff: fester und dauerhafter, in der Herstellung aber aufwändiger und kostspieliger.

Psalmi Poenitentiales (lat.: »Bußpsalmen«) die König David zugeschriebenen Psalmen 6, 31, 37, 50, 100, 129 und 142 (herkömmliche Zählung), von denen jeder mit der Sühne für eine der Sieben Todsünden assoziiert wird.

Psalter (lat.) Sammlung aller 150 Psalmen in einem Band. Psalterien dienten vom 12. Jahrhundert an vor allem für die private Andacht.

Quaternio (lat.) eine vier ineinandergelegte Doppelblätter umfassende Lage.

Recto (lat.) die »richtige«, d.h. die Vorderseite eines Blattes.

Schnitt (Buchschnitt) Der Ausdruck bezeichnet die Seiten, an denen ein **Buchblock** offen ist, also alle drei Seiten mit Ausnahme des Buchrückens; man unterscheidet zwischen dem (dem Rücken gegenüberliegenden) Vorderschnitt, dem (oben gelegenen) Kopfschnitt und dem Fußschnitt (unten).

Septuaginta Übersetzung der Bücher des Tanach, des Alten Testaments in hebräischer und teilweiser aramäischer Sprache, ins Altgriechische. Die Übertragung wurde im 3. vorchristlichen Jahrhundert begonnen und lag im 1. nachchristlichen Jahrhundert vollständig vor; sie entstand vor allem in Alexandria. Der Bezeichnung (lat. für »siebzig«) liegt die Legende zugrunde, siebzig jüdische Gelehrte hätten die Übersetzung in siebzig Tagen abgeschlossen.

Skriptorium (lat.) die Schreibstube eines Klosters, später auch die weltliche Schreibwerkstatt, in der Texte kopiert und illuminiert wurden.

Spiegelblatt auf die Innenseite von Vorder- und Rückdeckel eines Codex geklebtes Blatt (auch **Anpappblatt**).

Stemma (griech.) Darstellung der Überlieferungsgeschichte eines Textes in grafischer Form, das heißt durch Aufzeigen der Abhängigkeitsverhältnisse der einzelnen Textzeugen zueinander in Art eines »Stammbaums«.

Stilus (lat.) angespitzter Stift aus hartem Material (Metall, Elfenbein u.a.) als Schreibgerät; auch zur Linierung von Pergamentblättern durch Ziehen von Rillen verwendet.

Stundenbuch das liturgische Buch, das die **Stundengebete** (siehe **Offizium**) enthält.

Suffragium (lat.; Pl.: **Suffragien**) ein sich an einen bestimmten Heiligen wendendes Gebet mit einer Fürbitte des Betenden; Komponente eines Stundenbuchs.

Textura (lat.) Schriftart, bei der die einzelnen Buchstaben sich dicht aneinanderfügen, wodurch die Vertikale betont wird und eine Art »Textgewebe« entsteht.

Unziale (von lat. *uncialis* = zollgroß) eine Majuskelschrift mit großen gerundeten Buchstaben, die aus der römischen Kursive hervorging.

Vellum (lat.) eine besonders feine und hochwertige, vorwiegend aus der Haut von Kälbern – auch von tot oder sogar ungeborenen Tieren – gewonnene Art von Pergament.

Verso (lat.) die Rückseite eines Blattes.

Vetus latina (lat.) die »alte lateinische« Übersetzung von biblischen Texten, die der Vulgata zeitlich vorausging.

Vigil (von lat. *vigilare* = wachen) bezeichnet zum einen das zwischen Mitternacht und den frühen Morgenstunden zu verrichtende Stundengebet (Matutin oder Nachtoffizium), zum anderen eine vor den Hauptfesten des Kirchenjahres gehaltene Nachtwache oder auch den gesamten Vortag eines solchen Festes.

Vulgata (von lat. *vulgo* = allgemein bekannt, verbreitet) die seit dem Ende des Mittelalters gebräuchlichste lateinische Fassung der Bibel, die auf der vom heiligen Hieronymus 406/407 vollendeten Übersetzung aus dem Griechischen und Hebräischen basiert.

ANMERKUNGEN UND BIBLIOGRAFIE

EINLEITUNG

Ich möchte zunächst betonen, was für ein Vergnügen mir die Zusammenarbeit mit Stuart Proffitt und seinen Kollegen vom Verlag Allen Lane, zu denen Ben Sinyor, Richard Duguid, Mark Hansley und Simon Rhodes zählten, bereitet hat. Wir haben viele lange und anregende Gespräche geführt, zu denen oft auch die Bildredakteurin Cecilia Mackay und der Hersteller Andrew Barker hinzugezogen wurde. Alle haben unendlich viel zum Zustandekommen dieses Buches beigetragen. Gelegentlich waren wir nicht ganz einer Meinung. Ich hätte zum Beispiel den ursprünglich von mir geplanten Titel *Interviews with Manuscripts* vorgezogen, weil er mir eher das wiederzugeben schien, was ich in diesem Buch zu unternehmen versuche, doch ich beugte mich den Verlagsleuten, die in dieser Hinsicht über größere Erfahrung verfügen, und es war es in jedem Fall wert, diesen Preis für eine vergnügliche und faszinierende Zusammenarbeit zu zahlen.

KAPITEL EINS: DAS AUGUSTINUS-EVANGELIAR

Das Augustinus-Evangeliar ist in digitalisierter Form online abrufbar unter Parker-on-the-Web, ein vom Corpus Christi College und der Universität Stanford gemeinsam realisiertes Projekt. Das Hauptwerk zu dieser Handschrift ist F. Wormald: *The Miniatures in the Gospels of Saint Augustine, Corpus Christi College MS 286*, Cambridge, 1954 (*Sandars Lectures*, 1948); wiederabgedruckt in Wormald: *Collected Writings*, I, London und Oxford, 1984, S. 13–35. Gedrängte, mit Bibliografien versehene Kurzdarstellungen zu einzelnen Codices finden sich in E. A. Lowe: *Codices Latini Antiquiores: A Palaeographical Guide to Latin Manuscripts prior to the Ninth Century*, II, *Great Britain and Ireland*, 2. Aufl., Oxford, 1972, zum Augustinus-Evangeliar S. 4, Nr. 126; M. Budny: *Insular, Anglo-Saxon, and Early Anglo-Norman Manuscript Art at Corpus Christi College, Cambridge: An Illustrated Catalogue*, Kalamazoo, Mich., und Cambridge, 1997, S. 1–50, Nr. 1; B. Barker-Benfield: *St Augustine's Abbey, Canterbury*, London, 2008 (*Corpus of*

British Medieval Library Catalogues, 13), inbes. III, S. 1732 f., reich an Informationen; sowie N. Morgan, S. Panayotova und S. Reynolds: *A Catalogue of Western Book Illumination in the Fitzwilliam Museum and the Cambridge Colleges*, II, 1, *Italy & the Iberian Peninsula*, London und Turnhout, 2011, S. 18–22, Nr. 1.

Es gibt immer noch keine ernsthafte intellektuelle Biografie von Matthew Parker; der von David J. Crankshaw und Alexandra Gillespie verfasste Eintrag zu ihm im überarbeiteten *Oxford Dictionary of National Biography* enthält aber eine umfangreiche Bibliografie. Bei der Darstellung von Parkers Sammeltätigkeit habe ich auf den von mir selbst verfassten kleinen Führer in der Scala-Museumsreihe zurückgegriffen mit dem Titel *The Parker Library*, London, 2010, für den ich den Vortrag verwendet habe von *R. I. Page*: *Matthew Parker and His Books: Sandars Lectures in Bibliography delivered on 14, 16 and 18 May 1990*, Kalamazoo, Mich., 1993. Die Veröffentlichung von den auf einem Symposion »Matthew Parker, Archbishop, Scholar, Collector«, veranstaltet vom 17. bis 19. März 2016 in Cambridge von Anthony Grafton, Scott Mandelbrote und William Sherman, gehaltenen Vorträgen wird zurzeit erwogen. Seitdem ich in der Parker Library tätig bin, haben Gill Cannell und Steven Archer sich als ideale Kollegen erwiesen. Ich habe die Bedingungen, die Parker mit seinem Legat verknüpfte, hier etwas vereinfacht dargestellt; es wurden genau die Verluste aufgeführt, die als nicht hinnehmbar eingestuft wurden, und es wurde festgehalten, dass, falls das Conville and Caius College für ähnliche Einbußen verantwortlich wäre, die Sammlung in den Besitz von Trinity Hall überginge. Parker vermachte eine kleinere Anzahl seiner Bücher der Cambridge University Library. Auf S. 30 gehe ich auf die Herleitung des Wortes »unzial« von »uncia« (»inch«) ein; es besteht auch die Möglichkeit, dass das Wort durch eine fehlerhafte Lesung der Anfangsbuchstaben von »initial« entstand und man erst später glaubte, es habe mit der Maßeinheit zu tun. Ich bin Professor Ralph Hanna für Gespräche über »per cola et commata« dankbar. Die auf S. 32 zitierte Eintragung aus dem Corpus Glossary ist zu finden in Corpus Christi College, MS 144, folio 8v (W. M. Lindsay [Hg.]: *The Corpus Glossary*, Cambridge, 1921, S. 14). Zu Tischendorf und dem Codex Sinaiticus, jetzt zur Hauptsache in der British Library in London (Add. MS 43725), siehe die ausgezeichnete Zusammenfassung in D. C. Parker: *Codex Sinaiticus: The Story of the World's Oldest Bible*, London und Peabody, Mass., 2010. Zur Ausstellung im Fitzwilliam Museum, die auf S. 37 erwähnt wird, siehe P. Binski und S. Panayotova (Hg.): *The Cambridge Illuminations: Ten Centuries of Book Illumination in the Medieval West*, London und Turnhout, 2005. Das Augustinus-Evangeliar wird als Nr. 1 auf S. 46 f. von R. McKitterick beschrieben. Bei dem Buch des Bischofs von Arizona handelt es sich um K. Smith: *Augustine's Relic: Lessons from the Oldest Book in England*, New York, 2016. Humfrey Wanley, der auf S. 38 eingeführt wird, gibt sich durch seine Schriften als Mann von einnehmendem und liebenswürdigem Wesen zu erkennen; er besuchte die Parker Library des »Bennet College«, wie es damals hieß, im Jahr 1699 (P. L. Heyworth [Hg.]: *The Letters of Humphrey Wanley, Palaeographer, Anglo-Saxonist, Librarian, 1672–1726*, Oxford, 1989, S. 138). Er beschreibt das Evangeliar in seinem *Antiquae Litteraturae Septentrionalis, Liber alter*. Oxford, 1705 (Bd. II von G. Hickes: *Linguarum Veterum Septentrionalium Thesaurus Grammatico-Criticus et Archaeologicus*), S. 51 und 172 f. Das zweite Evangeliar, das von Wanley mit Gregor dem Großen in Zusammenhang gebracht wird, liegt heute in Oxford in der Bodleiana unter der Signatur MS Auct. D.2.14. Andere frühe Darstellungen beider Handschriften bei T. Astle: *The Origin and Progress of Writing. As Well Hieroglyphic As Elementary. Illustrated by Engravings Taken from Marbles, Manuscripts and Charters. Ancient and Modern*, London, 1784; darin wird unser Werk auf S. 83 beschrieben und auf Tafel X abgebildet; J. O. Westwood: *Palaeographia Sacra Pictoria: Being a Series of Illustrations of the Ancient Version of the Bible, Copied from Illuminated Manscripts, Executed between the Fourth and Sixteenth Centuries*, London, 1843–45; Teil 10, separat paginiert als 1–6, ist »The Gospels of Saints Augustine and Cuthbert« gewidmet; sowie J. Goodwin: *Evangelia Augustini Gregoriana: An Historical and Illustrative Description of MSS nos. CCLXXXVI and CXCVII in the Parker Library of Corpus Christi College, Cambridge, being the Gospels sent by Pope Gregory the Great to Augustine, ad DCI*, Cambridge, 1847 (*Publications of the Cambridge Antiquarian Society, Quarto series*, 3). Zu der Handschrift in der Bodleiana siehe Lowe: *Codices Latini Antiquiores*, wie oben, II, S. 31, Nr. 230; Barker Benfield, wie oben, S. 1734 f.; sowie die vollständige Handschrift in A. N. Doane (Hg.): *Anglo-Saxon Manuscripts in Microfiche Facsimile*, 7, Tempe, Az., 2002 (*Medieval & Renaissance Texts & Studies*, 187). Ich habe in Madison, Wisconsin, ein interessantes Gespräch mit Professor Doane darüber geführt, ob Auct. D.2.14 überhaupt in Italien hergestellt oder in England von einer italienischen Vorlage abgeschrieben wurde, vielleicht auch von einem italienischen Schreiber. Die auf S. 39 f. angeführten Urkunden, die in MS 286 niedergeschrieben wurden, finden sich in P. H. Sawyer: *Anglo-Saxon Charters: An Annotated List and Bibliography*, London, 1968 (Royal Historical Society, *Guides and Handbooks*, 8), S. 351 und 408, Nr. 1198 und 1455; diese Urkunden behandelt in S. E. Kelly (Hg.): *Charters of St Augustine's Abbey, Canterbury, and Minster-in-Thanet*, Oxford, 1995 (*Anglo-Saxon Charters*, 4), S. 95–97, Nr. 24 (und Tafel 3) sowie S. 118 f., Nr. 31. Zu den Darstellungen der frühesten Bücher in Canterbury zählen u. a. R. Emms: »St Augustine's Abbey, Canterbury, and the ›First Fruits of the Whole English Church‹, S. 32–45, in R. N. Swanson (Hg.): *The Church and the Book: Papers Read at the 2000 Summer Meeting and the 2001 Winter Meeting of the Ecclesiastical History Society*, Woodbridge, 2004. Thomas Sprotts Chronik ist noch unveröffentlicht; sie ist in zwei handschriftlichen Exemplaren überliefert. Thomas Elmhams *Speculum Augustinianum* wurde herausgegeben von C. Hardwick, London, 1858 (Rolls Series, 8); das Original liegt in Cambridge, Trinity Hall, MS 1. In einem »Regularienbuch« (engl. *Customary*) wie dem auf S. 42 erwähnten werden die Pflichten und Praktiken von Mitgliedern eines Klosters aufgelistet; zum hier angeführten Exemplar siehe E. M. Thompson (Hg.): *Customary of the Benedictine Monasteries of Saint Augustine, Canterbury, and Saint Peter, Westminster*, London, 1902 (Henry Bradshaw Society, XXIII), S. 101. Budnys Theorie zur heiligen Mildred wird vorgestellt auf S. 6 f. und S. 11 ihres oben zitierten *Illustrated Catalogue*. Das zwischen London und Cambridge aufgeteilte Evangeliar findet sich in der British Library unter der Signatur Cotton MS Otho C.v und im Corpus Christi College unter der Signatur MS 197b (siehe Lowe, *Codices Latini Antiquiores*, wie oben, II, S. 3, Nr. 125; sowie Budny, S. 55–73, Nr. 3). Der auf S. 46 erwähnte Ausdruck »*siglum x*« (Sigle X) kennzeichnet abweichende Lesarten in dem von dieser Handschrift repräsentierten Textzeugen, die in modernen kritischen Editionen der Vulgata angeführt werden, wie jener von H. J. White und J. Wordsworth: *Novum Testamentum Domini Nostri Iesu Christi latine, secundum editionem Sancti Hieronymi*, Oxford, 1899; sie werden auch in der aktuellen Edition von Bonifatius Fischer und anderen (3. Auflage, Stuttgart, 1985) noch angeführt. Die Analyse des Texts von MS 286 in H. H. Glunz: *History of the Vulgate in England from Alcuin to Roger Bacon: Being an Inquiry into the Text of Some English Manucripts of the Vulgate Gospels*, Cambridge, 1933, insbes. S. 294–304. Ich habe auf Spekulationen darüber verzichtet, wo genau oder von wem in Rom die Handschrift angefertigt worden sein könnte. Ich verdanke Pater Robert McCulloch, SSC, den Hinweis darauf, dass Gregor der Große Bücher beim Kloster Sant'Andrea in Rom in Auftrag gegeben haben könnte, als dessen Prior Augustinus selbst fungiert hatte und das von Gregor, bevor er zum Papst gewählt wurde, in einer Villa im Besitz seiner Familie eingerichtet worden war. Die Institution existiert heute als Kameldulenser-Abtei in der Kirche San Gregorio Magno al Celio. Der auf S. 53 zitierte Brief von Gregor an Serenus über den Wert religiöser Kunst ist enthalten in seinem *Registrum Epistolarum*, Buch IX, epistola 13 (Migne: *Patrologia Latina*, LXXVIII: 1027); die Aussage war Matthew Parker bekannt, der sie 1559 in einem Brief an Königin Elisabeth zitierte (J. Bruce und T. T. Perowne [Hg.]: *Correspondence of Matthew Parker, D. D.*, Cambridge, 1853, S. 89). Bedas Bericht über das Treffen des heiligen Augustinus mit König Ethelbert in *Historia Ecclesiastica Gentis Anglorum*, Buch I, Kap. 35 (C. Plummer [Hg.]: *Venerabilis Baedae Opera Historica*, Oxford, 1896, S. 45 f.). Das auf S. 55 erwähnte Sedulius-Zitat im Tympanon der Miniatur des heiligen Lukas lautet: »Jura sacerdotii Lucas tenet ora iubenci« (*Carmen Paschale*, Buch I, Zeile 357). Das offene Buch in den Händen des heiligen Lukas trägt die von anderer Hand später hinzugefügte Inschrift: »Fuit homo missus a deo«; dieses Zitat stammt aus dem Johannes-Evangelium (1, 16), bezieht sich aber auf Johannes den Täufer, über dessen Geburt zu Beginn des Lukas-Evangeliums berichtet wird. Zu den Abbildungen im Augustinus-Evangeliar siehe insbes. F. Wormald (oben zitiert), sowie J. Lowden: »The Beginnings of Biblical

Illustration«, S. 9–59, in J. Williams (Hg.): *Imaging the Early Medieval Bible*, University Park, Pa., 1999, darin werden auch behandelt die anderen Handschriften aus dem 6. Jahrhundert, die auf S. 60 erwähnt sind. Die ersten Forschungsergebnisse von Prof. Beeby und Prof. Gameson, die unter Verwendung der Rama-Spektroskopie erzielt wurden (erwähnt auf S. 57), sind veröffentlicht in A. Beeby, A. R. Duckworth, R. G. Gameson u. a.: »Pigments of the Earliest Northumbrian Manuscripts« in: *Scriptorium*, 59, 2015, S. 33–59. Der Einband in der Schatzkammer des Doms von Monza findet sich u. a. reproduziert in J. Richards: *Consul of God: The Life and Times of Gregory the Great*, London, 1980, Tafel 13. Die Entdeckung der Abba-Garima-Evangeliare wurde von M. Bailey bekanntgegeben in »Discovery of earliest illustrated manuscript« in: *The Art Newspaper*, Juni 2010; diese sind aber noch nicht in vollständiger und zuverlässiger Form veröffentlicht. Ich nahm (teilweise auch als Vorsitzender) im November 2013 an der Konferenz »The Garima Gospels in Coxtext« in Oxford teil. Die drei großen Evangeliare des 6. Jahrhunderts, die auf S. 60 aufgeführt werden, sind das Rabbula-Evangelium (Florenz, Biblioteca Laurenziana, cod. Plut. I. 56), das Rossano-Evangeliar (Rossano, Museo dell'Archivescovada) und der Codex Sinopensis (Paris, Bibliothèque nationale de France, ms suppl. grec. 1286). Das Rabbula- und das Sinopensis-Evangeliar wurden beide 2006 in der Sackler Gallery in Washington ausgestellt, wo ich sie in Augenschein nehmen konnte: M. Brown (Hg.): *In the Beginning: Bibles before the Year 1000*, Washington, 2006, S. 300 und 302, Nr. 62 und 64. Die Geschichte vom Beinahe-Erwerb des Rossano-Evangeliars findet sich in A.S. Lewis: *Life of the Rev. Samuel Savage Lewis, F. S. A., Fellow and Librarian of Corpus Christi College, Cambridge*, Cambridge, 1892, S. 208 f., sowie in zusammengefasster Form in J. M. Soskice: *Sisters of Sinai: How Two Lady Adventurers Found the Hidden Gospels*, London, 2009, S. 94. Ein Faksimile der Handschrift ist G. Cavallo, J. Gribomont und W. C. Loerke (Hg.): *Codex Purpureus Rossanensis*, Rom und Graz, 1985–1987 (*Codices Selecti*, 81). Der in Stockholm aufbewahrte Codex Aureus reproduziert in R. Gameson (Hg.): *The Codex Aureus: An Eighth-Century Gospel Book, Stockholm, Kungliga Bibliothek, A. 135*, Kopenhagen, 2 Bde., 2001/02 (*Early English Manuscripts in Facsimie*, 28–29). Das auf S. 63 erwähnte Evangeliar der British Library trägt die Signatur Royal MS I.E.VI; es wurde in der St Augustine's Abbey angefertigt und vermutlich, zumindest teilweise, von der heute verschollenen Bibel des heiligen Augustinus kopiert; vgl. J. J. G. Alexander: *Insular Manuscripts: 6th to the 9th Century*, London, 1978 (*A Survey of Manuscripts Illuminated in the British Isles*, I), S. 58 f., Nr. 32; auf Tafel 161 abgebildet der Stier von folio 43r der Handschrift. Der auf S. 64 erwähnte Eadwine Psalter, der im Trinity College, Cambridge, aufbewahrt wird, trägt die Signatur MS R.17.1; die einleitenden Minaturen sind aus ihm herausgelöst und befinden sich heute im Londoner Victoria & Albert Museum, 816–1894, in der British Library, Add. MS 37 472, und in der New Yorker Morgan Library, M 521 und M 724 (siehe M. Gibson, T. A. Heslop und R. W. Pfaff [Hg.]; *The Eadwine Psalter: Text, Image and Monastic Culture in Twelfth-Century Canterbury*, London, 1992, insbes. S. 29). Der Anglo-Katalanische Psalter befindet sich in der Bibliothèque nationale von Paris unter der Signatur ms lat. 8846: siehe *Psalterium Glossarum (Salterio Anglo-Catalán)*, Faksimile, Barcelona, 2004, mit einem begleitenden Kommentar von N. Morgan u. a., 2006; darin wird das Augustinus-Evangeliar auf S. 48 f. behandelt. Ich bin Cressida Williams, Achivarin an der Canterbury Cathedral, zu Dank verpflichtet, dass sie mich in das Typoskript Einblick nehmen ließ, in dem William Urry über die Überführung des Evangeliars nach Canterbury im Jahr 1961 berichtete. Meinen Bericht über den Gottesdienst in Westminster Abbey habe ich zu der Zeit verfasst, als er stattfand, und er wird hier mit kleinen Veränderungen gegenüber der Fassung, die im Jahrbuch des College erschien, abgedruckt: C. de Hamel: »The Pope and the Gospel Book of Saint Augustine«, in: *The Letter*, 89, Corpus Christi College, Cambridge, Michaelmas 2010, S. 24–27. Einen Entwurf dieses Kapitels ließ ich dem Romancier James Runcie zukommen, der Teile davon wie das Flattern der Seiten, als das Lied gesungen wurde, in eine in der Parker Library und Canterbury spielende Erzählung aufnahm, in der es um den Diebstahl der Handschrift geht. Der Titel dieser Erzählung ist »Ex Libris« und erschien 2017 in *Sidney Chambers and the Persistence of Love* (*The Granchester Mysteries*, 6).

KAPITEL ZWEI: DER CODEX AMIATINUS

Eine luxuriöse, aber verkleinerte und nicht kommentierte Faksimile-Ausgabe des Codex Amiatinus wurde veröffentlicht von La Meta Editore: *La Bibbia Amiatina*, Florenz, 2003. Sie ist auch auf CD-ROM erhältlich, produziert 2000 von SISMEL (Società Internazionale per lo Studio del Medio Evo Latino). Die wesentlichsten Beschreibungen der Handschrift mit Bibliografien sind Lowe: *Codices Latini Antiquiores* (wie oben), III, 1938, S. 8, Nr. 299, und Alexander: *Insular Manuscripts*, 1978 (wie oben), S. 32–35, Nr. 7.

Zu den Ausgrabungen in Wearmouth und Jarrow siehe R. J. Cramp: »Monastic Sites«, S. 201–252, in D. M. Wilson (Hg.): *The Archaeology of Anglo-Saxon England*, London, 1976, insbes. S. 229–241. Bedas Bericht über die Gründung des Klosters von Wearmouth und die von Benedict Biscop und Ceolfrid unternommene Reise nach Rom ist enthalten in seiner *Historia Abbatum* (C. Plummer [Hg.]: *Venerabilis Baedae: Opera Historica* [wie oben], 1896, S. 367 f. und 373). Das Fragment aus dem Buch Makkabäer, das vielleicht zu einer der Handschriften gehört, die die beiden aus Italien mitbrachten, ist am Ende miteingebunden in MS B.IV.6 der Durham Cathedral Library. Seine jüngste Beschreibung in R. Gameson: *Manuscript Treasures of Durham Cathedral*, London, 2010, S. 22 f., Nr. 1. Die Tafel, auf der Ceolfrid erwähnt wird, wird beschrieben von J. Higgitt: »The Dedication Inscription at Jarrow and Its Context«, in: *The Antiqua-*

ries Journal, 59, 1979, S. 343–374. Die Anfertigung von Bibeln in Wearmouth-Jarrow wird geschildert in der *Vita Ceolfridi*, die in Plummers Ausgabe von Bedas *Opera Historica* aufgenommen ist (S. 395), und über diese Aktivität schreibt Beda auch in seiner *Historia Abbatum* (Plummer, S. 379). Zur Anfertigung von Handschriften in Wearmouth und Jarrow siehe E. A. Lowe: *English Uncial*, Oxford, 1960, insbes. S. 6–13, dort werden die hauptsächlichen zeitgenössischen Quellen abgedruckt; sowie M. B. Parkes: *The Scriptorium of Wearmouth-Jarrow: Jarrow Lecture 1982*, Jarrow, 1982. Der Wortlaut der Widmungsinschrift in der Bibel ist festgehalten in der *Vita Ceolfridi* (Plummer, S. 402). Eine Hauptquelle für dieses Kapitel war R. Marsden: *The Text of the Old Testament in Anglo-Saxon England*, Cambridge, 2005 (*Cambridge Studies in Anglo-Saxon England*, 15), insbes. S. 91–98. Ein genereller Überblick über die frühen Vulgata-Ausgaben unter Bezugnahme auf die Stellung des Codex Amiatinus bei P.-M. Bogaert: »The Latin Bible, c. 600 to c. 900«, S. 69–92, in R. Marsden und E. A. Matter (Hg.): *The New Cambridge History of the Bible*, II, *From 600 to 1450*, Cambridge 2012. Über die von Tischendorf festgestellten Tilgungen auf der Widmungsseite berichtet er in seiner Ausgabe *Novum Testamentum Latine interprete Hieronymo, ex Celeberrimo Codice Amiatino Omnium et Antiquissimo et Praestantissimo, nunc primum edidit*, Leipzig, 1850, S. ix. Die Entzifferung des ursprünglichen Wortlauts bei G. B. de Rossi: »De origine historia indicibus scrinii et bibliothecae Sedis Apostolicae commentatio«, S. lxxv–lxxviii, in H. Stevenson und G. B. de Rossi (Hg.): *Codices Palatini Latini Bibliothecae Vaticanae*, I, Rom, 1886. Zur Übereinstimmung mit der Inschrift in Ceolfrids Bibel siehe F. J. A. Hort: *The Academy*, 31, 26. Februar 1887, S. 148 f. Das Zitat von H. J. White auf S. 81 f. ist aus dessen »The Codex Amiatinus and Its Birthplace«, in *Studia Biblica et Ecclesiastica*, 2, 1890, S. 273–308, hier S. 273. Wie viel ich Nicolas Barker verdanke, wird in diesem Kapitel wohl überall deutlich, ich muss aber explizit erwähnen, dass er eine frühe Fassung davon las und mir wertvolle Hinweise und Vorschläge zukommen ließ. Ich habe immer wieder zurückgegriffen auf R. L. S. Bruce-Mitford: *The Art of the Codex Amiatinus: Jarrow Lecture 1967*, Jarrow, 1978 (Wiederabdruck aus *The Journal of the British Archaeolgical Association*, 3 ser., 32, 1969, S. 1–25); das Zitat auf S. 85, das beginnt mit »Nachdem man seinen Bestellzettel …« findet sich dort auf S. 1 f. Die elegante Prosa von A. R. A. Hobson in seinem *Great Libraries*, London, 1970 (in diesem Fall S. 84–91), wirkte sich inspirierend auf meinen Bericht über die Biblioteca Laurenziana wie auch auf die Berichte über andere Bibliotheken in diesem Buch aus. Claire Breay prüfte für mich, was für Obstbäume in dem Hof stehen, und ließ mir Ratschläge zukommen. Scott Gwara las ebenfalls freundlicherweise dieses Kapitel. Ich glaube, dass ich die Lagenstruktur der Handschrift korrekt ermittelt habe; frühere Darstellungen wie die von H. Quentin: *Mémoire sur l'établissement du texte de la Vulgate*, Rom, 1922, S. 438–440, versuchen den tatsächlichen Tatbestand mit der falschen Zählung der ursprünglichen Schreiber in

Einklang zu bringen, was ich einfach ignoriert habe. Zur Bibliothek des Cassiodor siehe zusätzlich zu den bereits zitierten Werken R. L. S. Bruce-Mitford: »Decoration and Miniatures«, S. 109–260, in T. D. Kendrick (Hg.): *Evangeliorum Quattuor Codex Lindisfarnensis*, Begleitband zu dem Faksimile, Lausanne, 1960, insbes. S. 143–149 in Kap. 3: »The Sources of the Evangelist Miniatures«; sowie P. Meyvaert: »Bede, Cassiodorus and the Codex Amiatinus«, in *Speculum*, 71, 1996, S. 827–883. Cassiodors hier auf S. 96 zitierte Beschreibung seines »*Codex Grandior*« findet sich in seinen *Institutiones*, I, 14:2–3 (R. A. B. Mynors [Hg.]: *Cassiodori Senatoris Institutiones*, Oxford, 1937, S. 40): Er gibt an, dass er aus 95 Quaternionen, also Lagen von vier Doppelbögen = 380 Blättern bestand. Ich verdanke Gifford Combs meine Kenntnis der im Mausoleum der Galla Placidia von Ravenna abgebildeten Bücherstellage. Das Porträt des heiligen Matthäus im Lindisfarne-Evangeliar findet sich auf folio 25v (die Handschrift befindet sich in der British Library und trägt die Signatur Cotton MS Nero D.iv; die Sekundärliteratur zu diesem berühmten Werk ist zu umfangreich, als dass man sie hier auch nur auszugsweise aufführen könnte). Der Beweis dafür, dass die Schreiber des Codex Amiatinus Engländer waren (siehe S. 102 f.), wurde in eleganter und definitiver Weise von Lowe in seinem *English Uncial* (siehe oben) geführt, indem er das Werk mit anderen Handschriften verglich, die man den Skriptorien von Jarrow oder Wearmouth zuordnen kann; dazu gehören Fragmente von zwei Evangeliaren (Utrecht, Universiteitsbibliotheek, Cod. 32, folios 94–105, und Durham Cathedral Library, A. II.17, folios 103–111) und ein Blatt aus einem Psalter (Cambridge University Library, MS Ff.5.27, Vorsatzblatt). Zum »Stonyhurst«- oder »St Cuthbert«-Evangeliar, heute in der British Library mit der Signatur Add. MS 89 000, siehe T. J. Brown (Hg.): *The Stonyhurst Gospel of Saint John*, Oxford 1969, sowie – inzwischen – C. Breay und B. Meehan (Hg.): *The St Cuthbert Gospel: Studies on the Insular Manuscript of the Gospel of Saint John*, London, 2015; dieses Werk erschien erst, nachdem ich dieses Kapitel fertiggestellt hatte. Die Autoren tendieren dazu, sowohl die Evangelien-Handschrift als auch den Codex Amiatinus auf das frühe 8. Jahrhundert zu datieren (wobei die Bibel natürlich nicht nach 716 entstanden sein kann), und sie gehen davon aus, dass das Evangelium später, vielleicht sogar viel später, in den Sarg Cuthberts gelegt wurde als 698, dem Jahr der Beisetzung seiner sterblichen Überreste. Die Schreiber des Codex Amiatinus wurden von D. H. Wright unterschieden: »Some Notes on English Uncial«, in: *Traditio*, 17, 1961, S. 441–456. Zur Bereitstellung des Pergaments für die Handschrift siehe R. Gameson: »The Cost of the Codex Amiatinus«, in: *Notes and Queries*, März 1992, S. 2–9. Ich gehe, wie jedermann, davon aus, dass der Codex auf Kalbshäuten geschrieben wurde, Jiří Vnouček hat mir mitgeteilt, dass man aus Schafshäuten tatsächlich größere Bögen gewinnen kann als aus Rinderhäuten, da man auch die Haut eines voll ausgewachsenen Schafs verwenden kann, während nur die eines sehr jungen Kalbs weich genug für die Pergamentherstellung ist.

Das Greenwell Leaf und die es begleitenden Fragmente, die hier auf S. 108 ff. erwähnt werden, waren Thema meiner ersten Lyell Lectures, Oxford, 2009 (noch nicht veröffentlicht). Das Greenwell Leaf wurde zuerst von C. H. Turner beschrieben in »Iter Dunelmense: Durham Bible MSS. with the Text of a Leaf Lately in the Possession of Canon Greenwell of Durham, Now in the British Museum«, in: *Journal of Theological Studies*, 10, 1909, S. 529–544. Claire Breay teilte mir das Datum des Ankaufs durch das British Museum mit; das Blatt befindet sich heute in der British Library, Signatur Add. MS 37777. Der erste Bericht über die »Willoughby Leaves« von W. H. Stevenson in: *Report on the Manuscripts of Lord Middleton, Preserved at Wollaton Hall, Nottinghamshire*, London, 1911 (Historical Manuscripts Commission, report 69), S. xi–xii, 196 f. und 611 f.; sie befinden sich heute in der British Library, Signatur Add. MS 45025. Die »Greenwell and Willoughby Leaves« bei Lowe: *Codices Latini Antiquiores* (wie oben), II, S. 17, Nr. 177; über das »Bankes Leaf« wurde berichtet auf S. 351 f. von B. Bischoff und V. Brown in: »Addenda to *Codices Latini Antiquiores*«, in: *Mediaeval Studies*, 47, 1985, S. 317–366. M. T. Gibson: *The Bible in the Latin West*, Notre Dame, Ind., und London, 1993 (*The Medieval Book*, 1) S. 24 f., Nr. 3, nimmt fälschlicherweise an, dass das »Bankes Leaf« aus der dritten Ceolfrid-Bibel stammen könnte. In Bezug auf die Zitate aus dem Buch der Könige gilt zu beachten, dass die im Text der Vulgata als Könige I–IV bezeichneten Bücher in modernen Übersetzungen die Bezeichnungen Samuel I–II und Könige I–II tragen. Die auf S. 114 erwähnte von mir benutzte Ausgabe der Vulgata ist A. Colunga und L. Turrado (Hg.): *Biblia Sacra iuxta Vulgatam Clementinum: Nova editio*, Madrid, 1965. Auf die auf S. 116 f. erwähnte mögliche Beteiligung von Beda selbst an der Emendation von 1 Mose 8, 7 wurde hingewiesen von R. Marsden: *Text of the Old Testament* (wie oben), S. 204; siehe auch ders.: »›Manus Bedae‹: Bede's Contribution to Ceolfrith's Bibles«, in: *Anglo-Saxon England*, 27, 1998, S. 65–85. Zum Reliquiar siehe M. Ryan: »A House-Shaped Shrine of Probable Irish Origin at Abbadia San Salvatore, Province of Siena, Italy«, S. 141–150, in M. Ryan (Hg.): *Irish Antiquities: Essays in Memory of Joseph Raftery*, Bray, Co. Wicklow, 1998, wiederabgedr. in Ryan: *Studies in Medieval Irish Metalwork*, London, 2001, S. 574–586. N. X. O'Donoghue meint, dass es sich bei diesen Behältnissen um Chrismale für die geweihte Hostie und nicht um Reliquiare handelte, was sie umso geeigneter für die Verwendung durch solche umherziehenden Mönche gemacht hätte; siehe O'Donoghue: »Insular Chrismals and House-Shaped Shrines in the Early Middle Ages«, S. 79–91, in C. Hourihane (Hg.): *Insular & Anglo-Saxon Art and Thought in the Early Medieval Period*, Princeton und University Park, Pa., 2011 (*The Index of Christian Art, Occasional Papers*, 13). In der *Vita Ceolfridi* (Plummer, S. 402) heißt es einfach, dass einige aus der Schar sich nach Ceolfrids Tod entschlossen, »iter peregere«, den Weg fortzusetzen; es wird aber nicht gesagt, ob sie an ihrem Ziel ankamen oder jemals nach Hause zurückkehrten.

KAPITEL DREI: DAS BOOK OF KELLS

Für dieses Kapitel bin ich in vielfacher Hinsicht Bernard Meehan zu Dank verpflichtet, dem Kurator für Handschriften und Verantwortlichen für die »Research Collections« des Trinity College in Dublin. Sein faszinierender bebilderter Kommentarband *The Book of Kells*, erschienen bei Thames & Hudson, London, 2012, basiert auf Jahrzehnten intensiver Beschäftigung mit der Handschrift und stellte in jenem Jahr meine Urlaubslektüre dar, bevor ich nach Dublin aufbrach. Es gibt eine großartige Luxus-Faksimileausgabe der Handschrift beim Luzerner Faksimile Verlag: *The Book of Kells, MS 58, Trinity College Library, Dublin*, Luzern, 1990. Der Kommentarband, hg. von Peter Fox, enthält Aufsätze von Umberto Eco, Peter Fox, Patrick McGurk (zum Text), Gearóid Mac Niocaill (zu den Zusätzen auf Irisch), Bernard Meehan selbst sowie Anthony Cairns (vor allem zum Einband und zu den Pigmenten). Diese beiden Bände habe ich für das gesamte Kapitel herangezogen. Eine frühere Faksimileausgabe ist die von Urs Graf, Bern, 1951. Seit 2012 ist eine exemplarische digitalisierte Fassung kostenlos online verfügbar auf der *Digital Collections* Website von Trinity College, Dublin. Beschreibungen des Book of Kells in: Lowe: *Codices Latini Antiquiores*, op. cit., II, S. 43, Nr. 274; J. J. G. Alexander: *Insular Manuscripts*, 1978, op. cit., S. 71–76, Nr. 52; und M. L. Colker: *Trinity College, Dublin: Descriptive Catalogue of the Mediaeval and Renaissance Latin Manuscripts*, Aldershot, Hants., und Brookfield, Vt., 1991, S. 106–108. Eine ausführliche Bibliografie zum Book of Kells wäre unermesslich lang. Zu leicht zugänglichen Darstellungen seiner Illuminationen zählen F. Henry: *The Book of Kells: Forty-Eight Pages and Details in Colour from the Manuscript in Trinity College, Dublin*, London und New York, 1980; R. G. Calkins: *Illuminated Books of the Middle Ages*, London, 1883, insbes. S. 78–92; G. Henderson: *From Durrow to Kells: The Insular Gospel Books, 650–800*, London, 1985, S. 131–198; sowie B. Meehan: *The Book of Kells: An Illustrated Introduction to the Manuscript in Trinity College*, Dublin, London, 1994. Eine aktuelle Regelung verbietet die Verwendung von mehr als sechs Illustrationen in Farbe und sechs in Schwarz-Weiß aus dem Book of Kells in einer neuen Publikation. Wir haben mit dem Gedanken gespielt, dieses Verbot zu unterlaufen, indem wir unautorisierte Bilder aus Bildarchiven verwendeten, haben uns dann aber entschlossen, die erlaubte Anzahl mit Reproduktionen aus dem 19. und frühen 20. Jahrhundert aufzustocken, die seit Langem keinem Copyright mehr unterliegen, denn auch sie sind Teil der Geschichte der Handschrift.

Die Zitate aus der *Birmingham Daily Post* auf S. 122 und aus anderen britischen und irischen Zeitungen, die in diesem Kapitel verwendet wurden, fand ich durch Eingabe des Suchbegriffs »Kells« in der *Nineteenth-Century British Newspapers*-Datenbank der Gale Digital Collections. Zum Verkauf des Perkins-Exemplars der Gutenberg-Bibel im Jahr 1873 zum höchsten Preis, der damals seit mehr als sechzig Jahren für ein Buch gezahlt worden war, siehe S. 302 in R. Folter: »The Gutenberg Bible in the Antiquarian Book Trade«, sowie S. 271–351 in M. Davies (Hg.): *Incunabula: Studies in Fifteenth-Century Books presented to Lotte Hellinga*, London, 1999. Die Handschrift der *Annals of Ulster* im Trinity College, Dublin, unter der Signatur MS 1282; der hier zitierte Eintrag auf folio 54r, veröffentlicht in S. Mac Airt und G. Mac Niocaill (Hg.): *Annals of Ulster to AD 1131: Text and Translation*, Dublin, 1983, S. 439. Zu Diebstählen von Handschriften im Mittelalter aufgrund ihrer kostbaren Einbände siehe C. de Hamel: »Book Thefts in the Middle Ages«, S. 1–14, in R. Myers, M. Harris und G. Mandelbrote (Hg.): *Against the Law: Crime, Sharp Practice and the Control of Print*, London, 2004. Zur Bibliothek siehe P. Fox: *Trinity College Library, Dublin*, Cambridge, 2014. Der Bericht über die Restaurierung und Neubindung des Book of Kells findet sich in einem mir von Edward Cheese geliehenen Artikel von A. G. Cairns: »Roger Powell's Innovation in Book Conservation: The Early Irish Manuscripts Repaired and Bound, 1953–1981«, S. 68–87, in J. L. Sharpe (Hg.): *Roger Powell: The Compleat Binder*, Turnhout, 1966 (*Bibliologia*, 14). Die Übersetzung der irischen Dokumente verdanke ich C. Mac Niocaill: »The Irish ›charters‹«, S. 154–165, im Kommentarband zu der Faksimile-Ausgabe von 1990. Die Beobachtung auf S. 140, dass es sich bei der Darstellung der Jungfrau mit dem Kind auf folio 7v um die früheste in der europäischen Kunst handelt, geht auf F. E. Warren zurück: *The Liturgy and Ritual of the Celtic Church*, 2. Aufl. hg. von J. Stevenson (die erste ist von 1881), Woodbridge, 1987 (*Studies in Celtic History*, IX), S. lxxxv, Nr. 468, zitiert bei Colker, S. 106. Meine Charakterisierung von »insular majuscule« ist zu kurz, um als ausreichende Definition gelten zu können; zu all diesen Schriftarten siehe M. P. Brown: *A Guide to Western Historical Scripts from Antiquity to 1600*, London, 1990; zur »insular majuscule« S. 50 f., Nr. 16. Das Gedicht auf S. 151 von Hugh MacDiarmid, das beginnt mit: »When a person ist greatly intererested in a problem …«, in seinen *Complete Poems*, hg. von M. Grieve und W. R. Aitken, II, Manchester, 1994, S. 1389–1393. Der Bericht eines »praktizierenden« Schreibers darüber, wie die Schrift im Book of Kells zustande kommt, in M. Drogin: *Medieval Calligraphy: Its History and Technique*, Montclair, NJ, und London, 1980, S. 109–112. Die auf S. 151 zitierte Beschreibung durch Gerald of Wales findet sich in J. F. Dimock (Hg.): *Giraldi Cambrensis Opera*, V, London, 1867 (Rolls Series, 21), S. 123 f.; sie erschien in Übersetzung in J. J. O'Meara (Hg.): Gerald of Wales: *The History and Topography of Ireland*, Harmondsworth, 1982, S. 84. Auf die Möglichkeit, dass das Book of Kells nicht notwendigerweise einzigartig war, wurde ich im November 2015 durch eine Zeitungsmeldung aufmerksam gemacht, der zufolge in einer Berliner Bibliothek in einem Einband ein winziges Fragment von Lukas 13, 16 entdeckt worden war, das der irischen Handschrift von Schrift und Ausschmückung her sehr ähnlich ist. Es kann einer Handschrift entstammen, die mit den frühen Missionaren von den Britischen Inseln nach Deutschland gelangte. Die anderen großen insularen Evangelien in Dublin sind: der Codex

Usserianus Primus (möglicherweise auch in Italien entstanden), Trinity College, MS 55, früher A.4.15 (Lowe, *Codices Latini Antiquiores*, op. cit., II, S.42, Nr.271); das Book of Durrow, Trinity College, MS 57, früher A.4.5 (Lowe, II, S.43, Nr.273: die Quelle für Lowes hier zitierten Kommentar; sowie Alexander, S.30–32, Nr.6); das Book of Mulling, Trinity College, MS 60, früher A.1.15 (Lowe, II, S.44, Nr.276); sowie das Book of Dimma, Trinity College, MS 59, früher A.4.23 (Lowe II, S.44, Nr.275). Ich habe die alten Signaturen angegeben, um hervorzuheben, dass diese Codices früher einmal auf zwei Brettern eines einzigen Regals, mit der Bezeichnung »A«, im Handschriftensaal der Bibliothek aufbewahrt wurden (A.1.6 ist das Book of Kells); diese beiden Bretter enthielten also Schätze, die vom Wert her die Goldreserven vieler Staatsbanken übertrafen. Die vier berühmten insularen Codices außerhalb Irlands sind: das Lindisfarne-Evangeliar, London, British Library, Cotton MS Nero D. iv (Lowe, II, S.20, Nr.187, sowie Alexander, S.35–40, Nr.9; jetzt als Faksimile mit Kommentar verfügbar: Michelle Brown: *Das Buch von Lindisfarne: The Lindisfarne Gospels*, Luzern, 2002); das Echternach-Evangeliar, Paris, Bibliothèque nationale de France, ms lat. 9389 (Lowe, V, 1950, S.18, Nr.578); das Barberini- oder Wigbold-Evangeliar, Città del Vaticano, Biblioteca Apostolica Vaticana, Cod. Barb. lat. 570 (Lowe, I, 1934, S.20, Nr.63, sowie Alexander, S.61 f., Nr.36); und das Cutbercht-Evangeliar, Wien, Österreichische Nationalbibliothek, Cod. 1224 (Lowe, X, 1963, S.18, Nr.1500, sowie Alexander, S.62 f., Nr.37). Zu den Pigmenten im Book of Kells siehe S. Bioletti, R. Leahy u.a.: »The Examination of the Book of Kells Using Micro-Raman Spectroscopy«, in: *Journal of Raman Spectroscopy*, 40, 2009, S.1043–1049; einige Wissenschaftler geben an, dass man im Book of Kells Spuren von Lapislazuli finden kann, was Anbindung an eine Handelsroute aus der Himalayaregion voraussetzt; die Identifikation des blauen Pigments als Lapislazuli wird aber nicht allgemein akzeptiert. Westwoods *Palaeographica Sacra Pictoria* ist in der Bibliografie zu Kapitel Eins zitiert; das Zitat auf S.155 in Teil 17, S.5. Die Theorie auf S.159, die meines Wissens noch nie zuvor aufgestellt wurde, dass nämlich die ganzseitigen Abbildungen aus einer anderen Handschrift übertragen worden sein könnten, wird möglicherweise durch die Beobachtung Roger Powells gestützt, dass das Pergament für diese Blätter auf andere Weise hergestellt wurde (vgl. S.4 von R. Powell: »The Book of Kells: Comments on the Vellum, the Make-up, and Other Aspects«, in: *Scriptorium*, 10, 1956, S.3–21); vielleicht wird eines Tages eine DNA-Analyse zeigen, dass diese Blätter aus einer anderen Partie von Tierhäuten stammen. Die Arbeit der vier Schreiber, die am Book of Kells mitwirkten, wurde vorwiegend lagenweise verteilt: Schreiber 1 beispielsweise war für die Gesamtheit von Lage xvi (folios 130–140) und die Lagen xxxiv–xxxviii (folios 293–339) zuständig; Schreiber 3 beendet einen Arbeitsabschnitt am Ende von Lage x (folio 87) und beginnt den nächsten am Anfang von Lage xvii (folio 141); Schreiber 4 schreibt die Lagen xi–xiv (folios 88–125) und schließt sein zweites Pensum mit der letzten Seite von Lage xxi (folio 187) ab. Es fehlen einzelne

Textseiten, so ist nach folio 26 ein Teil der Liste mit hebräischen Namen für das Lukas-Evangelium nicht erhalten; nach folio 177 fehlen die Verse Markus 14, 32–42; sowie nach folio 239 die Verse Lukas 12, 6–18; nach folio 330 drei Textseiten mit den Versen Johannes 12, 28–13, 19. Pergamentschnipsel, die von den Textseiten abgeschnitten und von dem Buchbinder als Andenken behalten wurden (siehe S. 160), sind beschrieben in Bernard Quaritch Ltd., Catalogue 1348, 2007 (*Bookhands of the Middle Ages*, VIII), S. 41, Nr. 47. Die von Ussher in Auftrag gegebene, auf S. 161 erwähnte Abschrift der Urkunden hat die Signatur Trinity College, MS 580; die Wörter »book of Kelles« stehen auf folio 59v. Usshers Beschreibung in seiner *Britannicum ecclesiarum antiquitates*, Dublin, 1639, S. 691. Mein Bericht über das Eintreffen des Book of Kells in Dublin wurde erweitert durch das rechtzeitige Erscheinen von Fox: *Trinity College Library* (op. cit.), siehe insbes. die Seiten 23 f. und 39. Das Zitat von Queen Victoria auf S. 163 findet sich in ihren *Leaves from the Journal of Our Life in the Highlands, from 1848 to 1861, to Which are Prefixed and Added Extracts from the Same Journal Giving an Account of Earlier Visits to Scotland, and Tours in England and Ireland*, hg. von A. Helps, London, 1868, S. 257 f. Die Unterschriften der Mitglieder des Königshauses, die sich auf einem Vorsatzblatt und nicht auf einer der alten Seiten befinden, sind jetzt separat gebunden. Zu Musterbüchern für Illuminationen aus dem 19. Jahrhundert siehe R. Watson: »Publishing for the Leisure Industry: Illuminating Manuals and the Reception of a Medieval Art in Victorian Britain«, S. 78–107, in T. Coomans und J. De Maeyer (Hg.): *The Revival of Medieval Illumination*, Löwen, 2007, mit Beispielen aus dem Book of Kells aus W. J. Lofties *Lessons in the Art of Illuminating*, 1885, auf S. 95. Helen Campbell D'Oliers Aquarellkopien aus dem Book of Kells unter der Signatur MS 4729 im Trinity College. Zwei der von C. L. Ricketts angefertigten, jetzt in der Lilly Library der University of Indiana in Bloomington liegenden Kopien sind abgebildet in S. Hindman und N. Rowe (Hg.): *Manuscript Illumination in the Modern Age: Recovery and Reconstruction*, Evanston, Ill., 2001, S. 270 f. und Tafel 37. Wie Bernard Meehans Buch trägt auch das von Sir Edward Sullivan einfach nur den Titel *The Book of Kells*, London, Paris und New York, 1914 (der auf S. 160 erwähnte Hinweis auf den bösartigen Buchbinder dort auf S. 6). Der Brief von Joyce an Power zitiert in R. Ellmann: *James Joyce*, revidierte und ergänzte Ausgabe, Frankfurt, 1999, S. 807. Die Zitate aus *Finnegans Wake* auf S. 169 aus der Londoner Ausgabe von 1939, S. 122 f. Die »*Tunc*«-Seite, wie Joyce sie nennt, aus der Darstellung der Kreuzigung in Matthäus 27, 38: »Tunc crucifixerant xpi[stum] cum eo duos latrones.« Die Seite ist in der Tat merkwürdig »dunkel« sowohl vom Layout her, denn die meisten Wörter sind kaum lesbar in ein X-förmiges Kreuz hineingequetscht, als auch von der Grammatik her – »xpi« hat hier nicht die übliche Bedeutung (Christi) und die Standard-Lesart der Vulgata ist: »Tunc crucifixi sunt cum eo duo latrones.« Zur Entstehung der Handschrift auf Iona siehe zusätzlich P. Meyvaert: »The Book of Kells and Iona«, in: *The Art Bulletin*, 71, 1989, S. 6–19.

KAPITEL VIER: DIE LEIDENER *ARATEA*

Zu der Ausgabe *Aratea, Faksimileband*, Luzern, 1978, ist als begleitender Kommentarband erschienen *Aratea: Kommentar zum Aratus des Germanicus,* MS. *Voss. Lat. O. 79, Bibliotheek der Rijksuniversiteit Leiden*, Luzern, 1989, der Aufsätze von B. Bischoff, B. Eastwood, T. A.-P. Klein, F. Mütherich und P. F. J. Obbema enthält; der Beitrag von Mütherich mit dem Titel »Die Bilder« (S. 31–68) ist wiederabgedruckt in dem Sammelband ihrer Aufsätze: *Studies in Carolingian Manuscript Illumination*, London, 2004, S. 147–265. Die gesamte Handschrift ist verfügbar in High-Resolution-Bildern auf der Digital Special Collections Website der Universität Leiden. Abbildungen auch in W. Köhler und F. Mütherich: *Die karolingischen Miniaturen*, iv, *Die Hofschule Kaiser Lothars, Einzelhandschriften aus Lotharingien*, Berlin, 1971, Tafeln 75–96. Eine Bibliografie zu der Handschrift in C. L. Verkerk: »*Aratea*: A Review of the Literature Concerning Ms Vossianus lat. q. 79 in Leiden University Library«, in: *Journal of Medieval History*, 6, 1980, S. 245–287. Lohnend ist immer noch G. Thiele: *Antike Himmelsbilder, mit Forschungen zu Hipparchos, Aratos und seinen Fortsetzern und Beiträgen zur Kunstgeschichte des Sternhimmels*, Berlin, 1898, insbes. S. 77–142. Ich verdanke besonders viel der Untersuchung von R. Katzenstein und E. Savage-Smith: *The Leiden Aratea: Ancient Constellations in a Medieval Manuscript*, Malibu, Calif., 1988, die zur Ausstellung der Handschrift in den USA veröffentlicht wurde; außerdem: A. von Euw: *Der Leidener Aratus: Antike Sternbilder in einer Karolingischen Handschrift*, München, 1989; F. Mütherich: »Book Illumination in the Court of Louis the Pious«, S. 593–604, in P. Godman und R. Collins (Hg.): *Charlemagne's Heir: New Perspectives on the Reign of Louis the Pious (814–840)*, Oxford, 1990, wiederabgedruckt in Mütherich: *Studies in Carolingian Manuscript Illumination*, op. cit., S. 98–117; M. Dolan: »The Role of Illustrated Aratea Manuscripts in the Transmission of Astronomical Knowledge in the Middle Ages«, Diss., University of Pittsburgh, 2007, online verfügbar und bemerkenswert gut; sowie E. Dekker; »The Provenance of the Stars in the Leiden *Aratea* Picture Book«, in: *Journal of the Warburg and Courtauld Institutes*, 73, 2011, S. 1–37 (von ders. Autorin: *Illustrating the Phaenomena: Celestial Cartography in Antiquity and the Middle Ages*, Oxford, 2012.) Ich schätze mich glücklich, dass mir D. B. Gains: *The Aratea Ascribed to Germanicus Caesar: Edited with an Introduction, Translation & Commentary*, London, 1976 (*University of London Classical Studies*, 8), zur Verfügung stand, das Peter Jones, Bibliothekar des King's College, Cambridge, für mich herbeizauberte.

Der maßgebliche Text zur Hofbibliothek Karls des Großen ist B. Bischoff: »Die Hofbibliothek Karls des Großen«, S. 149–169, in seinen *Mittelalterliche Studien*, III, Stuttgart, 1981; ob die hier zitierte Liste tatsächlich die Bücher umfasst, die in der Hofbibliothek selbst vorhanden waren, ist noch umstritten. Zur Geisteskultur der gesamten Epoche liegen mehrere Bücher von Rosamond McKitterick vor. Die beiden Vergil-Ausgaben aus dem 4. Jahrhundert, von denen auf S. 177 die Rede ist, liegen als Cod. Vat. lat. 3225 und Cod. Vat. lat. 3867 in der Biblioteca Apostolica Vaticana. Gute zusammenfassende Darstellungen dieser beiden bekannten Codices durch D. H. Wright in M. Buonocore (Hg.): *Vedere i Classici: L'illustrazione libraria dei testi antichi dall'età romana al tardo Medioevo*, Vatikanstadt, 1996, S. 141–145, Nr. 1–2 (siehe auch D. H. Wright: *The Roman Vergil and the Origins of Medieval Book Design*, London, 2002). Zum »Chronograph von 354« habe ich herangezogen M. R. Salzman: *On Roman Time: The Codex-Calendar of 354 and the Rhythms of Urban Life in Late Antiquity*, Berkeley, 1990 (*The Transformation of the Classical Heritage*, 17). Der von Hrodgarius im 9. Jahrhundert angefertigte Terenz und die *Agrimensores* befinden sich ebenfalls im Vatikan (cod. Pal. lat. 3868 und Pal. lat. 1564). Scaliger richtete den berühmten, auf S. 178 zitierten Ausspruch 1606 an Studenten in Leiden; siehe K. van Ommen: »The Legacy of Joseph Justus Scaliger in Leiden University Library Catalogues, 1609–1716«, S. 51–82, in M. Walsby und N. Constantinidou (Hg.): *Documenting the Early Modern Book World*, Leiden und Boston, 2013, S. 53. Erik Kwakkel und Peter Gumbert luden mich zu dem Vortrag nach Leiden ein, wir sprachen bei der Gelegenheit über die Einbände von Schwester Lucie Gimbrère. Ich bin auch für die Gespräche dankbar, die ich mit David Ganz führen konnte. Zum Schreiben von »capitalis rustica« siehe Drogin: *Medieval Calligraphy*, op. cit., S. 89–92. Zum Utrechter Psalter, dem zweiten exquisiten karolingischen Werk in den Niederlanden, hier zitiert auf S. 183, siehe den Ausstellungskatalog von K. van der Horst, W. Noel und W. C. M. Wüstefeld (Hg.): *The Utrecht Psalter in Medieval Art: Picturing the Psalms of David*, Tuurdjik, 1996 (darin wird auch die *Aratea* beschrieben, S. 200, Nr. 13). Die auf S. 183 f. beschriebenen Himmel von nahezu schwarzer Farbe z. B. auf folios 48v und 78v, die eher türkis gefärbten z. B. auf folios 60v und 62v. Bei der Beschreibung der Miniaturen auf S. 184–199 habe ich es im Allgemeinen vermieden, die Folioziffern anzugeben, um den Lesefluss nicht zu unterbrechen; ich hole das hier nach. Es sind: (1) folio 3v, *Draco*, die Schlange, mit den Bären *Ursus Minor* und *Ursus Major*; (2) folio 6v, Herkules; (3) folio 8v, der Kranz, *Corona borealis*; (4) folio 10v, Ophiunchus, der Schlangenträger, auf einem Skorpion stehend und eine Schlange haltend; (5) folio 12v, wahrscheinlich Boötes; (6) folio 16v, Gemini; (7) folio 18r, Cancer; (8) folio 20v, Leo, ein tänzelnder Löwe; (9) folio 22v, Auriga, der Fuhrmann, mit drei Zicklein; (10) folio 24v, Taurus; (11) folio 26v, Kepheus, seine Arme ausstreckend; (12) folio 28v, Kassiopeia, auf einem Thron sitzend; (13) folio 30v, Andromeda, zwischen Felsen festgebunden; (14) folio 32v, Pegasus, ein halbes geflügeltes Pferd; (15) folio 34v, Aries durch einen Reifen springend; (16) folio 36v, Triangula; (17) folio 38v, Pisces, zwei Fische; (18) folio 40v, Perseus, den Kopf der Medusa haltend; (19) folio 42v, die Plejaden, sieben Frauenköpfe; (20) folio 44r, Lyra; (21) folio 46v, Cygnus, ein Schwan, den Schnabel zum Zischen geöffnet; (22) folio 48v, Aquarius, ein Gefäß leerend; (23) folio 50v, Capricornus, der Steinbock; (24) folio 52v, Sagittarius, der Schütze; (25) folio 54v, Aquila, der Adler; (26) folio 56v, Delphinus; (27) folio 58v, Orion mit Lepus, dem Hasen, zwischen den Beinen; (28) folio 60v, Canis major; (29) folio 62v, noch einmal Lepus; (30) folio 64v, Argo, ein halbes Schiff; (31) folio 66v, Cetus, das Meeresungeheuer; (32) folio 68v, Eridanus, der Flussgott; (33) folio 70v, Piscis Austrinus; (34) folio 72v, Ara, ein Altar; (35) folio 76v, Hydra, Corvus und Crater; sowie (36) folio 78v, Canis Minor. Das Exemplar von Ciceros Übersetzung der *Aratea* aus dem 9. Jahrhundert, das auf S. 200 erwähnt wird, ist miteingebunden in den Band mit der Signatur Harley MS 647 der British Libaray (folios 12v–17v). Abbildungen davon einschließlich einer Bibliografie verfügbar im Online-Catalogue of Illuminated Manuscripts der British Library. Der Antiquar W. Y. Ottley glaubte, es handele sich um eine Handschrift aus dem 2. oder 3. Jahrhundert, was für seine »Originaltreue« spricht (*Archaeologia; Miscellaneous Tracts Relating to Antiquity*, 26, 1836, S. 47–214). Eine scharfsichtige Studie der Entwicklung des Codex in den ersten Jahrhunderten n. Chr. in H. Y. Gamble: *Books and Readers in the Early Church; A History of Early Christian Texts*, New Haven and London, 1995. Auf S. 205 erzähle ich, wie ich in Leiden Doktoranden und Doktorandinnen eine inoffizielle Unterrichtsstunde zukommen ließ; eine von von ihnen, Jenneka Janzen, schrieb später darüber auf der Website der Universität. Der Vergleich zwischen dem Gesicht von Kepheus auf folio 26v und dem des David im Lothair Psalter (London, British Library, Add. MS 37768, folio 4r) wird von Mütherich gezogen in ihrem »Court of Louis the Pious«, op. cit., S. 105. Das zuverlässigste Zeugnis für den Inhalt des »Chronographs von 354« ist Peirescs im 17. Jahrhundert entstandene Kopie der verschollenen karolingischen Kopie (Biblioteca Apostolica Vaticana, cod. Barberini lat. 2154). Dazu, dass Alkuin Karl den Großen auf Plinius' *Historia Naturalis* aufmerksam machte (erwähnt auf S. 206 f.), siehe Bischoff: »The Court Library of Charlemagne«, op. cit., S. 57. Die beiden Artikel über die wahrscheinliche astronomische Korrektheit der Planetendarstellung auf folio 93v sind: R. Mostert und M. Mostert: »Using astronomy as an aid to dating manuscripts: The example of the Leiden *Aratea*«, in: *Quaerendo*, 20, 1999, S. 248–261; sowie E. Dekker: »Planetary Observations: The Case of the Leiden Planetary Configuration«, in: *Journal for the History of Astronomy*, 39, 2007, S. 77–90. Zur Theorie, dass der 18. März der Jahrestag der Schöpfung war, siehe Dolan: »The Role of Illustrated Aratea Manuscripts«, op. cit., S. 220. Die Praxis des »back drawing« auf der Rückseite der illuminierten Seiten von insularen Handschriften wird dargestellt bei M. Brown: *The Lindisfarne Gospels. Society, Spirituality & the Scribe*, London, 2003, S. 217–220 und Tafeln 9a–b. Bei den beiden um 1000 angefertigten Kopien der *Aratea* handelt es sich um Boulogne, Bibliotèque municipale, ms 188, und Bern, Burgerbibliothek, MS 88. Zur Schirmherrschaft Odberts auch in Bezug auf Boulogne ms 188 siehe M. Holcomb (Hg.): *Pen and Parchment: Drawing in the Middle*

Ages, Metropolitan Museum of Art, New York, 2009, S. 74–76, Nr. 16. Ich wünschte, ich könnte jemanden ausfindig machen, dessen Besitztümer 1573 in Gent veräußert wurden und der dieser »Maler« sein könnte; das Datum ist vermutlich zu spät, als dass es sich um Simon Bening handeln könnte, den in Kapitel Zwölf erwähnten Illustrator; er war bereits 1561 gestorben. In »bis capta« steckt eine verbreitete Anspielung auf Troja. Das Buch von Susius mit dem Versprechen, eine Neuausgabe der *Aratea* vorzulegen, ist sein *Carmina tam sacra quam prophana*, Leiden, 1590; die Widmung enthält das Versprechen. Das *Syntagma Arateorum* von Grotius, Leiden, 1590, nimmt auf S. 30 spezifisch Bezug auf die Leidener Handschrift. Der Gerechtigkeit halber muss gesagt werden, dass die vertieften Konturen möglicherweise von Grotius herrühren und nicht aus dem Mittelalter stammen. Der *Atlas Coelestis seu Harmonia Macrocosmica* von Cellarius, Amsterdam, 1660, enthält die Planetendarstellung auf der doppelseitigen Tafel im Anschluss an S. 54. Zur Bibliothek von Grotius siehe A. Nelson: »Deux notes concernant la bibliographie de Hugo Grotius«, in: *Nordisk tidskrift för bok- och biblioteksväsen*, 39, 1952, S. 18–25. Zu Königin Christina und Vossius zog ich heran C. Callmer: *Königin Christina, ihre Bibliothekare und ihre Handschriften: Beiträge zur europäischen Bibliotheksgeschichte*, Stockholm, 1977 (*Acta Bibliothecae Regiae Stockholmiensis*, 30), die *Aratea* wird dort erwähnt auf S. 150; sowie F. F. Blok: *Contributions to the History of Isaac Vossius's Library*, Amsterdam, 1974, insbes. S. 34–42. Michael Reeve teilte mir mit, dass sowohl Oxford als auch Cambridge sich um den Ankauf der Bibliothek von Vossius nach dessen Tod 1689 bemühten, aber der Universität Leiden unterlagen. Zur verschlungenen Geschichte der ersten Faksimile-Ausgabe des vatikanischen Vergil, die auf S. 211 Erwähnung findet, siehe D. H. Wright: »From Copy to Facsimile: A Millennium of Studying the Vatican Vergil«, in: *British Library Journal*, 17, 1991, S. 12–35. H. Zotters seit Langem nicht mehr aktuelle *Bibliographie faksimilierter Handschriften*, Graz, 1976, enthält eine 637 Titel umfassende Liste von Handschriftenfaksimiles. Verwendet habe ich auch N. Barker: *The Roxburghe Club: A Bicentennial History*, o. O., 2012, Kap. 10: »The Development of the Facsimile«, S. 119–137.

KAPITEL FÜNF: DER MORGAN-BEATUS

Der Beatus ist vollständig faksimiliert als *Apocalipsis de San Juan, Beato de Liébana, San Miguel de Escalada*, Valencia, 2000, mit einem Begleittext: *Estudio del Manuscrito*, darin Beiträge auf Spanisch und Englisch von U. Eco, W. M. Voelkle, J. W. Williams, B. A. Shailor, L. G. Freeman, A. Del Campo Hernández und J. González Echegaray. Ich habe anstelle dieses sehr teuren Kommentars den reich bebilderten Band von Williams und Shailor benutzt: *A Spanish Apocalypse: The Morgan Beatus Manuscript: Introduction and Commentaries*, New York, 1991. Es ist unabdingbar, dass ich gleich zu Beginn sage, wie viel ich William Voelkle verdanke. Dankbar bin ich auch Barbara Shailor für Gespräche mit ihr. John Williams habe ich meines Wissens leider nie persönlich getroffen. Das maßgebliche Werk zu allen Beatus-Handschriften ist sein *The Illustrated Beatus: A Corpus of the Illustrations of the Commentary on the Apocalypse*, 5 Bde., London, 1994–2003; seit seinem Erscheinen ist ein weiteres Beatus-Manuskript aufgetaucht, eine süditalienische Handschrift, die sich heute in Genf befindet, wo sie mir von Barbara Roth gezeigt wurde. Einblick in zwei maschinenschriftliche Aufsätze von John Williams, die in Zusammenhang mit einer geplanten, aber nicht zustande gekommenen Ausstellung in der Morgan Library entstanden, wurde mir freundlicherweise von William Voelke gewährt (sie werden auf S. 270 erwähnt); einer davon war »Visions of the End in Medieval Spain: The Beatus Tradition«, der sich als besonders nützlich erwies; er wurde 2016 von der Amsterdam Press University veröffentlicht in: Therese Martin (Hg.): *Visions of the End in Medieval Spain: Catalogue of Illustrated Beatus Commentaries on the Apocalypse and Study of the Geneva Beatus.*

Auf S. 229 beziehe ich mich auf den Verfasser der Offenbarung des Johannes oder »Saint John the Divine«, wie der Namenspatron der großen episkopalischen Kathedrale in New York heißt (Offenbarung 1, 9). Darüber, ob dieser mit dem Evangelisten Johannes identisch war, herrschen in der mittelalterlichen Tradition und der modernen Bibelwissenschaft oft unterschiedliche Ansichten. Zum Hintergrund der Lehre vom Anbruch einer neuen Welt zur Zeit von Beatus habe ich mich anfangs informiert in P. Frederiksen: »Tyconius and Augustine on the Apocalypse«, S. 20–37, in R. K. Emmerson und B. McGinn: *The Apocalypse in the Middle Ages*, Ithaca, NY, 1992; und E. A. Matter: »The Apocalypse in Early Medieval Exegesis«, S. 38–50, in demselben Band; R. Landes: »Lest the Millennium be Fulfilled: Apocalyptic Expectations and the Pattern of Western Chronography. 100–800 C. E.«, S. 205–208, in: W. Verbeke, D. Verhelst und A. Welkenhuysen (Hg.): *The Use and Abuse of Eschatology in the Middle Ages*, Löwen, 1988 (*Mediaevalia Lovaniensia*, ser. 1, *Studia*, 15); sowie K. R. Poole: »Beatus of Liébana: Medieval Spain and the Othering of Islam«, S. 47–66, in K. Kinane und M. A. Ryan (Hg.): *End of Days: Essays on the Apocalypse from Antiquity to Modernity*, Jefferson, NC, 2009. Nicht benutzt, aber seitdem gelesen habe ich das empfehlenswerte Werk von J. T. Palmer: *The Apocalypse in the Early Middle Ages*, Cambridge, 2014. Der maßgebliche Text des heiligen Augustinus gegen eine zu wörtliche Auslegung von biblischen Hinweisen auf das Ende der Zeiten, erwähnt auf S. 229, ist sein Brief 199 an Heysichius (Migne, *Patrologia Latina*, XXXIII: 801–925). Bei dem auf S. 231 erwähnten einzigartigen illuminierten Beatus-Fragment aus dem 9. Jahrhundert handelt es sich um Silos, Biblioteca del Monasterio de Santo Domingo, frag. 4. Die Identifikation der Handschrift in der Morgan Library mit der im Besitz des Ordens von Santiago von Uclès wurde von G. de Andrés vorgenommen in seinem »Nuevas aportaciones documentales sobre los códices ›Beatos‹«, in: *Revista de archivos, bibliotecas y museos*,

81, 1978, S. 543–545. Libris Bericht über den Erwerb der Handschrift durch Frasinelli heute in der British Library unter der Signatur Yates Thompson MS 54, früher Add. MS 46 200, folio 102; dieser Bericht wird auch zitiert von Voelkle in dem Kommentarband zu der Faksimile-Ausgabe. Der richtige Valcavado-Beatus ist der Band in der Biblioteca de la Universidad von Valladolid, ms 433. Sir Frederic Madden (1801–1873), dessen Tagebucheintrag über Libri aus dem Jahr 1846 auf S. 235 f. zitiert wird, war Keeper of the Manuscripts am British Museum; das Zitat auf S. 178 f. bei A. N. L. Munby: »The Earl and the Thief«, in: N. Barker (Hg.): A. N. L. Munby: *Essays and Papers*, London, 1978, S. 175–191. Andere Berichte über Libri und Ashburnham in: S. de Ricci: *English Collectors of Books & Manuscripts (1530–1930) and Their Marks of Ownership*, Cambridge, 1930, Kapitel XI, S. 131–138; A. N. L. Munby: *Connoisseurs and Medieval Miniatures, 1750–1850*, Oxford, 1972, Kapitel VII, S. 120–138; ders.: »The Triumph of Deslisle: A Sequel to ›The Earl and the Thief‹«, in: *Essays and Papers*, op. cit., S. 193–205; sowie J. M. Norman: *Scientist, Scholar and Scoundrel: A Bibliographical Investigation of the Life and Exploits of Count Guglielmo Libri*, New York, 2013. Ich bin immer noch stolz auf meinen kleinen Beitrag »Was Henry Yates Thompson a Gentleman?«, S. 77–89, in: R. Myers und M. Harris (Hg.): *Property of a Gentleman: The Formation, Organisation and Dispersal of the Private Library, 1620–1920*, Winchester, 1991. Zur Katalogisierung dieser Handschrift durch M. R. James (1862–1936), später Provost von King's College und Eton, siehe R. W. Pfaff: *Montague Rhodes James*, London, 1980, S. 193; Pfaff bezeichnet den Katalogeintrag als einen »Essay zum Thema Beatus-Kommentare«; dieser Eintrag auf S. 304–330, Nr. 97, in: *A Descriptive Catalogue of the Second Series of Fifty Manuscripts (Nos. 51–100) in the Collection of Henry Yates Thompson*, Cambridge, 1902. Fast der gesamte Absatz auf S. 239 f. beruht auf Voelkles Essay zu der Faksmile-Ausgabe von 2000 und auf Gesprächen mit Voelkle, einem langjährigen Freund, der mir bei zahllosen Dingen, die mit der Morgan Library zu tun hatten, geholfen hat. Er hat unter jedem Direktor der Bibliothek außer Belle da Costa Greene Dienst getan. Es gibt eine Lebensbeschreibung vor ihr, die insofern enttäuschend ist, als der Autor nichts von seltenen Büchern versteht: H. Ardizzone: *An Illuminated Life*, New York und London, 2007; zu der auf S. 239 dargestellten Episode siehe S. 367 f. Zu den Preiscodes von Sammlern und Händlern wie dem »bryanstone« Yates Thompsons siehe I. Jackson: *The Price-Codes of the Book Trade: A Preliminary Guide*, Berkeley, 2010. Bei der gedruckten Ausgabe des Beatus-Texts, die ich, wie auf S. 244 flüchtig erwähnt, nach New York mitnahm, handelt es sich um J. G. Echegaray, A. del Campo Hernández und L. G. Freeman (Hg.): *Beato de Liébana: Obras completes y complementarias*, I, Madrid, 2004 (*Biblioteca de autores cristianos Maior*, 76). Eine aktuellere Ausgabe ist R. Gryson (Hg.): *Beati Liebanensis Tractatus de Apocalipsin*, Turnhout, 2012 *(Corpus Christianorum, Series Latina)*. Der Gebrauch von Zahlenwerten, wie er traditionell griechischen Buchstaben des Alphabets zugeschrieben wird, wie auf S. 248 erwähnt, ist bekannt als Isopsephie, wobei der Buchstabe *alpha* = 1, *beta* = 2, *gamma* = 3, usw. bis zu *rho* = 100, *sigma* = 200 etc. und zu *omega* = 800. Peter Krakenberger las freundlicherweise dieses Kapitel im Entwurf und korrigierte mehrere meiner Spanien betreffenden Ausführungen; außerdem stellte er mir großzügig ein Exemplar seiner Übersetzung von S. Sáenz-López Peréz: *The Beatus Maps: The Revelation of the World in the Middle Ages*, Burgos, 2014, zur Verfügung. Cockerells Exemplar des Yates-Thompson-Katalogs von 1902 ist Eigentum der Bibliothek des Grolier Club in New York, wo ich Einblick in es nehmen konnte; seine auf S. 266 zitierte Bemerkung ist von seiner Hand am Rand von S. 315 nachgetragen. Zu Cockerell selbst, der damals mit der Yates Thompson-Sammlung vertraut war, siehe oben, S. 420. 2015 nahm ich mit der Association Internationale de Bibliophilie an einem Kongress in Madrid teil. Man hatte in der Biblioteca Nacional einige der größten Schätze der Bibliothek für uns bereitgelegt, darunter zwei Beatus-Handschriften zur Apokalypse. Unsere Gruppe fühlte sich sofort zu diesen Handschriften hingezogen und übersah in ihrem Staunen über die hypnotisch wirkenden Bilder ganz, dass direkt daneben zwei im Vergleich dazu unscheinbar wirkende, mit Zeichnungen versehene Notizbücher Leonardo da Vincis lagen. Der Beatus besitzt die Fähigkeit, die Aufmerksamkeit von dem größten Künstler von allen wegzulenken. Das auf S. 268 beschriebene Exemplar des Beatus, das von Emeterius, dem Schüler des Maius, signiert wurde, liegt im Archivo Histórico Nacional von Madrid und trägt die Signatur Cod. 1097b; der Eintrag des Schreibers auf folio 167r. Bisweilen ist die Theorie aufgestellt worden, dass das Blatt mit dem Bild aus einer anderen Handschrift übernommen wurde, was aber unnötig kompliziert gedacht zu sein scheint. Das Skriptorium von Tábara aus Morgan M 429 reproduziert in J. J. G. Alexander: *Medieval Illuminators and Their Methods of Work*, New Haven und London, 1992, Abb. 9. Die »twin additions« von Isidor und Hieronymus auf folios 234r–237r und 238v–292v dieser Handschrift. Das Zitat von Adam von Bremen auf S. 274 aus R. Landes: »The Fear of the Apocalyptic Year 1000: Augustinian Historiography, Medieval and Modern«, in: *Speculum*, 75, 2000, S. 97–145, hier S. 121; das Zitat von Byrhferth aus C. Cubitt: »Apocalyptic and Eschatological Thought in England around the Year 1000«, in: *Transactions of the Royal Historical Society*, 6 ser., 25, 2015, S. 27–52, hier S. 31 f.

KAPITEL SECHS: HUGO PICTOR

Obwohl die Hugo-Pictor-Handschrift so berühmt ist, gibt es kein Faksimile von ihr, und ihr ist auch keine Monografie gewidmet worden. Katalogisiert ist sie in O. Pächt und J. J. G. Alexander: *Illuminated Manuscripts in the Bodleian Library, Oxford, I, German, Dutch, Flemish, French and Spanish Schools*, Oxford, 1966, S. 34 f., Nr. 441. Die klassische Untersuchung zur Buchherstellung in dieser Zeit ist N. R.

Ker: *English Manuscripts in the Century after the Norman Conquest,* Oxford, 1960 (The Lyell Lectures, 1952–53). Jede Untersuchung zu Büchern in englischen Kathedralen und Klöstern ist auf Kers Handbuch *Medieval Libraries of Great Britain: A List of Surviving Books,* 2. Aufl., London, 1964, angewiesen, sowie auf Ker und A. G. Watsons *Supplement to the Second Edition,* London, 1987.

Zum am Beginn dieses Kapitels eingeführten Exeter Book siehe N. R. Ker: *Catalogue of Manuscripts Containing Anglo-Saxon,* Oxford, 1957, S. 153, Nr. 116. Es existiert ein digitales »virtuelles Faksimile«: B. J. Muir (Hg.) in Zusammenarbeit mit N. Kennedy: *The Exeter Anthology of Old English Poetry,* Exeter, 2006. Wertvolle Informationen zum kulturhistorischen Hintergrund zu diesem Werk und anderen in derselben Bibliothek in P. W. Conner: *Anglo-Saxon Exeter: A Tenth-Century Cultural History,* Woodbridge, 1993 (*Studies in Anglo-Saxon History,* IV). Zur frühen Geschichte der Bodleiana siehe I. Philip: *The Bodleian Library in the Seventeenth and Eighteenth Centuries,* Oxford, 1983; sowie M. Clapinson: *A Brief History of the Bodleian Library,* Oxford, 2015. Bodleys Autobiografie, eine der ersten in der englischen Literatur, ist von W. Clennell herausgegeben worden: *The Autobiography of Sir Thomas Bodley,* Oxford, 2006. Bodleys Kindheitsgefährte Nicholas Hilliard fertigte 1598 sein Porträt an (K. Garlick: *Catalogue of Portraits in the Bodleian Library, by Mrs Reginald Lane Poole; Completely Revised and Expanded,* Oxford, 2004, S. 35; es wurde 1897 der Oxford University gestiftet). Bodleys Angebot an die Universität ist in seinem genauen Wortlaut viele Male veröffentlicht worden, zum ersten Mal wahrscheinlich von J. Gutch (Hg.), Anthony à Wood: *The History and Antiquities of the University of Oxford,* II, Oxford, 1796, S. 266. Heute gehen vielleicht die Meinungen darüber auseinander, ob der Dekan und das Domkapitel von Exeter in weiser Voraussicht handelten, als sie die Handschriften nach Oxford schickten, oder ob sie sich »eines Vertrauensbruchs schuldig machten […], indem sie das Interesse ihrer Nachfolger am Patrimonium ihrer Kirche ignorierten« (A. Clark: *A Bodleian Guide,* Oxford, 1906, S. 107 f.). Obwohl das Exeter Book in Exeter verblieb, kann es nicht vollkommen aus dem Blickfeld verschwunden sein, da es Matthew Parker bekannt war (Cambridge, Corpus Christi College, MS 101, S. 449, Randnotiz). Dass Hugos Hieronymus-Abschrift nach Oxford geschickt wurde, ist verzeichnet auf S. 70 des *Catalogus Librorum Bibliothecae Publicae quam vir ornatissimus Thomas Bodleius eques auratus in Academia Oxoniensi nuper instituit,* Oxford, 1666; Faksimile-Ausgabe unter dem Titel: *The First Printed Catalgue of the Bodleian Library,* Oxford, 1986. Der auf S. 287 erwähnte Aufsatz von Richard Gameson ist: »Hugo Pictor, enlumineur normand«, in: *Cahiers de civilisation médiévale,* 44, 2001, S. 121–138; bei dem Aufsatz von Otto Pächt, den ich als hochbetagten Mann kennenlernte, handelt es sich um: »Hugo Pictor«, in: *Bodleian Library Record,* 3, 1950, S. 96–103. Die von mir verwendete Ausgabe des Jesaja-Kommentars von Hieronymus ist M. Adriaen (Hg.): *S. Hieronymi presbysteri: Commen-*

tarium in Esaiam, Turnhout, 1963 (*Corpus Christianorum, Series Latina*, 73); es liegt eine neue englische Übersetzung vor mit T. P. Scheck: *St. Jerome: Commentary on Isaiah, Including St Jerome's Translation of Origen's Homilies 1–9 on Isaiah*, New York und Mahwah, NJ, 2015 (*Ancient Christian Writers: The Works of the Fathers in Translation*, 68). Die Illustration auf der Rückseite von folio vi, die meiner Ansicht nach Hieronymus mit Eustochium und Pammachius zeigt, veröffentlicht bei P. d'Ancona: *The Art of Illumination: An Anthology of Manuscripts from the Sixth to the Sixteenth Century*, übers. von A. M. Brown, London und New York, 1969, Tafel 37, als Darstellung der Jungfrau Maria zwischen Hieronymus und Jesaja thronend, was mit Sicherheit nicht richtig ist. Die auf S. 298 f. erwähnte Abbildung eines Pergamenters aus dem 12. Jahrhundert in der Handschrift der Staatsbibliothek Bamberg, cod. Msc. Patr. 5; sie ist unzählige Male reproduziert worden, u. a. auch in meinem *Scribes and Illuminators*, London, 1992, S. 12, Abb. 7 (Hugo Pictor ist dort auf S. 64, Abb. 55, zu finden). Graham Pollard wurde als Erster darauf aufmerksam, wie leicht die Pflöcke aus romanischen Bucheinbänden herausgeschlagen werden konnten, so dass man die Bünde an anderen Brettern befestigen konnte; siehe S. 19 in seinem »The Construction of English Twelfth-Century Bindings«, in: *The Library*, 5 ser., 17, 1962, S. 1–22. Die beiden Hieronymus-Exemplare im Inventar der Kathedrale von Exeter aus dem Jahr 1327 verzeichnet in G. Oliver: *Lives of the Bishops of Exeter and a History of the Cathedral*, Exeter, 1861, S. 302. Zur Geschichte der mittelalterlichen Bibliothek habe ich verwendet A. M. Erskine: »The Growth of Exeter Cathedral Library after Bishop Leofric's Time«, in: *Leofric of Exeter, Essays in Commemoration of the Foundation of Exeter Cathedral Library in A. D. 1072*, Exeter, 1972, S. 43–55. Der Brauch, eine Handschrift in einem mittelalterlichen Verzeichnis durch Zitieren der ersten Wörter auf dem zweiten Blatt zu identifizieren, hat seinen Ursprung vermutlich in der Bibliothek der Sorbonne im späteren 13. Jahrhundert; siehe J. Willoughby: »The *Secundo Folio* and Its Uses, Medieval and Modern«, *The Library*, 7 ser., 12, 2011, S. 237–258. Der von den Franziskanern zusammengestellte Katalog, der bekannt ist aus MS Tanner 165 der Bodleian Library, wurde veröffentlicht von R. H. Rouse und M. A. Rouse (Hg.) unter Mitarbeit von R. A. B. Mynors: *Registrum Anglie de Libris Doctorum et Auctorum Veterum*, London, 1991 (*Corpus of British Medieval Library Catalogues*, 2); das Exemplar in der Kathedrale von Exeter aufgeführt als Nr. 6.72 auf S. 88 f. Zu Hieronymus' Bezugnahme auf Britannien in seinem Jesaja-Kommentar, erwähnt auf S. 302, siehe die Ausgabe von Adriaen, 1963, S. 463; in MS 717 der Bodleian Library kommt sie auf folio 186v vor. Das Exemplar des Jesaja-Kommentars aus der Christ Church Cathedral Priory in Canterbury ist heute MS B.5.24 der Bibliothek von Trinity College, Cambridge; das aus der Kathedrale von Salisbury (siehe S. 307 f.) befindet sich nach wie vor dort (MS 25). Die Bemerkung des Wilhelm von Malmesbury über das Wiederaufleben der Religion in England unter den Normannen findet sich in seinen *Gesta Regium Anglorum*, III, S. 246;

siehe W. Stubbs: *Wilhelmi Malmesbiriensis monachi de gestis regum Anglorum libri quinque*, II, London, 1889 (Rolls Series, 90), S. 306. Die Liste erhaltener Handschriften, die bekanntermaßen im angelsächsischen England vorhanden waren oder mit ihm in Verbindung standen, bis zum Jahr 1100, so dass die Zeit Hugo Pictors eingeschlossen ist, in H. Gneuss: *Handlist of Anglo-Saxon Manuscripts: A List of Manuscripts and Manuscript Fragments Written or Owned in England up to 1100*, Tempe, Ariz., 2001; Ergänzungen dazu in *Anglo-Saxon England*, 32, 2003, S. 293–305, und 40, 2012, S. 293–306; zur darauf folgenden wesentlich reicheren Generation siehe das Verzeichnis bei R. Gameson: *The Manuscripts of Early Norman England (c. 1066–1130)*, Oxford, 1999. Zum systematischen Aufbau patristischer Bibliotheken durch die Normannen siehe Ker: *English Manuscripts*, op. cit., S. 4; sowie R. M. Thomson: »The Norman Conquest and English Libraries«, S. 27–40, in: P. Ganz (Hg.): *The Book in Medieval Culture*, 2, Turnhout, 1986 (wiederabgedr. in Thomson: *England and the Twelfth-Century Renaissance*, Aldershot und Brookfield, Vt., 1998, Nr. XVIII), sowie Thomson: *Books and Learning in Twelfth-Century England: The Ending of the ›Alter Orbis‹: The Lyell Lectures 2000–2001*, Walkern, Herts., 2006, insbes. S. 48–60 und 101–104. Zu den von den Normannen gleichzeitig mit dem Jesaja-Kommentar des Hieronymus für Exeter erworbenen Handschriften, die sich heute in Oxford befinden, zählen Werke von Ambrosius, Hieronymus und Augustinus (Bodley MS 137), des Pseudo-Athanasius (Bodley MS 147), von Augustinus (Bodley MSS 301, 691 und 813), Gregor (Bodley MSS 707 und 783) und Ambrosius (Bodley MS 739). Zu diesen und anderen Handschriften siehe R. Gameson: »Manuscrits normands à Exeter aux XIe et XIIe siècles«, S. 107–127, in: P. Bouet und M. Dosdat (Hg.): *Manuscrits et Enluminures dans le monde normand (X^e–XVe siècles)*, Caen, 1999, sowie M. Gullick: »Manuscrits et copistes normands en Angleterre (XIe–XIIe siècles)«, S. 83–93 in diesem Band. Zur handschriftlichen Überlieferung des Jesaja-Kommentars des Hieronymus siehe R. Gryson u. a. (Hg.): *Commentaires de Jeròme sur le prophète Isaïe*, I–V, Freiburg, 1993–1999 (*Vetus Latina: Aus der Geschichte der lateinischen Bibel*, 23, 27, 30 und 35 f.); dieser Beitrag aktualisiert und berichtigt B. Lambert: *Biblioteca Hieronymiana Manuscripta: La tradition manuscrite des oeuvres de Saint Jérôme*, Steenbrugge, 1969 (*Instrumenta Patristica et Mediaevalia*, 4). Die beiden wichtigsten Handschriften, die zur gallikanischen Familie des Texts gehören (erwähnt auf S. 306), sind ms. lat. 11 627 (aus Corbie) der Bibliothèque nationale de France, Paris, und a.X.22 (aus Saint-Amand) der Stiftsbibliothek Sankt Peter, Salzburg. Zur Buchherstellung in Salisbury siehe T. Webber: *Scribes and Scholars at Salisbury Cathedral, c. 1075–c. 1125*, Oxford, 1992, sowie ders.: »Salisbury and the Exon Domesday: Some Observations Concerning the Origin of Exeter Cathedral MS 3500«, in: *English Manuscript Studies*, I, 1989, S. 1–18. Die vier abweichenden Lesarten finden sich im Salisbury MS 25 auf folios 4v, 2r, 3v und 5v. Ich habe sie auch in Cambridge, Trinity College MS B.5.24, in dem Exemplar aus Canterbury, überprüft, das sich leicht von den beiden anderen unterscheidet. Wie die Salisbury-Handschrift weist diese nicht die interpolierte Passage auf; »salutare« auf folio 4v, die Lesart der Salisbury-Fassung, ist über eine getilgte Stelle geschrieben; auf folio 7v steht wie in der Salisbury-Fassung »scribens«, auf folio 10r aber »ministeria« wie in der Exeter-Fassung. Daraus muss man die Schlussfolgerung ziehen, dass die Exemplare des Jesaja-Kommentars in Exeter, Canterbury und Salibury alle unabhängig voneinander nach England gelangten und nicht voneinander kopiert wurden. Ein weiteres Fragment des Kommentars wurde 2016 entdeckt, es befindet sich in Privatbesitz; es wurde um 1100 von dem Schreiber Robertus kopiert, der offenbar in der Abtei Préaux in der Normandie tätig war, aber Bücher für Canterbury anfertigte (darunter Cambridge, Trinity College MS B.4.5, und Oxford, Bodleiena Library, MS Bodley 317); das neu entdeckte Fragment unterscheidet sich aber leicht von Trinity MS B.5.24 und war nicht die Vorlage für diese Handschrift. Die auf S. 312 eingeführten Bücher von Willam of Saint-Calais, dem Bischof von Durham, werden beschrieben in R. A. Mynors: *Durham Cathedral Manuscripts to the End of the Twelfth Century*, Durham, 1939, S. 32–45; M. Gullick, »The Scribe of the Carilef Bible: A New Look at some Late Eleventh-Century Durham Cathedral Manuscripts«, S. 61–83, in: L. Brownrigg (Hg.): *Medieval Book Production: Assessing the Evidence*, Los Altos Hills, Calif., 1990; A. Lawrence-Mathers: *Manuscripts in Northumbria in the Eleventh and Twelfth Centuries*, Woodbridge, 2003, insbes. S. 27–48; sowie R. Gameson: *Manuscript Treasures of Durham Cathedral*, London, 2010, insbes. S. 50–61, Nr. 10–12. Die Bibel des William of Saint-Calais in der Bibliothek von Durham Cathedral unter der Signatur A.II.14; die Zeile darüber, dass sie von Bischof William in Auftrag gegeben wurde, auf dem letzten Blatt. Die Aussage von Symeon von Durham, dass der Bischof Bücher aus dem Exil zurückschickte (siehe S. 312), findet sich in T. Arnold (Hg.): *Symeonis monachi opera omnia*, I, 1882 (Rolls Series, 75), S. 128. Band II von Augustinus zu den Psalmen ist Durham B.II.13; die Initiale mit dem Porträt von Robert Benjamin auf folio 102r. Michael Gullick las freundlicherweise dieses Kapitel in einer frühen Fassung und ließ mir kluge Änderungsvorschläge zukommen. Die auf S. 315 f. aufgeführten Identifikationen der Schreiber gehen fast alle auf ihn zurück; sie sind in seinem Artikel »The Scribe of the Carilef Bible« von 1990 enthalten. Von dem Schreiber der Bibel stammen Hinzufügungen zu Durham B. II.13, z. B. folio 23r (Augustinus), Paris, Musée des Archives nationales, 138 (der Eintrag in der Totenrotel des Abts Vitalis), Bodleian Library, MS Bodley 810 (Lanfrank, aus Exeter) und Bayeux, Bibliothèque municipale, mss 57–58 (die zweibändige Gregor-Ausgabe). Bei der Origenes-Ausgabe, die ebenfalls von dem Schreiber korrigiert wurde, der die Bibel korrigierte, handelt es sich um Durham B.III.1. Der Hauptschreiber der Origenes-Handschrift arbeitete an Durham B.III.10 (Gregor), Bodleian Library, MS Bodley 301 (die Augustinus-Ausgabe aus Exeter) und vermutlich Rouen, Bibliothèque municipale, ms A 103 (460) (die Augustinusausgabe aus Jumièges). Robert Benjamin arbeitete an Bodley 301, Bayeux 57–58 (bereits zitiert) und Rouen, Bibliothèque municipale, ms A 85 (467) (die Augustinusausgabe aus Saint-Ouen). Ich nehme nicht in Anspruch, persönlich und allein zu dem Schluss gekommen zu sein, dass Hugo Pictor ebenfalls irgendwo in der Normandie tätig war: siehe zusätzlich zu den bereits erwähnten Artikeln den täuschend unscheinbaren Katalog zu einer von der Bibliothèque municipale gemeinsam mit dem Musée des Beaux-Arts 1975 in Rouen veranstalteten Ausstellung: *Manuscrits normands, XI–XIIème siècles*, zusammengestellt von François Avril, insbes. S. 49–51, Nr. 42–44; sowie Beobachtungen von C. R. Dodwell: *The Canterbury School of Illumination, 1066–1200*, Cambridge, 1954, S. 115–118, und J. J. G. Alexander: *Medieval Illuminators and Their Methods of Work*, 1992, op. cit., insbes. S. 10 f. Auf S. 318 führe ich aus, dass die Initialen im ersten Teil von Bodley 717 nicht in die freigelassenen Räume hineinpassen; Beispiele finden sich auf folios 16r, 31v, 61r, 87r, 104r und anderswo; die von Hugo Pictor gestalteten, die hingegen genau hineinpassen, auf folios 201v, 216v, 230v, 256v und 270v. Die anderen hier auf S. 318 f. aufgeführten Handschriften wurden Hugo Pictor zugeschrieben durch Gullick, Gameson und Thompson aufgrund der Schrift und durch Pächt und Avril aufgrund der bildlichen Ausschmückung. Bei den hier aufgezählten Manuskripten handelt es sich um Bodley MS 691 (Augustinus-Ausgabe aus Exeter), Bodley 783 (Gregor-Ausgabe, ebenfalls aus Exeter), Durham B.II.9 (Hieronymus, der Kathedrale von Durham von William of Saint-Calais gestiftet), Stockholm, Riksarkivet, Frag. 194–195 (Homilien), Rouen ms A 366 (539) (Anselm auf folios 1r und 111r als Erzbischof genannt, aus Jumièges), Rouen ms Y 109 (1408) (Heiligenviten, ebenfalls aus Jumièges) und Paris, Bibliothèque nationale de France, ms lat. 13765, folio B (Fragment eines Kirchenlieds). Die in Stockholm liegenden Fragmente beschrieben von M. Gullick auf S. 57 f. in: »Preliminary observations on Romanesque manuscript fragments of English, Norman and Swedish origin in the Riksarkivet (Stockholm)«, in J. Brunius (Hg.): *Medieval Book Fragments in Sweden: An International Seminar in Stockholm, 13–16 November 2003*, Stockholm, 2005 (*KVHAA Konferenser*, 58), S. 31–82. Sie umfassen Teile von zwei Homilien, die Liste der Handschriften, die der Kathedrale von Durham von William of Saint-Calais übergeben wurden, schließt »II. libri sermonum & omeliaru[m]« ein, die sonst nicht erhalten zu sein scheinen; eines von ihnen könnte Skandinavien zusammen mit anderen Handschriften aus Nordengland erreicht haben. Dass eine solche »Route« existierte, wird in Kapitel Sieben erneut ausgeführt. Die Theorie, dass William of Saint-Calais die Schirmherrschaft über Durham B.II.13–14 übernahm, als die Handschrift zur Hälfte vollendet war, siehe S. 320, wurde von Gameson aufgestellt in: *Manuscript Treasures*, S. 59. Zur Verwendung des Termnius »Frater« durch einen einem Mönchsorden angehörenden Illuminator vergleiche die Inschrift »fr. Rufillus« auf dem Selbstporträt eines ihn selbst bei der Ausschmückung eines Lektionars aus dem 12. Jahrhundert aus der Abtei Weissenau zeigenden Illustrators (Genf, Biblioteca Bodmeriana, Cod. 127, folio 244r); vgl. Alexander: *Medieval Illuminators*, op. cit., S. 10–20; eine Erörterung der Tätigkeit von Hugo Pictor auf S. 10 und Beispiele dafür, dass andere professionelle Illuminatoren sich selbst als »pictor« bezeichneten. Zu den frühesten für ein bestimmtes Projekt angeworbenen Schreibern und Künstlern siehe M. Gullick: »Professional Scribes in Eleventh- and Twelfth-Century England«, in: *English Manuscript Studies, 1100–1700*, 7, 1998, S. 1–24. Zu William de Brailes, eingeführt auf S. 322, siehe insbes. C. Donovan: *The de Brailes Hours: Shaping the Book of Hours in Thirteenth-Century Oxford*, London, 1991; seine beiden Selbstporträts in der British Library unter der Signatur Add. MS 49 999, folio 43r, und im Fitzwilliam Museum, Cambridge, unter der Signatur MS 330, folio 3r. Die Anwesenheit von William of Saint-Calais als Zeuge bei der Ausfertigung von Urkunden im Jahr 1089 dokumentiert bei V. Bourienne (Hg.): *Antiquus cartularius eccelsiae Baiocencs (Livre Noir)*, I, Rouen, 1902, S. 8 und 12. Der klassische Bericht über das Zuschneiden von Schreibfedern und ihre Handhabung bei E. Johnston: *Writing, Illuminating & Lettering*, London, 1906, S. 51–60 und S. 64–70; seit der ersten Veröffentlichung unzählige Male wiederabgedruckt. Weitere Informationen verdanke ich dem modernen Schreiber Donald Jackson. Zu Stühlen mit Drachenhäuptern an den Enden der Armlehnen siehe D. M. Wilson: *The Bayeux Tapestry*, London, 1985, Tafeln 10 und 13. Der Kolophon »Tres digiti scribunt …« kommt z. B. vor in einer Aldhelm-Handschrift aus dem späten 11. Jahrhundert in der British Library mit der Signatur Royal MS 6.A.VI, folio 109r.

KAPITEL SIEBEN: DER KOPENHAGENER PSALTER

Hochauflösende digitale Fotografien des Kopenhagener Psalters (gegenwärtig bis folio 18r) sind verfügbar auf der *e-manuskripter*-Website der Kongelige Bibliotek. Alle hauptsächlichen Abbildungen sind beschrieben und reproduziert in M. Mackeprang, V. Madesen und C. D. Petersen: *Greek and Latin Illuminated Manuscripts X–XIII Centuries in Danish Collections*, Copenhagen, London und Oxford, 1921, S. 32–42 und Tafeln 48–60. Die Handschrift ist katalogisiert in C. M. Kauffmann: *Romanesque Manuscripts, 1066–1190*, London und New York, 1975 (*A Survey of Manuscripts Illuminated in the British Isles*, 3), S. 18–20, Nr. 96, mit Tafeln einschließlich des farbigen Frontispizes.

Die Rückführung der Kreuzreliquie nach Jerusalem, die vermutlich auch in der Szene des Einzugs in Jerusalem, wie auf S. 341 f. beschrieben, dargestellt werden soll, findet eine partielle Parallele in einem Sakramentar aus dem 11. Jahrhundert aus Mont Saint-Michel (New York, Morgan Library, M 641, folio 155v); vgl. J. J. G. Alexander: *Norman Illumination at Mont St. Michel, 966–1000*, Oxford, 1970, S. 159, Nr. 1. Bei der auf S. 344 erwähnten Ausstellung in der British Library handelt es sich um S. McKendrick, J. Lowden, K. Doyle u. a.: *Royal Manuscripts: The*

Genius of Illumination, London, 2011. Grundlegende Informationen zu den fünf anderen großen Psaltern, die zum ersten Mal auf S. 344 f. aufgeführt und auf die dann im weiteren Verlauf der Darstellung immer wieder eingegangen wird: (1) zum Hunterian Psalter (Glasgow University Library, MS Hunter 229): T. S. R. Boase: *The York Psalter*, London, 1962; Kauffmann: *Romanesque Manuscripts*, op. cit., S. 117 f., Nr. 9; sowie N. Thorp: *The Glory of the Page: Medieval & Renaissance: Illuminated Manuscripts from Glasgow University Library*, London, 1987, S. 62–65, Nr. 14; (2) zum Ingeborg-Psalter (Chantilly, Musée Condé, ms 9): Faksimile, F. Deuchler (Hg.): *Ingeborg-Psalter. Le Psautier d'Ingeburge de Danemark, Ms. 9 olim 1695, Musée Condé, Chantilly*, Graz, 1985 (*Codices Selecti*, 80); (3) zum Psalter der Blanka von Kastilien (Paris, Bibliothèque de l'Arsenal, ms 9): H. Martin (Hg.): *Psautier de Saint Louis et de Blanche de Castile*, Paris, 1909; V. Leroquais: *Les Psautiers manuscrits des bibliothèques publiques de France*, Macon, 1940, I, S. xcvii –xcviii, und II, S. 13–17; wie andere hier erwähnte Handschriften ist er auch aufgenommen in: I. F. Walther und N. Wolf: Codices illustres. Die schönsten illuminierten Handschriften der Welt, 400 bis 1600, Köln, 2001 (es hätte ein wunderbares Buch werden können, leider wurde die Gelegenheit nicht wahrgenommen), S. 162 f.; (4) zum »Avranches«-Psalter (Los Angeles, J. Paul Getty Museum, MS 66): [offenbar F. Avril:] *Un très précieux Psautier de temps de Phillipe Auguste*, Paris, 1986 (ein Verkaufskatalog für Ratton et Ladrière, bis dato aber die detaillierteste im Druck erschienene Beschreibung), sowie eine kurze Darstellung in T. Kren: *French Illuminated Manuscripts in the J. Paul Getty Museum*, Los Angeles, 2007, S. x –xi und 12–14; (5) zum Leidener Psalter (Leiden, Univeristeitsbibliotheek, Cod. BPL 76A): N. Morgan: *Early Gothic Manuscripts*, I, *1190–1250*, London und New York, 1982 (*Survey of Manuscripts Illuminated in the British Isles*, 4), S. 61 f., Nr. 14, jetzt wie die *Aratea* verfügbar über die Digital Special Collections Website der Universität Leiden. Ich habe alle fünf Handschriften bei verschiedenen Gelegenheiten in Augenschein genommen. Die erste, auf S. 348 erwähnte, Beschreibung des Kopenhagener Psalters stammt von Johann Heinrich von Seelen: *Meditationes Exegeticae, quibus Varia Utriusque Testamenti, Loca Expenduntur et Illustrantur*, Lübeck, 1737, Teil V, S. 185–195, *De Psalterio manuscripto Capelliano ob singularem elegantiam commemorabili observatio*. Ich war stolz, selbst auf diese Erwähnung gestoßen zu sein, stellte aber später fest, dass der Hinweis bereits zusammen mit anderen Informationen, die ich sonst nie gefunden hätte, gegeben wurde in E. Petersen: »Suscipere Digneris: Et fund og nogle hypoteser om Københavnerpsalteret Thott 143 2° og dets historie«, in: *Fund og Forskning i Det Kongelige Biblioteks Samlinger*, 50, 2011, online verfügbar. Der Psalter ist aufgeführt in *Catalogi Bibliothecae Thottianae*, VII, Kopenhagen, 1795, S. 287 f. Zu bedrucktem Goldpapier des 18. Jahrhunderts – oft »holländisches« Papier genannt, obwohl es in Wirklichkeit meistens in Deutschland hergestellt wurde – siehe E. W. Mick: *Altes Buntpapier*, Dortmund, 1979. Der hier auf S. 350 erwähnte Dagulf-

Psalter befindet sich in der Österreichischen Nationalbibliohek, Wien, mit der Signatur Cod. 1861. Der andere große Psalter aus dem 12. Jahrhundert, der einzig wahre Rivale des Kopenhagener, ist der Albani-Psalter in der Dombibliothek Hildesheim (vgl. K. Collins: *The St Albans Psalter: Painting and Prayer in Medieval England*, Los Angeles, 2013). Das Alphabet und das Vaterunser, das auf S. 351 behandelt wird, finden sich auf folio 189v des Kopenhagener Psalters. Ein ähnliches, aber viel späteres Beispiel liefert die Fibel der Claudia von Frankreich, Cambridge, Fitzwilliam Museum, MS 159, S. 2 (*The Cambridge Illuminations*, 2005, Tafel auf S. 230); zu Fibeln für Kinder, die das Alphabet und das Vaterunser enthalten, siehe L. Shepard: *The History of the Horn Book: A Bibliographical Essay*, London, 1977. Professor Nortons Artikel, der auf den S. 355 f. zusammengefasst wird, ist C. Norton: »Archbishop Eystein, King Magnus and the Copenhagen Psalter. A New Hypothesis«, S. 184–215, in K. Björlykke, Ø. Ekroll, B. Syrstad Gran und M. Herman (Hg.): *Eystein Erledsson – Erkebiskop, Poliker og Kirkebygger*, Trondheim, 2013. Ich habe die Hinweise auf Patricia Stirnemanns Publikationen bis zu dem Punkt zurückgehalten, an dem sie zur größtmöglichen Wirkung mit einem Paukenschlag ins Spiel gebracht werden konnten, das bedeutet, dass sie in dieser Bibliografie weiter hinten genannt zu werden scheinen, als ihnen aufgrund ihrer Bedeutung gebührt. Es handelt sich um P. Stirnemann: »The Copenhagen Psalter«, Diss., Columbia University, 1976, Fotokopie, Ann Arbor, 1979 (Ich hatte eine Kopie in Dänemark bei mir); Dies.: »Histoire Tripartite: Un inventaire des livres de Pierre Lombard, un exemplaire de ses *Sentences* et le destinataire du Psautier de Copenhague«, S. 301–318, in D. Nebbiai-Dalla Guarda und J.-F. Genest (Hg.): *Du copiste au collectionneur: Mélanges d'histoire des textes et des bibliothèques en l'honneur d'André Vernet*, Turnhout, 1998; Dies.: »The Copenhagen Psalter«, S. 67–76, in E. Petersen (Hg.): *Living Words & Luminous Pictures; Medieval Book Culture in Denmark*, Kopenhagen, 1999; sowie Dies.: »The Copenhagen Psalter (Kongel. Bibl. ms Thott 143 2°). Reconsidered as Coronation Present for Canute VI«, S. 323–328, in F. O. Büttner (Hg.): *The Illuminated Psalter: Studies in the Content, Purpose and Placement of Its Images*, Turnhout, 2004. Der Psalter wird zu der Ikonografie des steineren Taufbeckens von ca. 1170 in der Kirche von Ringsted in Beziehung gesetzt auf S. 131–133 von K. Markus: »Baptism and the King's Coronation: A Visual Rhetoric of the Valdemar Dynasty and Some Scanian and Danish Baptismal Fonts«, S. 122–142, in K. Krodres und A. Mänd (Hg.): *Images and Objects in Ritual Practices in Medieval and Early Modern Northern and Central Europe*, Newcastle upon Tyne, 2013. Zur Aufnahme von Alphabeten in Psalter (hier S. 351) siehe R. W. Pfaff: »Why do Psalters have Calendars« in der Sammlung seiner Aufsätze – es handelte sich in Wirklichkeit um einen Vortrag – mit dem Titel *Liturgical Calendars, Saints, and Services in Medieval England*, Aldershot and Brookfield, Vt., 1998, item VI, S. 1–15; die beiden frühesten Beispiele sind der Bosworth-Psalter (British Library, Add. MS 37517, spätes 10. Jahrhundert) und der Salisbury-Psalter

(Salisbury Cathedral, MS 150, ca. 969–989). Zu nordenglischen augustinischen Kalendern siehe R. W. Pfaff: *The Liturgy in Medieval England. A History*, Cambridge, 2009, S. 290–293. Carl Nordenfalk war sich des Hauchs des Nordens, der den Kalender umgibt, bewusst, verortete den Kopenhagener Psalter aber dennoch in Südengland (*Gyllene böcker: Illuminerade medeltida handskrifter in Dansk og Svensk ägo*, Stockholm, 1952, S. 30 f., Nr. 24). Auf S. 364 vergleiche ich die Schrift mit jener in den Bibeln von Bury und Lambeth, die meiner Ansicht nach von einem einzigen Schreiber angefertigt wurden (Cambridge, Corpus Christi College, MS 2, und London, Lambeth Palace Library, MS 3; vgl. R. M. Thompson: *The Bury Bible*, Woodbridge und Tokio, 2001, und D. M. Shepard: *Introducing the Lambeth Bible*, Turnhout, 2007). Den Schluss, dass es sich bei den Reliquien des Remigius um sterbliche Überreste des Bischofs von Lincoln (gest. 1092) und nicht um solche des Remigius von Reims (gest. 533) handelt, legt die Tatsache nahe, dass sie aus Körpergewebe und nicht aus Knochen bestehen, worauf sowohl Stirnemann als auch Norton hinweisen. Auf S. 366 f. liste ich verschiedene Manuskripte auf, in denen Patricia Stirnemann die Hand des Künstlers ausfindig gemacht hat, der für die Psalmen 1–54 des Kopenhagener Psalters und die Psalmen 1–101 des Hunterian Psalter verantwortlich war; es handelt sich um die Handschriften: Troyes, Médiathèque, ms 900 (Petrus Lombardus: *Sententiae*, glaubwürdig datiert auf 1158); Oxford, St John's College, MS 49 (Petrus Lombardus: *Sententiae*, im Besitz von Hilary, Bischof von Chicester, der sich 1163 und 1164 in Frankreich aufhielt und 1169 starb); Paris, Bibliothèque nationale de France, ms. lat. 17 246 (Petrus Lombardus' *Magna Glossatura* zu den Paulusbriefen); sowie Paris, Bibliothèque de l'Arsenal, ms 939 (Wunder des heiligen Augustinus). Die Regeln das Skriptorium von Saint-Victor betreffend, erwähnt auf S. 368, sind veröffentlicht in L. Milis (Hg.): *Liber ordinis Sancti Victoris Parisiensis*, Turnhout, 1984 (*Corpus Christianorum, Continuatio Medievalis*, 61), S. 78 f. Ein Bericht über die Abtei und die Bedeutung viktorinischer Studien bei E. A. Matter und L. Smith (Hg.): *From Knowledge to Beatitude: St. Victor, Twelfth-Century Scholars, and Beyond: Essays in Honor of Grover A. Zinn, Jr.*, Notre Dame, Ind., 2013. Die dreibändige Manerius-Bibel, die auf S. 370 erwähnt wird, befindet sich in Paris in der Bibliothèque Sainte-Geneviève, mss 810; ihr Schreiber stammte aus Canterbury; vgl. Dodwell: *The Canterbury School of Illumination*, zitiert in den Anmerkungen zu Kapitel Sechs, S. 686; sowie W. Cahn: *Romanesque Manuscripts: The Twelfth Century*, London, 1996 (*A Survey of Manuscripts Illuminated in France*, 3), II, S. 99–102, Nr. 81. Wenn ich mich hier und anderswo in diesem Buch auf einzelne Psalmen beziehe, greife ich auf deren Zählung in der mittelalterlichen Vulgata zurück; die meisten modernen Bibelausgaben basieren auf dem hebräischen Text, aber die lateinische Vulgata, die auf die griechische Septuaginta zurückgeht, zieht die Psalmen 9 und 10 zu einem zusammen, so dass im Anschluss daran die Zählung um eines zurückhängt, und zwar bis Psalm 147, den sie in zwei aufteilt, so dass wieder die Gesamtzahl von 150 erreicht wird. Des heiligen Bernhard Anprangerung von Monstrositäten in der Kunst, die auszugsweise auf S. 375 zitiert wird, ist übersetzt aus seinen 1125 an Wilhelm, den Abt von Saint-Thierry, gerichteten *Apologia* (J. Leclerq und H. M. Rochais [Hg.]: *Sancti Bernardi opera*, III, Rom, 1963, S. 106.) Der auf S. 376 erwähnte, einen Hasen scherende Mann in der Bury-Bibel auf folio 1v in Cambridge, Corpus Christi, MS 2; als Verbildlichung eines Sprichworts gedeutet von M. Camille: *Image on the Edge: The Margins of Medieval Art*, London, 1992, S. 18–20. Zum Simon Master siehe W. Cahn: »St Albans and the Channel Style in England«, S. 187–211, in J. Hoffeld (Hg.): *The Year 1200: A Symposium*, New York, 1970 (über den Kopenhagener Psalter S. 189). R. M. Thompson: *Manuscripts from St Albans Abbey, 1066–1235*, Woodbridge, 1982, S. 54–62 und 126–128; sowie D. Jackson, N. Morgan und S. Panayotova: *A Catalogue of Western Book Illumination in the Fitzwilliam Museum und the Cambridge Colleges*, III, i, *France, c. 1000–1250*, London und Turnhout, 2015, S. 141–145. Die auf S. 379 erwähnten Klöster, die scholastische Werke vom Simon Master besaßen, sind: Bonport (4. Buch Mose glossiert, Paris, Bibliothèque nationale de France, ms lat. 74), Liesborn (Genesis glossiert, Münster, Universitätsbibliothek, Hs 222), Klosterneuburg (Werke von Aristoteles und Boethius, Klosterneuburg, Stiftsbibliothek, Cod. 1089) und Esztergom (Esztergomi Föszékesegyházi Könyvtár [Dombibliothek], I.21). Die Handschriften in St. Albans, die dem Simon Master zugeschrieben werden, sind: Cambridge, Corpus Christi College, MS 48 (Bibel), Cambridge, Trinity College, O.5.8 (Ralph of Flaix); sowie Stonyhurst College, Lancashire, MS 10 (Gregor). In Frankreich ist er aufgrund seiner Arbeit in Paris als Meister der Kapuzinerbibel bekannt; diese Bibel in der Bibliothèque nationale de France mit der Signatur ms lat. 16743, möglicherweise aus Troyes; vgl. W. Cahn: *Romanesque Manuscripts: The Twelfth Century*, London, 1996 (*A Survey of Manuscripts Illuminated in France*, 3), II, S. 96–99, Nr. 79. Gestatten Sie mir eine kleine Einflechtung: Wir wissen nicht, wohin der Simon Master nach dem Tod von Abt Simon im Jahr 1183 zog; vielleicht begab er sich zurück nach Frankreich. Seine Hand ist aber auch in den Illuminationen von Corpus Christi College, Cambridge, MS 380, auffindbar, der einzigen bekannten Handschrift von Robert von Cricklades *Speculum Fidei*, die aufgrund der Schrift auf die Zeit zwischen 1170 und 1190 datierbar ist, sowie in dem – vermutlich – persönlichen Exemplar der *Abbrevatio Plinii* desselben Autors (Windsor, Eton College, MS 134). Robert von Cricklade war Prior von St. Frideswide Abbey, einem weiteren Augustiner-Kloster in Oxford, wo er nach 1188 starb; es ist nahezu unvorstellbar, dass die primären Handschriften seiner Lehrbücher an einem anderen Ort als Oxford hergestellt wurden. Eines der frühesten Dokumente, die auf eine Art von akademischer Tätigkeit in der Nähe des Ortes hindeuten, an dem später die Universität Oxford entstand, ist eine Urkunde über den Verkauf eines Grundstücks in der Catte Street neben der St. Mary's Church, die gewöhnlich auf ca. 1180–1190 datiert wird und von den ersten dort ansässigen Angehörigen des Handels mit Büchern als Zeugen unterzeichnet wurde; unter diesen waren ein Schreiber, zwei Pergamenter und zwei Illuminatoren, die sich Peter und Ralph nannten. Könnte einer von diesen der Simon Master sein, der vorübergehend oder auf Dauer in Oxford lebte, und könnte dieser möglichweise einen dieser Namen getragen haben? Zu den auf S. 381 behandelten Löchern, die Nähnadeln hinterließen, siehe die kurze Darstellung in C. Sciacca: »Raising the Curtain on the Use of Textiles in Manuscripts«, S. 161–190, in K. M. Rudy und B. Baert (Hg.): *Weaving, Veiling and Dressing: Textiles and Their Metaphors in the Late Middle Ages*, Turnhout, 2007 (den Hinweis auf diesen Artikel verdanke ich Michael Gullick). Leser, die auf der Suche nach einem guten Dissertationsthema sind, wobei direkter Zugang zu einer Vielzahl von Handschriften nötig ist, denen es aber an Lateinkenntnissen mangelt, könnten eine systematische Dokumentation der in Rede stehenden Stofflappen in Angriff nehmen, denn die Praxis war zweifellos weit verbreitet.

KAPITEL ACHT: DIE *CARMINA BURANA*

Es gibt ein recht trostlos aussehendes Faksimile: *Carmina Burana, Faksimile-Ausgabe der Carmina Burana und der Fragmenta Burana, Handschrift Clm 4660 und 4660a der Bayerischen Staatsbibliothek in München*, München, 1967, mit einem exzellenten Kommentar von B. Bischoff: *Einführung zur Faksimile-Ausgabe* (Deutsch und Englisch). Eine detaillierte Analyse der Handschrift von Otto Schumann findet sich in A. Hilka und O. Schumann (Hg.): *Carmina Burana, mit Benutzung der Vorarbeiten Wilhelm Meyers kritisch herausgegeben*, II, Kommentar, Heidelberg, 1930, S. 3*–95*. Beide Texte haben mir beim Abfassen dieses Kapitels entscheidende Hilfe geliefert. Um mich vor meinem Besuch mit dem historischen Hintergrund vertraut zu machen, habe ich eine alte Ausgabe von Helen Waddell: *The Wandering Scholars*, London, 1927, benutzt sowie D. Parlett: *Selections from the Carmina Burana: A Verse Translation*. Harmondsworth und New York, 1986. Vor allem nützlich waren P. G. Walsh: *Love Lyrics from the Carmina Burana: Edited and Translated*, Chapel Hill, NC, 1993; T. M. S. Lehtonen: *Fortuna, Money and the Sublunar World: Twelfth-Century Ethical Poetics and the Satirical Poetry of the Carmina Burana*, Helsinki, 1995; sowie T. Marshall: *The Carmina Burana: Songs from Benediktbeuern*, Los Angeles, 2011. Ich bin der Sopranistin Anna Azéma, die viele der *Carmina* gesungen hat, für ein Gespräch dankbar, das sie während einer langen Autofahrt mit mir führte.

Zum Ankauf der Bücher aus Benediktbeuern siehe G. Glauche: *Katalog der lateinischen Handschriften der Bayerischen Staatsbibliothek München. Die Pergamenthandschriften aus Benediktbeuern, Clm 4501–4663*, Wiesbaden, 1994 (*Catalogus Codicum Manu Scriptorum Bibliothecae Monacensis*, n.s. III, i), S. vii–viii. Erhaltene Handschriften aus der Klosterbibliothek sind verzeichnet in S. Krämer: *Hand-*

schriftenerbe des deutschen Mittelalters, München, 1989 (*Mittelalterliche Bibliothekskataloge Deutschlands und der Schweiz, Ergänzungsband,* 1), S. 78 f. Schon die zusammengestoppelte Abfolge von Blättern, über die auf S. 396 f. berichtet wird, belegt, dass die Handschrift sich vermutlich im 18. Jahrhundert als aufgelöste Ruine präsentierte, aber rekonstruiert wurde, solange sie noch im Besitz des Klosters Benediktbeuern war. Die nicht miteingebundenen losen Blätter müssen eilig zusammengerafft worden sein, als die Magazine der Bibliothek 1803 leergeräumt wurden. Das Zitat aus der Geschichte von M. R. James auf S. 397 aus seinen *Ghost Stories of an Antiquary,* London, 1906, S. 13. Die klassische Untersuchung zum Entstehen von Brevieren ist V. Leroquais: *Les bréviaires manuscrits des bibliothèques publiques de France,* Paris, 1934. Beispiele für die auf S. 398 erwähnten Lieder, die mit denselben Wörtern beginnen wie Psalmen, sind »Bonum est« (folio 3r) und »Lauda« (folio 3v), deren Anfang dem von Psalm 91 und Psalm 146–147 entspricht. Auf S. 398 erwähne ich *Le Breviari d'Amor* von Matfre Ermengaud (1246–1322); merkwürdigerweise ähneln Handschriften dieses Texts nur wenig Brevieren, die Beziehung wurde nur im Titel hergestellt (siehe P. T. Ricketts: *Le Breviari d'amor de Matfre Ermengaud,* Leiden und London, 1976). Wenn man die Blätter wieder in die ursprüngliche Reihenfolge bringt, sind die Textgruppen, von denen auf S. 398, 400 die Rede ist: (1) moralische und satirische Gedichte (folios 43r–48v und 1r–18v); (2) Liebeslieder (folios 18v–42v, 49r–v, 73r–82v und 50r–72v); (3) Trinklieder und Lieder über das Glücksspiel (folios 83r–98v); sowie (4) religiöse Dramen (folios 99r–112v). Auf S. 412 merke ich an, dass die Gestalt im Rad der Fortuna ebenfalls vom Auf und Ab des Schicksals betroffen ist. Ganz gelegentlich ist Fortuna selbst auf dem Rad dargestellt, das ist eine Vorstellung, die Honorius von Autun im frühen 12. Jahrhundert vorgebracht hat (H. R. Patch: *The Goddess Fortuna in Medieval Literature,* London, 1967, Reprint der Ausgabe von 1927, S. 152). Das 1220 angefertigte Reichssiegel von Friedrich II. beschrieben bei R. Hausherr (Hg.): *Die Zeit der Staufer, Geschichte – Kunst – Kultur,* Stuttgart, 1977, I, S. 34, Nr. 50, und III, Tafel 20. Naturalistische Landschaftsdarstellungen findet man in der europäischen Kunst vor dem 14. Jahrhundert eigentlich nicht; vgl. O. Pächt: »Early Italian Nature Studies and the Early Calendar Landscape«, in: *Journal of the Warburg and Courtauld Institutes,* 13, 1950, S. 22–32. Ein Beispiel für einen Zyklus von Miniaturen, die die Schöpfung ins Bild setzen, wie diejenigen, auf die auf S. 415 Bezug genommen wird, in dem Bestiarium aus dem späten 12. Jahrhundert in der Bodleian Library mit der Signatur MS Ashmole 1511, folio 5r (Erschaffung von Pflanzen und Bäumen), 6r (Erschaffung von Vögeln und Fischen) und 6v (Erschaffung von Säugetieren). Ich verdanke Nigel Morgan die Beobachtung, dass die eine Blume haltende Jungfrau Maria zuerst in der deutschen Kunst in Erscheinung zu treten scheint (vgl. S. 415 f.). Bei dem Brief von Petrus von Blois, der hier auf S. 426 zitiert wird, handelt es sich um Ep. LVII (Migne: *Patrologia Latina,* CCVII: 171 f.). Zu Petrus von Blois siehe R. W. Southern: »The

Necessity for two Peters of Blois«, S. 103–117, in L. M. Smith und B. Ward (Hg.): *Intellectual Life in the Middle Ages: Presented to Margaret Gibson*, London, 1992. Die klassische Veranschaulichung der »über/unter der obersten Zeile«-Regel, auf die auf S. 430 und S. 432 eingegangen wird, bei N. R. Ker: »From ›Above Top Line‹ to ›Below Top Line‹: A Change in Scribal Practice«, in: *Celtica*, 5, 1960, S. 13–16; wiederabgedr. in A. G. Watson (Hg.), N. R. Ker: *Books, Collectors and Libraries: Studies in the Medieval Heritage*, London, 1985, S. 71–74. Zu Bernhard Bischoff (1906–1991), der als größte Koryphäe unter allen modernen Paläografen angesehen wird, siehe S. Krämer: *Bibliographie Bernhard Bischoff und Verzeichnis aller von ihm herangezogenen Handschriften*, Frankfurt, 1998 (*Fuldaer Hochschulschriften*, 27). Seine Urteile nötigen immer noch höchste Achtung ab. Der auf S. 432 erwähnte Artikel von Georg Steer ist »›Carmina Burana‹ in Südtirol. Zur Herkunft des Clm 4660«, in: *Zeitschrift für deutsches Altertum und deutsche Literatur*, 112, 1983, S. 1–37. Zur Verlagerung der Gelehrsamkeit und des Wissens aus den Klöstern in die Welt außerhalb und den Einfluss dieser Entwicklung auf die Struktur und Anlage von Büchern siehe M. B. Parkes: »The Influence of the Concepts of *Ordinatio* and *Compilatio* on the Development of the Book«, S. 35–70, in: *Medieval Learning and Literature: Essays Presented to Richard William Hunt*, Oxford, 1976, sowie M. A. Rouse und R. H. Rouse: »*Statim invenire*: Schools, Preachers and New Attitudes to the Page«, S. 201–225, in R. L. Benson und G. Constable (Hg.): *The Renaissance of the Twelfth Century*, Cambridge, Mass., 1982; wiederabgedr. in M. A. Rouse und R. H. Rouse: *Authentic Witnesses: Approaches to Medieval Texts and Manuscripts*, Notre Dame, Ind., S. 191–219. Über Orffs Leben habe ich mich informiert bei A. Liess: *Carl Orff*, übers. von A. und H. Parkin, London, 1966, sowie – ohne alles recht zu begreifen – bei: W. Thomas: *Das Rad der Fortuna: Ausgewählte Aufsätze zu Werk und Wirkung Carl Orffs*, Mainz, 1990. Für die Geschichte, wie sie hier erzählt wird, habe ich vor allem zurückgegriffen auf H. Schaefer und W. Thomas (Hg.): C. Orff: *Carmina Burana, Cantiones profanae cantoribus et choris cantandae comitantibus instrumentis atque imaginibus magicis, Faksimile der autographen Partitur in der Bayerischen Staatsbibliothek München*, Mainz und London, 1997; darin: W. Thomas: »›Fortune smiled on me …‹. The Genesis and Influence of the Carmina Burana«, S. xvii–xxi; übers. von D. Abbott; und auf F. Dangel-Hofmann (Hg.): *Briefe zur Entstehung der Carmina Burana, Carl Orff und Michel Hofmann*, Tutzing, 1990. Die am 12. Juni 1951, S. 8, erschienene Besprechung der Aufführung in der Royal Festival Hall, London, förderte eine Suche unter dem Stichwort »Burana« im *Times Digital Archive* zu Tage.

KAPITEL NEUN: DAS STUNDENBUCH DER JOHANNA VON NAVARRA

Für einen unternehmungslustigen Verleger wäre eine Faksimile-Ausgabe des Stundenbuchs der Johanna von Navarra ein lohnendes Projekt. Es gibt einige digitale Abbildungen auf der *Mandragore*-Website für illuminierte Handschriften in der Bibilotèque nationale de France. Die umfassendste Bildersequenz nach wie vor in H. Yates Thompson: *Thirty-Two Miniatures from the Book of Hours of Joan II, Queen of Navarre: A Manuscript of the Fourteenth Century*, London, 1899. Die maßgebliche Beschreibung nach wie vor von S. C. Cockerell, S. 151–183, Nr. 75, in Yates Thompson: *A Descriptive Catalogue of the Second Series of Fifty Manuscripts*, 1902, zitiert in den bibliografischen Hinweisen zu Kapitel Fünf.

Über Berchtesgaden im Jahr 1945 habe ich mich informiert in A. H. Mitchell: *Hitler's Mountain: The Führer, Obersalzberg and the American Occupation of Berchtesgaden*, Jefferson, NC, und London 2007 (die Geschichte vom Ziegelstein auf S. 131). Das Wiederauffinden der *Très Belles Heures* erzählt von dem Finder Francis Rogé in »Tribulations d'un manuscrit à peintures du XVe siècle«, S. 337–340, in: *Valenciennes et les anciens Pays-Bas: Mélanges offerts à Paul Lefrancq*, Valenciennes, 1976 (*Publication du Cercle Archéologique et Historique de Valenciennes*, IX). Weil ein früher Leser dieses Kapitels sich unsicher war, sollte ich wohl klarstellen, dass der Herzog von Berry eine Reihe von Stundenbüchern besaß, und zwar das nach den Bezeichnungen in dem Verzeichnis seiner Bücher sogenannte *Trés Belles Heures* (in Paris), die *Petites Heures* (ebenfalls in Paris), die *Très Riches Heures* (in Chantilly), die *Belles Heures* (in New York) und andere. Das sind alles unterschiedliche Handschriften. Die Erinnerungen des Maurice Rheims wurden auf Englisch veröffentlicht als *The Glorious Obsession*, übers. von P. Evans, London, 1980, S. 224–227. Ich bin Marcel Thomas und François Avril für vor langer Zeit zur Vorbereitung meiner 1998 an der Biblothéque nationale gehaltenen Delisle-Vorträge (auf Englisch veröffentlicht als C. de Hamel: *The Rothschilds and Their Collections of Illuminated Manuscripts*, London, 2005) mit ihnen geführten Gesprächen sowie Maurice Rheims für eine kurze Unterhaltung über den Ankauf des Stundenbuchs der Johanna von Navarra zu Dank verpflichtet; ein aktualisiertes Verzeichnis der Handschriften von Baron Edmond bei F. Avril: »The Bibliophile and the Scholar: Count Paul Durrieu's List of Manuscripts Belonging to Baron Edmond de Rothschild«, S. 366–376, in H. Marrow, R. A. Linenthal und W. Noel (Hg.): *The Medieval Book, Glosses from Friends & Colleagues of Christopher de Hamel*, 't Goy-Houten, 2010. Der vollständige Titel des *Répertoire* lautet: Commandement en chef français en Allemagne, Groupe français du conseil de controle, *Répertoire des bien spoliés en France durant la guerre 1939–1945*, VII, *Archives, manuscrits et livres rares* [nicht dat.]. Von dem Stundenbuch der Johanna von Navarra hieß es z. B. in M. Meiss: *French Painting in the Time of Jean de Berry: The Late XIV Century and the Patronage of the Duke*, London und New

York, 1967, dass sein »Verbleib unbekannt« sei. Bei F. Avril: »Trois manuscrits de l'entourage de Jean Pucelle«, in: *Revue de l'Art*, 9, 1970, S. 37–48, wurde es als verschollen bezeichnet, obwohl der Verfasser das Manuskript zum Zeitpunkt, als der Artikel erschien, gesehen haben muss. Avril hat sich seitdem in mehreren Artikeln mit dem Werk befasst, so in *Manuscript Painting in the Court of France: The Fourteenth Century (1310–1380)*, übers. von U. Molinaro, London, 1978, insbes. S. 68–73, Tafeln 15–17; dem Eintrag im Ausstellungskatalog *Les Fastes du Gothique: Le siècle de Charles V, Galeries nationales du Grand Palais, 9e octobre 1981–1er février 1982*, Paris, 1981, S. 312–314, Nr. 265; sowie in seinem Kommentar zum Faksimile *Les Petites Heures du Duc de Berry*, Luzern, 1988/89, insbes. S. 115–123. Folioziffern zu den Komponenten des Texts, die auf S. 448–450 summarisch wiedergegeben werden, sind: (1) das Kalendarium, folios 4r–9v, (2) die Stunden der heiligen Dreifaltigkeit, folios 11–38r, (3) die Stunden der Jungfrau Maria, folios 39r–72r, (4) verschiedene kurze Gebete, folios 72v–74v, (5) die Bußpsalmen und die Litanei, folios 75r–85r, (6) die Stunden des heiligen Ludwig, folios 85v–105v, (7) die Stunden des heiligen Kreuzes, folios 109r–116r, (8) Gebete zu Ehren verschiedener Heiliger, insbesondere der Jungfrau Maria und der heiligen Dreifaltigkeit, auf Lateinisch und Französisch, folios 116v–145r, (9) Suffragien oder an bestimmte Heiige gerichtete Gebete, folios 145v–150r, (10) andere kurze Gebete, folios 150v–158v, (11) das Totenoffizium, folios 158v–182v, (12) weitere Suffragien, folios 183r–192v, (13) die besonderen Fassungen der Stunden der Jungfrau für die Adventszeit, folios 194r–219v, (14) die besonderen Fassungen der Stunden der Jungfrau für die Zeit zwischen Weihnachten und Mariä Lichtmess, folios 220r–246r, (15) der Psalter des heiligen Hieroymus und andere Gebete, folios 247r–257r, sowie (16) verschiedenartige Hinzufügungen von fremder Hand (mehrere Schreiber), folios 257v–271v. Die beste Darstellung des Textes dieser Handschrift bei M. M. Manion: »Women, Art and Devotion: Three French Fourteenth-Century Royal Prayer Books«, S. 21–66, in M. M. Manion und B. J. Muir (Hg.): *The Art of the Book; Its Place in Medieval Worship*, Exeter, 1998, insbes. S. 24 f. und 45–50 (das Stundenbuch der Johanna von Navarra ist auf dem vorderen Buchdeckel abgebildet). Der klassische Text zur Geschichte von Stundenbüchern im Allgemeinen ist die von V. Leroquais verfasste Einleitung zu *Les livres d'heures manuscrits de la Bibliothèque nationale*, Paris, 1927, S. i–lxxxv. Es gibt zwei sehr gute Ausstellungskataloge von R. S. Wieck: *Time Sanctified: The Book of Hours in Medieval Art and Life*, New York, 1988 (für die Walters Art Gallery in Baltimore), und *Painted Prayers: The Book of Hours in Medieval and Renaissance Art*, New York, 1997 (für die Morgan Library). Außerdem steht uns zur Verfügung S. Hindman und J. H. Marrow (Hg.): *Books of Hours Reconsidered*, London, 2013, mit einem Beitrag von A. Bennett: »Some Perspectives on the Origins of Books of Hours in France in the Thirteenth Century«, S. 19–40, sowie einem Artikel von N. Morgan: »English Books of Hours, c. 1240–c. 1480«, S. 65–95 (das Stundenbuch der Johanna von Navarra wird auf S. 68 f. behandelt). Auf S. 452 lege ich dar, wie oft man in diesem Stundenbuch auf die Darstellung einer knienden Königin stößt; man findet sie in den Initialen auf folios 68r, 122v, 131v, 152r und anderswo, ferner in Miniaturen auf folios 125v und 137v. Beispiele für Gebete, die durch die grammatische Form einer Frau in den Mund gelegt werden, auf folios 255v, 149v, 150v und 151v. Namentlich erwähnt wird Johanna auf folio 151v in einem Gebet, das beginnt: »Deprecor te o domina sanctissima maria …«. Es lohnt immer, die Gebete in Stundenbüchern daraufhin durchzulesen, ob man nicht auf den Namen des Besitzers oder der Besitzerin stößt. Das erste Stundenbuch, mit dem ich jemals arbeitete, war MS 5 der Dunedin Public Library, und vor mir war noch niemandem aufgefallen, dass in einem der Gebete um Hilfe für »me margeriam fitzherbert« (folio 87r) ersucht wurde; ein berühmteres Beispiel liefert Lambeth Palace MS 474, ein recht bescheidenes Stundenbuch mit einem Gebet, in dem Christus um Hilfe für »me famulum tuum regem Ricardum« (folio 182r) angefleht wird, was den Besitzer als König Richard III. von England (1483–1485) identifiziert (vgl. A. F. Sutton und L. Visser-Fuchs: *The Hours of Richard III*, Stroud, Gloucs., und Wolfeboro Falls, NH, 1990).

Zu den Stunden von Ludwig dem Heiligen siehe M. Thomas: »L'iconographie de Saint Louis dans les Heures de Jeanne de Navarre«, S. 209–231, in: *Septième centenaire de la mort de Saint Louis; Actes des colloques de Royaumont et de Paris (21–27 mai 1970)*, Paris, 1976; und M. C. Gaposchkin: *The Making of Saint Louis: Kingship, Sanctity and Crusade in the Latter Middle Ages*, Ithaca, NY, und London, 2008; sowie dies.: *Blessed Louis: The Most Glorious of Kings: Texts Relating to the Cult of Saint Louis*, Notre Dame, Ind., 2012. Die drei anderen auf S. 458 erwähnten Handschriften, die Stunden des heiligen Ludwig enthalten, sind (1) New York, Public Library, Spencer MS 56 (das Stundenbuch der Blanka von Burgund; vgl. den Eintrag von Lucy Sandler in J. J. G. Alexander, J. H. Marrow und L. F. Sandler: *The Splendor of the Word, Medieval and Renaissance Illuminated Manuscripts at the New York Public Library*, New York, London und Turnhout, 2005, S. 233–236, Nr. 46); (2) das Stundenbuch der Johanna von Évreux (New York, Metropolitan Museum of Art, Acc. 54.1.2; Faksimile: *The Hours of Jeanne d'Évreux, Acc. No. 54.1.2, The Metropolitan Museum of Art, The Cloisters Collection, New York*, Kommentar von B. Drake Boehm, A. Quandt und W. D. Wixom, Luzern, 2000); sowie (3) das Stundenbuch der Maria von Navarra (Venedig, Biblioteca nazionale Marciana, cod. lat. I.104 (12 640); Faksimile: *Libro de Horas de la reina Maria de Navarra*, Kommentar von M. Zorzi, S. Marcon u. a., Barcelona, 1996). Die Überschrift zu den Stunden des heiligen Ludwig im inzwischen zerstörten »Savoy Hours« aus Turin, das auf S. 458 erwähnt wird, wurde abgedruckt von P. Durrieu: »Notice d' un des plus importants livres de prières du roi Charles V, Les Heures de Savoie«, S. 500–555, in: *Bibliothèque de l'École de Chartres*, 72, 1911, S. 510. Die auf S. 460 erwähnte Miniatur, die Ludwig den Heiligen beim Lesenlernen zeigt, findet sich auf folio 85v des Stundenbuchs der

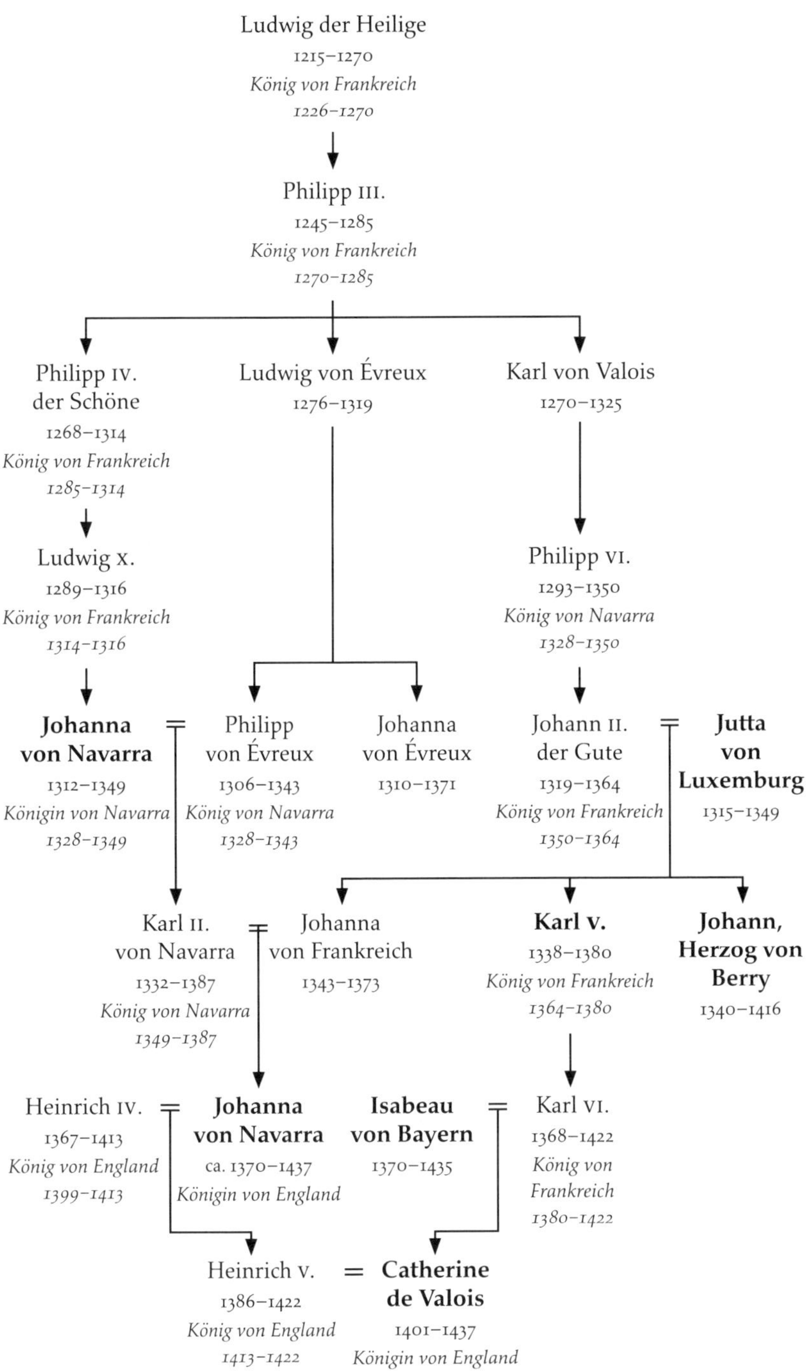

Stammtafel Ludwigs des Heiligen – die mutmaßlichen oder belegten Eigentümer des Stundenbuchs sind typografisch hervorgehoben.

Johanna von Navarra; der abgebildete Psalter ist Cod. BPL 76A der Leidener Universiteitsbibliotheek, die Inschrift, der zufolge er von dem heiligen Ludwig benutzt wurde, ist ungefähr aus derselben Zeit, in der das Stundenbuch der Johanna von Navarra entstand. Gebete an die heilige Apollonia und die Vita der heiligen Margarete im Stundenbuch der Johanna von Navarra, die auf S. 461 erwähnt werden, auf folios 131r bzw. 133r–134v der Handschrift. Die mit »*Vous devez savoir …*« beginnende Rubrik findet sich auf folio 43v und ist abgedruckt in Manion: »Women, Art and Devotion«, op. cit., S. 35 f. Die Miniatur von Johanna, die Almosen an die Armen austeilt, auf folio 123v. Zu Rand-Drolerien der Art, wie sie auf S. 465 f. beschrieben sind, sind die klassischen Darstellungen L. M. C. Randall: *Images in the Margins of Gothic Manuscripts*, Berkeley und Los Angeles, 1966, und eine provokative Interpretation von M. Camille: *Image on the Edge: The Margins of Medieval Art*, London, 1992. Das zweibändige Belleville-Breviarium, das auf S. 471 erwähnt wird, liegt unter der Signatur ms lat. 10 484 in der Bibliothèque nationale de France; es existiert kein Faksimile, doch gibt es Abbildungen in Avril: *Court of France*, S. 60–63, Walther und Wolf: *Codices illustres*, S. 206 f., und anderswo. Es gehörte Karl V., es ist aber nicht sicher, wer es ursprünglich in Auftrag gab, vielleicht war es Jeanne de Belleville, die Gemahlin von Olivier de Clisson, dessen Besitztümer 1343 an König Philipp VI. fielen. König Karl gab es an Richard II. von England weiter, dessen Nachfolger Heinrich IV. es dem Herzog von Berry zurückgab. Sein Kalendarium diente anschließend einer neuen Generation von Brevieren wie den *Grandes Heures* des Herzogs von Berry (Bibliothèque nationale de France, ms lat. 919) als Vorbild. Das Stundenbuch der Johanna von Navarra wurde zeitweise tatsächlich Jean Pucelle zugeschrieben, dem Künstler des Stundenbuchs der Johanna von Évreux (vgl. K. Morand: *Jean Pucelle*, Oxford, 1962, S. 20 f. und 48 f.); zum Verhältnis dieser beiden Handschriften zueinander siehe insbes. Avril: *Court de France*, S. 68: »Pucelle's Geist spukt immer noch an verschiedenen Stellen dieser Handschrift«, sowie Boehm: »The Cloisters Hours and Jean Pucelle«, S. 89–116. Der erste Künstler des Stundenbuchs der Johanna von Navarra, von dem auf S. 474 die Rede ist, wurde vor allem von François Avril identifiziert in *Les Fastes de Gothiques;* Avril verwies auf ein illuminiertes juristisches Dokument, mit dem Anspruch auf Land in der Provinz Artois erhoben wurde und das auf 1336 datiert ist (Paris, Bibliothèque nationale de France, ms fr. 18 437), sowie zwei Kopien von Werken des Thomas von Aquin, die sich heute beide in Italien befinden (Florenz, Biblioteca Laurenziana, cod. Fiesole 89, und Vatikan, Biblioteca Apostolica, cod. Vat. lat. 744, datiert 1343). Zu anderen Werken des dritten Künstlers, der von Avril als Jean Le Noir identifiziert wurde, zählen das Brevier von Karl V. und die *Petites Heures* des Herzog von Berry (Paris, Bibliothèque nationale de France, mss. lat. 1052 und 18 014). Zu Jean Le Noir als historischer Person siehe in den insgesamt faszinierenden Bänden von R. H. Rouse und M. A. Rouse: *Manuscrits and Their Makers: Commercial Book*

Producers in Medieval France, 1200–1500, Turnhout, 2000, I, S. 265–267, und II, S. 79. Der vierte Künstler nach der Zählung von Cockerell schuf die Illustrationen auf folios 145v–150v und 183r–193v. Die Theorie, dass das von der Hand dieses Mannes, bei dem es sich um den Illuminator Mahiet handeln könnte, Geschaffene in einer späteren Phase der Ausschmückung der Handschrift entstand, wurde aufgestellt von M. Keane in »Collaboration in the Hours of Jeanne de Navarre«, S. 131–148, in A. Russakoff und K. Pyun (Hg.): *Jean Pucelle: Innovation and Collaboration in Manuscript Painting*, Turnhout, 2013, insbes. S. 131–146 und S. 146, FN 1. Die Miniatur des heiligen Ludwig von Toulouse, die auf S. 479 erwähnt wird, befindet sich auf folio 191r. Die Seite, auf der das Wappen des Philipp von Évreux mit dem von Karl V. übermalt worden ist, ist folio 52r. Die erste versuchsweise Identifikation dieser Handschrift mit der im Verzeichnis des Herzogs von Berry aufgeführten wurde unternommen von F. Avril und P. D. Stirnemann: *Manuscrits enluminés d'origine insulaire VIIe –XXe siècle*, Paris, 1987, S. 177, Nr. 219. Das Verzeichnis stammt von L. Deslise: *Recherches sur la librairie de Charles V, roi de France, 1337–1380*, II, Paris, 1907, S. 238*, Nr. 97. Zu dem englischen Künstler, der das Frontispiz schuf, siehe K. L. Scott: *Later Gothic Manuscripts, 1390–1490*, London, 1990 (*A Survey of Manuscripts Illuminated in the British Isles*, VI), II, S. 214. Das auf S. 484 erwähnte Stundenbuch der Catherine de Valois in der British Library, London, mit der Signatur Add. MS 65100. Der Bericht über die Handschriften im Kloster in der rue de Lourcines auf S. 485 stützt sich auf A. Longnon: *Documents Parisiens sur l'iconographie de S. Louis publiés par Auguste Longnon d' après un manuscrit de Peiresc conservé à la Bibliothèque de Carpentras*, Paris, 1882, S. 7–11, 21–66 und Tafeln VII–XII, gestochen nach Zeichnungen von Peiresc. Wie auf S. 485 mitgeteilt, war die Handschrift zur Zeit der Französischen Revolution mit Sicherheit nicht mehr im Besitz der Nonnen. 1790 erklärte die letzte Äbtissin, dass sie lediglich zweihundert Bücher besäßen, alle religiösen Charakters, und die Kommissäre, die die Bibliothek inspizierten, entdeckten nichts von besonderem Wert (A. Franklin: *Les anciennes bibliothèques de Paris: églises, monastères, colléges, etc.*, III, Paris, 1873, S. 401 f.). Zu MacCarthy siehe C. Ramsden: »Richard Wier and Count MacCarthy«, in: *The Book Collector*, 2, 1953, S. 247–257; die Theorie, dass das Stundenbuch der Johanna von Navarra eine Handschrift MacCarthys war, zuerst aufgestellt von S. De Ricci: *Les manuscrits de la collection Henry Yates Thompson*, Paris, 1926, S. 60, Nr. 75. Die Bibliothek wurde beschrieben in *Catalogue des livres rares et précieux de la bibliothèque de feu M. le comte de Mac-Carthy Reagh*, I, i, Paris, 1815. Die Identifikation mit Los 392 auf S. 64 ist mehr oder weniger gesichert; die Handschrift wird beschrieben als reich bebildertes Gebetbuch mit Miniaturen und Randverzierungen von großer Schönheit, von kleinem Quartformat, in gelbes Maroquinleder gebunden, 542 Seiten, also 271 Blätter stark; das trifft alles zu, zu genau, als dass es sich um eine Koinzidenz handeln könnte; die einzige Diskrepanz besteht darin, dass es heißt, viele Miniaturen seien »en camaïeu gris«, also monochromatisch in Grautönen ausgeführt, was sie nicht sind. Dem Exemplar des Katalogs, das sich heute im New Yorker Grolier Club befindet, ist zu entnehmen, dass der Wert auf 150 Francs geschätzt wurde, die Handschrift aber für 350 Francs verkauft wurde (zum Vergleich: Bei derselben Auktion ging ein anderes Stundenbuch, das dreiundreißig Miniaturen enthielt, für 30 Francs weg, aber MacCarthys unvergeichliche Gutenberg-Bibel, auf Vellum gedruckt, erzielte 6260 Francs – es handelt sich um das Grenville-Exemplar, das sich heute in der British Library befindet). Zu Douce als Käufer bei der auf S. 486 erwähnten, an jenem Tag stattfindenden MacCarthy-Auktion siehe Munby: *Connoisseurs*, op. cit., S. 52. Über Sydney Cockerell ist viel geschrieben worden; unter anderem wurde ihm eine Biografie gewidmet (W. Blunt: *Cockerell*, London, 1964), und er stand auch im Mittelpunkt meiner drei Sandars Lectures, die veröffentlicht wurden in *The Book Collector*, 55, 2006, S. 49–72, 201–223 und 339–366. Er war der Bruder des auf S. 27 erwähnten Douglas Cockerell. Bei dem Katalog des Burlington Fine Arts Club handelt es sich um *Exhibition of Illuminated Manuscripts*, London, 1908; der Eintrag zu dem Stundenbuch der Johanna von Navarra findet sich auf S. 59 f., Nr. 130. Der auf S. 489 zitierte Band von Cockerells Tagebuch in der British Library, Signatur Add. MS 52 656. Zu Cockerells besoderem Verhältnis zu Thomas Henry Riches (1865–1935) siehe S. Panayotova: »Cockerell and Riches«, in: *The Medieval Book* (die oben zitierte Festschrift für de Hamel), S. 377–386. Mein Bericht über die Auktion stützt sich auf Notizen, die in dem bei Sotheby's verbliebenen Exemplar des Auktionskatalogs *Twenty-Eight Manuscripts and Two Printed Books, the Property of Henry Yates Thompson*, Sotheby's, 3. Juni 1919, der mir von Mara Thompson gezeigt wurde, nachgetragen wurden; sowie auf den Bericht in *The Times*, 4. Juni 1919. Im *Oxford Dictionary of National Biography* findet sich ein Eintrag von Alan Bell zu Sir Charles Hagberg Wright; in Wrights Buch zum Roxburghe Club, *Nicholas Fabri de Peiresc*, 1926, S. 7, wird Peirescs Interesse für das Stundenbuch als eines »Belegs für seine Wertschätzung seltener und schöner Handschriften« gedacht. Passenderweise stehen Säulen mit Marmorbüsten von Peiresc und von Deslise am Fuß der Treppe, die zum Handschriftensaal der Bibliothèque nationale de France führt. Ich möchte Charlotte Denoël erneut meinen Dank dafür aussprechen, dass sie diesen letzten Teil des Kapitels möglich gemacht hat. Zu der von Göring zusammengerafften Beutekunst besitzen wir jetzt das erstaunliche illustrierte Verzeichnis aus Les Archives Diplomatiques sowie J.-M. Dreyfus: *Le catalogue Goering*, Paris, 2015, der aber nur Gemälde abdeckt und in dem das Stundenbuch der Johanna von Navarra oder die in ihm fehlende Miniatur daher nicht vorkommen. Auf S. 48 sind aber andere Alexandrine de Rothschild geraubte Werke aufgeführt.

KAPITEL ZEHN: DER HENGWRT-CHAUCER

Der Hengwrt-Chaucer ist vollständig digitalisiert und steht kostenlos auf der Website der National Library of Wales zur Verfügung. Vorläufer dieser Online-Fassung war E. Stubbs (Hg.): *The Hengwrt Chaucer Digital Facsimile*, eine von der National Library of Wales in Zusammenarbeit mit dem Canterbury Tales Project der De Monfort University, Leicester, produzierte und von Scholarly Digital Editions 2001 veröffentlichte CD-ROM; sowie ein gedrucktes Faksimile mit Abbildungen in Schwarzweiß und von leicht verkleinertem Format, das ich vor allem benutzt habe: P. G. Riggiers (Hg.): *The Canterbury Tales, Geoffrey Chaucer: A Facsimile and Transcription of the Hengwrt Manuscript, with Variants from the Ellesmere Manuscript*, Norman, Okla., und Folkestone, 1979, mit maßgeblichen Essays von D. C. Baker, A. I. Doyle und M. B. Parkes. Die Standard-Beschreibungen der Handschrift sind J. M. Manly und E. Rickert: *The Text of the Canterbury Tales*, Chicago, 1940, I, S. 266–283, und II, S. 477–479; sowie M. C. Seymour: *A Catalogue of Chaucer Manuscripts*, II, *Canterbury Tales*, Aldershot, 1997, S. 31–34.

Der *Guardian* vom 20. Juli 2004 ist online abrufbar. Die erste wissenschaftliche Publikation von Linne Mooney zu ihrer Identifikation des Schreibers war »Chaucer's Scribe« in: *Speculum*, 81, 2006, S. 97–138; sie nahm diese in einem größeren Kontext vor in L. R. Mooney und E. Stubbs: *Scribes and the City, London Guildhall Clerks and the Dissemination of Middle English Literature, 1375–1425*, York, 2013, insbes. in Kap. 4: »Adam Pinkhurst, Scrivener and Clerk of the Guildhall, c. 1378–1410«, S. 67–85. Die Formel »Die Jury hat sich zur Beratung zurückgezogen«, die in diesem Kapitel leitmotivisch verwendet wird, wird in einer Rezension von Mooneys und Stubbs' Buch durch A. S. G. Edwards in: *The Library*, 7 ser., 15, 2014, S. 79–81, benutzt. Der auf S. 499 eingeführte Ellesmere-Chaucer befindet sich heute in San Marino (Kalifornien), Huntington Library, Signatur MS El. 26.C.9. Ich glaube, es ist dem Eisenbahnmagnaten Henry Huntington (1850–1927) hoch anzurechnen, dass er die Handschrift nicht in »Huntington-Chaucer« umtaufte. Ein farbiges Faksimile ist verfügbar: D. Woodward und M. Stevens (Hg.): *The New Ellesmere Chaucer Facsimile*, San Marino, Calif., und Tokio, 1995; ein Jahr später kam auch eine billigere Schwarzweiß-Ausgabe heraus. Zur Ausschmückung dieser Handschrift siehe K. Scott: *Later Gothic Manuscripts* (op. cit.), S. 140–143, Nr. 42, unter Bezugnahme auf die Hengwrt-Handschrift. Ich sah sie zum ersten Mal in ihrer Vitrine neben der auf Vellum gedruckten Gutenberg-Bibel, hielt sie aber nie wirklich in Händen. Die erste Mutmaßung, dass die Hengwrt- und die Ellesmere-Handschrift von demselben Schreiber angefertigt sein könnten (hier auf S. 499 erwähnt) in J. S. P. Tatlock: »The Canterbury Tales in 1400«, in: *Proceedings of the Modern Languages Association*, 50, 1935, S. 100–139. Der maßgebliche Artikel von Doyle und Parks, zitiert auf S. 499 f., in dem der Schreiber als »Schreiber B« bezeichnet wird, ist: »The Production of

Copies of the *Canterbury Tales* and the *Confessio Amantis* in the Early Fifteenth Century«, S. 163–210, in M. B. Parkes und A. G. Watson (Hg.): *Medieval Scribes, Manuscripts and Libraries: Essays Presented to N. R. Ker*, London, 1978; ergänzt durch A. I. Doyle: »The Copyist of the Ellesmere *Canterbury Tales*«, S. 49–67, in M. Stevens und D. Woodward (Hg.): *The Ellesmere Chaucer: Essays in Interpretation*, San Marino, Calif., und Tokio, 1995; das ist der die Faksimile-Ausgabe begleitende Kommentarband. Die beiden anderen Handschriften, die von Doyle und Parkes für von demselben Schreiber angefertigt gehalten werden, sind Hatfield House, Library of Lord Salisbury, Cecil Papers, Box S/1 *(Troilus)* und Cambridge, Trinity College, MS R.3.2 (Gower). Nur für die Akten: Der Schreiber kann nicht Chaucer selbst gewesen sein, da das Gower-Manuskript mit großer Sicherheit auf einen Zeitpunkt nach dem Tod Gowers im Jahr 1408 datiert werden kann, acht Jahre nach Chaucers Tod im Jahr 1400. Malcolm Parkes hat die Identifikation von »Schreiber B« als Pinkhurst nie akzeptiert, wie seine Nachlassverwalterin Pamela Robinson mir mitgeteilt hat; sie hat mir Fotokopien von seinen letzten Notizen zu diesem Thema geschickt. Soweit ich weiß, hat Ian Doyle sich niemals öffentlich festgelegt, es mag aber sein, dass er dieser Identifikation positiver gegenübersteht. Die lächerliche Unterstellung, Sir John Williams könnte Jack the Ripper gewesen sein, vgl. S. 501, zu finden in T. Williams mit H. Price: *Uncle Jack*, London, 2005; sie ist es kaum wert, diskutiert zu werden, außer um den Eindruck einer objektiven Zeugenanhörung aufrechtzuerhalten. Ich bin Maredudd ap Huw zu Dank verpflichtet, dass er eine erste Fassung dieses Kapitels gelesen und meine Schreibweise verschiedener walisischer Wörter korrigiert hat, darunter die seines eigenen extrem alten und seltenen Vornamens, wie ich zu meiner Scham eingestehen muss. Ich verdanke ihm die Information auf S. 504, dass die Handschrift in Aberystwyth unter Verwendung von Material der Gregynog Press neu gebunden wurde. Auf S. 508 merke ich an, dass die Handschrift von »Schreiber B« der Drucktype von Caxtons zweiter Chaucer-Ausgabe von 1483 merkwürdig ähnelt. Unter Umständen war das kein Zufall. Pinkhurst – falls er der Schreiber war – arbeitete für die Mercers' Company, der Caxton angehörte. Caxton schreibt im Vorwort, dass ein Bekannter ihm ein (inzwischen verschollenes) Manuskript gebracht habe, »that was very trewe and accordyng unto hys [Chaucers] owen first book by hym made«. Dieses habe er für die neue Ausgabe benutzt. Bei dem zum ersten Mal auf S. 508 erwähnten *Troilus*-Manuskript in der Parker Library handelt es sich um MS 61; es existiert ein von M. B. Parkes und E. Salter herausgegebenes Faksimile: *Troilus and Criseyde*, Cambridge, 1978. Ein scharfsinniger Führer zur Kodikologie und Kollation des Hengwrt-Chaucer aus der Zeit, bevor man über die Identität des Schreibers zu streiten begann und alles andere über dieser Frage in den Hintergrund trat, ist R. Hanna: »The Hengwrt Manuscript and the Canon of the Canterbury Tales«, in: *English Manuscript Studies, 1100–1700*, I, 1989, S. 64–84. Zum Kopieren von *peciae* genannten Einheiten, über das auf S. 514 berichtet wird, siehe vor allem J. Destrez: *La pecia dans les manuscrits universitaires du XIIIe et du XIVe siècle*, Paris, 1935; zu erhaltenen Exemplaren von ehemaligen *peciae*, die gebunden wurden, als sie nicht mehr zu ihrem ursprünglichen Zweck verwendet wurden, siehe J. Destrez und M. D. Chenu: »*Exemplaria* unversitaires des XIIIe et XIVe siécles«, in: *Scriptorium*, 7, 1953, S. 68–80. Chaucers Gedicht an Adam, zitiert auf S. 521, ist überliefert in Cambridge, Trinity Colege, MS R.3.20, S. 367. Neuere Erörterungen, ob der Text wörtlich zu nehmen ist oder ob er überhaupt von Chaucer stammt, bei B. Mize: »Adam and Chaucer's Words unto Him«, in: *The Chaucer Review*, 35, 2001, S. 351–377; A. Gillespie: »Reading Chaucer's Words to Adam«, in: *The Chaucer Review*, 42, 2008, S. 269–283; J. Sánchez-Marti: »Adam Pinkhurst's ›Necglygence and Rape‹ Reconsidered«, in: *English Studies*, 92, 2011, S. 360–374; sowie A. S. G. Edwards: *Chaucer and* ›Adam Scriveyn‹, in: *Medium Aevum*, 81, 2012, S. 135–138. Zu Shirley, der den Band zusammenstellte, in dem das Gedicht gefunden wurde, siehe A. I. Doyle: »More Light on John Shirley«, in *Medium Aevum*, 30, 1961, S. 93–101; und M. Connolly: *John Shirley: Book Production and the Noble Household in Fifteenth-Century England*, Aldershot, 1998. Chaucers satirische Bemerkung über »scrivenish« wirkende Handschrift findet sich in seinem *Troilus*, Buch II, Zeile 1026. Das Porträt Chaucers, der einen »penner« trägt, auf folio 153v der Ellesmere-Handschrift. Dasselbe Attribut ist noch eindeutiger zu erkennen auf dem spätmittelalterlichen Porträt Chaucers in der National Portrait Gallery. Der Dichter hält hier seinen »penner« in Händen, was von F. W. Street als Beweis dafür gewertet wurde, dass Chaucer als Schreiber angesehen wurde (*A History of the Worshipful Company of Scriveners of London*, London, 1973, S. 68 und Tafel 1). Beispiele für Wörter, die, wie auf S. 524 erwähnt, in der Hengwrt-Handschrift über getilgte Stellen geschrieben sind, schließen »fader at the table« (folio 3r) und »ypolita the queene« (folio 14r) ein, wobei es sich um nichts weiter als um gewissenhaft korrigierte Abschreibefehler handelt. Im 14. Jahrhundert war der Vorname Adam der zwölftbeliebteste in England, er war noch häufiger als Peter, Ralph, Geoffrey, Philip und andere; siehe S. 106 von V. Davis: »The Popularity of Late Medieval Personal Names as Reflected in English Ordination Lists, 1350–1540«, S. 103–114, in D. Postles und J. T. Rosenthal (Hg.): *Studies on the Personal Name in Later Medieval England and Wales*, Kalamazoo, 2006 (*Medieval Institute Publications, Studies in Medieval Culture*, 44). Frühere Versuche, den Adam des Gedichts mit einer wirklich existierenden Person im Büchergewerbe in Zusammenhang zu bringen, schließen ein: B. M. Wagner in *The Times Literary Supplement*, 13. Juni 1929, S. 474; und C. P. Christianson: *A Directory of London Stationers and Book Artisans, 1300–1500*, New York, 1990, S. 149. David Pearson ermöglichte mir meinen Besuch der Guildhall Library. Zu den Eiden, die die Mitglieder der Vereinigung ablegten, siehe Steer: *Scriveners*, op. cit., S. 4 f. Pinkhursts Eintrag in das Register ist reproduziert in Mooney und Stubbs: *Scribes and the City*, op. cit., S. 66,

Abb. 4.1. Zur auf S. 527 erwähnten »*anglicana*«-Schrift siehe M. B. Parkes: *English Cursive Book Hands, 1250–1500*, Oxford, 1969, das so reich an Informationen ist, dass es nahzu unlesbar ist. Der Ellesmere-Chaucer wird in ihm auf S. xxiii, FN 1, erwähnt. Die zwölf typischen Buchstabenformen, die Mooney erkannte, finden sich im Anhang zu ihrem Artikel »Chaucer's Scribe« von 2006, S. 123–125. Chaucers an den König gerichtetes Gesuch in den National Archives unter der Signatur C 81/1394/87; es ist aber gerade mal zwei Zeilen lang, so dass man auf seiner Basis kein Urteil fällen kann. Argumente für oder solche gegen die Identifikation von Pinkhurst als »Schreiber B« werden vorgebracht in A. J. Fletcher: »The Criteria for Scribal Attribution: Dublin, Trinity College, MS 244. Some Early Copies of the Works of Geoffrey Chaucer, and the Canon of Adam Pynkhurst Manuscripts«, in: *Review of English Studies*, 58, 2007, S. 597–632; und in Antwort darauf S. Horobin: »The Criteria for Scribal Attribution: Dublin, Trinity College MS 244 Reconsidered«, in: *Review of English Studies*, 60, 2009, S. 371–381; D. W. Mosser: »›Chaucer's Scribe‹ Adam and the Hengwrt Project«, S. 11–40, in M. Connolly und L. R. Mooney (Hg.): *Design and Distribution of Late Medieval Manuscripts in England*, York, 2008; S. Horobin: »Adam Pinkhurst and the Copying of British Additional 35 287 of the B Text of *Piers Plowman*«, in: *Yearbook of Langland Studies*, 23, 2009, S. 61–83; Ders.: »Adam Pinkhurst, Geoffrey Chaucer and the Hengwrt Manuscript of the *Canterbury Tales*«, in: *The Chaucer Review*, 44, 2010, S. 351–367; A.J. Fletcher: »What Did Adam Pynkhurst (Not) Write? A Reply to Dr Horobin«, in: *Review of English Studies*, 61, 2010, S. 690–710; L. R. Mooney: »Vernacular Literary Manuscripts and Their Scribes«, S. 192–211, in A. Gillespie und D. L. Wakelin (Hg.): *The Production of Books in England, 1350–1500*, Cambridge, 2011, S. 192–211; sowie R. F. Green; »The Early History of the Scriveners' Company Common Paper and Its so-called Oaths«, S. 1–20, in S. Horobin und L. R. Mooney (Hg.): *Middle English Texts in Transition: A Festschrift dedicated to Toshiyuki Takamiya on His 70th Birthday*, Woodbridge, 2014. Die drei Manuskripte, die auf S. 530 als Pinkhurst zugeschrieben angeführt werden, sind Cambridge, Trinity College, MS B.15.17 *(Piers Plowman)*, Aberystwyth, National Library of Wales, Peniarth, MS 393B (Chaucers *Boece*) und ein Fragment, das miteingebunden ist in die Handschrift Cambridge University Library, MS Kk.1.3 *(Canterbury Tales)*. Auch engagierte Pinkhurst-Jäger haben noch nicht ernsthaft nach seiner Hand in Abschriften lateinischer Werke der Zeit gefahndet. Dabei kann man davon ausgehen, dass ein professioneller Schreiber in beiden Sprachen tätig war (Pinkhurst verwendet ja in dem Register auch Latein); die ihm zugeschriebenen Manuskripte – mit dem hohen Anteil an Werken Chaucers – spiegeln also vielleicht gar nicht seinen Gesamtoutput wider. Zu den bescheidenen Büchersammlungen von Richard II. und Heinrich IV. im Vergleich zu den wesentlich umfangreicheren der französischen Herrscher ihrer Zeit siehe S. H. Cavanaugh: »Royal Books, King John to Richard II«, in: *The Library*, 6 ser., 10,

1988, S.304–316; und J. Stratford: »The Early Royal Collections and the Royal Library to 1461«, S.255–266, in L. Hellinga und J.B. Trapp (Hg.): *The Cambridge History of the Book*, III, *1400–1557*, Cambridge, 1999. Auf S.533 komme ich auf die Summe von siebenundsiebzig *libraires* in Paris aufgrund von Angaben in Rouse und Rouse: *Manuscripts and Their Makers*, zit. in der Bibliografie zu Kapitel Neun; die statistischen Angaben zu England aus Christianson: *London Stationers and Book Artisans*, op. cit. Zu den auf S.534 angeführten Indizien dafür, dass die Chaucer-Ausgabe Caxtons das erste in England gedruckte Buch war (sie wird heute auf Ende 1476 oder Anfang 1477 datiert), siehe L. Hellinga: *Caxton in Focus: The Beginning of Printing in England*, London, 1982, S.67f. und 80f.; sowie G.D. Painter und L. Hellinga: *Catalogue of Books Printed in the XVth Century Now in the British Library*, II, *England*, 't Goy-Houten, 2007, S.8 und 104. Das Hauptargument dagegen, dass Pinkhurst »Schreiber B« ist, bei J. Roberts: »On Giving Scribe B a Name, and a Clutch of London Manuscripts from c. 1400«, in *Medium Aevum*, 80, 2011, S.247–270. Eine überlegte, gemäßigte Position bezieht L. Warner: »Scribes, Misattributed: Hoccleve and Pinkhurst«, in: *Studies in the Age of Chaucer*, 37, 2015, S.55–100; ein sehr guter Artikel, für den ich Kari Ann Rand und Lawrence Warner selbst zu Dank verpfichtet bin. Der Autor geht mit Mooney konform, dass Pinkhurst Trinity College B.15.17 kopierte, glaubt aber nicht, dass er der »Schreiber B« des Hengwrt- und des Ellesmere-Chaucer war, was ich sehr überzeugend finde. Zum Schluss muss ich noch etwas bekannt geben: Ich fühlte mich dazu verpflichtet, Linne Monney eine sehr frühe Fassung dieses Kapitels zu schicken. Sie las den Text unverzüglich mit vorbildlicher Sorgfalt, machte mehrere hilfreiche Vorschläge, von denen ich die meisten berücksichtigte, und obwohl sie die Schlussfolgerungen, zu denen ich kam, nicht teilte, erteilte sie ihm generös ihr *imprimatur*. Das spricht für ihren Geistesadel und ihre Großherzigkeit, und ich verneige mich vor ihr uneingeschränkt.

KAPITEL ELF: DER VISCONTI-*SEMIDEUS*

Es existieren keine umfassenden Reproduktionen des *Semideus*, wohl aber gute Fotografien von ausgewählten Seiten in A. de Laborde: *Les principaux manuscrits à peintures conservés dans L'ancienne Bibliothèque impériale publique de Saint-Pétersbourg*, I, Paris, 1936, S.83f., Nr.81; T. Voronova und A. Sterligov: *Western European Illuminated Manuscripts of the 8th to the 16th Centuries in the National Library of Russia, St. Petersburg*, übers. von M. Faure, Bournemouth und St. Petersburg, 1996, S.258–263, Tafeln 334–347; sowie in *The Art of XV–XVI Century European Manuscripts*, Ausstellungskatalog, State Hermitage Museum, St. Petersburg, 2005, S.260–265, Nr.60, Text auf Russisch. Die Handschrift wird beschrieben in W. Lublinsky: »Le *Semideus* de Catone Sacco«, S.95–118, in: O. Dobiaš-Rozhdestvenskaja (Hg.): *Srednevekov'e v rukopisjach publicnoi biblioteki*, II, Leningrad, 1927 (*Analecta Medii Aevi*), auf Russisch, mit einer Zusammenfassung auf Französisch; sowie in O. Bleskina: *Catalogus Codicum Manuscriptorum qui in Biblioteca Publica Petropolitana asservantur*, St. Petersburg, 2011, S. 280, Nr. 713. Ich verdanke mehrere dieser Literaturhinweise Olga Bleskina, die mich freundlicherweise mit Fotokopien versorgte. Die bei Weitem ausführlichste Darstellung der Handschrift findet man jedoch in der Ausgabe des Textes von P. Rosso: *Il Semideus di Catone Sacco*, Mailand, 2001 (*Quaderni di studi senesi*, 95), insbes. S. ccxxxvii–ccxlix.

Für die Visconti-Bibliothek und die Verzeichnisse ihres Bestands griff ich zurück auf E. Pellegrin: *La bibliothèque des Visconti et des Sforza, ducs de Milan, au XVe siècle,*, Paris, 1955 (*Publications de l'Institut de Recherche et d'Histoire des Textes*, V), ergänzt von M. G. Ottolenghi: »La biblioteca dei Visconti e degli Sforza: gli inventari del 1488 e del 1490«, in: *Studi Petrarcheschi*, n.s., 8, 1991, S. 1–238; darin wird der *Semideus* auf S. 19–21 und Tafel V dargestellt. Die Visconti-Schlange, die ein Kind verschlingt, überlebt als Enblem der in Mailand gegründeten Firma Alfa Romeo. Die Beschreibung der Handschrift aus dem Jahr 1488 lautet: »Item Semideus Catonis Saci papiensis cum cantonis sex argenteis et claviculis duabus incompletis in carta cum coperta veluto cremesili et cum capsa una ex coro deaurato« (Ottolenghi, S. 34). Für Informationen über den historischen Hintergrund griff ich zurück auf F. J. Baumgartner: *Louis XII*, Stroud, 1994; sowie M. Mallett und C. Shaw: *The Italian Wars, 1494–1559: War, State and Society in Early Modern Europe*, Harlow, 2012. Zur Überführung der Visconti-Bibliothek nach Frankreich siehe L. Delisle: *Le Cabinet des Manuscrits de la Bibliothèque impériale*, I, Paris, 1868 (*Histoire générale de Paris*), S. 125–140; der *Semideus* wird erwähnt auf S. 133, FN 3. Ich muss gestehen, dass ich einen großen Teil des Vorschusses, den ich vom Verlag Allen Lane für das vorliegende Buch erhielt, verwendete, um ein Fragment einer Dante-Handschrift zu erwerben, die 1438 ebenfalls Filippo Maria Visconti geschenkt und während der französischen Besetzung Pavias geraubt wurde. Der größte Teil von ihr befindet sich heute in der Bibliothèque nationale de France mit der Signatur ms ital. 2017. Bis heute haben nicht alle der durch den Krieg verstreuten Handschriften wieder einen heimatlichen Schlag gefunden. Über die bemerkenswerten Erwerbungen von Dubrowski in Paris berichtet P. Z. Thompson in »Biography of a Library: The Western European Manuscript Collection of Peter P. Dubrovskii in Leningrad«, in: *Journal of Library History*, 19, 1984, S. 477–503; die Radierung von ihm, die auf S. 546 erwähnt wird, findet sich auf S. 13 von *The Art of XV–XVI Century European Manuscripts*, op. cit. Die Livius-Ausgabe mit dem Medici-Wappen, die Dubrowski erwarb, liegt heute unter der Signatur Cod. Cl. Lat. F.v.2 in Sankt Petersburg (Voronova und Sterligow, S. 264 f.); die anderen hier aufgeführten Schätze sind Lat.Q.v.I.18 (Beda), Lat. Q.v.I.26 (Evangeliar, Purpurhandschrift), Lat.Q.v.V.1 (Bestiarium), Fr.F.v.I.I/1–2 (*Bible Historiale*) und Fr.F.v.XV.6 (Martin le Franc). Bericht über meinen einzigen früheren Besuch in Sankt Petersburg in C.

de Hamel: »The Colloquium of the International Association of Bibliophiles in Saint Petersburg 12th–18th September 1994«, in: *Bulletin du Bibliophile*, 1995, S. 11–15. Überblicke über die mittelalterlichen Handschriften in Sankt Petersburg siehe zusätzlich zu den oben angeführten Katalogen T. P. Voronova: »Western Manuscripts in the Saltykow-Shehedrin Library«, in: *The Book Collector*, 5, 1956, S. 12–18 (der *Semideus* wird auf S. 14 erwähnt), und O. Kristeller: *Iter Italicum, Accedunt Alia Itinera: A Finding List of Uncatalogued or Incompletely Catalogued Humanistic Manuscripts in Italian and Other Libraries*, V, London und Leiden, 1990, S. 177–196 (der *Semideus* wird auf S. 191 aufgeführt). Ich kann keine präzisen Angaben zu Louis de Burgeney, Seigneur de Moléans, machen, von dem auf S. 552 die Rede ist; ich stieß einfach per Zufall bei einer Internetsuche auf seinen Namen. Das erste der französischen Gedichte an den Rändern der jetzigen folios 2v–3r, abgedruckt auf S. 553, verstehe ich nicht ganz; es ist in einer grauenhaften Handschrift geschrieben, und möglich wäre auch, dass ich es zu flüchtig transkribiert habe, aber es wird mehr oder weniger folgendes gesagt: »*Chanter!* I want to sing in all places, / However I want to, that the gods / Royal kings, princes and great monarchs / In all the world and its gardens, / So different I need not say how, / To death will come too soon to see, / On their own terms, as will I: / Power from ships and castles / How I see it all / Emerging in this lovely book / Regardless of the gods above« (Ihnen wird natürlich nicht entgangen sein, dass die Anfangsbuchstaben der Zeilen in meiner Version »Christopher« ergeben). Die Gedichte finden sich auf denselben Seiten wie die Überschriften des Vorworts (folio 2r) und der Beginn der Widmung (folio 2v), der lautet: »Virginis laude esse omnem tuum …«. Kristeller: *Iter Italicum*, V, S. 191, gibt das erste, zugegebenermaßen verwischte Wort als »Legis« und Rosso das zweite als »laudem« wieder. Der auf S. 555 erwähnte Vers von Claudian kehrt auf der letzten Seite der Handschrift wieder (er beginnt mit: »Iupiter in parvo cum cerneret ethera vitro …«, Claudian: *Carmina minora*, LI, Zeilen 1–6). Filippo Maria Viscontis berühmte Sueton-Handschrift, die auf S. 559 erwähnt wird, nahm denselben Weg: Sie gelangte über Ludwig XII. nach Paris und befindet sich jetzt mit der Signatur ms ital. 131 in der Bibliothèque nationale de France. Der sehr fruchtbare Künstler, der sie schuf, ist aufgrund dieses Werks als »Meister der Vitae Imperatorum« bekannt; vgl. A. Melograni: »Appunti di miniature lombarda; ricerche sul ›Maestro delle Vitae Imperatorum‹«, in: *Storia dell'Arte*, 70, 1990, S. 273–314; und den Eintrag von F. Lollini in M. Bollati (Hg.): *Dizionario biografico dei miniatori italiani, Secoli IX–XVI*, Mailand, 2004, S. 587–589. Das auf S. 560 besprochene Visconti-Stundenbuch ist heute in zwei Bände aufgeteilt, die auf unterschiedlichen Wegen in die Biblioteca Nazionale in Florenz gelangten, die Signaturen sind für I: Banco rari cod. 397, und II: cod. Landau-Finaly 22; aus praktischen Gründen verwendete ich M. Meiss und E. W. Kirsch: *The Visconti Hours*, London, 1972; es existiert aber auch ein Faksimilie: *Li Libro d'ore Visconti*, Modena, 2003, mit einem Begleitkommentar von A. di Domenico und M. Bollati. Das Brevier der Maria von Savoyen trägt die Signatur Chambéry, Bibliothèque municipale, ms 4 (C. Heid-Guillaume und A. Ritz: *Manuscrits médiévaux de Chambéry, Textes et enluminures*, Paris und Turnhout, 1998, S. 30–43, mit Tafeln). Das auf S. 562 erwähnte *De laudibus virginis* ... beginnt auf folio 9r und endet auf folio 36v; das Zitat »Höre mich mit Geduld und Wohlwollen« findet sich auf 18r; die Anspielung auf die 1438 Jahre, die seit der Fleischwerdung Christi vergangen sind, auf folio 13v. Die Anthologie in der British Library, die den gleichen Text enthält, ist Arundel MS 138, folios 220r–225v. Die hier beschriebenen Illustrationen aus Teil III, dem *Semideus*, finden sich auf folios 39r (der Ritter schaut auf die Jungfrau mit dem Kind), 40r (der Cato-Brunnen), 42r (Filippo Maria Visconti), 45v (das Heer auf einem Gebirgspass), 59r (Angriff auf eine Stadt), 64r (Überquerung eines Flusses), 66r (ein nächtliches Lager), 69r (eine offene Feldschlacht), 74v (ein Ruhetag), 79v (Angriff in einem Tal), 89r (Angriff auf eine Wüstenfestung), 91v–92r (Heranschaffen von Belagerungsmaschinerie), 96r (eine nächtliche Schlacht), 99r (das Bombardieren von Schiffen), 100r (eine Seeschlacht), 103v (brennende Befestigungen am Fluss) und 106v (Bau einer Behelfsbrücke). Die vergleichbaren Abbildungen im Visconti-Stundenbuch, die auf S. 568 und 570 genannt werden, finden sich in Band I auf folio 40r jener Handschrift (Porträt des Gian Galeazzo Visconti) und in Band II auf folio 101v (Heer des Pharaos). Meine Kenntnis des Grabsteins von Sacco, der auf S. 578 abgebildet ist, verdanke ich Cecilia Mackay, der unermüdlichen Bildredakteurin für dieses Buch, die mich auch hinwies auf A. Cavagna Sanguiliani: »Arte retrospettiva: Antichi ricordi marmorei di professori dall'ateneo pavese«, S. 379–392, in: *Emporium, Parole e Figure*, 22, 1905, insbes. S. 381 f. Bücher I und II des *Semideus*, die auf S. 579 erwähnt werden, liegen in Fulda, Hessische Landesbibliothek, MS C. 10, folio 168r–185v; Buch I findet sich auch in Basel, Öffentliche Universitätsbibliothek, MS F.IV.2, folios 160r–183r. Ich fühle mich verpflichtet, Anna Melograni, auf deren mir gewährten Beistand ich auf S. 579 f. hinweise, noch einmal explizit zu danken. Ich muss hervorheben, dass sie die Handschrift nicht persönlich hat in Augenschein nehmen können, sondern auf Scans der veröffentlichten Fotografien angewiesen war. Jeder von uns gibt nur mit äußerster Zurückhaltung Urteile über Handschriften ab, die er nicht zur Untersuchung in Händen gehalten hat. Wenn es sich irgendwann herausstellt, dass ich ganz falsche Schlussfolgerungen gezogen habe, trifft die Schuld ganz allein mich. Außer Anna Melograni bin ich auch Kay Sutton für Informationen zu den lombardischen Künstlern der Zeit dankbar. Das Manuskript liegt unter der Signatur MS Gl. Kgl. S 2092 4° in der Kongelige Bibliotek, Abbildungen finden sich in G. Algeri: »Un *Boccaccio* pavese del 1401 e qualche nota per Michelino da Besozzo, in: *Arte Lombarda*, n.s., 116, 1996, S. 42–50. Das Kopenhagener Manuskript ist zwar mit Februar 1401 datiert, da das Jahr dem mittelalterlichen Kalender zufolge aber oft erst im März endete, handelte es sich vielleicht unserer Zeiteinteilung nach um das Jahr 1402. Die auf S. 580 genannten Illuminatoren kommen alle bei Bollati: *Dizionario biografico*, op. cit., vor, wo sich auch bibliografische Angaben zu ihnen finden. Zu den Gemälden Michelino da Bessozos zählt auch das Tafelbild *Hochzeit der Jungfrau* im New Yorker Metropolitan Museum, Maitland F. Griggs Bequest, acc. 43.98.7. Die Darstellung der Übergabe von Galassio da Coreggios *Historia Angliae*, die auf S. 582 beschrieben wird, findet sich in der Bibliothèque nationale de France unter der Signatur ms lat. 6041 D, folio 8 *ter*; siehe M. Natale und S. Romano (Hg.): *Arte lombarda dai Visconti agli Sforza*, Mailand, 2015, S. 230, Nr. III.19 und Tafel auf S. 203, das Buch wurde mir freundlicherweise von Francesco Radaeli überlassen. Die mögliche Beteiligung von Jacopo de San Pietro am *Semideus*, die auf S. 583 angesprochen wird, wurde zuerst von Maria Grazia Ottolenghi (»Biblioteca dei Visconti«, 1991) thematisiert; in seiner Edition des Texts übernahm Paolo Rosso die These, ohne sie kritisch zu hinterfragen. Saccos von Jacopo 1458 illuminierte und zusammengestellte *Lectura* in der Bibliothèque nationale de France, Signatur ms lat. 4589; sein Eintrag auf folio 366r (Alexandre Tur von der Bibliothèque nationale stellte mir kurzfristig Abbildungen zur Verfügung). Die von ihm eingebundene Boethius-Handschrift aus dem 11. Jahrhundert in der Bibliothèque nationale de France, Signatur ms lat. 6400 A; auf folio 107v die Inschrift: »Jacobus de Sancto Pietro bidelus ligavit«. Ein überzeugendes Argument dafür, dass der Buchdruck 1462/63 in Italien eingeführt wurde, siehe S. 586, wird in Christie's Auktionskatalog vom 23. November 1998 in dem Eintrag zu Los 18 vorgebracht; das dort beschriebene Werk befindet sich heute in der Scheide Library, Princeton. Zur Arbeit des Jacopo de San Pietro als Drucker siehe: R. Proctor: *An Index to the Early Printed Books in the British Museum, from the Invention of Printing to MD*, London, 1898, S. 482 f.; sowie A. Coates, K. Jensen, C. Dondi, B. Wagner und H. Dixon: *A Catalogue of Books Printed in the Fifteenth Century, Now in the Bodleian Library*, II, Oxford, 2005, S. 796, Nr. C-216.

KAPITEL ZWÖLF: DAS SPINOLA-STUNDENBUCH

Das Spinola-Stundenbuch böte sich – wie das Stundenbuch der Johanna von Navarra – für ein technisch hochstehendes Faksimile an. Es ist bislang noch nicht einmal Gegenstand einer Monografie gewesen. Exzellente Bilder sind verfügbar auf der Website des J. Paul Getty Museums. Die detaillierteste Beschreibung in einem Katalog ist immer noch J. M. Plotzek: *Die Handschriften der Sammlung Ludwig*, II, Köln, 1982, S. 256–285. Die Handschrift ist als Nr. 124 dargestellt in T. Kren und S. McKendrick: *Illuminating the Renaissance: The Triumph of Flemish Manuscript Painting in Europe*, Los Angeles, 2003, S. 414–417, mit ausführlicher Bibliografie auf S. 529.

Mehrere Besuche, die ich im Laufe der Jahre dem Getty Museum abgestattet habe, sind durch die Gastfreundschaft von Thom Kren zum Vergnügen geworden. Seine Nachfolgerin als Curator of Manuscripts, Beth Morrison, hat freundlicherweise dieses Kapitel in seinem Entwurfsstadium gelesen und hilfreiche Vorschläge gemacht. Das Spinola-Stundenbuch wurde nie in einem Katalog von Kraus aufgeführt, der Tatsache, dass es sein Unternehmen durchlief, wurde aber von ihm selbst in seinem *Retrospect: A Catalogue of 100 Outstanding Manuscripts Sold in the Last Four Decades by H. P. Kraus*, New York, 1978, S. 224–227, Nr. 91, gedacht. Durch diesen Band wurde zum ersten Mal bekannt, dass Peter Ludwig Handschriftensammler war. Das Spinola-Wappen wurde, wie mir von Roland Folter, dem ehemaligen geschäftsführenden Direktor von Kraus, mitgeteilt wurde, erstmals von Hertha Bauer, die als Auskunftsbibliothekarin bei dem Unternehmen angestellt war, als solches identifiziert. Folters Gattin, Mary-Ann, die Tochter von Kraus, hat freundlicherweise ebenfalls eine frühe Fassung dieses Kapitels gelesen und mich darüber informiert, welches der vereinbarte Kaufpreis mit Ludwig war. Sie erzählte, dass es dessen Angewohnheit war, ohne Vorwarnung bei Kraus hereinzuschneien, sich viele Handschriften anzusehen und dann Pauschalangebote zu ganzen Konvoluten abzugeben; Einzelpreise waren daher oft fiktiv und wurden nur zu buchhalterischen Zwecken festgesetzt. Zur Geschichte des privaten Betens, wie es sich in Stundenbüchern niederschlägt, siehe M. Duffy: *Marking the Hours: English People & Their Prayers, 1240–1570*, New Haven und London, 2006. Zur Verwendung von Stundenbüchern als Katalysatoren, um sich selbst in die fromme Versenkung der Jungfrau Maria hineinzuversetzen, siehe C. de Hamel: »Books of Hours: Imaging the Word«, S. 137–143, in: J. Sharpe und K. Van Kampen (Hg.); *The Bible as Book: The Manuscript Tradition*, London, 1998. Die auf S. 616 erwähnten sieben Bußpsalmen, die auch zu den Komponenten des Stundenbuchs der Johanna von Navarra gehören, sind, in der Zählung der Vulgata, Psalm 6 (Bitte um Vergebung für Hoffart), 31 (für Gier), 37 (für Zorn), 50 (für Wollust), 101 (für Völlerei), 129 (für Neid) und 142 (für Trägheit). Der Ausstellungskatalog, aus dem auf S. 617 zitiert wird, ist *Illuminating the Renaissance*, op. cit., S. 414. L. M. J. Delaissés Metapher von den Hügeln und den Berggipfeln, derer ich mich auf S. 622 erinnere, wird von ihm verwendet auf S. 209 seiner Besprechung des ersten Bands von M. Meiss: *French Painting in the Time of Jean de Berry* (zitiert in der Bibliografie zu Kapitel Neun), in: *The Art Bulletin*, 52, 1970, S. 206–212; den Hinweis verdanke ich Sandra Hindman. Das auf S. 622 angeschnittene Problem, die Zweidimensionalität einer Handschriftenseite mit dem neuen Bedürfnis nach dreidimensionalem Realismus in Einklang zu bringen, wurde zum ersten Mal von Otto Pächt formuliert (in *The Master of Mary of Burgundy*, London, 1948, und *Buchmalerei des Mittelalters. Eine Einführung*, München, 1984, S. 198–202) sowie von seinem größten Schüler, Jonathan Alexander, etwa in *The Book of the Hours of Engelbert of Nassau*, New York, 1970, unpag. Die außergewöhnlichen Illusionsschichten in Handschriften der Gent-Brügge-Schule werden diskutiert in J. H. Marrow: *Pictorial Invention in Netherlandish Manuscript Illumination of the Late Middle Ages: The*

Play of Illusion and Meaning, Löwen, 2005 (*Corpus of Illuminated Manuscripts, Low Countries series*, 11), unter vielfacher Bezugnahme auf das Spinola-Stundenbuch. Auf S. 622 f. führe ich aus, wie Textblöcke im Spinola-Stundenbuch in dreidimensionale Objekte verwandelt werden; Beispiele dafür finden sich auf folios 8v–9r (auf die Seite gefallene Schriftrollen), folios 10v–11r (mit Nadeln an der Seite festgestecktes Blatt), folios 40r und 165v (von Engeln gehaltenes Blatt) und folios 56v–57v (Text mit Scharnieren wie ein Fensterladen versehen). Zu Blatträndern in der Gent-Brügge-Manier siehe C. Fisher: *Flowers in Medieval Manuscripts*, London, 2004; sowie A. M. W. As-Vijvers: *Re-Making the Margin: The Master of the David Scenes and Flemish Manuscript Painting around 1500*, übers. von D. Webb, Turnhout, 2013, das aber hier nicht von so unmittelbarer Relevanz ist, wie der Titel suggeriert. Dass die Schatten von Blumen nach rechts fallen, ist darauf zurückzuführen, dass die Künstler bei der Arbeit so saßen, dass sich ein Fenster links von ihnen befand und auf diese Weise für einen Rechtshänder die beste Lichtquelle abgab; man sieht das auf den beiden Selbstporträts des Brügger Illuminators Simon Bening (vgl. S. Hindman: *The Robert Lehman Collection*, IV, *Illuminations*, New York und Princeton, 1997, S. 112–119, Nr. 14). Ich ging einmal der Frage nach, ob man die Entstehung floraler Bordüren in Gent-Brügge-Handschriften aufgrund der abgebildeten Blumen auf bestimmte Monate eingrenzen könnte, doch kommen Blumen aller Jahreszeiten gemeinsam vor, was zeigt, dass die Künstler nicht nach echten Vorlagen in ihren Werkstätten arbeiteten, sondern nach schon existierenden Skizzen. Die auf S. 624 f. aufgeführten berühmten Stundenbücher, die man als Vettern des Spinola-Stundenbuchs ansehen kann, sind Wien, Österreichische Nationalbibliothek, Cod. 1907 (das Ältere Gebetbuch Maximilians, ca. 1486), Faksimile, W. Hilger (Hg.): *Das ältere Gebetbuch Kaiser Maximilians I.*, Cod. Vind. 1907, Graz, 1973 (*Codices Selecti*, 39); Neapel, Biblioteca Nazionale di Napoli, MS I.B.51 (das La Flora-Stundenbuch, nicht später als 1498), Faksimile, *Horae Beate Mariae Virginis, La Flora, Napoli, Biblioteca Nazionale Vittorio Emanuele III., Ms I. B.51*, Turin, 2008; Österreichische Nationalbibliothek, Cod. 1897 (das Stundenbuch von Jakob IV., ca. 1502/03), Faksimile, F. Unterkircher (Hg.): *Das Gebetbuch Jakobs IV. von Schottland*, Graz, 1987 (*Codices Selecti*, 85); Cleveland, Ohio, Museum of Art, Leonard C. Hanna Jr. Fund, 1963–256 (das Stundenbuch von Isabella der Katholischen, nicht später als 1504), Faksimile, *The Hours of Queen Isabella the Catholic: The Cleveland Museum of Art, Cleveland/Ohio, Leonard C. Hanna Jr. Fund 1963–256, Commentary Volume*, Gütersloh und München, 2015, mit einem Begleitkommentar von L. De Kesel, 2013 (Ich bin Lieve de Kesel nicht nur dafür zu Dank verpflichtet, dass sie mir ein Exemplar ihres Buchs überlassen hat, in dem sie an vielen Stellen auf das Spinola-Stundenbuch eingeht, sondern auch dafür, dass sie dieses Kapitel im Entwurf gelesen und viele hilfreiche Vorschläge gemacht hat, vor allem was die Zuschreibung von bestimmten Werken betraf); Perth, Kerry Stokes Collection,

LIB.2014017, früher Wien, Cod. Ser. Nov. 2844 (das Rothschild-Gebetbuch, ca. 1515), Faksimile, E. Trenkler (Hg.): *Rothschild-Gebetbuch, Cod. Vind. S.N. 2844*, Graz, 1979 (*Codices Selecti*, 67); F. Unterkircher: *Das Rothschild-Gebetbuch: Die schönsten Miniaturen eines flämischen Stundenbuches*, Graz, 1984; und Privatsammlung, ehemals Lord Astor (das Stundenbuch des Albrecht von Brandenburg, ca. 1522/23), zuletzt verkauft bei Sotheby's am 19. Juni 2001, Los 36, katalogisiert von mir. Die Vettern zweiten Grades sind die königlichen Breviare. Bei den hier aufgeführten handelt es sich um: London, British Library, Add. MS 18851 (das Brevier der Isabella von Kastilien, nicht später als 1497), Faksimilie, *The Isabella Breviary, The British Library, London, Add. Ms. 18851*, Barcelona, 2012, mit Begleitkommentar von S. McKendrick, E. R. Garcia und N. Morgan; Antwerpen, Museum Mayer van den Bergh, Inv. Nr. 946 (Brevier vermutlich für Manuel I. von Portugal, ca. 1500), vgl. B. Dekeyzer: *Layers of Illusion: The Mayer van den Bergh Breviary*, übers. von L. Preedy, Gent und Amsterdam, 2004; New York, Morgan Library, M 52 (das Brevier der Eleonore von Portugal, frühes 16. Jahrhundert); sowie Venedig, Biblioteca Marciana, cod. lat. I. 99 (das Grimani-Brevier, ca. 1515–1520), vgl. A. Mazzucchi (Hg.): *Breviario Grimani, Ms Lat I 99 = 2138, Biblioteca Nazionale Marciana, Venezia*, Rom, 2009. Zu den Vorschriften der Gilden, die, wie auf S. 626 ausgeführt, Kunden dazu verpflichteten, direkt mit den Künstlern zu verhandeln, siehe M. Smeyers: *Naer natueren ghelike: Vlaamse Miniaturen voor Van Eyck (ca. 1350–ca. 1420)*, Löwen, 1995, S. 93 (den Hinweis verdanke ich Evelien Hauwaerts). Zum Ausgenommensein von dieser Vorschrift von Malern, die vom Hof angestellt wurden, siehe S. 191 in L. Campbell: »The Art Market in the Southern Netherlands in the Fifteenth Century«, in: *Burlington Magazine*, 118, S. 188–198. Zu bekannten Schreibern südniederländischer Stundenbücher, einschließlich der beiden auf S. 627 erwähnten, siehe R. Gay: »Scribe Biographies«, S. 182–188, in E. Morrison und T. Kren (Hg.): *Flemish Manuscript Painting in Context: Recent Research*, Los Angeles, 2006. [Als ich mich an das Mittagessen im Getty Museum (S. 627) erinnerte, fiel mir auch etwas anderes wieder ein: In meinem Buch *A History of Illuminated Manuscripts*, Oxford, 1986, hatte ich unter Bezugnahme auf den Niedergang des Handschriftenhandels in Paris während der Zeit der militärischen Besetzung die Bemerkung gemacht: »Hungry people don't buy books.« Bei einem früheren Besuch der Handschriften-Abteilung des Museums war ich geschmeichelt, auf der Rückseite einer Tür eine vergrößerte Fotokopie mit diesem Spruch zu sehen.] Die Arbeit am Spinola-Stundenbuch wurde folgendermaßen unter den fünf, auf S. 628 aufgeführten hauptsächlichen Künstlern aufgeteilt: (1) Der Meister von Jakob IV. illuminierte folio 1v–65r, 92v–109v, 130v–149r, 184v–185r, 256v–257v und 259v–260v; (2) der Meister des Älteren Gebetbuchs von Maximilian war für folios 85v–89v, 165v, 223v–245v, 248v–255v, 264v–270v und 276v–290v zuständig, (3) der Meister der Lübecker Bibel schmückte folios 83v–84r, 153v, 166r, 247v, 258v, 216v und 272v aus; (4) der

Meister des Dresdener Gebetbuchs schuf die Illuminationen auf folios 110r–129r und (5) der Meister der um 1500 entstandenen Gebetbücher die auf folios 125v–126r. Das Dresdener Gebetbuch befindet sich in Dresden in der Sächsischen Landesbibliothek unter der Signatur Ms A 311: Es ist eine enttäuschende, durch Feuchtigkeit stark in Mitleidenschaft gezogene Handschrift. Man hätte den Künstler besser nach dem viel schöneren Carpentin-Stundenbuch benannt, das bis vor Kurzem wenig bekannt war und sich noch in Privatbesitz befindet. Zu dieser Handschrift siehe A. Bovery: *Jean de Carpentin's Book of Hours: The Genius of the Master of the Dresden Prayer Book*, London, 2011; siehe auch B. Brinkmann: *Die flämische Buchmalerei am Ende des Burgunderreichs: Der Meister des Dresdener Gebetbuchs und die Miniaturisten seiner Zeit*, Turnhout, 1997; das Spinola-Stundenbuch wird vor allem auf S. 325–329 behandelt. Die beiden anderen Handschriften, die auf S. 628 erwähnt werden, befinden sich in der British Library, Signatur Harley MS 4425 *(Roman de la Rose)*, und in der Österreichischen Nationalbibliothek, Signatur Cod. 1862 (das Stundenbuch der Margarete von Österreich). Die unvergleichlichen *Très Riches Heures* des Herzogs von Berry sind in diesem Buch immer mal wieder vorgekommen, und die Handschrift tritt in diesem Kapitel von S. 636 an erneut auf. Es befindet sich heute in Chantilly, Musée Condé, mit der Signatur ms 65. Es gibt zahllose Reproduktionen von und Untersuchungen zu ihm, darunter die Faksimile-Ausgabe von R. Cazelles und J. Rathofer (Hg.): *Les Très Riches Heures du Duc de Berry*, Luzern, 1984; auch der Einband ist eine Reproduktion des Originals. Das oben erwähnte Rothschild-Gebetbuch wurde von Christie's, New York, am 29. Januar 2014 angeboten als Los 157; es findet sich beschrieben in K. Sutton und M. M. Manion: *Revealing the Rothschild Prayer Book, c. 1505–1510*, Canberra, 2015; und von K. Challis in M. M. Manion (Hg.): *An Illumination: The Rothschild Prayer Book and Other Works from the Kerry Stokes Collection, c. 1280–1685*, Perth, 2015, S. 14–35, Nr. 1. Ich bin Kate Challis, vor allem aber auch Kerry und Christine Stokes und ihrer Kuratorin Erica Persak zu Dank dafür verpflichtet, dass ich die Gelegenheit erhielt, die Handschrift in Augenschein zu nehmen, als sie sich in Melbourne befand. Die Verzeichnisse der Bücher von Margarete von Österreich sind veröffentlicht in M. Debae: *La bibliothèque de Marguerite d'Autriche: Essai de reconstitution d'après l'inventaire de 1523–1524*, Löwen und Paris, 1995; die Einträge, die sich auf das Rothschild-Gebetbuch und das Spinola-Stundenbuch beziehen könnten, finden sich auf S. 88 (Nr. 53) und S. 494 (Nr. 367). Über das Leben Margaretes habe ich mich informiert bei J. de Iongh: *Margaret of Austria, Regent of the Netherlands*, übers. von M. D. H. Norton, London, 1954. Zu Margarete als Auftraggeberin von Handschriften siehe D. Eichberger: »Devotional Objects in Book Format: Diptychs in the Collection of Margaret of Austria and Her Family«, S. 291–323, in Manion und Muir (Hg.): *Art of the Book*, op. cit. in den bibliografischen Angaben zu Kapitel Neun; D. Eichberger: *Leben mit Kunst – Wirken durch Kunst: Sammelwesen und*

Hofkunst unter Margarete von Österreich, Regentin der Niederlande, Turnhout, 2002; sowie H. W. Wijsman: *Luxury Bound: Illustrated Manuscript Production and Noble and Princely Book Ownership in the Burgundian Netherlands (1400–1550)*, Turnhout, 2010, insbes. S. 201–207. Dass die *Très Riches Heures* im Besitz von Margarete von Österreich waren, erklärt, wie die berühmten Bilder aus ihrem Kalendarium um 1515 bis 1520 in das Grimani-Brevier kopiert werden konnten. Wahrscheinlich geschah das für Margarete selbst, bevor das Werk in den Besitz von Kardinal Domenico Grimani (1461–1523) überging. Der Echternacher *Codex Aureus* oder das Goldene Evangeliar von Heinrich III., das auf S. 643 erwähnt wird, befindet sich jetzt im Escorial, Biblioteca de San Lorenzo, mit der Signatur Cod. Vitr. 17.; es ist eine der spektakulärsten Handschriften, die mir jemals zu Augen gekommen ist, der ich gut ein eigenes Kapitel in diesem Buch hätte widmen können, wenn ich nicht bereits zwei andere Evangeliare in ihm behandelt hätte. Das Berliner Stundenbuch der Maria von Burgund liegt in Berlin, Staatliche Museen und Preußischer Kulturbesitz, Kupferstichkabinett, mit der Signatur 78.B.12. Es enthält ein einzigartiges Bild für das Totenoffizium; auf folio 290v ist eine adlige Dame auf einem galoppierenden Pferd dargestellt, die von Gerippen mit Speeren verfolgt wird: Maria von Burgund kam am 27. März 1482 bei einem Reitunfall ums Leben, als ihre Tochter zwei Jahre alt war. Die Handschrift, die Margarete von Österreich möglicherweise von Philipp dem Schönen zum Geschenk gemacht wurde, liegt wie erwähnt in der Österreichischen Nationalbibliothek unter der Signatur Cod. 1862. Dass es sich bei Margaretes ersten Stundenbüchern um das Stundenbuch der Maria von Burgund und die Wiener Handschrift handelt, wurde von Wijsman, op. cit., S. 202 und 206, gemutmaßt. Das Stundenbuch der Bona von Savoyen, das für Margarete von Österreich vollendet wurde, liegt in der British Library mit der Signatur Add. MS 34294; zu diesem Werk siehe M. L. Evans: *The Sforza Hours*, London, 1992; sowie das Faksimile *Das Stundenbuch der Sforza*, mit einem Kommentarband von M. L. Evans und B. Brinkmann, Luzern, 1994. Im Juli 2015 wurde das auf S. 645 f. beschriebene Porträt der Margarete von Österreich aus dem Museum voor Schone Kunsten in Gent auf lange Frist als Leihgabe an das Kunsthistorische Museum in Wien gegeben. Das Wiener Stundenbuch der Maria von Burgund befindet sich in der Österreichischen Nationalbibliothek unter der Signatur Cod. 1857; die berühmte Miniatur der an einem Fenster, von dem aus man in eine Kirche sieht, sitzenden Herzogin findet sich auf folio 14v. Für die Identifikation des Mitglieds der Familie Spinola, das die *Trés Riches Heures* besaß, und für Informationen zu den Umständen, unter denen der Verkauf in Genua vor sich ging, bin ich Emmanuelle Toulet für ihre Beratung dankbar sowie für den Einblick in eine Vorfassung ihres geplanten Artikels »Du ›manuscrit de Genes‹ aux ›Très Riches Heures du duc de Berry‹«, der in P. Stirnemanns und I. Villela-Petits (Hg.): *Les Très Riches Heures de Jean de Berry*, aufgenommen werden soll, das bei den Editions Panini, Rom, erscheinen wird; zur Beteiligung der Rothschilds siehe R. Cazelles: *Le duc d'Aumale: Prince aux dix visages*, Paris, 1984, S. 197. Anderen Sammlern aus der Familie Rothschild sind wir im Kapitel Neun begegnet. Zu Baron Adolphe siehe mein *Rothschilds and Their Collections*, S. 5–7, und zu Baron Anselm, S. 7–12. Ich muss einräumen, dass meine Annahme, dass die drei Handschriften vom 16. Jahrhundert bis 1856 zusammenblieben, vollkommen unbewiesen ist; falls ein Leser ein Argument beisteuern kann, das sie bestätigt, oder aber eine überzeugendere Erklärung anzubieten hat, würde es mich sehr freuen, von ihm zu hören. Das Buch, das ich, wie auf S. 648 berichtet, 1975 in der Staatsbibliothek in München konsultierte, war F. Winkler: *Die flämische Buchmalerei des XV. und XVI. Jahrhunderts*, Leipzig, 1925; in dem aktuelleren Nachschlagewerk von G. Dogaer: *Flemish Miniature Painting in the 15th and 16th Centuries*, Amsterdam, 1987, wird das Spinola-Stundenbuch abgehandelt, und es finden sich Abbildungen zu ihm (S. 165 f.) Der Artikel mit der Überschrift »Mystery Manuscript could top 100 000 Pounds« erschien in *Antiques and Art Weekly* vom 26. April 1976, S. 21. Der Bericht von H. P. Kraus findet sich in Kapitel 43 (»One Manuscript for $ 750 000«) seiner Autobiografie *A Rare Book Saga*, London, 1979 (das Zitat auf S. 320). Die Handschrift wurde in Sotheby's Auktionskatalog vom 5. Juli 1976 auf S. 36–41 als Los 68 beschrieben.

HANDSCHRIFTENVERZEICHNIS

PERSONENVERZEICHNIS

BILDNACHWEIS

Frontispiz: Paris, Bibliothèque nationale de France, ms n.a. lat. 3145, folio 85v, Detail

S. 18: Cambridge, Corpus Christi College, MS 286, oberer Einbanddeckel, Abbildungsgröße maßstabsgerecht zum Codex Amiatinus, S. 72 *(© The Master and Fellows, Corpus Christi College)*

S. 21: Matthew Parker, Detail eines in den Rückendeckel einer Handschrift eingeklebten Stichs, Cambridge, Corpus Christi College, MS 582, Statutes of the College *(© The Master and Fellows, Corpus Christi College)*

S. 23: The Parker Library, Corpus Christi College, Cambridge *(© The Master and Fellows, Corpus Christi College)*

S. 27: Cambridge, Corpus Christi College, MS 286, folios 129v–130r, Foto: Steven Archer *(© The Master and Fellows, Corpus Christi College)*

S. 31: Cambridge, Corpus Christi College, MS 286, folio 1r *(© The Master and Fellows, Corpus Christi College)*

S. 33: Cambridge, Corpus Christi College, MS 286, folio 125r *(© The Master and Fellows, Corpus Christi College)*

S. 35: Cambridge, Corpus Christi College, MS 286, hinteres Vorsatzblatt, folio v *recto (© The Master and Fellows, Corpus Christi College)*

S. 36: Cambridge, Corpus Christi College, MS 286, folio 129v *(© The Master and Fellows, Corpus Christi College)*

S. 40/41: Cambridge, Corpus Christi College, MS 286, folios 74v–75r *(© The Master and Fellows, Corpus Christi College)*

S. 42: Cambridge, Corpus Christi College, MS 286, hinteres Vorsatzblatt, folio i *verso*, Detail *(© The Master and Fellows, Corpus Christi College)*

S. 44: Cambridge, Trinity Hall, MS 1, folio 77r, Detail *(The Master and Fellows, Trinity Hall, mit freundlicher Genehmigung)*

S. 48/49: Cambridge, Corpus Christi College, MS 286, folios 133v–134r *(© The Master and Fellows, Corpus Christi College)*

S. 50: Cambridge, Corpus Christi College, MS 286, folio 235v, Detail *(© The Master and Fellows, Corpus Christi College)*

S. 56: Die Geschichte des Besuchs der Königin von Saba bei Salomon, gemalt 1965 *(© Royal Asiatic Society, London, und Bridgeman Images)*

S. 59: Evangeliar von Theodelinde, Einbanddeckel. Museo e Tesoro del Duomo, Monza *(© 2016, Scala, Florenz)*

S. 62: Stockholm, Kungliga Biblioteket, MS A 135, folio 9v *(© Schwedische Nationalbibliothek)*

S. 64: *(Links)* Cambridge, Corpus Christi College, MS 286, folio 125r, Detail *(© The Master and Fellows, Corpus Christi College)*; *(rechts)* Bayeux, Musée de la Tapisserie *(Alamy)*

S. 69: Papst Benedikt XVI. dem Augustinus-Evangeliar huldigend *(Getty Images)*

S. 72: Florenz, Biblioteca Medicea Laurenziana, Ms Amiatino 1, oberer Einbanddeckel *(Alle Abbildungen aus dieser Handschrift werden wiedergegeben mit Erlaubnis des Ministero dei beni e delle attività culturali e del turismo [MiBACT]; weitere Reproduktionen sind streng untersagt)*

S. 76: Kirche von Jarrow *(Alamy)*

S. 78: Steintafel, Kirche von Jarrow

S. 83: San Salvatore *(Alamy)*

S. 86: Lesesaal, Biblioteca Medicea Laurenziana, Florenz *(mit Erlaubnis des MiBACT; weitere Reproduktion streng untersagt)*

S. 89: Florenz, Biblioteca Medicea Laurenziana, Ms Amiatino 1, Einband aus dem Jahr 2001

S. 90/91: Florenz, Biblioteca Medicea Laurenziana, Ms Amiatino 1, folios 1v–2r

S. 94: Florenz, Biblioteca Medicea Laurenziana, Ms Amiatino 1, folio 796v

S. 98/99: Florenz, Biblioteca Medicea Laurenziana, Ms Amiatino 1, folios 6v–7r

S. 102: London, British Library, Cotton MS Nero D.IV, folio 25v *(© The British Library Board)*

S. 105: Florenz, Biblioteca Medicea Laurenziana, Ms Amiatino 1, folio 11r

S. 108: *(Links)* William Greenwell *(mit Erlaubnis des Kapitels der Durham Cathedral)*; *(rechts)* British Library, Add MS 37 777 *(© The British Library Board)*

S. 110/11: Florenz, Biblioteca Medicea Laurenziana, Ms Amiatino 1, folios 303v–304r

S. 115: London, British Library, Add. MS 45 025, folio 2v *(© The British Library Board)*

S. 116: Florenz, Biblioteca Medicea Laurenziana, Ms Amiatino 1, folio 15r, Detail

S. 118: Reliquienbox, Museo San Salvatore, Abbazia San Salvatore, Toskana *(mit freundlicher Genehmigung Seiner Ehrwürden, Don Giampaolo Riccardi, Pfarrer der Abtei San Salvatore auf dem Monte Amiata)*

S. 120: Dublin, Trinity College, MS 58, oberer Einbanddeckel, Abbildungsgröße maßstabsgerecht zum Codex Amiatinus, S. 72 *(© The Board of Trinity College, Dublin. Keine der Abbildungen aus dieser Handschrift darf weiter reproduziert werden. Abdruckanfragen sind zu richten an: The Head of Digital Resources and Imaging Services, Trinity College Dublin, per Post oder per E-Mail unter: digital-resources@tcd.ie)*

S. 125: »Long Room«, Trinity College, Dublin *(Alamy)*

S. 130: Holzkästen für das Book of Kells *(© The Board of Trinity College, Dublin)*

S. 133: Dublin, Trinity College, MS 58, folio 1r *(© The Board of Trinity College, Dublin)*

S. 134: Dublin, Trinity College, MS 58, folio 2v *(© The Board of Trinity College, Dublin)*

S. 136: Dublin, Trinity College, MS 58, folio 6v *(© The Board of Trinity College, Dublin)*

S. 138: Dublin, Trinity College, MS 58, folio

7v *(© The Board of Trinity College, Dublin)*
S. 141: Dublin, Trinity College, MS 58, folio 12r, Detail *(© The Board of Trinity College, Dublin)*
S. 144/45: Dublin, Trinity College, MS 58, folios 28v–29r *(© The Board of Trinity College, Dublin)*
S. 147: Dublin, Trinity College, MS 58, folio 34r *(© The Board of Trinity College, Dublin)*
S. 148: Dublin, Trinity College, MS 58, folio 83v *(© The Board of Trinity College, Dublin)*
S. 150: Irische Fünf-Pfund-Note, Rückseite *(Getty Images)*
S. 152: Tafel III aus: Edward Sullivan, *The Book of Kells*, 1914
S. 156: Dublin, Trinity College, MS 58, folio 297v, Detail *(© The Board of Trinity College, Dublin)*
S. 159: Dublin, Trinity College, MS 58, folio 200v, Detail *(© The Board of Trinity College, Dublin)*
S. 160: Dublin, Trinity College, MS 58, folio 337r, Detail *(© The Board of Trinity College, Dublin)*
S. 162: James Ussher, porträtiert von Cornelis Jansen, 1641 *(© Jesus College, Oxford)*
S. 164: Dublin, Trinity College, MS 58, Vorsatzblatt, Detail *(© The Board of Trinity College, Dublin)*
S. 166: Tafel XX aus: Edward Sullivan, *The Book of Kells*, 1914
S. 168: C. Lindsay Ricketts, Faksimile von folio 8r aus dem Book of Kells *(mit freundlicher Genehmigung der Lilly Library, University of Indiana, Bloomington)*
S. 170: *(Links)* James Joyce, 1934 *(Roger-Viollet, Paris/Bridgeman Images)*; *(rechts)* Tafel XI aus: Edward Sullivan, *The Book of Kells*, 1914
S. 172: Leiden, Universiteitsbibliotheek, Cod. Voss. Lat. Q 79, oberer Einbanddeckel, Abbildungsgröße maßstabsgerecht zum Codex Amiatinus, S. 55 *(mit freundlicher Genehmigung der Universiteitsbibliotheek Leiden)*
S. 175: Bronzestatuette Karls des Großen, Detail. Musée du Louvre, Paris *(© RMN – Grand Palais [musée du Louvre]/Jean-Gilles Berizzi)*
S. 176: Vatikan, Biblioteca Apostolica Vaticana, cod. Vat. Lat. 3225, folio XLI recto *(© 2016. Foto Fine Art Images/Heritage Images/Scala, Florence)*
S. 178: Leiden, Universiteitsbibliotheek *(© SV, The Netherlands)*
S. 181: Leiden, Universiteitsbibliotheek, Cod. Voss. Lat. Q 79, folio 2r
S. 186/87: Leiden, Universiteitsbibliotheek, Cod. Voss. Lat. Q 79, folios 3v–4r
S. 188/89: Leiden, Universiteitsbibliotheek, Cod. Voss. Lat. Q 79, folios 6v–7r
S. 190/91: Leiden, Universiteitsbibliotheek, Cod. Voss. Lat. Q 79, folio 12v und 14r (folio 13 fehlt)
S. 192/93: Leiden, Universiteitsbibliotheek, Cod. Voss. Lat. Q 79, folios 16v–17r
S. 194/95: Leiden, Universiteitsbibliotheek, Cod. Voss. Lat. Q 79, folios 20v–21r
S. 196/97: Leiden, Universiteitsbibliotheek, Cod. Voss. Lat. Q 79, folios 80v–81r
S. 204: Leiden, Universiteitsbibliotheek, Cod. Voss. Lat. Q 79, folio 93v
S. 210: Paris, Bibliothèque nationale de France, ms lat. 5927, folio 157r
S. 214: Boulogne-sur-Mer, Bibliothèque municipale, ms 188, folios 29v–30r

(© Bibliothèque municipale, Boulogne-sur-Mer)

S.217: Leiden, Universiteitsbibliotheek, Cod. Voss. Lat. Q 79, folio 1r, Detail

S.220: Christina von Schweden als Athene, Gemälde von Erasmus Quellinus. Musée de la Chartreuse, Douai *(Bridgeman Images)*

S.223: *(Oben)* Grotius, *Syntagma Arateorum*, 1600 *(Den Haag, Bibliotheek van het Vredespaleis)*; *(unten)* Cellarius, *Atlas Coelestis*, 1660 *(Wikimedia Commons)*

S.226: New York, The Pierpont Morgan Library, MS M.644, oberer Einbanddeckel, Abbildungsgröße maßstabsgerecht zum Codex Amiatinus, S.72

S.230: The Sherman Fairchild Reading Room, The Pierpont Morgan Library *(© 2007, The Morgan Library & Museum. Foto: Schecter Lee)*

S.235: London, British Library, Add. MS folio 46200, folio 102r–103v *(© The British Library Board)*

S.237: Guglielmo Libri, Éduouard-Louis Dubufe zugeschriebene Zeichnung *(mit freundlicher Genehmigung von Arthur Freeman und Janet Ing Freeman)*

S.240: *(Links)* John Pierpont Morgan, Jr. *(Library of Congress, Washington, D.C.)*; *(rechts)* Belle da Costa Greene *(Getty Images)*

S.241: *(Links)* Henry Yates Thompson, Foto: Sir Benjamin Stone *(© National Portrait Gallery, London)*; *(rechts)* New York, The Pierpont Morgan Library, MS M.644, Exlibris auf der Innenseite des Vorderdeckels

S.245: New York, The Pierpont Morgan Library, MS M.644, folio 1r

S.246: New York, The Pierpont Morgan Library, MS M.644, folio 2v

S.247: New York, The Pierpont Morgan Library, MS M.644, folio 4v, Detail

S.249: New York, The Pierpont Morgan Library, MS M.644, folio 10r

S.253: New York, The Pierpont Morgan Library, MS M.644, folio 133r

S.255: New York, The Pierpont Morgan Library, MS M.644, folio 23r

S.257: New York, The Pierpont Morgan Library, MS M.644, folio 27r

S.258/59: New York, The Pierpont Morgan Library, MS M.644, folios 33v–34r

S.261: New York, The Pierpont Morgan Library, MS M.644, folio 79r

S.263: New York, The Pierpont Morgan Library, MS M.644, folio 151r

S.265: New York, The Pierpont Morgan Library, MS M.644, folio 26r

S.269: New York, The Pierpont Morgan Library, MS M.644, folio 293r, Detail

S.271: New York, The Pierpont Morgan Library, MS M.429, folio 183r, Detail

S.276: Oxford, Bodleian Library, MS Bodley 717, oberer Einbanddeckel, Abbildungsgröße maßstabsgerecht zum Codex Amiatinus, S.72 *(Alle Abbildungen dieser Handschrift werden reproduziert mit freundlicher Genehmigung der Bodleian Library, University of Oxford)*

S.278: Oxford, Bodleian Library, MS Bodley 717, folio 287v

S.281: Sir Thomas Bodley, Miniatur von Nicholas Hilliard *(Bodleian Library, University of Oxford)*

S.284: Duke Humfrey's Library, Bodleian Library, University of Oxford *(Alamy)*

S.285: Weston Building, Lesesaal für seltene Druckwerke und Handschriften, Bodleian Library, University of Oxford *(© Will Pryce)*

S. 288: Oxford, Bodleian Library, MS Bodley 717, folio 287v, Detail
S. 292/93: Oxford, Bodleian Library, MS Bodley 717, folios v *verso* – vi *recto*
S. 296/97: Oxford, Bodleian Library, MS Bodley 717, folios 38v–39r
S. 298: *(Links)* Bamberg, Staatsbibliothek, cod. Msc. Patr. 5, folio IV, Detail *(Foto: Gerald Raab)*; *(rechts)* Oxford, Bodleian Library, MS Bodley 717, folio 36r, Detail
S. 300: Oxford, Bodleian Library, MS Bodley 717, folio 188r, Detail
S. 305: Oxford, Bodleian Library, MS Bodley 717, folio 7r, Detail
S. 306: Oxford, Bodleian Library, MS Bodley 717, folio 227r, Detail
S. 309: Salisbury, Cathedral Library, MS 25 *(mit Erlaubnis von Dekan und Kapitel der Salisbury Cathedral)*
S. 310: Kathedrale von Durham *(Alamy)*
S. 311: Durham, Cathedral Library, MS A. II.4, folio 1r, Detail *(mit Erlaubnis des Kapitels der Durham Cathedral)*
S. 313: Durham, Cathedral Library, MS B. II.13, folio 102r, Detail *(mit Erlaubnis des Kapitels der Durham Cathedral)*
S. 316: Oxford, Bodleian Library, MS Bodley 717, folio 104r, Detail
S. 317: Oxford, Bodleian Library, MS Bodley 717, folio 270v, Detail
S. 321: Paris, Bibliothèque nationale de France, ms lat. 13765, folio B *recto*
S. 324/25: Oxford, Bodleian Library, MS Bodley 717, folios vi *verso* – 1 *recto*
S. 330: Kopenhagen, Kongelige Bibliothek, MS Thott 143 2°, oberer Einbanddeckel, Abbildungsgröße maßstabsgerecht zum Codex Amiatinus, S. 72
S. 333: Kopenhagen, Kongelige Bibliothek, MS Thott 143 2°, folio 8r
S. 334/35: Kopenhagen, Kongelige Bibliothek, MS Thott 143 2°, folios 8v–9r
S. 336: Kopenhagen, Kongelige Bibliothek, MS Thott 143 2°, folio 9v
S. 338: Kopenhagen, Kongelige Bibliothek, MS Thott 143 2°, folio 10v
S. 340: Kopenhagen, Kongelige Bibliothek, MS Thott 143 2°, folio 13v
S. 343: Kopenhagen, Kongelige Bibliothek, MS Thott 143 2°, folio 17r
S. 346: Blick vom Atrium, Kongelige Bibliothek, Kopenhagen *(Getty Images)*
S. 350: Kopenhagen, Kongelige Bibliothek, MS Thott 143 2°, folio 4r, Detail
S. 352: Kopenhagen, Kongelige Bibliothek, MS Thott 143 2°, folio 16v
S. 354: Kopenhagen, Kongelige Bibliothek, MS Thott 143 2°, folio 1r, Detail
S. 362/63: Kopenhagen, Kongelige Bibliothek, MS Thott 143 2°, folios 5v–6r
S. 367: Paris, Bibliothèque de l'Arsenal, ms 939, folio 57r
S. 369: Kopenhagen, Kongelige Bibliothek, MS Thott 143 2°, folio 109r
S. 373: Kopenhagen, Kongelige Bibliothek, MS Thott 143 2°, folio 110r
S. 375: Glasgow, University Library, MS Hunter 229, folio 46r, Detail *(Bridgeman Images)*
S. 377: Kopenhagen, Kongelige Bibliothek, MS Thott 143 2°, folio 40r
S. 378: Kopenhagen, Kongelige Bibliothek, MS Thott 143 2°, folio 171v, Detail
S. 380: Kopenhagen, Kongelige Bibliothek, MS Thott 143 2°, folio 173v
S. 382/83: Kopenhagen, Kongelige Bibliothek, MS Thott 143 2°, folios 193v–194r
S. 386: München, Bayerische Staatsbibliothek, Clm 4660, oberer Einbanddeckel,

Abbildungsgröße maßstabsgerecht zum Codex Amiatinus, S. 72

S. 389: Treppenhaus, Bayerische Staatsbibliothek, München *(Bayerische Staatsbibliothek, München)*

S. 392: Benediktbeuern *(Alamy)*

S. 395: München, Bayerische Staatsbibliothek, Clm 4660, folio 1r

S. 399: München, Bayerische Staatsbibliothek, Clm 4660, folio 64r

S. 400: München, Bayerische Staatsbibliothek, Clm 4660, folio 44v

S. 403: München, Bayerische Staatsbibliothek, Clm 4660, folio 11r

S. 404: München, Bayerische Staatsbibliothek, Clm 4660, folio 63v

S. 406: München, Bayerische Staatsbibliothek, Clm 4660, folio 87v

S. 409: München, Bayerische Staatsbibliothek, Clm 4660, folio 99r

S. 412: Großsiegel Friedrichs II., Illustration aus: Jean-Louis Alphonse Bréholles, *Historia diplomatica Friderici Secundi*, 1852, Band II, Teil I

S. 414: München, Bayerische Staatsbibliothek, Clm 4660, folio 64v

S. 416: München, Bayerische Staatsbibliothek, Clm 4660, folio 72v

S. 418: München, Bayerische Staatsbibliothek, Clm 4660, folio 89v

S. 421: München, Bayerische Staatsbibliothek, Clm 4660, folio 15r

S. 423: München, Bayerische Staatsbibliothek, Clm 4660, folio 68r

S. 428: München, Bayerische Staatsbibliothek, Clm 4660, folio 65v

S. 431: München, Bayerische Staatsbibliothek, Clm 4660, folio 72r

S. 435: Aufführungsszene der *Carmina Burana*, 1941 *(akg-images)*

S. 437: Carl Orff, Foto: Otto Moll *(© Carl Orff-Stiftung, Archiv Orff-Zentrum, München)*

S. 438: Paris, Bibliothèque nationale de France, ms n.a. lat. 3145, oberer Einbanddeckel, Abbildungsgröße maßstabsgerecht zum Codex Amiatinus, S. 72

S. 441: Zug in Berchtesgaden *(Getty Images)*

S. 442: Edmond de Rothschild *(Getty Images)*

S. 444: Bureau Central des Restitutions, *Répertoire des biens spoliés durant la Guerre 1939–45*, S. 30 *(Privatarchiv des Autors)*

S. 447: Galerie Mazarine, Bibliothèque nationale, Paris *(© J. C. Ballot/BnF/Oppic)*

S. 449: Paris, Bibliothèque nationale de France, ms n.a. lat. 3145, Vorsatzblatt, *verso*, Detail

S. 453: Paris, Bibliothèque nationale de France, ms n.a. lat. 3145, folio 6r

S. 454: Paris, Bibliothèque nationale de France, ms n.a. lat. 3145, folio 151v

S. 456: Paris, Bibliothèque nationale de France, ms n.a. lat. 3145, folio 123v

S. 459: Paris, Bibliothèque nationale de France, ms n.a. lat. 3145, folio 97r

S. 462: Paris, Bibliothèque nationale de France, ms n.a. lat. 3145, folio 118v

S. 464: Paris, Bibliothèque nationale de France, ms n.a. lat. 3145, folio 55v

S. 469: Paris, Bibliothèque nationale de France, ms n.a. lat. 3145, folio 53r

S. 472: Paris, Bibliothèque nationale de France, ms n.a. lat. 3145, folio 9v

S. 473: Paris, Bibliothèque nationale de France, ms lat. 10 484, folio 6v

S. 474: New York, Metropolitan Museum of Art, Acc. 54.1.2, folio 155r

S. 475: Paris, Bibliothèque nationale de France, ms n.a. lat. 3145, folio 39r
S. 478: Paris, Bibliothèque nationale de France, ms n.a. lat. 3145, folio 150r, Detail
S. 480: Paris, Bibliothèque nationale de France, ms fr. 11496, folio 80r, Detail *(Gallica)*
S. 481: Chantilly, Musée Condé, ms 65, folio 1v, Detail *(Bridgeman Images)*
S. 492: Paris, Bibliothèque nationale de France, ms n.a. lat. 3145, folio 3v
S. 485: Nicholas-Claude Fabri de Peiresc, Gemälde, Louis Finson zugeschrieben. Château de Versailles *(Heritage Image Partnership/Alamy)*
S. 488: Sydney Cockerell, Foto: Walter Stoneman *(© National Portrait Gallery, London)*
S. 492: Hermann Göring und Adolf Hitler, Berlin 1938 *(© 2016. Foto: Scala, Florenz/ bpk, Bildagentur für Kunst und Geschichte, Berlin)*
S. 494: Aberystwyth, National Library of Wales, Peniarth MS 392 D, oberer Einbanddeckel, Abbildungsgröße maßstabsgerecht zum Codex Amiatinus, S. 72 *(Alle Abbildungen aus dieser Handschrift werden wiedergegeben mit Erlaubnis von Llyfrgell Genedlaethol Cymru, The National Library of Wales)*
S. 498: San Marino, Huntington Library and Art Gallery, MS EL 26.C.9, folios 153v–154r *(Bridgeman Images)*
S. 500: Hatfield, Hatfield House, Cecil Papers, Box S. 1, Detail *(mit Erlaubnis des Marquess of Salisbury, Hatfield House; Foto mit freundlicher Genehmigung von Linne Mooney)*
S. 502: National Library of Wales *(Alamy)*
S. 505: Aberystwyth, National Library of Wales, Peniarth MS 392 D, folio 2r
S. 506: Chaucer, *Canterbury Tales*, Caxton, 1483, folios 4v–5r *(© The British Library Board)*
S. 509: Aberystwyth, National Library of Wales, Peniarth MS 392 D, folio 3r
S. 510/11: Aberystwyth, National Library of Wales, Peniarth MS 392 D, folios 57v–58r
S. 513: Aberystwyth, National Library of Wales, Peniarth MS 392 D, folio 88r
S. 516/17: Aberystwyth, National Library of Wales, Peniarth MS 392 D, folios 128v–129r
S. 518: Aberystwyth, National Library of Wales, Peniarth MS 392 D, folio 41r, zwei Detailabbildungen
S. 520: Cambridge, Corpus Christi College, MS 61, folio 1v, Detail *(© The Master and Fellows, Corpus Christi College)*
S. 522: Cambridge, Trinity College, MS R.3.20, S. 367, Detail *(The Master and Fellows of Trinity College, Cambridge)*
S. 526: London, Scriveners' Company, Handschrift als Dauerleihgabe in der Guildhall Library, MS 5370, S. 56, Detail *(London Metropolitan Archives, reproduziert mit Erlaubnis von The Worshipful Company of Scriveners)*
S. 529: Cambridge, Trinity College, MS R.3.14, folios 1v–2r, Detail *(The Master and Fellows of Trinity College, Cambridge)*
S. 531: London, British Library, Harley MS 4431, folio 178r, Detail *(© The British Library Board, All Rights Reserved/ Bridgeman Images)*
S. 540: Sankt Petersburg, Russische Nationalbibliothek, Cod. Lat.Q.v.XVII.2, oberer Einbanddeckel, Abbildungsgröße maßstabsgerecht zum Codex Amiatinus, S. 72
S. 542: Paris, Bibliothèque nationale de France, ms lat. 6041 D, folio 8 *ter (De Agostini/Bridgeman Images)*

S. 543: Los Angeles, J. Paul Getty Museum, MS 79a, recto, Detail

S. 544: Piotr Dubrowski. Eremitage, Sankt Petersburg *(© Eremitage, Sankt Petersburg. Foto: E. N. Nikolajewa)*

S. 548: Russische Nationalbibliothek, Sankt Petersburg *(© Russische Nationalbibliothek)*

S. 556: Sankt Petersburg, Russische Nationalbibliothek, Cod. Lat.Q.v.XVII.2, folio IV

S. 559: Florenz, Biblioteca Nazionale Centrale, MS Landau-Finaly 22, folio 78v, Detail *(De Agostini/Getty Images)*

S. 561: Sankt Petersburg, Russische Nationalbibliothek, Cod. Lat.Q.v.XVII.2, folio 9r

S. 563: Sankt Petersburg, Russische Nationalbibliothek, Cod. Lat.Q.v.XVII.2, folio 37r

S. 565: Sankt Petersburg, Russische Nationalbibliothek, Cod. Lat.Q.v.XVII.2, folio 42r

S. 566: Sankt Petersburg, Russische Nationalbibliothek, Cod. Lat.Q.v.XVII.2, folio 45v

S. 569: Sankt Petersburg, Russische Nationalbibliothek, Cod. Lat.Q.v.XVII.2, folio 66r

S. 572: Sankt Petersburg, Russische Nationalbibliothek, Cod. Lat.Q.v.XVII.2, folio 74v

S. 574/75: Sankt Petersburg, Russische Nationalbibliothek, Cod. Lat.Q.v.XVII.2, folios 88v–89r

S. 577: Sankt Petersburg, Russische Nationalbibliothek, Cod. Lat.Q.v.XVII.2, folio 99r

S. 578: Grabstein von Catone Sacco. Universität Pavia, cortile di Alessandro Volta *(mit freundlicher Genehmigung der Universität Pavia)*

S. 585: Oxford, Bodleian Library, Auct. P.3.13, Kolophon, Detail

S. 588: Los Angeles, J. Paul Getty Museum, MS Ludwig IX.18, oberer Einbanddeckel, Abbildungsgröße maßstabsgerecht zum Codex Amiatinus, S. 72

S. 591: The Getty Center, Los Angeles *(© The J. Paul Getty Trust)*

S. 593: Hans Peter Kraus *(Getty Images)*

S. 595: Los Angeles, J. Paul Getty Museum, MS Ludwig IX.18, Exlibris von Hans Erni, Vorsatzblatt *(© Estate of Hans Erni)*

S. 598: Los Angeles, J. Paul Getty Museum, MS Ludwig IX.18, folio IV

S. 600/01: Los Angeles, J. Paul Getty Museum, MS Ludwig IX.18, folios 2v–3r

S. 602: Los Angeles, J. Paul Getty Museum, MS Ludwig IX.18, folio 3v

S. 605: Los Angeles, J. Paul Getty Museum, MS Ludwig IX.18, folio 4v, Detail

S. 606/07: Los Angeles, J. Paul Getty Museum, MS Ludwig IX.18, folios 8v–9r

S. 610/11: Los Angeles, J. Paul Getty Museum, MS Ludwig IX.18, folios 92v–93r

S. 614/15: Los Angeles, J. Paul Getty Museum, MS Ludwig IX.18, folios 10v–11r

S. 618: Los Angeles, J. Paul Getty Museum, MS Ludwig IX.18, folio 21v

S. 620: Los Angeles, J. Paul Getty Museum, MS Ludwig IX.18, folio 56v

S. 625: Los Angeles, J. Paul Getty Museum, MS Ludwig IX.18, folio 254r

S. 630: Los Angeles, J. Paul Getty Museum, MS Ludwig IX.18, folio 276v

S. 632/33: Los Angeles, J. Paul Getty Museum, MS Ludwig IX.18, folios 165v–166r

S. 637: *(Links)* Chantilly, Musée Condé, MS 65, oberer Einbanddeckel *(© RMN –*

Grand Palais [domaine de Chantilly]/ René-Gabriel Ojéda); (rechts) Perth, Kerry Stokes Collection, LIB.2014.01, oberer Einbanddeckel *(© Christie's/ Bridgeman Images)*

S. 638: Los Angeles, J. Paul Getty Museum, MS Ludwig IX.18, folio 125v

S. 639: Perth, Kerry Stokes Collection, LIB.2014.01, folios 108v–109r *(© Christie's/Bridgeman Images)*

S. 642: Los Angeles, J. Paul Getty Museum, MS Ludwig IX.18, folio 184v

S. 645: Margarete von Österreich, Detail des rechten Flügels des Diptychons vom »Meister von 1499«. Museum voor Schone Kunsten, Gent *(© Lukas – Art in Flanders VZW/Bridgeman Images)*

S. 648: Verkaufskatalog für die Sotheby-Auktion vom 5. Juli 1976, Los 68 *(Privatarchiv des Autors)*

S. 651: Los Angeles, J. Paul Getty Museum, MS Ludwig IX.18, Überzug auf dem inneren Einbanddeckel